GUIDE DES SUCCESSIONS

GUIDE DES SUCCESSIONS

2023/2024

LexisNexis®

Avertissement de l'Éditeur

Toute utilisation ou traitement automatisé, par des tiers, de données personnelles pouvant figurer dans cet ouvrage sont formellement interdits.

Siège social : 141, rue de Javel – 75015 Paris

ISBN 978-2-7110-3864-0

Liste des auteurs

Coordonnatrice de l'ouvrage :
Sarah TORRICELLI-CHRIFI
Maître de conférences à l'Université Toulouse 1 Capitole

Partie 1 (Successions – fiches 1 à 9), Partie 2 (Libéralités – fiches 10 à 17) et Partie 3 (Liquidations-partages – fiches 18 à 28) :
Éric MALLET
DESS de droit notarial, éditeur JurisClasseurs Roulois et Baux ruraux, rédacteur en chef de la Revue de droit rural

Partie 4 (Enregistrement – fiches 29 à 39) :
François FRULEUX
Docteur en droit, Diplômé Supérieur du Notariat
Maître de conférences associé à l'Université Clermont-Auvergne
Directeur de JurisClasseur Fiscal Enregistrement Traité
Membre du comité scientifique de la revue Actes pratiques et stratégie patrimoniale, du JurisClasseur Ingénierie du patrimoine et du Lexis Pratique Fiscal
Consultant auprès du CRIDON Nord-Est

Partie 5 (Droit international privé – fiches 40 à 42)
Cédric LATIL
Maître de conférences à l'Université de Franche-Comté

Partie 6 (Illustrations pratiques – fiches 43 à 61)
Sophie GONZALEZ (fiche 61)
Diplôme supérieur du notariat, éditrice JurisClasseur Pratique notariale – Les actes

Jacques LAFOND (fiche 45)
Docteur en droit. Avocat honoraire au barreau de Paris

Laëtitia LESCURE COMPAROT (fiche 49)
Avocat au barreau de Paris

Nathalie LEVILLAIN (fiches 51, 55, 56, 59, 60)
Diplôme supérieur du notariat. Notaire à Paris

Éric MALLET (fiche 50)
DESS de droit notarial, éditeur JurisClasseur Roulois

Danielle MONTOUX (fiches 43, 44, 46, 47, 52, 53, 54, 57, 58)
Diplôme supérieur du notariat

Jean-François PILLEBOUT (fiche 48)
Docteur en droit. Notaire honoraire

Liste des abréviations

A.	Arrêté
Actes prat. strat. patrimoniale	*Actes pratiques et stratégie patrimoniale*
Act. proc. coll.	*Actualité des procédures collectives (Lettre d')*
AJ fam.	*Actualité juridique Famille*
AN	Assemblée nationale
ann.	annexe
arg.	argument
BICC	*Bulletin d'information de la Cour de cassation*
BO	*Bulletin officiel* (des différents ministères)
BODACC	*Bulletin officiel des annonces civiles et commerciales*
BOFiP	*Bulletin officiel des finances publiques-impôts*
BOI	*Bulletin officiel des impôts*
Bull. AMC	*Bulletin de l'Association mutuelle des conservateurs des hypothèques*
Bull. civ.	*Bulletin des arrêts des chambres civiles de la Cour de cassation*
CA	Cour d'appel
CAA	Cour administrative d'appel
CASF	Code de l'action sociale et des familles
Cass. 1re, 2e, 3e civ.	Cour de cassation (1re, 2e ou 3e chambre civile)
Cass. ass. plén.	Cour de cassation, assemblée plénière
Cass. ch. mixte	Cour de cassation, chambre mixte
Cass. ch. réunies	Cour de cassation, chambres réunies
Cass. com.	Cour de cassation, chambre commerciale
Cass. crim.	Cour de cassation, chambre criminelle
Cass. req	Cour de cassation, chambre des requêtes
C. assur.	Code des assurances
C. civ.	Code civil
C. com.	Code de commerce
C. consom.	Code de la consommation
CE	Conseil d'État
CEDH	Cour européenne des droits de l'homme
C. for.	Code forestier
CGI	Code général des impôts
CGPPP	Code général de la propriété des personnes publiques
CIFA	Compte d'investissement forestier et d'assurance
Circ.	Circulaire
CJCE	Cour de justice des Communautés européennes
CJUE	Cour de justice de l'Union européenne
C. mon. fin.	Code monétaire et financier
C. mut.	Code de la mutualité
COJ	Code de l'organisation judiciaire

Cons. const.	Conseil constitutionnel
Contrats, conc. consom.	*Contrats, concurrence, consommation*
Conv.	Convention
C. patr.	Code du patrimoine
CPC	Code de procédure civile
C. pén.	Code pénal
CPI	Code de la propriété intellectuelle
C. rur.	Code rural et de la pêche maritime
CSE	Certificat successoral européen
CSI	Code de la sécurité intérieure
CSN	Conseil supérieur du notariat
CSP	Code de la santé publique
CSS	Code de la sécurité sociale
C. transp.	Code des transports
C. trav.	Code du travail
D.	*Recueil Dalloz*
D.	Décret
DA	*Dalloz analytique* (de 1941 à 1944)
DDHC	Déclaration des droits de l'homme et du citoyen
Defrénois	*Répertoire du notariat Defrénois*
DH	*Dalloz hebdomadaire* (de 1924 à 1940)
DMTG	Droit de mutation à titre gratuit
D.O	Documentation opérationnelle
DP	*Dalloz périodique* (jusqu'en 1940)
Dr. famille	*Droit de la famille*
Dr. fisc.	*Droit fiscal*
EARL	Exploitation agricole à responsabilité limitée
EURL	Entreprise unipersonnelle à responsabilité limitée
GADIP	*Grands arrêts de la jurisprudence française de droit international privé*
GAEC	Groupement agricole d'exploitation en commun
Gaz. Pal.	*Gazette du Palais*
GFA	Groupement foncier agricole
GFR	Groupement foncier rural
IFI	Impôt sur la fortune immobilière
Ind. enr.	*Indicateur de l'enregistrement*
infra	ci-dessous
Instr.	Instruction
ISF	Impôt de solidarité sur la fortune
JCl.	*JurisClasseur Encyclopédie*
JCP E	*JurisClasseur périodique*, édition Entreprises et affaires
JCP G	*JurisClasseur périodique*, édition Générale
JCP N	*JurisClasseur périodique*, édition Notariale et immobilière
JDI	*Journal du droit international* (Clunet)
JO	*Journal officiel* de la République française
JOAN Q	*Journal officiel de l'Assemblée nationale* (Réponses ministérielles à questions écrites)
JOUE	*Journal officiel de l'Union européenne*
Journ. not.	*Journal des notaires et des avocats*
L.	Loi
L. fin.	Loi de finances
L. fin. rect.	Loi de finances rectificative
LME	Loi de modernisation de l'économie

Loi PACTE	Loi relative à la croissance et la transformation des entreprises
Loi TEPA	Loi en faveur du travail, de l'emploi et du pouvoir d'achat
LPF	Livre des procédures fiscales
Ord.	Ordonnance
PACS	Pacte civil de solidarité
préc.	précité
Prop.	Proposition
QPC	Question prioritaire de constitutionnalité
Rapp.	Rapport
RDC	*Revue des contrats*
RD rur.	*Revue de droit rural*
Règl.	Règlement
Rép. gén. not.	*Répertoire général pratique du notariat et de l'enregistrement*
Rép. min.	Réponse ministérielle
Rev. crit. DIP	*Revue critique de droit international privé*
Rev. proc. coll.	*Revue des procédures collectives, civiles et commerciales*
RFN	*Revue fiscale notariale*
RFP	*Revue fiscale du patrimoine*
RJF	*Revue de jurisprudence fiscale*
RJPF	*Revue juridique personnes et famille*
RLDC	*Revue Lamy droit civil*
RTD civ.	*Revue trimestrielle de droit civil*
S.	*Recueil Sirey*
SARL	Société à responsabilité limitée
SASU	Sociétés par actions simplifiée unipersonnelle
SCI	Société civile immobilière
SCPI	Société civile de placement immobilier
Sol. Not.	*Solution Notaire*
supra	ci-dessus
T. civ.	Tribunal civil
TGI	Tribunal de grande instance
V.	Voir
V. égal.	Voir également
V. not.	Voir notamment
V°, V^{is}	*Verbo, Verbis*

Préface

Ce n'est pas un hasard si le guide pratique constitue l'un des genres les plus anciens de la littérature juridique : que l'on y voie un art ou une science, le Droit a, sinon pour unique raison d'être, du moins pour ambition première de régir ou d'orienter, par une application positive ou négative, peu importe, les rapports personnels et sociaux qu'il appréhende. Pour qui accepte d'y voir un mode d'organisation de la vie en société, le guide juridique fait ainsi figure de petit guide du grand guide... Ce qui peut avoir deux finalités assez nettement distinctes.

Le guide juridique peut d'abord être un ouvrage de vulgarisation à l'intention des particuliers qui sont les destinataires finaux du droit : c'est le genre, très en vogue après les grandes codifications, des opuscules qui prétendaient mettre le Droit à la portée de tous les citoyens, puis des encyclopédies juridiques aux reliures bon marché vendues aux ménages par correspondance ou grâce à la persuasion d'un habile représentant placier et qui, le plus souvent, n'ont eu d'autre destinée que de trôner en majesté dans de modestes bibliothèques sous la poussière accumulée des ans. Ce genre littéraire que la communication électronique, en particulier, a largement démodé par l'effet du développement des bases de données ouvertes, des portails juridiques et des forums de discussion en ligne, n'est évidemment pas celui auquel appartient le présent ouvrage.

C'est dans le second genre que se range résolument le présent titre : celui des guides à destination des professionnels du droit, praticiens ou aspirants, notaires, avocats ou magistrats, qui, chacun à sa manière, appréhendent par le concret la matière juridique et ont besoin de disposer d'une assistance fiable et directement mobilisable pour résoudre les difficultés dans lesquelles jette quotidiennement la pratique du Droit. À la différence du précédent, ce genre littéraire demeure plus utile que jamais et il est très heureux que les éditions LexisNexis offrent aux juristes qui consacrent leur activité au droit des successions ou se destinent à sa pratique un nouveau guide dont ils mesureront rapidement tout l'intérêt.

C'est que la complexification contemporaine du droit privé, spécialement familial, rend hautement souhaitable la disposition d'un *vade-mecum*. Le pouvoir législatif et réglementaire en a d'ailleurs conscience qui double la plupart de ses réformes d'instructions ou de circulaires d'application. Mais les éléments de compréhension du Droit que livrent celles-ci sont trop parcellaires et sujets à caution pour répondre aux attentes de ceux qui aspirent à la maîtrise du droit successoral, tandis que les manuels et traités universitaires ne fournissent pas au degré souhaité la concrétisation et la synthèse recherchées.

Nul doute que le présent guide saura répondre à ces attentes insatisfaites. Composé de fiches synthétiques, rigoureusement agencées entre elles sous la coordination de Mme Sarah Torricelli-Chrifi, l'ouvrage couvre l'ensemble de la matière. Partant de l'étude de la dévolution, de la transmission et de l'administration des successions, pour aborder ensuite les règles communes et propres aux différentes libéralités, avant de passer à la liquidation et au partage, pour finir par l'enregistrement, il donne une compréhension éclairée des mécanismes fondamentaux qui gouvernent la matière et toutes les clés d'une bonne pratique. Car schémas, formules, conseils ou mises en garde assurent une liaison constante entre la norme successorale abstraite et son application au cas particulier. À quoi s'ajoutent divers exemples liquidatifs très poussés et de nombreuses fiches pratiques donnant toutes informations pour la rédaction des différents actes du règlement d'une succession. Ce qui achève de faire de ce guide un parfait condensé de la science successorale appliquée. À mettre entre toutes les mains : profanes, pour l'apprentissage, ou aguerries, pour entretenir et consolider le savoir.

Claude BRENNER
Professeur à l'Université Panthéon-Assas Paris 2
Directeur scientifique du JurisClasseur Notarial Formulaire

Sommaire

Liste des auteurs VII

Liste des abréviations IX

Préface XIII

Première partie

SUCCESSIONS

Fiche 1 Successions – Introduction 3

Fiche 2 Successions – Généralités 7

Fiche 3 Droits des parents en l'absence de conjoint successible 15

Fiche 4 Droits du conjoint successible 29

Fiche 5 Dévolutions particulières 43

Fiche 6 Transmission de la succession 53

Fiche 7 Succession vacante et succession en déshérence 71

Fiche 8 Administration de la succession par un mandataire 75

Fiche 9 Pratique notariale 81

Deuxième partie

LIBÉRALITÉS

Fiche 10 Libéralités – Introduction 97

Fiche 11 Dispositions communes 99

Fiche 12 Dispositions propres aux donations entre vifs 115

Fiche 13 Dispositions propres aux donations entre vifs – Révocation 127

Fiche 14 Règles de forme des testaments 135

Fiche 15 Legs 147

Fiche 16 Exécution des dispositions testamentaires 163

Fiche 17 Libéralités à caractère familial 173

Troisième partie

LIQUIDATIONS-PARTAGES

Fiche 18 Liquidations-partages – Introduction 193

Fiche 19 Réserve héréditaire et quotité disponible 195

Fiche 20 Réduction des libéralités excessives 205

Fiche 21 Réduction des libéralités excessives – Cas particuliers 221

Fiche 22 Personnes intéressées au partage – Formes 231

Fiche 23 Masses active et passive 239

Fiche 24 Rapport des libéralités 251

Fiche 25 Droits des parties. Attributions. Effets du partage 267

Fiche 26 Exemples de rapports et de réductions 287

Fiche 27 Aperçus liquidatifs après une donation-partage transgénérationnelle 305

Fiche 28 Distinction des fonds et fruits 309

Quatrième partie

ENREGISTREMENT

Fiche 29 Droits de mutation à titre gratuit – Dispositions communes 317

Fiche 30 Liquidation des droits de mutation à titre gratuit 339

Fiche 31 Droits de mutation par décès – Détermination de l'actif brut successoral 349

Fiche 32 Droits de mutation par décès – Passif et autres déductions 363

Fiche 33 Droits de mutation par décès – Exonérations liées à la qualité du successeur 369

Fiche 34 Droits de mutation par décès – Liquidation et paiement des droits 371

Fiche 35 Droits de mutation par décès – Établissement de la déclaration de succession 379

Fiche 36 Droits de mutation par décès – Contrôle et sanction 385

Fiche 37 Mutations entre vifs – Règles générales de taxation 391

Fiche 38 Mutations entre vifs – Mutations particulières 405

Fiche 39 Droits de mutation à titre gratuit – Exonérations, abattements, tarifs et réductions 415

Cinquième partie

DROIT INTERNATIONAL PRIVÉ

Fiche 40 Successions 423

Fiche 41 Libéralités et pactes successoraux 435

Fiche 42 Cas pratiques 441

Sixième partie

ILLUSTRATIONS PRATIQUES

Fiche 43 Rédiger une notoriété successorale 451
Fiche 44 Rédiger l'option du conjoint survivant 473
Fiche 45 Rédiger une attestation immobilière 489
Fiche 46 Rédiger un partage de succession 499
Fiche 47 Rédiger un inventaire 521
Fiche 48 Rédiger un certificat de mutation 537
Fiche 49 Demander la désignation d'un mandataire successoral 541
Fiche 50 Rédiger un mandat de protection future 547
Fiche 51 Rédiger une donation 565
Fiche 52 Rédiger un legs 581
Fiche 53 Rédiger un testament 597
Fiche 54 Rédiger un testament international 621
Fiche 55 Rédiger une libéralité résiduelle 635
Fiche 56 Rédiger une libéralité graduelle 643
Fiche 57 Rédiger une délivrance de legs 653
Fiche 58 Désigner un exécuteur testamentaire 663
Fiche 59 Rédiger une donation entre époux pendant le mariage 675
Fiche 60 Rédiger une donation-partage 689
Fiche 61 Rédiger une déclaration de succession 707

Index alphabétique 737

Première partie
Successions

Sommaire

Fiche 1 Successions – Introduction 3
Fiche 2 Successions – Généralités 7
Fiche 3 Droits des parents en l'absence de conjoint successible 15
Fiche 4 Droits du conjoint successible 29
Fiche 5 Dévolutions particulières 43
Fiche 6 Transmission de la succession 53
Fiche 7 Succession vacante et succession en déshérence 71
Fiche 8 Administration de la succession par un mandataire 75
Fiche 9 Pratique notariale 81

Fiche 1

Successions – Introduction

1 Le terme succession se définit comme la transmission du patrimoine d'une personne décédée à une ou plusieurs personnes. Dans la pratique, ce mot désigne aussi l'ensemble des biens transmis.

La succession est dite *ab intestat* lorsque le défunt n'a pris aucune disposition testamentaire. C'est à celle-ci principalement que la présente partie sera consacrée.

Un règlement successoral met souvent en œuvre d'autres parties du droit :

– la détermination des personnes appelées à hériter repose presque totalement sur la parenté, qui fait appel à la **filiation** (V. *JCl. Roulois*, Fasc. 1090 et 1095, *Filiation*) ;

– le défunt a pu consentir des **libéralités**, soit entre vifs, soit par testament, ce qui peut poser le problème du respect de la réserve héréditaire, éventuellement du rapport s'il existe plusieurs héritiers (V. Fiche 10 : Libéralités – Introduction et V. Fiche 18 : Liquidation-partage – Introduction) ;

– un **partage** intervient parfois ; l'établissement des masses, tant active que passive, et la fixation des droits des parties peuvent nécessiter une liquidation (V. Fiche 18 : Liquidation-partage – Introduction) ;

– si le défunt était marié, il y a lieu de tenir compte de son **régime matrimonial**, en particulier de ses droits dans une communauté de biens (V. *JCl. Roulois*, Fasc. 1490 et s.) ; s'il n'était pas marié, il peut y avoir à se préoccuper de la conclusion d'un **pacte civil de solidarité** et de l'existence de biens indivis (V. *JCl. Roulois*, Fasc. 1045) ;

– la prohibition **des pactes sur succession future** (V. *JCl. Roulois*, Fasc. 1450, *Droit des obligations*) s'oppose à toute convention sur une succession non encore ouverte, même avec le consentement de celui dont la succession est envisagée, aussi bien qu'à la renonciation à une telle succession, mais la règle comporte de nombreuses exceptions ;

– **l'usufruit** du conjoint survivant conduit à appliquer des règles ressortissant au droit des biens (V. *JCl. Roulois*, Fasc. 1125, *Biens*) ;

– dans certaines situations, il faut se reporter aux règles du **droit international privé** (pour les successions ouvertes à compter du 17 août 2015, le règlement européen du 4 juillet 2012 innove en ce qu'il ouvre le choix de la loi applicable au défunt – loi de la résidence habituelle ou loi nationale – et met en place le certificat successoral européen ; V. fiches 40 à 42) ;

– enfin, l'ouverture d'une succession peut générer des droits de mutation, dont l'étude est traitée *infra* (V. Fiche 29 : Droits de mutation à titre gratuit – Dispositions communes).

Depuis le Code civil, la matière a été modifiée à différentes reprises. En nous en tenant aux dispositions les plus récentes, nous citerons la **loi n° 72-3 du 3 janvier 1972** sur la filiation et celle n° 2001-1135 du 3 décembre 2001 relative aux droits du conjoint survivant et des enfants adultérins et modernisant diverses dispositions du droit successoral. La première de ces lois a posé le principe de l'égalité de statut entre enfants légitimes et enfants naturels et la seconde a supprimé la discrimination à l'égard des enfants adultérins, a accru sensiblement les droits du conjoint survivant et a procédé à divers aménagements du droit des successions, parmi lesquels la pratique notariale retiendra celui concernant la preuve de la qualité d'héritier au moyen d'un acte de notoriété.

Ensuite, la **loi n° 2006-728 du 23 juin 2006** portant réforme des successions et des libéralités a profondément modifié le droit successoral : entre autres, aménagement de certaines règles de dévolution, organisation de l'acceptation à concurrence de l'actif net (qui se substitue à l'acceptation sous bénéfice d'inventaire), amélioration de l'administration du patrimoine successoral par un mandat à effet posthume ou un mandat judiciaire, sans parler d'autres dispositions comme l'assouplissement de la règle de l'unanimité (V. *JCl. Roulois*, Fasc. 1140, *Indivision*), ou l'extension des pouvoirs de l'exécuteur testamentaire (V. Fiche 10 : Libéralités – Introduction). Cette loi est entrée en vigueur le 1er janvier 2007 ; on notera cependant, pour ce qui concerne les successions, deux exceptions relatives respectivement aux articles 738-1 (concernant la dévolution par branches au profit des ascendants) et 813 à 814-1 du Code civil, qui régissent le mandat conventionnel et celui judiciaire. Cet aspect et les régimes antérieurs sont abordés – V. Fiche 9 : Pratique notariale. Le décret n° 2006-1805 du 23 décembre 2006, entré en vigueur le 1er janvier 2007, modifie diverses dispositions du Code de procédure civile et complète celui-ci.

2 On citera encore la **loi n° 2009-526 du 12 mai 2009** de simplification du droit qui simplifie la procédure de renonciation à une succession et met en place une nouvelle modalité de vente de biens indivis par le ou les indivisaires titulaires d'au moins deux tiers des droits indivis.

3 La **loi n° 2015-177 du 16 février 2015** dite de simplification du droit, d'application immédiate, réforme le droit des successions et des libéralités dont le seuil de successibilité des collatéraux ordinaires, les règles d'établissement du testament authentique et la création d'un mode de preuve simplifié de la qualité d'héritier pour les successions d'un faible montant.

4 La **loi n° 2016-1547 du 18 novembre 2016** de modernisation de la justice du XXIe siècle, réforme la procédure d'envoi en possession, l'option successorale ou encore la vacance de la succession, en confiant de nouvelles attributions au notaire.
Ensuite, la **loi n° 2020-936 du 30 juillet 2020** visant à protéger les victimes de violences conjugales (art. 8) a créé un nouveau cas d'indignité successorale facultative.
Dernièrement, **la loi n° 2021-1109 du 24 août 2021** confortant le respect des principes de la République renforce l'importance et la place de la réserve héréditaire dans le droit des successions :
– d'une part, elle instaure, pour les successions ouvertes à compter du 1er novembre 2021, un droit de prélèvement compensatoire en faveur des enfants ressortissants d'un État membre de l'Union européenne lorsque la loi étrangère applicable à la succession ne permet aucun mécanisme réservataire protecteur (V. C. civ., art. 913 et V. *infra*, n° 21) ;
– et, d'autre part, elle impose au notaire liquidateur qui constate, lors du règlement d'une succession, que les droits réservataires d'un héritier sont susceptibles d'être atteints par les libéralités effectuées par le défunt, d'informer l'héritier de son droit de demander la réduction des libéralités qui excèdent la quotité disponible (V. C. civ., art. 921 et V. Fiche 19 : Réserve héréditaire et quotité disponible). Le devoir de conseil du notaire est à cet égard renforcé.

5 L'étude des successions commencera par quelques généralités, notamment sur l'ouverture de la succession.
La succession *ab intestat* est dévolue par la loi aux parents et au conjoint successible du défunt ; il conviendra donc de décrire les droits des parents en l'absence de conjoint successible, puis d'indiquer les droits du conjoint survivant.
Certains biens, en raison de leur origine ou de leur nature, font l'objet d'une dévolution particulière, qu'il faudra relater.
La transmission elle-même du patrimoine du défunt appellera des précisions, notamment quant à l'option successorale : acceptation pure et simple, acceptation à concurrence de l'actif net ou renonciation.
Il faudra ensuite envisager le cas où personne ne revendique la succession et l'hypothèse où une personne décède sans héritier. La succession est alors vacante ou en déshérence.
Puis, nous étudierons l'administration de la succession par un mandataire.
Enfin, quelques considérations pratiques compléteront ces exposés.

• **Textes**

- C. civ., art. 720 à 814-1.
- CPC, art. 1304 à 1357, 1379 à 1381.

POUR ALLER PLUS LOIN

Bibliographie

- B. Beignier et S. Torricelli-Chrifi, *Libéralités et successions*, LGDJ, 5e éd. 2020.
- Cl. Brenner et Ph. Malaurie, *Droit des successions et des libéralités*, LGDJ, 9e éd. 2020.
- M. Grimaldi, *Droit des successions*, LexisNexis, coll. « Manuel », 8e éd. 2020.
- J. Maury, *Successions et libéralités*, LexisNexis, coll. « Objectif droit », 9e éd. 2016.

Sur la réforme résultant de la loi du 3 décembre 2001

- M.-C. Forgeard, R. Crône et B. Gelot, *La réforme des successions (loi du 3 décembre 2001)*, préf. G. Morin, Répertoire du notariat Defrénois, 2002.
- J. Hugot et J.-F. Pillebout, *Les nouveaux droits du conjoint survivant*, Litec, 2002.

Sur la réforme résultant de la loi du 23 juin 2006

- A. Delfosse et J.-F. Péniguel, *La réforme des successions et des libéralités*, préf. M. Grimaldi, Litec, 2006.
- J. Maury, *Successions et libéralités*, LexisNexis, coll. « Objectif droit », 2016.

Sur la réforme résultant de la loi du 16 février 2015

- J. Combret et N. Baillon-Wirtz, *Qu'apporte la loi du 16 février 2015 au droit des personnes et de la famille ? : JCP* N 2015, n° 8-9, 288.

Fiche 2
Successions – Généralités

Sommaire

I Ouverture de la succession 8
A Causes 8
B Date 8
1 Fixation 8
2 Décès dans un même événement 8
C Lieu d'ouverture 9
II Qualités requises pour succéder 10
A Existence 10
B Absence d'indignité 10
1 Causes d'indignité 10
2 Mise en œuvre de l'indignité 11
3 Effets de l'indignité 12
III Pétition d'hérédité 12
A Exercice de l'action 13
B Effets 13

6 L'événement du décès emporte des effets tant patrimoniaux, qu'extrapatrimoniaux. En effet, la question du **prélèvement d'organes** peut surgir, lequel ne peut être effectué que dans certaines conditions (V. CSP, art. 1232-1 et s.). Il y a lieu d'organiser les **funérailles** selon les volontés exprimées par le défunt (L. 25 nov. 1887, art. 3) ; en l'absence d'une telle manifestation de volonté et en cas de désaccord, il appartient aux tribunaux de désigner le membre de la famille le plus qualifié (parfois une personne étrangère à la famille) pour interpréter et exécuter la volonté du défunt (sur la question, V. *JCl. Notarial Formulaire*, V° *Sépulture*. – Sur la concession funéraire, V. Fiche 5 : Dévolutions particulières). En cas de litige sur les funérailles comportant un élément d'extranéité, la Cour de cassation a précisé que « la liberté d'organiser ses funérailles ne relève pas de l'état des personnes mais des libertés individuelles et que la loi du 15 novembre 1887, qui en garantit l'exercice, est une loi de police applicable aux funérailles de toute personne qui décède sur le territoire français » (Cass. 1re civ., 19 sept. 2018, n° 18-20.693 : *JurisData* n° 2018-015914 ; *JCP* G 2018, nos 44-45, 1142, note H. Péroz ; *Dr. famille* 2018, n° 12, comm. 281, note L. Carayon).
En outre, qu'en est-il de la « mort numérique » ? La préoccupation porte sur les données personnelles du défunt. La loi pour une République numérique du 7 octobre 2016 (L. n° 2016-1321, 7 oct. 2016 : *JO* 8 oct. 2016) permet au *de cujus* de définir des directives relatives à la conservation, à l'effacement et à la communication de ses données à caractère personnel ou de désigner une personne chargée de leur exécution. En l'absence d'anticipation, la loi prévoit que les héritiers pourront exercer un droit d'accès aux données personnelles du défunt dans des conditions particulières (art. 40-1, III).

7 Du point de vue strictement patrimonial – celui qui nous intéresse ici –, il est nécessaire de rappeler les règles d'ouverture de la succession, notamment quant à sa date. Il faudra également préciser les conditions requises pour succéder. Enfin, sera envisagée l'hypothèse dans laquelle une personne revendique la qualité de successeur et exerce l'action en pétition d'hérédité à l'encontre d'une autre personne, qui se comporte en successeur du défunt. L'établissement de la preuve d'héritier dans un contexte non conflictuel au moyen de l'établissement de l'acte de notoriété est, quant à lui, étudié *infra* (V. Fiche 9 : Pratique notariale).

• Textes

- C. civ., art. 720 à 814-1.
- CPC, art. 1304 à 1357, 1379 et 1380.

I

Ouverture de la succession

8 L'ouverture de la succession doit être étudiée sous trois aspects : ses causes (A), sa date (B) et son lieu (C).

A Causes

• **Mort**

9 Les successions s'ouvrent par la mort (C. civ., art. 720).
Le décès est régulièrement prouvé par l'acte de décès.

• **Disparition**

10 Lorsqu'une personne est disparue dans des conditions de nature à mettre sa vie en danger et que son corps n'a pu être retrouvé, son décès peut être judiciairement déclaré (C. civ., art. 88).

• **Absence**

11 Le jugement déclaratif d'absence emporte, à partir de sa transcription, tous les effets que le décès établi de l'absent aurait eus (V. C. civ., art. 128, al. 1er) et par conséquent l'ouverture de sa succession (V. *JCl. Roulois*, Fasc. 1040, *Absence*).
Si l'absent reparaît ou si son existence est prouvée postérieurement au jugement déclaratif d'absence, l'annulation de ce jugement doit être poursuivie à la requête du procureur de la République ou de toute partie intéressée, étant précisé que le dispositif du jugement d'annulation est publié sans délai (V. C. civ., art. 129).

B Date

12 La date d'ouverture de la succession est importante à divers égards, puisque c'est à ce moment que l'on se place pour :
- rechercher si un héritier réunit les qualités légales pour succéder (V. *infra*, II) ;
- déterminer la loi applicable en cas de réforme ;
- fixer la vocation successorale des héritiers ;
- lorsque le défunt, laissant des héritiers réservataires, a consenti des libéralités, vérifier que celles-ci n'excèdent pas la quotité disponible (V. Fiche 10 : Libéralités - Introduction) ;

1 Fixation

• **Décès**

13 Lorsque le décès est connu, ce qui constitue la très grande majorité des cas, la date d'ouverture de la succession est celle du décès, telle qu'elle figure dans l'acte de décès.
Si l'acte de décès comporte une erreur, cette dernière peut être rectifiée dans les termes de l'article 99 du Code civil (V. *JCl. Roulois*, Fasc. 1020, *État civil*).

• **Autres causes**

14 En cas de disparition, le jugement déclaratif du décès doit fixer la date du décès (C. civ., art. 90, al. 3).
Dans l'hypothèse de l'absence, le jugement déclaratif d'absence produit les effets du décès à compter du jour de la transcription du jugement sur les registres des décès du lieu du domicile de l'absent ou de sa dernière résidence (C. civ., art. 128, al. 1). Cette transcription est mentionnée en marge de l'acte de naissance de la personne déclarée absente (C. civ., art. 127, al. 2).

2 Décès dans un même événement

15 Il peut être nécessaire de déterminer l'instant précis du décès. Il en va ainsi particulièrement lorsque plusieurs personnes, susceptibles d'hériter les unes des autres, décèdent dans le même événement. L'ordre des décès est alors important ; en effet, les héritiers du dernier décédé recueillent tous les biens des comourants.
À l'origine, si les circonstances ne permettaient pas de déterminer l'ordre des décès, il fallait appliquer les présomptions légales de survie, connues sous la dénomination de théorie des comourants. Fondées sur l'âge ou encore le sexe, ces présomptions ont été abrogées par la réforme du 3 décembre 2001. Nous étudierons le régime applicable depuis le 1er juillet 2002, en invitant le lecteur à se reporter *infra* (V. Fiche 9 : Pratique notariale) pour l'exposé de la théorie des comourants.

• **Ordre établi par tous moyens**

16 L'article 725-1 du Code civil dispose, dans son premier alinéa, que lorsque deux personnes, dont l'une avait vocation à succéder à l'autre, périssent dans un même événement, l'ordre des décès est établi par tous moyens.

• **Solution subsidiaire**

17 Si cet ordre ne peut être déterminé, la succession de chacune des deux personnes est dévolue sans que l'autre y soit appelée (V. égal. Cass. 1re civ., 8 févr. 2005 : *JurisData* n° 2005-026880). Toutefois, si l'un des codécédés laisse des descendants, ceux-ci peuvent représenter leur auteur dans la succession de l'autre lorsque la représentation est admise (C. civ., art. 725-1, al. 2 et 3).

EXEMPLE Maurice, qui est veuf, a deux enfants : Luc et Anne, qui a elle-même un fils, Bruno. Maurice et Anne sont tués dans un accident de la route sans qu'il soit possible de déterminer l'ordre des décès. La succession d'Anne est recueillie par Bruno, son fils. Celle de Maurice est dévolue à Luc, son fils, et à Bruno, son petit-fils venant par représentation de sa mère, pour moitié chacun.

C Lieu d'ouverture

• **Dernier domicile**

18 L'article 720 du Code civil précise que la succession s'ouvre au dernier domicile du défunt. Il reprend la règle édictée par l'ancien article 110 du Code civil.

• **Importance pratique**

19 **La détermination du dernier domicile présente une grande importance.** Ainsi c'est au greffe du tribunal judiciaire du dernier domicile qu'est déclarée l'acceptation à concurrence de l'actif net ou encore la renonciation à la succession (sauf à ce que, pour les successions ouvertes à compter du 1er novembre 2017, la déclaration de l'acceptation ou de la renonciation soit faite devant notaire ; V. Fiche 6 : Transmission de la succession).

20 **Procédure civile.** En matière de succession, sont portées devant la juridiction dans le ressort de laquelle est ouverte la succession jusqu'au partage inclusivement :
– les demandes entre héritiers (notamment celle en partage : C. civ., art. 841) ;
– celles formées par les créanciers du défunt ;
– les demandes relatives à l'exécution des dispositions à cause de mort (CPC, art. 45).
Pour plus de développements, V. *JCl. Roulois, Libéralités et Procédure civile*.

21 **Droit international privé.** En la matière, le **règlement (UE) n° 650/2012 du 4 juillet 2012** innove puisqu'il abandonne la distinction : succession immobilière (application de la loi du pays où se trouvent les immeubles) et succession mobilière (application de la loi du pays dans lequel le défunt a eu son dernier domicile). Ainsi, pour les **successions ouvertes à compter du 17 août 2015**, une seule loi est applicable à la succession, celle de l'État dans lequel le défunt avait sa résidence habituelle au moment de son décès (Règl., art. 21). À l'égard de tous les pays liés par le règlement, cette loi ainsi désignée est reconnue seule compétente pour régler l'ensemble de la succession (en quelque lieu que se trouvent les biens appartenant au défunt). Le *de cujus* a toutefois la possibilité de désigner par écrit sa loi nationale, qui se substitue ainsi à la loi de la dernière résidence habituelle (Règl., art. 22, § 1).
Il importe de préciser que la Cour de cassation a considéré par deux arrêts du 27 septembre 2017 qu'une loi étrangère désignée par la règle de conflit qui ignore la réserve héréditaire n'est pas en soi contraire à l'ordre public international français. En conséquence, si la loi désignée par le règlement ou par la volonté du défunt ne prévoit pas cette protection, elle ne heurte pas l'ordre public international dans la mesure où elle ne conduit pas à une situation incompatible avec les principes du droit français considérés comme essentiels. Les arrêts visent plus précisément le cas dans lequel un héritier serait laissé dans une situation de précarité économique ou de besoin (Cass. 1re civ., 27 sept. 2017, nos 16-17.198 et 16-13.151 : *JurisData* nos 2017-018703 et 2017-018698 ; *JCP* N 2018, 1110, n° 2, chron. R. Le Guidec ; *AJ fam.* 2017, 598, obs. Lagarde, Meier-Bourdeau, Savouré et Kessler ; *JCP* G 2017, 1236, note Nourissat et Revillard ; *JCP* N 2017, 1305, note Fongaro ; *Defrénois* 2017, n° 22, p. 26, note Goré ; *RTD civ.* 2017, p. 833, Usunier ; *Defrénois* 2017, n° 22, p. 1, Grimaldi ; *Dr. famille* 2017, n° 11, comm. 230, Nicod ; *RLDC* nov. 2017, 6374, n° 153, p. 30, Torricelli-Chrifi). En revanche, si la réserve héréditaire ne relève pas de l'ordre public international, elle relève de l'ordre public interne dès lors que la loi française est désignée. Ainsi, des dispositions testamentaires, nonobstant le jugement d'*exequatur*, ne peuvent y porter atteinte (Cass. 1re civ., 4 juill. 2018, nos 17-16.515 et 17-16.522, FS-PB : *JurisData* n° 2018-011782 ; *JCP* N 2018, n° 41, 1313, n° 4, obs. É. Fongaro. – A. Tani, *La*

réserve héréditaire : règle d'ordre public ou règle impérative ? : JCP N 2019, 1122).
On relèvera que la loi n° 2021-1109 du 24 août 2021 confortant le respect des principes de la République a instauré, pour les successions ouvertes à compter du 1er novembre 2021, un droit de prélèvement compensatoire en faveur des enfants ressortissants d'un État membre de l'Union européenne lorsque la loi étrangère applicable à la succession ne permet aucun mécanisme réservataire protecteur (V. C. civ., art. 913 nouveau) et que la succession comprend des biens situés en France (V. Fiche 40 : Successions).

22 **Déclaration de succession.** Enfin, c'est au bureau d'enregistrement du domicile du défunt que doit être déposée la déclaration de succession (V. Fiche 35 : Établissement de la déclaration de succession).

II Qualités requises pour succéder

23 Pour recueillir une succession, il faut :
– exister au moment de son ouverture (A) ;
– et ne pas être indigne de succéder au défunt (B).

A Existence

• Critères d'existence

24 L'article 725 du Code civil énonce que, pour succéder, il faut exister à l'instant de l'ouverture de la succession.

25 **Enfant conçu.** Ne peuvent succéder : celui qui n'est encore conçu, l'enfant qui n'est pas né viable (même texte). Mais l'enfant qui, à l'époque de l'ouverture de la succession, est conçu peut venir à celle-ci, à la seule condition de naître viable.

26 **Date de la conception.** Celle-ci se calcule selon la présomption de durée légale de grossesse édictée par l'article 311 du Code civil (V. *JCl. Roulois*, Fasc. 1090, *Filiation*).
Sauf preuve contraire, sera réputé conçu avant le décès du *de cujus* l'enfant né moins de trois cents jours et plus de cent quatre-vingts jours après celui-ci. Au cours de cette période, les cohéritiers de l'enfant ont le droit de prendre des mesures conservatoires, mais n'ont pas celui de provoquer le partage qui ne peut pas non plus être demandé au nom de l'enfant.
En ce qui concerne les parents du degré subséquent qui ne sont pas héritiers, puisque l'enfant est investi de la succession sous la condition de naître viable, on décide qu'ils ont néanmoins le droit de se faire autoriser par justice à prendre des mesures conservatoires laissées à l'appréciation des tribunaux.

27 **Absent.** Peut succéder celui dont l'absence est présumée selon l'article 112 du Code civil (C. civ., art. 725), mais non l'absent déclaré, qui est considéré comme décédé (C. civ., art. 128. – V. *JCl. Roulois*, Fasc. 1040, *Absence*) ; cependant, dans certaines situations, des droits pourront naître au profit des descendants de l'absent déclaré, par l'effet de la représentation (V. Fiche 3 : Droits des parents en l'absence de conjoint successible).

• Preuve de la viabilité

28 C'est à celui qui prétend qu'un enfant est né vivant de le prouver par tous les moyens légaux.
D'autre part, lorsqu'un demandeur a établi que l'enfant aux droits duquel il se présente est né vivant, c'est à ses contradicteurs à prouver qu'il n'est pas né viable, car la viabilité est toujours présumée comme étant le fait le plus ordinaire.

B Absence d'indignité

29 L'indignité est une peine privée consistant à exclure de la succession un héritier, en raison de comportements ou d'agissements envers la personne du défunt.

1 Causes d'indignité

30 La loi du 3 décembre 2001 a ajouté des causes d'indignité successorale à celles existant déjà, en particulier en prévoyant des cas d'indignité facultative (pour les dispositions antérieures, V. Fiche 9 : Pratique notariale).

• **Indignité de plein droit**

31 L'article 726 du Code civil déclare indignes de succéder et, comme tels, exclus de la succession :
1) celui qui est condamné, comme auteur ou complice, à une peine criminelle pour avoir volontairement donné ou tenté de donner la mort au défunt ;
2) celui qui est condamné, comme auteur ou complice, à une peine criminelle pour avoir volontairement porté des coups ou commis des violences ou voies de fait ayant entraîné la mort du défunt sans intention de la donner.

• **Indignité facultative**

32 L'indignité peut être déclarée sur le fondement de l'article 727 du Code civil, en raison d'une condamnation, mais aussi en l'absence de condamnation.

33 **Condamnation.** Peuvent être déclarés indignes de succéder :
1) celui qui est condamné, comme auteur ou complice, à une peine correctionnelle pour avoir volontairement donné ou tenté de donner la mort au défunt ;
2) celui qui est condamné, comme auteur ou complice, à une peine correctionnelle pour avoir volontairement porté des coups ou commis des violences ou voies de fait ayant entraîné la mort du défunt sans intention de la donner ;
3) celui qui est condamné pour témoignage mensonger porté contre le défunt dans une procédure criminelle ;
4) celui qui est condamné pour s'être volontairement abstenu d'empêcher soit un crime soit un délit contre l'intégrité corporelle du défunt d'où il est résulté la mort, alors qu'il pouvait le faire sans risque pour lui ou pour les tiers ;
5) celui qui est condamné pour dénonciation calomnieuse contre le défunt lorsque, pour les faits dénoncés, une peine criminelle était encourue (C. civ., art. 727).
La loi n° 2020-936 du 30 juillet 2020 visant à protéger les victimes de violences conjugales (art. 8) a créé un nouveau cas d'indignité successorale facultative puisque celui qui est condamné comme auteur ou complice à une peine criminelle ou correctionnelle pour avoir commis des actes de torture, de barbarie, des violences volontaires, un viol ou des agressions sexuelles envers le défunt peut être déclaré indigne de lui succéder (C. civ., art. 727, 2° bis).

34 **Après extinction de l'action publique.** Peuvent également être déclarés indignes de succéder ceux qui ont commis des actes mentionnés aux 1 et 2 et à l'égard desquels, en raison de leur décès, l'action publique n'a pu être exercée ou s'est éteinte.

• **Trouble mental**

35 **Mort donnée sous l'empire d'un trouble mental.** Sur l'inapplicabilité de l'article 727 du Code civil au cas d'un enfant parricide ayant bénéficié d'un non-lieu à l'issue de l'instruction pénale en raison de la pathologie psychiatrique dont il souffrait, V. Cass. 1re civ., 28 mars 2012, n° 11-10.393 : *RTD civ.* 2012, 757, obs. M. Grimaldi.

• **Volonté du défunt**

36 L'article 728 du Code civil dispose que n'est pas exclu de la succession le successible frappé d'une cause d'indignité prévue aux articles 726 et 727 du Code civil, lorsque le défunt, postérieurement aux faits et à la connaissance qu'il en a eue, a précisé, par une déclaration expresse de volonté en la forme testamentaire, qu'il entend le maintenir dans ses droits héréditaires ou lui a fait une libéralité universelle ou à titre universel.

• **Droit transitoire**

37 **Principes.** On rappelle que la loi du 3 décembre 2001 est entrée en vigueur le 1er juillet 2002 (L. 3 déc. 2001, art. 25, I).
Les causes de l'indignité successorale sont déterminées par la loi en vigueur au jour où les faits ont été commis. Cependant, les dispositions transitoires de la loi du 3 décembre 2001 réservent deux cas d'indignité facultative d'application rétroactive : l'homicide volontaire et la dénonciation calomnieuse visés aux 1° et 5° de l'article 727 du Code civil qui sont applicables aux faits commis avant le 1er juillet 2002 (L. 3 déc. 2001, art. 25, II, 3°).

38 **Application.** Une cause facultative d'indignité ne saurait être invoquée dans une succession ouverte avant le 1er juillet 2002. Cependant, des faits commis avant le 1er juillet 2002 pourraient causer une demande de déclaration (facultative) d'indignité pour une succession ouverte à compter du 1er juillet 2002.

2 Mise en œuvre de l'indignité

• **Indignité de plein droit**

39 Aucun jugement particulier n'est nécessaire lorsque l'indignité est de plein droit. Cependant, si la cause d'indignité est contestée, le

recours au juge peut s'imposer, afin qu'il constate l'existence d'un cas d'indignité.

• **Indignité facultative**

40 La mise en œuvre de la déclaration d'indignité, lorsque la cause est facultative, est précisée par l'article 727-1 du Code civil.

41 **Jugement.** La déclaration d'indignité prévue à l'article 727 du Code civil est prononcée après l'ouverture de la succession par le tribunal judiciaire.

42 **Demande.** La demande de déclaration de l'indignité est présentée par un autre héritier ; en l'absence d'héritier, la demande peut être formée par le ministère public.
La demande doit être formée dans les six mois, savoir :
– du décès si la décision de condamnation ou la déclaration de culpabilité est antérieure au décès ;
– ou de cette décision, si elle est postérieure au décès.

3 Effets de l'indignité

43 Toute personne intéressée peut se prévaloir de l'indignité successorale : cohéritier, héritier subséquent, légataire.

• **Exclusion de la succession**

44 **Succession *ab intestat*.** L'indignité n'exclut que de la succession *ab intestat*. Si l'indigne est à la fois héritier et légataire, seule sa qualité d'héritier est détruite par l'indignité. Le legs ne peut être remis en question que par la voie de l'action en révocation pour ingratitude, qui diffère sensiblement de l'indignité (V. Fiche 10 : Libéralités – Introduction).

45 **Effet relatif.** L'indignité est limitée à la seule succession de la victime. Dans une succession ultérieure, l'indigne peut venir par représentation de celui auquel il a été indigne de succéder. De même, l'indigne peut recueillir la succession d'une personne ayant bénéficié de son exclusion et bénéficier ainsi indirectement de tout ou partie des biens de sa victime.

46 **Rétroactivité.** Les effets de l'indignité rétroagissent au jour du décès.
N'ayant jamais été héritier, l'indigne est tenu, par l'article 729 du Code civil, de rendre tous les fruits et tous les revenus dont il a eu la jouissance depuis l'ouverture de la succession (C. civ., art. 729).

• **Enfants de l'indigne**

47 **Vocation à la succession.** L'article 729-1 du Code civil, issu de la loi du 3 décembre 2001, dispose que les enfants de l'indigne ne sont pas exclus par la faute de leur auteur, soit qu'ils viennent à la succession de leur chef, soit qu'ils y viennent par l'effet de la représentation.
L'article 754 du Code civil dispose que les enfants nés ou conçus avant l'ouverture de la succession (dont l'indigne est exclu) rapportent à la succession de l'indigne les biens recueillis en son lieu et place, s'ils viennent en concours avec des enfants conçus après l'ouverture de la succession dont l'indigne a été écarté. La règle tend à mettre les enfants de l'indigne à égalité, qu'ils aient été conçus avant ou après l'ouverture de la succession dont l'indigne a été exclu.

48 **Jouissance légale.** L'indigne ne peut, en aucun cas, réclamer, sur les biens de la succession, la jouissance que la loi accorde aux père et mère sur les biens de leurs enfants (C. civ., art. 729-1).

III Pétition d'hérédité

49 L'action en pétition d'hérédité peut être définie comme celle par laquelle un héritier ou un légataire soit universel soit à titre universel tend à faire reconnaître sa qualité de successeur à l'encontre d'un tiers se comportant également en successeur de tout ou partie des biens successoraux.
Cette action n'est réglementée par aucun texte, en sorte que les règles ont été établies par la jurisprudence et la doctrine.

A Exercice de l'action

• **Parties**

50 **Demandeur.** L'action en pétition d'hérédité appartient à toute personne qui est en situation de faire valoir une vocation successorale. Il peut s'agir notamment :
- d'héritiers *ab intestat* ;
- de légataires universels ou à titre universel.

Le caractère indivisible de la saisine (V. Fiche 6 : Transmission de la succession) permet à l'un des successeurs d'agir pour le tout, et pas seulement dans la limite de sa part. De même, le caractère virtuel de la saisine autorise un successeur d'un rang éloigné à agir, si un successeur venant en rang utile ne se manifeste pas.

51 **Défendeur.** La pétition d'hérédité s'exerce contre une personne qui se comporte en successeur universel du défunt quelle que soit l'importance des biens successoraux qu'elle détient : pour le demandeur à l'action il s'agit de faire reconnaître sa vocation successorale et non de revendiquer tel ou tel bien. À titre d'exemple, on peut retenir le cas d'un parent éloigné ayant appréhendé des biens successoraux dans l'ignorance de l'existence d'un parent plus proche.

• **Prescription**

52 Il existe une incertitude sur le délai de prescription de l'action en pétition d'hérédité depuis la réforme de la prescription n° 2008-561 du 17 juin 2008. Si cette action est considérée comme réelle immobilière, elle se prescrit par trente ans à compter du jour où l'héritier a connu ou aurait dû connaître l'existence de ses droits successoraux (C. civ., art. 2227). En revanche, le délai est réduit à cinq ans si elle est perçue comme personnelle (C. civ., art. 2224). Cependant, ce délai doit tenir compte du délai d'option successorale de dix ans à compter de l'ouverture de la succession (C. civ., art. 780) : s'il est dépassé, l'héritier ne pourra plus agir en pétition d'hérédité.

• **Preuve**

53 Le demandeur qui se prétend **héritier** doit établir son lien de parenté avec le défunt. La parenté résulte de filiations, dont l'établissement peut résulter d'un titre (acte de naissance ; jugement ; reconnaissance) ou de la possession d'état (V. *JCl. Roulois*, Fasc. 1090, *Filiation*). Cependant, la preuve par les actes de l'état civil peut être difficile à administrer, voire impossible, lorsqu'il faut remonter loin dans le temps ; la jurisprudence admet alors que la preuve puisse être apportée par tous moyens. Cependant, la Cour de cassation exclut toute recherche d'ADN à des fins généalogiques, l'article 16-11 du Code civil étant d'interprétation stricte (Cass. 1re civ., 14 mars 2018, n° 17-12.060 : *JurisData* n° 2018-003718 ; *Dr. famille* 2018, nos 7-8, comm. 188, A. Tani).
Si c'est la qualité de **légataire** qui est invoquée, elle résulte de la production du testament.

B Effets

54 Cette action a pour objet de permettre à l'héritier de recouvrer ses droits.

• **Entre les parties**

55 Lorsqu'il existe plusieurs héritiers, le succès de l'action en pétition d'hérédité implique un nouveau partage. Vis-à-vis du défendeur, il y a lieu à restitutions.
Les modalités de la restitution des biens successoraux au véritable héritier s'apprécient suivant la bonne ou mauvaise foi du défendeur (ou « possesseur de l'hérédité »).

56 **Fruits et détériorations.** Lorsqu'il est de bonne foi, l'héritier apparent conserve les fruits jusqu'au jour où il a eu connaissance du vice de son titre (en général, au moment de l'introduction de l'instance) (CA Chambéry, 14 mars 1990 : *JurisData* n° 1990-043800 ; *RTD civ.* 1992, p. 803, obs. J. Patarin ; *D.* 1992, somm. p. 227, obs. F. Lucet) et ne répond pas des détériorations. À l'inverse, s'il est de mauvaise foi, il est tenu des dégradations mêmes survenues par cas fortuit et doit restituer tous les fruits.

57 **Aliénations.** Le défendeur de bonne foi doit restituer le prix de vente des biens dont il a disposé à titre onéreux. Les biens aliénés à titre gratuit doivent être restitués en nature à l'héritier véritable.
Lorsqu'il est de mauvaise foi, l'héritier apparent doit restituer la valeur réelle des biens dont il a disposé à titre gratuit ou à titre onéreux.

• **À l'égard des tiers**

58 **Tiers de bonne foi.** De façon à pallier une application rigoureuse à l'égard des tiers de l'absence de droits successoraux du défendeur, il est admis par une jurisprudence ancienne et la doctrine :
- que les actes d'administration passés avec des tiers de bonne foi doivent être maintenus

(Cass. civ., 11 frimaire an IX : *S.* 1801, 1, p. 371. – CA Bourges, 24 mai 1823 : *S.* 1824, 2, p. 40) ;
– que la vente d'un meuble corporel par le défendeur au profit d'un acquéreur de bonne foi ne peut être contestée dès lors que ce dernier est protégé par la règle de l'article 2279 du Code civil, devenue l'article 2276 du même code (« en fait de meubles, la possession vaut titre »).
– que, sous le nom de « théorie de l'héritier apparent », ne peut être contestée la vente d'un immeuble par le défendeur, que ce dernier soit de bonne ou mauvaise foi, dès lors que le tiers acquéreur est de bonne foi et a été victime de l'erreur commune (Cass. civ., 16 janv. 1843, 3 arrêts : *DP* 1843, 1, p. 49. – Cass. req., 4 août 1885 : *DP* 1886, 1, p. 310. – Cass. req., 20 mai 1935 : *Journ. not.*, art. 38786 ; *Rép. gén. not.*, art. 24284. – Cass. 1re civ., 9 janv. 1996 : *JCP* G 1997, I, 4010, n° 3, obs. H. Périnet-Marquet).

POUR ALLER PLUS LOIN

Fascicule JurisClasseur

• *JCl. Notarial Formulaire*, V° *Notoriété, Partage de succession*.

Bibliographie

• M. Grimaldi, *Droit des successions*, LexisNexis, coll. « Manuel », 8e éd. 2020.

Fiche 3

Droits des parents en l'absence de conjoint successible

Sommaire

Introduction ... 15
I Les règles de dévolution ... 16
A Lien de filiation ... 16
B Principes de dévolution ... 16
1 Les ordres ... 16
2 Les degrés ... 17
C Correctifs ... 18
1 La représentation ... 18
2 Division par branches : la fente ... 21
II Application des règles ... 21
A Ordre des descendants ... 21
B Ordre des père et mère et des collatéraux privilégiés ... 22
C Ordre des ascendants ordinaires ... 23
D Ordre des collatéraux ordinaires ... 25
E Arbre généalogique et méthode de recherche des quotités héréditaires ... 26
1 Arbre généalogique ... 26
2 Méthode de recherche des quotités héréditaires ... 27

Introduction

59 La succession est dite *ab intestat* lorsque le défunt n'a pris aucune disposition à cause de mort, c'est-à-dire qu'il n'a pas rédigé de testament contenant des dispositions patrimoniales. Dans ce cas, la succession est dévolue par la loi aux parents (*lato sensu*) et au conjoint successible du défunt (C. civ., art. 731 ; sur le droit antérieur, V. Fiche 9 : Pratique notariale).

Les droits des parents en présence du conjoint successible sont étudiés *infra* (V. Fiche 4 : Droits du conjoint successible), en raison de leur régime spécial (on se contentera d'énoncer que le survivant des époux peut être appelé à la succession en concours avec les descendants – premier ordre – et les père et mère – second ordre – mais qu'il écarte les ascendants ordinaires ainsi que les collatéraux privilégiés et ordinaires).

La parenté peut être en **ligne directe** : l'héritier descendant du défunt ou, inversement, le défunt descend de l'héritier ; elle peut être **collatérale** : l'héritier et le défunt ne descendent pas l'un de l'autre, mais ont un ancêtre commun. Les liens de parenté supposent bien entendu que la filiation soit établie (V. *JCl. Roulois*, Fasc. 1090 et 1095).

La loi ne considère ni la nature ni l'origine des biens pour en régler la succession, mais cette règle comporte des exceptions : certains biens sont dévolus en considération soit de leur origine (il s'agit de succession anomale ou, en d'autres termes, de retour légal) soit de leur nature. Ces dévolutions seront étudiées plus loin (V. Fiche 5 : Dévolutions particulières).

Enfin, à défaut de parents et de conjoint successibles, la succession est en déshérence et peut être appréhendée par l'État, au titre de sa souveraineté et non en qualité d'héritier. Pour cette raison, cette transmission sera étudiée avec les dévolutions particulières (V. Fiche 5 : Dévolutions particulières).

• **Textes**

• C. civ., art. 725 à 755.

I

Les règles de dévolution

60 Après avoir au préalable rappelé quelques règles de filiation (A), il importe d'envisager les principes de dévolution (B) ainsi que leurs correctifs (C).

A Lien de filiation

• Filiation

61 L'article 733 du Code civil, issu de la loi du 3 décembre 2001, énonce dans son premier alinéa que la loi ne distingue pas selon les modes d'établissement de la filiation pour déterminer les parents appelés à succéder.
Rappelons que l'ordonnance n° 2005-759 du 4 juillet 2005 a supprimé la distinction entre filiation légitime et filiation naturelle (V. *JCl. Roulois*, Fasc. 1090, *Filiation*).

• Filiation adoptive

62 Les droits résultant de la filiation adoptive sont réglés au titre de l'adoption (C. civ., art. 733, al. 2).

63 **Adoption plénière.** L'adoption plénière entraîne la rupture avec la famille d'origine, en sorte que l'adopté n'a aucune vocation successorale dans sa famille par le sang. Dans sa famille adoptive, il a les mêmes droits qu'un enfant dont la filiation est établie par l'effet de la loi, d'une reconnaissance volontaire ou de la possession d'état (C. civ., art. 356 et 358. – V. *JCl. Roulois*, Fasc. 1095, *Adoption*).

64 **Adoption simple.** L'enfant adopté selon l'adoption simple conserve ses droits héréditaires dans sa famille d'origine (C. civ., art. 364, al. 1er). Il a dans la famille de l'adoptant les droits successoraux d'un enfant légitime (C. civ., art. 368, al. 1er) ; cependant ni lui ni ses descendants n'ont la qualité d'héritier réservataire à l'égard des ascendants de l'adoptant (même article, dernier alinéa).
L'article 368-1 du Code civil dispose, dans son premier alinéa, que si l'adopté meurt sans descendants (et sans conjoint survivant, V. Fiche 4 : Droits du conjoint successible), les biens donnés par l'adoptant ou recueillis dans sa succession retournent à l'adoptant ou à ses descendants. Les biens reçus par l'adopté à titre gratuit de ses père et mère retournent pareillement à ces derniers ou à leurs descendants (sur ces successions anomales, V. Fiche 5 : Dévolutions particulières). Le surplus des biens de l'adopté se divise par moitié entre la famille d'origine et la famille de l'adoptant (C. civ., art. 368-1, al. 2) ; cette fente entre famille d'origine et famille adoptive s'explique parfaitement si l'on considère que l'enfant entre dans cette dernière famille sans qu'il y ait rupture avec sa famille par le sang.

B Principes de dévolution

1 Les ordres

• Quatre ordres

65 Les ordres sont précisés par l'article 734 du Code civil.

66 **Descendants.** Le premier ordre comprend les enfants et leurs descendants (petits-enfants, arrière-petits-enfants).

67 **Ascendants privilégiés et collatéraux privilégiés.** Le second ordre comprend les père et mère, les frères et sœurs et les descendants de ces derniers (neveux et nièces).

68 **Ascendants ordinaires.** Les ascendants autres que les père et mère constituent le troisième ordre (ce sont les grands-parents et arrière-grands-parents).

69 **Collatéraux ordinaires.** Le quatrième ordre comprend les collatéraux autres que les frères et sœurs et les descendants de ces derniers. Ce sont donc les descendants des ascendants ordinaires, c'est-à-dire : les oncles et tantes, cousins, cousines, grands-oncles et grand-tantes, et cousins.

• Exclusion des ordres suivants

70 **Principe.** Chacune de ces quatre catégories constitue un ordre d'héritiers qui exclut les suivants (C. civ., art. 734, dernier al.).

71 **Tempérament.** Du fait de la division par branches dans certains cas (V. *infra*, C, 2), qui divise la succession – branches paternelle et maternelle –,

l'ascendant privilégié d'une ligne peut se trouver appelé avec des ascendants ordinaires de l'autre ligne. Cependant, l'ascendant d'une ligne exclut bien, dans sa ligne, l'ascendant du degré suivant. Ainsi, le père peut (la mère étant décédée) être en concours avec le grand-père maternel, mais il exclut les grands-parents paternels.

2 Les degrés

72 À l'intérieur de chaque ordre, intervient le critère du degré de parenté : les parents les plus proches du défunt excluent les plus éloignés (sauf le jeu de la représentation et celui de la division par branches, V. C. civ., art. 744, al. 1er et 3).

73 La proximité de parenté s'établit par le nombre de générations ; chaque génération s'appelle un degré (C. civ., art. 741).
La suite de degrés forme la ligne (C. civ., art. 742, al. 1er).

• Ligne directe

74 **Définition.** La ligne directe correspond à la suite des degrés entre personnes qui descendent l'une de l'autre. On distingue la ligne directe descendante et la ligne directe ascendante (C. civ., art. 742).

75 **Décompte des degrés.** En ligne directe, on compte autant de degrés qu'il y a de générations entre les personnes : ainsi, le fils est, à l'égard du père, au premier degré, le petit-fils au second ; et réciproquement du père et de l'aïeul à l'égard des fils et petit-fils (C. civ., art. 743, al. 1er).

• Ligne collatérale

76 **Définition.** La ligne collatérale correspond à la suite des degrés entre personnes qui ne descendent pas les unes des autres, mais qui descendent d'un auteur commun (C. civ., art. 742).

77 **Décompte des degrés.** En ligne collatérale, les degrés se comptent par génération, depuis l'un des parents jusque et non compris l'auteur commun, et depuis celui-ci jusqu'à l'autre parent. Ainsi, deux frères sont au deuxième degré ; l'oncle et le neveu sont au troisième degré ; les cousins germains au quatrième ; ainsi de suite (C. civ., art. 743, al. 2 et 3).

• Schéma

78 **Présentation.**

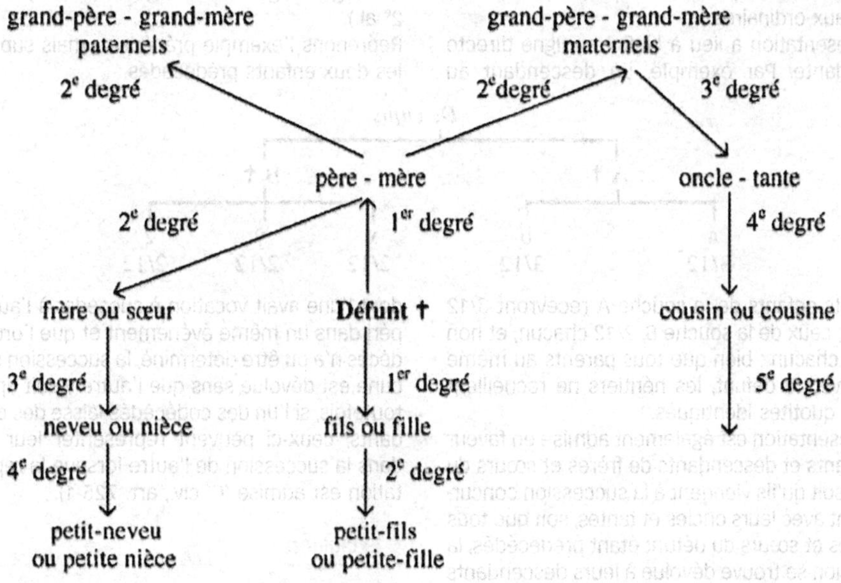

• Limite

79 L'article 745 du Code civil, dans sa rédaction issue de la loi du 3 décembre 2001, dispose que les parents collatéraux ne succèdent pas au-delà du sixième degré. La loi n° 2015-177 du 16 février 2015 précise que ce seuil de successibilité ne concerne que les collatéraux ordinaires.

C Correctifs

80 Le principe est donc le suivant : dans chaque ordre, le parent le plus proche exclut le plus éloigné en degré. Cette règle est susceptible de deux correctifs : la représentation (1°) et la division par branches (2°).

1 La représentation

81 L'article 751 du Code civil définit la représentation comme une fiction juridique qui a pour effet d'appeler à la succession les représentants aux droits du représenté.

82 **Exemple** : une personne décède, laissant un enfant et trois petits-enfants nés d'un second enfant prédécédé. Par la règle du plus proche degré de parenté, l'enfant survivant aurait exclu les petits-enfants. La représentation permet à ces derniers de se hisser au même degré que l'enfant, en prenant la place de leur père ou de leur mère prédécédé.

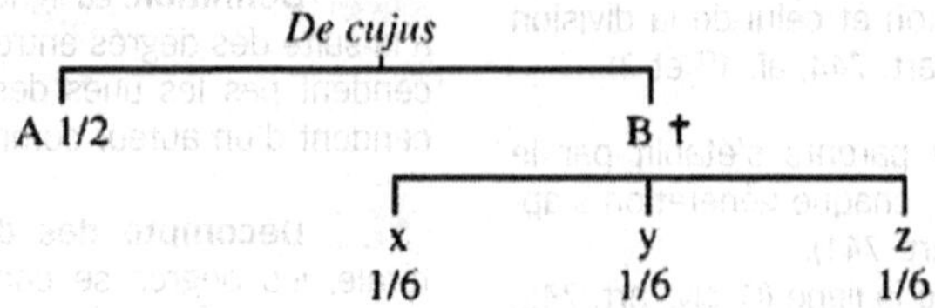

a) Domaine

• Cas où il y a représentation

83 **Bénéficiaires.** La représentation ne joue qu'au bénéfice des **descendants** ou des **collatéraux privilégiés**. Elle n'a pas lieu en faveur des ascendants ; le plus proche dans chacune des deux lignes exclut toujours le plus éloigné (C. civ., art. 752-1). Elle n'a pas lieu non plus en faveur des collatéraux ordinaires.
La représentation a lieu à l'infini en ligne directe descendante. Par exemple, un descendant au quatrième degré (arrière-arrière-petit-fils) peut venir en concours avec un fils du défunt.

84 **Un ou plusieurs prédécès.** La représentation est admise dans tous les cas, soit que les enfants du défunt concourent avec les descendants d'un enfant prédécédé, soit que tous les enfants du défunt étant morts avant lui, les descendants desdits enfants se trouvent entre eux en degrés égaux ou inégaux (C. civ., art. 752, 2e al.).
Reprenons l'exemple précédent, mais supposons les deux enfants prédécédés.

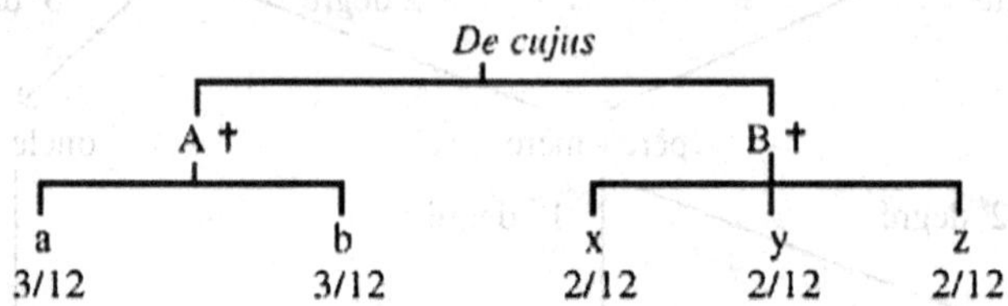

Les petits-enfants de la souche A recevront 3/12 chacun ; ceux de la souche B, 2/12 chacun, et non pas 1/5 chacun : bien que tous parents au même degré avec le défunt, les héritiers ne recueillent pas des quotités identiques.
La représentation est également admise en faveur des enfants et descendants de frères et sœurs du défunt, soit qu'ils viennent à la succession concurremment avec leurs oncles et tantes, soit que tous les frères et sœurs du défunt étant prédécédés, la succession se trouve dévolue à leurs descendants en degrés égaux ou inégaux (C. civ., art. 752-2).

85 **Décès dans le même événement.** Comme il a été dit précédemment (V. Fiche 2 : Successions – Généralités), lorsque deux personnes dont l'une avait vocation à succéder à l'autre ont péri dans un même événement et que l'ordre des décès n'a pu être déterminé, la succession de chacune est dévolue sans que l'autre y soit appelée ; toutefois, si l'un des codécédés laisse des descendants, ceux-ci peuvent représenter leur auteur dans la succession de l'autre lorsque la représentation est admise (C. civ., art. 725-1).

• Exclusion

86 Lorsque le défunt ne laisse pour seuls héritiers que des descendants issus d'un même enfant prédécédé, les autres enfants éventuels du défunt étant tous prédécédés sans postérité, ces dits descendants viennent à la succession de leur propre chef (Cass. 1re civ., 25 sept. 2013, n° 12-17.556 P : *JCP* N 2013, n° 1279, obs. Nicod).

Il en est de même lorsque, décédé sans postérité, le défunt laisse pour héritiers ses neveux et nièces issus d'un frère unique prédécédé (V. Cass. 1re civ., 14 mars 2018, n° 17-14.583 : *JurisData* n° 2018-003606 ; *JCP* N 2018, 344 ; *JCP* N 2019, chron. 1216, R. Le Guidec).

La distinction présente un intérêt en matière de rapport des donations (V. Fiche 24 : Rapport des libéralités).

b) Conditions

• **Représentant. Représenté**

87 Pour venir par représentation, il faut être un descendant du représenté. L'enfant adoptif peut également bénéficier de la représentation.

On peut représenter celui à la succession duquel on a renoncé (C. civ., art. 754, al. 4).

Si généralement on représente les prédécédés, depuis la réforme opérée par la loi du 23 juin 2006, on peut représenter les renonçants dans les successions dévolues en ligne directe ou collatérale (C. civ., art. 754, al. 1er).

La représentation est admise en faveur des enfants et des descendants de l'indigne, encore que celui-ci soit vivant à l'ouverture de la succession (C. civ., art. 755, al. 1er. – Sur l'indignité successorale, V. Fiche 2 : Successions – Généralités).

> **REMARQUE** Sous le régime antérieur à la loi du 23 juin 2006, on ne représentait pas un renonçant. La nouvelle règle illustre la volonté du législateur de faciliter les transmissions successorales en « sautant » une génération.

• **Exemples**

88 **Cas où il y a représentation.**

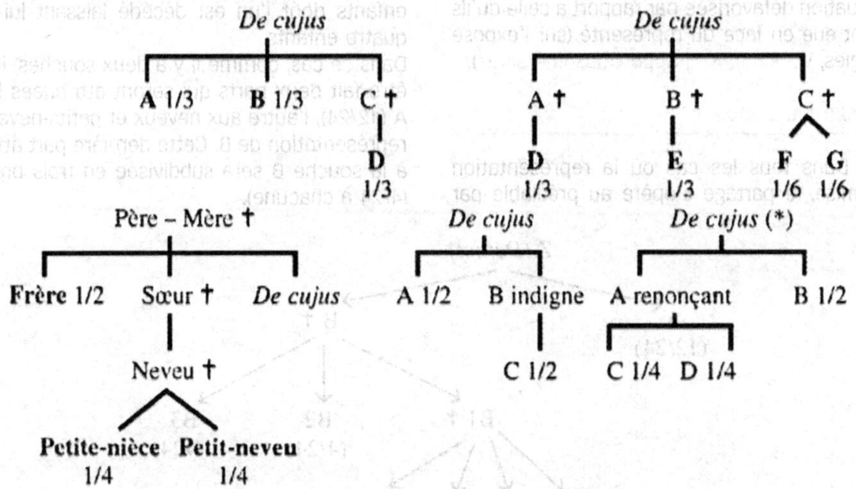

(*) Sous le régime antérieur à la loi du 23 juin 2006, C et D ne pouvaient représenter le renonçant et la succession était intégralement recueillie par B.

89 **Cas où il n'y a pas représentation.**

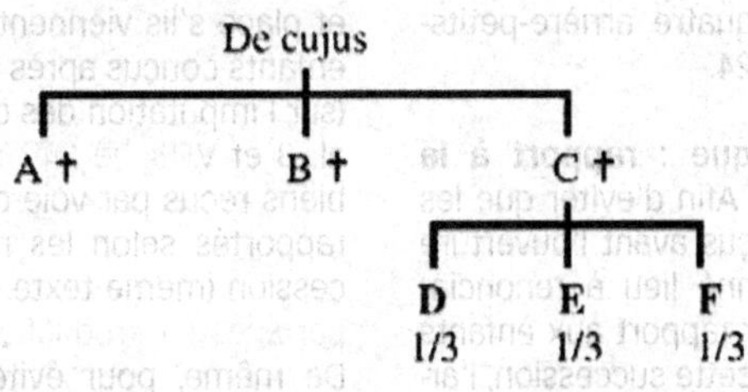

c) Effets

90 La représentation a pour effet de faire entrer le représentant dans le degré et dans les droits qu'aurait eus le représenté s'il avait été vivant et en particulier de recueillir sa part héréditaire, y compris sa part de réserve même si le représentant n'a pas lui-même la qualité de réservataire vis-à-vis du défunt (V. Fiche 10 : Libéralités – Introduction).

• Obligations et charges

91 Exerçant les droits du représenté, le représentant est soumis aux mêmes charges et obligations que celles dont le représenté aurait été tenu. Il est en particulier tenu au rapport des donations reçues par le représenté du défunt et à celui des dettes dont il était tenu envers lui.
Cette obligation subsiste même si le représentant renonce à la succession du représenté (C. civ., art. 848). En effet, les cohéritiers du représentant ne doivent pas être mis par la représentation dans une situation défavorisée par rapport à celle qu'ils auraient eue en face du représenté (sur l'exposé des règles, V. Fiche 24 : Rapport des libéralités).

• Partage par souches

92 Dans tous les cas où la représentation est admise, le partage s'opère au préalable par souche, comme si le représenté venait à la succession (C. civ., art. 753). À l'intérieur de chaque souche, on opère ensuite une division en autant de parts qu'il y a de têtes dans le degré le plus proche à succéder.

93 **Exemple.** X décède, laissant un fils et cinq petits-fils issus d'un autre fils prédécédé. Il y a ici deux souches. On fera donc deux parts égales dont l'une (1/2 ou 5/10) sera attribuée au fils et l'autre aux petits-enfants, qui la partageront entre eux. Ils recevront donc ensemble 1/2, soit chacun 1/10.

• Subdivision par souche

94 Si une même souche a produit elle-même plusieurs souches, il s'opère une subdivision de cette souche à l'intérieur de laquelle les membres partagent entre eux par tête (C. civ., art. 753).

95 **Exemple.** Z avait deux frères A et B. Il décède. A existe mais B est décédé, laissant trois enfants dont l'un est décédé laissant lui-même quatre enfants.
Dans ce cas, comme il y a deux souches, il devra être fait deux parts qui seront attribuées l'une à A (12/24), l'autre aux neveux et petits-neveux par représentation de B. Cette dernière part attribuée à la souche B sera subdivisée en trois branches (4/24 à chacune).

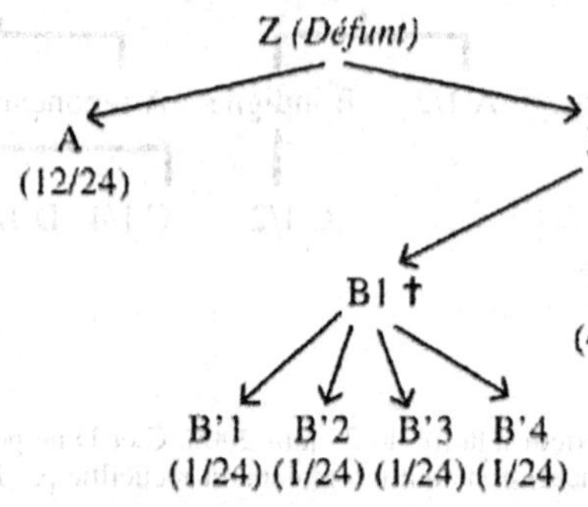

Chacun des deux neveux recevra les 4/24 revenant à sa branche. Quant aux derniers 4/24, ils seront partagés entre les quatre arrière-petits-neveux. Chacun recevant 1/24.

96 **Disposition spécifique : rapport à la succession du représenté.** Afin d'éviter que les enfants d'un renonçant conçus avant l'ouverture de la succession ayant donné lieu à renonciation ne soient avantagés par rapport aux enfants conçus après l'ouverture de cette succession, l'article 754 du Code civil, dans son deuxième alinéa (issu de la loi du 23 juin 2006), dispose que les premiers rapporteront à la succession du renonçant les biens dont ils avaient hérités en son lieu et place s'ils viennent en concours avec d'autres enfants conçus après l'ouverture de la succession (sur l'imputation des donations, V. C. civ., art. 754, al. 3 et V. Fiche 24 : Rapport des libéralités). Les biens reçus par voie de représentation sont alors rapportés selon les règles du rapport à la succession (même texte. – V. Fiche 18 : Liquidations-partages – Introduction).
De même, pour éviter que les enfants nés ou conçus avant l'ouverture de la succession dont l'indigne est exclu ne soient avantagés par rapport

aux enfants conçus après l'ouverture de cette succession, l'article 755 du Code civil déclare applicable le deuxième alinéa de l'article 754 aux enfants de l'indigne.

DROIT ANTÉRIEUR On notera que dans la rédaction que lui avait donnée la loi du 3 décembre 2001, l'article 755 du Code civil imposait aux enfants nés ou conçus avant l'ouverture de la succession dont l'indigne avait été exclu de rapporter à la succession de l'indigne les biens dont ils avaient hérité en son lieu et place, s'ils viennent en concours avec d'autres enfants conçus après l'ouverture de la première succession.

2 Division par branches : la fente

97 La parenté se divise en deux branches, selon qu'elle procède du père ou de la mère (C. civ., art. 746). Le terme de division par branches issu de la loi du 3 décembre 2001 se substitue à celui de fente.

• **Bénéficiaires**

98 **Ascendants.** Lorsque la succession est dévolue à des ascendants, elle se divise par moitié entre ceux de la branche paternelle et ceux de la branche maternelle (C. civ., art. 747).
Les ascendants au même degré succèdent par tête.
À défaut d'ascendant dans l'une des branches, les ascendants de l'autre branche recueillent toute la succession (C. civ., art. 748).

99 **Collatéraux ordinaires.** Lorsque la succession est dévolue à des collatéraux autres que les frères et sœurs ou leurs descendants, elle se divise par moitié entre ceux de la branche paternelle et ceux de la branche maternelle (C. civ., art. 749).
Dans chaque branche succède, à l'exclusion de tout autre, le collatéral qui se trouve au degré le plus proche.
Les collatéraux au même degré succèdent par tête.
À défaut de collatéral dans une branche, les collatéraux de l'autre branche recueillent toute la succession (C. civ., art. 750).

• **Exclusion**

100 **Descendants.** La division par branches ne s'applique pas lorsque la succession est dévolue aux descendants ; en effet, ces derniers appartiennent à la fois à la branche paternelle et à celle maternelle du défunt, de sorte que la division de la succession ne se conçoit pas.

101 **Collatéraux privilégiés.** Avant la réforme opérée par la loi du 3 décembre 2001, la fente s'appliquait aux collatéraux privilégiés (frères, sœurs et descendants d'eux) : les germains prenaient part dans les deux lignes, les consanguins dans la ligne paternelle et les utérins dans celle paternelle (C. civ., art. 752. – V. Fiche 9 : Pratique notariale). Désormais, la division entre les branches ne joue plus et tous les collatéraux privilégiés viennent à la succession avec des quotités identiques.

II Application des règles

102 En résumé, la dévolution de la succession repose sur :
– l'existence de quatre ordres (descendants, puis ascendants privilégiés et collatéraux privilégiés, ensuite ascendants ordinaires et enfin, collatéraux ordinaires) ;
– le principe qu'à l'intérieur de chaque ordre les parents les plus proches excluent les plus éloignés.
Cependant, ces principes subissent des exceptions :
– la représentation, lorsqu'elle est admise – c'est-à-dire en présence de descendants ou de collatéraux privilégiés – permet aux représentants de se hisser d'un degré, de sorte que sont appelés à la succession des héritiers de degrés différents ;
– la fente opérant division par branches (dévolution au profit d'ascendants ordinaires ou de collatéraux ordinaires) entre lignes paternelle et maternelle, met parfois en échec la priorité résultant d'une plus grande proximité de degré.
Il convient maintenant d'aborder l'application de ces règles.

A Ordre des descendants

103 L'article 735 du Code civil énonce que les enfants ou leurs descendants succèdent à leurs père et mère ou autres ascendants, sans

distinction de sexe, ni de primogéniture, même s'ils sont issus d'unions différentes.
Cet ordre comprend les enfants du défunt et leur propre descendance mais les descendants n'ont pas tous qualité d'héritier : seuls succèdent les plus proches en degré, sauf jeu de la représentation (V. *supra*, n° 87).

105 **Exemple.**

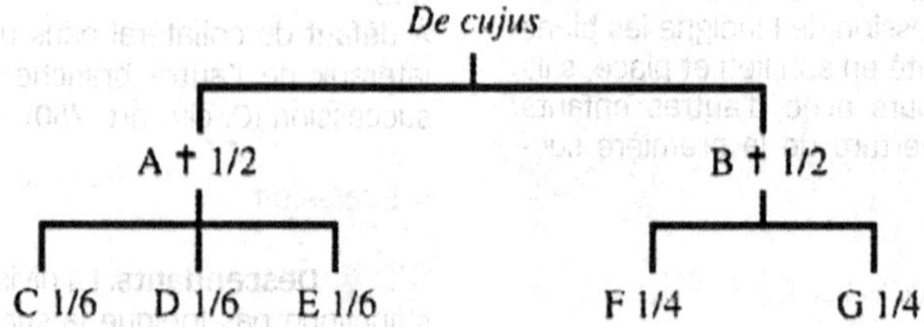

Les deux souches A et B se partagent par moitié la succession.
F et G recueillent chacun ½ × 1/2 = 1/4.
Supposons maintenant que G soit prédécédé en laissant trois enfants. Il y a alors subdivision d'une souche et chacun des trois arrière-petits-enfants recueille un tiers du quart qui eût été dévolu à G s'il avait vécu, soit 1/12 de la succession.
C, D et E recueillent chacun ½ × 1/3 = 1/6.

• **Renonciation**

106 Il est désormais possible de représenter un renonçant (V. *supra*, I, C). À défaut, la renonciation d'un descendant profite à ses cohéritiers. La renonciation de tous les descendants profite aux héritiers de l'ordre subséquent.

B Ordre des père et mère et des collatéraux privilégiés

107 Par hypothèse, le défunt ne laisse pas de descendant, mais des frères et sœurs, qui forment le groupe des collatéraux privilégiés (incluant, le cas échéant, des descendants de frère ou sœur venant par représentation) et éventuellement ses père et mère.

• **Père et mère**

108 Lorsque le défunt ne laisse ni postérité, ni frère, ni sœur, ni descendants de ces derniers, ses père et mère lui succèdent, chacun pour moitié (C. civ., art. 736).

• **Représentation**

104 Lorsque certains héritiers, ou tous, viennent par représentation, le partage a lieu par souche et à l'intérieur d'une souche, le partage se fait par tête (C. civ., art. 753. – V. *supra*, I, C, 1).

ASCENDANT PRIVILÉGIÉ DANS UNE LIGNE ET ORDINAIRE DANS L'AUTRE Lorsque seul le père ou la mère survit et que le défunt n'a ni postérité ni frère ni sœur ni descendant de ces derniers, mais laisse un ou des ascendants de l'autre branche que celle de son père ou de sa mère survivant, la succession est dévolue pour moitié au père ou à la mère et pour moitié aux ascendants de l'autre branche (C. civ., art. 738-1). Cette disposition, issue de la loi du 23 juin 2006, consacre la solution dégagée par la doctrine et fondée sur la division par branches. En raison de son caractère interprétatif, elle s'applique aux instances en cours au 1er janvier 2007 et aux successions ouvertes à compter de l'entrée en vigueur de la loi n° 2001-1135 du 3 décembre 2001 (L. 23 juin 2006, art. 47, IV).

• **Collatéraux privilégiés**

109 Lorsque les père et mère sont décédés avant le défunt et que celui-ci ne laisse pas de postérité, les frères et sœurs du défunt ou leurs descendants lui succèdent à l'exclusion des autres parents, ascendants ou collatéraux (C. civ., art. 737).

• **Concours entre ascendants privilégiés et collatéraux privilégiés**

110 Lorsque les père et mère survivent au défunt et que celui-ci n'a pas de postérité, mais des frères et sœurs ou des descendants de ces derniers, la succession est dévolue, pour un quart, à chacun des père et mère et, pour la moitié restante, aux frères et sœurs ou à leurs descendants.

Lorsqu'un seul des père et mère survit, la succession est dévolue pour un quart à celui-ci et pour trois quarts aux frères et sœurs ou à leurs descendants (C. civ., art. 738).

DROIT DE RETOUR DES PÈRE ET MÈRE L'article 738-2 du Code civil, créé par la loi du 23 juin 2006, institue un droit de retour au profit des père et mère, lorsque le défunt n'a pas de postérité mais des frères et sœurs (V. Fiche 5 : Dévolutions particulières).

• **Cas pratiques**

111 Les exemples suivants ont pour but d'illustrer les règles exposées.

112 **Exemple 1.** Décès de M. Dupont, veuf, divorcé ou célibataire, laissant :
- Paul, son fils ;
- Jacques, son frère germain.

Paul recueille la totalité de la succession	Totalité

113 **Observation.** Les collatéraux privilégiés sont totalement exclus par la présence d'un seul héritier de l'ordre des descendants.

114 **Exemple 2.** Décès de M. Dupont, veuf, divorcé ou célibataire, laissant :
- André, son frère ;
- Pierre, son grand-père ;
- Louis, son cousin germain.

André écarte l'ascendant ordinaire et, *a fortiori*, le collatéral ordinaire et recueille la totalité de la succession	Totalité

115 **Exemple 3.** Décès de M. Dupont, veuf, divorcé ou célibataire, laissant :
- Louis, son grand-père ;
- André, son cousin ;
- Pierre, son frère ;
- Jacques, fils de Guy son frère prédécédé.

Pierre vient à la succession de son chef et recueille la moitié	1/2
Jacques vient par représentation de son père et recueille l'autre moitié	1/2
Total	**2/2**

116 **Observation.** Louis ascendant ordinaire et André collatéral ordinaire sont exclus par la présence du frère et du neveu, collatéraux privilégiés.

117 **Exemple 4.** Décès de M. Dupont, veuf, divorcé ou célibataire, laissant :
- Charles, son père ;
- Marie, sa grand-mère maternelle.
Charles et Marie recueillent chacun la moitié dévolue à sa branche.

• **Renonciation**

118 Sauf représentation du renonçant, la renonciation d'un successible profite à ceux auxquels sa présence aurait nui. Ainsi, dans le deuxième ordre, la renonciation du père ou de la mère, ou des deux, profite aux collatéraux privilégiés ; celle d'un frère profite aux autres collatéraux privilégiés.

C Ordre des ascendants ordinaires

119 Lorsque le défunt n'a laissé ni descendant, ni ses père et mère, ni collatéral privilégié, c'est le troisième ordre, celui des ascendants ordinaires, qui est appelé à recueillir la succession. En effet, l'article 739 du Code civil dispose qu'à défaut d'héritier des deux premiers ordres, la succession est dévolue aux ascendants autres que les père et mère.

• **Division par branches**

120 Si le défunt n'a laissé ni postérité, ni frères ni sœurs, ni descendants d'eux, la succession se divise par moitié, selon les règles de la division par branche, entre les ascendants de la ligne paternelle et les ascendants de la ligne maternelle.
Dans chaque ligne, l'ascendant qui se trouve au degré le plus proche recueille la moitié affectée à cette ligne, à l'exclusion de tous autres.
Si, dans une ligne, il existe plusieurs ascendants au même degré, ils succèdent par tête (C. civ., art. 748, al. 2), c'est-à-dire que la moitié dévolue à cette ligne est partagée entre les ascendants par fractions égales.
À défaut d'ascendant dans une branche, les ascendants de l'autre branche recueillent toute la succession (C. civ., art. 748, dernier al.).

121 **Renvoi.** Pour l'hypothèse où le défunt laisse son père ou sa mère et un ascendant ordinaire dans l'autre ligne, le lecteur est invité à se reporter au B *supra*.

• **Exclusion**

122 Les ascendants ordinaires ne viennent jamais en concours avec des collatéraux ordinaires : les premiers priment toujours les seconds (C. civ., art. 734, dernier al.).

• **Cas pratiques**

123 **Exemple 1.**

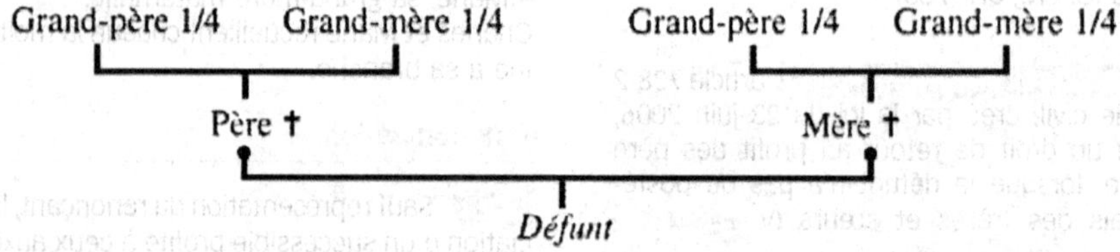

124 **Exemple 2.**

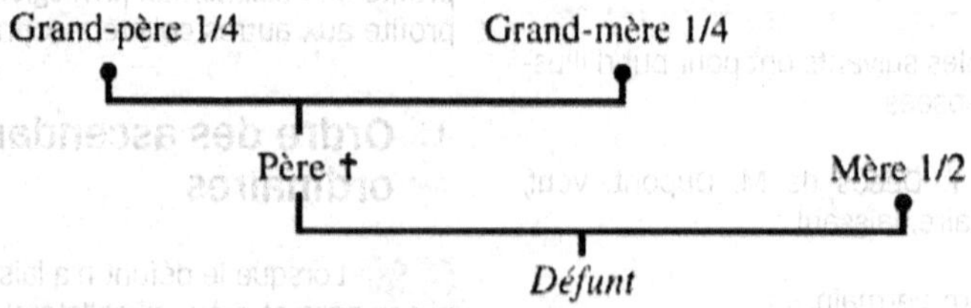

La mère reçoit la moitié de la succession.
Les deux grands-parents paternels se partagent par moitié l'autre moitié de la succession dévolue à la ligne paternelle.

125 **Exemple 3.**

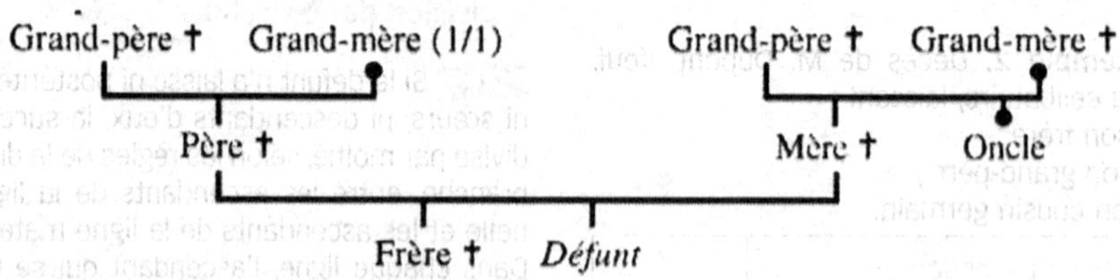

La grand-mère paternelle, seul ascendant, reçoit la totalité de la succession, excluant l'oncle qui n'est qu'un collatéral ordinaire.

126 **Exemple 4.**

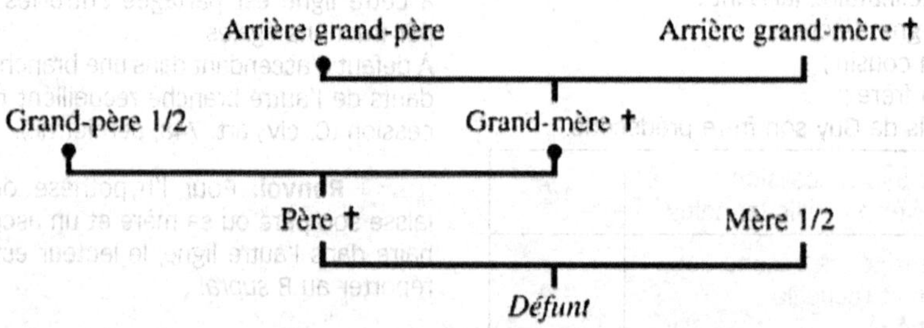

La mère reçoit la moitié de la succession.
À l'intérieur de la ligne paternelle, il n'y a pas de nouvelle division de la branche (« fente sur fente ne vaut ») et l'autre moitié de la succession revient à l'héritier le plus proche en degré, c'est-à-dire au grand-père.

D Ordre des collatéraux ordinaires

• Vocation successorale

127 Il résulte de l'article 740 du Code civil que les collatéraux ordinaires succèdent en dernier lieu et à défaut de tout descendant, ascendant, collatéral privilégié et conjoint survivant. Les collatéraux ordinaires ne peuvent donc concourir qu'entre eux.
Alors que les autres ordres d'héritiers sont théoriquement aptes à succéder quel que soit leur degré de parenté avec le défunt, les collatéraux ordinaires, s'agissant de parents supposés moins proches, ne succèdent que jusqu'au sixième degré inclus (C. civ., art. 745), ce qui correspond à :
- cousin issu de germain du défunt ;
- arrière-petit-fils d'un oncle ou d'une tante du défunt ;
- petit-fils d'un cousin germain du défunt ;
- petit-fils d'un grand-oncle du défunt.

• Division par branches

128 La succession se divise par moitié entre les branches paternelle et maternelle. À l'intérieur de chaque branche, il n'y a pas lieu de faire de nouvelle division. La succession revient au parent le plus proche en degré, qui exclut toujours les plus éloignés, la représentation successorale n'étant pas admise en ligne collatérale ordinaire.
À égalité de degré, le partage se fait par tête.
À défaut de parent au degré successible dans une ligne, les parents de l'autre ligne recueillent toute la succession (C. civ., art. 749 et 750. – V. *supra*, I, C, 2).

129 **Exemple.** Jacques décède, sans descendant, sans frère ou sœur ni descendants d'eux et sans ascendant (ni conjoint). Il laisse :
- dans la ligne paternelle : Philippe et André, ses cousins germains et Claudia, sa cousine issue de germain ;
- et dans la ligne maternelle : son oncle Jérôme et sa cousine Annie, fille de sa tante Rose décédée.

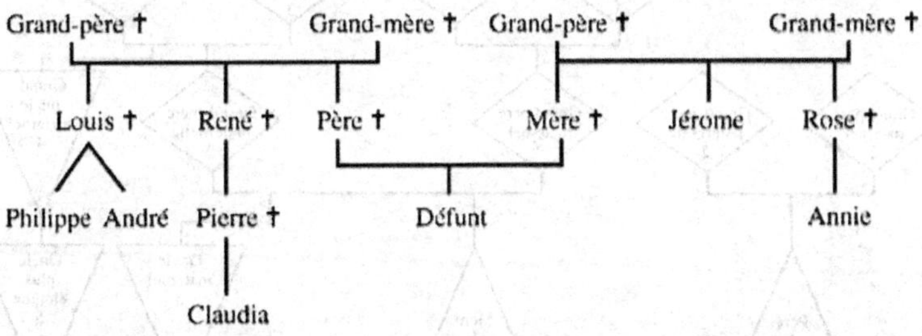

Dans la branche paternelle, Philippe et André, cousins au quatrième degré, écartent Claudia, cousine au cinquième degré, et ils recueillent la moitié dévolue à cette branche, soit un quart chacun de la succession.
Dans la branche maternelle Jérôme, parent au troisième degré, écarte Annie, parente au quatrième degré, et il recueille l'autre moitié de la succession.

• Exclusion de la « refente »

130 L'ancien article 734 du Code civil disposait que la première division opérée entre les lignes paternelle et maternelle, il ne se faisait plus de division entre les diverses branches. En d'autres termes, il n'y avait pas « refente ». La règle a été tacite ment maintenue par la loi du 3 décembre 2001. Il n'y a donc pas à se préoccuper de savoir si les collatéraux sont germains, utérins ou consanguins.

131 **Exemple.**

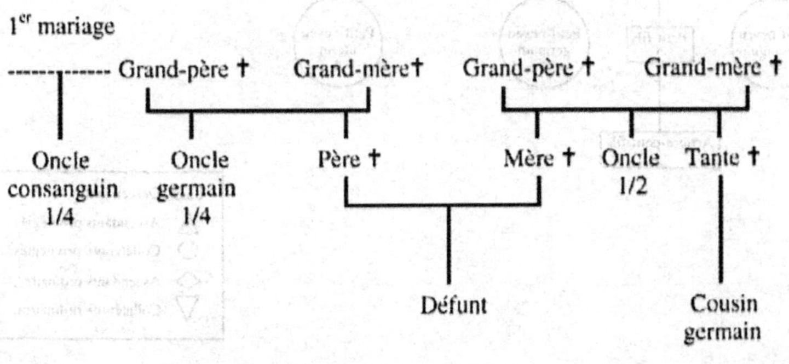

Tous les ascendants du défunt sont décédés.
Dans la ligne maternelle, l'oncle, collatéral au troisième degré, exclut le cousin germain (quatrième degré).
Dans la ligne paternelle, il y a deux oncles, collatéraux au troisième degré. On ne procède pas à une nouvelle division entre lignes paternelle et maternelle, et consanguin et germain viennent à égalité pour la succession. Les droits de chacun sont donc les suivants :

Oncle de la ligne maternelle	1/2
Oncles germain et consanguin de la ligne paternelle, 1/4 chacun, soit ensemble	1/2
Total	2/2

• **Renonciation**

132 Si un collatéral ordinaire renonce, sa renonciation profite aux autres héritiers de sa ligne, ou, à défaut, de l'autre ligne.
Dans l'exemple ci-dessus, la renonciation de l'un des oncles de la ligne paternelle profite à l'autre, qui recueille la moitié de la succession.

E Arbre généalogique et méthode de recherche des quotités héréditaires

1 Arbre généalogique

• **Légendes**

133 Le chiffre indique le degré de parenté avec le défunt.

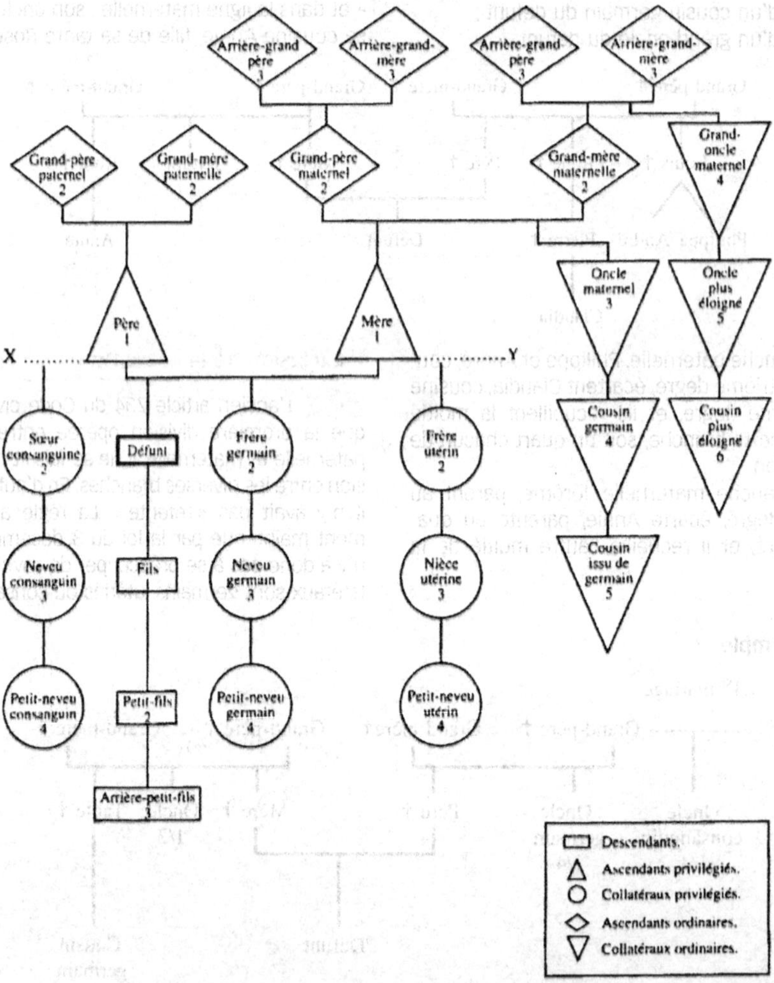

2 Méthode de recherche des quotités héréditaires

134 Dès lors qu'il y a plusieurs ayants droit, la quote-part de chacun est exprimée par une fraction 1/3, 5/8, etc. Dans les situations un peu complexes, la recherche du dénominateur peut se trouver simplifiée par application d'une méthode pratique que nous indiquons ci-dessous.

• Règle

135 Le dénominateur est égal, en principe, au produit des dénominateurs des fractions correspondant aux divisions et subdivisions à faire dans chaque cas.

• Cas simples

136 Chacun applique cette règle sans hésitation ni difficulté lorsque la situation est courante, comme par exemple :

Exemples	Calcul	Dénominateur
6 enfants, dont un représenté par 3 petits-enfants	6 × 3	.../18
8 enfants, dont un représenté par 5 petits-enfants et un autre par 7	8 × 5 × 7	.../280
Même exemple que le précédent, mais avec usufruitier du 1/4	280 × 4	.../1120

• Méthode de calcul

137 Il faut donc faire la récapitulation des causes de divisions et subdivisions entraînant l'élévation du dénominateur commun.
Cette méthode se borne à élever le dénominateur au fur et à mesure qu'une nouvelle subdivision est rencontrée, ce qui sera facile lorsqu'on aura remarqué les diverses causes qui donnent naissance à ces subdivisions.

Causes de multiplication du dénominateur	Calcul du dénominateur
1. – Le nombre de souches Le nombre de branches Le nombre de têtes	Multiplication par le nombre de successibles dans chaque subdivision
2. – La division en 2 lignes de ce que reçoivent les collatéraux ordinaires lorsqu'il en existe de lits différents (germains, consanguins, utérins)	Multiplication
3. – Le 1/4 accordé à chaque ascendant privilégié en concours avec des collatéraux privilégiés	par 2 / par 4 } de la quotité obtenue en tenant compte des souches, branches et têtes comme ci-dessus, à cause de la représentation
4. – La division en 2 lignes des successions dévolues, soit aux ascendants, soit aux collatéraux ordinaires (successions dans lesquelles ne joue pas la représentation et où le plus proche en degré exclut les plus éloignés dans chaque ligne)	par 2 } du nombre de têtes dans chaque ligne
5. – Droit en propriété du conjoint	par 4 } du nombre de têtes dans chaque ligne
6. – Donation entre époux ou legs d'une quotité. Exemple 1/4, 1/2, 1/3	par le dénominateur de la quotité donnée ou léguée

138 Les possibilités exposées ci-dessus montrent la complexité et l'attention nécessaire aux calculs à effectuer.

• **Remarque**

139 Si plusieurs branches se divisent par le même nombre, la multiplication par le dénominateur commun est suffisante. Par ailleurs, si une branche a un dénominateur divisible par celui d'une autre branche, par exemple 3 et 6, la multiplication par le dénominateur le plus élevé est suffisante.
Si l'élévation a été faite, dans ces cas, avec tous les chiffres, on obtient une fraction pouvant être réduite sans inconvénient. Rien, alors, de plus facile que de réduire cette quotité pour obtenir le dénominateur le plus faible qui convient.

POUR ALLER PLUS LOIN

Fascicule JurisClasseur
• *JCl. Notarial Formulaire*, V° *Notoriété*.

Bibliographie
• J. Combret et N. Baillon Wirtz, *Qu'apporte la loi du 16 février 2015 au droit des personnes et de la famille ? : JCP* N 2015, n°s 8-9, 288.

• M. Grimaldi, *Droit des successions*, LexisNexis, coll. « Manuel », 8e éd. 2020.

Fiche 4

Droits du conjoint successible

Sommaire

Introduction 29
I Droits dans la succession 30
A Vocation successorale de droit commun 30
1 Présence de descendants 30
2 Absence de descendant 34
B Droit viager d'habitation du logement et d'usage du mobilier 37
1 Domaine 37
2 Demande 38
3 Modalités d'exercice 38
4 Imputation 39
5 Conversion en rente ou en capital 40
II Droits contre la succession 40
A Droit annuel de jouissance du logement 40
B Droit à pension 40
1 Conditions 40
2 Mise en œuvre 41

Introduction

140 Les droits successoraux du conjoint survivant sont restés très longtemps insignifiants. En effet, depuis le Code civil de 1804 et durant presque deux cents ans, les droits du conjoint successible sont demeurés fort médiocres. Il a fallu attendre la loi du 26 mars 1957 pour que le conjoint prime les oncles et cousins, et l'ordonnance du 23 décembre 1958 pour qu'il cesse d'être un successeur irrégulier et devienne un héritier investi de la saisine. Ses droits *ab intestat* étaient non seulement faibles, mais également précaires : dépourvu de la qualité de réservataire, le survivant des époux pouvait être ainsi privé de tous droits successoraux.

La **loi du 3 décembre 2001** a considérablement accru les droits du conjoint survivant. Désormais, il prime, outre les collatéraux ordinaires, les collatéraux privilégiés ainsi que les ascendants ordinaires. Quels que soient les parents avec lesquels il est en concours, il peut recueillir la toute propriété, et pas seulement l'usufruit. Si avec la loi du 3 décembre 2001, le conjoint a acquis la qualité d'héritier réservataire lorsque le défunt ne laisse ni descendant ni ascendant privilégié (sur ce dernier point, V. Fiche 19 : Réserve héréditaire et quotité disponible), la loi n° 2006-718 du 23 juin 2006 maintient cette qualité de réservataire en la seule absence de descendant. De plus, le législateur s'est préoccupé de la possibilité pour le survivant de conserver son cadre de vie et, à cet effet, il a institué un droit de jouissance gratuite pendant une année du logement d'habitation principale et du mobilier le garnissant ainsi qu'un droit viager d'habitation sur le logement et d'usage du mobilier. Le conjoint survivant dans le besoin peut avoir droit à une pension alimentaire, prélevée sur l'hérédité.

La vocation successorale confère au survivant des droits dans la succession ; il en va de même pour le droit viager d'habitation sur le logement et celui d'usage du mobilier. En revanche, le droit à la jouissance du logement et du mobilier le garnissant pendant une année est un droit contre la succession, tout comme la pension susceptible d'être prélevée sur la succession.

Pour se prévaloir de droits dans la succession de l'époux décédé ou contre cette succession, le conjoint survivant doit être successible. Le conjoint successible est défini par l'article 732 du Code civil, dans la rédaction que lui a donnée la loi

du 23 juin 2006 : c'est le conjoint survivant, non divorcé.
Les dispositions de la loi du 3 décembre 2001 sont entrées en vigueur le 1er juillet 2002, sous diverses exceptions ; en particulier pour ce qui concerne les droits du conjoint successible, le nouvel article 763 du Code civil, instituant un droit à la jouissance gratuite pendant une année du logement d'habitation et du mobilier le garnissant, a été déclaré applicable aux successions ouvertes à compter de la publication de la loi au *Journal officiel* (L. 3 déc. 2001, art. 25, I et 25, II, 1°).

De plus, le conjoint survivant du chef d'une entreprise artisanale, commerciale ou libérale peut, sous diverses conditions, se prévaloir d'une créance (L. n° 89-1008, 31 déc. 1989, art. 14), de même celui d'un exploitant agricole (C. rur., art. L. 321-21-1). (Sur ces créances, V. Fiche 23 : Masses active et passive). Le cas échéant, il a un droit d'usufruit sur les œuvres littéraires et artistiques de son conjoint décédé (V. Fiche 5 : Dévolutions particulières, II).

• Textes

- C. civ., art. 732, 756 à 767.

I

Droits dans la succession

141 Il convient de faire le départ entre la vocation successorale de droit commun (A) et le droit viager d'habitation du logement et d'usage du mobilier le garnissant (B).

A Vocation successorale de droit commun

142 Pour déterminer la vocation successorale du survivant des époux dans la succession du prédécédé, il faut distinguer selon que ce dernier laisse des descendants (1°) ou non (2°).

1 Présence de descendants

• Distinction

143 Sous le régime antérieur à la loi du 3 décembre 2001, les droits *ab intestat* du conjoint en présence de descendants étaient toujours en usufruit (C. civ., art. 767 ancien).
Étant donné la volonté du législateur d'accroître les droits successoraux du conjoint survivant, d'une part, et d'autre part, les inconvénients qu'aurait pu présenter un usufruit universel en présence d'enfants d'un précédent mariage (notamment, risque pour les nus-propriétaires, si le second époux n'est guère plus âgé qu'eux, de ne pas voir l'usufruit réuni à la nue-propriété, divergences entre nus-propriétaires et usufruitier quant à la gestion des biens), la réforme de 2001 a introduit une distinction (C. civ., art. 757) :
– si tous les enfants sont issus des deux époux, le survivant recueille, à son choix, l'usufruit de la totalité des biens existants ou la pleine propriété du quart de ces biens ;
– en présence d'un ou plusieurs enfants, non issus des deux époux, le survivant recueille uniquement le quart de la pleine propriété de ces mêmes biens.
Nous envisagerons successivement l'une et l'autre situation.

a) Les enfants sont tous issus des deux époux

144 Les enfants issus des deux époux sont ceux nés du mariage, ainsi que ceux communs au prédécédé des époux et au conjoint survivant nés pendant le concubinage et qui n'auraient pas été légitimés.

1) Option

• Termes

145 Si l'époux prédécédé ne laisse que des enfants communs, ou leurs descendants, le conjoint survivant recueille, à son choix, savoir :
– l'**usufruit de la totalité** des biens existants ;
– ou la **propriété du quart** des biens (C. civ., art. 757).

• Nature

146 L'option est un droit personnel au survivant. Par suite, ses droits sont incessibles tant qu'il n'a pas exercé son option (C. civ., art. 758-1).

• **Mise en œuvre**

147 **Preuve.** L'option du conjoint entre l'usufruit et la propriété se prouve par tous moyens (C. civ., art. 758-2).
L'option pourrait être verbale, voire tacite, mais il est naturellement préférable qu'elle soit constatée par écrit.

148 **Initiative des descendants.** Afin d'éviter que les descendants ne demeurent trop longtemps dans l'incertitude, l'article 758-3 du Code civil dispose que tout héritier peut inviter par écrit le conjoint à exercer son option. L'article 1341 du Code de procédure civile précise que cet écrit consiste en une lettre recommandée avec demande d'avis de réception.

149 **Option réputée en usufruit.** Faute d'avoir pris parti par écrit dans les trois mois, le conjoint est réputé avoir opté pour l'usufruit (C. civ., art. 758-3). De même, le conjoint est réputé avoir opté pour l'usufruit s'il décède sans avoir pris parti (C. civ., art. 758-4).

2) Droits en propriété

150 Il faut distinguer la masse de calcul et celle d'exercice : la première comprend les donations rapportables, mais non la seconde de façon à ne pas remettre en cause les donations faites en avancement d'hoirie à un successible.

• **Masse de calcul**

151 Le calcul du droit en toute propriété du conjoint (en présence d'enfants ou de descendants) est opéré sur une masse faite de tous les biens existant au décès de son époux auxquels sont réunis fictivement ceux dont il aurait disposé, soit par acte entre vifs, soit par acte testamentaire, au profit de successibles, sans dispense de rapport (C. civ., art. 758-5, al. 1er).

BIENS LÉGUÉS Quoiqu'ils fassent partie des biens existant au décès, les biens légués à des non-successibles doivent être distraits des biens existants, de même ceux légués à des successibles, à moins qu'ils n'aient été stipulés rapportables (ou qu'ils constituent des legs d'attribution en avancement de part successorale).

Les biens faisant l'objet d'un **droit de retour conventionnel** n'ont pas à être compris dans la masse de calcul. Il semble en revanche, selon la doctrine majoritaire, que les biens compris dans une donation-partage doivent être compris dans cette masse (V. égal. C. Goldie-Genicon, *Les droits légaux du conjoint survivant : JCP* N 2018, 1317).
Enfin, si l'on se range derrière la doctrine faisant prévaloir l'esprit du texte sur sa lettre, les libéralités consenties au conjoint survivant par le défunt doivent également figurer dans la masse de calcul. Le tableau qui suit doit aider à l'établissement de la masse de calcul des droits du conjoint survivant, laquelle ne doit pas être confondue avec la masse de calcul de la quotité disponible. Ainsi :

Réunion fictive pour le calcul

Du quart en propriété du conjoint survivant (C. civ., art. 758-5)	De la quotité disponible (C. civ., art. 922)
• Seuls les dons faits à des successibles sans dispense de rapport font l'objet de la réunion fictive. (Ceux faits à ses successibles par préciput – de même que ceux faits à des non-successibles – échappent donc à cette réunion qui est par conséquent limitée.)	• Toutes les donations entre vifs faites par le défunt sont comprises dans le total sur lequel seront calculées la quotité disponible et la réserve, même celles faites par préciput à des successibles ayant accepté ou renoncé à la succession et celles faites à des non-successibles. Cette réunion ne connaît donc pas de distinction entre les libéralités.
• Les biens légués sont déduits de la masse sur laquelle sont calculés les droits du conjoint survivant, sauf si le legs est adressé à un successible et stipulé rapportable.	• Les biens légués sont compris dans la masse sur laquelle seront calculées la réserve et la quotité disponible.

• **Masse d'exercice**

152 Le conjoint ne peut exercer son droit que sur les biens dont le prédécédé n'a disposé ni par acte entre vifs, ni par acte testamentaire, et sans préjudicier aux droits de réserve ni aux droits de retour (C. civ., art. 758-5, al. 2).

Le législateur n'a pas voulu que la vocation successorale du conjoint survivant puisse nuire aux successibles qui avaient été gratifiés en avancement d'hoirie. De plus, il a voulu que les biens constituant la réserve parviennent aux réservataires sans contrainte pour eux (S. Ferré-André, *Les droits supplétifs et impératifs du conjoint survivant dans la loi du 3 décembre 2001, analyse raisonnée de quelques difficultés : Defrénois* 2002, art. 37572, p. 863, spéc. p. 869, note 6).

Sur le plan de la méthode, pour éviter de déduire deux fois le même bien, il convient de retrancher de la masse de calcul, d'abord le montant de la réserve globale, puis, selon le cas, la fraction des libéralités consenties en avancement d'hoirie qui s'impute subsidiairement sur la quotité disponible.

Le montant de la masse d'exercice peut être vérifié simplement : il correspond au solde de la quotité disponible après imputation des libéralités.

Les droits successoraux du conjoint survivant résultent finalement d'une comparaison entre les droits théoriques (1/4 de la masse de calcul) et la masse d'exercice. Ils correspondent à la plus faible des deux sommes que représentent les droits théoriques et la masse d'exercice.

• **Application chiffrée**

153 Un défunt laisse deux enfants communs et son conjoint, qui opte pour un quart en propriété.

154 **Premier cas.** Les biens au décès valent 750 ; le défunt a consenti une donation rapportable à l'un de ses enfants de biens valant 150 au jour du décès.

Masse de calcul des droits du conjoint

Biens existants	750
Donation rapportable	150
Total de la masse	**900**
Dont le quart correspond aux droits théoriques du conjoint survivant, soit	225

Masse d'exercice

Masse de calcul = 900 De laquelle on déduit la réserve globale = – 600	
Fraction des libéralités imputables sur la QD : néant Masse d'exercice (900 – 600) = 300 Le conjoint survivant recevra la plus faible des deux sommes, soit 225.	750

La réserve globale se calcule sur les biens au décès (750) augmentés de la réunion fictive de la donation (150), soit sur 900 (sur la masse de calcul de la quotité disponible, V. Fiche 19 : Réserve héréditaire et quotité disponible). Elle est de 600 et le disponible est de 300. La donation peut s'imputer sur la part de réserve du donataire. Les droits théoriques du conjoint (225) n'excèdent pas le disponible de 300 et n'entament donc pas la réserve ; le survivant reçoit alors 225, la plus faible des deux sommes, comme énoncé ci-dessus.

À titre de variante, on peut retenir des biens au décès de 550 et ceux donnés de 350. La quotité disponible est toujours de 300 et la part de réserve de 300 pour chacun des enfants. La donation entame le disponible de 50 (350 – 300) et le reliquat (la masse d'exercice) est de 250, mais ce reliquat demeure supérieur aux droits théoriques de 225 du survivant, qui peut donc les exercer. On rappellera, à titre de vérification, que la masse d'exercice correspond au solde de la quotité disponible après imputation des libéralités.

155 **Deuxième cas.** Le défunt a consenti une donation préciputaire de biens valant au décès 50. Valeurs des biens existants : 700. De plus, le défunt a consenti un legs particulier à un neveu de 60.

Masse de calcul des droits du conjoint

Biens existants	700
À déduire : legs au neveu	– 60
Reste	640
Droits théoriques du conjoint : 1/4, soit	160

Masse d'exercice

Masse de calcul : 640.

De laquelle on déduit la réserve globale : – 500.

Fraction des libéralités rapportables imputables sur la quotité disponible : néant.

Masse d'exercice = 140.

La réserve se calcule sur les biens au décès (700) et la réunion fictive de la donation (50) soit au total sur 750. Elle est de 2/3, soit 500 et le disponible est de 250. Sur la quotité disponible, il faut imputer la donation préciputaire (50) et le legs (60) soit ensemble 110.

Il reste : 250 – 110 = 140, ce qui constitue la masse d'exercice.

Les droits théoriques du conjoint survivant sont de 160 mais il ne peut les exercer que pour 140. (Pour d'autres exemples chiffrés, V. not. N. Levillain, *Les nouveaux droits* ab intestat *du conjoint survivan t : JCP* N 2002, 1163).

156

REMARQUE Il résulte notamment des exemples qui précèdent que :
- le conjoint survivant n'a pas de vocation légale en pleine propriété lorsque la quotité disponible est épuisée (à la différence de la vocation légale en usufruit. V. *infra*, n° 159, et également Rép. min. : *JOAN* Q 11 avr. 2006, p. 3999, n° 76457) ;
- la vocation légale en propriété ne peut s'exercer sur la réserve globale des enfants (à la différence de la vocation légale en usufruit) ;
- l'absence de libéralité entre vifs et à cause de mort rend inutile de déterminer les masses de calcul et d'exerce puisque dans ce cas, les droits légaux en pleine propriété du conjoint survivant sont alors du quart des biens existants.

• **Partage**

157 Pour l'opération de partage, il y a lieu de réévaluer les droits du conjoint survivant au jour du partage en appliquant à la valeur des biens évalués au jour du partage la fraction de biens existants auxquels peut prétendre le conjoint survivant au titre de ses droits légaux en propriété rapportés à l'ensemble des biens existants au jour du décès.

158 **Illustration.** Si l'on reprend le premier exemple :

Au décès

Biens existants : 750.

Droits du conjoint survivant : 225.

Au partage

Biens existants : 1 500.

Droits du conjoint survivant : 225/750 × 1 500 = 450.

3) Droits en usufruit

159 **Assiette.** L'usufruit porte sur la totalité des biens existants au décès, tout au moins ceux qui n'ont pas été légués.

Alors que les droits en propriété ne peuvent préjudicier à la réserve ordinaire (V. *supra*, 2), il n'existe pas de disposition similaire lorsque l'option est en usufruit. Les enfants peuvent donc ne recueillir que la nue-propriété des biens existants au décès. De plus, si le défunt a consenti une libéralité imputable sur la quotité disponible ordinaire, les enfants peuvent ne recueillir que la nue-propriété de la réserve.

Ainsi, un défunt laisse trois enfants et un légataire universel ; les biens au décès s'élèvent à 120 ; le conjoint opte pour l'usufruit de la succession. La réserve est de 90 et la quotité disponible de 30. Le légataire recueille la quotité disponible, le conjoint survivant a droit à l'usufruit de 90, enfin chaque enfant recueille la nue-propriété de 30.

COMPARAISON Le résultat serait identique si le défunt avait légué la quotité disponible ordinaire (d'un quart) à une tierce personne et trois quarts en usufruit à son conjoint (V. *JCl. Roulois*, Fasc. 1425).

Le survivant n'a évidemment pas avantage à opter pour le quart en propriété, car il ne recueille alors rien : la quotité disponible est absorbée par le legs ; quant à la réserve, il ne peut l'entamer (V. *supra*, 2).

160 **Régime général.** Le conjoint survivant qui succède en usufruit jouit des biens et supporte les obligations de tout usufruitier (V. *JCl. Roulois*, Fasc. 1160).

En particulier, il doit fournir caution, sauf dispense par le défunt (C. civ., art. 601), faire dresser inventaire des meubles et un état des immeubles sujets à usufruit (C. civ., art. 600), effectuer certaines réparations et contribuer au passif successoral (sur cette contribution, V. Fiche 6 : Transmission de la succession).

• **Conversion en rente**

161 Afin d'éviter les inconvénients que peut présenter un usufruit, les articles 759 et suivants du Code civil, issus de la loi du 3 décembre 2001, prévoient la possibilité d'une conversion en rente viagère.

162 **Domaine.** Sous le régime antérieur à la loi du 3 décembre 2001, il existait deux régimes distincts de conversion de l'usufruit du conjoint survivant, selon que l'usufruit résultait de la loi ou d'une libéralité (C. civ., art. 767 ancien, dernier al. et 1094-2 ancien). Désormais, les règles de conversion sont unifiées, que l'usufruit résulte de la loi, d'un testament ou d'une donation de biens à venir (C. civ., art. 759).

La faculté de conversion ne s'applique ni à l'usufruit résultant d'une clause de partage inégal de communauté ni à une clause de réversion, qui est qualifiée de donation de biens présents et non de biens venir.

163 **Ordre public.** La faculté de conversion n'est pas susceptible de renonciation. Les cohéritiers ne peuvent en être privés par la volonté du défunt (C. civ., art. 759-1).

Droits du conjoint successible

Cependant les intéressés peuvent renoncer à la faculté de conversion, une fois la succession ouverte. Il semble que l'interdiction de priver les cohéritiers de la faculté de conversion ne vaut qu'à l'égard des nus-propriétaires : libre d'exhéréder son conjoint, le défunt doit l'être *a fortiori* de lui retirer le droit de demander la conversion (M. Grimaldi, *Les nouveaux droits du conjoint survivant : AJ fam.* 2002, p. 48, spéc. p. 51). Cela étant, la solution est discutée en doctrine, le texte visant « les cohéritiers » (Ph. Malaurie et Cl. Brenner, *Droit des successions et des libéralités*, LGDJ, coll. « Droit civil », 8e éd. 2018, n° 103. – J. Hugot et J.-F. Pillebout, *Les donations entre époux après la loi du 3 décembre 2001 : JCP* N 2002, n° 24, 1346, spéc. n° 98).

164 **Mise en œuvre.** La conversion de l'usufruit en rente viagère peut être demandée par l'un des héritiers nus-propriétaires ou par le conjoint successible lui-même (C. civ., art. 759).
Elle peut être amiable ou judiciaire.
À défaut d'accord entre les parties, la demande de conversion est soumise au juge. Elle peut être introduite jusqu'au partage définitif.
S'il fait droit à la demande de conversion, le juge détermine le montant de la rente, les sûretés que devront fournir les cohéritiers débiteurs, ainsi que le type d'indexation propre à maintenir l'équivalence initiale de la rente à l'usufruit.
Toutefois, le juge ne peut ordonner contre la volonté du conjoint la conversion de l'usufruit portant sur le logement qu'il occupe à titre de résidence principale, ainsi que sur le mobilier le garnissant (C. civ., art. 760).

CONVERSION AMIABLE Si la conversion est amiable, les parties l'organisent librement. Rappelons en particulier qu'elles sont libres du choix de l'indice. Cependant, il est souhaitable de ne pas trop s'écarter des règles légales, de façon à ne pas encourir le risque d'une rescision pour lésion.

165 **Opération de partage.** La conversion de l'usufruit est comprise dans les opérations de partage (C. civ., art. 762). La rente est garantie par le privilège de copartageant institué par l'article 2374 du Code civil.

166 **Effets.** La conversion de l'usufruit ne produit pas d'effet rétroactif, sauf stipulation contraire des parties (C. civ., art. 762).

- **Conversion en capital**

167 L'article 761 du Code civil dispose que, par accord entre les héritiers et le conjoint, il peut être procédé à la conversion de l'usufruit du conjoint en un capital (V. Cass. 1re civ., 20 nov. 2001 : *JurisData* n° 2011-011756 ; *JCP* N 2003, 1007, obs. R. Le Guidec).

b) Les enfants ne sont pas tous issus des deux époux

- **Droits en propriété**

168 En présence d'un ou plusieurs enfants qui ne sont pas issus des deux époux, les droits du conjoint survivant sont d'**un quart en propriété** (C. civ., art. 757).
Il importe peu que les époux aient eu des enfants communs : dès lors que les enfants ne sont pas tous communs, le survivant ne reçoit que de la propriété et n'a pas l'option entre usufruit et propriété. Toutefois, il peut bien entendu recueillir de l'usufruit, si le *de cujus* lui a consenti une donation de biens à venir ou un legs, soit en usufruit soit comportant une option en usufruit.

- **Masses**

169 L'article 758-5 du Code civil distingue masse de calcul et masse d'exercice. On se trouve dans la même situation que lorsque, les enfants étant tous communs, le survivant opte pour la propriété (V. *infra*, *a*, *2*).

2 Absence de descendant

a) Présence des père et/ou mère

1) Quotités

- **Père et mère**

170 Si, à défaut d'enfant ou de descendant, le défunt laisse ses père et mère, le conjoint survivant recueille la **moitié** des biens. L'autre moitié est dévolue pour un quart au père et pour un quart à la mère (C. civ., art. 757-1, al. 1er).

- **Père ou mère**

171 Quand le père ou la mère est prédécédé, la part qui lui serait revenue échoit au conjoint survivant (C. civ., art. 757-1, al. 2). En présence d'un seul des père et mère du défunt, le conjoint recueille donc **trois quarts** en propriété.

ALIMENTS DUS AUX ASCENDANTS ORDINAIRES D'UNE LIGNE Si, dans la ligne du père ou de la mère prédécédé, il existe des ascendants ordinaires, des aliments sont susceptibles de leur être dus par la succession (V. *infra*, *b*, *2*).

2) Calcul des droits

• **Masses de calcul et d'exercice**

172 Le calcul du droit en toute propriété du conjoint est régi par l'article 758-5 du Code civil. Ce texte s'applique à la détermination des droits en propriété recueillis par le survivant, que ce soit en présence de descendants ou en concours avec le père et/ou la mère du défunt. Nous renvoyons donc sur ce point le lecteur *supra*, 1, *a*), *2*), en rappelant seulement qu'il faut distinguer masse de calcul et masse d'exercice.

• **Exemple**

173 Un défunt laisse sa mère, son conjoint survivant. Valeur des biens existants au jour du décès : 1 000. Le défunt n'a pas consenti de libéralité.

174 1° La masse de calcul des droits du conjoint comprend uniquement :

les biens existants, soit	1 000
les droits théoriques du survivant sont des 3/4, soit	750

2° La masse d'exercice est de même montant. En conséquence, l'épouse survivante recueille 750 et la mère 250.
On rappellera que la loi du 23 juin 2006 a supprimé la réserve des ascendants et qu'en l'absence de descendant, le conjoint survivant a la qualité de réservataire (V. C. civ., art. 914-1 ; V. Fiche 19 : Réserve héréditaire et quotité disponible).

b) Absence des père et mère

1) Vocation universelle du conjoint successible

175 En l'absence d'enfant ou de descendant du défunt et de ses père et mère, le conjoint survivant recueille toute la succession (C. civ., art. 757-2).

• **Exclusion des deuxième et troisième degrés**

176 Si le défunt laisse des collatéraux privilégiés, ceux-ci sont exclus de la succession par le conjoint, alors qu'avant la réforme opérée par la loi du 3 décembre 2001, les collatéraux privilégiés étaient héritiers. Cependant, la réforme a accordé un droit de retour à ces collatéraux (V. *infra*, *2*). Pareillement, le conjoint survivant évince désormais les ascendants ordinaires alors qu'avant la réforme de 2001 ceux-ci héritaient. Ils peuvent toutefois avoir une créance d'aliments contre la succession (V. *infra*, *2*).

2) Correctifs

• **Droit de retour des collatéraux privilégiés**

177 En l'absence de descendant et en cas de prédécès des père et mère, par dérogation à l'article 757-2 (selon lequel la succession est recueillie par le conjoint survivant : V. *supra*, *1*), les biens que le défunt avait reçus de ses ascendants par succession ou donation et qui se retrouvent en nature dans la succession sont, en l'absence de descendants, dévolus pour moitié aux frères et sœurs du défunt ou à leurs descendants, eux-mêmes descendants du ou des parents prédécédés à l'origine de la transmission (C. civ., art. 757-3, réd. L. 23 juin 2006).
Ce droit de retour est étudié dans la fiche correspondante (V. Fiche 5 : Dévolutions particulières). On signalera que son application peut être évitée par la renonciation des frères et sœurs ou lorsque le défunt a disposé entre vifs ou à cause de mort des biens qui en font l'objet (Rép. min. n° 85443 : *JOAN* Q 13 févr. 2007 ; *JCP* N 2007, 267).

• **Créances d'aliments des ascendants ordinaires**

178 Lorsque le conjoint survivant recueille la totalité ou les trois quarts des biens, les ascendants du défunt autres que les père et mère, qui sont dans le besoin, bénéficient d'une créance d'aliments contre la succession du prédécédé (C. civ., art. 758, al. 1er).

179 **Délai.** Le délai pour réclamer cette créance est d'un an à partir du décès ou du moment à partir duquel les héritiers cessent d'acquitter les prestations qu'ils fournissaient auparavant aux ascendants. Le délai se prolonge, en cas d'indivision, jusqu'à l'achèvement du partage (C. civ., art. 758, al. 2).

180 **Modalités.** La pension est prélevée sur l'hérédité. Elle est supportée par tous les héritiers et, en cas d'insuffisance, par tous les légataires particuliers, proportionnellement à leur émolument. Toutefois, si le défunt a expressément

déclaré que tel legs sera acquitté par préférence aux autres, il sera fait application de l'article 927 (C. civ., art. 758, al. 3 et 4).
La pension est donc répartie entre les héritiers et légataires d'universalité et, en cas d'insuffisance, entre les légataires particuliers mais les legs que le défunt a déclarés préférentiels ne sont touchés qu'en dernier lieu, et seulement si nécessaire (V. *JCl. Roulois*, Fasc. 1425).

Tableau récapitulatif de la vocation successorale du conjoint (1)

Parenté laissée par le défunt	Droits du conjoint successible
Descendants – tous sont issus des deux époux	Au choix du survivant : 1/4 en pleine propriété ou usufruit de la totalité des biens existants
– tous ne sont pas issus des deux époux	1/4 en pleine propriété des biens existants
Père et mère	1/2 en propriété
Père ou mère	3/4 en propriété
Collatéraux privilégiés	Toute la succession (2)
Ascendants ordinaires	Toute la succession (3)
Collatéraux ordinaires	Toute la succession
(1) Indépendamment des droits d'habitation du logement et d'usage du mobilier, V. *infra*, n° 183. (2) Le cas échéant, succession anomale au profit des collatéraux privilégiés. (3) Le cas échéant, si le défunt ne laisse ni père ni mère ou laisse soit l'un soit l'autre, créance d'aliments des ascendants ordinaires dans le besoin.	

c) Articulation de la vocation légale et des libéralités entre époux

• Imputation

181 L'article 758-6 du Code civil, créé par la loi du 23 juin 2006, dispose que les libéralités reçues du défunt par le conjoint survivant s'imputent sur les droits de celui-ci dans la succession.
Cette imputation s'explique de la façon suivante : le législateur n'a pas voulu ajouter ou cumuler des droits légaux aux libéralités, mais seulement attribuer une vocation successorale plus large au conjoint survivant, pour le cas où le prédécédé n'aurait pas songé à prendre des dispositions en faveur de celui-ci (dans ce sens, V. Cass., avis, 25 sept. 2006 : *JurisData* n° 2006-035114 ; *Dr. famille* 2007, 18, note B.B.).
L'article 758-6 du Code civil précise : « Lorsque les libéralités ainsi reçues sont inférieures aux droits définis aux articles 757 et 757-1, le conjoint survivant peut en réclamer le complément, sans jamais recevoir une portion des biens supérieure à la quotité définie à l'article 1094-1 ».
Ainsi, dès lors que le conjoint survivant est bénéficiaire d'une libéralité, il faut retenir que le maximum de ses droits ne pourra excéder la quotité disponible spéciale entre époux, prévue à l'article 1094-1 du Code civil (Cass. 1re civ., 25 oct. 2017, n° 17-10.644 : *JurisData* n° 2017-021016. – D. Epailly, *Quel cumul de droits pour le conjoint survivant ? : JCP* N 2018, 1245 ; *Dr. famille* 2018, n° 1, comm. 15, M. Nicod. – R. Le Guidec : *JCP* N 2018, 1110, n° 1. – V. B. Vareille, *Réflexions sur l'imputation en droit des successions : RTD civ.* 2009, p. 1). Pour une étude détaillée, V. S. Torricelli-Chrifi, *L'imputation troublante des libéralités entre époux sur les droits légaux : Actes prat. strat. patrimoniale* 2020, n° 4, 28. La Cour de cassation a pu qualifier cette opération d'imputation de « rapport spécial », formulation certainement à visée pédagogique, mais critiquée par la doctrine en ce qu'elle peut être source de confusion. Par deux arrêts, elle retient ainsi que « le conjoint survivant est tenu à un rapport spécial en moins prenant des libéralités reçues par lui du défunt dans les conditions définies à l'article 758-6 ». Elle en déduit dans la première espèce que la présomption de dispense de rapport des legs prévue à l'article 843 du Code civil est inapplicable au conjoint survivant. Dans la seconde, elle énonce que lorsque le pacte tontinier compris dans l'acte d'achat d'un bien immobilier constitue une donation déguisée du défunt en faveur de son conjoint, cette donation est soumise au rapport dans les limites et selon les modalités prévues à l'article 758-6 du Code civil (Cass. 1re civ., 12 janv. 2022, n° 20-12.232, FS-B+R : *JurisData* n° 2022-000185 ; *JCP* N 2022, act. 200. – V. Zalewski-Sicard, *Le rapport spécial du conjoint survivant : JCP* N 2022, 1130. – M. Nicod, *L'imputation des libéralités conjugales chasse le rapport à la masse partageable : Dr. famille* 2022, comm. 36).

RÉGIMES ANTÉRIEURS Cette imputation n'a pas été reprise par la loi du 3 décembre 2001 et la doctrine considérait que la vocation légale et le bénéfice d'une libéralité pouvaient se cumuler sans pouvoir excéder la quotité disponible

entre époux. Il existait donc une incertitude jusqu'à la loi du 23 juin 2006. Un notaire a pu voir sa responsabilité engagée pour n'avoir pas informé sa cliente, en l'état de ce flou juridique, de la possibilité qu'elle avait de choisir une option plus favorable pour bénéficier du cumul. La Cour de cassation l'a condamné à indemniser la perte de chance qui en résultait (Cass. 1re civ., 22 nov. 2017, n° 16-26.169 : *Dr. famille* 2018, comm. 40, A. Tani).
L'article 767, dans sa rédaction résultant de la loi du 3 janvier 1972, disposait dans son quatrième alinéa que l'époux survivant cessait d'exercer son usufruit légal s'il avait reçu du défunt des libéralités dont le montant atteignait les droits attribués par la loi et que, si ce montant était inférieur, il ne pourrait réclamer que le complément.

• Option

182 Le conjoint à qui a été consentie une donation entre époux pour le cas de survie ou un legs doit opter entre les droits *ab intestat* et la libéralité. L'époux survivant peut en effet renoncer à une libéralité à cause de mort. On observera que si le *de cujus* a consenti une libéralité à cause de mort de 3/4 en usufruit et 1/4 en propriété, le survivant a *a priori* intérêt à opter pour la libéralité, car elle est plus élevée que les droits légaux.
Il en va autrement pour une donation entre vifs : le survivant ne peut rétracter son acceptation et par conséquent opter pour les droits successoraux. Il impute la donation sur ses droits *ab intestat* et, si elle leur est supérieure, la donation n'est maintenue que si elle n'excède pas la quotité disponible entre époux. Elle est réductible si elle la dépasse.

B Droit viager d'habitation du logement et d'usage du mobilier

183 Afin de permettre au survivant de conserver son cadre de vie s'il le souhaite, la loi du 3 décembre 2001 a prévu, d'une part, un droit de jouissance gratuite d'une année à compter du décès, qui sera abordé dans la subdivision suivante, et d'autre part, un droit viager d'habitation du logement et d'usage du mobilier le garnissant, qui doit être demandé dans l'année du décès et qui produit ses effets à l'extinction du droit annuel. Il semble que la renonciation à la succession par le conjoint survivant n'emporte pas renonciation à se prévaloir du droit viager d'habitation du logement (V. Bouchard, *Le logement du conjoint survivant au bon vouloir des époux* : *JCP* N 2018, 1318).

1 Domaine

• Logement en propriété

184 L'article 764 du Code civil, dans son alinéa premier, énonce que le conjoint successible qui occupait effectivement, à l'époque du décès, à titre d'habitation principale, un logement appartenant aux époux ou dépendant totalement de la succession, a sur ce logement, jusqu'à son décès, un droit d'habitation et un droit d'usage sur le mobilier, compris dans la succession, le garnissant. Le logement peut être commun aux époux, indivis entre eux ou propre au prédécédé, de même le mobilier. Lorsque le bien n'appartient qu'en partie à l'époux décédé, ce bien ne dépend donc pas totalement de la succession de sorte qu'est exclu le droit viager d'habitation (CA Agen, 19 sept. 2012 : *JurisData* n° 2012-022273).
La qualité de conjoint successible est précisée par l'article 732 du Code civil.

ARTICULATION AVEC DROITS D'USUFRUIT OU DE PROPRIÉTÉ Ces droits d'habitation et d'usage peuvent se trouver compris dans les droits en usufruit que le conjoint survivant recueille au titre de la loi ou d'une libéralité. Ainsi, si le survivant recueille l'usufruit de la succession, les droits d'habitation et d'usage sont compris dans cet usufruit. Il peut aussi y avoir lieu de combiner ces droits d'habitation et d'usage avec les droits en propriété d'un quart, de moitié ou de trois quarts (V. *infra*, 4).

• Logement en location

185 Lorsque le logement faisait l'objet d'un bail à loyer, le conjoint successible qui, à l'époque du décès, occupait effectivement les lieux à titre d'habitation principale bénéficie du droit d'usage sur le mobilier, compris dans la succession, le garnissant (C. civ., art. 765-2).

• Habitation effective du conjoint

186 Les droits viagers de l'article 764 du Code civil sont limités aux locaux effectivement occupés à titre d'habitation principale par le conjoint à l'époque du décès (Cass. 1re civ., 25 sept. 2013, n° 12-214.569 : *RTD civ.* 2013, p. 874, obs. M. Grimaldi : exclusion d'un studio indépendant occupé par la fille du conjoint).

• **Volonté contraire**

187 **Forme.** Il résulte du nouvel article 764 du Code civil que le droit d'habitation du logement en propriété et le droit d'usage du mobilier le garnissant n'existent que « sauf volonté contraire du défunt exprimée dans les conditions de l'article 971 ». Le renvoi à l'article 971 du Code civil impose que cette privation des droits revête la forme d'un testament public ; le législateur a ainsi veillé à ce que la décision soit éclairée et réfléchie (V. Cass. 1re civ., 15 déc. 2010 : *JCP* N 2011, 1189, note Lesbats).

188 **Procédure collective.** Lorsque le défunt a été dessaisi de son vivant de l'administration et de la disposition de ses biens par suite d'une procédure de liquidation judiciaire, le conjoint survivant ne peut pas se prévaloir du droit viager à l'égard d'acquéreurs dans le cadre de cette procédure (Cass. 1re civ., 30 janv. 2019, n° 18-10.002 : *JurisData* n° 2019-001083 ; *JCP* N 2019, n° 7, act. 258 ; *JCP* N 2020, 1053, chron. R. Le Guidec : conjoint survivant assigné en expulsion après la réalisation de la vente survenue postérieurement au décès).

REMARQUE L'article 765-2 du Code civil, octroyant au conjoint successible le droit d'usage du mobilier lorsque le logement est en location ne réserve pas l'expression d'une volonté contraire. Si on admet la possibilité de priver le survivant de ce droit d'usage, il serait imprudent de déduire du silence du texte que la forme olographe ou mystique est suffisante.

189 **Absence d'incidence sur les droits d'usufruit.** La privation des droits d'habitation et d'usage exprimée par le défunt est sans incidence sur les droits d'usufruit que le conjoint recueille en vertu de la loi ou d'une libéralité, qui continuent à obéir à leurs règles propres (C. civ., art. 764, al. 2). En d'autres termes, la privation des droits d'habitation et d'usage ne porte que sur ces droits et laisse intacts ceux en usufruit (ou en propriété) que le conjoint tient de la loi ou d'une libéralité. Cet aspect ne doit pas être perdu de vue lors de la confection d'un testament.

• **Compatibilité avec le droit de retour**

190 Le fait que le logement des époux soit soumis au droit de retour en faveur des ascendants mis en place par l'article 757-3 du Code civil ne fait pas obstacle au bénéfice du droit d'habitation viager dès lors que le conjoint survivant remplit toutes les conditions imposées par l'article 764 (Rép. min. n° 104803 : *JOAN* Q 14 nov. 2006).

2 Demande

• **Délai**

191 Le conjoint dispose d'un an à partir du décès pour manifester sa volonté de bénéficier de ces droits d'habitation et d'usage (C. civ., art. 765-1).
Ce délai correspond à la période pendant laquelle le survivant a un droit de jouissance gratuite (V. *infra*, II, A).

• **Forme**

192 Aucune forme particulière n'est exigée de sorte que la demande peut être tacite (Cass. 1re civ., 13 févr. 2019, n° 18-10.171 : *JurisData* n° 2019-001940 ; *JCP* N 2019, act. 280 ; *JCP* N 2020, 1053, R. Le Guidec). Toutefois, il est naturellement souhaitable, afin d'éviter des contestations ultérieures, que la demande soit formulée par écrit, ou que les héritiers reconnaissent par écrit l'option de l'époux survivant. Cette manifestation de volonté ne peut résulter du seul maintien dans les lieux (Cass. 1re civ., 2 mars 2022, FS-B, n° 20-16.674 : *JurisData* n° 2022-002834 ; *JCP* N 2022, act. 419, comm. A. Tani et 1161, comm. V. Zalewski).

3 Modalités d'exercice

193 L'article 764 du Code civil dispose dans son troisième alinéa que les droits d'habitation et d'usage s'exercent dans les conditions prévues aux articles 627, 631, 634 et 635 du Code civil (sur les droits et obligations résultant du droit d'usage et d'habitation, V. Fiche 30 : Liquidation des droits de mutation à titre gratuit).

• **Jouissance**

194 L'article 627 impose à l'usager et à celui qui a un droit d'habitation de jouir « raisonnablement » (réd. L. n° 2014-873, 4 août 2014. Antérieurement : « en bon père de famille »).

• **Interdiction de céder et louer**

195 **Principe.** L'usager ne peut céder ni louer son droit à un autre. Le droit d'habitation ne peut être ni cédé ni loué (C. civ., art. 631 et 634).

196 **Dérogation.** Par dérogation aux articles 631 et 634, lorsque la situation du conjoint fait que le logement grevé du droit d'habitation n'est plus adapté à ses besoins, le conjoint ou son représentant peut le louer à usage autre que commercial ou agricole afin de dégager les ressources nécessaires à de nouvelles conditions d'hébergement (C. civ., art. 764, dernier al.).

• **Charges usufructuaires**

197 Le premier alinéa de l'article 635 du Code civil assujettit l'usager aux réparations d'entretien et au paiement des contributions, comme l'usufruitier. S'il n'occupe qu'une partie de la maison, l'usager contribue au prorata de ce dont il jouit (même art., al. 2).

• **Inventaire. État des lieux**

198 Le conjoint, les autres héritiers ou l'un d'eux peuvent exiger qu'il soit dressé un inventaire des meubles et un état de l'immeuble soumis aux droits d'usage et d'habitation (C. civ., art. 764, al. 4).

4 Imputation

199 La valeur des droits d'habitation et d'usage s'impute sur la valeur des droits successoraux recueillis par le conjoint (C. civ., art. 765, al. 1er).

• **Comparaison**

200 **Valeur inférieure à celle des droits successoraux.** Si la valeur des droits d'habitation et d'usage est inférieure à celle des droits successoraux, le conjoint peut prendre le complément sur les biens existants (C. civ., art. 765, al. 2). L'expression « droits successoraux » s'entend de ceux *ab intestat* de droit commun, exposés *supra*, A.

201 **Valeur supérieure à celle des droits successoraux.** Si la valeur des droits d'habitation et d'usage est supérieure à celle de ses droits successoraux, le conjoint n'est pas tenu de récompenser la succession à raison de l'excédent (C. civ., art. 765, dernier al.). Le mot récompense ne doit pas être compris avec le sens technique qu'il a dans les régimes communautaires, mais dans celui d'indemnité ou de soulte. La règle est protectrice pour le conjoint survivant lorsque ses droits successoraux sont relativement faibles en raison notamment des libéralités faites par le défunt.

202 **Méthode d'évaluation.** Le droit d'usage et d'habitation ne doit pas être évalué selon le barème fiscal (V. CGI, art. 762, I et L. n° 2001-1135, 3 déc. 2001, art. 8), mais en retenant la valeur économique.

• **Exemples**

203 Le défunt laisse deux enfants issus d'un précédent mariage et un conjoint. Il n'a fait aucune libéralité entre vif ou à cause de mort.

Le logement servant à l'habitation principale et le mobilier le garnissant sont évalués à	300 000 €
Les autres biens valent	120 000 €
Soit un actif (le passif est négligé) de	420 000 €
La masse de calcul des droits du conjoint est de pareille somme, soit pour le quart (en présence d'enfants d'un précédent mariage, le survivant ne peut opter pour l'usufruit de la succession)	105 000 €

204 **Première hypothèse.** Le conjoint survivant est âgé de soixante-dix-neuf ans et les parties conviennent d'évaluer ses droits d'habitation et d'usage à 80 000 €.

Sur les droits en propriété du survivant de	105 000 €
il faut imputer la valeur des droits d'habitation et d'usage, soit	80 000 €
de sorte que le conjoint peut recueillir en propriété	25 000 €

205 **Deuxième hypothèse.** Le conjoint survivant est âgé de soixante-deux ans ; compte tenu de son âge et de son état de santé, ses droits d'habitation et d'usage sont évalués à 140 000 €.
Le conjoint n'est pas tenu d'indemniser la succession de l'excédent que présentent ses droits d'habitation et d'usage par rapport à sa vocation de droit commun, excédent qui s'élève à 35 000 € (140 000 – 105 000).

5 Conversion en rente ou en capital

• **Caractère contractuel**

206 Le conjoint successible et les héritiers peuvent, par convention, convertir les droits d'habitation et d'usage en une rente viagère ou en capital (C. civ., art. 766, al. 1er).

Cette possibilité introduit une incontestable souplesse.

• **Mineur majeur protégé**

207 S'il est parmi les successibles parties à la convention un mineur ou un majeur protégé, la convention doit être autorisée par le juge des tutelles (C. civ., art. 766, al. 2).

II Droits contre la succession

A Droit annuel de jouissance du logement

208 L'article 763 du Code civil accorde au conjoint successible un droit de jouissance gratuite du logement d'habitation et du mobilier le garnissant, pendant une année, de façon que cet époux ne risque pas de devoir quitter rapidement l'habitation conjugale.

• **Nature. Ordre public**

209 Les droits résultant de ce texte sont réputés effets directs du mariage et non droits successoraux (C. civ., art. 763, al. 3). Ils ne sont pas dans la succession mais contre elle.
Le dernier alinéa du nouvel article 763 du Code civil déclare cet article d'ordre public. L'époux survivant ne peut donc être privé de ce droit ni directement ni indirectement.

• **Domaine**

210 **Logement en propriété.** Si, à l'époque du décès, le conjoint successible occupe effectivement, à titre d'habitation, un logement appartenant aux époux ou dépendant totalement de la succession, il a de plein droit, pendant une année, la jouissance gratuite de ce logement, ainsi que du mobilier, compris dans la succession, qui le garnit (C. civ., art. 763, al. 1er).
Le droit annuel de jouissance du logement est exclu lorsque celui-ci est indivis entre le défunt et un premier époux du défunt (V. Cass. 1re civ., 26 oct. 2011, n° 09-72.693. – CA Pau, 19 janv. 2009 : *JurisData* n° 2009-003104. – CA Basse-Terre, 28 janv. 2013, n° 12/00119).

211 **Logement en location ou indivis.** Si son habitation était assurée au moyen d'un bail à loyer ou d'un logement appartenant pour partie indivise au défunt, les loyers ou indemnité d'occupation lui en seront remboursés par la succession pendant l'année, au fur et à mesure de leur acquittement (C. civ., art. 763, al. 2, réd. L. 23 juin 2006).

• **Report des droits d'usufruit**

212 Les droits d'usufruit que le conjoint survivant peut avoir sur le logement d'habitation et le mobilier, à titre *ab intestat* ou par suite d'une libéralité, sont reportés à l'expiration du délai d'un an pendant lequel ce conjoint a la jouissance gratuite de ces biens (J. Hugot et J.-F. Pillebout, *Les nouveaux droits du conjoint*, Litec, 2005, n° 176).

B Droit à pension

213 L'article 767 du Code civil reconnaît au conjoint survivant dans le besoin un droit à pension contre la succession.

1 Conditions

• **Conjoint successible**

214 Pour pouvoir prétendre à une pension contre la succession, le conjoint survivant doit être successible. La notion de conjoint successible est précisée par l'article 732 du Code civil.

• **État de besoin**

215 Le conjoint qui se prévaut du droit à pension doit être en état de besoin. Cet état s'apprécie au jour du décès.

2 Mise en œuvre

• **Délai**

216 Le délai pour réclamer la pension est d'un an à partir du décès ou du moment où les héritiers cessent d'acquitter les prestations qu'ils fournissaient auparavant au conjoint. Le délai se prolonge, en cas d'indivision, jusqu'à l'achèvement du partage (C. civ., art. 767, al. 1er).
Le délai d'un an est considéré suffisant pour apprécier les ressources et les besoins du survivant. De son côté, le partage peut avoir une incidence sur les ressources du conjoint et son état de besoin.

• **Charge de l'hérédité**

217 La pension alimentaire est prélevée sur la succession. Le fait que la succession soit essentiellement composée de droits immobiliers indivis, non facilement mobilisables, ne constitue pas un obstacle au droit à pension du conjoint, encore moins une condition légale posée par l'article 767 du Code civil (Cass. 1re civ., 30 janv. 2019, n° 18-13.526 : *JurisData* n° 2019-001013 ; *JCP* N 2019, n° 7, act. 253, obs. S. Bernard ; *JCP* N 2020, 1053, chron. R. Le Guidec ; *Dr. famille* 2019, comm. 83, obs. M. Nicod ; *Defrénois* 2019, n° 18, p. 28, note A. Chamoulaud-Trapiers).
Elle est supportée par tous les héritiers et, en cas d'insuffisance, par tous les légataires particuliers, proportionnellement à leur émolument. Toutefois, si le défunt a expressément déclaré que tel legs sera acquitté de préférence aux autres, il sera fait application de l'article 927 (C. civ., art. 767, al. 2 et 3).
La règle est la même que pour la pension due aux ascendants dans le besoin (V. *supra*, I, A, 2).

Les héritiers et légataires d'universalité n'ont pas à supporter la pension alimentaire sur leurs biens personnels, même s'ils ont accepté la succession purement et simplement, mais ils peuvent être débiteurs d'aliments au titre d'un lien de parenté ou en raison de l'alliance (V. *JCl. Roulois*, Fasc. 1060).

MASSE DE CALCUL DE LA QUOTITÉ DISPONIBLE Dès lors qu'elle constitue une charge de la succession, la pension doit être déduite des biens existants au décès pour le calcul de la quotité disponible (M. Grimaldi, art. préc., spéc. p. 52).

• **Montant**

218 La pension est destinée à satisfaire les besoins du survivant, et non à lui assurer une situation identique à celle que lui procuraient les revenus du prédécédé.
À propos d'une pension due sur le fondement de l'ancien article 207-1 du Code civil, il a été jugé que la pension, étant due par la succession et non par les héritiers, son montant était fixé en fonction des besoins du conjoint survivant et des forces de la succession au jour de l'ouverture de celle-ci, et était seulement susceptible d'être diminuée ou supprimée dans le cas où le créancier bénéficierait de ressources nouvelles (Cass. 1re civ., 9 mars 1994, n° 91-21.021 : *JCP* G 1995, I, 3876, note R. Le Guidec et *JCP* N 1994, II, p. 349, obs. C. Danglehant ; *Defrénois* 1994, art. 35945-145, p. 1437, obs. J. Massip ; *D.* 1995, somm. p. 44, obs. M. Grimaldi). La solution étant transposable, il n'y a pas à prendre en considération la fortune des héritiers ou l'évolution de leur situation.

POUR ALLER PLUS LOIN

Fascicule JurisClasseur

• *JCl. Notarial Formulaire*, V° *Conjoint survivant, Conversion d'usufruit, Notoriété, Usufruit*.

Bibliographie

Outre les manuels courants et les ouvrages cités (V. Fiche 1 : Successions – Introduction), le lecteur consultera avec profit :

• I. Dauriac, *Le conjoint survivant dans la loi du 23 juin 2006 : JCP* N 2007, 1203.
• S. Ferré-André, *Les droits supplétifs et impératifs du conjoint survivant dans la loi du 3 décembre 2001, analyse raisonnée de quelques difficultés : Defrénois* 2002, art. 37572, p. 863.
• M. Grimaldi, *Les nouveaux droits du conjoint survivant : AJ fam.* 2002, p. 48.
• N. Levillain, *Les nouveaux droits* ab intestat *du conjoint survivant : JCP* N 2002, n° 8-9, 1163.
• H. Mazeron-Gabriel, *Succession – Pour le conjoint successible, imputer n'est pas rapporter : JCP* N 2022, 1183.
• F. Vauvillé, *Les droits au logement du conjoint survivant : Defrénois* 2002, art. 37608.
• Dossier *Le conjoint survivant : JCP* N 2018, n° 42, 1316 et s.
• Dossier spécial *Conjoint survivant – La protection du conjoint survivant : Actes prat. strat. patrimoniale* 2020, n° 4, par C. Brenner, Ph. Delmas Saint Hilaire, F. Fruleux, V. Godron-Mannessier, M. Leroy, S. Torricelli-Chrifi et B. Vareille.

Fiche 5

Dévolutions particulières

Sommaire

Introduction ... 43

I Successions anomales (retours légaux) ... 44

A Cas de successions anomales ... 44

1 Adoption simple ... 44

2 Collatéraux privilégiés ... 45

3 Père et mère ... 46

B Effets ... 47

C Successions anomales supprimées ... 47

II Dévolution de certains biens en raison de leur nature ... 48

A Droits d'auteur ... 48

1 Exploitation de l'œuvre ... 48

2 Droit de suite ... 49

B Baux ... 49

1 Bail rural ... 49

2 Bail d'habitation ... 50

C Concessions funéraires ... 50

D Souvenirs de famille ... 51

E Continuation d'une société ... 51

III Dévolution à l'État ... 52

Introduction

219 En droit successoral, le principe qui domine est celui de l'unité de la succession : il n'y a pas lieu de considérer l'origine des biens dans le patrimoine du défunt, ni leur nature pour régler la succession. Ce principe souffre toutefois d'exceptions.

Ainsi, lorsqu'un adopté simple décède sans postérité, la transmission de ses biens s'effectue selon une distinction. Les biens lui provenant de l'adoptant font retour à celui-ci ou à ses descendants, ceux lui provenant de ses père et mère retournent à ceux-ci ou à leurs descendants. Dans l'un et l'autre cas, on emploie indifféremment les termes de retour légal ou de succession anomale. Le décès d'un adopté simple peut donc ouvrir deux successions anomales. Quant à ses autres biens, ils constituent la succession ordinaire dévolue aux deux familles, avec application d'une fente entre elles (V. Fiche 3 : Droits des parents en l'absence de conjoint successible).

La loi du 3 décembre 2001 a institué un droit de retour légal au profit des collatéraux privilégiés lorsque ceux-ci sont écartés de la succession par le conjoint successible. La loi du 23 juin 2006 a créé un droit de retour légal au bénéfice des père et mère, lorsque le défunt ne laisse pas de postérité.

Certains biens sont transmis selon des règles particulières, en raison non de leur origine mais de leur nature : bail d'habitation, concession funéraire, etc.

Il convient de souligner qu'en dépit d'une apparente similitude, il en va différemment du capital de l'assurance sur la vie : celui-ci n'a jamais fait partie du patrimoine du défunt et appartient directement au bénéficiaire, à la suite d'une stipulation pour autrui (V. *JCl. Roulois*, Fasc. 1630, *Contrats divers*). Il existe toutefois des conflits lorsque l'opération s'apparente en quelque sorte à une libéralité.

Il n'y a pas davantage dévolution en cas de tontine. Il s'agit d'une clause par laquelle deux personnes ou plus conviennent, lors d'une acquisition, que le survivant d'elles sera seul propriétaire du bien acquis : chacun est propriétaire sous condition résolutoire de son décès et sous condition suspensive de sa survie : le premier décès n'entraîne aucune transmission puisque le défunt est censé n'avoir jamais eu de droit de propriété sur le bien (V. *JCl. Roulois*, Fasc. 1460 et V. *JCl. Roulois*, Fasc. 1550).
On doit également se garder d'une confusion avec l'attribution préférentielle, de même qu'avec la clause d'attribution d'un bien propre à l'époux prédécédé prévue par l'article 1390 du Code civil (V. *JCl. Roulois*, Fasc. 1510). En effet, il s'agit alors de modalités de partage et non de dérogation aux règles de dévolution.
Enfin, en l'absence de parents et de conjoint successibles, la succession est dévolue à l'État.

• **Textes**

- C. civ., art. 368-1, 738-2 et 757-3.
- C. rur., art. L. 411-34.
- CPI, art. L. 123-6.
- L. n° 89-468, 6 juill. 1989.

I

Successions anomales (retours légaux)

220 Il importe d'envisager d'abord les cas de succession anomale (A), puis les effets d'une telle succession (B) avant de se pencher brièvement sur les successions anomales supprimées (C).

A Cas de successions anomales

221 Notre droit connaît la succession anomale, en cas d'adoption simple, au profit de l'adoptant ainsi qu'au profit des père et mère de l'adopté, d'une part (1°), et d'autre part, la succession anomale au profit des collatéraux privilégiés (2°). Enfin, il est encore reconnu un troisième cas lorsque les père et mère ou l'un d'eux survivent au défunt et que celui-ci ne laisse pas de postérité (3°).

1 Adoption simple

• **Conditions**

222 **Adoption simple.** Ces dévolutions particulières ne concernent que l'adopté simple. En effet, l'adoption plénière entraîne la rupture avec la famille d'origine en sorte que la succession de l'adopté ne présente aucune originalité, alors que l'adopté simple appartient simultanément à deux familles (V. *JCl. Roulois*, *Adoption*).

223 **Absence de descendant et de conjoint survivant.** Il n'y a succession anomale qu'à défaut de descendants et de conjoint survivant (C. civ., art. 368-1, réd. L. 23 juin 2006). Si l'adopté simple laisse des descendants, sa succession leur est dévolue selon les règles générales. Le conjoint survivant met désormais obstacle à la succession anomale de l'adopté simple.

• **Bénéficiaires**

224 Deux successions anomales s'ouvrent :
– l'une au profit de l'adoptant ou de ses descendants ;
– et l'autre au profit des père et mère de l'adopté ou de leurs descendants.

• **Bien faisant retour**

225 Ces successions anomales comprennent respectivement :
– les biens donnés par l'adoptant ou recueillis dans la succession ;
– les biens que l'adopté a reçus à titre gratuit de ses père et mère.
Ne sont donc pas compris dans les successions anomales les biens reçus à titre gratuit d'autres personnes que les père et mère par le sang ou ceux adoptifs : grands-parents, par exemple. Seuls les biens qui existent encore en nature lors du décès de l'adopté font retour (C. civ., art. 368-1), ce qui exclut les biens dont l'adopté a disposé à titre onéreux ou gratuit, ainsi que ceux qui ont péri ; les successions anomales ne comprennent pas non plus les biens subrogés aux biens reçus. Quant au passif, il doit être réparti entre les deux successions (succession ordinaire et anomale), tel que l'article 368-1, alinéa 1er y invite en énonçant que ce droit s'exerce « à charge de contribuer aux dettes ». On applique simplement un calcul proportionnel.

2 Collatéraux privilégiés

226 L'article 757-2 du Code civil dispose qu'en l'absence d'enfants ou de descendants du défunt et de ses père et mère, le conjoint survivant recueille toute la succession (V. Fiche 4 : Droits du conjoint successible, I, A) mais l'article 757-3 apporte un tempérament à cette règle en instituant une succession anomale au profit des collatéraux privilégiés.

• Bénéficiaires

227 La succession anomale est prévue au profit des frères et sœurs du défunt ou de leurs descendants. Il est nécessaire que ces frères et sœurs soient eux-mêmes descendants du ou des parents à l'origine de la transmission ; ainsi un frère utérin n'aurait aucun droit au titre d'une succession anomale sur des biens provenus au défunt de la succession de son père.
Il n'y a pas de succession anomale si le défunt laisse des descendants, car ceux-ci recueillent tout le patrimoine du défunt sans distinguer l'origine des biens. Il n'y a pas non plus succession anomale si le défunt, en l'absence de conjoint successible, laisse les collatéraux privilégiés venant alors à la succession, soit seuls, soit en concours avec les père et mère.

• Biens

228 L'article 757-3 du Code civil, dans la rédaction que lui a donnée la loi du 23 juin 2006, vise les biens que le défunt avait reçus de ses ascendants (dans le régime antérieur à cette loi étaient visés les biens reçus des père et mère) par succession ou donation et qui se retrouvent en nature dans la succession. Par suite, la subrogation réelle est écartée si des biens transmis à titre gratuit ont été aliénés, le solde de prix pouvant rester dû au jour du décès fait partie de la succession ordinaire, et non de celle anomale (sur certaines difficultés pratiques, V. G. Goubeaux, *Réforme des successions : l'inquiétant concours entre collatéraux privilégiés et conjoint survivant à propos de l'article 757-3 du Code civil : Defrénois* 2002, art. 37519, p. 427, spéc. n°s 6 et s.). La règle de l'article 757-3 du Code civil n'étant pas d'ordre public, il est encore possible de l'écarter au moyen d'un legs universel, d'un legs portant sur le bien objet du droit de retour ou d'une donation entre époux en pleine propriété (V. TGI Paris, 2e ch., 12 mai 2015, n° 14/00945 : *JurisData* n° 2015-013793 ; *JCP* N 2015, act. 747, note Ch. Blanchard ; Rép. min. n° 85443 : *JOAN* Q 11 juill. 2006, p. 7371).

• Quotité

229 La succession anomale ne comprend que la **moitié** des biens recueillis par succession ou donation. Il s'ensuit une indivision entre le conjoint successible et les collatéraux privilégiés (sur la question, V. G. Goubeaux, art. préc. – Sur l'articulation de ce droit avec les droits du conjoint sur le logement d'habitation principale et le mobilier le garnissant, V. A. Tisserand-Martin, *Consultation sur les conséquences patrimoniales du décès de deux époux : Defrénois* 2004, art. 37914, spéc. p. 507). Quant au passif, en l'absence de texte spécifique, il est raisonné par analogie avec la succession anomale en cas d'adoption simple, ce qui conduit à une répartition proportionnelle du passif.

• Exercice

230 La Cour de cassation apporte des précisions quant aux conditions d'exercice du droit de retour légal des collatéraux privilégiés :
– d'abord, ce droit s'exerce, par l'effet déclaratif du partage intervenu après le décès des parents, sans qu'il y ait à distinguer selon que les biens reçus par le défunt l'ont été ou non à charge de soulte ;
– ensuite, lorsqu'il y a eu paiement d'une soulte lors du partage et de l'attribution au défunt, il n'y a pas lieu, pour les collatéraux privilégiés, de verser une indemnité à la succession ordinaire ;
– les éventuelles améliorations apportées aux biens par le défunt n'ouvrent pas droit à indemnisation au bénéfice de la succession ordinaire (Cass. 1re civ., 28 févr. 2018, n° 17-12.040 : *JurisData* n° 2018-002684 ; *JCP* N 2018, 270, obs. M. Nicod. – D. Boulanger et C. Peuble, *Droit de retour légal : avantages pour les collatéraux privilégiés : JCP* N 2018, 1142. – D. Epailly, *Droit de retour des collatéraux privilégiés confrontés au conjoint survivant : JCP* N 2018, 1310. – R. Le Guidec, *JCP* N 2019, chron. 121 ; *AJ fam.* 2018, p. 245 ; *D.* 2018, jurispr. p. 939, note E. Rousseau) ;
– enfin, les biens reçus de son ascendant par le défunt en règlement d'une créance de salaire différé échappent au droit de retour légal des collatéraux privilégiés (Cass. 1re civ., 1er déc. 2021, n° 20-12.315, FS-B : *JurisData* n° 2021-019346 ; *JCP* N 2021, 113).

• Exemple

231 **Énoncé.** M. Duval décède *ab intestat*, sans descendant ; il laisse sa veuve ; ses proches parents sont son frère Norbert et deux nièces, Anna et Cécilia, enfants de sa sœur Véronique, décédée.
Il était marié sous le régime de la séparation de biens.

Dans le partage des successions de ses parents, M. Duval a reçu un pavillon, qui existe toujours (valeur : 200 000 €), et un studio, qui a été vendu. Avoirs en banque : 300 000 €.
Le passif s'élève à 20 000 €.

232 **Solution.** En l'absence de descendant et d'ascendant privilégié, Mme Duval recueille la succession, sous réserve de la succession anomale.

– *Succession anomale*

Actif : moitié indivise du pavillon (200 000 / 2)	100 000
À déduire : quote-part dans le passif (cf. explications ci-dessous)	
	– 4 000
Soit net	96 000
Revenant :	
À Norbert pour moitié	48 000
et à chacune d'Anna et Cécilia pour un quart	24 000

– *Succession ordinaire*

Actif :	
Avoir en banque	300 000
Moitié du pavillon	100 000
Soit ensemble	400 000
Passif :	
Quote-part du passif (cf. ci-dessous)	
	– 16 000
Soit un actif net de	384 000
Revenant à Mme Duval Sur la répartition du passif : Actif brut de la succession anomale : 100 000 Actif brut de la succession ordinaire : 400 000 Total de l'actif brut successoral : 500 000 Fraction de la succession anomale appliquée au passif (de 20 000 € au total) : 100 000 / 500 000 ou 1/5 × 20 000 = 4 000 Fraction de la succession ordinaire appliquée au passif (de 400 000 / 500 000 ou 4/5 × 20 000 = 16 000	

VARIANTES

On suppose que le défunt a légué le pavillon à Norbert. Par suite de ce legs, il n'y a pas de succession anomale : Norbert recueille le pavillon comme légataire particulier ; Mme Duval recueille les avoirs en banque et supporte le passif.

AUTRE HYPOTHÈSE

M. Duval a consenti à son épouse une donation entre époux de la toute propriété de ses biens. Il n'y a pas non plus succession anomale ; l'épouse recueille tout l'actif et supporte tout le passif.

3 Père et mère

233 Comme nous le verrons plus loin (V. Fiche 19 : Réserve héréditaire et quotité disponible), la loi du 23 juin 2006 a supprimé la réserve des ascendants. Corrélativement, elle a créé un droit de retour au profit des père et mère, sous l'article 738-2 du Code civil.

Bénéficiaires

234 Ce droit de retour s'ouvre lorsque les père et mère ou l'un d'eux survivent au défunt et que celui-ci ne laisse pas de postérité (C. civ., art. 738, al. 1er).

• **Biens. Quotité**

235 Le droit de retour s'exerce à concurrence des quotités fixées au premier alinéa de l'article 738 – c'est-à-dire la moitié si les père et mère survivent et un quart si un seul survit –, sur les biens que le défunt avait reçus d'eux par donation (même texte).

236 Ce texte soulève une difficulté d'interprétation. Faut-il comprendre que le droit de retour porte sur un quart ou la moitié du bien donné ? Ou doit-on comprendre que ce droit porte sur le bien donné mais sans pouvoir excéder un quart ou la moitié de la succession ? (V. not. A. Delfosse et J.-F. Peniguel, *La réforme des successions et des libéralités*, Litec, 2006, n° 329). La doctrine dominante considère que l'assiette porte sur le quart de la succession.

Retour conventionnel. Bien entendu, ce retour légal ne s'exerce qu'à défaut de stipulation d'un droit de retour conventionnel, dont les effets sont d'ailleurs plus importants que ceux du retour légal (V. Fiche 10 : Libéralités – Introduction).

Ce droit de retour est d'ordre public : le *de cujus* ne peut l'exclure par testament.

• **Modalités**

237 La valeur de la portion des biens soumise au droit de retour s'impute en priorité sur les droits successoraux des père et mère.
Lorsque le droit de retour ne peut s'exercer en nature, il s'exécute en valeur, dans la limite de l'actif successoral (C. civ., art. 738-2, al. 2 et 3).
Enfin, l'article 763 bis du Code général des impôts énonce que « le droit de retour prévu à l'article 738-2 du Code civil ne donne pas lieu à perception de droits de mutation à titre gratuit ».

B Effets

238 Le droit de retour légal est un droit de succession, ce dont rend d'ailleurs compte l'expression « succession anomale ».

• **Conséquences du caractère successoral**

239 Il s'ensuit que :
– le bénéficiaire ne peut pas renoncer à son droit avant le décès car cette renonciation constituerait un pacte sur succession future (Cass. 1re civ., 21 oct. 2015, n° 14-21.337 P). Ainsi, il a été jugé qu'un donateur (qui, à l'époque, bénéficiait d'un droit de retour légal, V. *infra*, C) ne pouvait renoncer avant le décès du donataire (Cass. ch. réunies, 2 juill. 1906 : *S.* 1904, 1, p. 65, note Ch. Lyon-Caen ; *DP* 1903, 1, p. 353, rapp. Roulier, concl. Baudoin) ;
– comme les héritiers dans la succession ordinaire, le bénéficiaire du retour légal est tenu de respecter les droits acquis des tiers (aliénations et constitutions de droits réels faites par le défunt) ;
– et, comme eux, il contribue aux dettes et charges de la succession, proportionnellement à la valeur des biens qui font retour.

240 Ainsi si, au décès d'un enfant adoptif, la succession anomale comprend :

– un actif de	200 000
– tandis que la succession comprend un actif de	100 000

– les dettes seront réparties dans la proportion de 2/3 et 1/3.
Comme c'est un droit successoral qu'il recueille (succession anomale), l'ayant droit au retour légal doit acquitter les droits de mutation par décès d'après son degré de parenté avec le défunt. Cependant, comme il a été précisé, les ascendants privilégiés en sont exonérés.

REMARQUE On notera que le retour conventionnel s'analyse en une condition résolutoire et que le prédécès du donataire ne génère pas de droits de mutation par décès, d'où l'intérêt d'une telle clause prévoyant un droit de retour conventionnel dans les donations.

• **Indépendance des successions**

241 Lorsqu'un retour légal s'exerce, on se trouve amené à distinguer :
– la ou les successions anomales ;
– et la succession ordinaire, qui comprend tous les biens du défunt autres que ceux dépendant de la ou des successions anomales.
Ces successions sont entièrement distinctes et il n'existe pas d'indivision entre les héritiers dans la succession ordinaire d'une part, et les ayants droit aux successions anomales, d'autre part.
Ainsi, l'adoptant donateur appelé à la succession ordinaire et ayant droit à la succession anomale pour les biens donnés par lui, peut accepter une succession et renoncer à l'autre.

LIQUIDATIONS-PARTAGES Étant distinctes, ces successions doivent être liquidées et partagées séparément. Si les opérations ont lieu par un même acte, il faut nécessairement faire des masses distinctes.

Il ne doit pas être tenu compte des biens faisant l'objet du retour légal pour le calcul de la quotité disponible et de la réserve du conjoint survivant (la question ne se pose pas pour celle des descendants puisqu'il n'y a pas alors de succession anomale).

C Successions anomales supprimées

242 Deux droits de retour légal ont été supprimés par la loi du 3 janvier 1972. Nous ne faisons que les évoquer brièvement ci-dessous.

• **Frères et sœurs légitimes de l'enfant naturel**

243 En cas de prédécès des père et mère d'un enfant naturel décédé sans postérité, les biens qu'il en avait reçus passaient aux frères et sœurs légitimes, s'ils se retrouvaient en nature dans la succession, de même que les actions en reprise s'il en existait, ou le prix des biens aliénés s'il en était encore dû (C. civ., art. 766 ancien).
Avant la loi de 1972, ce droit de retour avait pour objectif que les biens provenant des ascendants

reviennent à la famille légitime de ces ascendants, laquelle famille n'avait à l'époque aucun droit sur la succession de cet enfant naturel.
Après la loi en question, ce droit ne se justifiait plus, l'enfant naturel entrant à part entière (sauf les particularités propres à l'enfant adultérin) dans la famille de son auteur, avec pour conséquence des droits réciproques entre cet enfant naturel et la famille légitime de son auteur.

• **Ascendant donateur**

244 Les ascendants succédaient, à l'exclusion de tous autres, aux choses par eux données à leurs enfants ou descendants décédés sans postériorité, lorsque les objets donnés se retrouvaient en nature dans la succession.
Si les objets avaient été aliénés, les ascendants recueillaient le prix qui pouvait en être dû. Ils succédaient aussi à l'action en reprise que pouvait avoir le donataire (C. civ., ancien art. 747).

245 **Disposition transitoire.** L'ancien article 747 a été abrogé par la loi du 3 janvier 1972. Mais l'article 14, alinéa 3, de cette loi dispose : « Les donations entre vifs consenties avant l'entrée en vigueur de la loi nouvelle continueront de donner lieu au droit de retour légal, tel qu'il était prévu par l'ancien article 747 du Code civil ».

II Dévolution de certains biens en raison de leur nature

246 La nature de certains biens conduit à une dévolution particulière de ceux-ci.

A Droits d'auteur

247 L'étude des droits d'auteur (V. *JCl. Roulois*, Fasc. 1125, *Les biens*) conduit à distinguer les attributs d'ordre intellectuel et moral d'une part, et ceux d'ordre patrimonial de l'autre.
Les premiers comprennent le droit de repentir ou de retrait, qui disparaît à la mort de l'auteur, le droit de l'auteur au respect de son nom, de sa qualité (paternité de l'œuvre) et de son œuvre. Ce dernier droit est transmis aux héritiers selon le droit commun des successions (CPI, art. L. 121-1, al. 4).
Les attributs d'ordre patrimonial permettent de tirer des avantages pécuniaires de l'œuvre et comprennent le droit de reproduction, celui de représentation et, pour les œuvres graphiques ou plastiques, le droit de suite. Ce sont ces droits qui nous intéressent ici.
Nous envisagerons : l'exploitation de l'œuvre (1°) et le droit de suite (2°).

• **Textes**

• CPI, art. L. 121-1 à L. 123-11.

1 Exploitation de l'œuvre

248 Il résulte de l'article L. 123-1 du Code de la propriété intellectuelle que l'auteur jouit sa vie durant du droit exclusif d'exploiter son œuvre et d'en tirer un profit pécuniaire et que ce droit persiste au profit de ses ayants droit pendant l'année civile en cours et les soixante-dix années qui suivent.

• **Droit commun**

249 Le législateur fait ainsi application des règles du droit commun de la transmission successorale *ab intestat* ou testamentaire ; la dévolution des droits patrimoniaux d'auteur obéit aux mêmes règles que l'ensemble du patrimoine du *de cujus :* les successeurs *ab intestat* et les successeurs testamentaires, légataires universels légataires à titre universel, légataires particuliers, jouissent du monopole pendant le délai fixé par la loi.
Le cas échéant, les règles de la réserve s'appliquent.
Pendant la durée de ce monopole, la transmission pourra se répéter suivant les mêmes règles.

• **Règle dérogatoire**

250 Cependant, l'article L. 123-6 du Code de la propriété intellectuelle institue au profit du conjoint survivant, contre lequel n'existe pas un jugement passé en force de chose jugée de séparation de corps, un usufruit du droit d'exploitation (sur l'exclusion du champ d'application de l'usufruit du droit d'exploitation du conjoint survivant de reproduire des exemplaires originaux coulés par l'artiste, V. Cass. 1re civ., 22 mai 2019, n° 17-23.314 : *JurisData* n° 2019-004547 ; *JCP* G 2019, act. 533).

251 **Autonomie du droit.** Cet usufruit bénéficie au conjoint quel que soit le régime matrimonial et est indépendant des droits d'usufruit qu'il tient des articles 756 à 757-3 et 764 à 766 du Code civil (V. Fiche 4 : Droits du conjoint successible) sur les autres biens de la succession. Toutefois, si l'auteur laisse des héritiers à réserve, cet usufruit est réduit au profit des héritiers, suivant les proportions et distinctions établies par l'article 913 du Code civil (même texte, réd. L. 23 juin 2006). Cependant, lorsqu'une libéralité entre époux a été consentie, portant l'usufruit sur l'ensemble de la succession, la Cour de cassation considère qu'en application de l'article 1094-1 du Code civil, « le conjoint survivant est donataire de l'usufruit de la totalité des biens de la succession » et qu'en conséquence, « l'usufruit du droit d'exploitation dont il bénéficie en application de l'article L. 123-6 du Code de la propriété intellectuelle n'est pas réductible » (Cass. 1re civ., 8 juill. 2015, n° 14-18.850 P : *JCP* N 2015, n° 38, 1165, Vareille ; *JCP* G 2015, n° 1128, note Sauvage).

À la différence de l'usufruit légal, que le remariage de l'époux survivant laisse subsister, celui du droit d'exploitation s'éteint au cas où le conjoint survivant contracte un nouveau mariage (CPI, art. L. 123-6, al. 2. – V. CA Aix-en-Provence, 20 févr. 2014, n° 13/03788) ; de plus, il ne peut être converti en une rente viagère à la demande des héritiers.

252 **Nature du droit.** Les deux usufruits se cumulent et celui résultant de l'article L. 123-6, alinéa 2, du Code de la propriété intellectuelle doit être considéré comme un cas de succession anomale. Par suite :

– l'usufruit de l'article 757 du Code civil doit être calculé en tenant compte uniquement de la masse des biens successoraux, abstraction faite des droits d'auteur ;

– le conjoint survivant peut renoncer à l'un des usufruits tout en acceptant l'autre ;

– il est tenu aux dettes comme tout successeur anomal.

2 Droit de suite

253 Le droit de suite consiste en une participation au produit de toute vente d'une œuvre graphique ou plastique faite aux enchères publiques ou par l'intermédiaire d'un commerçant. Il résulte de l'article L. 122-8 du Code de la propriété intellectuelle.

• Dévolution

254 Après le décès de l'auteur, le droit de suite subsiste au profit de ses héritiers et, pour l'usufruit prévu à l'article L. 123-6 (V. *supra*, 1), de son conjoint, pendant l'année civile en cours et les soixante-dix années suivantes (CPI, art. L. 123-7). Les précisions données plus haut quant à l'usufruit du droit d'exploitation s'appliquent à l'usufruit du droit de suite.

• Exclusion des légataires

255 L'article L. 123-7 du Code de la propriété intellectuelle exclut les légataires de la transmission du droit de suite. Si le défunt avait, par exemple, institué un légataire universel, la libéralité ne porterait pas sur le droit de suite. L'article L. 123-7 du Code de la propriété intellectuelle, qui ne méconnaît pas le principe d'égalité, n'est contraire à aucun autre droit ou liberté que la Constitution garantit (Cons. const., 28 sept. 2012, n° 2012-276 QPC. – V. égal. CJCE, 15 avr. 2010, aff. C-518/08).

Les institutions contractuelles doivent être assimilées aux legs.

Cette exclusion subsiste lors des dévolutions successives.

B Baux

1 Bail rural

• Bénéficiaires

256 L'article L. 411-34 du Code rural et de la pêche maritime dispose, dans son premier alinéa, qu'en cas de décès du preneur, le bail continue au profit de son conjoint, du partenaire avec lequel il était lié par un pacte civil de solidarité, de ses ascendants et de ses descendants participant à l'exploitation ou y ayant participé effectivement au cours des cinq années antérieures qu'il peut toutefois être attribué par le tribunal paritaire à l'une de ces personnes et qu'en cas de demandes multiples, le tribunal paritaire se prononce en considération des intérêts en présence et de l'aptitude des différents demandeurs à gérer l'exploitation et à s'y maintenir (V. *JCl. Roulois*, Fasc. 1590).

• Nature de la transmission

257 Le droit au bail est transmis à titre de succession anomale : seuls les ayants droit énumérés par le texte peuvent y prétendre.

2 Bail d'habitation

• Transfert

258 Sans préjudice de l'attribution préférentielle du bail d'habitation ou du bail professionnel (V. Fiche 25 : Droits des parties. Attribution. Effets du partage), l'article 14 de la loi n° 89-462 du 6 juillet 1989 prévoit, lors du décès du locataire, le transfert du bail au profit de certaines personnes (V. *JCl. Roulois*, Fasc. 1585, *Baux à d'usage d'habitation ou mixte*).

• Bénéficiaires

259 Le contrat de location régi par la loi du 6 juillet 1989 est transféré :
– au conjoint survivant qui ne peut se prévaloir des dispositions de l'article 1751 du Code civil ;

COTITULARITÉ DU BAIL L'article 1751 du Code civil énonce que le droit au bail du local, sans caractère professionnel ou commercial, qui sert effectivement à l'habitation de deux époux est réputé appartenir à l'un et à l'autre. Il s'agit non d'une règle de dévolution mais de cotitularité du bail, qui permet au conjoint du locataire de se prévaloir lui-même à tout moment de la qualité de locataire. Son champ d'application est différent de celui de la loi du 6 juillet 1989.

– aux descendants qui vivaient avec lui depuis au moins un an à la date du décès ;
– au partenaire lié au locataire par un pacte civil de solidarité ;
– aux ascendants, au concubin notoire ou aux personnes à charge, qui vivaient avec lui depuis au moins un an à la date du décès.
En cas de demandes multiples, le juge se prononce en fonction des intérêts en présence (L. 6 juill. 1989, art. 14).

C Concessions funéraires

260 Les sépultures se font en général dans une concession accordée par la commune, à titre temporaire ou perpétuel, conformément aux dispositions des articles L. 2223-13 et suivants du Code général des collectivités territoriales.

• Nature du droit

261 Le droit de concession n'est pas un droit de propriété mais un droit de jouissance et d'usage du domaine public communal, avec affectation spéciale. Ce droit est hors commerce.

CONSÉQUENCES Il s'ensuit notamment que la concession n'a pas à être comprise dans la masse de calcul de la quotité disponible et qu'elle ne peut davantage figurer dans la masse à partager.

• Personnes pouvant y être inhumées

262 Le titulaire initial de la concession peut déterminer à l'avance les personnes qui auront le droit de s'y faire inhumer.
En l'absence de disposition expresse prise par le concessionnaire, il y a lieu, pour déterminer les personnes qui ont le droit de se faire inhumer dans la concession, de rechercher la volonté du fondateur de la sépulture (Cass. 1re civ., 15 mars 1978 : *JCP* N 1979, II, p. 249, note R. Lindon).
En principe, peuvent être inhumés dans une sépulture de famille, outre le concessionnaire lui-même :
1) son conjoint, sauf disposition formelle contraire (CA Poitiers, 21 juin 1938 : *S.* 1939, 2, p. 4) ;
2) ses parents : descendants (V. Cass. 1re civ., 25 avr. 2006 : *JurisData* n° 2006-033199) et leurs conjoints, ascendants, collatéraux ;
3) les successeurs aux biens, c'est-à-dire les légataires universels ou à titre universel, tout au moins en l'absence d'autres héritiers continuateurs de la personne ;
4) il est admis qu'un tiers étranger à la famille, mais lié par des liens d'affection et de reconnaissance, peut y être inhumé, avec l'autorisation du fondateur de la sépulture ou de ses ayants droit (Cass. 1re civ., 13 mai 1980 : *JCP* G 1981, IV, p. 282. – CA Montpellier, 11 sept. 2007 : *JurisData* n° 2007-347148).
Le tout évidemment selon l'ordre des décès et dans la limite des places disponibles.

• Cession à titre onéreux

263 Le droit à la concession ou à y être inhumé, étant extrapatrimonial, il ne peut être vendu (CA Montpellier, 1re ch., sect. D, 18 nov. 2014, n° 11/04075).
Cependant, le concessionnaire dont la concession n'a pas été utilisée peut demander à la rétrocéder à la commune ou que lui soit substituée une autre concession.

Est valable l'acte par lequel certains ayants droit renoncent à leur droit de se faire inhumer dans le caveau au profit d'autres ayants droit, moyennant remboursement des dépenses engagées (Cass. 1re civ., 4 déc. 1967 : *JCP* N 1968, II, 15412 bis).

• **Disposition à titre gratuit**

264 Avant l'utilisation de la concession, le concessionnaire peut en faire donation (Cass. 1re civ., 23 oct. 1968 : *JCP* N 1969, II, 15715, obs. R. Lindon), la léguer à un étranger à la famille (Cass. 1re civ., 6 mars 1973 : *JCP* G 1973, 17420, obs. R. Lindon ; *Defrénois* 1974, art. 30603, p. 508, obs. M. Mélin).
Il semble nécessaire de préciser dans le testament que le legs porte sur la concession, car cette dernière ne fait pas partie de la masse successorale. Après que la concession ait accueilli un corps ou des cendres, le concessionnaire peut la léguer à un membre de sa famille (Cass. 1re civ., 6 mars 1973, préc.). La validité d'un legs à un étranger à la famille est douteuse, sauf s'il est fait avec l'agrément de la famille.

• **Renouvellement**

265 Le renouvellement de la concession funéraire au seul nom de la petite-fille du concessionnaire originel ne peut exclure le caractère indivis de la sépulture dans la mesure où il est expressément indiqué que celle-ci devait agir afin de continuer la sépulture de ses ascendants (CA Rouen, 4 nov. 2009 : *JurisData* n° 2009-015595).

D Souvenirs de famille

266 Les souvenirs de famille sont soumis à un régime prétorien, dérogatoire au droit commun.

• **Notion**

267 Les souvenirs de famille sont des biens ayant un rapport direct avec les membres d'une famille et présentant pour cette famille une valeur avant tout morale, l'emportant sur toute valeur vénale (sur la notion, V. Cass. 1re civ., 21 févr. 1978 : *JCP* G 1978, 11, 18836, concl. Gulphe ; *D.* 1978, p. 505, obs. R. Lindon ; *Defrénois* 1978, art. 31764-35, p. 866. – Cass. 1re civ., 12 nov. 1998 : *JCP* N 1999, p. 483 ; *D.* 1999, p. 624, obs. J. Robichez. – CA Paris, 17 sept. 2014 : *JurisData* n° 2014-021583). Il peut s'agir de décorations, de portraits, de papiers de famille.

• **Régime**

268 Ces souvenirs échappent aux règles de dévolution successorale et de partage et peuvent être confiés, à titre de dépôt, à celui des membres de la famille que les tribunaux estiment le plus qualifié (Cass. 1re civ., 29 nov. 1994 : *JurisData* n° 1994-002256. – V. égal. Cass. req., 30 juin 1942 : *JCP* 1943, II, 2254, obs. R. Savatier ; *DA* 1943, p. 3. – Sur la possibilité d'un tirage au sort, V. Cass. 1re civ., 6 oct. 2010, n° 09-12.827).
Ils demeurent la propriété indivise de la famille (TGI Paris, 29 juin 1988 : *JCP* N 1989, II, p. 165, obs. Ph. Salvage et p. 353, obs. J.-E. Barbièri).

E Continuation d'une société

• **Clause statutaire**

269 Une dévolution particulière peut résulter de la clause insérée dans les statuts de certaines sociétés selon laquelle la société n'est pas dissoute par le décès d'un associé mais continue soit avec le conjoint survivant, soit avec un ou plusieurs des héritiers, soit avec toute autre personne désignée par les statuts ou, si ceux-ci, l'autorisent, par disposition testamentaire.

• **Sociétés concernées**

270 Cette clause est valable pour les sociétés civiles (C. civ., art. 1870, al. 3), les sociétés en nom collectif (C. com., art. L. 221-15, al. 3) et, par voie de conséquence, celles en commandite simple (C. com., art. L. 222-2).

• **Effets**

271 Les héritiers de l'associé prédécédé d'une société civile qui n'acquièrent pas la qualité d'associés ont droit à la valeur des droits sociaux au jour du décès, déterminés selon les prescriptions de l'article 1843-4 du Code civil (C. civ., art. 1870-1. – Pour les sociétés en nom collectif, V. C. com., art. L. 221-15, al. 4 et 5, ainsi que pour celles en commandite simple, par renvoi de l'article L. 222-2).

III

Dévolution à l'État

272 À défaut d'héritiers et de légataires universels, la succession est acquise à l'État (C. civ., art. 724, al. 2. – Sur les successions en déshérence, V. Fiche 7 : Succession vacante et succession en déshérence).

• **Nature du droit**

273 L'État n'est pas véritablement héritier. Simplement, il exerce des droits de souveraineté pour éviter que les biens de la succession ne soient sans maître par défaut d'héritier. Cette nature particulière des droits de l'État explique qu'une exonération de « qui que ce soit des ayants droit à la succession » ne peut faire échec au droit de l'État de recueillir la succession par voie de déshérence (Cass. 1re civ., 3 mars 1965 : *JCP* G 1965, 11, 14280, obs. Spiteri).

• **Envoi en possession**

274 L'État n'a pas la saisine et doit dans tous les cas se faire envoyer en possession (C. civ., art. 724, al. 3 et art. 811).
Cet envoi ne peut plus être remis en cause par la révocation de la renonciation des héritiers et leur acceptation pure et simple (C. civ., art. 807, al. 1er. – V. Fiche 6 : Transmission de la succession).

POUR ALLER PLUS LOIN

Fascicule JurisClasseur

• *JCl. Notarial Formulaire*, V^is *Adoption, Bail d'habitation et à usage mixte, Baux ruraux, Notoriété, Propriété littéraire et artistique*.

Fiche 6

Transmission de la succession

Sommaire

Introduction 53

I Option successorale 54

A Règles générales 54

1 Époque 54

2 Capacité, consentement 55

3 Effets 55

4 Restrictions à la liberté de l'option 56

B Acceptation pure et simple 56

1 Forme 56

2 Capacité 57

3 Effets 58

C Acceptation à concurrence de l'actif net 59

1 Capacité 59

2 Modalités 59

3 Effets 61

4 Cessation 64

D Renonciation 64

1 Modalités 64

2 Effets 65

3 Rétractation 66

II Passif 66

A Obligation 66

1 Obligation aux dettes 66

2 Division des dettes 67

B Contribution 67

C Séparation des patrimoines 68

III Saisine 69

A Caractères 69

B Effets 69

Introduction

275 La personne qui se trouve appelée par la loi à recueillir une succession n'est pas tenue de l'accepter. Elle peut soit l'accepter purement et simplement, soit l'accepter à concurrence de l'actif net, soit y renoncer. Le légataire d'universalité (legs universel ou à titre universel) a le choix entre les trois termes (C. civ., art. 768) mais le légataire à titre particulier, qui n'est en principe pas tenu au passif, ne peut qu'accepter purement et simplement ou renoncer.

276 Les règles de l'option successorale ont été profondément modifiées par la loi du 23 juin 2006 et ce de façon à sécuriser l'option des héritiers et à accélérer le règlement de la succession. Ainsi :

- une action interrogatoire est ouverte non seulement aux créanciers du défunt mais aussi aux cohéritiers et aux héritiers de rang subséquent, de façon à amener le successible taisant à prendre parti ;
- les risques d'une acceptation pure et simple tacite sont diminués par l'énumération d'actes que le successible peut accomplir sans qu'ils emportent acceptation ;
- l'acceptation à concurrence de l'actif net, qui se substitue à l'acceptation sous bénéfice d'inventaire, est plus souple que cette dernière et elle est soigneusement réglementée ;
- l'option successorale qui, jusque-là était soumise à la prescription trentenaire, se prescrit désormais par dix ans.

La loi du 23 juin 2006 réforme également le régime du passif successoral. À ce titre, on notera notamment les règles suivantes :

- l'héritier qui accepte purement et simplement peut être déchargé d'une dette qu'il avait de justes raisons d'ignorer ;
- l'héritier acceptant purement et simplement continue de répondre sur ses biens personnels

du passif successoral mais il n'est plus tenu au paiement des legs de somme d'argent qu'à concurrence de l'actif net des dettes ;
– les créanciers personnels de l'héritier peuvent demander la séparation de patrimoines (celui du défunt et celui de l'héritier), alors que jusqu'alors seuls les créanciers de l'hérédité pouvaient la demander.
On relèvera également que la loi n° 2019-222 du 23 mars 2019 de programmation 2018-2022 et de réforme pour la justice contient un certain nombre de mesures simplificatrices pour le cas d'acceptation pure et simple d'une succession échue à une personne protégée.

277 Après avoir étudié la transmission de la succession quant à l'option ouverte au successible, puis sous l'aspect du passif, il conviendra d'aborder la saisine, qui permet à l'héritier d'appréhender les biens successoraux sans formalité.

• **Textes**

- C. civ., art. 768 à 808.
- CPC, art. 1334 à 1340, 1379 et 1380.

I Option successorale

278 Avant d'étudier chacun des trois termes de l'option (B, C et D), nous rappellerons les règles générales de l'option (A).

A Règles générales

• **Titulaires**

279 L'héritier peut accepter la succession purement et simplement ou y renoncer. Il peut également accepter la succession à concurrence de l'actif net lorsqu'il a une vocation universelle (C. civ., art. 768, al. 1er).

> **REMARQUE** Les **créanciers personnels** de celui qui s'abstient d'accepter ou qui renonce peuvent être autorisés à accepter du chef de leur débiteur (C. civ., art. 779. – V. *infra*, n° 294).

• **Ni condition ni terme**

280 L'article 768 du Code civil, dans son deuxième alinéa, déclare nulle l'option conditionnelle ou à terme.
La raison en est que la condition ou le terme serait source d'insécurité juridique.

• **Indivisibilité**

281 L'article 769 du Code civil énonce que l'acceptation est indivisible et précise que toutefois, celui qui cumule plus d'une vocation successorale à la même succession a, pour chacune d'elles, un droit d'option distinct.
L'option porte donc sur l'ensemble de la succession. Toutefois le successible qui a une vocation *ab intestat* et est appelé à bénéficier d'une disposition à cause de mort a deux options distinctes. De même, celui à qui ont été adressés un legs universel et un legs particulier peut accepter l'un et répudier l'autre.

1 Époque

• **Prohibition avant le décès**

282 L'option ne peut être exercée avant l'ouverture de la succession, même par contrat de mariage (C. civ., art. 770. – Sur la renonciation anticipée à l'action en réduction, V. C. civ., art. 929).

• **Délai de quatre mois**

283 L'héritier ne peut être contraint à opter avant l'expiration d'un délai de quatre mois à compter de l'ouverture de la succession (C. civ., art. 771, al. 1er).

• **Action interrogatoire**

284 **Sommation.** La loi du 23 juin 2006 se propose d'éviter le retard dans le règlement de la succession dû à ce qu'un héritier tarde à opter.
À l'expiration du délai de quatre mois, l'héritier peut être sommé, par acte extrajudiciaire, de prendre parti à l'initiative d'un créancier de la succession, d'un cohéritier, d'un héritier de rang subséquent ou de l'État (C. civ., art. 771, al. 2).

285 **Décision ou demande d'un délai supplémentaire.** Dans les deux mois qui suivent la sommation, l'héritier doit prendre parti ou solliciter un délai supplémentaire auprès du juge lorsqu'il n'a pas été en mesure de clôturer l'inventaire commencé ou lorsqu'il justifie d'autres motifs sérieux et légitimes. Ce délai est suspendu à compter de la demande de prorogation jusqu'à la décision du juge saisi (C. civ., art. 772, al. 1er). Le juge compétent est le président du tribunal judiciaire (CPC, art. 1380).

286 **Option présumée.** À défaut d'avoir pris parti à l'expiration du délai de deux mois ou du délai supplémentaire accordé, l'héritier est réputé être acceptant pur et simple (C. civ., art. 772, al. 2).

• **Absence de sommation**

287 L'article 773 du Code civil dispose qu'à défaut de sommation, l'héritier conserve la faculté d'opter, s'il n'a pas fait par ailleurs acte d'héritier et s'il n'est pas tenu pour héritier acceptant pur et simple en application des articles 778, 790 et 800 (ces derniers textes visent respectivement le recel de biens ou la dissimulation d'un cohéritier, la déchéance de l'acceptation à concurrence de l'actif net, soit pour défaut d'inventaire, soit encore pour omission dans l'inventaire ou de défaut de paiement des créanciers sur la valeur des biens conservés ou sur les prix. – V. *infra*, n° 322).

• **Report du point de départ**

288 **Héritier de rang subséquent.** L'article 774 du Code civil déclare les dispositions des articles 771, 772 et 773, qui viennent d'être rappelées (action interrogatoire, faculté d'opter en l'absence de sommation), applicables à l'héritier de rang subséquent appelé à succéder lorsque l'héritier de premier rang renonce à la succession ou est indigne de succéder.
Le délai de quatre mois prévu à l'article 771, à l'expiration duquel sommation peut être faite, court à compter du jour où l'héritier subséquent a eu connaissance de la renonciation ou de l'indignité (C. civ., art. 774).

289 **Héritiers du successible.** Les dispositions visées à l'article 774 du Code civil, c'est-à-dire l'action interrogatoire et la faculté d'opter en l'absence de sommation, s'appliquent également aux héritiers de celui qui décède sans avoir opté.
Le délai de quatre mois court à compter de l'ouverture de la succession de ce dernier (C. civ., art. 775).

• **Prescription**

290 **Principe.** La faculté d'option se prescrit par dix ans à compter de l'ouverture de la succession. Lorsque la succession s'est ouverte avant le 1er janvier 2007, l'héritier dispose d'un délai de trente ans pour l'accepter ou la répudier (Cass. 1re civ., 12 févr. 2020, n° 19-11.668, *D : JurisData* n° 2020-001967 ; *Dr. famille* 2020, comm. 72, note M. Nicod et A. Tani ; *JCP* N 2020, 1135, note F. Sauvage).
L'héritier qui n'a pas pris parti dans ce délai est réputé renonçant (C. civ., art. 780, al. 1er et 2).

291 **Exceptions.** Le point de départ de la prescription est reporté dans trois cas :
– la prescription ne court contre l'héritier qui a laissé le conjoint survivant en jouissance des biens héréditaires qu'à compter de l'ouverture de la succession de ce dernier ;
– elle ne court contre l'héritier subséquent d'un héritier dont l'acceptation est annulée qu'à compter de la décision définitive constatant cette nullité ;
– enfin, la prescription ne court pas tant que le successible a des motifs légitimes d'ignorer la naissance de son droit, notamment l'ouverture de la succession (C. civ., art. 780, al. 3 à 5).

292 **Expiration du délai.** À l'expiration du délai, le successible ne peut plus accepter. L'article 781 du Code civil dispose que, lorsque le délai de prescription est expiré, celui qui se prévaut de sa qualité d'héritier doit justifier que lui-même ou celui ou ceux dont il tient cette qualité ont accepté cette succession avant l'expiration de ce délai.

2 Capacité, consentement

• **Capacité**

293 La question de la capacité concerne les mineurs et les incapables majeurs. Les règles diffèrent principalement en considération du régime de protection et de l'option envisagée (V. les règles exposées dans les commentaires qui suivent).

• **Consentement**

294 Le consentement doit être exempt de vice. Par suite, l'article 777 du Code civil dispose que l'erreur, le dol ou la violence est une cause de nullité de l'option exercée par l'héritier. Il précise que l'action en nullité se prescrit par cinq ans à compter du jour où l'erreur ou le dol a été découvert ou du jour où la violence a cessé.

3 Effets

• **Effet relatif**

295 L'option exercée a un effet rétroactif au jour de l'ouverture de la succession (C. civ., art. 776).

• **Inefficacité**

296 L'option peut être frappée de nullité comme étant conditionnelle ou à terme, ou encore par suite d'incapacité ou de vice du consentement. L'héritier ayant opté pour l'acceptation à concurrence de l'actif net peut être déchu de son option et réputé acceptant pur et simple (V. *infra*, n° 322).

4 Restrictions à la liberté de l'option

297 L'héritier majeur maître de ses droits peut exercer librement son option. Cependant, la règle comporte des restrictions résultant du recel et de l'action paulienne.

• **Recel**

298 Le recel successoral fait l'objet de l'article 778 du Code civil.

299 **Éléments constitutifs.** Ce texte vise l'héritier qui a recelé des biens ou des droits d'une succession ou dissimulé l'existence d'un cohéritier.
On notera que l'article 730-5 du Code civil frappe des pénalités de recel celui qui, sciemment et de mauvaise foi, se prévaut d'un acte de notoriété inexact (V. Fiche 9 : Pratique notariale).
Comme sous le régime antérieur, le recel exige un élément intentionnel et un élément matériel. Sous l'empire de l'ancien article 792 du Code civil, il a été jugé que constituait un recel au sens de cet article toute fraude ayant pour but de rompre l'égalité du partage des cohéritiers ou de modifier leur vocation héréditaire (Cass. 1re civ., 19 juill. 1989 : *JCP* N 1990, II, p. 22 ; *Defrénois* 1989, art. 34633-140, obs. G. Champenois). De même, les loyers d'un immeuble dépendant d'une indivision successorale perçus après l'ouverture de la succession n'en constituent pas des effets et ne peuvent donc pas faire l'objet d'un recel (Cass. 1re civ., 25 nov. 2003, n° 01-03.877 : *JurisData* n° 2003-021054 ; *Dr. famille* 2004, comm. 9, note B. Beignier). Depuis, il a été jugé que l'absence de mention dans la déclaration de succession par le conjoint survivant des dons reçus du défunt était insuffisante à caractériser l'intention frauduleuse (Cass. 1re civ., 16 sept. 2014, n° 13-21.126 : *JurisData* n° 2014-024155) mais que l'héritier gratifié est tenu de révéler les libéralités, même non rapportables, qui ont pu lui être consenties, lesquelles constituent un élément dont il doit être tenu compte dans la liquidation de la succession et qui peut influer sur la détermination des droits des héritiers (Cass. 1re civ., 4 mars 2015, n° 13-20.689 : *JurisData* n° 2015-007378. – Cass. 1re civ., 5 nov. 2014, n° 13-28.416 : *JurisData* n° 2014-026538).

300 **Sanctions.** Sans préjudice de dommages et intérêts, l'héritier receleur subi deux sanctions, savoir :
– il est réputé accepter purement et simplement la succession, nonobstant toute renonciation ou acceptation à concurrence de l'actif net ;
– et il ne peut prétendre à aucune part dans les biens ou les droits divertis ou recelés.

301 Les droits revenant à l'héritier dissimulé et qui ont ou auraient pu augmenter ceux de l'auteur de la dissimulation sont réputés avoir été recelés par ce dernier. Lorsque le recel a porté sur une donation rapportable ou réductible, l'héritier doit le rapport ou la réduction de cette donation sans pouvoir y prétendre à aucune part. Dans ce dernier cas, la sanction du recel ne porte donc que sur l'indemnité de réduction.
De plus, l'héritier receleur est tenu de rendre tous les fruits et revenus produits par les biens recelés dont il a eu la jouissance depuis l'ouverture de la succession.

• **Action paulienne**

302 Les créanciers personnels de celui qui s'abstient d'accepter une succession ou qui renonce à une succession au préjudice de leurs droits peuvent être autorisés en justice à accepter la succession du chef de leur débiteur, en son lieu et place.
L'acceptation n'a lieu qu'en faveur de ces créanciers et jusqu'à concurrence de leurs créances. Elle ne produit pas d'autre effet à l'égard de l'héritier (C. civ., art. 779).
Cette faculté est une application de l'action paulienne résultant de l'article 1167 du Code civil.

B Acceptation pure et simple

1 Forme

303 L'article 782 du Code civil énonce que l'acceptation pure et simple peut être expresse ou tacite.

• **Renvoi**

304 Elle peut aussi résulter de l'absence de réponse à une sommation de prendre parti, être la sanction d'un recel (V. *supra*, n° 279) ou de la déchéance d'une acceptation à concurrence de l'actif net (V. *infra*, n° 322).

a) Acceptation expresse

305 L'acceptation pure et simple est expresse quand le successible prend le titre ou la qualité d'héritier acceptant dans un acte authentique ou sous seing privé (C. civ., art. 782).

b) Acceptation tacite

• Actes emportant acceptation pure et simple

306 L'acceptation pure et simple est tacite quand le successible saisi fait un acte qui suppose nécessairement son intention d'accepter et qu'il n'aurait droit de faire qu'en qualité d'héritier acceptant (C. civ., art. 782).
Toute cession, à titre gratuit ou onéreux, faite par un héritier de tout ou partie de ses droits dans la succession emporte acceptation pure et simple.
Il en est de même :
1) de la renonciation, même gratuite, que fait un héritier au profit d'un ou de plusieurs de ses cohéritiers ou héritiers de rang subséquent ;
2) de la renonciation qu'il fait, même au profit de tous ses cohéritiers ou héritiers de rang subséquent indistinctement, à titre onéreux (C. civ., art. 783).

• Exemples

307 Sont considérés comme des actes emportant acceptation tacite de la succession : l'action en justice en qualité d'ayant droit du défunt (CA Versailles, 27 sept. 2010, n° 09/01852 : *JurisData* n° 2010-018729 : paiement de salaires dus à l'employée de maison du défunt), l'action en réparation du préjudice corporel subi par le défunt (CA Aix-en-Provence, 13 nov. 2007 : *JurisData* n° 2007-359611), le prélèvement injustifié de deniers par l'enfant du défunt (CA Douai, 20 janv. 2014, n°s 33/2014 et 13/02185 : *JurisData* n° 2014-000845) ou encore l'action aux fins de liquidation partage et licitation d'un bien dépendant de la succession (CA Caen, 1er oct. 2013, n° 13/02440 : *JurisData* n° 2013-023709).

• Actes n'emportant pas acceptation pure et simple

308 **Principes.** L'article 784 du Code civil reprend la règle du régime antérieur, mais en la précisant, de façon que l'héritier puisse accomplir certains actes sans craindre d'être réputé avoir accepté purement et simplement. Ainsi, les actes purement conservatoires ou de surveillance et les actes d'administration provisoire peuvent être accomplis sans emporter acceptation de la succession, si le successible n'y a pas pris le titre ou la qualité d'héritier (par ex., mettre fin au bail d'habitation du défunt : Cass. 1re civ., 19 sept. 2018, n° 17-24.632 : *JurisData* n° 2018-015939 ; *Dr. famille* 2018, n° 12, comm. 282, M. Nicod).
Tout autre acte que requiert l'intérêt de la succession et que le successible veut accomplir sans prendre le titre ou la qualité d'héritier doit être autorisé par le juge (c'est-à-dire le président du tribunal judiciaire : CPC, art. 1379, al. 1er).

309 **Actes réputés conservatoires.** Sont réputés purement conservatoires :
1) le paiement des frais funéraires et de dernière maladie, des impôts dus par le défunt, des loyers et autres dettes successorales dont le règlement est urgent ;
2) le recouvrement des fruits et revenus des biens successoraux ou la vente des biens périssables, à charge de justifier que les fonds ont été employés à éteindre les dettes visées au 1 ou ont été déposés chez un notaire ou consignés ;
3) l'acte destiné à éviter l'aggravation du passif successoral ;
4) les actes liés à la rupture du contrat de travail du salarié du particulier employeur décédé, le paiement des salaires et indemnités dus au salarié ainsi que la remise des documents de fin de contrat.

310 **Actes réputés d'administration provisoire.** Sont réputés être des actes d'administration provisoire les opérations courantes nécessaires à la continuation à court terme de l'activité de l'entreprise dépendant de la succession.

311 **Actes n'emportant pas acceptation tacite.** Sont également réputés pouvoir être accomplis sans emporter acceptation tacite de la succession le renouvellement, en tant que bailleur ou preneur à bail, des baux qui, à défaut, donneraient lieu au paiement d'une indemnité, ainsi que la mise en œuvre de décisions d'administration ou de disposition engagées par le défunt et nécessaires au bon fonctionnement de l'entreprise.

2 Capacité

312 **Mineur, majeur sous tutelle.** Depuis le 25 mars 2019, le tuteur du mineur ou du majeur peut accepter purement et simplement la succession si l'actif dépasse manifestement le passif, après avoir recueilli une attestation du notaire chargé du règlement de la succession ou, à défaut, après autorisation du conseil de famille ou du juge (C. civ., art. 507-1, al. 1er, mod. L. n° 2019-222, 23 mars 2019, art. 9-1, 9 ; *JCP* N 2020, act. 1053, chron. R. Le Guidec ; *JCP* N 2019, n° 14, 1157, obs. N. Peterka. – L. Fabre,

Déjudiciarisation de l'acceptation pure et simple de la succession : *JCP* N 2019, 1234 ; *JCP* G 2019, doctr. 437, N. Peterka ; *Dr. famille* 2019, dossier 15, obs. I. Maria ; *D.* 2019, p. 827, obs. J.-J. Lemouland ; *Dalloz actualité*, 2 avr. 2019, obs. V. Mikalef-Toudic ; *Gaz. Pal.* 21 mai 2019, p. 14, obs. S. Valory ; *AJ fam.* 2019, p. 266, obs. É. Pecqueur).

313 **Sauvegarde de justice.** Le majeur sous sauvegarde de justice conserve l'exercice de ses droits (C. civ., art. 435, al. 1er) et peut donc accepter seul purement et simplement une succession.

314 **Curatelle.** À compter du 25 mars 2019, le majeur placé sous curatelle peut, de sa seule initiative, accepter une succession purement et simplement, si l'actif dépasse manifestement le passif, après recueil d'une attestation du notaire chargé du règlement de la succession. À défaut, il doit être assisté de son curateur (C. civ., art. 467, al. 1er et 507-1, al. 1er, mod. L. n° 2019-222, 23 mars 2019, art. 9-1, 9°).

315 **Habilitation familiale.** Lorsqu'un majeur souffre d'une altération de ses facultés mentales, un proche de ce majeur (ascendant, descendant, frère ou sœur, conjoint, partenaire d'un PACS ou concubin) peut solliciter une habilitation judiciaire afin d'accepter une succession au nom de ce majeur ou assister celui-ci dans l'exercice de son option. En cas d'habilitation générale, le proche de ce majeur vulnérable peut accepter seul une succession (V. C. civ., art. 494-6, al. 5). Dans le cas d'une habilitation familiale générale d'assistance, le majeur protégé doit être assisté de ce proche pour accepter la succession purement et simplement ou à concurrence de l'actif net.

3 Effets

316 L'acceptation n'a pas pour effet de transmettre la succession à l'héritier : la transmission du patrimoine du défunt résulte en effet de la loi. L'acceptation fixe définitivement sur la tête de son auteur la qualité d'héritier et consolide un droit acquis.

• Irrévocabilité

317 L'héritier acceptant purement et simplement ne peut plus renoncer à la succession ni l'accepter à concurrence de l'actif net (C. civ., art. 786, al. 1er).

• Confusion des patrimoines

318 L'acceptation opère la confusion du patrimoine du défunt et de celui de l'héritier. Après l'acceptation pure et simple, il n'existe plus qu'un patrimoine : celui de l'héritier, sous réserve de la faculté pour les créanciers de la succession ou ceux personnels de l'héritier de demander la séparation des patrimoines (V. *supra*, n° 304).

• Passif

319 **Distinction.** L'héritier universel ou à titre universel (c'est-à-dire l'héritier *stricto sensu*, le légataire universel ou à titre universel) qui accepte purement et simplement la succession répond indéfiniment des **dettes** et **charges** qui en dépendent.
Il n'est tenu des **legs de sommes d'argent** qu'à concurrence de l'actif successoral net des dettes (C. civ., art. 785). L'héritier ou le légataire d'universalité acceptant purement et simplement n'est donc plus tenu *ultra vires* des legs de somme d'argent, à la différence du régime antérieur. Ce dernier était critiqué au motif que si le legs de somme d'argent ne pouvait s'exécuter sur l'actif successoral c'est que le testateur avait disposé d'un bien ne lui appartenant pas.

320 **Ignorance d'une dette.** L'héritier acceptant purement et simplement peut demander à être déchargé en tout ou partie de son obligation à une dette successorale qu'il avait des motifs légitimes d'ignorer au moment de l'acceptation, lorsque l'acquittement de cette dette aurait pour effet d'obérer gravement son patrimoine personnel (C. civ., art. 786, al. 2). La dette pourrait résulter notamment d'un cautionnement ou du versement d'une pension de réversion indue (CA Rennes, 27 sept. 2011, n° 10/00381). La décharge prévue à l'article 786, alinéa 2 du Code civil ne s'applique qu'aux dettes successorales, nées avant le décès et qui sont le fait du défunt, et non aux charges successorales (pour une application, V. Cass. 1re civ., 7 févr. 2018, n° 17-10.818 : *JurisData* n° 2018-001394 ; *JCP* N 2019, chron. 1216, R. Le Guidec ; *JCP* N 2018, 232, obs. D. Boulanger : cas de recouvrement de l'allocation de solidarité aux personnes âgées après le décès du bénéficiaire en application de l'article L. 815-13 du Code de la sécurité sociale).
L'héritier doit introduire l'action dans les cinq mois du jour où il a eu connaissance de l'existence et de l'importance de la dette (C. civ., art. 786). L'action ne concerne que les successions ouvertes à compter du 1er janvier 2007 (Cass. 2e civ., 22 mai 2014, n° 13-10.561, 878 : *JurisData* n° 2014-010532).
Cet aménagement, issu de la loi du 23 juin 2006, au principe de l'obligation au passif tend à sécuriser l'option successorale pure et simple.

La dérogation à la règle de l'obligation *ultra vires* est très encadrée : atteinte grave au patrimoine personnel, appréciation du juge. Ainsi, la décharge prévue par l'article 786 du Code civil ne peut être obtenue que vis-à-vis des facultés personnelles de l'acceptant de sorte que tant que l'actif successoral est encore apte à acquitter la dette, il doit y être pourvu sans décharge possible (CA Agen, 12 févr. 2013, n° 12/00807 : *JurisData* n° 2013-035426. – CA Colmar, 10 avr. 2014, n° 13/01180 : *JurisData* n° 2014-035648). De même, les cohéritiers qui avaient connaissance de la condamnation pénale du défunt et des détournements de fonds au préjudice d'une quarantaine de personnes ne pouvaient sérieusement croire, en l'absence de découverte des fonds, que toutes les victimes avaient été intégralement indemnisées (CA Caen, 13 janv. 2015, n° 12/02064). La décharge judiciaire de l'article 786 du Code civil ne doit pas être confondue avec l'annulation de l'acceptation de la succession pour vice du consentement (Cass. 1re civ., 4 janv. 2017, n° 16-12.293 : *JurisData* n° 2017-000045 ; *JCP* N 2018, 1110, n° 5, chron. R. Le Guidec).

C Acceptation à concurrence de l'actif net

321 La lourdeur et la relative efficacité de l'acceptation sous bénéfice pour gérer les biens et apurer le passif, telle qu'elle existait avant le 1er janvier 2007, expliquent qu'elle ait été peu utilisée. La loi du 23 juin 2006 a simplifié son régime tout en la réglementant avec davantage de précision de façon à ce que ce terme de l'option successorale soit plus souvent utilisé que ne l'était l'acceptation bénéficiaire. Plus précisément, le nouveau régime organise une publicité pour mieux protéger les créanciers comme est augmenté le rôle de l'inventaire. De même, la réforme de juin 2006 tend à dynamiser la gestion des biens successoraux, à faciliter les aliénations en supprimant l'intervention judiciaire préalable et en n'imposant pas la vente par adjudication publique. Il confie à l'héritier l'administration des biens de la succession et le soin de payer les créanciers successoraux (sur cette option, V. V. Brémond, *La nouvelle acceptation à concurrence de l'actif net* : *JCP* N 2006, 1331). Enfin, la loi n° 2016-1547 du 18 novembre 2016 de modernisation de la justice du XXIe siècle ouvre la possibilité à l'héritier de faire sa déclaration d'acceptation bénéficiaire devant notaire, et ce pour les successions ouvertes à compter du 1er novembre 2017. Nous étudierons successivement les modalités de cette acceptation (1°), ses effets (2°) et sa cessation (3°).

• **Textes**

• C. civ., art. 787 à 803.
• CPC, art. 1334 à 1338.

322 Un héritier peut déclarer qu'il n'entend prendre cette qualité qu'à concurrence de l'actif net (C. civ., art. 787).

1 Capacité

323 **Mineur.** Le tuteur d'un mineur peut déclarer au greffe du tribunal judiciaire l'acceptation à concurrence de l'actif net d'une succession échue au mineur ou faire cette déclaration devant notaire (C. civ., art. 507-1). En cas d'administration légale, l'administrateur légal unique ou l'un des administrateurs légaux conjoints (C. civ., art. 382) peut opérer cette formalité (C. civ., art. 382-1).
À compter du 1er janvier 2020, la déclaration doit être faite au greffe du tribunal judiciaire (et non plus au greffe du tribunal judiciaire ; COJ, art. L. 211-1, mod. L. n° 2019-222, 23 mars 2019, art. 95, I, 9° et 109-XXIII).

324 **Sauvegarde de justice.** Le majeur sous sauvegarde de justice, parce qu'il conserve l'exercice de ses droits, peut seul accepter une succession à concurrence de l'actif net (C. civ., art. 435, al. 1er).

325 **Curatelle, tutelle du majeur.** Le majeur en curatelle peut accepter seul une succession à concurrence de l'actif net (C. civ., art. 467, al. 1er), comme le tuteur peut le faire seul sans autorisation (C. civ., art. 507-1, al. 1er, mod. L. n° 2019-222, 23 mars 2019, art. 9-1, 9°).

2 Modalités

326 L'acceptation à concurrence de l'actif net impose une déclaration, régie par l'article 788 du Code civil.

• **Déclaration au greffe**

327 La déclaration peut être faite au greffe du tribunal judiciaire dans le ressort duquel la succession est ouverte. À compter du 1er janvier 2020, la déclaration doit être faite au greffe du « tribunal judiciaire » (COJ, art. L. 211-1, mod. L. n° 2019-222, 23 mars 2019, art. 95, I, 9° et 109-XXIII).

• **Déclaration devant notaire**

328 Pour les successions ouvertes à compter du 1er novembre 2017, l'héritier a le choix de déclarer son acceptation devant notaire (C. civ., art. 788,

réd. L. n° 2016-1547, 18 nov. 2016, art. 45). Ce dernier peut procéder lui-même aux mesures de publicité de la déclaration.

329 **Envoi d'une copie au greffe.** Dans le mois de la déclaration, le notaire adresse copie de la déclaration au tribunal judiciaire dans le ressort duquel la succession s'est ouverte (CPC, art. 1334, al. 2).

330 **Information de l'héritier renonçant.** Le notaire doit informer l'héritier de l'obligation de publier l'insertion d'un avis dans un journal d'annonces légales diffusé dans le ressort du tribunal compétent (CPC, art. 1334, al. 2).

- **Contenu**

331 **État civil et qualité héréditaire du renonçant.** La déclaration d'acceptation à concurrence de l'actif net, qu'elle soit faite au greffe du tribunal judiciaire ou devant notaire, se doit d'indiquer les nom, prénoms et profession de l'héritier ainsi que la qualité en vertu de laquelle il est appelé à la succession (C. civ., art. 788, al. 1er. – CPC, art. 1334, al. 1er).

332 **Élection de domicile.** La déclaration d'acceptation à concurrence de l'actif net faite au greffe ou devant notaire doit également contenir une élection de domicile unique qui peut être le domicile de l'un des acceptants à concurrence de l'actif net ou celui de la personne chargée du règlement de la succession. Le domicile doit être situé en France (C. civ., art. 788. – CPC, art. 1334, al. 1er).

- **Inscription sur un registre spécial**

333 Le greffe inscrit la déclaration sur un registre tenu à cet effet. Il en donne récépissé au déclarant ou au notaire. Les cohéritiers successoraux et les légataires peuvent consulter la partie relative à la succession en cause (CPC, art. 1334, al. 2 et 3).

- **Insertion**

334 Dans les quinze jours de la déclaration au greffe, délai porté à un mois pour les successions ouvertes à compter du 1er novembre 2017, l'héritier fait procéder à l'insertion d'un avis dans un journal d'annonces légales diffusé dans le ressort du tribunal compétent (CPC, art. 1335, dernier al.).

- **Enregistrement**

335 **Publicité.** La déclaration est enregistrée et fait l'objet d'une publicité au *Bulletin officiel des annonces civiles et commerciales* (C. civ., art 788. – CPC, art. 1335, al. 1er).
À compter du 1er décembre 2009, la publicité par voie électronique au *Bulletin officiel des annonces civiles et commerciales* (*BODACC*) de cette déclaration d'acceptation et des actes subséquents à celle-ci s'effectue sur le site www.bodacc.fr. Les informations nécessaires à la publication sont directement saisies en ligne par le greffe de la juridiction territorialement compétente au moyen d'un formulaire électronique (A. 9 nov. 2009).

- **Inventaire**

336 La déclaration est accompagnée ou suivie de l'inventaire de la succession qui comporte une estimation, article par article, des éléments de l'actif et du passif (C. civ., art. 789, al. 1er).

337 **Compétence.** L'inventaire est établi par un commissaire-priseur judiciaire, un huissier ou un notaire, selon les lois et règlements applicables à ces professions (C. civ., art. 789, al. 2).

338 **Contenu.** Les articles 1328 à 1333 du Code de procédure civile précisent les règles auxquelles l'inventaire est soumis. Le lecteur est invité à s'y reporter ainsi qu'à la Fiche 9 : Pratique notariale.
Nous soulignons seulement ici que l'inventaire établi en application des dispositions de l'article 789 du Code civil doit contenir la liste numérotée des éléments d'actif de la succession (CPC, art. 1331).

339 **Délai.** L'inventaire est déposé au tribunal dans le délai de deux mois à compter de la déclaration au greffe ou devant notaire.
L'héritier peut solliciter du juge un délai supplémentaire s'il justifie de motifs sérieux ou légitimes qui retardent le dépôt de l'inventaire. En ce cas, le délai de deux mois est suspendu à compter de la demande de prorogation (C. civ., art. 790, al. 1er et 2). La demande est portée devant le président du tribunal judiciaire (CPC, art. 1379).

340 **Sanction.** Faute d'avoir déposé l'inventaire dans le délai prévu, l'héritier est réputé acceptant pur et simple (C. civ., art. 790, al. 4).

341 **Publicité, information des créanciers.** Le dépôt de l'inventaire est soumis à la même publicité que la déclaration.
Les créanciers successoraux et légataires de sommes d'argent peuvent, sur justification de leur titre, consulter l'inventaire et en obtenir copie. Ils peuvent demander à être avisés de toute nouvelle publicité (C. civ., art. 790, al. 3 et 5).

3 Effets

• Avantage pour l'héritier

342 L'article 791 du Code civil énonce l'avantage pour l'héritier acceptant la succession à concurrence de l'actif net par rapport à celui qui accepte purement et simplement :
1) d'éviter la confusion de ses biens personnels avec ceux de la succession ;
2) de conserver contre celle-ci tous les droits qu'il avait antérieurement sur les biens du défunt ;
3) de n'être tenu au paiement des dettes de la succession que jusqu'à concurrence de la valeur des biens qu'il a recueillis.

343 La séparation des patrimoines a pour corollaire que l'héritier créancier du défunt conserve sa créance contre la succession et la possibilité d'en demander le paiement. Pour la même raison, l'héritier ne peut compenser sa créance contre la succession avec la dette qu'il peut avoir envers un créancier de la succession, et inversement (pour une application sous le régime de l'acceptation bénéficiaire, V. Cass. 1re civ., 2 mai 2001 : *D.* 2001, p. 1672). Seules les dettes sont visées par le texte ; les charges, qui sont nées après le décès (sur ce point, V. *infra*, n° 383), sont supportées par le patrimoine personnel de l'héritier qui les a fait naître.

• Déclaration des créances

344 **Obligation.** Le premier alinéa de l'article 792 du Code civil dispose que les créanciers de la succession déclarent leurs créances en notifiant leur titre au domicile élu de la succession (lors de la déclaration au greffe – ou devant notaire, V. *supra*, nos 327 et s. ; pour des applications, V. Cass. 1re civ., 8 mars 2017, n° 16-14.360 : *JurisData* n° 2017-003885 ; *JCP* N 2018, 1110, n° 6, chron. R. Le Guidec. – Cass. 1re civ., 16 janv. 2019, n° 18-11.916 : *JurisData* n° 2019-000286 ; *JCP* N 2019, act. 209, note S. Le Chuiton ; et plus généralement, sur le respect de la procédure, Cass. 1re civ., 31 mars 2016, n° 15-10.799, P). Le texte précise que les créances dont le montant n'est pas encore définitivement fixé sont déclarées à titre provisionnel sur la base d'une évaluation. Il a été toutefois retenu que le paiement d'une dette emportant son extinction, le créancier payé n'est pas tenu de déclarer la créance à la succession du débiteur, quand bien même le jugement dont résulte la créance n'est pas définitif et fait l'objet d'un recours (Cass. 1re civ., 12 oct. 2022, n° 20-21.016, PB : *JurisData* n° 2022-016547 ; *JCP* N 2022, act. 988 et *JCP* G 2022, act. 12, note C. Leveneur).

Cette obligation remplit un triple rôle : inciter les créanciers à la diligence, limiter dans le temps le règlement du passif, fixer le rang des créanciers (V. V. Brémond, art. préc., n° 321).

345 **Sanction.** Faute de déclaration dans un délai de quinze mois à compter de la publicité prévue à l'article 788 du Code civil, les créances non assorties de sûretés sur les biens de la succession sont éteintes à l'égard de celle-ci (C. civ., art. 792, al. 2, étant précisé que ce texte a été déclaré conforme à la Constitution puisqu'il ne porte pas une atteinte disproportionnée au droit de propriété des créanciers : Cons. const., 5 oct. 2016, n° 2016-574 QPC : *JO* 7 oct. ; *RTD civ.* 2016, 908, obs. Grimaldi). Cette disposition bénéficie également aux cautions et coobligés, ainsi qu'aux personnes ayant consenti une garantie autonome portant sur la créance ainsi éteinte. Sur le rappel de l'obligation de déclarer la créance dans le délai de quinze mois, V. Cass. 1re civ., 22 mars 2017, n° 15-25.545 : *JurisData* n° 2017-005063 ; *JCP* N 2018, 1110, n° 6, chron. R. Le Guidec ; *Dr. famille* 2017, comm. 106, obs. A. Tani).

REMARQUE Le créancier titulaire d'une sûreté sur un bien de la succession qui ne déclare pas sa créance n'encourt pas la sanction puisque celle du défaut de déclaration ne le frappe pas (cependant, à propos du règlement du passif, l'interrogation de V. Brémond, V. *infra*, n° 358) mais il peut avoir intérêt à déclarer sa créance, de telle façon que, si le bien sur lequel porte sa sûreté est insuffisant pour le désintéresser, il puisse l'être sur d'autres éléments d'actif successoral.

• Suspension des mesures d'exécution

346 À compter de sa publication et pendant le délai prévu à l'article 792 (qui est celui de déclaration des créances : quinze mois à compter de la publicité de la déclaration au greffe), la déclaration arrête ou interdit toute voie d'exécution et toute nouvelle inscription de sûreté de la part des créanciers de la succession, portant tant sur les meubles que sur les immeubles (C. civ., art. 792-1, al. 1er).
Cette suspension tend notamment à éviter que l'ordre des paiements fixé par l'article 796 du Code civil, qui sera indiqué plus loin, ne soit contourné par l'emploi de mesures d'exécution. Il en résulte un rapprochement avec les procédures collectives.

347 Toutefois, pour l'application des dispositions relatives à l'acceptation à concurrence de l'actif net et sous réserve de la signification

prévue à l'article 877, les créanciers saisissants sont considérés comme titulaires de sûretés sur les biens et droits antérieurement saisis (C. civ., art. 792-1, al. 2). La mesure d'exécution n'est donc pas privée de tout effet ; certes, elle ne rend pas le bien indisponible mais, assimilée à une sûreté réelle, elle dispense de déclarer la créance.
À l'expiration du délai de quinze mois, le créancier peut reprendre ses poursuites sur les biens qui n'ont été ni conservés par l'héritier ni aliénés.

• **Options différentes**

348 Lorsque la succession a été acceptée par un ou plusieurs héritiers purement et simplement et par un ou plusieurs autres à concurrence de l'actif net, les règles applicables à cette dernière option s'imposent à tous les héritiers jusqu'au jour du partage.
Les créanciers d'une succession acceptée par un ou plusieurs héritiers purement et simplement et par d'autres à concurrence de l'actif net peuvent provoquer le partage dès lors qu'ils justifient de difficultés dans le recouvrement de la part de leur créance incombant aux héritiers acceptants à concurrence de l'actif net (C. civ., art. 792-2).

• **Conservation ou vente de biens**

349 L'article 793 du Code civil, dans son premier alinéa, autorise l'héritier à déclarer dans le délai prévu à l'article 792 (celui de déclaration des créances) qu'il conserve en nature un ou plusieurs biens de la succession. En ce cas, il doit la valeur du bien fixée dans l'inventaire. Cette faculté tend à inciter l'héritier à opter pour l'acceptation à concurrence de l'actif net s'il souhaite conserver un ou plusieurs biens déterminés. Les biens ainsi conservés par l'héritier s'incorporent à son patrimoine personnel.
Le second alinéa du même article dispose que l'héritier peut vendre les biens qu'il n'entend pas conserver et qu'en ce cas, il doit le prix de leur aliénation.

350 **Modalités de la déclaration.** La déclaration de l'aliénation de la conservation d'un ou de plusieurs biens est faite dans les quinze jours au tribunal qui en assure la publicité (C. civ., art. 794, al. 1er). Cette publicité est faite au *Bulletin officiel des annonces civiles et commerciales* (CPC, art. 1335).

REMARQUE La déclaration de conserver un bien n'est pas opposable aux créanciers tant qu'elle n'a pas été publiée.

Le défaut de déclaration de l'aliénation d'un bien dans le délai de quinze jours engage l'héritier sur ses biens personnels à hauteur du prix de l'aliénation (C. civ., art. 795).

• **Contestation d'un créancier**

351 Sans préjudice des droits réservés aux créanciers munis de sûretés, tout créancier successoral peut contester devant le président du tribunal judiciaire, dans un délai de trois mois après la publicité, la valeur du bien conservé ou, lorsque la vente a été faite à l'amiable, le prix de l'aliénation en prouvant que la valeur du bien est supérieure.

352 Lorsque la demande du créancier est accueillie, l'héritier est tenu du complément sur ses biens personnels, sauf à restituer à la succession le bien conservé et sans préjudice de l'action prévue à l'article 1167 (C. civ., art. 794, al. 2 et 3. – CPC, art. 1380). On notera que la conservation ou l'aliénation elle-même n'est pas remise en cause et que le recours ouvert par l'article 794 du Code civil se cumule avec l'action paulienne résultant de l'article 1167 du même code.

• **Règlement du passif**

353 L'héritier règle le passif de la succession (C. civ., art. 796, al. 1er). Il paie les créanciers inscrits selon le **rang** de la sûreté assortissant leur créance (V. V. Brémond, art. préc., n° 321, pour qui le mot « inscrits » suscite une interrogation et pourrait s'entendre de créanciers ayant déclaré leur créance, en sorte que cette déclaration conditionnerait le paiement prioritaire).
Les autres créanciers qui ont déclaré leur créance sont désintéressés dans l'ordre des déclarations.
Les legs de sommes d'argent sont délivrés après paiement des créanciers (C. civ., art. 796, al. 2 à 4) et sauf le recours de créanciers non désintéressés résultant de l'article 799 du Code civil, rappelé plus loin.

354 **Délai.** L'héritier doit payer les créanciers dans les deux mois suivant soit la déclaration de conserver le bien, soit le jour où le produit de l'aliénation est disponible.
Lorsqu'il ne peut s'en dessaisir au profit des créanciers dans ce délai, notamment en raison d'une contestation portant sur l'ordre ou la nature des créances, il consigne les sommes disponibles tant que la contestation subsiste (C. civ., art. 797).

355 **Poursuites sur les biens ni conservés ni aliénés.** Il faut distinguer entre créanciers de la succession et légataires de somme d'argent d'une part, et créanciers personnels de l'héritier, d'autre part.
Sans préjudice des droits des créanciers munis de sûretés, les créanciers de la succession et les légataires de sommes d'argent ne peuvent (à l'expiration du délai de quinze mois de suspension des poursuites) poursuivre le recouvrement que sur les biens recueillis de la succession qui n'ont été ni conservés ni aliénés dans les conditions prévues à l'article 793.

356 À l'expiration du délai de quinze mois, les créanciers du défunt recouvrent donc la plénitude de leurs droits, sous réserve de droits des créanciers titulaires d'une sûreté.

REMARQUE Les créanciers chirographaires du défunt et les légataires passent après les créanciers bénéficiant d'une sûreté sur les biens successoraux qui n'ont été ni conservés par l'héritier ni aliénés.
Les créanciers personnels de l'héritier ne peuvent poursuivre le recouvrement de leurs créances sur ces biens qu'à l'issue du délai de quinze mois prévu à l'article 792 et après le désintéressement intégral des créanciers successoraux et des légataires (C. civ., art. 798).

REMARQUE En raison de la séparation des patrimoines, les créanciers personnels de l'héritier ne peuvent saisir les biens ni conservés par l'héritier ni aliénés qu'à l'expiration du délai de suspension des poursuites, qui est celui de déclaration des créances, et après que les dettes du défunt aient été payées et les legs de somme d'argent exécutés.

357 **Subrogation légale de l'héritier acceptant à concurrence de l'actif net.** L'héritier acceptant à concurrence de l'actif net bénéficie de la subrogation légale prévue par l'article 1251, 4° du Code civil. Comme tout héritier qui a payé de ses deniers les frais funéraires pour le compte de la succession, il peut se prévaloir de la subrogation instituée par l'article 1251, 5° du Code civil, résultant de la loi du 23 juin 2006.

• **Recours contre les légataires**

358 Les créanciers successoraux qui, dans le délai prévu à l'article 792, déclarent leurs créances après l'épuisement de l'actif n'ont de recours que contre les légataires qui ont été remplis de leurs droits (C. civ., art. 799).
Il serait en effet anormal qu'un légataire recueille son legs alors que les créanciers de la succession n'ont pas été payés.

• **Mission de l'héritier**

359 **Administration.** L'héritier est chargé d'administrer les biens qu'il recueille dans la succession. Il tient le compte de son administration, des créances qu'il paye et des actes qui engagent les biens recueillis ou qui affectent leur valeur.
Il répond des fautes graves dans cette administration (C. civ., art. 800, al. 1er et 2).

360 **Information des créanciers successoraux.** Il doit présenter le compte à tout créancier successoral qui en fait la demande et répondre dans un délai de deux mois à la sommation, signifiée par acte extrajudiciaire, de lui révéler où se trouvent les biens et droits recueillis dans la succession qu'il n'a pas aliénés ou conservés dans les conditions prévues à l'article 794. À défaut, il peut être contraint sur ses biens personnels (C. civ., art. 800, al. 3).

361 **Dépôt du compte définitif.** À l'issue du délai de quinze mois prévu à l'article 792 du Code civil, après soit le désintéressement de tous les créanciers déclarés, soit l'épuisement de l'actif et l'affectation des sommes correspondantes au paiement des créanciers, l'héritier ou le notaire chargé du règlement de la succession dépose au greffe le compte de l'administration (CPC, art. 1337, art. 1er mod. L. n° 2016-1907, 28 déc. 2016, art. 37).

362 **Désignation d'un mandataire judiciaire.** L'article 814-1 du Code civil autorise, en toute circonstance, l'héritier acceptant à concurrence de l'actif net à demander au juge de désigner toute personne qualifiée en qualité de mandataire successoral à l'effet de le substituer dans la charge d'administrer et de liquider la succession (V. Fiche 8 : Administration de la succession par un mandataire). La demande est portée devant le président du tribunal judiciaire (CPC, art. 1379. – CA Basse-Terre, 27 avr. 2015, n° 363, 14/00470 : *JurisData* n° 2015-010943).

• **Frais**

363 L'article 803 du Code civil dispose que les frais de scellés, d'inventaire et de compte sont à la charge de la succession. Ils sont payés en frais privilégiés de partage (sur les frais de publicité, V. CPC, art. 1338).

Transmission de la succession

4 Cessation

• **Causes**

364 **Déchéance.** L'article 800 du Code civil, dans son dernier alinéa, prévoit deux cas de déchéance de l'acceptation à concurrence de l'actif net :
– l'héritier qui a omis, sciemment et de mauvaise foi, de comprendre dans l'inventaire des éléments actifs ou passifs de la succession ;
– ou il n'a pas affecté au paiement des créanciers de la succession la valeur des biens conservés ou le prix des biens aliénés dans les conditions prévues à l'article 794 du Code civil.

365 **Révocation de l'acceptation à concurrence de l'actif net.** Tant que la prescription du droit d'accepter n'est pas acquise contre lui (V. *supra*, nos 283 à 293), l'héritier peut révoquer son acceptation à concurrence de l'actif net en acceptant purement et simplement (C. civ., art. 801), de façon expresse ou tacite.

• **Effets**

366 **Effet rétroactif.** L'héritier déchu de l'acceptation à concurrence de l'actif net est réputé acceptant pur et simple à compter de l'ouverture de la succession (C. civ., art. 800, dernier al.). Il en est de même en cas de révocation (C. civ., art. 801).

367 **Maintien de la séparation de patrimoines.** L'article 802 du Code civil dispose que malgré la déchéance ou la révocation de l'acceptation à concurrence de l'actif net, les créanciers successoraux et les légataires de sommes d'argent conservent l'exclusivité des poursuites sur les biens mentionnés au premier alinéa de l'article 798 (il s'agit des biens qui n'ont été ni conservés par l'héritier dans son patrimoine ni aliénés).

D Renonciation

368 La renonciation à la succession peut répondre à diverses motivations : le passif excède manifestement l'actif ; son auteur entend que la transmission s'opère au profit d'autres successibles ou au degré suivant ; le renonçant souhaite conserver une donation rapportable d'un montant plus élevé que sa part successorale (sur ce point, V. Fiche 24 : Rapport des libéralités).

369 La loi du 23 juin 2006 modifie le régime antérieur principalement sur trois points : en ligne directe ou collatérale, le renonçant peut désormais être représenté (C. civ., art. 754. – V. Fiche 3 : Droits des parents en l'absence de conjoint successible) ; le disposant peut exiger en cas de renonciation le rapport de la donation faite à l'héritier renonçant (C. civ., art. 845, al. 1er. – V. Fiche 24 : Rapport des libéralités) ; pour le calcul de la réserve et de la quotité disponible, le renonçant n'est compris dans le nombre d'enfants laissés par le défunt que s'il est représenté ou tenu au rapport (C. civ., art. 913. – V. Fiche 26 : Exemples de rapports et de réductions).

370 Sur la forme de la renonciation, la loi n° 2016-1547 du 18 novembre 2016 de modernisation de la justice du XXIe siècle ouvre la possibilité pour l'héritier de faire sa déclaration devant un notaire, et ce pour les successions ouvertes à compter du 1er novembre 2017.

• **Textes**

• C. civ., art. 804 à 808.
• CPC, art. 1339 et 1340.

1 Modalités

• **Forme**

371 L'article 804 du Code civil énonce dans son premier alinéa que la renonciation à une succession ne se présume pas. Elle doit donc être expresse.
Sur l'action en nullité de la renonciation à succession pour vice de consentement, V. CA Reims, 9 mai 2014, n° 13/02096 : *JurisData* n° 2014-014619.

• **Capacité**

372 Dans le cas de l'administration légale exercée en commun par les deux parents ou exercée par un seul parent, l'administrateur ou les administrateurs doivent obtenir l'autorisation du juge des tutelles pour renoncer à la succession (C. civ., art. 387-1, 4°). Lorsque le mineur est placé sous tutelle, le tuteur ne peut renoncer à une succession qu'avec l'autorisation du conseil de famille ou, à défaut, celle du juge (C. civ., art. 507-1, al. 1er). En cas de majeur placé sous tutelle, le tuteur ne peut renoncer à la succession pour le compte du majeur qu'avec l'autorisation du conseil de famille (s'il en a été constitué un) ou, à défaut, avec l'autorisation du juge des tutelles (C. civ., art. 507-1, al. 2). Quant au majeur en curatelle, l'assistance du curateur est requise pour renoncer à une succession (C. civ., art. 467, al. 1er). Le majeur sous sauvegarde de justice peut librement renoncer à une succession (C. civ., art. 435).

373 **Habilitation familiale.** En cas d'habilitation familiale générale, lorsque le juge des tutelles confère au proche habilité le pouvoir d'effectuer tous les actes qu'un tuteur pourrait passer seul ou autorisé (V. C. civ., art. 494-6, al. 5), ce proche peut renoncer à la succession au nom du majeur vulnérable, sous réserve de l'absence d'opposition d'intérêts entre lui et le majeur protégé (V. C. civ., art. 494-6, al. 6). En effet, l'accroissement de la part successorale du proche du majeur du fait de cette renonciation peut faire naître un tel conflit d'intérêts. Dès lors, il lui faudra demander au juge des tutelles de confirmer son pouvoir de représentation. Dans le cas d'une habilitation familiale générale d'assistance, le majeur protégé doit être assisté du proche habilité pour renoncer à une succession, sous réserve encore de l'absence de conflit d'intérêts.

• **Opposabilité**

374 Pour être opposable aux tiers, la renonciation opérée par l'héritier universel ou à titre universel doit être adressée ou déposée au greffe du tribunal dans le ressort duquel la succession s'est ouverte (C. civ., art. 804, al. 2. – CPC, art. 1339). Pour les successions ouvertes à compter du 1er novembre 2017, le notaire a la faculté de recevoir la déclaration de renonciation. Dans ce cas, il devra procéder à sa publicité, en adressant une copie dans le mois suivant la renonciation, au tribunal compétent (C. civ., art. 804, réd. L. n° 2016-1547, 18 nov. 2016, art. 45).

• **Contenu**

375 La déclaration de renonciation à une succession adressée ou déposée par l'héritier (ou le notaire, pour les successions ouvertes à compter du 1er novembre 2017) au greffe du tribunal judiciaire doit indiquer : les nom, prénoms, profession et domicile du successible, ainsi que la qualité en vertu de laquelle il est appelé à la succession.
Le greffe inscrit la déclaration dans un registre tenu à cet effet et en adresse ou délivre récépissé au déclarant (ou au notaire, selon le cas) (CPC, art. 1339).
Cette déclaration s'impose au successible universel ou à titre universel, que sa vocation soit légale ou qu'elle résulte de dispositions à cause de mort.

2 Effets

376 L'héritier qui renonce est censé n'avoir jamais été héritier (C. civ., art. 805). La renonciation produit donc un effet rétroactif.

a) À l'égard du renonçant

• **Passif**

377 Le renonçant n'est pas tenu au paiement des dettes et charges de la succession. Toutefois, il est tenu à proportion de ses moyens au paiement des frais funéraires de l'ascendant ou du descendant à la succession duquel il renonce (C. civ., art. 806) sauf à établir que le défunt a gravement manqué à ses obligations envers lui (Cass. 1re civ., 31 mars 2021, n° 20-14.107 : *JurisData* n° 2021-004540. – B. Beignier, *L'héritier renonçant dispensé de payer les frais funéraires d'un parent indigne* : *JCP* N 2021, 1254). Il peut alors se prévaloir, à l'encontre des héritiers, de la subrogation légale résultant de l'article 1251, 1° du Code civil.

• **Libéralités**

378 L'héritier qui renonce à la succession peut cependant retenir le don entre vifs ou réclamer le legs à lui fait jusqu'à concurrence de la portion disponible à moins que le disposant ait expressément exigé le rapport en cas de renonciation (C. civ., art. 845, al. 1er. – V. Fiche 24 : Rapport des libéralités).

• **Frais engagés**

379 Les frais légitimement engagés par l'héritier avant sa renonciation sont à la charge de la succession (C. civ., art. 808). *A contrario*, ceux engagés après la renonciation lui incombent.

b) À l'égard des autres successibles

• **Dévolution de la succession**

380 Sous réserve des dispositions de l'article 845 du Code civil (V. *supra*, n° 375), la part du renonçant échoit à ses représentants (V. Cass. 1re civ., 29 mai 2013, n° 12-12.730, 535 : *JurisData* n° 2013-010923) ; à défaut elle accroît celle de ses cohéritiers ; s'il est seul, elle est dévolue au degré subséquent (C. civ., art. 805, al. 2). En cas d'application de la division par branches (V. Fiche 3 : Droits des parents en l'absence de conjoint successible), la renonciation profite au successible du même degré dans la même branche et, à défaut, au successible du degré suivant, toujours dans la même branche.

• **Calcul de la quotité disponible**

381 L'article 913 du Code civil dispose dans son deuxième alinéa que l'enfant qui renonce

à la succession n'est compris dans le nombre d'enfants laissés par le défunt que s'il est représenté ou s'il est tenu au rapport d'une libéralité en application des dispositions de l'article 845.

3 Rétractation

382 La renonciation peut être frappée de nullité pour erreur, dol ou violence dans les termes de l'article 777 du Code civil (V. *supra*, n° 280). Elle peut aussi être remise en cause à la demande des créanciers personnels de l'héritier sur le fondement de l'article 779 du même code (V. *supra*, n° 303). Elle peut également être rétractée.

• Conditions

383 Tant que la prescription du droit d'accepter n'est pas acquise contre lui, l'héritier peut révoquer sa renonciation en acceptant la succession purement et simplement, si elle n'a pas été déjà acceptée par un autre héritier (CA Grenoble, 23 avr. 2012, n° 10/02788 : *JurisData* n° 2012-008971) ou si l'État n'a pas déjà été envoyé en possession (C. civ., art. 807, al. 1er).
La rétractation donne lieu à une déclaration au greffe (ou devant notaire, V. *supra*, nos 333 à 335) dans les mêmes formes et sur le même registre que la renonciation (CPC, art. 1340).

• Effets

384 Cette acceptation rétroagit au jour de l'ouverture de la succession, sans toutefois remettre en cause les droits qui peuvent être acquis à des tiers sur les biens de la succession par prescription ou par actes valablement faits avec le curateur à la succession vacante (C. civ., art. 807, al. 2. – V. égal. CA Versailles, 28 janv. 2010, n° 07/08247 : *JurisData* n° 2010-026194).

II Passif

385 Il faut distinguer :
– les **dettes** du défunt, qui lui incombaient au jour du décès, quelle qu'en soit l'origine (pour des indemnités journalières indûment perçues, V. Cass. 2e civ., 9 avr. 2009, n° 08-12.873 : *JurisData* n° 2009-047868. – Pour le salaire dû à un employé de maison, comme les indemnités de congés payés, de préavis et de licenciement : Rép. min. n° 63 : *JOAN* 25 juin 2019, p. 5818 ; *JCP* N 2019, act. 696) ;
– les **charges** de la succession, c'est-à-dire les dettes dont le défunt n'était pas tenu et qui ont pris naissance à son décès, tels que frais funéraires, recouvrement sur la succession de certaines aides sociales (V. Cass. 1re civ., 7 févr. 2018, n° 17-10.818 : *JurisData* n° 2018-001394 ; *JCP* N 2018, 232, obs. D. Boulanger. – N. Peterka, *Réintégration des primes autorisées par le juge des tutelles et absence de décharge de l'héritier* : *JCP* N 2018, 1132), aliments dus au conjoint survivant dans le besoin et prévus par l'article 767 du Code civil (V. Fiche 4 : Droits du conjoint successible), dette résultant d'un contrat de travail à salaire différé (V. Fiche 23 : Masses active et passive), créance du conjoint survivant du chef d'une exploitation artisanale, commerciale ou libérale ou encore d'une exploitation agricole, frais de liquidation et partage ;
– les **legs de somme d'argent**.

386 Nous envisagerons l'obligation (A), puis la contribution (B) et enfin la séparation de patrimoines (C).

A Obligation

1 Obligation aux dettes

• Acceptation pure et simple

387 L'héritier universel ou à titre universel qui accepte purement et simplement la succession répond indéfiniment des dettes et charges qui en dépendent, sauf à demander à être déchargé en tout ou partie de son obligation à une dette successorale qu'il avait des motifs légitimes d'ignorer lorsque l'acquittement de cette dette aurait pour effet d'obérer gravement son patrimoine personnel (C. civ., art. 785, al. 1er et 786. – V. *supra*, nos 320 et 321).

388 L'héritier *stricto sensu* et le légataire universel ou à titre universel qui acceptent purement et simplement sont tenus *ultra vires* des dettes et charges de la succession ; ils ne sont tenus des legs de sommes d'argent qu'à concurrence de l'actif successoral net des dettes (C. civ., art. 785, al. 2).

389 **Légataire particulier.** Le légataire particulier n'est pas tenu aux dettes et charges (C. civ., art. 871 et 1024) :
– sous réserve de l'action hypothécaire des créanciers (mêmes textes) et sauf alors son recours contre les successeurs ;
– excepté le cas où le défunt a assorti le legs particulier d'une obligation de payer ;
– et encore sauf à supporter, à titre subsidiaire, les aliments dus au conjoint survivant dans le besoin et, dans certains cas, aux ascendants ordinaires (C. civ., art. 767, al. 2 et 758, al. 3. – V. Fiche 4 : Droits du conjoint successible) dans la limite du montant de son legs.

• **Acceptation à concurrence de l'actif net**

390 L'héritier qui accepte à concurrence de l'actif net n'est tenu que dans la limite des forces de la succession et sur les biens successoraux (V. *supra*, n° 278).

2 Division des dettes

• **Principe**

391 Les héritiers sont tenus des dettes et charges de la succession, personnellement et pour leur part successorale (C. civ., art. 873 et 1220). La règle s'applique aux légataires universels ou à titres universels.
Les créanciers doivent donc diviser leurs poursuites contre les successeurs au prorata de la part successorale de chacun (Cass. 1re civ., 3 déc. 2002, nos 00-13.785 et 00-13.788 : *JurisData* n° 2002-016607. – Cass. 1re civ., 10 févr. 1993 : *JurisData* n° 1993-000337 ; *JCP* N 1993, II, p. 292 ; *JCP* N 1995, I, 150, obs. R. Le Guidec ; *Defrénois* 1994, art. 35834, p. 712, obs. J. Bernard de Saint-Affrique. – CA Lyon, 12 févr. 2015, n° 13/06349 : *JurisData* n° 2015-003142. – CA Orléans, 19 oct. 2006, n° 05/02767 : *JurisData* n° 2006-321358). Les démarches et les frais se trouvent donc multipliés ; le créancier supporte l'insolvabilité de l'un des héritiers.
Lorsque la taxe d'habitation a été établie, en raison de l'inoccupation des locaux, au nom d'une indivision successorale, l'obligation de payer incombant à chaque indivisaire ne saurait excéder ses droits dans l'indivision, dès lors qu'en application des dispositions des articles 815-17 et 1202 du Code civil, la solidarité ne s'attache pas de plein droit à la qualité d'indivisaire et ne se présume pas (CE, 9e et 10e ch., 30 sept. 2019, n° 419384 : *JurisData* n° 2019-016699 ; *JCP* N 2019, act. 815).
Il convient de préciser que la demande d'un héritier tendant à voir fixer sa créance à l'égard de la succession, qui ne tend ni à la liquidation de l'indivision successorale ni à l'allotissement de cet héritier, ne constitue pas une opération de partage et n'est, dès lors, pas subordonnée à l'ouverture des opérations de comptes, liquidation et partage de la succession (Cass. 1re civ., 16 déc. 2020, n° 19-16.295, F+P : *JurisData* n° 2020-020605 : *JCP* N 2021, act. 141 : défunt laissant ses parents et des demi-frères et sœurs issus d'une autre union de sa mère, laquelle a assigné le père de son fils défunt pour fixer à une certaine somme le montant d'une créance contre la succession au titre de l'assistance apportée à son fils).

• **Exceptions**

392 Il n'y a pas lieu à division des poursuites si la dette est indivisible (C. civ., art. 1221, 5°), si elle est hypothécaire (C. civ., art. 1221, 1°) ou lorsque l'un des héritiers en a été chargé par le défunt (C. civ., art. 1221, 4°).

393 **Solidarité.** Le fait que l'obligation a été convenue solidaire entre le défunt et d'autres personnes n'empêche pas la division des poursuites entre les héritiers. Le créancier conserve le droit de poursuivre pour le tout les débiteurs solidaires autres que le défunt ; il peut poursuivre pour le tout chacun des héritiers, si la dette est indivisible ou hypothécaire ou, encore, s'il existe une stipulation spéciale de solidarité entre les héritiers.

394 Si certains successeurs n'ont pas la saisine (par ex., le défunt laisse des réservataires et un légataire universel), les poursuites, jusqu'à la délivrance du legs, se divisent uniquement entre les héritiers saisis.

• **Maintien du gage sur l'hérédité**

395 Il résulte du premier alinéa de l'article 815-17 du Code civil que les créanciers qui auraient pu agir sur les biens indivis avant qu'il y eût indivision sont payés par prélèvement sur l'actif avant le partage et qu'ils peuvent en outre poursuivre la saisie et la vente des biens indivis (V. *JCl. Roulois*, Fasc. 1140). Par suite, les créanciers du défunt conservent leur gage sur les biens de la succession.

B Contribution

• **Principe**

396 Le principe est posé par les articles 870 et 871 du Code civil.

Transmission de la succession

Les cohéritiers contribuent entre eux au paiement des dettes et charges de la succession, chacun dans la proportion de ce qu'il y prend. Le légataire à titre universel contribue avec les héritiers, au prorata de son émolument. On doit comprendre que la contribution se fait au prorata, non pas de l'émolument effectif, mais de la quote-part. Ainsi, l'héritier qui est aussi légataire à titre particulier contribue au passif à proportion de sa quote-part héréditaire, et non de ce qu'il reçoit (part héréditaire et legs particulier). Inversement, l'héritier sur la part successorale duquel doit s'imputer un legs particulier contribue au passif à concurrence de sa part successorale, sans déduction du legs.

• **Rente et usufruit**

397 En présence d'une rente et si la succession est dévolue pour tout ou partie à un usufruitier, il convient d'appliquer les dispositions de l'article 610 ou de l'article 612 du Code civil, selon que la rente résulte soit d'une libéralité, soit d'une condamnation ou d'un contrat (sur ce point, V. Cass. 1re civ., 8 juin 2004 : *Defrénois* 2004, art. 38067-94, obs. J. Massip, et aussi pour une autre décision du même jour *AJ fam.* 2004, p. 2183, note S. David. – Dans le même sens, à propos d'une pension alimentaire, Cass. 1re civ., 4 juill. 2006 : *RJPF* 2006, 10/50, obs. J. Casey. – V. *JCl. Roulois*, Fasc. 1160).

• **Exceptions**

398 Ce principe de contribution peut être écarté par la volonté :

– **soit du défunt** : clause du testament mettant une dette à la charge d'un héritier ou d'un légataire ;

– **soit des héritiers** : partage répartissant le passif selon une proportion différente de celle héréditaire.

• **Recours**

399 L'héritier qui a été obligé de payer au-delà de sa part contributive a un recours contre ses cohéritiers. Il bénéficie :

– de la subrogation prévue par l'article 1251, 3° du Code civil, de celle résultant de l'article 1251, 4° du même code, ou encore de celle instituée par l'article 1251, 5° au profit de celui qui a payé de ses deniers personnels les frais funéraires pour le compte de la succession ;

– d'une action personnelle fondée sur la gestion d'affaire ou l'enrichissement sans cause ;

– de l'action en garantie du partage résultant de l'article 884, alinéa 1er du Code civil.

C Séparation des patrimoines

400 Il est ici question de la séparation de patrimoines demandée par un ou plusieurs créanciers, et non de celle résultant de l'acceptation à concurrence de l'actif net étudiée plus haut (V. *supra*, n° 279).

• **Bénéficiaires**

401 Les créanciers du défunt et les légataires de sommes d'argent peuvent demander à être préférés sur l'actif successoral à tout créancier personnel du défunt.

Réciproquement, les créanciers personnels de l'héritier peuvent demander à être préférés à tout créancier du défunt sur les biens de l'héritier non recueillis au titre de la succession (C. civ., art. 878, al. 1er et 2).

La loi du 23 juin 2006 a bilatéralisé le droit de demander la séparation de patrimoine, qui n'appartenait jusqu'alors qu'aux créanciers du défunt et aux légataires de somme d'argent.

402 **Terminologie.** Le législateur a remplacé le terme de séparation de patrimoines par celui de droit de préférence mais il se pourrait que la pratique continue d'employer l'ancienne dénomination.

• **Demande**

403 La séparation de patrimoine doit être demandée. Ce droit peut s'exercer par tout acte par lequel un créancier manifeste au créancier concurrent son intention d'être préféré sur un bien déterminé (C. civ., art. 879).

Le droit ne peut être exercé lorsque le créancier demandeur y a renoncé (C. civ., art. 880).

Il se prescrit relativement aux meubles par deux ans à compter de l'ouverture de la succession.

À l'égard des immeubles, l'action peut être exercée tant qu'ils demeurent entre les mains de l'héritier (C. civ., art. 881).

• **Effet**

404 **Droit de préférence.** Chaque catégorie de créanciers est prioritaire sur une masse de biens : les créanciers de la succession sur les biens successoraux et les créanciers personnels de l'héritier sur les biens de celui-ci, sans avoir à redouter un concours avec les créanciers de l'autre catégorie.

405 **Droit de suite.** Si l'héritier a aliéné un immeuble, les créanciers soit de la succession, soit personnels, bénéficient d'un droit de suite, à condition d'avoir inscrit une hypothèque légale spéciale dans les formes prévues à l'article 2418 du Code civil (C. civ., art. 2402, 5° ; Ord. n° 2021-1192, 15 sept. 2021, art. 17, XI). Depuis le 1er janvier 2022, cette inscription remplace celle du privilège immobilier spécial institué à l'ancien article 2374, 6° du Code civil.

III Saisine

406 La saisine est l'investiture légale qui a pour effet de donner aux héritiers et à certains légataires le droit de se mettre en possession immédiate des biens dépendant de la succession. Elle fait de l'héritier le représentant légal de la succession en lui permettant d'appréhender les biens et de percevoir les revenus des biens successoraux (C. civ., art. 724, 1004 et 1006).

A Caractères

• **Différence avec la propriété**

407 La saisine est différente de l'acquisition de la propriété. En effet, on peut trouver les situations les plus variées :
– l'héritier est à la fois saisi et propriétaire des biens. Exemple, l'enfant unique d'une personne décédée *ab intestat* ;
– l'héritier est saisi et non propriétaire. Exemple, le défunt laisse un héritier mais a légué un bien à titre particulier ;
– la saisine et le droit de propriété reposent sur des têtes différentes. Exemple, le légataire qui n'a pas la qualité d'héritier a la propriété, mais non la saisine du bien légué.

• **Finalité**

408 La saisine évite les difficultés de la situation transitoire entre l'ouverture de la succession et le moment où les droits seront parfaitement déterminés et délivrés à tous les ayants droit du défunt. Elle permet de préserver l'hérédité.

• **Bénéficiaires**

409 La saisine est conférée à tous les héritiers *ab intestat*, y compris au conjoint (Cass. 1re civ., 20 nov. 2001, n° 99-17.212 : *JurisData* n° 2001-011754). Elle ne bénéficie pas à l'État, qui n'est pas à proprement parler héritier.
La jurisprudence admet que les successibles de rang subséquent ont une saisine virtuelle et peuvent, en cas d'inaction des premiers héritiers appelés, accomplir les actes conservatoires pour préserver leurs droits.
En ce qui concerne la saisine des légataires, V. Fiche 16 : Exécution des dispositions testamentaires.

• **Caractère d'ordre public**

410 Tout ce qui se rapporte à la saisine est considéré comme étant d'ordre public.
Il en résulte que le défunt ne pourrait, par des dispositions testamentaires, modifier les règles applicables à la saisine, en dehors de la saisine temporaire du mobilier que l'article 1030 du Code civil permet de confier à un exécuteur testamentaire.
Il ne pourrait, en conséquence, ni priver un de ses héritiers de la saisine ni attribuer la saisine à un légataire en présence d'héritiers à réserve.

B Effets

411 La saisine s'opère de plein droit, sans la volonté de l'héritier ; mais celui-ci reste maître, néanmoins, soit de la consolider par une acceptation pure et simple, soit de la modifier par une acceptation à concurrence de l'actif net, soit de la perdre par une renonciation à succession.
Au cas où les parents appelés à la succession renoncent, la saisine passe sur la tête des parents appelés à leur défaut ; elle est censée leur avoir appartenu depuis le décès.

• **Indivisibilité**

412 La saisine est indivisible. Le successeur saisi l'est de l'universalité de l'hérédité (Cass. 1re civ., 20 mars 1984 : *Defrénois* 1984, art. 33432-123, p. 1503, obs. G. Champenois. – Cass. 1re civ., 13 sept. 2017, nos 16-24.318 et 15-25.703 : *Dr. famille* 2017, n° 11, A. Tani).

Il en résulte pour l'héritier saisi la possibilité de recouvrer l'intégralité d'une créance, si les autres héritiers sont inactifs (même arrêt).

• **Gestion de la succession**

413 L'héritier saisi peut appréhender les biens, percevoir les revenus et être investi de pouvoirs de représentation judiciaire. Il peut intenter une action en nullité contre un acte passé par le défunt (Cass. 1re civ., 20 mai 1981 : *JCP* N 1982, II, p. 26, note Ph. Rémy ; *Defrénois* 1981, art. 32797-135, p. 1663, obs. G. Champenois), agir contre le détenteur d'un bien qui aurait été soustrait à l'actif de la succession (Cass. 1re civ., 5 nov. 2008, n° 07-15.374 : *JurisData* n° 2008-045680 ; *JCP* N 2008, n° 47, act. 750. – Cass. 1re civ., 21 mai 1990 : *JurisData* n° 1990-701457 ; *Defrénois* 1991, art. 35082-61, p. 873, obs. G. Champenois), ou agir pour obtenir, au bénéfice de la succession, l'indemnité du préjudice subi par leur auteur au titre d'une maladie professionnelle occasionnée par l'amiante (Cass. 1re civ., 25 oct. 2005, n° 04-06.045 : *JurisData* n° 2005-030427 ; *JCP* N 2005, IV, 3512). Mais la saisine ne confère à l'héritier le pouvoir de disposer que des biens dont il est seul propriétaire, à l'exclusion des biens indivis. Enfin, les héritiers étant saisis de plein droit des biens du défunt, ils sont tenus des dettes et charges de la succession (Cass. 1re civ., 1re févr. 2017, n° 16-12.307 : *D.* 2017, pan. 2119, V. Brémond).

Sur l'obligation pour l'héritier saisi de plein droit de déposer la déclaration de succession dans les délais imposés par l'article 641 du Code général des impôts, V. Cass. com., 17 oct. 1995 : *Defrénois* 1996, 980, note Chappert, sans pouvoir invoquer, pour se soustraire à cette obligation de déclaration dans les délais légaux, l'existence d'un litige sur la dévolution de la succession (Cass. com., 26 mars 2008 : *D.* 2008, p. 1060).

POUR ALLER PLUS LOIN

Bibliographie

• M. Grimaldi, *Droit des successions*, LexisNexis, coll. « Manuel », 8e éd. 2020.

• N. Levillain, *Acceptation à concurrence de l'actif net – Difficultés et incertitudes – Décès de la caution – Difficultés pratiques* : *JCP* N 2017, 1147.

Fiche 7

Succession vacante et succession en déshérence

Sommaire

Introduction 71

I Succession vacante 72

A Ouverture de la curatelle 72

B Mission du curateur 72

C Fin de la curatelle 74

II Succession en déshérence 74

Introduction

414 Parce que l'expression « succession » correspond à celle de « patrimoine », il est important de ne pas occulter l'existence des créanciers de la succession. Aussi, la carence de ceux qui devraient administrer la succession et qui ne la réclament pas met en péril les intérêts des tiers, en particulier des créanciers du défunt ; c'est pourquoi le législateur a organisé un régime destiné à sauvegarder ces intérêts.

Antérieurement à l'entrée en vigueur de la loi du 23 juin 2006, on distinguait succession non réclamée et succession vacante ; les textes étaient épars et l'ensemble présentait une certaine complexité. La réforme opérée par la loi du 23 juin 2006 simplifie les règles antérieures. Le régime applicable est unifié. Il tend à assurer une gestion allégée et plus dynamique, notamment par la mise en place d'une nouvelle procédure de vente des biens de la succession, accompagnée de la possibilité pour les créanciers de la succession de s'opposer à une vente de gré à gré pour y substituer une vente par adjudication.

En l'absence d'héritier connu, l'État a la faculté :

– soit de faire déclarer la vacance de la succession, de liquider celle-ci et de se faire envoyer en possession du reliquat ;

– soit de faire déclarer la déshérence.

• Textes

- C. civ., art. 809 à 811-3.
- CPC, art. 1342 à 1354.

I
Succession vacante

A Ouverture de la curatelle

• Cas de vacance

415 L'article 809 du Code civil énonce les situations dans lesquelles la succession est vacante. Il en est ainsi :
1) lorsqu'il ne se présente personne pour réclamer la succession et qu'il n'y a pas d'héritier connu ;
2) lorsque tous les héritiers connus ont renoncé à la succession (V. CA Aix-en-Provence, 16 déc. 2010, n° 10/11365) ;
3) lorsque, après l'expiration d'un délai de six mois depuis l'ouverture de la succession, les héritiers connus n'ont pas opté, de manière tacite ou expresse (V. CA Aix-en-Provence, 13 nov. 2014 : *JurisData* n° 2014-027914. – Cass. 1re civ., 12 juill. 2018, n° 17-16.103 : *JurisData* n° 2018-012429).

• Décision judiciaire

416 Le juge, saisi sur requête de tout créancier, de toute personne qui assurait, pour le compte de la personne décédée, l'administration de tout ou partie de son patrimoine, d'un **notaire** (L. n° 2016-1547, 18 nov. 2016, art. 47), de toute autre personne intéressée (V. Rép. min. n° 14473 : *JO* Sénat 25 juin 2020, p. 2966 ; *JCP* N 2019, act. 592) ou du ministère public, confie la curatelle de la succession vacante à l'autorité administrative chargée du domaine.
L'ordonnance de curatelle fait l'objet d'une publicité (C. civ., art. 809-1).
Le premier alinéa de l'article 1379 du Code de procédure civile donne compétence au président du tribunal judiciaire.
La publicité donne lieu à l'insertion d'un avis dans un journal d'annonces légales diffusé dans le ressort du tribunal compétent (CPC, art. 1342).

B Mission du curateur

417 La mission du curateur est fixée par l'ordonnance de curatelle (CPC, art. 1343, al. 1er).

• Inventaire

418 L'article 809-2 du Code civil fait obligation au curateur, dès sa désignation, de dresser un inventaire estimatif, article par article, de l'actif et du passif de la succession par un commissaire-priseur judiciaire, un huissier ou un notaire, selon les lois et règlements applicables à ces professions, ou par un fonctionnaire assermenté appartenant à l'administration chargée du domaine.
L'avis au tribunal, par le curateur, de l'établissement de l'inventaire est soumis à la même publicité que la décision de curatelle.
Les créanciers et légataires de sommes d'argent peuvent, sur justification de leur titre, consulter l'inventaire et en obtenir copie. Ils peuvent demander à être avisés de toute nouvelle publicité (dans un journal d'annonces légales, CPC, art. 1342).
Le contenu de l'inventaire est précisé par l'article 1344 du Code de procédure civile.

• Déclaration des créanciers

419 L'article 809-3 dispose que la déclaration des créances est faite au curateur. Elle est faite par lettre recommandée avec demande d'avis de réception ou par remise contre récépissé (CPC, art. 1347).
Le mécanisme d'extinction des créances résultant des articles 792 et 792-1 du Code civil, lorsque la succession a été acceptée à concurrence de l'actif net, ne s'applique pas ici, aucun héritier n'ayant à être protégé contre la déclaration tardive des créances.

• Mesures conservatoires

420 **Prise de possession.** Dès sa désignation, le curateur prend possession des valeurs et autres biens détenus par des tiers et poursuit le recouvrement des sommes dues à la succession.

421 **Exploitation d'une entreprise.** Il peut poursuivre l'exploitation de l'entreprise individuelle dépendant de la succession, qu'elle soit commerciale, industrielle, agricole ou artisanale.

422 **Consignation.** Après prélèvement des frais d'administration, de gestion et de vente, il consigne les sommes composant l'actif de la succession ainsi que les revenus des biens et les produits de leur réalisation. En cas de poursuite de l'activité de l'entreprise, seules les recettes qui excèdent le fonds de roulement nécessaire au fonctionnement de celle-ci sont consignées.
Les sommes provenant à un titre quelconque d'une succession vacante ne peuvent, en aucun

cas, être consignées autrement que par l'intermédiaire du curateur (C. civ., art. 810).

• Pouvoirs

423 **Pendant six mois.** Pendant les six mois qui suivent l'ouverture de la succession, le curateur ne peut procéder qu'aux actes purement conservatoires ou de surveillance, aux actes d'administration provisoire et à la vente des biens périssables (C. civ., art. 810-1).

424 **À l'expiration des six mois.** À l'issue du délai mentionné à l'article 810-1, le curateur exerce l'ensemble des actes conservatoires et d'administration.

Il procède ou fait procéder à la vente des biens jusqu'à l'apurement du passif.

Il ne peut céder les immeubles que si le produit prévisible de la vente des meubles apparaît insuffisant. Il procède ou fait procéder à la vente des biens dont la conservation est difficile ou onéreuse, alors même que leur réalisation n'est pas nécessaire à l'acquittement du passif (C. civ., art. 810-2).

Il peut délivrer les legs particuliers ou à titre universel, lorsqu'ils ne font l'objet d'aucune opposition (CPC, art. 1343, al. 2).

• Forme de la vente

425 La vente a lieu soit par commissaire-priseur judiciaire, huissier ou notaire selon les lois et règlements applicables à ces professions, soit par le tribunal, soit dans les formes prévues par le Code général de la propriété des personnes publiques par l'aliénation, à titre onéreux, du domaine immobilier ou du domaine mobilier appartenant à l'État. Elle donne lieu à publicité.

Lorsqu'il est envisagé une vente amiable, le curateur en informe par lettre recommandée avec demande d'avis de réception les créanciers de la succession qui se sont déclarés. Tout créancier peut exiger que la vente soit faite par adjudication. La demande est signifiée au curateur dans le délai d'un mois de l'information. Si la vente par adjudication a lieu pour un prix inférieur au prix convenu dans le projet de vente amiable, le créancier qui a demandé l'adjudication est tenu, à l'égard des autres créanciers, de la perte qu'ils ont subie (C. civ., art. 810-3 ; CPC, art. 1349. – Sur les formes de la vente, V. CPC, art. 1348).

• Règlement du passif

426 **Paiement des créanciers.** Le curateur est seul habilité à payer les créanciers de la succession. Il n'est tenu d'acquitter les dettes de la succession que jusqu'à concurrence de l'actif (V. CA Aix-en-Provence, 19 févr. 2015, n° 12/19815).

Il ne peut payer, sans attendre le projet de règlement du passif, que les frais nécessaires à la conservation du patrimoine, les frais funéraires et de dernière maladie, les impôts dus par le défunt, les loyers et autres dettes successorales dont le règlement est urgent (C. civ., art. 810-4).

427 **Projet de règlement.** Le curateur dresse un projet de règlement du passif.

Le projet prévoit le paiement des créances dans l'ordre prévu à l'article 796 du Code civil.

Le projet de règlement est publié dans un journal d'annonces légales. Les créanciers qui ne sont pas intégralement désintéressés peuvent, dans le mois de la publicité, saisir le juge afin de contester le projet de règlement (C. civ., art. 810-5 ; CPC, art. 1342).

Le juge compétent est le président du tribunal judiciaire (CPC, art. 1380).

• Procédure collective

428 L'article 810-6 du Code civil contient une disposition qui évite des doublons. Il dispose en effet que les pouvoirs du curateur s'exercent sous réserve des dispositions applicables à la succession d'une personne faisant l'objet d'une procédure de sauvegarde, de redressement ou de liquidation judiciaires (V. *JCl. Roulois*, Fasc. 2300, *Procédures collectives*).

• Reddition de compte

429 Le curateur rend compte au juge des opérations effectuées par lui. Le dépôt du compte fait l'objet de publicité dans un journal d'annonces légales.

Le curateur présente le compte à tout créancier ou tout héritier qui en fait la demande (C. civ., art. 810-7).

• Vente de l'actif subsistant

430 Après réception du compte, le président du tribunal judiciaire autorise le curateur à procéder à la réalisation de l'actif subsistant.

Le projet de réalisation est notifié aux héritiers connus. S'ils sont encore dans le délai pour accepter, ils peuvent s'y opposer dans les trois mois en réclamant la succession. La réalisation ne peut avoir lieu qu'à l'expiration de ce délai, selon les formes prescrites au premier alinéa de l'article 810-3 (C. civ., art. 810-8 ; CPC, art. 1379).

• **Droits des créanciers**

431 Les créanciers qui déclarent leur créance postérieurement à la remise du compte ne peuvent prétendre qu'à l'actif subsistant. En cas d'insuffisance de cet actif, ils n'ont de recours que contre les légataires qui ont été remplis de leurs droits.
Ce recours se prescrit par deux ans à compter de la réalisation de la totalité de l'actif subsistant (C. civ., art. 810-9).

• **Droits des héritiers**

432 Le produit net de la réalisation de l'actif subsistant est consigné. Les héritiers, s'il s'en présente dans le délai pour réclamer la succession, sont admis à exercer leur droit sur ce produit (C. civ., art. 810-10).

• **Privilège**

433 L'article 810-11 du Code civil dispose que les frais d'administration, de gestion et de vente donnent lieu au privilège du 1° des articles 2331 et 2375 du même code.

C Fin de la curatelle

• **Cas**

434 L'article 810-12 énonce les cas dans lesquels la curatelle de la succession vacante prend fin :
1) par l'affectation intégrale de l'actif au paiement des dettes et des legs ;
2) par la réalisation de la totalité de l'actif et la consignation du produit net ;
3) par la restitution de la succession aux héritiers dont les droits sont reconnus ;
4) par l'envoi en possession de l'État.

• **Reddition de compte. Réalisation de l'actif**

435 La reddition de compte et le projet de réalisation de l'actif subsistant ainsi que sa réalisation sont régis par les articles 1350 à 1353 du Code de procédure civile.

II Succession en déshérence

• **Cas**

436 Une succession est en déshérence lorsque le défunt ne laisse pas d'héritier ou lorsque la succession d'une personne est abandonnée.

ACCEPTATION PAR UN HÉRITIER La déshérence prend fin en cas d'acceptation de la succession par un héritier (C. civ., art. 811-2). On observera que, si l'envoi en possession de l'État fait obstacle à la rétractation de la renonciation d'un héritier, il n'empêche pas un héritier de réclamer la succession dans le délai de prescription résultant de l'article 780 du Code civil (V. Fiche 6 : Transmission de la succession).

• **Procédure**

437 **Envoi en possession.** L'État doit demander l'envoi en possession auprès du tribunal judiciaire (C. civ., art. 811). La procédure est régie par les articles 1381 et 1354 du Code de procédure civile.

438 **Inventaire.** Si l'inventaire prévu à l'article 809-2 (V. *supra*, I) n'a pas été établi, l'autorité administrative chargée du domaine y fait procéder dans les formes prévues par l'article 809-2 (C. civ., art. 811-1).

439 **Responsabilité de l'État.** Lorsqu'il n'a pas accompli les formalités qui lui incombent, l'État peut être condamné à des dommages et intérêts envers les héritiers s'il s'en présente, sur le fondement de l'article 811-3 du Code civil.

Fiche 8

Administration de la succession par un mandataire

Sommaire

Introduction 75

I Mandat à effet posthume 76

A Conditions du mandat à effet posthume 76

B Mission 76

C Fin du mandat 77

II Mandat conventionnel 78

III Mandat judiciaire 78

A Désignation du mandataire 78

B Pouvoirs 79

C Fin du mandat 80

Introduction

440 Parmi les objectifs de la loi du 23 juin 2006 a figuré la nécessité d'accélérer le règlement de la succession et de simplifier l'administration des biens successoraux. Dans cette perspective, cette loi a aménagé la règle de l'unanimité dans l'indivision (V. *JCl. Roulois*, Fasc. 1140, *Indivision*). À côté du mandat conventionnel, la réforme institue, pour la gestion des biens de la succession, le mandat à effet posthume et le mandat judiciaire.

441 Le mandat à effet posthume est une innovation importante de la loi du 23 juin 2006. En effet, l'article 812 du Code civil, issu de cette loi, autorise toute personne à donner à une ou plusieurs personnes mandat d'administrer ou gérer tout ou partie de sa succession pour le compte et dans l'intérêt d'un ou plusieurs héritiers. Ce mandat permet d'anticiper les difficultés éventuelles dans la gestion des biens successoraux, dues par exemple à la présence d'héritiers mineurs ou atteints d'un handicap les mettant dans l'impossibilité d'agir, ou encore à l'existence de biens exigeant des compétences particulières. Un tel mandat opère le dessaisissement des héritiers quant à l'administration des biens successoraux et peut aussi porter atteinte à leurs droits. Aussi, la loi du 23 juin 2006 le soumet-elle à un certain nombre de règles et notamment à l'obligation de la forme notariée. Alors que l'exécuteur testamentaire veille et procède à l'exécution des dernières volontés du défunt, ce mandataire administre au nom et dans l'intérêt d'un ou plusieurs héritiers (sur l'exécuteur testamentaire, V. Fiche 16 : Exécution des dispositions testamentaires).

442 Le mandat judiciaire permet, de son côté, de pallier la mésentente des héritiers ou la carence de l'un d'eux, à l'initiative d'un héritier ou d'un créancier.

443 Les dispositions relatives au mandat conventionnel et au mandat judiciaire s'appliquent à compter du 1er janvier 2007 aux indivisions existantes et aux successions non partagées à cette date (L. n° 2006-728, 23 juin 2006, art. 47, II, al. 1er).

• **Textes**

- C. civ., art. 812 à 814-1.
- CPC, art. 1355 à 1357.

I
Mandat à effet posthume

444 Il résulte du premier alinéa de l'article 812 du Code civil que toute personne peut donner à une ou plusieurs autres personnes, physiques ou morales, mandat d'administrer ou de gérer tout ou partie de sa succession pour le compte et dans l'intérêt d'un ou plusieurs héritiers identifiés.

A Conditions du mandat à effet posthume

• **Règles de forme**

445 L'article 812-1-1 du Code civil exige, dans son troisième alinéa, que le mandat à effet posthume soit donné et accepté en la forme authentique.
Le législateur a imposé cette forme en raison de l'importance et de la spécificité de ce mandat et de façon à éviter des conventions équivoques.

REMARQUE L'acte doit indiquer notamment l'intérêt sérieux et légitime, précisément motivé, identifier le ou les héritiers pour le compte et dans l'intérêt desquels le mandat est donné, indiquer la durée du mandat, fixer la rémunération s'il y a lieu (V. *infra*, n° 447) et, bien entendu, énumérer les pouvoirs conférés (V. E. Mallet, *Mandat à effet posthume, formule JCl. Notarial Formulaire*, V° *Succession*, Fasc. 305).

• **Règles de fond**

446 **Mandataire.** Le mandataire peut être un héritier.
Il doit jouir de la pleine capacité civile et ne pas être frappé d'une interdiction de gérer lorsque des biens professionnels sont compris dans le patrimoine successoral.
Le mandataire ne peut être le notaire chargé du règlement de la succession (C. civ., art. 812, al. 2 à 4).

447 **Intérêt sérieux et légitime.** Le mandat n'est valable que s'il est justifié par un intérêt sérieux et légitime au regard de la personne de l'héritier ou du patrimoine successoral, précisément motivé (C. civ., art. 812-1-1). En pratique, le mandat sera souvent justifié par la minorité d'un héritier, un handicap empêchant juridiquement un héritier majeur d'assurer la gestion des biens ou l'existence d'une entreprise dans le patrimoine du défunt.

448 **Acceptation.** Le quatrième alinéa de l'article 812-1-1 du Code civil impose que le mandat soit accepté par le mandataire avant le décès du mandant. Le législateur a ainsi voulu éviter qu'après le décès le mandataire tarde à prendre sa décision, ce qui priverait le mandat d'une partie de son intérêt.

449 **Durée.** La durée du mandat à effet posthume est régie par un principe et une exception, posés par le deuxième alinéa de l'article 812-1-1 du Code civil.
• Le mandat est donné pour une durée qui ne peut excéder deux ans, prorogeable une ou plusieurs fois par décision du juge (président du tribunal judiciaire : CPC, art. 1379), saisi par un héritier ou par le mandataire.
• Toutefois, il peut être donné pour une durée de cinq ans, prorogeable dans les mêmes conditions, en raison de l'inaptitude, de l'âge du ou des héritiers, ou de la nécessité de gérer des biens professionnels.

450 **Renonciation.** Préalablement à son exécution, le mandant et le mandataire peuvent renoncer au mandat après avoir notifié leur décision à l'autre partie (C. civ., art. 812-1-1, dernier al.).

B Mission

451 La désignation d'un mandat à effet posthume ne fait pas obstacle à celle d'un exécuteur testamentaire et, le cas échéant, ce sont les pouvoirs de ce dernier qui prévalent. En effet, l'article 812 du Code civil précise dans son premier alinéa que le mandat est donné sous réserve des pouvoirs confiés à l'exécuteur testamentaire.
Il a été jugé que le mandataire ne peut accomplir des actes portant règlement de la succession (CA Paris, 7 mars 2014 : *JurisData* n° 2014-015550).

• **Pouvoirs**

452 **Avant l'acceptation d'un héritier.** Le mandataire a les pouvoirs d'administrer et gérer, mais non celui de disposer.
L'article 812-1-3 du Code civil dispose que, tant qu'aucun héritier visé par le mandat n'a accepté la succession, le mandataire ne dispose que des pouvoirs reconnus au successible à l'article 784

du Code civil. Il peut donc accomplir les actes purement conservatoires ou de surveillance et les actes d'administration provisoire, procéder à certains renouvellements de baux ou mettre en œuvre des décisions engagées par le défunt et nécessaires au bon fonctionnement d'une entreprise (V. Fiche 6 : Transmission de la succession).

453 **Mineur ou majeur protégé.** Il résulte de l'article 812-1 du Code civil que le mandataire exerce ses pouvoirs alors même qu'il existe un mineur ou un majeur protégé parmi les héritiers.

454 **Au regard de l'option successorale.** Les actes réalisés par le mandataire dans le cadre de sa mission sont sans effet sur l'option héréditaire (C. civ., art. 812-1-2).
Cette disposition évite que les héritiers ne soient entraînés dans une acceptation pure et simple par les actes du mandataire posthume.

455 **Droit commun.** L'article 812-1-4 du Code civil soumet le mandat à effet posthume aux dispositions des articles 1984 à 2010 qui ne sont pas incompatibles avec les dispositions régissant ledit mandat (V. *JCl. Roulois*, Fasc. 1660).

- **Reddition de compte**

456 Chaque année et en fin de mandat, le mandataire rend compte de sa gestion aux héritiers intéressés ou à leurs représentants et les informe de l'ensemble des actes accomplis. À défaut, une révocation judiciaire peut être demandée par tout intéressé.
Si le mandat prend fin par suite du décès du mandataire, cette obligation incombe à ses héritiers (C. civ., art. 812-7).

- **Rémunération**

457 Le mandat est gratuit s'il n'y a convention contraire (C. civ., art. 812-2).

458 **Détermination dans le mandat.** S'il est prévu une rémunération, celle-ci doit être expressément déterminée dans le mandat.

459 **Modalités.** La rémunération correspond à une part des fruits et revenus perçus par l'hérédité et résultant de la gestion ou de l'administration du mandataire. En cas d'insuffisance ou d'absence de fruits et revenus, elle peut être complétée par un capital ou prendre la forme d'un capital (C. civ., art. 812-2). Elle peut aussi combiner les deux formes de rémunération.

460 **Atteinte à la réserve.** La rémunération du mandataire est une charge de la succession qui ouvre droit à réduction lorsqu'elle a pour effet de priver les héritiers de tout ou partie de leur réserve (C. civ., art. 812-3, al. 1er).

461 **Rémunération excessive.** Les héritiers visés par le mandat ou leurs représentants peuvent demander en justice la révision de la rémunération lorsqu'ils justifient de la nature excessive de celle-ci au regard de la durée ou de la charge résultant du mandat (même texte).
La demande est portée devant le président du tribunal judiciaire (CPC, art. 1380).

C Fin du mandat

- **Causes**

462 L'article 812-4 du Code civil énonce les événements qui mettent fin au mandat à effet posthume. Ce sont :
1) l'arrivée du terme prévu ;
2) la renonciation du mandataire.
Le mandataire doit avoir notifié sa décision aux héritiers intéressés ou à leurs représentants, sauf convention contraire, la renonciation prend effet à l'issue d'un délai de trois mois à compter de la notification, sans préjudice de dommages et intérêts, le mandataire rémunéré par un capital peut être tenu de restituer tout ou partie des sommes dues (C. civ., art. 812-6) ;
3) la révocation judiciaire, à la demande d'un héritier intéressé ou de son représentant, en cas d'absence ou de disparition de l'intérêt sérieux et légitime ou de mauvaise exécution par le mandataire de sa mission ;
4) la conclusion d'un mandat conventionnel entre les héritiers et le mandataire titulaire du mandat à effet posthume ;
5) l'aliénation par les héritiers des biens mentionnés dans le mandat (pour une application, V. Cass. 1re civ., 12 mai 2010 : *JurisData* n° 2010-005870) ;
6) le décès ou la mise sous mesure de protection du mandataire personne physique, ou la dissolution du mandataire personne morale ;
7) le décès de l'héritier intéressé ou, en cas de mesure de protection, la décision du juge des tutelles de mettre fin au mandat.

- **Pluralité de mandats ou de mandataires**

463 Un même mandat donné pour le compte de plusieurs héritiers ne cesse pas entièrement pour une cause d'extinction qui ne concerne que l'un d'eux. De même, en cas de pluralité de mandataires,

la fin du mandat intervenant à l'égard de l'un ne met pas fin à la mission des autres.

• **Restitution de rémunération**

464 **Disparition de l'intérêt sérieux et légitime.** La révocation pour cause de disparition de l'intérêt sérieux et légitime ne donne pas lieu à la restitution par le mandataire de tout ou partie des sommes perçues au titre de sa rémunération, sauf si elles ont été excessives eu égard à la durée ou à la charge effectivement assumée par le mandataire.

465 **Mauvaise exécution de la mission.** Sans préjudice de dommages et intérêts, lorsque la révocation est intervenue en raison d'une mauvaise exécution de sa mission, le mandataire peut être tenu de restituer tout ou partie des sommes perçues au titre de sa rémunération (C. civ., art. 812-5).

II Mandat conventionnel

• **Règle générale**

466 Les héritiers peuvent, d'un commun accord, confier l'administration de la succession à l'un d'eux ou à un tiers.

Le mandat est régi par les articles 1984 à 2010 (C. civ., art. 813, al. 1er. – V. *JCl. Roulois*, Fasc. 1660).

467 Ce mandat peut être donné par tous les héritiers ou, en application de l'article 815-3 du Code civil dans la rédaction que lui a donné la loi du 23 juin 2006, à la majorité qualifiée des deux tiers des droits indivis (V. *JCl. Roulois*, Fasc. 1140).

• **Acceptation à concurrence de l'actif net**

468 Le second alinéa de l'article 813 du Code civil dispose que lorsqu'un héritier au moins a accepté la succession à concurrence de l'actif net, le mandataire ne peut, même avec l'accord de l'ensemble des héritiers, être désigné que par le juge. Le mandat est alors régi par les articles 813-1 à 814 (sur ces articles, V. *infra*, n° 486). Le président du tribunal judiciaire est déclaré compétent par l'article 1379, alinéa 1er du Code de procédure civile.

469 Les biens successoraux étant gérés par suite de l'acceptation à concurrence de l'actif net dans l'intérêt des créanciers, dont le gage se limite à ces biens à l'exclusion des biens de l'héritier, le législateur a voulu éviter que le choix du mandataire prête à discussion.

III Mandat judiciaire

470 L'article 813-1 du Code civil autorise le juge à désigner une personne qualifiée, physique ou morale, en qualité de mandataire successoral, à l'effet d'administrer provisoirement la succession, sous diverses conditions, qui vont être énoncées.

A Désignation du mandataire

• **Cas**

471 **Difficultés d'administration.** Le mandataire successoral peut être désigné en justice en raison de l'inertie, de la carence ou de la faute d'un ou de plusieurs héritiers dans l'administration de la succession, de leur mésentente, d'une opposition d'intérêts entre eux ou de la complexité de la situation successorale (C. civ., art. 813-1. – Cass. 1re civ., 17 oct. 2019, n° 18-23.409 : *JurisData* n° 2019-017993 ; *JCP* N 2019, act. 830 : carence du légataire universel dans l'administration de la succession et mésentente entre les cohéritiers. V. égal. CA Versailles, 22 janv. 2014 : *JurisData* n° 2014-000836).

472 **Acceptation à concurrence de l'actif net.** En toute circonstance, l'héritier acceptant à concurrence de l'actif net peut demander au juge

de désigner toute personne qualifiée en qualité de mandataire successoral à l'effet de le substituer dans la charge d'administrer et de liquider la succession (C. civ., art. 814-1. – Sur cette acceptation, V. Fiche 6 : Transmission de la succession).

• **Demande**

473 La demande est formée par un héritier, un créancier, toute personne qui assurait, pour le compte de la personne décédée, l'administration de tout ou partie de son patrimoine de son vivant, toute autre personne intéressée ou par le ministère public (C. civ., art. 813-1, al. 2) ou encore par l'héritier acceptant à concurrence de l'actif net (C. civ., art. 814-1). Elle est portée devant le président du tribunal judiciaire qui statue en la forme des référés (Cass. 1re civ., 4 déc. 2013 : *JurisData* n° 2013-027911).
L'omission dans l'assignation de certains cohéritiers n'est pas de nature à rendre irrecevable la demande de désignation (V. CA Paris, 15 avr. 2015 : *JurisData* n° 2015-008070).

• **Décision**

474 Le mandataire est désigné par le président du tribunal judiciaire du lieu d'ouverture de la succession (CPC, art. 1380).
La décision de nomination est enregistrée au greffe du tribunal judiciaire dans le mois qui suit la nomination, sur le registre mentionné à l'article 1334 du Code civil. À compter du 1er décembre 2009, la décision de nomination est publiée à la requête du mandataire par voie électronique au *Bulletin officiel des annonces civiles et commerciales* (site : *www.bodacc.fr*, les informations nécessaires à la publication étant directement saisies en ligne par le mandataire successoral désigné par voie de justice) (C. civ., art. 813-3 ; CPC, art. 1355 ; A. 9 nov. 2009).

B Pouvoirs

• **Compatibilité avec d'autres pouvoirs**

475 L'article 813-2 du Code civil dispose que le mandataire successoral ne peut agir que dans la mesure compatible avec les pouvoirs de celui qui a été désigné :
– en application du troisième alinéa de l'article 815-6 (indivisaire désigné par le président du tribunal judiciaire pour administrer ou séquestre. – V. *JCl. Roulois*, Fasc. 1140) ;
– du mandataire désigné en application de l'article 812 (mandat à effet posthume. – V. *supra*, n° 444) ;
– ou de l'exécuteur testamentaire, nommé par le testateur en application de l'article 1025 du Code civil (V. Fiche 10 : Libéralités – Introduction et Fiche 11 : Dispositions communes).

• **Absence d'acceptation de la succession**

476 **Actes conservatoires et d'administration.** Tant qu'aucun héritier n'a accepté la succession, les pouvoirs du mandataire sont calqués sur ceux que l'héritier peut accomplir sans qu'il en résulte une acceptation tacite de la succession. Par suite, le mandataire successoral ne peut accomplir que les actes mentionnés à l'article 784, à l'exception de ceux prévus à son deuxième alinéa (C. civ., art. 813-4). Le mandataire peut donc accomplir les actes purement conservatoires ou de surveillance et les actes d'administration provisoire ; il peut aussi renouveler certains baux et mettre en œuvre des décisions du défunt nécessaires au bon fonctionnement d'une entreprise. – V. Fiche 6 : Transmission de la succession).

477 **Autres actes.** Le président du tribunal judiciaire peut autoriser tout autre acte que requiert l'intérêt de la succession. Il peut autoriser le mandataire successoral à dresser un inventaire dans les formes prescrites à l'article 789, ou d'office (C. civ., art. 813-4 et CPC, art. 1379, al. 1er).

478 **Représentation des héritiers.** Dans la limite des pouvoirs qui lui sont conférés, le mandataire successoral représente l'ensemble des héritiers pour les actes de la vie civile et en justice. Les héritiers sont dessaisis de l'exercice des prérogatives attachées à la mission que le juge lui a confiée (Cass. 1re civ., 1er juin 2017, n° 16-18.314 : *Dr. famille* 2017, n° 9, comm. 185, M. Nicod).
Il exerce ses pouvoirs alors même qu'il existe un mineur ou un majeur protégé parmi les héritiers. Le paiement fait entre les mains du mandataire successoral est valable (C. civ., art. 813-5).

479 **Absence d'incidence sur l'option successorale.** Les actes visés à l'article 813-4 accomplis par le mandataire successoral dans le cadre de sa mission sont sans effet sur l'option héréditaire (C. civ., art. 813-6).

• **Après acceptation de la succession**

480 Lorsque la succession a été acceptée par au moins un héritier, soit purement et simplement, soit à concurrence de l'actif net, les pouvoirs du mandataire sont plus étendus. En effet, aux termes de l'article 814, alinéa 1er, du Code civil le juge qui désigne le mandataire successoral en application

des articles 813-1 et 814-1 peut l'autoriser à effectuer l'ensemble des actes d'administration de la succession. L'autorisation est donnée par le président du tribunal judiciaire.
Le président du tribunal judiciaire peut également l'autoriser, à tout moment, à réaliser des actes de disposition nécessaires à la bonne administration de la succession et en déterminer les prix et stipulations (C. civ., art. 814, al. 2 et CPC, art. 1380).

481 **Partage.** Le partage mettant fin par nature à l'indivision, un mandataire successoral ne peut être désigné par le juge pour consentir à un partage sur le fondement de l'article 813-1 du Code civil (V. F. Sauvage, *Mandat successoral judiciaire : administrer n'est pas partager [à propos de Cass. 1re civ., 13 mai 2020, n° 18-26.702 : JurisData n° 2020-006931] : JCP* N 2020, act. 481 ; V. égal. CA Paris, 17 oct. 2018, n° 18/02809 : *JurisData* n° 2018-017983. – CA Paris, 4 juill. 2018, n° 18/08142).

- **Communications. Information**

482 Les héritiers sont tenus de communiquer au mandataire successoral tous les documents utiles à l'accomplissement de sa mission.
Le mandataire successoral peut convoquer les héritiers pour les informer ou les entendre (CPC, art. 1356).

- **Contrôle**

483 Chaque héritier peut exiger du mandataire successoral la consultation, à tout moment, des documents relatifs à l'exécution de sa mission.
Chaque année et à la fin de sa mission, le mandataire successoral remet au juge et à chaque héritier sur sa demande un rapport sur l'exécution de sa mission (C. civ., art. 813-8).

484 Le président du tribunal judiciaire peut, d'office ou sur demande des héritiers, convoquer le mandataire, solliciter de lui toutes les informations sur le déroulement de sa mission et lui adresser des injonctions (CPC, art. 1357).

- **Rémunération**

485 La rémunération du mandataire successoral est fixée par le jugement le désignant (C. civ., art. 813-9, al. 1er).

C Fin du mandat

- **Manquement du mandataire**

486 À la demande de toute personne intéressée ou du ministère public, le président du tribunal judiciaire peut dessaisir le mandataire successoral de sa mission en cas de manquement caractérisé dans l'exercice de celle-ci. Il désigne alors un autre mandataire successoral, pour une durée qu'il définit (C. civ., art. 813-7 ; CPC, art. 1380).

- **Durée de la mission**

487 Le jugement désignant le mandataire successoral fixe la durée de sa mission ainsi que sa rémunération. À la demande de l'une des personnes mentionnées au deuxième alinéa de l'article 813-1 ou à l'article 814-1 (V. *supra*, n° 471), il peut la proroger pour une durée qu'il détermine.
La mission cesse de plein droit par l'effet d'une convention d'indivision entre les héritiers ou par la signature de l'acte de partage. Elle cesse également lorsque le juge constate l'exécution complète de la mission confiée au mandataire successoral (C. civ., art. 813-9). Cette constatation est faite par le président du tribunal judiciaire (CPC, art. 1380).

POUR ALLER PLUS LOIN

Fascicules JurisClasseur
- *JCl. Notarial Formulaire*, V° *Indivision*.
- *JCl. Notarial Formulaire*, V° *Succession*.

Bibliographie
- M. Grimaldi, *Droit des successions*, LexisNexis, coll. « Manuel », 8e éd. 2020.

Fiche 9
Pratique notariale

Sommaire

Introduction ... 81
I Acte de notoriété ... 82
II Inventaire ... 84
III Attestation immobilière ... 84
IV Certificat de mutation ... 85
V Recherche d'héritiers, généalogiste ... 85
VI Régimes antérieurs ... 86
A Régime antérieur à la loi du 23 juin 2006 ... 86
1 Dévolution successorale ... 87
2 Option successorale ... 87
3 Passif ... 88
4 Successions non réclamées ou vacantes ... 88
B Régime antérieur à la loi du 3 décembre 2001 ... 88
1 Dispositions générales ... 89
2 Droits des parents ... 90
3 Droits du conjoint ... 92
C Régime antérieur à la loi du 3 janvier 1972 ... 93
1 Droits de l'enfant naturel ... 93
2 Droits du conjoint survivant ... 94

Introduction

488 La pratique notariale permet de constater que les successions présentent de nombreux points communs d'une succession à une autre. Un règlement successoral comporte toujours l'établissement d'un acte de notoriété, qui est l'acte de base en ce que les différents actes ultérieurs s'y référeront. Un inventaire du patrimoine du défunt est parfois dressé. L'existence d'un immeuble ou de droit immobilier dans l'hérédité impose d'établir une attestation soumise à publicité foncière. Un certificat de mutation peut être nécessaire, notamment pour des valeurs mobilières. Plus exceptionnellement, il arrive que les héritiers ou certains d'entre eux soient inconnus ou disparus, ce qui peut amener à recourir à un généalogiste, ou encore qu'il faille se référer aux dispositions antérieures à la réforme de 2006, à celle de 2001, voire à celle de 1972.
Ensuite, une succession peut présenter certaines spécificités et conduire, selon le cas, à se poser les questions les plus diverses. Ainsi, si le défunt a fait l'objet d'une adoption simple et n'a pas laissé de descendant, a-t-il recueilli des donations ou des successions dans sa famille d'origine ou dans celle adoptive, susceptibles de retour légal ? Si le défunt était divorcé, devait-il une prestation compensatoire sous forme de rente ? Le défunt a-t-il perçu des prestations sujettes à récupération ? S'il a consenti des donations, quelle en est l'incidence sur la quotité disponible, le partage, les abattements ? S'il a reçu des donations, un droit de retour conventionnel ne risque-t-il pas de s'exercer ; un rapport est-il dû ? Est-il dû un salaire différé ? etc.

• Textes

- C. civ., art. 730 à 730-5.
- CPC, art. 1328 à 1333.
- Circ. 6 avr. 2012.

I

Acte de notoriété

489 D'une manière générale, l'acte de notoriété est celui dans lequel deux témoins ou plus déclarent qu'un fait est de notoriété publique ; le caractère notoire permet de supposer que le fait est exact. L'acte de notoriété après décès, tel qu'il est régi par les articles 730-1 à 760-5 du Code civil, est établi sur le visa de pièces et l'affirmation des héritiers, sans que les déclarations de témoins soient indispensables. Il s'ensuit qu'il est possible de dresser un acte de notoriété sans établir la notoriété.
Depuis le 17 août 2015, le notaire français confronté à une succession internationale a le choix, pour établir la dévolution successorale, de recourir à un acte de notoriété classique rédigé conformément aux articles 730-1 et suivants du Code civil ou bien de dresser un « certificat successoral européen » (CSE) (Règl. [UE] n° 650/2012 ; V. *JCl. Roulois*, Fasc. 7035 ; sur l'utilité de ce certificat, V. R. Crône et L. Perreau-Saussine, *Certificat successoral européen : questions d'actualité* : *JCP* N 2018, 1359. – E. Jacoby, *Les droits du conjoint survivant et le certificat successoral européen dans les relations franco-allemandes* : *JCP* N 22018, 1330. – V. égal. A. Tani, d'utiles précisions sur le certificat successoral européen : *JCP* N 2021, act. 781). L'exigence de l'enregistrement d'un testament fait en pays étrangers constitue une formalité fiscale, qui ne remet pas en cause l'efficacité probatoire du certificat successoral européen (Cass. 1re civ., 13 avr. 2022, n° 20-23.530, FS-B : *JurisData* n° 2022-005622).

• Moyen de preuve

490 La preuve de la qualité d'héritier s'établit par tous moyens (C. civ., art. 730, al. 1er ; V. CA Bordeaux, 18 juin 2007 : *JurisData* n° 2007-347940 : simple attestation d'un notaire). Elle peut résulter d'un acte de notoriété dressé à la demande d'un ou plusieurs ayants droit (C. civ., art. 730-1, al. 1er).

• Compétence

491 L'acte de notoriété est dressé par un notaire (C. civ., art. 730-1, al. 1er) et non plus par le greffier en chef du tribunal judiciaire du lieu d'ouverture de la succession.

492 **Visa.** L'acte de notoriété doit viser l'acte de décès de la personne dont la succession est ouverte et faire mention des pièces justificatives qui ont pu être produites, tels les actes de l'état civil et, éventuellement, les documents qui concernent l'existence de libéralité à cause de mort pouvant avoir une incidence sur la dévolution de la succession (C. civ., art. 730-1, al. 2).
L'acte de notoriété relate la réponse du fichier central des dispositions de dernières volontés, qui demeure annexée à l'acte.
Il est nécessaire de conserver au dossier ceux des documents visés à l'acte de notoriété qui n'y sont pas annexés, ou une photocopie de ceux-ci : livret de famille, par exemple.

493 **Affirmation.** L'acte de notoriété contient l'affirmation, signée du ou des ayants droit auteurs de la demande, qu'ils ont vocation, seuls ou avec d'autres qu'ils désignent, à recueillir tout ou partie de la succession du défunt (C. civ., art. 730-1, al. 3). Sur la signature de l'acte de notoriété par un généalogiste excluant ainsi la nécessité d'une affirmation de la qualité d'héritiers par les ayants droit, V. CA Amiens, 27 mars 2015 : *JurisData* n° 2015-009935.

> **SUCCESSION TESTAMENTAIRE** Si le défunt a institué un ou plusieurs légataires universels (ou consenti une donation entre époux pour le cas de survie) et n'a laissé aucun héritier à réserve, l'acte de notoriété constate l'absence de tels héritiers et que par suite la libéralité peut s'exécuter.

L'affirmation contenue dans l'acte de notoriété n'emporte pas, par elle-même, acceptation de la succession. Sur la réticence à la pratique des « notoriétés options », V. Ph. Delmas Saint-Hilaire, *La déclaration des options par le conjoint survivant. De l'intérêt stratégique de l'acte d'options* : *JCP* N 2012, n° 17, 1106.

• Déclaration

494 L'avant-dernier alinéa de l'article 730-1 du Code civil dispose que toute personne dont les dires paraîtraient utiles peut être appelée à l'acte. Aucune condition particulière n'est exigée des déclarants (que, dans la pratique, on dénomme « témoins » bien qu'au sens strict du mot ils n'en soient pas). Peuvent être appelés des amis, des voisins, des parents du défunt. Il importe qu'ils connaissent suffisamment la situation de famille de la personne décédée pour confirmer les affirmations des héritiers.

• **État civil**

495 **Acte de décès.** Il est fait mention de l'existence de l'acte de notoriété en marge de l'acte de décès (C. civ., art. 730-1, dernier al.). Le notaire qui a dressé l'acte doit donc adresser un avis aux fins de mention à l'officier de l'état civil du lieu du décès. Lorsqu'un décès se produit ailleurs que dans la commune où le défunt était domicilié, l'officier de l'état civil du lieu du décès doit envoyer à l'officier de l'état civil du dernier domicile du défunt une expédition de cet acte, laquelle sera immédiatement transcrite sur les registres.

• **Force probante**

496 **Présomption d'exactitude.** Il résulte de l'article 730-3, alinéa 1er du Code civil que l'acte de notoriété établi selon les dispositions de l'article 730-1 du même code fait foi jusqu'à preuve contraire.
Celui qui s'en prévaut est présumé avoir des droits héréditaires dans la proportion qui s'y trouve indiquée (C. civ., art. 730-3, al. 2).

497 **Pouvoirs.** Les héritiers désignés dans l'acte de notoriété ou leur mandataire commun sont réputés, à l'égard des tiers détenteurs de biens de la succession, avoir la libre disposition de ces biens et, s'il s'agit de fonds, la libre disposition de ceux-ci dans la proportion indiquée à l'acte (C. civ., art. 730-4).

• **Acte inexact**

498 Celui qui, sciemment et de mauvaise foi, se prévaut d'un acte de notoriété inexact, encourt des pénalités de recel prévues à l'article 778, sans préjudice de dommages-intérêts (C. civ., art. 730-5). La sanction est double : l'héritier est réputé avoir accepté purement et simplement la succession ; les droits revenant à l'héritier dissimulé qui ont ou auraient pu augmenter ceux de l'auteur de la dissimulation sont réputés recelés par ce dernier, qui ne peut prétendre à aucune part sur eux (V. CA Paris, 26 nov. 2014 : *JurisData* n° 2014-029249).
Est valide le nouvel acte de notoriété même s'il ne mentionne pas l'annulation d'un précédent acte de notoriété établi sur la base du testament annulé (CA Reims, 21 déc. 2012 : *JurisData* n° 2012-030479).

EXEMPLE Un défunt laisse quatre enfants : A, B, C et D. A dissimule l'existence de D, de sorte que sa quote-part d'après l'acte de notoriété est de 1/3 ou 4/12 au lieu de 1/4 ou 3/12, soit une différence de 1/12. Par la suite, A se prévaut de l'acte de notoriété. Comme sanction du recel, sur les 3/12 qui auraient dû lui revenir on déduit 1/12, et sa quote-part dans la succession est en définitive de 2/12 (pour un autre exemple, V. A. Delfosse et J.-F. Peniguel, *op. cit.*, n° 236).

• **Notaire**

499 **Responsabilité.** Tenu de procéder à toutes les vérifications permettant d'en assurer l'efficacité, le notaire informé de l'existence d'un procès concernant la validité de la donation entre époux dont se prévalait la seconde épouse du défunt, doit attendre l'issue de ce procès avant de délivrer à celle-ci un acte de notoriété tenant compte de cette libéralité ou, à tout le moins, de mentionner dans l'acte l'existence du litige l'affectant (CA Nancy, 4 mai 2015 : *JurisData* n° 2015-012667).

• **Succession de faible montant**

500 **Mode de preuve simplifié.** Tout successible en ligne directe a la possibilité :
– d'une part, d'obtenir le débit des comptes bancaires du défunt, dans la limite des soldes créditeurs et d'un montant fixé à 5 000 € (A. 7 mai 2015), en vue de régler les sommes nécessaires au paiement d'actes conservatoires ;
– et, d'autre part, d'obtenir la clôture des comptes bancaires et le versement des sommes y figurant, dans la limite d'un montant de 5 000 € (C. mon. fin., art. L. 312-1-4. – A. 7 mai 2015).
Dans les deux cas, l'héritier demandeur doit être en mesure d'apporter un certain nombre de justificatifs :
– la production d'une attestation signée de l'ensemble des héritiers attestant qu'il n'existe pas de testament ou d'autres héritiers, de contrat de mariage, de procédure en cours concernant la qualité d'héritier ou la composition de la succession. Par cette attestation, les héritiers doivent également autoriser son porteur à percevoir pour leur compte les sommes figurant sur les comptes du défunt ou à les clôturer ;
– son extrait d'acte de naissance ;
– un extrait d'acte de naissance du défunt et une copie intégrale de son acte de décès ;
– le cas échéant, un extrait d'acte de mariage du défunt ;
– l'extrait de l'acte de naissance de chaque ayant droit désigné dans l'attestation ;
– un certificat d'absence d'inscription au fichier central des dispositions de dernières volontés ;
– et, pour la clôture des comptes bancaires, la précision que la succession ne comporte aucun bien immobilier.

Lorsque les établissements bancaires ne pourront obtenir l'ensemble de ces éléments ou, par exemple, qu'il apparaîtra sur l'acte de mariage du défunt l'existence d'un contrat de mariage, le débit sur les comptes du défunt ou leur clôture sera refusé. Les intéressés devront alors solliciter auprès d'un notaire l'établissement d'un acte de notoriété.

II
Inventaire

501 En matière successorale, l'inventaire est un acte notarié constatant les éléments actifs et passifs de la succession.

• Obligatoire ou facultatif

502 L'inventaire est parfois obligatoire, parfois facultatif.

Le successible qui accepte la succession à concurrence de l'actif net doit faire un inventaire des biens de la succession, comportant une estimation article par article (C. civ., art. 789. – V. Fiche 6 : Transmission de la succession). Bien qu'aucun texte ne l'impose, il est admis qu'un inventaire doit être fait lors de l'ouverture d'une succession à laquelle un incapable, mineur ou majeur, est appelé. Le curateur à une succession vacante a quant à lui, l'obligation de faire dresser un inventaire estimatif (C. civ., art. 809-2, al. 1er. – V. Fiche 7 : Succession vacante et succession en déshérence). Lorsque l'État appréhende une succession en déshérence, la Direction de l'immobilier de L'État doit faire dresser inventaire si celui-ci n'a pas été établi (C. civ., art. 811-1. – V. Fiche 7 : Succession vacante et succession en déshérence). L'auteur d'une libéralité graduelle peut avoir imposé l'obligation de faire inventaire en application de l'article 1052 du Code civil. L'exécuteur testamentaire peut faire procéder à l'inventaire de la succession (C. civ., art. 1029, al. 2).

• Contenu

503 Le contenu de l'inventaire est précisé par les articles 1330 à 1333 du Code de procédure civile. Il contient notamment :

– la description et l'estimation des biens ainsi que la désignation des espèces en numéraire ;

– la consistance active et passive de la succession telle qu'elle résulte de tous documents, titres et papiers présentés et des déclarations des requérants et comparants.

L'article 1332 du Code de procédure civile dispose que l'inventaire notarié peut également contenir les qualités et droits de ceux qui peuvent prétendre à la communauté ou à la succession et, le cas échéant, la consistance active et passive de la communauté.

• Dépôt au greffe

504 Une copie de l'inventaire consécutif à la déclaration de l'acceptation à concurrence de l'actif net doit être déposée au greffe du tribunal judiciaire du lieu d'ouverture de la succession, dans un délai de deux mois à compter de la déclaration sauf prorogation. À défaut, l'héritier est réputé acceptant pur et simple (V. CA Chambéry, 18 mars 2010, n° 08/01983). Le dépôt est soumis à publicité *au Bulletin officiel des annonces civiles et commerciales* (C. civ., art. 790 et CPC, art. 1335. – V. Fiche 6 : Transmission de la succession).

REMARQUE Sur l'obligation de déclaration de la possession d'une arme à feu ou d'un élément d'arme de la catégorie C dévolu par voie successorale, V. CSI, art. R. 312-55, réd. D. n° 2018-542, 29 juin 2018, art. 3.

III
Attestation immobilière

• Obligation

505 Toute transmission ou constitution par décès de droits réels immobiliers doit être, sous peine de sanctions, constatée par une attestation notariée, publiée dans les quatre mois à dater du jour où le notaire a été requis, à moins qu'un partage portant sur la totalité des immeubles héréditaires ne soit dressé et publié dans les dix mois du décès (D. n° 55-22, 4 janv. 1955, art. 28, 3°, 29 et 33 A).

• **Cas**

506 La publication d'une attestation notariée s'impose dans tous les cas de transmission ou de constitution par décès de droits réels immobiliers (usufruit, servitude, droits d'usage ou d'habitation, etc.), qu'elle profite à une seule personne ou à plusieurs (V. *JCl. Roulois*, *Publicité foncière*).

IV Certificat de mutation

507 Généralement établi par un notaire, le certificat de mutation (ancien certificat de propriété) atteste, au vu de pièces justificatives de la réalité et de l'étendue du droit de propriété d'une ou plusieurs personnes sur des biens successoraux de nature mobilière (valeurs mobilières, liquidités, livret de caisse d'épargne, véhicule, etc.).

Il ne semble pas possible d'établir le certificat de mutation en brevet, il doit par conséquent être dressé en minute.

V Recherche d'héritiers, généalogiste

508 La dispersion des familles rend parfois nécessaire de faire appel à un généalogiste, pour rechercher ou retrouver des héritiers, surtout si le degré de parenté est éloigné. La Cour de cassation subordonne l'action du généalogiste à une exigence de nécessité en l'absence de laquelle le contrat est considéré sans cause (Cass. 1re civ., 20 janv. 2010, n° 08-20.459).

• **Nécessité d'un mandat**

509 Hormis le cas des successions soumises au régime de la vacance ou de la déshérence, nul ne peut se livrer ou prêter son concours à la recherche d'héritier dans une succession ouverte ou dont un actif a été omis lors du règlement de la succession s'il n'est porteur d'un mandat donné à cette fin. Le mandat peut être donné par toute personne qui a un intérêt direct et légitime à l'identification des héritiers ou au règlement de la succession.

Aucune rémunération, sous quelque forme que ce soit, et aucun remboursement de frais n'est dû aux personnes qui ont entrepris ou se sont prêtées aux opérations susvisées sans avoir été préalablement mandatées à cette fin.

• **Contrat de révélation**

510 Lorsque les héritiers sont découverts ou retrouvés, le généalogiste leur propose la conclusion d'un contrat de révélation, par lequel il s'engage à révéler l'existence d'un droit successoral moyennant une rémunération, généralement calculée sur l'actif net recueilli.

• **Protection des consommateurs**

511 La Cour de cassation a décidé que le généalogiste qui a fait proposer au domicile de son cocontractant la fourniture d'un service, en l'espèce la révélation d'une succession, est soumis aux dispositions sur le démarchage à domicile (Cass. crim., 30 oct. 1996 : *JurisData* n° 1996-005163 ; *JCP* N 1997, II, p. 1040, note F. Finon).

De même, lorsque le contrat de généalogiste a été adressé par voie postale et renvoyé signé par la même voie, ce sont les règles relatives au contrat conclu à distance qui s'appliquent, non celles du contrat conclu par démarchage à domicile (CA Versailles, 27 avr. 2011 : *JurisData* n° 2011-017882 ; *Contrats, conc. consom.* 2011, comm. 267). Depuis, la loi n° 2014-344 du 17 mars 2014 relative à la consommation, dite loi « Hamon » a fusionné les régimes, auparavant distincts, du démarchage à domicile et de la vente à distance (« contrat hors établissement »). Dans tous les cas, le contrat de révélation doit satisfaire aux prescriptions de l'article L. 111-1 et L. 111-2 du Code de la consommation et comporte le droit de rétractation dans le délai de quatorze jours prévu par l'article L. 121-21 du même code.

• **Rémunération**

512 Les tribunaux peuvent, quand une convention a été passée en vue de la révélation d'une succession en contrepartie d'honoraires, réduire ces derniers lorsque ceux-ci paraissent exagérés au regard du service rendu (Cass. 1re civ., 21 févr. 2006 : *JurisData* n° 2006-032280. – Cass. 1re civ., 5 mai 1998 : *JurisData* n° 1998-001917 ; *JCP* N 1998, p. 1507 ; *JCP* N 1999, p. 24, obs. L. Leveneur ; *Defrénois* 1998, art. 36860-106, p. 1042, note Ph. Delebecque. – CA Versailles, 20 janv. 2010 : *JurisData* n° 2010-000178).

En cas de gestion d'affaires, l'article 1375 du Code civil, dans sa rédaction antérieure à celle issue de l'ordonnance n° 2016-131 du 10 février 2016, n'accorde au gérant que le remboursement des dépenses utiles ou nécessaires qu'il a faites, mais non le paiement d'une rémunération, quand bien même il aurait agi à l'occasion de sa profession (Cass. 1re civ., 29 mai 2019, n° 18-16.999, FS-P-B ; *JCP* N 2019, act. 605. Comp. Cass. 1re civ., 31 janv. 1995 : *JCP* N 1995, II, p. 1177 ; V. égal. Cass. 1re civ., 28 nov. 2020, n° 19-10.965, *JurisData* n° 2020-018936 ; *JCP* N 2020, act. 1030).

VI Régimes antérieurs

513 La loi n° 72-3 du 3 janvier 1972 sur la filiation a considérablement réformé les droits des enfants naturels. Elle a également aménagé les droits du conjoint survivant mais de façon assez peu significative.

La loi n° 2001-1135 du 3 décembre 2001 a grandement amélioré les droits du conjoint survivant, aussi bien dans la succession du prédécédé que contre celle-ci ; elle a supprimé la discrimination dont souffraient les enfants adultérins dans certaines situations ; elle a apporté diverses modifications, parmi lesquelles la réduction du domaine de la fente (devenue division par branches). Elle a refondu le régime de l'indignité successorale, supprimé la théorie des comourants.

Enfin la loi n° 2006-728 du 23 juin 2006 a profondément réformé le droit successoral : représentation du renonçant, acceptation à concurrence de l'actif net, suppression de l'obligation *ultra vires* au paiement des legs de sommes d'argent, régime des successions non réclamées ou vacantes, administration de la succession par un mandataire (sans parler de dispositions de la loi touchant à d'autres domaines que les successions).

Nous rappellerons succinctement les dispositions antérieures, en remontant dans le temps pour envisager d'abord le régime antérieur à la loi du 23 juin 2006 (A), puis celui antérieur à la loi du 3 décembre 2001 (B), enfin celui en vigueur avant la réforme opérée par la loi du 3 janvier 1972 (C).

• **Textes**

- L. n° 72-3, 3 janv. 1972, art. 11 à 14, 19.
- L. n° 2001-1135, 3 déc. 2001, art. 25.
- L. n° 2006-728, 23 juin 2006, art. 47.

A Régime antérieur à la loi du 23 juin 2006

514 Nous n'envisageons ici que les dispositions de la loi du 23 juin 2006 relatives aux successions, cette loi ayant modifié par ailleurs les régimes des libéralités (V. Fiche 17 : Libéralités à caractère familial) et du partage (V. Fiche 20 : Réduction des libéralités excessives) ou encore ceux de l'indivision et du pacte civil de solidarité.

• **Entrée en vigueur de la loi du 23 juin 2006**

515 **Principe.** L'article 47, I, de la loi du 23 juin 2006 en fixe la date d'entrée en vigueur au **1er janvier 2007**.

516 **Mandat conventionnel ou judiciaire.** Les dispositions des articles 813 à 814-1 du Code civil, tels qu'ils résultent de la loi du 23 juin 2006, et régissant le mandat conventionnel et le mandat judiciaire (V. Fiche 8 : Administration de la succession par un mandataire) sont déclarées applicables par l'article 47, II, dès le 1er janvier 2007, aux indivisions et aux successions ouvertes non encore partagées à cette date. Toutefois, lorsque l'instance a été introduite avant l'entrée en vigueur de la présente loi, l'action est poursuivie et jugée conformément à la loi ancienne, laquelle s'applique également en appel et en cassation.

517 **Mandat conventionnel ou judiciaire. Dévolution dans chacune des branches ascendantes.** L'article 738-1 du Code civil dispose, rappelons-le, que lorsque seul le père ou la mère

survit et que le défunt n'a ni postérité ni frère ni sœur ni descendant de ces derniers, mais qu'il laisse un ou des ascendants de l'autre branche que celle de son père ou de sa mère survivant, la succession est dévolue pour moitié au père ou à la mère et pour moitié aux ascendants de l'autre branche (V. Fiche 3 : Droits des parents en l'absence de conjoint successible). Ce texte consacre la solution dégagée par la doctrine. Aussi, l'article 47, IV, de la loi du 23 juin 2006 énonce-t-il que cette disposition à caractère interprétatif est applicable à compter de l'entrée en vigueur de la loi n° 2001-1354 du 3 décembre 2001, c'est-à-dire du 1er juillet 2002.

1 Dévolution successorale

• Représentation

518 L'ancien article 754 du Code civil disposait notamment qu'on ne représentait pas les renonçants.
La représentation était admise par l'ancien article 755 du Code civil en faveur des descendants de l'indigne mais sans qu'il y eût rapport pour égaliser les enfants conçus après l'ouverture de la succession avec ceux conçus avant elle (V. C. civ., art. 755, al. 2, ajouté par L. 23 juin 2006).

• Père et mère

519 Dans le régime antérieur à la réforme de 2006, l'article 914 du Code civil attribuait une réserve aux père et mère du défunt, lorsque celui-ci ne laissait pas de descendant. Cette réserve a été supprimée par la loi du 23 juin 2006, qui a institué sous l'article 738-2 du Code civil un droit de retour légal au profit des père et mère qui survivent au donataire décédé sans postérité (V. Fiche 5 : Dévolutions particulières).

• Droits du conjoint successible

520 **Droit de retour des père et mère.** En l'absence de descendants du défunt et de ses père et mère et de dévolution au conjoint survivant, le droit de retour résultant de l'article 757-3 du Code civil profitait aux père et mère seulement et non pas aux ascendants comme cela est sous le régime de la loi du 23 juin 2006, qui a modifié l'article précité.

521 **Droit temporaire au logement.** Le régime mis en place par la loi du 3 décembre 2001, envisageait le logement pris en location servant d'habitation principale au conjoint successible, mais non le logement appartenant pour partie indivise au défunt et le remboursement de l'indemnité d'occupation, comme le fait la loi du 23 juin 2006 (C. civ., art. 763, al. 1er).

522 **Succession de l'adopté.** Le conjoint d'un adopté simple exerçait ses droits successoraux sur la succession ordinaire (désormais, il fait échec au droit de retour légal, par application de l'article 368-1 du Code civil, dans la rédaction que lui a donnée la loi du 23 juin 2006).

2 Option successorale

• Délai pour faire inventaire et délibérer

523 Antérieurement à l'entrée en vigueur de la loi du 23 juin 2006, l'héritier disposait de trois mois pour faire inventaire à compter du jour de l'ouverture de la succession et quarante jours pour opter. Pendant ce délai, il ne pouvait être contraint de prendre parti. À son expiration, il n'était pas déchu de l'option et en particulier conservait la faculté d'accepter sous bénéfice d'inventaire tant qu'il n'avait pas fait acte d'héritier et qu'il n'existait pas de jugement le condamnant en qualité d'héritier pur et simple (C. civ., art. 795 à 800 anciens).

• Prescription

524 Par application combinée de l'ancien article 789 du Code civil et de l'article 2262 du même code, la faculté d'accepter ou de répudier une succession se prescrivait par trente ans.

• Omission d'un héritier

525 La jurisprudence décidait que l'article 792 ancien du Code civil consacré au recel ne s'appliquait pas à l'omission d'un héritier, fût-elle frauduleuse.

• Acceptation pure et simple

526 L'héritier acceptant purement et simplement était tenu *ultra vires* non seulement des dettes et charges de la succession mais aussi, selon la jurisprudence, des legs de somme d'argent (C. civ., ancien art. 723, réd. L. 3 déc. 2001. – Cass. 1re civ., 28 mai 1968 : *JCP* N 1969, II, 15714, obs. M. Dagot).

• Acceptation sous bénéfice d'inventaire

527 L'acceptation sous bénéfice d'inventaire était régie par les anciens articles 793 à 808 du Code civil.

Pratique notariale

528 **Formalités.** Elle comprenait une déclaration au greffe, suivie de la confection d'un inventaire.

529 **Effets.** L'héritier bénéficiaire n'était tenu du paiement des dettes de la succession que jusqu'à concurrence de la valeur des biens qu'il avait recueillis (C. civ., ancien art. 802) et seulement sur ces biens.
L'acceptation sous bénéfice d'inventaire entraînait séparation des patrimoines : celui du défunt et celui de l'héritier.
L'héritier bénéficiaire était chargé d'administrer les biens de la succession. La vente des immeubles devait se faire après autorisation judiciaire et aux enchères. L'héritier bénéficiaire pouvait se décharger de l'administration de la succession en abandonnant tous les biens aux créanciers et légataires.

• **Renonciation**

530 On ne pouvait venir à une succession par représentation d'un renonçant. La part de l'héritier renonçant accroissait à ses cohéritiers et, s'il était seul, elle était dévolue au degré subséquent (C. civ., art. 786 ancien).

3 Passif

• **Obligation**

531 Les successeurs universels ou à titre universel ayant accepté la succession purement et simplement étaient tenus d'une obligation indéfinie aux dettes, aux charges et aux legs de somme d'argent (V. *supra*, 2).

• **Séparation des patrimoines**

532 Antérieurement à la réforme opérée par la loi du 23 juin 2006, le droit de demander la séparation des patrimoines n'appartenait qu'aux créanciers du défunt (C. civ., art. 878 ancien), aux créanciers de charges de la succession, ainsi qu'aux légataires de sommes d'argent (arg. C. civ., art. 2111 ancien), à l'exclusion des créanciers personnels de l'héritier.

4 Successions non réclamées ou vacantes

• **Succession non réclamée**

533 La succession était réputée non réclamée :
– lorsque, avant l'expiration des délais impartis pour faire inventaire et délibérer, personne ne la réclamait et qu'il n'existait pas d'héritiers connus ou que les héritiers connus y aient renoncé ou étaient demeurés dans l'inaction ;
– et aussi lorsque, après l'expiration de ces délais, il ne se présentait personne pour l'appréhender, alors qu'il existait des héritiers mais qui demeuraient dans l'inaction.
Elle était régie par la loi du 20 novembre 1940, validée par l'ordonnance du 27 novembre 1944 et par l'arrêté du 2 novembre 1971.
La gestion de la succession était confiée par ordonnance du président du tribunal de grande instance au service des Domaines, dont les pouvoirs étaient énumérés par cette ordonnance. Ses fonctions prenaient fin lorsque la succession était réclamée par un héritier ou appréhendée par l'État à titre de déshérence ou lorsque, après expiration du délai pour faire inventaire et délibérer, la succession était déclarée vacante.

• **Succession non réclamée**

534 Lorsque, après expiration des délais pour faire inventaire et pour délibérer, il ne se présentait personne pour réclamer la succession, qu'il n'y avait pas d'héritiers connus ou que les héritiers connus y avaient renoncé, cette succession était réputée vacante par l'ancien article 811 du Code civil.
La succession vacante était régie par les anciens articles 811 à 814 du Code civil, par la loi du 20 novembre 1940 et par les articles 998 à 1002 du Code de procédure civile.
La curatelle était assurée par l'administration des Domaines. Le curateur administrait les biens de la succession vacante. La vacance cessait lorsqu'un héritier réclamait la succession ou lorsque l'État se faisait envoyer en possession.

B Régime antérieur à la loi du 3 décembre 2001

• **Entrée en vigueur de la loi du 3 décembre 2001**

535 L'entrée en vigueur de la loi du 3 décembre 2001 a été fixée au **1er juillet 2002** (L. 3 déc. 2001, art. 25, I, al. 1er). La règle souffre diverses exceptions ; nous ne relaterons ici, comme intéressant le contenu de la présente subdivision, que l'exception relative au droit temporaire du logement ouvert au profit du conjoint survivant applicable à compter de la publication de la loi du 3 décembre 2001 au *Journal officiel* (V. Fiche 4 : Droits du conjoint successible) et l'exception touchant à l'abrogation de la réduction des droits des enfants adultérins

(V. *infra*, 2), déclarée applicable aux successions ouvertes à la date de la publication de la loi au *Journal officiel* et n'ayant pas donné lieu à partage avant cette date, sous réserve des accords amiables déjà intervenus et des décisions judiciaires irrévocables (L. 3 déc. 2001, art. 25, II, 2, mod. – Cass. 1re civ., 30 janv. 2019, n° 18-10.164 : *JurisData* n° 2019-001014 ; *JCP* N 2019, act. 257).

1 Dispositions générales

• Comourant

536 L'ancien article 720 du Code civil disposait que, si plusieurs personnes respectivement appelées à la succession l'une de l'autre périssaient dans un même événement, sans qu'on puisse reconnaître laquelle était décédée la première, la présomption de survie était déterminée par les circonstances du fait, et, à défaut, par la force de l'âge et du sexe.

537 **Domaine.** Outre leur caractère subsidiaire, les présomptions de survie ne s'appliquaient qu'entre personnes ayant une vocation successorale réciproque (exemple : deux frères n'ayant ni l'un ni l'autre de descendant). Cette vocation ne devait pas avoir été détruite par l'institution d'un légataire universel.
La vocation successorale devait résulter de la loi et les présomptions étaient inapplicables aux successions testamentaires.

PRÉSOMPTIONS INAPPLICABLES Lorsqu'il y avait impossibilité d'établir l'ordre des décès et que les présomptions du Code civil étaient inapplicables (succession testamentaire, par exemple), chacune des successions était dévolue sans tenir compte des autres personnes décédées en même temps ; en d'autres termes, chaque comourant était considéré comme prédécédé pour le règlement de la succession des autres comourants.

538 **Faits présumés.** Les anciens articles 721 et 722 du Code civil contenaient les présomptions suivantes :
– si ceux qui avaient péri ensemble avaient moins de quinze ans, le plus âgé était présumé avoir survécu ;
– s'ils étaient tous au-dessus de soixante ans, le moins âgé était présumé avoir survécu ;
– si les uns avaient moins de quinze ans, et les autres plus de soixante, les premiers étaient présumés avoir survécu ;
– si ceux qui avaient péri ensemble avaient quinze ans accomplis et moins de soixante, le mâle était présumé avoir survécu, lorsqu'il y avait égalité d'âge ou si la différence n'excédait pas une année ; s'ils étaient du même sexe, la présomption de survie, qui donne ouverture dans l'ordre de la nature, devait être admise : ainsi le moins jeune était présumé avoir survécu au plus âgé.

• Causes d'indignité

539 Le principe est que les causes de l'indignité successorale sont déterminées par la loi en vigueur au moment où les faits ont été commis. Cependant, le 1° et le 5° de l'article 727 du Code civil, en tant que cet article a rendu facultative la déclaration de l'indignité, sont applicables aux faits commis avant le 1er juillet 2002, date d'entrée en vigueur de la loi du 3 décembre 2001 (L. 3 déc. 2001, art. 25, II, 3°).
Par suite, une cause facultative d'indignité ne saurait être invoquée dans une succession ouverte avant le 1er juillet 2002 ; des faits commis avant le 1er juillet 2002 pourraient causer une demande de déclaration (facultative) d'indignité pour une succession ouverte à compter du 1er juillet 2002, s'ils relèvent du 1° ou du 2° de l'article 727 du Code civil.

• Représentation de l'indigne

540 Il résultait de l'ancien article 730 du Code civil que les enfants de l'indigne ne pouvaient venir que de leur chef. Cette règle, conforme aux principes anciens de la représentation (le représentant ne peut avoir plus de droits que le représenté ; on ne représente pas une personne vivante) désavantageait les enfants de l'indigne chaque fois qu'ils ne pouvaient venir à la succession de leur chef. C'est la raison pour laquelle la réforme de 2001 a créé une dérogation aux règles de représentation.

• Pétition d'hérédité

541 Pour les successions ouvertes avant le 1er juillet 2002, lorsque l'action en pétition d'hérédité aboutissait, les effets étaient les suivants :
– les actes d'administration étaient maintenus, conformément aux principes généraux ;
– la règle de l'article 2279 du Code civil selon laquelle « en matière de meuble, possession vaut titre » (V. *JCl. Roulois*, Fasc. 1760) protégeait l'acquéreur de bonne foi d'un meuble corporel, cédé par un héritier apparent, contre la demande de restitution du véritable héritier.
À propos de la demande de restitution à l'encontre du tiers acquéreur d'immeuble par le véritable héritier la jurisprudence avait mis en place la théorie de l'héritier apparent, fondée sur l'erreur commune : il ne

Pratique notariale

pouvait y avoir restitution de la part du tiers acquéreur de bonne foi, si l'erreur avait été commune et invincible et si celui-ci ne pouvait pas ne pas se tromper (jurispr. constante. – V. Cass. 1re civ., 9 janv. 1996 : *Bull. civ.* I, n° 15 ; *JCP* G 1997, I, 4010, n° 3, obs. H. Périnet-Marquet). Toutefois, lorsque l'immeuble avait été aliéné à titre gratuit, la théorie ne s'appliquait pas : l'héritier véritable était préféré au donataire, en raison de ce que ce dernier n'avait rien déboursé.

2 Droits des parents

a) Ordre des descendants

1) Règles générales

542 La succession était d'abord dévolue aux descendants, sans qu'il y eût en principe à distinguer la nature de la filiation, et en appliquant le cas échéant la représentation successorale.

2) Droits réduits de l'enfant adultérin

• Concours avec des enfants légitimes

543 Par dérogation au principe selon lequel il n'y avait pas à distinguer selon la filiation, l'article 760 ancien du Code civil disposait, dans son premier alinéa, que les enfants naturels dont le père ou la mère était, au temps de leur conception, engagé dans les liens d'un mariage d'où étaient issus des enfants légitimes, étaient appelés à la succession de leur auteur en concours avec ces enfants mais que chacun d'eux ne recevrait que la moitié de la part à laquelle il aurait eu droit si tous les enfants du défunt, y compris lui-même, eussent été légitimes. Le second alinéa précisait que la fraction dont la part héréditaire de l'enfant adultérin était ainsi diminuée accroîtrait aux seuls enfants issus du mariage auquel l'adultère avait porté atteinte et se divisait entre eux à proportion de leur part héréditaire.

EXEMPLE M. Durand, veuf ou divorcé, décédait en laissant :
– Paul, enfant légitime de l'unique mariage ;
– et Pierre, enfant adultérin.

• Concours avec le conjoint survivant

544 **Droits en propriété.** En propos liminaire, il convient de rappeler qu'en application des anciens articles 765 et 766 du Code civil, le conjoint survivant était appelé à recevoir, savoir :
– la totalité de la succession, en l'absence de tout héritier au degré successible ou en présence de collatéraux ordinaires ;
– la moitié, en présence d'ascendants dans une seule ligne, l'autre étant vacante ou occupée par des collatéraux ordinaires.
Afin de protéger l'époux bafoué, l'article 759 ancien du Code civil disposait, dans son deuxième alinéa, qu'en pareil cas, les enfants adultérins ne recevraient, quel que fût leur nombre, que la moitié de ce qui, en leur absence, aurait été dévolu au conjoint selon les articles 765 et 766 anciens du Code civil. Le conjoint survivant recevait la moitié de la part qu'il eût recueillie en l'absence d'enfant adultérin, par conséquent soit la moitié, soit le quart en propriété.

DROIT TRANSITOIRE La limitation apportée aux droits du conjoint survivant par l'ancien article 759 du Code civil n'a pu être invoquée que dans les successions ouvertes à partir du 1er août 1974 (L. n° 72-3, 3 janv. 1972, art. 19).

545 **Droits en usufruit.** En présence de collatéraux privilégiés ou d'ascendants dans les deux lignes, le conjoint survivant n'était, en l'absence d'enfant adultérin, héritier que pour moitié en usufruit. Dans ce cas, il conservait cet usufruit (C. civ., art. 767 ancien, al. 3).

• Attribution anticipée

546 Dans les cas des anciens articles 759 et 760 du Code civil, le père ou la mère pouvait écarter les enfants naturels de toute participation personnelle aux opérations futures de liquidation et de partage, en leur faisant, de son vivant, une attribution suffisante de biens (C. civ., art. 762 à 764 anciens).

• Aliments

547 S'il était dans le besoin, l'enfant naturel dont la vocation se trouvait réduite par application des anciens articles 759 et 760 du Code civil pouvait, contre l'abandon de ses droits aux héritiers, réclamer de la succession une pension alimentaire (C. civ., ancien art. 915-2, 1er al.).

b) Ordre des ascendants privilégiés et des collatéraux privilégiés

• Composition

548 Le deuxième ordre, qui ne venait à la succession qu'à défaut de descendant, comprenait les père et mère et les frères et sœurs (le cas échéant, les descendants de frère ou sœur prédécédé).

• Partage entre collatéraux privilégiés

549 Le partage de la moitié de la succession, les trois quarts ou de la totalité (selon que le défunt laissait ses père et mère, ou seulement l'un d'eux, ou s'il ne laissait ni l'un ni l'autre) s'opérait par parts égales entre collatéraux, s'ils étaient tous du même lit.

S'ils étaient de lits différents, la division se faisait suivant le principe de la fente (devenue division par branches. – V. Fiche 3 : Droits des parents en l'absence de conjoint successible), par moitié entre les deux lignes – paternelle et maternelle – du défunt : les germains prenaient part dans les deux lignes, et les utérins ou consanguins chacun dans leur ligne seulement (C. civ., art. 752 ancien).

EXEMPLE Décès de M. Dupont, veuf, divorcé ou célibataire, laissant :
- Louis, son frère germain ;
- Pierre, son frère utérin ;
- Jacques, son frère consanguin ;
- Yves, fils de Guy autre frère consanguin.

	Ligne paternelle	Ligne maternelle
	1/2	1/2
Louis (germain)	X	X
Pierre (utérin)		X
Jacques (consanguin)	X	
Yves (consanguin)	X	

Chacune des deux lignes reçoit moitié de la succession, la ligne paternelle doit être divisée en trois parts, la ligne maternelle en deux parts.

En définitive, Louis recueillait 5/12, Pierre 3/12 et chacun de Jacques et Yves 2/12.

RAPPEL Depuis la réforme de 2001, en ligne collatérale, la division par branches ne joue que lorsque la succession est dévolue à des collatéraux autres que les frères et sœurs ou leurs descendants (C. civ., art. 749. – V. Fiche 3 : Droits des parents en l'absence de conjoint successible).

1) Ordre des ascendants ordinaires

550 Le troisième ordre comprenait les ascendants autres que les père et mère.

On notera seulement que ces ascendants pouvaient être en concours avec le conjoint survivant, alors que, depuis la loi du 3 décembre 2001, ce dernier les écarte et qu'ils ont seulement droit, s'il y a lieu, à des aliments (V. Fiche 4 : Droits du conjoint successible).

2) Ordre des collatéraux ordinaires

• Limitation

551 Les collatéraux ordinaires au-delà du sixième degré ne succédaient pas, à l'exception des descendants des frères et sœurs du défunt (C. civ., art. 775 ancien, al. 1er).

• **Dérogation**

552 Toutefois, ils succédaient jusqu'au douzième degré lorsque le défunt n'était pas capable de tester (C. civ., art. 775 ancien, al. 2). Ce report au douzième degré a été supprimé par la loi du 3 décembre 2001.

3 Droits du conjoint

553 Le tableau ci-après récapitule les droits du conjoint, selon les parents avec lesquels il se trouvait en concours (excepté la présence d'un enfant adultérin, étudiée précédemment, V. *supra*, 2), tels qu'ils résultaient des articles 765 à 767 anciens du Code civil.

Héritiers appelés	Quotités	Droits du conjoint survivant	Parents exclus
Descendants	Partage par tête, par souche, s'il y a représentation	1/4 Us	Tous ascendants et collatéraux
Père et mère et collatéraux privilégiés	Père **et** mère : 1/4 chacun Collatéraux : 1/2 à partager par tête, avec fente en cas de demi-frères ou sœurs (*)	1/2 Us	Ascendants ordinaires Collatéraux ordinaires
Père ou mère et collatéraux privilégiés	Père **ou** mère : 1/4 Collatéraux : 3/4 à partager dans les mêmes conditions (*)	1/2 Us	*Idem*
Collatéraux privilégiés	Partage dans les mêmes conditions (*)	1/2 Us	*Idem*
Ascendants (privilégiés ou ordinaires)	Fente : 1/2 à l'ascendant le plus proche en degré dans chaque ligne. À égalité de degré, partage par tête Si absence d'ascendant dans une ligne, totalité à l'autre ligne (sauf conjoint survivant).	1/2 Us ou 1/2 TP en cas de vacance d'une ligne	Collatéraux ordinaires

(*) S'il n'y avait de frères et sœurs ou de descendants d'eux que dans une ligne, ils recueillaient la totalité de la part dévolue aux collatéraux privilégiés (c'est-à-dire soit toute la succession, soit 3/4, soit 1/2), de sorte que le conjoint ne pouvait bénéficier de la fente et venir pour 1/2 en toute propriété.

• **Cumul**

554 Dans les successions ouvertes entre le 1er juillet 2002 et le 1er janvier 2007, le conjoint survivant pouvait cumuler les droits successoraux *ab intestat* avec les libéralités à cause de mort (l'imputation prescrite par l'ancien article 767 du Code civil, dans son 6e alinéa ayant été abrogée par la loi du 3 décembre 2001), sans pouvoir porter atteinte à la nue-propriété de la réserve ni dépasser l'une des quotités disponibles spéciales entre époux (Cass., avis, 26 sept. 2006 : *JCP* N 2006, act. 588).

• **Droits contre la succession**

555 L'ancien article 207-1 du Code civil reconnaissait à l'époux survivant dans le besoin le droit à des aliments. L'article 767 du Code civil, dans la rédaction que lui a donnée la loi du 3 décembre 2001, contient une disposition similaire.

C Régime antérieur à la loi du 3 janvier 1972

1 Droits de l'enfant naturel

556 En règle générale, la loi n° 72-3 du 3 janvier 1972 s'est appliquée aux successions ouvertes à compter du 1er août 1972 (L., art. 14, al. 1er. – Pour une étude approfondie, V. *JCl. Notarial Formulaire*, V° *Notoriété*).

• Fondement des règles

557 Pour la compréhension de ce qui suit, il convient de rappeler que le système antérieur à la loi de 1972 reposait sur le fait que la filiation naturelle n'établissait de lien qu'avec les père et mère de l'enfant. Par suite, l'enfant légitime d'un enfant naturel pouvait être appelé aux successions de ses grands-parents par représentation de son père ou de sa mère, tandis que l'enfant naturel ne pouvait venir à la succession des parents légitimes de ses père et mère.
Cette règle de base influait donc à la fois sur les droits successoraux de l'enfant naturel et sur la succession de l'enfant naturel à défaut de descendant.

a) Droits successoraux de l'enfant naturel

• Descendants légitimes en concours

558 Lorsque l'enfant naturel se trouvait en concours avec des descendants légitimes de son auteur, il avait droit à la moitié de la portion héréditaire qu'il aurait eue s'il eût été légitime (C. civ., art. 758 ancien).
Les descendants d'enfants légitimes prédécédés venant par représentation de leur père ne comptaient que pour la tête de celui-ci dans le calcul de la part de l'enfant naturel.
Signalons :
- qu'en vertu de l'ancien article 337, la reconnaissance faite pendant le mariage, par l'un des époux, d'un enfant naturel qu'il avait eu avant son mariage, d'un autre que de son époux, ne pouvait nuire à cet époux, ni aux enfants nés de ce mariage ;
- et que, les enfants adultérins et incestueux étaient privés de tout droit successoral.

• Ascendants et collatéraux privilégiés en concours

559 En l'absence d'autres descendants, mais en présence d'ascendants ou de frères et sœurs du défunt, l'enfant naturel avait droit aux 3/4 de la succession (C. civ., art. 759 ancien). Le 1/4 restant était dévolu aux parents légitimes appelés (ascendants et collatéraux privilégiés).
L'enfant naturel avait droit à la totalité des biens lorsque ses père et mère ne laissaient ni descendants, ni ascendants, ni frères ou sœurs ou descendants légitimes de frères ou sœurs (C. civ., art. 760 ancien).

b) Succession de l'enfant naturel à défaut de descendant légitime

• Descendants naturels

560 Si, à défaut de descendants légitimes, le défunt laissait des descendants naturels, ils recueillaient la succession en totalité, même en présence des père et mère ayant reconnu le défunt ou des frères et sœurs de ce dernier.

• Père et mère

561 À défaut de descendants (légitimes ou naturels), la succession était dévolue au père ou à la mère ayant reconnu le défunt, ou par moitié à tous les deux s'il avait été reconnu par les deux. Rappelons que la reconnaissance pouvait être postérieure au décès.
Mais les père et mère naturels n'avaient pas de réserve.

• Frères et sœurs naturels

562 À défaut de descendants et en cas de prédécès des père et mère naturels, la succession ordinaire de l'enfant naturel décédé sans postérité revenait à ses frères et sœurs naturels ou à leurs descendants légitimes.
Les frères et sœurs naturels appelés à la succession succédaient par tête, sauf application des règles de la représentation si un ou plusieurs prédécédés, laissant des descendants légitimes.

• Conjoint

563 À défaut des trois ordres précédents, la succession ordinaire était dévolue au conjoint, puisqu'il n'existait pas d'autre catégorie de successibles (C. civ., art. 767 ancien).

• État

564 Enfin, à défaut des trois ordres précédents et de conjoint, la succession était dévolue à l'État. On remarque que l'État était préféré, pour la succession ordinaire, aux frères et sœurs légitimes, lesquels, en aucun cas, n'étaient appelés à ladite succession.

Pratique notariale

Les frères et sœurs légitimes de l'enfant naturel ne succédaient en effet à ce dernier que pour la succession anomale prévue à l'ancien article 766.

• **Succession anomale**

565 C'est au cas de décès d'un enfant naturel reconnu – et dans ce cas seulement – que pouvait exister le retour légal prévu par l'ancien article 766 du Code civil au profit des frères et sœurs légitimes du défunt. Ce droit de retour était strictement limité aux « frères et sœurs légitimes » et ne devait pas être étendu à leurs descendants, même légitimes.

Les biens reçus par l'enfant naturel de ses père et mère passaient (en cas de prédécès des père et mère naturels de l'enfant naturel décédé sans postérité) aux frères et sœurs légitimes si les biens se retrouvaient en nature dans la succession.

Les actions en reprise, s'il en existait, ou le prix des biens aliénés, s'il en était encore dû, retournaient également aux frères et sœurs légitimes (sur cette succession anomale, V. Fiche 5 : Dévolutions particulières, I, C).

2 Droits du conjoint survivant

566 Les limitations apportées aux droits du conjoint survivant par les anciens articles 759 (droits des enfants adultérins) et 767 (usufruit légal du conjoint) du Code civil, par rapport aux dispositions antérieures, n'ont pu être invoquées que dans les successions ouvertes deux ans après l'entrée en vigueur de la loi, soit à compter du 1er août 1974 (L. 3 janv. 1972, art. 19. – Pour une étude approfondie, V. *JCl. Notarial Formulaire*, V° *Notoriété*).

• **Droits en pleine propriété**

567 Les droits en pleine propriété du conjoint survivant n'ont pas été modifiés de façon substantielle par la loi du 3 janvier 1972 ; ils ont simplement été aménagés pour tenir compte des droits de l'enfant adultérin (qui n'existaient pas) et de ceux de l'enfant naturel né avant le mariage mais reconnu pendant le mariage (dont les droits ne pouvaient nuire ni au conjoint, ni aux enfants nés de ce mariage : V. *supra*, A).

La réforme en ce domaine a eu pour résultat de donner au conjoint un usufruit légal du quart, en l'absence de droit en toute propriété, quelle que soit la filiation des descendants. Dans le régime antérieur à la loi de 1972, tel qu'il résultait de l'ancien article 767 du Code civil, une distinction s'imposait.

Le droit d'usufruit était d'un quart, si le défunt laissait un ou plusieurs enfants issus du mariage, quel qu'en fût le nombre. Lorsque le défunt laissait à la fois des enfants issus du mariage et des enfants naturels, l'usufruit d'un quart était supporté par tous les enfants, proportionnellement à leur droit dans la succession.

L'usufruit était d'une part d'enfant légitime le moins prenant, sans pouvoir excéder le quart, si le défunt laissait des enfants d'un précédent mariage (qu'ils vinssent seuls ou avec des enfants issus du mariage avec le conjoint survivant, ou encore avec des enfants naturels). La part se calculait en ajoutant une unité au nombre d'enfants ; ainsi s'il y avait deux enfants du premier mariage et trois du second, la part d'usufruit était d'un sixième. La notion de moins prenant impliquait de rechercher si un enfant avait reçu un avantage du défunt.

Le droit d'usufruit était de moitié, lorsque le défunt ne laissait que des enfants naturels ou descendants légitimes d'enfants naturels, des frères et sœurs, des descendants de frères et sœurs, ou des ascendants. Toutefois, en raison de la nature réservataire des droits de ces enfants, on ne pouvait pas appliquer l'usufruit de moitié si le nombre de ces enfants était de deux ou plus ; l'usufruit du conjoint ne portait donc que sur la quotité disponible.

POUR ALLER PLUS LOIN

Fascicules JurisClasseur

• *JCl. Notarial Formulaire*, V° *Notoriété*.

• *JCl. Notarial Formulaire*, Vis *Attestation notariée, Certificat de mutation, Inventaire, Notoriété*.

Bibliographie

• S. Lamiaux, *Succession et publicité foncière : situations pratiques autour de l'attestation immobilière – Étude et formules* : *JCP* N 2022, 1100.

• N. Levillain, *Comment rédiger la notoriété en présence d'héritiers père, mère, collatéraux privilégiés ? – Formule* : *JCP* N 2021, 1187.

• H. Mazeron-Gabriel et D. Montoux, *Comment rédiger une renonciation à succession ? – Formule* : *JCP* N 2021, 1198.

Deuxième partie
Libéralités

Sommaire

Fiche 10 Libéralités - Introduction 97
Fiche 11 Dispositions communes 99
Fiche 12 Dispositions propres aux donations entre vifs 115
Fiche 13 Dispositions propres aux donations entre vifs - Révocation 127
Fiche 14 Règles de forme des testaments 135
Fiche 15 Legs 147
Fiche 16 Exécution des dispositions testamentaires 163
Fiche 17 Libéralités à caractère familial 173

Fiche 10
Libéralités – Introduction

568 La libéralité, telle qu'elle est définie par l'article 893 du Code civil, est l'acte par lequel une personne dispose à titre gratuit de tout ou partie de ses biens ou de ses droits au profit d'une autre personne.
La libéralité comporte deux éléments. Tout d'abord, un élément matériel : un bien (immeuble, somme d'argent, etc.) ou un droit (nue-propriété ou usufruit d'un immeuble, d'un meuble...). Ensuite, elle requiert une intention libérale, une volonté de gratifier : l'*animus donandi* ou l'*animus testandi*.
Le législateur écarte toutefois la qualification de libéralité pour le cantonnement d'un legs (C. civ., art. 1002-1) ou d'une disposition à cause de mort entre époux (C. civ., art. 1094-1, al. 2) ou encore pour une renonciation anticipée à l'action en réduction (C. civ., art. 930-1, al. 2). Ensuite, le droit des régimes matrimoniaux peut jouer un rôle considérable dans la qualification, eu égard particulièrement à la contribution aux charges du mariage (V. *JCl. Roulois*, Fasc. 1055, *Mariage*). Enfin, Les présents d'usage en raison de leurs circonstances particulières, qui sont sans nul doute des dons, ne sont pas soumis à l'ensemble des règles des libéralités, en particulier à celles concernant le rapport et la réduction.

569 Il ne peut être fait de libéralités que par donation entre vifs ou par testament (C. civ., art. 893, al. 2. – Sur le régime hybride des donations entre époux de biens à venir, V. Fiche 17 : Libéralités à caractère familial). Les donations ont un effet immédiat et sont irrévocables alors que les testaments ne produisent effet qu'au décès du disposant et sont révocables.
La loi n° 2006-728 du 23 juin 2006, entrée en vigueur le 1er janvier 2007, a considérablement réformé le droit des libéralités. Elle tend à une plus grande sécurité, en posant le principe de la réduction en valeur, et non plus en nature, des libéralités excédentaires et en supprimant la révocation de plein droit des donations entre vifs pour survenance d'enfant ; surtout, elle accroît la capacité à disposer entre vifs, en élargissant le domaine des donations-partages et des testaments-partages (devenus libéralités-partages), en abrogeant la prohibition de principe des substitutions (désormais dénommées libéralités graduelles), en autorisant la renonciation anticipée à l'action en réduction et en supprimant la réserve des ascendants. Elle facilite le « saut » d'une génération : libéralités-partages transgénérationnelles, libéralités graduelles, pacte de renonciation à l'action en réduction et, aussi, les anticipations successorales et les règlements patrimoniaux dans les familles reconstituées : libéralité-partage incluant le conjoint, libéralité graduelle ou résiduelle bénéficiant en second rang à un enfant non commun, renonciation anticipée à l'action en retranchement par les enfants d'un premier lit.
En outre, la loi du 23 juin 2006 a amélioré la bonne exécution des dispositions de dernières volontés en augmentant le pouvoir de l'exécuteur testamentaire.
Enfin, l'ordonnance n° 2016-131 du 10 février 2016, entrée en vigueur le 1er octobre 2016, portant réforme du droit des contrats, du régime général et de la preuve des obligations tente de clarifier et de moderniser le droit des contrats. Sur le terrain du droit des libéralités, son impact se limite essentiellement à la protection du disposant ou de celle du gratifié, le droit des libéralités faisant déjà l'objet d'un régime spécial.

• Textes

- C. civ., art. 893 à 1099-1.
- Circ. DACS n° 2007-12, 29 mai 2007.

POUR ALLER PLUS LOIN

Fascicules JurisClasseur

• *JCl. Notarial Formulaire*, V[is] *Délivrance de legs, Donation entre époux, Donation entre vifs, Donation-partage, Fondations, Quotité disponible et réserve, Substitution, Testament, Testament international, Partage testamentaire.*

Bibliographie

• B. Beignier et S. Torricelli-Chrifi, *Libéralités et successions*, LGDJ, 5e éd. 2020.

• Cl. Brenner et Ph. Malaurie, *Droit des successions et des libéralités*, LGDJ, 7e éd. 2016.

• M.-C. Forgeard et *al.*, *Le nouveau droit des successions et des libéralités*, préf. Ph. Malaurie, Defrénois, 2007.

• M. Grimaldi, *Droit des successions*, LexisNexis, coll. « Manuel », 8e éd. 2020.

• Ph. Malaurie, *Les successions, les libéralités*, Defrénois, 2006.

• J. Maury, *Successions et libéralités*, LexisNexis, coll. « Objectif droit », 9e éd. 2016.

• H. L. et J. Mazeaud, *Leçons de droit civil*, t. IV, 2e vol., *Successions, Libéralités*, 5e éd., par L. Leveneur et S. Mazeaud-Leveneur, Montchrestien, 1999.

• F. Terré et Y. Lequette, *Droit civil, Les successions. Les libéralités*, Précis Dalloz, 1997.

Sur la réforme du 23 juin 2006

• A. Delfosse et J.-F. Peniguel, *La réforme des successions et des libéralités*, préf. L. Dejoie, Litec, 2006.

Libéralités – Introduction

Fiche 11

Dispositions communes

Sommaire

Introduction ... 99
I Règles de validité ... 100
A Consentement ... 100
B Capacité de disposer et recevoir ... 101
1 Capacité de disposer à titre gratuit ... 101
2 Capacité de recevoir à titre gratuit ... 102
3 Incapacité de disposer et recevoir ... 104
4 Sanctions ... 106
C Contenu licite et certain ... 106
II Modalités ... 107
A Charges et conditions ... 107
1 Conditions ou charges impossibles, illicites ou immorales ... 107
2 Clauses d'inaliénabilité ... 108
3 Révision des charges et conditions ... 108
B Fondations ... 110
1 Personne morale préexistante servant d'intermédiaire ... 110
2 Création d'une fondation ... 110
III Libéralités graduelles et résiduelles ... 111
A Règles particulières ... 111
1 Libéralités graduelles ... 111
2 Libéralités résiduelles ... 112
B Règles communes ... 112

Introduction

570 Sont présentement étudiées les règles communes, applicables aux différentes libéralités : donations, testaments, libéralités-partages, etc.

La validité des libéralités, comme celle de tous les actes juridiques, est subordonnée au respect de règles générales de formation. Elle est, de plus, soumise à des règles protectrices du disposant : formalisme *ad validitatem*, restriction de la capacité de disposer à titre gratuit et parfois à celles de recevoir du gratifié.

Le disposant peut assortir la libéralité de modalités particulières : charges, conditions, sous réserve que celles-ci ne soient ni immorales ni illicites. Parmi les charges, citons l'interdiction d'aliéner, que l'on rencontre souvent dans les libéralités entre vifs, voire dans les testaments, et dont la validité est subordonnée à diverses conditions. Il arrive que les charges apposées à une libéralité cessent d'être adaptées aux circonstances ; elles peuvent alors être révisées judiciairement.

Le régime en vigueur avant le 1er janvier 2007 prohibait – sauf exceptions dans la proche famille – la substitution fidéicommissaire, c'est-à-dire la donation ou le legs qui imposait à son bénéficiaire de conserver les biens faisant l'objet de la libéralité et de les transmettre à une personne désignée par le disposant. Par ailleurs, la jurisprudence avait validé le legs *de residuo*, qui n'imposait pas au gratifié l'obligation de conserver les biens légués mais seulement celle de transmettre, à son décès, les biens légués subsistants à un second légataire désigné par le testateur. La loi n° 2006-728 du 23 juin 2006 autorise les libéralités graduelles, comportant l'obligation de conserver et transmettre les biens en faisant l'objet. Elle consacre les libéralités résiduelles, prévoyant qu'une personne sera appelée à recueillir ce qui subsistera du don ou du legs fait à un premier gratifié à la mort de celui-ci ; la validité que la jurisprudence avait reconnue se trouve ainsi consacrée et étendue aux donations.

Afin de protéger la proche famille, une réserve a été instituée au profit des descendants et, dans certaines situations, du conjoint : les libéralités, qu'elles soient entre vifs ou à cause de mort, ne peuvent excéder la quotité disponible. Depuis, le droit à réserve des ascendants a été supprimé. Réserve héréditaire et quotité disponible seront étudiées *infra* (V. Fiche 19 : Réserve héréditaire et quotité disponible).

Enfin, la dernière réforme du droit des contrats au moyen de l'ordonnance n° 2016-131 du 10 février 2016 a une portée sur le droit des libéralités qui doit être relativisée, cela en raison même de l'existence du régime spécial des libéralités. C'est essentiellement sur le plan de la protection du disposant et du gratifié que l'apport de la réforme a un impact.

• **Textes**

• C. civ., art. 893 à 911, 933 à 937, 1048 à 1061, 1095.
• L. n° 87-571, 23 juill. 1987 sur le mécénat, art. 18 à 20-1.

I Règles de validité

571 Le nouvel article 1128 du Code civil, dans sa rédaction de l'ordonnance n° 2016-131 du 10 février 2016 et applicable aux contrats conclus à compter du 1er octobre 2016 impose désormais trois conditions (et non plus quatre selon la rédaction de l'ancien article 1108 du même code) pour la validité des contrats. Cette disposition s'applique naturellement aux donations et la doctrine enseigne qu'elle s'applique également aux actes unilatéraux et notamment aux testaments. Ces conditions sont :
– le consentement des parties (A) ;
– la capacité de disposer et recevoir (B) ;
– un contenu licite et certain (C).
Ainsi, si la **cause** licite ne figure plus expressément comme condition de validité pour les contrats conclus à compter du 1er octobre 2016 et se trouve remplacée par un contenu licite et certain, cette substitution concerne essentiellement les contrats à titre onéreux. Comme par le passé, il y aura dans doute lieu de distinguer l'absence de cause et la cause illicite (V. *infra*, C).

• **Réforme du droit des contrats**

572 **Ordonnance n° 2016-131 du 10 février 2016.** Hormis ce qui a été énoncé au sujet de la cause au titre des conditions de validité des libéralités, il convient de relativiser la portée de la réforme sur le terrain des libéralités :
– d'abord, les règles particulières à certains contrats, comme les libéralités, sont établies dans les dispositions propres à chacun d'eux et les règles générales s'appliquent sous réserve de ces règles particulières (C. civ., art. 1105 nouveau) ;
– ensuite, sauf à ce que certaines règles posées par l'ordonnance du 10 février 2016 soient d'ordre public, les autres dispositions de l'ordonnance sont supplétives.

573 **Portée.** L'impact de la réforme du droit des contrats se retrouve sur le plan de la protection, tantôt du disposant, tantôt du gratifié. On peut ainsi relever, sous réserve de ne pas contrevenir à des dispositions impératives du droit des libéralités :
– la possibilité de résolution unilatérale d'une libéralité pour inexécution des charges (V. C. civ., art. 1226 nouveau. – V. Fiche 13 : Dispositions propres aux donations entre vifs – Révocation) ;
– ou celle pour une partie de demander par écrit à celui qui pourrait se prévaloir de la nullité soit de confirmer le contrat soit d'agir en nullité dans un délai de six mois à peine de forclusion, la cause de la nullité devant avoir cessé (l'écrit doit mentionner expressément qu'à défaut d'action en nullité exercée avant l'expiration du délai de six mois, le contrat sera réputé confirmé. – C. civ., art. 1183 nouveau).

A Consentement

• **Existence du consentement**

574 L'article 901 du Code civil énonce que pour faire une donation entre vifs ou un testament, il faut être sain d'esprit.
L'insanité d'esprit comprend toutes les variétés d'affections mentales par l'effet desquelles l'intelligence du disposant a été obnubilée ou sa facilité de discernement déréglée mais une simple diminution des facultés ne justifie pas une demande en nullité.
Lorsque la nullité d'une libéralité est demandée pour insanité d'esprit, cette dernière peut être prouvée par tous moyens (alors que, pour les autres actes, la loi exige une preuve intrinsèque).

• **Absence de vice**

575 La libéralité est nulle lorsque le consentement a été vicié par l'erreur, le dol ou la violence (C. civ., art. 901) :
- l'erreur peut porter sur la personne du gratifié ou sur la cause (par ex., dispositions testamentaires prises dans la croyance erronée de l'absence de famille) ;
- le dol résulte de manœuvres ayant déterminé le consentement (le nouvel article 1138, alinéa 2 du Code civil énonce que le dol peut émaner « d'un tiers de connivence », étant précisé que selon la jurisprudence, il importe peu que le dol émane du gratifié ou d'un tiers dès lors qu'il a déterminé le consentement du disposant) ;
- la violence peut être physique ou morale, le nouvel article 1143 du code énonçant que la violence peut exister lorsqu'une partie, abusant de l'état de dépendance dans lequel se trouve son cocontractant, obtient de lui un engagement qu'il n'aurait pas souscrit en l'absence d'une telle contrainte et en tire un avantage manifestement excessif.

B Capacité de disposer et recevoir

• **Principe**

576 Toutes personnes peuvent disposer et recevoir, soit par donation entre vifs, soit par testament, excepté celles que la loi en déclare incapables (C. civ., art. 902).
La capacité est donc la règle, l'incapacité l'exception.

• **Distinction**

577 Une personne peut être frappée d'une incapacité de disposer au profit de qui que ce soit ; l'incapacité est alors générale. Il peut y avoir incapacité de disposer en faveur de certaines personnes déterminées : l'incapacité est dite relative. De plus, on distingue l'incapacité de jouissance, qui prive irrémédiablement d'un droit, de celle d'exercice qui rend seulement le titulaire d'un droit inapte à l'exercer lui-même.

1 Capacité de disposer à titre gratuit

578 La capacité de disposer à titre gratuit s'apprécie :
- en matière de donation, au moment du consentement ;
- en matière de testament, au moment de sa rédaction.

• **Mineur non émancipé**

579 Le mineur non émancipé est incapable de disposer à titre gratuit (C. civ., art. 903). Cependant, ce principe connaît quelques exceptions.
Le mineur peut, par contrat de mariage, et avec le consentement et l'assistance de ceux dont le consentement est requis pour la validité de son mariage, disposer en faveur de son futur conjoint de tout ce que la loi permet à l'époux majeur de donner à son conjoint (C. civ., art. 1095).
Parvenu à l'âge de seize ans, le mineur peut disposer par testament de la moitié des biens dont la loi permet au majeur de disposer (C. civ., art. 904, al. 1er).
Le mineur de plus de seize ans appelé sous les drapeaux pour une campagne de guerre peut disposer de la même quotité que s'il était majeur en faveur de l'un quelconque de ses parents ou de plusieurs d'entre eux jusqu'au sixième degré inclusivement ou, encore, en faveur de son conjoint survivant. À défaut de parents au sixième degré, le mineur peut disposer comme un majeur (C. civ., art. 904, al. 2 et 3).
Le mineur parvenu à sa majorité doit donc refaire son testament s'il veut donner tout ce qu'une personne majeure peut donner : en effet, c'est la quotité disponible réduite qui est applicable si le testament a été fait en minorité, alors même que le testateur décéderait étant majeur.

• **Mineur émancipé**

580 Le mineur émancipé, que ce soit par mariage ou par décision judiciaire, est capable, comme un majeur, de tous les actes de la vie civile (C. civ., art. 413-6, al. 1). Il peut donc librement disposer de ses biens à titre gratuit.

581 **Moins de seize ans.** La question est cependant discutée à propos des mineurs émancipés (par mariage) n'ayant pas encore seize ans car l'article 903 du Code civil énonce formellement que le mineur de moins de seize ans ne pourra aucunement disposer (sauf au profit de son conjoint, par contrat de mariage ou pendant le mariage), sans distinguer selon qu'il a ou non été émancipé.

582 **Contrat de mariage.** Le mineur émancipé doit, pour passer son contrat de mariage, observer les mêmes règles que s'il n'était pas émancipé. Cette règle résulte de la combinaison des articles 413-6, alinéa 2, et 1398 du Code civil.

• **Majeurs protégés**

583 Nous rappelons ici les quelques règles régissant le droit, pour les incapables majeurs, de disposer à titre gratuit.

Dispositions communes

584 **Majeur sous sauvegarde de justice.** Il conserve l'exercice de ses droits, mais ses actes peuvent être réduits en cas d'excès (C. civ., art. 435, al. 2).

585 **Majeur en curatelle.** Il ne peut faire de donation qu'avec l'assistance de son curateur, mais il peut librement tester (C. civ., art. 470, al. 1 et 2 ; sur la nécessité de caractériser l'insanité d'esprit au jour de l'établissement de l'acte testamentaire, V. Cass. 1re civ., 14 mars 2018, n° 17-15.406).

586 **Majeur en tutelle.** La personne en tutelle peut, avec l'autorisation du juge ou du conseil de famille s'il a été constitué, être assistée ou au besoin représentée par le tuteur pour faire des **donations**.
Elle ne peut faire seule son **testament** après l'ouverture de la tutelle qu'avec l'autorisation du juge ou du conseil de famille s'il a été constitué, à peine de nullité de l'acte. Le tuteur ne peut ni l'assister ni la représenter à cette occasion. Il n'incombe pas au juge, à l'occasion de la demande d'autorisation dont il était saisi, d'examiner le contenu du testament projeté (Cass. 1re civ., 8 mars 2017, n° 16-10.340 : *JurisData* n° 2017-003895 ; *JCP* N 2018, 1110, n° 9, chron. R. Le Guidec ; *RTD civ.* 2017, p. 465 ; *RTD civ.* 2017, p. 354 ; *AJ fam.* 2017, p. 250 ; *Defrénois* 2017, art. 129s1, p. 27, chron. J. Combret).
Toutefois, elle peut seule révoquer le testament fait avant ou après l'ouverture de la tutelle.
Le testament fait antérieurement à l'ouverture de la tutelle reste valable à moins qu'il ne soit établi que, depuis cette ouverture, la cause qui avait déterminé le testateur à disposer a disparu (C. civ., art. 476). Pour des commentaires, V. D. Boulanger, *Majeurs protégés et actes à titre gratuit : JCP* N 2009, 1240.

587 **Habilitation familiale.** La personne habilitée ne peut accomplir un acte de disposition à titre gratuit qu'avec l'autorisation du juge des tutelles (C. civ., art. 494-6, al. 4). En matière testamentaire et en raison même du caractère personnel du testament, il ne peut être question pour le juge d'autoriser la personne habilitée à tester au nom du majeur vulnérable ou encore qu'elle assiste ce dernier. On rappelle que le majeur vulnérable conserve l'exercice des droits qui n'ont pas été confiés à la personne habilitée (V. C. civ., art. 494-8, al. 1er) et demeure donc libre de rédiger un testament sous réserve d'une possible contestation pour insanité d'esprit (V. C. civ., art. 414-1 et 901).

2 Capacité de recevoir à titre gratuit

a) Personnes physiques

1) Personnes non conçues

588 La capacité du donataire s'apprécie au moment de la donation et, celle du légataire au jour du décès du testateur.

• Principe

589 Les personnes non conçues au moment de la donation ou à l'époque du décès du testateur ne sont pas capables de recevoir à titre gratuit (C. civ., art. 906, al. 1er et 2). Il s'agit d'une incapacité générale de jouissance.

• Application

590 Pour déterminer la date de la conception, on applique la présomption simple de l'article 311 du Code civil (V. *JCl. Roulois*, Fasc. 1090, *Filiation*). Il faut également que l'enfant naisse viable (C. civ., art. 906, al. 3).

2) Mineurs

• Acceptation par le représentant

591 Si les mineurs sont frappés d'une incapacité d'exercice, l'ordonnance n° 2015-1288 du 15 octobre 2015 a réaménagé le régime de protection des mineurs. Cette réforme a instauré un régime unique d'administration légale qui remplace l'administration légale pure et simple et l'administration légale sous contrôle judiciaire.

592 **Libéralité pure et simple.** Lorsque l'administration légale est exercée en commun par les deux parents, chacun d'eux peut accepter au nom du mineur la donation ou le legs, et lorsqu'elle est exercée par un seul parent (père ou mère), l'acceptation est faite par ce parent (C. civ., art. 382-1, art. 496. – D. n° 2008-1484, 22 déc. 2008, ann. 1, col. 1, V). Sous le régime de la tutelle, la libéralité est acceptée par le tuteur agissant seul (C. civ., art. 496).

593 **Libéralité avec charges.** Dès lors qu'il n'est plus renvoyé aux règles relatives à la tutelle et que l'article 387-1 du Code civil (qui énumère, en cas d'administration légale, les actes nécessairement soumis à l'autorisation du juge), n'énonce pas le cas de la libéralité grevée de charges, il semble que dans le cas de l'administration légale exercée en commun par les deux parents, ceux-ci doivent alors accepter au nom du mineur la

donation ou le legs (en cas de désaccord, le juge des tutelles autorise ou refuse alors l'acceptation – C. civ., art. 387) et que dans le cas de l'administration légale exercée par un seul parent (père ou mère), l'acceptation est faite par ce parent. L'acceptation est autorisée par le juge des tutelles en cas de tutelle (C. civ., art. 505. – D. n° 2008-1484, 22 déc. 2008, ann. 1, col. 2, V).

• **Acceptation par un ascendant**

594 En outre, l'article 935, alinéa 2, du Code civil prévoit que tout ascendant, même s'il n'est pas tuteur du mineur (ni administrateur légal), peut accepter en son nom une libéralité qui lui est adressée.
Une même personne ne peut, évidemment être à la fois le donateur et celui qui accepte la donation au nom du mineur. S'il n'est pas possible de faire accepter la donation par un ascendant, il y a lieu à nomination d'un administrateur ou d'un tuteur *ad hoc*.
Il est admis que, lors d'une donation conjointe par les père et mère à leur enfant, l'acceptation soit donnée au nom du mineur par la mère en ce qui concerne les biens donnés par le père, et réciproquement.

3) Majeurs protégés

595 Le majeur sous la sauvegarde de justice accepte seul les libéralités qui lui sont faites (C. civ., art. 435).
Quant aux autres régimes et de ce que l'article 935 du Code civil n'ait pas été modifié et continue à renvoyer à l'article 463 supprimé depuis, il convient de faire les distinctions suivantes :
– lorsque le majeur est en tutelle, c'est le tuteur qui accepte la libéralité avec ou sans autorisation du conseil de famille, selon qu'il y a ou non des charges (V. C. civ., art. 504, art. 505, 507-1, al. 1er, 507-2 et 724-1. – D. n° 2008-1484, 22 déc. 2008, ann. 1, col. 1, V et ann. 1, col. 2, V) ;
– si l'intéressé est en curatelle, il accepte, avec ou sans l'assistance de son curateur, selon qu'il y a ou non des charges (V. C. civ., art. 467, 504, 505, al. 1er, 507-1, al. 1er, et 507-2 et art. 724-1. – D. n° 2008-1484, 22 déc. 2008, ann. 1, col. 1, V et ann. 1, col. 2, V).

596 **Habilitation familiale.** Dans le cadre d'une habilitation familiale d'assistance (générale ou spéciale), l'assistance du proche du majeur vulnérable se concevra pour l'acceptation d'une libéralité assortie d'une charge.
Lorsque l'habilitation familiale de représentation est spéciale ou générale, le juge autorise alors la personne habilitée à accepter la libéralité consentie au majeur protégé, étant précisé qu'une opposition d'intérêts (comme la stipulation d'une charge au profit de la personne habilitée) nécessitera une nouvelle décision du juge afin de désigner un représentant *ad hoc*.

b) Personnes morales

• **Incapacité absolue**

597 Sont frappés d'une incapacité de jouissance de recevoir à titre gratuit les groupements non dotés de la personnalité juridique : associations non déclarées, congrégations religieuses non autorisées.
Les associations simplement déclarées ne peuvent recevoir que des dons manuels ; cependant les associations déclarées qui ont pour but exclusif l'assistance, la bienfaisance, la recherche scientifique ou médicale ont la capacité de recevoir des libéralités entre vifs ou testamentaires (L. 1er juill. 1901, art. 6, al. 1er et dernier al.).
Le legs consenti à une association dépourvue de la capacité de recevoir une libéralité au jour du décès du disposant est nul (Cass. 1re civ., 14 avr. 2021, n° 19-19.306 : *JurisData* n° 2021-005373 ; *JCP* N 2021, act. 442. V. égal. S. Torricelli-Chrifi, *Le « sauvetage » du legs avec charge et association simplement déclarée : prudence : JCP* N 2021, 1219. – A. Tani, note *in Dr. famille* 2021, comm. 99).

• **Capacité de jouissance**

598 Peuvent recevoir des libéralités :
– l'État, les départements, les communes, les établissements publics ou hospitaliers ;
– les associations reconnues d'utilité publique (L. 1er juill. 1901, art. 11) ;
– les congrégations autorisées (reconnaissance accordée par décret en Conseil d'État ; L. 1er juill. 1901, art. 13) ;
– les associations cultuelles, dès lors que la libéralité est destinée à l'accomplissement de leur objet ou grevée de charges pieuses ou cultuelles (L. 9 déc. 1901, art. 19, al. 8) ;
– l'association diocésaine, association cultuelle créée par l'Église catholique (objet plus restreint puisque l'exercice public du culte est exclu) ;
– les fondations (L. n° 87-571, 23 juill. 1987, V, II) ;
– les « unions » encore appelées « fédérations » ou « confédérations » (regroupement d'associations. Une union reconnue d'utilité publique peut recevoir une libéralité avec la charge de l'affecter à une association membre qui n'aurait pas la capacité de l'accepter – CE, avis, 26 déc. 1923. – De même, une fédération d'utilité publique peut recevoir un legs à charge d'en affecter le montant à une association affiliée, selon la volonté du testateur – Cass.

Dispositions communes

1re civ., 16 déc. 2010. – V. *Guide des libéralités consenties aux associations, fondations et fonds de dotation* édité par le Conseil supérieur du notariat et France générosité) ;
– les sociétés de secours mutuel (C. mut., art. L. 114-43) ;
– les associations de financement électoral ou de financement d'un parti politique agréées (L. n° 88-227, 11 mars 1988, art. 7. – V. *JCl. Notarial Formulaire*, V° *Associations*, Fasc. 10).

• Acceptation

599 Une autorisation est parfois nécessaire pour accepter la libéralité mais au cours des dernières années la législation a introduit un grand libéralisme.

3 Incapacité de disposer et recevoir

a) Généralités

• Nature de l'incapacité

600 Les libéralités entre certaines personnes sont prohibées. Cette incapacité est relative (en ce qu'elle ne vise que certaines personnes) et de jouissance ; elle n'est pas seulement d'exercice. L'incapacité repose sur une présomption de captation. Bien qu'il ait été retenu que la légataire, employée à domicile, n'est pas frappée d'une incapacité de recevoir et que l'altération des facultés mentales du testateur n'est pas établie, il convient de rechercher si cette employée comme auxiliaire de vie auprès du testateur ne s'est pas livrée, lors des derniers mois de vie du testateur, à des manœuvres dolosives pour capter son héritage (Cass. 1re civ., 31 mars 2021, n° 19-21.267, F-D : *JurisData* n° 2021-006643, N. Peterka ; *JCP* N 2021, 1244 ; *Dr. famille* 2021, comm. 101, note M. Nicod ; *JCP* G 2021, act. 443).

• Époque

601 En matière de donation, on doit se placer au jour de l'acte de donation (le cas échéant, à celui de l'acceptation et à celui de sa notification). La capacité du testateur s'apprécie au jour du testament ; celle du légataire au jour du décès.

b) Cas

• Tuteur

602 Le mineur, quoique parvenu à l'âge de seize ans, ne pourra, même par testament, disposer au profit de son tuteur.

Le mineur, devenu majeur ou émancipé, ne pourra disposer soit par donation entre vifs, soit par testament, au profit de celui qui aura été son tuteur, si le compte définitif de la tutelle n'a été préalablement rendu et apuré (C. civ., art. 907, al. 1er et 2). Cette incapacité ne saurait être étendue à la tutelle ou la curatelle des majeurs, non plus qu'aux personnes autres que le tuteur : subrogé tuteur, tuteur *ad hoc*, administrateur légal, ...
Sont exceptés de cette incapacité, aux termes de l'article 907, alinéa 3 du Code civil, les ascendants des mineurs, qui sont ou qui ont été leurs tuteurs.

• Mandataires judiciaires à la protection des majeurs

603 Les mandataires judiciaires à la protection des majeurs et les personnes morales au nom desquelles ils exercent leurs fonctions ne peuvent pareillement profiter des dispositions entre vifs ou testamentaires que les personnes dont ils assurent la protection auraient faites en leur faveur quelle que soit la date de la libéralité (C. civ., art. 909, al. 2). Le curateur non professionnel ne peut donc se voir opposer cette incapacité de recevoir. Ainsi, les membres de la famille du défunt, lorsqu'ils exercent les fonctions de tuteur, curateur, mandataire spécial désigné lors d'une mesure de sauvegarde de justice, personne habilitée ou mandataire exécutant un mandat de protection future, n'entrent pas dans son champ d'application de l'article 909, alinéa 2 du Code civil (Cass. 1re civ., 17 oct. 2018, n° 16-24.331 : *JurisData* n° 2018-017988 ; *JCP* N 2018, act. 851 ; *Dr. famille* 2018, comm. 287, note I. Maria ; *JCP* N 2019, 1107, comm. A. Tani : nièce désignée curatrice du défunt et instituée légataire). De même, le conjoint ne peut être considéré comme une personne interposée (même arrêt).

• Professions de santé, ministres du culte

604 Les membres des professions médicales (docteurs en médecine ou en chirurgie) et de la pharmacie ainsi que les auxiliaires médicaux qui prodiguent des soins à une personne pendant la maladie dont elle meurt, ne peuvent profiter des dispositions entre vifs ou testamentaires qu'elle aurait faites en leur faveur pendant le cours de cette maladie (C. civ., art. 909, al. 1er). Cette incapacité de disposer en faveur des soignants ne porte pas une atteinte disproportionnée au droit de propriété (Cons. const., 29 juill. 2022, n° 2022-1005 QPC : *JurisData* n° 2022-012293 ; A. Tani, *Focus : JCP* N 2022, act. 817 et S. Bernard et Z. Bremond, *Libres propos, JCP* N 2022, act. 796. – S. Bernard, *Le carcan de la vulnérabilité : retour sur l'incapacité de disposer de son*

patrimoine en faveur des professions de santé : JCP N 2022, 1267).
Seules sont nulles les dispositions prises au cours de la maladie qui a entraîné la mort, peu important la date du diagnostic de cette maladie (Cass. 1re civ., 16 sept. 2020, n° 19-15.818 : *JurisData* n° 2020-013351 ; *JCP* N 2020, act. 785).
Les mêmes règles doivent être observées à l'égard des ministres du culte (C. civ., art. 909, al. 6).

605 **Fondement.** Les incapacités prévues par l'article 909 du Code civil s'expliquent par l'influence morale très grande que les personnes visées peuvent avoir sur un malade à l'approche de sa mort, par une direction et une continuité dans l'assistance soit médicale, soit spirituelle du disposant.

606 **Exceptions.** Sont exceptées de cette règle :
1) les dispositions rémunératoires faites à titre particulier, eu égard aux facultés du disposant et aux services rendus ;
2) les dispositions universelles, dans le cas de parenté jusqu'au quatrième degré inclusivement, pourvu toutefois que le décédé n'ait pas d'héritiers en ligne directe ; à moins que celui au profit de qui la disposition a été faite, ne soit lui-même au nombre de ces héritiers (C. civ., art. 909, al. 4 et 5).

• Personnels d'établissements d'hébergement. Accueil ou intervention à domicile

607 L'article L. 116-4 du Code de l'action sociale et des familles étend le domaine d'application de l'article 909 du Code civil dans les termes suivants :
Ne peuvent profiter de dispositions à titre gratuit entre vifs ou testamentaires faites en leur faveur par les **personnes prises en charge par l'établissement ou le service** pendant la durée de cette prise en charge, les **personnes physiques propriétaires, gestionnaires, administrateurs ou employés d'un établissement ou service soumis à autorisation ou à déclaration** (en application du Code de l'action sociale et des familles) ou d'un **service soumis à agrément ou à déclaration** (V. C. trav., art. L. 7231-1, 2°), ainsi que les **bénévoles** ou les **volontaires** qui agissent en leur sein ou y exercent une responsabilité. Sont exceptées de cette incapacité spéciale de recevoir, les exceptions prévues aux 1° et 2° de l'article 909 du Code civil, c'est-à-dire :
– les dispositions rémunératoires faites à titre particulier, eu égard aux facultés du disposant et aux services rendus ;
– et, les dispositions universelles, dans le cas de parenté jusqu'au quatrième degré inclusivement, pourvu toutefois que le décédé n'ait pas d'héritiers en ligne directe ou à moins que celui au profit de qui la disposition a été faite ne soit lui-même du nombre de ces héritiers.
Enfin, sont concernés par l'interdiction de pouvoir profiter de dispositions à titre gratuit entre vifs ou testamentaires faites en leur faveur par les **personnes qu'ils accueillent ou accompagnent** pendant la durée de cet accueil ou de cet accompagnement : le couple ou l'accueillant familial (soumis à un agrément en application de l'article L. 441-1 du Code de l'action sociale et des familles) et son conjoint, la personne avec laquelle il a conclu un pacte civil de solidarité ou son concubin, ses ascendants ou descendants en ligne directe, ainsi que les salariés mentionnés à l'article L. 7221-1 du Code du travail accomplissant des **services à la personne** définis au 2° de l'article L. 7231-1 du même code (CASF, art. L. 116-4 ; réd. Ord. n° 2016-131, 10 févr. 2016, art. 6).

REMARQUE Le principe de nullité édicté à l'article 911 du Code civil s'applique aux libéralités visées par cette incapacité spéciale de recevoir. Cet article édicte que toute libéralité au profit d'une personne physique mais également d'une personne morale, frappée d'une incapacité de recevoir à titre gratuit, est nulle, qu'elle soit déguisée sous la forme d'un contrat onéreux ou faite sous le nom de personnes interposées, physiques ou morales (sont présumées personnes interposées, jusqu'à preuve contraire, les père et mère, les enfants et descendants, ainsi que l'époux de la personne incapable).

FOCUS **Aides à domicile des personnes vulnérables : censure du Conseil constitutionnel.** Dans une QPC du 12 mars 2021 (Cons. const., 12 mars 2021, n° 2020-888 QPC. – N. Peterka, *Incapacité de recevoir à titre gratuit des professionnels accomplissant des services d'aide à la personne à domicile : le Conseil constitutionnel censure l'article L. 116-4 du CASF ! : JCP* N 2021, act. 339), le Conseil constitutionnel censure les dispositions de l'article L. 116-4 du Code de l'action sociale et des familles qui limitent la capacité de toutes les personnes âgées ou handicapées qui bénéficient d'aide à domicile de disposer librement de leur patrimoine. Il ajoute que le droit de disposer librement de son patrimoine est un attribut du droit de propriété et que ces dispositions portent atteinte à ce droit. À ce titre, le Conseil constitutionnel estime que :
– une capacité altérée à consentir ne peut se déduire du seul fait que les personnes qui bénéficient de l'aide à domicile sont âgées,

Dispositions communes

handicapées ou dans une situation nécessitant cette assistance ;
– les services à la personne recouvrent une multitude de tâches susceptibles d'être mises en œuvre selon des durées ou des fréquences variables. Le seul fait que ces tâches soient accomplies au domicile des intéressés et qu'elles contribuent à leur maintien à domicile ne suffit pas à caractériser, dans tous les cas, une situation de vulnérabilité des personnes assistées à l'égard de ceux qui leur apportent cette assistance ;
– l'interdiction s'applique même lorsque la preuve de l'absence de vulnérabilité ou de dépendance du donateur à l'égard de la personne qui l'assiste pourrait être apportée.
Le Conseil constitutionnel en déduit que l'interdiction générale contestée porte donc une atteinte disproportionnée à l'objectif poursuivi et qu'elle est contraire à la Constitution.

• **Officiers de marine**

608 Les dispositions insérées dans un testament fait, au cours d'un voyage maritime, au profit des officiers du bâtiment autres que ceux qui seraient parents ou alliés du testateur, sont nulles et non avenues.
Il en est ainsi, que le testament soit fait en la forme olographe ou qu'il soit reçu conformément aux articles 988 et suivants (C. civ., art. 995).

4 Sanctions

609 La sanction varie selon la nature de la règle enfreinte.

• **Nullité**

610 La sanction normale de l'incapacité du disposant ou du gratifié est la nullité de l'acte, qui sera absolue ou relative, selon qu'il s'agit de protéger l'ordre public ou l'incapable.

• **Réduction**

611 Sont passibles de la réduction les libéralités testamentaires des mineurs non émancipés de plus de seize ans excédant la moitié de la quotité disponible.

• **Nullité pour déguisement ou interposition de personne**

612 L'article 911 du Code civil, dans son premier alinéa, déclare nulle toute libéralité au profit d'une personne physique ou morale, frappée d'une incapacité de recevoir à titre gratuit, qu'elle soit déguisée sous la forme d'un contrat onéreux ou faite sous le nom de personnes interposées, physiques ou morales.

613 **Preuve.** L'interposition de personnes peut être prouvée par tous les moyens de preuve et même par de simples présomptions, dont l'appréciation est laissée au pouvoir discrétionnaire du juge du fond.

614 **Présomption.** Afin de faciliter la preuve, l'article 911 du Code civil, en son second alinéa, dans la rédaction que lui a donné la loi du 28 décembre 2015, présume personnes interposées, jusqu'à preuve contraire, les père et mère, les enfants et descendants, ainsi que l'époux de la personne incapable.
On observera que la preuve contraire est admise.

615 **Demandeur à l'action.** La loi n'indiquant pas à qui appartient le droit de demander la nullité ou la réduction d'une donation faite à un incapable ou par un incapable, il faut décider que ce droit appartient à tout intéressé, c'est-à-dire au disposant, à ses héritiers ou successeurs universels.

C Contenu licite et certain

616 L'ordonnance n° 2016-131 du 10 février 2016, par souci d'harmonisation avec le droit européen, fait figurer, comme élément de validité du contrat, un « contenu licite et certain » (C. civ., art. 1128), et ce en remplacement des anciennes notions de l'objet et de la **cause**. Plus précisément, l'ordonnance de février 2016 modernise et adapte les anciennes dispositions relatives à l'objet du contrat et codifie certaines décisions de jurisprudence plus ou moins rattachées à la notion de cause. Sur cette dernière notion, la doctrine a longtemps considéré comme cause de la libéralité l'intention libérale elle-même avant que ne soient distinguées la cause comme critère de qualification et la cause entendue comme le ou les motifs ayant déterminé le disposant, dite cause impulsive et déterminante :
– s'agissant de la cause objective, elle sera nécessaire et résultera de l'intention libérale elle-même ;
– s'agissant de la cause subjective, motif de la libéralité, s'il devait être auparavant licite et moral (C. civ., art. 1131 ancien), le « but poursuivi » (C. civ., art. 1162 nouveau) devra respecter l'ordre public (V. F. Sauvage, *Principales incidences de la réforme des contrats sur le droit des libéralités : AJ fam.* 2016, p. 475).

• **Ordre public**

617 **Nature patrimoniale.** Le contrat ne peut déroger à l'ordre public ni par ses stipulations, ni par son but, que ce dernier ait été connu ou non par toutes les parties (C. civ., art. 1162) et doit être possible (C. civ., art. 1163, al. 2). Ainsi, ce qui est donné ou légué doit être dans le commerce (par exception et dans certaines limites, on admet actuellement la donation ou le legs d'une concession funéraire ou de droits dans une sépulture). Le don de sang ou d'organes n'est pas une libéralité (V. *JCl. Roulois*, Fasc. 1010).
Il peut s'agir d'un droit de propriété ou d'un droit démembré.

• **Jurisprudence**

618 La notion de **cause immorale ou illicite** a surtout été mise en œuvre par les tribunaux pour atteindre certaines libéralités entre concubins, plus précisément celles tendant à l'instauration, à la continuation ou à la reprise des relations, qui étaient frappées de nullité. Cette jurisprudence a été abandonnée : une libéralité même tendant à maintenir une relation adultère n'est pas nulle pour immoralité de la cause (Cass. ass. plén., 29 oct. 2004, n° 03-11.238 : *JurisData* n° 2004-025408. – Cass. 1re civ., 3 févr. 1999, n° 96-11.946 : *JurisData* n° 1999-000755 ; *JCP* N 1999, p. 1430, obs. F. Sauvage ; *Defrénois* 1999, art. 37008-37, p. 740, obs. D. Mazeaud ; art. 37017-62, p. 814, obs. G. Champenois. – V. *JCl. Roulois*, Fasc. 1045, *Concubinage, Pacte civil de solidarité*).

• **Détermination**

619 Ce qui est transmis à titre gratuit doit être déterminé ou déterminable (C. civ., art. 1163, al. 2). Cela n'empêche pas un contenu alternatif, par exemple, le legs d'une chose ou d'une autre, au choix du légataire.

• **Erreur**

620 L'erreur sur le motif d'une libéralité, en l'absence duquel son auteur n'aurait pas disposé, est une cause de nullité (C. civ., art. 1135, al. 2, réd. Ord. n° 2016-131, 10 févr. 2016).

II Modalités

621 Comme les autres actes juridiques, les libéralités peuvent être assorties de modalités : exclusion de la communauté entre le gratifié et son conjoint autorisé par l'article 1498, premier alinéa, du Code civil ou, au contraire, entrée en communauté du bien donné ou légué, prévue par l'article 1405 du Code civil, dans son deuxième alinéa (V. *JCl. Roulois*, Fasc. 1490 et 1505, *Régimes matrimoniaux*), clause confiant l'administration des biens donnés ou légués à un mineur à une autre personne que son administrateur légal (C. civ., art. 384, al. 1. – V. *JCl. Roulois*, Fasc. 1110, *Tutelle et administration légale*).

A Charges et conditions

• **Distinction**

622 La condition est un événement futur et incertain (C. civ., art. 1304 nouveau) ; elle peut être suspensive ou résolutoire (par ex., un décès sans descendance). La charge est une obligation imposée par le disposant au gratifié, par exemple, celle de rembourser une dette, servir une rente. En pratique, la distinction est parfois délicate.

1 Conditions ou charges impossibles, illicites ou immorales

• **Nullité de la libéralité**

623 Dans toute disposition entre vifs ou testamentaire, les conditions impossibles, celles qui sont contraires aux lois ou aux mœurs, seront réputées non écrites (C. civ., art. 900). On rappelle que l'article 1304-1 nouveau du Code civil édicte que la condition doit être licite et qu'à défaut, elle est nulle.

• **Nullité de la clause**

624 Jusqu'à présent, la jurisprudence ne prononce la nullité de l'acte en son entier que si la condition ou la charge a été la cause impulsive et déterminante de la libéralité. Dans les autres cas, seule la clause est réputée non écrite.

2 Clauses d'inaliénabilité

625 Les clauses d'inaliénabilité insérées dans les libéralités se heurtent au principe de la libre circulation des biens et constituent une restriction importante au droit de disposer attribué au propriétaire par le Code civil.
C'est pourquoi l'interdiction doit satisfaire à diverses conditions pour être valide, d'une part, et peut être judiciairement levée, d'autre part.

• Conditions de validité

626 Les clauses d'inaliénabilité affectant un bien donné ou légué ne sont valables que si elles sont temporaires et justifiées par un intérêt sérieux et légitime (C. civ., art. 900-1, al. 1er).

627 **Caractère temporaire.** Est temporaire l'inaliénabilité stipulée pour la durée de la vie du donateur (Cass. 1re civ., 8 janv. 1975, n° 73-11.648 : *JCP* N 1976, II, 18240, obs. H. Thuillier ; *Defrénois* 1975, art. 30907, p. 524, obs. A. Ponsard).

628 **Intérêt légitime et sérieux.** L'interdiction d'aliéner peut être justifiée par l'intérêt des donateurs de garantir le paiement d'une rente viagère stipulée à leur profit ou à celui du survivant d'entre eux (Cass. 1re civ., 20 juill. 1982, n° 81-13.192 : *RTD civ.* 1983, p. 376, obs. J. Patarin). L'intérêt sérieux et légitime peut résider, pour les donateurs, dans le souci de bénéficier d'un droit d'usage et de conserver, pour ce faire, leur fils comme « débiteur » de ce droit (Cass. 1re civ., 10 juill. 1990 : *JCP* N 1991, II, p. 197, obs. Salvage ; *Defrénois* 1991, art. 34978, p. 272, note F. Lucet). La clause peut être justifiée par le souci d'avoir le fils donateur pour nu-propriétaire plutôt qu'un tiers ou par le souci d'assurer l'efficacité d'un droit de retour conventionnel (Cass. 1re civ., 15 juin 1994 : *JCP* G 1995, I, 3876, obs. R. Le Guidec ; *Defrénois* 1995, art. 35967, p. 51, obs. X. Savatier ; *D.* 1995, somm. p. 50, obs. M. Grimaldi).

• Autorisation judiciaire

629 **Cas.** Même si la clause répond aux conditions ci-dessus, le donataire ou le légataire peut être judiciairement autorisé à disposer du bien si l'intérêt qui avait justifié la clause a disparu ou s'il advient qu'un intérêt plus important l'exige (C. civ., art. 900-1, al. 2).

630 **Demande d'un créancier.** La demande d'autorisation d'aliéner formulée par un créancier du gratifié, au moyen de l'action oblique, a soulevé des difficultés. Il est maintenant admis que l'action en autorisation judiciaire d'aliéner, subordonnée à des considérations d'ordre moral et familial inhérentes à la donation reçue des ascendants du donataire, ne peut être exercée par la voie oblique par un créancier à la place de son débiteur (Cass. 1re civ., 3 juin 1998 : *Defrénois* 1999, art. 36928, p. 93, obs. X. Savatier ; *JCP* G 1999, I, p. 132, n° 6, chron. R. Le Guidec ; *JCP* G 1998, II, 10167, obs. J. Casey ; *JCP* N 1999, p. 1732, n° 6, chron. R. Le Guidec. – Cass. com., 29 mai 2001 : *JCP* G 2001, I, 360, obs. R. Le Guidec ; *RJPF* 2001, p. 42, note J. Casey).

• Prohibition d'une clause contraire

631 Est réputée non écrite toute clause par laquelle le disposant prive de la libéralité celui qui mettrait en cause la validité d'une clause d'inaliénabilité ou demanderait l'autorisation d'aliéner (C. civ., art. 900-8).

• Exclusion des personnes morales

632 Ont été exclues du champ d'application du nouvel article 900-1 du Code civil, les libéralités consenties à des personnes morales et même celles consenties à des personnes physiques à charge de constituer une personne morale.
Cette exclusion est justifiée par la pérennité que veulent en général attribuer les disposants aux libéralités qu'ils consentent à des œuvres, pérennité sans laquelle de nombreuses libéralités risqueraient de ne pas être consenties.
Personnes morales de droit public. Rappelons que pour les personnes morales de droit public (État, collectivités territoriales et établissements publics), les charges imposées par le disposant peuvent être réduites ou modifiées en raison des circonstances (V. *JCl. Roulois*, Fasc. 5500, *Droit administratif*). En revanche, aucune règle n'existe en ce qui concerne les personnes morales de droit privé et notamment les fondations objet de la subdivision B.

3 Révision des charges et conditions

633 Tout gratifié peut demander que soient révisées en justice les conditions et charges grevant les donations ou legs qu'il a reçus, lorsque, par suite d'un changement de circonstances, l'exécution en est devenue pour lui soit extrêmement difficile, soit sérieusement dommageable (C. civ., art. 900-2). La possibilité offerte par le nouvel article 1195 du Code civil de renégocier le contrat par suite d'un changement imprévisible de circonstances (adoption de la théorie de l'imprévision) ne paraît pas applicable aux libéralités

en raison même de l'existence du dispositif spécial ainsi prévu par le Code civil (dont le respect d'un délai pour agir, V. *infra*, n° 637).

• **Fondement**

634 Il arrive qu'avec l'écoulement du temps les charges dont une libéralité a été assortie cessent d'être adaptées : les circonstances économiques ne permettent plus leur exécution sans de réelles difficultés ou elles ne sont pas compatibles avec les progrès techniques ou encore les problèmes qu'elles tentaient de résoudre ont été dépassés, etc. Les articles 900-2 à 900-7 du Code civil, issus de la loi n° 84-562 du 4 juillet 1984 se proposent de pallier ces inadéquations dans le respect de l'intention du disposant.

• **Champ d'application**

635 L'article 900-2 du Code civil s'applique aux donations aussi bien qu'aux legs. Il concerne les personnes physiques comme les personnes morales, que celles-ci soient de droit privé ou public (sous réserve, pour certaines de ces dernières, de dispositions spécifiques relatées plus loin). Ainsi, la révision amiable des conditions et charges des dons et legs consentis aux communes n'est pas possible, même en cas d'accord du donateur ou de ses ayants droit, de sorte que pour une telle révision, les communes ne peuvent recourir qu'à la seule procédure judiciaire définie aux articles 900-2 à 900-8 précités (Rép. min. n° 2140 : *JO* Sénat 17 janv. 2019, p. 267 ; *JCP* N 2019, act. 220).

• **Conditions**

636 Il faut que, par suite d'un changement de circonstances, l'exécution de la libéralité soit devenue pour le bénéficiaire :
– soit extrêmement difficile ;
– soit sérieusement dommageable.
La formulation est suffisamment large pour inclure les différentes difficultés, mais elle exige que ces difficultés présentent une certaine gravité. L'impossibilité d'exécution entre dans le champ d'application de l'article 900-2 du Code civil.

• **Action en révision**

637 **Recevabilité.** La demande n'est recevable que dix années après la mort du disposant ou, en cas de demandes successives, dix années après le jugement qui a ordonné la précédente révision. La personne gratifiée doit justifier des diligences qu'elle a faites, dans l'intervalle, pour exécuter ses obligations (C. civ., art. 900-5).

638 **Juridiction.** C'est le tribunal judiciaire qui est compétent.

639 **Défendeurs.** La demande en révision est formée par voie principale ; elle peut l'être aussi par voie reconventionnelle, en réponse à l'action en exécution ou en révocation que les héritiers du disposant ont introduite.
Elle est formée contre les héritiers ; elle l'est en même temps contre le ministère public s'il y a doute sur l'existence ou l'identité de certains d'entre eux ; s'il n'y a pas d'héritier connu, elle est formée contre le ministère public (C. civ., art. 900-3).

640 **Information du parquet. Publicité.** Sur ces points, nous renvoyons le lecteur à l'article 900-3, dernier alinéa, du Code civil et au décret n° 84-943 du 19 octobre 1984.

• **Modalités de la révision**

641 L'article 900-4 du Code civil investit de larges pouvoirs le juge saisi de la demande en révision qui peut, selon les cas et même d'office :
– soit réduire en quantité ou périodicité les prestations grevant la libéralité ;
– soit en modifier l'objet en s'inspirant de l'intention du disposant ;
– soit même les regrouper, avec des prestations analogues résultant d'autres libéralités.
Il peut autoriser l'aliénation de tout ou partie des biens faisant l'objet de la libéralité en ordonnant que le prix en sera employé à des fins en rapport avec la volonté du disposant.
Il prescrit les mesures propres à maintenir, autant qu'il est possible, l'appellation que le disposant avait entendu donner à sa libéralité.
Par ailleurs, aux termes de l'article 900-7 du Code civil, si, postérieurement à la révision, l'exécution des conditions ou des charges, telle qu'elle était prévue à l'origine, redevient possible, elle pourra être demandée par les héritiers.

• **État et établissements hospitaliers**

642 Lorsque la libéralité a été adressée à l'État, à des établissements publics de l'État ou à des établissements hospitaliers, l'auteur de la libéralité ou ses héritiers peuvent accepter les mesures envisagées (CGPPP, art. L. 2222-13. – CSP, art. L. 6145-10). La révision des charges est alors opérée par la voie administrative.
Dans les autres cas, la révision est autorisée selon la procédure judiciaire prévue aux articles 900-2 et suivants du Code civil.

B Fondations

643 Il n'est pas rare qu'une personne décide d'affecter certains de ses biens ou même la totalité à la réalisation d'une œuvre d'intérêt général sous forme de fondation, afin d'assurer l'accomplissement d'un idéal ou de préserver son souvenir. Une fondation peut être un moyen de réaliser ce projet. Les fondations sont régies par la loi n° 87-571 du 23 juillet 1987, modifiée notamment par la loi n° 90-559 du 4 juillet 1990 (V. *JCl. Notarial Formulaire*, V° *Fondations* ; pour des applications pratiques, V. A. Hurel et M. Méry, *Quand mettre en place une fondation abritée ? Un outil philanthropique à mieux connaître : JCP* N 2018, 1311).

1 Personne morale préexistante servant d'intermédiaire

• Libéralité avec charge

644 Une libéralité peut être consentie à une personne morale préexistante : personne morale de droit public, association ou fondation reconnue d'utilité publique, à charge d'affecter la libéralité à la réalisation d'une œuvre d'intérêt général et à but non lucratif (Cass. 1re civ., 14 avr. 2021, n° 19-19.306 : *JurisData* n° 2021-005373 ; *JCP* N 2021, act. 442. V. égal. S. Torricelli-Chrifi, *Le « sauvetage » du legs avec charge et association simplement déclarée : prudence : JCP* N 2021, 1219. – A. Tani, note *in Dr. famille* 2021, comm. 99). Le procédé est celui d'une libéralité avec charge.

• Fondation de France

645 Il est notamment possible de faire une donation ou un legs à la Fondation de France ou à la Fondation du patrimoine, fondations reconnues d'utilité publique.

2 Création d'une fondation

a) Règles générales

• Personnalité morale

646 La fondation ne peut bénéficier de la personnalité juridique qu'après sa reconnaissance d'utilité publique et l'approbation de ses statuts par décret en Conseil d'État (L. n° 87-571, 23 juill. 1987, art. 8). Elle acquiert alors le statut de fondation d'utilité publique.
Cette approbation n'est octroyée que si aux termes de l'objet statutaire la dotation de la fondation garantit des revenus suffisants pour permettre son fonctionnement régulier. Cette dotation peut être versée en plusieurs fractions dans un délai de cinq ans.

• Donation

647 La personne qui décide de créer une fondation de son vivant procède sous forme de donation. La fondation n'ayant la personnalité morale qu'après sa reconnaissance, on procède de la façon suivante : le fondateur fait une offre de donation, qui constituera la dotation, puis la fondation est reconnue d'utilité publique et ensuite elle accepte la donation.

• Legs

648 Un legs peut être fait au profit d'une fondation qui n'existe pas au jour de l'ouverture de la succession sous la condition qu'elle obtienne, après les formalités de constitution, la reconnaissance d'utilité publique. La personnalité morale de la fondation reconnue d'utilité publique rétroagit au jour de l'ouverture de la succession (L. n° 87-571, 23 juill. 1987, art. 18-2, al. 1er et 3).
La demande de reconnaissance d'utilité publique doit, à peine de nullité, être faite dans l'année suivant l'ouverture de la succession.

b) Fondation d'entreprise

649 La fondation d'entreprise est régie par les articles 19-1 à 19-13 de la loi précitée du 23 juillet 1987 et le décret n° 91-1005 du 30 septembre 1991, auxquels nous renvoyons le lecteur (V. aussi *JCl. Notarial Formulaire*, V° *Fondations*).

III Libéralités graduelles et résiduelles

650 L'article 1061 du Code civil, dans la rédaction que lui a donné la loi du 23 juin 2006, déclare applicables aux libéralités résiduelles certaines des règles relatives aux libéralités graduelles. Nous envisagerons d'abord les règles particulières à chacune de ces catégories de libéralités (A), puis celles communes à l'une et à l'autre (B).

A Règles particulières

1 Libéralités graduelles

651 Selon l'article 1048 du Code civil, une libéralité peut être grevée d'une charge comportant l'obligation pour le donataire ou le légataire de conserver les biens ou droits qui en sont l'objet et de les transmettre, à son décès, à un second gratifié, désigné dans l'acte.

• Forme

652 La libéralité graduelle peut prendre la forme d'une donation ou d'un testament.
La donation graduelle doit être acceptée tant par le grevé que par le second gratifié.

• Bénéficiaire

653 La libéralité graduelle peut bénéficier à toute personne ayant la capacité de recevoir, qu'il s'agisse du grevé ou du second gratifié. Toutefois, si la libéralité porte sur tout ou partie de la réserve du grevé, avec son consentement, la charge bénéficie dans cette mesure à tous les enfants du grevé.
Application. La libéralité graduelle peut désigner un enfant handicapé pour grevé et ses frères et sœurs pour seconds gratifiés : le grevé bénéficie de revenus sa vie durant et, à son décès, les biens demeurent dans la famille. Dans une famille recomposée, le conjoint survivant pourrait être désigné comme grevé et pour appelés un ou plusieurs enfants de ce conjoint, non communs. Articulé avec une renonciation anticipée à l'action en réduction ou à l'acceptation que la charge grève tout ou partie de la réserve (V. ci-après), le dispositif prend toute son ampleur.

• Droits et obligations du grevé

654 **Aliénations.** Si le grevé aliène les biens compris dans la libéralité et si les seconds gratifiés recueillent celle-ci, les aliénations sont rétroactivement anéanties.

655 **Grevé, héritier réservataire.** Si le grevé est héritier réservataire du disposant, la charge ne peut être imposée que sur la quotité disponible.
Le donataire peut toutefois accepter, dans l'acte de donation ou postérieurement dans un acte établi dans les conditions prévues à l'article 930, que la charge grève tout ou partie de sa réserve.
Le légataire peut, dans un délai d'un an à compter du jour où il a eu connaissance du testament, demander que sa part de réserve soit, en tout ou partie, libérée de la charge. À défaut, il doit en assurer l'exécution.
La charge portant sur la part de réserve du grevé, avec son consentement, bénéficie de plein droit, dans cette mesure, à l'ensemble de ses enfants nés et à naître (C. civ., art. 1054).

• Droits du second gratifié

656 **Ouverture des droits.** Les droits du second gratifié s'ouvrent à la mort du grevé.
Toutefois, le grevé peut abandonner, au profit du second gratifié, la jouissance du bien ou du droit objet de la libéralité.
Cet abandon anticipé ne peut préjudicier aux créanciers du grevé antérieurs à l'abandon, ni aux tiers ayant acquis, de ce dernier, un droit sur les biens ou le droit abandonné (C. civ., art. 1050).
Par conséquent, en cas de caducité en raison du décès de l'appelé avant le grevé – ou de renonciation des appelés – les créanciers du grevé peuvent exercer leurs droits sur les biens composant la libéralité, nonobstant la renonciation.

657 **Limitation de l'obligation de conserver et de transmettre.** Le second gratifié ne peut être soumis à l'obligation de conserver et de transmettre.
Si la charge a été stipulée au-delà du premier degré, elle demeure valable mais pour le premier degré seulement (C. civ., art. 1053).

Dispositions communes

2 Libéralités résiduelles

658 Il peut être prévu dans une libéralité qu'une personne sera appelée à recueillir ce qui subsistera du don ou legs fait à un premier gratifié à la mort de celui-ci (C. civ., art. 1057). La pratique paraît privilégier ces libéralités qui offrent davantage de souplesse et moins contraignantes pour le premier gratifié (M. Mathieu, *Libéralités graduelles ou résiduelles, clauses facilitant la liquidation* : *JCP* N 2018, 1003).

• **Forme**

659 La libéralité résiduelle peut prendre la forme d'une donation ou d'un testament (sur l'acceptation d'une donation, V. *infra*, B).

• **Bénéficiaire**

660 Le premier, comme le second gratifié, peut être toute personne physique ou morale ayant la capacité de recevoir.
Application. La libéralité résiduelle permet d'assurer des moyens de subsistance à un enfant handicapé ou au conjoint survivant, tout en assurant la transmission des biens subsistants lors du décès du premier gratifié aux frères et sœurs de ce gratifié ou à la famille du disposant.

• **Droits et obligations du premier gratifié**

661 La libéralité résiduelle n'oblige pas le premier gratifié à conserver les biens reçus. Elle l'oblige à transmettre les biens subsistants (C. civ., art. 1058, al. 1er).

662 **Aliénations à titre onéreux.** Lorsque les biens, objets de la libéralité résiduelle, ont été aliénés par le premier gratifié, les droits du second bénéficiaire ne se reportent ni sur le produit de ces aliénations ni sur les nouveaux biens acquis (C. civ., art. 1058, al. 2). Toutefois, la subrogation réelle se produit quant aux valeurs mobilières (C. civ., art. 1049, al. 2, par renvoi art. 1061).

663 **Aliénations à titre gratuit.** Le premier gratifié ne peut disposer par testament des biens donnés ou légués à titre résiduel.
La libéralité résiduelle peut interdire au premier gratifié de disposer des biens par donation entre vifs (C. civ., art. 1059, al. 1er et 2).

664 **Premier gratifié, héritier réservataire.** Lorsqu'il est héritier réservataire, le premier gratifié conserve la possibilité de disposer entre vifs ou à cause de mort des biens qui ont été donnés en avancement de part successorale (C. civ., art. 1059, al. 3). Rappelons que la donation en avancement de part successorale s'impute sur la part de réserve du donataire ; par suite, cette part dans la réserve est exempte de la charge de transmettre.

665 **Dispense de rendre compte.** Le premier gratifié n'est pas tenu de rendre compte de sa gestion au disposant ou à ses héritiers.

B Règles communes

• **Remarque liminaire**

666 Les dispositions ci-après énoncées, qui figurent dans le Code civil sous la section des libéralités graduelles, sont rendues applicables aux libéralités résiduelles par l'article 1061 du Code civil.

• **Objet de la libéralité**

667 La libéralité ne peut produire son effet que sur des biens ou des droits identifiables à la date de la transmission et subsistant en nature au décès du grevé.
Lorsqu'elle porte sur des valeurs mobilières, la libéralité produit également son effet, en cas d'aliénation, sur les valeurs mobilières qui y ont été subrogées (C. civ., art. 1049, al. 1er et 2).
L'exigence, pour une libéralité graduelle, que le bien subsiste lors du décès du grevé résulte d'un lapsus du législateur (V. P. Catala, *La loi du 23 juin 2006 et les colonnes du temple* : *Dr. famille* 2006, étude 43), à moins de considérer que l'exigence signifie simplement que les droits de l'appelé sont anéantis en cas de perte du bien et ne sont pas reportés sur les deniers qui pourraient les représenter (M. Grimaldi, art. préc., n° 57, spéc. n° 6).

• **Transmission au second gratifié**

668 Le second gratifié est réputé tenir ses droits de l'auteur de la libéralité. Il en va de même de ses héritiers lorsque ceux-ci recueillent la libéralité dans les conditions prévues à l'article 1056 (C. civ., art. 1051. – Sur l'article 1056, V. ci-après).

• **Garanties. Sûretés**

669 Il appartient au disposant de prescrire des garanties et des sûretés pour la bonne exécution de la charge (C. civ., art. 1052). Il s'agira le plus souvent d'un inventaire, d'un état des lieux, d'une obligation d'emploi des sommes d'argent.
Publicité foncière. Lorsqu'elle concerne un immeuble, la charge grevant la libéralité est soumise à publicité foncière (C. civ., art. 1049, al. 3).

• **Caducité**

670 Révocation d'une donation. L'auteur d'une donation graduelle ou résiduelle peut la révoquer à l'égard du second gratifié tant que celui-ci n'a pas notifié, dans les formes requises en matière de donation, son acceptation au donateur (sur l'acceptation, V. Fiche 11 : Dispositions communes et Fiche 12 : Dispositions propres aux donations entre vifs).

Par dérogation à l'article 932 du Code civil (qui impose l'acceptation du vivant du donateur), la donation graduelle ou résiduelle peut être acceptée par le second gratifié après le décès du donateur (C. civ., art. 1055).

671 Prédécès du second gratifié, renonciation. Lorsque le second gratifié prédécède au grevé ou renonce au bénéfice de la libéralité graduelle, les biens ou droits qui en faisaient l'objet dépendent de la succession du grevé, à moins que l'acte prévoie expressément :
- que ses héritiers pourront la recueillir ;
- ou désigne un autre gratifié (C. civ., art. 1056).

Tableau comparatif

	LIBÉRALITÉS GRADUELLES	LIBÉRALITÉS RÉSIDUELLES
Forme	Donation ou testament (C. civ., art. 1048).	Donation ou testament (C. civ., art. 1057).
Acceptation	Donation graduelle : possibilité pour le second appelé de l'accepter après le décès du donateur (C. civ., art. 1055, al. 2).	Donation résiduelle : le second appelé peut accepter après le décès du donateur (C. civ., art. 1055, al. 2, sur renvoi art. 1061).
Bénéficiaires	Toute personne physique ou morale ayant la capacité de recevoir à titre gratuit.	Toute personne physique ou morale ayant la capacité de recevoir à titre gratuit.
Objet	Biens ou droits identifiables à la date de la transmission et subsistant en nature au décès du grevé. Valeurs mobilières subrogation réelle (C. civ., art. 1049, al. 1er et 2).	Biens ou droits identifiables à la date de la transmission et subsistant en nature au décès du grevé. Valeurs mobilières subrogation réelle (C. civ., art. 1049, al. 1er et 2, sur renvoi art. 1061).
Obligations du premier gratifié	De conserver et transmettre (C. civ., art. 1048).	De transmettre les biens subsistants à son décès (C. civ., art. 1057).
Garanties et sûretés de bonne exécution	À prescrire par le disposant (C. civ., art. 1052).	À prescrire par le disposant (C. civ., art. 1052, sur renvoi art. 1061).
Pouvoir d'aliéner du premier gratifié	Actes d'aliénation valides mais résolus si les droits du second gratifié s'ouvrent. **Cantonnement** sur la quotité disponible Si le grevé est héritier réservataire du disposant, la charge ne peut être imposée que sur la quotité disponible. Toutefois : – le donataire peut accepter que la charge grève tout ou partie de la réserve ; – le légataire dispose d'un an pour demander le cantonnement (C. civ., art. 1054).	**Principe** Aliénations à titre gratuit : le premier gratifié peut valablement y consentir. Aliénations à titre gratuit : donations possibles sauf disposition contraire dans la libéralité ; legs : pas de possibilité **Exception** L'héritier réservataire premier gratifié peut disposer entre vifs ou à cause de mort des biens donnés en avancement de part successorale (C. civ., art. 1059) (autres biens : application du principe).
Au décès du premier gratifié	Les droits de l'appelé s'ouvrent (sous réserve d'un abandon de jouissance par le grevé) (C. civ., art. 1050).	Le second gratifié recueille les biens subsistants

	LIBÉRALITÉS GRADUELLES	LIBÉRALITÉS RÉSIDUELLES
Transmission des biens	Le gratifié en second est réputé tenir ses droits de l'auteur de la libéralité (C. civ., art. 1051).	Le gratifié en second est réputé tenir ses droits de l'auteur de la libéralité (C. civ., art. 1051 et 1061).
Caducité	Les biens dépendent de la succession du grevé sauf si un héritier ou un autre gratifié est désigné dans l'acte (C. civ., art. 1056).	Même règle que ci-contre, sur renvoi article 1061.

POUR ALLER PLUS LOIN

Fascicule JurisClasseur

• *JCl. Notarial Formulaire*, V[is] *Associations, Donation entre vifs, Fondations, Substitution, Testament*.

Fiche 12

Dispositions propres aux donations entre vifs

Sommaire

Introduction ... 115

I Forme des donations ... 116

A Principe de solennité ... 116

B Exceptions ... 117

1 Don manuel ... 117

2 Donation indirecte ... 118

3 Donation déguisée ... 119

II Irrévocabilité des donations ... 120

A Clauses incompatibles avec le principe d'irrévocabilité ... 120

1 Donation de biens à venir ... 120

2 Donation sous condition potestative ... 121

3 Donation sous condition d'acquitter les dettes futures et indéterminées ... 122

4 Donation avec réserve de disposer ... 122

B Clauses compatibles avec le principe de l'irrévocabilité ... 122

1 Réserve d'usufruit ... 122

2 Droit de retour conventionnel ... 122

III Effets ... 125

A Transfert de droit ... 125

B Obligations des parties ... 126

1 Obligations du donateur ... 126

2 Obligations du donataire ... 126

Introduction

672 Les règles communes aux libéralités ont été abordées dans les deux fiches précédentes. Nous étudierons ici les règles propres aux donations entre vifs (pour les donations entre époux, V. Fiche 17 : Libéralités à caractère familial).

673 La donation entre vifs comme moyen d'effectuer une libéralité se singularise doublement.

• Au fond, tout d'abord, elle entraîne transmission (à titre gratuit) d'un ou plusieurs biens, de façon immédiate et irrévocable, ce qui la distingue du testament, acte unilatéral ne prenant effet qu'au décès du testateur et toujours modifiable ou révocable. De plus, la donation est assujettie à une irrévocabilité spéciale, parfois exprimée par la formule « Donner et retenir ne vaut », plus énergique que celle des contrats. Le caractère irrévocable de la donation connaît cependant des exceptions, le législateur ayant prévu plusieurs cas de révocation et, parmi ceux-ci, la révocation pour survenance d'enfant dont le régime a été largement modifié par la loi n° 2006-728 du 23 juin 2006.

• Dans la forme, celle notariée est exigée, comme condition de formation du contrat, dans le but essentiellement d'assurer la protection du donateur et de sa famille et de garantir le caractère irrévocable de la donation. Toutefois, le principe souffre d'exceptions : les dons manuels, les donations indirectes et celles déguisées échappent au principe de la solennité.

• **Textes**

• C. civ., art. 931 à 966.

I
Forme des donations

674 Les donations entre vifs sont assujetties à une forme solennelle (A) mais, comme nous l'avons dit, il existe des exceptions (B).

A Principe de solennité

675 Les articles 931 et 932 du Code civil posent le principe que les actes portant donation entre vifs doivent être passés devant notaire, en minute, et que la donation doit être acceptée expressément par acte authentique, du vivant du donateur.

• Forme notariée

676 La forme notariée s'impose pour la donation, et pour l'acte d'acceptation si celle-ci n'est pas faite dans l'acte de donation. La règle s'étend à la promesse de donation entre vifs (Cass. 1re civ., 22 févr. 2017, n° 16-14.351 : *Dr. famille* 2017, comm. 104, M. Nicod. – Cass. 1re civ., 17 oct. 2018, nos 17-22.021 et 17-26.573 : *JurisData* n° 2018-019559 ; *Dr. famille* 2019, n° 1, comm. 14, M. Nicod).

677 **Fondement.** La règle tend en particulier à protéger :
– le donateur, qui est éclairé par le notaire sur les effets et les incidences de son acte ;
– la famille du donateur, les actions en réduction ou en rapport étant facilitées par la preuve de la donation ;
– le donataire, qui est informé sur les clauses et modalités de la donation ;
– et enfin l'intérêt des parties et des héritiers du donateur, l'acte ne risquant pas d'être détruit.

678 **Procuration.** La forme notariée est aussi exigée pour les procurations à l'effet de donner et d'accepter la donation (Cass. 1re civ., 11 sept. 2013, n° 12-15.618 : *JurisData* n° 2013-018924). Il est conseillé de recevoir la procuration en minute, et non en brevet. En revanche, l'annexe d'une expédition de la procuration à la minute de la donation n'est pas nécessaire, si le notaire qui reçoit la donation est celui qui a reçu la procuration (CA Caen, 9 juill. 1962 : *JCP* G 1962, II, 12840).
La procuration doit préciser les principaux éléments de la donation (Cass. 1re civ., 29 juin 1983 : *Defrénois* 1984, art. 33267, p. 442, obs. G. Champenois).

• Acceptation

679 **Acceptation expresse.** L'acceptation doit être expresse. Elle ne saurait résulter de la seule présence du donataire lors de l'acte de donation et de la simple signature de celui-ci (Cass. 1re civ., 2 mars 1999 : *JCP* N 1999, p. 920 ; *D.* 1999, IR p. 88. – V. aussi, dans le même sens, Cass. 1re civ., 3 mars 1998 : *JCP* G 1999, I, 132, obs. R. Le Guidec ; *JCP* N 1998, 1089 ; *Defrénois* 1998, art. 36828, obs. G. Champenois).

680 **Acceptation par acte séparé.** L'acceptation peut être faite par acte séparé, pourvu que ce soit du vivant du donateur. La donation n'a alors d'effet qu'à compter du jour où l'acte constatant l'acceptation a été notifié au donateur (C. civ., art. 932, al. 2). Le donateur peut intervenir à l'acceptation pour en donner acte, ce qui évite la notification de l'acceptation. Cette notification n'est assujettie à aucune forme particulière.
Révocation. Jusqu'à la notification de l'acceptation, le donateur peut révoquer son offre.

• Donation mobilière

681 Tout acte de donation d'effets mobiliers n'est valable que pour les effets dont un état estimatif, signé du donateur et du donataire ou de ceux qui acceptent pour lui a été annexé à la minute de la donation (C. civ., art. 948).
Cette obligation s'applique à toutes les donations de meubles, corporels ou incorporels, mais le don manuel y échappe. La désignation détaillée peut être faite dans l'acte de donation lui-même.

• Sanction

682 La sanction des règles de forme des donations est la nullité.
Du vivant du donateur, la nullité est absolue ; elle peut être invoquée par tout intéressé, et notamment par le donateur. Elle n'est pas susceptible de confirmation : l'acte doit être refait (C. civ., art. 931-1 nouveau qui confirme C. civ., ancien art. 1339). Le délai de prescription est de cinq ans (C. civ., art. 2224).
Les héritiers peuvent confirmer la donation : « Après le décès du donateur, la confirmation ou exécution volontaire d'une donation par les héritiers ou ayant

cause du donateur emporte leur renonciation à opposer les vices de forme ou toute autre cause de nullité » (C. civ., art. 931-1, al. 2).
La nullité se prescrit par cinq ans et l'action n'appartient qu'aux héritiers.

B Exceptions

683 Font exception au principe de la solennité : le don manuel (1°), la donation indirecte (2°) et la donation déguisée (3°).

1 Don manuel

• **Définition**

684 Le don manuel est une donation, qui s'effectue par la remise matérielle – dite tradition – de l'objet donné.

• **Régime**

685 Le don manuel échappe aux règles de forme des donations mais demeure soumis aux règles de fond, en particulier celles régissant le consentement, la capacité de disposer et de recevoir, l'irrévocabilité, le rapport et la réduction.
Présents d'usage. Les présents d'usage constituent une catégorie particulière de dons manuels, caractérisée par la relative modicité de ces dons et leur conformité aux usages, selon lesquels on offre des cadeaux à l'occasion de certains événements (pour une application : Cass. 1re civ., 19 sept. 2018, n° 17-24.205 : *JurisData* n° 2018-015937 ; *Dr. famille* 2018, n° 12, comm. 283, M. Nicod). Pour ces deux raisons, les présents d'usage ne sont pas soumis aux règles du rapport et de la réduction (V. Fiche 18 : Liquidations-partages – Introduction), ni aux trois causes de révocation des donations entre vifs (V. *infra*, IV).

a) Tradition du bien donné

• **Nécessité**

686 Le don manuel est un contrat réel. Il « n'a d'existence que par la tradition réelle que fait le donateur de la chose donnée, effectuée dans des conditions telles qu'elle assure la dépossession de celui-ci, et assure l'irrévocabilité de la donation » (Cass. 1re civ., 11 juill. 1960 : *JCP* G 1960, IV, p. 137 ; *D.* 1960, p. 702, obs. P. Voirin).
Faute de pouvoir faire l'objet d'une tradition manuelle, les immeubles ne peuvent être donnés sous forme de don manuel, non plus que les fonds de commerce.

• **Époque**

687 La tradition doit intervenir du vivant du donateur. Ni les héritiers ni un mandataire ne pourraient valablement être chargés de remettre la chose après le décès (mais les héritiers pourraient faire un don manuel).

• **Formes**

688 La tradition peut se faire par la **remise** d'un meuble, de billets de banque.
Elle peut s'effectuer au moyen d'un **chèque.** La remise de celui-ci réalise la tradition par le dessaisissement irrévocable du tireur au profit du bénéficiaire, qui acquiert la propriété de la provision (Cass. 1re civ., 4 nov. 1981 : *Defrénois* 1982, art. 32944-77, p. 1378, obs. G. Champenois) ; il s'ensuit que la remise d'un chèque sans provision ne peut réaliser un don manuel (Cass. 1re civ., 20 nov. 1985 : *JCP* N 1986, prat. 9888 ; *Defrénois* 1986, art. 33700-9, p. 469, obs. G. Champenois ; et pour un chèque en blanc, nécessitant de rechercher l'intention libérale du tireur : Cass. 1re civ., 4 juill. 2018, nos 17-16.515 et 17-16.522 : *JurisData* n° 2018-011782 ; *Dr. famille* 2018, n° 10, comm. 242, M. Nicod ; *JCP* N 2019, chron. 1216, R. Le Guidec).
Si la provision n'existe plus au décès, le donataire peut réclamer aux héritiers la somme qui lui appartenait en vertu du don (Cass. 1re civ., 10 févr. 1993 : *JCP* N 1993, II, p. 289). Il importe peu que le chèque ne soit encaissé qu'après le décès du donateur, pourvu qu'il ait été remis à son bénéficiaire avant le décès.
La tradition peut résulter d'un **virement** de somme d'argent sur des comptes bancaires (Cass. 1re civ., 12 juill. 1966 : *D.* 1966, p. 614, note J. Mazeaud). Pareillement, des valeurs mobilières peuvent faire l'objet d'un virement de compte à compte (Cass. com., 19 mai 1998 : *JCP* N 1998, p. 1663, obs. H. Hovasse ; *Defrénois* 1999, art. 36922, obs. A. Chappert. – Pour l'admission d'un don manuel portant sur des fonds placés sur un compte d'épargne ouvert au nom des enfants ou petits-enfants mineurs du donateur, V. Cass. 1re civ., 6 janv. 2010, nos 08-20.055 et 08-12.684 : *JurisData* n° 2010-050997).
Le retrait de deniers sur le compte bancaire du donateur en vertu d'une **procuration** peut réaliser un don manuel mais à condition que l'intention libérale soit prouvée (Cass. 1re civ., 14 mai 1996 : *JCP* N 1997, II, 1039, obs. J.-G. Raffray. – Plus récemment : Cass. 1re civ., 3 mai 2006 : *D.* 2006, p. 1526, obs. V. Avena-Robardet ; *AJ fam.* 2006, p. 328, note F. Bicheron).

• **Conditions**

689 **Dépossession effective.** La tradition doit emporter la dépossession effective du donateur. Une simple promesse ne suffit pas.

690 **Dépossession définitive.** La dépossession doit être définitive et irrévocable. Tel n'est pas le cas de meubles donnés et restés au domicile des défunts (Cass. 1re civ., 10 oct. 2012, n° 10-28.363, 1092 : *JurisData* n° 2012-022672), d'un dépôt sur un compte joint, où le prétendu donateur peut la retirer à tout moment (Cass. 1re civ., 17 avr. 1985 : *JCP* N 1986, prat. 9761), ou encore pour le virement à un compte sur lequel le *solvens* a procuration (Cass. 1re civ., 14 déc. 2004 : *D.* 2005, p. 628, note C. Noblet ; *D.* 2005, p. 813, obs. D. Vigneau).

691 **Titre autonome.** La tradition doit être effectuée à titre autonome et distinct : il n'y a pas don manuel valable lorsque la tradition a été faite en exécution d'un acte de donation nul en la forme (CA Paris, 26 mai 1948 : *JCP* 1948, II, 4558, obs. P. Raynaud).

b) Preuve du don manuel

• **Par le donataire**

692 **Possession efficace.** Le donataire qui allègue un don manuel est généralement en possession du bien. Il peut donc se prévaloir de la présomption édictée par l'article 2276 du Code civil, selon laquelle « en fait de meubles, possession vaut titre », à condition que la possession ne soit pas viciée (V. *JCl. Roulois*, Fasc. 1760). La présomption résultant du texte précité étant une présomption simple, le donateur prétendu peut la combattre, en prouvant, soit que la détention résulte d'une autre cause soit qu'il n'y a pas eu don (pour une application, V. Cass. 1re civ., 30 mars 1999 : *JCP* G 2000, I, 278, obs. R. Le Guidec ; *JCP* N 2000, n° 41, p. 1495. – Cass. 1re civ., 11 oct. 2017, n° 16-22.805).

693 **Absence de possession efficace.** En l'absence de possession efficace, le donataire doit administrer la preuve :
– de la tradition, et ce par tous les moyens ;
– de l'accord de volontés, par écrit sauf exceptions : valeur inférieure à 1 500 €, impossibilité morale de se procurer une preuve écrite, commencement de preuve par écrit (C. civ., art. 1359 et 1360. – V. *JCl. Roulois*, Fasc. 1465, *Droit des obligations*).

> CONSEIL PRATIQUE **Attention : Il est possible de constater que la remise d'un bien a été faite au titre d'un don manuel mais, si une rédaction défectueuse laisse à penser qu'il y a donation sous seing privé et que la tradition n'est que l'exécution d'une obligation de livraison, le don est nul.**

• **Par le donateur**

694 Le donateur doit apporter la preuve, savoir :
– de la tradition, cela par tous moyens ;
– et de l'intention libérale, par écrit, sauf les exceptions de droit commun rappelées plus haut, et notamment l'impossibilité morale.

• **Par les héritiers du donateur**

695 S'ils font valoir un droit ayant appartenu à leur auteur (par ex., s'ils demandent la nullité pour incapacité ou s'ils exercent une action en révocation), les héritiers du donateur sont assujettis aux mêmes règles de preuve que leur auteur.
Mais s'ils font valoir un droit propre (rapport, réduction), ils sont traités comme des tiers au contrat et peuvent administrer la preuve par tous moyens.

2 Donation indirecte

• **Définition**

696 La donation indirecte est celle réalisée par un acte autre qu'un acte de donation et dont on ne peut dire, *a priori*, s'il est à titre gratuit ou onéreux, et parfois par un acte onéreux déséquilibré. Contrairement à la donation déguisée (V. *infra*, 3), il n'y a pas nécessairement volonté de dissimuler la libéralité.

• **Exemples**

697 Peuvent réaliser des donations indirectes :
– la stipulation pour autrui, par exemple la charge imposée dans une vente de verser une rente viagère à une tierce personne ;
– le paiement pour autrui, en particulier le paiement du prix de vente d'un bien acquis par le donataire ;
– la renonciation à une créance (Cass. 1re civ., 21 sept. 2022, n° 20-22.139, FS-B : *JurisData* n° 2022-015315 ; *JCP* N 2022, act. 923 : fermages dus) ;
– la renonciation à une succession, accomplie en vue d'accroître la part des cohéritiers (Cass. 1re civ., 27 mai 1961 : *JCP* G 1963, II, 12973, obs. P. Voirin) ;

– la vente à bas prix, la location moyennant un loyer modique ;
– l'abandon de l'exploitation d'un fonds de commerce et le transfert du bail au profit d'un enfant (Cass. 1re civ., 30 nov. 1982 : *JCP* G 1983, IV, p. 55 ; *Defrénois* 1983, art. 33031, p. 437, obs. A. Breton) ;
– l'engagement de caution effectué dans une intention libérale et excluant de fait tout recours subrogatoire (Cass. 1re civ., 12 mai 1982 : *JCP* N 1985, II, p. 210, obs. Aubertin. – Cass. 1re civ., 18 mars 2020, n° 18-25.309 : *JurisData* n° 2020-004436 ; *JCP* N 2020, 1158, comm. M. Nicod. V. égal. CA Bordeaux, 26 févr. 2002 : *JCP* G 2002, I, p. 162, obs. Ph. Simler ; *AJ fam.* 2002, p. 380, note F. Bicheron et V. F.-X. Testu, *Le cautionnement-libéralité : JCP* N 1988, I, p. 307) ;
– la renonciation par un associé à un droit préférentiel de souscription emportant un appauvrissement de ses droits patrimoniaux et un enrichissement corrélatif d'autres associés (Cass. 1re civ., 3 oct. 2018, n° 17-25.626 : *JurisData* n° 2018-017086 ; *JCP* N 2019, 1136, comm. M. Storck : augmentation de capital d'une SCI sans droit préférentiel de souscription et sans prime d'émission) ; V. également, pour le versement effectué en vertu d'un cautionnement d'obligations financières de sociétés par une associée au profit du fils gérant, ou encore, à propos de la vente d'un fonds de commerce appartenant au père mais exploité par le fils : Cass. 1re civ., 18 mars 2020, nos 18-25.309 et 18-19.650 ; *JurisData* nos 2020-004436 et 2020-004387 ; *JCP* N 2020, n° 29, 1158, note M. Nicod.
– la renonciation expresse du défunt à l'exercice de son droit de rachat garanti par le contrat d'assurance-vie susceptible (Cass. 1re civ., 20 nov. 2019, n° 16-15.867 : *JurisData* n° 2019-020561 : *JCP* N 2019, act. 910) ;
– quant à la mise à disposition gratuite d'un logement, et sous réserve de démontrer l'intention libérale, la jurisprudence a pu reconnaître l'existence d'un avantage indirect rapportable à la succession (Cass. 1re civ., 18 janv. 2012, nos 11-12.863, 10-25.685, 10-27.325 et 09-72.542 : *JCP* G 2012, 185 ; *Dr. famille* mars 2012, n° 3, comm. 50, B. Beignier. – Cass. 1re civ., 19 mars 2014 : *AJ fam.* 2014, 325, obs. Levillain ; *Dr. famille* 2014, n° 77, obs. Nicod. – Cass. 1re civ., 25 juin 2014, n° 13-16.409 : *Dr. famille* 2014, n° 9, comm. 131 et la note. – Cass. 1re civ., 21 oct. 2015, nos 14-24.926 et 14-24.847. – Cass. 1re civ., 25 mai 2016, n° 15-16.160). Cependant, par un arrêt remarqué, elle a refusé cette qualification au profit de celle d'un prêt à usage, n'opérant aucun appauvrissement du prêteur en l'absence de transfert patrimonial (Cass. 1re civ., 11 oct. 2017, n° 16-21.419 : *Defrénois* 2018, n° 17, p. 36, obs. B. Vareille ; *Dr. famille* 2017, n° 12, p. 35, M. Nicod ; *JCP* G 2017, 1251, J. Casey). En revanche, les juges du fond ont pu retenir à bon droit l'existence d'une donation indirecte résultant de l'usage gratuit au profit du nu-propriétaire (en indivision avec son frère) d'une partie d'une maison dont le « donateur » avait conservé l'usufruit (Cass. 1re civ., 2 mars 2022, n° 20-21.641, F-B).

• **Régime juridique**

698 Les donations indirectes obéissent aux règles de forme et de fond de l'acte qui en forme le support.
En outre, elles sont soumises à toutes les règles de fond des donations : capacité, rapport, réduction, causes de révocation.

• **Preuve**

699 La preuve de la donation indirecte peut se faire par tous moyens, qu'il s'agisse de prouver l'élément matériel ou l'intention libérale.

3 Donation déguisée

• **Définition**

700 La donation déguisée est une donation dissimulée par les parties sous l'apparence d'un acte à titre onéreux. C'est le plus souvent une vente dont le prix ne sera pas payé ou la reconnaissance d'une dette fictive.

• **Conditions de validité**

701 **Conditions de fond.** La donation doit satisfaire aux règles de fond des donations. Ainsi, la donation déguisée faite à une personne frappée d'une incapacité de recevoir à titre gratuit est nulle, par application de l'article 911 du Code civil.

702 **Conditions de forme.** La donation déguisée doit respecter les règles de forme de l'acte ostensible mais n'a pas à satisfaire à celle de forme des donations (authenticité, acceptation expresse, etc. ; Cass. 1re civ., 6 nov. 2013, n° 12-23.363 : *JurisData* n° 2013-025016).

• **Régime juridique**

703 **Principe.** Lorsque ces conditions sont réunies, la donation est valable. Elle est soumise au régime des donations : apport, réduction, révocation, etc.

704 **Régime fiscal.** Sur le régime fiscal et les lourdes sanctions, le lecteur est invité à se reporter à la fiche correspondante (V. Fiche 37 : Mutations entre vifs – Règles générales de taxation).

• **Preuve**

705 **Charge de la preuve.** C'est à ceux qui invoquent l'existence d'une donation déguisée de prouver que l'acquisition litigieuse a été financée par le vendeur dans une intention libérale (Cass. 1re civ., 26 sept. 2012, n° 11-10.960 : *JurisData* n° 2012-021474 ; *Bull. civ.* I, n° 189).

706 **Mode de preuve.**

• Entre les parties, la preuve qu'il s'agit d'une donation déguisée doit être administrée par écrit puisqu'il s'agit de prouver contre le contenu d'un acte, sauf impossibilité morale de se procurer une preuve écrite ou un commencement de preuve par écrit (Cass. 1re civ., 9 nov. 1976 : *Defrénois* 1977, art. 31467-70, obs. G. Champenois). Cependant, la preuve est libre si le déguisement poursuivait un but frauduleux.

• Les tiers peuvent rapporter la preuve par tous moyens car ils doivent administrer la preuve d'un fait juridique (jurisprudence constance). Les héritiers réservataires du donateur sont considérés comme des tiers lorsqu'ils agissent en vertu d'un droit propre : demande de rapport ou action en réduction (V. not., Cass. 1re civ., 25 mars 1981 : *JCP* N 1982, prat. 8284).

II Irrévocabilité des donations

707 Nous avons vu que l'article 894 du Code civil définit la donation comme l'acte par lequel le donateur se dépouille actuellement et irrévocablement de la chose donnée. On exprime habituellement le principe de l'irrévocabilité des donations par l'adage « Donner et retenir ne vaut » (V. Cass. com., 14 avr. 2021, n° 18-15.623, F-D : *JurisData* n° 2021-006193 ; *JCP* N 2021, act. 470). Cette règle signifie non seulement que le donateur ne peut révoquer unilatéralement la donation mais aussi qu'il ne peut, au moyen d'une stipulation, se réserver la faculté d'anéantir pratiquement la libéralité.
Le Code civil, dans ses articles 943 à 946, en donne quatre applications. Sont prohibées :
- les donations de biens à venir ;
- celles faites sous une condition potestative ;
- celles à charge de payer des dettes futures et indéterminées du donateur ;
- et celles avec réserve de disposer ultérieurement des biens donnés. En revanche, sont compatibles avec le principe d'irrévocabilité des donations : la clause de réserve d'usufruit, la réserve d'un droit de retour conventionnel.

Les donations par contrat de mariage aux futurs époux ou aux enfants à naître du mariage, ainsi que celles entre époux, par contrat de mariage ou autrement, sont soumises à des règles particulières (V. Fiche 17 : Libéralités à caractère familial).

Seront successivement étudiées les clauses incompatibles avec le principe de l'irrévocabilité (A) et celles compatibles avec ce principe (B).

• **Révocation et réduction**

708 Il importe de ne pas confondre révocabilité et réduction : alors même qu'elle est irrévocable, une donation peut se trouver réduite si elle porte atteinte à la réserve. La réduction est indépendante de la volonté du donateur, qui ne peut d'ailleurs pas interdire à ses héritiers réservataires de l'exercer.

A Clauses incompatibles avec le principe d'irrévocabilité

1 Donation de biens à venir

709 Aux termes de l'article 943 du Code civil, la donation entre vifs ne pourra comprendre que les biens présents du donateur ; si elle comprend des biens à venir, elle sera nulle à cet égard.
Cela signifie que la donation doit conférer au donataire un droit actuel, même affecté d'un terme ou d'une condition.
En ce sens, ne contrevient pas au principe de l'irrévocabilité des donations une donation avec réserve d'usufruit, qui réalise un dépouillement actuel et irrévocable du donateur quant à la nue-propriété du bien et confère au nu-propriétaire un droit, à terme, à l'usufruit du bien (V. *infra*, B).

• **Justification**

710 Une donation de biens à venir porte atteinte à l'irrévocabilité des donations car le donateur a la possibilité de faire varier à son gré le montant de la libéralité, voire de la réduire à néant :
– si la donation porte sur des biens qui n'appartiennent pas encore au donateur, mais que celui-ci se propose d'acheter, le disposant peut, en n'acquérant pas ces biens, priver la libéralité de tout effet ;
– si la donation porte sur les biens que le donateur laissera à son décès, le disposant peut aliéner tous ses biens de son vivant en ne conservant rien pour le donataire ; par son objet, une telle clause assimilerait la donation au legs puisque le donateur pourrait librement disposer des biens.

• **Exemples**

711 La donation d'une somme à prélever, après la mort du donateur, sur l'actif héréditaire, est une donation de biens à venir si le donateur entend ne conférer au gratifié qu'un droit éventuel à exercer, à titre de successible, après l'ouverture de la succession ; c'est une donation de biens présents si le donateur attribue au donataire un droit de créance actuel et irrévocable, dont l'exercice seul est reporté au décès du disposant (Cass. civ., 30 nov. 1937 : *DH* 1938, p. 19).
La clause de réversibilité d'usufruit au profit du conjoint survivant s'analyse en une donation à terme de biens présents, le droit d'usufruit du bénéficiaire lui étant définitivement acquis dès le jour de l'acte et c'est donc au jour de cette donation que doit être désigné le donataire (Cass. 1re civ., 21 oct. 1997 : *JCP* N 1998, p. 397, obs. Harel-Dutirou ; *RTD civ.* 1998, p. 721, obs. Patarin, 937, obs. Zenati ; *JCP* G 1999, n° 16, doctr. 132, obs. Le Guidec. – V. aussi Cass. 3e civ., 6 nov. 2002 : *Bull. civ.* III, n° 220, cité ss art. 939. – Cass. ch. mixte, 8 juin 2007, n° 05-10.727 : *JurisData* n° 2007-039196 ; *JCP* N 2007, act. 472 ; *Dr. famille* 2007, comm. 151, note Beignier ; *Defrénois* 2007, 1688, obs. Chappert ; *D.* 2007, p. 1731, obs. Delaporte-Carré ; *RTD civ.* 2007, p. 588, obs. T. Revet ; *RTD civ.* 2007, p. 605, obs. Grimaldi ; *JCP* G 2009, I, 109, n° 8, obs. Le Guidec).

• **Sanction**

712 La disposition de biens à venir est nulle. Si elle porte aussi sur des biens présents, la nullité n'est que partielle et la donation reste valable pour le surplus.

2 Donation sous condition potestative

713 Toute donation entre vifs faite sous des conditions dont l'exécution dépend de la seule volonté du donateur sera nulle (C. civ., art. 944).

• **Portée de la règle**

714 La doctrine considère que cet article ajoute quelque chose à l'ancien article 1174 du Code civil (devenu C. civ., art. 1304-2 nouveau, réd. Ord. n° 2016-131, 10 févr. 2016) qui prohibe dans tous les contrats en général la condition purement potestative de la part de celui qui s'oblige (si je veux) et doit s'entendre comme interdisant en outre dans les donations les conditions simplement potestatives. On entend par cette expression les conditions dont la survenance dépend d'un événement qu'il est au pouvoir, dans le cours ordinaire de la vie, au débiteur de faire arriver ou d'empêcher (C. civ., art. 1170. – V. *JCl. Roulois*, Fasc. 1450, *Obligations*).
À titre d'exemple, a été déclarée nulle la donation faite à un domestique, sous condition qu'il soit encore au service du donateur au décès de celui-ci (T. civ. Arras, 15 févr. 1888 : *DP* 1888, 2, p. 85), circonstance se trouvant au pouvoir du donateur. De même est nul le don manuel subordonné à la persistance de la liaison entre donatrice et donataire est nul par application de l'article 944 (Cass. 1re civ., 25 nov. 1986 : *Bull. civ.* I, n° 280 ; *RTD civ.* 1987, p. 753, obs. Mestre).
En revanche, la jurisprudence considère qu'une condition casuelle (indépendante de la volonté du donateur ; par ex. : condition de survie du donataire) ou mixte (dépendant à la fois de la volonté du donateur et de celle d'un tiers : C. civ., art. 1171 – exemple : si je me marie) sont valables (Cass. civ., 30 août 1880 : *DP* 1880, 1, p. 434 ; *S.* 1881, 1, p. 57).
La donation du revenu d'actions d'une société dont le donateur était associé majoritaire a été jugée valide, l'objet de la donation étant fonction des résultats d'exercice, c'est-à-dire des circonstances, en sorte qu'il s'agissait là d'une condition casuelle (Cass. 1re civ., 28 mai 1974 : *JCP* G 1975, II, 17911, note H. Thuillier ; *Defrénois* 1974, art. 30713, obs. A. Ponsard).

3 Donation sous condition d'acquitter les dettes futures et indéterminées

• Prohibition

715 La donation est pareillement nulle si elle a été faite sous la condition d'acquitter d'autres dettes et charges que celles qui existaient à l'époque de la donation.

On retrouve le même souci d'enlever au donateur la possibilité de réduire ou de supprimer le bénéfice de sa libéralité en faisant prendre en charge par le donataire des dettes futures et indéterminées.

Un tel risque n'est pas à redouter si la dette existe lors de la donation : la libéralité est alors affectée d'une charge licite. Ce risque ne peut résulter que de dettes futures.

L'article 945 du Code civil excepte les dettes qui seraient exprimées dans l'acte ou dans une annexe de celui-ci mais la portée de ce texte est incertaine (V. M. Grimaldi, préc., n° 1213).

4 Donation avec réserve de disposer

716 La donation est encore nulle si le donateur s'est réservé la faculté d'en disposer ultérieurement, mais uniquement quant aux biens sur lesquels porte la réserve de disposer.

L'article 946 du Code civil fait une application de cette règle en décidant que si le donateur meurt sans avoir disposé des biens dont il s'était réservé la disposition, ces biens appartiendront aux héritiers du donateur, malgré toutes clauses et stipulations contraires.

Ne sont pas visées par cet article les réserves du droit d'administrer les biens donnés telles que celles incluses dans les donations avec réserve d'usufruit (CA Paris, 8 mars 1877 : *DP* 1877, 2, p. 75).

• Droit de retour

717 La réserve d'un droit de retour n'est pas une réserve de disposer des biens donnés car elle dépend d'un fait (le prédécès du donataire ou de ses enfants) qui est indépendant de la volonté du donateur.

B Clauses compatibles avec le principe de l'irrévocabilité

1 Réserve d'usufruit

718 L'article 949 du Code civil autorise le donateur à faire la réserve à son profit ou de disposer au profit d'un autre de la jouissance ou de l'usufruit des biens meubles ou immeubles donnés.

• Justification

719 La donation d'un bien avec réserve d'usufruit constitue une donation de la nue-propriété, qui est un bien présent, dont le donateur se dépouille irrévocablement comme le veut la loi.

• Réversion

720 Le donateur peut stipuler que l'usufruit lui appartiendra et, après lui, à une autre personne, le plus souvent son conjoint. On parle alors de réversion d'usufruit mais l'expression est impropre, car l'usufruit réservé s'éteint à la mort du donateur et ne peut donc être transmis ; en réalité, il y a réserve d'usufruit au profit du donateur et constitution d'un usufruit successif au profit de la tierce personne.

• Extension des droits

721 Le donateur peut valablement se réserver l'usufruit avec des droits d'administration et de jouissance plus étendus que ceux dont les limites sont tracées par la loi, mais à la condition qu'un dessaisissement actuel et irrévocable s'opère au profit du donataire (Cass. req., 1er avr. 1895 : *DP* 1895, 1, p. 335).

2 Droit de retour conventionnel

a) Stipulation

• Validité

722 L'article 951 du Code civil, dans son premier alinéa, permet à tout donateur de se réserver le droit de retour des biens donnés, soit pour le cas du prédécès du donataire seul, soit pour le cas du prédécès du donataire et de ses descendants.

• Bénéficiaire

723 Ce droit ne pourra être stipulé qu'au profit du donateur seul (C. civ., art. 951), à l'exclusion par conséquent de ses descendants ou héritiers.

• Conseil pratique

724 La réserve d'un droit de retour ne doit pas être une simple clause de style, mais doit refléter l'intention des parties, et ce d'autant plus qu'il existe des variantes.

Une rédaction de la clause conforme à la volonté du donateur est le résultat de ses réponses à diverses questions :
1) Le donateur souhaite-t-il rentrer en possession des biens donnés en toute hypothèse en cas de décès du donataire ? Ou seulement pour le cas où le donataire décéderait sans postérité ? Ou plus précisément encore si le donataire décède sans enfant ?
2) Dans ces deux derniers cas, souhaite-t-il retrouver ses biens si les enfants du donataire décèdent avant lui ? Ou uniquement si tous les descendants du donataire décèdent avant lui ? Préfère-t-il que les biens donnés suivent, comme le reste du patrimoine, la dévolution légale ou testamentaire ?
3) Les dispositions au profit du conjoint du donataire ne pourraient-elles s'exécuter en usufruit ?

• **Publicité foncière**

725 Les clauses instituant un droit de retour portant sur des biens soumis à publicité foncière sont obligatoirement publiées en vertu de l'article 28, 2°, du décret n° 55-22 du 4 janvier 1955.

• **Limitations**

726 Une fois le principe du droit de retour admis et les situations dans lesquelles il doit jouer clairement définies, le donateur peut limiter son droit au retour des biens donnés en permettant au donataire les aliénations des biens soit à titre onéreux, soit à titre gratuit, soit les deux.

727 **Libéralités au profit du conjoint.** La clause la plus fréquente est celle qui autorise le donataire à consentir à son conjoint des libéralités portant sur les biens donnés, mais en usufruit seulement, sans dispense de caution le plus souvent, mais parfois avec dispense de caution, lorsque le donateur ne craint pas de courir le risque qui en résulte pour lui.

728 **Obligation de remploi.** Lorsque le donateur autorise les aliénations à titre onéreux, il peut stipuler que le droit de retour s'exercera sur les biens acquis en représentation. Il peut même imposer au donataire une obligation de remploi du produit de l'aliénation.

• **Renonciation**

729 Le donateur peut renoncer à son droit de retour après l'avoir stipulé. La renonciation peut être expresse ou tacite. La renonciation intervient souvent à l'occasion d'une vente, de façon à éviter le risque pour le tiers acquéreur d'une résolution du titre du vendeur. Elle peut être donnée dans l'acte de donation ou ultérieurement, lors de l'aliénation (ou d'une constitution d'hypothèque).
La renonciation de deux parents au droit de retour conventionnel stipulé sur un bien donné à leur fille n'emporte pas renonciation au droit de retour légal de l'article 738-2 du Code civil (Cass. 1re civ., 21 oct. 2015, n° 14-21.337 : *JurisData* n° 2015-023340 ; *JCP* N 2015, act. 1023).

b) Régime

• **Anéantissement rétroactif de la donation**

730 **Rétroactivité.** Les biens et droits donnés reviennent au donateur, libres de toutes charges et hypothèques (C. civ., art. 952). Le retour conventionnel a en effet le caractère d'une condition résolutoire, de sorte que, lorsque cette condition se réalise, la résolution rétroagit conformément à la règle posée par l'article 1179 du Code civil.
L'exécution du droit de retour remet les parties dans la même situation que si la donation n'avait jamais existé (Cass. 1re civ., 7 juin 1995 : *JCP* N 1996, II, p. 1475, obs. J. Hérail ; *RTD civ.* 1995, p. 951, obs. J. Patarin).

731 **Droits et actes maintenus.** Est exceptée de la résolution l'hypothèque légale des époux si les autres biens de l'époux donataire ne suffisent pas à l'accomplissement de ce retour et que la donation lui a été faite par le contrat de mariage dont résultent ces charges et hypothèques (C. civ., art. 952). En d'autres termes, l'hypothèque légale subsiste à condition que l'immeuble grevé ait été donné par contrat de mariage, dans la limite des seules créances résultant des stipulations du contrat, et après discussion des autres biens du donataire.
Sont maintenus les actes conservatoires et ceux d'administration, ainsi, bien entendu, que les aliénations ou constitutions de droits réels que le donateur aurait autorisées.

732 **Hypothèque judiciaire.** La stipulation d'une clause de retour conventionnel ne s'oppose pas à l'inscription d'une hypothèque judiciaire, du chef du donataire, sur l'immeuble ayant fait l'objet de la donation (CA Toulouse, 24 janv. 2002, n° 2001/01836 : *JurisData* n° 2002-184917 ; *JCP* G 2002, IV, 2688) étant précisé que dans le cas de décès du donataire et de l'un des deux donateurs, l'immeuble donné devient, par l'effet du droit de retour conventionnel, indivis entre le donateur survivant et la succession du donataire, si bien que le sort des créanciers hypothécaires inscrits du chef du donataire dépend

du sort du bien dans le partage (Cass. 1re civ., 10 juill. 2013, n° 12-20.885 : *JurisData* n° 2013-014431 ; *JCP* N 2013, 1244, obs. S. Piédelièvre ; *Defrénois* 2014, p. 437, obs. S. Cabrillac).

733 **Communauté universelle.** La clause de droit de retour et d'inaliénabilité affectant les droits d'un donataire sur un bien ne fait pas obstacle à l'entrée de ces droits dans la communauté universelle du donataire (Cass. 1re civ., 18 mars 2015, n° 13-16.567 : *JurisData* n° 2015-005743).

• **Nature**

734 Le droit de retour conventionnel n'est pas un droit de succession ; les biens sur lesquels il s'exerce ne font pas partie de la succession du donataire. Il s'ensuit notamment qu'ils sont exclus de la masse de calcul de la quotité disponible, que le donateur n'est tenu à aucune fraction du passif successoral, qu'il n'est pas redevable du droit de mutation par décès, que la renonciation à la succession ne vaut pas pour le droit de retour (Cass. 1re civ., 18 févr. 1975 : *Bull. civ.* I, n° 67. – En revanche, en cas de prédécès du donataire et de renonciation de ses descendants à sa succession, les biens à lui donnés avec clause de retour conventionnel en cas de prédécès sans postérité, se retrouvent de plein droit dans le patrimoine de la donatrice : Cass. 1re civ., 23 mai 2012, n° 11-14.104 : *JurisData* n° 2012-010784 ; *Bull. civ.* I, n° 112 ; *RTD civ.* 2012, p. 762, obs. Grimaldi ; *JCP* G 2012, note 988, Sauvage ; *JCP* G 2013, doctr. 250, n° 5, obs. Le Guidec ; *Defrénois* 2012, 1023, note Dauriac).

• **Biens concernés**

735 **Biens donnés.** Les seuls biens affectés par le droit de retour sont ceux qui étaient compris dans la donation. Cette règle a dû subir des aménagements particuliers en matière de partages d'ascendants (désormais libéralités-partages) ; en effet, il peut arriver que le donataire ait été rempli de ses droits en tout ou en partie par des biens autres que ceux donnés par l'ascendant qui exerce le droit de retour (V. Fiche 17 : Libéralités à caractère familial). Ainsi, le donateur ne pouvant, aux termes de l'article 951 du Code civil, exercer son droit de retour conventionnel que sur les biens qu'il a lui-même donnés, en cas de donation-partage par deux époux de tous leurs biens, l'époux survivant ne peut prétendre après le décès de son conjoint reprendre tous les biens qu'avait reçus le donataire prédécédé (Cass. 1re civ., 28 juin 1961 : *JCP* 1961, II, 12275 ; *D.* 1962, 81, note R. Savatier). Cependant, il est loisible à l'ascendant donateur, avec le consentement de ses enfants majeurs et maîtres de leurs droits, de constituer une masse commune comprenant à la fois ses propres biens et ceux qui proviennent de la succession de son époux prédécédé ou de la communauté ayant existé entre les deux époux et il lui est alors possible d'exercer son droit de retour sur les biens attribués à l'enfant donataire prédécédé, non en considération de l'origine des biens, mais en proportion de ceux qui ont été apportés par lui dans la constitution de la masse commune (Cass. 1re civ., 14 févr. 1962 : *JCP* 1962, II, 12662, note Voirin ; *D.* 1963, 75, note R. Savatier).

Les héritiers du donataire ne sont pas tenus de restituer les fruits perçus depuis la donation jusqu'à l'avènement de la condition résolutoire.

736 **Donation avec réserve d'usufruit.** Si un bien a été donné avec réserve d'usufruit et stipulation d'un droit de retour, seule la nue-propriété du bien ayant fait l'objet de la donation peut revenir au disposant au décès du donataire, de sorte que si le donateur avait loué à celui-ci le bien donné, cette location ne s'en trouve pas affectée (Cass. 1re civ., 20 oct. 1970 : *D.* 1971, 161, note Dedieu).

737 **Améliorations.** Les héritiers du donataire peuvent demander le remboursement des impenses nécessaires pour leur montant, et des impenses utiles à concurrence de la plus-value procurée au bien.

c) Coexistence d'un retour légal et d'un retour conventionnel

738 Certaines personnes bénéficient, en vertu d'une disposition légale, d'un droit de retour (V. Fiche 4 : Droits du conjoint successible).

Le retour conventionnel, quand il a été stipulé purement et simplement, paralyse le droit de retour légal. En effet, le premier droit, opérant à la manière d'une condition résolutoire, produit des effets plus énergiques que le second, les biens étant censés n'avoir pas été donnés et n'être jamais sortis du patrimoine du donateur.

Cependant, le droit de retour légal peut être appelé à s'appliquer si le retour conventionnel a été trop limité.

739 **Tableau comparatif.**

	Retour légal	Retour conventionnel
Nature du droit.	Droit successoral.	Droit créé par la convention des parties (condition résolutoire).
Mécanisme.	Pas d'effet rétroactif.	Effet rétroactif (condition résolutoire).
Portée.	Ne porte pas sur les biens aliénés par le donataire (même ceux légués).	Porte sur les biens aliénés par le donataire (sauf autorisation par le donateur d'aliéner).
Contribution au passif de la succession.	Proportionnelle à l'actif recueilli.	Pas de contribution.
Masses de calcul de la quotité disponible.	Biens non compris.	Biens non compris.
Masse de calcul et d'exercice des droits successoraux du conjoint survivant.	*Idem.*	*Idem.*
Renonciation.	Pas de renonciation avant le décès.	Renonciation possible.
Droits de mutation par décès.	Oui.	Non.

III
Effets

740 La donation opère le transfert au profit du donataire du droit objet de la donation (A) et crée des obligations (B).

A Transfert de droit

• Entre les parties

741 Entre les parties, la donation produit ses effets à la date de signature du contrat.
Lorsque la donation est acceptée par acte postérieur, il résulte de la combinaison des articles 932, alinéa 2, et 938 du Code civil ce qui suit :
– à l'égard du donataire, la donation produit ses effets dès l'acceptation. Le décès du donataire après l'acceptation n'entraîne pas la caducité de la donation (Cass. req., 4 mars 1902 : *DP* 1902, 1, p. 214) ;
– à l'égard du donateur, la donation ne produit effet qu'à partir de la notification de l'acceptation. Il s'ensuit que le décès du donateur avant la notification empêche la donation de produire ses effets (Cass. req., 18 nov. 1861 : *DP* 1862, 1, p. 28).

• Opposabilité aux tiers

742 L'opposabilité de la donation aux tiers peut être subordonnée à l'accomplissement de diverses formalités :
– publication au service de la publicité foncière (anciennement : conservation des hypothèques), si la donation porte sur un bien susceptible d'hypothèque, suivant les dispositions des articles 939 à 942 du Code civil ;
– le défaut de publication peut être opposé par toutes personnes y ayant intérêt, excepté toutefois celles qui sont chargées de faire cette publication ou leurs ayants cause et le donateur (C. civ., art. 941) ;
– formalités prévues à l'article 1690 du Code civil, s'il s'agit d'une créance ;
– formalités au Registre du commerce et des sociétés et insertion légale, s'il est donné un fonds de commerce (V. *JCl. Roulois*, Fasc. 3000).

B Obligations des parties

1 Obligations du donateur

• **Délivrance**

743 Le donateur doit livrer la chose donnée, sauf cas de force majeure irrésistible et imprévisible.

• **Garanties**

744 **Principe.** À la différence du vendeur (V. *JCl. Roulois*, Fasc. 1540, *Vente*), le donateur n'est tenu ni de la garantie en cas d'éviction ni de celle pour vices cachés. Il reste tenu de la garantie de son fait personnel : troubles de jouissance, aliénation du bien donné ou constitution d'hypothèque sur ce bien postérieurement à la donation mais avant sa publication, donation d'un bien que le donateur sait ne pas lui appartenir, etc.

745 **Exceptions.** L'acte de donation peut contenir une clause contraire.
La constitution de dot fait exception à la règle de l'absence de garantie.
En outre, le donataire qui a dû acquitter une dette hypothécaire grevant l'immeuble donné peut agir en remboursement contre le donateur, à moins que la donation n'ait mis cette dette à la charge du donataire.

2 Obligations du donataire

746 En principe, le donataire n'assume aucune obligation. Il peut cependant en avoir été convenu autrement et, en toute hypothèse, le donataire est tenu à une certaine reconnaissance.

• **Charges contractuelles**

747 **Stipulation.** La donation peut être assortie de charges, comme l'obligation de payer une dette du donateur, celle de servir une rente viagère au donateur ou à un tiers, celle de fournir des prestations et soins, etc.
Rappelons que, sous diverses conditions, les charges peuvent être révisées (V. Fiche 11 : Dispositions communes).

748 **Défaut d'exécution.** Indépendamment d'une demande judiciaire d'exécution, le donateur peut, en cas d'inexécution des charges par le donataire, agir en révocation, en se fondant soit sur une clause résolutoire de l'acte, soit sur l'article 953 du Code civil (IV).

• **Aliments**

749 Le donataire est tenu, sinon d'une obligation de reconnaissance, tout au moins d'un devoir de reconnaissance qui, en réalité, se réduit à la fourniture d'aliments si le donataire n'y est pas déjà tenu en raison de la parenté ou de l'alliance.

POUR ALLER PLUS LOIN

Fascicule JurisClasseur
• *JCl. Notarial Formulaire*, V° *Donations entre vifs*.

Bibliographie
• D. Montoux, *Rédiger une donation d'immeuble avec réserve d'usufruit – Formule : JCP* N 2021, 1345.

Fiche 13

Dispositions propres aux donations entre vifs – Révocation

Sommaire

I Inexécution des charges 127
A Domaine d'application 128
B Régime 128
II Ingratitude du donataire 130
A Domaine d'application 130
B Régime 130
1 Action 130
2 Effets 131
III Survenance d'enfant 132

750 L'article 953 du Code civil énumère trois cas de révocation des donations :
– l'inexécution des conditions sous lesquelles elle aura été parfaite (I) ;
– l'ingratitude du donataire (II) ;
– et la survenance d'enfants du donateur (III).

• Révocation et irrévocabilité

751 Les trois cas de révocation des donations n'apportent pas d'exception au principe de l'irrévocabilité (V. *infra*, II). En effet, la révocation ne résulte pas de la seule volonté du disposant mais est fondée sur des faits postérieurs à la donation et indépendants de la volonté du donateur. Du reste, le mécanisme de la première est à rapprocher de celui qui permet à un contractant d'obtenir la résolution d'un contrat synallagmatique à titre onéreux, par exemple une vente, en raison de l'inexécution par l'autre partie de ses obligations.

• Information des tiers

752 L'article 28, 4°, du décret n° 55-22 du 4 janvier 1955 prescrit la publication :
– des demandes en justice tendant à obtenir la révocation d'une donation ;
– des actes ou décisions constatant cette révocation ou rejetant les demandes formées à cette fin, ainsi que les désistements d'action et d'instance.
L'absence de publication de la demande en révocation est sanctionnée par l'irrecevabilité de cette demande (D. n° 55-22, 4 janv. 1955, art. 30, 5°).

I Inexécution des charges

753 L'article 953 du Code civil qui prévoit la révocation pour inexécution des charges est l'application, dans le domaine des donations, du principe de la résolution d'un contrat synallagmatique pour inexécution des obligations posé par l'article 1184 du Code civil (devenu C. civ., art. 1217, réd. Ord. n 2016-131, 10 févr. 2016).

• **Terminologie**

754 L'expression employée par le Code civil de révocation pour inexécution des conditions est impropre : il y a résolution et non révocation ; cette résolution est la conséquence de l'inexécution d'une charge et non de la défaillance d'une condition (sur la différence entre condition et charge, V. Fiche 11 : Dispositions communes).

A Domaine d'application

• **Donations pouvant être résolues**

755 Toutes les donations peuvent être révoquées pour inexécution des charges, à l'exception, semble-t-il, des présents d'usage.
Au demeurant, il est peu probable qu'un présent d'usage puisse être assorti de charges tout en conservant sa qualification.

• **Inexécution fautive ou non**

756 La révocation n'est pas toujours la sanction de la faute du donataire : elle peut être prononcée même lorsque l'inexécution n'est pas imputable au donataire par suite de force majeure, cas fortuit, ou fait du prince. Toutefois, les juges ont un pouvoir d'appréciation, comme nous le verrons plus loin.

• **Option du donateur**

757 En cas d'inexécution, le donateur a le choix de demander l'exécution de la charge ou la révocation de la donation, conformément au droit commun des contrats : le donataire a toutefois la possibilité de demander reconventionnellement la révision des charges et conditions suivant les dispositions des articles 900-2 à 900-8 du Code civil.
Quand la charge a été stipulée au profit d'un tiers, ce dernier a le droit de demander en justice l'exécution de la charge, mais non la révocation de la donation.

B Régime

• **Principe**

758 La révocation d'une donation pour inexécution des charges et conditions n'a jamais lieu de plein droit (C. civ., art. 956).
Cependant, la résolution pourrait s'opérer de plein droit en conséquence d'une clause du contrat de donation convenue en application des dispositions de l'article 1184 du Code civil (V. C. civ., art. 1224 nouveau, réd. Ord. n° 2016-131, 10 févr. 2016. – Cass. 1re civ., 14 févr. 1956 : *JCP* N 1956, II, 9343, note P. Voirin. – Cass. 1re civ., 25 sept. 2013, n° 12-13.747, 1026 : *JurisData* n° 2013-020483), sous réserve que la volonté des parties de rendre inutile l'intervention du juge soit clairement exprimée (Cass. 1re civ., 20 juin 1960 : *JCP* G 1960, IV, p. 122).

759 **Résolution unilatérale pour inexécution des charges.** On relèvera que le nouvel article 1226 du Code civil introduit la résolution unilatérale par notification du créancier de l'obligation non exécutée. En l'absence précisément de clause résolutoire, le créancier aura ainsi le choix entre la résolution judiciaire et la résolution unilatérale. Ce nouveau dispositif ne semble pas d'ordre public, étant précisé que, sauf urgence, le disposant devra préalablement mettre en demeure le débiteur défaillant de satisfaire à son engagement dans un délai raisonnable.

• **Exercice de l'action**

760 **Parties.** L'action en révocation peut être intentée soit par le donateur, soit par ses héritiers, soit par leurs créanciers par la voie de l'action oblique.
L'action est intentée contre le donataire ou ses héritiers. Il a été jugé que l'action en révocation d'une donation d'œuvre pour inexécution des charges (interdiction de revendre le bien) ne relève pas du droit moral de l'auteur de sorte que le conjoint survivant peut intenter cette action, quand bien même il n'est pas détenteur du droit moral du défunt (Cass. 1re civ., 16 janv. 2019, n° 18-10.603, FS-P+B : *JurisData* n° 2019-000285 ; *JCP* N 2019, act. 267. – S. Dessis, *Précisions sur la révocation d'une donation d'œuvre d'art pour inexécution des charges : JCP* N 2019, 1169).
Le donataire peut, par voie reconventionnelle, demander la révision de la charge (C. civ., art. 900-3, al. 1er) ; il peut aussi demander un délai de grâce, conformément à l'article 1184, alinéa 3, du Code civil.
Le créancier hypothécaire du donataire défaillant, intervenant volontairement dans une instance en révocation de la donation pour inexécution de la charge du paiement d'une rente viagère est en droit de se substituer au donataire pour exécuter son obligation et empêcher ainsi cette révocation, qui aurait pour effet d'anéantir rétroactivement l'hypothèque (Cass. 1re civ., 17 déc. 1996 : *JCP* N 1997, II, p. 633).

761 **Prescription.** Lorsque la donation a porté sur des biens mobiliers, l'action se prescrit par cinq ans (c'est une action mobilière ; C. civ.,

art. 2224). En revanche, si la donation a portée sur des biens et droits de nature immobilière, l'action se prescrit par trente ans (c'est une action réelle immobilière ; C. civ., art. 2227).
Le délai de prescription court à compter du jour où l'inexécution a commencé ou, en cas d'obligation continue, du jour où l'exécution a cessé.

• **Appréciation du tribunal**

762 **Caractère accessoire de la charge.** Les tribunaux se reconnaissent un pouvoir d'appréciation, se réservant le droit de rejeter l'action en révocation si la charge inexécutée n'était pas déterminante dans l'esprit du donateur (V. Cass. 1re civ., 28 mai 2015, n° 14-13.479, 567 : *JurisData* n° 2015-012529).

763 **Caractère de l'inexécution.** Les tribunaux peuvent ne prononcer que des dommages-intérêts, si la défaillance est légère. En cas d'inexécution partielle, les juges peuvent ne prononcer qu'une révocation partielle, si l'objet de la donation est divisible.

• **Effets de la révocation**

764 L'article 954 du Code civil dispose qu'en cas de succès de l'action en révocation, les biens rentreront dans les mains du donateur, libres de toutes charges et hypothèques du chef du donataire. Le donateur aura, contre les tiers détenteurs des immeubles donnés, tous les droits qu'il aurait contre le donataire lui-même.

765 **Restitutions.** En raison du caractère rétroactif de la révocation, le donataire est autorisé à exiger la restitution des sommes qu'il a versées au donateur en capital, à titre de charges.

766 **Détériorations, améliorations.** Par l'effet de la révocation, le donataire, indépendamment de toute faute de sa part, est tenu de restituer le bien donné dans l'état où il se trouvait au jour de la donation et, éventuellement, de rembourser au disposant ou à son successeur universel les dépenses que nécessite la remise du bien en cet état (Cass. 1re civ., 6 avr. 1994 : *JurisData* n° 1994-001183 ; *JCP* G 1995, II, 22387, note Ph. Brun ; *JCP* G 1995, I, 3876, n° 9, obs. R. Le Guidec ; *D.* 1995, somm. p. 49, 2e esp., obs. M. Grimaldi).
Le donataire peut prétendre au remboursement des impenses nécessaires pour leur montant et des impenses utiles dans la limite de la plus-value procurée au bien (Cass. 1re civ., 28 janv. 2015, n° 13-27.125, 94 : *JurisData* n° 2015-001040).
Cependant, la révocation n'entraîne pas la nullité de la clause stipulant qu'au cas de révocation pour inexécution des charges toute amélioration du bien donné demeurerait acquise au donateur sans restitution (CA Bordeaux, 29 janv. 1987 : *JCP* N 1988, II, p. 212).

767 **Fruits.** Il est admis que le donataire doit restituer les fruits du bien donné à compter de la demande en révocation. Il a été jugé que la révocation consécutive à la violation d'une interdiction d'aliéner prend effet du jour où l'aliénation a été effective, et que les fruits sont dus rétroactivement à compter de ce jour (Cass. 1re civ., 20 nov. 1985 : *JCP* N 1986, prat. 9888 ; *Defrénois* 1986, art. 33700-40, p. 472, obs. G. Champenois).

768 **Dommages-intérêts.** Dans certains cas, le donateur peut obtenir des dommages-intérêts, outre la révocation (au titre du droit commun, V. C. civ., art. 1217, réd. Ord. n° 2016-131, 10 févr. 2016). En revanche, il ne peut, bien entendu, exiger l'exécution de la charge apposée à la donation révoquée, par exemple le paiement d'une rente viagère (Cass. 1re civ., 12 mai 1982 : *JCP* N 1983, prat. p. 212).

• **Conséquences pour les tiers**

769 La rétroactivité de la révocation a pour conséquence l'anéantissement des droits que des tiers ont pu acquérir sur les biens donnés.
En matière immobilière, les tiers sont, sinon protégés contre l'anéantissement de la donation et des droits consentis par le donataire, du moins avisés de ces risques, grâce à la publication obligatoire des stipulations de charges dans les donations (D. n° 55-22, 4 janv. 1955, art. 28, 2°). Quant aux biens meubles, le possesseur de bonne foi est protégé par les dispositions de l'article 2276 du Code civil, selon lesquelles en fait de meubles possession vaut titre (V. *JCl. Roulois*, Fasc. 1760).

II Ingratitude du donataire

770 Selon l'article 955 du Code civil, la donation ne pourra être révoquée pour cause d'ingratitude que dans les cas suivants :
- si le donataire a attenté à la vie du donateur ;
- s'il s'est rendu coupable envers lui de sévices, délits, ou injures graves ;
- s'il lui refuse des aliments.

Il convient de préciser le domaine d'application (A) et le régime de l'exercice de l'action en révocation pour cause d'ingratitude (B).

A Domaine d'application

• Donations concernées

771 Toutes les donations entre vifs sont en principe révocables pour cause d'ingratitude du donataire.

Ce principe est toutefois limité par l'article 959 du Code civil qui prévoit que « les donations en faveur du mariage » ne sont pas révocables. Par cette expression, il faut entendre les donations faites par contrat de mariage aux futurs époux par leurs parents ou toutes autres personnes, mais non celles que les futurs époux ont pu se consentir (Cass. 1re civ., 1er mars 1977 : *JCP* N 1977, prat. 6733).

D'autre part, la jurisprudence exclut les présents d'usage de la révocation pour ingratitude.

• Attentat à la vie du donateur

772 L'attentat à la vie du donateur doit être volontaire. Il n'est pas nécessaire qu'il ait été suivi d'une condamnation pénale ni même que la tentative d'homicide remplisse les conditions pour être réprimée pénalement.

• Délits, sévices, injures graves

773 Les juges du fond apprécient souverainement la pertinence et l'admissibilité des faits invoqués à l'appui de l'action en révocation pour ingratitude. Ont été retenus par les tribunaux :
- des reproches outrageants et des termes de mépris (CA Lyon, 29 mai 1973 : *Defrénois* 1975, art. 31002-46, obs. J.-F. Vouin ; *RTD civ.* 1975, p. 135, obs. R. Savatier) mais non en cas d'attitude injurieuse de la fille donataire alors que la mère a fait manque d'affection envers sa fille (Cass. 1re civ., 4 mars 2015, n° 14-13.329 : *JurisData* n° 2015-005729) ;
- des coups et blessures portés volontairement (CA Agen, 4 juin 1945 : *S.* 1946, 2, p. 20) mais il a été jugé que des violences physiques s'inscrivant dans un climat familial très conflictuel ne présentaient pas un caractère de gravité suffisant (Cass. 1re civ., 16 juin 1998 : *JCP* N 1998, p. 1542 ; *JCP* G 1999, I, 132, obs. R. Le Guidec ; *Dr. famille* 1999, comm. 19, obs. B. Beignier) ;
- l'inconduite de la femme donataire de son mari (Cass. req., 19 oct. 1927 : *Gaz. Pal.* 1927, 2, p. 739). Si l'infidélité d'une concubine donataire a été exclue (Cass. civ., 20 juill. 1936 : *DH* 1936, p. 441), l'adultère de l'épouse donataire constitue une injure grave envers son défunt mari (Cass. 1re civ., 25 oct. 2017, n° 16-21.136 : *Dr. famille* 2017, n° 12, comm. 247, B. Beignier).

• Refus d'aliments

774 Le donateur dans le besoin peut s'adresser au donataire et lui demander des aliments. Si celui-ci refuse, le donateur ne peut le faire condamner à verser une pension alimentaire car l'obligation alimentaire du donataire n'est pas susceptible d'exécution forcée (Cass. req., 1er déc. 1919 : *DP* 1920, 1, p. 5, note G. Ripert) mais il peut demander la révocation de la donation.

Le montant des aliments à verser par le donataire est fixé de façon différente de ceux dus au titre de l'obligation résultant des articles 205 et suivants du Code civil (V. *JCl. Roulois*, Fasc. 1060, *Mariage*). Il a été jugé qu'il appartenait au tribunal d'apprécier si l'importance du sacrifice consenti par le donataire est, compte tenu des ressources respectives des parties, suffisante pour manifester décemment la reconnaissance due par le donataire (CA Paris, 15 déc. 1955 : *JCP* G 1956, II, 9498).

B Régime

1 Action

• Principe

775 La demande en révocation pour cause d'ingratitude doit être formée par le donateur contre le donataire dans l'année, à compter du

jour du délit imputé, ou du jour où le délit aura pu être connu du donateur.
En revanche, elle ne peut être demandée par le donateur contre les héritiers du donataire, ni par les héritiers du donateur contre le donataire, à moins, dans ce dernier cas, que l'action n'ait été intentée par le donateur ou qu'il ne soit décédé dans l'année du délit (C. civ., art. 957). Précisons que le légataire universel a la qualité d'héritier au sens de l'article 957, alinéa 2, du Code civil, pour agir en révocation de la donation pour cause d'ingratitude (Cass. 1re civ., 27 janv. 2021, n° 19-18.278 : *JurisData* n° 2021-000809 ; *JCP* N 2021, act. 216, veille V. Zalewski-Sicard).
Il résulte donc des termes de l'article 957 du Code civil que le donateur ne pourra poursuivre les héritiers du donataire même s'il n'a pas connu le fait d'ingratitude du vivant du donataire ; d'autre part, la question de savoir si l'action révocatoire peut être continuée contre les héritiers du donataire ingrat est discutée, la loi n'ayant retenu que l'hypothèse de la continuation de l'action par les héritiers du donateur.
L'action en révocation ne peut être exercée par un créancier suivant l'action oblique.

• **Délai**

776 **Une année.** Le délai pour demander la révocation est uniformément fixé à une année, quelle que soit la personne qui exerce l'action.

777 **Délai préfix.** Il est admis que ce bref délai est fondé sur une présomption de pardon et qu'il vise non pas une véritable prescription mais constitue un délai préfix, insusceptible d'être interrompu ou suspendu (Cass. 1re civ., 1er févr. 2012, n° 10-27.276, 102 : *JurisData* n° 2012-001234).
Lorsque le délai est écoulé, le donateur ne peut plus évoquer l'ingratitude du donataire par voie d'action, ni par voie d'exception (CA Paris, 25 janv. 1946 : *Gaz. Pal.* 1946, 1, p. 146).

778 **Point de départ.** En cas de refus d'aliments, le délai ne court que du jour où le refus a cessé (Cass. 1re civ., 21 avr. 1969 : *D.* 1969, p. 525, note A. Breton). Si le délit résulte de faits successifs formant un ensemble indivisible, le délai court du dernier d'entre eux.
L'article 957 du Code civil n'exclut pas que, lorsque le fait imputé constitue une infraction pénale, ce point de départ soit retardé jusqu'au jour où la condamnation pénale aura établi la réalité des faits reprochés (Cass. 1re civ., 19 mars 2014, n° 13-15.662, 280 : *JurisData* n° 2014-005212. – Cass. 1re civ., 19 mars 2008, n° 07-11.861 : *JurisData* n° 2008-043225. – Cass. 1re civ., 22 nov. 1977 : *JCP* N 1978, II, p. 128, obs. M. Surun ; *Defrénois* 1979, art. 31950, p. 581, obs. A. Ponsard) à la condition que le délai d'un an ne soit pas expiré au jour de la mise en mouvement de l'action publique par le demandeur à la révocation (Cass. 1re civ., 20 oct. 2010, n° 09-16.451, 906 : *JurisData* n° 2010-018905).

• **Renonciation**

779 L'action en révocation des donations pour cause d'ingratitude intéressant l'ordre public, le donateur ne peut y renoncer avant que le fait constitutif d'ingratitude se soit produit (Cass. 1re civ., 22 nov. 1977 : *JCP* N 1978, prat. 6898 ; *Defrénois* 1979, art. 31950, obs. A. Ponsard).
Les clauses de renonciation à l'action révocatoire incluses dans certains actes de donation ne peuvent donc valoir que comme renonciation du donateur à la révocation pour inexécution des charges et, depuis le 1er janvier 2007, à la révocation pour survenance d'enfant (V. *infra*, C).

2 Effets

• **Entre les parties**

780 Dans les rapports entre donateur et donataire, la révocation de la donation exerce un effet résolutoire. Elle rétroagit donc et oblige le donataire à restituer l'objet de la donation.
Le donataire doit restituer en nature les biens donnés ou, en cas d'aliénation, en restituer la valeur, appréciée au jour de la demande. Les fruits sont restituables à compter du jour de cette demande (C. civ., art. 958, al. 2).

• **À l'égard des tiers**

781 **Immeubles.** Traditionnellement justifiée par l'idée que la révocation pour cause d'ingratitude est une peine privée qui ne doit atteindre que le donataire, la non-rétroactivité de la résolution vis-à-vis des tiers est énoncée par l'alinéa 1er de l'article 958 du Code civil :

> La révocation ne préjudiciera ni aux aliénations faites par le donataire, ni aux hypothèques et autres charges réelles qu'il aura pu imposer sur l'objet de la donation, pourvu que le tout soit antérieur à la publication, au service de la publicité foncière de la situation des biens, de la demande en révocation.

À noter que contrairement aux règles générales de la publication foncière selon lesquelles les conflits se résolvent en considération des seules dates de publication, on compare ici la date de l'acte lui-même, d'aliénation, de constitution d'hypothèque ou de servitude à la date de publication de la demande en révocation.

782 **Meubles.** En matière mobilière, la révocation prend effet au jour de la demande. Le cas échéant, le possesseur est protégé par la disposition de l'article 2276 du Code civil, selon laquelle en matière de meubles possession vaut titre.

783 **Tableau comparatif.**
L'article 955 du Code civil est à rapprocher des articles 726 à 729-1 du même code, relatifs à l'indignité de succéder, ce que se propose de faire le tableau ci-après.

	Révocation pour ingratitude	Indignité successorale
Conditions	Attentat à la vie du donateur ; Sévices, délits ou injures graves ; Refus d'aliments.	1° Condamnation comme auteur ou complice à une peine **criminelle** pour avoir volontairement donné ou tenté de donner la mort au défunt ou pour avoir volontairement porté des coups oucommis des violences ou voies de fait ayant entraîné la mort du défunt sans intention de la donner.
	Condamnation non exigée.	2° Condamnation comme auteur ou complice à une peine **correctionnelle** pour assassinat ou tentative d'assassinat, violences ayant entraîné la mort du défunt sans intention de la donner, s'être abstenu d'empêcher un crime ou un délit contre l'intégrité corporelle du défunt d'où il est résulté la mort, dénonciation calomnieuse contre le défunt lorsque, pour les faits énoncés, une peine criminelle était encourue.
Demande	Nécessité de demander la révocation.	De plein droit dans les cas chiffre 1°, facultatif dans les cas chiffre 2°.
Domaine	Donation entre vifs.	Succession *ab intestat*.
Effets	Respect des aliénations et droits réels consentis par le donataire sur les biens donnés antérieurement à la publication de la demande en révocation. Restitution des fruits à compter de la demande.	Résolution de tous les droits consentis par l'indigne sur les biens successoraux (sauf théorie de l'apparence). Restitution des fruits depuis le décès.

III Survenance d'enfant

784 À l'origine, le Code civil posait le principe que la donation était de plein droit révoquée lorsque le donateur qui n'avait pas de descendant au moment de la donation venait à avoir un enfant légitime, même posthume. Le caractère impératif et automatique de cette révocation était une source d'insécurité juridique, que la loi n° 2006-728 du 23 juin 2006 a fait disparaître : la faculté de révocation doit désormais être stipulée ; le donateur peut y renoncer à tout moment ; de plus, le délai de prescription est considérablement réduit.

• Nécessité d'une clause

785 Il résulte de l'article 960 du Code civil, dans sa rédaction de la loi du 23 juin 2006, que toutes donations entre vifs faites par des personnes qui n'avaient pas d'enfants ou de descendants vivants dans le temps de la donation peuvent être révoquées, si l'acte de donation le prévoit, par la survenance d'un enfant issu du donateur, même après son décès ou adopté par lui sous le régime de l'adoption plénière.

REMARQUE Au besoin, il convient d'interroger le donateur sur l'existence ou non de descendants, de façon à l'informer s'il y a lieu sur la possibilité d'insérer une clause prévoyant la révocation de la donation.

• **Domaine**

786 Cette faculté de révocation peut être stipulée pour toute donation, de quelque valeur qu'elle soit, à quelque titre qu'elle soit faite, et encore qu'elle soit mutuelle ou rémunératoire, ou faite en faveur du mariage par d'autres que par les conjoints l'un à l'autre (C. civ., art. 960).
Cette révocation peut avoir lieu, encore que l'enfant du donateur ou de la donatrice fût conçu au temps de la donation (C. civ., art. 961).
La donation peut pareillement être révoquée, même si le donataire est entré en possession des biens donnés et qu'il y a été laissé par le donateur depuis la survenance de l'enfant (C. civ., art. 962).

• **Effets**

787 **Rétroactivité.** Les biens et droits compris dans la donation révoquée rentrent dans le patrimoine du donateur, libres de toutes charges et hypothèques du chef du donataire, sans qu'ils puissent demeurer affectés, même subsidiairement, à l'hypothèque légale des époux ; il en est ainsi même si la donation a été faite en faveur du mariage du donataire ou insérée dans le contrat de mariage (C. civ., art. 963).

788 **Fruits.** Le donataire qui, après la survenance de l'enfant, a été laissé en possession des biens donnés, n'est pas tenu de restituer les fruits qu'il a perçus, de quelque nature qu'ils soient, si ce n'est du jour auquel la naissance de l'enfant ou son adoption en la forme plénière lui a été notifiée par exploit ou autre acte en bonne forme, même si la demande pour rentrer dans les biens donnés a été formée après cette notification (C. civ., art. 962).

789 **Décès de l'enfant.** La mort de l'enfant du donateur est sans effet sur la révocation de la donation pour survenance d'enfant (C. civ., art. 964).

• **Renonciation. Extinction de l'action**

790 **Renonciation.** L'article 965 du Code civil autorise le donateur à renoncer, à tout moment, à exercer la révocation pour survenance d'enfant.
La renonciation pourrait être partielle, par exemple pour permettre l'aliénation d'une partie des biens donnés.

791 **Extinction.** L'action en révocation se prescrit par cinq ans à compter de la naissance ou de l'adoption du dernier enfant. Elle ne peut être exercée que par le donateur (C. civ., art. 966).
Le décès du donateur entraîne donc l'extinction de l'action en révocation pour survenance d'enfant.
Intervention judiciaire ou simple manifestation de volonté. Le mot « action » employé par le législateur peut donner à penser que la révocation est nécessairement judiciaire mais, selon une autre interprétation, une seule manifestation de volonté suffit et le donateur dispose de cinq ans pour révoquer (sur la question, V. L. Mauger-Vielpeau, *La révocation pour cause de survenance d'enfant après la loi n° 2006-728 du 23 juin 2006 portant réforme des successions et des libéralités : JCP* N 2007, 1146). Il semble que le recours au juge ne s'impose que dans le cas de contestation (V. *JCl. Civil Code*, Art. 953 à 966, Fasc. 30, n° 8).

Fiche 14

Règles de forme des testaments

Sommaire

Introduction ... 135
I Règles communes ... 136
A Nécessité d'un écrit ... 136
B Prohibition des testaments conjonctifs ... 136
C Sanction ... 137
II Règles particulières ... 137
A Testament olographe ... 137
1 Conditions de forme ... 138
2 Preuve de l'existence du testament ... 141
B Testament authentique ... 141
1 Établissement du testament ... 141
2 Force probante ... 143
C Testament mystique ... 143
1 Conditions d'établissement ... 144
2 Force probante ... 145
D Testament international ... 145

Introduction

792 Le testament est l'acte par lequel le testateur dispose pour le temps où il n'existera plus, de tout ou partie de ses biens et qu'il peut révoquer (C. civ., art. 895).

Cette définition doit être élargie car le testament contient parfois des dispositions extrapatrimoniales. Ainsi, le testateur peut désigner un tuteur à un enfant mineur, dit tuteur testamentaire (V. *JCl. Roulois*, Fasc. 1105, *Tutelle, Administration légale*), organiser ses funérailles (V. *JCl. Notarial Formulaire*, V° *Sépulture*, Fasc. 10).

D'une manière plus générale, le testament permet de modifier la dévolution des biens de la succession, au moyen de legs ; ceux-ci seront étudiés (V. Fiche 15 : Legs). À la différence de la donation, le testament est un acte unilatéral, ne produisant d'effet qu'au décès du disposant et, par conséquent, librement modifiable ou révocable jusqu'à cette date.

793 Quant à la forme du testament, le Code civil retient le **testament olographe**, le **testament authentique** (dit testament public par l'article 971 car il est reçu par un officier public), le **testament mystique**, ainsi que ce qu'il est convenu d'appeler les testaments privilégiés soumis à des règles dérogatoires et réservés à des situations particulières : testament aux armées, voyage maritime, etc. ; étant donné leur caractère exceptionnel, les testaments privilégiés ne seront pas envisagés ici et le lecteur est invité à se reporter aux articles 981 à 998 du Code civil. Enfin la Convention de Washington, a créé une nouvelle forme de testament, dit **testament international** ; elle a été ratifiée par la France, puis publiée par le décret n° 94-990 du 8 novembre 1994.

- **Textes**

- C. civ., art. 967 à 1001.
- L. n° 94-320, 25 avr. 1994 et D. n° 94-990, 8 nov. 1994.

I

Règles communes

794 Quel que soit le type de testament, celui-ci doit être rédigé par écrit (A) et, en outre, ne contenir les dispositions que d'une seule personne en raison de la prohibition des testaments conjonctifs (B). L'inobservation de ces règles est assortie d'une sanction (C), la nullité.

A Nécessité d'un écrit

795 Le testament doit être rédigé par écrit. Cette exigence s'explique par la nécessité de protéger la volonté du testateur ; elle doit permettre à celui-ci de prendre des dispositions de manière réfléchie et consciente et garantir la réalité de sa volonté.
De plus, le testament ne prenant effet qu'au décès, il est indispensable qu'un écrit relate la volonté exprimée par son auteur.
L'écrit comme règle de formation de l'acte testamentaire constitue une condition de validité et non une simple condition de preuve. Le testament est un acte solennel.

B Prohibition des testaments conjonctifs

• Principe

796 L'article 968 du Code civil prohibe les testaments conjonctifs, c'est-à-dire que deux ou plusieurs personnes ne peuvent faire leur testament par un même acte soit au profit d'un même légataire, soit à leur profit réciproque (cette prohibition ne porte atteinte ni au droit à la vie privée et familiale, ni au droit de propriété garantis par la Convention européenne de sauvegarde des droits de l'homme : Cass. 1re civ., 4 juill. 2018, n° 17-22.934 : *JurisData* n° 2018-011762 ; *Dr. famille* 2018, comm. 244, M. Nicod. – C. Brenner, *Prohibition du testament conjonctif de partenaires pacsés : une évidence fondamentale ?* : *JCP* N 2018, act. 774 ; *JCP* N 2019, 1216, R. Le Guidec).

• Interprétation jurisprudentielle

797 **Lien matériel.** Pour qu'il y ait testament conjonctif, il faut que les dispositions prises par les divers testateurs soient inséparables (*negotium*) et suivies de leur signature. Exemple : « Nous nous léguons mutuellement nos biens meubles et immeubles ». Par suite, ne constituent pas un testament conjonctif des dispositions figurant sur une même feuille, rédigées par chaque testatrice et signées seulement par celle les ayant écrites, la volonté des testatrices s'étant exprimée de façon claire et distincte de la même manière que si elles avaient utilisé des feuilles de papier différentes (CA Versailles, 1er févr. 1983 : *Gaz. Pal.* 1984, 1, somm. p. 59 ; et dans une convention de PACS : CA Nancy, 23 mai 2017 : *JurisData* n° 2017-010347 ; *Dr. famille* 2017, comm. 184, M. Nicod).

798 **Lien intellectuel.** Il a été jugé que deux testaments, même faits en contemplation l'un de l'autre par deux époux, ne peuvent être considérés comme réalisant une opération unique et qu'ils doivent être envisagés séparément et indépendamment lorsqu'il s'agit de statuer sur leur validité et sur leurs effets (Cass. civ., 25 févr. 1925 : *DP* 1925, 1, p. 185, obs. R. Savatier). Cependant, la Cour de cassation a jugé que deux époux ne peuvent procéder ensemble à un partage testamentaire des biens communs, même par des testaments séparés mais faits en contemplation l'un de l'autre (Cass. civ., 13 nov. 1949 : *D.* 1949, p. 311). La Cour suprême a aussi jugé qu'il y avait testament conjonctif, bien que l'élément matériel ne fût pas caractérisé, si les dispositions étaient « intellectuellement communes aux deux parties » (Cass. 1re civ., 21 avr. 1971 : *JCP* G 1973, II, 17328, obs. M. Dagot ; *RTD civ.* 1973, p. 376, obs. R. Savatier).

• Recours à une clause pénale

799 En pratique, la prohibition peut parfois être contournée au moyen de deux testaments séparés et dont les dispositions sont assorties d'une clause pénale ; cette dernière est valide dès lors qu'elle ne porte pas atteinte à la réserve (V. *JCl. Notarial Formulaire*, V° *Partage testamentaire*, Fasc. 10).

800 **Testament conjonctif rédigé à l'étranger.** Est valable en la forme le testament conjonctif rédigé dans un pays admettant un tel testament (Cass. 1re civ., 21 nov. 2012, nos 10-17.365 et 10-30.845, 1330 : *JurisData* n° 2012-026552).

C Sanction

• **Nullité absolue**

801 L'inobservation des règles de forme des testaments est sanctionnée par la nullité (C. civ., art. 1001).
Il est admis par les auteurs que cette nullité est absolue, de sorte qu'elle peut être invoquée par tout intéressé et non pas seulement par le testateur. En effet, si la nullité n'était que relative, celle-ci ne pourrait être invoquée que par le testateur alors que d'autres personnes, telles que des membres de la famille ou des légataires institués par un précédent testament, pourraient avoir également un intérêt à contester le testament présenté.
L'annulation peut être demandée pendant cinq ans (C. civ., art. 2224).

• **Confirmation**

802 **Par le testateur.** Du caractère absolu de la nullité, il résulte que le testament nul en la forme n'est pas susceptible d'être confirmé par le testateur. La régularisation n'est possible que par la reprise des dispositions dans des conditions régulières sans qu'il soit fait référence au testament défectueux.

803 **Par les héritiers.** La jurisprudence, cependant, admet que les héritiers puissent confirmer ou ratifier un testament vicié en la forme par une application extensive des dispositions de l'ancien article 1340 du Code civil (devenu C. civ., art. 1182 nouveau, réd. Ord. n° 2016-131, 10 févr. 2016) concernant les donations entre vifs (V. Fiche 12 : Dispositions propres aux donations entre vifs). Aussi, la confirmation n'est rendue possible que si l'exécution est volontairement effectuée par l'héritier agissant en connaissance du vice et avec l'intention de le réparer (Cass. 1re civ., 10 janv. 1949 : *D.* 1949, p. 118).

• **Restitution**

804 L'action en restitution consécutive à l'annulation d'un testament se prescrit par cinq ans à compter du jour où l'héritier ou le légataire rétabli dans ses droits a connu ou aurait dû connaître l'appréhension, par le bénéficiaire du testament annulé, des biens revendiqués (C. civ., art. 2224), sans que le point de départ du délai de prescription puisse être antérieur au prononcé de la nullité (Cass. 1re civ., 13 juill. 2022, n° 20-20.738, FS-B : *JCP* N 2022, act. 782).

• **Testament verbal**

805 Le testament verbal est nul. Sa nullité ne peut être couverte par l'aveu de l'héritier ou du légataire universel. Toutefois, l'héritier ou le légataire peut s'engager à en effectuer la délivrance (V. D. Montoux et M. Mathieu, *Délivrance de legs verbal : JCP* N 2019, 1126) et la jurisprudence y voit l'exécution d'une obligation naturelle (Cass. 1re civ., 22 juin 2004, n° 01-14.031 : *JurisData* n° 2004-024257, et pour un acte sous seing privé, par lequel les héritières souhaitent intégrer leur frère omis du testament, Cass. 1re civ., 11 oct. 2017, n° 16-24.533).
Il est nécessaire que la volonté d'exécuter soit faite en connaissance du vice de forme et sans équivoque (jurispr. constante : V. not. Cass. civ., 10 janv. 1949).
Le bénéficiaire du legs verbal est considéré tenir ses droits du défunt, et non à la suite d'une donation consentie à son profit par l'héritier (Cass. com., 26 juin 1961 : *Bull. civ.* IV, n° 286).

> **REMARQUE** Il ne faut pas confondre la preuve, non admise, d'un testament verbal avec celle d'un testament rédigé par écrit et ensuite détruit par un cas de force majeure qui, elle, est admise (V. *infra*, II, A).

II Règles particulières

Le respect de ces règles est la source d'une abondante jurisprudence. À ce titre, on constate une certaine souplesse des tribunaux dans l'examen des exigences formelles afin de valider, autant que possible, les dispositions prises par le testateur.

A Testament olographe

806 Selon l'article 970 du Code civil, le testament olographe ne sera point valable s'il n'est écrit en entier, daté et signé de la main du testateur.

807 En pratique, le testament olographe est le procédé testamentaire le plus utilisé en raison de sa simplicité de confection, de son caractère secret.
Toutefois, il n'est pas dépourvu d'inconvénients. En particulier, le testament olographe, à défaut de conservation sûre, n'est pas à l'abri d'une destruction, d'une perte, voire d'un détournement par des héritiers hostiles aux dispositions prises. De plus, le testateur, livré à lui-même, risque d'adopter une formulation maladroite, voire de prendre des dispositions illicites. Le recours à un notaire pallie ces inconvénients tant en matière de conseils et de rédaction que pour conserver le testament.

808 Nous étudierons successivement les conditions de forme (1°) et la preuve de l'existence du testament olographe (2°).

1 Conditions de forme

809 Il est parfois nécessaire de s'interroger sur la question de savoir si le document produit est un testament ou un simple projet ou brouillon (pour une illustration, V. Cass. 1re civ., 5 nov. 1996 : *JCP* G 1996, IV, 2556 ; *JCP* N 1998, 1710, n° 7, obs. R. Le Guidec ; *Dr. famille* 1997, comm. 54, obs. B. Beignier ; *D.* 1997, somm. p. 366, obs. Nicod) mais il n'est pas nécessaire que la volonté du testeur soit clairement exprimée, dès lors qu'il incombe aux juges du fond d'interpréter l'acte (Cass. 1re civ., 5 nov. 1996 : *JCP* N 1998, I, p. 133, obs. R. Le Guidec ; *D.* 1997, somm. p. 366, obs. Nicod).

810 Le testament olographe est soumis à trois règles de forme, que sont l'écriture (*a*), la date (*b*) et la signature (*c*).

a) Écriture

• Présentation matérielle

811 **Support.** Le testament olographe peut être écrit sur du papier, comme sur tout autre support : parchemin, bois, etc.
Peu importe la nature de l'écrit. Un registre domestique, une lettre peuvent contenir un testament (Cass. 1re civ., 1er janv. 2005 : *JurisData* n° 2005-264215). La seule condition particulière à laquelle un testament fait sous ces formes est assujetti, est que les circonstances démontrent que le rédacteur avait bien l'intention de faire son testament.
Le testament peut être écrit sur des feuilles séparées s'il existe entre ces feuillets un lien matériel et intellectuel suffisant pour considérer l'ensemble comme un seul et même acte. Il a été jugé qu'un testament contesté, rédigé sous forme de cinq enveloppes, deux cartes de visite et une feuille de papier, contenant des dispositions contradictoires, ne pouvait être considéré comme formant un tout exprimant, sans doute possible, les dernières volontés du défunt (Cass. 1re civ., 7 mars 2000 : *Dr. famille* 2000, comm. 53, obs. B. Beignier).

812 **Procédé d'écriture.** Le testament doit être tracé directement par la main du testateur, grâce à un moyen d'écriture manuel : plume, crayon, stylo à bille, etc. (Cass. civ., 18 mai 1936 : *DH* 1936, p. 345) ou en dépit d'une mention manuscrite du testateur portant lecture et approbation du texte (Cass. 1re civ., 23 oct. 1984 : *JCP* N 1984, prat. 9488).
Est en revanche valable le testament manuscrit accompagné d'une transcription dactylographiée du contenu du manuscrit, qui ne contenait aucune autre disposition (Cass. 1re civ., 17 juin 2009, n° 08-15.894 : testateur atteint de la maladie de Parkinson craignant que son écriture soit difficilement lisible).

813 **Caractères.** Peu importe le type d'écriture utilisé, par exemple, lettre d'imprimerie, du moment que le testament a été écrit en entier, daté et signé de la main du testateur (Cass. 1re civ., 22 nov. 1966 : *Bull. civ.* I, n° 519).

814 **Langue.** Le testament écrit en langue étrangère est valable, tout au moins lorsque cette langue était familière au testateur. Le testament olographe rédigé en langue française doit être annulé lorsque cette langue n'est pas suffisamment maîtrisée par le testateur (Cass. 1re civ., 9 juin 2021, n° 19-21.770, FS-P : *JurisData* n° 2021-008928 ; *JCP* N 2021, act. 619. – G. Sebban : *JCP* N 2021, 1289 : testateur de nationalité allemande ayant testé en langue française alors qu'il résidait en France depuis quelques années).

• Assistance d'un tiers

815 La jurisprudence admet que le testateur se fasse aider, lorsqu'il éprouve une difficulté à écrire, pour autant qu'il ait conscience de ce qu'il écrit.

816 **Testament à main guidée.** Le testament écrit de la main du testateur, aidé physiquement par un tiers qui lui a tenu la main, est valable, à moins qu'il ne soit pas, du fait de cette assistance, l'expression de la volonté propre du signataire (Cass. 1re civ., 11 févr. 1997 : *JCP* N 1997, II, p. 1187, obs. B. Beignier ; *D.* 1997, somm. p. 365, obs. M. Nicod ; *Dr. famille* 1997, comm. 78, obs. B. Beignier ; *Defrénois* 1997, art. 36703-177, p. 1452,

obs. G. Champenois. – Cass. 1re civ., 25 mai 2004, n° 01-00.889). En revanche, lorsque le testateur n'a été que l'instrument passif dans la désignation du tiers, le testament ne peut être valide (Cass. 1re civ., 8 avr. 1986 : *Bull. civ.* I, n° 81 ; *JCP* G 1986, IV, p. 164. – Pour la nullité du testament d'un illettré, V. CA Amiens, 5 avr. 1976 : *JCP* G 1976, I, p. 269). L'écriture du testateur doit être reconnaissable, en dépit des marques d'assistance matérielle qu'un tiers aurait pu lui apporter, de manière à révéler qu'il en est bien le souscripteur (Cass. 1re civ., 8 avr. 1986 : *Bull. civ.* I, n° 81) mais il a aussi été jugé qu'il suffisait que l'infirme ait au moins participé à l'écriture de son testament, sans que son écriture soit nécessairement reconnaissable (Cass. 1re civ., 4 janv. 1973 : *JCP* N 1973, prat. 5594).

817 **Testament à main assistée.** Dans cette hypothèse, l'aide d'un tiers consiste à faciliter la présentation formelle du testament, alors que le rédacteur conserve toute liberté dans la formation des signes et caractères. Ainsi, a été déclaré valable le testament olographe d'un aveugle, alors qu'il n'avait été aidé que pour placer et replacer sa main sur le papier et pour signer et qu'il avait écrit lui-même l'expression de ses dernières volontés (CA Rouen, 17 janv. 1900 : *DP* 1900, 1, p. 247).

• **Modification des dispositions**

818 Le texte primitif d'un testament est quelquefois modifié au moyen de ratures, additions, renvois, mots ajoutés dans l'interligne, surcharges. Se pose alors le problème de la validité de ces modifications et du testament dans son état final. Les modifications doivent émaner de la main du testateur, ce qui est d'ailleurs présumé.

Leur validité est appréciée différemment selon l'époque à laquelle elles ont été effectuées. Cette question relève du pouvoir des juges du fond et échappe au contrôle de la Cour de cassation (Cass. 1re civ., 26 mai 1982 : *Bull. civ.* I, n° 202 ; *RTD civ.* 1983, p. 375, obs. J. Patarin).

819 **Modification contemporaine.** L'ajout, la rature ou la surcharge contemporain de la rédaction du testament n'a pas à être daté ou approuvé par une signature distincte (dans ce sens, Cass. 1re civ., 15 nov. 1972 : *Bull. civ.* I, n° 248).

820 **Modification postérieure.** Quand la modification est postérieure au testament, il y a lieu de se demander si elle traduit une disposition nouvelle ; en ce cas, il s'agit d'un codicille, qui, comme tout testament, doit être daté et signé (Cass. civ., 27 juin 1860 : *DP* 1860, 1, p. 287). Si, au contraire, l'addition, la rature ou la surcharge n'a pour but que de rectifier une erreur de rédaction ou de rendre une disposition plus claire ou conforme à la réalité du patrimoine légué, elle n'a pas à être datée, ni spécialement approuvée par une signature (Cass. 1re civ., 26 mai 1982 : *D.* 1982, IR p. 421). Les modifications irrégulières du testament (parce que non datées ni signées alors qu'elles auraient dû l'être) ne remettent pas en cause la validité du testament dans son état primitif. Elles peuvent être prises en considération par les juges du fond pour interpréter la volonté du testateur, lorsqu'elles sont de nature à les éclairer sur ses véritables intentions (Cass. 1re civ., 11 déc. 1961 : *Bull. civ.* I, n° 598).

• **Contestation de l'écriture**

821 **Modes de preuve.** La contestation de la véracité de l'écriture d'un testament se fait selon le droit commun applicable aux actes sous seing privé (C. civ., art. 1322 et s.) ou par la voie de la procédure de vérification d'écriture (CPC, art. 287 et s.).

822 **Charge de la preuve.** En principe, la charge de la preuve incombe à celui qui invoque le testament, c'est-à-dire au légataire.

Toutefois, la jurisprudence apporte une exception à ce principe puisqu'en cas de légataire universel définitivement envoyé en possession conformément aux dispositions de l'article 1008 du Code civil, c'est à l'héritier de prouver la fausseté du testament (Cass. 1re civ., 11 févr. 1976 : *JCP* N 1976, prat. 6474 ; *D.* 1976, p. 557, obs. F. Boulanger. – Cass. 1re civ., 23 févr. 1983 : *JCP* N 1983, I, prat. 620), à moins qu'il n'existe des circonstances rendant le testament suspect (Cass. 1re civ., 11 févr. 1976, préc.).

b) Date

• **Règle. Fondement**

823 Le testament doit être daté précisément (jour, mois, an) de la main du testateur, et cette date doit être exacte.

Cette exigence s'explique pour deux raisons :
- vérification de la capacité de tester ;
- règlement des conflits entre les différents testaments pouvant émaner d'une même personne.

• **Date incomplète ou absente**

824 Lorsque la date d'un testament olographe manque d'un ou de plusieurs éléments nécessaires pour la constituer, les juges peuvent la compléter à l'aide des mentions intrinsèques du

testament, s'ils reconnaissent que ces mentions leur permettent de la rétablir avec certitude (Cass. req., 4 juin 1934 : *DH* 1934, p. 460). Les faits et circonstances extrinsèques au testament peuvent, dans la mesure où ils corroborent les éléments intrinsèques dans lesquels doit avoir son principe la preuve de la date d'un testament olographe, servir à établir cette date ou à la compléter (Cass. civ., 24 juin 1952 : *JCP* 1952, II, 7179, note P. Voirin ; *D.* 1952, p. 613).

Il a été jugé que l'omission du seul quantième du mois ne saurait à elle seule entraîner la nullité du testament, dès lors que la capacité du testateur et sa volonté de gratifier ne faisaient aucun doute, qu'il n'avait été établi d'autre testament, et qu'il avait déposé le testament litigieux chez un notaire le mois suivant (Cass. 1re civ., 9 mars 1983 : *JCP* G 1983, II, 20277, obs. M. Dagot ; *JCP* N 1983, II, p. 263, obs. M. Dagot ; *Defrénois* 1983, art. 33172, p. 1448, obs. H. Souleau. – V. M. Grimaldi, *La jurisprudence et la date du testament olographe* : *Defrénois* 1984, art. 33387, p. 1105. – Dans le même sens, V. Cass. 1re civ., 30 juin 1992 : *JCP* N 1993, II, p. 181, note J.-Y. Camoz ; *JCP* G 1993, I, 3713, n° 6, obs. Testu ; *D.* 1993, somm. p. 229, obs. M. Grimaldi ; *Defrénois* 1993, art. 35490-41, p. 384, obs. G. Champenois).

À défaut d'éléments extrinsèques, l'indication de la seule année ne peut constituer la date (Cass. 1re civ., 8 mars 1988 : *JCP* N 1989, p. 218, obs. J.-F. Montredon ; *D.* 1989, p. 110, obs. Ph. Malaurie ; *Defrénois* 1988, p. 1229, note M. Grimaldi. – Cass. 1re civ., 10 mai 2007, n° 05-14.366 : *JurisData* n° 2007-038796 ; *Dr. famille* 2007, comm. 131, note Beignier. – Cass. 1re civ., 5 mars 2014, n° 13-14.093 : *JurisData* n° 2014-003809 : testament non daté au profit de l'aide-ménagère du défunt, les éléments intrinsèques à l'acte corroborés par des éléments extrinsèques établissant qu'il avait été rédigé entre la date de l'embauche et la date du décès).

• **Inexactitude de la date**

825 La date du testament, contrairement à celle des autres actes sous seing privé, fait foi en elle-même jusqu'à preuve contraire, ce qui a pour conséquence d'obliger la partie qui conteste la date d'un testament à apporter des preuves.

826 **Preuve intrinsèque.** Sauf le cas de fraude, la preuve de l'inexactitude de la date du testament n'est pas libre : les faits et circonstances extrinsèques au testament ne peuvent être invoqués comme preuve de l'inexactitude de sa date qu'à condition que cette preuve ait son principe et sa racine soit dans les énonciations (référence à des événements postérieurs à la date prétendue), soit dans l'état matériel du testament (filigrane du papier timbre indiquant l'année d'émission, évolution de l'écriture du testateur) (Cass. civ., 11 juin 1902 : *DP* 1902, 1, p. 434, note L.S. – Cass. 1re civ., 9 janv. 1979 : *JCP* N 1979, prat. 7283. – V. égal. Cass. 1re civ., 7 juin 2006, n° 04-10.602 : *JurisData* n° 2006-033851 ; *Bull. civ.* I, n° 301 ; *JCP* G 2006, IV, 2441. – Pour un codicille olographe, V. Cass. 1re civ., 9 juill. 2014, n° 13-18.685 : *JurisData* n° 2014-015998 ; *Bull. civ.* I, n° 135 ; *RJPF* 2014-10/33, obs. F. Sauvage).

827 **Effet.** L'inexactitude **volontaire** de la date du testament entraîne la nullité de celui-ci (Cass. 1re civ., 7 mai 1951 : *Bull. civ.* I, n° 139).

Lorsqu'elle est **involontaire,** la jurisprudence admet que l'on puisse établir la date exacte comme dans le cas de date absente ou incomplète, à l'aide d'éléments extrinsèques corroborant les éléments intrinsèques du testament (Cass. 1re civ., 27 avr. 1971 : *Journ. not.* 1972, 1658, note Blanc).

c) Signature

• **Rôle**

828 La signature est la marque de l'approbation personnelle et définitive par le testateur du contenu de l'acte et de la volonté de s'en approprier les termes.

La signature est une formalité substantielle à laquelle il ne peut être suppléé (Cass. 1re civ., 7 juin 1995 : *JCP* G 1995, IV, p. 1911 ; *Defrénois* 1996, art. 36277, p. 389, obs. J. Hauser ; *RTD civ.* 1995, p. 946, obs. J. Patarin). Ainsi, la simple mention des nom et prénom du testateur au début de l'acte ne peut être assimilée à une signature (Cass. 1re civ., 17 févr. 2004, n° 01-15.223 : *JurisData* n° 2004-022371 ; *JCP* N 2004, 1490, note Ruel ; *Dr. famille* 2004, comm. 54, note Beignier. – Cass. 1re civ., 17 juin 2009, n° 08-12.896 : *JurisData* n° 2009-048633 ; *JCP* N 2009, 1290, note Mahinga ; signature du défunt insérée après ce qui s'analysait comme une lettre d'adieu à sa famille, mais avant un post-scriptum par lequel le défunt entendait partager ses biens, les deux parties du manuscrit ne formant pas un tout indivisible).

• **Forme**

829 Toute forme de signature est admissible (prénom, initiales, etc.) dès lors qu'elle permet d'identifier avec certitude l'identité de l'auteur du document et sa volonté d'en approuver les dispositions (Cass. 1re civ., 24 juin 1952 : *JCP* 1952, II, 7179, note P. Voirin. – Cass. 1re civ., 22 juin 2004, n° 01-14.031 : *JurisData* n° 2004-024257).

Il a été jugé que le testament n'est pas nul lorsque le testateur mentionne ses nom, prénom et domicile sans utiliser sa signature habituelle (Cass. 1re civ., 5 oct. 1959 : *JCP* 1959, II, 11323, obs. P. Voirin, 2e esp.). La jurisprudence admet que l'indication des nom et prénom, sans graphisme particulier, constitue une signature valable, lorsque cette apposition ne laisse aucun doute sur l'identité de son auteur et sur sa volonté d'approuver les dispositions prises (Cass. 1re civ., 25 janv. 1977 : *D.* 1977, IR p. 164. – Cass. 1re civ., 21 juill. 1980 : *JCP* N 1981, prat. 8108 ; *Defrénois* 1980, art. 32503-119, p. 1559, obs. G. Champenois). En revanche, ne peut être tenue pour une véritable signature la simple mention des nom et prénom du testateur dans le contexte des dispositions testamentaires, une telle mention ne caractérisant pas la signature qui est la marque de l'approbation personnelle et définitive du contenu de l'acte et de la volonté de s'en approprier les termes (V. Cass. 1re civ., 14 janv. 2003, n° 00-18.526 : *JurisData* n° 2003-017238 ; *JCP* N 2004, 1299, 1re esp., note Boulanger ; *Dr. famille* 2003, 35, note Beignier. – Cass. 1re civ., 17 févr. 2004, n° 01-15.223 : *JurisData* n° 2004-022371 ; *JCP* N 2004, 1490, note Ruel ; *Dr. famille* 2004, 54. – Cass. 1re civ., 22 mars 2005, n° 03-19.907 : *JurisData* n° 2005-027693 ; *Bull. civ.* I, n° 154).

2 Preuve de l'existence du testament

830 Le testament étant nécessairement écrit, la preuve de son existence est normalement apportée par la production de l'acte lui-même.

- **Perte ou destruction**

831 La destruction volontaire du testament par le disposant équivaut à une révocation pure et simple (V. Fiche 15 : Legs). En dehors de cette hypothèse, il peut arriver que le testament ait été perdu ou détruit, faute de précautions suffisantes. Dans cette hypothèse, ceux qui se prétendent légataires sont admis, par application des règles de preuve et en particulier de l'article 1348, alinéa premier, du Code civil, à rapporter la preuve par tous moyens :
– de l'existence d'un testament régulier en la forme ;
– de sa disparition ou de sa destruction de dehors de la volonté du testateur ;
– et enfin du contenu du testament.

- **Conseil pratique**

832 Afin d'éviter la perte ou la destruction du testament, on peut conseiller au testateur de le remettre à un notaire afin qu'il en assure la conservation ; cet officier public pourra également examiner le contenu et s'assurer du respect des règles de forme, puis procéder à l'inscription au fichier central des dispositions de dernières volontés.

B Testament authentique

833 Le testament authentique est celui qui est reçu par deux notaires ou par un notaire assisté de deux témoins. Il est dicté par le testateur, écrit puis lu et, enfin, signé de l'ensemble des participants.

834 L'établissement d'un testament authentique présente des avantages non négligeables. Tout d'abord la force probante qui lui est attachée jusqu'à inscription de faux, atteste sa sincérité. Le caractère authentique de l'acte assure ensuite sa conservation par le notaire rédacteur. Enfin, le testament authentique permet à ceux ne pouvant écrire (illettrés, infirmes) de tester.
Quant aux inconvénients que peut présenter cette forme de testament, on peut relever le formalisme excessif, source de contestations.

835 Le survivant des époux a sur l'habitation principale de la famille et sur le mobilier le garnissant un droit d'habitation et d'usage, dont il ne peut être privé que par testament authentique (C. civ., art. 764 nouveau, al. 1er).

1 Établissement du testament

- **Dictée par le testateur**

836 Les dispositions de dernières volontés doivent être dictées par le testateur (C. civ., art. 972, al. 1er). L'obligation de dictée du testament est requise à peine de **nullité**, étant précisé que la dictée concerne la partie proprement testamentaire de l'acte (testament valable comportant un partie dactylographiée prérédigée et une partie manuscrite rédigée sous la dictée du testateur et relative à ses dernières volontés, Cass. 1re civ., 1er févr. 2012, n° 10-31.129 : *JurisData* n° 2012-001237 ; *Dr. famille* 2012, comm. 71, note B. Beignier ; *Defrénois* 2012, 462, obs. Chamoulaud-Trapiers).
Auparavant, le recours au testament authentique était inaccessible aux muets et aux personnes ayant perdu l'usage de la parole. Depuis, la loi n° 2015-177 du 16 février 2015 a réécrit l'article 972 du Code civil de façon à rendre possible aux **personnes sourdes et muettes**, ou encore **analphabètes** et celles ne maîtrisant pas la langue française d'établir leurs dernières volontés par testament authentique.

837 Absence d'expression en langue française. Lorsque le testateur ne peut s'exprimer en langue française, la dictée et la lecture peuvent être accomplies par un interprète que le testateur choisit sur la liste nationale des experts judiciaires dressée par la Cour de cassation ou sur la liste des experts judiciaires dressée par chaque cour d'appel. L'interprète veille à l'exacte traduction des propos tenus. Le notaire n'est pas tenu de recourir à un interprète lorsque lui-même ainsi que, selon le cas, l'autre notaire ou les témoins comprennent la langue dans laquelle s'exprime le testateur (C. civ., art. 972, al. 4).

838 Possibilité d'écrire en langue française mais impossibilité de parler. Lorsque le testateur peut écrire en langue française mais ne peut parler, le notaire écrit lui-même le testament ou le fait écrire à la main ou mécaniquement d'après les notes rédigées devant lui par le testateur, puis en donne lecture à ce dernier. Lorsque le testateur ne peut entendre, il prend connaissance du testament en le lisant lui-même, après lecture faite par le notaire (C. civ., art. 972, al. 5).

839 Impossibilité de parler ou d'entendre, de lire ou d'écrire. Lorsque le testateur ne peut ni parler ou entendre, ni lire ou écrire, la dictée ou la lecture sont accomplies dans les conditions décrites au cas d'absence d'expression du testateur en langue française (C. civ., art. 972, al. 6), c'est-à-dire par le recours à un interprète en langue des signes.

840 Notion de dictée. Le sens donné par la jurisprudence au mot « dictée » s'analyse en une énonciation verbale et spontanée du testateur. Le testament doit émaner du testateur.
Par suite le testament est nul, si le testateur n'a fait que répondre aux interrogations ou aux suggestions du notaire, ou si le notaire a rédigé seul à l'avance, non pas de simples notes pour lui faciliter la confection de l'acte mais bien le testament dans son intégralité (Cass. 1re civ., 20 mai 1968 : *Defrénois* 1968, art. 29189, p. 858). En revanche, le testateur peut s'aider d'un brouillon rédigé à l'avance ou de notes établies à l'avance par lui-même ou par un tiers (Cass. 1re civ., 6 juin 1990 : *JCP* N 1991, II, p. 82 ; *Defrénois* 1991, art. 34951, p. 111, note X. Savatier).
Le testament n'est pas obligatoirement la reproduction mot à mot des paroles prononcées par le testateur ; il suffit que sa rédaction en rende exactement le sens ; si la loi a voulu que le testateur exprimât lui-même sa volonté, elle n'a pas interdit au notaire d'employer une rédaction, qui, sans changer la substance de cette volonté, la rendît plus correcte et plus facilement compréhensible (Cass. req., 3 mars 1890 : *DP* 1890, 1, p. 354).
Si les déclarations du testateur sont obscures ou contradictoires, il appartient au notaire de demander des explications.

- **Écriture**

841 Que le testament soit reçu par un seul notaire ou par deux notaires, il doit être écrit par l'un d'eux ou une autre personne, à la main ou mécaniquement (C. civ., art. 972, al. 1 et 2).

- **Lecture**

842 Dans tous les cas, il doit être donné lecture du testament au testateur (C. civ., art. 972, al. 3), avec les précisions suivantes :
- lorsque le testateur ne peut s'exprimer en langue française, la lecture peut être accomplie par un interprète que le testateur choisit sur la liste nationale des experts judiciaires dressée par la Cour de cassation ou sur la liste des experts judiciaires dressée par chaque cour d'appel. L'interprète veille à l'exacte traduction des propos tenus (le notaire n'est pas tenu de recourir à un interprète lorsque lui-même ainsi que, selon le cas, l'autre notaire ou les témoins comprennent la langue dans laquelle s'exprime le testateur) (C. civ., art. 972, al. 4) ;
- lorsque le testateur peut écrire en langue française mais ne peut parler (le testament est alors rédigé des notes rédigées devant lui par le testateur), le notaire en donne lecture à ce dernier et lorsque le testateur ne peut entendre, il prend connaissance du testament en le lisant lui-même, après lecture faite par le notaire (C. civ., art. 972, al. 5) ;
- lorsque le testateur ne peut ni parler ou entendre, ni lire ou écrire, la lecture est accomplie dans les conditions décrites dans le cas lequel le testateur ne peut s'exprimer en langue française (C. civ., art. 972, al. 6).

Il est fait du tout mention expresse (C. civ., art. 972, al. 7).

- **Signature**

843 Enfin, le testament est signé par le testateur, puis par les témoins (également présents lors de la dictée et de la lecture V. *supra*, n° 841) et le notaire (C. civ., art. 973 et 974).
Si le testateur déclare qu'il ne sait ou ne peut signer, il sera fait dans l'acte mention expresse de sa déclaration, ainsi que de la cause qui l'empêche de signer (C. civ., art. 973). Ces causes peuvent être diverses : analphabétisme, faiblesse physique, maladie, etc. (V. Cass. 1re civ., 12 sept. 2012, n° 11-18.542).

844 **Paraphe.** La signature d'un testament authentique implique le paraphe de chaque feuille (Cass. 1re civ., 10 oct. 2012, n° 11-20.702 : *JurisData* n° 2012-022664 ; *RTD civ.* 2012, obs. Grimaldi).

• **Témoins**

845 Il est certain, bien que cette exigence ne résulte pas des termes actuels de l'article 972 du Code civil, que les témoins doivent assister à la dictée du testament (Cass. 1re civ., 23 juill. 1979 : *Bull. civ.* I, n° 227), comme à sa lecture.

846 **Rôle.** Leur rôle essentiel consiste à assurer que les dispositions dictées ont été exactement rapportées (Cass. 1re civ., 19 déc. 1978 : *JCP* N 1979, prat. 7266).

847 **Choix.** Ne peuvent être pris pour témoins du testament par acte public, ni les légataires, à quelque titre qu'ils soient, ni leurs parents ou alliés jusqu'au quatrième degré inclusivement, ni les clercs des notaires par lesquels les actes seront reçus (C. civ., art. 975). La qualité de partenaire d'un pacte civil de solidarité n'emporte pas incapacité à être témoin lors de l'établissement d'un testament authentique instituant l'autre partenaire légataire, l'alliance étant établie par le seul effet du mariage (Cass. 1re civ., 28 févr. 2018, n° 17-10.876 : *JurisData* n° 2018-002683 ; *JCP* N 2018, 271, obs. D. Boulanger et 1188, comm. B. Beignier ; *JCP* N 2019, chron. 1216, R. Le Guidec). Sur la non-interdiction de l'article 975 du Code civil de désigner comme témoin une étudiante effectuant un stage temporaire au sein de l'étude, V. Cass. 1re civ., 3 févr. 2010, n° 09-10.205 : *JurisData* n° 2010-051397).
Pour pouvoir être témoin à un testament authentique, il faut être de nationalité française, majeur ou émancipé, de l'un ou de l'autre sexe, savoir signer, avoir la jouissance de ses droits civils ; deux époux ne peuvent être témoins dans le même acte (C. civ., art. 980). En outre, la surdité totale peut être une cause de nullité.

• **Mentions expresses**

848 Le testament doit contenir la mention expresse qu'il a été dicté par le testateur, écrit ou fait écrire par le notaire ou par l'un des notaires, tel qu'il a été dicté et qu'il en a été donné lecture au testateur (C. civ., art. 972, al. 4), et, le cas échéant, en la présence réelle des témoins.
Cette mention est essentielle pour la validité du testament et le défaut de mention ou des mentions insuffisantes ont déjà occasionné l'annulation de testaments.

2 Force probante

• **Principe**

849 Le testament authentique bénéficie de la force probante attachée à tous les actes notariés. Il fait foi jusqu'à inscription de faux des constatations faites par le notaire dans l'exercice de ses fonctions.
Ainsi, la mention expresse que le testament a été dicté par le testateur et qu'il lui en a été donné lecture fait preuve jusqu'à inscription de faux (Cass. 1re civ., 18 déc. 2013, n° 12-12.210 : *JurisData* n° 2013-031268. – Cass. 1re civ., 12 janv. 2014, n° 13-18.383 : *JurisData* n° 2014-013030. – Cass. 1re civ., 1er avr. 2015, n° 13-22.367 : *JurisData* n° 2015-007557. – Cass. 1re civ., 29 mai 1962 : *D.* 1962, p. 627).

• **Limite**

850 On peut, sans être obligé de recourir à la voie de l'inscription de faux être admis à prouver que le testateur n'était pas sain d'esprit, malgré l'énonciation contraire du testament authentique, cette énonciation n'exprimant que l'opinion du notaire sur un état mental que la loi ne l'a pas chargé de constater (jurispr. constante. – V. Cass. req., 5 juill. 1988 : *DP* 1989, 1, p. 151. – Plus récemment Cass. 1re civ., 25 mai 1987 : *JCP* N 1988, II, p. 39, obs. J.-F. Pillebout ; *Defrénois* 1988, art. 34167, p. 254, obs. A. Breton. – V. égal. Cass. 1re civ., 12 juin 2014, n° 13-20.582 : *JurisData* n° 2014-013030).

C Testament mystique

851 Le testament mystique est un testament sous seing privé, remis cacheté par le testateur en présence de deux témoins à un notaire, qui dresse un acte de suscription, en brevet. Le tout est soit conservé par le notaire, soit remis au testateur.
Cette forme de testament participe ainsi à la fois du testament authentique par l'acte de suscription et du testament olographe en raison de son caractère secret.

852 En pratique, ce procédé testamentaire est rarement employé et convient essentiellement à ceux qui ne peuvent ou ne savent écrire. La seule condition exigée du testateur est qu'il sache lire.

853 D'autre part, le fait qu'il soit dressé acte de suscription par le notaire lors de la remise du testament ne met pas ce dernier à l'abri d'éventuelles irrégularités de forme ou de fond. Aussi

est-il préférable pour le testateur de s'informer préalablement auprès d'un notaire des conditions générales de rédaction d'un testament.

1 Conditions d'établissement

• **Testateur**

854 Comme cela vient d'être précisé, le testateur doit savoir lire pour pouvoir tester en la forme mystique (C. civ., art. 978 ; pour une application, V. Cass. 1re civ., 12 oct. 2022, n° 21-11.408, FS-B : *JurisData* n° 2022-016546 ; *JCP* N 2022, act. 989 et B. Beignier, *Du testament d'un malvoyant et de la clairvoyance de son notaire : JCP* N 2023, 1007).

855 **Muet.** Le testateur muet sachant écrire peut faire un testament mystique aux conditions suivantes :
– que le testament soit signé de lui et écrit par lui ou par un autre ;
– qu'il le présente au notaire et aux témoins, et qu'au haut de l'acte de suscription il écrive, en leur présence, que le papier qu'il présente est son testament et signe.
Après quoi le notaire écrit l'acte de suscription dans lequel il est fait mention que le testateur a écrit et signé ces mots en présence du notaire et des témoins (C. civ., art. 979).

856 **Incapacité de signer.** Si le testateur ne sait signer ou n'a pu le faire lorsqu'il a fait écrire ses dispositions, il en est fait mention à l'acte de suscription (C. civ., art. 977).

• **Témoins**

857 La présence réelle de deux témoins est exigée (leur nombre ne pourrait être diminué par la présence d'un deuxième notaire).

858 **Qualités.** Les conditions requises pour être témoins sont les mêmes que celles exigées pour les testaments authentiques (V. *supra*, B). Cependant, toutes les incapacités édictées par l'article 975 du Code civil frappant les légataires ou leurs parents et alliés jusqu'au quatrième degré, ainsi que les clercs de notaire, ne sont pas applicables en matière de testament mystique.

• **Remise du testament**

859 Le papier contenant les dispositions testamentaires ou celui qui sert d'enveloppe est clos, cacheté et scellé. Ainsi, le dispositif utilisé doit aboutir à rendre impossible la lecture du document et empêcher tout enlèvement ou substitution du testament.

Puis le testateur le présente ainsi clos, cacheté et scellé au notaire et à deux témoins (ou il le fait clore, cacheter et sceller en leur présence).

860 **Déclarations.** Le testateur déclare ensuite :
– que le contenu de ce papier est bien son testament, signé de lui (toutefois, la signature n'est pas rigoureusement indispensable) ;
– qu'il a été écrit par lui ou par un autre, en affirmant dans ce dernier cas qu'il en a personnellement vérifié le libellé ;
– dans tous les cas, le mode d'écriture employé : à la main ou mécanique (C. civ., art. 976, al. 2).

• **Acte de suscription**

861 Le notaire dresse alors en brevet l'acte de suscription qu'il écrit ou fait écrire à la main ou mécaniquement sur le testament lui-même ou sur la feuille qui lui sert d'enveloppe ; cet acte portera la date et l'indication du lieu où il a été passé, la description du pli et de l'empreinte du sceau, et mention de toutes les formalités ci-dessus.
L'acte de suscription doit être signé par le testateur, par les témoins et par le notaire.
Les formalités prescrites par l'article 976 doivent être faites de suite et sans divertir à d'autres actes (C. civ., art. 976, al. 3 et 4).

862 **Mentions particulières.** Dans l'hypothèse d'un testament non signé par le testateur lorsque celui-ci fait écrire ses dispositions, il sera fait, en outre, mention que le testateur a déclaré ne savoir signer ou n'avoir pu le faire (C. civ., art. 977).
Lorsque, par suite d'un empêchement survenu depuis la signature du testament, le testateur ne peut signer l'acte de suscription, il est fait mention de la déclaration qu'il en a faite et du motif qu'il en a donné (C. civ., art. 976, al. 5).

863 **Portée de la date.** Aucun texte du Code civil n'exige que les dispositions de dernières volontés contenues dans un testament mystique soient datées. Aussi, est-il important de souligner que la date du testament mystique est celle de l'acte de suscription (CA Toulouse, 7 juin 1880 : *DP* 1881, 2, p. 53).
Les questions d'antériorité (pluralité de testaments) ou de capacité du testateur (sanité d'esprit, etc.) s'apprécient donc à la date de l'acte de suscription.

• **Inobservation des formalités**

864 L'inobservation des formalités légales entraîne la nullité du testament mystique (C. civ., art. 979, al. 2). Ainsi un testament a été annulé

en raison de ce que la déclaration rapportée dans l'acte de suscription ne précisait pas qui avait dactylographié le testament (CA Lyon, 1er juill. 1980 : *JurisData* n° 1980-699516 : *JCP* N 1983, II, p. 169, obs. M. Dagot ; *Defrénois* 1981, art. 32668, p. 764, obs. D. Roux).
Cependant, il peut valoir comme testament olographe, si toutes les conditions requises pour sa validité comme tel sont remplies, même s'il a été qualifié de testament mystique (C. civ., art. 979, al. 2).

2 Force probante

• Acte de suscription

865 L'acte de suscription (notarié, rappelons-le) fait foi jusqu'à inscription de faux des constatations et déclarations faites par le notaire lui-même, et en particulier de sa date.

• Écrit testamentaire

866 Le contenu du testament mystique a la même valeur probante qu'un acte sous seing privé. Aussi, la sincérité de l'écrit tout comme la signature de l'acte peuvent être contestées par la voie de la procédure de vérification d'écriture, sans avoir à recourir à celle de l'inscription de faux.

D Testament international

867 La Convention de Washington du 26 octobre 1973, portant loi uniforme sur la forme d'un testament international, a créé une nouvelle forme de testament, qui s'ajoute à celles précédentes admises par le droit interne. Le testateur peut donc y avoir recours en dehors de tout contexte international. Cette forme de testament est acceptée par les divers États contractants, en sorte que, dès lors que les règles de forme du testament international sont respectées, il n'y a pas à s'interroger davantage sur la loi régissant la forme du testament.
Cette convention a été ratifiée par la loi n° 94-320 du 25 avril 1994. La publication a été effectuée par le décret n° 94-990 du 8 novembre 1994. Elle est entrée en vigueur en France, le 1er décembre 1994.
Un testament authentique qui ne répond pas aux exigences des articles 971 et suivants du Code civil est néanmoins valable s'il satisfait à celles de la Convention de Washington du 28 octobre 1973 portant loi uniforme sur la forme d'un testament international, entrée en vigueur en France le 1er décembre 1994. Ainsi, le testament international constitue un moyen de sauvegarder les dispositions testamentaires du défunt (Cass. 1re civ., 12 juin 2014, n° 13-18.383 : *JurisData* n° 2014-013014 ; *JCP* N 2014, n° 26, act. 729, note F. Hébert ; *JCP* N 2015, n° 10, 1089-11, obs. R. Le Guidec. – Cass. 1re civ., 5 sept. 2018, n° 17-26.010 : *JurisData* n° 2018-014930 ; *JCP* N 2018, 728 ; *Dr. famille* 2018, n° 11, comm. 263, M. Nicod. – A. Tani, *Le sauvetage du testament authentique en testament international. Affirmation d'un formalisme « raisonné »* : *JCP* N 2018, 1314).

• Écrit

868 Le testament doit être fait par écrit. Il n'est pas nécessairement écrit par le testateur lui-même. Il peut être en une langue quelconque, à la main ou par un autre procédé (L. uniforme, art. 3). La Cour de cassation a précisé que le testament devait être rédigé en une langue comprise par le testateur (Cass. 1re civ., 2 mars 2022, n° 20-21.068, FS-B : *JurisData* n° 2022-002804 ; *JCP* N 2022, act. 365, note F. Hébert : testament rédigé en langue française avec le concours d'un interprète italien).

• Déclaration du testateur devant témoins

869 Le testateur déclare en présence de deux témoins et d'une personne habilitée à instrumenter à cet effet que le document est son testament et qu'il en connaît le contenu.
Le testateur n'est pas tenu de donner connaissance du contenu du testament aux témoins ni à la personne habilitée (L. uniforme, art. 4).
Les personnes habilitées à instrumenter sont : sur le territoire de la République française, les notaires ; à l'égard des Français à l'étranger, les agents diplomatiques et consulaires français (L. n° 94-337, 29 avr. 1994, art. 1er).
Cependant, la Cour de cassation a adapté ce formalisme afin de favoriser la conversion du testament authentique vicié en testament international. En l'absence de témoin, la présence de deux notaires suffit à retenir cette qualification. L'obligation issue de la convention de Washington de déclarer sa volonté et de signer le testament en présence de deux témoins et d'un notaire, est satisfaite dès lors que ces formalités ont été accomplies en présence de deux notaires, « par équivalence des conditions prévues en droit interne à l'article 971 du Code civil » (Cass. 1re civ., 5 sept. 2018, préc.).

• Signature

870 En présence des témoins et de la personne habilitée, le testateur signe le testament ou, s'il l'a signé précédemment, reconnaît et confirme sa signature.

Si le testateur est dans l'incapacité de signer, il en indique la cause à la personne habilitée, qui en fait mention sur le testament.
Les témoins et la personne habilitée apposent sur le champ leur signature sur le testament, en présence du testateur (L. uniforme, art. 5).
Les signatures doivent être apposées à la fin du testament. Si celui-ci comporte plusieurs feuilles, chaque feuillet doit être signé et numéroté (L. uniforme, art. 6).

• **Date**

871 La date du testament est celle de sa signature par la personne habilitée. Cette date doit être apposée à la fin du testament (L. uniforme, art. 7).

• **Attestation**

872 La personne habilitée joint au testament une attestation portant sur l'identité du testateur et des témoins, la capacité de ces derniers. Sauf preuve contraire, cette attestation est acceptée comme preuve suffisante de la validité formelle du testament (L. uniforme, art. 9 à 12).

POUR ALLER PLUS LOIN

Fascicule JurisClasseur

• *JCl. Notarial Formulaire*, V[is] *Partage testamentaire, Testament, Testament international*.

Bibliographie

• M. Grimaldi, *Droit des successions*, LexisNexis, coll. « Manuel », 8e éd. 2020.

• V. Savarit et M. Beautier, *Formalisme du testament olographe : quelques conseils pratiques relatifs à sa rédaction* : *JCP* N 2021, 1344.

Fiche 15

Legs

Sommaire

Introduction 147
I Conditions de fond 148
A Désignation du légataire 148
1 Mode de désignation 148
2 Prohibition du legs avec faculté d'élire 149
B Objet du legs 149
1 Nature patrimoniale 149
2 Détermination 150
3 Propriété du bien légué 150
II Classification des legs 151
A Legs universel 152
1 Notion 152
2 Effets 153
B Legs à titre universel 154
1 Notion 154
2 Effets 154
C Legs particulier 155
1 Notion 155
2 Effets 155
III Inefficacité des legs 156
A Révocation 156
1 Révocation volontaire 156
2 Révocation judiciaire 158
B Caducité des legs 159
1 Décès du légataire avant le testateur 160
2 Incapacité du légataire 160
3 Renonciation à un legs 160
4 Perte de la chose léguée 160
5 Cantonnement 161
C Conséquences de l'inefficacité 161
1 Substitution vulgaire 161
2 Accroissement 161
3 Dévolution aux débiteurs du legs 162

Introduction

873 Si les testaments sont soumis à des conditions de forme (V. Fiche 14 : Règles de forme des testaments), les dispositions testamentaires sont soumises à des règles de fond. Certaines d'entre elles ont été abordées lors de l'étude des dispositions légales communes aux diverses libéralités : consentement, capacité ; sur ce point, le lecteur est invité à se reporter aux développements *supra* (V. Fiche 11 : Dispositions communes). D'autres règles de fond sont spécifiques au testament : désignation du légataire, désignation de l'objet du legs. Il convient à cet égard de souligner le rôle des tribunaux qui, en cas d'ambiguïté ou de maladresse de rédaction, s'attachent à rechercher l'intention du disposant et « sauvent » ainsi bon nombre de dispositions. De plus, le testateur peut parfois faire sous forme de charge ce qu'il n'aurait pu faire par un legs ou assortir un legs de conditions (V. J. Hérail, *Charges et conditions dans les legs : JCP* N 2007, 1102).

874 Même valable dans la forme et dans le fond, une disposition testamentaire peut être privée d'effet, en raison de sa révocation ou de sa caducité, c'est-à-dire par suite d'un acte ou d'un événement survenu après la confection du testament. Il faut alors rechercher à qui profite l'inefficacité du legs.

875 L'exécution du testament présente principalement deux aspects :
– d'une part, le légataire, alors même qu'il est propriétaire du bien légué dès le décès, ne peut pas toujours l'appréhender immédiatement, soit qu'il doive obtenir la délivrance de son legs, soit qu'un envoi en possession s'impose afin de contrôler

son titre (pour les successions ouvertes à compter du 1er novembre 2017, la procédure judiciaire d'envoi en possession est rendue facultative par la loi n° 2016-1547 du 18 novembre 2016 de modernisation de la justice du xxie siècle : il reviendra au notaire de procéder à diverses vérifications lors du procès-verbal de dépôt du testament, l'envoi en possession ne devenant nécessaire qu'en cas d'opposition) ;
– et, d'autre part, le testateur a pu désigner une personne, chargée de veiller au respect de ses dernières volontés, voire de les exécuter : l'exécuteur testamentaire.

876 Il conviendra aussi de classifier les différents legs : universel, à titre universel et particulier car les droits et obligations de leur bénéficiaire ne sont pas les mêmes selon le genre de legs.

877 La loi n° 2006-728 du 23 juin 2006 a peu modifié la matière ; on notera cependant la faculté ouverte au légataire de cantonner son legs et l'accroissement des pouvoirs de l'exécuteur testamentaire.

• Textes

- C. civ., art. 1002 à 1047.

I Conditions de fond

878 Outre les conditions de fond communes à toutes les libéralités, en particulier quant au consentement du testateur, à la capacité de disposer et à celle de recevoir (V. Fiche 11 : Dispositions communes), la validité des dispositions testamentaires nécessite la désignation du légataire par le testateur (A) ; de son côté, l'objet du legs doit satisfaire à certaines règles (B).

A Désignation du légataire

879 Le testateur doit désigner lui-même son légataire ou ses légataires (1°), et non en abandonner le choix au libre arbitre d'un tiers (2°).

1 Mode de désignation

• Désignation directe

880 Le légataire peut être désigné directement ; il est alors individualisé : M. Durand, La Croix-Rouge française.

881 La Cour de cassation reconnaît aux juges du fond le pouvoir de corriger la désignation erronée (Cass. civ., 6 avr. 1891 : *DP* 1892, 1, p. 279), ou de préciser une désignation incomplète. Le legs au profit d'une association ayant un objectif de santé soulève parfois des difficultés ; ainsi l'institution de « la recherche sur le cancer » pour légataire universelle doit être interprétée comme visant des organismes ayant une activité directe de recherche et non ceux collectant des fonds (V. par ex., CA Paris, 23 janv. 2001, n° 1998/22775 : *JurisData* n° 2001-140039 ; *JCP* N 2002, n° 3, en bref, 17).

• Désignation indirecte

882 La désignation du légataire est indirecte quand, sans désigner nommément le légataire, le testateur fournit des éléments distinctifs : mes neveux, mes héritiers naturels, etc. Cette façon de procéder est valide mais les tribunaux sont souvent appelés à interpréter la volonté du disposant. Il a ainsi été jugé qu'en disposant au profit de ses neveux et nièces un testateur avait voulu gratifier aussi bien ceux par le sang que ceux par alliance (Cass. civ., 19 oct. 1954 : *D.* 1955, somm. p. 12). De plus, il est indispensable que le testament contienne un minimum d'indications pour que le légataire puisse être identifié.

• Exhérédation

883 Le testateur peut écarter de sa succession un ou plusieurs successibles. Par exemple, un testateur ayant trois frères prive l'un d'entre eux de tous droits dans sa succession, qui est donc dévolue aux deux autres.
Si l'on s'en tient à une jurisprudence ancienne, il semble que les héritiers qui viennent à la succession ou dont la part héréditaire se trouve accrue à la suite d'une exhérédation, succèdent en qualité de légataires (CA Aix, 28 juin 1948 : *JCP* 1948, II, 4617). La prudence doit toutefois être de mise avec l'adage : « Exhéréder, c'est instituer » puisqu'il est également possible de considérer que les successibles non évincés viennent

à la succession comme héritiers et non comme légataires, l'exhérédation d'un successible ne les instituant donc pas légataires.

• **Interprétation**

884 Afin de respecter dans toute la mesure du possible les volontés du défunt, les tribunaux n'hésitent pas à interpréter des dispositions qu'une stricte lecture condamnerait comme adressées à des personnes incapables ou inexistantes lors du décès (sur la question, V. not. A. Ponsard, *Sur quelques difficultés relatives à l'interprétation du testament, le rôle du juge dans la détermination du légataire ou du bénéficiaire d'une charge* : *JCP* 1957, I, 1385). Ainsi, le legs fait à un orphelinat, incapable de recevoir, a pu être attribué à un organisme poursuivant un but charitable similaire (Cass. 1re civ., 28 févr. 1955 : *Bull. civ.* I, n° 93) ; l'aquarelle léguée au musée Cézanne, qui n'existe pas, a été remise aux Musées nationaux, pour être exposée dans la salle Cézanne du musée du Jeu de Paume (Cass. 1re civ., 19 déc. 1972 : *JCP* N 1973, prat. 5589), une congrégation reconnue peut être substituée à un établissement qui en dépend et incapable de recevoir (Cass. req., 30 oct. 1934 : *DH* 1934, p. 569).

2 Prohibition du legs avec faculté d'élire

• **Principe**

885 Le legs avec faculté d'élire est la libéralité faite à une personne qui n'est pas choisie par le disposant, lequel laisse le soin de désigner, après sa mort, le bénéficiaire (par ex. : je lègue 10 000 € à une œuvre qui sera choisie par M. X.).
Un tel legs est frappé de nullité. Cette nullité n'est édictée par aucun texte mais résulte d'un arrêt de principe de la Cour de cassation du 12 août 1863 (Cass. civ., 12 août 1963 : *DP* 1863, 1, p. 356. – V. aussi CA Dijon, 1er avr. 1998 : *Dr. famille* 1999, comm. 29, obs. B. Beignier : « legs à telle œuvre humanitaire que mon fils jugera nécessiteuse »). La prohibition repose principalement sur deux considérations : le testateur doit choisir son légataire et non pas en abandonner le choix à un tiers, qui serait le véritable disposant ; avant l'élection du légataire, les biens successoraux seraient sans maître, ce qui n'est pas concevable ; enfin, on peut craindre de la part de l'élu une pression exercée par ce dernier sur le tiers désignant.

• **Atténuations**

886 La jurisprudence atténue selon les cas la rigueur de la prohibition du legs avec faculté d'élire.

887 **Legs avec charge.** Elle admet le legs fait à une personne désignée, avec charge au profit d'une autre, à choisir par celle grevée de la charge (CA Paris, 12 nov. 1937 : *JCP* 1938, II, 535, obs. R. D. ; *DP* 1938, 2, p. 1 et sur pourvoi : Cass. req., 14 janv. 1941 : *DA* 1941, p. 102 ; *JCP* 1941, II, 1699, obs. P. Voirin). Le procédé n'encourt pas le grief de laisser le patrimoine sans titulaire.

888 **Mandat de répartition.** Des décisions ont admis le procédé qui consiste à faire un legs à diverses personnes et à donner mandat à une tierce personne de le répartir, en appréciant la part de chacun (Cass. civ., 17 juill. 1922 : *DP* 1924, 1, p. 5, obs. Bartin) mais le legs avec mandat de répartition confine à la faculté d'élire, le tiers répartiteur pouvant réduire l'un des bénéficiaires à la portion congrue (P. Voirin, note ss Cass. 1re civ., 14 nov. 1966 : *JCP* G 1967, II, 14973) ; aussi cette jurisprudence semble remise en cause par un arrêt de la première chambre civile de la Cour de cassation, du 6 mars 1984 (Cass. 1re civ., 6 mars 1984 : *Defrénois* 1985, art. 33466, p. 193, note A. Breton ; *D.* 1985, p. 54, même note ; *RTD civ.* 1985, p. 431, obs. J. Patarin), privant d'effet un codicille par lequel le testateur donnait à son exécuteur tous pouvoirs pour apprécier l'opportunité de délivrer la totalité ou partie seulement d'un legs.

889 **Mission de l'exécuteur testamentaire.** Le legs à une œuvre d'orphelins choisie par l'exécuteur testamentaire de la disposante n'a pas été regardé comme un legs avec faculté d'élire, la testatrice ayant exprimé son intention de léguer ses biens à une œuvre d'orphelins et la tâche de l'exécuteur testamentaire consistant seulement à concrétiser cette volonté (CA Riom, 26 oct. 1964 : *D.* 1965, p. 202, obs. R. Verdot, maintenu par Cass. 1re civ., 14 nov. 1966 : *JCP* G 1967, II, 14973 ; *D.* 1967, p. 427, obs. R. Savatier).

B Objet du legs

1 Nature patrimoniale

890 Seules les choses qui sont dans le commerce peuvent être léguées. Les choses hors commerce ne peuvent donc pas l'être.

2 Détermination

• **Nécessité**

891 Le testament doit indiquer la chose léguée : legs universel, à titre universel ou particulier. Spécialement, lorsqu'il s'agit d'un legs particulier, son objet doit être déterminé ou déterminable au jour du décès, à peine de nullité (Cass. 1re civ., 16 mars 1999 : *JCP* G 1999, p. 1015, note B. Beignier ; *Dr. famille* 1999, comm. 47, note B. Beignier).
Cette obligation ne fait toutefois obstacle ni aux legs de chose de genre (c'est-à-dire de choses fongibles ; par ex., une certaine quantité d'une denrée. V. *JCl. Roulois*, Fasc. 1130, *Biens*), ni au legs alternatif, soit d'une chose soit d'une autre (l'usufruit d'un bien ou une rente viagère, par exemple).

• **Interprétation**

892 Il appartient aux juges du fond d'interpréter la volonté du défunt. La question se pose notamment à propos de la qualification de legs universel ou à titre universel.
Il peut aussi arriver que l'imprécision des termes utilisés par le testateur ne permette pas de connaître l'exact montant du legs ; aussi, les tribunaux n'hésitent pas à interpréter la volonté du testateur pour en déterminer l'objet (exemples : legs d'une rente viagère dont le montant n'a pas été prévu expressément, détermination de l'étendue du legs d'un droit d'usage et d'habitation).

3 Propriété du bien légué

893 Le testateur peut léguer un bien qui ne lui appartient pas lors de la confection, mais dont il est propriétaire à l'époque de son décès.

894 Le legs, essentiellement à titre particulier, du bien d'autrui est prohibé (*a*) ; le legs d'un bien indivis n'est pas considéré comme portant sur le bien d'autrui mais son efficacité est incertaine (*b*).

a) Legs du bien d'autrui

• **Nullité**

895 Lorsque le testateur a légué la chose d'autrui, le legs est nul, que le testateur ait connu ou non qu'elle ne lui appartenait pas (C. civ., art. 1021).

• **Domaine**

896 La prohibition d'un legs de la chose d'autrui ne s'applique pas au legs de chose de genre ; il appartient alors à l'héritier (ou au légataire universel) de se la procurer, si elle n'existe pas dans la succession.
Il n'y a pas legs de la chose d'autrui dès lors que le testateur a un droit même éventuel dans le bien légué. Par suite, le legs d'un bien indivis n'est pas regardé comme le legs de la chose d'autrui au sens de l'article 1021 du Code civil (Cass. civ., 6 juin 1883 : *DP* 1884, 1, p. 33. – V. *infra*, *b*) ; le testateur a un droit éventuel : il peut être attributaire du bien par le partage. En revanche, le legs d'un immeuble détenu au travers d'une société constitue un legs de la chose d'autrui (Cass. 1re civ., 15 mai 2018, n° 14-11.123 : *JurisData* n° 2018-008107 ; *Dr. famille* 2018, n° 9, comm. 216, Nicod ; *D.* 2018, 1073 ; *RTD civ.* 2018, n° 3, 723, obs. Grimaldi). C'est vers le legs des parts sociales qu'il faut alors se tourner.

• **Legs avec charge**

897 L'article 1021 du Code civil n'étant pas d'ordre public, le testateur peut imposer à son héritier la charge de procurer au légataire la propriété de la chose léguée. Cette volonté peut être déduite par les juges du fond de l'ensemble des dispositions testamentaires (Cass. 1re civ., 20 févr. 1957 : *Gaz. Pal.* 1957, 1, p. 423, maintenant CA Poitiers, 5 mai 1954 : *JCP* 1955, II, 8742, obs. P. Voirin).
Cette obligation peut être assortie d'une clause pénale privant de son legs le légataire grevé, ou l'héritier réservataire de sa part dans la quotité disponible, en cas d'inexécution de la charge (Cass. 1re civ., 9 oct. 1961 : *Gaz. Pal.* 1961, 2, p. 304). Plus généralement, la jurisprudence encadre la clause pénale : elle ne doit pas avoir pour effet de porter une atteinte excessive au droit d'agir en justice (Cass. 1re civ., 16 déc. 2015, n° 14-29.285 P : *D.* 2016, 578, note Le Bars ; *ibid.* 566, obs. Mekki. V. égal. Cass. 1re civ., 31 mars 2021, n° 19-24.407, F-D : *JurisData* n° 2021-004749 ; *JCP* N 2021, act. 445), ni au droit de tout indivisaire de demander le partage (Cass. 1re civ., 13 avr. 2016, n° 15-13.312 P. – Cass. 1re civ., 5 oct. 2016, n° 15-25.459 : *JurisData* n° 2016-020277 ; *Dr. famille* 2016, comm. 259, note Nicod).

b) Legs de bien indivis

• **Distinction**

898 Le legs de **droits indivis** ne soulève pas de difficulté, le testateur disposant ainsi de ce qui lui appartient : le légataire vient au partage comme le testateur y fût venu.
Quant au legs d'un **bien indivis**, il ne constitue pas un legs de la chose d'autrui (V. *supra*, *a*) et n'est

donc pas frappé de nullité mais cela ne signifie pas que ce legs produit son effet. Il faut distinguer selon que l'indivision ne comporte qu'un bien ou que le bien légué dépend d'une masse indivise. Ce sont ces deux situations que nous allons étudier.

• **L'indivision ne comprend qu'un bien**

899 Si l'indivision ne comprend qu'un bien, celui légué (le plus souvent à la suite d'un achat en indivision), le légataire participe au partage, de la même manière que le testateur l'eût fait. Il peut donc recevoir le bien légué, à charge d'une soulte, recevoir une soulte si le bien revient en nature à un autre copartageant ou encore être attributaire d'une partie du bien s'il est partageable en nature.

• **Le bien dépend d'une masse indivise**

900 **Biens communs.** S'il s'agit d'une communauté entre époux, le legs s'exécute soit en nature soit en équivalent en argent (C. civ., art. 1423, al. 2. – V. *JCl. Roulois*, Fasc. 1490, *Régimes matrimoniaux*).

Cette disposition de la loi n'est pas applicable au legs d'un bien dépendant d'une indivision, fût-elle post-communautaire (Cass. 1re civ., 16 mai 2000 : *JCP* N 2002, 1010, obs. F. Sauvage ; *JCP* N 2002, 1193, chron. R. Le Guidec ; *RTD civ.* 2000, p. 879, obs. J. Patarin) ; néanmoins un testateur pourrait l'adopter.

901 **Autre indivision.** Dans les autres cas (indivision successorale, post-communautaire,…), l'efficacité du legs dépend des attributions du partage :

– si la chose léguée tombe au lot de la succession du testateur, le legs s'exécute et les héritiers doivent remettre au légataire le bien à lui légué (Cass. 1re civ., 2 juin 1987 : *JCP* N 1987, prat. 367 ; *Defrénois* 1988, art. 34227, p. 521, obs. A. Breton) ;

– si, au contraire, le bien légué est attribué à un coïndivisaire autre que les héritiers du testateur, par l'effet déclaratif du partage le testateur est censé n'avoir jamais eu de droit sur ce bien et le légataire ne recueille pas le legs (Cass. civ., 21 juin 1927 : *DP* 1928, 1, p. 51, obs. Célice) ;

– cependant, les tribunaux admettent parfois que le testateur a voulu imposer à son héritier la charge de se procurer la chose léguée et de la transmettre au légataire, cette charge pouvant d'ailleurs être tacite (Cass. 1re civ., 20 févr. 1957. – Cass. 1re civ., 8 oct. 2014, n° 13-19.399 : *JurisData* n° 2014-023303). Lorsque le bien est indivis entre le testateur et son héritier, la disposition peut s'analyser soit en un legs de bien indivis – l'efficacité du legs dépend alors des résultats du partage – soit en une charge imposée à l'héritier.

REMARQUE Le testateur peut consentir un legs avec charge et, afin de prévenir la résistance éventuelle de l'héritier ou du légataire, assortir le legs d'une clause pénale privant l'héritier de tout droit dans la succession ou la quotité disponible ou le légataire universel de son legs. Elle doit cependant être rédigée dans les limites énoncées ci-dessus (V. *supra*, n° 897).

II Classification des legs

902 L'article 1002 du Code civil distingue les dispositions testamentaires universelles, celles à titre universel et celles à titre particulier.

903 Cette classification est importante en pratique puisque les droits et obligations des légataires varient suivant que ceux-ci ont vocation à une universalité (legs universel ou à titre universel) ou à un ou plusieurs biens déterminés (legs particulier). Le légataire universel ou à titre universel est tenu *ultra vires* des dettes du défunt, alors que le légataire particulier ne peut, sauf exception, être contraint au paiement du passif successoral. L'appartenance d'un legs à telle ou telle catégorie commande les formalités relatives à son exécution (V. *infra*, IV) et aussi le droit aux fruits et revenus. Les règles de l'accroissement ne sont pas les mêmes selon les différents types de legs (V. *infra*, III).

904 Notons que la qualification faite par le testateur ne s'impose pas et que le juge peut requalifier le legs en considération de son objet véritable.

905 Nous étudierons successivement : le legs universel (A), celui à titre universel (B) et le legs particulier (C).

A Legs universel

906 L'article 1003 du Code civil définit le legs universel comme la disposition testamentaire par laquelle le testateur donne à une ou plusieurs personnes l'universalité des biens qu'il laissera à son décès.
La définition a besoin d'être nuancée, le testateur peut aussi faire des legs à titre universel ou à titre particulier, en sorte que le légataire universel ne recueille pas nécessairement tout l'actif.

1 Notion

• Vocation à l'universalité de la succession

907 La caractéristique principale de ce type de legs est qu'il confère à son bénéficiaire une vocation à recueillir l'intégralité de la succession, quel que soit en fait l'émolument recueilli par le légataire universel (Cass. 1re civ., 25 mars 1981 : *JCP* N 1982, II, p. 29, obs. Ph. Rémy). Le legs universel peut être absorbé par la charge d'exécuter des legs particuliers (jurispr. constante. – V. not. Cass. 1re civ., 8 mai 1973 : *Gaz. Pal.* 1973, 2, p. 893). Ainsi un testateur ayant deux enfants institue un tiers légataire universel, puis énonce divers legs à titre particulier qui épuisent la quotité disponible de sa succession. Le légataire universel, qui ne reçoit rien, n'en conserve pas moins sa qualité ; le cas échéant, il profite de la révocation ou de la caducité d'un legs particulier.
Inversement, un légataire peut recueillir toute la succession en vertu d'un legs à titre universel ou à titre particulier : legs de tous les meubles, dès lors que la succession ne comprend aucun immeuble ; legs de divers biens, désignés au testament et constituant la totalité de la succession.

• Formulation

908 Il n'y a pas de formule sacramentelle pour instituer un légataire universel.

909 Lorsqu'il existe un doute à raison des termes employés par le testateur sur le point de savoir si l'on se trouve en présence d'un legs universel, il faut se demander si le légataire a vocation à l'universalité de la succession. Profitera-t-il de la nullité ou de la caducité d'autres legs ? Si la réponse est affirmative, le legs est universel. Dans le cas contraire on se trouve en présence d'un autre type de legs.

910 **Exemples.** Sont considérés comme des legs universels :
– un legs de la quotité disponible de la succession car le légataire a vocation à recueillir toute la succession s'il n'y a pas de réservataires ou s'ils renoncent ;
– le legs de tous les biens meubles et immeubles du testateur (ceux-ci composant nécessairement la totalité de l'hérédité) ;
– le legs de la nue-propriété de tous les biens, car l'usufruit doit nécessairement s'y réunir un jour (pour le legs de l'usufruit, V. *infra*, B) ;
– le legs du surplus ou de tout ce qui restera de la succession après différentes dispositions à titre particulier.
À l'inverse, il ne peut être question de legs universel, nonobstant la qualification apparente de legs universel, lorsque le disposant a spécifié qu'en cas de prédécès de l'un des deux colégataires, le legs fait à celui-ci n'accroîtrait pas à son colégataire (CA Paris, 13 oct. 1983 : *D.* 1984, IR p. 104).
S'analyse en un legs universel avec charge, la charge imposée à l'enfant légataire universel de délivrer au conjoint survivant un capital-décès d'assurance-vie, lequel ne faisant pas partie de la succession de l'assuré, n'entre pas dans la masse de calcul de la réserve et de la quotité disponible (Cass. 1re civ., 20 mai 2009, n° 08-11.355 : *JurisData* n° 2009-048221).

• Colégataires

911 Si le disposant a institué plusieurs colégataires, l'institution est conjointe et les légataires ont des droits égaux (Cass. 1re civ., 10 janv. 1961 : *Bull. civ.* I, n° 25), sauf bien entendu volonté contraire du disposant. Si le testateur a indiqué les parts recueillies, il faut rechercher s'il a précisé une simple modalité d'exécution – le legs est alors universel – ou si au contraire il a assigné une part à chacun et a délimité cette part, auquel cas le legs est à titre universel. Ainsi, il a été jugé que devait être considérée comme un legs universel et non à titre universel la disposition par laquelle un oncle laissait sa fortune à ses neveux et nièces par parts égales, cette dernière mention n'ayant pas eu pour but de restreindre la vocation héréditaire mais seulement de régler l'exécution du legs et de prévenir toute discussion en écartant le partage par souche et en imposant le partage par tête (CA Amiens, 3 juill. 1912 : *DP* 1913, 2, p. 250).

CONSEIL PRATIQUE **En pratique, il est généralement préférable d'instituer des légataires universels plutôt qu'à titre universel (V. *infra*, IV). La rédaction du testament doit être dépourvue d'ambiguïté.**

• **Faculté de choisir**

912 Le testateur peut instituer l'un de ses héritiers pour légataire de la quotité disponible et préciser les biens qui composeront son legs (Cass. 1re civ., 18 janv. 1961 : *Bull. civ.* I, n° 48) ; il peut également déléguer à son légataire le choix des biens sur lesquels la quotité disponible sera prélevée (Cass. civ., 29 juill. 1890 : *DP* 1891, 1, p. 28. – V. égal. Cass. 1re civ., 11 juill. 1979 : *JCP* G 1981, II, 19556, obs. M. Dagot ; *Defrénois* 1980, art. 32267-36, p. 612, obs. G. Champenois).

2 Effets

• **Option successorale**

913 Le légataire universel peut accepter purement et simplement, accepter à concurrence de l'actif net ou renoncer (C. civ., art. 768. – V. Fiche 6 : Transmission de la succession).
Il a aussi, sauf volonté contraire du disposant, la faculté de cantonner son émolument sur une partie des biens dont il a été disposé en sa faveur, dans les termes de l'article 1002-1 du Code civil (V. *infra*, III).

• **Droits du légataire**

914 La vocation à recueillir l'universalité des biens de la succession signifie :
– que le légataire universel recueillera les biens qui, postérieurement au décès du testateur, seraient reconnus comme dépendant de sa succession : donation avec droit de retour, annulation d'une vente, succession échue au défunt mais ignorée de son vivant, etc. ;
– que c'est lui en principe qui profite de la caducité, nullité ou révocation des autres legs (V. *infra*, III) ;
– qu'il y a toujours accroissement entre plusieurs legs universels ; la nullité, caducité ou révocation d'un legs universel profitant aux colégataires universels.

915 **Renvoi.** Sur l'envoi en possession ou la délivrance de legs, V. *infra*, IV.

916 **Choix des biens.** Lorsque le testateur a laissé au légataire universel la faculté de choisir les biens composant son legs, le prélèvement par celui-ci d'un bien de la succession n'est pas un partage partiel nécessitant le consentement de tous les indivisaires, et l'héritier réservataire ne peut s'opposer au prélèvement dès lors que les juges du fond constatent qu'il ne risque pas de porter atteinte à la réserve (Cass. 1re civ., 11 juill. 1979 : *Bull. civ.* I, n° 211).

917 **Indivision.** S'il existe un ou plusieurs héritiers réservataires, le légataire universel a droit à une quote-part du patrimoine successoral et se trouve en indivision avec les héritiers (Cass. 1re civ., 5 mars 2002, n° 99-18.984 : *JurisData* n° 2002-013314) ; il s'ensuit notamment que, comme eux, il profite des plus-values de l'actif et supporte les moins-values. Jusqu'au partage, le légataire universel ne peut prétendre à la jouissance divise des biens légués (Cass. 1re civ., 3 oct. 2000, n° 98-18.492 : *JurisData* n° 2000-006132).

• **Passif**

918 Il convient de distinguer obligation et contribution au passif.

919 **Obligation.** S'il accepte purement et simplement la succession, il répond indéfiniment des dettes et charges qui en dépendent.
Il n'est tenu des legs de sommes d'argent qu'à concurrence de l'actif successoral net des dettes (C. civ., art. 785).

• **Obligation aux legs de somme d'argent**

920 La loi du 23 juin 2006 réforme le régime de l'obligation aux legs de somme d'argent. Sous le régime en vigueur avant le 1er janvier 2007, le légataire universel était tenu *ultra vires* au paiement des legs de choses de genre, spécialement de somme d'argent (Cass. civ., 1er août 1904 : *DP* 1904, 1, p. 513, note Guillouard).

921 **Contribution.** La contribution du légataire aux dettes, charges et legs détermine la part qu'il supportera définitivement dans ces dettes, charges et legs, lorsqu'il est en présence d'héritier réservataire (la question ne se pose pas en l'absence de réservataire : appelé à recueillir l'universalité de la succession, il supporte le passif en totalité).
L'article 871 du Code civil énonce que le légataire universel contribue avec les héritiers, au prorata de son émolument. En cas de concours avec des héritiers réservataires, il participe aux dettes et charges de la succession proportionnellement à la part recueillie en quotité (moitié en présence d'un descendant, etc.), indépendamment de l'émolument effectivement recueilli (la quote-part peut être diminuée par des legs particuliers). Les héritiers réservataires ne recueillant que la réserve, les legs particuliers sont nécessairement supportés par le légataire universel, sauf le cas de réduction ainsi qu'il est expliqué aux articles 926 et 927 (C. civ., art. 1009. – Les articles 926 et 927 prévoient une réduction proportionnelle, sauf préférence exprimée par le testateur).

EXEMPLE Un défunt laisse un descendant, A légataire universel et Z légataire d'une somme de 30. L'actif au décès, net de dettes, est de 100.
S'il n'y avait pas eu d'héritier réservataire, A aurait recueilli 70 (100 – 30). La quotité disponible étant de moitié, le legs universel est réduit de moitié et le legs particulier est réduit dans la même proportion. Par suite, A reçoit 35 et le légataire particulier 15. Si le défunt avait exprimé la volonté que le legs particulier soit exécuté en toute hypothèse, le légataire particulier recueillerait 30 et le légataire universel 20.

922 **Recours.** Le légataire universel qui a été obligé de payer au-delà de sa part contributive a un recours contre les autres débiteurs.

B Legs à titre universel

923 Le legs à titre universel est celui par lequel le testateur lègue une quote-part des biens dont la loi lui permet de disposer, telle qu'une moitié, un tiers, ou tous ses immeubles, ou tout son mobilier, ou une quotité fixe de tous ses immeubles ou de tout son mobilier (C. civ., art. 1010, al. 1er).

1 Notion

• Quote-part catégorie de biens

924 Constituent des legs à titre universel :
– le legs d'une quote-part du patrimoine (1/3, 1/4, ...) ;
– le legs d'une quote-part de la quotité disponible ;
– le legs de tous les immeubles ou d'une quote-part de ceux-ci ;
– le legs de tous les meubles ou d'une quote-part de ces derniers.

Il convient de préciser que l'absence de biens meubles dans la succession est sans incidence sur la qualification de legs à titre universel du legs de tous les immeubles et qu'il en va de même pour la qualification de legs à titre universel du legs de tous les meubles en l'absence de biens immeubles dans la succession.

En revanche, le legs des biens en France par un testateur qui possède des biens à l'étranger est un legs particulier (Cass. 1re civ., 13 févr. 1973 : *D.* 1973, p. 656, note A. Breton) comme le legs par le testateur de sa part dans la communauté (Cass. 1re civ., 11 juill. 2006, n° 04-14.947 : *JurisData* n° 2006-034531).

• Usufruit

925 Le legs d'usufruit, qu'il porte sur la totalité ou sur une quote-part de la succession, est un legs à titre universel (Cass. req., 29 juin 1910 : *DP* 1911, 1, p. 49, obs. H. Capitant. – V. égal. CA Douai, 4 sept. 1986 : *JurisData* n° 1986-034531), de même l'usufruit d'un bien.

2 Effets

• Droits du légataire

926 Le légataire à titre universel acquiert la propriété des biens compris dans son legs dès le jour du décès.

927 **Indivision.** Si le legs à titre universel est d'une quote-part du patrimoine (par ex., 1/2 ou 1/3 de la succession) le légataire devient copropriétaire de l'hérédité et se trouve par suite dans l'indivision soit avec les héritiers, soit avec les autres légataires, avec toutes les conséquences que cela comporte notamment au point de vue des plus-values ou des moins-values pouvant se produire et du pouvoir de vendre (V. Cass. 1re civ., 5 mars 2002 : *AJ fam.* 2002, p. 186, note S. Deis-Beauquesne).

928 **Propriété divise.** Si le legs à titre universel porte sur tous les immeubles ou sur tous les meubles, il confère au légataire la propriété divise des biens légués (sauf présence d'un héritier réservataire).

929 **Fruits.** Sur le droit aux fruits et revenus, le lecteur est prié de se reporter au IV *infra*.

• Passif

930 **Principe.** En règle générale, on applique au legs à titre universel les mêmes règles que pour le legs universel, qu'il s'agisse d'obligation ou de contribution (V. C. civ., art. 785 et 1012). Sa contribution s'établit au moyen d'une ventilation entre la quotité du legs à titre universel et la valeur intégrale de l'hérédité (Cass. civ., 22 oct. 1918 : *DP* 1922, 1, p. 73).

931 **Legs d'usufruit.** La part contributive de l'usufruit d'une quote-part ou de la totalité de la succession est réglée par l'article 612 du Code civil. À noter que l'article 612 du Code civil ne règle pas seulement la contribution mais aussi l'obligation, en sorte que l'usufruitier ne peut être poursuivi en paiement du passif que dans les mêmes limites (Cass. 1re civ., 11 févr. 1981 : *JCP* N 1981, II, p. 202, note Ph. Rémy).

C Legs particulier

1 Notion

• Définition

932 Le legs particulier, que le Code civil désigne encore « legs à titre particulier », constitue une catégorie résiduelle, puisque le dernier alinéa de l'article 1010 dudit code déclare particulier tout legs qui n'est ni universel ni à titre universel. Le legs particulier est donc celui qui a pour objet un ou des biens déterminés, et non une universalité.

2 Effets

• Droits du légataire

933 **Option.** Le légataire particulier peut accepter le legs ou y renoncer. N'étant pas tenu au passif héréditaire, il ne peut accepter à concurrence de l'actif net.

934 **Legs de corps certain.** Le legs particulier donne au légataire, du jour du décès du testateur, un droit à la chose léguée, lequel droit est transmissible à ses héritiers ou ayants cause (C. civ., art. 1014, al. 1er).

La chose léguée doit lui être délivrée avec les accessoires nécessaires, c'est-à-dire les objets sans lesquels cette chose ne pourrait servir à son usage habituel et ceux qui y sont attachés par une disposition de la loi ou par la volonté du testateur (C. civ., art. 1018).

Lorsque celui qui a légué la propriété d'un immeuble, l'a ensuite augmentée par des acquisitions, ces acquisitions, fussent-elles contiguës, ne seront pas censées, sans une nouvelle disposition, faire partie du legs. Il en est autrement des embellissements ou des constructions nouvelles ou d'un enclos dont le testateur a augmenté l'enceinte (C. civ., art. 1019).

935 **Action en nullité.** Le légataire à titre particulier n'a pas qualité pour agir en nullité du testament (Cass. 1re civ., 17 févr. 2010, n° 08-21.927 : *JurisData* n° 2010-051684) alors que le légataire d'un legs portant sur « le reste » ou « le surplus » de biens implique une vocation au tout, de sorte que ce légataire a qualité et intérêt à agir en annulation d'un legs particulier (CA Reims, 1re ch. civ., 2e sect., 16 avr. 2021, n° 19/02480 : *JurisData* n° 2021-005920. – A. Tani, *Le légataire est-il recevable à invoquer l'insanité d'esprit du testateur ? : JCP* N 2021, 1266).

• Rédaction du testament

936 Afin de prévenir les difficultés d'interprétation, il est souhaitable que le testament précise l'intention du testateur sur le sort des accessoires ainsi que des acquisitions ultérieures éventuelles.

937 **Legs de chose de genre.** Si le legs porte sur une chose de genre et notamment d'une somme d'argent, le légataire est titulaire d'un droit de créance (V. Cass. 1re civ., 26 sept. 2012, n° 11-16.244, 976 : *JurisData* n° 2012-021465, legs à un tiers du prix de vente d'un bien réinvesti dans un contrat d'assurance sur la vie au bénéfice d'un neveu).

Il dispose en garantie de l'exécution du legs d'une hypothèque légale sur les immeubles de la succession (C. civ., art. 1017, al. 2) ainsi que du privilège de séparation des patrimoines (C. civ., art. 2374, 6°. – V. *JCl. Roulois*, Fasc. 1680, *Sûretés*).

• Passif

938 **Principe.** Des dispositions des articles 871 et 1024 du Code civil, il résulte que le légataire à titre particulier n'est pas tenu des dettes de la succession.

939 **Exceptions.** Toutefois, ce principe se trouve évincé :
– si le testateur en a décidé autrement ;
– en cas de legs d'un immeuble grevé d'hypothèque ; le légataire peut être obligé de désintéresser le créancier pour conserver son bien mais, en ce cas, il dispose d'une action contre les héritiers ou les légataires tenus au passif (C. civ., art. 874).

• Legs à un créancier, un salarié

940 Enfin, il y a lieu de remarquer que le legs au créancier n'est pas censé fait en compensation de sa créance, ni le legs au salarié en compensation de ses salaires (C. civ., art. 1023), à moins qu'il n'en ait été ordonné autrement par le testateur.

III

Inefficacité des legs

941 La révocation et la caducité ont pour résultat d'ôter à un legs son efficacité. Malgré cette identité de conséquences, la révocation et la caducité des legs sont des institutions bien distinctes : alors que la révocation peut résulter de la seule volonté du testateur ou être judiciaire en raison de l'inexécution des charges du legs, la caducité résulte d'événements indépendants de la volonté du testateur ou du respect de ses dispositions.
Révocation et caducité doivent aussi être distinguées de la nullité, qui sanctionne le non-respect d'une règle de forme ou de fond.
La présente partie abordera : la révocation (A), la caducité (B) et les conséquences communes à l'une et à l'autre (C).

A Révocation

• **Droit discrétionnaire**

942 Le testament est un acte unilatéral, ne prenant effet qu'à compter du décès du testateur ; par conséquent, le testateur peut librement révoquer tout ou partie de ses dispositions testamentaires jusqu'à son décès. Son droit de révoquer est discrétionnaire (pour une application : Cass. 1re civ., 30 nov. 2004, n° 02-20.883 : *JCP* N 2005, en bref, 122 ; *RJPF* 2005, p. 2149, note J. Casey). La révocabilité est d'ailleurs la particularité majeure des dispositions testamentaires.

• **Majeur en tutelle**

943 L'article 476, alinéa 3, du Code civil, dans la rédaction que lui a donnée la loi n° 2006-308 du 5 mars 2007, autorise le majeur en tutelle, notamment, à révoquer seul le testament fait avant comme après l'ouverture de la tutelle (V. Fiche 11 : Dispositions communes, I).

• **Rétractation de révocation**

944 Par application de ce principe de révocabilité, la révocation peut elle-même être révoquée : ce qui est désigné par le terme de rétraction de révocation.

1 Révocation volontaire

a) Révocation expresse

945 Le testateur qui souhaite révoquer son testament peut le faire soit par un testament postérieur, soit par un acte notarié portant déclaration du changement de volonté (C. civ., art. 1035).

• **Forme testamentaire**

946 Un testament en son entier ou un legs peut être révoqué par un acte revêtant la forme d'un testament olographe, authentique, mystique ou international, quelle que soit la forme du testament révoqué en tout ou partie. Aussi, un testament qui n'est pas valable en la forme ne peut emporter révocation de legs antérieurs (Cass. 1re civ., 9 janv. 1979 : *JurisData* n° 1979-000016 ; *Bull. civ.* I, n° 16 ; *JCP* G 1979, IV, 92). En revanche, la révocation est maintenue même si le testament qui la contient est annulé comme contenant une substitution prohibée (Cass. civ., 23 juill. 1867 : *DP* 1867, 1, 329) ou fait à personne incertaine (CA Nîmes, 16 déc. 1901, ss Cass. req., 9 mars 1903 : *S.* 1904, 1, 69) ou au profit d'un enfant adultérin dans le régime antérieur à la loi du 3 janvier 1972 sur la filiation (Cass. civ., 16 juill. 1906 : *DP* 1906, 1, 367).
L'acte doit contenir une clause de révocation ; il peut éventuellement employer la formule générale : « Je révoque toutes dispositions antérieures ». Il peut d'ailleurs se limiter à cette révocation sans contenir l'institution de nouveaux légataires (C. civ., art. 1037).

947 **Legs graduel ou résiduel.** En cas de legs graduel (C. civ., art. 1048 à 1056) ou résiduel (C. civ., art. 1057 à 1061), il est conseillé au testateur de préciser dans son testament, si la révocation susceptible de frapper le grevé aura pour conséquence ou non d'éteindre la vocation du second gratifié.

• **Interprétation**

948 Enfin, la clause révocatoire peut donner lieu à interprétation lorsqu'elle n'est pas rédigée en termes suffisamment clairs. Signalons que la

jurisprudence n'attribue pas à la mention de révocation générale de toutes dispositions antérieures une portée absolue. Ainsi, il a été jugé qu'un testament contenant un legs particulier et déclarant annuler tout testament antérieur, alors qu'un précédent testament contenait un legs particulier d'un autre bien à une autre personne, constituait une disposition ambiguë nécessitant une interprétation des juges du fond. En l'espèce, la cour d'appel a considéré, au vu des circonstances, que la formule n'emportait pas révocation du premier testament (Cass. 1re civ., 13 juin 1979 : *Bull. civ.* I, n° 182).
Ensuite, la circonstance qu'un testament olographe a été révoqué par un testament postérieur n'empêche pas que les juges du fond puissent estimer souverainement qu'il contient la preuve que la testatrice a conféré à l'un de ses héritiers un avantage causé par une intention libérale (Cass. 1re civ., 19 mars 2014, n° 13-14.139, 285 : *JurisData* n° 2014-005214 ; *Dr. famille* 2014, comm. 177, note M. Nicod ; *JCP* G 2015, 165, obs. Le Guidec).

- **Acte notarié**

949 Les règles de forme de cet acte sont proches de celles requises pour l'établissement d'un testament authentique mais il n'y a pas dictée et la présence d'un second notaire ou des témoins n'est requise qu'au moment de la lecture de l'acte par le notaire et de la signature.
Un tel acte (faute de satisfaire à toutes les règles du testament authentique) ne pourrait contenir institution de légataires. Pour la même raison, un époux ne pourrait, dans une donation entre époux, révoquer un testament ; cependant, la libéralité faite au profit du conjoint entraîne la caducité du legs si la seconde libéralité est incompatible avec la première (V. *infra, b*).

b) Révocation tacite

950 Le Code civil prévoit deux cas de révocation tacite, qui sont : la rédaction d'un nouveau testament contenant des dispositions incompatibles avec les premières (*1*) et l'aliénation du bien légué (*2*). La jurisprudence en ajoute un troisième qui est la destruction volontaire du testament par le testateur (*3*).

1) Dispositions ultérieures incompatibles ou contraires

- **Règle**

951 Le Code civil dans son article 1036, prévoit que le testament postérieur, qui ne révoquerait pas expressément les précédents, n'annulerait dans ceux-ci que celles des dispositions y contenues qui se trouveront incompatibles avec les nouvelles, ou qui seront contraires (V. CA Paris, 7 mars 2012, n° 11/01767 : *JurisData* n° 2012-003661 ; et sur la révocation d'un testament révocatoire : Cass. 1re civ., 17 mai 2017, n° 16-17.123 : *Dr. famille* 2017, n° 7-8, comm. 166, M. Nicod).
L'absence de clause révocatoire dans le testament postérieur ne vaut donc pas révocation tacite du ou des précédents testaments, mais peut entraîner finalement application cumulative des différents testaments.
Il s'agit d'une question de fait qui relève du pouvoir souverain d'interprétation des juges du fond.

- **Application**

952 Il a été jugé que le fait, dans un second testament, d'instituer une personne comme légataire universelle de tous ses biens valait révocation tacite d'un précédent legs universel (CA Rouen, 31 janv. 1984 : *JCP* G 1984, II, 20319, obs. M. Dagot), mais aussi que deux legs universels n'étaient pas incompatibles et devaient s'exécuter (Cass. civ., 7 juill. 1886 : *DP* 1887, 1, p. 75).
Des legs particuliers ne sont pas, en principe, révoqués par un legs universel postérieur : le légataire universel recueille alors la succession, sauf à supporter les legs particuliers (V. not. CA Orléans, 15 avr. 1953 : *JCP* N 1954, II, 3829, obs. Dalimier) mais le contraire a aussi été jugé (CA Rouen, 31 janv. 1984 : *JCP* G 1984, II, 20319, obs. M. Dagot).
Ont été jugés incompatibles un legs universel au profit de l'épouse et une donation entre époux de l'usufruit de l'universalité des biens (Cass. 1re civ., 24 avr. 1968 : *JCP* G 1968, II, 15564, obs. M. D.).

> CONSEIL PRATIQUE **Lors de la confection d'un testament il importe que le testateur précise s'il maintient ou révoque les legs antérieurs, ce qui évite une difficulté d'interprétation.**

2) Aliénation du bien légué

953 Aux termes de l'article 1038 du Code civil, toute aliénation, même celle par vente avec faculté de rachat ou par échange, que fera le testateur de tout ou partie de la chose léguée, emportera la révocation du legs pour tout ce qui a été aliéné, encore que l'aliénation postérieure soit nulle, et que l'objet soit rentré dans la main du testateur.

- **Fondement**

954 Le législateur présume que le testateur, lorsqu'il a aliéné le bien qu'il avait légué n'avait

plus la volonté de gratifier le légataire (Cass. 1re civ., 4 juill. 2007, n° 05-16.023 : *JurisData* n° 2007-039912 ; *JCP* N 2007, act. 530 ; *Dr. famille* 2007, comm. 174, note Beignier).
Il s'ensuit notamment que si le bien fait retour dans le patrimoine du testateur, la révocation subsiste néanmoins ; ainsi, l'annulation de la vente à rente viagère laisse intacte la révocation (Cass. 3e civ., 4 juill. 1979 : *Defrénois* 1980, art. 32267-35, p. 609, obs. G. Champenois).

• **Domaine**

955 **Nature des biens.** L'article 1038 du Code civil s'applique aux legs de corps certain et déterminé mais non aux legs portant sur une universalité de biens (Cass. 1re civ., 18 nov. 1986 : *JCP* G 1986, IV, 38).

956 **Nature de l'aliénation.** L'aliénation doit être volontaire ; une aliénation forcée n'emporte par révocation, non plus qu'une simple intention d'aliéner.
Dans une espèce où la vente du bien légué avait été conclue par le représentant d'une testatrice devenue incapable, il a été jugé que l'aliénation ne pouvait faire présumer la révocation dans les termes de l'article 1038 du Code civil mais que le legs ne pouvait produire effet, le bien n'existant plus dans le patrimoine de la testatrice (Cass. 1re civ., 30 juin 2004, n° 02-13.107 : *JurisData* n° 2004-024350 ; *AJ fam.* 2004, p. 459, obs. F. Bicheron).

• **Règle supplémentaire**

957 La révocation par l'aliénation du bien repose sur une présomption de révocation, qui peut tomber devant la preuve contraire, lorsque le testateur a entendu reporter l'objet du legs sur le bien acquis en échange ou subrogé ou sur le prix de l'aliénation (Cass. 1re civ., 6 févr. 1968 : *Bull. civ.* I, n° 52. – Comp. Cass. 1re civ., 11 mars 2003, n° 00-16.663 : *JurisData* n° 2003-018171 ; *JCP* G 2003, I, 180, n° 9, obs. Le Guidec ; relevant que la présomption peut céder devant la preuve contraire « d'une absence de volonté de révocation »).

3) Destruction volontaire du testament

• **Lacération ou cancellation**

958 Le plus souvent, le testateur ayant testé en la forme olographe et entendant révoquer son testament se contente de le détruire.
Il peut également arriver que la destruction ne soit pas totale et que le testament soit seulement altéré dans sa présentation matérielle. Or, lorsque le testament est retrouvé déchiré en morceaux (lacération) ou biffé de bâtonnements (cancellation), ces moyens apparents de révocation sont générateurs de difficultés.

959 **Preuve nécessaire de l'intention révocatoire.** La lacération ne suffit pas à elle seule à anéantir un testament : elle ne constitue pas une présomption de révocation du testament. Il appartient aux juges du fond de rechercher, d'après les circonstances de la cause et celles de la lacération elle-même, si la volonté du testateur a été d'anéantir ses dispositions antérieures (Cass. 1re civ., 28 avr. 1969 : *JCP* 1969, II, 16034, note M. Dagot ; *D.* 1969, p. 541, note R. Lindon ; *Defrénois* 1970, art. 29732, obs. R. Savatier).

960 **Renvoi.** Sur la preuve d'un testament olographe ou mystique détruit involontairement ou par une autre personne que le testateur, le lecteur est prié de se reporter *supra* (V. Fiche 14 : Règles de forme des testaments, II, A).

2 Révocation judiciaire

961 Une partie des causes de révocation de donation entre vifs, à savoir celles énoncées aux articles 954 et 955, 1° et 2°, du Code civil, peut être invoquée par les héritiers pour demander la révocation judiciaire d'un legs, et ce en raison du renvoi opéré par l'article 1046 du même code.

962 Le régime juridique de la révocation judiciaire des legs a été défini par la jurisprudence par référence à celui des révocations des donations, le Code civil ne contenant pratiquement aucune disposition établissant ce régime.

a) Révocation pour inexécution des charges

• **Notion de charge**

963 Sur la notion de charge, ainsi que sur la révision des charges et l'autorisation d'aliéner, le lecteur est invité à se reporter aux précisions données lors de l'étude des dispositions communes aux libéralités (V. Fiche 11 : Dispositions communes, II).

• **Action**

964 La demande peut être intentée par une personne qui y a intérêt : héritier ou légataire universel, bénéficiaire de la charge, créanciers du testateur ou des héritiers (par voie de l'action oblique), et, éventuellement, par l'exécuteur testamentaire.

Rappelons que :
– le débiteur de la charge a la possibilité de former une demande en révision par voie reconventionnelle lorsque, par suite d'un changement de circonstances, l'exécution en est devenue pour lui soit extrêmement difficile, soit sérieusement dommageable (C. civ., art. 900-2) ;
– l'action en révocation se prescrit par cinq ans à compter de l'inexécution ou de la cessation de l'exécution (C. civ., art. 2224).

• **Effet**

965 La révocation d'un legs pour inexécution des charges produit un effet rétroactif. Elle est opposable aux ayants cause à titre particulier.

b) Révocation pour ingratitude

• **Notion d'ingratitude**

966 En matière de legs, les causes d'ingratitude sont :
– l'attentat à la vie du testateur ;
– les sévices, délits ou injures graves commis par le légataire envers la personne du testateur (C. civ., art. 955, 1° et 2°, sur renvoi art. 1046).
La notion d'ingratitude est entendue plus largement qu'en matière de donations, car elle comprend l'injure grave à la mémoire du testateur (C. civ., art. 1047). La révocation d'un acte de donation pour ingratitude ne peut être prononcée que pour des faits commis à l'encontre du donateur (Cass. 1re civ., 30 janv. 2019, n° 18-10.091 : *JurisData* n° 2019-001016 ; *JCP* N 2019, act. 256, note Y. Favier : donataire définitivement condamné pour des infractions commises au préjudice de sociétés créées par son père donateur et non pour des faits commis envers ce dernier).
L'injure grave, difficilement admise par les tribunaux, est une question de fait souverainement appréciée par les juges du fond.

• **Action**

967 **Titulaires.** Il semble que seuls les héritiers et légataires universels du défunt, de même que le légataire chargé d'exécuter le legs en second au profit du légataire ingrat soient autorisés à demander la révocation.

968 **Délai.** La jurisprudence étendant l'article 957, alinéa 1er, du Code civil à la révocation des legs, le délai pour former la demande en révocation est d'un an et il court du jour du délit ou du jour où il a pu être connu par le testateur. Lorsque le fait invoqué constitue une infraction pénale, ce point de départ peut être retardé jusqu'au jour où la condamnation pénale a établi la réalité des faits reprochés au gratifié (Cass. 1re civ., 22 mai 1970 : *Defrénois* 1971, p. 676, 2e esp., obs. J.-L. Aubert. – Cass. 1re civ., 22 nov. 1977 : *JCP* N 1978, II, p. 128, note M. Surun ; *Defrénois* 1979, art. 31950, p. 581, obs. A. Ponsard). Lorsque le disposant s'est trouvé dans l'incapacité d'agir avant son décès, l'action en révocation peut être exercée par ses héritiers dans l'année où ils ont eu à la fois connaissance du délit imputé au légataire et du testament fait en faveur de celui-ci (Cass. 1re civ., 14 févr. 1990 : *D.* 1991, p. 107, note G. Morin ; *Defrénois* 1990, art. 34868, p. 1156, même note).

• **Effet**

969 La révocation prend effet au décès du testateur, jour d'acquisition du legs. Cependant, le légataire n'est tenu de restituer les fruits que du jour de la demande.
Les articles 28, 4° et 30, 5°, du décret n° 55-22 du 4 janvier 1955 prévoient, comme en matière de donations, la publication de la demande en révocation du legs, à peine d'irrecevabilité de la demande en révocation. Une partie de la doctrine admet qu'il y a lieu d'appliquer, par analogie, l'article 958 du Code civil relatif à la non-rétroactivité à l'égard des tiers ayant acquis un droit sur le bien légué antérieurement à la publication de la demande.

B Caducité des legs

970 Il y a caducité d'un legs lorsqu'un événement indépendant de la volonté du testateur le prive d'effet de plein droit et sans rétroactivité.

971 Les articles 1039 à 1043 du Code civil énumèrent les cas de caducité des legs :
– le prédécès du légataire (1°) ;
– l'incapacité du légataire (2°) ;
– la renonciation à un legs (3°) ;
– la perte de la chose léguée (4°).
De plus, la loi n° 2006-728 du 23 juin 2006 offre au légataire la faculté de cantonner son legs, ce qui peut s'analyser en une renonciation partielle (5°).

972 **Disparition de la cause.** Il appartient exclusivement au testateur, capable, de tirer les conséquences de la disparition prétendue de la cause qui l'a déterminé à disposer. Aussi, viole les articles 1131 et 1039 à 1043 du Code civil la cour d'appel qui ajoute aux cas légaux de caducité du testament (Cass. 1re civ., 15 déc. 2010, n° 09-70.834, 1160 : *JurisData* n° 2010-023821 ; *JCP* N 2011,

n° 7-8, 41, note G. Rivière ; *Defrénois* 2011, 684, obs. A. Rabreau. – Cass. 1re civ., 15 févr. 2012, n° 10-23.026, 187 : *JurisData* n° 2012-002040 ; *JCP* N 2012, 1256, note Naudin ; *Defrénois* 2012, 459, obs. Lécuyer).

1 Décès du légataire avant le testateur

• **Règle générale**

973 Des termes de l'article 1039 du Code civil, il résulte que toute disposition testamentaire sera caduque si celui en faveur de qui elle est faite n'a pas survécu au testateur.
Cependant, le legs adressé à une personne en raison de sa fonction ou de son titre n'est pas frappé de caducité par le prédécès de cette personne.
La notion de représentation ne s'applique pas en matière testamentaire. Cependant, le testateur peut en décider autrement : la substitution dite vulgaire (je lègue tel bien à mon neveu Paul ou, s'il décède avant moi, à ses descendants suivants les règles de la représentation) permet d'éviter la caducité (Cass. req., 8 nov. 1921 : *DP* 1922, 1, p. 183).

• **Condition, terme**

974 Lorsque le legs a été fait sous une condition suspensive, il faut encore que le légataire survive à l'avènement de la condition (C. civ., art. 1040). Le jeu normal de la rétroactivité est ici écarté, ainsi que la règle de l'article 1179 du Code civil prévoyant que si le créancier meurt avant l'accomplissement de la condition, ses droits passent à ses héritiers.
La jurisprudence a analysé le legs *de residuo* en un legs sous condition suspensive, de sorte que le legs du *residuum* est caduc si son bénéficiaire décède avant le premier légataire (Cass. 1re civ., 17 nov. 1971 : *D.* 1972, p. 133, obs. A. Breton. – La solution est transposable au legs résiduel).
Le legs sous **condition résolutoire** produit ses effets ; il disparaît si la condition se réalise après le décès du testateur.

• **Double legs conditionnel**

975 Le double legs conditionnel contient une condition résolutoire et une condition suspensive, l'une et l'autre consistant dans le même événement. Ainsi, « Je lègue à X et, s'il meurt sans enfant, je lègue à Y ». La disposition est aussi dite « legs alternatif » car en définitive, il n'y aura qu'un seul legs ; dans notre exemple, au profit soit de X, soit de Y (à ne pas confondre avec le legs alternatif en ce qu'il porte sur une chose ou sur une autre ; pour un exemple, V. D. Montoux et M. Mathieu, *Délivrance de legs alternatif : JCP* N 2018, 1131).
De son côté, le legs **à terme**, dépendant d'un événement qui n'en fait que suspendre l'exécution, confère au légataire un droit acquis sur le bien légué dès le décès du testateur. Si le légataire décède entre la mort du testateur et l'arrivée du terme, ce droit est transmis à ses héritiers (C. civ., art. 1041).

2 Incapacité du légataire

976 La disposition testamentaire est caduque lorsque le légataire se trouve incapable de la recueillir (C. civ., art. 1043).

977 Cette incapacité de recevoir à titre gratuit emportant caducité devrait donc survenir après la confection du testament, alors que si cette incapacité était contemporaine à la confection du testament, elle serait une cause de nullité du legs (V. Fiche 11 : Dispositions communes).

3 Renonciation à un legs

978 Aux termes du même article 1043 du Code civil, le legs est caduc lorsque le légataire y renonce.

• **Forme**

979 La renonciation à un legs n'est soumise à aucune forme particulière (Cass. 1re civ., 15 juin 2017, n° 16-21.874 : *Dr. famille* 2017, n° 9, comm. 186, A. Tani). Elle peut être expresse (quelle que soit la forme de l'acte) ou tacite. Cependant pour être opposable aux tiers, la renonciation à un legs universel ou à titre universel doit être faite au greffe du tribunal judiciaire (C. civ., art. 724-1 et 804, al. 2).

4 Perte de la chose léguée

980 Le legs sera caduc, si la chose léguée a totalement péri avant le décès du testateur (C. civ., art. 1042, al. 1er).

• **Notion de perte**

981 Par perte, on conçoit tant la destruction matérielle que la vente (Cass. 1re civ., 7 juin 2006, n° 04-10.612 : *JurisData* n° 2006-033846) ou l'expropriation de la chose léguée. Cette règle a été édictée pour les legs particuliers de corps certains. En cas de perte partielle, le légataire conserve ses droits sur la partie restante.

En principe, le mécanisme de la subrogation réelle ne joue pas. Si le testateur a perçu en contrepartie de la perte du bien un prix ou une indemnité ou est titulaire d'une créance, les droits du légataire ne se reportent pas sur ces créances, prix ou indemnité, sauf volonté contraire du testateur.

• **Perte après décès du testateur**

982 Lorsque la perte a lieu après le décès du testateur, le légataire en est cependant devenu propriétaire : c'est donc lui qui a droit aux restes et accessoires de la chose et aux indemnités pouvant être dues du fait de cette perte.
Si la chose a péri par la faute de l'héritier ou du légataire universel, celui-ci doit dédommager le légataire.
Enfin, lorsque l'héritier a tardé à délivrer le legs, il doit prouver que la chose eût également péri entre les mains du légataire, faute de quoi il est tenu pour responsable de la perte (C. civ., art. 1042, al. 2).

5 Cantonnement

983 L'article 1002-1 du Code civil, résultant de la loi n° 2006-728 du 23 juin 2006 et par conséquent applicable aux successions ouvertes depuis le 1er janvier 2007, autorise le légataire à cantonner son émolument sur une partie des biens dont il a été disposé en sa faveur.

• **Conditions**

984 Le texte précité impose deux conditions :
– le disposant ne doit pas avoir exprimé la volonté contraire ;
– la succession doit avoir été acceptée par au moins un héritier désigné par la loi.

• **Nature juridique**

985 Le cantonnement ne constitue pas une libéralité faite par le légataire aux autres successibles (C. civ., art. 1002-1, al. 2).
Cette faculté déroge à la règle de l'indivisibilité de l'option successorale (V. Fiche 6 : Transmission de la succession).

• **Forme**

986 Le Code civil n'apporte aucune précision quant à la forme sous laquelle doit se manifester la volonté de cantonner le legs.
Par analogie avec la renonciation à un legs et afin d'informer les tiers, il semble nécessaire, et en tout cas prudent, de déclarer le cantonnement au greffe mais un acte produirait ses effets entre les parties.

• **Cantonnement et accroissement**

987 En précisant que le cantonnement ne constitue pas une libéralité aux autres successibles, la loi distingue indirectement les personnes appelées à recueillir la partie de legs refusée. Cette disposition doit être articulée avec les règles relatives à l'accroissement (V. *infra*, C, 2). Des difficultés risquent de s'ensuivre, notamment en présence d'un legs particulier conjoint : qui des successibles ou du colégataire est appelé à profiter du cantonnement en l'absence d'indication du testament sur ce point ?

C Conséquences de l'inefficacité

988 La révocation et la caducité des legs produisent les mêmes effets car elles tendent toutes deux à rendre inefficaces les dispositions prises par le testateur. En cela, elles entraînent les mêmes effets que la nullité.
Le problème est de savoir à qui profite l'inefficacité et, pour cela, de rechercher la volonté du testateur.

1 Substitution vulgaire

989 Le testateur a pu envisager que le legs ne soit pas recueilli par son bénéficiaire et, dans cette perspective, désigner un autre légataire, appelé à remplacer le premier, à s'y substituer. Cette substitution, dite vulgaire, d'un légataire à un autre ne présente pas de difficulté.

2 Accroissement

990 Le testateur a pu prévoir que le legs accroîtrait aux colégataires. Cette volonté a pu être exprimée clairement. Dans certaines situations cette volonté d'accroissement est présumée par le législateur mais de manière supplétive et les tribunaux écartent assez volontiers les présomptions de la loi, que nous allons étudier.

• **Legs conjoints**

991 L'article 1044, alinéa 1er, du Code civil énonce qu'en cas de legs fait à plusieurs conjointement, il y a accroissement au profit des légataires.
Le legs est réputé fait conjointement :
– s'il est énoncé par une seule et même disposition, et que le testateur n'a pas assigné la part de chacun des colégataires dans la chose léguée (C. civ., art. 1044, al. 2) (exemple : « Je lègue mon appartement à X et à Y ») ;

Legs

– quand la chose, qui n'est pas susceptible d'être divisée sans détérioration, a été donnée par le même acte à plusieurs personnes, même séparément (C. civ., art. 1045) (exemple : « Je lègue mon appartement à X. Je lègue mon appartement à Y »).

• Domaine des présomptions

992 Le légataire universel, ayant vocation à recevoir la totalité de la succession, profite de l'inefficacité d'autres legs sans que les articles 1044 et 1045 du Code civil trouvent à s'appliquer.

993 **Legs particulier.** Il ressort de la formulation des articles 1044 et 1045 du Code civil que le legs particulier se trouve visé par ces dispositions. Aussi n'y aurait-il pas accroissement s'il y a assignation de parts ou si la chose léguée n'est pas divisible.

994 **Legs à titre universel.** Compte tenu de la nature particulière du legs à titre universel, il ne pourra y avoir accroissement entre legs à titre universel que si les deux legs portent sur une même catégorie de biens (meubles ou immeubles).

• Rédaction du testament

995 Afin d'éviter des difficultés, notamment en cas de cantonnement, il est utile que le testament précise les volontés du testateur.

• Effet

996 Selon la doctrine moderne, qui fonde sa solution sur l'indivisibilité de l'option successorale, l'accroissement est forcé : le légataire ne peut répudier l'accroissement pour s'en tenir à son propre legs. Il se pourrait cependant que cette solution soit remise en cause par la loi n° 2006-728 du 23 juin 2006 ; en effet, en autorisant le cantonnement par le légataire, le législateur a abandonné en matière testamentaire le principe de l'indivisibilité de l'option.

Il est admis que celui qui profite de l'accroissement est tenu des charges apposées au legs frappé d'inefficacité, à moins qu'elles ne soient strictement personnelles.

3 Dévolution aux débiteurs du legs

997 En l'absence de substitution vulgaire et d'accroissement, la révocation ou la caducité d'un legs profite à ceux qui l'auraient supporté ou en auraient été débiteurs. Ainsi l'inefficacité d'un legs universel profite aux héritiers *ab intestat*. En présence d'héritiers réservataires et d'un légataire universel, la révocation ou la caducité d'un legs particulier profite au légataire universel.

POUR ALLER PLUS LOIN

Fascicule JurisClasseur

• *JCl. Notarial Formulaire*, V^is *Délivrance de legs, Testament*.

Fiche 16

Exécution des dispositions testamentaires

Sommaire

I Dépôt du testament, information des légataires 164

II Appréhension des legs 164

A Délivrance de legs 164

1 Cas où il y a lieu à délivrance 165

2 Forme 165

3 Délai pour agir 165

4 Effets 166

B Envoi en possession 166

1 Succession ouverte avant le 1er novembre 2017 166

2 Succession ouverte à compter du 1er novembre 2017 167

III Exécuteur testamentaire 168

A Mission 168

1 Attributions légales 168

2 Attributions étendues 169

3 Attributions spécifiques 169

4 Responsabilité, gratuité 169

B Fin de la mission 169

998 Si le testament est olographe ou mystique, il est nécessaire de procéder à sa description et à son dépôt aux minutes d'un notaire. Actuellement, le légataire universel institué par un tel testament doit – en l'absence d'héritier réservataire – demander l'envoi en possession de son legs, et ce, en raison de la fragilité de son titre, avant de pouvoir appréhender matériellement les biens légués. Pour les successions ouvertes à compter du 1er novembre 2017, la loi n° 2016-1547 du 18 novembre 2016 de modernisation de la justice du XXIe siècle rend facultative la procédure judiciaire d'envoi en possession facultative puisque c'est le notaire qui procédera aux vérifications des conditions de la saisine du légataire universel, la voie judiciaire devenant nécessaire en cas d'opposition. Des légataires peuvent avoir à demander, non pas leur envoi en possession, mais la délivrance de leur legs, soit aux héritiers réservataires, soit au légataire universel, à moins qu'ils n'aient la qualité d'héritier.

999 L'exécution des dispositions testamentaires implique bien entendu d'étudier la nomination et le rôle de l'exécuteur testamentaire, que le testateur a pu désigner.

1000 Rappelons, d'autre part, que lors de l'ouverture d'une succession, les notaires ont l'obligation d'interroger le Fichier central des dispositions de dernières volontés (sur ce fichier, V. *JCl. Notarial Formulaire*, V° *Testament*, Fasc. 10).

1001 Nous envisagerons : le dépôt du testament (I), l'appréhension des legs (II) et l'exécuteur testamentaire (III).

I

Dépôt du testament, information des légataires

• **Ouverture et description**

1002 Tout testament olographe ou mystique est, avant d'être mis à exécution, déposé entre les mains d'un notaire.
Le testament est ouvert, s'il est cacheté. Le notaire dresse sur le champ procès-verbal de l'ouverture et de l'état du testament en précisant les circonstances du dépôt (à noter que si c'est le testateur qui a remis le testament au notaire, ce dernier dresse de lui-même le procès-verbal dès qu'il a connaissance du décès).
Le testament ainsi que le procès-verbal sont conservés au rang des minutes du dépositaire (C. civ., art. 1007, al. 1er).
Ces dispositions s'appliquent au testament international, par analogie avec le testament mystique.

1003 **Legs universel et absence d'héritier réservataire.** Pour les successions ouvertes à compter du 1er novembre 2017, le notaire doit vérifier les conditions de la saisine du légataire universel au regard du caractère universel de sa vocation et de l'absence d'héritiers réservataires. Il est tenu de porter la mention de ces vérifications sur le procès-verbal (C. civ., art. 1007, al. 1er modifié réd. L. n° 2016-1547, 18 nov. 2016, art. 44).

• **Envoi au greffe**

1004 Dans le mois qui suit la date du procès-verbal, le notaire adresse une expédition de celui-ci et une copie figurée du testament au greffier du tribunal judiciaire du lieu d'ouverture de la succession (celui du domicile du défunt) qui lui accuse réception de ces documents et les conserve au rang de ses minutes (C. civ., art. 1007, al. 2).
Le notaire constitué dépositaire d'un testament contenant des libéralités en faveur des établissements reconnus d'utilité publique, des associations ayant pour objet exclusif l'assistance ou la bienfaisance, la recherche scientifique ou médicale, des associations cultuelles, des congrégations autorisées ou reconnues est tenu, aussitôt après l'ouverture du testament, d'informer les représentants des établissements institués et de déclarer les legs au préfet du département du lieu de l'ouverture de la succession au moyen d'une copie ou d'un extrait des dispositions faites au profit de chacun des établissements (D. n° 2007-807, 11 mai 2007, art. 1er mod. D. n° 2015-832, 7 juill. 2015, art. 4).

II

Appréhension des legs

1005 Le transfert de propriété s'opère au profit du légataire dès le décès. Toutefois, avant d'appréhender son legs, le légataire peut devoir demander la délivrance de son legs (A) ou son envoi en possession (B°).

A Délivrance de legs

• **Objet**

1006 La délivrance de legs a pour objet de reconnaître les droits du légataire et doit être distinguée du paiement du legs (Cass. 1re civ., 10 mai 1988 : *JCP* N 1988, II, p. 229, obs. H. Thuillier ; *Defrénois* 1989, art. 34570-80, p. 934, obs. G. Champenois ; *RTD civ.* 1988, p. 805, obs. J. Patarin). Elle permet l'entrée en possession et l'acquisition des fruits. Jusqu'au partage, le légataire universel ne peut prétendre à la jouissance divise des biens légués (Cass. 1re civ., 3 oct. 2000, n° 98-18.492 : *JurisData* n° 2000-006132 ; *Dr. famille* 2001, comm. 33, note Beignier ; *D.* 2001, p. 2939, obs. Vareille).

• **Situation avant la délivrance**

1007 En cas de pluralité de successeurs, il y a indivision entre eux dès le jour du décès. En conséquence, il a été jugé que l'héritier réservataire ne peut aliéner un bien alors même que le légataire à titre universel n'a pas obtenu délivrance de son legs (Cass. 1re civ., 5 mars 2002 : *AJ fam.* 2002, p. 186, obs. S. D.-B.).

1 Cas où il y a lieu à délivrance

• **L'héritier est dispensé**

1008 La jurisprudence considère que l'héritier est, en vertu de la saisine légale dont il est investi, dispensé de demander la délivrance des legs qui lui ont été faits, quelle que soit l'étendue de la vocation conférée par ces legs (Cass. 1re civ., 29 oct. 1979 : *JCP* N 1981, II, p. 171, obs. M. Dagot ; *Defrénois* 1980, art. 32222, p. 326, note A. Ponsard). La règle s'applique au conjoint survivant (Cass. 1re civ., 2 juin 1987 : *JCP* N 1987, prat. 367 ; *Defrénois* 1988, art. 34227, obs. A. Breton).
Il importe donc peu que l'héritier soit légataire universel, à titre universel ou particulier.

• **Légataire universel**

1009 Lorsqu'au décès du testateur il y a des héritiers réservataires, ces héritiers sont saisis de plein droit, par sa mort, de tous les biens de la succession. Le légataire universel, qui n'a donc pas la saisine, est tenu de demander à ces héritiers réservataires la délivrance des biens qui lui sont légués (C. civ., art. 1004).

• **Précision**

1010 À compter du 1er novembre 2017, en l'absence d'héritier réservataire, il y a exceptionnellement lieu à envoi en possession du légataire universel par la voie judiciaire lorsque le testament n'est pas notarié (V. *infra*, 2).

• **Légataire à titre universel**

1011 Contrairement au légataire universel, le légataire à titre universel n'a jamais la saisine (sauf s'il est aussi héritier). Il est tenu de demander la délivrance de son legs :
– aux héritiers réservataires, s'il en existe ;
– à leur défaut, aux légataires universels ;
– à défaut de ceux-ci, aux héritiers appelés à la succession dans l'ordre établi au titre « des Successions » (C. civ., art. 1011).

Cette règle présente un inconvénient lorsque le testateur laisse des collatéraux (ou des ascendants, ceux-ci n'étant plus réservataires) et a institué des légataires à titre universel (exemple : « Je lègue un tiers de mes biens à Pierre, un autre tiers à Paul et le dernier tiers à Henri »). Les légataires sont tenus de demander la délivrance de leurs legs aux héritiers par le sang, qui, n'ayant rien à recueillir, risquent d'être peu disposés à prendre la qualité d'héritiers à seule fin d'avoir à consentir la délivrance de legs. Le testateur peut éviter cette difficulté en instituant des légataires universels, qui n'auront aucune formalité à remplir si le testament est authentique et, sinon, auront seulement à se faire envoyer en possession (formalité éventuelle pour les successions ouvertes à compter du 1er novembre 2017 ; V. *infra*, n° 1022).

• **Légataire particulier**

1012 Le légataire particulier n'a pas la saisine, à moins qu'il ne soit aussi héritier (auquel cas, la saisine ne vaut pas commencement d'exécution du testament : Cass. 1re civ., 25 oct. 2017, n° 16-24.766 : *Dr. famille* 2018, comm. 41, A. Tani). Il ne peut se mettre lui-même en possession de la chose léguée, mais doit en demander la délivrance aux héritiers et légataires saisis, dans l'ordre établi par l'article 1011, c'est-à-dire aux héritiers réservataires à défaut aux légataires universels et à défaut de ceux-ci aux héritiers appelés par la loi (C. civ., art. 1014).

2 Forme

1013 La délivrance amiable du legs n'est soumise à aucune forme particulière et peut résulter de la mise en possession du légataire sans opposition de l'héritier légitime (Cass. 1re civ., 18 nov. 1968 : *D.* 1969, p. 112. – Cass. 1re civ., 5 mai 1987 : *JCP* G 1987, IV, 236).
En cas de refus des héritiers, le légataire devra adresser sa demande au tribunal judiciaire du lieu d'ouverture de la succession (CPC, art. 45).

3 Délai pour agir

• **Prescription**

1014 La doctrine paraît divisée sur la durée du délai de prescription de la demande en délivrance qui serait soit décennale (application de l'article 780 du Code civil), soit quinquennale. Dans tous les cas, le délai de l'action en délivrance du legs, qui commence à courir le jour du décès du testateur, n'est pas suspendu par l'action en nullité d'un testament engagée par l'héritier réservataire (Cass. 1re civ., 30 sept. 2020, n° 19-11.543, FS-P+B : *JurisData* n° 2020-015248 ; *JCP* N 2020, act. 842).

4 Effets

• **Droits aux fruits et revenus**

1015 Le légataire qui a obtenu la délivrance de son legs se trouve dans la même position que le successeur saisi. Toutefois, les droits du légataire aux fruits et revenus des biens légués varient suivant l'étendue du legs.

• **Legs universel ou à titre universel**

1016 Le légataire universel a la jouissance des biens compris dans le testament à compter du jour du décès, si la demande en délivrance a été faite dans l'année ; sinon, cette jouissance ne commencera que du jour de la demande formée en justice ou du jour que la délivrance aura été volontairement consentie (C. civ., art. 1005).
La jurisprudence étend au légataire à titre universel le bénéfice de l'article 1005 (Cass. civ., 6 avr. 1891 : *DP* 1892, 1, p. 279).

1017 **Legs universel et indemnité d'occupation.** L'héritier saisi de l'universalité de la succession peut prétendre à la jouissance du bien légué à compter du jour du décès, laquelle est exclusive de toute indemnité au profit de l'indivision pour l'occupation du bien légué (Cass. 1re civ., 2 juin 1987 : *Bull. civ.* I, n° 181. – Cass. 1re civ., 24 sept. 2008, n° 06-21.445 : *JurisData* n° 2008-045070 ; *Bull. civ.* I, n° 214 ; *AJ fam.* 2008, p. 439, obs. Bicheron ; *D.* 2008, p. 2431, obs. Égéa ; *RTD civ.* 2008, p. 709, obs. Grimaldi ; *Dr. famille* 2008, comm. 175, obs. Beignier ; *Defrénois* 2009, 1613, obs. Vareille : legs de la quotité disponible à un des enfants avec faculté de choisir les biens sur lesquels s'effectuera le legs. – Cass. 1re civ., 24 sept. 2014, n° 12-26.486 : *JurisData* n° 2014-021745 ; *RTD civ.* 2014, p. 426, obs. M. Grimaldi. – Cass. 1re civ., 16 mars 2016, n° 14-28.865 : *JurisData* n° 2016-004821).

• **Legs à titre particulier**

1018 Le légataire n'a droit aux fruits et intérêts de son legs qu'à dater de la demande en délivrance ou du jour où cette délivrance a été volontairement consentie (C. civ., art. 1014). Cependant, les intérêts ou fruits de la chose léguée courent au profit du légataire dès le jour du décès et sans qu'il ait formé sa demande en justice :
– lorsque le testateur a expressément déclaré sa volonté à cet égard dans le testament ;
– quand une rente viagère ou une pension a été léguée à titre d'aliments (C. civ., art. 1015).
S'il n'est pas associé, l'héritier n'a pas qualité pour percevoir les dividendes, fût-ce avant la délivrance du legs de ces parts à un légataire (Cass. 1re civ., 2 sept. 2020, n° 19-14.604, FS-P+B : *JurisData* n° 2020-012468 ; *JCP* N 2020, act. 757).

• **Caractère provisoire**

1019 La délivrance d'un legs n'est qu'une mesure provisoire, qui n'enlève aux héritiers et autres intéressés aucun des moyens de forme et de fond qu'ils peuvent avoir à proposer pour faire établir leurs droits dans la succession.
Par conséquent l'héritier réservataire n'est pas fondé à surseoir à la délivrance du legs jusqu'à ce que la quotité disponible soit déterminée, alors surtout que les juges du fond constatent que rien ne donne à penser que la réserve puisse être atteinte (Cass. 1re civ., 10 juill. 1968 : *D.* 1968, p. 669, obs. A. Breton. – Cass. 1re civ., 11 juill. 1979 : *JCP* G 1979, II, 19556, obs. M. Dagot).

• **Frais**

1020 **Règles légales.** Les frais de dépôt de testament et les frais de délivrance sont à la charge de la succession sans que la réserve puisse être entamée (C. civ., art. 1016, al. 1er). Quant aux droits de mutation par décès entraînés par la mutation à titre gratuit, ils sont une charge personnelle du légataire (C. civ., art. 1016, al. 2).
Les émoluments d'ouverture du testament incombent aussi au légataire.

1021 **Legs net de frais et droits.** Le testateur peut en disposer autrement (legs net de frais et droits), toujours dans la limite de la quotité disponible (C. civ., art. 1016, al. 3).

B Envoi en possession

1022 La loi n° 2016-1547 du 18 novembre 2016 de modernisation de la justice du XXIe siècle simplifie les formalités de l'envoi en possession pour les successions ouvertes à compter du 1er novembre 2017, de sorte qu'il convient de distinguer selon que l'ouverture de celles-ci intervient avant ou après le 1er novembre 2017.

1 Succession ouverte avant le 1er novembre 2017

a) Cas où il doit être demandé

• **Règle**

1023 Il résulte de l'article 1008 du Code civil que la procédure d'envoi en possession ne concerne que :
– les légataires universels ;

– institués par testament olographe ou mystique ;
– et lorsqu'il n'y a pas de réservataire.

• **Fondement**

1024 Cette procédure a pour objet de soumettre au juge la validité apparente des dispositions testamentaires (Cass. 1re civ., 24 nov. 1976 : *Bull. civ.* I, n° 369 ; *JCP* N 1977, prat. 6668). La raison en est que le testament olographe ou mystique ne présente pas de garanties suffisantes pour être exécuté sans un contrôle minimum, contrairement au testament authentique, qui s'exécute sans formalité en raison des garanties de sincérité qu'il présente.

b) Procédure

1025 Le juge compétent pour délivrer l'ordonnance d'envoi en possession est le président du tribunal de grande instance du lieu d'ouverture de la succession. À compter du 1er janvier 2020, l'ordonnance sera rendue par le président du « tribunal judiciaire » (COJ, art. L. 211-1, mod. L. n° 2019-222, 23 mars 2019, art. 95, I, 9° et 109-XIII).

• **Rôle du juge**

1026 La mission du juge est de contrôler que les conditions de l'article 1008 du Code civil sont réunies : absence d'héritiers réservataires, legs universel, validité apparente du testament, formalités d'ouverture et de dépôt prescrites par l'article 1007 du Code civil (Cass. 1re civ., 24 nov. 1976 : *JCP* N 1977, prat. 6668).
Il a donc le pouvoir de refuser de délivrer l'ordonnance d'envoi en possession, notamment lorsqu'une contestation sérieuse sur la validité du legs s'est élevée (CA Dijon, 24 janv. 1896 : *DP* 1897, 2, p. 307). À ce titre, le juge des référés peut surseoir à statuer (CA Reims, 16 janv. 2009, n° 08/02343 : *JurisData* n° 2009-000437).

• **Voies de recours**

1027 Le légataire universel peut exercer un recours contre l'ordonnance refusant l'envoi en possession, ainsi que les héritiers contre l'ordonnance d'envoi en possession.
Lorsque l'envoi en possession a été ordonné après audition du requérant et du conseil d'un héritier s'y opposant, la décision a un caractère contentieux et doit être attaquée par l'héritier par la voie de l'appel (Cass. 1re civ., 7 nov. 1979 : *Bull. civ.* I, n° 274).

c) Effets

• **Prise de possession**

1028 L'envoi en possession ne confère pas au légataire universel la saisine : il l'a dès l'ouverture de la succession (Cass. 1re civ., 16 juill. 1997 : *JCP* G 1998, I, 133, obs. R. Le Guidec ; *Defrénois* 1998, art. 36735, p. 188, obs. X. Savatier).
Il lui permet de prendre effectivement possession des biens légués et d'exiger des héritiers la remise des éléments d'actif ; le légataire envoyé en possession réunit la saisine de fait à la saisine de droit (Cass. civ., 5 juin 1867 : *DP* 1867, 1, p. 217).
Il valide rétroactivement les actes d'administration que le légataire a pu accomplir antérieurement (CA Versailles, 7 oct. 2010, n° 09/02621 : *JurisData* n° 2010-018742).

• **Limite**

1029 Mais l'envoi en possession n'a qu'un effet limité car il ne préjuge de la validité du testament, ni quant au fond ni quant à la forme (Cass. req., 23 mars 1885 : *DP* 1886, 1, p. 108. – Sur le renversement de la charge de la preuve de la sincérité du testament, V. Fiche 14 : Règles de forme des testaments, II).

2 Succession ouverte à compter du 1er novembre 2017

1030 La loi n° 2016-1547 du 18 novembre 2016 de modernisation de la justice du XXIe siècle réaménage les formalités de l'envoi en possession pour les successions ouvertes à compter du 1er novembre 2017, en conférant un rôle nouveau au notaire et en ne rendant nécessaire le recours à la voie judiciaire qu'en cas d'opposition de tout intéressé. Sont concernés, comme auparavant, les légataires universels institués par testament olographe ou mystique, en l'absence de réservataire (pour un commentaire de cette réforme, V. P. Dauptain, E. Nicolaï et A. Robert, *La réforme de l'envoi en possession au tamis de la pratique* : *JCP* N 2018, 1157).

• **Rôle du notaire**

1031 **Procès-verbal de dépôt de testament.** L'article 1007 du Code civil, qui prévoit l'ouverture et la description par le notaire d'un testament olographe ou mystique dans un procès-verbal (V. *supra*, A), est complété par l'obligation pour le notaire :
– de vérifier à cette occasion les conditions de la saisine du légataire au regard du caractère

universel de sa vocation et de l'absence d'héritiers réservataires (sur les difficultés pratiques soulevées par cette obligation de vérification, V. Bonnet et F. Sauvage, *L'envoi en possession du légataire universel au lendemain de la loi J21 : JCP* N 2018, 1109, n° 17) ;
– et de porter mention de ces vérifications sur le procès-verbal (C. civ., art. 1007, al. 1 complété).
Il convient d'adresser ensuite au greffier du tribunal judiciaire une expédition du procès-verbal et une copie figurée du testament (CPC, art. 1007).

1032 **Formalités de publicité.** Dans les quinze jours suivant l'établissement du procès-verbal de l'ouverture et de l'état du testament, le notaire fait procéder à l'insertion d'un avis, qui comporte le nom du défunt, le nom et les coordonnées du notaire chargé de la succession, ainsi que l'existence d'un legs universel, au *Bulletin officiel des annonces civiles et commerciales* et dans un journal d'annonces légales diffusé dans le ressort du tribunal compétent. Le notaire ne doit pas révéler lors de cette publicité le contenu du testament, dont l'identité du légataire.
Cette publicité peut être faite par voie électronique.
Les frais de publicité sont à la charge du légataire universel (CPC, art. 1378-1).

• **Opposition**

1033 **Envoi en possession nécessaire.** Dans le mois suivant la réception par le greffier du tribunal judiciaire d'une expédition du procès-verbal et d'une copie figurée du testament, tout intéressé peut s'opposer à l'exercice de ses droits par le légataire universel saisi de plein droit en vertu de l'article 1006 du Code civil. Cette opposition est formée (à défaut de précision, mail, fax, lettre simple ou recommandée avec avis de réception ou encore exploit d'huissier) auprès du **notaire** chargé de la succession (CPC, art. 1378-2, al. 1).
Il paraît alors utile pour le notaire de dresser un acte constatant la ou les oppositions reçues.
Le légataire universel doit alors se faire envoyer en possession par une ordonnance du président mise au bas de la requête à laquelle est joint l'acte d'opposition (CPC, art. 1378-2, al. 2).

III Exécuteur testamentaire

1034 L'exécuteur testamentaire est une personne désignée par le testateur, pour veiller ou procéder à l'exécution de ses dernières volontés (V. not. F. Letellier, *La réforme de l'exécution testamentaire : Dr. famille* 2006, étude 47).
Il doit jouir de la pleine capacité civile (C. civ., art. 1025, al. 1er).

A Mission

• **Acceptation**

1035 Le deuxième alinéa de l'article 1025 du Code civil, dans la rédaction résultant de la loi du 23 juin 2006, dispose que l'exécuteur testamentaire doit accepter sa mission.

• **Pluralité d'exécuteurs**

1036 S'il y a plusieurs exécuteurs testamentaires acceptant, l'un d'eux peut agir à défaut des autres, à moins que le testateur en ait disposé autrement ou qu'il ait divisé leur fonction (C. civ., art. 1027).

1 Attributions légales

• **Exécution des dispositions testamentaires**

1037 L'exécuteur testamentaire est mis en cause en cas de contestation sur la validité ou l'exécution d'un testament ou d'un legs.
Dans tous les cas, il intervient pour soutenir la validité ou exiger l'exécution des dispositions litigieuses (C. civ., art. 1028). Ainsi, l'exécuteur testamentaire peut agir pour faire constater la fraude résultant de la renonciation d'un héritier compromettant l'exécution du testament (Cass. 1re civ., 15 mai 2008, n° 06-19.535 : *JurisData* n° 2008-043894 ; *JCP* N 2008, n° 22, act. 476 ; *JCP* G 2008, act. 362, obs. S. Thouret ; *RTD civ.* 2008, p. 522, obs. M. Grimaldi).

• **Mesures conservatoires**

1038 Il prend les mesures conservatoires utiles à la bonne exécution du testament.
Il peut faire procéder, dans les formes prévues à l'article 789, à l'inventaire de la succession en

présence ou non des héritiers, après les avoir dûment appelés.
Il peut provoquer la vente du mobilier à défaut de liquidités suffisantes pour acquitter les dettes urgentes de la succession (C. civ., art. 1029).
Le mandataire à effet posthume ; qui est habilité à prendre des mesures conservatoires et de surveillance, dans l'intérêt et pour le compte des héritiers identifiés dans le mandat, doit toujours agir sous réserve des pouvoirs confiés à l'exécuteur testamentaire (C. civ., art. 812).

2 Attributions étendues

• **Mobilier**

1039 Le testateur peut habiliter l'exécuteur testamentaire à prendre possession en tout ou partie du mobilier de la succession et à le vendre s'il est nécessaire pour acquitter les legs particuliers dans la limite de la quotité disponible (C. civ., art. 1030). Le mobilier s'entend ici des meubles meublants.

• **Immeubles**

1040 En l'absence d'héritier réservataire acceptant, le testateur peut habiliter l'exécuteur testamentaire à :
– disposer en tout ou partie des immeubles de la succession ;
– recevoir et placer les capitaux ;
– payer les dettes et les charges ;
– et procéder à l'attribution ou au partage des biens subsistants entre les héritiers et les légataires.
À peine d'inopposabilité, la vente d'un immeuble de la succession ne peut intervenir qu'après information des héritiers par l'exécuteur testamentaire (C. civ., art. 1030-1).

• **Envoi en possession**

1041 Lorsque le testament a revêtu la forme authentique, l'envoi en possession n'est pas requis pour l'exécution des pouvoirs mentionnés aux articles 1030 et 1030-1 (C. civ., art. 1032). En revanche, en présence d'un testament olographe (ou mystique), l'exécuteur testamentaire doit se faire envoyer en possession. Rappelons que la procédure a été réformée par la loi n° 2016-1547 du 18 novembre 2016 (V. *supra*, n° 1022).

• **Durée**

1042 Les habilitations mentionnées aux articles 1030 et 1030-1 sont données par le testateur pour une durée qui ne peut excéder deux années à compter de l'ouverture du testament. Une prorogation d'une année au plus peut être accordée par le juge (C. civ., art. 1031).

3 Attributions spécifiques

1043 Après le décès de l'auteur d'une œuvre de l'esprit, le droit de divulgation de ses œuvres posthumes est exercé par le ou les exécuteurs testamentaires désignés par l'auteur (CPI, art. L. 121-2, al. 2).
L'article 3 de la loi du 15 novembre 1887 sur la liberté des funérailles dispose, dans son deuxième alinéa, qu'une ou plusieurs personnes peuvent être chargées de veiller à l'exécution des dispositions prises par le défunt.

4 Responsabilité, gratuité

1044 L'exécuteur testamentaire assume la responsabilité d'un mandataire gratuit (V. sur ce point, C. civ., art. 1992, al. 2).

1045 Sa mission est gratuite, sauf libéralité faite à titre particulier eu égard aux facultés du disposant et aux services rendus (C. civ., art. 1033-1).

B Fin de la mission

• **Causes**

1046 **Exécution de la mission.** La mission de l'exécuteur testamentaire prend fin par l'exécution intégrale des dispositions testamentaires.

1047 **Période de deux ans.** Elle prend fin au plus tard deux ans après l'ouverture du testament sauf prorogation par le juge (C. civ., art. 1032).

1048 **Décès, décision judiciaire.** Elle prend fin également par le décès de l'exécuteur testamentaire, ses pouvoirs n'étant pas transmissibles à cause de mort (C. civ., art. 1025, al. 3), ou encore lorsque l'exécuteur est relevé pour motifs graves par le tribunal en application de l'article 1026 du Code civil. Ces motifs peuvent résulter de la négligence dans l'accomplissement de la mission ou de circonstances comme la maladie.

• **Reddition de compte**

1049 **Obligation.** L'exécuteur testamentaire rend compte dans les six mois suivant la fin de sa mission.
Si l'exécution testamentaire prend fin par le décès de l'exécuteur, l'obligation de rendre des comptes incombe à ses héritiers (C. civ., art. 1033, al. 1er et 2).

1050 **Frais.** Les frais supportés par l'exécuteur testamentaire dans l'exercice de sa mission sont à la charge de la succession (C. civ., art. 1034).

Tableau comparatif des différents legs

	1° LEGS UNIVERSEL	2° LEGS À TITRE UNIVERSEL	3° LEGS PARTICULIER
Définition	Le testateur lègue à une ou plusieurs personnes l'universalité des biens qu'il laissera.	Le testateur lègue une quote-part des biens dont la loi lui permet de disposer ou encore tous les meubles ou tous les immeubles.	Le legs particulier est celui qui n'est ni universel ni à titre universel.
Exemples	J'institue X pour mon légataire universel. ou : J'institue pour légataires universels A, B, C qui partageront par tiers avec accroissement au profit des survivants au cas où un ou plusieurs des légataires décéderaient avant moi.	Je lègue à X 1/3 de ma succession. ou – à X tous mes immeubles. ou – 1/3 de ma succession à chacun de A, B et C.	Je lègue à X ma maison située à... ou – à X telle chose.
Caractéristiques	Le légataire a vocation à l'universalité (tout bien n'ayant pas fait l'objet d'un autre legs est susceptible d'être appréhendé par le légataire universel).	Le légataire a des droits limités à ce qui lui a été légué ; il n'a pas vocation à l'universalité. Ainsi dans le dernier exemple si C renonçait, sa part n'accroîtrait ni à A ni à B.	Le légataire particulier ne peut avoir droit qu'aux choses comprises dans son legs.
Saisine. Envoi en possession. Délivrance	I. – Absence d'héritiers à réserve : il a la saisine. Pas de formalité si le testament est authentique. Dans le cas contraire : envoi en possession (à compter du 1er novembre 2017 : obligatoire en cas d'opposition). II. – Présence d'héritiers à réserve : la délivrance doit être consentie par les réservataires quelle que soit la forme du testament.	Sauf s'il est aussi héritier, le légataire à titre universel n'a pas la saisine et il doit demander la délivrance : *a)* aux réservataires, s'il en existe ; *b)* à leur défaut aux légataires universels ; *c)* et à défaut de ceux-ci aux héritiers du sang.	Le légataire particulier n'a pas la saisine (sauf s'il est héritier) et doit demander la délivrance, comme le légataire à titre universel.
Absence de réservataires	Le légataire universel recueille l'actif, paie le passif (sauf acceptation à concurrence de l'actif net), les legs, et garde le surplus, s'il en reste.	Contribue proportionnellement au passif. Contribue proportionnellement aux legs.	N'est pas tenu au passif de succession.

	1° LEGS UNIVERSEL	2° LEGS À TITRE UNIVERSEL	3° LEGS PARTICULIER
Existence de réservataires	Réduction proportionnelle au marc le franc, sauf indication de préférence (C. civ., art. 926 et 927).		
Indivision	Existe entre héritier et réserve, s'il y en a, et le légataire universel.	Existe entre le légataire d'une quotité et les héritiers ou le légataire universel.	Pas d'indivision en principe.
Jouissance point de départ	S'il existe des héritiers à réserve le légataire universel a droit à la jouissance à compter du décès si la demande a été formée dans l'année – sinon, à compter du jour de la demande.	La situation est la même que pour le légataire universel.	Le légataire n'a droit aux fruits ou intérêts de son legs qu'à compter du jour de la demande en délivrance ou du jour de la délivrance volontaire. Il y a exception pour les cas prévus à l'article 1015 du Code civil.

REMARQUE Il n'y a que trois catégories de legs, mais chaque sorte de legs est susceptible de modalités diverses. Exemple : legs avec charges, legs conditionnel, legs résiduel, etc.

POUR ALLER PLUS LOIN

Bibliographie

• F. Letellier, *La réforme de l'envoi en possession du légataire universel – Aspects pratiques, études et formules* : *JCP* N 2017, 1138 ; *Légataire universel, envoi en possession et option successorale* : *JCP* N 2018, 1301.

Fiche 17

Libéralités à caractère familial

Sommaire

Introduction 173
I Donations aux futurs époux 174
A Donation de biens présents 174
B Donation de biens à venir 174
C Donation cumulative 174
II Donations entre époux 175
A Donation par contrat de mariage 175
B Donations pendant le mariage 175
1 Donation de biens présents 176
2 Donation de biens à venir 177
III Libéralités-partages 178
A Dispositions générales 178
B Donation-partage 179
1 Donation-partage aux présomptifs héritiers 179
2 Donation-partage transgénérationnelle 183
3 Donations partages conjonctive et cumulative 186
C Testament partage 188
1 Conditions de validité 188
2 Effets 189

Introduction

1051 La présente fiche est consacrée à diverses libéralités présentant un caractère familial et qui, pour cette raison, dérogent souvent aux règles ordinaires des libéralités. Ce sont les libéralités faites aux époux ou entre époux et les libéralités-partages.

1052 La loi n° 2004-239 du 26 mai 2004 a modifié le régime de la révocabilité des donations entre époux faites pendant le mariage puisque les donations de biens présents ne sont révocables que pour ingratitude ou inexécution des charges et non plus pour survenance d'enfants (V. C. civ., art. 1096). La même loi a abrogé le second alinéa de l'article 1099 du Code civil, qui frappait de nullité les donations déguisées ou par personnes interposées faites entre époux. Cette évolution opère un net rapprochement avec le droit commun.

1053 La loi n° 2006-728 du 23 juin 2006 a considérablement modifié la physionomie des libéralités faites dans le cadre familial :
– s'agissant des **donations entre époux**, cette loi introduit une nouvelle distinction : à l'intérieur des donations de biens présents, il faut distinguer selon que la donation prend effet pendant le mariage ou non : dans le premier cas, elle est irrévocable sauf pour cause d'ingratitude ou inexécution des charges ; dans le second cas (réversion de rente ou d'usufruit), elle est révocable *ad nutum* (C. civ., art. 1096, al. 2) et également pour cause d'ingratitude ou pour inexécution des charges. Mais surtout, ce texte ouvre au conjoint survivant, donataire pour le cas de survie ou légataire, la faculté de cantonner son émolument sur une partie des biens dont il a été disposé en sa faveur (C. civ., art. 1094-1, al. 2) ;
– les **partages d'ascendants**, qui cèdent la place aux libéralités-partages, ont été considérablement transformés par la loi du 23 juin 2006 : alors qu'auparavant un partage d'ascendant ne pouvait être fait qu'au profit de descendants, une libéralité-partage peut être consentie à des présomptifs héritiers (en particulier au profit du conjoint et des collatéraux) ; l'une des innovations les plus importantes de la réforme réside dans la libéralité-partage transgénérationnelle, qui facilite le « saut » d'une génération dans la transmission

du patrimoine, prenant ainsi en compte l'évolution démographique et favorisant la gratification des nouvelles générations de son vivant ; enfin, la possibilité de donation-partage dans les familles recomposées est précisée.

• **Textes**

• C. civ., art. 1075 à 1099-1.

I

Donations aux futurs époux

1054 Nous envisageons ici les donations faites aux futurs époux, ou à l'un d'eux, par des tiers. Celles entre époux seront abordées au chapitre suivant.

A Donation de biens présents

1055 La donation de biens présents par des tiers à l'un des futurs époux ou aux deux est connue sous le nom de « constitution de dot ». Elle est en principe consentie pour l'établissement du ménage bien que la jurisprudence l'entende largement (V. toutefois Cass. com., 24 avr. 1990 : *JCP* N 1991, II, 100, J. Lafond).

• **Règles de forme**

1056 La constitution de dot est assujettie aux règles de forme du contrat de mariage qui la contient. Cependant, il résulte de l'article 1087 du Code civil que, par dérogation au droit des libéralités, l'acceptation de la dot peut être tacite.

• **Règles de fond**

1057 **Caducité.** Comme toute donation faite en faveur du mariage, la dot est caduque si le mariage n'est pas célébré (C. civ., art. 1088).

1058 **Dérogation au droit des libéralités.** La donation par un tiers aux futurs époux échappe au principe de l'irrévocabilité spéciale des donations ; le donateur peut donc se réserver le droit de disposer des biens donnés, obliger le donataire à payer ses dettes futures (C. civ., art. 1086). Elle n'est pas révocable pour ingratitude (C. civ., art 959).

1059 **Rapport, réduction.** Enfin, la dot est soumise aux règles du rapport et de la réduction ; des dispositions particulières précisent le mode d'imputation dans la succession du ou des donateurs soumis à un régime de communauté (dont C. civ., art. 1438, al. 1er. – V. *JCl. Roulois*, Fasc. 1495, *Régimes matrimoniaux*).

B Donation de biens à venir

1060 La donation de biens à venir, encore appelée « institution contractuelle », a pour objet tout ou partie des biens que le donateur (l'instituant) laissera à son décès.

• **Formation**

1061 Les conditions de forme sont celles du contrat de mariage.
Quant aux règles de fond, on rappellera que la capacité de donner est nécessaire et que l'institution peut être universelle et porter sur l'ensemble des biens de l'instituant, ou à titre universel (une fraction des biens, ou les meubles, ou les immeubles, ou encore une fraction des meubles ou des immeubles) ou enfin être à titre particulier en portant sur un bien déterminé ou plusieurs.

• **Effets**

1062 Si le mariage n'est pas célébré, l'institution contractuelle est caduque.

1063 **Du vivant de l'instituant.** L'institution contractuelle échappe à l'irrévocabilité particulière aux donations (sur ce point, V. Fiche 12 : Dispositions propres aux donations entre vifs) mais est soumise à l'irrévocabilité des contrats ; en conséquence l'instituant conserve le droit de disposer des biens à titre onéreux mais il ne peut en disposer à titre gratuit.

1064 **Lors du décès.** Lors du décès de l'instituant, l'institué a les droits et obligations d'un légataire, universel, à titre universel ou particulier selon la nature de l'institution.

C Donation cumulative

1065 Aux termes de l'article 1084 du Code civil, la donation peut également porter cumulativement sur tout ou partie des biens présents et à venir du donateur (futurs époux ou tiers) à charge d'annexer à l'acte un état des dettes du donateur existant au jour de la donation.

1066 En réalité, il s'agit plutôt d'une donation alternative de biens présents ou à venir, au choix du donataire lors du décès du donateur. Ce type de donation est tombé en désuétude.

II Donations entre époux

A Donation par contrat de mariage

1067 L'article 1091 du Code civil pose le principe que les époux pourront, par contrat de mariage, se faire réciproquement, ou l'un des deux à l'autre, telle donation qu'ils jugeront à propos.

• Objet

1068 La donation peut être de biens présents, à venir, ou de biens présents et à venir. Elle ne rencontre pas en pratique un franc succès en raison du principe d'irrévocabilité des conventions qui les gouverne et du fait de l'accroissement du nombre de divorces.

• Inefficacité

1069 **Causes.** Les donations entre futurs époux par contrat de mariage sont révocables pour inexécution des conditions (V. C. civ., art. 954), pour cause d'ingratitude conformément (V. C. civ., art. 955) mais non (sauf clause contraire) pour la survenance d'enfants (C. civ., art. 960).

• Irrévocabilité

1070 **Exclusion de l'irrévocabilité des donations.** Les donations entre futurs époux par contrat de mariage ne sont pas soumises à l'irrévocabilité particulière des donations, en sorte que le donateur peut se réserver le droit de disposer des biens ou imposer au donataire l'obligation d'acquitter ses dettes futures (C. civ., art. 947). Elles demeurent révocables pour inexécution des conditions, pour cause d'ingratitude conformément mais non (sauf clause contraire) pour la survenance d'enfants (C. civ., art. 1096, al. 3).

1071 **Irrévocabilité générale des conventions.** En revanche, la donation est assujettie à l'irrévocabilité ordinaire des contrats ; le donateur ne peut donc la révoquer (V. *infra*, n° 1073).

1072 **Distinction.** La donation de **biens présents** par contrat de mariage demeure irrévocable et est maintenue même en cas de divorce (C. civ., art. 265, al. 1er). Rare en pratique, elle ne peut donc être révoquée unilatéralement, sa révocation ne pouvant intervenir que lors d'un changement de régime matrimonial et dans le respect de l'article 1397 du Code civil.
Quant à la donation de **biens à venir** par contrat de mariage, elle est irrévocable unilatéralement (et ne peut l'être que dans le cadre d'un changement de régime matrimonial et en respectant les conditions de l'article 1397 du Code civil) mais est révoquée de plein droit en cas de divorce (C. civ., art. 265, al. 2) sauf volonté contraire des époux (en pratique, cas exceptionnel).
Il est généralement conseillé d'attendre la célébration du mariage pour consentir une libéralité entre époux.
Les donations entre époux ne sont pas révoquées pour survenance d'enfant (C. civ., art. 1096, al. 3).

• Caducité

1073 La donation est caduque si le mariage n'est pas célébré (C. civ., art. 1088).

B Donations pendant le mariage

1074 Les donations entre époux pendant le mariage ont un régime juridique particulier.
Dans la forme, elles répondent aux règles des donations ordinaires mais quant au fond, elles se singularisent en ce qu'elles peuvent porter sur des biens à venir et sont soumises, du moins pour certaines d'entre elles, à un régime particulier de révocabilité, dérogeant ainsi à la règle de l'irrévocabilité spéciale des donations (V. Fiche 12 : Dispositions propres aux donations entre vifs).

1075 Nous distinguerons la donation de biens présents, c'est-à-dire de biens appartenant au donateur lors de la donation (1) de celles de biens à venir, portant sur tout ou partie des biens à venir que le donateur laissera à son décès (2).

1 Donation de biens présents

• **Remarque liminaire**

1076 La jurisprudence exclut la notion de gratuité et, par conséquent la qualification de donation, lorsqu'une remise de fonds, notamment lors d'une acquisition, est causée par la surcontribution d'un époux aux charges du mariage (V. *JCl. Roulois*, Fasc. 1055, *Mariage*. – V. égal. Cass. 1re civ., 18 déc. 2013, n° 12-17.420 : *JurisData* n° 2013-029967. – Cass. 1re civ., 2 oct. 1985 : *JCP* N 1988, I, p. 29, obs. Ph. Simler ; *Defrénois* 1987, art. 33846, p. 85, obs. A. Breton ; *Journ. not.* 1986, art. 58461, obs. E. S. de la Marnierre).

a) Formation

• **Règles de forme**

1077 La donation entre époux de biens présents doit être faite par acte notarié. Des époux peuvent se faire des donations mutuelles dans le même acte.

La donation peut aussi résulter d'un don manuel, d'une donation indirecte et même d'une donation déguisée, depuis le 1er janvier 2005, date de l'abrogation de l'alinéa 2 de l'article 1099 du Code civil.

• **Règles de fond**

1078 Nous renvoyons le lecteur *supra* (V. Fiche 11 : Dispositions communes) pour ce qui concerne le consentement et la capacité des parties.

b) Effets

• **Transfert de propriété**

1079 La donation entre époux de biens présents produit immédiatement effet.

1080 Pour les obligations des parties, nous invitons le lecteur à se reporter à la Fiche 12 : Dispositions propres aux donations entre vifs.

• **Révocabilité**

1081 Les donations entre époux ne sont jamais révocables pour survenance d'enfant (C. civ., art. 1096, al. 3).

Il résulte du second alinéa de l'article 1096 du Code civil, dans la rédaction que lui a donnée la loi n° 2006-728 du 23 juin 2006 (applicable aux donations de biens présents consenties entre époux à compter du 1er janvier 2005. – L. art. 47, III), ce qui suit :

– la donation qui prend effet au cours du mariage n'est révocable que dans les conditions prévues aux articles 953 à 958 du Code civil, c'est-à-dire pour cause d'ingratitude ou pour inexécution des charges (sur l'impossibilité de stipuler une clause résolutoire liée au prononcé du divorce ou à une demande en divorce, V. Cass. 1re civ., 14 mars 2012, n° 11-13.791 : *JurisData* n° 2012-004171 ; *JCP* G 2012, 607, note Brenner) ;

– la donation de biens présents qui ne prend pas effet au cours du mariage est révocable *ad nutum*. Sont essentiellement concernées les réversions de rente viagère ou d'usufruit. Celles-ci sont considérées par la jurisprudence comme des donations à terme de biens présents (Cass. ch. mixte, 8 juin 2007, n° 05-10.727 : *JurisData* n° 2007-039196 ; *JCP* N 2007, act. 472 ; *Dr. famille* 2007, comm. 151, note B. Beignier) mais sont assimilées quant à la révocabilité à une donation de biens à venir, en raison de leur perspective successorale et de façon à pouvoir être révoquées lors d'un éventuel divorce (V. J. Casey, *Libéralités entre époux et avantages matrimoniaux : nouvelles donnes ? À propos de la loi du 23 juin 2006 : Dr. famille* 2006, n° 11, p. 31).

• **Incidence du divorce**

1082 Le divorce n'a aucune incidence sur la donation de bien présent, qui se trouve maintenue (C. civ., art. 265, al. 1. Il apparaît donc opportun de faire préciser aux époux le sort qu'ils souhaitent réserver aux donations entre vifs consenties avant le 1er janvier 2005 : V. Cass. 1re civ., 12 juill. 2017, n° 16-19.727 : *Dr. famille* 2017, n° 10, comm. 212, M. Nicod).

• **Achat au moyen de deniers donnés**

1083 L'article 1099-1 du Code civil dispose dans son premier alinéa : « Quand un époux acquiert un bien avec des deniers qui lui ont été donnés par l'autre à cette fin, la donation n'est que des deniers et non du bien auquel ils sont employés ».

1084 **Domaine.** L'article 1099-1 du Code civil s'applique à toute remise de deniers par un époux à l'autre en vue de procurer à celui-ci l'entrée dans son patrimoine d'un bien qui ne s'y trouvait pas déjà, sans qu'il y ait lieu de distinguer selon la cause juridique, le mode de réalisation et la date d'effet du transfert de propriété (Cass. 1re civ., 2 mars 1976 : *JCP* G 1977, II, 18699, note M. Dagot ; *Defrénois* 1976, art. 31128, note G. Morin ; en l'espèce, paiement d'une soulte dans un partage).

L'époux qui a acquis un bien au moyen de deniers donnés par son conjoint à cette fin ne doit aucune indemnité à raison de son occupation postérieure au décès, étant propriétaire du bien acquis (Cass. 1re civ., 20 mai 2009, n° 08-13.907 : *JurisData* n° 2009-048349 ; *RTD civ.* 2009, p. 563, obs. Grimaldi).

1085 **Mise en œuvre.** Les droits du donateur ou de ses héritiers n'ont pour objet qu'une somme d'argent suivant la valeur actuelle du bien (Cass. 1re civ., 13 mars 2001, n° 00-18.306 : *JurisData* n° 2001-008620). Si le bien a été aliéné, on considère la valeur qu'il avait au jour de l'aliénation, et si un nouveau bien a été subrogé au bien aliéné, la valeur de ce nouveau bien (C. civ., art. 1099-1, al. 2). La valeur actuelle du bien s'entend de celle dans l'état au jour de l'acquisition, abstraction faite des améliorations que l'époux a pu apporter. Cette valeur est retenue pour l'imputation sur les droits *ab intestat*, le rapport, la réunion fictive.

2 Donation de biens à venir

1086 La donation de biens à venir entre époux est aussi dénommée institution contractuelle ou donation pour le cas de survie.

a) Formation

• Règles de forme

1087 La donation entre époux de biens à venir est soumise aux règles des donations entre vifs. Elle doit être faite en la forme notariée et acceptée expressément (mais il n'y a pas lieu d'établir un état du mobilier, bien entendu).

• Règles de fond

1088 Le consentement et la cause n'appellent pas de précision particulière.

1089 **Capacité.** Le donateur doit avoir la capacité de tester.
Le donataire doit avoir :
– au jour de la donation, la capacité d'accepter une libéralité ;
– et à l'ouverture de la succession, celle d'accepter un legs.

1090 **Objet.** La donation entre époux de biens à venir peut porter sur l'universalité des biens du disposant, sur l'un des termes de la quotité disponible spéciale entre époux, choisi par le disposant ou laissé au choix du donataire (sur l'option entre les quotités, V. Fiche 19 : Réserve héréditaire et quotité disponible) ou sur un bien déterminé.
Elle peut aussi ouvrir au conjoint survivant la faculté de faire porter la donation sur certains biens énumérés par la donation.

b) Effets

• Au décès du donateur

1091 La donation entre époux de biens à venir produit ses effets au décès du donateur.

1092 **Option successorale.** Le conjoint donataire bénéficie comme tout successible de l'option successorale (V. Fiche 6 : Transmission de la succession).

1093 **Cantonnement.** L'article 1094-1 du Code civil, en son second alinéa créé par la loi n° 2006-728 du 23 juin 2006, dispose que, sauf stipulation contraire du disposant, le conjoint survivant peut cantonner son émolument sur une partie des biens dont il a été disposé en sa faveur et que cette limitation ne peut être considérée comme une libéralité faite aux autres successibles.

• Imputation

1094 Rappelons que l'article 758-6 du Code civil, résultant de la loi du 23 juin 2006, dispose que les libéralités reçues du défunt par le conjoint survivant s'imputent sur les droits de celui-ci dans la succession (V. Fiche 4 : Droits du conjoint successible).
Par ailleurs, en présence d'héritiers réservataires, la donation consentie au conjoint survivant s'impute sur la quotité disponible spéciale entre époux.

• Inefficacité

1095 **Caducité.** La donation entre époux de biens à venir est caduque si le donataire décède avant le donateur.

1096 **Révocabilité *ad nutum*.** La donation de biens à venir entre époux pendant le mariage est toujours révocable à la seule volonté de l'époux donateur mais elle n'est pas révocable pour survenance d'enfant (C. civ., art. 1096, al. 1er et 3).
La révocation peut être faite par acte notarié ou par testament. Elle est tacite, lorsque la donation entre époux est incompatible avec une disposition ultérieure.

1097 **Révocation pour ingratitude ou inexécution des charges.** La donation entre époux de biens à venir peut être révoquée pour ingratitude ou inexécution des charges. Ces causes de révocation intéressent principalement les héritiers (pour une application, V. Cass. 1re civ., 29 janv. 2002 : *RJPF* 2002, n° 4, p. 27, note J. Casey).

• Divorce, séparation de corps

1098 La donation de biens à venir est révoquée de plein droit par le divorce, sauf volonté contraire de l'époux qui les a consentis (V. C. civ., art. 265, al. 2 ; V. *JCl. Roulois*, Fasc. 1075 et 1080, *Divorce et séparation de corps, respectivement*).

III Libéralités-partages

1099 La libéralité-partage peut selon l'article 1075, alinéa 2 du Code civil se faire sous forme de donation-partage ou de testament. Nous suivrons le plan du Code civil, à savoir : dispositions générales (A), donations-partages (B) et testaments-partages (C).

A Dispositions générales

1100 L'article 1075 du Code civil dispose dans son premier alinéa que toute personne peut faire, entre ses héritiers présomptifs, la distribution et le partage de ses biens et de ses droits.

• Donation ou testament

1101 Cet acte peut se faire sous forme de donation-partage ou de testament-partage. Il est soumis aux formalités, conditions et règles prescrites pour les donations entre vifs dans le premier cas et pour les testaments dans le second (C. civ., art. 1075, al. 2). Elle ne peut être réalisée par voie de conclusions (Cass. 1re civ., 3 janv. 2006 : *Dr. famille* 2006, comm. 38, note B. Beignier).

• Libéralité-partage transgénérationnelle

1102 Toute personne peut également faire la distribution et le partage de ses biens et de ses droits entre des descendants de degrés différents, qu'ils soient ou non ses héritiers présomptifs (C. civ., art. 1075-1. – V. *infra*, B, 2).

• Entreprise, droits sociaux

1103 Si ses biens comprennent une entreprise individuelle à caractère industriel, commercial, artisanal, agricole ou libéral ou des droits sociaux d'une société exerçant une activité à caractère industriel, commercial, artisanal, agricole ou libéral, le disposant peut en faire, sous forme de donation-partage et dans les conditions prévues aux articles 1075 et 1075-1 (donation-partage au profit d'héritiers présomptifs ou transgénérationnelle) la distribution et le partage entre le ou les donataires visés auxdits articles et une ou plusieurs autres personnes (C. civ., art. 1075-2).

1104 **Règles à respecter.** L'article 1075-2 du Code civil impose le respect de plusieurs règles :
– les biens corporels et incorporels affectés à l'exploitation de l'entreprise ou les droits sociaux doivent entrer dans la distribution et le partage ;
– cette distribution et ce partage doivent avoir pour effet de n'attribuer à ces autres personnes que la propriété ou la jouissance de tout ou partie de ces biens ou droits ;
– si l'attribution porte sur des parts sociales, le disposant doit exercer une fonction dirigeante et cette attribution doit respecter les conditions propres à chaque forme de société ou stipulées dans les statuts.
On notera que seule la donation-partage est visée par le texte, à l'exclusion du testament partage, et que le tiers ne peut recevoir d'autres biens que ceux professionnels.

• Exclusion de l'action pour lésion

1105 L'article 1075-3 exclut l'action en complément de part pour cause de lésion contre les donations-partages et les testaments-partages (pour le cas de donation-partage cumulative, V. Cass. 1re civ., 22 nov. 2005, n° 02-17.708 : *JurisData* n° 2005-030825 ; *JCP* N 2006, 1155). Cependant, l'action en réduction peut être exercée.

• Soulte atermoyée

1106 Il résulte de l'application combinée des articles 828 et 1075-4 du Code civil ce qui suit :
– lorsque le débiteur d'une soulte a obtenu des délais de paiement et que, par suite des

circonstances économiques, la valeur des biens qui lui sont échus a augmenté ou diminué de plus du quart depuis le partage, les sommes restant dues augmentent ou diminuent dans la même proportion, sauf exclusion de cette variation par les parties ; doit être déclarée non écrite la clause insérée dans la donation-partage prévoyant une variabilité conventionnelle dérogeant à la variabilité légale de l'article 833-1 [auj. art. 828] du Code civil qui est d'ordre public (Cass. 1re civ., 6 juill. 2011, n° 10-21.134 : *JurisData* n° 2011-013611 ; *Bull. civ.* I, n° 140 ; *RDC* 2012, p. 163, note Goldie-Genicon ; *Defrénois* 2011, p. 1533, obs. Autem et 2012, 196, obs. B. V. ; *JCP* N 2011, 1278, note F. Sauvage ; *Dr. famille* 2011, p. 152, note Beignier ; *JCP* G 2012, doctr. 1234, n° 6, obs. Le Guidec) ;

– toute convention contraire est prohibée à l'égard d'une soulte résultant d'une donation-partage. Les intéressés pourraient toutefois, après l'échéance, déroger à la règle.

• Biens au décès

1107 Si tous les biens ou droits que le disposant laisse au jour de son décès n'ont pas été compris dans le partage, ceux de ses biens ou droits qui n'y ont pas été compris sont attribués ou partagés conformément à la loi (C. civ., art. 1075-5).

B Donation-partage

1108 Nous étudierons d'abord la donation-partage à des successibles (1°), puis celle à des descendants de degrés différents, dite transgénérationnelle (2°) et enfin les donations-partages conjonctive et cumulative (3°).

1 Donation-partage aux présomptifs héritiers

a) Conditions de validité

1109 L'acte de donation-partage est soumis par le second alinéa de l'article 1075 du Code civil aux formalités, conditions et règles prescrites pour les donations entre vifs. Celles-ci sont étudiées à la Fiche 12 : Dispositions propres aux donations entre vifs. Nous nous limiterons donc aux règles spécifiques de la donation-partage.

1) Parties

• Donateur

1110 La donation-partage peut être faite par toute personne (sous réserve bien entendu des règles de capacité et de consentement).

• Donataires

1111 **Règle générale.** La donation-partage peut être faite aux héritiers présomptifs (C. civ., art. 1075, al. 1er), par conséquent : au conjoint, aux frères et sœurs en l'absence de descendant, etc.

1112 **Enfant non commun.** La donation-partage peut être faite conjointement par deux époux et requiert la présence d'au moins deux enfants communs (Rép. min. n° 1290 : *JOAN* Q 11 mars 2008, p. 2136 ; *JCP* N 2008, act. 313). Ensuite, l'enfant non commun peut être alloti du chef de son auteur en biens propres de celui-ci ou en biens communs, sans que le conjoint puisse toutefois être codonateur des biens communs (C. civ., art. 1076-1).

1113 **Donation et partage par actes distincts.** La donation-partage, qui peut être faite en deux temps, ne constitue pas un partage ordinaire que les attributaires pourraient contester mais un partage fait par l'ascendant de son vivant et selon sa seule volonté. Ensuite, le partage d'ascendant se forme dès que l'un des enfants a accepté son lot (Cass. 1re civ., 13 févr. 2019, n° 18-11.642, F-P+B : *JurisData* n° 2018-001941 ; *JCP* N 2019, act. 281, J. Colliot. – F. Sauvage, *Une donation-partage régulièrement formée par acceptation d'un seul lot ? : JCP* N 2019, 1291 ; *JCP* N 2020, 1053, chron. R. Le Guidec).

2) Biens

• Biens présents

1114 La donation-partage ne peut avoir pour objet que des biens présents (C. civ., art. 1076, al. 1er), à l'exclusion de biens à venir. La clause de réversibilité de l'usufruit au profit du conjoint survivant insérée dans une donation-partage doit s'analyser en une donation à terme de biens présents (Cass. 1re civ., 21 oct. 1997 : *JCP* G 1997, II, 22969, note Harel-Dutirou. – Cass. ch. mixte, 8 juin 2007, n° 05-10.727 : *JurisData* n° 2007-039196 ; *JCP* N 2007, act. 472 ; *Dr. famille* 2007, comm. 151, note Beignier ; *Defrénois* 2007, p. 1688, obs. Chappert ; *RTD civ.* 2007, p. 588, obs. T. Revet et 605, obs. Grimaldi ; *JCP* G 2009, I, 109, n° 8, obs. Le Guidec).

• Droits indivis

1115 **Exclusion de la donation-partage attribuant des droits indivis.** Ne constitue pas une donation-partage mais une donation l'acte qui n'attribue aux gratifiés que des droits indivis (Cass. 1re civ., 6 mars 2013, n° 11-21.892 : *JurisData* n° 2013-003727 ; *Bull. civ.* I, n° 34 ; *JCP* N 2014, 1168, étude Ph. Potentier ; *Defrénois* 2013,

p. 463, note F. Sauvage ; *RTD civ.* 2013, p. 424, note M. Grimaldi ; *Defrénois* 2014, p. 348, M. Nicod ; *Defrénois* 2014, p. 353, étude M. Grimaldi ; *AJ fam.* 2013, p. 301, note C. Vernières. – Cass. 1re civ., 20 nov. 2013, n° 12-25.681 : *JurisData* n° 2013-026113 ; *Bull. civ.* I, n° 223 ; *JCP* N 2014, 1168, étude Ph. Potentier ; *Defrénois* 2013, p. 1259, note M. Grimaldi ; *Defrénois* 2014, p. 348, M. Nicod ; *Defrénois* 2014, p. 353, étude M. Grimaldi).

• **Incorporation de donations antérieures**

1116 L'incorporation de donations antérieures est régie par les articles 1078-1 à 1078-3 du Code civil.
Le lot de certains gratifiés peut être formé, en totalité ou en partie, des donations, soit rapportables, soit faites hors part, déjà reçues par eux du disposant. La donation-partage pourrait ne porter que sur des biens déjà donnés, sans nouvelles donations du disposant.

1117 **Emploi.** L'incorporation se fait en ayant égard éventuellement aux emplois et remplois qui ont pu être faits dans l'intervalle entre la donation et la donation-partage.
Ainsi un père de famille a fait donation en 2002 à l'un de ses enfants d'une somme de 400 000 €, employée à l'acquisition d'un appartement qui existe toujours, dans le même état, et vaut 520 000 €. Le montant à retenir est de 520 000 €.
Le bien donné peut avoir été vendu et un autre bien lui avoir été subrogé. Reprenons les mêmes éléments que dans l'exemple mais en supposant que l'appartement a été vendu en 2007 pour un prix de 520 000 €, investis pour 480 000 € dans une propriété qui en vaut 500 000 lors de la donation-partage ; le surplus soit 40 000 € n'a pas été utilisé. À incorporer : 500 000 + 40 000 = 540 000 €.
De même, lorsqu'est incorporée une donation de deniers, l'immeuble acquis avec cette somme se substitue à celle-ci dans la donation-partage, de sorte que le droit de retour conventionnel s'applique à ce bien (Cass. 1re civ., 14 mars 2018, n° 17-15.589 : *Dr. famille* 2018, n° 6, comm. 154, M. Nicod).

1118 **Transformation du caractère préciputaire ou d'avancement de part.** Les parties peuvent convenir qu'une donation antérieure faite hors part sera incorporée au partage et imputée sur la part de réserve du donataire à titre d'avancement de part successorale. L'inverse est également possible : une donation en avancement de part successorale est convenue hors part (mais on doit alors penser au risque que la libéralité ne puisse s'imputer intégralement sur la quotité disponible).

1119 **Validité de l'incorporation d'une donation antérieure avec changement d'attributaire.** L'article 1078-1 du Code civil n'interdit pas qu'un bien antérieurement donné indivisément à des enfants soit attribué à l'un d'eux dans un acte de donation-partage (Cass. 1re civ., 15 janv. 2014, nos 11-18.693 et 12-29.267 : *Dr. famille* 2014, p. 43, obs. M. Nicod).

1120 **Évaluation.** La date d'évaluation retenue pour le partage anticipé est également applicable aux donations antérieures incorporées ; une stipulation contraire serait réputée non écrite.

1121 **Nature juridique.** Les conventions en question ne sont pas considérées comme des libéralités entre les héritiers présomptifs mais comme un partage fait par le disposant.

1122 **Avantages.** Le donateur peut remodeler l'ensemble des donations antérieures, rétablir l'égalité entre les enfants, procéder à une répartition mieux adaptée. Le donataire ne doit plus le rapport. Surtout, et pour autant que certaines conditions soient remplies, on retient pour le calcul de la quotité disponible non pas les valeurs au jour du décès mais celles au jour de la donation-partage, ce qui renforce la sécurité juridique (V. *infra*, *c*) (sur la question, V. not. J.-F. Sagaut, *Libres propos sur les articles 1078-1 à 1078-3 du Code civil ou les charmes discrets de l'incorporation des donations antérieures : Defrénois* 2001, art. 37395).

1123 **Droits d'associés.** Une donation-partage ne portant que sur les droits d'associés, sans autre précision, ne peut s'étendre, en l'absence de clause particulière, au solde créditeur du compte courant (Cass. 3e civ., 18 nov. 2009, n° 08-18.740 : *JurisData* n° 2009-050354 ; *Bull. civ.* III, n° 257 ; *JCP* N 2010, n° 7, 203, obs. Le Guidec ; *JCP* N 2010, 1171, n° 13, obs. Le Guidec).

3) Partage

• **Nécessité**

1124 L'article 1075 du Code civil exige qu'il y ait partage des biens. Il a été jugé que l'acte aux termes duquel les biens donnés restent indivis entre les donataires ne constitue pas une donation-partage (Cass. req., 20 janv. 1947 : *JCP* 1948, II, 4578, note P. Voirin. – Cass. 1re civ., 6 mars 2013, n° 11-21.892 : *JurisData* n° 2013-003727. – Cass. 1re civ., 20 nov. 2013, n° 12-25.681 : *JurisData* n° 2013-026113 ; *JCP* N 2014, 1168. – Cass. 1re civ., 13 févr. 2019, n° 18-11.642, F-P+B : *JurisData* n° 2018-001941, préc.) mais le partage peut être effectué ultérieurement.

Si la donation et le partage sont faits par actes séparés le disposant doit intervenir aux deux actes (C. civ., art. 1076, al. 2).

• **Composition des lots**

1125 Le partage est fait par l'ascendant, qui peut composer des lots inégaux mais en veillant bien à ce que la réserve ne risque pas de se trouver entamée. Sur les difficultés liquidatives résultant de la donation-partage inégalitaire, V. S. Dessis, *La donation-partage inégalitaire : de l'incertitude liquidative aux solutions pratiques* : *JCP* N 2018, 1349 et pour un tableau comparatif chiffré de deux méthodes, V. F. Letellier *in JCP* N 2020, n° 39, 1190.
Si une personne autre qu'un présomptif héritier est appelée à la donation-partage, elle ne peut recevoir que tout ou partie de l'entreprise ou des droits sociaux, à l'exclusion d'autres biens ou d'une soulte.

• **Créance de salaire différé**

1126 L'article L. 321-17 du Code rural et de la pêche maritime dispose, dans son deuxième alinéa, que le bénéficiaire de la créance de salaire différé peut être désintéressé par l'exploitant lors d'une donation-partage (V. Fiche 23 : Masses active et passive).

b) Effets

1) Avant l'ouverture de la succession

• **Transfert de propriété**

1127 Comme une donation ordinaire, la donation-partage transmet immédiatement et irrévocablement la propriété des biens qui en sont l'objet au profit des donataires.

• **Obligations des copartagés**

1128 Les copartagés sont tenus les uns envers les autres de l'obligation de garantie des lots. Le cas échéant, la soulte atermoyée est garantie par le privilège de copartageant sur l'immeuble attribué.

• **Anéantissement**

1129 **Révocation.** La donation-partage est révocable pour cause d'ingratitude ou pour inexécution des charges, ce qui n'appelle pas de commentaire particulier par rapport à ce qui a été dit à propos des donations entre vifs (V. Fiche 13 : Dispositions propres aux donations entre vifs-Révocation).
Soulignons cependant que la révocation n'a d'effet qu'à l'égard du donataire qui l'a encourue, la donation-partage demeurant pour le surplus.

1130 **Droit de retour conventionnel.** Comme toute donation, la donation-partage peut contenir une stipulation du droit de retour en cas de prédécès soit de l'un des donataires, soit d'un donataire et de sa postérité (V. Fiche 12 : Dispositions propres aux donations entre vifs).
Le retour légal pourrait jouer en cas de prédécès sans descendant ni conjoint d'un enfant adopté simple, par application de l'article 368-1 du Code civil, ou encore en cas de prédécès d'un descendant ne laissant ni postérité ni ses père et mère, la succession étant alors dévolue au conjoint sous réserve du retour légal des collatéraux privilégiés, dans les termes de l'article 757-3 du Code civil (V. Fiche 5 : Dévolutions particulières et Fiche 4 : Droits du conjoint successible).

2) Après ouverture de la succession

• **Imputation**

1131 Les biens reçus à titre de partage anticipé par un héritier réservataire présomptif s'imputent sur sa part de réserve, à moins qu'ils n'aient été donnés expressément hors part (C. civ., art. 1077).

• **Réserve. Réduction**

1132 **Règles des donations.** Les donations-partages suivent les règles des donations entre vifs pour tout ce qui concerne l'imputation, le calcul de la réserve et la réduction (C. civ., art. 1077-2, al. 1er). Cependant, l'évaluation, dans la masse de calcul de la réserve, des biens compris dans la donation-partage est, sous diverses conditions, soumise à un régime dérogatoire (V. *infra*, *c*).

1133 **Réservataire non alloti ou insuffisamment alloti.** L'héritier réservataire qui n'a pas concouru à la donation-partage, ou qui a reçu un lot inférieur à sa part de réserve, peut exercer l'action en réduction, s'il n'existe pas à l'ouverture de la succession des biens non compris dans le partage et suffisants pour composer ou compléter sa réserve, compte tenu des libéralités dont il a pu bénéficier (C. civ., art. 1077-1. – Pour un exemple chiffré, V. *infra*, *c*).
Sur l'impossibilité de l'enfant adultérin non attributaire d'invoquer la loi du 3 décembre 2001 pour demander la réduction de la donation-partage réalisée au profit des seuls enfants légitimes (V. Cass. 1re civ., 14 nov. 2007, n° 06-13.806 : *Bull. civ.* I, n° 360 ; *RTD civ.* 2008, p. 90, obs. Hauser et 337, obs. M. Grimaldi ; solution non contraire à la Convention

européenne des droits de l'homme ; V. CEDH, 21 juill. 2011, § 58, n° 16574/081 : *Defrénois* 2012, 298, obs. A. C.-T. ; *RTD civ.* 2011, obs. Marguénaud et 2036, obs. Hauser).

1134 **Action en réduction.** L'action en réduction ne peut être introduite qu'après le décès du disposant qui a fait le partage. En cas de donation-partage faite conjointement par les deux époux, l'action en réduction ne peut être introduite qu'après le décès du survivant des disposants, sauf pour l'enfant non commun qui peut agir dès le décès de son auteur (C. civ., art. 1077-2, al. 2). L'action se prescrit par cinq ans à compter du décès (C. civ., art. 1077-2, al. 3).

• Absence de rapport

1135 Les biens donnés par voie de donation-partage ne sont pas rapportables. En effet, le rapport n'est qu'une opération préliminaire au partage en ce qu'il tend à constituer la masse partageable ; or, les biens en question ont déjà été partagés (Cass. 1re civ., 16 juill. 1997, n° 95-13.316 : *D.* 1997, 370, obs. M. Grimaldi. – Cass. 1re civ., 4 juill. 2018, n° 15-15.915 : *RTD civ.* 2018, n° 3, p. 726, obs. M. Grimaldi ; *JCP* N 2019, chron. 1216, R. Le Guidec).

• Héritier non conçu

1136 L'héritier présomptif non encore conçu au moment de la donation-partage dispose d'une action pour composer ou compléter sa part héréditaire, qui se prescrit par cinq ans à compter du décès (C. civ., art. 1077-2, al. 3 et 4). On notera que cet enfant, à la différence de l'enfant qui n'a pas concouru à la donation-partage, peut prétendre à sa part héréditaire, et pas seulement à sa part de réserve.

c) Règle dérogatoire de l'évaluation

• Au jour de la donation-partage

1137 Nonobstant les règles applicables aux donations entre vifs, les biens donnés par donation-partage sont évalués au jour de celle-ci pour l'imputation et le calcul de la réserve, à condition :
– que tous les héritiers réservataires vivants ou représentés au décès de l'ascendant aient reçu un lot dans le partage anticipé et l'aient expressément accepté ;
– et qu'il n'ait pas été prévu de réserve d'usufruit portant sur une somme d'argent. Ce mode d'évaluation peut être écarté par convention (C. civ., art. 1078).

• Avantages

1138 Cette règle dérogatoire présente l'avantage de la simplicité puisqu'il n'y a pas à évaluer les biens au décès ni à se préoccuper des modifications survenues dans leur état ; de plus, elle contribue à la stabilité de la donation-partage, car la répartition est soustraite aux aléas des variations économiques entre la date de l'acte et le jour du décès du disposant. Il faut cependant observer qu'en général, la dérogation a pour effet de réduire la masse de calcul de la réserve et de la quotité disponible et, par conséquent, le montant de cette dernière.

d) Exemple chiffré de réduction

1139 X consent une donation-partage au profit de deux de ses enfants A et B, le dernier C refusant de participer à l'acte. Les lots attribués aux donations sont les suivants :

Nature		Valeur à la donation-partage	Valeur au décès de X	Valeur au partage
Lot A	Maison	200 000	400 000	500 000
Lot B	Créance	50 000		
	Appartement	150 000	170 000	200 000

Au décès de X, l'actif net de succession existant est de 40 000, réévalué à 50 000 lors du partage.

• Calcul de la part de C

1140 Le calcul de la part de C s'effectue en suivant les règles de l'article 922 du Code civil (V. Fiche 18 : Liquidations-partages – Introduction), les conditions d'application de l'article 1078 du même code n'étant pas réunies.

Masse de calcul du disponible et de la réserve :

– biens existants	40 000
– maison	400 000
– créance	50 000
– appartement	170 000
Total	660 000
Dont 1/4 forme la quotité disponible et la réserve de chaque enfant	1/4
soit	165 000

Les biens existants étant insuffisants pour fournir à C le montant de sa réserve, la donation-partage doit être réduite (C. civ., art. 1077-1).

• **Calcul de l'indemnité de réduction**

1141 Montant de l'indemnité de réduction au décès :

Réserve de C	165 000
Biens existants	40 000
Indemnité de réduction	125 000

Les donations au profit de A et B s'imputent chacune sur la réserve personnelle du donataire à concurrence de 165 000 et pour le surplus sur la quotité disponible, savoir :
Répartition de l'indemnité entre A et B :

– donation de A (400 000 – 165 000)	235 000
– donation de B (220 000 – 165 000)	55 000
	290 000

A et B se répartissent la charge de l'indemnité de réduction dans la proportion où leurs donations respectives s'imputent sur la quotité disponible, soit, si l'indemnité était réglée immédiatement après le décès :
Pour A : (235) / (290) × 125 000 = 101 293 ; Pour B : (55) / (290) × 125 000 = 23 707
Charge effective de l'indemnité au moment du partage :
L'indemnité de réduction est révisée en fonction de la variation de valeur des biens entre le décès et le partage (C. civ., art. 868). Indemnités dues : par A : 101 293 × (500 000) / (400 000) = 126 616 ; par B : 23 707 × (250 000) / (220 000) = 26 939
Au total C reçoit :

– les biens existants	50 000
– l'indemnité due par A	126 616
– l'indemnité due par B	26 939
	203 555

2 Donation-partage transgénérationnelle

1142 Les articles 1078-4 à 1078-10 du Code civil, résultant de la loi n° 2006-728 du 23 juin 2006, sont consacrés aux donations-partages faites à des descendants de degrés différents, dites donations-partages transgénérationnelles.

1143 La donation-partage transgénérationnelle permet de faire concourir des générations différentes, en sautant une génération qui est généralement installée, de manière que les plus jeunes bénéficient de tout ou partie du patrimoine du donateur. Cette donation-partage se fait avec le consentement, voire sur la proposition, des descendants au premier degré. Les biens transmis aux descendants de la génération suivante sont imputés sur la part de réserve de leur auteur et on voit apparaître la notion de souche : un enfant du disposant et ses descendants constituent une souche.

1144 La donation-partage transgénérationnelle présente une incontestable souplesse et, pour la pratique notariale, elle constitue probablement l'innovation la plus importante de la loi du 23 juin 2006.

1145 Sur la question, on consultera notamment : M. Grimaldi, *Des donations-partages et des testaments-partages au lendemain de la loi du 26 juin 2006 : JCP* N 2006, 1320. – J.-F. Sagaut, *La donation-partage transgénérationnelle (C. civ., art. 1078-4 et s.), formules commentées : JCP* N 2006, 1321. – D. Vigneau, *La nouvelle donation-partage. À propos de la loi du 23 juin 2006 : Dr. famille* 2006, étude 46.

1146 La donation-partage transgénérationnelle est prévue par le premier alinéa de l'article 1078-4 du Code civil : « Lorsque l'ascendant procède à une donation-partage, ses enfants peuvent consentir à ce que leurs propres descendants y soient allotis en leur lieu et place, en tout ou partie ».

a) Conditions de validité

• **Parties**

1147 Le donateur est nécessairement un ascendant, à la différence de la donation-partage ordinaire, qui peut être faite au profit de présomptifs héritiers, par conséquent par un collatéral, un conjoint, voire un descendant.
La donation-partage transactionnelle peut être faite au profit :
– des enfants ou de certains enfants et des petits-enfants ou de certains d'entre eux ;
– au profit des petits-enfants ou d'une partie d'entre eux.
Elle peut aussi, en application de l'article 1078-5, alinéa 1er, du Code civil, être faite au profit d'un enfant et de ses propres enfants ou encore au profit de ses descendants uniquement.
Il faudra cependant veiller au respect de la part de réserve de chaque souche (enfants et descendants de cet enfant) et aussi à l'intérieur de chaque souche, au moyen éventuellement

de libéralités ultérieures ou de biens au décès du donateur ou de l'enfant.

• **Consentement**

1148 Outre le consentement du donateur, la donation-partage transgénérationnelle requiert, aux termes de l'article 1078-5, alinéa 2 du Code civil, le consentement, dans l'acte, de l'enfant qui renonce à tout ou partie de ses droits, ainsi que de ses descendants qui en bénéficient.
On observera qu'on n'attend pas de l'enfant une renonciation à proprement parler mais un consentement à ce que ses enfants soient allotis en ses lieu et place.
Ce consentement constitue un pacte sur succession future, autorisé.

• **Allotissements**

1149 Lorsque les descendants de degrés différents concourent à la même donation-partage, le partage s'opère par souche.
Des attributions peuvent être faites à des descendants de degrés différents dans certaines souches et non dans d'autres (C. civ., art. 1078-6), par exemple à l'enfant dans sa souche et aux petits-enfants dans une autre souche.
Imaginons le père de quatre enfants :
– Anne, qui a deux enfants, et consent à ne rien recevoir ;
– Bertrand, qui a deux enfants, et consent à ce que, à concurrence de moitié, ses enfants soient allotis en ses lieu et place ;
– Carole, qui a trois enfants, non gratifiés à sa place ;
– et enfin, Diane, qui a trois enfants et consent à ce que deux d'entre eux soient allotis à sa place.
La donation-partage transgénérationnelle est de 480. Le partage se fait par égalité entre les souches, soit 120 chacune.

Souches	Anne		Bertrand		Carole	Diane		
Enfants	0		60		120	0		
Petits-enfants	60	60	30	30	0	60	60	0

• **Incorporation des donations antérieures**

1150 L'article 1078-7 dispose que les donations-partages faites à des descendants de degrés différents peuvent comporter les conventions prévues par les articles 1078-1 à 1078-3 du Code civil. Ces derniers textes autorisent l'incorporation de donations antérieures, déjà étudiée à propos de la donation-partage au profit de présomptifs héritiers (V. *supra*, n° 1118). Un bien antérieurement donné à un enfant pourrait être attribué à un petit-enfant.

b) Règles liquidatives

1151 Pour des exemples chiffrés, le lecteur est invité à se reporter aux articles précités des professeurs Grimaldi et Vigneau.

1) Succession de l'ascendant donateur

1152 Le règlement de la succession de l'ascendant donateur s'effectue comme si c'était le descendant aux lieu et place duquel sont venus ses propres enfants (ou certains d'entre eux) qui avait été alloti.

• **Imputation**

1153 **Principe.** Dans la succession de l'ascendant donateur, les biens reçus par les enfants ou leurs descendants à titre de partage anticipé s'imputent sur la part de réserve revenant à leur souche et subsidiairement sur la quotité disponible.
Toutes les donations faites aux membres d'une même souche sont imputées ensemble, quel que soit le degré de parenté avec le défunt (C. civ., art. 1078-8, al. 1er et 2).

1154 **Dérogation.** La règle est supplétive et le donateur a pu stipuler pour tout ou partie une imputation sur la quotité disponible.

• **Évaluation pour le calcul de la réserve**

1155 Lorsque tous les enfants de l'ascendant donateur ont donné leur consentement au partage anticipé et qu'il n'a pas été prévu de réserve d'usufruit portant sur une somme d'argent, les biens dont les gratifiés ont été allotis sont évalués selon la règle prévue à l'article 1078 (C. civ., art. 1078-8, al. 3). Ils sont donc évalués au jour de la donation-partage pour l'imputation et le calcul de la réserve.

2) Succession de l'enfant du donateur

• **Principe**

1156 Dans la succession de l'enfant qui a consenti à ce que ses propres descendants soient allotis en son lieu et place, les biens reçus par eux de l'ascendant sont traités comme s'ils les tenaient de leur auteur direct (C. civ., art. 1078-9, al. 1er).
Le règlement de cette succession se fait donc comme si les enfants du défunt avaient reçu de lui les biens qu'ils ont reçus de leur aïeul (sur le fondement de cette règle, V. M. Grimaldi, art. préc., n° 94, spéc. n° 25).

Ces biens sont soumis aux règles dont relèvent les donations entre vifs pour la réunion fictive, l'imputation, le rapport et, le cas échéant, la réduction.

• **Exception**

1157 Toutefois, lorsque tous les descendants ont reçu et accepté un lot dans le partage anticipé et qu'il n'a pas été prévu d'usufruit portant sur une somme d'argent, les biens dont ont été allotis les gratifiés sont traités comme s'ils les avaient reçus de leur auteur par donation-partage (C. civ., 1078-9, al. 3). Par suite, il n'y pas lieu à rapport et, pour le calcul de la réserve et si les conditions posées à l'article 1078 du Code civil sont réunies, on retient les valeurs à la date de la donation-partage, et non celles au décès.

• **Exclusion du principe**

1158 Les règles édictées à l'article 1078-9 ne s'appliquent pas lorsque l'enfant qui a consenti à ce que ses propres descendants soient allotis en son lieu et place procède ensuite lui-même, avec ces derniers, à une donation-partage à laquelle sont incorporés les biens antérieurement reçus dans les conditions prévues à l'article 1078-4 (c'est-à-dire dans la donation-partage transgénérationnelle) (C. civ., art. 1078-10, al. 1er). Les donataires sont alors considérés tenir leurs droits de la nouvelle donation-partage et c'est à la date de celle-ci que s'effectue l'évaluation pour le calcul de la réserve. Cette nouvelle donation-partage peut comporter les conventions prévues par les articles 1078-1 et 1078-2 ou, en d'autres termes, modifier le caractère préciputaire en avancement d'hoirie ou changer l'attributaire (C. civ., art. 1078-10, al. 2).

Tableau récapitulatif

Bénéficiaires	**– Enfants (ou certains enfants) et descendants (ou certains) d'un ou de plusieurs enfants.**	**C. civ., art. 1078-4, al. 1er et 1078-6, al. 2.**
	– Enfant unique et ses descendants.	
	– Descendants d'un enfant unique.	
	– Tiers (recevant une entreprise individuelle ou des droits sociaux dans une société exerçant une activité à caractère industriel, commercial artisanal, agricole ou libéral).	C. civ., art. 1075-2, al. 1er.
Consentements	– Du donateur.	C. civ., art. 1078-4, al. 1er ; 1078-5, al. 2.
	– Des donataires.	
	De l'enfant ou des enfants renonçant à tout ou partie de leurs droits.	
Partage	Partage par souches.	C. civ., art. 1078-6, al. 1er.
	Les descendants d'un degré subséquent peuvent être allotis séparément ou conjointement.	C. civ., art. 1078-4, al. 2.
	Tiers : exclusivement l'entreprise ou des droits sociaux.	C. civ., art. 1075-2, al. 2.
	Possibilité d'incorporer des donations antérieures et de modifier l'attributaire.	C. civ., art. 1078-7.

Libéralités à caractère familial

Succession de l'ascendant donateur	*Imputation*. – Les biens reçus par les enfants ou leurs descendants s'imputent sur la part de réserve revenant à leur souche et subsidiairement sur la quotité disponible, sauf volonté du donateur de procéder à des attributions préciputaires.	C. civ., art. 1078-8, al. 1er.
	Évaluation	
	– Tous les enfants de l'ascendant donateur ont donné leur consentement au partage et il n'a pas été prévu de réserve d'usufruit sur une somme d'argent : évaluation au jour de la donation-partage.	C. civ., art. 1078-8, al. 3.
	– Sinon : valeur au décès, selon l'état du bien lors de la donation-partage.	C. civ., art. 922, al. 2.
	Omission des descendants d'une souche ou lot inférieur à la part de réserve. – Composition du lot ou complément sur les biens au décès, en tenant compte des libéralités reçues ; subsidiairement, action en réduction.	C. civ., art. 1078-8, al. 4.
Succession de l'enfant qui a consenti à l'allotissement de ses descendants	*Principe*. – Les biens reçus par les descendants sont traités comme s'ils les tenaient de leur auteur direct. Réunion fictive, imputation, rapport et, le cas échéant, réduction selon le droit commun.	C. civ., art. 1078-9, al. 1er et 2.
	Exception. – Tous les descendants de l'enfant ont reçu un lot et il n'a pas été prévu d'usufruit sur une somme d'argent : dispense de rapport, évaluation au jour de la donation-partage.	C. civ., art. 1078-9, al. 3.
	Exclusion du principe. – L'enfant procède à une donation-partage à laquelle sont incorporés les biens reçus de la donation-partage transgénérationnelle : les biens sont évalués au jour de la nouvelle donation-partage.	C. civ., art. 1078-10.

3 Donations partages conjonctive et cumulative

a) Remarques liminaires

• Donation-partage conjonctive

1159 La donation-partage conjonctive est celle faite conjointement par deux personnes. Jusqu'à la loi n° 2006-728 du 23 juin 2006, elle était l'œuvre des père et mère.

• Donation-partage cumulative

1160 La donation-partage cumulative comporte à la fois le partage des biens donnés et de biens recueillis dans une succession. On peut concevoir, entre autres, qu'une telle donation-partage porte sur des biens donnés par une personne à ses collatéraux et sur d'autres biens recueillis par les donataires dans la succession d'un autre collatéral ou dans celle d'un ascendant. En pratique, cette donation-partage devrait surtout être consentie par un ascendant survivant.

• Spécificité

1161 De telles donations-partages, fréquentes en pratique, sont d'une manière générale soumises aux règles des donations-partages étudiées plus haut. Ainsi une donation-partage conjonctive pourrait aussi être transgénérationnelle. Cependant, elles posent des problèmes particuliers, du fait que le partage porte sur des biens d'origines diverses et que les lots sont le plus souvent composés sans distinction d'origine.

b) Donation-partage conjonctive

• Biens concernés

1162 La donation-partage conjonctive peut comprendre à la fois des biens propres à chaque époux et des biens communs, et il est admis que le lot de chaque donataire puisse être composé indifféremment de biens de telle ou telle origine (Cass. req., 31 juill. 1867 : *DP* 1868, 1, p. 209).

• **Enfant non commun**

1163 **Nécessité de deux enfants communs.** La donation-partage conjonctive nécessite que les donateurs aient au moins deux enfants communs. En effet, dans la mesure où l'enfant non commun ne peut être alloti que du seul chef de son auteur (V. ci-après), la libéralité-partage consentie, conjonctive à l'égard des enfants communs, est ordinaire à l'égard des enfants non communs (Rép. min. n° 12920 : *JOAN* Q 11 mars 2008, p. 2136 ; *JCP* N 2008, act. 313).

Ensuite, en application de l'article 1076-1 du Code civil, l'enfant non commun peut être alloti du chef de son auteur en biens propres de celui-ci ou en biens communs, sans que le conjoint puisse être codonateur des biens communs (pour un exemple chiffré, V. A. Delfosse et J.-F. Peniguel, préc., n° 588).

REMARQUE La loi n° 2006-728 du 23 juin 2006 reprend la solution dégagée par la doctrine. À l'égard des biens communs le conjoint de l'ascendant donateur consent à la donation à seule fin de satisfaire aux prescriptions de l'article 1422 du Code civil, sans se porter codonateur.

• **Sort des récompenses**

1164 Lorsque le partage anticipé comprend tous les biens des époux, il est généralement inséré une clause précisant que les donateurs entendent faire rentrer dans la donation à titre de partage anticipé toutes les récompenses qu'ils peuvent avoir à exercer au jour de la donation-partage contre leur communauté, pour quelque motif que ce soit, et les récompenses qu'ils pourraient lui devoir, également pour quelque cause que ce soit, sans exception ni réserve.

De la sorte, lors du partage des biens pouvant exister lors de la dissolution de la communauté, il n'y a pas à se préoccuper des récompenses (excepté celles ayant une cause postérieure à la donation-partage).

Toutefois, la confusion des récompenses cesse lorsque pour une raison quelconque, il est nécessaire de calculer l'importance exacte de la libéralité (exemple : calcul de la réserve, droit de retour).

• **Conséquences fiscales**

1165 La confusion des récompenses peut avoir des répercussions fiscales puisqu'elle entre en jeu pour déterminer l'importance de ce qui est donné par chacun des donateurs. Ces répercussions fiscales sont naturellement susceptibles de variations selon les situations des récompenses, qui peuvent être très diverses.

• **Exercice du droit de retour. Révocation**

1166 Le droit de retour d'un ascendant peut alors s'exercer, soit sur les biens mêmes donnés par cet ascendant, soit sans prendre en considération l'origine des biens attribués, en proportion de ceux qui ont été apportés par l'ascendant dans la masse.

La question se pose de la même manière pour la révocation (sur l'un et l'autre, V. Y. Flour et M. Grimaldi, *Biens sur lesquels porte la révocation d'une donation-partage comprenant des biens paternels et maternels, lorsque l'action est intentée par le survivant des donateurs, note ss Cass. 1re civ., 29 mai 1980 : Defrénois* 1981, art. 32648, p. 669).

En général, la donation-partage règle cette difficulté.

• **Réserve héréditaire**

1167 **Calcul.** Le calcul de la réserve s'effectue séparément dans le cadre de chaque succession : celle de l'ascendant prémourant, puis celle du survivant, en tenant compte à chaque fois de l'application ou de la non-application de l'article 1078 du Code civil et de l'existence ou de l'absence de biens du donateur non compris dans le partage d'ascendant.

Mais, une fois ce calcul fait, chaque descendant peut être rempli de ses droits indifféremment en biens lui provenant de l'un ou l'autre des donateurs. C'est-à-dire que la réduction n'est pas encourue si l'insuffisance de sa part dans la succession du prémourant est compensée par l'excédent recueilli dans celle du survivant, et réciproquement.

1168 **Action en réduction.** L'article 1077-2 du Code civil, dans son second alinéa, dispose d'ailleurs qu'en cas de donation-partage faite conjointement par les deux époux, l'action ne peut être introduite, qu'après le décès du survivant des disposants, sauf pour l'enfant non commun, qui peut agir dès le décès de son auteur.

L'évaluation, en vue du calcul de la réserve et de la quotité disponible, des biens donnés par donation-partage conjonctive, doit être réalisée au décès du survivant des donateurs (Cass. 1re civ., 16 juin 2011, n° 10-17.499 : *JurisData* n° 2011-011613 ; *Bull. civ.* I, n° 114 ; *JCP* N 2011, 1237, note V. Zalewski ; *RTD civ.* 2011, p. 789, obs. M. Grimaldi ; *JCP* G 2012, doctr. 1234, n° 6, obs. Le Guidec). Le délai de prescription est de cinq ans, à compter de ce décès (C. civ., art. 1077-2, al. 3. – Sur l'interruption du délai, V. Cass. 1re civ., 3 oct. 2000 : *Dr. famille* 2001, p. 34, note Beignier).

Les règles de l'article 1077-2 relatives à l'action en réduction ne s'appliquent pas à l'action en revalorisation d'une soulte ou d'une indemnité de réduction (Cass. 1re civ., 9 mars 2011, n° 09-71.101 : *JurisData* n° 2011-003221 ; *Bull. civ.* I, n° 53 ; *Defrénois* 2012, p. 197, obs. B. V. ; *RJPF* 2011, p. 6, 51, note Zalewski ; *RTD civ.* 2011, p. 575, note M. Grimaldi).

c) Donation-partage cumulative

1169 À la différence de la donation-partage conjonctive, la donation-partage cumulative n'est pas qu'une libéralité, elle comprend également le partage d'une succession ouverte. C'est ce qui explique les règles de capacité.

• **Capacité**

1170 **Majeurs.** La donation-partage cumulative ne pose aucun problème de validité lorsque tous les donataires sont majeurs et maîtres de leurs droits et consentent à ce partage global (Cass. 1re civ., 20 juin 1955 : *JCP* 1955, 11, 8781. – Cass. 1re civ., 11 juin 2008, n° 07-14.795).

1171 **Mineurs ou incapables.** Mais l'ascendant survivant ne pourrait, de sa propre autorité, s'il existe des donataires mineurs ou incapables, réunir aux biens qu'il donne ceux de la succession du prédécédé et faire ensuite le partage du tout. En effet les biens dépendant de la succession de l'ascendant prédécédé sont entrés dans le patrimoine des enfants et l'époux survivant n'a pas le droit d'en disposer à son gré. Il s'ensuit que s'il existe des mineurs ou autres incapables parmi les enfants, les biens du prédécédé, y compris sa part dans la communauté s'il en existe une, ne peuvent être partagés qu'en respectant les dispositions de l'article 466 du Code civil.

• **Rescision pour lésion**

1172 D'autre part, toujours en raison du caractère de partage successoral pour partie de la donation-partage cumulative, l'action en rescision pour lésion doit être considérée comme recevable en ce qui concerne les biens successoraux partagés, malgré les difficultés pratiques de mise en œuvre.

• **Réduction**

1173 Enfin, comme en cas de donation-partage conjonctive, le calcul de la réserve des descendants doit s'effectuer séparément pour chaque succession.
Mais il semble admis qu'un réservataire puisse être rempli de ses droits dans la succession de l'ascendant donateur au moyen, pour partie ou en totalité, de biens provenant de la succession de l'ascendant prédécédé.

C Testament partage

1174 Le testament-partage est le partage anticipé de la succession (ou d'une fraction de celle-ci) effectué par l'ascendant, par la voie testamentaire.

1 Conditions de validité

1175 Le testament-partage est d'une façon générale soumis aux formalités, conditions et règles prescrites pour les testaments (C. civ., art. 1075, al. 2). Est valable le testament-partage « transgénérationnel » répartissant le patrimoine successoral entre des descendants de différents degrés (Cass. 1re civ., 7 nov. 2012, n° 11-23.396 : *JurisData* n° 2012-024861 ; *Bull. civ.* I, n° 237 ; *RTD civ.* 2013, p. 164, obs. Grimaldi ; *JCP* G 2013, doctr. 250, n° 8, obs. Le Guidec et note 203, Sauvage ; *JCP* N 2013, n° 11, 69, note Azincourt ; V. B. Vareille, *Le testament-partage transgénérationnel : Defrénois* 2013, p. 531).

• **Parties**

1176 Le testament-partage peut être fait par toute personne au profit de ses héritiers présomptifs (C. civ., art. 1075, al. 1er).
En raison de l'interdiction des testaments conjonctifs (V. Fiche 14 : Règles de forme des testaments), deux époux ne peuvent par un seul et même testament effectuer la distribution de leurs biens. Ils ne peuvent davantage, par un testament-partage, disposer des biens de leur communauté (Cass. 1re civ., 6 mars 2001 : *JCP* N 2001, p. 1232, obs. J. Maury ; *RTD civ.* 2001, p. 648, obs. B. Vareille. – V. aussi Cass. 1re civ., 16 mai 2000 : *JCP* N 2001, p. 993, obs. Ph. Simler ; *RTD civ.* 2000, p. 883, obs. J. Patarin. – Cass. 1re civ., 5 déc. 2018, n° 17-17.493 : *JurisData* n° 2018-022043. – J. Dubarry, *Et si le testament-partage était un testament [presque] comme un autre ? : JCP* N 2019, 1132).

• **Bien**

1177 Le testament-partage peut porter sur les biens présents et à venir du testateur.

1178 **Donations antérieures.** Les donations antérieures consenties par le disposant en avancement de part successorale peuvent être comprises dans un testament-partage (C. civ., art. 1078-1).

Il n'en est pas de même des donations préciputaires car ce serait méconnaître l'irrévocabilité de la donation par préciput et le Code civil ne prévoit une telle dérogation qu'en cas de donation-partage.

1179 **Biens non compris.** Si tous les biens que l'ascendant laisse au jour de son décès n'ont pas été compris dans le partage, ceux de ses biens qui n'y auront pas été compris seront attribués ou partagés conformément à la loi (C. civ., art. 1075-5).

• Distribution des biens

1180 Le testament-partage doit comprendre un allotissement des bénéficiaires, sans qu'il soit nécessaire que tous les héritiers présomptifs soient allotis.
Mais il doit être distingué du testament ordinaire contenant divers legs. Les effets de l'un et l'autre acte sont différents.

2 Effets

• Pendant la vie du testateur

1181 Durant la vie du testateur, le testament-partage ne produit aucun effet.

1182 **Révocation.** Comme toute disposition testamentaire, il est librement révocable. Sur les formes de la révocation, V. Fiche 14 : Règles de forme des testaments.

1183 **Prédécès d'un copartagé.** Le prédécédé de l'un des copartagés rend caduque la disposition faite à son profit mais il est admis que s'il laisse des descendants ceux-ci recueillent la part qui lui avait été attribuée.

• Au décès du testateur

1184 Au décès du testateur, le testament-partage produit les effets d'un partage (C. civ., art. 1079).
Les bénéficiaires du testament-partage reçoivent leur lot en qualité d'héritiers et ne peuvent renoncer à se prévaloir du testament pour réclamer un nouveau partage de succession (même art.).
On notera la différence avec le testament ordinaire aux termes duquel les bénéficiaires reçoivent les biens en qualité de légataires et peuvent renoncer à la succession en conservant leurs legs (sauf réduction éventuellement).
Le testament-partage ne peut être attaqué pour cause de lésion (C. civ., art. 1075-3).

1185 **Révision des soultes.** Au cas où le testament-partage a prévu le versement de soultes payables à terme, leur révision impérative est prévue dans les mêmes conditions qu'en matière de donation-partage (C. civ., art. 1075-4).

1186 **Action en réduction.** Le descendant qui n'a pas reçu un lot égal à sa part de réserve peut exercer l'action en réduction conformément à l'article 1077-2 (C. civ., art. 1080).

POUR ALLER PLUS LOIN

Bibliographie

• C. Goldie-Genicon, *Donation-partage avec allotissements non acceptés par tous les gratifiés : JCP* N 2021, 1202 ; *Donation-Partage – Donation-partage et indivision : JCP* N 2022, 1281.
• M. Mathieu et J.-F. Pillebout, *Donation-partage non acceptée par tous les héritiers présomptifs – Formule : JCP* N 2021, 1203.

Troisième partie
Liquidations-partages

Sommaire

Fiche 18 Liquidations-partages – Introduction 193
Fiche 19 Réserve héréditaire et quotité disponible 195
Fiche 20 Réduction des libéralités excessives 205
Fiche 21 Réduction des libéralités excessives. Cas particuliers 221
Fiche 22 Personnes intéressées au partage – Formes 231
Fiche 23 Masses active et passive 239
Fiche 24 Rapport des libéralités 251
Fiche 25 Droits des parties. Attributions. Effets du partage 267
Fiche 26 Exemples de rapports et de réductions 287
Fiche 27 Aperçus liquidatifs après une donation-partage transgénérationnelle 305
Fiche 28 Distinction des fonds et fruits 309

Fiche 18

Liquidations-partages – Introduction

1187 Le **partage** est l'acte juridique qui met fin à une indivision ou, en d'autres termes, substitue à la part indivise de chacun un lot divis. L'indivision peut avoir sa source dans une succession, la dissolution d'une communauté, d'une société, une acquisition indivise ou encore dans le choix des partenaires d'un pacte civil de solidarité pour les biens acquis ensemble ou séparément.

Les règles du Code civil applicables au partage ont été édictées pour les partages de succession, ce qui ressort de leur emplacement dans ce code au titre « Des successions », mais elles régissent également les partages de communauté (C. civ., art. 1476), ceux des biens indivis entre époux séparés de biens (C. civ., art. 1452), partages de société (C. civ., art. 1844-9).

La **liquidation** est destinée à chiffrer la masse à partager et les droits de chacune des parties. Elle conduit à mettre en œuvre des règles très variées, et notamment :

– application du régime matrimonial (liquidation de la communauté, calcul de la créance de participation en régime de participation aux acquêts : V. *JCl. Roulois*, Fasc. 1505, *Régimes matrimoniaux*) ;

– règles de dévolution successorale (V. *JCl. Roulois*, Fasc. 1180, *Successions*) ;

– éventuellement, application des règles de la réduction en cas d'atteinte à la réserve, lorsqu'il existe des héritiers réservataires (V. Fiche 19 : Réserve héréditaire et quotité disponible et Fiche 20 : Réduction des libéralités excessives).

– intégration des donations rapportables, c'est-à-dire de celles qui viennent en déduction des droits du donataire, du moins si celui-ci est héritier (V. Fiche 24 : Rapport des libéralités) ;

La complexité de chaque liquidation est donc très variable.

La loi n° 2006-728 du 23 juin 2006 portant réforme des successions et des libéralités tend à accélérer le partage en le rendant plus simple et se propose aussi de le rendre plus sûr. Son entrée en vigueur a été fixée au 1er janvier 2007. Elle s'applique aux successions ouvertes à compter de son entrée en vigueur, y compris si des libéralités ont été consenties par le défunt antérieurement à celle-ci (L. n° 2006-728, 23 juin 2006, art. 47, II, dernier al.). De plus, certaines dispositions de la loi du 23 juin 2006 sont applicables depuis le 1er janvier 2007 aux indivisions existantes et aux successions ouvertes non encore partagées à cette date (L., art. 47, II, al. 1er). Ce sont les opérations de partage amiable ou judiciaire, la garantie des lots, les actions en nullité et en complément de parts, les modalités du partage en présence d'un présumé absent, d'un mineur ou d'un majeur en tutelle, l'extension au profit du partenaire d'un pacte civil de solidarité de l'attribution préférentielle du logement. Cependant, lorsque l'instance a été introduite avant le 1er janvier 2007, l'action est poursuivie et jugée selon la loi ancienne (L., art. 47, II, al. 2).

Plus récemment, la loi n° 2019-222 du 23 mars 2019 de programmation 2018-2022 et de réforme pour la justice poursuit l'œuvre de déjudiciarisation du partage en présence de personnes vulnérables.

1188 Après la fiche de la réserve héréditaire et de la quotité disponible puis celle des règles de réduction des libéralités excessives, seront ensuite étudiées les règles du partage dont celles du rapport de libéralités, opération rétablissant l'égalité entre les cohéritiers copartageants.

- **Textes**

- C. civ., art. 815, 816 à 892 et 918 à 930-5.
- CPC, art. 1358 à 1378.

POUR ALLER PLUS LOIN

Fascicules JurisClasseur

• *JCl. Notarial Formulaire*, V[is] *Attribution préférentielle, Contrat de travail à salaire différé, Partage, Partage judiciaire, Quotité disponible et réserve, Rapport à succession.*

• *JCl. Notarial Répertoire*, V[is] *Partage, Quotité disponible et réduction, Successions.*

• *JCl. Liquidations-partages.*

Bibliographie

• B. Beignier et S. Torricelli-Chrifi, *Libéralités et successions*, LGDJ, 4e éd. 2017.

• Cl. Brenner et Ph. Malaurie, *Droit des successions et des libéralités*, LGDJ, 7e éd. 2016.

• M. Grimaldi, *Droit des successions*, LexisNexis, coll. « Manuel », 8e éd. 2020.

• Ph. Malaurie, *Les successions, les libéralités*, Defrénois, 2006.

• J. Maury, *Successions et libéralités*, LexisNexis, coll. « Objectif droit », 9e éd. 2016.

• H. L. et J. Mazeaud, *Leçons de droit civil*, t. IV, 2e vol., *Successions, libéralités*, 5e éd. par L. Leveneur et S. Leveneur, Montchrestien, 1999.

Plus spécialement pour la loi du 23 juin 2006 :

• A. Delfosse et J.-F. Peniguel, *La réforme des successions et des libéralités*, préf. M. Grimaldi, Litec, 2006.

• M.-C. Forgeard et *al.*, *Le nouveau droit des successions et des libéralités*, préf. Ph. Malaurie, Defrénois, 2007.

Fiche 19
Réserve héréditaire et quotité disponible

Sommaire

Introduction ... 195
I Quotité disponible ordinaire ... 196
A Réserve des descendants ... 196
B Réserve du conjoint survivant ... 197
II Quotité disponible entre époux ... 197
A Détermination des quotités ... 198
B Option ... 198
C Cantonnement ... 199
D Exécution des libéralités ... 200
1 Libéralités en usufruit ... 200
2 Présence d'enfants non communs et libéralité en propriété au conjoint survivant ... 201
III Renonciation anticipée à l'action en réduction ... 202
A Formation du pacte ... 203
1 Règles de fond ... 203
2 Règles de forme ... 203
B Effets ... 204
C Révocation ... 204

Introduction

1189 Le disposant, même capable de disposer à titre gratuit, peut voir sa liberté de consentir une donation ou un legs réduite, en raison de la réserve dont bénéficient certains successibles.
L'article 912 du Code civil, dans la rédaction que lui a donnée la loi n° 2006-728 du 23 juin 2006, définit la réserve et la quotité disponible :
– la réserve héréditaire est la part des biens et droits successoraux dont la loi assure la dévolution libre de charges à certains héritiers dits réservataires, s'ils sont appelés à la succession et s'ils l'acceptent ;
– la quotité disponible est la part des biens et droits successoraux qui n'est pas réservée par la loi et dont le défunt a pu disposer librement par des libéralités.

1190 La réserve remplit un double objectif : d'une part, elle protège la proche famille contre des libéralités faites à des personnes étrangères à celle-ci ; d'autre part, elle limite les inégalités entre héritiers.
La réserve ressortit au droit des libéralités en ce qu'elle restreint le droit de gratifier, mais c'est après l'ouverture de la succession qu'il faudra rechercher si la réserve a été entamée et, le cas échéant, réduire les libéralités excédentaires.
Si les règles gouvernant la réserve sont d'ordre public (Cass. 1re civ., 11 sept. 2013, n° 12-11.694, 850 : *JurisData* n° 2013-018915), la loi n° 2001-1135 du 3 décembre 2001 a apporté deux modifications à la législation existante : d'une part, le conjoint survivant s'est vu reconnaître la qualité d'héritier réservataire lorsque le défunt ne laisse ni descendant, ni ascendant (C. civ., art. 914-1. – L. n° 2001-1135, 3 déc. 2001) et d'autre part, la discrimination qui frappait l'enfant adultérin dans certains cas a été supprimée (L. 3 déc. 2001, art. 16, III, abrogeant l'art. 915-2).
Parmi les modifications importantes de la matière opérées par la loi n° 2006-728 du 23 juin 2006, entrée en vigueur le 1er janvier 2007, nous citerons la suppression de la réserve au profit des ascendants (mais un droit de retour leur est accordé : V. Fiche 5 : Dévolutions particulières), la renonciation anticipée à l'action en réduction et l'aménagement des règles en cas de renonciation à la succession par un enfant.

Enfin, l'importance et la place de la réserve héréditaire dans la pratique notariale du droit des successions se sont accrues avec la loi n° 2021-1109 confortant le respect des principes de la République puisqu'est désormais imposé au notaire liquidateur qui constate, lors du règlement d'une succession, que les droits réservataires d'un héritier sont susceptibles d'être atteints par les libéralités effectuées par le défunt, d'informer l'héritier de son droit de demander la réduction des libéralités qui excèdent la quotité disponible (V. C. civ., art. 921 modifié).

On rappellera qu'un rapport sur la réserve héréditaire sous la direction scientifique de Cécile Pérès, professeure de droit à l'Université de Paris II et Philippe Potentier, notaire, a été remis au ministre de la Justice, le 13 décembre 2019. Ce rapport dresse un état des lieux et envisage des évolutions possibles de la réserve héréditaire (V. *JCP* N 2020, act. 168 et 212).

1191 On distingue la quotité disponible ordinaire et celle spéciale entre époux. Lorsqu'une personne a consenti des libéralités à la fois à son conjoint et à d'autres personnes (héritiers ou non), il y a lieu de combiner les deux quotités ; cet aspect est étudié (V. Fiche 21 : Réduction des libéralités excessives – Cas particuliers).

• Textes

- C. civ., art. 912 à 930-5 et 1091 à 1094-3.

I

Quotité disponible ordinaire

1192 L'article 916 du Code civil, dans la rédaction que lui a donné la loi n° 2006-728 du 23 juin 2006, énonce qu'à défaut de descendant et de conjoint survivant non divorcé, les libéralités par actes entre vifs ou testamentaires pourront épuiser la totalité des biens.

Les héritiers réservataires sont donc les descendants (A) et le conjoint survivant (B).

A Réserve des descendants

• Quantum

1193 Les libéralités, soit par actes entre vifs, soit par testament, ne pourront excéder :

– la moitié des biens du disposant, s'il ne laisse à son décès qu'un enfant ;

– le tiers, s'il laisse deux enfants ;

– le quart, s'il en laisse trois ou un plus grand nombre (C. civ., art. 913, al. 1er).

• Incidence d'une renonciation à la succession

1194 Le second alinéa de l'article 913 du Code civil précise l'incidence de la renonciation d'un enfant à la succession. Il n'est compris dans le nombre d'enfants laissés par le défunt que :

– s'il est représenté ;

– ou s'il est tenu au rapport d'une libéralité en application des dispositions de l'article 845 (sur le rapport, V. Fiche 24 : Rapport des libéralités).

Cette règle rompt avec le système antérieur dégagé par la jurisprudence, selon lequel les événements postérieurs à l'ouverture de la succession ne pouvaient faire varier la quotité disponible.

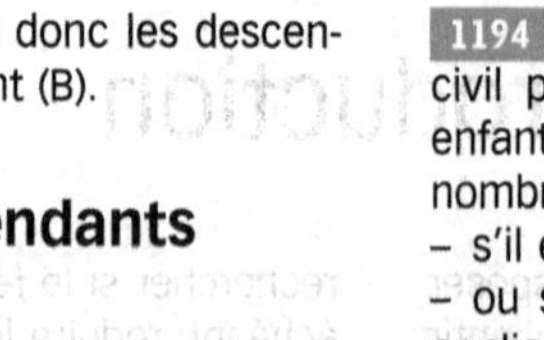

un enfant

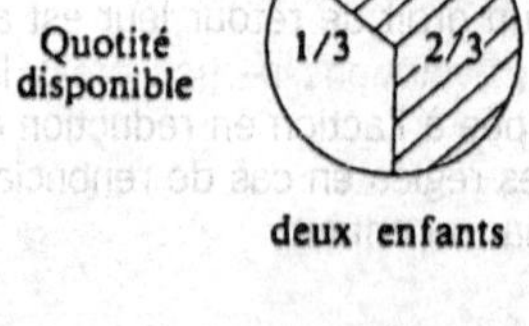

deux enfants

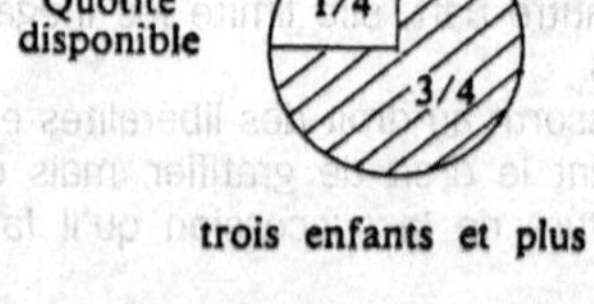

trois enfants et plus

• **Descendants au second degré et au-delà**

1195 Sont compris dans l'article 913 du Code civil, sous le nom d'enfants, les descendants en quelque degré que ce soit, encore qu'ils ne doivent être comptés que pour l'enfant dont ils tiennent la place dans la succession du disposant (C. civ., art. 913-1).

1196 **Exemple.** Pierre décède laissant un fils, Jacques, et trois petits-enfants, par représentation d'Étienne. La quotité disponible est d'1/3, la réserve globale de 2/3 ou 6/9, la part de réserve de Jacques est de 1/3 ou 3/9, et celle de chaque petit-enfant de 1/9.
Le calcul se fait par souches, même si les descendants viennent de leur chef. Exemple : Pierre décède, laissant trois petits-enfants : Jacques et Étienne, fils de Louis décédé, et André, fils de Georges, également décédé. La quotité disponible se calcule d'après le nombre d'enfants du défunt ; elle est donc de 1/3 et la réserve globale de 2/3, soit 1/6 pour chacun de Jacques et Étienne, et 2/6 pour André.

• **Enfant adoptif**

1197 En matière de filiation adoptive, il faut distinguer selon la nature de l'adoption, plénière ou simple.

1198 L'enfant adopté plénièrement est considéré en tous points et notamment au regard des règles de la réserve comme un enfant légitime de sa famille adoptive. En revanche, il cesse d'appartenir à sa famille d'origine dans laquelle il ne peut prétendre à aucun droit successoral ni *a fortiori* à aucune réserve.

1199 L'enfant adopté simple demeure héritier réservataire dans sa famille d'origine, avec lesquels les liens ne sont pas rompus (C. civ., art. 364) et acquiert, en outre, un droit à la réserve dans la succession de l'adoptant (C. civ., art. 368).
En revanche, il n'est pas réservataire dans la succession des ascendants de l'adoptant, qu'il y vienne de son chef ou par représentation.

B Réserve du conjoint survivant

• **Absence de descendant**

1200 L'article 914-1 du Code civil, issu de la loi n° 2001-1135 du 3 décembre 2001 et modifié par celle du 23 juin 2006, n° 2006-728, dispose : « Les libéralités, par actes entre vifs ou par testament, ne pourront excéder les trois quarts des biens si, à défaut de descendant, le défunt laisse un conjoint survivant, non divorcé ».
La réserve du conjoint est donc d'un quart.

• **Instance entre époux**

1201 Il importe peu, à l'encontre de la règle posée par la loi du 3 décembre 2001, que le conjoint survivant soit engagé dans une instance en divorce ou en séparation de corps.

II Quotité disponible entre époux

1202 Le Code civil avait fixé la quotité disponible entre époux à un quart en propriété et un quart en usufruit ou à moitié en usufruit et, quand il existait des enfants d'un précédent mariage, à une part d'enfant légitime le moins prenant sans pouvoir excéder le quart des biens. La loi du 13 juillet 1963 a augmenté la quotité disponible entre époux. Celle du 3 juillet 1972 a supprimé la distinction entre enfants nés d'un précédent mariage et autres enfants. Puis, la loi du 3 décembre 2001 a abrogé les articles 1097 et 1097-1 du Code civil, qui fixaient des règles particulières en présence d'enfants adultérins uniquement. Enfin, la loi du 23 juin 2006 a supprimé, comme nous l'avons dit, la réserve des ascendants, lorsque le défunt ne laissait pas de descendant, et par voie de conséquence la possibilité de disposer en faveur du conjoint de la nue-propriété de la réserve des ascendants. De plus, elle permet au conjoint survivant de cantonner son émolument sur une partie des biens dont il a été disposé en sa faveur.
Rappelons enfin que, depuis le 1er janvier 2007, le conjoint survivant ne peut plus cumuler droits *ab intestat* et libéralités (V. Fiche 4 : Droits du conjoint successible).

• **Textes**

• C. civ., art. 1091 à 1100.

A Détermination des quotités

1203 Pour le cas où l'époux laisserait des enfants ou descendants, issus ou non du mariage, il pourra disposer en faveur de l'autre époux, soit de la propriété de ce dont il pourrait disposer en faveur d'un étranger, soit d'un quart de ses biens en propriété et des trois autres quarts en usufruit, soit encore de la totalité de ses biens en usufruit seulement (C. civ., art. 1094-1).

• Disponible ordinaire

1204 La quotité disponible en propriété en faveur d'un étranger est celle fixée par l'article 913 du Code civil (V. *supra*, I). Elle est, savoir :
- de moitié si le défunt laisse un enfant ;
- d'un tiers, s'il laisse deux enfants ;
- et d'un quart s'il en laisse trois ou un plus grand nombre, sans qu'il y ait lieu de distinguer entre enfants légitimes et enfants naturels.

• Propriété et usufruit

1205 La quotité comprenant des droits en propriété et d'autres en usufruit est invariable, quel que soit le nombre d'enfants. Elle est de :
- un quart en propriété ;
- et trois quarts en usufruit.

On remarquera qu'elle excède d'un quart en nue-propriété la quotité en usufruit. Elle excède parfois la quotité disponible ordinaire ; ainsi, en présence de trois enfants ou plus, le disponible entre époux comporte, en sus du disponible ordinaire, trois quarts en usufruit.

• Usufruit universel

1206 Le dernier terme de l'option permet de donner ou léguer au conjoint l'usufruit de tous les biens. La réserve ne comprend alors que la nue-propriété de la succession.

B Option

1207 L'existence de trois quotités disponibles entre époux, en présence d'enfants, pose la question de l'option entre ces quotités ; apparaît le rôle de la volonté, soit que le disposant a opté, soit qu'il a laissé son conjoint choisir.

• Choix du disposant

1208 L'option appartient au disposant, et non aux réservataires. Il peut faire une libéralité de l'une des quotités disponibles, par exemple institution contractuelle de l'usufruit ; il peut aussi faire une libéralité universelle et préciser quelle sera la quotité disponible applicable en cas de demande en réduction. La donation ou le legs d'un bien en propriété s'exécutera sur la quotité disponible ordinaire ou sur celle mixte propriété/usufruit.

La quotité disponible en usufruit s'applique à la libéralité d'une rente viagère. Mais s'il s'agit d'une réversion de rente, la libéralité est du prix de cette réversion et elle s'impute sur la quotité disponible en propriété ou sur celle mixte.

• Option par le conjoint survivant

1209 Le disposant peut déléguer à son conjoint la faculté de choisir entre les trois quotités. Cette façon de procéder, courante en pratique, permet au survivant d'opter au mieux de ses intérêts, en fonction des circonstances à l'époque du décès.

Cette délégation peut résulter des termes de l'acte. Ainsi, la clause d'une donation entre époux prévoyant que cette dernière serait réduite, en cas de demande, au disponible le plus large implique la volonté du disposant de laisser le choix au gratifié. La donation en cas de survie ou le legs peut aussi être de toute la succession, avec stipulation que si la réduction en est demandée la libéralité sera de l'une ou l'autre des quotités disponibles, au choix du survivant.

1210 **Capacité.** L'option pour l'une des quotités implique la renonciation aux autres ; si le conjoint survivant est placé sous un régime de tutelle ou d'administration, l'autorisation du conseil de famille est nécessaire au tuteur (C. civ., art. 457), celle du juge des tutelles à l'administrateur légal (C. civ., art. 389-6 par renvoi de l'article 497. – Cass. 1re civ., 1er juin 1994 : *Defrénois* 1994, art. 35945-154, p. 1452, obs. J. Massip).

1211 **Créanciers.** Les créanciers du conjoint survivant ne peuvent exercer l'option (Cass. com., 18 mai 1976 : *D.* 1988, p. 566, note I. Fadlallah) mais ils peuvent contraindre leur débiteur à opter.

1212 **Forme.** L'option peut être expresse ou tacite.

1213 **Décès du gratifié.** Si le conjoint survivant décède sans avoir opté, l'option peut être exercée par ses héritiers (Cass. 1re civ., 7 juin 1989 : *JCP* N 1989, II, 337, obs. H. T. ; *Defrénois* 1989, art. 34595-107, p. 1146, obs. G. Champenois). Pour couper court aux difficultés, la donation entre époux peut indiquer pour quelle quotité le conjoint serait censé avoir opté (en général, celle en usufruit). Il est aussi possible de rendre l'option intransmissible (Cass. 1re civ., 10 janv. 1990 : *JurisData* n° 1990-000063 ; *JCP* N 1990, II, 265 ; *D.* 1991, jurispr. p. 372, obs. H. Mazeron) ; l'absence d'option par le survivant rend alors la libéralité caduque.

C Cantonnement

• **Faculté**

1214 La nouvelle rédaction de l'article 1094-1 du Code civil, alinéa 2, donnée par la loi n° 2006-728 du 23 juin 2006, offre à l'époux survivant la faculté de limiter le montant de la libéralité puisqu'il édicte que, sauf stipulation contraire du disposant, le conjoint survivant peut cantonner son émolument sur une partie des biens dont il a été disposé en sa faveur. L'époux survivant peut ainsi limiter la libéralité qui lui est faite (donation pour le cas de survie ou legs que celui-ci soit universel, à titre universel ou à titre particulier) soit, selon le cas, sur partie d'un des termes de la quotité disponible, soit sur un ou plusieurs biens. Il s'agit d'un acte unilatéral réservé au survivant des époux. Il est nécessaire qu'au moins un héritier ait accepté la succession. Dans le cadre d'une famille recomposée, il semble possible pour le disposant de prévoir que la partie non cantonnée par le conjoint survivant ne revienne qu'aux enfants communs. La doctrine conseille fortement de stipuler dans la libéralité, lors de son acceptation, que la faculté de cantonnement soit différée au partage (V. S. Torricelli-Chrifi, *Le conjoint survivant dans le partage : JCP* N 2018, 1324).
Pour les libéralités consenties antérieurement au 1er janvier 2007, date d'entrée en vigueur de la loi du 23 juin 2006, il y a lieu de penser que le conjoint survivant dispose de la faculté de cantonner sous réserve d'une disposition testamentaire complémentaire contraire ou de nouvelle institution contractuelle révoquant la précédente.

• **Nature**

1215 L'alinéa 2 de l'article 1094-1 du Code civil énonce que cette limitation ne peut être considérée comme une libéralité faite aux autres successibles. Cette précision a été apportée afin d'éviter une imposition au titre des droits de mutation à titre gratuit et, dans une certaine mesure du droit de partage (sauf à ce que le cantonnement, dans ce dernier cas, porte sur une quotité de la succession ou sur un bien non divisible ; V. E. Galhaud, *Utiliser les techniques nouvelles – Stratégie du cantonnement : JCP* N 2010, 1061).

• **Formalisme. Délai**

1216 Si aucun formalisme ou délai particulier ne sont légalement prévus, l'acte constitutif (par ex. : donation entre époux, acte de délivrance de legs) pourra déterminer les modalités de l'exercice du cantonnement (détermination de l'objet et secteur d'imputation) ainsi que le délai qui ne devra pas être inférieur à celui relatif à l'option successorale (C. civ., art. 771 et 772).

• **Cantonnement impossible**

1217 La faculté de cantonnement est exclue pour un avantage matrimonial (B. Vareille, *Renonciation et cantonnement : abandonner sans donner : JCP* N 2016, n° 24, 1201 ; la doctrine n'étant cependant pas unanime : *contra* M. Grimaldi, *op. cit.*, n° 527, p. 415). Elle l'est également si le conjoint ne bénéficie que d'une vocation légale de l'article 757 du Code civil (1/4 en pleine propriété ou la totalité en usufruit).
Ne peuvent faire l'objet d'un cantonnement les libéralités qui, prenant effet au décès, portent sur des biens présents et non sur des biens à venir (par ex. : donation d'usufruit successif).

• **Exercice**

1218 Le cantonnement constitue une modalité particulière de l'option de sorte qu'elle doit être exercée concomitamment à l'exercice de l'option elle-même. Le cantonnement s'effectue à l'intérieur d'un plafond fixé par le disposant (legs universel, par exemple) alors que l'émolument est déterminé par le gratifié.

1219 **Mise en demeure.** En application des articles 771 et 772 du Code civil, il semble que le conjoint survivant gratifié puisse être mis en demeure de prendre parti.

1220 **Cas de figure.** Selon les situations, il paraît notamment possible pour le conjoint survivant :
– bénéficiaire d'une libéralité en propriété, de cantonner son émolument au seul usufruit ;
– légataire particulier d'un bien déterminé, de n'en recevoir qu'une quote-part indivise (le surplus étant alors dévolu aux héritiers légaux) ;
– bénéficiaire d'une libéralité portant sur l'universalité de la succession et stipulant qu'elle ne sera assujettie à réduction que si les héritiers réservataires en font la demande, de choisir librement le ou les biens divis qu'il souhaite conserver, et ce même si la valeur des biens excède le disponible entre époux (V. *infra*, n° 1221) ;
– de conserver dans tous les cas la vocation à l'émolument originaire, à savoir l'universalité de

la succession en propriété, puisque, même si la réduction est demandée, elle sera encourue en valeur.

• **Exemple**

1221 **Transmission de l'universalité et cantonnement dépassant ou ne dépassant pas le disponible.** Le défunt laisse deux enfants et institue son conjoint légataire universel de la succession, laquelle se compose d'un immeuble constitutif du logement de la famille (valeur au décès : 6 000), un immeuble de rapport (valeur au décès : 14 000) et un portefeuille de valeurs mobilières (valeur au décès : 4 000). Il n'y a pas d'autre libéralité, ni passif.
Les enfants se prévalent de leurs droits. Le conjoint survivant optant pour le disponible ordinaire en propriété, qu'il ne souhaite pas dépasser, dans le cadre de l'exercice de la faculté de cantonnement. La masse de calcul (C. civ., art. 922) s'élève à 24 000 dont 1/3 ou 8 000 représente tant le disponible ordinaire que la réserve de chacun des enfants.
Le conjoint survivant :
– peut se limiter à prélever le logement de la famille (6 000) ou le portefeuille de valeurs mobilières (4 000) ;
– ou recueillir la totalité du disponible ordinaire, de sorte que dans ce cas, il peut prélever, par exemple, la totalité du logement de la famille (6 000) et la moitié du portefeuille (2 000 = 4 000/2), soit 8 000 qui correspond au disponible ordinaire. Le portefeuille de valeurs mobilières sera alors en indivision entre lui et les enfants.
Ainsi, les biens non dévolus au conjoint survivant (14 000 + 4 000 = 18 000 ou 14 000 + 6 000 = 20 000 dans le premier cas, soit un montant supérieur à la réserve globale ; 14 000 + 2 000 = 16 000 dans le second, soit un montant égal à la réserve globale) seront réputés avoir été transmis aux réservataires en leur qualité d'héritiers légaux.
Si le conjoint survivant choisissait de prélever le logement de la famille et le portefeuille de valeurs mobilières : 10 000 (soit : 6 000 + 4 000) ou bien l'immeuble de rapport : 14 000, la valeur du ou des biens par lui reçus excéderait de 2 000 (ou : 10 000 – 8 000) ou de 6 000 (14 000 – 8 000) le montant du disponible ordinaire.
Dans cette situation, l'alternative est la suivante : les réservataires invoquent leur qualité et réclameraient une indemnité de 2 000 ou de 6 000 (1 000 ou 3 000 pour chacun d'eux) ; ou bien ils consentiraient à l'exécution de la libéralité, en l'état du cantonnement ainsi opéré. Les incidences fiscales devront toutefois ne pas être négligées.
En toute hypothèse, les biens dévolus aux réservataires seront réputés leur avoir été transmis en leur qualité d'héritiers légaux.
Pour des cas pratiques illustrant l'exercice du cantonnement par le conjoint survivant, V. *JCl. Notarial Formulaire*, V° *Succession*, Fasc. 160.

• **Créanciers du gratifié**

1222 Alors que l'action oblique qui tendrait à exercer le cantonnement ne peut être envisagée puisqu'elle serait contraire aux intérêts des créanciers du gratifié, en revanche, l'action paulienne sera probablement recevable dès lors que le cantonnement opéré en fraude des droits des créanciers amputera d'autant le patrimoine du conjoint survivant.

D Exécution des libéralités

1223 Le législateur a prévu diverses mesures tendant à protéger les intérêts des descendants. Les unes s'appliquent aux libéralités faites en usufruit (1°) et les autres aux libéralités en propriété, en présence d'enfant d'un précédent mariage (2°).

1 Libéralités en usufruit

1224 Si le défunt a gratifié son conjoint en usufruit, les descendants ont la faculté de demander la conversion de celui-ci en rente viagère (*a*). Ils peuvent aussi exiger qu'il soit fait inventaire des meubles, état des immeubles, ainsi que la mise en œuvre de mesures de conservation des sommes d'argent et valeurs mobilières (*b*).

a) Conversion en rente viagère

• **Renvoi**

1225 Lorsque la quotité en usufruit au profit de l'époux a été augmentée, la crainte a été que l'usufruitier âgé n'apporte pas à la gestion des biens soumis à son usufruit l'activité ou encore les diligences nécessaires. Pour cette raison, a été prévue la possibilité de conversion en rente viagère de l'usufruit transmis par une libéralité. Cette conversion a fait l'objet de l'article 1094-2 du Code civil. Par la suite, la loi n° 2001-1135 du 3 décembre 2001 a uniformisé, sous les articles 759 à 762 du Code civil, ce régime de conversion de l'usufruit résultant d'une libéralité avec celui de l'usufruit résultant de la loi.
Nous renvoyons le lecteur à la fiche où ce régime de conversion de l'usufruit est traité (V. Fiche 4 : Droits du conjoint successible).

b) Mesures de conservation

• Meubles. Immeubles

1226 Les enfants ou descendants peuvent exiger, quant aux biens soumis à l'usufruit du conjoint, qu'il soit dressé inventaire des meubles ainsi qu'état des immeubles (C. civ., art. 1094-3). Le défaut d'inventaire autorise les nus-propriétaires à apporter par tous moyens la preuve de la consistance des meubles.

• Somme d'argent. Valeurs mobilières

1227 Les enfants et descendants peuvent aussi exiger qu'il soit fait emploi des sommes soumises à usufruit, que les titres au porteur soient, au choix de l'usufruitier, convertis en titres nominatifs ou déposés chez un dépositaire agréé (C. civ., art. 1094-3. – Pour une application, V. CA Paris, 19 déc. 2007 : *RTD civ.* 2008, p. 340, obs. M. Grimaldi).
L'article 94 de la loi n° 81-1160 du 30 décembre 1981 impose la mise au nominatif ou le dépôt chez la société émettrice ou chez un intermédiaire habilité de la plupart des valeurs mobilières. Par application combinée de l'article 3 du décret n° 72-753 du 9 août 1972 et de l'article 1er du décret du 5 novembre 1965, sont habilités notamment : la Banque de France, la Caisse des dépôts et consignations, les établissements de crédit autorisés, les sociétés de bourse.
Quasi-usufruit. Le quasi-usufruit prévu par l'article 587 du Code civil ne s'applique pas aux titres, qui ne sont pas consomptibles par le premier usage (Cass. 1re civ., 4 avr. 1991 : *JCP* G 1991, IV, 217 ; *D.* 1991, IR p. 136. – V. *JCl. Roulois*, Fasc. 1160). Au décès de l'usufruitier, l'usufruit rejoint la nue-propriété, de sorte qu'en cas de décès postérieur de l'usufruitier à celui du nu-propriétaire, le légataire universel de l'usufruit portant sur un compte bancaire est tenu de restituer à la succession du nu-propriétaire la valeur de ce compte (Cass. 1re civ., 4 nov. 2020, n° 19-14.421 : *JurisData* n° 2020-017729 ; *JCP* G 2020, act. 947).

• Ordre public

1228 Le disposant ne peut priver ses enfants et descendants du droit d'exiger inventaire, état des immeubles, emploi des sommes d'argent et dépôt des titres (C. civ., art. 1094-2) mais ceux-ci peuvent y renoncer.

2 Présence d'enfants non communs et libéralité en propriété au conjoint survivant

• Principe de la substitution

1229 Si un époux a fait à son conjoint, dans les limites de l'article 1094-1, une libéralité en propriété, chacun des enfants qui ne sont pas issus des deux époux aura, en ce qui le concerne, sauf volonté contraire et non équivoque du disposant, la faculté de substituer à l'exécution de cette libéralité l'abandon de l'usufruit de la part de succession qu'il eût recueillie en l'absence de conjoint survivant (C. civ., art. 1098, réd. L. n° 2006-728, 23 juin 2006).
Cette faculté s'applique aux libéralités entre vifs comme à celles testamentaires.

• Fondement

1230 Ce droit de substitution est guidé par le fait que les enfants du seul conjoint prédécédé ne sont pas héritiers présomptifs de l'époux survivant. Aussi, ces enfants peuvent juger préférable, malgré les inconvénients de l'usufruit, une exécution en usufruit plutôt qu'en propriété, de façon à ne pas être privés définitivement d'une part de la succession de leur auteur.

a) Conditions

• Enfants non communs

1231 Seuls les enfants non communs peuvent imposer la substitution et éventuellement, les descendants venant par représentation d'un enfant non commun.
On notera que désormais la substitution de l'usufruit peut être demandée par un enfant né hors mariage dès lors qu'il n'est pas commun aux époux (jusqu'à la loi n° 2006-728 du 23 juin 2006 seuls les enfants nés d'un précédent mariage pouvaient l'exiger).

• Faculté individuelle

1232 L'action est ouverte individuellement à chacun des enfants non communs.

EXEMPLE M. X décède, laissant A, enfant d'un premier mariage dissous par le décès, B enfant d'un second mariage dissous par le divorce et C enfant issu du mariage avec Mme Z. Il a institué son épouse légataire universelle en pleine

propriété. A demande la substitution de l'usufruit sur sa part de la libéralité faite à Mme Z.
La quotité disponible ordinaire en présence de trois enfants est de 1/4 ou 3/12.
La réserve globale est de 3/4 ou 9/12 et la part de réserve de chaque enfant de 3/12.

• **Droits en usufruit**

1233 Si l'héritier ne recueille pas d'usufruit, en raison d'une libéralité faite par le défunt, la substitution ne peut être demandée, l'héritier n'ayant en effet aucune part d'usufruit à abandonner. En d'autres termes, l'article 1098, alinéa 1er, ne peut s'appliquer que si les libéralités ont été faites dans les limites de la quotité disponible en propriété (Cass. 1re civ., 3 juin 1986 : *JCP* G 1987, II, 20891, obs. Rambure ; *Defrénois* 1987, art. 33839, p. 58, obs. G. Morin ; *D.* 1987, somm. p. 121, obs. D. Martin).
La faculté de substitution peut être exercée quel que soit le montant de la libéralité en propriété, c'est-à-dire même si elle est inférieure à la quotité maximum de l'article 1094-1 du Code civil.

• **Absence de clause contraire**

1234 L'article 1098 du Code civil ne prévoit la faculté de substituer l'abandon de l'usufruit de la part successorale que « sauf volonté contraire et non équivoque ». Le disposant peut donc écarter cette faculté de substitution.
En présence d'une libéralité ouvrant au conjoint survivant l'option entre les trois quotités disponibles, il a été jugé que celle-ci comportant la faculté pour le gratifié de recueillir une libéralité d'un montant supérieur à l'usufruit de la totalité de la succession (1/4 en propriété et 3/4 en usufruit) excluait par là même, sans équivoque, l'application de l'article 1098 (Cass. 1re civ., 3 déc. 1996 : *JCP* G 1998, I, p. 133, obs. R. Le Guidec ; *Defrénois* 1997, art. 36599, p. 817, obs. G. Champenois ; *D.* 1997, somm. p. 366, obs. B. Vareille).

b) Époque

1235 La faculté de substitution doit être exercée avant le partage de la succession. Elle ne peut plus l'être après le décès de l'époux survivant, car elle conduirait à un usufruit mort-né, ce qui est inconcevable.

c) Effets

• **Régime de l'usufruit abandonné**

1236 Le second alinéa de l'article 1098 du Code civil autorise ceux des enfants non communs qui ont exercé cette faculté à exiger que soient appliquées les dispositions de l'article 1094-3 : inventaire, état des immeubles, dépôt des valeurs (V. *supra*, *a*).
Il ne semble pas que l'usufruit ainsi abandonné puisse ensuite être converti en une rente viagère.

• **Non-rétroactivité**

1237 La substitution de l'abandon de l'usufruit de la part de succession n'a pas d'effet rétroactif.

III Renonciation anticipée à l'action en réduction

1238 La possibilité offerte à tout héritier réservataire de renoncer pour tout ou partie à exercer l'action en réduction dans une succession non ouverte constitue incontestablement une innovation très importante de la loi n° 2006-728 du 23 juin 2006.
Le souci d'une transmission efficace du patrimoine a inspiré le législateur qui, en autorisant ce pacte successoral, donne plus de liberté au disposant, en imposant cependant diverses règles tendant à ce que le consentement du renonçant soit éclairé.
Cette renonciation déroge à la prohibition des pactes sur succession future et, d'un point de vue pratique, ouvre d'intéressantes perspectives dans l'élaboration de la transmission du patrimoine ou de certains biens, d'autant plus qu'elle peut accompagner d'autres innovations de la loi du 23 juin 2006, comme une libéralité graduelle ou résiduelle ou encore une libéralité-partage transgénérationnelle.

• **Textes**

- C. civ., art. 929 à 930-5.

A Formation du pacte

1 Règles de fond

• Personnes concernées

1239 **Renonçant.** Le premier alinéa de l'article 929 du Code civil autorise tout héritier réservataire présomptif à renoncer à exercer une action en réduction dans une succession non ouverte.
Le consentement du renonçant ne doit être vicié ni par l'erreur ni par le dol ni par la violence (C. civ., art. 930, al. 2).
La capacité requise du renonçant est celle exigée pour consentir une donation entre vifs. Toutefois, le mineur émancipé ne peut renoncer par anticipation à l'action en réduction (C. civ., art. 930-1, al. 1er. – Sur la capacité de donner, V. Fiche 11 : Dispositions communes, I).

1240 **Bénéficiaire.** La renonciation doit être faite au profit d'une ou de plusieurs personnes déterminées (C. civ., art. 929, al. 1er). Ce peut être un autre héritier présomptif, un autre membre de la famille ou une personne étrangère à la famille mais il est indispensable que le renonçant soit informé de la personne appelée à bénéficier de la renonciation.

1241 **Personne dont le renonçant a vocation à hériter.** Celui dont le renonçant a vocation à hériter doit accepter cette renonciation (C. civ., art. 929, al. 1er).

• Objet de la renonciation

1242 Il résulte du deuxième alinéa de l'article 929 du Code civil que la renonciation peut viser :
– une atteinte portant sur la totalité de la réserve ou sur une fraction seulement ;
– ou encore la réduction d'une libéralité portant sur un bien déterminé.
« L'acte de renonciation ne peut créer d'obligations à la charge de celui dont on a vocation à héritier ou être conditionné à un acte émanant de ce dernier » (C. civ., art. 929, al. 3).

1243 **Doctrine.** L'objet de la renonciation est discuté puisque, pour certains, l'héritier renonce seulement à sa quote-part d'indemnité de réduction (V. not. Cl. Brenner : *JCl. Civil Code*, Art. 929 à 930-5 ou *Notarial Répertoire*, V° *Quotité disponible et réserve*, Fasc. 30. – F. Sauvage, *Les prolongements liquidatifs de la renonciation à l'action en réduction, Retour sur une « fâcheuse controverse »* : *JCP* N 2008, n° 13, act. 328. – B. Vareille, *Portée liquidative de la renonciation à l'action en réduction : Defrénois* 2008, n° 2, p. 159. – Rép. min. n° 22306 : *JOAN* Q 12 août 2008, p. 6991 ; *JCP* N 2009, n° 10, 1106, ann.), et, pour d'autres, il y a renonciation à invoquer une atteinte à sa réserve (V. A. Delfosse et J.-F. Peniguel, *La réforme de successions et des libéralités*, Litec, 2006. – M.-C. Forgeard, R. Crône et B. Gelot, *Le nouveau droit des successions et des libéralités*, Defrénois, 2007. – N. Levillain, *La renonciation anticipée à l'action en réduction* : *JCP* N 2006, n° 45, p. 1349. – J.-F. Pillebout, *À propos de la renonciation à l'action en réduction, une fâcheuse controverse* : *JCP* N 2008, n° 11, act. 279). En pratique, la seconde solution aurait le mérite de faciliter les opérations liquidatives, étant précisé qu'il paraît possible de stipuler que le renonçant limite sa renonciation à une quote-part de la réserve, dans l'éventualité où ses cohéritiers ne renonceraient pas par anticipation à l'action en réduction. Cependant, renoncer à l'action en réduction n'est pas renoncer à sa réserve. Cette renonciation revêt un caractère individuel. Il est préférable de considérer que l'excédent réductible se divise entre les héritiers et que le renonçant ne renonce qu'à sa quote-part d'indemnité de réduction, tel que nous y invite une réponse ministérielle du 12 août 2008 (Rép. min. n° 22306 : *JOAN* Q 12 août 2008, p. 6991).

2 Règles de forme

• Acte reçu par deux notaires

1244 La renonciation est établie par acte authentique spécifique reçu par deux notaires. Elle est signée séparément par chaque renonçant en présence des seuls notaires. Elle mentionne précisément ses conséquences juridiques futures pour chaque renonçant (C. civ., art. 930, al. 1er).
Il ne semble pas possible de renoncer par anticipation au moyen d'une procuration.
Le caractère spécifique de l'acte exclut que la renonciation soit incluse dans l'acte de libéralité.
Le second notaire est désigné par le président de la Chambre des notaires (L. 25 ventôse, an XI, art. 11, réd. L. 23 juin 2006). Un clerc ne pourrait être habilité pour un tel acte (même texte, art. 10, al. 3).
Elle peut être faite dans le même acte pour plusieurs héritiers réservataires (C. civ., art. 930, al. 3).

• Sanction

1245 L'article 930, alinéa 2, du Code civil frappe de nullité la renonciation qui n'a pas été établie dans les conditions fixées au premier alinéa du même article.

B Effets

• **Nature juridique**

1246 L'article 930-1 du Code civil dispose, dans son second alinéa, que la renonciation, quelles que soient ses modalités, ne constitue pas une libéralité.

• **Atteinte à la réserve**

1247 L'article 930-2 du Code civil distingue, dans son premier alinéa, les effets de la renonciation anticipée à l'action en réduction.

1248 **Absence d'atteinte à la réserve.** La renonciation ne produit aucun effet s'il n'a pas été porté atteinte à la réserve héréditaire du renonçant.

1249 **Atteinte partielle à la réserve.** Si l'atteinte à la réserve héréditaire n'a été exercée que partiellement, la renonciation ne produit d'effets qu'à hauteur de l'atteinte à la réserve du renonçant résultant de la libéralité consentie.

1250 **Atteinte supérieure à la renonciation.** Si l'atteinte à la réserve porte sur une fraction supérieure à celle prévue dans la renonciation, l'excédent est sujet à réduction (pour des exemples chiffrés, V. N. Levillain, *La renonciation anticipée à l'action en réduction : JCP* N 2006, 1349).

• **Caducité**

1251 La renonciation relative à la réduction d'une libéralité portant sur un bien déterminé est caduque si la libéralité attentatoire à la réserve ne porte pas sur ce bien. Il en va de même si la libéralité n'a pas été faite au profit de la ou des personnes déterminées (C. civ., art. 930-2, al. 2).

• **Opposabilité**

1252 L'article 930-5 du Code civil énonce que la renonciation est opposable aux représentants du renonçant, c'est-à-dire à ses héritiers. Par conséquent, s'ils viennent par représentation du renonçant à la succession du disposant, ils doivent respecter la renonciation anticipée.

C Révocation

• **Causes**

1253 Le renonçant ne peut demander la révocation de sa renonciation que si :

1) celui dont il a vocation à hériter ne remplit pas ses obligations alimentaires envers lui ;
2) au jour de l'ouverture de la succession, il est dans un état de besoin qui disparaîtrait s'il n'avait pas renoncé à ses droits réservataires ;
3) le bénéficiaire de la renonciation s'est rendu coupable d'un crime ou d'un délit contre sa personne (C. civ., art. 930-3).

• **Demande**

1254 **Nécessité d'une demande.** La révocation n'a jamais lieu de plein droit.

1255 **Délai.** La demande en révocation est formée dans l'année, à compter du jour de l'ouverture de la succession, si elle est fondée sur l'état de besoin. Elle est formée dans l'année, à compter du jour du fait imputé par le renonçant ou du jour où le fait a pu être connu par ses héritiers, si elle est fondée sur le manquement aux obligations alimentaires ou sur l'un des faits visés au 3° de l'article 930-3.

1256 **Révocation partielle.** La renonciation fondée sur l'état de besoin n'est prononcée qu'à concurrence des besoins de celui qui a renoncé (C. civ., art. 930-4).

POUR ALLER PLUS LOIN

Fascicule JurisClasseur

• *JCl. Notarial Formulaire*, V° *Quotité disponible et réserve*.

Bibliographie

• B. Beignier, *La réserve héréditaire : évolution ou révolution ? : JCP* N 2021, 1136.
• D. Boulanger, *La réserve coûte que coûte : informer et prélever : JCP* N 2022, 1008.
• M. Grimaldi, *Droit des successions*, LexisNexis, coll. « Manuel », 8e éd. 2020.
• A. Tani, *Action en réduction et devoir notarial renforcé : la loi doit-elle énoncer des évidences ? : JCP* N 2022, act. 133.

Fiche 20
Réduction des libéralités excessives

Sommaire

Introduction 205
I Recherche d'une atteinte à la réserve 206
A Masse de calcul 206
1 Actif net 206
2 Réunion fictive des biens donnés 207
B Imputation des libéralités 212
1 Secteur d'imputation 212
2 Ordre d'imputation 213
C Renonciation anticipée à l'action en réduction 215
II Modalités de réduction 216
A Réduction en valeur 216
B Réduction en nature 217
C Action contre les tiers acquéreurs 218
D Synthèse 218

Introduction

1257 Comme nous l'avons précédemment vu (V. Fiche 19 : Réserve héréditaire et quotité disponible), la loi prévoit une réserve au profit de certains héritiers. Que se passe-t-il lorsque la réserve – dont les règles sont d'ordre public – est atteinte par une libéralité entre vifs ou testamentaire ? Quelle est la sanction ?

La question ne se pose que lorsqu'il existe au moins un héritier réservataire acceptant la succession et une libéralité adressée à quelqu'un d'autre que cet héritier.

Il convient alors de rechercher si la réserve est entamée ou, ce qui revient au même, si la quotité disponible est dépassée et dans l'affirmative de procéder à la réduction si l'héritier réservataire le demande.

Cette opération de liquidation se situe à la charnière du droit des libéralités et de celui des successions, puisque c'est après le décès que la vérification doit être faite.

1258 L'action en réduction d'une libéralité excessive n'est soumise à aucun formalisme particulier de sorte que la demande d'ouverture des opérations de comptes, liquidation et partage d'une succession ainsi que le rapport de donation établissent la volonté de procéder à la réduction de libéralités (Cass. 1re civ., 10 janv. 2018, n° 16-27.894 : *JurisData* n° 2018-000024 ; *JCP* N 2018, 148. – Sur la prescription de l'action, V. *infra*, n° 1320).

1259 Comme le rapport, la réduction suppose une libéralité, mais il existe entre l'un et l'autre des différences fondamentales.

Ainsi qu'il sera développé ci-après (V. Fiche 24 : Rapport des libéralités), le rapport tend à l'égalité entre cohéritiers, en joignant la valeur de certaines libéralités à la masse à partager. La réduction, de son côté, vise à assurer l'intégrité de la réserve héréditaire. De ces deux différences de fondement découlent des différences de régime ; nous n'en citerons que deux :

– le rapport s'effectue en se plaçant à l'époque du partage, ou tout au moins à une date rapprochée, tandis que la réserve héréditaire se détermine au décès, date à laquelle naissent les droits des réservataires ;

– les règles du rapport sont supplétives, alors que celles de la réserve et de la quotité disponible sont d'ordre public.

Le rapport ne peut se rencontrer que dans les successions auxquelles concourent au moins deux héritiers, réservataires ou non ; la réduction n'est concevable que s'il existe au moins un héritier réservataire. Il s'ensuit qu'une donation peut être simplement rapportable (il n'y a pas d'héritier réservataire ou il n'y a pas atteinte à la réserve) ou réductible (libéralité hors part successorale excédant la quotité disponible) ou à la fois rapportable et réductible (concours avec un cohéritier réservataire et libéralité portant atteinte à la réserve).

1260 La loi n° 2006-728 du 23 juin 2006 – entrée en vigueur le 1er janvier 2007 – généralise la réduction en valeur et réduit le délai de prescription de l'action en réduction, renforçant ainsi la sécurité juridique. Elle autorise, ainsi que nous l'avons dit (V. Fiche 19 : Réserve héréditaire et quotité disponible), la renonciation anticipée à l'action en réduction.

1261 Si les principes sont relativement simples, la mise en œuvre des règles se révèle parfois complexe. Celles-ci n'en revêtent qu'une plus grande importance, tant à l'époque de la libéralité en raison de l'information et des conseils à apporter au disposant, que lors du règlement de la succession.

- **Textes**

- C. civ., art. 912 à 930-5.

I
Recherche d'une atteinte à la réserve

1262 Précédemment (V. Fiche 19 : Réserve héréditaire et quotité disponible), nous avons étudié la réserve héréditaire et la quotité disponible exprimées sous forme de fractions. Il nous faut maintenant en calculer les montants respectifs et, pour cela, déterminer la masse de calcul à laquelle nous appliquerons les fractions déterminant le disponible et la réserve (A).
Ce n'est qu'ensuite, que nous pourrons imputer les libéralités sur la quotité disponible et/ou la réserve, selon des règles que nous relaterons (B), de façon à savoir s'il existe des libéralités susceptibles de réduction. Encore faudra-t-il prendre en considération une renonciation anticipée à l'action en réduction (C).

1263 **Obligation d'information du notaire.** L'article 24 de la loi n° 2021-1109 du 24 août 2021 confortant le respect des principes de la République (*JO* 25 août 2021, texte n° 1) renforce les droits des héritiers réservataires en obligeant le notaire qui constate, lors du règlement de la succession, que les droits réservataires d'un héritier sont susceptibles d'être atteints par les libéralités effectuées par le défunt, à informer chaque héritier concerné et connu, individuellement et, le cas échéant, avant tout partage, de son droit de demander la réduction des libéralités qui excèdent la quotité disponible (C. civ., art. 921, al. 2).
Il s'agira ainsi, pour le notaire, d'informer, lors d'un entretien individuel, l'héritier réservataire de ses droits lors du règlement de la succession, de s'assurer du caractère libre et éclairé de son consentement en cas de renonciation et d'éviter que l'héritier réservataire subisse des pressions de la part de la fratrie, de donataires ou de légataires, lorsqu'il devra effectuer son choix de demander ou non la réduction des libéralités qui excèdent la quotité disponible. (...) Aucune forme n'étant exigée par le texte, la preuve de l'information pourra être apportée par tout moyen, par exemple en faisant signer aux héritiers une reconnaissance de conseil donné ou une consultation » (Rapp. AN n° 3797, 25 janv. 2021, t. 1, p. 141. – *JCP* N 2021, act. 805, n° 35).

A Masse de calcul

1264 Il résulte de l'article 922 du Code civil que la masse de calcul comprend tous les biens existant au décès (dont il faut déduire les dettes), auxquels on réunit fictivement les biens dont il a été disposé par donation entre vifs.

1 Actif net

- **Biens existants**

1265 L'actif brut de succession comprend tous les biens existant au jour du décès dans le patrimoine du défunt, y compris les biens légués, les fruits et revenus de tous ces biens perçus ou échus à cette date, et, en outre, les fruits civils acquis (ils s'acquièrent jour par jour).

1266 **Biens exclus de la masse de calcul.** Sont à exclure de la masse :
– les biens faisant l'objet d'un droit de retour légal ou conventionnel, car ils sont censés n'avoir jamais appartenu au défunt ;

– les droits viagers, usufruit ou rente viagère, sauf s'ils sont réversibles sur la tête d'une autre personne, et sauf application de l'article 918 du Code civil (V. *infra*, n° 1270) ;
– le capital d'une assurance sur la vie contractée par le défunt, à condition que le bénéficiaire soit désigné (C. assur., art. L. 132-11).
Dans le cas contraire, le capital revient à la succession, et se trouve de ce fait compris dans la masse de calcul de la quotité disponible ;
– les créances irrécouvrables, les biens acquis sous condition suspensive non réalisée au décès (sauf rectification ultérieure si la condition se réalise), les biens sans valeur pécuniaire tels que papiers domestiques, souvenirs de famille.

1267 **Estimations.** Tous les biens compris dans la masse doivent être estimés à leur valeur au jour du décès, d'après leur état à cette même date : c'est au jour du décès que s'ouvrent les droits des réservataires.

• **Dettes déductibles**

1268 De la masse des biens existant au décès, on déduit les dettes dont le défunt était tenu au même jour, y compris celles qu'il pouvait avoir envers un héritier.
Sont à déduire également : les frais funéraires, les frais de scellés, d'inventaire, de liquidation et de partage de la succession (Cass. 1re civ., 10 déc. 1968 : *D.* 1969, p. 133, obs. A. Breton).

1269 **Succession anomale.** En cas de succession anomale, on ne déduit pas la part de passif incombant aux successeurs anomaux, puisque les biens soumis au droit de retour n'entrent pas dans l'actif de succession (V. Fiche 1 : Successions – Introduction).

1270 **Imputation.** Le passif s'impute sur les biens existants et non sur les biens réunis fictivement. Par conséquent, si le passif excède l'actif existant, l'actif net doit être tenu pour nul au regard du calcul de la quotité disponible.
Ainsi un défunt laisse un enfant. Les biens existants s'élèvent à 120 et les dettes à 150. Il a fait donation à un ami d'un bien valant 40 au décès.
Masse de calcul de la quotité disponible :

– Biens existants	120
– Passif	150
Solde	– 30
L'actif au décès est compté pour	0

La quotité disponible et la réserve héréditaire se calculent sur le montant de la réunion fictive, soit 40.

2 Réunion fictive des biens donnés

1271 La réunion fictive consiste à ajouter à l'actif net de la succession les biens donnés par le défunt ; on reconstitue ainsi fictivement le patrimoine tel qu'il serait vraisemblablement s'il n'y avait pas eu de donation.
On retrouvera certaines des règles qui régissent le rapport, mais il convient de prendre garde à ne pas confondre les deux institutions (V. *supra*, n° 1259).

• **Protection de la réserve**

1272 Sans la réunion fictive, il serait possible de priver les réservataires de tout ou partie de la réserve, en faisant des donations à des étrangers ou des donations hors part successorale à certains successibles.
Cette réunion constitue donc une mesure nécessaire à la protection des droits des héritiers réservataires.
Nous en délimiterons le champ d'application (*a*) avant d'indiquer la valeur en prendre en compte (*b*).

a) Champ d'application

1) Règles générales

• **Donations à réunir**

1273 **Principe.** À la différence du rapport, la réunion fictive concerne toutes les donations, quelle qu'en soit la nature ou la forme (avancement de part successorale ou hors part successorale), quel qu'en soit le bénéficiaire (héritier ou pas, réservataire ou non), sans qu'aucune disposition puisse l'écarter, et même si le bien n'est plus en la possession du donataire.
Les donations de fruits et revenus doivent également être réunies.

1274 **Exceptions.** Sous le régime antérieur au 1er janvier 2007, on admettait par analogie avec les règles du rapport, que les frais de nourriture, d'éducation, d'apprentissage, ceux de noces et les présents d'usage échappaient à la réunion fictive.
L'exception subsiste, sous le régime issu de la loi n° 2006-728 du 23 juin 2006.
Le capital ou la rente payable au décès du contractant d'une assurance sur la vie à un bénéficiaire déterminé, ne sont pas soumis aux règles de la réduction ; il en est de même des primes versées par le contractant, sauf si elles étaient manifestement exagérées eu égard à ses facultés (C. assur., art. L. 132-13). Il s'ensuit que ces sommes n'ont pas à être réunies fictivement.
Les conventions de mariage ne sont pas regardées comme des donations, sauf en présence d'enfants

Réduction des libéralités excessives

non issus des deux époux (C. civ., art. 1527, al. 2). En ce cas, le bénéfice procuré au conjoint survivant est soumis à réunion fictive.

2) Présomption de gratuité

1275 L'article 918 du Code civil édicte une présomption de gratuité dans les termes suivants : « La valeur en pleine propriété des biens aliénés, soit à charge de rente viagère, soit à fonds perdu, ou avec réserve d'usufruit, à l'un des successibles en ligne directe, sera imputée sur la quotité disponible. L'éventuel excédent est sujet à réduction. Cette imputation et cette réduction ne peuvent être demandées que par ceux des autres successibles en ligne directe qui n'ont pas consenti à ces aliénations ».

• **Fondement**

1276 Le législateur a voulu éviter qu'une personne ne tente de faire échapper certaines libéralités aux règles de la réunion fictive et éventuellement de la réduction en les dissimulant sous l'apparence de contrats onéreux et que les héritiers réservataires soient dans l'impossibilité de démontrer le caractère gratuit du contrat. Seules sont atteintes les aliénations dont les modalités facilitent une simulation.

• **Aliénations atteintes par la présomption**

1277 La présomption de gratuité frappe toutes les aliénations à l'un des successibles en ligne directe :
– soit à charge de rente viagère (payable soit au vendeur, soit à un tiers) ;
– soit sous réserve d'usufruit (quel que soit le mode de paiement) ;
– soit à fonds perdu. Par cette expression il faut entendre non seulement l'aliénation à charge d'une rente viagère, mais toute aliénation moyennant une prestation viagère, par exemple bail à nourriture.
L'expression « biens aliénés » employée par l'article 918 du Code civil s'applique à toute espèce de biens : meubles comme immeubles.

• **Cas particuliers**

1278 **Donations avec charge.** En présence d'une donation avec charge, une distinction s'impose :
– si la charge est inférieure à la valeur du bien donné, la qualification de donation demeure et l'article 918 du Code civil ne reçoit pas application ;
– si, au contraire, la charge excède la valeur du bien, l'opération est onéreuse et les dispositions de l'article 918 s'appliquent (Cass. 1re civ., 15 déc. 1981 : *JCP* G 1983 I, 3123, obs. G. Gisserot ; *Defrénois* 1982, art. 32852-27, obs. G. Champenois ; *RTD civ.* 1983, p. 643, note J. Patarin).

1279 **Droit d'usage et d'habitation.** La Cour de cassation écarte l'application de ce texte (Cass. 1re civ., 10 juill. 1996 : *JurisData* n° 1996-003061 ; *JCP* N 1997, p. 205 et *JCP* G 1997, I, 4021, n° 6, note R. Le Guidec ; *Defrénois* 1998, art. 36781, obs. J. Bernard de Saint-Affrique ; *RTD civ.* 1997, p. 485 et 489, obs. J. Patarin), que le droit soit viager ou d'une durée inférieure (Cass. 1re civ., 5 févr. 2002 : *JurisData* n° 2002-012943 ; *JCP* N 2003, 1187). Encore faut-il que l'usager ne se comporte pas comme un usufruitier.

1280 **Échange à charge de rente viagère.** L'article 918 du Code civil ayant un caractère limitatif, il ne s'applique pas à un échange de la nue-propriété contre l'usufruit, moyennant une soulte convertie en rente viagère (Cass. 1re civ., 25 sept. 2013, n° 12-20.541 : *Bull. civ.* I, n° 190 ; *Defrénois* 2014, 761, obs. A. C.-T.).

1281 **Donation de somme d'argent et réunion fictive.** Lorsqu'une somme donnée a été dépensée sans emploi ou demeurée inemployée, c'est le nominal qui doit être réuni à la masse de calcul. En revanche, lorsque la somme d'argent donnée a servi à acquérir un bien, on tient compte de la valeur du nouveau bien au jour de l'ouverture de la succession, d'après son état à l'époque de l'acquisition. Enfin, lorsque la somme donnée a servi à acquérir la nue-propriété d'un bien alors que la donatrice en possède l'usufruit, c'est la valeur de la pleine propriété du bien immobilier qui doit alors figurer dans la masse de calcul, le décès de la donatrice entraînant l'extinction de l'usufruit (Cass. 1re civ., 17 oct. 2019, n° 18-22.810 : *JurisData* n° 2019-017945 ; *JCP* N 2019, act. 872, D. Boulanger. – F. Sauvage, *La réunion fictive à la masse de calcul de la réserve et de la quotité disponible d'une donation de somme d'argent ayant servi à acquérir la nue-propriété d'un immeuble* : *JCP* N 2020, 1067).

1282 **Objectif global de transmission et acceptation de l'ensemble des héritiers réservataires.** S'agissant de l'application de l'article 918 du Code civil, la Cour de cassation a considéré que le caractère strictement identique et de quasi-concomitance des cessions de la nue-propriété des parts sociales par le défunt au profit de la totalité de ses enfants au moyen d'actes de même nature dont l'objectif global est une transmission, connu et accepté par l'ensemble des enfants, exclut une imputation sur la quotité disponible (Cass. 1re civ., 26 janv. 2022, n° 20-14.155, FS-B : *JurisData* n° 2022-001005 ; *JCP* N 2022, act. 260).

• **Qualité de successible**

1283 L'article 918 du Code civil vise les aliénations faites à l'un des successibles en ligne directe, par conséquent aussi bien celles faites à des ascendants que celles à des descendants.

1284 **Époque.** Il faut restreindre son application aux personnes qui étaient héritières présomptives du vendeur au moment de l'aliénation. Par suite, ne tombe pas sous le coup de l'article 918 du Code civil l'aliénation consentie par un grand-père à son petit-fils, du vivant de son fils.
Le successible au profit duquel l'aliénation a été faite reste soumis à l'application de l'article 918 précité s'il cesse d'avoir la qualité de successible, par exemple par suite de sa renonciation à la succession.
C'est la qualité de successible au moment de l'aliénation qui est à considérer. Cependant, il ne faut pas oublier que l'attribution de la filiation rétroagit au jour de la naissance (pour une application, V. Cass. 1re civ., 23 févr. 1994 : *JCP* N 1994, II, p. 262 ; *Defrénois* 1994, art. 35856-97, obs. G. Champenois).

1285 **Conjoint.** Si la vente a été faite au descendant et au conjoint de ce dernier, la présomption de l'article 918 s'applique à la quote-part acquise par l'enfant (Cass. 1re civ., 21 févr. 1979 : *D.* 1979, IR p. 251).

1286 **Interposition de personne.** L'article 918 du Code civil n'édictant aucune incapacité à l'égard des successibles, les présomptions d'interposition de personne résultant de l'article 911 du même code ne s'appliquent pas. Ainsi, le gendre ne saurait être considéré comme personne interposée entre sa belle-mère et son épouse. Cependant, les cohéritiers auraient la possibilité de démontrer l'interposition de personne entre le défunt et le successible.
La présomption de l'article 918 du Code civil ne s'applique pas à la vente contre rente viagère consentie à une société civile immobilière, peu important que cette société ait pour associé un successible en ligne directe, les deux ayant une personnalité juridique distincte (Cass. 1re civ., 30 sept. 2009, n° 08-17.411 : *Bull. civ.* I, n° 199 ; *Dr. famille* 2009, comm. 143, obs. Beignier ; *JCP* G 2010, doctr. 203, obs. Le Guidec ; *JCP* N 2009, 1340, note Garçon ; *JCP* N 2010, 1171, n° 8, obs. Le Guidec).

• **Personnes pouvant invoquer la présomption**

1287 Seuls les héritiers à réserve peuvent demander l'application de l'article 918 du Code civil et à la condition qu'ils n'aient pas consenti à l'aliénation. En aucun cas les collatéraux ou les étrangers ne peuvent invoquer cet article puisque c'est une mesure de protection de la réserve. L'article 918 précise d'ailleurs ce point.

• **Présomption irréfragable**

1288 La présomption de gratuité est irréfragable (Cass. civ., 13 mai 1952 : *JCP* 1952, II, 7173, note Becqué. – Cass. 1re civ., 29 janv. 2014, nos 12-14.509 et 13-16.511 : *Bull. civ.* I ; *Dr. famille* 2014, 64, note M. Nicod ; *Defrénois* 2014, 1280, note D. Autem).
Elle n'emporte pas privation de propriété au sens de l'article 17 de la Déclaration des droits de l'homme et du citoyen (DDHC), mais une atteinte justifiée par un motif d'intérêt général et proportionnée aux conditions d'exercice du droit de propriété et à la liberté contractuelle non contraire aux articles 2 et 4 DDHC (Cons. const., 1er août 2013, n° 2013-337 QPC : *Dr. famille* 2013, 142 ; *Dr. famille* 2014, étude 8, S. Deville).

1289 **Absence de restitution.** Il s'ensuit que l'acquéreur ne peut demander la restitution des arrérages ou du prix en en prouvant le paiement (Cass. civ., 28 déc. 1937 : *DP* 1940, I, p. 41, note P. Holleaux. – CA Nîmes, 8 juin 1964 : *D.* 1964, p. 670, obs. M. Donnier).

1290 **Absence de réclamation.** Réciproquement, les cohéritiers qui ont invoqué l'article 918 du Code civil ne peuvent demander le paiement des arrérages restant dus au défunt lors de son décès, puisqu'en demandant l'imputation sur le disponible ils admettent qu'il y a eu libéralité.
La situation est naturellement différente pour les héritiers qui n'invoquent pas l'article 918.

• **Portée de la présomption**

1291 Non seulement l'acte est présumé gratuit mais, de plus, le texte prescrit l'imputation sur la quotité disponible : c'est dire que la libéralité présumée est considérée hors part successorale.
À cet égard, il faut observer qu'en réécrivant l'article 918 du Code civil, le législateur a notamment fait disparaître le terme de rapport à la masse, qui pouvait prêter à confusion, mais les règles sont les mêmes sous le régime antérieur et sous celui actuel.

• **Application partielle**

1292 **Aliénation moyennant un capital et une rente.** L'application de l'article 918 du Code civil doit être limitée à la portion de biens aliénés représentée par la rente viagère (Cass. 1re civ., 21 févr. 1979 : *D.* 1979, IR p. 497). En conséquence,

au cas de vente moyennant à la fois une somme payable à terme et encore due au décès et une rente viagère, l'enfant acquéreur n'est pas fondé à soutenir que l'aliénation tout entière doit être considérée comme faite à titre gratuit et que, dès lors, il a le droit de conserver par préciput les biens aliénés jusqu'à concurrence de la quotité disponible, sans payer la somme mise à sa charge.
En pareil cas :
– d'une part, il reste débiteur de la somme atermoyée. C'est là un actif ordinaire ;
– et, d'autre part, pour le calcul de la quotité disponible, c'est seulement la valeur de la portion de biens correspondant à la rente viagère qui est à réunir fictivement pour être imputée sur la quotité disponible.
En d'autres termes, l'enfant acquéreur doit être considéré comme ayant seulement reçu à titre gratuit la portion correspondant à la rente viagère et c'est de cette portion seulement qu'il peut demander l'imputation sur la quotité disponible.

1293 **Réserve partielle d'usufruit.** Ce qui vient d'être dit s'appliquerait au cas d'une aliénation à un successible en ligne directe dans laquelle le cédant se serait réservé l'usufruit d'une partie seulement des biens vendus.

• **Éviction de la présomption**

1294 La présomption de gratuité produit des effets rigoureux, de sorte que le législateur n'a pas voulu pour autant rendre impossibles les contrats sincères.
Aussi, l'article 918 du Code civil autorise-t-il les autres successibles en ligne directe à consentir à ces aliénations. Dans ce cas, il fait fléchir la règle qui proscrit les pactes sur succession future.
À ce titre, l'article 918 du Code civil qui constitue ainsi une exception au principe de l'interdiction des pactes sur succession future, ne distingue pas selon que l'aliénation porte sur tout ou partie des biens que le disposant laissera à son décès (Cass. 1re civ., 1er juill. 2009, n° 08-12.868 : *Bull. civ.* I, n° 155).
Si tous les successibles ont consenti, ils ne peuvent après le décès du disposant, invoquer la présomption, même si leur consentement résulte d'un acte postérieur à la vente (Cass. req., 7 févr. 1848 : *DP* 1848, I, p. 203).
Mais si un seul n'a pas consenti, il peut exiger l'application de l'article 918, même s'il n'était pas encore vivant à l'époque du contrat, ou si, vivant, il était alors incapable de consentir.
Le père de trois enfants, A, B et C, a vendu un immeuble à A, en s'en réservant l'usufruit. B a consenti à l'aliénation, mais non C.
Lors du décès, les biens existant valent 480 et l'immeuble vendu à A 240 ; les valeurs sont inchangées lors du partage.
C se prévaut des dispositions de l'article 918 du Code civil.
Il faut examiner successivement les droits de B et C.
– B, qui a consenti à l'aliénation, considérant donc qu'elle ne dissimulait pas une donation, a droit uniquement au tiers de l'actif au décès, soit à 160 (ou : 480/3).
– À l'égard de C, la vente s'analyse en une donation préciputaire, dont il faut rechercher si elle dépasse le disponible.
La masse de calcul comprend :

Biens existants au décès	480
Réunion fictive	240
soit ensemble	720
La quotité disponible est de	1/4
soit	180

La donation présumée excède la quotité disponible est 60 (240 – 180), dont le tiers soit 20 revient à C. C a donc droit au tiers des biens existants au décès, soit 160, et à l'indemnité de réduction de 20, soit 180 au total.
Valeur au jour de la jouissance divise. Si le partage n'intervient que quelque temps après le décès, le montant de l'indemnité sera calculé d'après la valeur du bien à l'époque du partage ou, plus précisément, à la date de la jouissance divise (C. civ., art. 924-2. – V. *infra*, n° 1319).
Un autre exemple chiffré est proposé (V. Fiche 26 : Exemples de rapports et de réductions).
On précisera qu'en présence d'un legs universel, la réduction en valeur conduit à exclure l'existence d'une indivision successorale, et par suite d'un partage, de sorte que le principe de l'évaluation de l'indemnité de réduction en valeur partage (C. civ., art. 924-2) ne peut plus être mis en œuvre. En effet, seule la valeur décès est susceptible de permettre le chiffrage de l'indemnité due par le gratifié (Cass. 1re civ., 22 juin 2022, n° 21-10.570, FS-B : *JurisData* n° 2022-009947 ; *JCP* N 2022, act. 700 : présence de deux enfants du défunt dont l'un institué légataire universel. V. égal. M. Nicod : *JCP* N 2021, 1142).

b) Valeur de la réunion fictive

• **Principe. Valeur au décès**

1295 L'article 922 du Code civil, dans son deuxième alinéa, prescrit la réunion fictive des biens donnés entre vifs d'après leur état à l'époque de la donation et leur valeur à l'ouverture de la succession, après qu'en ont été déduites les dettes et charges les grevant.

1296 **Aliénation.** Si les biens donnés ont été aliénés, il est tenu compte de leur valeur à l'époque de l'aliénation.

1297 **Subrogation.** S'il y a eu subrogation, il est tenu compte de la valeur des nouveaux biens au jour de l'ouverture de la succession, d'après leur état à l'époque de l'acquisition. Toutefois, si la dépréciation des nouveaux biens était, en raison de leur nature, inéluctable au jour de leur acquisition, il n'est pas tenu compte de la subrogation (C. civ., art. 922, al. 2). La Cour de cassation retient la nullité de l'acte révocatoire de la donation d'une somme d'argent apportée dans le capital d'une société et dans l'acquisition de parts de SCI lorsque la cause de cet acte révocatoire réside dans la volonté des parties de contourner les dispositions d'ordre public de l'article 922 du Code civil (Cass. 1re civ., 30 nov. 2022, n° 21-11.507, FS-B : *JurisData* n° 2022-020219 ; *JCP* N 2022, act. 1212 et R. Le Guidec, chron. *Successions et libéralités* : *JCP* G 2022, doctr. 108).
Renvoi. On observe que les règles d'évaluation posées par l'article 922 du Code civil sont analogues à celles posées par l'article 860 du même code en matière de rapport, mis à part le fait qu'on se place non au jour du partage mais à celui du décès et que des conventions contraires ne sont pas autorisées. Nous renvoyons donc le lecteur à l'exposé de ces règles (V. Fiche 24 : Rapport des libéralités), notamment quant à la notion d'état du bien ainsi que pour l'hypothèse où le bien a été aliéné.

• **Exception**

1298 Par exception et sauf convention contraire, les biens compris dans une donation-partage sont évalués au jour de cet acte si tous les héritiers réservataires vivants ou représentés au décès de l'ascendant ont reçu un lot et l'ont accepté, et s'il n'a pas été prévu de réserve d'usufruit portant sur une somme d'argent (pour les donations transgénérationnelles, V. C. civ., art. 1078-8 et 1078-9. – V. Fiche 17 : Libéralités à caractère familial).

• **Cas particuliers**

1299 **Donation en nue-propriété.** La donation avec réserve d'usufruit au profit du donateur est réunie fictivement pour sa valeur en pleine propriété car le décès du donateur entraîne l'extinction de l'usufruit. Si l'usufruit réservé continue après le décès du donateur, il convient de réunir la nue-propriété et l'usufruit dans la mesure où le défunt a fait deux libéralités. Enfin, si le défunt n'a jamais eu que la nue-propriété, seule la valeur de celle-ci est à réunir.

1300 **Donation avec charge.** Lorsqu'une donation est assortie au profit du donateur d'une charge, seul l'émolument procuré par la libéralité doit être compris dans la masse de calcul de la réserve. Il s'agit concrètement de l'émolument net, c'est-à-dire déduction faite de la valeur de la charge grevant la libéralité. Cette valeur est déterminée en considération du manque à gagner ou des frais générés par son exécution (Cass. 1re civ., 31 mars 2016, n° 15-10.091 : *Dr. famille* 2016, comm. 132, A. Tani. – Cass. 1re civ., 11 oct. 2017, n° 16-21.692 : *Dr. famille* 2018, comm. 42, A. Tani). Le montant de la charge doit être déterminé au jour de son exécution (Cass. 1re civ., 17 déc. 1991 ; *JCP* N 1992, II, p. 420, obs. Ph. Salvage et prat. 2442-7, note F.-X. Testu).
Si la charge a été stipulée au profit d'un tiers et constitue une libéralité, la donation est réunie fictivement pour la valeur totale du bien donné mais chaque libéralité s'imputera distinctement (V. *infra*, n° 1302).

1301 **Donation rémunératoire.** La donation rémunératoire n'est réunie fictivement que pour la valeur du bien donné excédant le service rémunéré.

1302 **Avantage matrimonial.** L'avantage matrimonial dans le cas où il est considéré comme une libéralité, c'est-à-dire en présence d'enfants non communs (V. *JCl. Roulois*, Fasc. 1480, *Régimes matrimoniaux*) doit être évalué au jour du décès, en particulier s'il résulte d'une clause de préciput ou de partage inégal ; si l'avantage résulte d'une inégalité des apports, il en va de même si le mariage est dissous par le décès, mais s'il est dissous par le divorce on retient la date de celui-ci pour l'état des biens et le jour du décès pour les évaluations.

• **Ordre public**

1303 Parce qu'elles concernent directement la réserve, la protection de la réserve héréditaire, les règles de la réunion fictive sont d'ordre public. Aussi, le donateur ne peut stipuler dans une donation que les biens donnés seront estimés autrement que par leur valeur au jour du décès pour le calcul de la réserve et de la quotité disponible.
Il en va différemment du rapport qui demeure une opération d'ordre contractuel Une clause pénale (licite lorsqu'elle ne fait grief qu'à des intérêts privés) devrait être réputée nulle et non avenue si elle tendait à faire respecter une clause portant atteinte à la réserve, par exemple en édictant un mode de calcul autre que celui fixé par l'article 922 du Code civil (V. Cass. 1re civ., 25 juin 2002 : *Bull. civ.* I, n° 175 ; *JurisData* n° 2002-014960 ; *Dr. famille* 2003, comm. 18, note B. Beignier).

B Imputation des libéralités

1304 Le montant de la réserve héréditaire et de la quotité disponible étant connu, il faut maintenant procéder à l'imputation de chacune des libéralités que le défunt a pu consentir.
Cette imputation peut se faire :
- sur le disponible, sur la part de réserve du gratifié ;
- sur la réserve globale ;
- ou encore de façon combinée.
Il est donc nécessaire de connaître le secteur de la succession sur lequel chaque libéralité doit s'imputer (1°) puis, les libéralités imputables sur la quotité disponible étant déterminées, on en fera l'imputation en respectant un certain ordre (2°).

1 Secteur d'imputation

1305 Il faut distinguer selon que la libéralité à imputer bénéficie à un non-réservataire ou à un réservataire.

a) Gratifié non réservataire

1306 La libéralité consentie à un non-successible, ou à un héritier non réservataire, ne peut s'imputer que sur la quotité disponible, puisque par hypothèse le gratifié n'a aucun droit dans la réserve. Il en est de même pour la donation faite à un réservataire qui renonce à la succession, sauf stipulation d'un rapport (V. *infra*, n° 1344).
Libéralité en usufruit. Une question s'est posée de savoir si une libéralité consentie en usufruit s'impute « en valeur » ou « en assiette », de sorte que deux méthodes étaient proposées : une imputation « en valeur », ce qui conduit à convertir la libéralité en usufruit pour l'imputer ensuite pour sa valeur en pleine propriété ou une imputation « en assiette » qui commande de faire cette imputation sur un secteur dédié en prenant en considération l'objet de même de la libéralité. Cette importante question pour la pratique notariale a été tranchée par la Cour de cassation qui affirme que l'atteinte à la réserve doit s'apprécier en imputant le legs en usufruit sur la quotité disponible, non après conversion en valeur pleine propriété, mais en assiette (Cass. 1re civ., 22 juin 2022, n° 20-23.215 : *JurisData* n° 2022-010155. Pour un commentaire, V. M. Nicod et A. Tani, *Libéralités – Comment liquider une libéralité en usufruit ? Voici venu l'arrêt tant attendu de la Cour de cassation... : JCP* N 2022, 1209).
Il convient toutefois d'ajouter, d'une part, que la réduction s'opérera en valeur et, d'autre part, que le conjoint survivant bénéficie quant à lui de la quotité disponible spéciale prévue à l'article 1094-1 du Code civil.

b) Gratifié réservataire

1307 La libéralité faite hors part successorale s'impute sur la quotité disponible. L'excédent est sujet à réduction (C. civ., art. 919-2. – Cass. 1re civ., 5 déc. 2018, n° 17-27.982 : *JurisData* n° 2018-022042 ; *JCP* N 2018, 958. – A. Tani, *Incidence[s] de la clause de rapport forfaitaire : JCP* N 2019, 1307).
Ce mode d'imputation s'applique :
- aux donations présumées par l'article 918 du Code civil ;
- et à l'avantage indirect procuré au donataire par une stipulation relative au rapport dans les termes de l'article 860, quatrième alinéa, du Code civil, notamment d'un rapport forfaitaire (V. Fiche 24 : Rapport des libéralités).

• Donation rapportable

1308 **Système légal.** La donation faite en avancement de part successorale à un héritier réservataire qui accepte la succession s'impute sur sa part de réserve et, subsidiairement sur la quotité disponible, s'il n'en a été autrement convenu dans la donation.
L'excédent est sujet à réduction (C. civ., art. 919-1, al. 1er).
Nonobstant l'imputation partielle sur la quotité disponible, le cas échéant, la donation reste rapportable en totalité.
Les biens reçus dans un partage anticipé s'imputent sur la part de réserve à moins qu'ils n'aient été donnés hors part (C. civ., art. 1077. – V. Fiche 10 : Libéralités – Introduction).

1309 **Système conventionnel.** Ce système d'imputation n'est pas obligatoire : le donateur peut donc stipuler une imputation subsidiaire sur la réserve globale (c'est-à-dire en fait sur la réserve des autres réservataires puisque, par hypothèse, la réserve du gratifié est épuisée). Cette solution présente l'avantage pour le disposant de conserver intacte la quotité disponible pour des libéralités à d'autres que ses héritiers réservataires (conjoint notamment) dans la mesure où l'avance d'hoirie n'excède pas la réserve. Ce mode d'imputation ne nuit pas théoriquement aux autres héritiers réservataires puisque la libéralité est intégralement rapportable (sur la question, V. N. Duchange, *La clause d'imputation sur la réserve globale et la protection des héritiers réservataires : JCP* N 1991, I, p. 373).

• Exemples

1310 X fait donation à son fils d'un bien valant 180 000 € lors du décès et 240 000 € lors du partage.

Il décède en laissant deux enfants : A et B et un légataire universel. Biens existants : 90 000 € au décès, 120 000 € à l'époque du partage.

Masse de calcul de la quotité disponible :

– Biens au décès	90 000
– Réunion de la donation de A	180 000
Ensemble	270 000
La quotité disponible est de (1/3)	90 000
La réserve globale de	180 000
et la part dans la réserve de	90 000

Première hypothèse : La donation est préciputaire (ou hors part). A impute sa donation sur la quotité disponible à concurrence de 90 000 € ; le surplus soit 90 000 € est réductible soit la proportion de moitié (90 000 180 000), conformément à l'article 919-2 du Code civil.

Le légataire n'a droit à rien, le disponible étant épuisé.

Masse des biens à partager :

Biens existants	120 000
Indemnité de réduction (240 000 / 2)	120 000
Ensemble	240 000
Moitié pour chacun de A et B	1/2
Est de	120 000

À noter que l'excédent ne s'impute pas sur la part de réserve, mais est réductible.

Comme nous le verrons plus loin (II), la réduction se fait en principe en valeur et l'indemnité de réduction s'impute sur la part de réserve du gratifié.

Deuxième hypothèse : La donation est rapportable sans que l'acte contienne d'autre précision. C'est le système légal qui s'applique.

A impute la donation sur sa part dans la réserve, soit 90 000 € et le surplus sur la quotité disponible, soit également 90 000 €, ce qui épuise le disponible.

Le légataire n'a droit à rien.

Biens à partager : rapport de donation (240 000) et biens existants (120 000) : 360 000, dont la moitié pour chacun est de 180 000 €.

Rappelons que l'imputation sur la quotité disponible n'empêche pas la donation d'être rapportable pour sa totalité.

Troisième hypothèse : La donation est rapportable et il a été convenu qu'elle s'imputerait sur la réserve globale.

A impute la donation sur sa part dans la réserve à concurrence de 90 000 € et sur la part de son frère pour le surplus de 90 000 €.

La quotité disponible est intacte et les biens au décès reviennent au légataire.

Le partage entre A et B comprend le rapport s'élevant à 240 000 €, soit 120 000 € chacun.

On remarque que l'imputation sur la réserve a laissé au défunt la disposition de la quotité disponible.

Secteur d'imputation des libéralités

Libéralité faite	Imputation sur
à un non-réservataire	La quotité disponible exclusivement ; excédent réductible (C. civ., art. 919-2).
à un réservataire acceptant :	
– hors part successorale	La quotité disponible ; excédent réductible (C. civ., art. 919-2).
– en avancement de part successorale	La part de réserve principalement, subsidiairement la quotité disponible (sauf convention contraire) ; excédent réductible (C. civ., art. 919-1, al. 1er). Au cas d'imputation conventionnelle sur la réserve globale, l'imputation ne se fait sur le disponible qu'après dépassement de la réserve globale.
à un réservataire renonçant	La quotité disponible exclusivement ; excédent réductible (C. civ., art. 919-1, al. 2). Cependant si le rapport a été stipulé, la donation est traitée et imputée comme si elle avait été faite à un acceptant (C. civ., art. 845, al. 1er et 919-1. – V. infra, n° 1344). Il en est de même en cas de représentation du renonçant (C. civ., art. 754 al. 3).

2 Ordre d'imputation

• **Règles légales**

1311 **Donations.** On impute d'abord les donations en commençant par les plus anciennes. La règle se déduit de l'article 923 du Code civil, qui fixe l'ordre des réductions ; il suffit d'inverser cet ordre pour obtenir celui d'imputation.

En l'absence de date certaine, les dons manuels s'imputent avant les legs (Cass. 1re civ., 12 nov. 1998 : *JCP* N 1999, p. 592, note N. Duchange).

1312 **Legs.** Lorsque les dispositions testamentaires excèdent, soit la quotité disponible, soit la portion de cette quotité qui resterait après avoir déduit la valeur des donations entre vifs, la réduction se fait au marc le franc, sans aucune distinction entre les legs universels et les legs particuliers (C. civ., art. 926).

Néanmoins, dans tous les cas où le testateur aura expressément déclaré qu'il entend que tel legs soit acquitté de préférence aux autres, cette préférence aura lieu ; et le legs qui en sera l'objet ne sera réduit qu'autant que la valeur des autres ne remplirait pas la réserve légale (C. civ., art. 927).

Une personne a deux enfants, A et B. Elle a fait une donation par préciput à A de 600 (même valeur au décès), un legs à X de 300 et un autre à Y de 900. Biens existants au décès : 2 400.

Calcul de la quotité disponible :

– Biens existant	2 400
– Réunion fictive de la donation	600
Soit une masse de calcul de	3 000
Dont le tiers formant le disponible est de	1 000
La donation faite à A s'impute avant le legs et elle s'impute sur la quotité disponible	– 600
De sorte qu'il reste pour les légataires	400

Les legs sont réduits proportionnellement, soit : (400 × 300) / (300 + 900) = 100 pour X et (400 × 900) / (300 + 900) = 300 pour Y.

Si le testateur a déclaré préférentiel le legs fait à X, ce dernier reçoit 300 et Y les 100 restant sur la quotité disponible.

Donation excédant ou égalant le disponible. La loi du 23 juin 2006 a abrogé l'article 925 du Code civil, qui disposait que lorsque la valeur des donations entre vifs excédait ou égalait la quotité disponible toutes les dispositions testamentaires étaient caduques. Il s'ensuit que ces dispositions testamentaires peuvent s'exécuter si la réduction n'en est pas demandée et que, si la réduction en est demandée, le légataire peut exiger son legs sauf à supporter la réduction en valeur.

• **Applications particulières**

1313 L'institution contractuelle par contrat de mariage s'impute comme une donation, à sa date, et par conséquent avant les donations ultérieures et les legs. La donation entre époux de biens à venir, parce qu'elle est révocable *ad nutum*, s'impute comme un legs (Cass. req., 10 juill. 1944 : *JCP* 1944, II, 2732. – Cass. 1re civ., 8 nov. 1982 : *Defrénois* 1983, art. 33032, note Y. Flour et M. Grimaldi. – Cass. 1re civ., 10 févr. 1998 : *JCP* N 1998, n° 10, p. 342 ; *Defrénois* 1998, art. 36828-89, obs. G. Champenois).

La donation entre époux pendant le mariage de biens présents s'impute à sa date, comme toute donation ; cependant, si elle ne produit pas ses effets pendant le mariage (réversion de rente ou d'usufruit), elle est révocable au gré du donateur (C. civ., art. 1096, *a contrario*) et il semble logique que, par analogie avec les donations de biens à venir, elle s'impute comme un legs (A. Delfosse et J.-F. Péniguel, préc., n° 361, note 126).

Un legs se réduit avant un don manuel (Cass. 1re civ., 12 nov. 1998 : *JCP* N 1999, n° 14, p. 592, note N. Duchange), de sorte qu'un don manuel s'impute avant un legs, s'il n'a pas date certaine.

• **Volonté contraire**

1314 L'imputation des **donations** selon leur ordre chronologique est d'ordre public. En effet, admettre le contraire annihilerait le principe de l'irrévocabilité des donations (V. *JCl. Roulois*, Fasc. 1335).

En revanche, il est possible, comme nous l'avons vu, de déroger à l'imputation proportionnelle des **legs** (ainsi que des donations entre époux de biens à venir), en prévoyant que certains seront acquittés par préférence à d'autres (C. civ., art. 927).

Enfin, il est loisible aux gratifiés de convenir entre eux d'une répartition de la **charge de la réduction** mais un tel accord n'est pas opposable au réservataire, qui est en droit d'exiger l'application des dispositions impératives de l'article 923 du Code civil (Cass. 1re civ., 24 nov. 1993 : *JCP* N 1994, II, p. 108 et *JCP* G 1994, I, 3791, note R. Le Guidec ; *Defrénois* 1994, art. 35761-45, note G. Champenois ; *D.* 1995, somm. p. 98, obs. M. Grimaldi).

Libéralité	Rang d'imputation	Possibilité de déroger
DONATION	Imputation par priorité et en commençant par la plus ancienne (C. civ., art. 923).	Imputation d'ordre public (application de l'article 944 du Code civil).
LEGS	Imputation après les donations (C. civ., art. 923).	Possibilité de prescrire que le legs s'imputera avant une donation ultérieure, mais non avant une donation antérieure.

Libéralité	Rang d'imputation	Possibilité de déroger
DONATIONS ENTRE ÉPOUX		
Par contrat de mariage	Imputation comme les donations entre vifs.	Clause contraire possible
Pendant le mariage – portant sur des biens à venir (institution contractuelle)	Imputation comme les legs.	Possibilité de modifier l'ordre légal, sauf à respecter la préséance des donations antérieures.
Pendant le mariage – portant sur des biens présents	– Imputation comme les donations. – Mais la donation ne prenant pas effet pendant le mariage s'impute comme un legs, selon une partie de la doctrine (donation à terme de bien présent).	

C Renonciation anticipée à l'action en réduction

• **Rappel**

1315 Ainsi que nous l'avons vu plus haut (V. Fiche 19 : Réserve héréditaire et quotité disponible), l'article 929 du Code civil dans la rédaction que lui a donnée la loi du 23 juin 2006, autorise un héritier réservataire à renoncer par anticipation à exercer l'action en réduction au profit d'une ou de plusieurs personnes déterminées et la renonciation peut viser une atteinte portant sur la totalité de la réserve ou sur une fraction seulement ou encore une libéralité portant sur un bien déterminé.

• **Exemple**

1316 M. Dupont, veuf, a trois enfants : André, Bruno et Claire. André a un fils, Yves, à qui M. Dupont a donné 100 parts de la SARL « … ». André a renoncé par anticipation à exercer l'action en réduction, quelle que soit l'atteinte à la réserve. Bruno y a renoncé mais à concurrence d'une atteinte de moitié de sa part de réserve. Enfin, Claire n'a pas renoncé à l'action en réduction. Nous étudierons plusieurs hypothèses.

1317 **Renonciations sans effet.** M. Dupont décède. Les biens aux décès valent 360 (le passif est négligé) et la valeur des parts données est de 100, comme au jour de la donation.
La masse de calcul de la quotité disponible comprend :

– Biens existants au décès	360
– Réunion fictive de la donation	100
Total de la masse de calcul	460

La quotité disponible est de 1/4, soit	120
La réserve est de 3/4, soit	360
et la part de réserve de chaque enfant de	120

Le donataire n'étant pas héritier, la donation qui lui a été faite s'impute sur la quotité disponible, qu'elle n'excède pas. Les renonciations anticipées à l'action en réduction ne sont donc pas appelées à produire effet.

1318 **Les renonciations produisent effet.** On suppose que les biens au décès valent 360 et que les parts données valent 280, au jour de la donation comme à celui du décès.
La masse de calcul de la quotité disponible est de 640 (360 + 280).
La quotité disponible est d'un quart soit 160. La réserve et de 480 et la part de réserve de 160.
La donation s'impute toujours sur la quotité disponible et dépasse celle-ci de 120 (280 – 160). Elle entame donc la part de réserve de chacun des trois réservataires de 40. André, qui a renoncé à l'action en réduction quelle que soit l'atteinte à sa part de réserve, voit cette part réduite. Il en va de même pour Bruno car l'atteinte à sa part de réserve est inférieure à la moitié de cette part.

	André	Bruno	Claire
Part de réserve	160	– 160	160
Atteinte à la part	– 40	– 40	
	120	120	

Claire a droit à une indemnité de réduction de 40. Si, lors du partage, la valeur des parts de SARL a varié cette indemnité varie aussi. Ainsi, si les parts valent alors 336, l'indemnité se calcule de la façon suivante : (40 × 336) / (280) = 48.

1319 **Renonciation anticipée limitée.** On suppose maintenant que Bruno a renoncé à concurrence d'une atteinte d'un quart du montant de sa part de réserve, que les biens existants au décès sont de 360 et la valeur des parts données de 320.
La masse de calcul de la quotité disponible est de 360 + 320 = 680. La quotité disponible est d'un quart, soit 170, la réserve héréditaire globale est de 510 et la part de réserve de 170.
La donation de 320 excède la quotité disponible, qui est de 170, de 150, soit pour chaque enfant 50.

André supporte l'atteinte à sa part de réserve. Bruno, qui a limité sa renonciation anticipée ne la supporte qu'à concurrence d'un quart de cette part, soit 42,5 (170 / 4).

	André	Bruno	Claire
Part de réserve	170	170	170
Atteinte à la part	– 50	– 42,5	
	120	127,5	

Claire a droit à une indemnité de réduction de 50 et Bruno à une indemnité de 7,5.

II
Modalités de réduction

1320 Les opérations décrites précédemment – établissement de la masse de calcul, imputation des libéralités – ont permis de savoir si la quotité disponible est dépassée.
Dans l'affirmative, les libéralités qui excèdent la quotité disponible sont réductibles au décès du disposant, à la demande des héritiers réservataires ou de leurs ayants cause (Cass. 1re civ., 25 oct. 2017, n° 16-20.156 : *JurisData* n° 2017-021013 ; *JCP* N 2018, 1046, obs. N. Randoux ; *Dr. famille* 2018, n° 1, comm. 16, M. Nicod), mais à l'exclusion des donataires, légataires et créanciers du défunt, conformément aux articles 919-2 à 921 du Code civil.
Le délai de prescription de l'action en réduction est fixé à cinq ans à compter de l'ouverture de la succession, ou à deux ans à compter du jour où les héritiers ont eu connaissance de l'atteinte portée à leur réserve, sans jamais pouvoir excéder dix ans à compter du décès (C. civ., art. 921). Ce délai de prescription n'est applicable qu'aux successions ouvertes à compter du 1er janvier 2007 (Cass. 1re civ., 4 mai 2017, n° 16-13.961 : *Dr. famille* 2017, n° 7-8, comm. 165, M. Nicod ; et sur la durée de la prescription ancienne, qui divise la doctrine, V. *RJPF* 2017, p. 49, F. Sauvage et *Dr. famille* 2017, comm. 105, M. Nicod).
L'action est divisible, de sorte que s'il existe plusieurs héritiers, les uns peuvent l'exercer et les autres y renoncer.

1321 De même que le rapport, la réduction se fait en principe en valeur (A), exceptionnellement en nature (B). Enfin, l'action en réduction peut être dirigée contre des tiers acquéreurs (C).

• **Textes**

• C. civ., art. 924 à 928.

A Réduction en valeur

1322 Lorsque la libéralité excède la quotité disponible, le gratifié, successible ou non successible, doit indemniser les héritiers réservataires à concurrence de la portion excessive de la libéralité, quel que soit cet excédent (C. civ., art. 924, al. 1er).

• **Montant**

1323 **Valeur à l'époque du partage ou de l'aliénation.** Le montant de l'indemnité de réduction se calcule d'après la valeur des biens donnés ou légués à l'époque du partage ou au jour de leur aliénation par le gratifié et en fonction de leur état au jour où la libéralité a pris effet. Ainsi, lorsque le légataire universel doit une indemnité de réduction, celle-ci doit être calculée d'après le montant de l'indemnité allouée par le juge de l'expropriation à la suite de la préemption de l'immeuble dont il a été gratifié, c'est-à-dire selon la valeur du bien légué à l'époque de son aliénation (Cass. 1re civ., 1er déc. 2021, n° 20-12.923, FS-B : *JurisData* n° 2021-019347 ; *JCP* N 2021, 1114).

1324 **Subrogation.** S'il y a eu subrogation, le calcul de l'indemnité de réduction tient compte de la valeur des nouveaux biens à l'époque du partage, d'après leur état à l'époque de l'acquisition. Toutefois, si la dépréciation des nouveaux biens était, en raison de leur nature, inéluctable au jour de leur acquisition, il n'est pas tenu compte de la subrogation (C. civ., art. 924-2).

• **Réduction partielle**

1325 En cas de réduction partielle, il faut calculer sur la base des valeurs au jour du décès, la portion excessive de la libéralité qui s'exprimera sous forme d'une fraction et appliquer cette fraction à la valeur du bien au jour du partage. On précisera que cela doit conduire à prendre en compte les éventuelles évolutions de classification des parcelles données survenues avant le partage (Cass. 1re civ., 4 nov. 2020, n° 19-10.179 : *JurisData* n° 2020-017731 ; *JCP* N 2020, act. 945).

Exemple. Le défunt laisse deux enfants A et B. L'actif net de succession s'élève à 120.
Il avait donné à A, par préciput, un immeuble qui vaut 120 au décès et 180 au partage.

Calcul du disponible

Actif net	120
Donation	120
Masse de calcul	240
Quotité disponible (1/3)	80

Calcul de l'excédent réductible

La libéralité est réductible à concurrence de :
120 (valeur du bien donné) – 80 (quotité disponible) = 40 soit (40) / (120) ou (1) / (3) de la valeur du bien donné.
L'indemnité de réduction sera donc égale à 1/3 de la valeur du bien au jour du partage, 180 soit (180)/(3) = 60.

• **Moins prenant**

1326 Le paiement de l'indemnité par l'héritier réservataire se fait en moins prenant et en priorité par voie d'imputation sur ses droits dans la réserve (C. civ., art. 924, al. 2).

• **Paiement**

1327 Si le débiteur de l'indemnité de réduction n'est pas héritier, il ne peut naturellement l'imputer sur ses droits successoraux et doit la verser. De même, la partie de l'indemnité excédant, le cas échéant, les droits successoraux de son débiteur doit être versée. Les règles à appliquer sont précisées par l'article 924-3 du Code civil.

1328 **Époque de paiement.** Cet article, dans son premier alinéa, pose le principe que l'indemnité est payable au moment du partage.

1329 **Dérogation. Exception.** Les cohéritiers peuvent s'accorder sur des délais de paiement. Lorsque la libéralité a pour objet un des biens pouvant faire l'objet d'une attribution préférentielle, des délais peuvent être accordés par le tribunal, compte tenu des intérêts en présence, s'ils ne l'ont pas été par le disposant. L'octroi de ces délais ne peut, en aucun cas, avoir pour effet de différer le paiement de l'indemnité au-delà de dix années à compter de l'ouverture de la succession. Les dispositions de l'article 828 sont alors applicables au paiement des sommes dues (C. civ., art. 924-3, al. 1er). Rappelons que l'article 828 du Code civil prévoit la variabilité de la soulte si, par suite des circonstances économiques, la valeur des biens a varié de plus du quart.

1330 **Intérêts.** À défaut de convention ou de stipulation contraire, les sommes dues sont productives d'intérêts au taux légal à compter de la date à laquelle le montant de l'indemnité de réduction a été fixé (C. civ., art. 924-3, al. 2).

1331 **Exigibilité anticipée.** En cas de vente de la totalité du bien donné ou légué, les sommes restant dues deviennent immédiatement exigibles ; en cas de ventes partielles, le produit de ces ventes est versé aux cohéritiers et imputé sur les sommes encore dues (C. civ., art. 924-3, al. 3).

• **Fruits**

1332 Le gratifié n'a pas à restituer les fruits de ce qui excède la portion disponible (C. civ., art. 928, *a contrario*).

B Réduction en nature

1333 L'article 924-1 du Code civil autorise le gratifié à exécuter la réduction en nature, par dérogation à l'article 924 du même code.

• **Conditions à l'option**

1334 Le gratifié peut exécuter la réduction en nature, lorsque le bien donné ou légué :
– lui appartient encore ;
– et qu'il est libre de toute charge dont il n'aurait pas déjà été grevé à la date de la libéralité, ainsi que de toute occupation dont il n'aurait pas déjà fait l'objet à cette même date.

• **Extinction de la faculté**

1335 Cette faculté s'éteint si le gratifié n'exprime pas son choix pour cette modalité de réduction dans un délai de trois mois à compter de la date à laquelle un héritier réservataire l'a mis en demeure de prendre parti.

• **Réduction partielle**

1336 Lorsque la réduction n'est que partielle, il y a indivision entre le réservataire et le gratifié.
Ainsi, un défunt a fait donation hors part successorale d'un bien valant 400 au décès et le legs particulier d'un bien valant 300. Il laisse un enfant. Les biens existants au décès (y compris le bien légué) valent 800.

La quotité disponible se calcule sur 800 + 400 soit 1 200 ; elle est de	600
Après imputation de la donation	– 400
Il reste sur le disponible	200

Le bien légué est indivis entre l'héritier réservataire et le légataire dans la proportion de 200/300, ou 2/3, pour le légataire et 1/3 pour le réservataire. Si, lors du partage, le bien légué vaut 750, leurs droits respectifs s'élèveront à 500 et 250.
Si le legs réduit partiellement est universel ou à titre universel, l'indivision porte sur l'ensemble de l'actif au décès.

• **Fruits**

1337 Lorsque la réduction s'exécute en nature, le donataire restitue les fruits de ce qui excède la portion disponible, à compter du jour du décès du donateur, si la demande en réduction est faite dans l'année ; sinon, du jour de la demande (C. civ., art. 928). Lorsque le revenu net tiré de l'exploitation d'un bien faisant l'objet de l'action en réduction correspond à l'équivalent du salaire minimum de croissance pour le donataire, il n'y a pas lieu à restitution des fruits (Cass. 1re civ., 30 sept. 2020, n° 19-12.296 : *JurisData* n° 2020-015247 ; *JCP* N 2020, act. 867).

• **Améliorations**

1338 Aucun texte ne le précise mais il est logique de tenir compte, le cas échéant, des améliorations apportées par le gratifié au bien donné ou légué et des dégradations de son fait, comme pour un rapport en nature.

C Action contre les tiers acquéreurs

1339 Les héritiers réservataires peuvent exercer l'action en réduction contre les tiers détenteurs, en particulier contre l'acquéreur du bien donné ou légué, dans les termes de l'article 924-4 du Code civil, dont il résulte ce qui suit.

• **Insolvabilité**

1340 Les créanciers ne peuvent agir qu'après discussion préalable des biens du débiteur de l'indemnité de réduction et d'insolvabilité de ce dernier.

• **Consentement à l'aliénation**

1341 Lorsqu'au jour de la donation ou postérieurement, le donateur et tous les héritiers réservataires présomptifs ont consenti à l'aliénation du bien donné, aucun héritier réservataire, même né après le consentement de tous les héritiers intéressés a été recueilli, ne peut exercer l'action contre les tiers détenteurs.
S'agissant des biens légués, cette action ne peut plus être exercée lorsque les héritiers réservataires ont consenti à l'aliénation.

• **Ordre**

1342 L'action est exercée de la même manière que contre les gratifiés eux-mêmes et suivant l'ordre des dates des aliénations, en commençant par la plus récente.

• **Meubles**

1343 Elle peut être exercée contre les tiers détenteurs de meubles lorsque l'article 2276 du Code civil ne peut être invoqué, c'est-à-dire la présomption selon laquelle en fait de meubles possession vaut titre (V. *JCl. Roulois*, Fasc. 1760).

D Synthèse

1344 Il nous a paru utile de rappeler sous forme de tableau les dates auxquelles on doit se placer pour certaines opérations ou appréciations. Bien entendu, ce rappel ne prétend pas être exhaustif.

Acte ou fait juridique	Opération ou détermination
Donation	État du bien donné en vue du rapport (C. civ., art. 860, al. 1er), de la réunion fictive (C. civ., art. 922, al. 2). Évaluation du rapport s'il est, par convention, fixé à cette date (l'avantage indirect constitue un préciput ; C. civ., art. 860, al. 3 et 4). Rapport ou réunion fictive de donation de somme d'argent non employée.
Décès	Masse de calcul de la quotité disponible et de la réserve, dont réunion fictive (C. civ., art. 922, al. 1er).
Partage	Valeur du rapport (C. civ., art. 860, al. 1er), sauf convention contraire (C. civ., art. 860, al. 3). Réévaluation de l'indemnité de réduction (C. civ., art. 924-2).
Aliénation du bien donné	Rapport ou réunion fictive de la valeur du bien au jour de l'aliénation. En cas de subrogation, valeur du nouveau bien (C. civ., art. 860, al. 2 et 922).
Paiement de soulte ou d'indemnité de réduction	Recherche d'une variation de plus ou moins 1/4 de la valeur du bien si soulte payable à terme (C. civ., art. 828) ou si indemnité de réduction payable à terme (C. civ., art. 924-3, al. 1er et 828).

POUR ALLER PLUS LOIN

Fascicule JurisClasseur

• *JCl. Notarial Formulaire*, V° *Quotité disponible et réduction*, Fasc. 30.

Fiche 21

Réduction des libéralités excessives – Cas particuliers

Sommaire

I Exécution d'une libéralité en usufruit ou en rente viagère 221
A Domaine d'application 222
B Option 222
II Combinaison des quotités disponibles 224
A Plafond de chaque gratifié 224
B Plafond de l'ensemble des libéralités 225
C Imputation des libéralités 225
III Donations par des époux aux enfants communs 226
A Détermination du donateur 226
B Illustration pratique 227
IV Renonciation à la succession par un donataire en avancement de part successorale 230

1345 Nous étudierons tour à tour :
– l'exécution d'une libéralité en usufruit lorsque la réserve est en propriété (I) ;
– la combinaison des quotités disponibles (II) ;
– les donations faites par des époux à leurs enfants communs (III) ;
– et la renonciation à la succession par un gratifié en avancement de part successorale (IV).

I Exécution d'une libéralité en usufruit ou en rente viagère

1346 L'article 917 du Code civil énonce : « Si la disposition par acte entre vifs ou par testament est d'un usufruit ou d'une rente viagère dont la valeur excède la quotité disponible, les héritiers au profit desquels la loi fait une réserve, auront l'option, ou d'exécuter cette disposition, ou de faire l'abandon de la propriété de la quotité disponible ».

• Fondements

1347 De façon générale, la doctrine et la jurisprudence fondent les dispositions de l'article 917 du Code civil sur le souci du législateur d'éviter les difficultés d'évaluation, s'il fallait comparer les libéralités viagères avec une quotité disponible en propriété.

Il existe un autre fondement qu'un exemple permettra de mieux appréhender. Une personne décède en laissant un enfant ; elle a légué à un ami l'usufruit des 3/4 de ses biens. En l'absence de l'article 917, l'enfant pourrait demander la réduction du legs ; il recueillerait alors 1/2 en propriété, au titre de la réserve, et 1/2 en nue-propriété. Le texte analysé tend à éviter que le réservataire reçoive sa réserve et, en outre, une partie du disponible.

A Domaine d'application

• **Libéralités concernées**

1348 L'article 917 du Code civil s'applique à toutes les dispositions en usufruit (sauf au profit du conjoint) ou consistant en une rente viagère.
En revanche, il ne peut être étendu par analogie aux dispositions en nue-propriété (Cass. civ., 6 mai 1878 : *DP* 1880, 1, p. 345) ni à celle portant pour partie sur des biens en toute propriété et pour partie sur un usufruit (Cass. 1re civ., 11 juill. 1977 : *D.* 1978, IR p. 43. – Cass. 1re civ., 3 mars 1992 : *JCP* N 1992, II, p. 406) ou encore consistant en un droit d'usage et d'habitation (Cass. civ., 19 déc. 1882 : *DP* 1883, 1, p. 343).
Le disposant pourrait écarter l'application de l'article 917 du Code civil (Cass. req., 1er juill. 1873 : *DP* 1874, I, p. 26). Si le disposant a écarté l'application de l'article 917 et spécifié l'exécution en usufruit, la libéralité doit être réduite à l'usufruit ou au revenu du disponible.

• **Conditions**

1349 L'application de l'article 917 du Code civil suppose réunies plusieurs conditions :
– il faut que les revenus donnés à l'usufruitier excèdent ceux de la quotité disponible (Cass. 1re civ., 21 mai 1963 : *D.* 1963, somm. p. 113. – Cass. 1re civ., 10 janv. 1978 : *JCP* N 1978, prat. 6937 ; *Defrénois* 1978, art. 31764-36, obs. G. Champenois) et non que l'estimation de la valeur en capital de l'usufruit soit supérieure à la valeur du disponible. C'est essentiellement dans l'hypothèse du legs de l'usufruit d'un corps certain qu'il faudra en comparer les revenus avec ceux de la quotité disponible. Au contraire, le legs de l'usufruit de l'universalité excède nécessairement les revenus du disponible, tandis que celui de la quotité disponible ou d'une fraction de celle-ci ne l'excède pas ;
– il ne doit pas y avoir d'autre libéralité que celle d'usufruit ou de rente viagère (Cass. civ., 5 mai 1914 : *D.* 1922, 2, p. 139) et pas davantage une libéralité portant à la fois sur des biens en usufruit et sur d'autres en propriété (Cass. 1re civ., 3 mars 1992 : *JCP* N 1992, II, p. 406) ;
– le disponible doit être fixé en propriété ; l'article 917 du Code civil ne s'applique pas, par conséquent, lorsque la libéralité est adressée au conjoint puisque celui-ci peut bénéficier d'une quotité disponible en usufruit résultant de l'article 1094-1 du Code civil.
Solution lorsque l'article 917 ne s'applique pas. Si les conditions d'application des dispositions de l'article 917 du Code civil ne sont pas remplies, il faut imputer sur la nue-propriété du disponible les libéralités en nue-propriété et, semble-t-il, celles en usufruit sur l'usufruit du disponible (V. M. Grimaldi, *Successions*, Litec, 6e éd. 2001, n° 769).

B Option

• **Titulaires de l'option**

1350 L'option n'est accordée qu'aux héritiers réservataires : descendants et, dans certains cas, conjoint survivant.

• **Caractère divisible**

1351 S'il existe plusieurs réservataires, chacun pourra opter dans le sens qui lui plaît, malgré le caractère collectif de la réserve (Cass. 1re civ., 7 janv. 1981 : *JCP* N 1982, prat. 8175 ; *Defrénois* 1981, art. 32797-134, obs. G. Champenois).
Exemple. X décède, laissant 2 fils A et B et un légataire de la totalité en usufruit.

A opte pour l'exécution de la libéralité. Il recevra alors sa moitié mais en nue-propriété	3/6 en N.P.
B exige sa réserve en toute propriété et abandonne sa part de quotité disponible (qui est de 1/2 du 1/3 soit 1/6). Il recevra donc 1/3 ou	2/6 en P.P.

Et le légataire recevra dans cette hypothèse :

1. l'usufruit de la 1/2 ou 3/6 (nue-propriété au 1er fils).	3/6 en Usufr.
2. le 1/6 abandonné par le 2e fils représentant la part de ce dernier dans le 1/3 de la quotité disponible	1/6 en P.P.
Égalité	6/6 en P.P.

• **Forme**

1352 La loi n'a prescrit aucune forme à l'option (Cass. 1re civ., 22 nov. 1954 : *JCP* G 1954, IV, p. 178).

• **Effets**

1353 Une fois qu'il a opté, le réservataire ne peut plus varier dans son choix si les donataires ou légataires intéressés en ont pris acte.

• **Exécution de la libéralité**

1354 Si le réservataire opte pour l'exécution intégrale de la libéralité, il n'y a aucune difficulté puisque les termes de la disposition fixent les droits du donataire ou du légataire.

- **Abandon de la quotité disponible**

1355 Dans ce cas le réservataire abandonne sa part dans la quotité disponible et a droit à sa réserve en toute propriété. L'objet de la libéralité se trouve donc changé. Au droit viager (usufruit ou rente viagère) se trouve substitué un droit en toute propriété.
Quoique le legs de la quotité disponible constitue un legs universel, le legs d'un usufruit, ou d'une rente viagère, acquitté par l'abandon du disponible n'est toujours qu'un legs particulier et le légataire n'est pas tenu des dettes et charges de la succession. L'abandon de la quotité disponible ne change donc pas la nature du titre du légataire ou du donataire et il concerne uniquement le mode d'exécution de la libéralité.

1356 **Pas de dation en paiement.** Remarquons qu'il n'y a pas de dation en paiement, car c'est la loi elle-même qui oblige le donataire ou légataire à recevoir autre chose que ce qui lui a été donné. C'est une véritable opération de partage qu'organise la loi, à l'effet de déterminer les droits de chacun.

1357 **Conditions de la disposition.** En cas d'abandon du disponible au gratifié, celui-ci reste soumis à toutes les conditions sous lesquelles la disposition en usufruit a été faite en sa faveur.

1358 Nous croyons utile de présenter sous forme de tableau facilitant la comparaison, les principales caractéristiques de trois actions que la loi accorde aux héritiers ou à certains d'entre eux, et qui ont pour but de changer la nature des droits du gratifié ou du successible visé (conversion d'un usufruit en rente viagère ; substitution d'un usufruit ; conversion d'un usufruit ou d'une vente viagère en toute propriété à une toute propriété). Elles doivent donc être exercées avant le partage.
Deux d'entre elles (C. civ., art. 767, 1094-2 et 1098) visent exclusivement les droits du conjoint survivant.

Actions tendant à modifier les droits d'un cohéritier ou d'un gratifié

	Art. 759 à 762	Art. 1098	Art. 917
Textes	Jusqu'au partage définitif, les héritiers peuvent exiger, moyennant sûretés suffisantes, et garantie du maintien de l'équivalence initiale, que l'usufruit de l'époux survivant soit converti en une rente viagère équivalente. S'ils sont en désaccord, la conversion sera facultative pour les tribunaux.	Si un époux a fait à son conjoint, dans les limites de l'article 1094-1, une libéralité en propriété, chacun des enfants qui ne sont pas issus des deux époux aura, en ce qui le concerne, sauf volonté contraire et non équivoque du disposant, la faculté de substituer à l'exécution de cette libéralité l'abandon de l'usufruit de la part de succession qu'il eût recueillie en l'absence de conjoint survivant. Ceux qui auront exercé cette faculté pourront exiger que soient appliquées les dispositions de l'article 1094-3.	Si la disposition par acte entre vifs ou par testament est d'un usufruit ou d'une rente viagère dont la valeur excède la quotité disponible, les héritiers au profit desquels la loi fait une réserve, auront l'option, ou d'exécuter cette disposition, ou de faire l'abandon de la propriété de la quotité disponible.
Domaine d'application	Usufruit du conjoint survivant résultant de la loi, d'un testament ou d'une donation de biens à venir.	Libéralités au conjoint en toute propriété.	Libéralités en usufruit ou en rente viagère excédant la quotité disponible.

	Art. 759 à 762	Art. 1098	Art. 917
Objectif	Conversion en rente viagère.	Exécution en usufruit.	Abandon de la propriété de la quotité disponible.
Bénéficiaires	Tous les autres héritiers et le conjoint.	Enfant non commun.	Héritiers réservataires.
Conditions de l'option	– Sûretés suffisantes – Garantie de maintien de l'équivalence initiale.	Abandon de l'usufruit de la part de succession que le demandeur aurait recueillie en l'absence du conjoint.	Maintien des conditions de la libéralité originelle.
Divisibilité de la demande	Conversion globale si judiciaire (ne peut alors porter sur la résidence principale et le mobilier contre la volonté du conjoint).	Option personnelle.	Option personnelle à chaque réservataire pour sa part de quotité disponible.
Disposition d'ordre public	Oui.	Non.	Non.
Exceptions concernant le conjoint			Libéralités au profit du conjoint survivant.

II

Combinaison des quotités disponibles

1359 En étudiant la réserve et la quotité disponible (V. Fiche 10 : Libéralités – Introduction), nous avons pu constater qu'il existe une quotité disponible ordinaire et une quotité disponible entre époux. C'est la coexistence de ces deux quotités qui soulève des difficultés, lorsqu'une personne a fait des libéralités à son conjoint et à d'autres personnes. Les deux quotités, ordinaires et entre époux, ne peuvent se cumuler, ne serait-ce que parce qu'elles excéderaient l'entier ; il faut donc les combiner.

• **Source des règles**

1360 La combinaison s'effectue par la mise en œuvre de trois règles dégagées par la jurisprudence, notamment par un arrêt de la première chambre civile de la Cour de cassation du 26 avril 1984 (*Defrénois* 1985, art. 33456, p. 117, obs. G. Morin ; *RTD civ.* 1985, p. 194, note J. Patarin. – *Adde* M. Grimaldi, *La combinaison de la quotité disponible ordinaire et de la quotité disponible entre époux : revirement de jurisprudence : Defrénois* 1985, art. 33565, p. 881).

A Plafond de chaque gratifié

• **Principe**

1361 Un gratifié ne peut recevoir plus que le disponible qui lui est propre. Il s'ensuit :
– que le conjoint peut recueillir le disponible ordinaire fixé par l'article 913 du Code civil ou la quotité disponible spéciale de 1/4 en propriété et 3/4 en usufruit ou de la totalité des biens en usufruit résultant de l'article 1094-1 du Code civil, mais ne peut recevoir plus ;
– qu'une personne autre que le conjoint (enfant ou étranger à la succession) ne peut bénéficier du disponible spécial entre époux résultant de l'article 1094-1 du Code civil.

• **Exemples**

1362 Le conjoint survivant en concours avec trois enfants ne saurait recueillir 1/3 en propriété et 2/3 en usufruit, car un tiers est plus grand qu'un quart. En présence toujours de trois enfants, il

ne pourrait recueillir 1/3 en propriété et 1/3 en usufruit ; peu importe en effet qu'il eût pu être gratifié de 3/4 en usufruit, car il ne peut compenser une fraction d'usufruit par un droit en propriété.
Un étranger peut, en présence de deux enfants recevoir 1/3 en propriété, mais non 1/4 en propriété et 3/4 en usufruit – ou totalité en usufruit –, disponible spécial en faveur du conjoint survivant.
Si le défunt laisse son conjoint et trois enfants et a disposé, dans le cadre de l'article 1094-1 du Code civil, d'un quart en usufruit au profit de son conjoint, il ne peut disposer au profit de tiers que d'un quart en toute propriété, quotité disponible autorisée par l'article 913 dudit code, et non pas du surplus de la quotité disponible spéciale, de l'article 1094-1, laquelle n'est édictée qu'en faveur du conjoint.

B Plafond de l'ensemble des libéralités

• Principe

1363 L'ensemble des libéralités ne peut excéder le disponible ordinaire majoré de ce que lui ajoute le disponible spécial, c'est-à-dire l'usufruit de la réserve.
Il y a donc cumul partiel des quotités disponibles.

• Autonomie du disponible spécial

1364 Cette règle, qui résulte de l'arrêt précité du 26 avril 1984, s'inscrit dans le droit fil de l'extension par la loi du 13 juillet 1963 de la quotité disponible entre époux. Elle se fonde sur ce que le but de ce disponible spécial est de permettre au conjoint survivant de recevoir, à côté d'autres gratifiés, tout ou partie de l'usufruit de la succession.
Le disponible en usufruit serait donc doté d'une certaine « autonomie » par rapport au disponible ordinaire. Ce système rompt avec le précédent, qui excluait tout cumul.
Le tableau ci-après indique le maximum que l'ensemble des libéralités ne doit pas dépasser, en fonction du nombre d'enfants.

Nombre d'enfants	Plafond de l'ensemble des libéralités
1	1/2 en pleine propriété, 1/2 en usufruit
2	1/3 en pleine propriété, 2/3 en usufruit
3 ou plus	1/4 en pleine propriété, 3/4 en usufruit

C Imputation des libéralités

• Principe

1365 Les libéralités adressées à d'autres que le conjoint s'imputent sur la quotité disponible ordinaire.
Les libéralités faites au conjoint s'imputent :
– celles en usufruit : sur l'usufruit de la réserve et subsidiairement sur la quotité disponible ordinaire ;
– celles en propriété : sur le disponible ordinaire et subsidiairement sur l'usufruit de la réserve.

• Coordination avec d'autres règles

1366 Ce principe doit être coordonné avec les règles qui désignent le secteur d'imputation selon lesquelles :
– la donation en avancement de part successorale à un héritier réservataire s'impute sur sa part de réserve et subsidiairement sur la quotité disponible (ordinaire) ;
– la libéralité hors part successorale s'impute sur la quotité disponible, de même que celle faite à un héritier réservataire qui renonce à la succession (sous réserve d'une stipulation de rapport en cas de renonciation).
Il convient également de prendre en considération éventuellement, la volonté du défunt qu'une libéralité soit exécutée par préférence à une autre, dans la mesure où cette volonté est compatible avec le principe de l'irrévocabilité des donations (V. *supra*, n° 1302).

• Exemples

1367 **Imputation concurrente.** Donation entre époux pendant le mariage de l'usufruit de l'universalité. Legs à un cousin de 1/3 en propriété. Deux enfants : A et B.
La veuve impute son usufruit sur la réserve à concurrence de celle-ci, soit 2/3 ou 4/6. Le cousin se remplit sur le disponible ordinaire de 1/3 en nue-propriété soit 2/6.
L'usufruit de la quotité disponible ordinaire donne lieu à une imputation concurrente (puisque la donation entre époux pendant le mariage s'impute comme un legs), en l'absence supposée de volonté contraire du défunt, soit 1/6 pour le conjoint et 1/6 pour le cousin, lequel ainsi consolidé en propriété 1/6 en nue-propriété. Les droits des parties sont donc les suivants :

	Usufruit	N.P.	P.P.
Épouse survivante	5/6		
A		2/6	
B		2/6	

	Usufruit	N.P.	P.P.
Cousin		1/6	1/6
		5/6	1/6

1368 **Imputation successive.** Donation au conjoint survivant, par contrat de mariage, de la totalité de la succession en usufruit ; legs à un étranger à la succession de moitié en propriété – 2 enfants. La donation au conjoint s'impute la première (V. *supra*, n° 1302) : d'abord sur l'usufruit de la réserve pour 2/3 et subsidiairement sur la quotité disponible ordinaire pour 1/3. Il ne reste de cette dernière, seul secteur possible d'imputation du legs, que la nue-propriété. Le conjoint recueille donc la totalité de la succession en usufruit et le légataire un I/3 en nue-propriété.

Autre exemple : Donation à un étranger à la succession d'un bien valant 1 000 lors du décès ; donation entre époux, pendant le mariage, de l'usufruit de toute la succession : trois enfants ; biens au décès : 3 000.

La donation au tiers s'impute la première et ce sur la quotité disponible ordinaire ([3000 + 1000] / 4 = 1 000), qu'elle épuise (1 000 – 1 000). La donation entre époux s'exécute à concurrence de 3/4 en usufruit résultant du disponible spécial.

Remarque. On observe dans ces exemples que chaque gratifié ne reçoit rien au-delà de la quotité que la loi lui permet de recevoir.

III
Donations par des époux aux enfants communs

1369 L'enfant du mariage ayant par hypothèse vocation à recueillir la succession de l'un et de l'autre de ses parents, l'hésitation est permise sur le point de savoir à laquelle des deux successions le rapport de la libéralité est dû et la réunion fictive effectuée. De plus, la charge définitive de la donation peut être génératrice de récompenses au bénéfice ou au détriment de la communauté, lorsque les époux sont communs en biens. Enfin, les incidences fiscales du problème sont également à considérer (V. *JCl. Roulois, Enregistrement*).

A Détermination du donateur

1370 La charge effective de la donation à des enfants communs, c'est-à-dire la détermination du donateur final fait l'objet des articles 1438 et 1439 du Code civil.

Il convient d'observer qu'en dépit de leur emplacement dans le Code civil, ces dispositions s'appliquent quelque soit le régime matrimonial des parents et, en outre, qu'elles régissent non seulement les dots mais également les autres donations.

• Premier cas : donation conjointe

1371 **Régime légal.** Au cas le plus courant où une donation est consentie à un enfant commun conjointement par les deux époux, il résulte de l'article 1438 du Code civil qu'ils sont censés se porter donateurs pour moitié chacun, que la donation soit fournie en biens communs ou en biens personnels et quel que soit leur régime matrimonial.

En conséquence, la réunion fictive (ou le rapport) est à effectuer à chacune des successions pour moitié (Cass. 1re civ., 12 juill. 1989 : *Defrénois* 1989, art. 34594, note G. Morin ; *Journ. not.* 1989, art. 59879, obs. E.-S. de la Marnierre ; *JCP* N 1990, II, p. 22. – Cass. 1re civ., 17 avr. 2019, n° 18-16.577 : *JurisData* n° 2019-006150 ; *JCP* N 2019, act. 472. – V. égal. Cass. 1re civ., 3 avr. 2019, n° 18-13.890 : *JurisData* n° 2019-004962 ; *Dr. famille* 2019, comm. 130, note M. Nicod ; *JCP* N 2020, 1053, chron. R. Le Guidec ; *RJPF* 2019/7-8, n° 29, note G. Drouot ; *AJ fam.* 2019, p. 300, note N. Levillain ; *D.* 2019, p. 2223, note S. Godechot-Patris et Cl. Grare-Didier ; pour une formule d'application, V. V. Zalewski-Sicard et D. Montoux, *Rapport d'une donation à un enfant commun en cas de communauté universelle* : *JCP* N 2019, 1248 ; *JCP* N 2020, act. 1053, chron. R. Le Guidec).

Comptes entre époux. Si la donation a été fournie en biens de communauté, chaque époux doit récompense à la communauté pour moitié de la valeur de ces biens. Si elle a été fournie en biens personnels, il y a lieu éventuellement à indemnités entre patrimoines propres de façon à rétablir l'équilibre.

1372 **Convention.** L'article 1438 réserve les stipulations contraires de l'acte de donation. Les époux peuvent convenir d'une proportion

différente, ou stipuler par exemple que la donation sera imputable sur la succession du prémourant d'entre eux, ce qui aura pour effet de réputer rétroactivement seul donateur le premier des deux époux qui décédera.
Une autre clause, souvent adoptée, prévoit que la donation s'imputera d'abord sur la succession du prémourant des donateurs et subsidiairement, s'il y a lieu, sur celle du survivant. Il résulte de la jurisprudence que le donataire doit effectuer le rapport (ou la réunion fictive) de la totalité de la donation à la succession du prémourant des parents mais que, si les droits successoraux de l'enfant sont inférieurs, le survivant doit fournir immédiatement la différence (laquelle devra être rapportée à la succession du survivant. – V. *infra*, n° 1374).

• Second cas : donation par un seul époux

1373 **Régime légal.** Si la donation est consentie par un seul époux, il doit être considéré comme seul donateur dans la mesure où il dispose de ses biens personnels. Aucune récompense n'est due. Le rapport ou la réunion fictive s'effectue en totalité à la succession du donateur.
Si la donation porte sur des biens communs (avec éventuellement le consentement du conjoint), il résulte de l'article 1439 du Code civil que celle-ci est à la charge de la communauté, qui ne peut prétendre à aucune récompense. Le rapport de la libéralité est dû pour moitié à la succession de chaque époux, de même que la réunion fictive.

1374 **Convention.** Comme dans le cas précédent, il est possible de prévoir une autre imputation. L'alinéa 2 de l'article 1439 du Code civil prévoit, s'agissant d'époux mariés sous le régime de la communauté, que l'un d'entre eux peut déclarer expressément qu'il se charge de la donation pour le tout ou pour une part supérieure à la moitié. À défaut d'une telle stipulation, l'enfant est tenu de rapporter la libéralité pour moitié à la succession de son père et pour moitié à celle de sa mère (Cass. 1re civ., 22 juin 2004 : *JurisData* n° 2004-024256 ; *Dr. famille* 2004, 205, note Beignier ; *JCP* G 2005, doctr. 187, obs. Le Guidec ; *Bull. civ.* I, n° 173, p. 144 ; *RTD civ.* 2005, 171, obs. Vareille. – Dans le même sens, Cass. 1re civ., 18 janv. 2012, n° 11-12.863 : *Bull. civ.* I, n° 8 ; *Dr. famille* 2012, comm. 50, obs. Beignier).

B Illustration pratique

1375 M. et Mme X, communs en biens, ont deux enfants, A et B.
M. X décède *ab intestat*. L'actif de communauté, composé de valeurs mobilières et de meubles s'élève à 150 000 €. M. X était propriétaire en propre d'un terrain évalué à 56 000 € au décès.
Les enfants A et B ont bénéficié des libéralités suivantes :
– chacun d'eux a reçu en dot une somme de 25 000 € (prélevées sur les deniers communs lorsqu'ils se sont mariés) ;
– M. X a consenti, au moyen de biens propres, une donation-partage à ses deux enfants, aux termes de laquelle A a reçu un appartement à Rennes alors évalué 200 000 € et B un appartement à Bayonne, d'égale valeur. Au décès, ces appartements valent respectivement 230 000 € et 220 000 € ;
– enfin les époux X ont donné à B, en avancement d'hoirie, un fonds de commerce dépendant de leur communauté, et la donation a été convenue imputable sur la succession du prémourant des époux. Ce fonds a été estimé 250 000 € dans la donation et sa valeur n'a pas changé depuis.
Par souci de simplification, on suppose que le partage intervient peu après le décès et le passif est négligé. Enfin, Mme X n'exerce pas son droit temporaire d'habitation du logement et d'usage du mobilier.
Récompenses dues par la communauté : néant.

• Liquidation des récompenses

1376 **Récompenses dues par Mme à la communauté.**

– 1/2 de la dot constituée à A	12 500
– 1/2 de la dot constituée à B	12 500
Total	25 000

Récompenses dues par la succession à la communauté.

– 1/2 de la dot de A	12 500

– 1/2 de la dot de B	12 500
– donation d'un bien commun à B, imputable sur la succession du prémourant	250 000
Total	275 000

• **Liquidation de la communauté**

1377 **Actif de communauté.**

Valeurs mobilières, mobiliers	150 000
Récompenses (25 000 + 275 000)	300 000
Actif net	450 000
Dont 1/2 revenant à la veuve et 1/2 à la succession	1/2
Est de	225 000

• **Calcul de la quotité disponible**

1378 **Biens existants :**

– 1/2 du boni de communauté	225 000
– terrain	56 000
	281 000

Déduction du passif

Récompense due à la communauté	275 000
Actif net au décès	6 000

Réunion fictive

– 1/2 dot de A	12 500	
– 1/2 dot de B	12 500	
– donation-partage (valeur de la donation : C. civ., art. 1078)	400 000	
– donation du fonds de commerce prise en charge par la succession	250 000	
	675 000	675 000
Total de la masse de calcul		681 000
Dont le 1/3 forme la quotité disponible		1/3
La réserve globale est de		227 000
et la part de réserve est de		454 000
		227 000

• **Imputation des donations**

1379 **Tableau.**

Donation	Secteur d'imputation				
	Réserve				Quotité disponible
	Part de A	Solde	Part de B	Solde	
1° Dot de A (12 500)	12 500				
		214 500			
2° Dot de B (12 500)			12 500		
				214 500	
3° Donation-partage	200 000				
A (200 000)		14 500			
B (200 000)			200 000		
				14 500	
4° Donation de fonds à B					235 500
(250 000)			14 500	0	227 000
					Excédent : 8 500

La partie de la donation du fonds de commerce imputée sur la quotité disponible n'en demeure pas moins rapportable et, par suite, cette donation est rapportable à concurrence de 14 500 + 227 000 = 241 500 €. Elle est réductible pour 8 500 €.

- **Masse à partager**

1380 Calcul.

Communauté	
Valeurs mobilières et mobiliers	150 000
Récompense due par Mme X.	25 000
Succession	
Moitié de communauté	mémoire

Succession	
Terrain propre	56 000
Rapport de dot de A	12 500
Rapport de dot de B	12 500
Rapport de B (fonds de commerce)	241 500
Indemnité de réduction de B	8 500
Total de la masse à partager	506 000

- **Attributions**

1381 Présentation.

Biens à partager	Masse	Mme Veuve X	A	B
Communauté				
Valeurs mobilières et mobilier	150 000	150 000		
Récompense due par Mme X	25 000	25 000		
Succession				
Moitié de communauté	Mémoire			
Terrain	56 000		56 000	
Rapport de dot par A	12 500		12 500	
Rapport de dot par B	12 500			12 500
Rapport de donation par B	241 500	50 000	63 500	128 000
Indemnité de réduction due par B	8 500		8 500	
	506 000	225 000	140 500	140 500

Égalité ------> 506 000

- **Variante**

1382 Dans l'hypothèse où il aurait été convenu que la donation à B s'imputerait sur la succession du prémourant de M. et Mme X et, subsidiairement, sur celle du survivant d'eux, il conviendrait de réduire les droits de la veuve de 8 500 €, de façon à fournir à B la totalité de sa donation ; les droits de B étant ainsi majorés de 8 500 € il n'y aurait plus lieu à réduction. Lors du partage après le décès de sa mère, B serait débiteur d'un rapport à raison de cette garantie (V. *supra*, n° 1369).

IV

Renonciation à la succession par un donataire en avancement de part successorale

1383 Ainsi que nous l'avons vu dans la précédente fiche (V. Fiche 20 : Réduction des libéralités excessives), l'article 845 du Code civil dispose, dans son premier alinéa, que l'héritier qui renonce à la succession peut retenir la donation qui lui a été faite, jusqu'à concurrence de la portion disponible, à moins que le disposant ait expressément exigé le rapport en cas de renonciation.

• Calcul de la quotité disponible

1384 Par application de l'article 913 du Code civil, le renonçant est compris dans le nombre d'enfants laissés par le défunt, lorsque le renonçant est tenu au rapport en application de l'article 845 (et aussi lorsqu'il est représenté) (V. Fiche 19 : Réserve héréditaire et quotité disponible).

• Le renonçant traité comme un acceptant

1385 Lorsqu'il est astreint au rapport en application des dispositions de l'article 845 du Code civil, l'héritier réservataire qui renonce est traité comme un héritier acceptant pour la réunion fictive, l'imputation et, le cas échéant, la réduction de la libéralité qui lui a été faite (C. civ., art. 919-1).

Tableau récapitulatif

	Rapport	Secteur d'imputation
Le renonçant n'est pas représenté		
– Absence de clause de rapport	– Pas de rapport.	– Imputation sur la quotité disponible.
– Existence d'une clause de rapport	– Si la valeur du bien excède les droits que le renonçant aurait dû avoir dans le partage, l'excédent est versé aux héritiers acceptant.	– La donation s'impute sur la part de réserve, reconstituée, du renonçant et l'excédent éventuel sur la quotité disponible.
Le renonçant est représenté		
– Absence de clause de rapport	– Les représentants du renonçant doivent le rapport (selon une part de la doctrine).	Imputation sur la part de réserve que le renonçant aurait eue, sauf stipulation par le disposant d'une imputation sur la réserve globale ou sur la quotité disponible.
– Existence d'une clause de rapport	– Le donataire, quoique représenté, doit le rapport.	

• Exemples

1386 Des exemples chiffrés sont proposés : V. Fiche 24 : Rapport des libéralités et *JCl. Roulois*, Fasc. 1430.

Fiche 22

Personnes intéressées au partage – Formes

Sommaire

Introduction 231
I Personnes intéressées 232
A Indivisaires 232
B Créanciers d'un coïndivisaire 232
1 Demande en partage 233
2 Opposition à partage 233
II Formes du partage 234
A Partage amiable 234
B Partage judiciaire 236

Introduction

1387 L'article 815 du Code civil énonce, dans son premier alinéa : « Nul ne peut être contraint de demeurer dans l'indivision et le partage peut être toujours provoqué, à moins qu'il n'y ait été sursis par jugement ou par convention ».

Par **jugement,** le partage peut être différé :

– en cas de sursis à partage, pour deux années, si la réalisation des biens (ou droits sociaux) est susceptible de porter atteinte à la valeur des biens indivis ou si l'un des indivisaires ne peut reprendre l'entreprise dépendant de la succession qu'à l'expiration de ce délai (C. civ., art. 820) ;

– afin de maintenir dans l'indivision l'entreprise agricole, commerciale, artisanale ou libérale, ou encore les droits sociaux, le local d'habitation ou à usage professionnel, les objets mobiliers garnissant le local d'habitation ou servant à l'exercice de la profession, à la demande du conjoint survivant et, en outre, s'il existe un ou plusieurs descendants mineurs, de tout héritier ou du représentant légal des mineurs, le tout sous diverses conditions (C. civ., art. 821 à 824) (sur le sursis au partage et le maintien de l'indivision, V. *JCl. Roulois*, Fasc. 1125 et 1140).

Les indivisaires peuvent **convenir** de demeurer dans l'indivision, par application des dispositions de l'article 1873-2, alinéa 1er du Code civil, pour une durée déterminée ou indéterminée ; dans ce dernier cas, le partage peut être provoqué à tout moment, pourvu que ce ne soit pas de mauvaise foi ou à contretemps (C. civ., art. 1873-2 et 1873-3, al. 2. – V. *JCl. Roulois*, Fasc. 1125 et 1140).

1388 L'article 816 du Code civil dispose que le partage peut être demandé, même quand l'un des indivisaires a joui séparément de tout ou partie des biens indivis, s'il n'y a pas eu d'acte de partage ou une possession suffisante pour acquérir la prescription. L'action en partage est donc éteinte par un partage antérieur ou par l'usucapion.

En outre, certains biens ne peuvent faire l'objet d'un partage en raison de leur nature, soit qu'ils ont été conçus pour un usage en commun (parties communes en copropriété, murs et fossés mitoyens et, en général, tous biens utilisés en commun par deux propriétaires, tels que puits, passages et cours communs), soit qu'ils sont hors commerce et soumis à ce titre à un régime particulier, comme les tombeaux, sépultures (V. Fiche 1 : Successions – Introduction), les souvenirs de famille.

Dans la mesure où il n'est pas suspendu, le droit de demander le partage appartient aux indivisaires ; il peut également être exercé par les créanciers d'un indivisaire, lesquels peuvent aussi s'opposer à ce que le partage soit fait hors leur présence.

Enfin, l'entente entre les coïndivisaires, ou l'absence de l'un d'eux, détermine la forme du partage.

Le partage amiable implique l'accord des coïndivisaires ; à défaut d'entente, le partage est judiciaire.

1389 Nous considérerons d'abord les personnes intéressées au partage, puis les formes du partage.

• **Textes**

• C. civ., art. 815, 816 à 824.
• CPC, art. 1358 à 1377.

I Personnes intéressées

1390 Deux sortes de personnes sont intéressées par le partage : les indivisaires (A) et les créanciers de chaque indivisaire (B).

A Indivisaires

• **Nécessité d'une indivision**

1391 Le droit de demander le partage ne peut être exercé que s'il y a indivision. Les héritiers sont ainsi en droit de réclamer le partage tant qu'il subsiste des biens indivis, même s'ils ont préalablement réparti entre eux le prix de vente de tous les effets laissés par le défunt (M. Nicod, *Partage – De l'objet des opérations de liquidation et de partage : JCP* N 2020, 1231, à propos de Cass. 1re civ., 24 juin 2020, n° 19-10.510 : *JurisData* n° 2020-009183).
Il n'y a pas indivision entre le nu-propriétaire et l'usufruitier, leurs droits étant de nature différente, de sorte que l'un d'entre eux ne peut imposer le partage (Cass. 1re civ., 13 déc. 1989 : *JCP* N 1990, II, p. 145, obs. P. Salvage ; *Defrénois* 1990, art. 34684, p. 169, note G. Morin). De même, en présence d'un avantage matrimonial, les héritiers réservataires exerçant l'action en retranchement ne sont pas en situation d'indivision avec le conjoint survivant (Cass. 1re civ., 7 déc. 2016, n° 16-12.216 : *JurisData* n° 2016-026092 : *JCP* N 2016, act. 1354. – Cass. 1re civ., 19 déc. 2018, n° 18-10.244 : *JCP* N 2019, act. 167).
De même, il n'y a pas indivision à la suite d'un achat en tontine, puisque le survivant est censé propriétaire dès l'acquisition, par l'effet rétroactif de la condition de survie.

• **Indivision en usufruit**

1392 **Principe.** Il résulte de l'article 817 du Code civil que celui qui est en indivision pour l'usufruit peut en demander le partage :
- soit par voie de cantonnement (c'est-à-dire par la détermination d'une partie des biens sur laquelle s'exercera l'usufruit) ;
- soit, en cas d'impossibilité, par voie de licitation de l'usufruit.

1393 **Exception.** La licitation du seul usufruit risquant de produire un résultat décevant, l'article 817 du Code civil dispose que, lorsqu'elle paraît seule protectrice de l'intérêt de tous les titulaires de droit sur le bien indivis (y compris donc des nus-propriétaires), la licitation peut porter sur la pleine propriété.

• **Indivision en nue-propriété**

1394 L'article 818 du Code civil dispose que la même faculté appartient à l'indivisaire en nue-propriété pour la nue-propriété indivise : chaque indivisaire peut demander le cantonnement et, si celui-ci n'est pas possible, la licitation de la nue-propriété.
Par suite du renvoi opéré par l'article 818 précité au deuxième alinéa de l'article 815-5 du Code civil, le tribunal ne peut ordonner la licitation de la pleine propriété contre la volonté de l'usufruitier.

• **Plein propriétaire pour partie**

1395 Celui qui est pour partie plein propriétaire et qui se trouve en indivision avec des usufruitiers et des nus-propriétaires peut user des facultés prévues aux articles 817 et 818 du Code civil (C. civ., art. 819, al. 1er). Il peut donc demander le cantonnement et, si celui-ci est impossible, la licitation soit de l'usufruit soit de la nue-propriété.
Le deuxième alinéa de l'article 815-5 du Code civil n'est pas applicable en cas de licitation en pleine propriété (C. civ., art. 819, al. 2). Le tribunal pourrait donc ordonner la licitation de la pleine propriété, si celle-ci répond aux intérêts de tous les titulaires de droit.

B Créanciers d'un coïndivisaire

1396 La protection des créanciers d'un coïndivisaire est assurée par la faculté qui leur est octroyée de **demander le partage** (1) et par celle de **s'opposer** à ce que le partage se fasse hors leur présence (2).

1 Demande en partage

• **Fondement**

1397 L'article 815-17 du Code civil interdit, dans son alinéa 2, aux créanciers personnels d'un indivisaire de saisir la part de ce dernier dans les biens indivis mais l'alinéa 3 du même article leur ouvre la possibilité de provoquer le partage au nom de leur débiteur, de sorte qu'ils peuvent ensuite saisir les biens dont leur débiteur aura été alloti.

• **Application de l'action oblique**

1398 Ce droit est une application de l'action oblique, qui permet à un créancier d'exercer les droits et actions de son débiteur (C. civ., art. 1166. – V. *JCl. Roulois*, Fasc. 1475, *Droit des obligations*).
Il s'ensuit notamment que le créancier peut se voir opposer les exceptions dont les coïndivisaires du débiteur peuvent se prévaloir : maintien conventionnel ou judiciaire de l'indivision, sursis à partage, etc. Cependant, lorsque par l'effet d'une convention d'indivision les créanciers d'un indivisaire ne peuvent provoquer le partage, ils ont la possibilité de poursuivre la saisie et la vente de la quote-part de leur débiteur dans l'indivision (C. civ., art. 1873-15, al. 2).
Il en résulte encore que les conditions d'exercice de l'action oblique doivent être remplies : le débiteur doit être négligent et insolvable, la créance liquide et exigible (V. Cass. 1re civ., 11 mars 2003, n° 01-12.170 : *JurisData* n° 2003-018164).

• **Paralysie de l'action**

1399 Les coïndivisaires peuvent arrêter le cours de l'action en partage en acquittant l'obligation au nom et en l'acquit du débiteur (C. civ., art. 815-17, al. 3).

2 Opposition à partage

1400 Les créanciers d'un copartageant, pour éviter que le partage ne soit fait en fraude de leurs droits, peuvent s'opposer à ce qu'il y soit procédé hors de leur présence (C. civ., art. 882).

• **Fondement**

1401 Les créanciers d'un indivisaire peuvent être victimes d'un concert frauduleux entre les copartageants : par exemple, attribution de biens facilement dissimulables, rapport d'une prétendue donation. D'autre part, le législateur a rendu l'action paulienne inapplicable aux partages afin d'assurer leur stabilité (C. civ., art. 1167, al. 2. – V. *JCl. Roulois*, Fasc. 1475). C'est pour ces raisons qu'a été institué ce régime préventif.

1402 **Recevabilité de l'action paulienne.** Cependant, la jurisprudence atténue l'irrecevabilité de l'action paulienne en cas de partage hâtif ou fictif ou de concert frauduleux des époux (V. not. Cass. 1re civ., 17 févr. 1987 : *JCP* N 1987, prat. p. 325 ; *Defrénois* 1987, art. 34016-57, p. 948, obs. G. Champenois. – Cass. 1re civ., 6 mars 1996 : *JCP* G 1996, I, 3962, note G. Wiederkehr ; *Defrénois* 1996, art. 36448-165, obs. G. Champenois).

• **Forme**

1403 L'opposition peut être faite par tout acte manifestant de manière explicite la volonté de son auteur d'intervenir au partage. Elle doit être portée à la connaissance de tous les copartageants.

• **Effets**

1404 **Intervention au partage.** Le créancier opposant a le droit d'intervenir au partage à ses frais, ce qui implique qu'il y soit convoqué, afin d'en surveiller la régularité.
Il peut critiquer les opérations de partage pour faire rentrer dans le lot de son débiteur tous les biens qui auraient dû y être compris, mais le lot une fois fixé devient le gage commun de tous les créanciers sans qu'il y ait au profit de l'intervenant aucun droit de préférence (Cass. 1re civ., 16 mai 1972 : *Bull. civ.* I, n° 130).
Le créancier opposant peut obtenir l'annulation du partage auquel il n'aurait pas été appelé, sans avoir à en prouver le caractère frauduleux, qui est irréfragablement présumé, mais à condition de justifier d'un intérêt.

REMARQUE Il convient de distinguer les droits du créancier d'un coïndivisaire de ceux du créancier de l'indivision. En effet, l'indivisaire titulaire d'une créance résultant de la conservation des biens indivis peut poursuivre la saisie de certains de ces biens, sans être tenu d'attendre l'issue des opérations de partage (Cass. 1re civ., 20 févr. 2001, n° 98-13.006 : *JurisData* n° 2001-008275 ; *Bull. civ.* I, n° 41 ; *RTD civ.* 2001, p. 642, obs. Patarin ; *Dr. famille* 2002, p. 12, 1er arrêt, note Beignier ; *RTD civ.* 2001, p. 916, obs. Revet) ou encore être payé par prélèvement sur l'actif avant le partage (Cass. 1re civ., 4 juill. 2007 : *Defrénois* 2008, p. 399, note Chamoulaud-Trapiers. – V. égal. Cass. 1re civ., 26 juin 2013, n° 12-11.818 : *JurisData* n° 2013-013141 ; *Defrénois* 2014, p. 122, obs. A. C.-T.). Enfin, le droit de l'indivision prime en cas de procédure collective d'un indivisaire puisque la banque, créancière de l'indivision qui préexistait à l'ouverture de la procédure collective de l'ex-épouse, pouvait poursuivre la saisie et la vente de l'immeuble indivis pour être payée, avant le partage, par prélèvement sur l'actif (Cass. 1re civ., 16 mai 2013, n° 12-16.216 : *JurisData* n° 2013-009423 ; *Defrénois* 2014, p. 123, obs. A. C.-T.).

1405 **Indisponibilité.** En outre, la jurisprudence décide que les droits du copartageant dans la succession sont indisponibles tant que la liquidation et le partage ne sont pas définitivement arrêtés. En conséquence, une cession de biens indivis encourt la nullité (Cass. 1re civ., 10 avr. 1973 : *Bull. civ.* I, n° 137).

II Formes du partage

1406 Le partage peut être amiable ou judiciaire. La loi n° 2006-738 du 23 juin 2006 s'attache notamment à favoriser le partage amiable. Ainsi, il est possible de passer outre l'inertie d'un indivisaire en demandant la nomination d'un professionnel qualifié, sans avoir à recourir au partage judiciaire ; la procédure est allégée en présence d'un présumé absent ou d'une personne protégée, l'homologation judiciaire étant supprimée ; les possibilités de remise en cause du partage sont réduites. Quant au partage judiciaire, la loi du 23 juin 2006 le rend plus efficace, notamment en permettant au notaire de mettre l'indivisaire inerte en demeure de se faire représenter et, si l'indivisaire ne constitue pas un mandataire, de demander au juge la désignation d'une personne qualifiée afin de le représenter.
La loi n° 2019-222 du 23 mars 2019 de programmation 2018-2022 et de réforme pour la justice contient un certain nombre de mesures simplificatrices en matière de partage pour les personnes protégées.

1407 Nous étudierons le partage amiable (A), puis le partage judiciaire (B).

• **Textes**

• C. civ., art. 835 à 842.
• CPC, art. 1358 à 1378.

A Partage amiable

• **Consensualisme**

1408 L'article 835 du Code civil, dans son premier alinéa, rappelle le principe du consensualisme : « Si tous les indivisaires sont présents et capables, le partage peut intervenir dans la forme et selon les modalités choisies par les parties. »

1409 **Partage verbal.** Le partage peut être fait verbalement mais les parties risquent de rencontrer des difficultés pour en faire la preuve. La preuve d'un partage ne peut être apportée que selon le droit commun des articles 1341 et suivants du Code civil, en conséquence, un écrit ou un commencement de preuve par écrit est exigé au-delà d'une certaine somme, fixée actuellement à 800, sauf impossibilité morale (V. *JCl. Roulois*, Fasc. 1465, *Droit des obligations*).
Par ailleurs, les règles de publicité foncière rendent indispensable le partage notarié lorsqu'il porte sur des immeubles ou des droits immobiliers (V. Fiche 18 : Liquidations-partages – Introduction).

1410 **Partage sous seing privé.** Sous la même réserve des biens et droits immobiliers, le partage amiable peut être réalisé sous signatures privées, en respectant les règles d'établissement de ce type d'acte, tel que le nombre d'exemplaires, etc. (C. civ., art. 1325 ou 1375 à compter du 1er octobre 2016. – V. *JCl. Roulois*, Fasc. 1475, *Droit des obligations*).

1411 **Partage notarié.** La forme authentique est obligatoire pour tous les partages qui comprennent des immeubles ou des droits immobiliers, en raison de l'obligation imposée par les règles de la publicité foncière de soumettre à publicité tous les actes déclaratifs lorsqu'ils portent sur des droits immobiliers (V. *JCl. Roulois*, Fasc. 1730, *Publicité foncière*).
Le partage notarié s'imposera également en pratique chaque fois qu'il comportera une liquidation des droits des parties (liquidation de communauté ou de succession), car le notaire est le spécialiste de ces liquidations.

• **Présumé absent. Éloignement**

1412 Si un indivisaire est présumé absent ou, par suite d'éloignement, se trouve hors d'état de manifester sa volonté, le partage peut être fait à l'amiable. À compter du 25 mars 2019, l'autorisation préalable du juge des tutelles n'est requise qu'en cas d'opposition d'intérêts entre la personne éloignée ou le présumé absent et son représentant. Dans tous les cas, l'état liquidatif est soumis à l'approbation du juge des tutelles (arg. C. civ., art. 116, al. 2 et 3, et art. 836 mod. L. n° 2019-222, 23 mars 2019, art. 9, I, 2° et 120).

• Indivisaire placé sous un régime de protection

1413 **Sauvegarde de justice.** Le majeur sous sauvegarde de justice conserve l'exercice de ses droits mais le partage pourrait être annulé si son consentement était vicié.

1414 **Majeur en curatelle.** Depuis le 25 mars 2019, le majeur sous curatelle peut procéder à un partage amiable, sous sa seule signature (C. civ., art. 467, al. 1er et 507, al. 1er, réd. L. n° 2019-222, 23 mars 2019, art. 9, I, 8° combinés). Auparavant, il devait être assisté de son curateur, sauf à être autorisé par le juge à agir seul (C. civ., art. 471).

1415 **Mineur, majeur en tutelle.** Avant le 25 mars 2019, le tuteur devait obtenir l'autorisation du conseil de famille ou, à défaut, celle du juge des tutelles, l'état liquidatif devant ensuite être approuvé par le conseil de famille ou le juge des tutelles (C. civ., ancien art. 507).

Depuis le 25 mars 2019, cette autorisation préalable à un partage amiable, total ou partiel, n'est requise que si le mineur est en opposition d'intérêts avec la personne chargée de la mesure de protection, l'état liquidatif restant soumis, dans tous les cas, à l'approbation du conseil de famille ou, à défaut, du juge (C. civ., art. 507, al. 1 et 2, mod. L. n° 2019-222, 23 mars 2019, art. 9, I, 8). Il n'y a donc plus à faire homologuer le partage.

À compter du 1er janvier 2020, les fonctions de juge des tutelles des majeurs sont exercées par le juge des contentieux de la protection du tribunal judiciaire (COJ, art. L. 213-4-1 et L. 213-4-2, créés L. n° 2019-222, 23 mars 2019, art. 95 et 109, XXIII ; *JCP* N 2019, n° 13, act. 335 ; *JCP* N 2019, n° 14, 1157, obs. N. Peterka. – P.-A. Soreau, *Déjudiciarisation du partage : JCP* N 2019, 1233 ; *JCP* G 2019, doctr. 437, N. Peterka ; *Dr. famille* 2019, dossier 15, obs. I. Maria ; *D.* 2019, p. 827, obs. J.-J. Lemouland ; *Dalloz actualité*, 2 avr. 2019, obs. V. Mikalef-Toudic ; *Gaz. Pal.* 21 mai 2019, p. 14, obs. S. Valory ; *AJ fam.* 2019, p. 266, obs. É. Pecqueur).

1416 **Mineur sous administration légale.** Pour un mineur sous administration légale, le nouvel article 387-1 du Code civil ne reprend pas l'obligation d'une autorisation du juge que retenait l'ancien article 389-5 du Code civil. Ainsi, les deux parents du mineur doivent, en leur qualité d'administrateurs légaux (C. civ., art. 382) représenter celui-ci aux opérations de partage, sauf à solliciter l'autorisation du juge des tutelles des mineurs en cas de désaccord (C. civ., art. 387, créé Ord. n° 2015-1288, 15 oct. 2015, art. 3). Quant au parent, administrateur légal unique, il agit seul (C. civ., art. 382).

1417 **Majeur et mandat de protection future.** À compter du 25 mars 2019, l'autorisation préalable du juge des tutelles est obligatoire lorsque le majeur protégé et la personne chargée de sa protection sont en opposition d'intérêt (C. civ., art. 493, al. 1er et 507, al. 1er, réd. L. n° 2019-222, 23 mars 2019, art. 9, I, 8°), l'état liquidatif restant soumis à l'approbation du juge (C. civ., art. 507, al. 2, mod. L. n° 2019-222, 23 mars 2019, art. 9, I, 8°). Il convient de préciser qu'en cas de mandat notarié, le mandataire notarié peut agir seul dès lors que le mandat n'en fait pas l'interdiction (C. civ., art. 490, al. 1er).

1418 Majeur **et dispositif d'habilitation familiale.** En cas de mise en place d'un dispositif d'habilitation familiale général (C. civ., art. 494-6, al. 5), la personne habilitée à représenter le majeur protégé peut agir sur sa seule initiative, sous réserve que le partage n'ait pas un caractère transactionnel. À compter du 25 mars 2019, l'indivisaire est en droit de procéder au partage amiable, avec l'assistance de la personne habilitée, lorsque cette dernière bénéficie d'une habilitation générale de simple assistance (C. civ., art. 494-1, nouveau).

1419 **Partage judiciaire, partage provisionnel.** Le partage peut également être fait en justice. Tout autre partage est considéré comme provisionnel (C. civ., art. 507, al. 3 et 4) et ne produit donc effet que pour les revenus.

• Indivisaire défaillant

1420 L'article 837 du Code civil vise l'hypothèse où un indivisaire est défaillant, sans qu'il soit dans l'un des cas prévus à l'article 836 (présomption d'absence, éloignement). Cet indivisaire est donc présent mais il ne répond pas aux propositions ou aux demandes qui lui sont faites, ne manifeste pas ses intentions ; en un mot, il est « taisant ». La réforme met en place une procédure, qui évite de devoir recourir à un partage judiciaire.

1421 **Mise en demeure.** Cet indivisaire peut, à la diligence d'un copartageant, être mis en demeure, par acte extrajudiciaire, de se faire représenter au partage amiable.

1422 Délai de trois mois. L'indivisaire dispose d'un délai de trois mois, à partir de la mise en demeure, pour constituer mandataire.

1423 Désignation d'une personne qualifiée. À défaut, un copartageant peut demander au juge de désigner toute personne qualifiée qui représentera le défaillant jusqu'à la réalisation complète du partage.

Cette personne ne peut consentir au partage qu'avec l'autorisation du juge. L'article 1358 du Code de procédure civile précise que la personne qualifiée, lorsqu'elle sollicite l'autorisation de consentir au partage amiable transmet le projet de partage approuvé par le reste des copartageants au juge qui l'a désignée et que l'autorisation est rendue en dernier ressort (pour une étude, V. N. Levillain, *Issues de secours du partage : le recours à une personne qualifiée* : *JCP* N 2022, 1147).

• **Partage partiel. Partage unique**

1424 Partage partiel. Le partage amiable peut être total ou partiel. Il est partiel lorsqu'il laisse subsister l'indivision à l'égard de certains biens ou de certaines personnes (C. civ., art. 838).

1425 Plusieurs indivisions. Lorsque plusieurs indivisions existent exclusivement entre les mêmes personnes, qu'elles portent sur les mêmes biens ou sur des biens différents, un partage amiable unique peut intervenir (C. civ., art. 839).

Il y a autant de partages que d'indivisions mais ils sont regroupés dans le même acte. Il en va ainsi notamment du partage des successions réunies des père et mère ou de la communauté et de la succession du prédécédé.

B Partage judiciaire

• **Cas**

1426 L'article 840 du Code civil énonce que le partage est fait en justice, savoir :

– lorsque l'un des indivisaires refuse de consentir au partage amiable ;

– ou s'il s'élève des contestations sur la manière d'y procéder ou de le terminer ;

– ou lorsque le partage amiable n'a pas été autorisé ou approuvé dans l'un des cas prévus aux articles 836 et 837 du Code civil.

Par suite, une action en partage judiciaire ne peut plus être engagée lorsque les parties, ayant déjà procédé au partage amiable de la succession, ne sont plus en indivision (Cass. 1re civ., 6 nov. 2019, n° 18-24.332 : *JurisData* n° 2019-019577 ; *JCP* N 2019, act. 874).

1427 Pluralité d'indivisions. Lorsque plusieurs indivisions existent exclusivement entre les mêmes personnes, qu'elles portent sur les mêmes biens ou sur des biens différents, un partage unique peut intervenir (C. civ., art. 840-1. – Cass. 1re civ., 4 mai 2017, n° 16-20.025 : *Dr. famille* 2017, n° 7-8, comm. 167, M. Nicod).

• **Procédure**

1428 Compétence du tribunal. Le tribunal du lieu d'ouverture de la succession est exclusivement compétent pour connaître de l'action en partage et des contestations qui s'élèvent soit à l'occasion du maintien de l'indivision soit au cours des opérations de partage. Il ordonne les licitations et statue sur les demandes relatives à la garantie des lots entre les copartageants et sur celles en nullité de partage ou en complément de part (C. civ., art. 841). À compter du 1er janvier 2020, le « tribunal judiciaire » remplace le tribunal de grande instance (COJ, art. L. 211-1, mod. L. n° 2019-222, 23 mars 2019, art. 95, I, 9° et 109-XXIII).

1429 Assignation. À peine d'irrecevabilité, l'assignation en partage contient un descriptif sommaire du patrimoine à partager et précise les intentions du demandeur quant à la répartition des biens ainsi que les diligences entreprises en vue de parvenir à un partage amiable (CPC, art. 1360. – Cass. 1re civ., 28 janv. 2015, n° 13-50.049, 95 : *JurisData* n° 2015-001047). L'assignation en partage n'a pas à donner la consistance du patrimoine existant à l'ouverture de la succession, mais un simple descriptif sommaire des biens restant à partager (Cass. 1re civ., 13 avr. 2016, n° 15-13.312, 392 : *JurisData* n° 2016-006949).

1430 Décision du tribunal. Le tribunal ordonne le partage, s'il peut avoir lieu, ou la vente par licitation si les conditions prévues à l'article 1378 sont réunies. Un expert peut être désigné en cours d'instance pour procéder à l'estimation des biens ou proposer la composition des lots à répartir (CPC, art. 1361 et 1362).

Si la complexité des opérations le justifie, le tribunal désigne un notaire pour procéder aux opérations de partage et commet un juge pour surveiller ces opérations. Le notaire est choisi par les copartageants et, à défaut d'accord, par le tribunal (CPC, art. 1364). Il résulte de la combinaison des

articles 1364 et 1371, alinéa 2, du Code de procédure civile que, si les copartageants peuvent choisir d'un commun accord le remplaçant du notaire initialement désigné, celui-ci ne peut poursuivre les opérations de partage sans être désigné par le tribunal ou le juge commis (Cass. 1re civ., 22 juin 2022, n° 20-22.712, F-B : *JurisData* n° 2022-010024 ; *JCP* N 2022, act. 702).
Pendant l'instance en partage, le juge commis peut, comme le président du tribunal judiciaire, statuer sur les demandes formées en application des articles 815-6 et 815-11 du Code civil relatives à l'indivision successorale en cause, selon les mêmes modalités procédurales, précisées à l'article 1380 du Code de procédure civile (Cass. 1re civ., avis, 18 déc. 2020, n° 20-70.004 : *JCP* N 2021, act. 199).

1431 **Désignation de plusieurs notaires.** Il a été jugé, avant la réforme des successions et libéralités mais la solution ne paraît pas devoir être remise en cause, que le tribunal avait la faculté de désigner plusieurs notaires, l'opportunité pouvant résulter de toutes considérations propres à faciliter le partage. Les notaires doivent alors procéder ensemble aux opérations, à peine de nullité de l'état liquidatif (Cass. 1re civ., 6 juin 1990 : *Defrénois* 1990, art. 34865, obs. X. Savatier ; *JCP* N 1991, II, p. 82).

1432 **Licitation.** Le tribunal ordonne, dans les conditions qu'il détermine, la vente par adjudication des biens qui ne peuvent être facilement partagés ou attribués.
La vente est faite, pour les immeubles, selon les règles prévues aux articles 1271 à 1281 du Code de procédure civile et, pour les meubles, dans les formes prévues aux articles R. 221-33 à R. 221-38 et R. 221-39 du Code des procédures civiles d'exécution (CPC, art. 1377. – V. *JCl. Notarial Formulaire*, V[is] *Adjudication judiciaire d'immeubles et Licitation*).
Si tous les indivisaires sont capables et présents ou représentés, ils peuvent décider à l'unanimité que l'adjudication se déroulera entre eux. À défaut, les tiers à l'indivision y sont toujours admis (CPC, art. 1378).
La licitation fait cesser l'indivision du bien ; les coïndivisaires s'en partagent le prix. Ses effets sont ceux d'un partage, si elle est faite au profit d'un coïndivisaire ; faite au profit d'un tiers à l'indivision, c'est une vente.

• **Mission du notaire**

1433 **Inertie d'un indivisaire.** Si le notaire commis pour établir l'état liquidatif se heurte à l'inertie d'un indivisaire, il peut le mettre en demeure, par acte extrajudiciaire, de se faire représenter. Faute pour l'indivisaire d'avoir constitué mandataire dans les trois mois de la mise en demeure, le notaire peut demander au juge de désigner toute personne qualifiée qui représentera le défaillant jusqu'à la réalisation complète des opérations (C. civ., art. 841-1).
La mise en demeure est signifiée à l'héritier défaillant. Elle mentionne la date prévue pour réaliser les opérations de partage. À défaut de présentation de l'héritier ou de son mandataire à la date fixée dans la mise en demeure, le notaire dresse un procès-verbal et le transmet au juge commis afin que soit désigné un représentant à l'héritier défaillant (CPC, art. 1367).

1434 **Préparation du partage.** Le notaire convoque les parties et demande la production de tout document utile à l'accomplissement de sa mission (V. J. Combret, *Partage judiciaire : lettre de convocation des parties aux opérations de partage, formule : JCP* N 2018, 1347).
Il rend compte au juge commis des difficultés rencontrées et peut solliciter de lui toute mesure de nature à faciliter le déroulement de sa mission.
Il peut, si la valeur ou la consistance des biens le justifie, s'adjoindre un expert, choisi d'un commun accord entre les parties ou, à défaut désigné par le juge commis (CPC, art. 1365).

1435 **Conciliation.** Le notaire peut demander au juge commis de convoquer les parties ou leurs représentants, en sa présence, pour tenter une conciliation entre elles.

1436 **Procès-verbal de difficultés et état liquidatif.** À défaut de conciliation, le juge commis renvoie les parties devant le notaire, qui établit un procès-verbal reprenant les dires respectifs des parties ainsi qu'un projet d'état liquidatif (CPC, art. 1366). Le rapprochement avec les articles 1368 et 1373 du Code de procédure civile ainsi que la pratique notariale portent à penser que le notaire établit un état liquidatif, et non un projet d'état liquidatif.

1437 **Délégation de justice.** Le notaire commis agit en vertu d'une délégation de justice et ne peut se faire substituer. L'associé du notaire commis n'a pas qualité pour procéder au partage (Cass. 1re civ., 6 juin 1990 : *Defrénois* 1990, art. 34865, p. 1159, note X. Savatier).

• **Délai**

1438 **Un an.** L'article 1368 du Code de procédure civile dispose que, dans le délai d'un an suivant sa désignation, le notaire dresse un état liquidatif qui établit les comptes entre copartageants, la masse partageable, les droits des parties et la composition des lots à répartir.

1439 **Suspension.** Ce délai est suspendu :
– en cas de désignation d'un expert et jusqu'à la remise de son rapport ;
– en cas d'adjudication ordonnée par le tribunal et jusqu'au jour de réalisation définitive de celle-ci ;
– en cas de demande de désignation d'une personne qualifiée en application de l'article 841-1 du Code civil (disposition visant l'indivisaire défaillant) et jusqu'au jour de sa désignation ;
– en cas de renvoi des parties devant le juge commis en application de l'article 1366 du Code de procédure civile (tentative de conciliation) et jusqu'à l'accomplissement de l'opération en cause.

1440 **Prorogation.** En raison de la complexité des opérations, une prorogation du délai, ne pouvant excéder un an, peut être accordée par le juge commis saisi sur demande du notaire ou sur requête d'un copartageant (CPC, art. 1370).

• **Issues**

1441 **Partage amiable.** L'article 842 du Code civil dispose qu'à tout moment, les copartageants peuvent abandonner les voies judiciaires et poursuivre le partage à l'amiable si les conditions prévues pour un partage de cette nature sont réunies. Si un acte de partage amiable est établi en application du texte précité, le notaire doit, pour satisfaire à l'article 1372 du Code de procédure civile, en informer le juge, qui constate la clôture de la procédure.

1442 **Désaccord.** En cas de désaccord sur l'état liquidatif dressé par le notaire, la procédure est régie par les articles 1373 à 1376 du Code de procédure civile. Nous noterons seulement ici quelques aspects intéressant le notariat : le notaire transmet au juge commis un procès-verbal reprenant les dires respectifs des parties ainsi que l'état liquidatif ; le tribunal statue sur les points de désaccord ; il homologue l'état liquidatif ou renvoie les parties devant le notaire pour établir l'acte constatant le partage ; en cas d'homologation, il ordonne s'il y a lieu le tirage au sort des lots par la même décision, soit devant le juge commis, soit devant le notaire commis.

S'il y a lieu à tirage au sort, il est constitué autant de lots qu'il est nécessaire. Si la consistance de la masse ne permet pas de former des lots d'égale valeur, leur inégalité se compense par une soulte (C. civ., art. 826, al. 3 et 4). Le partage se fait par tête. Toutefois, il se fait par souche quand il y a lieu à représentation. Une fois opéré le partage par souche, une répartition distincte est opérée, le cas échéant, entre les héritiers de chaque souche (C. civ., art. 827).

POUR ALLER PLUS LOIN

Fascicules JurisClasseur

• *JCl. Notarial Formulaire*, V[is] *Indivision, Partage, Partage judiciaire de succession*.
• *JCl. Notarial Répertoire*, V° *Partage*.
• *JCl. Liquidations-partages*, V° *Partage*.

Bibliographie

• M. Grimaldi, *Droit des successions*, LexisNexis, coll. « Manuel », 8e éd. 2020.

Fiche 23
Masses active et passive

Sommaire

Introduction 239
I Masse active 240
A Composition 240
1 Biens existant au décès ou subrogés 240
2 Fruits 241
3 Rapport de donation. Réduction 241
4 Rétablissement 241
B Évaluation 243
II Masse passive 244
A Règlement du passif 244
B Dettes soumises à un régime particulier 245
1 Salaire différé 245
2 Créance du conjoint survivant d'un chef d'entreprise ou d'exploitation 248
3 Dettes diverses 249

Introduction

1443 Le partage commande en premier lieu que les biens à partager soient indiqués et évalués : c'est la masse active. En cas d'achat en indivision d'un seul bien, le partage ne portera que sur ce bien. À l'inverse, le partage peut être plus complexe ; par exemple après le décès d'un époux soumis à un régime communautaire les biens à partager comprennent à la fois des biens communs et les propres de l'époux prédécédé, ce qui suppose la liquidation préalable des récompenses (V. *JCl. Roulois*, Fasc. 1480, *Régimes matrimoniaux*).
D'autre part, un temps plus ou moins long s'écoule souvent entre la naissance de l'indivision (décès, dissolution du régime matrimonial) et le partage. Au cours de cette période, un certain nombre d'actes ou de faits juridiques ont pu avoir lieu : ventes, réceptions de capitaux ou de revenus, avances, paiements, par exemple, dont il est bien évidemment nécessaire de tenir compte. Les recettes et dépenses postérieures au décès sont relatées dans un ou plusieurs comptes d'administration (d'un indivisaire, de l'étude). S'il y a lieu, ces comptes distinguent les recettes et les dépenses concernant la communauté ou la succession (V. Fiche 28 : Distinction des fonds et fruits). Si des avances ont été faites à un indivisaire sur les sommes d'argent ou des dépenses acquittées pour son compte, celui-ci en fera le rétablissement (V. *infra*, I).
Quant au passif, les héritiers ne sont pas tenus d'acquitter avant le partage celui non échu mais il est de bonne pratique d'indiquer les sommes dues et d'affecter à leur acquit des liquidités ou tout ou partie d'une soulte.

1444 La loi du 23 juin 2006 ne modifie guère les règles relatives à la consistance de l'actif et au passif. Elle apporte des précisions et consacre des solutions jurisprudentielles, comme celle qui fixe la date d'évaluation des biens au jour de la jouissance divise.

• Textes

- C. civ., art. 825 à 829, 864 à 876.
- C. rur., art. L. 321-13 à 321-21-1.
- CASF, art. L. 132-8.
- CSS, art. L. 815-13 et L. 815-28.
- L. n° 89-1008, 31 déc. 1989.

I

Masse active

1445 Nous étudierons la composition de la masse à partager, dite aussi masse active (A) puis son évaluation (B).

A Composition

1446 La masse à partager peut comprendre des biens existant au décès ou subrogés à de tels biens (1°), des fruits ou revenus (2°). Des rapports ou des réductions de donation peuvent avoir une incidence sur l'actif à partager (3°). Enfin, il peut être nécessaire de prendre en considération des sommes prélevées sur une masse, soit au profit d'un indivisaire, soit au profit d'une autre masse et de faire un rétablissement (4°).

1 Biens existant au décès ou subrogés

• Biens existants

1447 L'article 825 du Code civil dispose notamment que la masse à partager comprend les biens existant à l'ouverture de la succession mais tous les biens existant au décès ne sont pas nécessairement compris dans le partage.

1448 **Partage partiel.** Le partage peut ne porter que sur certains biens indivis.

1449 **Dévolutions particulières.** Échappent aux règles normales de dévolution et sont distraits de la masse à partager :
- les biens faisant retour légal (V. Fiche 5 : Dévolutions particulières) ;
- les droits d'auteur (V. Fiche 5 : Dévolutions particulières) ;
- certains baux d'habitation ou ruraux (V. Fiche 1 : Successions – Introduction) ;
- les parts de société dont les statuts prévoient qu'elle continuera entre les seuls associés survivants ou avec un héritier déterminé (mais dans ce cas l'indemnité due par les coassociés fait partie de la masse à partager) (C. civ., art. 1870, V. *JCl. Roulois*, Fasc. 3210, *Sociétés*).

Les biens recelés font partie des biens à partager mais l'auteur du recel est privé de tous droits dans ceux-ci (V. Fiche 6 : Transmission de la succession et Fiche 25 : Droits des parties. Attribution. Effets du partage).

En revanche, les biens pour lesquels l'attribution préférentielle (V. Fiche 25 : Droits des parties. Attribution. Effets du partage) a été décidée doivent être compris dans le partage puisque, précisément, c'est celui-ci qui contiendra l'attribution et que, jusque-là, ces biens sont indivis.

1450 **Disparition.** Des biens ont pu disparaître entre le jour du décès et celui du partage : par exemple, destruction, perte, vente, remboursement, sauf l'effet de la subrogation réelle ci-après envisagée.

1451 **Legs particuliers.** L'article 825, alinéa 1er, du Code civil exclut de la masse à partager les biens dont le défunt a disposé à cause de mort. Il s'agit des legs particuliers de corps certain. Les legs de somme d'argent, à moins qu'ils n'aient été acquittés avant le partage, sont portés à la masse passive.

• Biens subrogés

1452 Des biens existant au décès ont pu disparaître mais avoir été remplacés par d'autres ; ainsi un immeuble a été vendu dont le prix a été payé et existe au compte de la succession à l'étude ou n'a pas été payé et constitue une créance contre l'acquéreur.
L'article 825 du Code civil, en comprenant dans la masse à partager les biens subrogés à des biens existant au décès, consacre la jurisprudence. Ainsi, le prix de vente atermoyé constitue une créance, qui remplace l'immeuble dans la masse successorale.

1453 **Acquisition par un seul indivisaire.** En présence d'une acquisition faite par un seul indivisaire, la question s'est posée de savoir si la subrogation jouait. Dans une première opinion, la subrogation serait automatique, mais selon la majorité de la doctrine et, semble-t-il, la jurisprudence (Cass. 1re civ., 20 févr. 1996 : *Bull. civ.* I, n° 95), l'accord ou la ratification de tous les indivisaires était nécessaire pour que le bien acquis soit subrogé à celui aliéné.
C'est cette dernière solution que retient le premier alinéa de l'article 815-10 du Code civil : sont de plein droit indivis les biens acquis, avec le consentement de l'ensemble des indivisaires, en emploi ou remploi de biens indivis. *A contrario*, les biens acquis sans le

consentement des autres indivisaires appartiennent à l'acquéreur, à charge de rétablir à la masse à partager la somme prélevée pour l'acquisition.

2 Fruits

1454 L'alinéa premier de l'article 825 du Code civil applique le principe que « les fruits et les revenus des biens indivis accroissent à l'indivision » (C. civ., art. 815-10. V. *JCl. Roulois, Indivision*).

• Définitions

1455 On entend par « fonds » tous les biens existant au décès qu'il s'agisse de biens mobiliers ou immobiliers, de capitaux ou de fruits échus ou courus à cette date. Par opposition, la pratique notariale dénomme alors « fruits » uniquement ceux échus ou courus depuis le décès.
Ainsi entendu le mot « fruits » a un sens différent de celui qui est le sien lorsqu'on l'oppose aux produits, car, dans ce dernier cas, il désigne ce qui est produit périodiquement par un bien sans altération de la substance de ce bien (V. *JCl. Roulois*, Fasc. 1130, *Biens*).
Il n'y a bien entendu de fruits que si l'actif comprend des biens frugifères et si la jouissance divise est fixée à une date postérieure au décès ou à la naissance de l'indivision.

• Distinction des fonds et fruits

1456 La masse partageable comprend les fruits des biens indivis depuis le décès et, comme ceux-là profitent en général aux copartageants dans la même proportion que leurs droits dans la masse au décès, il n'y a pas lieu de les compter à part.

1457 **Nécessité de distinguer.** La distinction n'est nécessaire que si les fruits reviennent à quelqu'un d'autre que les fonds. Il en est ainsi en présence d'un usufruitier, qui a seul droit aux revenus depuis le décès.

1458 **Exemple.** Une personne séparée de biens, qui décède en laissant son conjoint usufruitier et un fils unique. L'actif de succession s'élève à 200 000 au jour du décès, à quoi se sont ajoutés les revenus échus depuis le décès pour 8 000. Il faut distinguer :
- d'une part, les fonds, s'élevant à 200 000, qui reviennent au fils pour la nue-propriété et à la mère en usufruit ;
- et d'autre part, les fruits s'élevant à 8 000, qui reviennent en totalité à la mère, en sa qualité d'usufruitière (pour un exemple plus complet, V. Fiche 28 : Distinction des fonds et fruits).

3 Rapport de donation. Réduction

1459 Le rapport et la réduction des libéralités sont traités précédemment (V. Fiche 24 : Rapport des libéralités et Fiche 20 : Réduction des libéralités excessives). Le lecteur ne trouvera donc ici que quelques considérations quant à leur incidence sur la masse active.

• En valeur

1460 Lorsque le rapport se fait en valeur, on porte son montant à la masse active. De même, en cas de réduction d'une libéralité, l'indemnité de réduction figure à la masse active. Rappelons que le rapport et la réduction se font en principe en valeur.
Le rapport se fait pour la valeur au partage. La recherche d'un éventuel dépassement de la quotité disponible se conduit en se plaçant au jour du décès ; l'indemnité de réduction se calcule d'après la valeur des biens donnés ou légués à l'époque du partage.

• En nature

1461 Lorsque le rapport de donation ou l'indemnité de réduction se règle en nature, le bien faisant l'objet de la libéralité ou une quote-part de celui-ci est compris dans la masse à partager.

4 Rétablissement

1462 L'article 825 dans son dernier alinéa prescrit notamment d'augmenter la masse à partager des dettes des copartageants envers l'indivision. En pratique notariale, on désigne cet élément d'actif sous le terme de rétablissement.
Le rétablissement a pour but de réintégrer dans la masse à partager les sommes qui en ont été retirées pour le compte personnel d'un copartageant ou au profit d'une autre masse. Il reconstitue en chiffres, sans qu'il y ait versement effectif, la masse active, telle qu'elle serait si les prélèvements n'avaient pas été effectués.

a) Rétablissement par un indivisaire

1463 M. X décède, laissant deux héritiers, A et B, chacun pour moitié, et un actif de 200 000. Une somme de 10 000 est avancée à A sur ses droits dans la succession, de sorte que lors du partage il ne reste que 190 000. On procède de la façon suivante :

Masse active :	
– 190 000 restant	190 000
– rétablissement des 10 000 avancés à A	10 000

Ce qui reconstitue l'actif à partager au total de	200 000
	1/2
revenant par moitié à chaque héritier, soit	100 000

Conformément à l'article 864 du Code civil, ce rétablissement sera mis dans le lot de A et s'éteindra par confusion (V. Fiche 25 : Droits des parties. Attribution. Effets du partage).

REMARQUE Dans cet exemple, il s'agit d'une avance sur les droits de A dans la succession, mais la manière de procéder serait exactement la même s'il s'agissait d'une dette payée pour le compte personnel d'un des copartageants avec des fonds provenant de la masse commune, par exemple pour droits de mutation ou frais d'un acte lui incombant personnellement.

• **Pluralité de masses à partager**

1464 Quand la liquidation-partage comprend plusieurs masses (communauté, successions, fonds, fruits) les rétablissements qu'il peut y avoir lieu d'effectuer doivent se faire à la masse sur laquelle a été opéré le prélèvement. Ainsi, par exemple :

– si, avec des deniers de communauté, il a été payé des droits de succession incombant à un héritier, c'est à la masse active de communauté que doit être porté le rétablissement, puisque c'est cette masse qui a été appauvrie ;

– si une avance a été faite à un copartageant au moyen d'un prélèvement sur des sommes devant figurer aux fruits (de communauté ou de succession), c'est à la masse correspondante « fruits » que doit être fait le rétablissement.

REMARQUE Ce principe du rétablissement à la masse diminuée et non à une autre est un point capital à observer, car, autrement, on fausserait, d'une part, les calculs, puisqu'on ajouterait à une masse qui n'a rien déboursé une somme due à une autre masse, et, d'autre part, les droits des intéressés puisque la répartition de ces masses doit s'effectuer sur des bases différentes.

• **Balance**

1465 Il résulte de l'article 867 du Code civil que, lorsque le copartageant a lui-même une créance à faire valoir, on doit en effectuer la balance et que seul le solde en faveur de la masse indivise, s'il y a lieu, figure à cette masse.

• **Rapport et rétablissement**

1466 Le rapport de donation en valeur et le rétablissement présentent des points communs : l'un et l'autre ne sont dus que par des copartageants ; ils figurent à la masse active, qui s'en trouve augmentée ; ils se règlent par imputation sur les droits de l'indivisaire.

Cependant, il est nécessaire de bien les distinguer. Leurs finalités sont très différentes : le rapport de donation suppose que le défunt avait fait une libéralité en avancement de part successorale à un héritier et il tend à assurer l'égalité des copartageants, la libéralité ne devant constituer qu'une avance. Le rétablissement, de son côté, a pour effet de reconstituer la masse du montant des avances faites à un indivisaire sur les deniers indivis ou des sommes payées en son acquit. Alors que le rapport ne s'applique qu'en matière successorale, un rétablissement peut se rencontrer dans un partage de communauté. Le rétablissement est du montant de l'avance, sauf convention contraire, alors que le rapport de donation s'apprécie à l'époque du partage : nominalisme monétaire dans le premier cas, valorisme dans le second.

b) Rétablissement de masse à masse

1467 Il peut aussi y avoir rétablissement par une masse à une autre masse, généralement entre communauté et succession.

• **Exemple**

1468 M. X décède, laissant sa veuve commune en biens et un légataire universel (il n'y a pas d'héritier réservataire).

Au jour du décès, l'actif de communauté comprenait uniquement une somme de 200 000, sur laquelle 6 000 ont été prélevés pour payer les frais funéraires, lesquels incombent à la succession.

Si on se bornait à partager par moitié les 194 000 restant sur l'actif de communauté, on n'attribuerait que 97 000 à la veuve, alors que sa moitié de communauté est de 100 000 et le légataire recevrait aussi 97 000, alors que ses droits sont de 100 000 – 6 000 = 94 000.

Pour éviter cela, il faut donc faire rétablir par la masse de succession (qui aurait dû les acquitter) à la masse de communauté (qui les a réellement payés) le montant de ces frais funéraires, rétablissement qui, dans les opérations, se présente ainsi :

Masse active de communauté	
1. Montant de l'actif restant exister	194 000
2. Rétablissement par masse passive de succession, pour frais funéraires payés avec l'actif de communauté	6 000
Ce qui rétablit l'actif de la communauté à	200 000
Dont moitié pour la veuve et moitié pour la succession, est de	100 000
Masse de succession	
La masse active comprend moitié du boni de communauté	100 000
Et celle passive, le rétablissement fait à la masse active de la communauté	– 6 000
Ce qui réduit l'actif de succession et par conséquent les droits du légataire à	94 000

Et dans cette hypothèse, le tableau d'attributions se présente ainsi :

Actif de communauté	MONTANT	VEUVE	LÉGATAIRE
1. Reliquat de compte	194 000	100 000	94 000
2. Rétablissement par la succession	fictif		
Actif de succession			
Moitié boni de communauté	mémoire		
Totaux	194 000	100 000	94 000

• **Actif fictif**

1469 On note que les rétablissements de masse à masse n'augmentent pas la masse globale à partager et, par conséquent, constituent un actif fictif, alors que le rétablissement effectué par un copartageant augmente la masse à partager.

B Évaluation

• **Date**

1470 L'article 829 du Code civil précise la date à retenir pour l'évaluation des biens à partager.

1471 **Date de la jouissance divise.** En vue de leur répartition, les biens sont estimés à leur valeur à la date de la jouissance divise telle qu'elle est fixée par l'acte de partage, en tenant compte, s'il y a lieu, des charges les grevant.

1472 **Fixation de la date de jouissance divise.** Cette date est la plus proche possible du partage. Cependant, le juge peut fixer la jouissance divise à une date plus ancienne si le choix de cette date apparaît plus favorable à la réalisation de l'égalité. La date de la jouissance divise remplit donc une **double fonction** :
– c'est celle à laquelle sont **estimés** les biens ; jusqu'à cette date, les indivisaires bénéficient des plus-values ou supportent les moins-values des biens indivis dans la proportion de leurs droits ;
– et c'est celle à partir de laquelle les **revenus** cessent d'accroître à l'indivision pour profiter divisément à chaque attributaire en fonction des biens compris dans son lot.

• **État du bien**

1473 Les biens sont évalués dans leur état au jour fixé pour la jouissance divise, de sorte que les plus-values profitent à l'ensemble des indivisaires, comme nous l'avons dit, sauf indemnité le cas échéant au titre de l'article 815-12 ou de l'article 815-13 du Code civil au profit de l'indivisaire qui par sa gestion ou ses améliorations a augmenté la valeur du bien (pour une indemnité au profit de l'indivisaire ayant amélioré ou conservé à ses frais l'immeuble indivis, V. Cass. 1re civ., 7 avr. 1998 : *JCP* 1998, n° 42, p. 1507, note C. Schaeffer ; *Dr. famille* 1998, comm. 120, B. Beignier). Inversement, un indivisaire peut avoir à répondre des dégradations et détériorations qui ont diminué la valeur du bien : la masse active comprend la valeur du bien, en son état, et l'indemnité due par l'indivisaire.

1474 **Estimation des biens.** La cour d'appel, qui a constaté que la croissance du marché de l'immobilier était de nature à affecter les évaluations proposées par l'expert judiciaire, a pu décider que ces évaluations seraient majorées en fonction de la valeur de l'indice trimestriel du coût de la construction (Cass. 1re civ., 25 juin 2008, n° 07-17.766 : *JurisData* n° 2008-044516 ; *Bull. civ.* I, n° 183 ; *RTD civ.* 2009, p. 153, obs. Grimaldi. – Comp. Cass. 1re civ., 4 oct. 2005).

• **Cas particuliers**

1475 **Monument historique.** Pour l'application de l'article 829 du Code civil, lorsqu'un immeuble classé ou inscrit au titre des monuments historiques est affecté d'une clause d'inaliénabilité, son évaluation est diminuée des charges, y compris d'entretien, nécessaires à sa préservation durant toute la durée de la clause (C. patr., art. L. 621-29-7).

1476 **Bien loué à son attributaire.** L'immeuble indivis loué à un indivisaire et attribué à celui-ci doit être estimé libre de bail afin d'assurer l'égalité entre les copartageants (Cass. 1re civ., 17 mars 1987 : *JCP* N 1988, II, p. 181, obs. M. Mathieu. – Cass. 1re civ., 31 mars 1987 : *Defrénois* 1987, art. 34120-121, obs. G. Champenois ; *JCP* N 1988, II, p. 183).

Il en va autrement lorsque le bailleur a conféré à l'avantage résultant du bail un caractère préciputaire (Cass. 1re civ., 31 mars 1981 : *JCP* N 1982, II, 19812, obs. Ph. Rémy ; *Defrénois* 1981, art. 32750, n° 102, obs. G. Champenois) ou si le locataire a acquis le droit au bail. Dans une espèce où une exploitation agricole faisait l'objet d'une attribution préférentielle au profit du conjoint du fermier, il a été jugé que la règle de l'égalité du partage s'opposait à ce que l'immeuble soit estimé libre, le bail étant personnel au conjoint (Cass. 1re civ., 21 nov. 1995 : *Defrénois* 1996, art. 36278-39, obs. G. Champenois).

II Masse passive

1477 Les dettes se partageant de plein droit entre les indivisaires, conformément à l'article 1220 du Code civil, ceux-ci pourraient se limiter au seul partage de l'actif, sans se préoccuper du passif héréditaire ou né pendant l'indivision mais, en règle générale, il est procédé au règlement du passif.
Nous rappellerons plusieurs règles concernant le règlement du passif (A) avant d'étudier quelques dettes soumises à un régime particulier (B).

A Règlement du passif

• Application de règles diverses

1478 L'étude du règlement du passif dans le cadre du partage doit être combinée :
– avec le problème de l'obligation et de la contribution de chaque époux aux dettes lorsque l'indivision est d'origine post-communautaire (V. *JCl. Roulois*, Fasc. 1495 et 1500) ;
– avec l'étendue de l'obligation des héritiers et légataires au passif successoral (V. Fiche 6 : Transmission de la succession) ;
– et, enfin, avec les droits des créanciers de l'indivision et des indivisaires pendant l'indivision, pendant et après le partage (V. *JCl. Roulois*, Fasc. 1140).
Les liens unissant les indivisaires avec les créanciers indivis étant ainsi étudiés dans d'autres parties de l'ouvrage, nous nous bornerons ici à un simple rappel, sous forme de tableau, du droit de poursuite des créanciers.

Droit de poursuite des créanciers

Créanciers	Ils peuvent
de l'hérédité	– se payer par prélèvement sur l'actif et poursuivre la saisie et la vente des biens indivis (C. civ., art. 815-17) ;
	– se prévaloir de leur droit de préférence sur l'actif successoral (C. civ., art. 878, al. 1er et 3) ;
	– poursuivre individuellement chaque héritier pour une fraction de la dette proportionnelle à sa part héréditaire (sauf acceptation à concurrence de l'actif net) ou pour la totalité en cas de dette hypothécaire ou indivisible (C. civ., art. 1224).
de l'indivision	– poursuivre individuellement l'héritier qui a contracté la dette ;
	– poursuivre chaque héritier pour une fraction proportionnelle à sa part héréditaire s'il s'agit de dépenses de conservation ou d'administration ;
	– être payés par prélèvement sur l'actif et poursuivre la saisie et la vente des biens indivis si leur créance résulte de la conservation ou de la gestion des biens indivis (C. civ., art. 815-17).

Créanciers	Ils peuvent
personnels d'un indivisaire	– provoquer le partage, mais non saisir la part indivise de leur débiteur (C. civ., art. 815-17) ; – poursuivre la saisie et la vente de sa quote-part indivise si une convention d'indivision lui retire la faculté de demander le partage (C. civ., art. 1873-15) ; – demander à être préféré à tout créancier du défunt sur les biens de l'héritier non recueillis au titre de la succession et faire inscrire une hypothèque légale spéciale (C. civ., art. 878, al. 2 et 3 ; V. égal. C. civ., art. 2402, 5°).

• **Clause relative à l'obligation au passif**

1479 Les copartageants peuvent prévoir une répartition du passif différente de la quote-part dans l'indivision et, par exemple, mettre à la charge de l'un d'eux l'intégralité d'une dette afin de rééquilibrer des attributions inégales.
Une telle clause est inopposable au créancier qui peut cependant s'en prévaloir, c'est-à-dire qu'il pourra poursuivre le copartageant pour l'intégralité de sa créance, tout en conservant le droit de poursuivre les autres ex-coïndivisaires proportionnellement à leur part indivise, à moins qu'il n'ait accepté de les décharger de leur obligation.
D'autre part, le partage met fin à la possibilité offerte aux créanciers de l'indivision de se payer directement sur l'actif indivis (C. civ., art. 815-17), mais laisse subsister le privilège de séparation de patrimoine régulièrement inscrit. À compter du 1er janvier 2022, ce privilège est remplacé par la possibilité d'inscrire une hypothèque légale spéciale (V. C. civ., art. 2402, 5° ; réd. Ord. n° 2021-1192, 15 sept. 2021, art. 2402, 5°).

B Dettes soumises à un régime particulier

1 Salaire différé

1480 Le contrat de travail à salaire différé est une institution qui, lors du décès d'un exploitant agricole, reconnaît une créance contre la succession à l'enfant qui a participé à l'exploitation sans rémunération.
Le salaire différé a d'abord un fondement d'équité : il tend à éviter que le descendant ayant participé à l'exploitation sans être rémunéré ne soit désavantagé. Il a surtout une perspective économique : en allégeant la charge financière d'une soulte, il facilite l'attribution intégrale d'une exploitation agricole.
Malgré sa qualification de « contrat de travail à salaire différé », ce n'est ni un contrat de travail ni même un contrat mais une institution *sui generis*.

• **Textes**

• C. rur., art. L. 321-13 à 321-21.

a) Bénéficiaires

• **Descendants**

1481 Le bénéfice d'un contrat de travail à salaire différé peut être demandé par les descendants de l'exploitant agricole remplissant les conditions énumérées plus loin (C. rur., art. L. 321-13).

1482 **Descendant non héritier.** Ce descendant peut ne pas être appelé à la succession ; par exemple, il est le petit-fils du défunt et son auteur n'est pas décédé et a accepté la succession.

1483 **Descendant unique.** Le descendant unique peut prétendre au salaire différé, ce qui présente un intérêt civil en présence d'un légataire universel et peut présenter un intérêt fiscal en ce que le salaire constitue une dette déductible de l'actif successoral pour le calcul des droits de mutation (CGI, art. 774. – V. Fiche 32 : Droits de mutation par décès – Passif et autres déductions).

1484 **Descendant prédécédé.** Lorsque le bénéficiaire du salaire différé décède sans avoir été désintéressé, le bénéfice du contrat est exclusivement réservé, par l'article L. 321-14 du Code rural et de la pêche maritime, dans son alinéa premier, à ses enfants vivants ou représentés, par dérogation aux règles du droit civil et nonobstant toutes conventions matrimoniales (Cass. 1re civ., 15 mai 2008, n° 07-13.179, 07-13.330 : *Bull. civ.* I, n° 133 ; *RD rur.* 2008, comm. 199, comm. R. Le Guidec). Il en va différemment lorsque la créance de salaire différé, ayant été définitivement fixée avant le décès de la bénéficiaire, fille de l'exploitant, était entrée dans le patrimoine de cette dernière et devait se retrouver dans sa succession, de sorte que le mari était fondé à demander qu'il en soit tenu compte dans la succession de l'exploitant qui en était débiteur (Cass. 1re civ., 20 juin 2012, n° 11-12.850 : *JurisData* n° 2012-013446 ; *Bull. civ.* I, n° 141).
Dans ce cas, outre les conditions exposées plus loin concernant le descendant de l'exploitant, il est nécessaire que les enfants de ce descendant

Masses active et passive

(petits-enfants de l'exploitant) aient travaillé sur un fonds agricole, à moins que lors du règlement de la créance, de la donation-partage ou du décès de l'exploitant, ils ne se trouvent encore soumis à l'obligation scolaire ou ne poursuivent leurs études dans un établissement d'enseignement agricole (C. rur., art. L. 321-18, al. 2).

• **Conjoint du descendant**

1485 **Participation à l'exploitation.** Si le descendant de l'exploitant qui remplit les conditions d'obtention du salaire différé est marié et si son conjoint participe également à l'exploitation dans les conditions requises, chacun des époux est réputé également bénéficiaire d'un contrat de travail à salaire différé (C. rur., art. L. 321-15, al. 1er. – Cass. 1re civ., 29 mai 2019, n° 18-18.376 : *JurisData* n° 2019-009027 ; *RD rur.* 2019, comm. 147, note H. Bosse-Platière ; *JCP* N 2020, 1053, chron. R. Le Guidec).

1486 **Absence de droit propre.** Le droit du conjoint est lié à celui du descendant de l'exploitant et n'existe que si le descendant bénéficie lui-même d'un droit à salaire différé, et pour la période pendant laquelle il en bénéficie. Si le descendant d'un agriculteur n'a pas participé à l'exploitation, son conjoint ne peut prétendre au bénéfice d'un salaire différé, mais l'action de *in rem verso* (V. *JCl. Roulois*, Fasc. 1477) lui demeure ouverte (Cass. 1re civ., 14 mars 1995 : *Defrénois* 1995, art. 36287, p. 468, obs. J.-L. Fillette. – Sur le caractère subsidiaire de l'action de *in rem verso*, frein à une demande en indemnisation : Cass. ass. plén., 7 juill. 2006, n° 04-10.672 : *JurisData* n° 2006-034519 ; *RD rur.* 2007, chron. 2, n° 10, obs. R. Le Guidec et H. Bosse-Platière).

1487 **Prédécès du descendant.** En cas de prédécès du descendant marié, si celui-ci laisse de son mariage un ou plusieurs descendants âgés de moins de dix-huit ans, le conjoint survivant qui participe à l'exploitation dans les conditions requises continue à bénéficier du salaire différé jusqu'à ce que le plus jeune des enfants ait atteint sa dix-huitième année ou achevé ses études si elles ont été suivies dans un établissement d'enseignement agricole (C. rur., art. L. 321-16).

• **Conditions à remplir**

1488 Depuis la loi d'orientation agricole du 4 juillet 1980 :
– être âgé de plus de **dix-huit ans** ;
– **avoir participé** directement et effectivement aux travaux de l'exploitation ;
– **ne pas avoir été associé** aux résultats de l'exploitation, et **ne pas avoir reçu de salaire** en argent en contrepartie de la collaboration (C. rur., art. L. 321-13, al. 1er).

• **Preuve**

1489 La preuve de la participation à l'exploitation agricole peut être apportée par tous moyens. En vue de faciliter l'administration de cette preuve, les parties peuvent effectuer chaque année une déclaration à la mairie, laquelle doit être visée par le maire qui en donne récépissé (C. rur., art. L. 321-19). L'inscription du descendant à la Mutualité sociale agricole en qualité d'aide familial ne saurait, à elle seule, valoir preuve d'une participation directe et effective à l'exploitation (CA Orléans, 17 janv. 2011, n° 09/02907 : *JurisData* n° 2011-002300 ; *RD rur.* 2011, comm. 75, obs. T. Tauran).

• **Jurisprudence**

1490 **Participation à l'exploitation.** À la différence de l'attribution préférentielle, le salaire différé exige une participation directe, ce qui semble exclure une participation purement intellectuelle. Mais la loi ne requiert pas que cette participation soit exclusive de toute autre occupation, dès lors qu'elle n'est pas simplement occasionnelle (Cass. 1re civ., 20 juin 2012, n° 11-20.217 : *JurisData* n° 2012-013439. – Cass. 1re civ., 2 mars 1970 : *JCP* G 1970, II, 16438, note crit. M.D. ; *D.* 1970, p. 301, note A. Breton). Aussi, le créancier qui a participé partiellement à l'exploitation ne peut bénéficier que d'une créance partielle (Cass. 1re civ., 24 sept. 2014, n° 13-16.777, n° 1051 D. – Cass. 1re civ., 8 juill. 2009, n° 08-13.972 : *JurisData* n° 2009-049074 ; *RD rur.* 2010, chron. 2, obs. R. Le Guidec et H. Bosse-Platière).

1491 **Absence de rémunération.** Le demandeur qui a perçu une rémunération n'est pas pour autant totalement privé d'une créance de salaire différé ; la créance doit être réduite à proportion des sommes versées chaque année en rémunération du travail effectué (Cass. 1re civ., 16 juill. 1985 : *Defrénois* 1985, art. 33636-135, obs. G. Champenois ; *RD rur.* 1985, p. 486, note R. Le Guidec).

• **Prescription**

1492 **Prescription quinquennale.** Aux termes de l'article 2224 du Code civil, le délai de prescription pour réclamer le paiement d'un salaire différé est ramené à cinq ans et non plus trente ans (L. n° 2008-561, 17 juin 2008 : entrée en vigueur le 19 juin 2008), ce délai courant à compter du jour de connaissance par le bénéficiaire du décès du débiteur. Ainsi, pour les successions en cours et non partagées au 19 juin 2008, une créance soumise à l'ancienne prescription trentenaire arrivant à expiration après le 19 juin 2013, est désormais prescrite (combinaison de l'article 2224 du Code civil et de l'article 26, II de la loi du 17 juin 2008. – V. égal. Cass. 1re civ., 27 févr. 2013, n° 11-28.359 : *JurisData* n° 2013-003178 ; *JCP* N 2013, act. 348 ; *RD rur.* 2013, comm. 139, obs. B. Peignot).

b) Débiteur du salaire différé

1493 Le débiteur du salaire différé est l'exploitant, qu'il le soit comme propriétaire ou comme fermier.

• **Époux**

1494 La détermination de l'exploitant fait difficulté lorsque les ascendants du créancier du salaire différé étaient mariés, comme c'est généralement le cas.
La qualité d'exploitant est distincte de celle de propriétaire (Cass. 1re civ., 11 juin 1980 : *D.* 1981, IR p. 61, note E.-N. Martine. – Cass. 1re civ., 19 févr. 1985 : *Defrénois* 1985, art. 33600, n° 99, p. 1164, obs. G. Champenois).
La dette n'est pas une dette commune : la Cour de cassation a condamné cette qualification (V. note Champenois, préc. – V. égal. J. Patarin : *RTD civ.* 1986, p. 162). En revanche, sous un régime de communauté universelle, le salaire différé constitue en tant que dette future, une dette de communauté (Cass. 1re civ., 18 janv. 2012, n° 10-24.892 : *JurisData* n° 2012-000381 ; *JCP* N 2012, 1118, note R. Le Guidec et H. Bosse-Platière).
On observera que deux époux peuvent être coexploitants, même si un seul est inscrit à la mutualité sociale agricole (Cass. 1re civ., 18 déc. 1990 : *RTD civ.* 1991, p. 1340) ; dans cette situation, l'enfant, réputé bénéficiaire d'un seul contrat de travail à salaire différé, peut exercer son droit de créancier sur l'une ou l'autre des successions (Cass. 1re civ., 23 janv. 2008, n° 06-21.301 : *JurisData* n° 2008-042371), le montant étant déterminé à la date où la créance est née, c'est-à-dire au jour de l'ouverture de la première succession et selon les textes alors en vigueur (Cass. 1re civ., 7 nov. 1995 : *JCP* N 1996, II, p. 429 ; *Defrénois* 1996, art. 36278, p. 416 ; obs. G. Champenois, art. 36396, p. 1145, obs. F. Roussel et 36400, note X. Savatier ; *JCP* N 1998, n° 19, p. 722, note D.-G. Brelet. – V. égal. Cass. 1re civ., 30 oct. 2006 : *AJ fam.* 2007, p. 84, note F. B. et Cass. 1re civ., 13 juin 2019, n° 18-19.155 : *JurisData* n° 2019-009957 ; *JCP* N 2019, act. 577 ; *JCP* N 2020, 1053, chron. R. Le Guidec. Pour une solution identique alors que la participation du descendant s'est poursuivie auprès de l'ascendant survivant, V. Cass. 1re civ., 16 mars 2004, n° 00-22.556 : *JurisData* n° 2004-022835 ; *RD rur.* 2004, p. 359, note B. Grimonprez. – Pour le cas dans lequel il a été fait application des dispositions légales en vigueur lors de l'ouverture de la seconde succession, V. Cass. 1re civ., 29 juin 2011, n° 10-16.919, 730 : *JurisData* n° 2011-019284).

• **Époux et conjoint survivant**

1495 Si l'un des époux a continué l'exploitation après le décès de son conjoint, le descendant qui y a travaillé avant et après le décès est considéré avoir bénéficié d'un seul contrat, qui s'est poursuivi au décès du prédécédé des époux (Cass. 1re civ., 28 janv. 1997 : *Dr. famille* 1997, comm. 6, note B. Beignier ; *JCP* N 1997, II, p. 777 ; *Defrénois* 1997, art. 36640-131, obs. G. Champenois ; *RD rur.* 1997, p. 3145, comp. Cass. 1re civ., 17 oct. 2018, n° 17-26.725 ; *JCP* N 2019, chron. 1216, R. Le Guidec).

c) Liquidation de la créance

• **Principe**

1496 Le taux annuel de salaire est égal, pour chacune des années de participation, à la valeur des deux tiers de la somme correspondant à 2 080 fois le taux horaire du SMIC en vigueur soit au jour du partage consécutif au décès de l'exploitant, soit au plus tard à la date du règlement de la créance si ce règlement intervient du vivant de l'exploitant (C. rur., art. L. 321-13, al. 2 et pour une illustration : Cass. 1re civ., 17 mai 2017, n° 16-15.847 : *Dr. famille* 2017, n° 7-8, comm. 169, A. Tani).
La créance du conjoint remplissant les conditions requises est calculée de la même manière (C. rur., art. L. 321-15, al. 1er).

• **Limites**

1497 La loi limite doublement la prise en compte de la participation à l'exploitation :
– le droit à salaire différé ne joue qu'à compter de l'âge de **dix-huit ans** ;
– la prise en compte de la durée du travail pour le calcul du montant du salaire différé est plafonnée à **dix années** (C. rur., art. L. 321-17, al. 3), quelle qu'ait été la durée effective de la collaboration.

d) Règlement

• **Date d'exigibilité**

1498 La créance de salaire différé n'est exigible qu'au décès de l'exploitant, jamais de son vivant (C. rur., art. L. 321-17. – Pour une application, V. Cass. 1re civ., 16 juill. 1997 : *JCP* N 1997, n° 49, II, p. 1509 ; *Dr. famille* 1997, comm. 129 ; *Defrénois* 1998, art. 36765-45, note G. Champenois).

1499 **Renonciation anticipée.** Le contrat de travail à salaire différé revêt un caractère successoral, de sorte que le créancier ne peut y renoncer du vivant de l'exploitant et que l'interdiction est d'ordre public (Cass. 1re civ., 19 mai 1996 : Defrénois 1996, art. 36396-2, obs. F. Roussel ; *RD rur.* 1996, p. 63) mais il peut y renoncer en tout ou partie après l'ouverture de la succession.

• Règlement anticipé

1500 Le désintéressement du créancier du salaire différé peut intervenir du vivant de l'exploitant, « notamment lors de la donation-partage » à laquelle il procéderait (C. rur., art. L. 321-17, al. 1er) ; ce règlement pourrait aussi intervenir par le biais d'une donation dispensée de rapport (Cass. 1re civ., 22 mars 2005, n° 02-21.332 : *JurisData* n° 2005-027686 ; *Bull. civ.* I, n° 153). En cas d'acquittement au moyen d'une donation-partage, il est nécessaire que soit caractérisée la commune intention des parties de procéder à un tel paiement (Cass. 1re civ., 29 juin 2011, n° 10-11.275 : *JurisData* n° 2011-012928 ; *RD rur.* 2012, chron. 2, obs. R. Le Guidec et H. Bosse-Platière). En cas de stipulation de charges, il convient de rechercher si les charges prévues ne sont pas de nature à faire perdre à l'acte son caractère de libéralités (Cass. 1re civ., 8 juill. 2010, n° 09-16.270 : *JurisData* n° 2010-011376).
Sur le cas d'une vente dont il n'est pas prouvé que le prix ne correspondant pas à la réalité économique de la propriété agricole de l'ascendant débiteur à son fils créancier établisse la commune intention des parties de remplir le fils de ses droits de créance, V. Cass. 1re civ., 11 févr. 2015, n° 13-27.923 : *JurisData* n° 2015-002221 ; *RD rur.* 2015, comm. 124, note S. Besson.

• Mode

1501 Le paiement peut se faire par le versement d'une somme d'argent ou par la remise de biens héréditaires.
À défaut d'accord amiable, les délais et modalités de paiement sont fixés par le tribunal « dans les conditions prévues à l'article 924-3 du Code civil » (C. rur., art. L. 321-17, al. 4). Il en résulte qu'un délai peut être accordé par le tribunal, ne pouvant excéder dix ans de l'ouverture de la succession et que, sauf convention contraire, les sommes dues produisent des intérêts au taux légal.
Si, en principe, l'interruption de la prescription ne peut s'étendre d'une action à une autre, il en est autrement lorsque les deux actions, bien qu'ayant une cause distincte, tendent aux mêmes fins, de sorte que la seconde est virtuellement comprise dans la première. Or, l'action en versement d'un salaire différé, qui ne tend ni à la liquidation de l'indivision successorale ni à l'allotissement de son auteur, n'a pas la même finalité que l'action en partage (Cass. 1re civ., 7 juill. 2021, n° 19-11.638, F-B : *JurisData* n° 2021-010910 ; *JCP* N 2021, act. 720).

• Obligation des cohéritiers et donataires

1502 L'article L. 321-13 du Code rural et de la pêche maritime prévoit dans son premier alinéa que le salaire différé ne saurait donner lieu au paiement d'une soulte à la charge des cohéritiers.

REMARQUE S'il existe **plusieurs créanciers** de salaire différé et si l'actif successoral est insuffisant pour les désintéresser, il est procédé au règlement au prorata des créances respectives.

Le créancier qui ne serait pas désintéressé par l'exploitant lors de la donation-partage comprenant la majeure partie des biens, et alors que ceux non distribués ne seraient plus suffisants pour le couvrir du montant de ses droits, peut lors du partage exiger des donataires le paiement du reliquat de son salaire (C. rur., art. L. 321-17).

• Garanties

1503 L'article L. 321-21 du Code rural (dans sa rédaction issue de l'article 34, XIV, de l'ordonnance n° 2021-1192 du 15 septembre 2021) dispose que les droits de créance résultant du contrat de salaire différé sont garantis :
– par le privilège mobilier général de l'article 2331, 3° du Code civil ;
– par le privilège immobilier général de l'article 2377, 2°, du même code ;
– et par une hypothèque légale.
Les privilèges, mobilier et immobilier, ne garantissent le paiement de la créance de salaire différé que pour l'année échue et l'année courante. L'hypothèque doit bien entendu être inscrite et ne prend rang qu'à la date de son inscription.

2 Créance du conjoint survivant d'un chef d'entreprise ou d'exploitation

• Entreprise artisanale commerciale ou libérale

1504 L'article 14, I, de la loi n° 89-1008 du 31 décembre 1989 prévoit une créance au profit du conjoint survivant du chef d'une entreprise artisanale, commerciale ou libérale.

1505 **Conditions.** Le survivant doit justifier par tous moyens avoir participé directement et effectivement à l'activité de l'entreprise pendant dix ans au moins sans recevoir de salaire ni être associé aux bénéfices et aux pertes de l'entreprise.
Cette dernière condition semble concerner essentiellement l'incidence du régime matrimonial (M. Dagot, *Le prélèvement minimal du conjoint survivant du commerçant* : *JCP* N 1990, I, p. 317, spéc. n° 136, p. 328). Selon une réponse ministérielle, la condition de l'absence d'association aux bénéfices et aux pertes viserait exclusivement les époux ayant la qualité d'associé au sens strict, de sorte que le conjoint marié sous le régime légal pourrait bénéficier de la créance en question (Rép. min. : *JOAN* Q 13 avr. 1992, p. 1743 : *JCP* N 1992, prat. 2342-4).

1506 **Montant.** La créance est d'un montant égal à trois fois le salaire minimum interprofessionnel de croissance annuel en vigueur au jour du décès dans la limite de 25 % de l'actif successoral (V. Cass. 1re civ., 14 avr. 2010, n° 09-12.109 : *JurisData* n° 2010-051017 ; *RD rur.* 2010, comm. 89, obs. F. Roussel). Le cas échéant, le montant des droits propres du conjoint survivant dans les opérations de partage successoral et de liquidation du régime matrimonial est diminué de celui de la créance.

• Exploitation agricole

1507 Le conjoint survivant du chef d'une exploitation agricole ou de l'associé exploitant une société dont l'objet est l'exploitation agricole qui justifie par tous moyens avoir participé directement et effectivement à l'activité de l'exploitation pendant au moins dix années, sans recevoir de salaire ni être associé aux bénéfices et aux pertes de celles-ci, bénéfice d'un droit de créance d'un montant égal à trois fois le salaire minimum de croissance annuel en vigueur au jour du décès dans la limite de 25 % de l'actif successoral (C. rur., art. L. 321-21-1). Le cas échéant, le montant des droits propres du conjoint survivant dans les opérations de partage successoral est diminué de celui de cette créance (même texte).

3 Dettes diverses

1508 Les successeurs qui ont accepté la succession purement et simplement sont tenus indéfiniment des dettes du défunt mais, outre les limites que nous avons indiquées relatives à la créance de salaire différé et à celle du conjoint survivant d'un artisan, commerçant ou exploitant agricole, la règle souffre d'autres exceptions.

• Pension du conjoint survivant

1509 L'article 767 du Code civil édicte que la succession de l'époux prédécédé doit une pension à l'époux survivant qui est dans le besoin et il précise que la pension alimentaire est prélevée sur l'hérédité. Il s'ensuit que les héritiers n'en répondent pas sur les biens personnels, même après une acceptation pure et simple (V. Fiche 4 : Droits du conjoint successible).

• Prestation compensatoire

1510 À la mort de l'ex-époux débiteur d'une prestation compensatoire, quelle que soit sa forme – capital ou rente – le paiement de celle-ci est prélevé sur la succession et supporté par les héritiers dans la limite de l'actif successoral, sous réserve de la décision des héritiers de maintenir les formes et modalités de règlement de la prestation compensatoire. Rappelons que la capitalisation de la rente s'effectue après déduction des pensions de réversion (C. civ., art. 280 à 280-2. – V. *JCl. Roulois*, Fasc. 1075, *Divorce et séparation de corps*).

• Subsides de l'enfant sans filiation paternelle

1511 L'article 342 du Code civil permet à l'enfant dont la filiation paternelle n'est pas légalement établie de réclamer des subsides à celui qui a eu des relations avec sa mère pendant la période légale de conception.
La charge de subsides se transmet à la succession du débiteur suivant les règles de l'article 707 (relatives à la créance d'aliments du conjoint survivant) (C. civ., art. 342-5). Ces subsides sont donc limités à l'actif successoral (sur la question, V. *JCl. Roulois*, Fasc. 1090, *Filiation*).

• Récupération d'avantages sociaux

1512 Certaines allocations, notamment au titre de l'aide sociale donnent parfois lieu à récupération sur la succession (V. CSS, art. L. 815-13, al. 1er ; V. *JCl. Roulois*, Fasc. 1060. – V. égal. CASF, art. L. 132-8. – *JCl. Notarial Formulaire*, V° *Partage*. Pour des formules, V. J. Combret, *La mise en œuvre pratique des récupérations sur succession* : *JCP* N 2021, 1298).

POUR ALLER PLUS LOIN

Fascicules JurisClasseur

- *JCl. Notarial Formulaire*, V° *Salaire différé*.
- *JCl. Notarial Répertoire*, V° *Partage*, Fasc. 160.
- *JCl. Notarial Formulaire*, V^is^ *Indivision, Partage*, Fasc. 40, *Partage judiciaire*.
- *JCl. Notarial Répertoire*, V° *Partage*, Fasc. 100.

Bibliographie

- M. Grimaldi, *Droit des successions*, LexisNexis, coll. « Manuel », 8e éd. 2020.

Fiche 24
Rapport des libéralités

Sommaire

Introduction 251

I Règles générales 252

A Domaine du rapport 252

1 Débiteur du rapport 252

2 Créancier du rapport 253

3 Libéralités 253

B Modes d'exécution 257

1 Rapport en valeur 257

2 Rapport en nature 261

II Donation à un successible renonçant 262

A Donataire représenté 262

B Donataire non représenté 263

1 Le rapport n'a pas été stipulé 263

2 Le rapport a été stipulé 263

Introduction

1513 Le rapport est l'opération par laquelle un héritier est tenu de joindre à la masse à partager la valeur des biens qu'il a reçus à titre gratuit du défunt en avancement de sa part successorale. Exceptionnellement, ce rapport peut s'effectuer en incorporant à cette masse, non pas la valeur, mais les biens eux-mêmes. Le traitement de la donation diffère de celui du legs.

Lorsque le défunt a consenti une **donation** à un héritier, la loi présume que le donateur a entendu ne pas désavantager ses autres cohéritiers et rompre ainsi l'égalité dans le partage. Replacer dans la masse partageable la valeur ou les biens eux-mêmes conduit à respecter le principe d'égalité. Le disposant est censé avoir fait une simple avance de sorte que la masse est reconstituée comme s'il n'y avait pas eu de donation.

Cependant, les règles du rapport successoral ne sont pas d'ordre public de sorte qu'il convient de distinguer les donations consenties en avancement de part successorale (ou, selon la terminologie antérieure au 1er janvier 2007, en avancement d'hoirie) qui sont dès lors rapportables, de celles consenties hors part successorale (ou encore dites préciputaires), non rapportables.

S'agissant des **legs**, ils sont, contrairement aux donations, présumés consentis hors part successorale sauf à ce que le testateur en ait décidé autrement. Autrement dit, si le disposant souhaite que son légataire « remette » dans la masse partageable le legs qu'il a consenti, il doit alors stipuler rapportable ce legs particulier.

1514 Le rapport de libéralité doit être distingué du rapport de dette : le premier intéresse la composition de la masse à partager, alors que le second est un procédé d'allotissement (V. Fiche 25 : Droits des parties. Attribution. Effets du partage).

1515 D'importantes modifications ont été apportées aux règles du rapport par la loi n° 2006-728 du 23 juin 2006, entrée en vigueur le 1er janvier 2007, et ce sur plusieurs points :

– d'abord, avant la réforme, l'héritier renonçant à la succession pouvait retenir la donation qui lui avait été faite, laquelle s'imputait alors sur la quotité disponible. Les prévisions du donateur se trouvaient alors contrecarrées, les libéralités ultérieures risquant de ne pouvoir s'exécuter sur le disponible ainsi diminué. La réforme de 2006

autorise le donateur à stipuler le rapport en cas de renonciation du donataire à la succession ;
- ensuite, le donataire non héritier présomptif au moment de la donation et qui le devenait au décès devait le rapport, sauf dispense. Aujourd'hui, c'est la solution inverse qui domine puisque le rapport n'est pas dû sauf volonté contraire. Il paraît logique que le donateur, en faisant une libéralité à une personne qui n'a pas vocation à hériter de lui, a l'intention de l'avantager par rapport à ses héritiers présomptifs ;
- la donation de fruits et revenus est déclarée rapportable, à moins qu'elle n'ait été déclarée expressément hors part successorale, la réforme ayant mis fin aux incertitudes sur ce point ;
- enfin, la réforme du 23 juin 2006 substitue la technique de l'imputation à celle du prélèvement. En effet, auparavant, le Code civil ne connaissait que la technique du prélèvement, dans laquelle les cohéritiers prélevaient sur la masse successorale des biens pour une valeur égale au montant du rapport. Cela avait pour principale conséquence que l'excédent, une fois le prélèvement opéré, était souvent difficilement partageable. La pratique notariale avait alors recours à la technique de l'imputation, consistant à placer le montant du rapport dans le lot du donataire, qui l'impute de la sorte sur sa part.

Les modifications de moindre importance seront abordées au cours de la fiche.

Nous étudierons les règles générales (I), puis celles particulières à la donation faite à un successible, qui par la suite renonce à la succession du donateur (II).

• Textes

- C. civ., art. 843 à 863.

I Règles générales

1516 Nous délimiterons le domaine du rapport (A) avant d'en préciser les modes d'exécution (B).

A Domaine du rapport

1517 Il conviendra de déterminer les personnes concernées par le rapport : débiteur (1°) et créancier (2°), puis les libéralités sujettes à rapport (3°).

1 Débiteur du rapport

• Tout héritier

1518 **Principe.** Le rapport est dû par tout héritier même ayant accepté à concurrence de l'actif (C. civ., art. 843, al. 1er).

Renvoi. L'héritier qui renonce ne doit pas le rapport, sauf clause de la donation en vertu de l'article 845 du Code civil (ou lorsque celui-ci est représenté, V. *infra*, n° 1570).

1519 **Exception.** Le donataire qui n'était pas héritier présomptif lors de la donation, mais qui se trouve successible au jour de l'ouverture de la succession, ne doit pas le rapport, à moins que le donateur ne l'ait expressément exigé (C. civ., art. 846).

• Gratifié

1520 **Libéralité à l'héritier.** L'héritier n'est tenu au rapport que s'il a été gratifié. Par suite :
- les dons et legs faits au fils de celui qui se trouve successible à l'époque de l'ouverture de la succession ne sont pas rapportables (Cass. 1re civ., 6 mars 2019, n° 18-13.236 : *JurisData* n° 2019-003218 ; *Dr. famille* 2019, comm. 109, obs. M. Nicod ; *JCP* N 2020, 1053, chron. R. Le Guidec) ;
- le père du donataire venant à la succession du donateur n'est pas tenu de les rapporter même s'il a directement profité de la libéralité consentie à son enfant en recueillant sa succession (C. civ., art. 847) ;
- les dons et legs faits au conjoint d'un époux successible ne sont pas rapportables (C. civ., art. 849, al. 1er).

Si les dons et legs sont faits conjointement à deux époux, dont l'un seulement est successible, celui-ci en rapporte la moitié ; si les dons sont faits à l'époux successible, il les rapporte en entier (C. civ., art. 849).

1521 **Donation consentie à l'auteur de l'héritier.** L'article 848 du Code civil impose une distinction lorsque l'héritier du donataire vient à la succession du donateur :
- si le fils vient de son chef à la succession du donateur, le rapport de la donation faite à son

père n'est pas dû, même s'il a accepté la succession de celui-ci ;
– s'il ne vient que par représentation du donataire à la succession du donateur, il doit rapporter ce qui avait été donné à son père, même dans le cas où il aurait répudié sa succession.
L'hypothèse où le représentant du donataire vient à la succession du donateur à la suite de la renonciation de son auteur et où la donation contient une clause de rapport est étudiée ultérieurement (V. *infra*, n° 1570).

2 Créancier du rapport

• Cohéritier

1522 Le rapport n'est dû que par le cohéritier à son cohéritier (C. civ., art. 857).
Le gratifié, s'il est seul héritier, n'est pas tenu de rapporter à la succession le bien donné (Cass. 1re civ., 1er juill. 2003 : *JCP* G 2004, I, 155, n° 6, obs. R. Le Guidec ; *D.* 2004, p. 2339, obs. B. Vareille ; *Dr. famille* 2003, comm. 108, note B. B.).
Les créanciers personnels d'un héritier peuvent demander le rapport au nom de leur débiteur en exerçant l'action oblique de l'article 1166 du Code civil (devenu C. civ., art. 1341-1. – Cass. 1re civ., 12 mars 1968 : *JCP* G 1968, IV, 70).

• Ni légataires ni créanciers

1523 **Légataires.** Le rapport n'est pas dû aux légataires ni aux créanciers de la succession (C. civ., art. 857).
Le légataire, même universel, ne peut ni réclamer le rapport ni en profiter quand il est effectué à la requête de ceux à qui il est dû (Cass. civ., 8 janv. 1934 : *DH* 1934, p. 148).
Remarques pratiques. Il convient donc de calculer les droits du légataire sur la masse des biens existant au décès, par conséquent avant que le rapport n'y soit ajouté (pour un exemple chiffré, V. Fiche 26 : Exemples de rapports et de réductions).
Il ne faut pas confondre le rapport et la réunion fictive faite en vue du calcul de la quotité disponible : dans cette dernière situation, la donation est intégrée dans la masse de calcul (V. Fiche 26 : Exemples de rapports et de réductions).

1524 **Créanciers du défunt.** Les créanciers du défunt ne peuvent demander le rapport d'une donation ; en effet, le rapport tend seulement à assurer l'égalité entre héritiers. Cependant, il faut observer que, si l'héritier accepte purement et simplement la succession, les créanciers du défunt deviennent créanciers de cet héritier, par suite de la confusion de patrimoines, et que par suite ils peuvent saisir tout élément de son patrimoine, y compris les rapports de donation, ou exercer l'action oblique prévue par l'article 1166 du Code civil (devenu C. civ., art. 1341-1).

3 Libéralités

a) Donations

1525 Le rapport est dû de tout ce que l'héritier a reçu par donations entre vifs, directement ou indirectement, à moins qu'elles ne lui aient été faites expressément hors part successorale (C. civ., art. 843, al. 1er). Les juges du fond ne peuvent prescrire le rapport d'une valeur patrimoniale sans s'assurer que le défunt s'est dépouillé sans contrepartie au profit du bénéficiaire et que son intention libérale est établie (Cass. 1re civ., 18 mars 2020, nos 18-25.309 et 18-19.650 : *JurisData* nos 2020-004436 et 2020-004387 ; *JCP* N 2020, 1158, comm. M. Nicod).
La demande en rapport d'une donation déguisée dont aurait bénéficié un héritier ne peut être formée qu'à l'occasion d'une instance en partage successoral (Cass. 1re civ., 2 sept. 2020, n° 19-15.955, FS-P+B : *JurisData* n° 2020-012467 ; *JCP* N 2020, act. 756).

• Indifférence de la forme

1526 Peu importe la forme de la donation ; les donations déguisées, indirectes, les dons manuels sont, en principe, rapportables. Il a été jugé que la donation déguisée n'est pas à raison de son seul déguisement nécessairement dispensée de rapport (Cass. req., 11 janv. 1897 : *DP* 1897, 1, p. 473, note Guinée. – V. égal. Cass. 1re civ., 17 janv. 1995 : *JCP* G 1996, I, 3968, obs. R. Le Guidec ; *Defrénois* 1996, art. 36358-85, obs. G. Champenois ; *D.* 1995, somm. p. 334, note B. Vareille), la volonté du donateur de dispenser le rapport devant être examinée (Cass. 1re civ., 20 févr. 2001 : *Dr. famille* 2001, comm. 42, note B. Beignier. – Pour un don manuel : V. Cass. req., 5 août 1878 : *DP* 1879, 1, p. 253 et pour une donation indirecte, V. Cass. 1re civ., 30 nov. 1982 : *D.* 1983, p. 85, note A. Breton. – V. égal. Cass. 1re civ., 24 janv. 2018, n° 17-13.017 : *JurisData* n° 2018-000619 ; énonçant que l'interposition d'une société ne fait pas obstacle au rapport à la succession d'une donation indirecte ; pour la méthode de calcul de l'avantage dans un tel cas, V. Zalewski-Sicard, *Donation indirecte et société interposée* : *JCP* N 2019, 1125 ; *JCP* N 2019, chron. 1216, R. Le Guidec).

1527 **Modes de preuve.** Tous les modes de preuve sont admissibles pour établir que c'est l'intention libérale du défunt qui a conduit celui-ci à consentir à un héritier un avantage indirect (Cass. 1re civ., 19 mars 2014, n° 13-14.139 : *JurisData* n° 2014-005214 ; *JCP* N 2014, act. 495 ; *Dr. famille* 2014, comm. 77 ; *RDC* 2014, p. 446, obs. Ch. Goldie-Genicon ; *Defrénois* 2014, p. 762, obs. A. C.-T. : cas d'occupation gratuite d'un appartement et volonté expressément exprimée par le défunt dans un testament olographe révoqué par un testament postérieur ; *contra* Cass. 1re civ., 11 oct. 2017, n° 16-21.419 : *JurisData* n° 2017-019860 ; *JCP* N 2018, 1110, n° 8, chron. R. Le Guidec ; *Dr. famille* 2017, n° 12, comm. 248, M. Nicod : la mise à disposition d'un logement constitue un prêt à usage non rapportable à la succession).

- **Dispense de rapport**

1528 La dispense peut résulter d'une donation ultérieure ou d'un testament.
La jurisprudence admet que la volonté d'affranchir de l'obligation du rapport résulte de la combinaison de différentes clauses ou des circonstances extérieures (Cass. req., 28 juin 1882 : *DP* 1885, 1, p. 27. – Sur une dispense de rapport résultant d'une lettre adressée par le donateur à son notaire, V. CA Caen, 21 janv. 2014 : *JurisData* n° 2014-001642 ; *JCP* N 2014, act. 280 ou d'écrits, V. CA Paris, 11 sept. 2001, n° 1999/22415 : *JurisData* n° 2001-153305). La dispense de rapport d'une donation manuelle peut être tacite dès lors qu'elle résulte d'une conjonction de faits (Cass. 1re civ., 23 mars 2022, n° 20-17.633 : *JurisData* n° 2022-004608 ; *JCP* N 2022, 1178, M. Leroy : répartition par la donatrice entre ses enfants d'une somme issue de l'assurance-vie du père de famille immédiatement après qu'elle l'a perçue et changement de bénéficiaires de son propre contrat d'assurance-vie opéré dans le même temps que la donation).
Le préciput souhaité ne peut prendre effet dès lors que le formalisme tenant à l'acceptation dans les formes prescrites pour les dispositions entre vifs n'a pas été respecté (V. Cass. 1re civ., 29 juin 2011, n° 10-17.562 : *JurisData* n° 2011-012935 ; *Dr. famille* 2011, comm. 153, n° 10).
C'est à celui qui se prévaut d'une dispense de rapport de la prouver.
Incorporation dans une donation-partage. Rappelons la possibilité de changer le caractère rapportable ou hors part successorale d'une donation, lors de son incorporation dans une donation-partage (V. Fiche 17 : Libéralités à caractère familial).

- **Rapport dû**

1529 **Établissement, paiement des dettes.** Le rapport est dû de tout ce qui a été employé pour l'établissement d'un des cohéritiers, ou pour le paiement de ses dettes (C. civ., art. 851, al. 1er).
Rapport de donation ou de dette. Le paiement des dettes de l'héritier relève du rapport de donation si le défunt était animé d'une intention libérale, du rapport de dette (V. Fiche 23 : Masses active et passive) dans le cas contraire. Il résulte de la combinaison des articles 864, alinéa 1, et 1315, devenu 1353 du Code civil, que s'il appartient à l'héritier qui demande le rapport d'une dette par l'un de ses copartageants de prouver son existence, une fois cette preuve rapportée, le copartageant qui prétend s'en être libéré doit justifier le paiement ou le fait qui a produit l'extinction de son obligation (Cass. 1re civ., 12 févr. 2020, n° 18-23.573, FS-P+B+I : *JurisData* n° 2020-001746, S. Le Chuiton ; *JCP* N 2020, act. 242).

1530 **Donation de fruits et revenus.** Il est également dû en cas de donation de fruits ou de revenus, à moins que la libéralité n'ait été faite expressément hors part successorale (C. civ., art. 851, al. 2. – V. Cass. 1re civ., 14 janv. 1997 : *Dr. famille* 1997, comm. 53, B. Beignier). Les circonstances et le caractère de modicité de la donation peuvent, semble-t-il, justifier la dispense de rapport (Cass. 1re civ., 28 févr. 2006, n° 03-10.639).

1531 **Mise à disposition d'un logement / avantage indirect.** Il y a lieu de rechercher si les avantages indirects consentis par un parent à un enfant, comme l'occupation gratuite d'un logement, constituent des libéralités rapportables, dont la reconnaissance exige la preuve de l'intention libérale (Cass. 1re civ., 18 janv. 2012, n° 10-27.325 : *JurisData* n° 2012-000380 ; *JCP* N 2012, 1188, note Y. Delecraz ; *Defrénois* 2014, p. 762, obs. A. C.-T. ; *RTD civ.* 2012, p. 353, obs. Grimaldi. – Dans le même sens pour la nécessaire constatation de l'appauvrissement du disposant et l'intention de gratifier, V. Cass. 1re civ., 20 mars 2013, n° 11-21.368 : *JurisData* n° 2013-005025 ; *Dr. famille* 2013, comm. 93, obs. S. T.-C. – Cass. 1re civ., 2 avr. 2014, n° 13-14.767 : *JurisData* n° 2014-006582 ; *JCP* N 2014, act. 522. – Cass. 1re civ., 25 juin 2014, n° 13-16.409 : *Dr. famille* 2014, comm. 131, note Beignier ; *JCP* G 2015, 165, obs. Le Guidec. – Cass. 1re civ., 16 déc. 2020, n° 19-18.472 : *JurisData* n° 2020-021281 ; *JCP* N 2021, comm. 1179, A. Tani ; *contra*, antérieurement, Cass. 1re civ., 8 nov. 2005, n° 03-13.890 : *JurisData* n° 2005-030712 ; *Bull. civ.* I, n° 409 ; *D.* 2006, pan. 2072, obs. crit. M. Nicod ; *JCP* G 2005, I, 108, n° 8, obs. R. Le Guidec).
Cependant, par un arrêt du 11 octobre 2017, la Cour de cassation a affirmé qu'une mise à disposition du logement sans contrepartie financière relevait d'un prêt à usage incompatible avec la

qualification d'avantage indirect rapportable. Elle précise que « le prêt à usage constitue un contrat de service gratuit, qui confère seulement à son bénéficiaire un droit à l'usage de la chose prêtée mais n'opère aucun transfert d'un droit patrimonial à son profit, notamment de propriété sur la chose ou ses fruits et revenus, de sorte qu'il n'en résulte aucun appauvrissement du prêteur » (Cass. 1re civ., 11 oct. 2017, n° 16-21.419 : *JurisData* n° 2017-019860 ; *Dr. famille* 2017, n° 12, comm. 248, M. Nicod).

• Absence de rapport

1532 **Frais d'entretien, d'éducation, présents d'usage.** Les frais de nourriture, d'entretien, d'éducation, d'apprentissage, les frais ordinaires d'équipement, ceux de noces et présents d'usage ne doivent pas être rapportés, sauf volonté contraire du disposant (C. civ., art. 852).

Les présents d'usage sont des cadeaux n'excédant pas une certaine valeur qui sont faits à l'occasion de certains événements et conformément à un certain usage (Cass. 1re civ., 6 déc. 1988 : *JCP* G 1989, IV, p. 4). Le caractère de présent d'usage s'apprécie à la date où il est consenti et compte tenu de la fortune du disposant (C. civ., art. 852, al. 2. – Cass. 1re civ., 10 mai 1995, n° 93-15.187 : *JurisData* n° 1995-001014).

La jurisprudence paraît favorable à une certaine solidarité intergénérationnelle, en admettant l'aide financière qui représente l'expression d'un devoir familial, dès lors qu'elle n'entraîne pas un appauvrissement significatif du disposant (Cass. 1re civ., 1er févr. 2012, n° 10-15.546 : *Dr. famille* 2012, comm. 72, B. Beignier ; *RTD civ.* 2012, p. 308, obs. J. Hauser et 352, obs. M. Grimaldi ; et pour une obligation alimentaire, Cass. 1re civ., 15 nov. 2017, n° 16-26.395 : *Dr. famille* 2018, comm. 39). La qualification de présents d'usage retenue par les juges du fond commande que soient précisés à l'occasion de quel événement et selon quel usage les dons ont été réalisés (Cass. 1re civ., 25 sept. 2013, n° 12-17.556 : *JurisData* n° 2013-020477 ; *JCP* N 2013, 1279, note M. Nicod).

1533 **Profit tiré de conventions.** De même, ne sont pas rapportables, sauf volonté contraire, les profits que l'héritier a pu retirer de conventions passées avec le défunt, si ces conventions ne présentaient aucun avantage indirect lorsqu'elles ont été faites, en vertu de l'article 853 du Code civil. Or, une lecture *a contrario* de ce texte avait conduit la jurisprudence à retenir une conception autonome de l'avantage indirect rapportable (Cass. 1re civ., 8 nov. 2005, n° 03-13.890 : *JCP* G 2005, I, 108, n° 8, obs. R. Le Guidec ; *D.* 2006, pan. 2072, obs. M. Nicod). Ainsi, l'occupation gratuite d'un logement mis à disposition par le défunt pouvait potentiellement constituer un tel avantage et partant, être soumise au rapport. Cette position est aujourd'hui abandonnée. La Cour de cassation qualifie l'opération de prêt à usage (Cass. 1re civ., 11 oct. 2017, n° 16-21.419 : *Dr. famille* 2017, n° 12, comm. 248, M. Nicod). Le rapport ne peut être prescrit qu'en présence d'une intention libérale (Cass. 1re civ., 18 janv. 2012, nos 09-72.542, 10-25.685, 10-27.325 et 11-12.863 : *Dr. famille* 2012, comm. 50, B. Beignier ; *JCP* G 2012, 513, F. Sauvage ; *RTD civ.* 2012, p. 307, J. Hauser et p. 353, M. Grimaldi ; *D.* 2012, pan. 2482, obs. M. Nicod) et d'un transfert de droit patrimonial, à l'image de la donation indirecte.

1534 **Société avec le défunt.** Pareillement, il n'est pas dû de rapport pour les associations faites sans fraude entre le défunt et l'un de ses héritiers, lorsque les conditions en ont été réglées par un acte authentique (C. civ., art. 854). En principe, ces bénéfices ne sont dispensés de rapport qu'à la double condition :

– que le contrat de société ait été passé par acte authentique ;

– et qu'il ait été conclu sans fraude, c'est-à-dire qu'il ne contienne aucun avantage particulier au profit de l'héritier associé, qui doit être placé dans la même situation qu'un étranger (CA Douai, 21 juin 1906 : *DP* 1908, 2, p. 225, note Planiol).

La jurisprudence a apporté des tempéraments à ces règles. En effet, l'héritier est admis à établir :

– soit que les bénéfices distribués doivent être considérés comme une juste rétribution du concours apporté par lui dans l'administration des affaires sociales et des risques courus par ses capitaux (Cass. civ., 17 août 1864 : *DP* 1865, 1, p. 305) ;

– soit que le défunt avait eu l'intention de le dispenser du rapport à la succession (Cass. req., 23 juin 1919 : *DP* 1920, 1, p. 159).

• Perte du bien

1535 Le bien qui a péri par cas fortuit et sans la faute du donataire n'est pas sujet à rapport.

Toutefois, si ce bien a été reconstitué au moyen d'une indemnité perçue en raison de sa perte, le donataire doit le rapporter dans la proportion où l'indemnité a servi à sa reconstruction.

Si l'indemnité n'a pas été utilisée à cette fin, elle est elle-même sujette à rapport (C. civ., art. 855).

Lorsque l'indemnité a servi à remplacer le bien donné, et non à sa reconstruction, une interprétation restrictive, non majoritaire de la doctrine, conduit à limiter le rapport au montant de l'indemnité d'assurance.

• **Assurance sur la vie**

1536 Le capital ou la rente payable au décès du contractant d'une assurance sur la vie à un bénéficiaire déterminé ne sont pas soumis à rapport, non plus que les primes versées, à moins qu'elles n'aient été manifestement exagérées eu égard aux facultés du contractant (C. assur., art. L. 132-13. – V. *JCl. Roulois*, Fasc. 1655, *Contrats aléatoires*).

1537 **Assurance et capitalisation.** Au sujet des opérations de capitalisation par l'assurance, on rappellera qu'une jurisprudence considère désormais que le contrat d'assurance dont les effets dépendent de la durée de vie humaine comporte un aléa au sens de l'article 1964 du Code civil, L. 310-1, 1° et R. 321-20, 20 du Code des assurances et constitue un contrat d'assurance sur la vie (Cass. ch. mixte, 23 nov. 2004, n°s 01-13.592, 02-11.352, 02-17.507 et 03-13.673 : *JurisData* n°s 2004-025781, 2004-025782, 2004-025783 et 2004-025784. – H. Lécuyer, *Promesses jurisprudentielles d'une longue vie à l'assurance-vie : Dr. famille* 2005, chron. 6. – Ph. Grosjean, *Les nouvelles frontières de l'assurance-vie. [À propos de Cass. civ. ch. mixte, 23 nov. 2004] : JCP* N 2005, 1003. – CA Limoges, ch. civ., sect. 1, 26 mai 2005, n° 04/00379 : *JurisData* n° 2005-285319 : retenant l'aléa pour un souscripteur malade décédé un mois après la souscription du contrat). Ce courant a opéré un revirement et conduit à une conception extensive de l'aléa exclusif de la qualification d'opération de capitalisation (Cass. 1re civ., 18 juill. 2000, n° 97-21.535 : *JurisData* n° 2000-003006 ; *Dr. famille* 2000, comm. 149, Leroy).

Malgré tout, il convient de relever :

– qu'en dépit de cette conception extensive de l'aléa, le contrat d'assurance qui correspond à une opération de capitalisation emporte exclusion de l'application des articles L. 132-12 et L. 132-13 du Code des assurances, de sorte que le capital versé en exécution de la convention doit être rapporté à la succession (CA Reims, 2 sept. 2004, n° 00/02767 : *JurisData* n° 2004-257517 ; *Dr. famille* 2005, comm. 39) ;

– que la requalification du contrat d'assurance-vie en donation indirecte, donc de la preuve nécessaire de l'intention libérale du souscripteur et de fait d'une absence d'aléa, conduit alors au rapport du capital ou de la rente versés (Cass. ch. mixte, 21 déc. 2007, n° 06-12.769 : *JurisData* n° 2007-042070 ; *D.* 2008, p. 218, obs. G. Bruguière-Fontenille. – Ph. Pierre et R. Gentilhomme, *Assurance-vie : la donation entre vifs à l'épreuve de la mort du souscripteur : JCP* N 2008, 1222. – X. Bouché, *La requalification en donation ou en primes exagérées, choix et conséquences : JCP* N 2014, 1174).

La Cour de cassation admet, par ailleurs, la stipulation d'une clause tendant à réintégrer l'attribution du capital à la succession du souscripteur, pour l'inclure dans le lot du bénéficiaire (Cass. 1re civ., 8 juill. 2010, n° 09-12.491 : *JurisData* n° 2010-011144 ; *JCP* N 2010, p. 45, S. Hovasse ; *Bull. civ.* I, n° 170. – Ph. Delmas Saint-Hilaire, *Rendre l'assurance-vie successorale ! : RJPF* 2010-10/35 ; *Defrénois* 2011, art. 39225, p. 703, obs. B. Vareille ; *RTD civ.* 2011, p. 167, obs. M. Grimaldi. – M. Leroy et F. Fruleux, *Analyse raisonnée en faveur de l'intégration volontaire de l'assurance-vie dans les opérations liquidatives : JCP* N 2014, 1143).

1538 **Caractère exagéré du montant des primes d'assurance.** Les juges du fond apprécient souverainement le caractère manifestement exagéré des primes eu égard aux facultés du souscripteur et à l'étendue de cet excès. Ils se fondent sur l'utilité du contrat pour celui-ci, son âge et ses situations patrimoniale et familiale, au moment du versement (Cass. ch. mixte, 23 nov. 2004, n°s 01-13.592 et 02-17.507 : *JurisData* n°s 2004-025781 et 2004-025783. – Cass. 1re civ., 29 mai 2013, n° 12-11.785 : *JurisData* n° 2013-011080. – Cass. 1re civ., 7 nov. 2018, n° 17-26.566). Dès lors qu'il y a eu excès, c'est toute la prime qui doit être rapportée, et pas seulement la partie constitutive de l'abus (Cass. 1re civ., 1er juill. 1997, préc.).

• **Donation-partage**

1539 Enfin, les biens compris dans une donation-partage ne sont pas soumis au rapport, qui n'est qu'une opération préliminaire au partage en ce qu'il tend à constituer la masse partageable (Cass. 1re civ., 16 juill. 1997 : *D.* 1997, somm. p. 370, obs. M. Grimaldi). Cependant, à la suite d'une donation-partage transgénérationnelle, il peut y avoir lieu à rapport dans la succession de l'enfant qui a consenti à ce que ses enfants ou certains d'entre eux soient allotis en son lieu et place, dans les termes de l'article 1078-9 du Code civil (V. Fiche 17 : Libéralités à caractère familial et Fiche 27 : Aperçus liquidatifs après une donation-partage transgénérationnelle).

b) Legs

• **Règle légale**

1540 Le second alinéa de l'article 843 du Code civil dispose que les legs faits à un héritier sont réputés faits hors part successorale. Le rapport n'est donc pas dû.

1541 **Conjoint survivant.** En cas de legs particulier consenti au conjoint par le défunt, la libéralité s'impute sur les droits légaux du conjoint qui sont d'un quart en pleine propriété, la présomption de dispense de rapport des legs prévue à l'article 843 du Code civil lui étant inapplicable (Cass. 1re civ., 12 janv. 2022, nos 19-25.158 et 20-10.091, FS-B+R : *JurisData* n° 2022-000186 ; *JCP* N 2022, act. 201).

• **Stipulation contraire**

1542 Cependant, le même texte autorise le testateur à exprimer la volonté contraire, auquel cas le légataire ne peut réclamer son legs qu'en moins prenant sur sa part dans la succession.
Le rapport ne se conçoit pas pour un legs de quotité puisque le rapport priverait le legs de tout effet. En revanche, il peut s'envisager pour le legs d'un corps certain : le legs transmet au légataire le bien légué mais, étant rapportable, il n'avantage pas le donataire au détriment des autres héritiers.

B Modes d'exécution

1543 Le rapport se fait soit en valeur, soit en nature. Comme sous le régime antérieur à la réforme de 2006, il est en principe en valeur : le donataire conserve le bien donné ; c'est la valeur de celui-ci qui est rapportée à la masse à partager et, à concurrence de son montant, le débiteur du rapport prend moins dans cette masse. Exceptionnellement, le rapport est effectué en nature : le bien donné est alors mis dans la masse à partager.
Par ailleurs, le rapport des libéralités ne peut se prescrire qu'à compter de la clôture des opérations de partage (Cass. 1re civ., 22 mars 2017, n° 16-16.894 : *Dr. famille* 2017, comm. 138, note M. Nicod ; *D.* 2017, pan. 2119, V. Brémond ; *RTD civ.* 2017, 461, obs. M. Grimaldi).
Nous étudierons le rapport en valeur (1) puis celui en nature (2).

1 Rapport en valeur

1544 Il convient de préciser le montant du rapport (*a*) puis son règlement en moins prenant (*b*).

a) Montant

1545 Les règles du rapport ne sont pas d'ordre public, de sorte que le donateur peut y déroger. Nous étudierons donc les règles légales (*1*), puis les dérogations à celles-ci (*2*).

1) Règles légales

• **Règle générale**

1546 Le rapport est dû de la valeur du bien donné à l'époque du partage, d'après son état à l'époque de la donation (C. civ., art. 860, al. 1er).
Jurisprudence. – Mise à part l'éviction de la subrogation réelle pour les biens sujets inéluctablement à dépréciation, les règles actuelles sont les mêmes que sous le régime antérieur à la loi du 23 juin 2006, résultant de la loi n° 71-523 du 3 juillet 1971. La jurisprudence rendue sous le régime de cette dernière loi conserve donc toute sa portée.

• **Valeur au partage**

1547 La valeur du bien est appréciée au jour du partage, ou plus exactement au jour de la jouissance divise, comme pour les biens existants. Cette règle fait ainsi profiter les cohéritiers des fluctuations de valeur entre le décès et le partage (ou contribuer aux moins-values) et les place dans une situation analogue à celle qu'ils auraient eue si le bien n'était pas sorti du patrimoine du défunt (mis à part le fait qu'ils ne peuvent espérer en obtenir l'attribution). En revanche, une perspective hypothétique de constructibilité ne peut être prise en compte pour évaluer un terrain qui n'est toujours pas constructible à l'époque du partage (Cass. 1re civ., 13 févr. 2013, n° 11-24.138 : *JurisData* n° 2013-002075).
Il a été jugé que la valeur vénale du bien était constituée par le prix qui pourrait en être obtenu par le jeu de l'offre et de la demande, dans un marché réel, compte tenu de l'état du bien avant la donation et des clauses de l'acte la constatant (Cass. 1re civ., 4 oct. 2005 : *JurisData* n° 2005-030066 ; *RTD civ.* 2005, p. 811, obs. M. Grimaldi. – Comp. Cass. 1re civ., 25 juin 2008, n° 07-17.766 : *JurisData* n° 2008-044516).

• **Donation avec charge**

1548 Lorsqu'une donation est assortie de la charge pour le donataire de régler une certaine somme (par versements périodiques ou en capital), le rapport est dû à concurrence de l'émolument net procuré par la libéralité, calculé en déduisant de la valeur du bien donné à l'époque du partage, d'après son état à l'époque de la donation, le montant de la charge déterminé au jour de son exécution. La charge en cause ne fait donc pas l'objet d'une réévaluation au jour du partage (Cass. 1re civ., 16 nov. 2022, n° 21-11.837, FS-B : *JurisData* n° 2022-019113 ; *JCP* N 2022, act. 1136).

• **État au jour de la donation**

1549 Pour que la reconstitution du patrimoine du défunt soit aussi exacte que possible, il est nécessaire que les cohéritiers ne profitent pas des augmentations de valeur dues au fait du donataire, et corrélativement ne subissent pas les moins-values qui lui sont imputables.
Pour cette raison, l'article 860 du Code civil prescrit l'évaluation du bien – à l'époque du partage – compte tenu de son état lors de la donation.

1550 **Distinction.** Si l'état matériel ou juridique du bien a changé entre la donation et le partage, il convient de rechercher si le changement résulte ou non de l'activité du donataire, en d'autres termes, s'il résulte d'une cause fortuite étrangère à l'industrie du gratifié (dépréciation monétaire, nouvelle agglomération à proximité du bien donné, etc.) ou de l'initiative du donataire (travaux d'amélioration) (Cass. 1re civ., 14 janv. 2015, n° 13-24.921 : *JurisData* n° 2015-000213 ; *Dr. famille* 2015, comm. 54, note Nicod. – Cass. 1re civ., 31 oct. 1989 : *JCP* N 1990, 11, p. 108 ; *RTD civ.* 1990, p. 694, note J. Patarin).
Dans le premier cas, la variation se serait produite si le défunt était resté propriétaire ; le rapport est de la valeur au partage, sans correctif.
Dans la seconde hypothèse, il faut évaluer le bien selon son état lors de la donation.
Par conséquent, ce qui est étranger à l'activité du donataire profite ou nuit à la masse (sur la disparition d'un facteur de diminution de la valeur du bien donné en raison de l'incorporation à la parcelle donnée d'une autre parcelle attribuée par un partage, V. Cass. 1re civ., 29 mai 2013, n° 12-11.821 : *JurisData* n° 2013-010712 ; *Dr. famille* 2013, comm. 122, note B. Beignier ; *JCP* N 2013, act. 677. – Ce qui est imputable au gratifié reste à son profit ou à sa charge : sur la prise en compte du travail fourni par des donataires de titres sociaux en tant qu'associés majoritaires pour leur imputer la plus-value prise par les droits sociaux donnés, V. Cass. 1re civ., 8 juill. 2009 : *Bull. civ.* I, n° 168 ; *RTD civ.* 2009, p. 762, obs. M. Grimaldi).

1551 **Exemples.** A a reçu un immeuble loué à l'époque de la donation et valant alors 300. Lors du partage, cet immeuble est libre de location et vaut 900 ; s'il était loué, il vaudrait 500.
Première hypothèse : le locataire est parti de son propre mouvement. Il n'y a alors pas lieu de prendre en considération l'état de l'immeuble lors de la donation et le rapport est de 900.
Seconde hypothèse : le donataire a négocié le départ du locataire et lui a versé une indemnité d'éviction : le rapport est de 500 (V. R. Guimbellot, note ss Cass. 1re civ., 22 sept. 1982 : *Defrénois* 1984, art. 33196).
Dans le cas d'une donation d'un terrain agricole devenu avant le décès terrain à bâtir, l'évaluation de la libéralité pour le montant du rapport comme pour la réunion fictive doit être faite compte tenu de sa nouvelle destination (Cass. 1re civ., 11 mai 1977 : *JCP* N 1979, II, p. 37, note M. Dagot ; *Defrénois* 1977, art. 31582, obs. G. Champenois. – Et dans celui d'un terrain initialement constructible devenu inconstructible par suite d'un classement en zone agricole, V. Cass. 1re civ., 22 oct. 2014, n° 13-24.911 : *JurisData* n° 2014-025141 ; *Dr. famille* 2015, 18, obs. S. T.-C. ; *JCP* N 2014, act. 1158).
Le bien loué à l'héritier débiteur du rapport doit être estimé comme libre de bail : (Cass. 1re civ., 21 oct. 2015, n° 14-24.926 : *JurisData* n° 2015-023341).
Confusion à éviter. On ne doit pas déduire le montant des travaux mais rechercher la valeur du bien à l'époque du partage sur la base de son état à la date de la donation (Cass. 1re civ., 31 mai 2005 : *AJ fam.* 2006, p. 327, obs. F. Bicheron ; *RJPF* sept. 2005, p. 26, obs. J. Casey).

• **Impenses et absence de plus-value**

1552 En cas d'impenses réalisées par le donataire et desquelles il ne résulterait aucune plus-value, le gratifié peut-il soustraire du montant du rapport celui des impenses ? Si les impenses sont d'entretien, la déduction ne semble pas possible en ce qu'elles constituent une charge des fruits. En revanche, et si l'on applique de façon extensive l'article 861 du Code civil, celles de grosses réparations ou encore celles nécessaires à la conservation du bien donné commandent leur déduction du montant du rapport. Sans ces dernières, la valeur du bien aurait diminué.

• **Bien aliéné avant le partage**

1553 **Règle générale.** Il résulte de l'article 860, alinéa 2, du Code civil que si le bien a été aliéné avant le partage, on doit tenir compte de la valeur qu'il avait :
– à l'époque de l'aliénation (V. Cass. 1re civ., 27 juin 2000, n° 98-14.886 : *JurisData* n° 2000-002687 ; *Dr. famille* 2000, 133, note B. Beignier) ;
– et, si un nouveau bien a été subrogé au bien aliéné, de la valeur de ce nouveau bien à l'époque du partage.
Cette disposition s'applique que le bien ait été aliéné à titre gratuit ou onéreux. On soulignera que, dans le second cas, c'est la valeur qui doit être prise en considération et non le prix, qui ne coïncide pas nécessairement.

La subrogation peut être prouvée par tous moyens. Dans le cas où le bien donné aliéné n'a financé que partiellement le nouveau bien, il faut effectuer un calcul proportionnel.
Soit une donation immobilière rapportable. À l'époque de la donation, l'immeuble valait 100 000 €. Il a été vendu 300 000 €, prix correspondant à la valeur, et un nouveau bien a été acquis moyennant 400 000 €, frais inclus. Ce nouvel immeuble vaut 600 000 € à la date de la jouissance divise.
Si un nouveau bien n'avait pas été subrogé à l'immeuble donné, le rapport serait de 300 000 €. En l'occurrence, le rapport est dû dans la proportion où le prix de vente du bien donné a servi à financer le nouveau bien, soit 300 000 / 400 000 ou 3/4.
Il est donc de : (600 000 × 3) / (4) = 450 000 €
Supposons maintenant que le donataire a fait des travaux d'amélioration dans l'immeuble qui lui avait été donné, sans lesquels cet immeuble n'aurait valu que 260 000 € lors de son aliénation. Le rapport se calcule alors dans la proportion de 260 000/400 000, soit 13/20, soit : (600 000 × 13) / (20) = 390 000 €

1554 **Exclusion de la subrogation.** Si la dépréciation du nouveau bien était, en raison de sa nature, inéluctable au jour de son acquisition, il n'est pas tenu compte de la subrogation (C. civ., art. 860, al. 2).
Par suite, si le prix d'aliénation du bien donné est employé à l'acquisition d'un bien soumis à une dépréciation certaine (par ex., automobile, matériel s'usant ou devenant rapidement obsolète), le rapport est du montant du prix d'aliénation, et non de la valeur du bien acquis.
Ainsi, un donataire vend pour 12 000 le mobilier de style donné et, avec le prix, achète une voiture qui vaut 1 000 au jour de la jouissance divise. Le rapport est de 12 000.

• **Rapport d'une somme d'argent**

1555 Le rapport d'une somme d'argent est égal à son montant. Toutefois, si elle a servi à acquérir un bien, le rapport est dû de la valeur de ce bien, dans les conditions prévues à l'article 860 (C. civ., art. 860-1).
Ainsi, lorsque les cohéritiers du donataire d'une somme d'argent seront en mesure de prouver (par tous moyens) que cette somme a servi à acquérir un bien, ce n'est pas la somme donnée qui sera rapportable, mais la valeur du bien acquis grâce à elle ; et ce rapport sera dû de la valeur du bien à l'époque du partage, d'après son état à l'époque de l'acquisition, ou, s'il a été aliéné avant le partage, de la valeur qu'il avait à l'époque de l'aliénation.

La notion d'acquisition est appréciée strictement. Ainsi, dans une espèce où les sommes données avaient été utilisées pour financer partiellement des constructions sur un terrain appartenant au donateur, il a été jugé que les dispositions de l'article 869 ne s'appliquaient pas (Cass. 1re civ., 21 mai 1997 : *JCP* N 1997, n° 44, II, p. 1363 ; *Defrénois* 1997, art. 36650, p. 1140, note Ph. Malaurie. – Dans le même sens : Cass. 1re civ., 14 mai 2014, n° 12-25.735 : *JurisData* n° 2014-009720 ; *Dr. famille* 2014, comm. 132, note M. Nicod).

• **Fruits et intérêts**

1556 Les fruits des choses sujettes à rapport sont dus à compter du jour de l'ouverture de la succession.
Les intérêts ne sont dus qu'à partir du jour où le montant du rapport est déterminé (C. civ., art. 856). Par conséquent, si le montant du rapport n'est pas réactualisé (par ex., donation d'une somme d'argent non employée ou dont l'emploi n'est pas prouvé, aliénation du bien donné non suivie d'une subrogation réelle ou rapport forfaitaire), les intérêts sont dus à compter du décès ; si la jouissance divise est fixée au jour du décès, aucun intérêt n'est dû.

• **Cas particuliers**

1557 **Bien donné en nue-propriété.** Lorsque la donation a eu pour objet la nue-propriété d'un bien, une distinction s'impose :
– si l'usufruit a été réservé par le donateur sur sa tête, le rapport est de la valeur en propriété car, par suite de l'extinction de l'usufruit, le donataire s'est trouvé investi de la toute propriété des biens (Cass. 1re civ., 17 nov. 1971 : *JCP* N 1972, II, 17194, note M. Dagot ; *Defrénois* 1972, art. 30044, p. 146, obs. G. Morin. – Cass. 1re civ., 5 févr. 1975 : *Defrénois* 1975, art. 31001, note R. Guimbellot ; *JCP* N 1976, II, 18249, obs. M. Dagot) ;
– si, constitué sur une autre tête que celle du donateur, l'usufruit existe toujours lors du partage, le rapport est de la valeur en nue-propriété.

1558 **Donation avec charges.** En cas de donation avec charge, le rapport se limite à l'émolument gratuit reçu par le gratifié. Ainsi, lorsque les charges ont été imposées au donateur, leur montant est à déduire de la valeur du bien donné. Si la charge doit consister en un paiement d'un capital (créance hypothécaire, par exemple), pour certains il y a lieu de réévaluer ce montant par rapport à la valeur du bien donné au partage, et pour d'autres, il n'y a pas de réévaluation à opérer. Il semble

que ce soit la deuxième solution qui l'emporte et ce, par alignement avec le paiement d'une rente viagère.
Ainsi, en cas de donation à charge de rente viagère, les arrérages sont déductibles (Cass. 1re civ., 12 oct. 1971 : *JCP* N 1972, prat. 5239). Le montant n'est déductible qu'après avoir été lui-même diminué des revenus tirés par le donataire du bien donné (Cass. 1re civ., 24 nov. 1987 : *JCP* N 1989, II, p. 1 ; *JCP* G 1989, II, 21193, note F.-X. Testu ; *Defrénois* 1988, art. 34149, note G. Morin). Les arrérages payés n'ont pas à être réévalués au jour du partage (Cass. 1re civ., 23 mars 1994 : *JCP* G 1994, IV, p. 181).

1559 **Immeuble classé ou inscrit.** L'article L. 621-29-7 du Code du patrimoine précise notamment que pour l'application de l'article 860 du Code civil, lorsqu'un immeuble classé ou inscrit au titre des monuments historiques, transmis par donation, est affecté d'une clause d'inaliénabilité, l'évaluation en est diminuée des charges, y compris d'entretien, nécessaires à sa préservation durant toute la durée de la clause (comp. en matière fiscale : Cass. com., 6 févr. 2007, n° 05-12.939 : *JurisData* n° 2007-037254 : non retenue d'une dépréciation de la valeur vénale).

1560 Biens de consommation. Malgré la dépréciation inéluctable d'un bien de consommation donné (appareil d'électroménager, par exemple), il ne peut être question, selon la jurisprudence et sous réserve d'une bonne interprétation de celle-ci, de faire abstraction de l'état du bien au jour de la donation pour la détermination du montant du rapport (Cass. 1re civ., 27 juin 2000, n° 98-14.886 : *JurisData* n° 2000-002687 ; Dr. famille 2000, comm. 133, note B. Beignier : censurant une cour d'appel ayant prescrit le rapport d'un véhicule automobile pour sa valeur au jour de l'aliénation sans qu'il ait été tenu compte de l'état de ce véhicule au jour de la donation ; comp. C. civ., art. 860, al. 2, en cas de subrogation avec un bien périssable, V. supra, n° 1554).

2) Dérogations

1561 L'article 860 du Code civil, dans son troisième alinéa, autorise des stipulations contraires aux règles qui viennent d'être énoncées.

• Diversité des clauses

1562 Ainsi, on peut notamment :
– convenir d'un rapport forfaitaire pour un montant déterminé (Cass. 1re civ., 6 nov. 2013, n° 12-16.625 : *JurisData* n° 2013-024775 ; *Dr. famille* 2014, comm. 8, S. Deville) ;
– prévoir une évaluation à une date autre que celle du partage : date de la donation, de l'ouverture de la succession (Cass. 1re civ., 17 nov. 2010, n° 09-13.213 : *JurisData* n° 2010-021548), etc. ;
– indexer la somme donnée ;
– ou exclure la subrogation en cas d'aliénation suivie de remploi ou en cas de donation d'une somme d'argent.

• Limite

1563 S'il résulte d'une telle stipulation que la valeur sujette à rapport est inférieure à la valeur du bien déterminé selon les règles d'évaluation prévues par l'article 922, cette différence forme un avantage indirect acquis au donataire hors part successorale (C. civ., art. 860, dernier al.). L'article 922 du Code civil retient la valeur au décès. Ce texte s'applique impérativement. Peu importe que le donateur n'ait nullement eu l'intention d'avantager le donataire en stipulant la clause (Cass. 1re civ., 1er oct. 1986 : *Defrénois* 1987, art. 33904, note G. Morin ; *JCP* N 1988, II, p. 305, note M. Dagot).
Exemple. Donation d'un immeuble avec stipulation que le rapport serait de la valeur au jour de la donation, s'élevant à 300. Valeur au décès : 500. Par application de l'article 860, alinéa 4, du Code civil, la donation revêt un double caractère :
– à concurrence de 300 et conformément à ce qui a été convenu, elle est rapportable ;
– à concurrence de 200 (différence entre la valeur au décès et celle au jour de la donation) elle est hors part successorale (pour un autre exemple, V. Fiche 26 : Exemples de rapports et de réductions).

b) Moins prenant

• Imputation

1564 L'article 858 du Code civil énonce que le rapport se fait en moins prenant, sauf dans le cas du deuxième alinéa de l'article 845. Ce dernier texte envisage le rapport dû par un renonçant en raison d'une clause le lui imposant, lequel sera étudié ultérieurement (V. *infra*, n° 1570).
La réforme ayant supprimé la méthode du prélèvement par les cohéritiers de biens existant au décès d'une valeur égale au rapport, seule subsiste la technique de l'imputation sur la part successorale du débiteur du rapport. Par suite, le rapport est inclus dans la masse active. Il est ensuite attribué au donataire et s'éteint par confusion.

• Exemple

1565 Un défunt laisse deux héritiers, A et B. A a reçu par donation un pavillon, demeuré dans le même état, et qui vaut 200 000 € lors du partage. Biens existants au décès : un appartement évalué 180 000 € et des liquidités pour 100 000 €. Le passif est négligé.

Les attributions du partage se présentent de la façon suivante :

Actif à partager	Masse	A	B
Appartement	180 000		180 000
Liquidités	100 000	40 000	60 000
Rapport de A	200 000	200 000	
Totaux	480 000	240 000	240 000
		480 000	

2 Rapport en nature

a) Cas

1566 Indépendamment d'un accord des cohéritiers, le rapport en nature ne peut se produire que dans deux cas : quand l'acte de donation le stipule et si le donataire opte pour ce mode de rapport.

• **Stipulation dans la donation**

1567 Le rapport ne peut être exigé en nature sauf stipulation contraire de l'acte de donation (C. civ., art. 858, al. 2).
Font obstacle au rapport en nature :
– l'aliénation du bien donné faite avec le consentement du donateur conformément à l'alinéa 3 de l'article 858 du Code civil (V. *supra*, n° 1562) ;
– la perte du bien donné (le rapport pouvant être dû en valeur en cas de faute du donataire ou de perception d'une indemnité, dans les termes de l'article 855 du Code civil ; V. *supra*, n° 1516).

• **Option du donataire**

1568 L'héritier a aussi la faculté, en application de l'article 859 du Code civil de rapporter en nature le bien donné mais à la double condition :
– que le bien donné **lui appartienne** encore ;
– et que le bien donné soit **libre de toute charge** ou occupation, dont il n'aurait pas déjà été grevé à l'époque de la donation (C. civ., art. 859), sauf celles qui, non imputables au donataire, auraient grevé de même le bien s'il était resté en la possession du donateur.
Le donataire peut avoir intérêt à opter pour cette solution lorsque la soulte (ou l'indemnité de réduction) est si importante qu'il ne peut ou ne veut la payer.

Si l'acte de donation peut écarter la faculté offerte à l'héritier de rapporter en nature, tel n'est pas le cas d'une clause qui se borne à reproduire les dispositions légales du rapport en moins prenant en indiquant qu'il est de la valeur du bien à l'époque du partage d'après son état à l'époque de la donation (Cass. 1re civ., 12 janv. 2011, n° 09-15.298 : *JurisData* n° 2011-000141 ; *Dr. famille* 2011, comm. 40, note Beignier ; *RTD civ.* 2011, p. 573, obs. Grimaldi).

b) Effets

• **Résolution de la donation**

1569 À la suite du rapport en nature convenu entre donateur et donataire conformément au deuxième alinéa de l'article 858 du Code civil, la donation est résolue et le bien donné est compris dans la masse à partager. Par application du troisième alinéa du même article, les aliénations et constitutions de droits réels consenties par le donataire s'éteignent par l'effet du rapport à moins que le donateur n'y ait consenti.
On observera que les aliénations et constitutions de droits ne sont anéanties que si le rapport en nature a été stipulé, hypothèse très exceptionnelle. En effet, le donataire ne pouvait choisir le rapport en nature puisque le bien ne lui appartient plus ou que le donataire l'a grevé de charges.

• **Maintien de certains actes**

1570 Il existe des situations où les aliénations ou constitutions de droits réels sont maintenues.

1571 **Bien attribué au donataire.** En premier lieu, le droit du donataire et, par voie de conséquence, les aliénations consenties et les droits réels constitués par lui, sont maintenus si, par l'effet du partage, le bien lui est attribué. Le rapport s'effectue alors en moins prenant.

Rapport des libéralités

1572 **Consentement du donateur.** Sont également maintenues, en vertu de l'article 858 du Code civil, alinéa 3, les aliénations et les constitutions de droits réels auxquelles le donateur a consenti. Ce consentement peut être donné dans l'acte de donation, lors de l'aliénation ou postérieurement à celle-ci.
Si le donataire a procédé à une aliénation, le rapport se fait en valeur. S'il a constitué un droit réel, le bien donné est réuni à la masse à partager et son attributaire le reçoit grevé du droit réel constitué par le donataire mais si le bien est attribué à un autre que le donataire, ce dernier est redevable d'une indemnité correspondant à la dépréciation, de façon que l'égalité entre les cohéritiers ne soit pas rompue.

• **Améliorations et dégradations**

1573 Le donataire assujetti à un rapport en nature doit rapporter le bien donné dans l'état où celui-ci se trouvait à l'époque de la donation. Or, depuis la donation, ce bien a pu faire l'objet d'améliorations ou de dégradations, dont il y a lieu de tenir compte. En effet, dans la masse à partager, le bien est évalué dans son état au jour du partage. Les rapports en nature et en valeur doivent aboutir à des résultats équivalents.

1574 **Indemnités dues au donataire.** Lorsque le rapport se fait en nature, le donataire doit être indemnisé, s'il y a lieu, des dépenses ou améliorations qu'il a faites.
Ainsi, en principe, le donataire n'a pas droit au remboursement des dépenses d'amélioration exposées par lui, mais à une indemnité égale à la plus-value que ces dépenses ont procurée au bien donné.
Il peut retenir la possession du bien donné jusqu'au remboursement effectif des indemnités qui lui sont dues de ce chef (C. civ., art. 862).

1575 **Indemnités dues par le donataire.** De son côté, le donataire doit, en cas de rapport en nature, tenir compte des dégradations et détériorations qui ont diminué la valeur du bien donné par son fait ou par sa faute (C. civ., art. 863).
Un compte peut être à faire au sujet des dépenses, améliorations et dégradations dont le bien a pu faire l'objet.

• **Fruits**

1576 En application de l'article 856, alinéa premier, du Code civil, les fruits ne sont dus qu'à compter du jour de l'ouverture de la succession.

II
Donation à un successible renonçant

1577 L'article 845 du Code civil, dans son ancienne rédaction telle qu'elle résultait de la loi du 3 juillet 1971, permettait à l'héritier renonçant à la succession de retenir les dons, et aussi les legs, jusqu'à concurrence de la portion disponible. En effet, la libéralité ne pouvait d'évidence s'imputer sur la part de réserve du renonçant, celui-ci n'en ayant aucune.
Il s'ensuivait que le donataire pouvait trouver avantage à renoncer à la succession. Il en était ainsi lorsqu'il avait reçu une donation d'un montant important et que le donateur laissant plus de quatre enfants, la quotité disponible étant alors plus élevée que la part héréditaire. Le disponible se trouvait ainsi amputé, voire totalement absorbé et les libéralités qui, dans les prévisions du donateur devaient s'imputer sur le disponible, ne le pouvaient pas : libéralités à des non-réservataires ou libéralités préciputaires à des réservataires. Pour cette raison, la réforme née de la loi n° 2006-728 du 23 juin 2006 autorise le donateur à stipuler une obligation de rapport en cas de renonciation du donataire à la succession.

• **Textes**

• C. civ., art. 845 et 848.

1578 La réforme du 23 juin 2006 2006 autorise la représentation d'un enfant renonçant (C. civ., art. 754, al. 1er. – V. Fiche 2 : Successions – Généralités). Nous envisagerons successivement le cas où le donataire est représenté (A) et celui où il ne l'est pas (B).

A Donataire représenté

1579 Il faut distinguer selon que le donateur a ou non stipulé le rapport en cas de renonciation du donataire.

• **Rapport non stipulé**

1580 La question fait débat : si l'on considère, avec une partie de la doctrine, que l'article 848 du Code civil a une portée générale, l'enfant du donataire qui vient à la succession du donateur à la suite de la renonciation de son auteur et par représentation de ce dernier doit le rapport (not. Ph. Malaurie et C. Brenner, *Droit des successions et des libéralités*, LGDJ, 2016, n° 878. – F. Sauvage, *Successions*, Delmas, 2016, n° 151.16). Cependant, une autre partie de la doctrine (M. Grimaldi, *La représentation d'un héritier renonçant : Defrénois* 2008, art. 38698. – B. Vareille, *Réflexions sur l'imputation en droit des successions : RTD civ.* 2009, 9. – N. Levillain, *Nouvelles règles liquidatives en présence d'un héritier renonçant : JCP* N 2007, 1187. – D. Vigneau, *Le rapport d'une donation à un renonçant : JCP* N 2006, 1327 ; *JCP* N 2008, II, 1193) relève que la mise en œuvre d'un tel rapport par les représentants d'un renonçant viendrait annihiler l'un des principaux effets recherchés de la renonciation (conserver la libéralité). Ces auteurs retiennent que le représentant ne doit pas le rapport de la donation consentie au représenté renonçant. Cependant, il est susceptible de devoir le rapport d'une donation qui lui a été consentie personnellement.
Il appartiendra à la jurisprudence de se prononcer, la première solution étant loin de faire l'unanimité.

• **Rapport stipulé**

1581 Dans l'hypothèse où le donateur a stipulé le rapport et que la représentation joue, la question se pose de savoir si le rapport est dû par les représentants du donataire dans les termes de l'article 848 précité du Code civil ou s'il est dû par le donataire à la suite de la stipulation contenue dans l'acte de donation conformément à l'article 845 du même code, ce qui évincerait les dispositions de l'article 848. La seconde solution paraît préférable car il semble difficile de transférer aux représentants l'obligation souscrite par le donataire (V. A. Delfosse et J.-F. Peniguel, *op. cit.*, n° 379 et la note).

B Donataire non représenté

1582 Là encore, il faut distinguer selon que la donation ne contient pas de clause obligeant au rapport (1°) ou qu'au contraire le rapport a été stipulé par le donateur (2°).

1 Le rapport n'a pas été stipulé

1583 Si le donataire n'a souscrit aucune obligation de rapport, puis s'il renonce à la succession du donateur et n'y est pas représenté, on applique la règle posée par le premier alinéa de l'article 845 du Code civil : la libéralité s'impute sur la quotité disponible ; elle est réductible, si elle l'excède. En d'autres termes, le rapport n'est pas dû.

2 Le rapport a été stipulé

• **Remarque liminaire**

1584 Comme nous l'avons dit, le legs n'est pas rapportable, sauf clause contraire, laquelle ne saurait s'appliquer qu'à un legs particulier. Un successible, en même temps légataire particulier, peut renoncer à la succession tout en conservant son legs mais le testateur peut avoir exigé le rapport, comme l'y autorise l'article 845 du Code civil dans son premier alinéa. Cependant, la situation sera très exceptionnelle et nous nous cantonnerons donc au rapport de donation.

• **Faculté**

1585 Après avoir posé le principe de l'exécution sur la quotité disponible de la libéralité faite au renonçant, l'article 845 du Code civil, dans son premier alinéa, réserve au disposant la faculté d'exiger expressément le rapport en cas de renonciation du gratifié à la succession.
Pratique notariale. Il incombe désormais au notaire d'interroger le donateur sur l'insertion ou non d'une telle clause dans l'acte de donation.

• **Personnes intéressées**

1586 Comme pour tout rapport, seuls les héritiers peuvent l'exiger. De plus, l'article 845 du Code civil édicte une imputation sur la quotité disponible, ce qui implique que les successibles aient la qualité de réservataire.

• **Montant du rapport**

1587 Le montant du rapport est précisé par le second alinéa de l'article 845 du Code civil : « Lorsque la valeur rapportée excède les droits que le donataire aurait dû avoir dans le partage s'il y avait participé, l'héritier renonçant indemnise les héritiers acceptants à concurrence de cet excédent ».
Alors que le rapport de donation est, en règle générale, de la valeur du bien donné (V. *supra*, n° 1515), dans le cas qui nous intéresse ici, seul ce qui excède les droits qu'aurait eus le renonçant s'il n'avait pas renoncé est rapportable.
À cet égard, on doit rappeler que, par application de l'article 913 du Code civil, le renonçant est

compris dans le nombre d'enfants laissés par le défunt, lorsque le renonçant est tenu au rapport en application de l'article 845 (et aussi lorsqu'il est représenté) (V. Fiche 19 : Réserve héréditaire et quotité disponible).

• **Imputation du rapport**

1588 Lorsqu'il est astreint au rapport en application des dispositions de l'article 845 du Code civil, l'héritier réservataire qui renonce est traité comme un héritier acceptant pour la réunion fictive, l'imputation et, le cas échéant, la réduction de la libéralité qui lui a été faite (C. civ., art. 919-1. – V. Fiche 19 : Réserve héréditaire et quotité disponible et Fiche 21 : Réduction des libéralités excessives – Cas particuliers).

• **Exemple**

1589 Un défunt laisse cinq enfants, dont A. Le défunt a consenti une donation à A en avancement de part successorale d'un bien valant 400 au jour du décès (d'une même valeur au jour du partage). Il a légué à un ami une somme de 120. Les biens existants au décès sont évalués à 1 200. A renonce à la succession et n'est pas représenté.

1590 **Pas d'obligation de rapport.** Le donateur n'a pas stipulé le rapport au cas de renonciation du donataire à sa succession.
A n'est pas compté dans le nombre d'enfants pour le calcul de la quotité disponible. Celle-ci est de 1/4.
La masse de calcul comprend :

– les biens au décès	1 200
– la réunion fictive de la donation	400
Soit	1 600
La quotité disponible est de	400
La réserve globale est de	1 200
et la part de réserve de chacun des quatre acceptants de	300

A impute sa libéralité sur la quotité disponible, qui est absorbée. Les enfants acceptants se partagent les biens au décès, formant la réserve. Le legs ne peut s'exécuter.

1591 **Stipulation de rapport.** Ainsi que l'article 845 du Code civil l'y autorise, le donateur a stipulé que la donation serait rapportable en cas de renonciation de A à sa succession.
A est compté au nombre des enfants pour déterminer la quotité disponible, qui est toujours de 1/4, soit 400. La réserve globale demeure de 1 200. La part de réserve de chaque enfant (y compris A) est de 240.
La donation s'impute sur la part de réserve qu'aurait eue A pour 240 et sur le disponible pour les 160 restants. En suite de quoi la quotité disponible présente un solde de 240 (400 – 160) et le legs particulier peut s'exécuter.
Il faut maintenant déterminer les droits successoraux que A aurait eus dans le partage s'il y avait participé, de façon à savoir s'il y a lieu à rapport d'un excédent.

– Biens au décès	1 200
– Rapport de donation	400
Total	1 200
Revenant à chaque enfant (y compris A) pour	1/5
Soit	320

La donation faite à A excède la part successorale qu'il aurait eue de 80 (400 – 320) et cet excédent est rapportable.
À partager entre les héritiers acceptants :

– Biens au décès	1 200
Moins le legs particulier	– 120
Reste	1 080
– Rapport de A	80
Total de la masse à partager	1 160
Soit pour chaque héritier acceptant	1/4
Un montant de	290

On constate que, dans le cas envisagé, le rapport stipulé par le défunt permet l'exécution du legs particulier.
Renvoi. Un autre exemple chiffré est proposé (V. Fiche 26 : Exemples de rapports et de réductions).

POUR ALLER PLUS LOIN

Fascicules JurisClasseur

- *JCl. Notarial Formulaire*, V° *Rapport à succession*.
- *JCl. Notarial Répertoire*, V° *Rapport des libéralités*.

Bibliographie

- A. Delfosse et J.-F. Peniguel, *op. cit.*, n°s 372 et s.
- M. Grimaldi, *Droit des successions*, LexisNexis, coll. « Manuel », 8e éd. 2020.
- A. Karm, *Pour le rétablissement de la logique du rapport civil des libéralités* : *JCP* N 2022, 1287.
- B. Vareille, *Nouveau rapport, nouvelle réduction* : *D.* 2006, p. 2565.
- D. Vigneau, *Le rapport d'une donation à un renonçant, observations sur quelques aspects liquidatifs de la loi du 23 juin 2006* : *JCP* N 2006, 1327.

Fiche 25

Droits des parties. Attributions. Effets du partage

Sommaire

Introduction ... 267

I Fixation des droits des parties ... 268

A Règles générales ... 268

B Cas particuliers ... 268

1 Recel de biens ... 268

2 Dissimulation d'un héritier ... 271

II Attributions ... 272

A Règles générales ... 272

B Créance contre un copartageant ... 272

1 Domaine de l'extinction par confusion ... 273

2 Modalités ... 273

C Attribution préférentielle ... 275

1 Bénéficiaires ... 276

2 Indivisions concernées ... 277

3 Biens susceptibles d'attribution préférentielle. Conditions ... 278

4 Procédure ... 279

5 Effets ... 280

D Soulte ... 280

1 Obtention d'un délai de paiement ... 280

2 Régime de la soulte atermoyée ... 280

III Effets du partage ... 282

A Effet déclaratif du partage ... 282

1 Domaine d'application ... 282

2 Conséquences ... 283

B Garantie des lots ... 283

1 Domaine de l'action ... 283

2 Effets ... 284

C Inefficacité, remise en cause partielle ... 284

1 Action en nullité ... 284

2 Action en complément de part ... 285

Introduction

1592 Une fois la consistance de l'actif à partager établie, il convient de déterminer les droits des coïndivisaires, puis procéder aux attributions correspondant au montant de ces droits. Le partage a pour effet essentiel de mettre fin à l'indivision ; il produit des effets accessoires et peut parfois être privé d'effet.

1593 Le principe de l'égalité en nature a été posé par le Code civil de 1804 : chacun des héritiers pouvait demander sa part en nature des meubles et des immeubles : à chaque héritier une parcelle de pré, une parcelle de taillis, une parcelle de vigne, quelques meubles, etc. Ce principe a été par la suite malmené, en particulier par le décret-loi du 17 juin 1938, qui a déclaré l'égalité en nature subsidiaire par rapport à l'intégrité des héritages ou des exploitations. Il a, en conséquence, institué l'attribution préférentielle. La loi n° 2006-728 du 23 juin 2006 achève l'évolution et pose le principe de l'égalité en valeur.

1594 L'amélioration de la sécurité juridique du partage est également un axe prioritaire de la réforme du 23 juin 2006. Dans le régime antérieur, lorsqu'un des cohéritiers établissait à son préjudice une lésion de plus d'un quart, le partage était rescindable et la rescision avait pour effet de rétablir l'indivision, à moins que le défendeur n'ait arrêté l'action en fournissant le supplément de part ; cette action était source d'insécurité juridique. La réforme remplace l'action en rescision pour lésion par une action en complément de part, ce qui évite de remettre en cause l'intégralité du partage : la faculté du régime antérieur devient la règle. Le délai pour agir est ramené de cinq à deux ans. Enfin, l'omission d'un héritier n'entraîne plus nécessairement l'annulation du partage : l'héritier omis peut demander de recevoir sa part, en nature ou en valeur.

• **Textes**

- C. civ., art. 972, 832 à 832-1, 883 à 892.
- CPC, art. 1381.

I

Fixation des droits des parties

1595 Dans la pratique des liquidations-partages, la fixation des droits des parties s'accompagne généralement de l'indication du passif restant à acquitter. Le passif ayant été abordé dans la fiche précédente, nous n'y reviendrons pas ici (pour des cas pratiques, V. Fiche 26 : Exemples de rapports et de réductions).
Nous examinerons d'abord les règles générales (A), puis les cas particuliers (B).

A Règles générales

• **Droits dans l'indivision**

1596 Les copartageants ont nécessairement des droits dans l'indivision. Ces droits peuvent résulter de la loi : par exemple, succession *ab intestat*, communauté légale de biens, ou de manifestations de volonté : acquisition en indivision, legs conjoint, etc.
Une même personne peut avoir des droits dans deux masses différentes ; ainsi, l'époux survivant a généralement des droits dans la communauté et dans la succession du conjoint prédécédé.
Nous avons vu (V. Fiche 23 : Masses active et passive, I, A) que, lorsque la jouissance divise n'est pas fixée au jour de la naissance de l'indivision, les revenus courus depuis le début de l'indivision peuvent ne pas revenir aux copartageants dans les mêmes proportions que les fonds ; ainsi un légataire en usufruit a droit aux revenus courus depuis le décès et le nu-propriétaire aux fonds.

• **Droits contre l'indivision**

1597 Les copartageants peuvent aussi avoir des droits contre l'indivision ; par exemple : sommes payées pour le compte de l'indivision, récompenses dues par la communauté. L'époux survivant peut avoir à se faire rembourser des loyers du logement d'habitation (C. civ., art. 763. – V. Fiche 4 : Droits du conjoint successible, III).
En règle générale, les sommes en question figurent à la masse passive (de communauté ou de succession) et sont ajoutées aux droits du copartageant concerné.

B Cas particuliers

1598 L'article 778 du Code civil dispose que l'héritier qui a recelé des biens ou des droits d'une succession ou dissimulé un cohéritier est réputé accepter purement et simplement la succession (sur cette sanction, V. Fiche 6 : Transmission de la succession, I) et ne peut prétendre à aucune part dans les biens divertis ou dissimulés. Ce texte dispose également que les droits revenant à l'héritier dissimulé sont réputés avoir été recelés.

1 Recel de biens

a) Domaine

• **Partages concernés**

1599 Le recel est sanctionné en matière successorale (C. civ., art. 778), en régime de communauté (C. civ., art. 1477. – V. *JCl. Roulois*, Fasc. 1495, *Régimes matrimoniaux*), mais non à l'occasion du partage d'une indivision conventionnelle (Cass. 1re civ., 15 nov. 1994 : *D.* 1995, somm. p. 333, note M. Grimaldi). Les sanctions liées au recel successoral ne sont pas applicables au conjoint survivant qui a prélevé des sommes au préjudice de l'indivision post-communautaire (Cass. 1re civ., 29 janv. 2020, n° 18-25.592 : *JurisData* n° 2020-001029 ; *JCP* N 2020, act. 197, veille S. Bernard). Sur la distinction avec le recel de communauté et la méthode liquidative, V. Cass. 1re civ., 27 sept. 2017, n° 16-22.150 : *JurisData* n° 2017-018675 ; *JCP* N 2018, 1098, obs. B. Vareille. – Cass. 1re civ., 19 mars 2008, n° 07-10.810). Il sera ici question du recel successoral.

• **Personnes**

1600 La privation de droits dans les biens recelés frappe toutes les personnes appelées à venir au partage de la succession en vertu d'un titre universel (Cass. 1re civ., 5 janv. 1983 : *JCP* G 1983, IV, p. 89), aussi bien aux légataires universels qu'aux héritiers *ab intestat* (CA Paris, 10 juill. 1946 : *JCP* 1947, II, 3392, note R. Savatier), mais elle n'atteint ni l'héritier exhérédé (CA Orléans, 13 oct. 1948 : *Gaz. Pal.* 1949. – Et sur pourvoi Cass. civ., 20 déc. 1951 : *JCP* 1952, II, p. 6923, note Cavarroc) ni le légataire particulier (CA Orléans, 15 avr. 1953 : *D.* 1953, p. 689). L'usufruitière de la totalité de la succession, ne disposant pas de droits de même nature que ceux des autres héritiers (nus-propriétaires), il n'y a pas lieu à partage entre elle et ces derniers, la dissimulation de fonds par l'usufruitière ne pouvant être qualifiée de recel successoral (Cass. 1re civ., 29 juin 2011, n° 10-13.807 : *JurisData* n° 2011-012934 ; *Dr. famille* 2011, p. 154, note Beignier ; *JCP* G 2012, 228, obs. Le Guidec ; *RTD civ.* 2011, p. 788, obs. M. Grimaldi. – Cass. 1re civ., 9 sept. 2015, n° 14-18.906 : *JurisData* n° 2015-019881 ; *Dr. famille* 2015, comm. 205, M. Nicod).

Sous l'empire de l'ancien article 792 du Code civil, qui sanctionnait le recel, il a été jugé que les peines du recel pouvaient frapper le conjoint survivant lorsque le montant de son usufruit légal était supérieur à celui des legs particuliers qui lui avaient été consentis (Cass. 1re civ., 11 oct. 1988 : *JCP* G 1989, prat. 904 ; *ibid.* 1990, p. 160, note E.-S. de la Marnierre ; *Defrénois* 1989, art. 34449, note A. Breton), en raison de ce que les libéralités reçues du défunt s'imputaient sur l'usufruit légal (V. Fiche 6 : Transmission de la succession). La solution est transposable dans le régime en vigueur depuis le 1er janvier 2007.

En revanche, le recel ne s'applique pas à l'héritier chargé par ses coïndivisaires d'administrer la succession : ce sont les règles du mandat qui sont applicables (Cass. civ., 5 juill. 1893 : *DP* 1894, 1, p. 145, note M. Planiol).

N'est pas concerné par le recel successoral celui qui, en l'absence d'héritier réservataire, a reçu une libéralité non rapportable ou non réductible (Cass. 1re civ., 26 janv. 2011, n° 09-68.368 : *JurisData* n° 2011-000642).

En cas de connaissance de **chacune** des cohéritières receleuses du recel commis par l'autre, les unes et les autres ne peuvent prétendre à aucune part sur les sommes recelées (Cass. 1re civ., 20 juin 2012, n° 11-17.383 : *JurisData* n° 2012-013438 ; *JCP* N 2012, 1401, note Massip).

La sanction du recel ne s'applique pas à l'associé qui détourne des sommes au préjudice d'une personne morale (Cass. 1re civ., 18 mai 2011, n° 10-12.127 : *JurisData* n° 2011-008861 ; *JCP* G 2012, 228, obs. Le Guidec ; *JCP* N 2012, 1270, note J.-Ch. Bonneau : société constituée entre un défunt et ses enfants).

Lorsque le recel a porté sur une donation réductible, l'héritier doit la réduction de cette donation sans pouvoir y prétendre à aucune part (C. civ., art. 778, al. 2. – V. Cass. 1re civ., 25 mai 2016, n° 15-14.863 : *JurisData* n° 2016-009850).

• **Prescription**

1601 Le délai de prescription de l'option successorale est de **dix ans** à compter du jour de l'ouverture de la succession (C. civ., art. 780, al. 1er), sauf les exceptions légales tenant aux causes interruptives ou suspensives (V. C. civ., art. 780, al. 3, 4 et 5). Ainsi, la prescription ne peut courir tant que le successible a des motifs légitimes d'ignorer la naissance de son droit, notamment l'ouverture de la succession. Ensuite, à l'expiration du délai de dix ans à compter de l'ouverture de la succession, l'héritier qui n'a pas pris parti est réputé renonçant (C. civ., art. 780, al. 2) et ne peut donc plus exercer l'action en recel contre un autre héritier (Cass. 1re civ., 28 janv. 2009, n° 07-19.573 : *JurisData* n° 2009-046748 ; *JCP* N 2010, n° 203, § 3, obs. R. Le Guidec ; *Dr. famille* 2009, comm. 47, obs. B. Beignier ; décision rendue en vertu des anciens articles 789 et 792 du Code civil). Lorsque la succession s'est ouverte avant le 1er janvier 2007, l'héritier dispose d'un délai de trente ans pour agir en recel successoral (Cass. 1re civ., 12 févr. 2020, n° 19-11.668, *D* : *JurisData* n° 2020-001967 ; *Dr. famille* 2020, comm. 72, note M. Nicod et A. Tani ; *JCP* N 2020, 1135, note F. Sauvage).

b) Éléments constitutifs

1602 Sous le régime de l'ancien article 792 du Code civil, la chambre civile de la Cour de cassation (Cass. civ., 15 avr. 1890 : *DP* 1890, 1, p. 437) a défini le recel de la façon suivante : « toute manœuvre dolosive, toute fraude commise sciemment et qui a pour but de rompre l'égalité du partage, quels que soient les moyens employés pour y parvenir ». L'appréciation du recel successoral est une question de fait librement soumise à l'appréciation des juges du fond (Cass. 1re civ., 12 juin 2014, n° 13-17.074).

Un élément matériel et un élément intentionnel doivent être réunis.

• **Éléments matériels**

1603 La définition donnée par la Cour de cassation fait apparaître que le recel peut résulter d'actes les plus variés : enlèvement de meubles en secret (Cass. req., 5 août 1869 : *DP* 1870, 1, p. 84), conservation sans en rien dire de biens héréditaires (Cass. civ., 17 avr. 1867 : *DP* 1867, 1, p. 237), aliénation d'un bien à l'insu du cohéritier en en conservant le prix (Cass. 1re civ., 16 juill. 1992 : *JCP* N 1993, II, p. 169 ; *JCP* G 1993, I, 3713, note F.-X. Testu ; *Defrénois* 1993, art. 35578, obs. G. Champenois), le fait par un héritier de s'être fait remettre des valeurs mobilières après le décès, en exécution d'un ordre signé par le défunt la veille de sa mort (Cass. 1re civ., 6 mars 1996 : *JCP* N 1996, n° 36, II, p. 1227) ou de disposer à l'insu des cohéritiers de sommes d'argent reçues en vertu de procuration (Cass. 1re civ., 28 juin 2005, n° 04-13.776 : *JurisData* n° 2005-029161 ; *D.* 2005, p. 2105 ; *Defrénois* 2005, art. 38244-76, obs. G. Champenois. – V. égal. : Cass. 1re civ., 12 sept. 2012, n° 11-15.006 : *JurisData* n° 2012-023402). Des retraits sur des livrets de Caisse d'épargne peuvent constituer un recel (V. Cass. 1re civ., 3 mars 1987 : *JCP* N 1987, prat. p. 338. – CA Paris, 16 mars 1987 : *D.* 1987, IR p. 95 ; *Journ. not.* 1987, art. 59900, note E.-S. de la Marnierre).

En matière de donation, la rédaction de l'article 778, alinéa 2 du Code civil édicte que lorsque le recel a porté sur une donation rapportable ou réductible, l'héritier doit le rapport ou la réduction de cette donation sans pouvoir y prétendre à aucune part : pour le cas d'une donation consentie en avancement d'hoirie (V. Cass. 1re civ., 4 mars 2015, n° 13-20.689 : *JurisData* n° 2015-007378. – Et pour celui d'une donation consentie par préciput ou hors part successorale, V. Cass. 1re civ., 25 mai 2016, n° 15-14.863 : *JurisData* n° 2016-009850). Cela revient à dire que la dissimulation d'une donation ni rapportable ni réductible n'est pas constitutive d'un recel (Cass. 1re civ., 12 déc. 2007, n° 06-19.653 : *JurisData* n° 2007-041976 ; *JCP* N 2008, 1210, note S. Hovasse ; *RTD civ.* 2008, p. 135, obs. M. Grimaldi. – Cass. 1re civ., 4 juin 2009, n° 08-15.093 : *JurisData* n° 2009-048464 ; *Dr. famille* 2009, comm. 110 par B. Beignier ; *JCP* N 2010, 1171, n° 4, obs. R. Le Guidec. – Cass. 1re civ., 26 janv. 2011, n° 09-68.368, 98 : *JurisData* n° 2011-000642 ; *Bull. civ.* I, n° 19 ; *Dr. famille* 2011, comm. 38, note B. Beignier ; *JCP* N 2011, n° 5, act. 186 ; *D.* 2011, chron. C. cass. 622, obs. N. Auroy : cas d'une donation préciputaire, consentie hors part successorale en l'absence d'héritier réservataire, et dont la dissimulation n'est pas constitutive d'un recel successoral). Plus généralement, la dissimulation d'une donation ne peut constituer un recel dès lors qu'elle est sans incidence sur le partage, la seule dissimulation frauduleuse n'étant donc pas un recel en soi (V. cependant la dissimulation d'une donation qualifiée de recel dont le caractère rapportable ou réductible était non vérifiable, Cass. 1re civ., 27 mai 2010, n° 09-66.435 : *JurisData* n° 2010-007331. – Et plus anciennement encore : Cass. 1re civ., 30 mai 1973 : dissimulation d'une donation déguisée).

Bien entendu, en cas de libéralités ni rapportables (consenties à des légataires à titre universel non héritiers *ab intestat*), ni réductibles, en l'absence d'héritier réservataire, leur dissimulation ne peut être qualifiée de recel successoral au sens de l'ancien article 792 du Code civil (Cass. 1re civ., 20 oct. 2010, n° 09-16.157 : *JurisData* n° 2010-018911 ; *Dr. famille* 2010, p. 190, note Beignier ; *RTD civ.* 2011, p. 161, obs. M. Grimaldi. – Cass. 1re civ., 26 janv. 2011 : *Dr. famille* 2011, p. 38, note Beignier ; *JCP* G 2012, 228, obs. Le Guidec ; *JCP* N 2011, act. 186 ; *RJPF* avr. 2011, p. 27, note Donnier).

1604 **Assurance-vie.** En matière d'assurance-vie, le capital ou la rente payables au décès du souscripteur et les primes d'assurance versées n'étant par principe pas soumis au rapport successoral, l'absence de révélation de l'existence d'un contrat par un héritier ne constitue pas en soi, faute d'élément intentionnel, un recel successoral (Cass. 1re civ., 12 déc. 2007, n° 06-19.653 : *JurisData* n° 2007-041976 ; *JCP* G 2009, I, 109, obs. Le Guidec ; *RTD civ.* 2008, p. 135, obs. Grimaldi). Cependant, dès lors que les primes sont manifestement exagérées, les sommes versées constituent des libéralités dont la dissimulation volontaire par l'héritier gratifié constitue un recel (Cass. 1re civ., 4 juin 2009, n° 08-15.093 : *JurisData* n° 2009-048464 ; *Dr. famille* 2009, comm. 110, note Beignier ; *JCP* N 2009, n° 26, act. 477).

• **Élément intentionnel**

1605 Un héritier ne peut être frappé des peines du recel que lorsqu'est apportée la preuve de son intention frauduleuse (Cass. 1re civ., 27 janv. 1987 : *JCP* N 1988, II, P. 58, obs. J.-G. Raffray ; *Defrénois* 1987, art. 33912, obs. G. Morin. – Cass. 1re civ., 7 juin 1995 : *JCP* G 1996, IV, 3968, n° 2, obs. R. Le Guidec. – Cass. 1re civ., 29 mai 1996 : *D.* 1997, p. 163, note Ph. Malaurie. – *Adde* J. Patarin : *RTD civ.* 1996, p. 446). Peu importe que la fraude ait été commise de concert avec le défunt (Cass. 1re civ., 11 janv. 1961 : *JCP* 1961, IV, 27 ; *Bull. civ.* I, n° 31), ou encore organisée par celui-ci (Cass. 1re civ., 23 mai 1959 : *D.* 1959, p. 470).

Il a été jugé qu'il y avait intention frauduleuse justifiant l'application des peines de recel lorsque la légataire universelle demande l'envoi en possession à l'aide d'un acte de notoriété mentionnant l'absence de descendant, ce qu'elle savait contraire à la vérité (CA Paris, 12 avr. 1994, préc.).

1606 **Repentir.** La jurisprudence reconnaît au coupable de recel la faculté de repentir, qui, pour être efficace et donc effacer le recel, doit être spontanée et intervenir avant les poursuites judiciaires (Cass. 1re civ., 14 juin 2005, n° 04-10.755 : *JurisData* n° 2005-028919 ; *Defrénois* 2005, art. 38244-77, obs. G. Champenois. – Cass. 1re civ., 17 janv. 2006 : *AJ fam.* 2006, p. 117, obs. F. Bicheron. – Cass. 1re civ., 11 sept. 2016, n° 12-20.856).

c) Effets

1607 Outre la perte de la faculté de renoncer à la succession ou la déchéance du bénéfice d'inventaire (C. civ., art. 792 et 801) ou la privation du bénéfice d'émolument (C. civ., art. 1483), la personne convaincue de recel perd tous droits dans les biens recelés. Seul cet aspect nous intéresse ici.

• **Restitution**

1608 **Restitution effective.** L'héritier receleur doit restituer l'intégralité des sommes diverties sans pouvoir effectuer de compensation avec sa créance contre la succession (Cass. 1re civ., 6 mai 1997 : *JCP* N 1997, n° 44, II, p. 1363 et *JCP* G 1997, II, 22932, note G. Loiseau).

1609 **Donation.** Le recel d'une donation rapportable est sanctionné par la privation de tous droits. Lorsque le recel a porté sur une donation réductible, l'héritier doit la réduction de cette donation sans pouvoir y prétendre à aucune part (C. civ., art. 778, al. 2. – V. Cass. 1re civ., 25 mai 2016, n° 15-14.863 : *JurisData* n° 2016-009850).

1610 **Biens communs.** Lorsque le recel a porté sur des biens communs et que ceux-ci ne se retrouvent pas entre les mains de l'époux coupable de recel, le conjoint victime de celui-ci a droit, non seulement à la valeur des biens recelés, mais encore à la moitié de la communauté déterminée en incluant dans l'actif la valeur de ces biens (Cass. 1re civ., 20 févr. 1996 : *JCP* G 1996, IV, 86 et *JCP* N 1996, II, p. 313, note J. Maury ; *Defrénois* 1996, art. 36387-124, obs. G. Champenois).

1611 **Aliénation.** Si le recel a consisté à aliéner un bien héréditaire et à distraire le prix de vente, le receleur est redevable de la valeur des biens recelés (Cass. 1re civ., 20 févr. 1996, préc., n° 1610). Les intérêts de cette dette de valeur ne sont dus qu'à compter du jour où elle est déterminée (Cass. 1re civ., 19 nov. 2014, n° 13-24.644 : *JurisData* n° 2014-027905 ; *Defrénois* 2015, p. 391, obs. A. C.-T. ; *Dr. famille* 2015, p. 16, note Nicod. – Cass. 1re civ., 15 déc. 2021, n° 20-15.345 : *JurisData* n° 2021-020374 ; *JCP* N 2022, act. 123).

• **Intérêts**

1612 Le receleur doit les intérêts de la somme détournée à partir de l'appropriation injustifiée (Cass. 1re civ., 18 oct. 1994 : *Bull. civ.* I, n° 295). L'héritier victime du recel a droit aux fruits des biens recelés depuis le décès mais il ne peut, dès lors, prétendre aux intérêts au taux légal (Cass. 1re civ., 8 nov. 2005, n° 03-18.236 : *JurisData* n° 2005-030713 ; *Bull. civ.* I, n° 410).

• **Dommages-intérêts**

1613 En application de l'article 778 du Code civil, l'héritier coupable de recel peut, le cas échéant, être tenu à verser un complément de réparation dès lors que les cohéritiers estiment que la réparation opérée par l'article 778 (ancien art. 792) ne couvre pas l'intégralité du préjudice subi du fait du recel que leur a causé l'auteur du recel.

• **Passif**

1614 La contribution du receleur au passif n'est pas pour autant diminuée à proportion de l'actif dont il est écarté : il reste tenu d'y contribuer de la même manière que s'il n'était pas privé de sa part dans les biens recelés.

• **Application**

1615 En pratique, il convient de procéder à deux partages : l'un, des biens recelés entre les cohéritiers du receleur et l'autre, des autres biens entre tous les indivisaires ou, en procédant par le même acte, de distinguer dans la masse active les biens recelés des autres biens, le passif étant intégralement déduit de la valeur des biens non recelés.

2 Dissimulation d'un héritier

• **Textes**

1616 Celui qui, sciemment et de mauvaise foi, se prévaut d'un acte de notoriété inexact encourt les pénalités du recel. Les droits revenant à l'héritier dissimulé et qui ont ou auraient pu augmenter ceux de l'auteur de la dissimulation sont réputés avoir été recelés par ce dernier (C. civ., art. 730-5 et 778, al. 1er). La sanction est similaire à celle du recel de biens (V. Cass. 1re civ., 20 sept. 2006, n° 04-20.614 : *JurisData* n° 2006-034989 ; *JCP* N 2008, 3, I, 1063-5, obs. R. Le Guidec).

• **Application**

1617 La part du receleur doit être rectifiée, puis amputée de ce dont le receleur a tenté de profiter. Ainsi, un défunt laisse trois héritiers, A, B et C. A se prévaut de mauvaise foi d'un acte de notoriété dans lequel C a été omis et faisant apparaître une part pour A de 1/2 ou 6/12, au lieu de 1/3 ou 4/12, soit une différence de 2/12. Sur la part rectifiée de A, soit 4/12, on déduit les 2/12 qu'il a tenté de s'approprier, de sorte qu'il concourt au partage pour 2/12 (4/12 – 2/12). B, qui ne s'est pas rendu coupable de recel, et C recueillent 10/12, soit 5/12 chacun.

II Attributions

A Règles générales

• **Égalité en valeur**

1618 Le premier alinéa de l'article 826 du Code civil dispose que l'égalité dans le partage est une égalité en valeur.
Les droits des copartageants peuvent être de montants différents et l'égalité envisagée par le texte s'entend de l'adéquation des attributions au montant des droits. C'est ce qu'exprime le second alinéa de l'article 826 du Code civil : « Chaque copartageant reçoit des biens pour une valeur égale à celle de ses droits dans l'indivision ».
Cette règle de l'égalité en valeur est à rapprocher de celle édictée par l'article 830 du Code civil, ainsi conçu : « Dans la formation et la composition des lots, on s'efforce d'éviter de diviser les unités économiques et autres ensembles de biens dont le fractionnement entraînerait la dépréciation ».

• **Soulte**

1619 Si la consistance de la masse ne permet pas de former des lots d'égale valeur, leur inégalité se compense par une soulte (C. civ., art. 826, al. 4). Le régime juridique de la soulte atermoyée est étudié *infra*, D.

• **Tête ou souche**

1620 Le partage de la masse s'opère par tête. Toutefois, il se fait par souche quand il y a lieu à représentation. Une fois opéré le partage par souche, une répartition distincte est faite, le cas échéant, entre les héritiers de chaque souche (C. civ., art. 827).
Dans un partage amiable, chaque membre d'une souche peut recevoir une attribution distincte. Un partage judiciaire unique peut également intervenir conformément à l'article 840-1 du Code civil.

B Créance contre un copartageant

1621 Ainsi que nous l'avons étudié (V. Fiche 23 : Masses active et passive, I) que la masse à partager comprend, par application du second alinéa de l'article 825 du Code civil, les dettes des copartageants envers le défunt ou envers l'indivision ou, si on se place du point de vue de la succession, les créances de l'indivision contre un copartageant, dites aussi rétablissements dans la pratique notariale. Le Code civil consacre les articles 864 à 867 du Code civil à ces créances.
L'article 864 du Code civil dispose que le copartageant débiteur est alloti de la créance que l'indivision a contre lui, sa dette s'éteignant alors par confusion.
L'ancien article 829 du Code civil prescrivait que chaque héritier fasse rapport à la masse des sommes dont il était débiteur. Ce rapport de dette se faisait en moins prenant selon la technique du prélèvement ou celle de l'imputation. Dans la pratique notariale, le rapport se faisait par imputation : on attribue le rapport de dette à son débiteur pour le remplir à concurrence de ses droits, et ce rapport s'éteint par confusion. La réforme codifie ce procédé mais abandonne le terme de rapport de dette, afin d'éviter toute confusion avec le rapport de donation : ce dernier est une opération préparatoire au partage alors que le rapport de dette était un mode d'attribution et donc une opération de partage, tout comme est une opération de partage l'allotissement entraînant confusion.
L'héritier débiteur conserve le droit de procéder au règlement de la dette sans attendre le partage, ce qui présente pour lui l'avantage d'arrêter le cours des intérêts. Par suite, la créance n'est pas exigible avant la clôture des opérations de partage, sauf lorsqu'elle est relative aux biens indivis (C. civ., art. 865).

1 Domaine de l'extinction par confusion

• Partages

1622 Il a été jugé que le rapport de dette intéressait tout copartageant et s'appliquait aussi bien dans un partage successoral que dans celui d'une communauté entre époux (Cass. civ., 17 nov. 1936 : *DH* 1937, p. 3) ou d'une société (Cass. civ., 8 févr. 1882 : *DP* 1882, 1, p. 317). La réforme de 2006 a conservé cette solution.

• Dettes

1623 Sous l'empire de l'ancien article 829 du Code civil, il avait été jugé qu'étaient soumises au rapport de dette :

– les dettes envers le **défunt**, qu'elles fussent d'origine contractuelle ou légale (Cass. 1re civ., 10 juin 1976, préc. – Cass. 1re civ., 5 déc. 1978 : *Defrénois* 1979, art. 32093, obs. G. Champenois. – Cass. 1re civ., 11 juin 1981 : *JCP* N 1982, II, p. 25, obs. Ph. Rémy ; *Defrénois* 1981, art. 32749, note G. Morin et *Defrénois* 1981, art. 32762, note complémentaire G. Morin. – Cass. 1re civ., 14 déc. 1983 : *Defrénois* 1986, art. 33652, note A. Breton) ;

– les dettes envers l'indivision (Cass. 1re civ., 19 oct. 1983 : *JCP* N 1983, prat. 9017 ; *Defrénois* 1984, art. 33379, obs. G. Champenois), par exemple à raison de la jouissance exclusive d'un bien ou d'une avance sur des fonds indivis (Cass. 1re civ., 29 nov. 1989 : *JCP* N 1990, II, p. 157, obs. Ph. Salvage ; *Defrénois* 1990, art. 34704, note G. Champenois. – Cass. 1re civ., 6 mai 1997 : *JCP* N 1997, II, p. 1363 et *JCP* G 1997, II, p. 459, note G. Loiseau) mais non le prix de licitation d'un bien à un indivisaire (Cass. civ., 3 avr. 1957 : *Journ. not.* 1958, art. 45634) ;

– l'indemnité consécutive à la réduction en valeur d'une libéralité (V. Fiche 20 : Réduction des libéralités excessives).

En revanche, ne faisaient pas l'objet d'un rapport les dettes dont les copartageants pouvaient être créanciers ou débiteurs les uns envers les autres en dehors des relations nées de l'indivision (Cass. 1re civ., 26 mars 1974, préc.).

2 Modalités

• Montant

1624 Si le copartageant est créancier du défunt ou de l'indivision, il n'est alloti de sa dette que si, balance faite, le compte présente un solde en faveur de la masse indivise (C. civ., art. 867).

Dans le cadre d'un prêt ayant servi à acquérir un bien, il a d'abord été jugé que le rapport était de la valeur, à l'époque du partage, du bien acquis, puis a décidé que le rapport de dette, qui n'est qu'une technique de règlement n'obéissait pas aux règles de l'article 869 du Code civil (abrogé par la loi du 23 juin 2006 et qui instituait une dette de valeur), cet article concernant uniquement les rapports de dons (Cass. 1re civ., 29 juin 1994 : *JCP* N 1995, II, p. 1745, obs. J.-F. Pillebout ; *JCP* G 1995, I, 3876, obs. R. Le Guidec ; *Defrénois* 1995, art. 35979, obs. M. Grimaldi ; *RTD civ.* 1995, p. 161, obs. J. Patarin). Ainsi, c'est le montant nominal qui donne lieu à rétablissement (principe du nominalisme monétaire de l'article 1895 du Code civil).

Il a été jugé que les sommes reçues par un indivisaire à titre d'avance sur ses droits ne pouvaient, en l'absence de disposition légale, faire l'objet d'une réévaluation au jour du partage que si celle-ci a été prévue par l'accord des parties (Cass. 1re civ., 1er mars 1988 : *Defrénois* 1988, art. 34247, note crit. G. Morin).

• Intérêts

1625 L'article 866 du Code civil dispose que les sommes rapportables produisent intérêt au taux légal, sauf stipulation contraire.

Les intérêts courent depuis l'ouverture de la succession lorsque l'héritier en était débiteur envers le défunt et à compter du jour où la dette est exigible, lorsque celle-ci est survenue durant l'indivision (même texte).

Les intérêts ne sont pas soumis à la prescription de cinq ans tant que dure l'indivision.

• Extinction par confusion

1626 Le débiteur est alloti dans le partage à concurrence de ses droits dans la masse et, à due concurrence, la dette s'éteint par confusion. Si son montant excède les droits du débiteur dans cette masse, il doit le paiement du solde sous les conditions et délais qui affectaient l'obligation (C. civ., art. 864).

• Exemple 1

1627 M. Z décède, laissant A et B, héritiers chacun pour moitié.

L'actif comprend uniquement des comptes bancaires pour un montant de 300 000 €, encaissés par le notaire (le passif est négligé). Sur cette somme, le notaire a prélevé les droits de succession incombant à A pour 50 000 € et à B pour 48 000 € ; en outre, il a versé à A, à titre d'avance sur ses droits dans la succession, une somme de 20 000 €. Par suite, le reliquat du compte à l'étude est de 182 000 €.

La masse à partager comprend :

1. Reliquat du compte du notaire	182 000
2. Rétablissement par A (50 000 + 20 000)	70 000
3. Rétablissement par B	48 000
ce qui reconstitue l'actif à partager au total de	300 000

revenant à chacun des héritiers pour moitié, soit 150 000 €.

Le tableau des attributions se présente de la façon suivante :

Actif à partager	Montant	A	B
1. Reliquat de compte...............	182 000	80 000	102 000
2. Rétablissement par A...........	70 000	70 000	
3. Rétablissement par B............	48 000	———	48 000
Totaux	300 000	150 000	150 000
		300 000	

• **Exemple 2**

1628 Mme Z., veuve décède en laissant pour lui succéder quatre enfants, A., B., C. et D. Aucune libéralité (entre vifs ou par décès) n'a été consentie à ceux-ci.

Au jour du décès, l'actif successoral comprend :
- un appartement d'une valeur de 150 000 € ;
- une résidence secondaire de 180 000 € ;
- du mobilier d'une valeur de 50 000 € ;
- un prêt de 100 000 € consenti à A. par la défunte et non remboursé ;
- un compte bancaire d'un solde de 420 000 €.

Le passif est inexistant. Après le décès de Mme Z., certains cohéritiers ont prélevé diverses sommes sur le compte bancaire :
- A : 24 000 € ;
- B : 15 000 € ;
- C : 21 000 €.

Il est décidé d'utiliser la méthode des rétablissements, étant précisé qu'il sera fait abstraction des intérêts au taux légal produits par les avances ou dette envers la défunte (V. C. civ., art. 866).

1° Rétablissements :

Total : 24 000 (A) + 15 000 (B) + 21 000 (C) = 60 000.

2° Masse partageable :

a) Biens existants :

appartement :	150 000
résidence secondaire :	180 000
mobilier :	50 000
liquidités : 360 000 (ou : 420 000 – 60 000)	360 000

b) Rétablissements

A :	124 000
B :	15 000
C :	21 000
Total :	900 000
droits de chacun des enfants	¼
part successorale	225 000

3° Attributions :

Biens/attributaires	A	B	C	D	total
Liquidités	101 000	210 000	24 000	25 000	360 000
Appartement				150 000	150 000
Résidence secondaire			180 000		180 000
Mobilier				50 000	50 000
Rétablissement A	124 000				124 000
Rétablissement B		15 000			15 000
Rétablissement C			21 000		21 000
TOTAL	225 000	225 000	225 000	225 000	900 000

• **Exemple 3**

1629 Si l'on reprend les données de l'exemple 2 et que l'on recourt à la méthode des prélèvements, ce procédé conduit, du fait d'une masse partageable moins importante, soit à allotir les cohéritiers en fractionnant en parts indivises les biens immobiliers, soit à mettre à la charge des attributaires une soulte (ou encore à vendre pour partager les prix de vente).

1630 **Prélèvements.** Par cette méthode, il s'agit pour les cohéritiers B., C. et D. de prélever sur le compte bancaire (les liquidités) l'équivalent des dettes de A. envers la défunte (100 000) et envers l'indivision (24 000), étant précisé qu'il y a lieu de déduire les propres dettes de B. et C. envers l'indivision :

pour B. : 124 000 – 15 000 =	109 000
pour C. : 124 000 – 21 000 =	103 000
pour D. : 124 000 – 0 =	124 000
Total :	336 000
solde des liquidités : 360 000 – 336 000	24 000

1631 **Actif partageable.** Il se compose de ce qui reste.

a) Biens existants :

Appartement :	150 000
Résidence secondaire :	180 000
Mobilier :	50 000
Liquidités :	24 000
Total :	404 000
Droits de chacun des enfants : 404 000 / 4	101 000

b) Attributions sans soulte

Biens/attributaires	A	B	C	D	total
Liquidités				24 000	**24 000**
Appartement	(1/2) 75 000			(1/2) 75 000	**150 000**
Résidence secondaire		(1/2) 90 000	(1/2) 90 000		**180 000**
Mobilier	26 000	11 000	11 000		**50 000**
Rétablissement A					
Rétablissement B					
Rétablissement C					
TOTAL	101 000	101 000	101 000	101 000	404 000

c) Attributions avec soulte

Biens/attributaires	A	B	C	D	total
Liquidités	24 000				**24 000**
Appartement			150 000		**150 000**
Résidence secondaire				180 000	**180 000**
Mobilier		**50 000**			**50 000**
Soultes	+ 77 000	+ 51 000	– 49 000	– 79 000	0
TOTAL	101 000	101 000	101 000	101 000	404 000

C Attribution préférentielle

• **Définition**

1632 L'attribution préférentielle est une modalité de partage par laquelle un bien, ou un ensemble de biens d'un caractère déterminé, non partageable en nature ou dont le partage en nature préjudicierait à l'économie ou à un équilibre social ou familial, est attribué par préférence à un indivisaire. Dans ce cas, le bien échappe ainsi à la division ou à la licitation.

• Caractères

1633 **Caractère subsidiaire.** L'attribution préférentielle ne peut être demandée d'un bien légué qui, par conséquent, ne fait pas partie de la masse à partager. Des clauses du contrat de mariage peuvent également faire échec à l'attribution préférentielle ; c'est le cas de la clause de préciput car le bien n'est plus à partager, de la clause de prélèvement d'un bien ou encore de celle d'acquisition ou d'attribution d'un bien propre du prémourant des époux, si le bénéfice de la clause est invoqué.

• Absence d'ordre public

1634 D'une manière plus générale, l'attribution préférentielle peut être écartée par la volonté du défunt ou la convention des indivisaires (Cass. 1re civ., 19 mars 1973 : *D.* 1973, p. 573, note A. Breton), les dispositions de la matière n'étant pas d'ordre public.

1635 **Attribution facultative ou de droit.** Dans certains cas, l'attribution préférentielle est facultative pour le tribunal, qui peut la refuser ; dans d'autres cas, elle est de droit et le tribunal ne peut rejeter la demande lorsque les conditions requises sont réunies. Sont concernés : l'attribution de la petite exploitation agricole, V. C. civ., art. 832 nouveau ; art. 832-1 ancien ; l'attribution préférentielle en vue de constituer un groupement foncier agricole lorsqu'un bail à long terme est exigé, V. C. civ., art. 832-1 nouveau ; art. 832-2 ancien et pour le conjoint survivant, l'attribution du local d'habitation et du mobilier le garnissant en faveur du conjoint survivant, V. C. civ., art. 831-3.

1 Bénéficiaires

a) Qualité

• Conjoint

1636 **Partage successoral.** Le conjoint survivant est expressément admis au bénéfice de l'attribution préférentielle, quel que soit le régime matrimonial, sous la seule réserve d'être copropriétaire des biens avant ou par le fait du décès (C. civ., art. 831. – Sur le cas de rejet de demande d'attribution préférentielle intervenant en dehors de toute indivision successorale ou de partage après divorce, V. Cass. 1re civ., 26 sept. 2012, n° 11-16.246 : *JurisData* n° 2012-021475 : mari commun en biens en liquidation judiciaire).

1637 **Autre partage.** En dehors du cas de décès de l'un des conjoints, l'attribution préférentielle peut être demandée par les époux ou ex-époux :
– lors du partage de communauté par divorce, séparation de corps ou séparation de biens judiciaire (C. civ., art. 1476, al. 2) ;
– lors du partage de biens indivis entre époux séparés de biens, en cas de divorce ou de séparation de corps (C. civ., art. 1542, al. 2).
Dans ces hypothèses, l'attribution préférentielle n'est jamais de droit (mêmes art.).

• Partenaire d'un PACS

1638 Les dispositions des articles 831, 832-2, 832-3 et 832-4 sont applicables entre partenaires d'un pacte civil de solidarité en cas de dissolution de celui-ci. Les dispositions du premier alinéa de l'article 831-3 (propriété du local servant d'habitation et du mobilier le garnissant : V. Fiche 25 : Droits des parties. Attributions. Effets du partage) sont applicables au partenaire survivant lorsque le défunt l'a expressément prévu par testament (C. civ., art. 515-6).

• Héritier

1639 **Tout héritier.** La loi ne fait aucune distinction quant au degré de parenté de l'héritier ou de l'ordre des successibles.

1640 **Ayant droit de l'héritier.** Lorsque l'héritier décède après avoir obtenu par jugement définitif l'attribution préférentielle d'un bien, son héritier en recueille le droit dans le patrimoine de son auteur et peut le faire valoir sans avoir à justifier de condition particulière (Cass. 1re civ., 10 mars 1969 : *D.* 1969, p. 305, note A. B.).
L'ayant droit de l'héritier peut demander l'attribution préférentielle, à condition de remplir lui-même les conditions légales et sans que son auteur y ait satisfait (Cass. 1re civ., 10 juin 1987 : *D.* 1988, somm. p. 91, obs. E.-N. Martine ; *Defrénois* 1987, art. 34048, note crit. A. Breton).

• Légataire d'universalité

1641 L'attribution préférentielle (à l'exception de celle de l'exploitation agricole de faible superficie) peut aussi être demandée par le gratifié ayant vocation universelle ou à titre universel à la succession en vertu d'un testament ou d'une institution contractuelle.

b) Copropriété

• Propriété ou nue-propriété

1642 L'article 833 du Code civil exige dans son premier alinéa que le demandeur ait des droits en propriété ou en nue-propriété.
Par suite, le bénéfice de l'attribution préférentielle est refusé à l'usufruitier.

• Époque

1643 La condition de copropriété doit être remplie avant la naissance de l'indivision ou l'être concomitamment à cette naissance.

c) Demande conjointe

1644 L'article 832-3 du Code civil, dans son premier alinéa, précise que l'attribution préférentielle peut être demandée conjointement par plusieurs successibles afin de conserver ensemble le bien indivis.

2 Indivisions concernées

• Indivisions ouvrant droit à l'attribution préférentielle

1645 Il résulte de l'indication des bénéficiaires de l'attribution préférentielle, rappelée sous la division précédente, que sont concernées :
- les indivisions successorales ;
- les indivisions post-communautaires ;
- les indivisions entre époux ou ex-époux séparés de biens après dissolution du mariage ;
- l'indivision de certains biens entre partenaires d'un pacte civil de solidarité ;
- celle résultant de la dissolution d'une société, par renvoi de l'article 1844-9 du Code civil et sous réserve d'une clause particulière d'attribution ou encore d'attribution à l'apporteur prévue par le même texte. Dans cette situation, la qualité de conjoint ou d'héritier n'est pas nécessaire. Seules celles de copropriétaire et de participation à la mise en valeur sont indispensables.

• Société créée de fait

1646 La société créée de fait n'ayant pas la personnalité morale, les biens acquis sont indivis mais l'attribution préférentielle est possible (C. civ., art. 1844-9 par renvoi art. 1873). Il s'ensuit qu'une ex-concubine peut bénéficier de l'attribution préférentielle lors du partage d'une société créée de fait (Cass. 1re civ., 4 nov. 1983 : *Defrénois* 1984, art. 32298, n° 2, p. 642, obs. J. Honorat ; *RTD civ.* 1984, p. 576, note J. Patarin. – V. *JCl. Roulois*, Fasc. 1045, *Concubinage*).

• Autres indivisions

1647 L'attribution préférentielle légale ne s'applique pas aux indivisions conventionnelles (Cass. 1re civ., 26 sept. 2012, n° 11-12.838 : *JurisData* n° 2012-021464 ; *JCP* N 2012, 40, act. 866) mais peut être demandée, sous les conditions prévues par la loi, dans le partage des indivisions de nature familiale, même d'origine conventionnelle (Cass. 1re civ., 25 juin 2014, n° 13-12.255 : *JurisData* n° 2014-013136). L'attribution préférentielle est donc exclue dans les indivisions d'origine conventionnelle autres qu'entre époux séparés de biens ou partenaires d'un pacte civil de solidarité.
Ainsi, l'attribution préférentielle a été admise dans le cas :
- d'une indivision résultant d'une donation-partage (Cass. 1re civ., 26 janv. 1977 : *Bull. civ.* I, n° 56 ; *JCP* G 1978, II, 18953 ; *JCP* N 1979, II, 197, obs. Dagot ; *D.* 1977, p. 485 ; *Defrénois* 1977, art. 31467, obs. G. Champenois. – V. égal. Cass. 1re civ., 22 janv. 1991 : *JurisData* n° 1991-000267) ;
- d'un héritier demandeur copropriétaire pour partie par vocation successorale et pour partie par l'effet d'une donation (Cass. 1re civ., 18 févr. 1981 : *Bull. civ.* I, n° 61 ; *RD rur.* 1981, p. 486, obs. Le Guidec) ;
- d'une indivision conventionnelle résultant d'acquisitions en commun à laquelle s'étaient superposées des indivisions de caractère successoral (Cass. 1re civ., 17 oct. 1984 : *Bull. civ.* I, n° 269 ; *D.* 1985, p. 132, note A. Breton ; *D.* 1985, IR p. 305, obs. D. Martin ; *RTD civ.* 1985, p. 598, obs. J. Patarin ; *RD rur.* 1985, p. 559, obs. Le Guidec) ;
- d'une indivision totalement conventionnelle établie par des époux avant leur mariage par ailleurs soumis au régime de la communauté légale (Cass. 1re civ., 7 juin 1988 : *Defrénois* 1988, p. 1079, note G. Morin ; *D.* 1989, p. 141, note A. Breton ; *JCP* N 1989, II, p. 89, note C. Philippe ; *RTD civ.* 1989, p. 121, obs. J. Patarin ; *RD rur.* 1991, p. 372, obs. Le Guidec : énonçant que l'attribution préférentielle a vocation à s'appliquer dans les partages d'indivisions de nature familiale) ;
- d'une indivision résultant d'un achat indivis par des époux séparés de biens (jurispr. constante. V. not. Cass. 1re civ., 23 mars 1994 : *Defrénois* 1994, art. 35953-176, note G. Champenois) ou de partenaires d'un pacte civil de solidarité envisagé plus haut.
Sur l'absence de possibilité de demander l'attribution préférentielle après un partage comportant des attributions indivises, une indivision conventionnelle ayant alors été substituée à celle

successorale (Cass. 1re civ., 20 oct. 1969 : *JurisData* n° 1969-000303 ; *JCP* G 1970, II, 16192, obs. M. D. ; *RTD civ.* 1970, p. 385, obs. Savatier).

Un local d'habitation ne peut faire l'objet d'une attribution préférentielle lorsque ce bien appartient indivisément aux héritiers et à un tiers (Cass. 1re civ., 15 janv. 2014, nos 12-25.322 et 12.26.460 : *JurisData* n° 2014-000193 ; *JCP* N 2014, act. 215).

3 Biens susceptibles d'attribution préférentielle. Conditions

1648 Le tableau ci-après résume les principales règles quant aux biens susceptibles de faire l'objet d'une attribution préférentielle et aux conditions à remplir.

BIENS	CONDITIONS – PARTICULARITÉS
Entreprise	
– Toute entreprise, ou partie d'entreprise agricole, commerciale, industrielle, artisanale ou libérale ou quote-part indivise d'une entreprise, même formée pour une part de biens dont le demandeur était déjà propriétaire ou copropriétaire avant le décès (C. civ., art. 831, al. 1er).	Participer ou avoir participé effectivement à l'exploitation. Dans le cas de l'héritier, la condition de participation peut être ou avoir été remplie par son conjoint ou ses descendants.
– Droits sociaux (même art., al. 2).	Sans préjudice de l'application des dispositions légales ou des clauses statutaires sur la continuation d'une société avec le conjoint survivant ou un ou plusieurs héritiers. Mêmes conditions que ci-dessus.
En matière agricole (régimes particuliers)	
– Toute exploitation agricole (C. civ., art. 831-1).	Ni le conjoint survivant ni un héritier ne demande l'application de l'article 831 ou celle des articles 832 ou 832-1. Obligation de donner à bail à long terme dans un délai de six mois à un ou plusieurs héritiers remplissant les conditions pour demander l'attribution préférentielle ou à un ou plusieurs descendants de ces héritiers remplissant ces mêmes conditions.
– Exploitation de faible superficie (C. civ., art. 832).	Attribution préférentielle de droit.
– Tout ou partie des biens et droits immobiliers à destination agricole (C. civ., 832-1).	À défaut d'attribution préférentielle dans les conditions prévues à l'article 831 ou à l'article 832. En vue de constituer avec un ou plusieurs cohéritiers et, le cas échéant, un ou plusieurs tiers, un groupement foncier agricole. Attribution préférentielle de droit dans certains cas (même art., al.2) (1).
– Exploitation agricole constituant une unité économique et non exploitée sous forme sociale ou partie d'une exploitation agricole pouvant constituer une unité économique. Jouissance par conclusion d'un bail à long terme (C. civ., art. 832-2).	Absence d'attribution préférentielle dans les conditions prévues aux articles 831-1, 832 ou 832-1 (2).
– Ensemble des éléments mobiliers nécessaires à l'exploitation d'un bien rural cultivé par le défunt à titre de fermier ou de métayer (C. civ., art. 831-2, 3°).	Si le bail continue au profit du demandeur ou si un nouveau bail est consenti à ce dernier.

BIENS	CONDITIONS – PARTICULARITÉS
Logement et mobilier	
Propriété ou droit au bail du local qui sert d'habitation au conjoint, à l'héritier ou au partenaire du pacte civil de solidarité et du mobilier (C. civ., art. 831-2, 1°).	Local servant à l'habitation effective. Résidence à l'époque du décès. Attribution préférentielle de droit pour le conjoint survivant (C. civ., art. 831-3).
Véhicule (C. civ., art. 831-2, 1°).	Véhicule nécessaire à la vie courante.
Locaux et mobiliers professionnels	
Propriété ou droit au bail du local à usage professionnel.	Utilisation effective du local à l'exercice de la profession.
Objets mobiliers à usage professionnel le garnissant (C. civ., art. 832-2, 2°).	Nécessaires à l'activité de la profession.
(1) Le partage n'est parfait qu'après la signature de l'acte constitutif du groupement foncier agricole et, s'il y a lieu, du ou des baux à long terme (C. civ., art. 832-1, dernier al.). (2) V. les dérogations aux règles du statut du fermage, notamment quant au droit de préemption (V. not. C. rur., art. L. 412-14).	

4 Procédure

• Saisine et décision du tribunal

1649 À défaut d'accord amiable, la demande d'attribution préférentielle est portée devant le tribunal judiciaire qui se prononce en fonction des intérêts en présence (C. civ., art. 832-3, al. 2. – CPC, art. 1380). En matière d'indivision successorale, le tribunal compétent est celui du lieu de l'ouverture de la succession (C. civ., art. 832-3). Les juges du fond disposent d'un pouvoir souverain pour apprécier les intérêts en présence, s'agissant d'une question de fait (Cass. 1re civ., 9 janv. 2008, n° 06-21.057 : *JurisData* n° 2008-042206. – Cass. 1re civ., 20 janv. 2004, nos 00-14.252, 01-17.522 : *JurisData* n° 2004-022036 ; *JCP* N 2004, n° 14, act. 80. – Cass. 1re civ., 3 juin 1966 : *D.* 1966, p. 593). Il a été jugé qu'ils pouvaient tenir compte de la situation financière difficile du demandeur (Cass. 1re civ., 21 juin 1988 : *JCP* G 1988, 312 ; *Defrénois* 1989, art. 34392, obs. A. Breton), des risques que ferait courir l'attribution aux copartageants à raison de l'insolvabilité de l'attributaire (Cass. 1re civ., 17 mars 1987 : *JCP* N 1987, II, p. 254 ; *Defrénois* 1987, art. 34029, obs. A. Breton). Pour une décision cassant un refus dès lors que la femme demandant l'attribution préférentielle avait la capacité financière suffisante (Cass. 1re civ., 26 sept. 2012, n° 10-27.459 : *JurisData* n° 2012-021632).

• Demandes concurrentes

1650 En cas de demandes concurrentes, le tribunal tient compte de l'aptitude des différents postulants à gérer les biens en cause et à s'y maintenir. Pour l'entreprise, le tribunal tient compte en particulier de la durée de la participation personnelle à l'activité (C. civ., art. 832-3, al. 3).

• Époque de la demande

1651 Constituant une modalité de partage, l'attribution préférentielle peut être sollicitée tant qu'une autre modalité incompatible n'a pas été ordonnée par une décision devenue irrévocable (Cass. 1re civ., 8 mars 1983 : *Defrénois* 1984, art. 33212, obs. A. Breton. – Cass. 1re civ., 9 janv. 2008 : *JurisData* n° 2008-042172 ; *RD rur.* 2009, chron. 1, R. Le Guidec et H. Bosse-Platière). Il s'ensuit que l'attribution préférentielle ne peut être demandée alors qu'un jugement a ordonné le partage ou décidé la licitation.

• Renonciation

1652 La renonciation à l'attribution préférentielle peut intervenir tant qu'un partage définitif n'est pas intervenu (Cass. 1re civ., 20 févr. 2001, n° 99-12.649 : *JurisData* n° 2001-008273 ; *JCP* G 2001, n° 48, I, 366, note R. Le Guidec. – Cass. 1re civ., 23 oct. 2013, n° 12-18.170 : *JurisData* n° 2013-023216 ; *JCP* N 2013, 46, act. 1095. – CA Paris, pôle 3, ch. 1, 23 oct. 2013, n° 12/19662 : *JurisData* n° 2013-023540). L'article 834 du Code civil, dans sa version issue de la loi n° 2006-728 du 23 juin 2006, édicte que jusqu'au partage, le bénéficiaire peut renoncer à l'attribution si la valeur du bien, telle que déterminée au jour de cette attribution (entendre : au jour de la décision d'attribution préférentielle) a augmenté de plus du quart au jour du partage indépendamment de son fait personnel (C. civ., art. 834, al. 2).

5 Effets

• **Propriété divise**

1653 L'article 834 du Code civil, dans sa version de la loi du 23 juin 2006, dispose que le bénéficiaire de l'attribution préférentielle ne devient propriétaire exclusif du bien attribué qu'au jour du partage définitif (C. civ., art. 834).

• **Articulation avec l'effet déclaratif du partage**

1654 Ce principe est à articuler avec l'effet déclaratif du partage. En effet, en raison de l'effet déclaratif du partage (V. *infra*, III), l'attributaire est censé avoir été propriétaire du bien pour lequel l'attribution préférentielle a été décidée rétroactivement à compter du décès. L'article 834 doit être compris de la façon suivante : le jugement décide qu'il y aura attribution préférentielle sans conférer la propriété du bien et c'est le partage qui fait cesser l'indivision et produit l'attribution privative de propriété (V. Cass. 1re civ., 24 mai 1990 : *D.* 1990, IR p. 40 et Cass. 1re civ., 28 avr. 1987 : *JCP* N 1987, prat. 351), l'effet de cette attribution étant rétroactif.

• **Estimation des biens**

1655 Les biens qui font l'objet de l'attribution doivent être estimés à leur valeur à la date de la jouissance divise (C. civ., art. 832-4, al. 1er et 829). Dans l'attribution préférentielle en jouissance par conclusion d'un bail à long terme, il est tenu compte, s'il y a lieu, de la dépréciation due à l'existence du bail dans l'évaluation des terres incluses dans les différents lots (C. civ., art. 832, al. 2).
Ainsi, lorsque le bénéficiaire de l'attribution est en même temps fermier de l'exploitation, l'exploitation doit être estimée comme libre de bail (Cass. 1re civ., 8 déc. 1965 : *D.* 1967, p. 407, obs. R. Savatier. – Cass. 1re civ., 31 mars 1981 : *JCP* N 1982, II, p. 27, obs. Ph. Rémy ; *Defrénois* 1981, art. 32750, obs. G. Champenois ; *RTD civ.* 1982, p. 183, obs. J. Patarin. – Cass. 1re civ., 17 mars 1987 : *JCP* N 1988, II, p. 181, obs. M. Mathieu). La règle tend à l'égalité entre les copartageants.

• **Soulte**

1656 **Paiement comptant.** Sauf accord amiable entre les copartageants, la soulte éventuellement due est payable comptant.

1657 **Délai de paiement.** Dans certains cas : attribution du local d'habitation et mobilier le garnissant (C. civ., art. 831-3), et attribution de l'exploitation agricole de faible superficie (C. civ., art. 832), l'attributaire peut exiger de ses copartageants, pour le paiement d'une fraction de la soulte, égale au plus à la moitié, des délais ne pouvant excéder dix ans. Sauf convention contraire, les sommes restant dues portent intérêt au taux légal.
En cas de vente de la totalité des biens attribués, la fraction de la soulte y afférente devient immédiatement exigible ; en cas de ventes partielles, le produit de ces ventes est versé aux copartageants et imputé sur la fraction de la soulte encore due (C. civ., art. 832-4, al. 2 et 3).
En cas d'attribution préférentielle en vue de constituer un groupement foncier agricole, sauf accord amiable entre les copartageants, la soulte éventuellement due est payable dans l'année suivant le partage. Elle peut faire l'objet d'une dation en paiement sous la forme de parts du groupement foncier agricole, sauf opposition des créanciers (C. civ., art. 832-1, al. 4) (sur la soulte atermoyée, V. *infra*, D).

D Soulte

1658 La soulte peut se définir comme une somme d'argent versée par un copartageant, destinée à compenser l'inégalité entre le lot d'un copartageant et ses droits dans l'indivision (V. C. civ., art. 833).
En principe, la soulte est payée comptant, mais elle est parfois payable à terme. Nous nous en tiendrons à l'obtention d'un délai de paiement (1°) et au régime de la soulte atermoyée (2°).

1 Obtention d'un délai de paiement

• **Convention**

1659 Les copartageants peuvent convenir que la soulte sera payable dans un délai qu'elles fixent librement sauf à envisager les effets d'une revalorisation, en particulier si le terme est lointain (V. *infra*, 2).

• **Disposition légale**

1660 Dans certains cas d'attribution préférentielle, l'attributaire peut exiger de ses copartageants un délai pour le paiement d'une fraction de la soulte.

2 Régime de la soulte atermoyée

• **Déchéance du terme**

1661 Le copartageant qui a obtenu un délai de paiement pour une partie de la soulte (V. *supra*, C, 5) et qui vend le bien ainsi attribué encourt la

déchéance du terme pour tout ou partie du solde de la soulte.
Lorsque le délai de paiement résulte d'un accord des intéressés, il appartient à ces derniers de préciser les cas de déchéance du terme (aliénation, absence d'assurance contre l'incendie, défaut d'entretien, etc.).

• **Variation du montant**

1662 Lorsque le débiteur d'une soulte a obtenu des délais de paiement et que, par suite des circonstances économiques, la valeur des biens qui lui sont échus a augmenté ou diminué de plus du quart depuis le partage, les sommes restant dues augmentent ou diminuent dans la même proportion, sauf exclusion de cette variation par les parties (C. civ., art. 828). Ce texte confirme la jurisprudence antérieure (Cass. 1re civ., 30 mars 2004, n° 01-14.542 : *JurisData* n° 2004-023080).

1663 **Champ d'application.** Il a été jugé, sous l'empire de l'ancien article 833-1 du Code civil, qui prévoyait la révision dans des termes quasiment identiques au régime actuel, que la règle légale est destinée à protéger le créancier de la soulte contre le risque économique résultant de son paiement différé et qu'elle a une portée générale et, qu'ainsi, elle s'appliquait à toutes les soultes de partage (Cass. 1re civ., 19 mai 1980 : *Defrénois* 1981, art. 32553, note A. Breton).

1664 **Absence d'ordre public.** L'article 828 du Code civil reconnaît aux parties la possibilité d'écarter cette variation (mais non dans une donation-partage : C. civ., art. 1075-4). Les copartageants pourraient aussi convenir d'une révision d'après un indice fixé selon les règles en matière d'indexation.

1665 **Dates à considérer.** On doit retenir la date du partage (plus précisément, celle de la jouissance divise) et celle où la dette vient à échéance (Cass. 1re civ., 30 mars 2004 : *JurisData* n° 2004-023080 ; *JCP* G 2005, I, 187, n° 5, obs. R. Le Guidec ; *Dr. famille* 2004, comm. 110, note B. Beignier).

• **Exemple**

1666 Un copartageant est attributaire d'un bien valant 300 au jour fixé dans le partage pour la jouissance divise, à charge d'une soulte de 100, dont le paiement est convenu à terme. Lors du paiement, cet appartement vaut 500 mais l'attributaire y a effectué des améliorations sans lesquelles il vaudrait 450.
L'augmentation résultant des améliorations apportées par le débiteur de la soulte n'a pas à être prise en compte, car elle ne résulte pas des circonstances économiques. Le surplus de l'augmentation est de 150, par conséquent supérieure au quart de la valeur du bien lors du partage (qui est de 75), de sorte que, sauf convention contraire, de l'article 828, alinéa 1er s'applique et la soulte à verser est de : (100 × 450) / (300) = 150.

• **Constatation de l'état des biens**

1667 Il est conseillé de dresser, lors du partage, un état des biens attribués au débiteur d'une soulte payable à terme.

• **Intérêts**

1668 La variation de la soulte soulève une difficulté quant au calcul des intérêts. On admet en effet qu'une dette de valeur ne produit pas d'intérêts tant qu'elle n'est pas liquidée (en matière de rapport de libéralité V. Fiche 24 : Rapport des libéralités et pour les récompenses *JCl. Roulois*, Fasc. 1495, *Régimes matrimoniaux*).

• **Garanties**

1669 Depuis le 1er janvier 2022, le paiement de la soulte est garanti par une hypothèque légale spéciale (C. civ., art. 2402, 4° nouveau ; réd. Ord. n° 2021-1192, 15 sept. 2021, art. 17, XI) et non plus par le privilège de copartageant instauré par l'ancien article 2374, 3°, du Code civil. Il peut être conseillé d'autres sûretés : hypothèque sur d'autres biens, nantissement sur un fonds de commerce, mais cela suppose l'accord du débiteur.

• **Protection de l'emprunteur**

1670 Les dispositions des articles L. 312-1 et suivants du Code de la consommation relatives au crédit immobilier s'appliquent au partage avec soulte dès lors que le débiteur obtient un délai de paiement et que les autres conditions d'application sont remplies (V. *JCl. Roulois*, Fasc. 1633, *Prêt*).

III Effets du partage

1671 Les effets du partage sont importants :
– d'abord, le partage a un effet non pas translatif (vente ou échange) mais déclaratif : chaque copartageant est censé avoir été propriétaire des biens composant son lot dès la naissance de l'indivision. Cette solution tend à assurer l'égalité entre copartageants puisque les droits nés sur un bien du chef d'un indivisaire non attributaire de ce bien sont rétroactivement résolus ;
– ensuite, les copartageants sont garants les uns envers les autres des troubles et évictions ; cette garantie contribue à l'égalité du partage ;
– enfin, il se peut que le partage fasse l'objet d'une action en nullité ou en complément de part.

• **Textes**

• C. civ., art. 883 à 892.

A Effet déclaratif du partage

• **Texte. Fondement**

1672 Chaque cohéritier est censé avoir succédé seul et immédiatement à tous les effets compris dans son lot, ou à lui échus sur licitation, et n'avoir jamais eu la propriété des autres effets de la succession (C. civ., art. 883, al. 1er).
L'effet déclaratif tend à protéger chaque copartageant des conséquences des actes faits par les autres coïndivisaires sur les biens dont il est alloti, en les lui rendant inopposables.

1 Domaine d'application

• **Actes**

1673 Tout partage produit un effet déclaratif qu'il soit global ou partiel, amiable ou judiciaire, de succession, de communauté, de société, d'indivision conventionnelle.
Il en est de même pour les actes faisant cesser l'indivision sans qu'il y ait lieu de distinguer selon que l'acte fait cesser l'indivision en tout ou partie, à l'égard de certains biens ou de certains héritiers seulement (C. civ., art. 883, al. 2) : licitation ou vente d'un bien indivis à l'un des indivisaires (et non à un étranger), cession de droits successifs.

En revanche, le partage provisionnel ne produit pas d'effet déclaratif puisque le droit de propriété n'est pas partagé.

• **Biens**

1674 L'effet déclaratif s'applique à tous les biens compris dans le partage ou dans l'acte équipollent, ainsi qu'aux soultes.

1675 S'agissant des créances héréditaires, l'ancien article 832, alinéa 2 du Code civil dans sa rédaction issue du décret-loi du 17 juin 1938 (devenu l'article 825 du Code civil), comptait les créances héréditaires parmi les biens susceptibles de composer les lots et donc, pouvant figurer dans la masse partageable. Si l'article 1220 du Code civil édicte que ces créances héréditaires se divisent de plein droit entre les héritiers dès le jour du décès, à proportion des parts dont ils sont saisis dans la succession, ce qui paraîtrait les exclure de l'indivision et ainsi de l'effet déclaratif du partage, une jurisprudence ancienne fait prévaloir, dans les rapports entre les cohéritiers, l'appartenance des créances dans la masse indivise et leur possible attribution à un cohéritier (Cass. req., 2 juin 1908 : *DP* 1909 ; *S.* 1909, p. 196. – Cass. req., 13 janv. 1909 : *S.* 1911, 1, p. 441, note Naquet). Dès lors, le partage doit permettre de déterminer le titulaire de la créance et l'application de l'effet déclaratif attaché à cet acte prévu par l'article 883 du Code civil.

• **Publicité foncière**

1676 L'acte de partage portant sur des immeubles ou des droits immobiliers doit être publié au bureau des hypothèques compétent (D. n° 55-22, 4 janv. 1955, art. 28, 4°). Cependant, contrairement au cas d'actes translatifs, le défaut de publicité n'est pas sanctionné par l'inopposabilité aux tiers mais par la condamnation à des dommages et intérêts dus par celui qui devait faire publier le partage à ceux qui ont souffert de ce défaut de publication (D. n° 55-22, 4 janv. 1955, art. 30, 4. – V. Cass. 1re civ., 14 janv. 1981, n° 79-15.038 : *JurisData* n° 1981-700025 ; *JCP* N 1982, prat. 8194. – V. égal. en ce sens, CA Fort-de-France, 1re ch., 28 avr. 1995 : *JurisData* n° 1995-042193).

2 Conséquences

• **Rétroactivité du partage**

1677 Le partage produit un effet rétroactif de sorte que l'attributaire tient les biens mis dans son lot directement du défunt, dès l'ouverture de la succession.
Cependant, la rétroactivité est limitée :
– les biens partagés doivent être évalués à l'époque du partage ;
– les fruits courus entre la naissance de l'indivision et la date de jouissance divise accroissent à l'indivision (Cass. 1re civ., 10 mai 2007, n° 05-12.031 : *JurisData* n° 2007-038790 ; *JCP* N 2007, n° 21, act. 408 ; il en va de même pour les frais de conservation. – V. Fiche 23 : Masses active et passive) ;
– et il peut être stipulé que le partage sera résolu en cas de non-paiement de la soulte.

• **Sort des actes**

1678 **Actes passés par tous les indivisaires.** Les actes passés par tous les indivisaires conservent tous leurs effets (V. C. civ., art. 815-3) ; ainsi l'hypothèque consentie par tous, quel que soit le résultat du partage (C. civ., art. 2412, al. 1 nouveau). De même les actes accomplis, soit en vertu d'un mandat des coïndivisaires, soit en vertu d'une autorisation judiciaire, conservent leurs effets quelle que soit, lors du partage, l'attribution des biens qui en ont fait l'objet (C. civ., art. 883, al. 3).

1679 **Actes passés par un seul indivisaire.** L'une des principales conséquences de l'effet rétroactif du partage concerne l'aliénation par un indivisaire. Il faut distinguer :
– si le bien aliéné est attribué au constituant, l'aliénation produit ses effets (Cass. 1re civ., 15 juin 1994, n° 91-20.663 : *JurisData* n° 1994-001310) ;
– sinon, elle est dépourvue d'effet à l'égard des autres copartageants.
L'hypothèque d'un bien indivis conserve son effet dans la mesure où l'indivisaire qui l'a consentie est alloti de l'immeuble (C. civ., art. 2412, al. 1 nouveau). L'hypothèque d'une quote-part d'un immeuble indivis conserve son effet si l'indivisaire qui l'a consenti en est alloti dans toute la mesure de l'allotissement sans être limitée à la quote-part qui appartenait à cet indivisaire (C. civ., art. 2412, al. 2 nouveau). Ces règles sont la suite logique de l'effet déclaratif.

B Garantie des lots

1680 Après le partage, le copartageant qui est évincé d'un bien mis dans son lot par le propriétaire de celui-ci est en droit de se retourner contre ses copartageants par le moyen d'une action en garantie. Il en est de même pour une créance irrécouvrable. La garantie des lots tend à maintenir l'égalité du partage, qui serait rompue si un copartageant devait supporter seul l'éviction d'un bien qui lui a été attribué. Ce principe s'applique à tout partage auquel l'effet déclaratif est attaché ainsi, entre autres, qu'aux donations-partages.

1 Domaine de l'action

• **Objet de la garantie**

1681 **Troubles et évictions.** L'article 884 du Code civil, alinéa premier rend les cohéritiers respectivement garants, les uns envers les autres, des troubles et évictions seulement qui procèdent d'une cause antérieure au partage.
Il y a éviction lorsque l'attributaire doit abandonner tout ou partie du bien attribué ; le trouble est une menace d'éviction. L'éviction peut résulter de ce qu'un copartageant a été obligé de payer du passif au-delà de sa part contributive (par ex., paiement d'un créancier inscrit sur un immeuble mis dans son lot : Cass. civ., 25 mai 1892 : *DP* 1892, 1, p. 582).
L'égalité devant régner au moment du partage, le trouble ou l'éviction dont la cause est postérieure à celui-ci n'a pas à être prise en considération.
Outre l'action en garantie, le copartageant qui a été contraint de payer plus que sa part contributive bénéficie également d'une subrogation légale, sur le fondement de l'article 1251, 3°, du Code civil, et d'une action personnelle fondée sur l'enrichissement sans cause.
Il ne semble pas qu'il y ait lieu à garantie à raison des vices cachés de la chose ou du défaut de contenance.

1682 **Insolvabilité d'un débiteur.** Les copartageants sont également garants les uns envers les autres de l'insolvabilité du débiteur d'une dette mise dans le lot d'un copartageant, révélée avant le partage (C. civ., art. 884, al. 1er).

• **Absence de garantie**

1683 **Clause du partage.** La garantie n'a pas lieu si l'espèce d'éviction soufferte a été exceptée par une clause particulière et expresse de l'acte de partage. Plus précisément, elle doit viser le bien susceptible d'éviction, la cause d'éviction et manifester la volonté des copartageants de renoncer à la garantie (Cass. 2e civ., 16 mars 1964 : *Bull. civ.* II, n° 248).

1684 **Faute du cohéritier.** Elle cesse si c'est par sa faute que le cohéritier souffre l'éviction (C. civ., art. 884, al. 2).

• **Prescription**

1685 L'action en garantie se prescrit par deux ans à compter de l'éviction ou de la découverte du trouble (C. civ., art. 886). Il ne peut donc être question de retenir la date du partage ou celle du jour du règlement de l'indemnité.

2 Effets

• **Indemnité**

1686 L'héritier évincé a droit à une indemnité égale au montant de la perte qu'il a subie, évaluée au jour de l'éviction (C. civ., art. 885, al. 1er).

• **Obligation des autres copartageants**

1687 Chacun des cohéritiers est personnellement obligé, à proportion de son émolument. Chacun des autres copartageants doit donc contribuer au paiement de l'indemnité selon sa quote-part dans la succession.
Si l'un des cohéritiers se trouve insolvable, la portion dont il est tenu doit être également répartie entre le garanti et tous les cohéritiers solvables (même texte, al. 1er et 2).
Pour des exemples, V. *JCl. Notarial Formulaire*, V° *Partage*, Fasc. 70, n° 55.

• **Hypothèque légale du copartageant**

1688 À compter du 1er janvier 2022, l'ordonnance n° 2021-1192 du 15 septembre 2021 supprime le privilège immobilier spécial du copartageant pour le remplacer par l'hypothèque légale spéciale du copartageant (C. civ., art. 2402, 4°). La rétroactivité qui accompagnait le privilège du copartageant et l'insécurité qui en découlait expliquent cette évolution souhaitée par les praticiens. Désormais, l'hypothèque légale du copartageant prend rang non plus à la date de naissance de la créance, mais à la date du dépôt des bordereaux d'inscription (C. civ., art. 2418, al. 1). Elle bénéficie à tout partage, quelle que soit l'origine de l'indivision et semble inclure les créances nées du partage et non plus seulement les soultes ou retours de lots (V. É. Simon-Michel, *La métamorphose des privilèges immobiliers spéciaux en hypothèques légales spéciales issue de la réforme des sûretés* : *JCP* N 2021, 1326).

C Inefficacité, remise en cause partielle

1689 Le partage peut faire l'objet d'une action en nullité (1°) ou en complément de part (2°).

1 Action en nullité

• **Vice du consentement**

1690 **Annulation du partage.** Le partage peut être annulé pour cause de violence ou de dol.
Il peut aussi être annulé pour cause d'erreur, si celle-ci a porté sur l'existence ou la quotité des droits des copartageants ou sur la propriété des biens compris dans la masse partageable (C. civ., art. 887, al. 1er et 2). Ces cas d'erreur correspondent à des hypothèses admises auparavant par la jurisprudence (Cass. 1re civ., 3 oct. 2018, n° 17-18.872). L'évaluation erronée des biens à partager ne peut donner lieu qu'à une action en complément de part (V. *infra*, n° 1696) (Cass. 1re civ., 7 févr. 2018, n° 17-12.480 : *JurisData* n° 2018-001397 ; *JCP* N 2018, 251 ; *Dr. famille* 2018, comm. 136, obs. A. Tani : partage remis en cause par un copartageant à la suite d'une notification de l'administration fiscale pour insuffisance des valeurs. V. égal. Cass. 1re civ., 17 oct. 2018, n° 17-26.945 : *JurisData* n° 2018-017987 ; *JCP* N 2018, act. 850 : différence entre la valeur du lot attribué et celle des biens partagés).

1691 **Caractère de la nullité.** Sous réserve d'une confirmation par les tribunaux et compte tenu de l'évolution de la jurisprudence (V. Cass. 1re civ., 29 sept. 2004, n° 03-10.766 : *JurisData* n° 2004-024948 ; *Dr. famille* 2004, p. 458, obs. B. Beignier. – Cass. 3e civ., 29 mars 2006, n° 05-16.032. – Cass. com., 10 mai 2006 : *D.* 2006, p. 1526, obs. A. Chevrier. – Cass. 3e civ., 21 sept. 2011, n° 10-21.900 : *JurisData* n° 2011-019517 ; *JCP* N 2012, n° 1, 1011, p. 33, obs. B. Waltz), la nullité pour erreur semble être une nullité relative. En cas de violence physique, la nullité serait absolue. Dans les autres cas la nullité est relative.

1692 **Prescription.** Que la nullité soit absolue ou relative, le délai de prescription est quinquennal (C. civ., art. 2224). D'une part, le nouvel article 1144 du Code civil prévoyant l'action en nullité pour erreur, dol et violence (réd. Ord. n° 2016-131, 10 févr. 2016) est silencieux (alors que l'ancien article 1304 qu'il remplace prévoyait le délai de cinq ans) et que le délai de prescription, dans le cas de nullité absolue, relève du droit commun (V. C. civ., art. 2224).

La prescription quinquennale court à compter de la découverte par le copartageant de l'erreur alléguée (Cass. 1re civ., 11 sept. 2013, n° 12-20.816 : *JurisData* n° 2013-018927 ; *JCP* N 2013, n° 39, 27, act. 939).

1693 **Partage complémentaire ou rectificatif.** S'il apparaît que les conséquences de la violence, du dol ou de l'erreur peuvent être réparées autrement que par l'annulation du partage, le tribunal peut, à la demande de l'une des parties, ordonner un partage complémentaire ou rectificatif (même texte, al. 3).

• Omission d'un héritier

1694 Le partage peut être également annulé si un des cohéritiers y a été omis. L'héritier omis peut toutefois demander de recevoir sa part, soit en nature, soit en valeur, sans annulation du partage. Pour déterminer cette part, les biens et droits sur lesquels a porté le partage déjà réalisé sont réévalués de la même manière que s'il s'agissait d'un nouveau partage (C. civ., art. 887-1).
Une telle possibilité de demander l'annulation du partage ou de recevoir sa part (en nature ou en valeur) s'applique aux indivisions existantes et aux successions ouvertes et non partagées au 1er janvier 2007 (pour une application, V. Cass. 1re civ., 11 avr. 2018, n° 17-19.313 : *JurisData* n° 2018-005623 ; *JCP* N 2018, 417 : demande d'annulation rejetée dans le cadre d'une succession partagée en 1996 et réclamée par un enfant dont la filiation avec le défunt a été établie après l'entrée en vigueur de la loi du 3 décembre 2001).

• Obstacles l'action en nullité

1695 Le copartageant qui a aliéné son lot en tout ou partie n'est plus recevable à intenter une action fondée sur le dol, l'erreur ou la violence, si l'aliénation qu'il a faite est postérieure à la découverte du dol ou de l'erreur ou à la cessation de la violence (C. civ., art. 888). Il s'agit là d'une présomption irréfragable ne comportant pas la possibilité de preuve contraire (C. civ., art. 1352).

2 Action en complément de part

1696 Avant la réforme des successions et libéralités, la lésion de plus d'un quart donnait ouverture à une action en rescision dont le risque était d'anéantir le partage. La réforme lui a substitué celle en complément de part.

• Domaine

1697 L'action en complément de part est admise contre tout acte, quelle que soit sa dénomination, dont l'objet est de faire cesser l'indivision entre copartageants (C. civ., art. 890, al. 1er).
L'action peut notamment être engagée à la suite d'une licitation faite au profit d'un copartageant.
Il a été jugé sous le régime de la rescision pour lésion mais la solution est transposable à l'action en complément de part que l'action était admise aussi bien contre le partage judiciaire que contre le partage amiable, pour les partages de communauté comme de succession (Cass. 1re civ., 2 mai 1989 : *JCP* N 1989, II, p. 341, obs. Ph. Salvage. – V. aussi C. civ., art. 1476, al. 1er. – Cass. 1re civ., 16 juin 2011, n° 10-18.562 : *JurisData* n° 2011-011620 ; *Bull. civ.* I, n° 117 ; *D.* 2011, p. 1756).
L'action en rescision a été admise en matière de partage comportant des concessions réciproques (Cass. 1re civ., 14 nov. 2006, n° 05-11.465 : *JurisData* n° 2006-035870. – Cass. 1re civ., 9 janv. 2008, n° 06-16.454 : *JurisData* n° 2008-042169 ; *JCP* G 2009, I, 109, n° 5, p. 21, obs. R. Le Guidec ; *RTD civ.* 2008, p. 342, obs. M. Grimaldi : cas de partage de communauté).
Dès lors qu'est en cause l'évaluation des biens partagés, il faut agir en complément de part et non pas en nullité du partage pour erreur (Cass. 1re civ., 7 févr. 2018, n° 17-12.480 : *JurisData* n° 2018-001397 ; *Dr. famille* 2018, n° 5, comm. 136, A. Tani).

• Action exclue

1698 **Transaction postérieure au partage.** L'action en complément de part n'est plus admise lorsqu'une transaction est intervenue à la suite du partage ou de l'acte qui en tient lieu sur les difficultés que présentait un partage ou cet acte (C. civ., art. 890, al. 2).
Il y a donc lieu de distinguer la transaction postérieure au partage de celle transaction antérieure ou concomitante audit partage (V. Cass. 1re civ., 9 janv. 2008, n° 06-16.454 : *JurisData* n° 2008-042169 ; *JCP* G 2009, I, 109, n° 5, p. 18, obs. R. Le Guidec ; *RTD civ.* 2008, p. 342, obs. M. Grimaldi).

1699 **Aléa.** L'action en complément de part n'est pas admise contre une vente de droits indivis faite sans fraude à un indivisaire par ses coïndivisaires ou par l'un d'eux, lorsque la cession comporte un aléa défini dans l'acte et expressément accepté par le cessionnaire (C. civ., art. 891). Ce texte applique l'adage selon lequel l'aléa chasse la lésion.
L'aléa doit être réel et résulter des circonstances (par ex. : prise en charge par le cessionnaire de droits successifs des dettes et charges présentes et à venir).

1700 **Omission d'un bien.** La simple omission d'un bien indivis donne lieu à un partage complémentaire portant sur ce bien (C. civ., art. 892).

• **Lésion**

1701 **Quotité.** La lésion subie par un copartageant doit être de plus du quart ou dit autrement que ce copartageant ait reçu moins des trois quarts de la part à laquelle il avait droit.
Pour apprécier s'il y a eu lésion, on estime les objets suivant leur valeur à l'époque du partage (C. civ., art. 899, al. 1er).
Exemple. Valeur des biens à l'époque du partage : 200 ; deux héritiers.
Chaque héritier devrait recevoir 100 ; le partage est lésionnaire si les attributions de l'un d'eux sont inférieures à : 100 – (100 × 1) / (4) = 75.

1702 **Partages partiels.** En cas de partages partiels successifs, la lésion s'apprécie sans tenir compte ni du partage partiel déjà intervenu lorsque celui-ci a rempli les parties de leurs droits par parts égales ni des biens non encore partagés (C. civ., art. 890, al. 3).

• **Complément de part**

1703 Le complément de part est fourni, au choix du défendeur, soit en numéraire, soit en nature (C. civ., art. 889, al. 1er).

• **Prescription**

1704 L'action en complément de part se prescrit par deux ans à compter du partage (C. civ., art. 889, al. 2).

POUR ALLER PLUS LOIN

Fascicules JurisClasseur
• *JCl. Notarial Formulaire*, Vis *Attribution préférentielle, Partage*.
• *JCl. Notarial Répertoire*, V° *Partage*, Fasc. 150 et 190 et s.
• *JCl. Liquidations-Partages*, V° *Partage*, Fasc. 150 et 190 et s.
• *JCl. Notarial Répertoire*, V° *Partage*, Fasc. 210, V° *Rescision du partage*, Fasc. 10 et 20.

Bibliographie
• J.-F. Pillebout, *Comment rédiger l'attribution préférentielle d'un local professionnel et d'objets mobiliers, ou d'une entreprise libérale, commerciale, industrielle et artisanale ? – Formule* : *JCP* N 2021, 1237.

Fiche 26

Exemples de rapports et de réductions

Sommaire

Introduction 287

I Diversités des cas 288

A Rapport de donation sans réduction 288

B Réduction sans rapport de donation 289

1 Différence entre rapport et réunion fictive 289

2 Donation en avancement de part successorale à l'auteur de l'héritier 290

C Le rapport n'est dû ni au légataire ni au créancier 290

D Le rapport n'est pas dû par le donataire devenu héritier 291

E Imputation des libéralités 291

1 Imputation sur la réserve globale 291

2 Libéralités rapportables, libéralités hors part successorale 293

3 Renonciation à la succession par le bénéficiaire d'une donation en avancement de part successorale 294

4 Imputation et réduction partielles 294

F Comparaisons diverses 296

1 Rapport légal et rapport forfaitaire 296

2 Legs particulier et legs de quotité 297

3 Réduction proportionnelle ou exécution préférentielle 298

4 Vente à fonds perdu. Conséquences du consentement 298

5 Exemple complexe 299

II Remarques sur les libéralités en présence de réservataires 303

A Rédaction de la libéralité 303

B Liquidation 304

Introduction

1705 L'objet de la présente fiche n'est pas de reprendre les développements des fiches précédentes, mais seulement de les illustrer d'exemples chiffrés et de les compléter par quelques remarques pratiques.

1706 L'orientation d'un dossier et sa marche générale varient naturellement d'un cas à un autre. On peut cependant souligner qu'il est nécessaire de tenir compte des modifications intervenues depuis la naissance de l'indivision, comme par exemple éléments d'actifs vendus, revenus encaissés, passif payé par le survivant, ou par un héritier ou encore par le compte de l'étude. Ces opérations, quand elles sont nombreuses, sont relatées dans le ou les comptes d'administration. Si des opérations concernent la communauté et d'autres la succession, des comptes différents doivent être établis (ou des subdivisions effectuées), sous peine de fausser les droits des parties. Il peut y avoir lieu à rétablissement, si des dépenses incombent à un héritier personnellement (cas fréquent des droits de succession acquittés au moyen de fonds indivis) et, le cas échéant, rétablissement par une masse au profit d'une autre masse (V. Fiche 28 : Distinction des fonds et fruits).

Lorsque la jouissance divise est postérieure au décès, il est parfois nécessaire de distinguer :

– les biens existant au décès, appelés les fonds ;

– et les fruits, c'est-à-dire les revenus postérieurs au décès.

Il en est ainsi lorsqu'il existe un usufruitier, car il a seul droit aux revenus (pour un exemple, V. Fiche 28 : Distinction des fonds et fruits).

1707 Parfois, la succession comprend des biens en toute propriété et d'autres en nue-propriété. Une telle situation se rencontre notamment lorsque le contrat de mariage prévoit que le survivant des époux aura droit à la moitié en propriété de la communauté et à l'autre moitié en usufruit. Il dépend alors de la succession du prédécédé la moitié de la communauté en nue-propriété et des biens propres en propriété. Cela conduit à faire deux masses, sur lesquelles on appliquera les quotités respectives des copartageants.

Il arrive aussi que les droits des copartageants ne soient pas les mêmes dans l'actif mobilier que dans l'actif immobilier, de sorte que, là encore, une distinction s'impose.

1708 Nous proposerons également quelques cas pratiques en suite d'une donation-partage transgénérationnelle (V. Fiche 27 : Aperçus liquidatifs après une donation-partage transgénérationnelle).

I

Diversités des cas

A Rapport de donation sans réduction

• Thème

1709 X décède, laissant un fils, Michel, une fille, Agathe, et un petit-fils venant par représentation de Claire.
En 2000, le défunt avait fait donation à Michel en avancement d'hoirie (en avancement de part successorale selon la terminologie adoptée par la réforme de 2006) d'un appartement à Orléans, d'une valeur au jour du décès de 240 000 € et valant, dans le même état, 260 000 € lors du partage. Agathe n'a rien reçu. Enfin, Claire avait reçu en avancement d'hoirie en 2002 une somme d'argent de 140 000 €, dont l'utilisation n'a pas pu être déterminée. Son fils a accepté la succession de Claire à concurrence de l'actif net.
Actif au décès : 330 000 €. Passif : 10 000 €. Michel a accepté la succession à concurrence de l'actif net.

• Réserve héréditaire et quotité disponible

Masse de calcul de la quotité disponible :
- Biens au décès.................................. 330 000
- Donation de Michel.......................... 240 000
- Donation de Claire 140 000
- Total 710 000
- passif 10 000
- Total 700 000
- Quotité disponible (700 000 / 4)........ 175 000
- réserve globale (700 000 – 175 000) . 525 000
- part de réserve pour Michel, Agathe et le petit-fils (525 000 / 3)................. 175 000

Michel :
– On impute d'abord la donation la plus ancienne, celle de Michel (règle de l'article 923 du Code civil), sur sa part de réserve (C. civ., art. 919-1, al. 1er) et subsidiairement sur la quotité disponible, laquelle est entamée de 65 000 (soit 240 000 – 175 000).
– quotité disponible restante : 175 000 – 65 000 = 110 000.

Claire :
– On impute ensuite la donation plus récente de Claire (règle de l'article 923 du Code civil), sur sa part de réserve (C. civ., art. 919-1, al. 1er) qui l'absorbe sans la dépasser (175 000 – 140 000 = 35 000).
Les donations sont rapportables sans indemnité de réduction à la charge de Michel et du petit-fils venant en représentation de Claire.

• Rapport

1710 Voici les principales règles applicables à cet exemple.
Le rapport est dû par tout cohéritier, même ayant accepté à concurrence de l'actif net (C. civ., art. 843).
Le petit-fils ne venant pas de son chef mais par représentation doit le rapport de ce qui a été donné à sa mère C. civ., art. 848-8). Sur ces règles, le lecteur pourra se reporter au *supra* (V. Fiche 24 : Rapport des libéralités).

• Aperçu chiffré

1711 **Masse à partager.**

1. Actif au partage		330 000
2. Rapport par le fils		260 000
3. Rapport par le petit-fils		140 000
	Total	730 000
Passif		– 10 000
Net		720 000
À partager par 1/3 entre les trois héritiers		240 000

1712 **Attributions.**

– Michel reçoit son rapport de donation, à concurrence du montant de ses droits, soit		240 000
– Agathe reçoit :		
De Michel le solde de son rapport, soit	20 000	
Et en biens existant au décès	220 000	
Soit ensemble, égal au montant de ses droits	240 000	240 000
– Le petit-fils reçoit :		
Par imputation sur ses droits le rapport de la donation faite à sa mère, soit	140 000	
Et des biens au décès pour un montant de	100 000	
Ensemble égal au montant de ses droits	240 000	240 000
– Passif à acquitter		10 000
Total égal à l'actif à partager		730 000

B Réduction sans rapport de donation

1 Différence entre rapport et réunion fictive

• **Thème**

1713 X décède, laissant un enfant, qui a reçu 60 000 € en avancement de part successorale, employés à l'acquisition d'un bien valant 70 000 € lors du décès, et un ami légataire universel. Actif net au décès : 46 000 €.

• **Opérations à effectuer**

1714 La question du rapport ne se pose pas, le fils n'ayant pas de cohéritier mais il faut calculer la quotité disponible puisqu'il existe un réservataire et un légataire universel. Le thème illustre la différence entre rapport et réunion fictive.

• **Aperçu chiffré**

1715 **Calcul de la quotité disponible.** La masse de calcul est formée en application de l'article 922 du Code civil.

Actif net au décès	46 000
Auquel il faut réunir fictivement pour le calcul de la quotité disponible la donation faite au fils	70 000
Soit une masse de calcul de	116 000
La réserve héréditaire est de moitié	58 000
Et la quotité disponible également de moitié	58 000

• **Imputation de la donation**

1716 Conformément à l'article 919-1, alinéa 1er, la donation s'impute sur la part de réserve et, subsidiairement, sur la quotité disponible, soit :

– sur la réserve du donataire, à concurrence de		58 000
– subsidiairement sur la quotité disponible qu'elle ampute de		12 000
	Total	70 000
Quotité disponible		58 000
Imputation de partie de la donation		– 12 000
Disponible restant au décès, égal aux droits du légataire		46 000

REMARQUE Bien que la quotité disponible soit de 58 000 €, le légataire universel devra se contenter des 46 000 € d'actif existant, car il ne peut exiger aucun rapport et pas davantage faire réduire un don entre vifs.

On voit qu'une donation en avancement de part successorale peut amputer la quotité disponible au décès ; cela résulte des règles légales d'imputation.

Dans cet exemple, les droits du légataire correspondant exactement à l'actif net existant, ce dernier revient en totalité au légataire, qui profite seul des plus-values postérieures, n'étant pas dans l'indivision avec le réservataire. Il n'en a la jouissance à compter du décès que s'il a demandé la délivrance de son legs dans l'année (C. civ., art. 1005, V. *JCl. Roulois*, Fasc. 1370).

2 Donation en avancement de part successorale à l'auteur de l'héritier

• **Thème**

1717 X. avait fait donation en avancement de part successorale d'un pavillon à sa fille unique, laquelle est décédée laissant un fils.
X. décède, après sa fille, laissant pour seul héritier son petit-fils.
Actif net au décès : 250 000 €. Il a institué un légataire universel. Le pavillon donné vaut à son décès 200 000 €.

• **Principe**

1718 Le petit-fils ne doit pas le rapport : d'une part, parce qu'il n'a pas de copartageant et que le rapport n'est dû qu'au copartageant, d'autre part, parce qu'il vient de son chef et non par représentation (C. civ., art. 848).

• **Principe**

1719 **Calcul de la quotité disponible.**

Actif net au décès	250 000
Réunion fictive de la donation faite à la fille	200 000
Masse de calcul	450 000
Quotité disponible (1 enfant) et réserve, respectivement	1/2
soit	225 000

• **Imputation du don**

1720 Le dont fait par le défunt à sa fille s'impute nécessairement sur le disponible, puisque celle-ci n'est pas héritière. Soit :

Quotité disponible	225 000
Donation à la fille	– 200 000
Reste	25 000

• **Partage**

1721 Si le partage intervient dès le décès, le légataire universel prend 25 000 € sur l'actif net ; le surplus des biens existant (soit 225 000 €) fournit la réserve du petit-fils.
Si le partage intervient tardivement, à une époque où l'actif net de succession est évalué à 300 000 €, on doit retenir la valeur des biens à l'époque du partage, ce qui conduit à effectuer un calcul proportionnel.

Au décès, le légataire avait droit aux 25 000 / 250 000e soit au dixième des biens existants.
Se trouvant dans l'indivision avec le réservataire, il bénéficie des plus-values dans la proportion de ses droits, et les attributions se feront sur les bases suivantes :

Légataire universel : 1/10 de 300 000, soit	30 000
Héritier réservataire : 9/10 de 300 000, soit	270 000
Total égal à la masse à partager	300 000

• **Remarques**

1722 Les règles de la réunion fictive pour la valeur du décès et de l'évaluation dans le partage à l'époque de celui-ci sont bien respectées.

C Le rapport n'est dû ni au légataire ni au créancier

• **Légataire**

1723 **Thème.** X décède, laissant un frère et une sœur, à laquelle le défunt avait fait un don de 100 000 € en avancement d'hoirie. Le défunt a institué un cousin pour le légataire universel. Actif au décès : 80 000 €.

1724 **Solution.** Le légataire universel a droit à la totalité de la succession puisque les frère et sœur ne sont pas réservataires, mais il ne peut naturellement exiger aucun rapport.
De même le frère ne peut demander un rapport à sa sœur, puisque tous deux sont exclus par le légataire ; ils ne sont pas cohéritiers. La situation serait naturellement différente s'il n'existait qu'un légataire particulier, car alors les frère et sœur venant à la succession, la sœur serait tenue au rapport à son cohéritier, à moins qu'elle ne renonce à la succession.

• **Créanciers**

1725 **Thème.** X décède, laissant deux enfants. Au premier, il a fait une donation de biens valant 200 000 € et à l'autre de biens valant 260 000 €. Actif au décès : 230 000 €. Passif : 300 000 €.

1726 **Solution.** Les enfants ne doivent pas le rapport aux créanciers (C. civ., art. 857). En cas d'acceptation à concurrence de l'actif net, ces derniers doivent se contenter des 230 000 € existant au

décès. Le partage portera sur 200 000 + 260 000 = 460 000 €, soit 230 000 € chacun.
Si, au contraire, les héritiers acceptent purement et simplement, les créanciers du défunt deviennent leurs créanciers, par suite de la confusion des patrimoines. Ils peuvent alors saisir tout élément du patrimoine de leurs débiteurs, y compris les rapports, ou exercer l'action oblique (V. Fiche 24 : Rapport des libéralités, I, A, 2).

D Le rapport n'est pas dû par le donataire devenu héritier

• **Thème**

1727 M. X a un fils, Félix, et une fille, Jacqueline, mère de Daniel. M. X fait une donation à Daniel, son petit-fils, d'une propriété alors évaluée 800 000 €. Jacqueline décède, puis M. X, ce dernier laissant pour héritier son fils Félix et Daniel, son petit-fils, par représentation de Jacqueline. Les biens au décès s'élèvent à 600 000 € et le bien donné, demeuré dans le même état, vaut 900 000 €.

• **Règles à appliquer**

1728 Le donataire qui n'était pas héritier présomptif lors de la donation, mais qui se trouve successible au jour de l'ouverture de la succession, ne doit pas le rapport, à moins que le donateur ne l'ait expressément exigé (C. civ., art. 846).

• **Solution**

1729 **Première hypothèse. Le donateur n'a pas exigé le rapport.** Le rapport n'est pas dû. La donation s'impute sur la quotité disponible. Si elle l'excède, l'excédent est réductible (C. civ., art. 919-2) et la réduction se fait en valeur, par imputation sur les droits de Daniel dans la succession (C. civ., art. 924).

Masse de calcul de la quotité disponible et de la réserve :	
Biens au décès	600 000
Réunion fictive de la donation	900 000
	1 500 000
Quotité disponible : 1/3, soit	500 000
Réserve héréditaire : 2/3, soit	1 000 000
Part de réserve	500 000

La donation est réductible pour 400 000 €. L'indemnité de réduction s'impute sur la part de réserve de Daniel.
La masse à partager comprend les biens au décès pour 600 000, ainsi que l'indemnité de réduction de 400 000 €, soit 1 000 000 €. Chaque héritier a droit à la moitié.
Félix reçoit des biens au décès pour 500 000 € et Daniel pour 100 000 € (l'indemnité de réduction s'imputant sur sa part, soit 500 000 – 400 000).

1730 **Deuxième hypothèse. Le donateur a stipulé le rapport.** Daniel fait rapport à la masse de 900 000 €. La donation étant à la fois rapportable et réductible, elle ne sera rapportable que de ce dont elle n'a pas été réduite, soit à la masse à partager : 900 000 (dont 400 000 de réduction et 500 000 de rapport. On considère que la réduction s'effectue par le rapport). La masse à partager, comprenant les biens au décès et ce rapport, s'élève à 1 500 000 €, revenant pour moitié à chacun de Félix et Daniel, soit 750 000 €. Par application de l'article 958 du Code civil, Daniel impute son rapport à concurrence du montant de ses droits héréditaires soit 750 000 € et verse à Félix 150 000 €. Félix reçoit cette somme de 150 000 € et les biens au décès pour 600 000 €, ce qui le remplit de ses droits dans la succession.

E Imputation des libéralités

1 Imputation sur la réserve globale

• **Thème**

1731 A décède en 2007, laissant deux enfants et un légataire universel.
En 1998, il a donné à l'un de ses enfants, en avancement d'hoirie, un immeuble, qui est demeuré dans le même état, et qui est évalué au jour du décès à 250 000 €. L'acte de donation stipule que l'immeuble donné serait rapportable d'après sa valeur au jour du partage et qu'en outre la donation serait imputée sur la réserve globale. À la date du partage, l'immeuble vaut 300 000 €. Les biens existant au décès valent alors 200 000 € et 300 000 € au jour du partage.

• **Dérogation à la règle légale**

1732 La stipulation que le rapport serait fait pour la valeur au jour du partage ne déroge pas à la règle légale (C. civ., art. 860, al. 1er). En revanche, l'imputation sur la réserve globale déroge à l'imputation sur la part de réserve du donataire et subsidiairement sur la quotité disponible prévue par l'article 919-1, alinéa premier, du Code civil.

• **Calcul de la réserve et de la quotité disponible**

1733 **Application.**

Biens existants au décès	200 000
– Immeuble donné, à réunir fictivement pour sa valeur au décès	250 000
Ensemble	450 000
Dont le tiers formant la quotité disponible	1/3
est de	150 000
et les 2/3 formant la réserve globale de	300 000

• **Imputation**

1734 **Application.**

L'imputation de la donation s'effectue sur la réserve globale qui est de	300 000
pour la valeur au décès du bien donné, étant de	250 000
Reste	50 000

La donation n'empiète pas sur la quotité disponible qui revient en totalité au légataire, lequel a donc droit à 150 000 € sur les 200 000 € de biens existant au décès.

• **Masse à partager**

1735 La masse à partager comprend :

– les biens existant au partage		300 000
dont il faut déduire les droits du légataire universel qui représentent les 150 000/200 000e soit 3/4 des biens existant		– 225 000
Reste		75 000
– le rapport de l'enfant		300 000
	Total	375 000
Revenant par 1/2 à chaque réservataire		1/2
soit		187 500

• **Attributions**

1736 **Présentation.**

L'enfant gratifié effectue son rapport en moins prenant. Le rapport étant de		300 000
Il l'impute sur sa part successorale à concurrence de		187 500
Et doit verser le surplus à son frère		112 500
L'autre enfant recueille le surplus des biens existants		75 000
Et la somme à verser sur le rapport de donation		112 500
	Total égal à ses droits	187 500

REMARQUE La clause d'imputation sur la réserve globale présente dans ce cas précis l'intérêt de laisser intacte la quotité disponible, tout en préservant les intérêts de l'autre réservataire.

• **Variante**

1737 Examinons à présent si l'enfant gratifié n'aurait pas intérêt à renoncer à la succession, étant précisé que le donateur n'a pas stipulé le rapport en cas de renonciation.

La donation s'impute alors sur la quotité disponible (C. civ., art. 919-1, al. 2) et celle-ci est alors de moitié (C. civ., art. 913, al. 2).

La masse de calcul n'est pas modifiée et est de 450 000 €. La réserve héréditaire et la quotité disponible sont de 225 000 € chacune.

La donation (valeur au décès) est de	250 000
Le disponible étant de	225 000
La donation excède le disponible de	25 000

et est réductible dans la proportion de 25 000 / 250 000, soit 1/10. L'indemnité de réduction est donc de : (300 000 × 1) / (10) = 30 000 €

D'autre part, la quotité disponible étant épuisée, le legs est caduc.

En revanche, l'enfant non gratifié trouverait avantage à ce que son frère renonce puisqu'il recueillerait, outre les biens au décès, l'indemnité de réduction, soit ensemble 330 000 €, au lieu de 187 500.

2 Libéralités rapportables, libéralités hors part successorale

1738 A décède laissant trois enfants : Vincent, François et Paul.
Actif au décès (mobiliers, avoirs en banque) : 240 000 €.
Il avait donné à ses enfants, savoir :
1° A Vincent, en 2002, en avancement d'hoirie, une somme de 20 000 €.
2° A François, en 2003, en avancement d'hoirie, une somme de 40 000 €.
3° A Paul, en 2006, par préciput, une somme de 100 000 €.
L'emploi des sommes données n'a pu être établi.

• Calcule de la réserve et de la quotité disponible

1739 La masse de calcul comprend (C. civ., art. 922).

– Biens existants	240 000
– Réunion fictive	
• donation à Vincent	20 000
• donation à François	40 000
• donation à Paul	100 000
Total	400 000
En présence de 3 enfants, la quotité disponible est du 1/4	100 000
La réserve globale est de	300 000
Et la part de réserve de	100 000

• Imputation des donations

1740 Les donations à Vincent et à François s'imputent – s'agissant de donations en avancement d'hoirie et en l'absence de convention contraire –, sur la part de réserve de chaque donataire et subsidiairement sur la quotité disponible (C. civ., art. 919-1, al. 1er).
La donation préciputaire faite à Paul s'impute sur la quotité disponible (C. civ., art. 919).
L'imputation se fait en commençant par la plus ancienne (C. civ., art. 923).

Ordre des donations	Donation	Réserve individuelle (100 000)	Quotité disponible (100 000)	Reste de la quotité disponible
Vincent	20 000	20 000	–	–
François	40 000	40 000	–	–
Paul	100 000	–	100 000	0

La réserve personnelle de Vincent et de François est supérieure à la donation que chacun a reçue. L'imputation de leurs dons sera donc faite pour leur fournir leur réserve à due concurrence, le surplus leur étant fourni en actif existant.
La quotité disponible a été absorbée exactement par le don par préciput, mais n'a pas été dépassée. Il n'y a donc pas lieu d'envisager de réduction de la donation faite par préciput à Paul, que ce dernier conservera intégralement, en plus de sa part de réserve.

• Masse à partager

1741 La masse à partager comprend :

Biens existants (valeur inchangée)	240 000
Rapport de Vincent	20 000
Rapport de François	40 000
Total	300 000
Dont le 1/3 revient à chacun	100 000

• Attributions

1742 **Présentation.**

Vincent : Montant de son rapport	20 000
Biens existants	80 000
	100 000

François : Rapport	40 000	
Biens existants	60 000	
	100 000	100 000
Paul : Surplus des biens existant		100 000
Total égal à l'actif à partager		300 000

• Remarques

1743 Ce thème montre :
– comment, par le jeu du rapport des donations en avancement d'hoirie, les droits héréditaires de chacun des enfants se trouvent égalisés ;

Exemples de rapports et de réductions

– comment la donation par préciput faite à Paul, après être intervenu pour le calcul de la quotité disponible, n'est plus ensuite prise en compte, à raison de ce qu'il n'a à subir aucune réduction puisqu'il ne dépasse pas la quotité disponible ;
– que les trois enfants n'ont à se partager que la réserve parce que la quotité disponible a été entièrement absorbée par la donation préciputaire.

3 Renonciation à la succession par le bénéficiaire d'une donation en avancement de part successorale

1744 Un défunt laisse trois enfants, Arlette, Gérard et Maxime. Il a fait donation à Arlette en avancement de part successorale d'un appartement. Les biens au décès s'élèvent à 480 000 €, net de passif, et le bien donné vaut 120 000 €

• **Stipulation du rapport**

1745 Le donateur a stipulé qu'en cas de renonciation d'Arlette à sa succession, le rapport serait dû.

Masse de calcul de la réserve héréditaire et de la quotité disponible

– Biens au décès	480 000
– Réunion fictive de la donation	120 000
Total de la masse	600 000
Par suite de la stipulation d'un rapport au cas de renonciation, le renonçant est compris dans le nombre d'enfants laissés par le défunt (C. civ., art. 913, al. 2) et la quotité disponible est de 1/4, soit	150 000
La réserve globale est de 3/4, soit	450 000
et la part de réserve de chaque enfant de	150 000

Par application de l'article 919-1, alinéa 2, du Code civil, Arlette impute sa donation sur la part de réserve qu'elle aurait eue. Comme la donation ne l'excède pas, Arlette ne doit pas de rapport et conserve le bien donné sans indemnité.
Par suite de sa renonciation, elle ne peut prétendre au surplus de la part de réserve qu'elle aurait eue, de 30 000 € (150 000 – 120 000). Ses frères se partagent donc les biens au décès par moitié.

• **Variante**

1746 Imaginons que le défunt a institué un légataire universel. Celui-ci recueille la quotité disponible, soit 150 000 €. Gérard et Maxime recueillent le surplus des biens existants au décès, soit 480 000 – 150 000 = 330 000 €, soit 165 000 € chacun.

• **Absence de stipulation de rapport**

1747 Afin d'apprécier l'incidence de la clause de rapport, supposons maintenant que le donateur n'a pas exigé le rapport de la donation pour le cas de renonciation d'Arlette à sa succession. La donation s'impute alors sur la quotité disponible et celle-ci est déterminée sans tenir compte d'Arlette (C. civ., art. 913, al. 2).
La masse de calcul de la quotité disponible et de la réserve héréditaire est toujours de 600 000 €.

La quotité disponible est de 1/3, soit	200 000
La réserve est de 2/3	400 000
et la part de réserve de chacun de Gérard et Maxime de	200 000

La donation peut s'imputer sur la quotité disponible et les deux frères se partagent par moitié l'actif au décès, soit 240 000 € chacun.

• **Variante**

1748 **Le défunt a institué un légataire universel.** Après imputation de la donation de 120 000 € sur la quotité disponible, s'élevant à 200 000 €, il reste sur cette dernière 80 000 €.
Le légataire reçoit 80 000 €. Chacun de Gérard et Maxime reçoit sa part de réserve en biens au décès. On constate que le légataire, à la suite de la clause de rapport, reçoit 150 000 €, au lieu de 80 000 en l'absence de clause, mais aussi que les héritiers acceptants reçoivent davantage en l'absence d'obligation de rapport qu'en présence d'une telle clause : 200 000 € dans le premier cas et 165 000 € dans l'autre.
En l'espèce, la clause de rapport profite au légataire, préjudicie aux héritiers acceptants et n'a pas d'incidence pour la donataire.

• **Renvoi**

1749 D'autres exemples sont proposés par A. Delfosse et J.-F. Peniguel, *op. cit.*, n°s 372 et s. et par D. Vigneau, *Le rapport d'une donation à un renonçant, observations sur quelques aspects liquidatifs de la loi du 23 juin 2006 : JCP* N 2006, 1327.

4 Imputation et réduction partielles

1750 A, veuf non remarié, décède, laissant 6 enfants : Vincent, François, Paul, René, Yves, Anna.

	au décès	au partage
L'actif au décès s'élève net à	240 000	260 400
Par dons entre vifs, il avait donné à 3 de ses enfants, savoir :		
À Vincent, en 1968, en avancement d'hoirie	90 000	90 000
À François, en 1969, en avancement d'hoirie	90 000	100 000
À Paul, en 1980, par préciput	90 000	120 000

• **Calcul de la réserve et de la quotité disponible**

1751 La masse de calcul comprend (C. civ., art. 922).

• Biens existants	240 000
• Réunion fictive	

	– Vincent	90 000
	– François	90 000
	– Paul	90 000
		510 000

En présence de 6 enfants, la quotité disponible est du 1/4	127 500
La réserve est de 3/4, soit	382 500
Et la part de réserve est de	63 750

• **Imputation des donations**

1752 Les donations en avancement de part successorale (en avancement d'hoirie, selon l'ancienne terminologie) s'imputent sur la part de réserve de leur bénéficiaire et subsidiairement sur le disponible (C. civ., art. 919, al. 1er). Celle préciputaire s'impute sur la quotité disponible, l'excédent éventuel étant sujet à réduction (C. civ., art. 919).
L'imputation s'effectue en respectant la chronologie (C. civ., art. 923).

Ordre des dons	Donation	Part de réserve (63 750)	Quotité disponible (127 500)	Reste sur le disponible
Vincent	90 000	63 750	26 500	101 250
François	90 000	63 750	26 500	75 000
Paul	90 000	–	75 000	0

• **Réduction**

1753 Le préciput de Paul ne peut s'imputer sur le reste de la quotité disponible qu'à concurrence de 75 000 €. Il est réductible dans la proportion de 15 000/90 000 ou 1/6. La réduction s'effectue en valeur d'après la valeur du bien donné à l'époque du partage (C. civ., art. 924-2), soit : 1/6 × 120 000 = 20 000 €.

• **Masse à partager**

1754 La masse à partager comprend :

Biens existants		260 400
Rapport de Vincent		90 000
Rapport de François		100 000
Indemnité de réduction due par Paul		20 000
	Total	470 400
		78 400

• **Attributions**

1755 Chacun de Vincent et François impute son rapport sur ses droits héréditaires, à concurrence de ceux-ci, et verse le surplus à ses copartageants. Paul impute son indemnité de réduction sur ses droits héréditaires et reçoit des biens au décès pour compléter ses droits. Les trois autres enfants reçoivent les sommes à verser par Vincent et François. Les meubles et les placements permettent de fournir le complément de droits de Paul et de remplir les trois autres enfants de leurs droits.

• **Remarques**

1756 On observe que les donations en avancement de part successorale dans la mesure où elles excèdent (au décès) la réserve individuelle de leur bénéficiaire, risquent d'entraîner, en s'imputant subsidiairement sur la quotité disponible, la réduction des libéralités préciputaires ultérieures. Contrairement au legs, le donateur ne peut pas indiquer un ordre de préférence de réduction.

L'imputation des dons s'effectue impérativement dans l'ordre chronologique et la première donation qui excède le disponible doit être réduite ainsi que celles des libéralités postérieures qui auraient dû s'imputer sur la quotité disponible (V. Fiche 20 : Réduction des libéralités excessives).

F Comparaisons diverses

1757 Dans la présente section, nous procéderons à diverses comparaisons : rapport légal et forfaitaire (1°), exécution d'un legs particulier et d'un legs de quotité (2°), réduction proportionnelle ou exécution préférentielle (3°), vente à fonds perdu avec ou sans consentement des successibles en ligne directe (4°), avant de proposer un exemple complexe (5°).

1 Rapport légal et rapport forfaitaire

1758 X décède laissant trois enfants A, B et C et un légataire universel Y.

Les biens existants s'élèvent à 600 000 € net au décès et 720 000 € à l'époque du partage. X avait consenti une donation à A, rapportable.

La valeur du bien donné était de 160 000 € lors de la donation, 200 000 € au décès et 300 000 € au partage.

Nous supposerons successivement que la donation est rapportable pour la valeur au partage, conformément au régime légal (C. civ., art. 860, al. 1er et 2), puis qu'il a été convenu d'un rapport pour la valeur à l'époque de la donation, comme l'autorise le 3e alinéa de l'article 860.

• **Régime légal**

1759 **Calcul de la quotité disponible.**

Biens existants		600 000
Réunion fictive		200 000
	Total	800 000
Dont 1/4 formant la quotité disponible et la part de réserve		1/4
Est de		200 000

Imputations :

La donation s'impute sur la réserve de A (200 000) qu'elle épuise sans l'excéder. Aucune indemnité de réduction n'est due. Mais A devra le rapport au moment du partage.

1760 **Masse à partager.**

Le rapport est dû de la valeur du bien au jour du partage. Le legs universel doit être réévalué au partage : 200 000 / 600 000, soit 1/3 × 720 000 Biens existants		720 000
Revenant au légataire universel pour 1/3		- 240 000
	Reste	480 000
Rapport dû par A		300 000
	Total	780 000
Dont le tiers revient		1/3
à chaque réservataire		260 000

1761 **Attributions.**

A : A impute le montant de son rapport de	300 000
A concurrence de ses droits dans la masse	260 000
Et verse le surplus à ses copartageants	40 000
B : biens existants	240 000
Somme à recevoir de A	20 000
	260 000

C : Biens existants	240 000
Somme à recevoir de A	20 000
	260 000

1762 **Rapport forfaitaire.** La donation à A prévoyait un rapport pour la valeur du bien à l'époque de la donation. L'avantage indirect qui en résulte pour A au décès soit 40 000 € (200 000 – 160 000) constitue un avantage hors part successorale imputable sur la quotité disponible (C. civ., art. 860, al. 4).

1763 À hauteur du montant rapportable (160 000 €), la donation s'impute sur la part de réserve sans la dépasser. La quotité disponible est diminuée du montant du préciput soit 40 000 €. Le reliquat (200 000 – 40 000 = 160 000) revient au légataire universel qui a droit aux 160000 / 600 000 soit : 4/15 des biens existants au décès.

1764 **Masse à partager.**

Biens existants		720 000
Déduction faite de la part revenant au légataire universel, soit 4/15...		– 192 000
Reste		528 000
Rapport dû par A		160 000
	Total	688 000
Dont le tiers revient à		1/3
chaque réservataire		229 333

1765 **Attributions.**

A : Montant de son rapport		160 000
Biens existants		69 333
	Total égal au montant de ses droits	229 333
B : Biens existants		229 333
C : Biens existants		229 333

• **Remarques**

1766 La comparaison des résultats dans les deux hypothèses appelle les observations suivantes :
1) la stipulation relative au rapport introduite dans la variante a pour effet de réduire les droits du légataire universel, ce qui est normal car, dans la mesure où elle aboutit à créer un avantage préciputaire, elle ampute d'autant la quotité disponible ;
2) la dérogation au régime légal du rapport a pour effet que les réservataires non gratifiés ne reçoivent plus que 229 333 au lieu de 260 000 et cela parce que le donataire conserve pour lui seul la plus-value du bien donné entre le jour du décès et l'époque du partage... de même qu'il aurait supporté seul une moins-value et serait ainsi resté débiteur d'un rapport de 160 000 € alors même que le bien donné n'aurait plus valu que 100 000 € par exemple lors du partage.

2 Legs particulier et legs de quotité

• **Cas où naît une indivision**

1767 **Legs de quotité.** Le legs d'une quotité (un/tiers, un/quart, etc.), de même que celui de la quotité disponible lorsqu'il y a des héritiers réservataires, génère une indivision.

C'est la raison pour laquelle le légataire d'une quote-part doit être appelé à l'inventaire s'il en est dressé un et concourir au partage, à la différence de ce qu'il existe pour le légataire particulier. Du fait qu'il est dans l'indivision, il s'ensuit qu'il doit bénéficier comme les autres indivisaires de la plus-value ou doit supporter la moins-value pouvant se produire sur les éléments de la masse indivise.

1768 **Legs particulier.** Il résulte de l'article 1014 du Code civil, alinéa 1er, que le legs particulier donne au légataire, du jour du décès du testateur, un droit à la chose léguée, droit transmissible à ses héritiers ou ayants cause.

C'est au décès qu'il faut se placer pour calculer si le legs peut s'exécuter comme ne dépassant pas la quotité disponible.

S'il peut s'exécuter, le légataire particulier aura seul droit à la chose léguée à partir du décès et profitera seul de la plus-value ou supportera seul la moins-value, car il ne sera pas dans l'indivision pour la chose léguée avec les héritiers. Le légataire particulier n'a pas à concourir au partage.

Cependant, si le legs particulier est partiellement réductible en valeur, il y a indivision entre le légataire et les héritiers réservataires à l'égard du bien légué.

• **Exemples**

1769 **Legs particulier pouvant s'exécuter.** X décède laissant un enfant et un légataire particulier d'une somme de 60 000 €.

Au décès, l'actif s'élève à 124 000 € mais, lors de la délivrance du legs, l'actif ne vaut plus que 100 000 €.

Le legs s'exécute car la quotité disponible se détermine au décès. Elle était de moitié de 124 000 €, soit 62 000 €. Le légataire reçoit 60 000 € car il n'était pas dans l'indivision et ne doit pas supporter la moins-value, pas plus qu'il n'aurait bénéficié d'une plus-value.

1770 **Legs particulier réduit.** X décède laissant deux enfants et un légataire particulier d'une somme de 50 000 €. Au décès, l'actif s'élevait à 120 000 € mais quelque temps après, au moment du paiement du legs, la valeur de l'actif s'élève à 150 000 €.

La quotité disponible se calcule au décès et elle est de 1/3, soit 40 000 €. Le legs est réduit à cette somme. De plus, le légataire d'une somme d'argent est titulaire d'une créance et non d'un droit réel ; en l'absence d'indivision entre lui et l'héritier réservataire, ce légataire est étranger à la fluctuation dans la valeur des biens successoraux. On observera que la solution est différente lorsque le legs porte sur un corps certain (V. l'exemple suivant).

1771 **Autre exemple.** X décède, laissant deux enfants. Il a légué à un ami un studio valant 150 000 € lors du décès. Actif net au jour du décès : 300 000 €.
La quotité disponible est d'un tiers de 300 000 €, soit 100 000 €. Le legs l'excède de 50 000 € et est donc réductible dans la proportion de 50 000 / 150 000, soit 1/3. La réduction se fait en valeur (C. civ., art. 924) et l'indemnité de réduction se calcule d'après la valeur du bien légué à l'époque du partage (C. civ., art. 924-2). Par suite, si lors du paiement de l'indemnité le studio vaut 180 000 €, l'indemnité s'élève à 60 000 €.

3 Réduction proportionnelle ou exécution préférentielle

1772 X, veuf, décède, laissant quatre enfants, un légataire universel et un légataire particulier de 40 000 €. Actif au décès : 530 000 €. Passif : 50 000 €. Pas de donation entre vifs.

- **Calcul de la quotité disponible**

1773 **Présentation.**

L'actif existant au décès s'élève à	530 000
Le passif s'élève à	50 000

Balance faite il reste un actif net de	480 000
(Il n'y a rien à réunir fictivement puisqu'il n'a pas été fait de donation).	
Étant donné qu'il existe quatre enfants, la quotité disponible ordinaire est de	1/4
Soit	120 000
La réserve totale est par conséquent de	360 000
À répartir entre les quatre enfants par	1/4
Soit une réserve personnelle pour chacun de	90 000

- **Réduction proportionnelle**

1774 Pour recueillir la quotité disponible s'élevant à 120 000 €, il y a le légataire particulier de 40 000 € et le légataire universel.

À défaut d'indication de préférence, la réduction doit être faite au marc le franc (C. civ., art. 926), sans distinction entre le legs universel et le legs particulier. Il convient de tenir le raisonnement suivant : s'il n'y avait pas eu de réservataire, le légataire particulier aurait reçu 40 000 € et le légataire universel 480 000 – 40 000 = 440 000 €. Ils doivent par conséquent se répartir le disponible dans la proportion de : 440 000 / 480 000, soit 11/12 pour le légataire universel et 40 000 / 480 000, ou 1/12, pour le légataire particulier, soit respectivement 110 000 et 10 000 €.

- **Réduction suivant préférence**

1775 Supposons maintenant que le testateur ait expressément déclaré que le legs particulier serait exécuté par préférence au legs universel, ainsi que l'article 927 du Code civil en ouvre la possibilité.

Sur le disponible de	120 000
On prélève d'abord le legs particulier, soit	40 000
Et le légataire universel recueille le solde, soit	80 000

Remarquons que si, dans cette répartition, le légataire particulier à la priorité sur le légataire universel, il la doit non à la nature de son legs et aux dispositions de l'article 1013 du Code civil (selon lequel le légataire à titre universel doit acquitter les legs particuliers par contribution avec les héritiers), mais à l'indication de préférence.

4 Vente à fonds perdu. Conséquences du consentement

1776 Z avait vendu à son fils un immeuble moyennant une rente viagère régulièrement payée. Il décède, laissant comme héritiers son fils et deux filles. Actif au décès : 20 000 €, inchangé à l'époque du partage.
L'immeuble valait 230 000 € au jour de la vente. Il en valait 500 000 au jour du décès et à la même valeur au jour du partage.
Il faut appliquer l'article 918 du Code civil.

- **Absence de consentement**

1777 Les deux filles, qui n'avaient pas concouru à la vente, n'en critiquent pas la validité, mais elles entendent user de tous les droits que la loi leur a accordés.

La liquidation doit donc comprendre le **calcul de quotité disponible** suivant :

Actif net au décès	20 000
Réunion fictive de la valeur au jour du décès (C. civ., art. 922) de l'immeuble vendu au fils moyennant une rente viagère (application de l'article 918)	500 000
Total pour le calcul de la quotité disponible	520 000
En présence de 3 enfants cette quotité est de	1/4
Soit	130 000
Et la réserve totale est de 3/4 ou	390 000
Dont le 1/3 pour chaque enfant	1/3
Forme une part de réserve de	130 000

L'**imputation** de la valeur de l'immeuble aliéné (aliénation à laquelle l'article 918 attache le caractère de libéralité par préciput) ne pouvant se faire qu'à concurrence du disponible de 130 000 €, la différence entre cette quotité et 500 000 € est 370 000 € qui est donc réductible.

La réduction se fait en valeur. À concurrence des droits héréditaires du fils, elle s'impute sur ceux-ci. Le surplus doit être versé.

Les **attributions** sont les suivantes, dès lors qu'entre le jour du décès et celui de la jouissance divise, les évaluations n'ont pas changé.

Masse à partager :
Actif : 20 000
Indemnité de réduction 370 000
Soit 390 000
Chacun a droit à 130 000 €
Fils : 130 000 – 370 000 = – 240 000 à verser à ses cohéritiers.
Les deux filles se partageront le reliquat, soit 240 000 + 20 000 = 260 000, à hauteur de leurs droits, soit 130 000 chacune.

Masse à partager	Montant	Fils	1re fille	2e fille
1. Actif au décès (à détailler)	20 000		10 000	10 000
2. Indemnité de réduction	370 000	130 000	120 000	120 000
	390 000	130 000	130 000	130 000
Égalité avec réserve totale des héritiers		390 000		

• **Consentement des successibles**

1778 Si **les deux filles** avaient consenti à l'aliénation, la réunion fictive ne serait plus à faire et chaque héritier recevrait sa part dans l'actif au décès, soit chacun 1/3 des 20 000 €.

• Mais si **l'une d'elles** n'avait pas donné son consentement à l'aliénation, celle-là seule aurait le droit de demander l'imputation et la réduction prévues par l'article 918 du Code civil.

Pratiquement il s'ensuivrait que les droits de chacune des deux filles seraient différents puisque la réserve serait calculée de la manière indiquée à l'exemple précédent seulement pour l'héritière qui n'a pas consenti à l'aliénation et, comme conséquence, elle recevrait 130 000 € alors que l'héritière qui a consenti à l'aliénation verrait ses droits fixés sans tenir compte de la réunion fictive, soit 1/3 des 20 000 € d'actif au décès.

• **Variante**

1779 Si un important laps de temps s'écoule entre le décès et le partage, l'indemnité de réduction sera calculée d'après la valeur de l'immeuble vendu à une époque proche du partage. Ainsi, si l'immeuble vendu vaut à la date fixée pour la jouissance divise 600 000 €, l'indemnité sera de :
(370 000 / 500 000) × 600 000 = 44 400

5 Exemple complexe

• **Thème**

1780 Le défunt a trois enfants : A, B et C.

• En 1987, il a constitué par acte authentique avec C une SARL au capital de 50 000 €, dont les 100 parts ont été réparties à raison de 80 pour lui et 20 pour C.

• En 1989, il a fait un don manuel d'une somme de 1 000 000 € à A, qu'il a utilisée à acquérir un appartement d'une valeur de 360 000 € au jour du décès et de 400 000 € à l'époque du partage. Si l'article 843 du Code civil édicte le principe du rapport successoral, il résulte de la volonté nettement établie par le disposant, aux termes d'un courrier rédigé par lui-même, que le don manuel a été consenti hors part successorale.

• En 1990, B a reçu par donation en avancement d'hoirie une ferme louée à un tiers, d'une valeur de 820 000 € ; en 2003, il a vendu une parcelle détachée de cette ferme comme terrain à bâtir au prix de 50 000 €.

Le surplus à usage rural vaut, au décès et au partage, 320 000 €.

• En 2002, C a reçu en donation un appartement évalué 200 000 €, avec convention que le rapport en serait fait pour cette valeur. Cet appartement a été vendu en 2003 pour le prix de 250 000 €, qui a servi à l'acquisition d'un pavillon, pour une somme frais compris de 400 000 €. Ce dernier vaut 800 000 € au jour du décès et 880 000 € lors du partage.

• En 2004, A a acheté au défunt un fonds de commerce pour un prix de 300 000 €, dont 200 000 payés comptant 100 000 transformés en une rente viagère. Ce fonds vaut 360 000 € tant au jour du décès qu'au partage. B et C ne sont pas intervenus à l'acte.

• En 2006, C a reçu en avancement d'hoirie 60 parts de la SARL constituée en 1988, évaluées 120 000 €. Au décès et lors du partage, ces parts ont une valeur de 150 000 €

Le décès survient en 2007. L'actif successoral comprend :

– un appartement évalué 350 000 € (400 000 au partage) ;

– 20 parts de la SARL, évaluées 40 000 € et 50 000 à l'époque du partage ;

– un portefeuille de valeurs mobilières évaluées 60 000 € (même valeur au partage) ;

– le mobilier meublant, évalué 50 000 € (même valeur au partage) ;

– divers comptes en banque, pour 50 000 €.

Le passif s'élève à 50 000 €.

Me X a encaissé les comptes en banque s'élevant à 50 000 € et acquitté du passif pour 30 000 € et le compte à l'étude présente un solde créditeur de 20 000 €.

• **Solution**

1781 Pour faciliter les calculs, il semble nécessaire de commencer par reprendre toutes les données dans les tableaux suivants :

1° Donations

N°	Date	Nature	Donataire	Particularités	Donation	Décès	Partage
1	1989	Hors part successorale	A	Don manuel (considéré hors part de par la volonté du disposant) d'une somme d'argent utilisée à l'achat d'un appartement	1 000 000 €	360 000 €	400 000 €
2	1990	Rapportable	B	Donation d'une ferme.	820 000 €		
				Prix de vente de la parcelle détachée de surplus		50 000 € 320 000 €	50 000 € 320 000 €
3	2002	Rapport forfaitaire	C	Donation d'un appartement. Rapport valeur-donation.	200 000 €		
				Vente et utilisation du prix pour l'acquisition d'un pavillon dans la proportion de 518		500 000 € (ou : 250 000 / 400 000) × 800 000)	550 000 € (ou : 250000 / 400000) × 880 000)

N°	Date	Nature	Donataire	Particularités	Donation	Décès	Partage
4	2004	Hors part successorale	A	Vente de fonds de commerce dont 1/3 du prix consistant en une rente viagère.	100 000 €		
				Donation présumée (C. civ., art. 918)		120 000 €	120 000 €
5	2006	Rapportable	C	Donation de 60 parts de la SARL.	120 000 €	150 000 €	150 000 €

2° Actif au décès (en euros)

		valeur	
		décès	partage
Bien existants			
– Appartement		350 000	400 000
– 20 parts de SARL		40 000	50 000
– Valeurs mobilières		60 000	60 000
– Mobilier meublant		50 000	50 000
– Comptes bancaires		50 000	–
– Compte d'administration M^e^ X		–	20 000
		550 000	580 000
Passif		50 000	20 000
	Actif net	500 000	560 000

- **Masse de calcul de la quotité disponible**

1782 Présentation.

Actif net de la succession (V. tableau)	500 000
Réunion fictive :	
– Don manuel à A, compte tenu de l'emploi des fonds dans l'appartement	360 000
– Ferme donnée à B (prix de vente de la parcelle détachée et valeur du surplus)	370 000
– Appartement donné à C	500 000
– Partie du prix de vente du fonds de commerce vendu à A, transformée en rente viagère 360 000 × 1/3 =	120 000
– Parts de SARL données à C	150 000
Ensemble	2 000 000

• **Quotité disponible et réserve**

1783 **Présentation.**

Quotité disponible (1/4)	500 000
Réserve globale (3/4)	1 500 000
Part de réserve	500 000

• **Imputation des libéralités**

1784 – La donation A s'impute intégralement sur la quotité disponible, pour la valeur de l'appartement au décès, soit 360 000 € (C. civ., art. 919, al. 1er).

• La donation à B s'impute sur sa part de réserve (valeur au décès, 370 000 €), conformément à l'article 919, alinéa 1er, du Code civil.

• La donation de 2002 à C devrait s'imputer à concurrence de 200 000 €, formant le montant forfaitaire du rapport sur la part de réserve du donataire (C. civ., art. 919, al. 1er) et pour le surplus de la valeur au décès soit 300 000 €, formant un avantage indirect préciputaire, sur le disponible (C. civ., art. 860, al. 3 et 4, et 919) mais le disponible après imputation du don manuel à A n'est plus que de 140 000 €. La donation faite à C est donc réductible (C. civ., art. 923) dans la proportion de : (30 0 000 – 140 000) / 500 000 ou 160 000 / 500 000 soit 8/25.

• La donation présumée que constitue la vente du fonds de commerce pour sa partie de prix consistant en une rente viagère devrait s'imputer sur la quotité disponible (C. civ., art. 918) mais, cette dernière étant épuisée, la donation présumée est réductible.

• La donation de parts sociales au profit de C s'impute sur la part de réserve de ce dernier (C. civ., art. 919-1, al. 1er).

Ces opérations peuvent être résumées dans un tableau indiquant pour chaque donation la masse d'imputation (part de réserve ou quotité disponible) et le solde de cette masse après imputation. Il est précisé que toutes les valeurs sont exprimées en milliers d'euros.

N° ordre	Donations (valeur décès)	Part de réserve de A (500)		Part de réserve de B (500)		Part de réserve de C (500)		Quotité disponible (500)		Excédent réductible
		imputation	reste	imputation	reste	imputation	reste	imputation	reste	
			500							
1	360							360	140	
2	370			370	130					
3	500					200	300	140	10	160/500 (1)
4	120									120/360 (2)
5	150					150	150			
	(1) soit 8/25.									
	(2) soit 1/3.									

• **Réduction**

1785 La réduction se fait en principe en valeur. Cette réduction s'effectuera donc moins prenant (C. civ., art. 924) par déduction sur les droits dans la succession éventuellement, par versement effectif pour le surplus.

L'indemnité de réduction se calcule selon la valeur des biens à l'époque du partage (C. civ., art. 924-2). L'indemnité due par C est donc égale à : 550 000 × 8/25 = 176 000 € et celle due par A de : 360 000 × 1/3 = 120 000 €.

• **Masse à partager – Attributions**

1786 La masse à partager comprend l'actif net au partage ainsi que les indemnités de rapport et de réduction.

Les rapports et indemnités de réduction sont attribués à leurs débiteurs respectifs, ce qui a pour effet de les en libérer par confusion.

Les attributions figurent dans le tableau ci-après, exprimées en milliers d'euros.

Biens à partager	Masse	A	B	C	Passif
– Appartement	400	400			
– Parts de SARL	50		50		
– Valeurs mobilières	60		60		
– Mobilier meublant	50	5	45		
– Compte de Me X.	20				20
– Rapport de donation par B	370		370		
– Rapport de donation par C (appartement)	200			200	
– Rapport de donation par C (parts)	150			150	
– Indemnité de réduction par C	176			176	
– Indemnité de réduction par A	120	120			
Total à partager	1 596	525	525	526	20
Total des attributions et des biens affectés à l'acquit du passif			1 596		

II

Remarques sur les libéralités en présence de réservataires

A Rédaction de la libéralité

• Impossibilité de prévoir la quotité disponible

1787 La difficulté principale suscitée par l'action en réduction tient à l'impossibilité de connaître par avance le montant de la réserve et de la quotité disponible qui sont fonction de trois éléments, l'actif net successoral, l'ensemble des donations qui doivent faire l'objet d'une réunion fictive et le nombre de réservataires. Entre la libéralité et le décès du donateur, celui-ci peut connaître un revers de fortune, les biens donnés peuvent subir des variations très différentes de valeur et une modification de la famille peut intervenir.

Remarquons toutefois que la donation-partage permet de pallier la plupart de ces inconvénients en retenant la valeur au jour de la donation pour le calcul du rapport de la réunion fictive et en permettant l'incorporation des donations consenties antérieurement.

• État du bien donné

1788 Compte tenu des règles de la réunion fictive pour le calcul de la quotité disponible, il est prudent de réserver la preuve de l'état exact du bien lors de la donation, notamment en établissant alors un état des lieux.

De plus, en cas de réduction, cet état pourra être utile pour la fixation de l'indemnité de réduction, si le rapport est en valeur et, s'il s'effectue en nature, cet état sera pris en considération pour le calcul des indemnités de part et d'autre (pour impenses ou détériorations).

• Libéralité à un successible

1789 Une autre difficulté se présente en cas de libéralité à un successible. En effet, le caractère hors part ou rapportable de la libéralité influe sur son mode d'imputation, sur la quotité disponible dans le premier cas et sur la réserve dans le second.

• Il convient donc de bien attirer l'attention du disposant sur la restriction qu'il s'impose, de gratifier ultérieurement des tiers ou son conjoint, en consentant une libéralité hors part.

• Dans le même but, en cas de libéralité rapportable excédant la part de réserve du gratifié, il est possible de prévoir l'imputation subsidiaire sur la réserve globale plutôt que sur le disponible.

• **Ordre des legs**

1790 Enfin des exemples (V. *supra*, D) nous ont montré que les legs peuvent être partiellement réduits ou même totalement caducs. En conséquence, il est important de faire préciser au testateur s'il désire que certains legs soient exécutés par préférence, en cas de réduction partielle.

B Liquidation

• **Ordre des opérations**

1791 Il convient de respecter l'ordre des opérations :
- établissement de l'actif ;
- réunion fictive des biens donnés, selon leur état au jour de la donation et leur valeur au jour du décès (sauf aliénation) ;
- calcul de la quotité disponible et de la réserve ;
- imputation des libéralités sur la quotité disponible et de la réserve ;
- réduction des legs au marc le franc, sauf indication de préférence ;
- réduction des donations à partir de la plus récente ;
- constitution de la masse à partager comprenant l'actif net au partage auquel on ajoute les indemnités de rapport et de réduction, ainsi que les dettes des copartageants ;
- attributions.

Fiche 27

Aperçus liquidatifs après une donation-partage transgénérationnelle

Sommaire

I Succession de l'ascendant donateur 305

II Succession de l'enfant en place duquel ses descendants ont été allotis 306

A Les enfants du défunt n'ont pas tous été allotis 306

B Tous les enfants du défunt ont été allotis 307

1 Évaluation au jour de la donation-partage transgénérationnelle 307

2 Évaluation au jour de la donation-partage avec incorporation 308

1792 Nous envisagerons successivement la succession de l'ascendant donateur et celle de l'enfant en place duquel ses descendants ou certains d'entre eux ont été allotis dans une donation-partage transgénérationnelle (pour une étude des règles à mettre en œuvre, V. Fiche 17 : Libéralités à caractère familial, III, B, 2. – Pour d'autres exemples, V. M. Grimaldi, *Des donations-partages et des testaments-partages au lendemain de la loi du 23 juin 2006 : JCP* N 2006, 1320).

I Succession de l'ascendant donateur

• Thème

1793 M. Dupont, veuf, a deux enfants : Marc et Nathalie, et deux petits-enfants : Virginie et Walter, enfants de Nathalie. En janvier 2007, il a fait une donation-partage à Marc, Virginie et Walter, Nathalie ayant consenti à ce que ses enfants soient allotis en ses lieu et place.
Marc a reçu un appartement à Blois, évalué 200 000 €. Virginie et Walter ont reçu indivisément un appartement à Tours, évalué aussi 200 000 €. Le donateur s'est réservé l'usufruit des biens donnés pendant sa vie.
M. Dupont décède en octobre 2007. Les biens au décès, comprennent du mobilier et des avoirs en banque pour un total de 280 000 €. Le passif, y compris les frais de règlement de la succession, s'élève à 20 000 €. Les appartements donnés, demeurés dans le même état, valent 210 000 € chacun. Le défunt a institué son amie Carole pour légataire universelle.

• Règles à appliquer

1794 La donation faite à Marc s'impute sur sa part de réserve et subsidiairement sur le disponible (C. civ., art. 1077-2 et 919-1, al. 1er). Les biens donnés à Virginie et Walter s'imputent sur la part de réserve de leur auteur et subsidiairement sur le disponible (C. civ., art. 1078-8, al. 1er).
Les enfants du donateur ont tous deux donné leur consentement au partage anticipé et il n'a pas été prévu de réserve d'usufruit portant sur une somme d'argent. Par suite, les biens donnés sont évalués au jour de la donation-partage pour le calcul de la quotité disponible et pour l'imputation (C. civ., art. 1078-8, al. 3 et 1078), et non à celui du décès.

• **Aperçu chiffré**

1795 **Calcul de la quotité disponible et de la réserve.**

Biens au décès		280 000
Passif		- 20 000
	Actif net	260 000
Réunion fictive de la donation-partage (200 000 + 200 000)		400 000
	Total de la masse de calcul	660 000
Quotité disponible : 1/3		220 000
Réserve successorale : 2/3		440 000
Part de réserve		220 000

1796 **Imputation.**

– Part de réserve de Marc	220 000
Imputation de son attribution dans la donation-partage	200 000
Reste à recevoir, en biens au décès	20 000
– Part de réserve de Nathalie	220 000
Imputation de l'attribution à ses enfants	200 000
Reste à recevoir, en biens au décès	20 000

1797 **Droits des parties, passif à acquitter.**

– Marc a droit au solde de sa part de réserve		20 000
– Nathalie a droit au solde de sa part de réserve		20 000
– Carole, légataire, a droit à la quotité disponible		220 000
– Passif		20 000
	Total égal à l'actif à partager	280 000

1798 **Attributions, affectation à l'acquit du passif.** Les copartageants sont remplis de leurs droits en biens au décès et, sur ces biens, les 20 000 € restant sont affectés au passif.

II Succession de l'enfant en place duquel ses descendants ont été allotis

1799 M. Dubois a deux enfants : André et Isabelle, laquelle avait elle-même trois enfants : Benoît, Valérie et Guillaume.
Nous envisagerons plusieurs hypothèses, qui permettront d'illustrer le principe, la règle dérogatoire et l'éviction du principe.

A Les enfants du défunt n'ont pas tous été allotis

• **Thème**

1800 M. Dubois a fait une donation-partage à André ainsi qu'à Benoît et Valérie avec le consentement de leur mère à ce que ces derniers soient allotis à sa place. Guillaume n'a pas participé à la donation-partage.
André a reçu une propriété évaluée 300 000 €. Benoît un appartement évalué 150 000 € et Valérie un autre appartement, évalué à la même somme.
Isabelle décède, laissant ses trois enfants. Les biens existants s'élèvent à 280 000 € et le passif à 20 000 €. L'appartement attribué à Benoît vaut 160 000 € et celui attribué à Valérie 180 000 €. Les montants sont les mêmes au jour du partage.

• **Règles à appliquer**

1801 On applique le **principe** posé par l'article 1078-9 du Code civil, dans ses premier et deuxième alinéas. Les biens reçus de l'ascendant sont traités comme si les enfants les tenaient de leur mère. Ils sont soumis aux règles dont relèvent les donations entre vifs pour la réunion fictive, l'imputation, le rapport et, le cas échéant, la réduction. En particulier, ils sont rapportables pour la valeur au partage, conformément à l'article 860 du Code civil.

REMARQUE L'article 1078-9 du Code civil dispose, dans son troisième alinéa, que lorsque tous les descendants ont reçu et accepté un lot et qu'il n'a pas été prévu d'usufruit portant sur une somme d'argent, les biens sont traités comme si les gratifiés les avaient reçus de leur auteur par donation-partage, de sorte qu'ils sont compris dans la réunion fictive et l'imputation pour leur valeur au jour de la donation-partage. Cette exception au principe ne s'applique pas ici, Guillaume n'ayant rien reçu.

• **Aperçu chiffré**

1802 **Présentation.**

Actif au décès d'Isabelle		280 000
Passif		– 20 000
	Actif net	260 000
Rapport par Benoît (valeur au partage)		160 000
Rapport par Valérie (valeur au partage)		180 000
	Total de l'actif à partager	600 000
Dont le tiers pour chacun des héritiers est de		200 000

Benoît impute son rapport (160 000) sur ses droits dans la succession d'Isabelle et reçoit des biens au décès pour 40 000 €, ce qui le remplit de ses droits. Valérie reçoit son rapport par imputation sur ses droits dans la succession et une partie des biens au décès pour 20 000 €. Guillaume reçoit des biens au décès pour 200 000 €.
On remarque qu'ainsi l'égalité entre les trois enfants d'Isabelle se trouve rétablie.

• **Variante**

1803 Mêmes données que dans le cas précédent mais les biens au décès d'Isabelle s'élèvent à 180 000 €. Le bien attribué à Benoît vaut 200 000 € et celui attribué à Valérie vaut 150 000 €. Les règles à appliquer sont les mêmes que précédemment. Les biens sont rapportables à la succession d'Isabelle pour leur valeur à l'époque du partage.

Actif au décès d'Isabelle		180 000
Passif		- 20 000
	Actif net	160 000
Rapport par Benoît (valeur au partage)		200 000
Rapport par Valérie (valeur au partage)		150 000
	Total de l'actif à partager	510 000
Dont le tiers pour chacun des héritiers est de		170 000

Le rapport se fait en moins prenant. Valérie impute son rapport sur ses droits successoraux. Benoît ne peut imputer son rapport qu'à concurrence du montant de ses droits, soit 170 000 €. Pour les 30 000 €, il doit procéder à un paiement effectif.

B Tous les enfants du défunt ont été allotis

1 Évaluation au jour de la donation-partage transgénérationnelle

• **Thème**

1804 La situation familiale est inchangée. M. Dubois a fait donation à son fils André et, avec l'assentiment d'Isabelle, aux trois enfants de cette dernière : Benoît, Valérie et Guillaume. André a reçu une propriété valant 450 000 € lors de la donation-partage, Benoît un appartement valant 150 000 € à la même époque, Valérie une somme de 150 000 €, non employée, et Guillaume un appartement d'une valeur de 150 000 €.
Isabelle décède, laissant ses trois enfants pour héritiers et son époux, séparé de biens, donataire pour le cas de survie de la quotité disponible ordinaire. L'actif net au décès, s'élève à 310 000 €. L'appartement attribué à Benoît vaut alors 200 000 € et celui attribué à Guillaume 180 000 €.

• **Règles à appliquer**

1805 Il y a lieu d'appliquer la **règle dérogatoire** résultant de l'article 1078-9 du Code civil, en son troisième alinéa, selon laquelle, lorsque tous les descendants ont reçu et accepté un lot dans le partage anticipé et qu'il n'a pas été prévu d'usufruit portant sur une somme d'argent, les biens dont ont été allotis les gratifiés sont traités comme s'ils les avaient reçus de leur auteur par donation-partage. Par voie de conséquence, il y a lieu d'appliquer l'article 1078 du Code civil, qui dispose que, sauf convention contraire, les biens donnés sont évalués au jour de la donation-partage pour l'imputation et le calcul de la réserve.
Dans le cas qui nous intéresse, les biens sont donc évalués au jour de la donation-partage transgénérationnelle par M. Dubois, et non au jour du décès

d'Isabelle. Les biens attribués ne sont pas rapportables puisqu'ils ont déjà été partagés et que tous les héritiers ont été allotis.

• **Aperçu chiffré**

1806 **Calcul de la réserve et de la quotité disponible.**

Biens existants au décès	310 000
Réunion fictive (les valeurs au décès d'Isabelle ne sont pas prises en compte)	450 000
Total de la masse	760 000
Réserve globale : 3/4	570 000
Part de réserve	190 000
Quotité disponible : 1/4	190 000

• **Imputation, attributions**

1807 Chacun des trois héritiers impute le bien reçu dans la donation-partage transgénérationnelle (150 000) sur ses droits successoraux (190 000) et reçoit des biens existants au décès pour 40 000 €.
Le conjoint survivant recueille la quotité disponible de 190 000 €.

• **Comparaison**

1808 Notons qu'en la circonstance le fait de retenir la valeur des biens donnés au jour de la donation-partage, et non à celui du décès, diminue la masse de calcul de la quotité disponible et, par conséquent, le montant des droits de l'époux gratifié.

2 Évaluation au jour de la donation-partage avec incorporation

1809 Mêmes éléments que dans le cas précédent mais Isabelle a procédé à une donation-partage dans laquelle ont été incorporés les biens donnés antérieurement par M. Dubois. Cette donation-partage par Isabelle se résume de la façon suivante.

Biens		Benoît	Valérie	Guillaume
Incorporation des biens reçus de M. Dubois		200 000	150 000	180 000
Biens donnés par Isabelle		40 000	90 000	60 000
	Totaux	240 000	240 000	240 000

• **Règles à appliquer**

1810 Nous avons vu plus haut (V. *supra*, n° 1803) une illustration du principe posé par l'article 1078-9 du Code civil, dans ses deux premiers alinéas. Ce **principe** est **écarté** par l'article 1078-10 du Code civil, lorsque l'enfant qui a consenti à ce que ses propres descendants soient allotis en son lieu et place procède ensuite lui-même, avec ces derniers, à une donation-partage à laquelle sont incorporés les biens antérieurement reçus dans les conditions prévues à l'article 1078-4 (ce dernier texte autorise les donations-partages faites à des descendants de degrés divers). Les gratifiés sont censés avoir reçu dans la donation-partage ordinaire les biens qui y sont incorporés.

• **Application**

1811 Au décès d'Isabelle, il n'est pas dû de rapport.
Pour le calcul de la réserve héréditaire et de la quotité disponible, s'il y a lieu, les biens sont évalués au jour de la donation-partage par Isabelle, conformément à l'article 1078 du Code civil. En effet, tous les héritiers réservataires ont reçu un lot dans la donation-partage et l'ont accepté et il n'a pas été prévu de réserve d'usufruit portant sur une somme d'argent. Par conséquent, les variations de valeurs à compter de cette donation-partage ordinaire importent peu.

Fiche 28
Distinction des fonds et fruits

1812 **Rappel.** On rappellera que l'on entend par « fonds » tous les biens existant au décès qu'il s'agisse de biens mobiliers ou immobiliers, de capitaux ou de fruits échus ou courus à cette date. Par opposition, la pratique notariale dénomme « fruits » seuls ceux échus ou courus depuis le décès. Bien entendu, il n'y a de fruits que si l'actif comprend des biens frugifères et si la jouissance divise est fixée à une date postérieure au décès ou à la naissance de l'indivision. Enfin la masse partageable comprend les fruits des biens indivis depuis le décès et, comme ceux-là profitent en général aux copartageants dans la même proportion que leurs droits dans la masse au décès, il n'y a pas lieu de les compter à part. La distinction « fonds » et « fruits » n'est nécessaire que si les fruits reviennent à quelqu'un d'autre que les fonds. Il en va ainsi en présence d'un usufruitier, qui a seul droit aux revenus depuis le décès (V. Fiche 23 : Masses active et passive).

1813 **Exemple.** M. Breton est décédé le 16 janvier 2006, laissant :
- son épouse, avec laquelle il s'était marié sans contrat préalable en 1970, donataire de l'usufruit des biens composant sa succession ;
- et leur fils Pierre.

Au cours du mariage, Mme Breton a recueilli dans les successions de ses parents un pavillon à Salbris, qu'habitaient les époux. Il y a été effectué divers travaux d'amélioration dont le profit subsistant est évalué au jour fixé pour la jouissance divise à 15 000 €.

Pendant le mariage, M. et Mme Breton ont acquis un entrepôt à Bourges, qui était loué à M. Leblanc, moyennant un loyer annuel de 7 200 €, payable par trimestres, à terme échu, les 1er janvier, avril, juillet et octobre. Cet entrepôt est évalué à 120 000 €, au jour fixé pour la jouissance divise.

Ils avaient une créance contre M. Dubois, d'un montant de 20 000 €, productive d'intérêts au taux de 5 % par an, payables les 1er janvier, avril, juillet et octobre. Lors du décès de M. Breton, M. Dubois était à jour des intérêts.

Outre ces éléments, il dépendait de la communauté un compte joint, s'élevant à 1 000 €, un livret de caisse d'épargne au nom de Mme Dubois, présentant au jour du décès un solde en capital et intérêts de 6 000 €, des parts de SCPI productives de revenus versés les 1er janvier, avril, juillet et octobre, évaluées à 33 000 € au jour du partage, ainsi que le mobilier du ménage évalué à 20 000 € à la même date.

Il était dû au jour du décès une facture pour travaux d'entretien dans le pavillon de Mme Dubois, s'élevant à 730 €. Les frais funéraires se sont élevés à 3 400 €. La taxe foncière pour 2006 afférente à l'entrepôt s'est élevée à 365 €.

Depuis le décès de M. Breton, son épouse a encaissé le solde du compte joint, le remboursement de son livret de caisse d'épargne, celui de la créance contre M. Dubois, ainsi que les intérêts, les versements effectués par la SCPI. Elle a également encaissé les loyers de M. Leblanc échus au 1er avril, 1er juillet et 1er octobre 2006. Elle acquitté le passif (facture, frais funéraires, taxe foncière), versé à Me V., notaire chargé du règlement de la succession, un acompte sur frais d'acte de notoriété, attestation immobilière et déclaration de succession de 3 000 €. Elle a payé la taxe foncière et la taxe d'habitation pour 2006 assises sur le pavillon à Salbris, dont les proratas du 1er janvier au 16 janvier 2006 s'élèvent à 57 €.

Le partage a lieu dans le courant de 2007 et les parties sont convenues de fixer la jouissance divise au 1er janvier 2007.

Compte d'administration de Mme Breton

		Totaux	Fonds	Fruits
• Concernant la communauté				
– RECETTES				
Solde du compte joint		1 000,00	1 000,00	
Trimestre d'intérêts M. Dubois au 1er avril 2006		250,00		
	A porter aux fonds pour le prorata au décès		41,10	
	et aux fruits pour le surplus			208,90
Trimestre de loyer Leblanc au 1er avril 2006		1 800,00		
	A porter aux fonds pour le prorata au décès		295,90	
	et aux fruits pour le surplus			1 504,10
Trimestre de revenus SCPI au 1er avril 2006		500,00		
	A porter aux fonds pour le prorata au décès		82, 19	

	Totaux	Fonds	Fruits
et aux fruits pour le surplus			417,81
Remboursement de créance Dubois et trimestre d'intérêts au 1er juillet 2006	20 500,00		
A porter aux fonds pour le capital		20 000,00	
et aux fruits pour les intérêts			500,00
Trimestre de loyer Leblanc au 1er juillet 2006	1 800,00		1 800,00
Trimestre de revenus SCPI au 1er juillet 2006	500,00		500,00
Remboursement de livret de Caisse d'épargne	6 070,00		
A porter aux fonds pour le capital et les intérêts connus au jour du décès		6 000,00	
et aux fruits pour les intérêts depuis le décès			70,00
Trimestre de loyer Leblanc au 1er octobre 2006	1 800,00		1 800,00
Versement SCPI au 1er octobre 2006	500,00		500,00
Total des recettes	34 720,00		
Dont en fonds		27 419,19	
et en fruits			7 300,81
		34 720,00	
– DÉPENSES			
Facture de travaux due au décès	730,00	730,00	
Taxe foncière Entrepôt à Bourges pour 2006	365,00		
A porter aux fonds pour le prorata au décès		15,00	
et aux fruits pour le surplus de l'année			350,00
Facture pour travaux de plomberie juin 2006	180,00		180,00
Total des recettes	1 275,00		
Dont à la charge des fonds		745,00	
et à celle des fruits			530,00
		1 275,00	

	Totaux	Fonds	Fruits
• **Concernant la succession**			
– RECETTES			
Aucune recette			
– DÉPENSES			
Frais funéraires	3 400,00	3 400,00	
Provision sur frais de règlement de succession	3 000,00	3 000,00	
	6 400,00	6 400,00	
• **Balance générale**			
Recettes	33 445,00	26 674,19	6 770,81
Dépenses	6 400,00	6 400,00	
Excédent de recettes	27 045,00	20 274,19	6 770,81
		27 045,00	

I. – Liquidation de la communauté

	Totaux	Fonds	Fruits
• **Masse active**			
Entrepôt à Bourges	120 000,00	120 000,00	
Parts de SCPI	33 000,00	33 000,00	
Mobilier	20 000,00	20 000,00	
Solde de compte d'administration de Mme Breton	33 445,00	26 674,19	6 770,81
Trimestre de loyer Leblanc au 1er octobre et à recevoir de SCPI	2 300,00		2 300,00
Rétablissement par la succession de M. Breton	6 400,00	6 400,00	
Récompense due par Mme Breton	15 000,00	15 000,00	
	230 145,00	221 074,19	9 070,81
		230 145,00	

	Totaux	Fonds	Fruits
• **Masse passive**			
Provision sur frais de liquidation-partage	4 300,00	4 130,53	169,47
Remboursement à Mme Dubois de prorata de taxes	57,00	57,00	
	4 357,00	4 187,53	169,47
		4 357,00	
• **Balance**			
Masse active	230 145,00	221 074,19	9 070,81
Masse passive	4 357,00	4 187,53	169,47
Actif net de communauté	225 788,00	216 866,66	8 901,34
Dont moitié	1/2	1/2	1/2
Est de	112 894,00	108 443,33	4 450,67
		112 894,00	

II. – Liquidation de la succession de M. Breton

	Totaux	Fonds	Fruits
• **Masse active**			
Moitié de communauté	112 894,00	108 443,33	4 450,67
• **Masse passive**			
Rétablissement dû à la communauté	6 400,00	6 400,00	
Actif net de succession	106 494,00	102 043,33	4 450,67
		106 494,00	

III. – Droits des parties, passif restant à acquitter

1° Madame veuve Breton	
• En propriété	
Moitié de l'actif net de communauté en fonds et en fruits	112 894,00
Fruits de la succession de M. Breton	4 450,00
Remboursement de prorata de taxes	57,00
Total de ses droits en propriété	117 401,67
• En usufruit	
Fonds de la succession	102 043,33
2° M. Pierre Breton	
En nue-propriété	102 043,33
3° Passif restant à acquitter	
Frais de liquidation-partage	4 300,00
Total égal à l'actif à partager	223 745,00

IV. – Attributions

Art.	Biens à partager	Masse	Mme Veuve Breton		M. Pierre Breton	Passif
			T.P.	Usufruit	(N.P.)	
1	Entrepôt à Bourges	120 000,00	(¼) 30 000,00	(¾) 90 000,00	(¾) 90 000,00	
2	Parts de SCPI	33 000,00	33 000,00			
3	Mobilier	20 000,00	20 000,00			
4	Solde de compte d'administration	33 445,00	17 101,67	12 043,33	12 043,33	4 300,00
5	Sommes à recevoir de M. Leblanc et SCPI	2 300,00	2 300,00			
6	Rétablissement dû par la succession	fictif				
7	Récompense due par Mme Breton	15 000,00	15 000,00			
	Totaux	223 745,00	117 401,67	102 043,33	102 043,33	4 300,00
			223 745,00			

Quatrième partie
Enregistrement

Sommaire

Fiche 29 Droits de mutation à titre gratuit - Dispositions communes ... 317

Fiche 30 Liquidation des droits de mutation à titre gratuit ... 339

Fiche 31 Droits de mutation par décès - Détermination de l'actif brut successoral ... 349

Fiche 32 Droits de mutation par décès - Passif et autres déductions ... 363

Fiche 33 Droits de mutation par décès - Exonérations liées à la qualité du successeur ... 369

Fiche 34 Droits de mutation par décès - Liquidation et paiement des droits ... 371

Fiche 35 Droits de mutation par décès - Établissement de la déclaration de succession ... 379

Fiche 36 Droits de mutation par décès - Contrôle et sanction ... 385

Fiche 37 Mutations entre vifs - Règles générales de taxation ... 391

Fiche 38 Mutations entre vifs - Mutations particulières ... 405

Fiche 39 Droits de mutation à titre gratuit - Exonérations, abattements, tarifs et réductions ... 415

Fiche 29

Droits de mutation à titre gratuit – Dispositions communes

Sommaire

Introduction 317
I Territorialité de l'impôt 318
II Exonérations 319
A Exonérations liées à la qualité du donataire ou du successeur 319
B Exonérations liées à la nature du bien transmis 321
1 Exonérations totales 321
2 Exonérations partielles 322
C Exonération inhérente à la nature de l'acte 336
III Évaluation des droits en usufruit ou en nue-propriété 337

Introduction

1814 Les droits de mutation à titre gratuit sont des droits d'enregistrement. Ils frappent une transmission à titre gratuit – entre vifs ou par décès – de capital.

1815 Ces impôts sont un instrument de politique fiscale. Les exonérations totales ou partielles en faveur de certains biens (biens ruraux, bois et forêts, monuments historiques, biens immobiliers acquis neufs ou en état futur d'achèvement à une certaine période...) constituent autant d'incitations fiscales à l'investissement dans ces secteurs d'activité. De même, des mesures incitatives ont été prises afin d'assurer une gestion plus dynamique du patrimoine et de gratifier les jeunes générations : réduction de droits, liée à l'âge du donateur applicable à certaines donations d'entreprises, abattement en faveur des petits-enfants et arrière-petits-enfants, des neveux et nièces, dispositions en faveur des donations-partages transgénérationnelles dispositifs de « dons familiaux » de somme d'argent pérenne (CGI, art. 790 G) ou temporaire, ces derniers ayant aujourd'hui tous expiré. Des exonérations ou abattements spécifiques incitent les entrepreneurs à préparer et anticiper la transmission de leur entreprise et à la transmettre à leurs salariés. La loi « TEPA » n° 2007-1123 du 21 août 2007 a considérablement allégé les droits de mutation à titre gratuit, particulièrement les droits de succession. Ayant pour objectif de ne pas rendre passibles de droits de succession 95 % des successions en ligne directe et entre époux, cette loi a exonéré le conjoint survivant de ces droits et augmenté substantiellement l'abattement en ligne directe. Elle a aligné en partie le régime fiscal des transmissions entre partenaires liés par un pacte civil de solidarité sur celui des transmissions entre époux et allège le coût fiscal des transmissions en faveur des frères et sœurs (et des neveux et des nièces). Enfin, elle a favorisé celles au profit de donataires ou héritiers frappés d'un handicap. À l'inverse, la première loi de finances rectificative pour 2011 (L. n° 2011-900, 29 juill. 2011 : *JO* 30 juill. 2011) a alourdi les droits de mutation à titre gratuit sans revenir pour autant directement sur les mesures résultant de la loi TEPA. Applicable dans la plupart des cas aux donations consenties et décès survenus à compter du 31 juillet 2011, elle a augmenté le taux des deux tranches supérieures du tarif applicable aux transmissions en ligne directe et aux donations entre époux ou partenaires liés par un PACS, supprimé les réductions systématiques applicables jusqu'alors sur les droits de donation lorsque le donateur était âgé de moins de quatre-vingts ans, allongé de six à dix ans la durée du rappel fiscal, réformé le régime fiscal des dons manuels, et mis en place un régime spécifique de taxation applicable aux biens dépendant d'un *trust*. La deuxième loi de finances rectificative pour 2012 (L. n° 2012-958, 16 août 2012 : *JO* 17 août 2012, p. 13479) applicable aux donations consenties et décès survenus à compter du 17 août 2012 a poursuivi cet alourdissement en diminuant le montant de l'abattement personnel en ligne directe (CGI, art. 779, I), abrogeant les mécanismes de « lissage » temporaire du rappel fiscal et d'actualisation du tarif et surtout en rallongeant à quinze ans la durée du rappel fiscal (CGI, art. 784). La loi de finances pour 2020 (L. n° 2019-1479, 28 déc. 2019 de finances pour 2020 : *JO* 29 déc. 2019, art. 150, I, 3°) complétée par la loi de finances pour 2022 (L. n° 2021-1900, 30 déc. 2021, art. 136, de finances pour 2022 : *JO* 31 déc. 2021) a posé les jalons d'une évolution vers l'« e-enregistrement » des déclarations de succession et donation, c'est-à-dire l'accomplissement en ligne de la formalité et le télérèglement des droits. Le « e-enregistrement » des dons manuels est effectif depuis le 30 juin 2021. L'enregistrement en ligne des déclarations de succession accuse un retard dans sa mise en place effective, les délais annoncés par les pouvoirs publics étant d'ores et déjà dépassés.

1816 Les droits de mutation à titre gratuit sont fortement personnalisés. Le lien de parenté ou d'alliance existant entre l'auteur et le bénéficiaire de la transmission influe considérablement sur la liquidation des droits. Certains successeurs sont totalement exonérés de droits (conjoint, partenaire survivant, certains frères et sœurs...). L'abattement est personnel : la partie d'abattement non utilisée par un héritier ne peut profiter à d'autres. Le tarif de l'impôt prend en compte le degré de parenté ou l'alliance existant entre le défunt et l'héritier (ou entre donateur et donataire) ou l'absence de parenté ou d'alliance.

1817 Pour l'essentiel, taxation des donations et celle des mutations par décès obéit à des règles communes, mais il existe aussi des différences. Ainsi, le passif est déductible lors d'une mutation par décès, alors que les charges d'une donation, en principe, ne le sont pas. Certains abattements (notamment l'abattement « résiduel » de 1 594 €) ne s'appliquent qu'aux mutations par décès. D'autres (l'abattement en faveur des époux, partenaires liés par un PACS, des petits-enfants et arrière-petits-enfants) sont réservés aux transmissions entre vifs.

1818 La présente étude porte sur les règles communes, puis sur les règles propres aux mutations par décès (V. Fiches 31 à 36) et aux mutations entre vifs (V. Fiches 37 et 38). Les abattements et tarifs seront regroupés, sous forme de tableaux (V. Fiche 39).

• Textes

- CGI, art. 750 ter à 808.
- BOFiP-Impôts ENR-DMTG.

I Territorialité de l'impôt

1819 Les règles internes de territorialité énoncées par l'article 750 ter du CGI reposent sur un triple critère :

– celui du lieu de situation des meubles et immeubles ;

– celui du domicile fiscal du défunt ou du donateur ;

– et celui du domicile fiscal de l'héritier, du donataire ou du légataire.

Le domicile fiscal est entendu au sens de l'article 4 B du CGI, en matière d'impôt sur le revenu.

ATTENTION **L'article 13 de la loi de finances pour 2020 (citée *supra*, n° 1815) énonce à compter du 1er janvier 2020 un nouveau critère de domiciliation en France applicable à certains dirigeants de grandes sociétés ayant leur siège en France. Ces dirigeants sont considérés comme exerçant en France leur activité professionnelle à titre principal, à moins qu'ils ne rapportent la preuve contraire (CGI, art. 4 B, al. 2 et 3).**

1820 L'article 750 ter du CGI soumet aux droits de mutation à titre gratuit :
1) les biens meubles et immeubles situés en France ou hors de France lorsque le donateur ou le défunt a son domicile fiscal en France ;
2) les biens meubles et immeubles possédés en France, lorsque le donateur ou le défunt n'a pas son domicile fiscal en France ;
3) les biens meubles et immeubles situés en France ou hors de France reçus par l'héritier, le donataire ou le légataire qui a son domicile fiscal en France, mais seulement s'il a eu ce domicile fiscal en France pendant au moins six années au cours des dix dernières années précédant celle au cours de laquelle il reçoit les biens.
La première loi de finances rectificative pour 2011 a étendu ces règles de territorialités aux biens ou droits composant un *trust*. Ces règles s'appliquent même lorsque les actifs sont maintenus dans le *trust* ou transmis suivant des modalités qui ne peuvent pas être assimilées à une donation ou une succession, lorsque les droits de mutation à titre gratuit sont exigibles (V. *infra*, n° 1932). La troisième loi de finances rectificative pour 2012 (L. n° 2012-1510, 29 déc. 2012 : *JO* 30 déc. 2012) a créé une procédure de demandes d'éclaircissements et de justifications spécifique au contrôle des comptes bancaires et des contrats d'assurance-vie détenus ou souscrits à l'étranger (LPF, art. L. 23 C) que le Conseil constitutionnel a jugé conforme à la Constitution (Cons. const., 15 oct. 2021, n° 2021-939 QPC : *JurisData* n° 2021-016300). À défaut de justifications concernant l'origine et les modalités d'acquisition des avoirs détenus à l'étranger, ces biens sont présumés avoir été reçus à titre gratuit par le redevable. Dans le cadre d'une procédure spécifique de taxation d'office, les droits de mutation à titre gratuit au taux de 60 % entre non-parents sont exigibles sur la valeur la plus élevée connue de l'administration des avoirs figurant sur le compte ou le contrat d'assurance-vie au cours des dix années précédentes (CGI, art. 755. – LPF, art. L. 71).

1821 Les dispositions de l'article 750 ter du CGI sont supplétives. Elles ne s'appliquent qu'à défaut de convention internationale (*JCl. Notarial Formulaire*, V° *Successions [Enreg.]*, Fasc. 24).

1822 Dans les cas définis aux 1° et 3° de l'article 750 ter du CGI, le montant des droits de mutation à titre gratuit acquitté, le cas échéant, hors de France, sur des biens meubles et immeubles situés hors de France est imputable sur l'impôt exigible en France (CGI, art. 784 A).

II Exonérations

A Exonérations liées à la qualité du donataire ou du successeur

1823 Les donations et successions recueillies par l'État sont exemptes de droit de mutation à titre gratuit par application de l'article 1040, I du CGI. L'article 17 de la loi de finances pour 2020 (citée *supra*, n° 1815) a étendu à compter du 1er janvier 2020 l'exonération aux transmissions en faveur d'établissements publics de recherche. Il a également rationalisé ce régime d'exemption en précisant que l'exonération s'étend à la taxe de publicité foncière ainsi qu'à la contribution de sécurité immobilière. D'après les travaux parlementaires, cette modification est destinée à faciliter, par réduction du coût fiscal, les fusions ou regroupement de ces établissements. Il reste que cette exonération s'applique également aux droits de mutation à titre gratuit. Les régions, les départements, les communes, leurs établissements publics et les établissements publics hospitaliers sont également exonérés des droits de mutation à titre gratuit sur les biens qui leur adviennent par donation ou succession et qu'ils affectent à des activités non lucratives (CGI, art. 794, I).

1824 L'exemption des droits de mutation s'étend, par application de l'article 1040, I, alinéa 2 du CGI, aux transmissions à titre gratuit faites au profit des établissements publics nationaux scientifiques, d'enseignement, d'assistance et de bienfaisance (les universités, le Conservatoire national des arts et métiers, l'École polytechnique, l'Institut de France, etc. BOI-ENR-DMTG-10-20-20, 30 juill. 2020, § 10).

1825 En ce qui concerne les établissements publics autres que ceux mentionnés ci-dessus, ainsi que les établissements d'utilité publique, l'exonération est subordonnée à certaines conditions. Bénéficient notamment de l'exonération de

droits de mutation, par application de l'article 795 du CGI :
- les dons et legs aux établissements publics ou d'utilité publique répondant aux caractéristiques mentionnées aux b ou f bis du 1 de l'article 200 du CGI ;
- les dons et legs faits aux établissements publics charitables autres que ceux visés au I de l'article 794, aux mutuelles et à tous autres organismes reconnus d'utilité publique dont les ressources sont affectées à des œuvres d'assistance et de bienfaisance, à la défense de l'environnement naturel ou à la protection des animaux ainsi qu'aux associations simplement déclarées qui poursuivent un but exclusif d'assistance et de bienfaisance (CGI, art. 795, 4°) ;
- les dons et legs faits aux fondations universitaires, aux fondations partenariales et établissements d'enseignement supérieur reconnus d'utilité publique, aux sociétés d'éducation populaire gratuite reconnues d'utilité publique et subventionnées par l'État, aux associations d'enseignement supérieur reconnues d'utilité publique et aux établissements reconnus d'utilité publique ayant pour objet de soutenir des œuvres d'enseignement scolaire et universitaire régulièrement déclarées ;
- les dons et legs aux fondations partenariales et établissements d'enseignement supérieur reconnus d'utilité publique (CGI, art. 795, 14°) ;
- les dons et legs d'œuvres d'art, de monuments ou d'objets ayant un caractère historique, de livres, d'imprimés ou de manuscrits aux établissements pourvus de la personnalité civile et destinés à figurer dans une collection publique (CGI, art. 795, 1°) ;
- les dons et legs de sommes d'argent ou d'immeubles faits aux établissements pourvus de la personnalité civile avec obligation, pour les bénéficiaires, de consacrer ces libéralités à l'achat d'œuvres d'art, de monuments ou d'objets ayant un caractère historique, de livres, d'imprimés ou de manuscrits, destinés à figurer dans une collection publique, ou à l'entretien d'une collection publique ;
- les dons et legs faits à l'Office national des anciens combattants et victimes de guerre ;
- les dons et legs faits aux organismes d'habitations à loyer modéré ou à leurs unions (CGI, art. 795, 7°) ;
- les dons et legs faits aux associations cultuelles, aux réunions d'associations cultuelles et aux congrégations autorisées (CGI, art. 795, 10°) ;
- les dons et legs faits aux établissements publics ou d'utilité publique (autres que ceux visés au I de l'article 794), aux sociétés particulières ou autres groupements régulièrement constitués, en tant qu'ils sont affectés, par la volonté expresse du donateur ou du testateur, à l'érection de monuments aux morts de la guerre ou à la gloire de nos armes et des armées alliées ;
- conformément à l'article L. 322-8 du Code de l'environnement, les dons et legs d'immeubles situés dans les zones définies à l'article L. 322-1 du code précité, faits au profit du Conservatoire de l'espace littoral et des rivages lacustres ;
- les dons et legs d'immeubles situés dans les cœurs des parcs nationaux, faits au profit de l'établissement public du parc national concerné (CGI, art. 795, A) ;
- les biens fonciers et immobiliers que l'État transfère, en pleine propriété, à un établissement public foncier dans le cadre des opérations de requalification des copropriétés dégradées d'intérêt national (ORCOD) (CGI, art. 795 B).

ATTENTION **L'article 47 de la loi de finances pour 2019 (L. n° 2018-1317, 28 déc. 2018 de finances pour 2019 : *JO* 30 déc. 2018) applicable aux dons consentis et successions ouvertes à compter du 1er janvier 2019 a étendu l'exonération totale de droits de mutation à titre gratuit prévue par l'article 795, 2° du CGI à tous les établissements publics ou d'utilité publique répondant aux caractéristiques mentionnées aux b ou f bis du 1 de l'article 200 du CGI.**
L'exonération peut désormais bénéficier à tous les établissements publics ou d'utilité publique exerçant une activité d'intérêt général ayant un caractère philanthropique, éducatif, scientifique, social, humanitaire, sportif, familial, culturel, ou concourant à la mise en valeur du patrimoine artistique, à la défense de l'environnement naturel ou à la diffusion de la culture, de la langue et des connaissances scientifiques françaises ou exerçant des actions concrètes en faveur du pluralisme de la presse.
Cette extension permet d'aligner le régime dont bénéficient les établissements publics ou d'utilité publique sur celui plus large dont bénéficiaient déjà les fonds de dotation (CGI, art. 795, 14°), en les affranchissant de l'exigence inhérente à l'affection de leurs ressources exclusivement à certaines œuvres à caractère désintéressé (scientifiques, culturelles, artistiques, assistance, défense de l'environnement naturel, protection des animaux).

ATTENTION **Ces exonérations mentionnées bénéficient également aux organismes agréés dont le siège est situé dans un État membre de l'Union européenne, en Islande, en Norvège ou au Liechtenstein, à condition que les biens transmis soient affectés à des activités similaires à celles des organismes français. En l'absence d'agrément préalable, les organismes qui entendent bénéficier de l'exonération doivent produire, dans le délai d'enregistrement de la déclaration de donation ou de succession, les justificatifs attestant qu'ils poursuivent des objectifs et présentent des caractéristiques similaires aux organismes français éligibles et que les biens reçus sont affectés à des activités similaires à celles de ces organismes (CGI, art. 795-0, A).**

1826 Sont exonérées de droit de mutation à titre gratuit les libéralités consenties :
- aux établissements publics hospitaliers sur les biens affectés à des activités non lucratives (CGI, art. 794, I) ;
- aux organismes d'administration et de gestion de la sécurité sociale ainsi qu'à la Caisse générale de prévoyance des marins et de leurs familles en cas d'accident, de maladie, d'invalidité et de maternité (CGI, art. 794, II) ;
- à la Croix-Rouge française (CGI, art. 1071).

B Exonérations liées à la nature du bien transmis

1 Exonérations totales

1827 Les réversions de rente viagère entre parents en ligne directe sont exonérées de droits de mutation à titre gratuit (CGI, art. 793, 1, 5°).

1828 **Biens de valeur artistique ou historique.** Le donataire, l'héritier ou le légataire d'une œuvre d'art, de livres, d'objets de collection ou de documents de haute valeur artistique ou historique est exonéré de droits de mutation lorsqu'il en fait don à l'État dans le délai prévu pour l'enregistrement de l'acte constatant la mutation ou de la déclaration de succession (CGI, art. 1131, I, al. 1er).

1829 L'auteur d'une donation peut stipuler qu'il conservera, sa vie durant, la jouissance du bien donné. Il peut également stipuler que la réserve de jouissance bénéficiera après sa mort à son conjoint. Lorsqu'il s'agit d'une personne morale, la réserve de jouissance prend fin à sa dissolution ; elle ne peut, en tout état de cause, excéder vingt-cinq ans, à moins que le bien donné ne soit accessible au public (même article). L'application de cette mesure est subordonnée à un agrément. Lorsque cet agrément constate que les biens donnés sont attachés à un immeuble, en raison des motifs historiques ou artistiques et lorsque le donateur prend l'engagement de les conserver dans cet immeuble et d'autoriser le public à les visiter, le donateur peut stipuler que la réserve de jouissance bénéficiera successivement aux personnes auxquelles l'immeuble sera transmis tant qu'elles respecteront elles-mêmes cet engagement (CGI, art. 1131, I, al. 3).

ATTENTION **Les héritiers, légataires ou donataires qui donnent dans les douze mois du décès des biens reçus du défunt ou une somme reçue en remploi de biens successoraux à une fondation reconnue d'utilité publique répondant aux conditions fixées au b du 1 de l'article 200, à une association reconnue d'utilité publique répondant aux conditions fixées au b du 1 de l'article 200, à l'État, à ses établissements publics ou à un organisme mentionné à l'article 794 peuvent à certaines conditions bénéficier d'un abattement correspondant à la valeur des biens donnés ou des sommes transmises (CGI, art. 788, III). Dans le cadre de ce dispositif, la donation doit être consentie en pleine propriété et ne peut imposer aucune charge au profit du donataire (BOI-ENR-DMTG-10-50-20, 21 janv. 2013, § 300).**

ATTENTION **Les articles 13 et 14, I de la troisième loi de finances rectificative pour 2020 (L. n° 2020-935, 30 juill. 2020 de finances rectificatives pour 2020 : *JO* 31 juill. 2020) ont assoupli à deux égards, ce dispositif :**
- d'une part, le régime est unifié quant à l'objet de la donation. Tous les organismes éligibles (et non plus seulement les fondations reconnues d'utilité publique) peuvent désormais recevoir des dons en nature de biens dépendant de la succession (CGI, art. 788, III, al. 1er) ;

– d'autre part, le délai imparti pour réaliser le don est porté de six à douze mois à compter du décès (CGI, art. 788, III, 1°).
Il est ainsi possible que le don ouvrant droit à l'abattement intervienne après que la déclaration de succession a été enregistrée. Dans cette situation, le redevable pourra bénéficier d'une restitution de droits de succession à due concurrence en souscrivant une réclamation à cette fin.

1830 Les biens immeubles par nature ou par destination qui sont, pour l'essentiel, classés ou inscrits sur l'inventaire supplémentaire des monuments historiques, ainsi que les biens meubles qui en constituent le complément historique ou artistique sont exonérés de droits de mutation à titre gratuit, dès lors que les héritiers, les donataires ou les légataires ont souscrit avec les ministres de la Culture et des Finances une convention à durée indéterminée prévoyant notamment les modalités d'accès du public et les conditions d'entretien des biens exonérés.

ATTENTION L'article 120 de la loi de finances pour 2019 (L. n° 2018-1317, 28 déc. 2018 de finances pour 2019 : *JO* 30 déc. 2018) a légèrement simplifié les modalités d'établissement de la convention requise pour le bénéfice de l'exonération prévue par l'article 795 A du CGI.
Son établissement ne nécessite plus la signature conjointe du ministre chargé de la culture et des finances, mais le seul seing du ministre chargé de la culture après avis conforme du ministre chargé du budget.
Elle s'applique aux demandes de conventions déposées à compter du 1er janvier 2019, mais aussi à celles en cours qui n'ont pas fait l'objet d'une signature des ministres chargés de la culture et du budget ou d'un refus à cette date.
L'autorité administrative compétente pour signer la convention est le préfet de région du lieu de situation du monument (CGI, ann. II, art. 294 C créé par D. n° 2021-979, 23 juill. 2021).
En soi, la souscription tardive de la déclaration de succession au délai du délai imparti par l'article 641 du CGI ne prive pas le redevable du bénéfice de l'exonération.
Les dispositions du I de l'article 281 bis de l'annexe III au CGI concernent uniquement les modalités selon lesquelles le paiement des droits de mutation par décès exigibles peut être différé jusqu'à la signature de la convention prévue par l'article 795 A permettant l'exonération de ces droits de mutation. Elles n'ont pas pour objet et ne sauraient avoir pour effet de subordonner le bénéfice de cette exonération au dépôt dans le délai qu'elles impartissent d'une déclaration de succession accompagnée d'une copie de la proposition de convention adressée au service du ministre de la Culture compétent et certifiée conforme par celui-ci.
Le non-respect de cette formalité était seulement susceptible de priver le contribuable du bénéfice du différé de paiement des droits de mutation à titre gratuit jusqu'à ce qu'il soit statué sur sa demande (CE, 8e et 3e ch. réunies, 11 févr. 2022, n° 454999).

L'exonération peut, sous diverses conditions, s'appliquer à des parts d'une société civile propriétaire de biens de la nature ci-dessus (CGI, art. 795 A).

2 Exonérations partielles

1831 Ces exonérations partielles sont de natures diverses puisqu'elles concernent :
- les parts de groupement forestier et de société d'épargne foncière ;
- les bois et forêts ;
- les sommes figurant sur un compte d'investissement forestier et d'assurance (CIFA) ;
- les terres incluses dans des espaces naturels protégés ;
- les biens ruraux loués à long terme ou à bail cessible ;
- les parts de groupement foncier agricole ;
- les parts de groupement foncier rural ;
- les premières transmissions de biens immobiliers après reconstitution du titre de propriété ;
- les immeubles d'habitation ;
- et la transmission d'une entreprise.

Un tableau synoptique reprend l'ensemble de ces exonérations partielles (V. Fiche 39 : Droits de mutation à titre gratuit – Exonérations, abattements, tarifs et réductions).

a) Parts de groupement forestier, de société d'épargne foncière

1) Parts de groupement forestier

1832 L'article 793, 1, 3°, du CGI exonère des droits de mutation à titre gratuit, partiellement à certaines conditions, les parts d'intérêts détenues dans un groupement forestier.

1833 L'exonération est limitée aux trois quarts de la fraction de la valeur nette correspondant aux bois et forêts susceptibles d'aménagement ou d'exploitation régulière, des friches et landes susceptibles de reboisement, des terrains pastoraux susceptibles d'un régime d'exploitation normale et aux sommes déposées sur un CIFA (V. *infra*, n° 1844). L'exonération porte donc sur une partie seulement de la valeur des parts. La fraction de valeur correspondant à des biens sociaux autres que des bois et forêts (valeurs mobilières, créances, avoirs en banque, etc.) ne bénéficie pas de l'exonération.

> ATTENTION **L'exonération prévue par le 3° du 1° de l'article 793 du CGI peut le cas échéant se cumuler avec celle applicable aux transmissions d'entreprises (CGI, art. 787 B) dès lors que l'ensemble des conditions prévues par chacun des dispositifs est rempli. Ce cumul implique en particulier que l'un des bénéficiaires de la transmission exerce son activité principale au sein du groupement et que la transmission porte sur une véritable entreprise transmise, au-delà des seuls bois et forêts détenus (BOI-ENR-DMTG-10-20-30-10, 2 mai 2019, § 180).**

1834 **Certificat.** L'acte de donation ou la déclaration de succession doit être appuyé d'un certificat délivré par le directeur départemental de l'agriculture et de la forêt. Le groupement forestier doit prendre l'engagement de soumettre la forêt, soit à un régime d'exploitation normale, soit à un plan simple de gestion pendant trente ans ou de faire agréer un tel plan.

1835 **Assouplissement des exigences.** La réserve faite par le donateur, dans une donation de biens en nature de bois et forêts, du droit de couper à son profit tout ou partie des bois faisant l'objet de la donation lorsqu'ils seront arrivés à maturité, n'est pas en elle-même de nature à faire perdre le bénéfice de l'exonération (BOI-ENR-DMTG-10-20-30-10, 2 mai 2019, § 10).

L'administration fiscale a assoupli les exigences inhérentes à l'exploitation et aux conditions de délivrance des certificats fournis par le directeur départemental des territoires ou le directeur départemental des territoires et de la mer en vue de bénéficier de l'exonération, afin de tenir compte de l'ampleur exceptionnelle des tempêtes survenues au cours de 1999 et 2009 (Rép. min. Marleix : AN 23 avr. 2001, n° 42562 ; Instr. 10-7-2009, 7 G-8-09).

1836 **Durée de détention.** Les parts doivent avoir été détenues depuis plus de 2 ans par le donateur ou le défunt. Cette durée de détention ne s'applique pas aux parts que le donateur ou le défunt détiendrait autrement que pour les avoir acquises à titre onéreux : acquisitions à titre gratuit, rémunération d'un apport pur et simple lors de la constitution du groupement ou d'une augmentation de capital (BOI-ENR-DMTG-10-20-30-10, 2 mai 2019, § 240).

1837 En cas de manquement à l'engagement pris par le groupement forestier, celui-ci est tenu, solidairement avec les donataires, héritiers, légataires ou ayants cause à titre universel, d'acquitter le complément de droit d'enregistrement et, en outre, un droit supplémentaire égal respectivement à 30 %, 20 % et 10 % de la réduction consentie selon que le manquement est constaté avant l'expiration de dix, vingt ou trente années suivant la mutation (CGI, art. 1840, G, I). Le complément de droit est assorti de l'intérêt au taux de droit commun pour les cinq premières annuités, puis réduit pour les annuités suivantes d'un cinquième, d'un quart ou d'un tiers selon que le manquement est constaté avant l'expiration de la dixième, de la vingtième ou de la trentième année suivant la transmission (CGI, art. 1727, IV, 7).

> ATTENTION **Le seul manquement à l'engagement souscrit quant au régime d'exploitation entraîne la perte du régime de faveur, le texte ne posant aucune condition relative à la gravité du manquement (Cass. com., 6 avr. 1999 : *Dr. fisc.* 1999, n° 50, comm. 927). Le changement d'affectation d'une parcelle de faible importance peut donc faire perdre le bénéfice de l'exonération.**

1838 Pour le recouvrement éventuel du complément de droit et du droit supplémentaire, le Trésor public bénéficie, sur les immeubles du groupement forestier, de l'hypothèque légale prévue par le « II » et « II » de l'article L. 269 du LPF. L'exonération partielle est subordonnée à la faculté laissée à l'administration d'inscrire sur l'immeuble objet même de la mutation une hypothèque légale sur tout ou partie de ce bien garantissant le paiement des droits complémentaire et supplémentaire éventuellement exigibles (Cass. com., 27 mars 1984, n° 82-14.923 : *JurisData* n° 1984-700768).

2) Parts de société d'épargne forestière

1839 Les parts de société d'épargne forestière sont assimilées aux parts d'intérêt détenues dans un groupement forestier (C. mon. fin., art. L. 214-85, al. 3), en sorte que leur transmission à titre gratuit bénéficie de l'exonération partielle de droit prévue à l'article 793, 1, 3° modifié du CGI.

b) Bois et forêts

1840 L'article 793, 2, 2° du CGI exonère des droits de mutation à titre gratuit les successions et donations entre vifs, à concurrence des trois quarts des propriétés en nature de bois et forêts.

1841 L'exonération est subordonnée :
– à la production d'un certificat du directeur départemental des territoires ou le directeur départemental des territoires et de la mer attestant que les bois et forêts sont susceptibles de présenter une des garanties de gestion durable prévues par les articles L. 124-1 à L. 124-4 et L. 313-2 du Code forestier ;
– et à l'engagement de l'héritier, du donataire ou légataire de soumettre les bois et forêts, soit à un régime d'exploitation normale, soit à un plan simple de gestion pendant trente ans, ou de faire agréer un tel plan lorsque, au moment de la mutation, aucune garantie de gestion durable n'est appliquée aux bois et forêts en cause, les successeurs doivent s'engager à présenter dans le délai de trois ans à compter de la mutation et appliquer jusqu'à l'expiration du délai de trente ans précité une telle garantie. Dans cette situation, le bénéficiaire s'engage en outre à appliquer le régime d'exploitation normale prévu au décret du 28 juin 1930 aux bois et forêts pendant le délai nécessaire à la présentation de l'une des garanties de gestion durable ;
– le bénéficiaire de l'exonération partielle doit produire tous les dix ans, à compter du jour de la signature de l'acte de donation ou de la déclaration de succession, un bilan de la mise en œuvre du document de gestion durable (CGI, ann. III, art. 281 H bis).
L'exonération partielle prévue par le 2° du 2 de l'article 793 du CGI ne peut pas s'appliquer lorsque la déclaration de succession ne comprend pas le certificat du directeur départemental des territoires et que les successeurs aliènent les bois et forêts avant la souscription de la déclaration de succession (CA Reims, 8 juin 2021, n° 19/02446 : *JurisData* n° 2021-012718).

1842 Le non-respect de l'engagement entraîne l'exigibilité du complément de droit et, en outre, un droit supplémentaire égal respectivement à 30 %, 20 % et 10 % du complément selon que le manquement est constaté avant l'expiration de la dixième, de la vingtième ou de la trentième année suivant la transmission (CGI, art. 1840 G). Le complément de droit est assorti de l'intérêt au taux de droit commun pour les cinq premières annuités, puis réduit pour les annuités suivantes d'un cinquième, d'un quart ou d'un tiers selon que le manquement est constaté avant l'expiration de la dixième, de la vingtième ou de la trentième année suivant la transmission (CGI, art. 1727, IV, 7).

1843 Le complément de droit et le droit supplémentaire sont garantis par une hypothèque légale sur les bois et forêts transmis (CGI, art. 1929 ter).

c) Sommes figurant sur un CIFA

1844 **Remplacement du CEAF.** En raison de son insuccès, le compte épargne d'assurance pour la forêt (CEAF) a été remplacé à compter du 31 décembre 2013 par le compte d'investissement forestier et d'assurance (CIFA), qui peut être ouvert par les propriétaires de bois et forêts, mais aussi par les groupements forestiers et les sociétés d'épargne forestières.

1845 **Conditions.** Les sommes détenues sur le CIFA :
– doivent provenir exclusivement de produits de coupe issus de l'exploitation des bois et forêts appartenant au titulaire du compte ;
– et sont plafonnées à 2 500 € par hectare de forêt assuré.

1846 **Exonération partielle conditionnelle.** Fiscalement, ces sommes sont exonérées de droits de mutation à titre gratuit à hauteur de 75 % de leur montant (CGI, art. 793, 3°), sous condition d'emploi de ces sommes pendant trente ans au financement de travaux :
– de reconstitution forestière à la suite de la survenance d'un sinistre naturel ;
– ou de travaux de prévention d'un tel sinistre.
Toutefois, au titre d'une année et dans la limite de 30 % des sommes déposées, les sommes peuvent être utilisées pour des travaux forestiers d'une autre nature sans remise en cause de l'exonération. L'article 38 de la loi de finances rectificative pour 2016 a modifié l'exonération précitée afin d'intégrer la réforme affectant le régime juridique de ce compte. L'ouverture du compte est dorénavant autorisée aux propriétaires de bois et forêts qui s'engagent à appliquer la garantie

de gestion durable prévue aux articles L. 124-1 et L. 124-3 du Code forestier. L'obligation de justifier annuellement de la souscription d'une assurance tempête est supprimée. Lui est substituée la production de cette attestation lors de l'ouverture du compte ainsi qu'une attestation justifiant que des justificatifs certifiant que la condition de gestion durable des bois et forêts est remplie (C. for., art. L. 552-2 *in fine*). Le propriétaire des bois et forêts est également dispensé de l'obligation de démontrer l'origine des fonds lors de chaque dépôt. Un nouveau cas d'emploi de l'épargne a été créé : le financement d'un document de gestion durable prévu à l'article L. 122-3, 2° du Code forestier. Cet emploi est possible au titre d'une année et dans la limite de 30 % des fonds déposés, laquelle s'apprécie conjointement avec les autres cas d'emploi de l'épargne à des travaux non constitutifs de reconstitution forestière ou de prévention (C. for., art. L. 352-3, al. 2). Ces modifications s'appliquent à compter du lendemain de la publication de la loi, c'est-à-dire à compter du 31 décembre 2016.

1847 **Mise en œuvre.** L'administration précise les modalités de mise en œuvre de cette exonération dans la subdivision suivante du BOFiP-Impôts (BOI-ENR-DMTG-10-20-30-10, 2 mai 2019, § 162 à 166).

d) Terres incluses dans des espaces naturels protégés

1848 Sont exonérées de droits de mutation à titre gratuit, les successions et donations entre vifs, à concurrence des trois quarts de leur montant, intéressant les propriétés non bâties qui ne sont pas en nature de bois et forêts et qui sont incluses dans les espaces naturels délimités en application des articles L. 331-2, L. 332-2 à L. 332-2-2, L. 341-2 et L. 414-1 du Code de l'environnement et de leurs textes d'application, ou délimités en application des articles L. 121-23 et L. 121-50 du Code de l'urbanisme.

1849 Cette exonération s'applique sous la condition que l'acte :

– qui constate la donation ou la déclaration de succession soit appuyé d'un certificat délivré par le directeur départemental des territoires et le cas échéant de la mer attestant que les propriétés concernées font l'objet d'un engagement de gestion conforme aux objectifs de conservation de ces espaces ;

– contienne l'engagement par l'héritier, le légataire ou le donataire, pris pour lui et ses ayants cause, d'appliquer pendant dix-huit ans aux espaces naturels des garanties de gestion conformes aux objectifs de conservation de ces espaces.

Cette exonération n'est pas cumulable avec une autre exonération applicable en matière de droits de mutation à titre gratuit (CGI, art. 793, 2°, 7°).

e) Biens ruraux loués à long terme ou à bail cessible

1850 En application de l'article 793, 2, 3°, du CGI, les biens ruraux donnés à bail bénéficient, sous certaines conditions, d'une exonération partielle de droits de mutation à titre gratuit.

1851 **Bail.** Les biens doivent être loués à long terme (selon les dispositions des articles L. 416-1 à L. 416-6, L. 416-8 et L. 416-9 du Code rural et de la pêche maritime) ou à bail cessible hors du cadre familial (dans les conditions prévues aux articles L. 418-1 à L. 418-5 du même code) (V. *JCl. Roulois*, Fasc. 1590). Le bail doit être en cours au jour du décès ou de la donation.

> ATTENTION **L'exonération s'applique toutefois par mesure de tempérament lorsque la mutation intervient à l'expiration du bail à long terme initial mais que la location se poursuit par tacite reconduction conformément aux dispositions des articles L. 416-1 et L. 416-3 du Code rural et de la pêche maritime (BOI-ENR-DMTG-10-20-30-20, 1er mars 2019, § 80).**

1852 **Conservation du bien.** L'exonération partielle est subordonnée à la condition que le bien reste la propriété du donataire, de l'héritier et légataire pendant cinq ans à compter de la date de la transmission à titre gratuit (CGI, art. 793 bis, al. 1er). Toutefois, l'exonération n'est pas remise en cause en cas d'expropriation pour cause d'utilité publique, de force majeure, d'échange rural pour autant que le bail soit reporté sur l'immeuble reçu, d'apport en jouissance à une société civile professionnelle, d'apport pur et simple à un GAEC ou d'apport en jouissance à un GFA.

> ATTENTION **La mesure de tempérament admettant le maintien de l'exonération en cas d'expropriation pour cause d'utilité publique ne peut pas être étendue à une cession de gré à gré quand bien même elle serait justifiée par un intérêt public (Cass. com., 15 déc. 2021, n° 20-15.505, F-D : *JurisData* n° 2021-020568).**

1853 **Antériorité du bail.** L'exonération partielle ne s'applique pas lorsque le bail a été consenti depuis moins de 2 ans au donataire, à son conjoint, à un de leurs descendants ou à une société contrôlée par une ou plusieurs de ces personnes (CGI, art. 793 bis, dernier al.). Cette exigence ne s'applique pas en cas de mutation par décès.

1854 Lorsque la valeur totale des biens loués à long terme transmis par le donateur ou le défunt à chaque donataire, héritier ou légataire n'excède pas 300 000 €, l'exonération est de trois quarts. Au-delà de ce plafond, l'exonération est ramenée à moitié de la valeur des biens. Toutefois, pour les transmissions réalisées à compter du 1er janvier 2023, en contrepartie d'une durée supplémentaire de conservation des biens transmis de cinq ans, soit une durée totale de conservation des biens de dix ans, la limite au-delà de laquelle le taux de l'exonération est ramené de 75 % à 50 % est portée de 300 000 à 500 000 €.

ATTENTION Le rehaussement conditionnel de 300 000 € à 500 000 € de la limite au-delà de laquelle le taux de l'exonération est ramené de 75 % à 50 % résulte de la loi de finances pour 2023 (L. n° 2022-1726, 30 déc. 2022, de finances pour 2023, art. 24 : *JO* 31 déc. 2022, texte n° 1). Il s'applique aux donations réalisées et successions ouvertes à compter du 1er janvier 2023.
Antérieurement, l'article 46 de la loi de finances pour 2019 (L. fin. 2019, n° 2018-1317, 28 déc. 2018) applicable aux donations consenties et successions ouvertes à compter du 1er janvier 2019 avait relevé de 101 897 € à 300 000 € le seuil à partir duquel le taux de l'exonération partielle est ramené de 75 % à 50 % (CGI, art. 793 bis).
« Pour l'appréciation de cette limite, il est tenu compte de l'ensemble des donations consenties par la même personne à un titre, à une date et sous une forme quelconque, à l'exception des donations passées depuis plus de quinze ans » (CGI, art. 793 bis, al. 2 et 3).

1855 Le non-respect de l'obligation de conserver les biens pendant cinq ans entraîne la déchéance du régime de faveur et, par suite, l'exigibilité du complément de droits et de l'intérêt de retard prévu l'article 1727 du CGI.

ATTENTION Censurant la doctrine administrative, la Cour de cassation énonce que la cession d'une partie seulement du bien transmis avant l'expiration du délai quinquennal de conservation n'entraîne pas la déchéance totale, mais seulement partielle de l'exonération à concurrence des seules parcelles cédées (Cass. com., 10 juill. 2018, n° 16-26.083 : *JurisData* n° 2018-012499 ; *JCP* N 2018, 715). L'administration fiscale a pris acte de cette jurisprudence et rapporté sa doctrine. Elle admet dorénavant qu'en cas de cession partielle des biens exonérés la déchéance ne porte que sur les biens cédés (BOI-ENR-DMTG-10-20-30-20, 1er mars 2019, § 310).

f) Parts de groupement foncier agricole

1856 Les parts de groupement foncier agricole bénéficient, sous certaines conditions, d'une exonération partielle prévue par l'article 793, 1, 4°, du CGI.

1857 **GFA.** Le groupement foncier agricole doit répondre aux caractéristiques de la loi n° 70-1299 du 31 décembre 1970 modifiée et codifiée de l'article L. 322-1 à l'article L. 322-21 du Code rural et de la pêche maritime, et aux articles L. 322-23 et L. 322-24 du même code (V. *JCl. Roulois*, Fasc. 1920). Les statuts doivent interdire l'exploitation en faire-valoir direct. Les biens ruraux détenus par le groupement doivent avoir été donnés à bail à long terme ou à bail cessible hors du cadre familial, dans les termes des dispositions du Code rural et de la pêche maritime, et le bail doit être en cours lors de la mutation.

ATTENTION La présence, dans le patrimoine du GFA, d'une parcelle agricole louée par bail emphytéotique est ainsi de nature à remettre en cause l'exonération partielle (BOI-ENR-DMTG-10-20-30-30, 1er mars 2019, § 50).

1858 **Preneur à bail.** L'exonération partielle ne s'applique pas lorsque le bail a été consenti depuis moins de deux ans au donataire de la transmission, à son conjoint, à un de leurs descendants ou à une société contrôlée par une ou plusieurs de ces personnes (CGI, art. 793 bis, al. 2 à 4).

1859 **Porteurs de parts.** Les parts doivent avoir été détenues depuis deux ans au moins par le donateur ou le défunt au moment de la mutation. Ce délai n'est pas exigé lorsque le donateur ou le défunt a été partie au contrat de constitution et a effectué des apports composés exclusivement d'immeubles à destination agricole.

1860 **Donataire, héritier ou légataire.** L'exonération partielle est subordonnée à la condition que le bien reste la propriété du donataire, héritier et légataire pendant cinq ans à compter de la date de la transmission à titre gratuit (CGI, art. 793 bis, al. 1er).

1861 L'exonération porte sur les trois quarts de la fraction de la valeur nette des biens donnés à bail à long terme (la quote-part de la valeur des parts correspondant à des biens autres que des immeubles loués à long terme ne bénéficie pas de l'exonération). Lorsque la valeur totale des biens susceptibles de bénéficier de l'exonération transmis par le donateur ou le défunt à chaque donataire, héritier ou légataire excède 300 000 €, l'exonération partielle de droits de mutation à titre gratuit est ramenée à 50 % au-delà de cette limite (CGI, art. 793 bis, al. 2). Pour les transmissions réalisées à compter du 1er janvier 2023, en contrepartie d'une durée supplémentaire de conservation des biens transmis de cinq ans, soit une durée totale de conservation des biens de dix ans, la limite au-delà de laquelle le taux de l'exonération est ramené de 75 % à 50 % est portée de 300 000 à 500 000 € (V. *supra*, n° 1854).

1862 L'aliénation des parts dans le délai de cinq ans entraîne la déchéance du régime de faveur et l'exigibilité du complément de droit ainsi que de l'intérêt de retard (CGI, art. 793 bis, al. 1er).

g) Parts de groupement foncier rural

1863 Les groupements fonciers ruraux (GFR) sont, selon l'article L. 322-22 du Code rural et de la pêche maritime, des sociétés civiles formées en vue de rassembler et de gérer des immeubles à usage agricole et forestier (V. *JCl. Roulois*, Fasc. 1910).

1864 L'article 848 bis du CGI prévoit que les parts de GFR sont soumises en matière de droits de mutation à titre gratuit aux dispositions applicables aux parts de groupement forestier (fraction des parts de GFR représentatives de biens de nature forestière) et aux parts de GFA (fraction représentative de biens de nature agricole). Les transmissions à titre gratuit de ces parts bénéficient donc de l'exonération partielle de droits de mutation à titre gratuit prévue aux articles 793, 1, 3° et 4° du CGI. Il convient donc de se reporter aux a) et e) ci-dessus, consacrés respectivement aux groupements forestiers et aux GFA (BOI-ENR-DMTG-10-20-30-40, 18 mars 2014, § 70 et s.).

h) Première transmission de biens immobiliers après reconstitution du titre de propriété

1865 **Finalité.** Dans le but d'accélérer l'engagement des démarches de reconstitution des titres de propriété des immeubles et des droits immobiliers dont la propriété est incertaine, l'article 15 de la loi de finances pour 2015 a institué une exonération partielle de droits de mutation à titre gratuit en faveur des successions ou donations ayant pour objet ces biens ou droits. L'article 3 de la loi n° 2017-285 du 6 mars 2017 (*JO* 7 mars 2017, texte n° 0056) visant à favoriser l'assainissement cadastral et la résorption du désordre de propriété a porté le taux de cette exonération de 30 à 50 % pour les transmissions réalisées à compter du 8 mars 2017 et prorogé le dispositif de dix ans c'est-à-dire jusqu'au 31 décembre 2027.

1866 **Biens concernés.** L'exonération bénéficie exclusivement aux premières mutations à titre gratuit d'immeubles ou de droits immobiliers intervenues postérieurement à la reconstitution des titres de propriété des immeubles ou droits immobiliers faisant l'objet de la transmission (CGI, art. 793, 2°, 8° nouveau, al. 1er). Les titres de propriété des biens ou droits transmis doivent avoir été constatés par un acte régulièrement transcrit ou publié entre le 1er octobre 2014 et le 31 décembre 2027 (CGI, art. 793, 2, 8°, al. 1er). En pratique, sont principalement concernées les transmissions portant sur des immeubles situés en Corse, en outre-mer, ainsi que dans certains espaces métropolitains situés dans des zones montagneuses et prémontagneuses. C'est en effet sur ces territoires que se trouve la majorité des zones caractérisées par des limites cadastrales incertaines ou inexistantes.

1867 **Transmissions éligibles.** La première mutation exonérée peut revêtir la forme d'une donation ou d'une succession. Seule la première transmission peut bénéficier de cette exonération si elle intervient à titre gratuit et à condition que le titre de propriété ait été régulièrement publié ou transcrit entre le 1er octobre 2014 et le 31 décembre 2027.

ATTENTION Selon l'administration fiscale, l'exonération partielle de droits de mutation à titre gratuit prévue au 8° du 2 de l'article 793 du CGI ne peut pas s'appliquer à la transmission à titre gratuit d'immeubles ou droits immobiliers postérieure à la reconstitution, des titres de propriété y afférents, lorsqu'une mutation à titre onéreux s'est intercalée entre la reconstitution des titres de propriété et cette transmission à titre gratuit (BOI-ENR-DMTG-10-20-30, 3 avr. 2015, § 60).

1868 **Taux non-cumul.** L'exonération s'applique dans la limite de 30 % de la valeur de l'immeuble ou des droits immobiliers transmis pour les transmissions réalisées jusqu'au 7 mars 2017 inclus ; 50 % pour les transmissions intervenant à compter du 8 mars 2017. Elle ne peut pas être cumulée, pour un même bien, au titre de la même mutation ou d'une mutation antérieure, avec une autre exonération de droits de mutation à titre gratuit (CGI, art. 793, 2°, 8°, al. 2).

i) Immeubles d'habitation

1869 La première mutation à titre gratuit de certains immeubles d'habitation acquis pendant certaines périodes est partiellement exonérée, sous diverses conditions, par les dispositions de l'article 793, 2°, 4° à 6° du CGI.

1) Immeubles neufs

1870 **Plafond commun.** L'article 793 ter du CGI plafonne l'exonération à 46 000 € pour l'ensemble des transmissions à titre gratuit par une même personne à un même bénéficiaire, entrant dans le champ d'application des dispositions précitées des 4°, 5° ou 6° de l'article 793, 2 du CGI. Il s'agit d'un plafond commun à l'ensemble de ces trois dispositifs d'exonération. Par suite, lorsqu'une personne transmet plusieurs immeubles acquis dans les conditions ouvrant droit à l'une des exonérations précitées, l'exonération est globalement limitée à 46 000 € pour la part revenant à chaque héritier, légataire ou donataire.

1871 **Non-cumul avec la réduction d'impôt sur le revenu.** L'acquéreur ne doit pas avoir bénéficié de la réduction d'impôt pour investissement immobilier locatif ou pour investissement immobilier neuf dans les DOM-TOM.

1872 L'exonération de droits prévue par l'article 793, 2°, 4° du CGI présente les caractères suivants :

– sont concernés les immeubles acquis neufs ou en l'état futur d'achèvement dont la déclaration d'achèvement a été déposée avant le 1er juillet 1994 et dont l'acquisition par le donateur ou le défunt est constatée par un acte authentique signé entre le 1er juin 1993 et le 31 décembre 1994 ;

– l'exonération est subordonnée à la condition que les immeubles aient été exclusivement affectés de manière continue à l'habitation principale pendant une durée minimale de cinq ans à compter de l'acquisition ou de l'achèvement (sauf décès de l'acquéreur durant ce délai).

Sur les obligations déclaratives, V. CGI, ann. II, art. 294 E.

1873 **Portée de l'exonération.** Seule la première transmission à titre gratuit bénéficie de l'exonération, et dans la limite précisée ci-dessus (V. *supra*, n° 1862).

1874 L'exonération édictée par l'article 793, 2°, 5° du CGI répond aux règles suivantes :

– sont concernés les immeubles acquis neufs dont la déclaration d'achèvement des travaux a été déposée avant le 31 décembre 1994 et dont l'acquisition par le donateur ou le défunt est constatée par un acte authentique signé entre le 1er août 1995 et le 31 décembre 1995 ;

– l'exonération est subordonnée à la condition que les immeubles aient été exclusivement affectés de manière continue à l'habitation principale pendant une durée minimale de deux ans à compter de l'acquisition (sauf décès de l'acquéreur pendant ce délai) et que le donataire, l'héritier ou le légataire prennent l'engagement de ne pas affecter ces immeubles à un autre usage pendant une durée minimale de trois ans à compter de la transmission à titre gratuit (sur les obligations déclaratives, V. CGI, ann. II, art. 294, A).

2) Immeubles locatifs anciens

1875 Peuvent bénéficier d'une exonération partielle lors de leur première transmission à titre gratuit (à concurrence des 3/4 de leur valeur plafonnée à 46 000 €), les immeubles ou fractions d'immeubles affectés à l'usage d'habitation et de garage, lorsque l'acquisition par le donateur ou le défunt est constatée par un acte authentique signé entre le 1er août 1995 et le 31 décembre 1996 et qu'elle n'a pas donné lieu au paiement de la taxe sur la valeur ajoutée.

1876 **Conclusion d'un bail.** L'exonération est subordonnée à la condition que les immeubles aient été donnés en location par le propriétaire pendant une durée minimale de neuf ans à une personne qui les affecte de manière exclusive et continue à son habitation principale. La location ne doit pas être consentie à un membre du foyer fiscal du propriétaire ni à un descendant ou ascendant. Elle doit satisfaire à des conditions de ressources du locataire et de montant de loyer. Elle doit avoir pris effet dans les six mois de l'acquisition.

1877 **Engagement.** Lorsqu'au jour de la transmission à titre gratuit, le délai de 9 ans n'est pas expiré, le bénéfice de l'exonération partielle est subordonné à l'engagement des donataires, héritiers ou légataires pour eux et leurs ayants cause de maintenir en location, dans les mêmes conditions, les biens transmis jusqu'à l'expiration de ce délai (CGI, art. 793, 2, 6°). Sur les obligations déclaratives, V. CGI, ann. II, art. 294 B.

j) Transmission d'entreprise

1) Entreprise individuelle

1878 La valeur de la totalité ou une quote-part indivise de l'ensemble des biens meubles et immeubles, corporels ou incorporels affectés à l'exploitation d'une entreprise individuelle exerçant une activité industrielle, commerciale, artisanale, agricole ou libérale transmis par décès ou entre vifs peut à certaines conditions bénéficier d'une exonération de 75 % non plafonnée (CGI, art. 787 C). Bien qu'inscrite à l'actif du bilan, une trésorerie dépassant largement les besoins de l'entreprise n'est pas effectivement affectée à l'exploitation et ne peut pas bénéficier de l'exonération de 75 % (Cass. com., 9 févr. 2022, n° 20-10.753 : *JurisData* n° 2022-002029).

ATTENTION Selon l'administration « Les biens affectés à l'exploitation sont ceux qui sont nécessaires à l'exercice de la profession » (BOI-ENR-DMTG-10-20-40-40, 6 avr. 2021, § 10). Un tel critère de nécessité retenu par l'administration fiscale diffère de manière significative de celui d'affectation à l'exploitation énoncé par l'article 787 C du CGI. Il est critiquable et dépourvu de pertinence.

Il est à la fois contraire au texte fiscal (CGI, art. 787 C) qui se réfère au critère de l'affectation des biens à l'exploitation en précisant que l'assiette de l'exonération partielle est constituée par l'ensemble des biens affectés à l'exploitation de l'entreprise, et aux nouvelles dispositions fixant le statut de l'entrepreneur individuel qui énoncent que le patrimoine professionnel de l'entrepreneur individuel est constitué des biens qui sont utiles à son activité (C. com., art. L. 526-26 issu D. 28 avr. 2022, relatif à la définition du patrimoine professionnel).

Nous doutons de la légalité de cette doctrine administrative et ne voyons pas ce qui permettrait à l'administration fiscale de refuser le bénéfice de l'exonération à un bien qui sans être nécessaire l'exercice de la profession serait effectivement affecté à cette dernière en étant simplement utile à l'activité exercée.

ATTENTION Le régime applicable aux transmissions d'entreprises individuelles (CGI, art. 787 C) n'a pas été directement affecté par la profonde réforme du régime d'exonération « Dutreil » opéré par la loi de finances pour 2019. Toutefois, ce régime a bénéficié de la simplification des obligations déclaratives imposées dans le cadre de sa mise en œuvre et particulièrement de la suppression des obligations déclaratives annuelles (CGI, ann. II, art. 294 quater). Les nouveaux commentaires administratifs publiés le 21 décembre 2021 ont confirmé que depuis le 1er janvier 2019, les sociétés unipersonnelles EURL, EARL, SASU... relèvent systématiquement du régime d'exonération régissant les transmissions de parts sociales ou actions (CGI, art. 787 B) et ne peuvent plus comme auparavant se voir appliquer par exception celui régissant les entreprises individuelles (CGI, art. 787 C).

Cette indication est justifiée : la loi de finances pour 2019 a précisément aménagé le régime de faveur pour que ces sociétés puissent se voir appliquer le dispositif qui leur est naturellement dédié, nonobstant leur spécificité en permettant à l'associé unique de souscrire un engagement collectif unilatéral et étendant le champ d'application de l'engagement réputé acquis aux sociétés interposées.

Parallèlement, l'administration a rapporté sa doctrine distincte qui étendait par mesure de tempérament pour ces sociétés unipersonnelles le bénéfice de l'exonération aux transmissions concomitantes des biens que l'associé unique avait conservés dans son patrimoine personnel et qu'il mettait à la disposition de sa société (telles que des terres mises à la disposition d'une EARL). Cette indication conservait pourtant tout son intérêt, ces situations n'étant pas rares en pratiques. Ces transmissions concomitantes des biens conservés par l'associé ne peuvent plus prétendre à l'exonération partielle. Le BOFiP les exclut sans exception du régime de faveur, y compris lorsqu'ils sont mis à la disposition d'une société unipersonnelle (BOI-ENR-DMTG-10-20-40-10, 6 avr. 2021, § 10).

Le même reflux peut être constaté à l'égard des sociétés dépourvues de personnalité juridique, telles que des sociétés en participation ou créées de fait.

L'administration confirme sa mesure de tempérament admettant l'éligibilité de ces sociétés, sous réserve d'une part que leur existence ait été portée à la connaissance de l'administration fiscale, et que d'autre part, les autres conditions prévues à l'article 787 B du CGI et notamment celle inhérente à l'exercice d'une fonction de direction soient remplies.

Mais elle retire l'essentiel de l'intérêt de ce tempérament en précisant contrairement à sa doctrine antérieure qu'en toute hypothèse, l'exonération ne peut s'appliquer que sur la valeur des droits sociaux transmis à l'exclusion des biens de ses associés mis à disposition de la société, quelle que soit la forme de cette mise à disposition ; et ce même s'ils sont transmis concomitamment aux droits sociaux : « En revanche, les biens que le défunt ou donateur détient et qui sont mis à disposition de la société sans personnalité morale, quelle que soit la forme de cette mise à disposition, ne sauraient bénéficier de l'exonération. Il en résulte que l'exonération partielle ne s'applique qu'à la valeur des droits sociaux transmis, à l'exclusion des biens détenus par les associés (individuellement ou en indivision) et mis à la disposition de la société sans personnalité morale, même lorsqu'ils sont transmis concomitamment à la transmission des droits sociaux. L'engagement de conservation pris par les associés ne porte donc que sur les droits sociaux, à l'exclusion de ces biens » (BOI-ENR-DMTG-10-20-40-10, 6 avr. 2021, § 10).

1879 **Durée de détention de l'entreprise.** L'entreprise individuelle doit être détenue depuis plus de deux ans par le défunt ou le donateur lorsqu'elle a été acquise à titre onéreux.

1880 **Engagements de conservation et de poursuite de l'activité.** Chacun des héritiers, donataires ou légataires doit prendre l'engagement dans la déclaration de succession ou l'acte de donation, pour lui et ses ayants cause à titre gratuit, de conserver l'ensemble des biens affectés à l'exploitation de l'entreprise pendant une durée de quatre ans à compter de la date de la transmission. En outre, l'un de ces héritiers, donataires ou légataires doit poursuivre l'exploitation de l'entreprise pendant les trois années qui suivent la date de la transmission.

1881 L'administration fiscale admet, toutes les conditions étant par ailleurs remplies, que lorsqu'aucun des héritiers ou légataires n'est en mesure de poursuivre effectivement l'exploitation de l'entreprise (enfants mineurs, incapacité), les héritiers peuvent bénéficier de l'exonération partielle dans la mesure où un mandataire désigné à titre posthume par le défunt (C. civ., art. 812) administre et gère l'entreprise pour le compte et dans l'intérêt d'un ou plusieurs héritiers identifiés (BOI ENR-DMTG-10-20-40-40, 6 avr. 2021, § 100).

La donation aux descendants des biens affectés à l'exploitation de l'entreprise pendant la durée de l'engagement de conservation n'entraîne pas la remise en cause de l'exonération, sous réserve que ces descendants poursuivent cet engagement jusqu'à son terme (CGI, art. 787 C, d).

ATTENTION **Si les conditions sont réunies, la seconde donation peut elle-même bénéficier de l'exonération de 75 %.**

1882 **Cumul avec l'exonération.** Les donations en pleine propriété d'entreprises consenties par un donateur âgé de moins de soixante-dix ans et remplissant les conditions pour bénéficier de l'exonération prévue par l'article 787 C du CGI bénéficient d'une réduction de droits de 50 %. Lorsque les conditions sont réunies, exonération de 75 % et réduction de droit de 50 % se cumulent (CGI, art. 790).

1883 **Mise en œuvre.** En cas de « donations mixtes », c'est-à-dire comportant à la fois des biens en pleine propriété et des biens démembrés, il est nécessaire d'effectuer une double liquidation des droits afin de déterminer le montant de l'impôt sur lequel la réduction doit s'appliquer. L'administration fiscale admet que les biens donnés en pleine propriété soient compris dans les tranches du barème les plus élevées pour la liquidation des droits de mutation, et par voie de conséquence, pour l'application de la réduction des droits ; les abattements prévus aux articles 779, 790 A, 790 B, 790 D, 790 E et 790 F du CGI étant effectués en priorité sur les biens démembrés. Ces règles, favorables au redevable, s'appliquent à moins que les parties à l'acte de donation n'aient décidé de retenir une règle d'imputation différente (BOI-ENR-DMTG-20-30-20-50, 13 févr. 2017, § 10 et 37).

2) Parts ou actions de société industrielle, commerciale, artisanale, agricole ou libérale

1884 Lorsque certaines conditions sont remplies, les parts ou les actions d'une société exerçant une activité industrielle, commerciale, artisanale, agricole ou libérale transmises par décès ou entre vifs se trouvent exonérées de droits de mutation à titre gratuit, à concurrence de 75 % de leur valeur (CGI, art. 787 B). Ce régime a été profondément réformé par l'article 40 de la loi de finances pour 2019 (L. fin. 2019, n° 2018-1317, 28 déc. 2018) applicable à compter du 1er janvier 2019. Il a également été retouché par la loi de finances rectificative pour 2022 (L. fin. rect. n° 2022-1157, 16 août 2022, art. 8 : *JO* 17 août 2022, texte n° 1). Suite à l'invalidation par la Cour de cassation de la doctrine administrative, cette loi a ajouté à l'article 787 B du CGI un c bis conditionnant l'exonération à l'exercice par la société d'une activité éligible dès le stade de l'engagement collectif de conservation et jusqu'au terme de l'engagement individuel. La loi « PACTE » (L. n° 2019-486, 22 mai 2019, relative à la croissance et la transformation des entreprises en pleine propriété) a étendu cette exonération aux transmissions réalisées en pleine propriété à des fonds de pérennité créés par l'article 177 de cette loi.

ATTENTION Il n'est pas exigé que la société exerce à titre exclusif les activités précitées.
La Cour de cassation a confirmé l'éligibilité de plein droit à l'exonération partielle des sociétés exerçant principalement une activité industrielle, commerciale, artisanale, agricole ou libérale, et précisé que cette prépondérance s'apprécie en considération d'un faisceau d'indices déterminés d'après la nature de l'activité et les conditions de son exercice (Cass. com., 14 oct. 2020, n° 18-17.955, FS-P+B : *JurisData* n° 2020-016236).
L'administration a pris acte de cette jurisprudence dans ses commentaires. Elle admet que le caractère prépondérant de l'activité industrielle, commerciale, artisanale, agricole ou libérale s'apprécie en considération d'un faisceau d'indices déterminés d'après la nature de l'activité et les conditions de son exercice.
Elle a réintroduit des critères objectifs, abstraits et cumulatifs permettant de caractériser l'activité principale exercée par la société, en retenant des facteurs plus satisfaisants : le chiffre d'affaires et la valeur vénale des actifs immobilisés ou non affectés à chaque activité.
Elle admet à titre de règle pratique, qu'une société exerce une activité industrielle, commerciale, artisanale, agricole ou libérale de façon prépondérante lorsque le chiffre d'affaires procuré par cette activité représente au moins 50 % du montant de son chiffre d'affaires total et que la valeur vénale de l'actif brut immobilisé et circulant affecté à cette activité représente au moins 50 % de la valeur vénale de son actif brut total (BOI-ENR-DMTG-10-20-40-10, 21 déc. 2021, § 20).
Suite aux modifications apportées par la loi de finances rectificative pour 2022, l'activité éligible doit être exercée à titre principal dès le stade de l'engagement collectif de conservation et jusqu'au terme de l'engagement individuel.

1885 L'exonération peut également bénéficier aux transmissions de titres de sociétés *holding* dans deux cas :
– directement et pour la totalité de la valeur des parts ou actions lorsque la société est animatrice de son groupe ;
– indirectement, lorsque la société est « interposée », c'est-à-dire détient elle-même des participations dans des sociétés ayant une activité industrielle, commerciale, artisanale, agricole ou libérale couverte par engagement collectif de conservation en cours, dans la limite de deux niveaux d'interposition (CGI, art. 787 B, b, 3).

ATTENTION **Dans l'arrêt précité du 14 octobre 2020, la Cour de cassation a également énoncé que :**
– doit être assimilée à ces sociétés ayant une activité mixte, dont la transmission des parts est éligible au régime de faveur, une société holding qui, outre la gestion d'un portefeuille de participations, a pour activité principale la participation active à la conduite de la politique de son groupe et au contrôle de ses filiales exerçant une activité commerciale, industrielle, artisanale, agricole ou libérale, et, le cas échéant et à titre purement interne, la fourniture à ces filiales de services spécifiques, administratifs, juridiques, comptables, financiers et immobiliers ;
– le caractère principal de l'activité d'animation de groupe de la holding doit être retenu notamment lorsque la valeur vénale, au jour du fait générateur de l'imposition, des titres de ces filiales détenus par la société holding représente plus de la moitié de son actif total.
NB : selon la Cour de cassation, l'application du régime de faveur à ces sociétés dérive directement de la loi. Elle ne passe pas par le truchement d'une mesure de tempérament résultant de la doctrine administrative.

Dans cette dernière hypothèse, l'exonération partielle ne s'applique à la valeur des titres de la société détenue directement par le redevable, qu'à hauteur de la fraction de la valeur réelle de l'actif brut de celle-ci représentative de la valeur de la participation indirecte ayant fait l'objet d'un engagement de conservation (sur la justification du respect de cette condition, V. CGI, art. 787 B, e, *in fine*). Le bénéfice de l'exonération partielle est en outre subordonné à la condition que les participations soient conservées inchangées à chaque niveau d'interposition pendant toute la durée de l'engagement collectif. Toutefois, le régime de faveur n'est pas remis en cause en cas d'augmentation de la participation détenue par les sociétés interposées (CGI, art. 787 B, b, dernier al.). Enfin, la société dont les titres sont transmis, qui possède directement ou indirectement dans les conditions prévues au 3 du b une participation dans la société dont les parts ou actions font l'objet de l'engagement collectif de conservation mentionné doit conserver cette participation jusqu'à l'expiration de l'engagement individuel de conservation (CGI, art. 787 B, c, al. 2). Cette dernière exigence a été rajoutée par la loi de finances pour 2019 afin de conférer une assise légale à l'administration fiscale qui l'avait énoncée dans sa doctrine.

ATTENTION **La loi de finances pour 2019 applicable à compter du 1er janvier 2019 prévoit que les transmissions de titres de sociétés interposées peuvent désormais bénéficier d'un engagement collectif de conservation « réputé acquis ».**
Les titres de ces sociétés peuvent donc être apportés à une société durant la phase d'engagement individuel de conservation sans que l'apport remette en cause l'exonération dans les conditions précisées au f de l'article 787 B du CGI.

Les sociétés étrangères peuvent bénéficier de l'exonération. Les conditions d'application sont dans ce cas identiques à celles exigées pour les transmissions de titres de sociétés françaises (BOI-ENR-DMTG-10-20-40-10, 21 déc. 2021, § 30).

1886 Les parts ou les actions doivent en principe faire l'objet d'un engagement collectif de conservation d'une durée minimale de deux ans en cours au jour de la transmission, qui a été pris par le défunt ou le donateur, pour lui et ses ayants cause à titre gratuit. Depuis le 1er janvier 2019, l'engagement « collectif » de conservation peut être souscrit par un seul associé s'il remplit les conditions requises. Cette nouvelle possibilité ne concerne pas seulement les sociétés unipersonnelles. En outre, en cas de décès de l'un des associés non-signataire, ses héritiers peuvent souscrire l'engagement dans les six mois qui suivent le décès, soit entre eux, soit avec d'autres associés (CGI, art. 787 B, a, al. 20. – Sur les documents à remettre par les héritiers ou légataires pour l'enregistrement de la déclaration de succession, V. CGI, ann. II, art. 294 bis). Cet engagement doit porter sur au moins 10 % des droits financiers et 20 % des droits de vote attachés aux titres émis par la société s'ils sont admis à la négociation sur un marché réglementé ou, à défaut, sur au moins 34 % des droits de vote et 17 % des droits financiers y compris les parts ou actions transmises.

ATTENTION Pour les pactes conclus à compter du 1er janvier 2019, les seuils requis pour souscrire un engagement collectif ont été abaissés par la loi de finances pour 2019 lorsqu'ils s'apprécient au regard des droits financiers. L'engagement collectif de conservation doit porter sur au moins 10 % des droits financiers et 20 % des droits de vote attachés aux titres émis par la société s'ils sont admis à la négociation sur un marché réglementé. Dans le cas contraire c'est-à-dire pour les sociétés non cotées, il doit englober au moins 17 % des droits financiers et 34 % des droits de vote (CGI, art. 787 B, b, 1, al. 1er).

Ces pourcentages doivent être respectés tout au long de la durée de l'engagement collectif de conservation. Les associés de l'engagement collectif de conservation peuvent effectuer entre eux des cessions ou donations des titres soumis à l'engagement (CGI, art. 787 B, a et b). L'article 12 de la première loi de finances rectificative pour 2011 applicable aux cessions et adhésions intervenant à compter du 31 juillet 2011 a assoupli les opérations pouvant être réalisées pendant la durée de l'engagement collectif de conservation sans remise en cause de ce dernier ni le cas échéant de l'exonération partielle ayant été appliquée dans le cadre d'une transmission à titre gratuit :

– un nouvel associé peut adhérer à un engagement collectif de conservation en cours sans qu'il soit nécessaire de conclure avec tous les signataires un nouvel engagement collectif. L'adhésion de l'associé « entrant » a pour effet de reconduire l'engagement collectif pour une durée minimale de deux ans (CGI, art. 787 B, b, al. 3) ;

– les cessions de titres avant l'expiration de l'engagement collectif de conservation n'entraînent pas systématiquement la rupture de l'engagement collectif ni la remise en cause de l'exonération. Si, suite à la cession les seuils minimums requis dans le cadre de l'engagement collectif, restent atteints par les autres signataires, l'engagement collectif de conservation n'est pas remis en cause à l'égard des signataires autres que le cédant et l'exonération partielle dont ils ont pu bénéficier n'est pas remise en cause, à condition que les associés restants conservent les titres couverts par l'engagement collectif jusqu'au terme initialement prévu. L'engagement collectif et le cas échéant de l'exonération partielle à l'égard des signataires autres que le cédant nécessite que le cessionnaire adhère à l'engagement collectif. Cette adhésion reconduit l'engagement collectif de conservation pour une durée minimale de deux ans (CGI, art. 787 B, b, e bis). En application du nouvel article 787 B, e ter du CGI inséré par la loi de finances pour 2019 et applicable à compter du 1er janvier 2019, les cessions réalisées par un bénéficiaire de la transmission durant la phase de poursuite de l'engagement collectif de conservation si elles interviennent en faveur d'un autre signataire de l'engagement collectif, n'entraînent plus pour le cédant qu'une remise en cause partielle du régime de faveur, à hauteur des seules parts ou actions cédées ou données.

ATTENTION L'engagement collectif de conservation est opposable à l'administration à compter de la date de l'enregistrement de l'acte qui le constate ou à compter de sa date lorsqu'il est établi par acte notarié. Dans le cas des titres admis à la négociation sur un marché réglementé, l'engagement collectif de conservation est soumis aux dispositions de l'article L. 233-11 du Code de commerce. Il doit être porté à la connaissance de l'Autorité des marchés financiers (AMF).

1887 **Engagement réputé acquis.** L'engagement collectif est réputé acquis lorsque les parts ou actions détenues depuis deux ans au moins par une personne physique, seule ou avec son conjoint, son partenaire avec lequel elle est liée par un PACS ou concubin notoire dépassent les seuils requis, sous réserve que cette personne, son conjoint ou son partenaire ou concubin notoire exerce son activité professionnelle principale ou une fonction de direction depuis deux ans au moins dans la société concernée. La loi de finances pour 2019 applicable à compter du 1er janvier 2019 a étendu l'engagement réputé acquis aux couples de concubins notoires (CGI, art. 787 B, b, 2). La définition même du concubinage notoire ne suscite pas de difficultés majeures dans son principe. Elle est déjà connue en droit fiscal, en particulier dans le cadre de l'IFI (CGI, art. 964). L'administration s'y réfère indirectement dans sa doctrine en renvoyant à ses commentaires afférents à l'IFI (BOI-ENR-DMTG-10-20-40-10, 21 déc. 2021, § 255).

ATTENTION **La loi de finances pour 2019 applicable à compter du 1er janvier 2019 a étendu la possibilité de bénéficier d'un engagement collectif de conservation réputé acquis lorsque la transmission sur des titres de sociétés interposées (CGI, art. 787 B, b, 2). Même si le texte n'énonce pas formellement cette restriction, les travaux parlementaires indiquent clairement que cette extension se limite à un seul niveau d'interposition (société interposée détenant directement la participation dans la société cible exerçant l'activité éligible). Pour que l'engagement collectif soit réputé acquis, il est nécessaire que dans la société « cible », les seuils de détention requis soient atteints depuis au moins deux ans avant la transmission et que le donateur ou le défunt ou son conjoint, partenaire pacsé ou concubin notoire y ait exercé durant cette même période soit une fonction de direction, soit son activité principale. Les seuils requis doivent s'apprécier en tenant compte non seulement de la participation détenue indirectement dans la société cible *via* la société interposée, mais aussi de celle qui serait détenue directement par le donateur ou le défunt (avec le cas échéant son conjoint, partenaire ou concubin notoire) dans la société exerçant l'activité opérationnelle (BOI-ENR-DMTG-10-20-40-10, 21 déc. 2021, § 250). Lorsque les donataires se prévalent d'un engagement collectif « réputé acquis », la fonction de direction ou activité principale au sein de l'entreprise dans les trois ans qui suivent la donation doit nécessairement être exercée par l'un des bénéficiaires de la transmission (Rép. min. n° 99759 : *JOAN* 7 mars 2017, p. 1983, Moreau ; *JCP* N 2017, n° 11, act. 358). En revanche, contrairement à ce qu'avait énoncé l'administration fiscale dans ses premiers commentaires publiés le 6 avril 2021, cette fonction ou activité principale n'est pas nécessairement exclusive. Pourvu que le donataire exerce la fonction de direction ou son activité principale au sein de la société de manière effective, le donateur peut exercer une co-direction ou co-activité (BOI-ENR-DMTG-10-20-40-10, 21 déc. 2021, § 395 et 255).**

Sur le calcul des pourcentages de 10/20 % et 17/34 %, et le cas dans lequel la société détenue directement par le redevable possède une participation dans une société qui détient les titres de la société dont les parts ou actions font l'objet de l'engagement de conservation, V. CGI, art. 787 B, b.

1888 **Non-respect des conditions.** En cas de non-respect des conditions prévues ci-dessus par suite d'une fusion ou d'une scission ou d'une augmentation de capital, l'exonération partielle accordée lors d'une mutation à titre gratuit avant l'une de ces opérations n'est pas remise en cause si les signataires respectent l'engagement prévu jusqu'à son terme. Les titres reçus en contrepartie de ces opérations doivent être conservés jusqu'au même terme. De même, cette exonération n'est pas non plus remise en cause lorsque la condition de seuil n'est pas respectée par suite d'une annulation des titres pour cause de pertes ou de liquidation judiciaire (CGI, art. 787 B, g et h). À compter du 1er janvier 2019, la loi de finances pour 2019 a étendu cette dérogation aux échanges de titres qui interviennent dans le cadre d'une offre publique d'échange de titres préalable à une fusion ou une scission, à la condition que les titres reçus en échange soient conservés jusqu'au terme des engagements, et que la fusion ou la scission soit réalisée dans l'année qui suit la clôture de l'offre publique d'échange (CGI, art. 787 B, g et h).

1889 Chacun des héritiers, donataires ou légataires prend l'engagement dans la déclaration de succession ou l'acte de donation, pour lui et ses ayants cause à titre gratuit, de conserver les parts ou les actions transmises pendant une durée de quatre ans à compter de la date d'expiration du délai pris par le donateur ou le défunt (CGI, art. 787 B, c. – Sur l'obligation pour le donateur de fournir une copie de l'acte de donation et adresser une attestation certifiant que les obligations sont satisfaites, V. CGI, art. 787 B, e).

ATTENTION **L'engagement individuel de conservation doit nécessairement être souscrit dans l'acte de donation ou la déclaration de succession. Il ne peut pas être souscrit postérieurement ; et ce même au terme d'un acte ou d'une déclaration complémentaire qui interviendrait dans le délai de réclamation (Cass. com., 16 avr. 2013, n° 12-17.432 : *JCP* N 2013, n° 51-52, 1296, n° 6, chron. F. Fruleux et F. Sauvage).**

ATTENTION À certaines conditions, les titres exonérés peuvent être apportés à une *holding* sans déchéance du régime de faveur ; aux termes d'un apport pur et simple ou mixte, partiellement rémunéré par la prise en charge par la *holding* du paiement de la soulte due par l'apporteur (CGI, art. 787 B, f). Ce texte est entièrement réécrit par la loi de finances pour 2019. Les nouvelles dispositions plus souples s'appliquent à compter du 1er janvier 2019, même aux transmissions réalisées avant cette date.

ATTENTION Les modifications sont les suivantes :
– l'apport à la *holding* de reprise peut dorénavant intervenir tant durant la phase de poursuite de l'engagement collectif que durant la période d'engagement individuel de conservation ;
– la condition inhérente à l'objet de la société *holding* est purement et simplement supprimée ;
– la condition de détention exclusive de participations dans une ou plusieurs sociétés du même groupe que la société dont les parts ou actions ont été transmises et ayant une activité, soit similaire, soit connexe et complémentaire est supprimée. Elle est remplacée par l'obligation à présent imposée à la *holding* de détenir jusqu'à l'expiration des engagements fiscaux un actif brut dont la valeur réelle est composée à plus de 50 % de participations dans la société dont les titres ont bénéficié du régime de faveur lors de la transmission ;
– l'objet des titres pouvant être apportés à la *holding* a été ouvert. Il peut dorénavant porter sur des titres de sociétés « interposées » détenant directement une participation couverte par un engagement collectif de conservation dans une société exerçant une activité éligible. Cette possibilité est limitée à un seul niveau d'interposition. L'apport de titres d'une société interposée est toutefois conditionné au respect d'une exigence supplémentaire : jusqu'à l'expiration de l'engagement individuel de conservation, la valeur réelle de l'actif brut de la *holding* bénéficiaire de l'apport doit être composée à plus de 50 % de participations indirectes dans la société « cible », c'est-à-dire celle dont les titres font l'objet de l'engagement collectif de conservation ;
– les exigences concernant la détention du capital de la *holding* et sa direction sont également assouplies : les trois quarts au moins du capital et des droits de vote y afférents de la société bénéficiaire de l'apport sont, à l'issue de l'apport, détenus par les personnes soumises aux obligations de conservation visées aux a et c. Cette société est dirigée directement par une ou plusieurs de ces personnes.
À concurrence de 25 % le capital est ouvert à des associés totalement extérieurs.

ATTENTION S'agissant des personnes aptes à détenir les 75 % restants et pouvant diriger la *holding*, l'administration fiscale a précisé que :
– au cours de l'engagement collectif il est tenu compte, des titres détenus dans la société bénéficiaire de l'apport par l'ensemble des personnes soumises à cette obligation de conservation, qu'elles soient signataires ou héritiers, donataires ou légataires bénéficiaires de l'exonération ;
– au cours de l'engagement individuel des titres détenus dans la société bénéficiaire de l'apport par les seules personnes soumises à cet engagement individuel de conservation.
Elle admet toutefois que le ou les donateurs puissent détenir plus de 25 % du capital et des droits de vote de la holding, à la condition que la majorité du capital et des droits de vote soit détenue par les bénéficiaires de l'exonération partielle (BOI-ENR-DMTG-10-20-40-20, 21 déc. 2021, § 86).

L'exonération n'est non plus pas remise en cause en cas de donation à des descendants des titres objet de l'engagement individuel de conservation sous réserve que ces derniers respectent cet engagement jusqu'à son terme (CGI, art. 787 B, h, al. 3), ni en cas de partage même intervenant à charge de soulte, pourvu que l'attributaire des titres exonérés respecte les engagements fiscaux jusqu'à leur terme (BOI-ENR-DMTG-10-20-40-10, 21 déc. 2021, § 340). Un changement de régime matrimonial intervenant pendant la durée de l'engagement individuel ayant pour effet de rendre communs des titres qui étaient auparavant des biens propres du bénéficiaire de la transmission à titre gratuit, n'entraîne pas rupture de l'engagement individuel de conservation souscrit par l'époux apporteur. Naturellement, les titres ainsi mis en communauté doivent être conservés par les conjoints jusqu'au terme de l'engagement individuel (BOI-ENR-DMTG-10-20-40-20, 21 déc. 2021, § 210).

1890 L'un des associés mentionnés au titre de l'engagement collectif de conservation ou l'un des héritiers, donataires ou légataires doit exercer son activité professionnelle principale ou une fonction de direction dans la société dont les parts ou actions font l'objet de l'engagement collectif de conservation, pendant les 3 années dès la conclusion de cet engagement. Cette activité ne doit pas nécessairement être rémunérée (BOI-ENR-DMTG-10-20-40-10, 21 déc. 2021, § 290).

1891 L'exonération s'applique en cas de donation avec réserve d'usufruit à la condition que les droits de vote de l'usufruitier soient statutairement limités aux décisions concernant l'affectation des bénéfices. Cette limitation ne s'applique pas lorsque le donateur transmet l'usufruit de ses titres et se réserve la nue-propriété. Il en est de même lorsque le donateur transmet l'usufruit de ses titres à un donataire et la nue-propriété à un autre. La restriction des droits de vote de l'usufruit peut porter uniquement sur une catégorie d'actions ou de parts sociales (BOI-ENR-DMTG-10-20-40-10, 21 déc. 2021, § 300). En revanche, la réduction de droits de 50 % applicable aux donations consenties par un donateur âgé de moins de soixante-dix ans (CGI, art. 790) est réservée aux seules donations en pleine propriété.

1892 **Mise en œuvre.** En cas de « donations mixtes », c'est-à-dire comportant à la fois des biens en pleine propriété et des biens démembrés, l'administration fiscale admet que les biens donnés en pleine propriété soient compris dans les tranches du barème les plus élevées pour la liquidation des droits de mutation, les abattements et les réductions étant effectués en priorité sur les biens démembrés (BOI-ENR-DMTG-20-30-20-50, 13 févr. 2017, § 37).

ATTENTION **En présence de sociétés interposées, la limitation des droits de vote de l'usufruitier concerne les statuts de la société dont les titres sont transmis et non la société dont les titres sont soumis à l'engagement collectif de conservation (BOI-ENR-DMTG-10-20-40-10, 21 déc. 2021, § 300).**
La réduction de droits s'applique par mesure de tempérament aux transmissions de sociétés interposées. Toutefois, le bénéfice de la réduction est alors limité aux droits correspondant à la seule fraction de la valeur des titres représentative de celle des titres de la société ayant une activité industrielle, commerciale, artisanale, agricole ou libérale détenus, directement (simple interposition) ou indirectement (double interposition) par la société dont les titres font l'objet de la donation (BOI-ENR-DMTG-20-30-20-50, 13 févr. 2017, § 40).

C Exonération inhérente à la nature de l'acte

1893 La loi du 23 juin 2006 portant réforme des successions et des libéralités a prévu la possibilité pour tout héritier réservataire présomptif de renoncer, par anticipation, à exercer une action en réduction à l'encontre d'une libéralité excessive dans une succession non ouverte (V. *JCl. Roulois*, Fasc. 1320). Sur le plan fiscal, comme sur le plan civil (C. civ., art. 930-1, al. 1er), cette renonciation n'est pas constitutive d'une libéralité. La renonciation anticipée à l'action en réduction n'est donc pas soumise aux droits de mutation à titre gratuit (CGI, art. 756 bis). Toute taxation entre le renonçant et le bénéficiaire de la renonciation est ainsi écartée, tant lors de la signature de l'acte de renonciation qu'au décès du disposant.

III

Évaluation des droits en usufruit ou en nue-propriété

1894 Dans le cas le plus fréquent où l'usufruit est viager, c'est-à-dire appelé à durer toute la vie de l'usufruitier, la répartition de la valeur du bien entre l'usufruit et la nue-propriété est fixée forfaitairement en fonction de l'âge de l'usufruitier (CGI, art. 669). Le barème applicable aux transmissions intervenant à compter du 1er janvier 2004 revalorise le précédent qui entraînait une sous-évaluation de l'usufruit ou une prise en compte très insuffisante de l'espérance de vie et de la réalité économique.

Âge de l'usufruitier	Valeur de l'usufruit	Valeur de la nue-propriété
Moins de 21 ans révolus	90 %	10 %
Moins de 31 ans révolus	80 %	20 %
Moins de 41 ans révolus	70 %	30 %
Moins de 51 ans révolus	60 %	40 %
Moins de 61 ans révolus	50 %	50 %
Moins de 71 ans révolus	40 %	60 %
Moins de 81 ans révolus	30 %	70 %
Moins de 91 ans révolus	20 %	80 %
Plus de 91 ans révolus	10 %	90 %

Pour déterminer la valeur de la nue-propriété, il n'est tenu compte que des usufruits ouverts au jour de la mutation de cette nue-propriété. Dans un arrêt rendu le 26 septembre 2018 (Cass. com., 26 sept. 2018, n° 16-26.503 : *JurisData* n° 2018-016986. – H. Hovasse, *La cession d'un usufruit à une société pour la durée de vie d'une personne physique : JCP* E 2018, 1543. – M. Leroy, *L'usufruit constitué entre personnes morales peut être viager : RFP* 2011, étude 14. – C. Orlhac et F. Fruleux, *Durée de l'usufruit : droit positif et perspectives : JCP* N 2019, n° 19, 1192), la Cour de cassation a énoncé que l'usufruit constitué entre personnes morales pour la durée de la survivance de personnes physiques est de nature viagère.

ATTENTION En cas de transmission successive de l'usufruit et la nue-propriété par un même donateur à un donataire la modification du barème fiscal ne peut aboutir à taxer le donataire sur une base, imposable supérieure à 100 % de la pleine propriété. Si tel est le cas, la taxation est plafonnée à 100 % de la pleine propriété (BOI-ENR-DMTG-10-40-10-50, 23 déc. 2013, § 20).

1895 **Usufruits successifs.** En cas d'usufruits successifs, l'usufruit éventuel venant à s'ouvrir, le nu-propriétaire peut bénéficier par voie de réclamation d'une restitution égale à ce qu'il aurait payé en moins si le droit acquitté par lui avait été calculé d'après l'âge de l'usufruitier éventuel (CGI, art. 1965 B). Pour l'application de ce texte, les âges du premier et du second usufruitier s'apprécient tous deux à la date de transmission de la nue-propriété (et non à la date de l'ouverture de l'usufruit successif). Selon une réponse ministérielle contestable du garde des Sceaux émise sous réserve de l'avis de la DGFiP (Rép. min. n° 26892 : *JOAN* 2 juin 2020, p. 3863, Duby), la restitution ne pourrait pas bénéficier au donataire lorsque les droits ont été acquittés par le donateur (V. F. Fruleux, *Usufruits successifs restitution et paiement des droits par le donateur : une réponse ministérielle qui ne convainc pas : JCP* N 2020, n° 26, act. 550). En revanche, les droits dus par le second usufruitier doivent être calculés d'après le tarif en vigueur au décès du premier usufruitier. Cette dernière solution est formellement énoncée par l'article 796-0 quater en ce qui concerne les réversions d'usufruit.

1896 **Exemple.** X recueille la nue-propriété de biens soumis d'abord à l'usufruit de A âgé de soixante-quinze ans et, éventuellement à l'usufruit de B âgé de cinquante-deux ans. Les droits seront payés par X, nu-propriétaire, sur la base de sept dixièmes, puisqu'il n'est tenu compte tout d'abord que de l'usufruit ouvert qui est celui de A. Mais au décès de ce dernier, si B est toujours vivant, X, nu-propriétaire, pourra réclamer la restitution de ce qu'il aura versé en trop, la nue-propriété recueillie par lui n'ayant plus qu'une valeur de 5/10 et non de 7/10.

1897 Si l'usufruit est constitué pour une durée fixe, cette répartition s'établit comme suit :

Durée de l'usufruit	Valeur de l'usufruit
10 ans au plus	23 %
10 ans à 20 ans	46 %
20 ans à 30 ans	69 %
30 ans à 40 ans	92 %
40 ans à 50 ans	100

ATTENTION Il convient d'observer qu'à la différence du « I » concernant l'usufruit viager, le « II » de l'article 669 du Code général des impôts ne fixe pas expressément la valeur de la nue-propriété grevée d'un usufruit constitué pour une durée fixe.

1898 **Personne physique usufruitière.** Comme un usufruit temporaire réservé par une personne physique est toujours personnel et ne peut être transmis à ses héritiers si son décès intervient avant le terme fixé (V. *JCl. Roulois*, Fasc. 1160), l'application du barème qui précède aboutit souvent à surévaluer l'usufruit : par exemple, dans le cas d'une réserve d'usufruit pendant vingt-cinq ans, par une personne âgée de soixante-quinze ans. Aussi, selon la doctrine administrative qui doit être approuvée, l'évaluation fixée par la loi pour l'usufruit d'une durée fixe ne peut pas avoir pour effet d'attribuer à l'usufruit temporaire une valeur supérieure à celle qu'il aurait eue s'il était purement viager (BOI-ENR-DMTG-10-40-10-50, 23 déc. 2013, § 70).

1899 **Usufruit constitué au profit d'une personne morale.** L'usufruit, qui n'est cédé à une personne morale que pour la durée de la survivance de personnes physiques, est de nature viagère et doit être évalué comme tel au regard du barème énoncé par l'article 669 du CGI, peu important que cet usufruit entre personnes morales ne puisse excéder trente ans aux termes de l'article 619 du Code civil (Cass. com., 26 sept. 2018, n° 16-26.503 : *JurisData* n° 2018-016986). Pour l'application des dispositions dérogatoires énoncées par l'article 13, 5° du CGI, le Conseil d'État a précisé que ces dispositions s'appliquent à la première cession à titre onéreux, par son titulaire, d'un usufruit préconstitué lorsque le cessionnaire bénéficie d'un droit d'usufruit pour une période qui n'est pas exclusivement déterminée par la durée de la vie humaine (CE, 8e et 3e ch. réunies, 22 mars 2022, n° 458518).

1900 En cas de conversion de l'usufruit légal du conjoint survivant en rente viagère, la conversion ne produit pas d'effet rétroactif, sauf stipulation contraire des parties (C. civ., art. 762). Sur le plan fiscal, c'est uniquement lorsque l'acte de conversion précise que la conversion rétroagit à la date du décès que cette dernière influe sur la liquidation des droits. Ceux-ci sont assis, en ce qui concerne la part taxable revenant au conjoint, sur le capital représentatif de la rente. Lorsque la conversion intervient après l'enregistrement de la déclaration de succession et modifie la perception, une déclaration de succession complémentaire doit être déposée dans les six mois (BOI-ENR-DMTG-10-50-10, 11 avr. 2016, § 100 et s.).

ATTENTION Cette rétroactivité permet de s'affranchir du barème d'évaluation forfaitaire de l'usufruit et de retenir une évaluation économique, ce qui peut être avantageux. La valorisation économique permet en effet souvent d'accroître la part taxable du conjoint exonérée des droits de succession.

1901 Pour la liquidation des droits de mutation à titre gratuit, les droits d'usage et d'habitation sont évalués à hauteur de 60 % de la valeur fiscale de l'usufruit déterminée conformément au I de l'article 669 (CGI, art. 762 bis). L'administration avait admis que cette valorisation s'appliquait à tous les droits d'usage et d'habitation, qu'ils soient institués par la loi ou par la volonté des parties (Rép. min. n° 344 : *JO* Sénat 6 déc. 2007, p. 2226). Cette précision n'est pas reprise dans l'actuelle doctrine administrative résultant du BOFiP-Impôts (BOI-ENR-DMTG-10-50-10, 11 avr. 2016, § 90).

ATTENTION Selon l'administration fiscale, lorsque le conjoint survivant exerce à la fois son droit temporaire et viager au logement, pour l'application du barème fiscal, l'âge du conjoint s'apprécie non pas à la date du décès, mais à l'expiration du droit temporaire au logement c'est-à-dire un an après le décès (BOI-ENR-DMTG-10-40-10-50, 23 déc. 2013, § 90).

Fiche 30

Liquidation des droits de mutation à titre gratuit

Sommaire

I Lien de parenté ou matrimonial 339
II Abattements 341
A Généralités 341
B Transmissions successives entre mêmes personnes 341
III Taux 343
IV Réduction de droits 343
V Paiement des droits 344
A Paiement différé et fractionné (transmission d'entreprise) 344
B Remise d'œuvres d'art, d'immeubles ou de titres de sociétés 345
VI Libéralités résiduelles et graduelles 345
VII Fiducie 346
VIII *Trust* 346

1902 La liquidation des droits de mutation à titre gratuit prend en considération le lien de parenté ou d'alliance (mariage, PACS) existant entre le successeur ou donataire et le défunt, ou le donateur ou encore l'absence de tout lien de parenté ou matrimonial. Le calcul des droits de mutation consiste à appliquer sur la part taxable revenant au bénéficiaire de la mutation, un voire plusieurs abattements. Le reliquat taxable se voit ensuite appliquer un taux, soit progressif, soit proportionnel. Enfin, le bénéficiaire peut dans certains cas bénéficier de réductions de droits. Les abattements, tarifs et réductions de droits figurent dans des tableaux (V. Fiche 39 : Droits de mutation à titre gratuit – Exonérations, abattements, tarifs et réductions). Nous nous limiterons ici à quelques indications générales. Nous rappellerons quelques règles relatives au paiement des droits et applicables à certaines mutations à titre gratuit entre vifs ou par décès. Enfin, nous exposerons les règles applicables à la taxation des libéralités graduelles résiduelles, à la fiducie et aux biens dépendant d'un *trust*.

• Textes

• CGI, art. 779 à 787 A.

I Lien de parenté ou matrimonial

1903 La détermination du lien de parenté ne pose pas de difficulté et il n'y a pas lieu de distinguer selon que la filiation est légitime, naturelle ou résulte d'une adoption plénière. Deux situations particulières méritent examen : celle de l'adopté simple et celle des ex-époux (sur le cas de l'enfant abandonné par fait de guerre, V. CGI, art. 778).

1904 **Principe.** Pour la perception des droits de mutation à titre gratuit, il n'est pas tenu compte du lien de parenté résultant de l'adoption simple (CGI, art. 786, al. 1er). Cette règle est destinée à prévenir un possible dévoiement de cette forme souple d'adoption à des fins exclusivement fiscales.

1905 **Exceptions.** Cette disposition n'est pas applicable aux transmissions entrant dans les prévisions de l'alinéa 1er de l'article 368-1 du Code civil (lequel vise les cas de retour légal en cas de décès de l'adopté décédé sans descendance directe ni conjoint) ainsi qu'à celles faites en faveur :
- d'enfants issus d'un premier mariage du conjoint de l'adoptant, et par extension, d'enfants « naturels » reconnus de ce conjoint ;
- de pupilles de la nation ou de l'assistance publique, ainsi que d'orphelins ;
- d'adoptés mineurs au moment du décès de l'adoptant ou d'adoptés mineurs au moment de la donation consentie par l'adoptant qui, pendant cinq ans au moins, ont reçu de celui-ci des secours et des soins non interrompus au titre d'une prise en charge continue et principale ;
- d'adoptés majeurs qui, soit dans leur minorité et pendant cinq ans au moins, soit dans leur minorité et leur majorité et pendant dix ans au moins, auront reçu de l'adoptant des secours et des soins non interrompus au titre d'une prise en charge continue et principale ;
- d'adoptés dont le ou les adoptants ont perdu, morts pour la France, tous leurs ascendants en ligne directe ;
- d'adoptés dont les liens de parenté avec la famille naturelle ont été déclarés rompus par le tribunal saisi de la requête en adoption, en exécution de l'article 354 du Code civil ou de l'ancien article 352 du même code ;
- des successibles en ligne directe descendante des personnes visées ci-dessus ;
- d'adoptés, anciens déportés politiques ou enfants de déportés n'ayant pas de famille naturelle en ligne directe (CGI, art. 786).

La loi du 14 mars 2016 relative à la protection de l'enfant (L. n° 2016-297, 14 mars 2016, art. 36) applicable aux décès survenus et donations réalisées à compter du 16 mars 2016 a assoupli le régime fiscal des transmissions par décès en faveur d'adoptés simples mineurs lors du décès de l'adoptant. Ces transmissions bénéficient désormais inconditionnellement du tarif en ligne directe. Elle a en revanche involontairement durci les règles en matière de donations entre vifs, les 3° et 3° bis de l'article 786 du CGI dans sa nouvelle rédaction ne visant explicitement que les seules hypothèses du décès de l'adoptant. En substituant au dispositif initial un régime concernant les seules mutations par décès, le législateur a involontairement durci les dispositions applicables aux donations entre vifs en faveur d'adoptés simples. À compter du 16 mars 2016, faute d'exception énoncée par la nouvelle mouture de l'article 786, l'adopté simple recueilli par son parent adoptif, qu'il soit mineur ou majeur lors de la donation, ne pouvait plus bénéficier du tarif en ligne directe quand bien même il pouvait rapporter la preuve des soins et secours lui ayant été prodigués. Nous avions été amenés à attirer l'attention des praticiens sur les risques inhérents à ce durcissement involontaire du régime fiscal applicable aux donations en faveur d'adoptés simples (V. en ce sens, F. Fruleux, *Adoption simple : une réforme fiscale maladroite : JCP* N 2016, 1176). L'administration fiscale n'a énoncé à cet égard aucune mesure de tempérament lorsqu'elle a actualisé sa doctrine pour intégrer les modifications apportées successivement par ces deux lois. Les travaux préparatoires à la loi de finances pour 2017 confirment que « malencontreusement » la loi du 14 mars 2016 a durci les règles régissant les donations consenties aux adoptés simples mineurs comme majeurs lors de la transmission. L'article 9 de la loi a réparé cette malfaçon en rétablissant le dispositif antérieur au 16 mars 2016 sans rétroactivité, dans le cadre des donations consenties à compter du 1er janvier 2017.

> ATTENTION **Une distinction est dorénavant établie sur le plan fiscal en fonction de la nature de la transmission dont bénéficie l'adopté simple mineur lors de la mutation :**
> **- dans le cadre des transmissions par décès, il bénéficie de plein droit du tarif en ligne directe ;**
> **- dans le cadre des donations entre vifs, il ne peut prétendre au tarif en ligne directe qu'à condition de rapporter la preuve des soins et secours qui lui ont été prodigués, soit durant sa minorité et pendant cinq ans au moins, soit durant sa minorité et sa majorité pendant dix ans au moins au titre d'une prise en charge continue et principale.**

Malgré la volonté affichée par la loi « TEPA » de rapprocher la situation fiscale des époux et partenaires liés par un PACS, les transmissions au sein de familles recomposées obéissent à un régime radicalement différent suivant que le couple est marié ou lié par un PACS. En l'état actuel des textes et de la doctrine administrative, les successions et libéralités reçues par des enfants issus d'un premier lit du partenaire de l'adoptant, sont taxées au tarif entre étrangers (V. CGI, art. 786, 1°).

1906 **Principe.** C'est au jour du décès ou de la donation qu'il faut en principe se placer pour apprécier la parenté ou le lien matrimonial. Le divorce rompant le lien conjugal, les libéralités qui sont recueillies par une personne divorcée dans la succession de son ex-conjoint doivent en principe supporter le tarif des mutations par décès entre personnes non parentes – ou d'après la parenté réelle pouvant exister entre les ex-conjoints – et ce, sans distinguer selon que la libéralité a été faite avant ou après le divorce, ni selon qu'il profite ou non à celui des époux ayant obtenu le divorce.

ATTENTION L'administration fiscale avait énoncé une mesure de tempérament tolérance reprenant sa doctrine administrative antérieure au 12 septembre 2012 et admettant l'application du tarif en ligne directe pour les transmissions intervenant lorsqu'un enfant est adopté après le décès de son auteur par le conjoint survivant durant son veuvage (Rép. min. n° 47494 : *JOAN* 23 sept. 2014, p. 8056, Bertrand X ; *JCP* N 2014, n° 40, 1028). Aux termes de cette réponse ministérielle, l'administration fiscale s'était engagée à « réintégrer prochainement » cette mesure de tempérament au BOFiP-Impôts pour la bonne information du contribuable. La nouvelle doctrine reprise au BOFiP suite à l'actualisation opérée le 24 août 2017 ne fournit aucune indication à ce sujet, ce qui conduit à s'interroger sur la portée de ce mutisme. Faut-il voir dans l'absence de mesure de tempérament énoncée, dans la nouvelle version du BOFiP-Impôts censée regrouper de manière exhaustive toutes les prises de position opposables à l'administration fiscale, une abrogation tacite de cette mesure de tolérance ? Ou s'agit-il d'un simple oubli ? Nous inclinons pour la deuxième explication mais il est regrettable que l'actualisation du BOFiP suscite ce type d'interrogations ; d'autant que d'expérience dans nombre de situations individuelles, l'administration fiscale se prévaut de la révocation de cette mesure de tempérament.

1907 La doctrine administrative admet par mesure de tempérament le maintien du tarif entre époux et donc l'exonération totale de droits de mutation par décès en faveur de l'ex-conjoint divorcé gratifié au moyen d'une donation de biens à venir consentie par contrat de mariage ou durant l'union et qui n'a pas été révoquée (BOI-ENR-DMTG-10-20-10, 19 juin 2018, § 15).

II Abatements

A Généralités

1908 La plupart des abattements s'appliquent indifféremment en cas de donations consenties ou de décès (abattement en ligne directe de 100 000 €, abattement de 15 932 € entre frères et sœurs, de 7 967 € en faveur des neveux et nièces, abattement de 159 325 € pour handicap), d'autres abattements relèvent exclusivement des droits de donation (abattement de 80 724 € pour donations entre époux ou entre partenaires d'un pacte civil de solidarité, de 31 865 € en faveur des donations aux petits enfants, ou encore de 5 310 € bénéficiant aux donations reçues par des arrière-petits-enfants…). L'abattement « subsidiaire » de 1 594 € entre parents éloignés ou non-parents ne s'applique qu'en matière successorale.

1909 Les montants des divers abattements figurent dans le tableau proposé en fin de cette partie (V. Fiche 39 : Droits de mutation à titre gratuit – Exonérations, abattements, tarifs et réductions).. La deuxième loi de finances rectificative pour 2012 a abrogé à compter du 1er janvier 2013 le mécanisme d'actualisation automatique et annuelle du tarif qui avait déjà été suspendu à compter du 1er janvier 2012.

B Transmissions successives entre mêmes personnes

1910 L'abattement est personnel à chaque donataire, héritier ou légataire, mais il est global en ce sens qu'il s'applique à l'ensemble des donations, legs ou parts successorales reçus par chaque gratifié ou héritier d'une même personne.

ATTENTION **Ce principe pose problème depuis que l'administration fiscale fait varier l'abattement applicable suivant la nature de la vocation héréditaire du successeur. C'est le cas lorsqu'elle réserve l'abattement de 7 967 € aux neveux et nièces succédant de leur propre chef au défunt** (V. **Fiche 39 : Droits de mutation à titre gratuit – Exonérations, abattements, tarifs et réductions**). **Mais un même héritier peut succéder à la fois au titre de la dévolution successorale légale et être directement gratifié par le défunt. Dans ce cas le successeur doit faire l'objet d'une double liquidation des droits à sa charge, une pour chaque vocation.**

1911 Les parties sont tenues de faire connaître, dans tout acte constatant une transmission entre vifs à titre gratuit et dans toute déclaration de succession, s'il existe ou non des donations antérieures consenties à un titre et sous une forme quelconque par le défunt ou le donateur aux donataires, héritiers ou légataires et, dans l'affirmative, le montant de ces donations ainsi que, le cas échéant, les noms, qualités et résidences des officiers ministériels qui ont reçu les actes de donation et la date de l'enregistrement (CGI, art. 784, al. 1er). Cette obligation déclarative destinée à permettre à l'administration d'assurer son contrôle concerne toutes les donations antérieures, y compris celles constatées par acte ayant date certaine depuis plus de quinze ans. V. sur les modalités pratiques de liquidation des droits dans le cadre du rappel fiscal et les incidences de la méthode fondée sur une application littérale de l'article 784 du CGI (*JCl. Notarial Formulaire*, V° *Successions [Enreg.]*, Fasc. 90. – F. Fruleux, *Portée et mise en œuvre du nouveau durcissement des droits de mutation à titre gratuit : JCP* N 2012, n° 36, 1320).

1912 La perception est effectuée en ajoutant à la valeur des biens compris dans la donation ou la déclaration de succession celles des biens ayant fait l'objet de donations antérieures remontant à moins de quinze ans et, lorsqu'il y a lieu à application d'un tarif progressif, en considérant ceux de ces biens dont la transmission n'a pas encore été assujettie aux droits de mutation à titre gratuit comme inclus dans les tranches les plus élevées de l'actif imposable (CGI, art. 784, al. 2). En pratique, les abattements, fractions d'abattements, réductions, tranches ou fractions de tranches du tarif progressif qui ont été utilisées lors de la taxation ne peuvent plus à nouveau bénéficier au donataire, héritier ou légataire dans le cadre de la taxation de la nouvelle transmission (BOI-ENR-DMTG-10-50-50, 13 févr. 2017, § 100 et s.). Dans une décision rendue le 9 décembre 2016 dans le cadre d'une QPC (Cons. const., 9 déc. 2016, n° 2016-603 QPC : *JurisData* n° 2016-026587), le Conseil constitutionnel a déclaré l'extension de la durée du rappel fiscal réalisé successivement par les lois de finances rectificatives pour 2011 et 2012 (V. *supra*, n° 1901) conforme à la Constitution en précisant que « les modalités d'imposition d'une donation passée ne peuvent produire aucun effet légitimement attendu quant aux règles d'imposition applicables aux donations ou la succession future ». En conséquence, le législateur pouvait, sans être tenu d'édicter des mesures transitoires, modifier le délai à compter duquel il n'est plus tenu compte des donations antérieures (Cons. const., 9 déc. 2016, n° 2016-603 QPC : *JurisData* n° 2016-026587) pour déterminer l'imposition des donations ou successions à venir. Dans cette même décision, les Sages de la rue de Montpensier ont toutefois émis une réserve d'interprétation concernant la mise en œuvre du rappel fiscal et précisé que : « les dispositions contestées ne sauraient, sans porter atteinte aux situations légalement acquises avoir pour objet ou pour effet de conduire à appliquer des règles d'assiette ou de liquidation autres que celles qui étaient applicables à la date de chaque fait générateur d'imposition » (Cons. const., 9 déc. 2016, préc.). Cette réserve concerne la méthode qui doit être retenue pour calculer les droits. Elle écarte le mode de calcul fondé sur l'interprétation littérale de l'article 784 du CGI qui était proposée par une partie de la doctrine (V. *supra*, n° 1869).

1913 **Mise en œuvre.** Pour la perception des droits de succession, il y a lieu, selon l'administration de considérer ceux de ces biens, dont la transmission n'a pas été encore assujettie aux droits de mutation à titre gratuit entre vifs, comme inclus dans les tranches les plus élevées de l'actif imposable (BOI-ENR-DMTG-10-50-50, 13 févr. 2017, § 250). Naturellement, les valeurs déjà taxées ne sont pas soumises une deuxième fois à l'impôt.

1914 **Réserve d'interprétation émise par le Conseil constitutionnel.** Le Conseil constitutionnel a confirmé dans une décision rendue le 9 décembre 2016 relative à l'allongement de la durée du rappel fiscal (Cons. const., 9 déc. 2016, n° 2016-603 QPC : *JurisData* n° 2016-026587) que l'article 784 du CGI ne doit pas être interprété de manière littérale. La méthode parfois suggérée en doctrine (V. not. en faveur de cette méthode, Fr. Douet, *Précis de droit fiscal de la famille*, LexisNexis, 4e éd. 2005, n° 1905 ; *Précis de droit fiscal de la famille*, LexisNexis, 11e éd. 2012, n° 2298. – A. Darmon et Ph. Van Steenlandt, *Le lissage des donations : variations autour de plein effet : JCP* N 2011, n° 48, 1310. – Fr. Douet et P. Bonduelle, *Radiographie de la France fiscale. Retour sur le lissage fiscal des donations : JCP* N 2012, n° 17, 119) consistant à ajouter aux biens nouvellement transmis ceux transmis depuis moins de quinze ans, à calculer les droits sur cette masse globale au tarif en vigueur lors de la nouvelle transmission puis à déduire le montant des droits acquittés initialement doit être proscrite. Elle aboutit à des calculs erronés et pénalisants pour le successeur (V. not. sur cette question, F. Fruleux, *Rappel fiscal : épilogue d'un débat doctrinal ? : JCP* N 2013, n° 8, 1037. – *Rappel fiscal : quelle méthode utiliser pour calculer les droits exigibles ? : RFP* 2013, prat. 2). C'est ce qu'a confirmé le Conseil dans la décision précitée en énonçant une réserve d'interprétation aux termes de laquelle : « les dispositions contestées ne sauraient, sans porter atteinte aux situations légalement acquises avoir pour objet ou pour effet de conduire à appliquer des règles d'assiette ou de liquidation autres que celles qui étaient applicables à la date de chaque fait générateur d'imposition » (Cons. const., 9 déc. 2016). Le commentaire de sa décision du 9 décembre 2016 publié par le Conseil constitutionnel disponible sur Internet atteste que c'est bien la question de l'interprétation de l'article 784 du CGI et de la méthode pratique qui doit être retenue pour liquider les droits que les Sages ont entendu trancher en énonçant la réserve d'interprétation formulée au paragraphe 8 de la décision (Comm. de la décision n° 2016-603 QPC, 9 déc. 2016, p. 3 à 5 et p. 12). Il est à présent acquis que la méthode de calcul fondée sur l'interprétation littérale de l'article 784 du CGI ne peut pas être retenue. En raison de la réserve d'interprétation énoncée, le rejet de cette interprétation et méthode de calcul – qui n'a d'ailleurs jamais été retenue par l'administration fiscale – est une condition requise pour que ce texte soit conforme aux droits et libertés protégés par la Constitution : « Ce faisant, le Conseil constitutionnel a fait de l'interprétation donnée par la doctrine administrative aux dispositions contestées, par opposition à leur application littérale, une garantie du respect des situations légalement acquises » (Comm. de la décision, 9 déc. 2016, préc. p. 12).

III

Taux

1915 Le tarif applicable à la part nette recueillie par chaque héritier ou sur l'évaluation des biens recueillis par chaque donataire, après déduction de l'abattement est celui en vigueur au jour du fait générateur des droits, c'est-à-dire le plus souvent au jour du décès ou de l'acte de donation. Les taux sont les mêmes, quelle que soit la nature de la mutation : par décès ou entre vifs. Toutefois, l'administration admet ou non la prise en compte de la représentation dans le cadre de la liquidation des droits de manière différenciée dans les transmissions entre vifs et par décès. Ainsi, par exemple, selon l'administration fiscale, la représentation ne joue jamais dans le cadre des donations entre vifs en faveur de neveux et nièces, alors qu'elle joue dans le cadre des transmissions par décès en faveur de ces derniers sous réserve que le défunt ait laissé plusieurs souches actives (BOI-ENR-DMTG-20-30-20-10, 29 sept. 2014, § 40).

1916 Les différents tarifs sont indiqués dans un tableau établi(V. Fiche 39 : Droits de mutation à titre gratuit – Exonérations, abattements, tarifs et réductions).

IV

Réduction de droits

1917 Les droits de mutation à titre gratuit (succession ou donation), calculés en application du tarif, peuvent faire l'objet d'une réduction en raison d'une invalidité de guerre (pour les réductions liées à l'âge du donateur, spécifiques aux donations d'entreprises, V. *supra*, n° 1882).

1918 Lorsqu'un héritier, donataire ou légataire avait trois enfants ou plus (vivants, représentés ou décédés après avoir atteint l'âge de seize ans ou avant cet âge par suite de faits de guerre ou d'hostilités), il bénéficiait, sur l'impôt à sa charge liquidé conformément aux dispositions des articles 777, 779, 788, 790 B, 790 D, 790 E et 790 F d'une réduction de 100 % qui ne pouvait excéder 305 € par enfant en sus du deuxième. Ce maximum était porté à 610 € en ce qui concerne les donations et successions en ligne directe et les donations entre époux ou partenaires liés par un pacte civil de solidarité. L'article 32 de la loi de finances pour 2017 a supprimé ces réductions de droits de mutation à titre gratuit à compter du 1er janvier 2017.

1919 Les droits de mutation à titre gratuit dus par les mutilés de guerre frappés d'une invalidité de 50 % au minimum, pour les donations et successions *ab intestat* ou testamentaires qu'ils recueillent, sont réduits de moitié sans que la réduction puisse excéder 305 € (CGI, art. 782).

V Paiement des droits

A Paiement différé et fractionné (transmission d'entreprise)

1920 Comme nous le verrons plus loin, les droits de mutation afférents à une donation ne peuvent bénéficier ni du paiement différé ni du paiement fractionné. Cependant, le paiement des droits exigibles sur la transmission à titre gratuit (par donation ou succession) soit d'entreprises soit de parts ou actions de certaines sociétés est susceptible d'être différé pendant cinq ans, puis, à l'expiration de cette période, fractionné pendant dix ans (CGI, ann. III, art. 397 A). Lorsque la transmission est réalisée par voie de donation-partage à charge de soulte, le paiement fractionné ou différé ne peut être accordé qu'au seul attributaire des parts sociales ou actions (BOI-ENR-DG-50-20-50, 3 févr. 2016, § 230).

1921 **Entreprise.** La mutation à titre gratuit peut porter sur l'ensemble des biens meubles et immeubles, corporels ou incorporels affectés à l'exploitation d'une entreprise individuelle ayant une activité industrielle, commerciale, artisanale, agricole ou libérale exploitée par le donateur ou le défunt.

1922 **Parts ou actions.** Elle peut également avoir pour objet les parts sociales ou les actions d'une société ayant une activité industrielle, commerciale, artisanale, agricole ou libérale, non cotée en bourse, à condition que le bénéficiaire reçoive au moins 5 % du capital social.

1923 **Propriété ou droits démembrés.** Toutes les mutations à titre gratuit, en pleine propriété, nue-propriété ou usufruit peuvent bénéficier du régime de crédit de paiement. L'administration a assoupli les conditions d'appréciation du seuil de 5 % en cas de transmission de droits démembrés. Elle admet en cas de transmission de nue-propriété que les 5 % s'apprécient au regard de la fraction du capital transmis en nue-propriété, sans que la valeur fiscale de l'usufruit ne soit déduite (BOI-ENR-DG-50-20-50, 3 févr. 2016, § 220). Ainsi, un donataire qui reçoit la nue-propriété d'au moins 5 % du capital est assuré de pouvoir bénéficier du crédit de paiement.

1924 Les droits dont le paiement est différé et fractionné donnent lieu au versement d'un intérêt. Le taux est en principe dans le cadre des crédits sollicités à compter du 1er janvier 2015 celui spécifique prévu à l'article 401 de l'annexe III au CGI. Un taux préférentiel réduit des deux tiers s'applique lorsque le successeur recueille au moins 10 % du capital ou que, globalement, plus du tiers du capital est transmis (CGI, ann. III, art. 404, GA, al. 2).

> ATTENTION **Ces taux indexés sur ceux pratiqués par les établissements de crédit au titre des crédits immobiliers à taux fixes consentis aux particuliers ont connu une augmentation significative pour les crédits sollicités à compter du 1er janvier 2023.**

> ATTENTION **Ils s'élèvent en 2023 à :**
> **– 1,70 % par an pour le taux de droit commun (CGI, ann. III, art. 401) ;**
> **– 0,50 % par an pour le taux réduit applicable à certaines transmissions d'entreprises (CGI, ann. III, art. 404 GA).**

Nos calculs validés par les indications fournies par l'administration sur le site *impots.gouv.fr* de ces taux se fondent sur la pratique retenue par l'administration fiscale consistant à retenir comme référence le taux effectif moyen le plus faible pratiqué au quatrième trimestre de l'année précédente par les établissements de crédit pour les prêts immobiliers à taux fixe consentis aux particuliers.
Au cas présent il s'agit du taux de 2,56 % applicable aux prêts d'une durée inférieure à dix ans (V. l'avis relatif à l'application des articles L. 314-6 du Code de la consommation et L. 313-5-1 du Code monétaire et financier concernant l'usure publié le 28 décembre dernier : *JO* 28 déc. 2022, texte n° 140).

1925 La cession de plus du tiers des biens ayant bénéficié du crédit de paiement entraîne pour le cédant exigibilité immédiate des droits en suspens (sauf, sous diverses conditions, l'apport pur et simple à une société). La déchéance du terme n'entraîne aucune sanction, si le paiement de droits en suspens intervient dans le mois de la cession. La déchéance du crédit qui est encourue à défaut de paiement des droits dans ce délai entraîne pour sa part l'exigibilité des droits dus, majorés de l'intérêt de retard décompté à partir de la date limite de dépôt de l'acte ou d'enregistrement de la déclaration ainsi qu'une majoration de 5 % due sur les sommes acquittées tardivement (CGI, art. 1731 1°. – *JCl. Notarial Formulaire*, V° *Successions [Enreg.]*, Fasc. 130).

B Remise d'œuvres d'art, d'immeubles ou de titres de sociétés

1926 **Objets d'art.** Les droits de mutation à titre gratuit et le droit de partage peuvent être acquittés par la remise d'œuvres d'art, de livres, d'objets de collection, de documents, de haute valeur artistique ou historique.

1927 **Immeubles.** Il en va de même en cas de remise :
- d'immeubles situés dans les zones d'intervention du Conservatoire de l'espace littoral et des rivages lacustres définies à l'article L. 322-1 du Code de l'environnement dont la situation ainsi que l'intérêt écologique ou paysager justifient la conservation à l'état naturel ;
- ou d'immeubles en nature de bois, forêts ou espaces naturels pouvant être incorporés au domaine forestier de l'État.

1928 Cette procédure exceptionnelle de règlement des droits est subordonnée à un agrément (CGI, art. 1716 bis, al. 2. – CGI, ann. II, art. 384 A et 384 A ter). Cette décision d'agrément fixe la valeur libératoire qu'elle reconnaît aux biens offerts en paiement. La dation en paiement n'est parfaite que par l'acceptation par l'intéressé de ladite valeur. Toutefois, si le redevable ne donne pas son acceptation à l'agrément des biens offerts en paiement pour la valeur proposée dans l'offre de dation ou s'il retire son offre de dation avant la notification de la décision d'agrément, les droits dus sont assortis de l'intérêt de retard prévu à l'article 1727. L'intérêt est calculé à compter du premier jour du mois suivant celui au cours duquel les droits devaient être acquittés jusqu'au dernier jour du mois du paiement.

VI Libéralités résiduelles et graduelles

1929 Les modalités de taxation des libéralités graduelles ou résiduelles régies par les articles 1048 à 1061 du Code civil (V. *JCl. Roulois*, Fasc. 1310), sont fixées par l'article 784 C du CGI.

1930 Lors de la transmission, le légataire ou le donataire institué en premier est redevable des droits de mutation à titre gratuit sur l'actif transmis dans les conditions de droit commun. Le légataire ou donataire institué en second n'est redevable d'aucun droit.

1931 Au décès du premier légataire ou donataire, l'actif transmis est taxé d'après le degré de parenté existant entre le testateur ou le donateur et le second légataire ou donataire. Le régime fiscal applicable (valeurs imposables et tarif) s'apprécie en se plaçant à la date du décès du premier gratifié. Les droits acquittés par le premier légataire ou donataire sont imputés sur les droits dus sur les mêmes biens par le second légataire ou donataire.

ATTENTION **Dans le cadre des libéralités résiduelles, l'administration fiscale a énoncé des modalités favorables d'imputation des droits lorsque la transmission en faveur du second gratifié porte sur une partie seulement des biens dévolus au premier. Les droits imputables sont déterminés en procédant à une nouvelle liquidation des droits initialement dus par le premier gratifié sur la base des biens subsistant à son décès. Dans le cadre de cette nouvelle liquidation, les abattements et premières tranches du tarif peuvent être imputés sur les biens disparus (V. BOI-ENR-DMTG-10-20-50-10, 12 sept. 2012, § 120. – Pour une illustration chiffrée, V. *JCl. Notarial Formulaire*, V° *Successions [Enreg.]*, Fasc. 115).**

VII Fiducie

1932 Dans le système de fiducie mis en place par la loi n° 2007-211 du 19 février 2007, le législateur a interdit la fiducie-libéralité et a limité sa finalité à la gestion de biens ou de droits et à la constitution de sûretés (V. C. civ., art. 2011 et s.). Sur le plan fiscal, lorsqu'il est constaté une transmission réalisée dans une intention libérale de biens ou droits faisant l'objet d'un contrat de fiducie ou des fruits tirés de l'exploitation de ces biens ou droits, les droits de mutation à titre gratuit s'appliquent sur la valeur des éléments ainsi transférés, appréciée à la date de ce transfert. Ils sont liquidés selon le tarif applicable entre personnes non parentes, au taux de 60 % et assortis d'une majoration de 80 % (CGI, art. 1729 c). L'intention libérale est notamment caractérisée lorsque la transmission est dénuée de contrepartie réelle ou lorsqu'un avantage en nature ou résultant d'une minoration du prix de cession est accordé à un tiers par le fiduciaire dans le cadre de la gestion du patrimoine fiduciaire. Dans ce dernier cas, les droits de mutation à titre gratuit s'appliquent sur la valeur de cet avantage (CGI, art. 792 bis).

1933 **Décès du constituant.** La fiducie prend, en principe, fin avec le décès du constituant (C. civ., art. 2029). Le patrimoine fiduciaire dépend alors de la succession du constituant (C. civ., art. 2030) et constitue un actif taxable de cette dernière. Les biens ou droits transférés dans un patrimoine fiduciaire ou ceux éventuellement acquis en remploi, ainsi que les fruits tirés de l'exploitation de ces biens ou droits doivent être compris dans l'actif taxable pour leur valeur vénale nette à la date du décès. Lorsque la fiducie est constituée à titre de garantie le décès du constituant ne met pas fin au contrat de fiducie (C. civ., art. 2372-1 et 2488-1). Les droits du constituant sont transmis à ses héritiers ou légataires. La valeur de la créance détenue sur une fiducie est évaluée à la valeur vénale réelle nette des biens mis en fiducie ou des biens acquis en remploi, à la date du fait générateur de l'impôt (CGI, art. 668 bis).

VIII *Trust*

1934 Le *trust* est défini comme : « l'ensemble des relations juridiques créées dans le droit d'un État autre que la France par une personne qui a la qualité de constituant, par acte entre vifs ou à cause de mort, en vue d'y placer des biens ou droits sous le contrôle d'un administrateur, dans l'intérêt d'un ou plusieurs bénéficiaires ou pour la réalisation d'un objectif déterminé » (CGI, art. 792-0 bis).

1935 Le constituant est par principe « soit la personne physique qui l'a constitué, soit lorsqu'il a été constitué par une personne physique agissant à titre professionnel ou par une personne morale, la personne physique qui a placé des biens et droits » (CGI, art. 792-0 bis, I, 2°). Le bénéficiaire est fictivement réputé être le constituant du *trust* lorsque les biens, droits ou produits capitalisés ont fait l'objet d'une transmission passible des droits de mutation à titre gratuit à son profit ou lorsque le constituant initial est décédé avant l'entrée en vigueur de la loi fixée au 31 juillet 2011 (CGI, art. 792-0 bis, II, 3°).

1936 Les biens situés en France ou hors de France sont taxables en France lorsque le constituant est domicilié en France, ou lorsque le bénéficiaire est domicilié en France au jour de la transmission et l'a été pendant au moins six ans au cours des dix dernières années. Dans le cas contraire, lorsque le constituant et le bénéficiaire sont domiciliés à l'étranger, seuls les biens situés sur le territoire national sont passibles des droits en France (CGI, art. 750 ter). Ces règles sont subsidiaires. Elles jouent uniquement à défaut de convention internationale.

1937 La présomption de propriété, énoncée par l'article 752 du CGI, s'applique aux biens placés dans un *trust*. L'administration fiscale peut sur ce fondement réputer dépendre de la succession ou appliquer les droits de mutation *sui generis* prévus par l'article 792 bis du CGI aux biens dépendant d'un *trust* et dont le défunt a eu la propriété, perçu les revenus ou à raison desquels il aura effectué une opération quelconque moins d'un an avant son décès. L'article 48 de la loi de finances pour 2019 (L. fin. 2019, n° 2018-1317, 28 déc. 2018 : *JO* 30 déc. 2018) applicable à compter du 1er janvier 2019 a renforcé les obligations déclaratives mises à la charge des administrateurs des *trusts* en leur imposant comme antérieurement à la création de l'IFI, l'obligation de communiquer annuellement la valeur vénale détaillée au 1er janvier de l'ensemble des biens (quelle que soit leur nature) et des produits capitalisés placés dans le *trust* :

- pour les personnes ayant leur domicile fiscal au sens de l'article 4 B du CGI, tous les biens et droits situés en France comme à l'étranger et les produits capitalisés placés dans le *trust* sont concernés ;
- pour les autres personnes, l'obligation se limite aux biens et droits situés en France et produits capitalisés placés dans le *trust*.

Cette mesure permettra notamment à l'administration fiscale d'assurer un meilleur contrôle de l'assiette des droits de mutation à titre gratuit susceptibles d'être dus en France en application du dispositif *ad hoc* régi par l'article 792-0 bis du CGI, lorsque le *trust* réalise une transmission assimilée à une donation ou succession ou lorsque le décès du constituant survient. L'article 13 de l'ordonnance n° 2020-115 du 12 février 2020 renforçant le dispositif de lutte contre le blanchiment de capitaux et le financement du terrorisme a aménagé les obligations déclaratives à la charge des administrateurs de *trusts* énoncée à l'article 1649 AB du CGI. Ce texte a étendu le champ d'application des obligations déclaratives à certains administrateurs de *trusts* établis ou résidant en dehors de l'Union européenne et précisé, que les bénéficiaires dont l'identité doit être déclarée sont les bénéficiaires effectifs. Le décret n° 2020-1321 du 30 octobre 2020 adapte en conséquence les dispositions des articles 369 et 369 A de l'annexe II au CGI fixant le contenu des déclarations annuelles et « événementielles ». Il y ajoute les notions de « nationalité » et de « bénéficiaire effectif ». Le lieu de dépôt de ces déclarations et du paiement du prélèvement spécifique est transféré au service des non-résidents. Ces modifications s'appliquent à compter du 2 novembre 2020.

1938 Les modalités d'imposition du bénéficiaire varient profondément suivant que la transmission réalisée *via* le *trust* peut ou non être qualifiée de donation ou de succession, en application de règles fiscales internes.

1939 Lorsque la transmission est assimilable à une donation ou succession, les règles de droit commun s'appliquent. Les droits de donation ou de succession, selon le cas, sont exigibles au tarif existant entre constituant et bénéficiaire. Ils sont calculés sur la valeur nette des biens, droits ou produits capitalisés à la date de la transmission (CGI, art. 792 bis, II, 1°).

> ATTENTION **Lorsque le bénéficiaire succède par ailleurs au constituant, la perception de droits de mutation par décès est effectuée en ajoutant aux biens compris dans la déclaration de succession, les biens placés dans le *trust* et revenant au bénéficiaire.**
> **Les biens transmis *via* un *trust* sont également pris en compte dans le cadre du rappel fiscal pour déterminer les abattements, tranches du tarif et réductions de droits applicables (CGI, art. 792 bis, II, al. 2).**

1940 Lorsque la qualification de donation ou succession ne peut pas être retenue, des droits de mutation à titre gratuit *sui generis* sont perçus dans des conditions qui diffèrent suivant qu'une transmission s'opère ou non au profit d'un bénéficiaire déterminé (CGI, art. 792-0 bis, II, 2°). Les droits peuvent être dus même lorsque les biens ou avoirs restent logés dans le *trust*. Le décès du constituant constitue le fait générateur des droits, même si les biens ne sont transmis qu'ultérieurement. Trois cas doivent être distingués :

1° lorsqu'une part déterminée des biens figurant dans le *trust* est transmise à un bénéficiaire lui aussi déterminé, cette part est taxée aux droits de succession dans les conditions de droit commun, en fonction du lien de parenté existant entre bénéficiaire et constituant (CGI, art. 792 bis, II, 2°, a) ; lorsque le bénéficiaire recueille, par ailleurs, une part taxable dans la succession du constituant, la taxation est opérée en ajoutant la valeur des biens dépendant du *trust* reçus par le bénéficiaire aux biens successoraux ; l'imposition est établie sur cette masse globale (CGI, art. 792 bis, II, 2°, al. 2). La part taxable globale fait l'objet d'une liquidation unique. La progressivité de l'impôt et le ou les abattements dont peuvent bénéficier les héritiers bénéficiaires sont appliqués une seule fois sur cette masse globale. Dans le cadre de cette taxation, il est tenu compte du rappel fiscal portant sur les donations et *trusts* antérieurs ;

2° lorsqu'à la date du décès une part déterminée des biens figurant dans le *trust* est transmise globalement à des descendants du constituant, les droits de succession sont dus au taux marginal du barème applicable aux transmissions en ligne directe. C'est-à-dire, compte tenu du rehaussement au taux applicable à cette tranche visée par la loi de finances rectificative, à 45 % ; l'application de ce tarif nécessite que la transmission s'opère en faveur de descendants exclusivement. Les transmissions qui interviennent globalement en faveur de descendants et d'autres bénéficiaires sont taxées suivant les modalités précisées par l'article 792, bis II 2°, c, du CGI, au tarif de 60 % applicable entre non-parents (V. *supra*, n° 1816) ;

3° le troisième cas recouvre toutes les autres hypothèses. En pratique il s'agit le plus souvent des situations dans lesquelles les biens restent dans le *trust* au décès du constituant ou sont transmis globalement (sans que des parts individuelles soient déterminées) à des bénéficiaires autres que des descendants du constituant.

Dans ces situations, la taxation est particulièrement lourde. La valeur des biens, droits et produits capitalisés placés dans le *trust*, sous déduction le cas échéant des parts taxées suivant les modalités évoquées précédemment (V. *supra*, n°s 1814 et 1815) est soumise aux droits de succession au taux applicable entre non-parents, soit 60 %. Dans cette situation, les droits doivent être versés par l'administrateur du *trust* dans les délais de droit commun visés à l'article 641 du CGI. À défaut de paiement par l'administrateur du *trust* ou lorsque ce dernier est soumis à la loi d'un État n'ayant pas conclu avec la France une convention d'assistance mutuelle en matière de recouvrement, l'administrateur et les bénéficiaires sont solidairement tenus au paiement des droits envers l'administration fiscale (CGI, art. 792 bis, II, al. 3).

1941 Par dérogation aux règles exposées ci-dessus, les droits de donation et les droits de mutation par décès sont dus au taux applicable entre non-parents, 60 % dans les deux cas suivants laissant suspecter la poursuite d'un but d'évasion fiscale :

– lorsque l'administrateur du *trust* est soumis à la loi d'un État ou territoire non coopératif au sens de l'article 238, A, du CGI ;

– lorsque le *trust* a été créé après le 11 mai 2011 (date du Conseil des ministres au cours duquel le projet de loi de finances rectificative a été présenté) par un constituant domicilié fiscalement en France lors de la constitution.

Le taux de 60 % s'applique alors quel que soit le lien de parenté unissant les bénéficiaires et quel que soit l'objet de la transmission (part déterminée ou transmission globale).

POUR ALLER PLUS LOIN

Fascicules JurisClasseur

- *JCl. Notarial Formulaire*, V° *Donations [Enreg.]*.
- *JCl. Notarial Formulaire*, V° *Successions [Enreg.]*.
- D.O Fiscal, Études F-66 100 et F-66 750.

Fiche 31

Droits de mutation par décès – Détermination de l'actif brut successoral

Sommaire

Introduction 349

I Détermination de l'actif brut successoral 350

II Présomptions légales de propriété 353

A Immeubles et fonds de commerce 353

B Biens appartenant pour l'usufruit au défunt et pour la nue-propriété à un héritier 353

C Valeurs mobilières, créances 355

D Comptes indivis ou collectifs avec solidarité 355

E Coffre-fort loué conjointement 355

F Tontine 355

III Exonérations 356

A Assurance sur la vie 356

B Immeubles en Corse 358

C Parcelles indivises non bâties de faible valeur 358

D Exonérations diverses 359

IV Évaluation des biens 359

A Meubles corporels 359

1 Meubles meublants 359

2 Bijoux, pierreries, objets d'art ou de collection 360

3 Autres meubles corporels 360

B Meubles incorporels 360

C Immeubles 362

Introduction

1942 Les droits de mutation par décès ou droits de succession sont perçus à l'occasion de la transmission des biens à la suite d'un décès ; peu important que la succession soit dévolue *ab intestat*, selon la dévolution légale ou en vertu des libéralités à cause de mort. Comme nous l'avons précisé, la loi « TEPA » n° 2007-1123 du 21 août 2007 applicable aux successions ouvertes à compter du lendemain s'est efforcée de ne pas rendre passibles des droits de succession 95 % des successions en ligne directe et entre époux. Le conjoint et partenaire survivant sont exonérés du paiement de ces droits. Les transmissions par décès entre frères et sœurs vivant sous le même toit, sont également à certaines conditions exonérées de droits de succession. Cette même loi a aussi augmenté de manière significative les abattements personnels qui sont en outre réévalués annuellement à compter du 1er janvier 2008. La première loi de finances rectificative pour 2011 (L. n° 2011-900, 29 juill. 2011 : *JO* 30 juill. 2011) a pour sa part alourdi les droits de mutation à titre gratuit notamment en rallongeant de six à dix ans la durée du rappel fiscal et en majorant de cinq points le taux applicable aux deux tranches supérieures applicables en ligne directe. La deuxième loi de finances rectificative pour 2012 (L. n° 2012-958, 16 août 2012 : *JO* 17 août 2012, p. 13479) applicable aux donations consenties et décès survenus à compter du 17 août 2012 a poursuivi cet alourdissement en diminuant le montant de l'abattement personnel en ligne directe (CGI, art. 779, I), abrogeant les mécanismes de « lissage » temporaire du rappel fiscal et d'actualisation du tarif et surtout en rallongeant à quinze ans la durée du rappel fiscal (CGI, art. 784). La loi de finances pour 2020 (L. n° 2019-1479, 28 déc. 2019, art. 150, I, 3° : *JO* 29 déc. 2019) a marqué la première étape vers l'« e-enregistrement » des déclarations de succession, c'est-à-dire l'accomplissement en ligne de la formalité d'enregistrement de la déclaration et le télérèglement des droits de succession. La télédéclaration des dons manuels, du moins pour les plus simples d'entre eux est effective depuis le 30 juin 2021. Le e-enregistrement des déclarations de succession n'est à ce jour toujours pas effectif. Les délais de mise en place annoncés par les pouvoirs publics lors de l'adoption de la loi de finances pour 2022 (V. rapp. L. Saint-Martin, Doc. AN 15ᵉ législature, n° 4787, vol. 1, p. 337) sont d'ores et déjà dépassés. Seules les déclarations de succession souscrites par les notaires seront concernées, l'officier public jouant un rôle central dans la certification de l'identité des parties et de la conformité de la copie transmise à l'original. Pour l'heure tant que les plateformes dédiées ne sont pas opérationnelles, l'enregistrement s'effectue toujours au moyen de la souscription d'imprimés papier. Seul l'imprimé « forain » a été supprimé à compter du 1er janvier 2020 (V. *infra*, n° 2075).

1943 Si le fait générateur de l'impôt est le décès, les jugements déclaratifs d'absence tiennent lieu d'acte de décès et constituent le fait générateur de l'impôt de mutation par décès. Le paiement des droits de succession doit avoir lieu dans les six mois de la transcription du jugement. Lorsque la personne déclarée absente réapparaît, les droits antérieurement payés sont restituables dans le délai général de réclamation (V. *infra*, n° 2119).

1944 Les biens transmis aux bénéficiaires d'un testament-partage sont soumis aux droits de mutation par décès, dans les conditions de droit commun. Ils supportent en outre le droit de partage au taux de 2,5 %.

• Textes

• CGI, art. 750 ter à 756 bis, 757 B à 776, 777 et 778, 779 à 784 A, 786 à 789 et 792 bis à 808.

I
Détermination de l'actif brut successoral

1945 **Liquidation.** La détermination de l'actif net successoral taxable nécessite de liquider au préalable le régime matrimonial auquel était soumis le défunt. Sous un régime communautaire, la détermination des droits du défunt dans l'actif commun suppose la liquidation préalable des récompenses, la composition des masses active et passive de communauté, la fixation des droits dans le boni de communauté compte tenu des conventions matrimoniales.

ATTENTION **L'administration fiscale a réintroduit dans sa doctrine une mesure de tempérament admettant dans le cadre des décès survenus à compter du 1er janvier 2016 que les valeurs de rachat des contrats d'assurance-vie souscrits avec les deniers communs et non dénoués lors du décès de l'un des époux, ne soient pas, au plan fiscal, intégrés à l'actif commun dans la déclaration fiscale de succession (BOI-ENR-DMTG-10-10-20-20, 1er juill. 2016, § 380).**

Certains auteurs avaient vu dans la mesure annoncée par le ministre des Finances un simple paiement différé qui aurait conduit à continuer à taxer cet actif au premier décès, seul le règlement des droits étant reporté (V. en ce sens, Fr. Douet, *Assurance-vie : une mesure fiscale bienvenue pour les enfants des couples mariés : Lemonde.fr* 13 janv. 2016. – Fr. Douet, *Valeur de rachat d'un contrat d'assurance-vie et actif de communauté : Defrénois* 15 mai 2016, p. 484).
Cette lecture « étonnante » (J.-J. Lubin : *RFP* 2016, 170) était manifestement contraire aux objectifs poursuivis. L'administration a confirmé à plusieurs reprises qu'elle est inexacte et que la mesure s'entend bien d'un report pur et simple de la doctrine « Bacquet » permettant aux héritiers de ne plus déclarer ces valeurs de rachat dans la déclaration de succession (Rép. min. n° 78192 : *JOAN* Q 23 févr. 2016,

p. 1648 ; BOI-ENR-DMTG-10-10-20-20, 1er juill. 2016, § 380).
Même si cette analyse a pu être soutenue en doctrine, aucune distinction ne doit être faite en fonction de l'identité du bénéficiaire, ce qui n'aurait guère de sens (V. en ce sens, F. Fruleux, *Pour une bonne lecture de la remise en cause de la « doctrine Bacquet » : JCP* N 2016, 1093). Ce dernier point a également été confirmé par la doctrine administrative (BOI-ENR-DMTG-10-10-20-20, 1er juill. 2016, § 380). Tous les contrats non dénoués dépendant de la communauté conjugale bénéficient donc de cette mesure de tempérament, quelle que soit l'identité des bénéficiaires désignés dès lors que le décès est survenu à compter du 1er janvier 2016.
En revanche, on observera que cette mesure de tolérance ne peut pas s'appliquer dans les régimes de participation aux acquêts dans lesquels pourtant les contrats non dénoués souscrits par le conjoint survivant sont bien susceptibles d'accroître la créance de participation due à la succession.

Sous un régime de participation aux acquêts, il convient de déterminer la créance de participation aux acquêts, qui constitue soit un actif soit une dette de succession. Lorsqu'elle est due par la succession, la créance de participation est déductible de l'actif taxable sans que l'administration fiscale puisse se prévaloir de la présomption énoncée par l'article 773, 2°, du CGI (sur cette présomption, V. *infra*, n° 2026).

ATTENTION Sous ce régime comme sous celui de la séparation de biens pure et simple, il peut être nécessaire de tenir compte de créances entre époux. La déduction des dettes entre époux autres que celles résultant de la liquidation du régime matrimonial proprement dit peut se heurter à la présomption de fictivité énoncée par l'article 773, 2° du CGI (V. *infra*, n° 2028).

1946 Le retour conventionnel prévu aux articles 951 et 952 du Code civil s'analyse en une condition résolutoire de la donation. Les biens faisant l'objet du retour conventionnel au décès du donataire au profit du donateur ne sont pas soumis aux droits de mutation par décès (BOI-ENR-DMTG 10-10-10-20, 1er juill. 2016, § 1). À l'inverse, les biens faisant l'objet du retour légal (décès de l'adopté) au profit de l'adoptant prévu par l'article 368-1 du Code civil sont passibles des droits de mutation par décès (CGI, art. 786). Toutefois, dans ce contexte, les droits de mutation à titre gratuit exigibles sont calculés en prenant en compte la parenté adoptive simple.

1947 **Droit à restitution.** Pour les donations consenties à compter du 1er janvier 2010, est rendue possible la restitution, par voie de réclamation, des droits versés au titre de la donation et ce, nonobstant la possibilité d'imputation des droits sur une éventuelle donation ultérieure (CGI, art. 791 ter, al. 2). Cette restitution doit être demandée au plus tard le 31 décembre de la seconde année suivant celle du décès du donataire (LPF, art. R. 196-1).

ATTENTION Lorsque les droits de mutation à titre gratuit ont été acquittés par le donataire, la demande de restitution conduit à intégrer les droits remboursés en actif taxable de la succession (BOI-ENR-DMTG-20-30-20-60, 22 juill. 2016, § 40).
Naturellement les droits ayant déjà été restitués ne peuvent plus être imputés lors d'une transmission par donation ultérieure.

1948 **Droit de retour des père et mère.** Le droit de retour des père et mère prévu à l'article 738-2 du Code civil, en dépit de sa nature successorale, ne donne pas lieu à perception de droits de mutation à titre gratuit (CGI, art. 763 bis). Lorsque ce droit s'exerce en valeur (bien aliéné ou valeur du bien excédant la part de succession qui revient aux parents), il s'exécute dans la limite de l'actif successoral. Lorsque les biens donnés sont des espèces, le droit de retour s'exerce pour la valeur nominale de la somme donnée. Comme en matière de retour conventionnel, les droits versés au titre de la donation qui fait l'objet de ce droit de retour légal peuvent être restitués, nonobstant la possibilité d'imputation des droits sur une éventuelle donation ultérieure (CGI, art. 791 ter, al. 2 ; sur le délai imparti pour cette réclamation, V. *supra*, n° 1947).

1949 **Droit de retour des frères et sœurs.** Le droit de retour des frères et sœurs (ou de leurs descendants), tel qu'il est prévu par l'article 757-3 du Code civil, est passible des droits de mutation par décès. Les droits acquittés lors de la transmission des biens au défunt ne peuvent ni être restitués ni être imputés sur ceux dus par les bénéficiaires du droit de retour.

1950 **Droit de retour légal en cas de décès de l'adopté simple.** Les biens faisant l'objet du retour légal en cas de décès de l'adopté simple (C. civ., art. 368-1) au profit de l'adoptant ou de la famille par le sang sont passibles des droits de mutation par décès en ligne directe (CGI, art. 786).

1951 **Transmissions assimilables à une succession.** Lorsque la transmission peut être assimilée à une succession au regard de notre droit fiscal, la valeur des biens ou droits placés dans le *trust* ainsi que des produits qui y sont capitalisés est, pour leur valeur vénale nette à la date de la transmission, soumise aux droits de mutation par décès en fonction du lien de parenté existant entre le constituant et le bénéficiaire (CGI, art. 792-0-bis, II, 1° ; BOI-ENR-DMTG-10-10-30, 12 sept. 2012, § 300).

1952 **Transmissions n'étant pas assimilables à une succession.** Lorsque la qualification de donation ou de succession du *trust* ne peut pas être retenue, les biens et droits placés dans le *trust* donnent ouverture à des droits de mutation par décès sui generis au décès du constituant (CGI, art. 792-0-bis, II, 2°). Ils sont calculés sur la valeur nette des biens, droits ou produits capitalisés à la date de la transmission (CGI, art. 792-0-bis, II, 1°). Les droits peuvent être dus même lorsque les biens ou avoirs restent logés dans le *trust*. Le décès du constituant constitue le fait générateur des droits, même si les biens ne sont transmis qu'ultérieurement. Trois cas doivent être distingués :
1° lorsqu'une part déterminée des biens figurant dans le *trust* est transmise à un bénéficiaire lui aussi déterminé, cette part est taxée aux droits de succession dans les conditions de droit commun, en fonction du lien de parenté existant entre bénéficiaire et constituant (CGI, art. 792-0-bis, II, 2°, a). Lorsque le bénéficiaire recueille, par ailleurs, une part taxable dans la succession du constituant, la taxation est opérée en ajoutant la valeur des biens dépendant du *trust* reçus par le bénéficiaire aux biens successoraux. L'imposition est établie sur cette masse globale (CGI, art. 792-0-bis, II, 2°, al. 2). La part taxable globale fait l'objet d'une liquidation unique. La progressivité de l'impôt et le ou les abattements dont peuvent bénéficier les héritiers bénéficiaires sont appliqués une seule fois sur cette masse globale. Dans le cadre de cette taxation, il est tenu compte du rappel fiscal portant sur les donations et *trusts* antérieurs ;
2° lorsqu'à la date du décès une part déterminée des biens figurant dans le *trust* est transmise globalement à des descendants du constituant, les droits de succession sont dus au taux marginal du barème applicable aux transmissions en ligne directe. C'est-à-dire à 45 %. L'application de ce tarif nécessite que la transmission s'opère en faveur de descendants exclusivement ;
3° le troisième cas recouvre toutes les autres hypothèses. En pratique il s'agit de plus souvent des situations dans lesquelles les biens restent dans le *trust* au décès du constituant ou sont transmis globalement (sans que des parts individuelles soient déterminées) à des bénéficiaires autres que des descendants du constituant.
Dans ces situations, la taxation est particulièrement lourde. La valeur des biens droits et produits capitalisés placés dans le *trust*, sous déduction le cas échéant des parts taxées suivant les modalités évoquées précédemment (V. *supra*, n°s 1942 et 1943) est soumise aux droits de succession au taux applicable entre non-parents, soit 60 %. Les droits doivent être versés par l'administrateur du *trust* dans les délais de droit commun visés à l'article 641 du CGI, comme dans l'hypothèse précédente (V. *supra*, n° 1943).

1953 **Exception – Présomption d'évasion fiscale.** Des règles particulières plus rigoureuses s'appliquent par exception lorsque le *trust* a été conclu dans des conditions qui font suspecter une possible évasion fiscale. En dérogation aux règles exposées ci-dessus, les droits de donation et les droits de mutation par décès sont dus au taux applicable entre non-parents, 60 % dans les deux cas suivants :
– lorsque l'administrateur du *trust* est soumis à la loi d'un État ou territoire non coopératif au sens de l'article 238 0A du CGI ;
– lorsque le *trust* a été créé après le 11 mai 2011 par un constituant domicilié fiscalement en France lors de la constitution.
Le taux de 60 % s'applique alors, quel que soit le lien de parenté unissant les bénéficiaires et quel que soit l'objet de la transmission (part déterminée ou transmission globale).

1954 Les biens acquis par le défunt sous condition suspensive ne supportent pas les droits de mutation par décès ; ceux-ci deviennent exigibles dans le délai de six mois suivant la date de la réalisation de la condition (CGI, art. 676). En revanche, les biens acquis par le défunt sous condition résolutoire doivent être déclarés ; si la condition se réalise, les droits de mutation par décès sont restituables dans le délai général de réclamation.

1955 Les droits de mutation par décès sont exigibles sur les biens qui apparaissent la propriété du défunt au jour de son décès en vertu de clauses formelles de titres, de la loi ou de situations de fait résultant des agissements des redevables.

1956 Les biens acquis par le défunt sous condition suspensive ne supportent pas les droits de mutation par décès ; ceux-ci deviennent exigibles dans le délai de six mois suivant la date de la réalisation de la condition. En revanche, les biens acquis par le défunt sous condition résolutoire doivent être déclarés ; si la condition se réalise, les droits de mutation par décès sont restituables dans le délai général de réclamation.

II Présomptions légales de propriété

A Immeubles et fonds de commerce

1957 Les articles 1881 et 1882 du CGI prévoient des modes de preuve simplifiés pour les mutations d'immeubles et de fonds de commerce ou de clientèle. Il en résulte une présomption au regard des droits de mutation par décès.

1958 Sont présumés, sauf preuve contraire, être la propriété du défunt les immeubles inscrits au rôle de la taxe foncière et pour lesquels il a acquitté des paiements d'après ce rôle (CGI, art. 1881).

1959 Sont présumés, sauf preuve contraire, être la propriété du défunt les fonds de commerce ou les clientèles pour lesquels il était inscrit au rôle des contributions et qui avait fait, en vertu de ce rôle, des paiements (CGI, art. 1882).

B Biens appartenant pour l'usufruit au défunt et pour la nue-propriété à un héritier

1960 Est réputé, au point de vue fiscal, faire partie, jusqu'à preuve contraire, de la succession de l'usufruitier, toute valeur mobilière, tout bien meuble ou immeuble appartenant, pour l'usufruit, au défunt et, pour la nue-propriété, à l'un de ses présomptifs héritiers ou descendants d'eux, même exclu par testament ou à ses donataires ou légataires institués, même par testament postérieur, ou à des personnes interposées. Sont réputées personnes interposées les personnes désignées dans le deuxième alinéa de l'article 911 du Code civil (CGI, art. 751, al. 1er et 2).

ATTENTION Il n'est pas nécessaire que le nu-propriétaire soit présomptif héritier au moment du décès ; il suffit qu'il l'ait été à un moment quelconque depuis le démembrement de propriété.
En dépit de la modification apportée à l'article 911 du Code civil par la loi du 23 juin 2006, les personnes morales ne sont pas concernées par la présomption d'interposition. En effet, l'article 751 du CGI renvoie à cet égard uniquement au deuxième alinéa de l'article 911 du même code.

La présomption ne s'applique pas en cas de vente assortie d'une réserve de droit d'usage et d'habitation pourvu que ce droit ne dissimule pas un véritable usufruit.

1961 **Donation et legs.** La présomption ne s'applique pas en cas :
- de donation régulière et que celle-ci, si elle n'a pas été constatée dans un contrat de mariage, ait été consentie plus de trois mois avant le décès ;
- de démembrement de propriété effectué à titre gratuit, réalisé plus de trois mois avant le décès, constaté par acte authentique et pour lequel la valeur de la nue-propriété a été déterminée selon le barème prévu à l'article 669 du CGI (CGI, art. 751, al. 1er).

ATTENTION Dans ce dernier cas, il s'agit d'écarter tout risque d'application de la présomption de propriété à la suite des nouveaux modes de transmission issus de la loi n° 2006-728 du 23 juin 2006 (libéralités transgénérationnelles, libéralités graduelles et résiduelles). À défaut, les héritiers du défunt seraient imposés par l'effet

de la présomption, sur des biens ne figurant pas dans la succession mais qui se trouvent dévolus à des tiers par l'effet de libéralités antérieures prenant effet au décès. La portée véritable de cette dérogation jouera essentiellement en cas de legs graduels ou résiduels (V. *JCP* N 2007, 1075).

La présomption est inapplicable lorsque les biens ont été recueillis en usufruit de son vivant par le défunt et en nue-propriété par ses héritiers à la suite d'une succession ou de dispositions testamentaires (BOI-ENR-DMTG-10-10-40-10, 29 sept. 2014, § 280).

1962 **Preuve contraire.** Les nus-propriétaires sont, admis à faire échec à l'application de la présomption en apportant la preuve de la sincérité du démembrement de propriété, notamment en prouvant la réalité du paiement du prix d'acquisition de la nue-propriété. En revanche, le fait que l'acte d'acquisition ait été notarié et que le prix ait été quittancé ne constitue pas la preuve contraire. La preuve contraire peut être rapportée même lorsque l'usufruitier décède dans les trois mois de l'acte de donation de la nue-propriété. Même dans ce contexte, le démembrement est sincère lorsque le décès est « soudain et surprenant » (Cass. com., 17 janv. 2012, n° 10-27.185 : *JurisData* n° 2012-000630 ; BOI-ENR-DMTG-10-10-40-10, 29 sept. 2014, § 260). Les juges du fond admettent que tel est le cas même lorsque le donateur est âgé, dès lors que les bilans médicaux de la défunte montrent que son état de santé n'avait rien d'anormal eu égard à son âge et à ses antécédents médicaux, qu'aucun médecin n'avait émis de réserve sur le pronostic vital. Il était donc établi que le décès du donateur était soudain et inattendu ce que confirmaient des attestations délivrées par ses proches. L'appel à une aide extérieure ne démontrait en rien une anormale faiblesse de la donatrice qui n'était pas mourante lorsqu'elle avait consenti la donation (CA Paris, 6 juin 2017, n° 14/25473 : *JurisData* n° 2017-016021). La preuve contraire peut aussi résulter d'une donation des deniers constatée par un acte ayant date certaine, quel qu'en soit l'auteur, en vue de financer, plus de trois mois avant le décès, l'acquisition de tout ou partie de la nue-propriété d'un bien, sous réserve de justifier de l'origine des deniers dans l'acte en constatant l'emploi (CGI, art. 751, al. 2). Cette précision apportée par la loi de finances pour 2008 est destinée à contredire la jurisprudence de la Cour de cassation ayant statué en sens contraire (Cass. com., 23 janv. 2007, n° 05-14.403 : *JurisData* n° 2007-037047). Elle peut également résulter des justificatifs produits par l'acquéreur de la nue-propriété démontrant qu'il s'est effectivement acquitté des arrérages de rente ; et ce, même si le produit de l'indexation prévue à l'origine n'a pas été versé intégralement (CA Rennes, 18 oct. 2016, n° 15/05553 : *JurisData* n° 2016-024533). Elle peut enfin provenir de la souscription « croisée » du capital d'une SCI entre le défunt et son concubin dès lors que l'administration fiscale ne conteste pas que le survivant avait apporté les fonds nécessaires à la souscription des parts de la SCI et qu'il participait à la gestion de cette dernière. Le démembrement de la propriété des parts sociales de la SCI du Melda avait pour objet de permettre à l'associé survivant de bénéficier de l'usufruit sur la totalité des parts de la société. Ainsi, le concubin survivant a rapporté la preuve contraire de nature à combattre la présomption légale édictée par l'article 751 du CGI (CA Reims, 7 juin 2016, n° 15/00277 : *JurisData* n° 2016-022484).

1963 Lorsque la présomption s'applique, les biens ne sont pas ajoutés aux autres biens successoraux mais à la part taxable du nu-propriétaire, même lorsqu'il est réputé interposé, comme s'il en était légataire. Les biens réintégrés entrent dans l'assiette du forfait mobilier. Les droits de mutation à titre onéreux antérieurement payés par le nu-propriétaire sont imputés sur les droits de mutation par décès exigibles à raison de l'incorporation des biens dans la succession (CGI, art. 751, al. 3). La donation opérant démembrement de propriété d'un bien, consentie moins de trois mois avant le décès du donateur en ayant conservé l'usufruit, est réputée fiscalement inexistante au jour du décès, lorsque la présomption fiscale s'applique, de sorte que l'administration ne peut prétendre percevoir un complément de droits de donation en rehaussant la valeur des biens donnés (Cass. com., 1er mars 2017, n° 15-14.170, F-D : *JurisData* n° 2017-004068).

ATTENTION **Lorsque les droits ont été pris en charge par le donateur, l'administration fiscale admet l'imputation par mesure du tempérament, mais à condition d'intégrer le montant des droits en actif taxable de la succession (Cass. com., 13 nov. 2003, n° 01-16.358 : *JurisData* n° 2003-020995 ; BOI-ENR-DMTG-10-10-40-10, 29 sept. 2014, § 100).**

C Valeurs mobilières, créances

1964 L'article 752 du CGI institue une présomption, pour la liquidation et le paiement des droits de mutation par décès, à l'égard des valeurs mobilières et créances.

1965 **Biens visés.** Entrent dans le domaine d'application de la présomption les actions, obligations, parts de fondateurs ou bénéficiaires, parts sociales et toutes autres créances.

1966 **Conditions.** Il faut que le défunt, au cours de l'année ayant précédé son décès :
- en ait perçu les revenus ;
- ou ait effectué une opération quelconque.

ATTENTION La présomption de propriété n'est pas applicable aux retraits en espèces réalisés par le défunt sur ses comptes bancaires (Cass. com., 30 oct. 1989 : *RJF* 12/89, n° 1450 ; BOI-ENR-DMTG-10-10-40-30, 12 sept. 2012, § 1). L'administration peut toutefois sur le fondement de l'article 750 ter du CGI apporter la preuve que le défunt a conservé les fonds provenant du retrait. Mais elle supporte la charge de la preuve. Cette dernière peut toutefois résulter d'un faisceau d'indices concordants : bref délai entre le retrait et le décès, disproportion entre ces retraits et le train de vie de l'intéressé, par exemple (Cass. com., 4 déc. 2007, n° 06-18.327 : *JurisData* n° 2007-041851. – Cass. com., 13 déc. 1994 : *JurisData* n° 1994-710119).

1967 **Libéralités graduelles ou résiduelles.** Cette présomption est inapplicable aux biens ayant fait l'objet d'une libéralité graduelle ou résiduelle, telle que visée aux articles 1048 à 1061 du Code civil (CGI, art. 752, al. 3).

1968 La présomption de propriété, énoncée par l'article 752 du CGI, est également étendue aux biens placés dans un *trust*.

1969 La preuve contraire est admise mais elle ne peut résulter de la cession à titre onéreux consentie à l'un des héritiers présomptifs ou descendants d'eux, même exclu par testament, ou à des donataires ou légataires institués, même par testament postérieur, ou à des personnes interposées, telles qu'elles sont désignées par le deuxième alinéa de l'article 911 du Code civil, à moins que cette cession ait acquis date certaine avant l'ouverture de la succession.

D Comptes indivis ou collectifs avec solidarité

1970 Tous les titres, sommes ou valeurs existant chez des dépositaires désignés au I de l'article 806 (administrations publiques, banques, officiers publics ou ministériels, etc.), et faisant l'objet de comptes indivis ou collectifs avec solidarité sont considérés, pour la perception des droits de mutation par décès, comme appartenant conjointement aux déposants et dépendant de la succession de chacun pour une part virile (CGI, art. 753).

ATTENTION Cette présomption a une portée générale et s'applique notamment à des époux mariés sous le régime de la séparation de biens.

1971 La preuve contraire est réservée tant à l'administration qu'aux redevables de l'impôt. L'administration peut recourir aux modes de preuve compatibles avec la procédure écrite. La preuve par les redevables ne peut être fournie qu'au moyen des énonciations de l'acte de dépôt ou d'actes authentiques ou d'actes sous seing privé ayant date certaine autrement que par le décès de l'une des parties.

E Coffre-fort loué conjointement

1972 L'article 754 du CGI dispose que les sommes, titres ou objets trouvés dans un coffre-fort loué conjointement à plusieurs personnes sont réputés, à défaut de preuve contraire et seulement pour la perception des droits, être la propriété conjointe de ces personnes et dépendre pour une part virile de la succession.

F Tontine

1973 **Principe.** Les biens recueillis en vertu d'une clause insérée dans un contrat d'acquisition en commun conclu après le 5 septembre 1979, selon laquelle la part du ou des preneurs décédés reviendra aux survivants de telle sorte que le dernier vivant sera considéré comme seul propriétaire de la totalité des biens sont, au point de vue fiscal, réputés transmis à titre gratuit à chacun des bénéficiaires de l'accroissement (CGI, art. 754 A, al. 1er).

1974 **Exception.** Pour les successions ouvertes à compter du 1er janvier 2010, le bénéficiaire d'une clause de tontine portant sur une habitation

Détermination de l'actif brut successoral

principale d'une valeur inférieure à 76 000 € peut opter entre le régime des droits de mutation à titre onéreux et celui des droits de mutation à titre gratuit pour l'imposition de l'accroissement résultant de la mise en œuvre de la clause (CGI, art. 754 A, al. 2, réd. L. n° 2009-1673, 30 déc. 2009, art. 33).

1975 En pratique, cette mesure permet au conjoint survivant ou au partenaire survivant d'un pacte civil de solidarité de se placer sous le régime des droits de mutation à titre gratuit pour faire appliquer l'exonération de droits de succession dont ils bénéficient. À défaut de précision législative pour les contrats conclus avant le 6 septembre 1979, on doit en conclure que la clause donne ouverture au droit de mutation à titre onéreux, sans condition, selon la valeur au décès et le tarif à la même date. L'administration fiscale confirme implicitement cette analyse en envisageant l'exercice de cette option uniquement lorsque le bien constitue la résidence principale des acquéreurs (BOI-ENR-DMTG-10-10-10-10, 12 sept. 2012, § 300).

1976 Lorsqu'il y a lieu, les droits de mutation à titre gratuit sont liquidés sur la part des biens en cause censée recueillie par le survivant, compte tenu de sa valeur au décès, au tarif et selon le lien de parenté existant entre le défunt et le survivant à cette date (ou en prenant en considération un pacte civil de solidarité).

III Exonérations

1977 Les transmissions à titre gratuit de parts de groupement forestier, de bois et forêts, de terres incluses dans des espaces naturels protégés, de biens ruraux loués à long terme, de parts de groupement foncier agricole ou de groupement foncier rural, la première mutation à titre gratuit de certains immeubles d'habitation ou d'autres après la reconstitution des titres de propriété, la transmission d'entreprises individuelle ou sociétaire bénéficient d'une exonération de droits, que la mutation ait lieu entre vifs ou par décès. Ces exonérations sont étudiées ci-avant (V. Fiche 29 : Droits de mutation à titre gratuit – Dispositions communes). Nous n'envisagerons donc ici que les exonérations directes ou indirectes spécifiques aux mutations par décès. Celles-ci bénéficient aux assurances-vie, aux immeubles en Corse ou divers.

A Assurance sur la vie

1978 L'article L. 132-12 du Code des assurances énonce que les sommes stipulées payables lors du décès de l'assuré à un bénéficiaire déterminé ou à ses héritiers ne font pas partie de la succession de l'assuré. Elles ne sont donc pas passibles des droits de succession. À proprement parler, les capitaux d'assurance-vie ne sont pas exonérés de droits de succession. Ils ne sont pas, par principe, taxables parce qu'en vertu de la stipulation pour autrui utilisée comme vecteur de transmission et du droit direct du bénéficiaire sur les capitaux, ils ne dépendent pas de la succession de l'assuré. Le régime fiscal avantageux dont bénéficie l'assurance-vie lors de son dénouement par décès et spécialement l'article 990 I du CGI est régulièrement mis en cause. Des rapports publics doutent de la capacité des dispositifs en place d'atteindre les fonctions économiques qui leur sont assignées (Rapp. du comité d'évaluation des dépenses fiscales et des niches sociales, juin 2011 : www.economie.gouv.fr/files/rapport-comite-evaluation-depenses-fiscales-et-niches-sociales.pdf, p. 63. – Rapp. Conseil des prélèvements obligatoires, *Les prélèvements obligatoires sur le capital des ménages*, janv. 2018, p. 126 : www.ccomptes.fr/fr/publications/les-prelevements-obligatoires-sur-le-capital-des-menages ; *Repenser l'héritage*, note du Conseil d'analyse économique (CAE, déc. 2021, p. 7, n° 69). Une proposition de loi d'initiative sénatoriale préconisait l'abrogation pure et simple de tout régime de faveur et l'intégration pure et simple des sommes perçues par les bénéficiaires dans l'assiette des droits de succession (V. Prop. de loi visant à adapter la fiscalité de la succession et de la donation aux enjeux démographiques, sociétaux et économiques du XXIe siècle ; Doc. Sénat 2019, n° 710, art. 7 de la proposition de loi).

ATTENTION Lorsque l'assurance-vie a été contractée sans désignation d'un bénéficiaire, le capital ou la rente font partie de la succession (C. assur., art. L. 132-11) et sont donc passibles des droits de mutation par décès (Cass. 2e civ., 9 févr. 2012, n° 11-12.109 : BOI-ENR-DMTG-10-10-10-20, 8 juill. 2013, § 50).

1979 **Primes versées après soixante-dix ans.** Les sommes, rentes ou valeurs dues directement ou indirectement par un assureur, à raison du décès de l'assuré, donnent ouverture aux droits de mutation par décès suivant le degré de parenté existant entre le bénéficiaire à titre gratuit et l'assuré à concurrence de la fraction des primes versées après l'âge de soixante-dix ans qui excède 30 500 €. Lorsque plusieurs contrats sont conclus sur la tête d'un même assuré, il est tenu compte de l'ensemble des primes versées après le soixante-dixième anniversaire de l'assuré pour l'appréciation de la limite de 30 500 € (CGI, art. 757-B, I et II). Toutefois, il n'est pas tenu compte dans le cadre de cette répartition des primes revenant aux bénéficiaires exonérés de droits de succession (BOI-ENR-DMTG-10-10-20-20, 1er juill. 2016, § 220). Depuis l'entrée en vigueur de la réforme de l'épargne salariale réalisée par l'ordonnance n° 2019-766 du 24 juillet 2019 portant réforme de l'épargne retraite, par exception, les sommes, rentes ou valeurs quelconques dues directement ou indirectement par un assureur, à raison du décès après l'âge de soixante-dix ans du titulaire d'un plan d'épargne retraite mentionné à l'article L. 224-1 du Code monétaire et financier, donnent également ouverture aux droits de mutation par décès suivant le degré de parenté existant entre le bénéficiaire à titre gratuit et l'assuré pour leur montant total. Cette taxation est défavorable et doublement dérogatoire. En effet, d'une part, la taxation porte ici sur l'intégralité des sommes reçues de l'assureur et non sur celles correspondant aux sommes investies. D'autre part l'âge de soixante-dix ans s'apprécie à la date du décès et non du versement des primes. En pratique une telle taxation sera rare. Elle postule en effet que le défunt âgé de plus de soixante-dix ans n'ait pas soldé son épargne retraite. Ces dispositions s'appliquent uniquement aux contrats souscrits à compter du 20 novembre 1991. Les contrats conclus avant cette date ne relèvent pas de l'article 757 B du CGI, quel que soit l'âge de l'assuré lors du versement des primes (sur le contenu de la déclaration de succession, V. CGI, ann. II, art. 292 A). Toutefois, le conjoint survivant ou partenaire survivant dans le cadre d'un pacte civil de solidarité et les organismes exonérés de droits de mutation à titre gratuit en application des dispositions de l'article 795 peuvent obtenir le déblocage de la garantie-décès sans avoir à fournir le certificat de non-exigibilité des droits d'ordinaire requis (CGI, art. 806, III). En revanche, lorsqu'un contrat souscrit avant le 20 novembre 1991 a fait l'objet de versement de primes à compter du 13 octobre 1998, l'assiette taxable doit être déterminée globalement en fonction du régime fiscal applicable à chaque compartiment du contrat et être, selon l'administration fiscale, répartie pour chaque bénéficiaire en fonction de la part des sommes, rentes ou valeurs qui lui revient (BOI-TCAS-AUT-60, 16 mai 2018, § 120). L'assiette imposable au nom de chacun est donc déterminée d'après la part qui lui revient dans l'ensemble des sommes versées, sans que le souscripteur puisse déroger à ces modalités de détermination de l'assiette taxable de chaque bénéficiaire, sans option possible pour les bénéficiaires de retenir un autre mode de répartition (Rép. min. n° 450 : *JO* Sénat 9 août 2019, p. 4215, Montaugé). L'article 72 de la loi « PACTE » (L. n° 2019-486, 22 mai 2019) relative à la croissance et la transformation des entreprises a à nouveau élargi les possibilités de transfert de contrats d'assurance-vie, sans perte de leur antériorité fiscale. Dans une réponse ministérielle publiée le 9 décembre 2020 (Rép. min. n° 1036 : *JOAN* 9 déc. 2020, p. 3536, Hetzel), l'administration fiscale confirme que cette neutralité fiscale concerne également l'antériorité du contrat au regard des dispositifs régis par les articles 757 B et 990 I du CGI. Le nouveau contrat issu d'une telle transformation « est réputé avoir été souscrit à la date du premier versement effectué sur le bon ou le contrat d'origine, avec toutes les conséquences attachées à cette antériorité, y compris pour l'application des articles 757 B et 990 I du Code général des impôts relatifs au régime fiscal applicable en cas de décès ».

1980 **Prélèvement.** La loi de finances pour 1999, a mis en place un nouveau dispositif codifié à l'article 990, I du CGI assujettissant les sommes reçues par chaque bénéficiaire d'un contrat d'assurance-vie à la suite du décès d'un assuré à un prélèvement spécifique sur la part de ces sommes excédant 152 500 €. Certains contrats (souscrits à titre onéreux, rente ou capital handicap, homme clé...) échappent à cette taxe (BOI-TCAS-AUT-60, 16 mai 2018, § 130 et s.). Depuis le 1er juillet 2014, le taux du prélèvement applicable à la fraction de la part nette taxable de chaque bénéficiaire (après déduction de l'abattement de 152 500 €) est de 20 % dans la limite de 700 000 € et de 31,25 % au-delà (L. fin. rect. 2013, n° 2013-1279, 29 déc. 2013, art. 9). Les contrats d'assurance-vie « vie-génération » bénéficient d'un abattement supplémentaire de 20 % cumulable avec l'abattement personnel de 152 500 €. L'administration retient le mode de liquidation le plus favorable au redevable en énonçant que l'abattement de 20 % s'applique avant celui de 152 500 € (BOI-TCAS-AUT-60, 16 mai 2018, § 282). Le prélèvement s'applique aux contrats souscrits à compter du 13 octobre 1998 ainsi qu'aux primes versées depuis cette date sur les contrats en cours. Toutefois, tous les successeurs exonérés de droits de succession ne sont pas assujettis à ce prélèvement (CGI, art. 990, I ; réd. L. n° 2007-1223, 21 août 2007, art. 8, XIV).

ATTENTION Ce prélèvement ne s'applique pas à la fraction des primes excédant 30 500 € versées au-delà de soixante-dix ans pour les contrats souscrits depuis le 20 novembre 1991.

B Immeubles en Corse

1981 La loi n° 2002-92 du 22 janvier 2002, relative à la Corse, publiée le 23 janvier 2002, a instauré un dispositif d'exonération temporaire, pour les immeubles situés en Corse.

ATTENTION Le Conseil constitutionnel a censuré l'article 14 de la loi de finances pour 2013 qui prévoyait de proroger une nouvelle fois ce dispositif d'exonération totale expirant le 31 décembre 2012. Toutefois, l'article 4 de la loi n° 2017-285 du 6 mars 2017 (*JO* 7 mars 2017, texte n° 0056) visant à favoriser l'assainissement cadastral et la résorption du désordre de propriété a prolongé de dix ans l'exonération partielle de droits de succession énoncée à l'article 1135 bis du CGI.

1982 Les immeubles et droits immobiliers situés en Corse sont exonérés des droits de mutation par décès à hauteur de la moitié de leur valeur dans le cadre des successions ouvertes entre le 1er janvier 2013 et le 31 décembre 2027 (CGI, art. 1135 bis, I). Ce régime ne s'applique pas aux biens et droits immobiliers situés en Corse acquis à titre onéreux à compter du 23 janvier 2002, date de publication de la loi du 22 janvier 2002.

ATTENTION L'exonération partielle de 30 % ou 50 % suivant la date de la transmission mise en place par la loi de finances pour 2015 (L. n° 2014-1654, 29 déc. 2014) et codifiée (CGI, art. 793, 2, 8°, al. 1er) et prolongée par la loi du 6 mars 2017 est également susceptible de s'appliquer.
Cette exonération n'est pas limitée aux seuls départements de Corse. Elle nécessite notamment que les titres de propriété aient été reconstitués pour les biens concernés des titres de propriété qui s'y rapportent, les transmissions ultérieures ne peuvent pas bénéficier de l'exonération aux termes d'un acte régulièrement transcrit ou publié entre le 1er octobre 2014 et le 31 décembre 2027 (CGI, art. 793, 2, 8°, al. 2).

1983 L'exonération est applicable aux immeubles et droits immobiliers pour lesquels le droit de propriété du défunt n'a pas été constaté antérieurement à son décès par un acte régulièrement transcrit ou publié, et à la condition que l'attestation notariée mentionnée à l'article 28, 3° du décret n° 55-22 du 4 janvier 1955 soit publiée dans les vingt-quatre mois du décès (CGI, art. 1135 bis, II, nouveau).

1984 À défaut de publication de l'attestation notariée dans le délai de deux ans, les héritiers ou légataires ou leurs ayants cause à titre gratuit sont soumis aux règles de droit commun. Ils sont tenus d'acquitter, dans le mois suivant l'expiration du délai de deux ans, les droits de mutation dont la transmission par décès a été dispensée, ainsi qu'un droit supplémentaire de 1 % et l'intérêt de retard prévu à l'article 1727 du CGI (CGI, art. 1840 G ter, II).

C Parcelles indivises non bâties de faible valeur

1985 **Finalité.** Dans le but de favoriser la reconstitution des titres de propriété, la loi de finances pour 2014 a créé une exonération totale de droits de mutation par décès très ciblée applicable à certaines parcelles indivises non bâties lorsque le titre de propriété du défunt n'est pas publié ou transcrit à la date du décès (CGI, art. 797). Cette exonération s'applique dans le cadre des successions ouvertes à compter du 30 décembre 2013.

1986 **Conditions.** Les conditions requises pour bénéficier de cette exonération sont les suivantes :
- les droits indivis doivent porter sur des immeubles non bâtis au sein d'une parcelle cadastrale ;
- la valeur totale des immeubles considérés est inférieure à 5 000 € lorsqu'ils sont constitués d'une seule parcelle et à 10 000 € lorsqu'ils sont constitués de deux parcelles contiguës ;
- le droit de propriété du défunt n'a pas été constaté avant son décès par un acte régulièrement transcrit ou publié ;

– les attestations notariées mentionnées au 3° de l'article 28 du décret n° 55-22 du 4 janvier 1955 portant réforme de la publicité foncière et relatives à ces biens sont publiées dans un délai de vingt-quatre mois à compter du décès.
Cette exonération prévue ne peut s'appliquer qu'à raison d'une seule parcelle ou de deux parcelles contiguës en indivision par succession.

D Exonérations diverses

1987 L'article 796 du CGI exonère de l'impôt de mutation par décès les successions :
– des militaires, victimes de guerre, ou ayant participé à certaines opérations (opérations extérieures ou intérieures visées aux 2° et 3° de l'article 4138-1-3 du Code de la défense), des personnes décédées du fait d'actes de terrorisme (CGI, art. 796, I, 2° bis et 7°) ;
– l'exonération n'entraîne pas la dispense de la déclaration des successions (CGI, art. 796, III).
L'article 94 de la loi de finances pour 2015 (L. n° 2015-1786, 29 déc. 2015) applicable rétroactivement aux décès survenus à compter du 1er janvier 2015 a étendu cette exonération à tous les successeurs. L'article 5 de la loi de finances pour 2017 a étendu cette exonération totale aux successions des militaires décédés dans l'accomplissement de leur mission ou des blessures reçues dans les mêmes circonstances, dès lors qu'ils sont attributaires de la mention « mort pour la France » prévue à l'article L. 511-1 du Code des pensions militaires d'invalidité et des victimes de guerre ou de la mention « mort pour le service de la nation » prévue par l'article L. 513-1 du même code. Cette mesure s'applique rétroactivement aux successions ouvertes à compter du 1er janvier 2015.

1988 Il en va de même pour les successions des sapeurs-pompiers (professionnels ou volontaires) décédés en opération de secours, policiers, gendarmes, agents des douanes décédés en cours d'opérations et cités à l'ordre de la Nation (CGI, art. 796, I, 8° à 10°). L'exonération est également applicable dans le cas où ces personnes décèdent suite à leurs blessures. L'article 94 de la loi de finances pour 2015 (L. n° 2015-1786, 29 déc. 2015) applicable rétroactivement aux décès survenus à compter du 1er janvier 2015, a étendu cette exonération à tous les successeurs.

1989 La transmission par décès du bénéfice du contrat de travail à salaire différé dont la dévolution est régie par l'article L. 321-14 du Code rural et de la pêche maritime (V. *JCl. Roulois*, Fasc. 1410) est exonérée de droits de mutation par l'article 793, 1, 6°, du CGI.

1990 Sont déductibles, pour leur valeur nominale, de l'actif de succession les rentes et indemnités versées ou dues au défunt en réparation de dommages corporels liés à un accident ou à une maladie (CGI, art. 775 bis), et non plus uniquement celles versées aux victimes du SIDA, de la maladie de Creutzfeld-Jacob ou de l'amiante. La déduction peut être opérée sur justificatif de perception des indemnités quand bien même elle ne se retrouve plus en nature lors du règlement de la succession.

IV Évaluation des biens

1991 Les biens composant l'actif de succession sont imposés sur leur valeur vénale au jour du décès.

A Meubles corporels

1 Meubles meublants

1992 La valeur des meubles meublants (c'est-à-dire destinés à l'usage et à l'ornement des maisons et appartements : C. civ., art. 534) est déterminée de la façon suivante.

1993 **Vente.** En premier lieu, il est pris pour base le prix net retiré de la vente, lorsque cette vente a lieu publiquement dans les deux années du décès.

1994 **Inventaire.** À défaut de vente publique, la valeur des meubles meublants est constituée par l'estimation contenue dans les inventaires, s'il en est dressé dans les formes prescrites par l'article 789 du Code civil (c'est-à-dire par un commissaire-priseur judiciaire, un huissier ou un notaire) et clôturé dans les cinq années du décès.

1995 **Déclaration estimative.** À défaut de vente aux enchères et d'inventaire, la valeur des meubles meublants est déterminée par la déclaration détaillée et estimative des parties, sans que la valeur imposable puisse être inférieure à 5 % de l'ensemble des autres valeurs de la succession, sans que l'administration ait à justifier l'existence des meubles meublants (CGI, art. 764, I).

> ATTENTION **S'agissant du défunt marié sous un régime de communauté, le forfait de 5 % se calcule sur les biens propres, l'excédent de récompenses de l'époux décédé, sa part dans l'actif brut de communauté (celui-ci tenant compte des excédents de récompenses des époux mais non du passif commun) (BOI-ENR-DMTG-10-40-10-20, 30 mai 2016, § 100).**

1996 L'administration fiscale peut prouver que les évaluations sont insuffisantes, au moyen d'actes ou écrits. De leur côté, les ayants droit peuvent apporter la preuve de l'absence de mobilier meublant au décès, par exemple au moyen d'une attestation du directeur de maison de retraite corroborée par d'autres indices (BOI-ENR-DMTG-10-40-10-20, 30 mai 2016, § 110).

2 Bijoux, pierreries, objets d'art ou de collection

1997 La valeur imposable des bijoux, pierreries, objets d'art ou de collection est constituée par :
- le prix de la vente publique intervenue dans les deux années du décès ;
- à défaut, par un état estimatif dans un inventaire ou un autre acte dressé dans les cinq années du décès ;
- à défaut encore, par l'évaluation dans un contrat d'assurance contre le vol ou l'incendie en cours au jour du décès et conclu par le défunt, son conjoint ou ses auteurs, moins de dix ans avant l'ouverture de la succession (CGI, art. 764, II). En cas de pluralité de polices, il convient de faire alors une moyenne des évaluations stipulées (CGI, art. 798) ;
- et à défaut encore, par la déclaration détaillée et estimative des redevables.

Sur les obligations déclaratives, V. CGI, art. 798.

1998 L'article 764, II, précité du CGI réserve la preuve contraire.

3 Autres meubles corporels

1999 Dans cette catégorie, figurent notamment la vaisselle, les vêtements, les voitures, etc. Les règles d'évaluation s'effectuent de la façon suivante :
- en cas de vente publique dans les deux ans du décès, on retient le prix net de vente ;
- à défaut, la valeur figurant dans un acte estimatif dressé dans les cinq ans du décès (inventaire même non conforme aux dispositions de l'article 789 du Code civil) ;
- et à défaut encore, par la déclaration détaillée et estimative du redevable (CGI, art. 764, I).

B Meubles incorporels

2000 Les valeurs mobilières françaises ou étrangères cotées en bourse sont évaluées selon le cours moyen au jour du décès, c'est-à-dire par la moyenne du cours le plus haut et du cours le plus bas de la séance considérée ou au choix des héritiers ou légataires d'après la moyenne des trente derniers jours qui précèdent le décès (CGI, art. 759). Les valeurs mobilières non cotées ou parts sociales sont imposées selon la déclaration estimative détaillée des ayants droit, sous le contrôle de l'administration (CGI, art. 758).

> ATTENTION **La valorisation des titres cotés pour fixer l'assiette des droits de mutation à titre gratuit n'est pas nécessairement la même suivant qu'ils sont détenus en direct ou *via* une société holding. Alors que la base légale d'évaluation énoncée par l'article 759 du CGI semble s'imposer sans restriction lorsque la transmission porte sur des titres donnés directement quel que soit le quantum transmis, selon l'administration fiscale, une participation majoritaire de titres cotés détenue par une société holding non cotée est susceptible de justifier l'application d'une surcote pratiquée sur le cours boursier de l'action dans le cadre de la valorisation des titres de la holding détenant le bloc majoritaire d'actions (V. en ce sens, DGFiP, *L'évaluation des entreprises et des titres de sociétés*, p. 96 et 97). La Cour de cassation a pu suivre cette analyse (Cass. com., 3 févr. 2015, n° 13-25.306 : *JurisData* n° 2015-008160).**

2001 **Fonds communs de placement.** Les fonds communs de placement donnent lieu à une déclaration comportant la désignation du fonds, ainsi que l'indication du nombre de parts et de leur valeur de rachat à la date du décès (ou de la donation), sans qu'il y ait lieu de fournir à l'administration l'énumération de toutes les valeurs comprises dans le fonds et leur cours de bourse.

2002 Pour les valeurs cotées, le cours de bourse tient compte des coupons courus. Pour les valeurs mobilières non cotées, les dividendes doivent être ajoutés à l'actif taxable uniquement si la décision de distribution de ces dividendes par l'assemblée des actionnaires est antérieure au décès.

2003 Les différents éléments d'un fonds de commerce doivent faire l'objet d'une déclaration détaillée et estimative (CGI, art. 758). Sont soumises aux droits de mutation par décès, les clientèles civiles dès lors qu'elles ont une valeur patrimoniale transmissible aux héritiers ou encore le droit de présentation d'une personne exerçant une profession libérale.

2004 **Dépréciation.** Pour la liquidation des droits de mutation par décès dus par les héritiers, légataires ou donataires, il est tenu compte de la dépréciation éventuelle résultant du décès de certains dirigeants et affectant la valeur des titres non cotés ou des actifs incorporels (fonds de commerce et clientèle) transmis. L'entreprise ne doit pas avoir souscrit un contrat d'assurance dit « homme clé » la couvrant intégralement contre ce risque (BOI-ENR-DMT-10-40-10-40, 29 déc. 2017, § 240). Les dirigeants concernés sont :

- le gérant d'une société à responsabilité limitée ou d'une société en commandite par actions non cotée ;
- l'un des associés en nom d'une société de personnes ;
- l'une des personnes qui assument la direction générale d'une société par actions non cotée ;
- l'exploitant d'un fonds de commerce ou d'une clientèle ;
- le titulaire d'un office public ou ministériel (CGI, art. 764 A).

Il peut être justifié de cette perte de valeur par tous moyens de preuve existant du vivant du dirigeant ou survenus entre la date du décès et l'expiration du délai pour déposer la déclaration de succession (BOI-ENR-DMTG-10-40-10-40, 29 déc. 2017, § 250).

2005 Les créances à terme dues au défunt au moment de son décès doivent être évaluées pour leur montant nominal majoré des intérêts échus et impayés et des intérêts courus du jour du décès (CGI, art. 760). Seules les créances certaines dans leur principe doivent être déclarées. Les créances litigieuses doivent être déclarées dans les six mois de la date à laquelle leur caractère certain a été judiciairement reconnu. Les créances sur un débiteur en état de procédure de sauvegarde, de redressement, en liquidation judiciaire, ou de « déconfiture » (*sic*) au moment de l'ouverture de la succession, peuvent faire l'objet d'une déclaration estimative, en fonction de leur chance de recouvrement effectif.

ATTENTION La disposition de l'article 760 du CGI imposant aux successeurs de souscrire une déclaration complémentaire en cas de recouvrement de la créance pour un montant supérieur a été censurée par le Conseil constitutionnel (Cons. const., 15 janv. 2015, n° 2014-436 QPC : *JurisData* n° 2015-000871). Dans cette décision, le Conseil constitutionnel écarte la définition très restrictive qui avait été retenue par l'administration fiscale fixant la notion de « déconfiture » par référence à l'ouverture d'une procédure de rétablissement personnel régie par le Code de la consommation. Il retient une définition beaucoup plus souple et large telle qu'elle avait été définie par la jurisprudence de la Cour de cassation. Pour les Sages, « la déconfiture est caractérisée par l'état du débiteur non commerçant dont le passif surpasse l'actif et qui se trouve dans l'impossibilité de satisfaire intégralement tous ses créanciers lorsque ceux-ci ont cessé de lui faire crédit ».

Les soldes créditeurs de comptes d'associés portés dans les déclarations de succession ne constituent pas des créances à terme dès lors qu'à défaut de convention contraire, un tel compte est à tout moment susceptible de clôture. Ces créances n'entrent pas dans le champ d'application du premier alinéa de l'article 760 du CGI. Elles doivent donner lieu à une déclaration estimative des ayants droit, conformément à l'article 758 du CGI (BOI-ENR-DMTG-10-40-10-40, 30 mai 2016, § 80).

C Immeubles

2006 Les immeubles, quelle que soit leur nature, sont estimés d'après leur valeur vénale réelle à la date du décès d'après la déclaration estimative des redevables (CGI, art. 761, al. 1er).

2007 Pour ceux dont le propriétaire a l'usage, la valeur vénale est réputée égale à la valeur libre de toute occupation. Par dérogation, il est effectué un abattement de 20 % sur la valeur réelle de l'immeuble constituant au jour du décès la résidence principale du défunt, lorsque, à la même date, cet immeuble est également occupé à titre de résidence principale par le conjoint, par le partenaire lié au défunt par un pacte civil de solidarité ou par un ou plusieurs enfants mineurs ou majeurs protégés du défunt, de son conjoint ou de son partenaire (CGI, art. 761, al. 2 et 764 bis, al. 1er). Cette dernière disposition s'applique lorsque les enfants majeurs du défunt, de son conjoint ou de son partenaire sont incapables de travailler dans des conditions normales de rentabilité, en raison d'une infirmité physique ou mentale congénitale ou acquise au sens du II de l'article 779 du CGI (CGI, art. 764 bis, dernier al.).

ATTENTION **Ces textes énoncent une règle d'assiette qui s'applique de plein droit dès lors que les conditions sont réunies, sans option possible pour le redevable. Le cas échéant, la plus-value sera calculée en fonction de la valeur ainsi diminuée.**

2008 Néanmoins si, dans les deux ans qui ont précédé ou suivi le décès, les immeubles font l'objet d'une adjudication, soit par autorité de justice, soit volontaire avec admission des étrangers, les droits exigibles ne peuvent être calculés sur une somme inférieure au prix de l'adjudication, en y ajoutant toutes les charges en capital à moins qu'il ne soit justifié que la consistance des immeubles a subi, dans l'intervalle, des transformations susceptibles d'en modifier la valeur (CGI, art. 761). Les frais préalables doivent donc être ajoutés, au montant de la dernière enchère.

Fiche 32

Droits de mutation par décès – Passif et autres déductions

Sommaire

I Dettes déductibles ... 363
II Dettes non déductibles ... 366
III Déduction de sommes autres que des dettes ... 367

2009 Les dettes existantes à la charge personnelle du défunt au décès sont déductibles, sous réserve d'en justifier. Cependant, certaines dettes ne sont pas admises en déduction, soit parce que leur sincérité est douteuse, soit parce qu'elles ont été souscrites pour acquérir des biens exonérés de droits de mutation. À l'opposé, diverses dettes, bien que n'existant pas au décès, sont déductibles. Enfin, outre les dettes proprement dites, certaines déductions sont à opérer sur l'actif brut de la succession.

• **Textes**

• CGI, art. 768 à 775 bis.

I

Dettes déductibles

2010 L'article 768 du CGI pose le principe que, pour la liquidation des droits de mutation par décès, les dettes à la charge du défunt sont déduites lorsque leur existence au jour de l'ouverture de la succession est dûment justifiée par tous modes de preuve compatibles avec la procédure écrite (BOI-ENR-DMTG-10-40-20-10, 30 mai 2016, § 1). La Cour de cassation a confirmé qu'une dette, incertaine du fait d'une demande de transaction ou d'une contestation, n'est rétroactivement déductible que pour le montant ultérieurement arrêté par la transaction ou la décision mettant fin à la contestation. Ainsi, lorsqu'une demande de remise gracieuse de pénalités a été formulée par le défunt de son vivant, la dette fiscale en cause doit être considérée comme incertaine au décès et n'est déductible rétroactivement qu'à concurrence du montant ultérieurement arrêté par la transaction ou la décision mettant fin à la contestation sous déduction de la remise accordée par l'administration fiscale, peu important qu'elle intervienne après le décès (Cass. com., 13 janv. 2021, n° 18-26.244, F-D : *JurisData* n° 2021-000927). En l'espèce, le différend qui opposait l'administration fiscale à l'héritière portait sur la déduction de pénalités fiscales afférentes à des rappels d'impôt de solidarité sur la fortune (ISF) adressés au défunt ayant fait l'objet d'une remise partielle octroyée par l'administration fiscale après le décès suite à la demande gracieuse formulée par le défunt.

2011 Par exception au principe, diverses dettes ne peuvent pas être déduites (V. *infra*, n° 2026). À l'inverse, certaines dettes nées postérieurement au décès sont néanmoins admises en déduction.

2012 **Frais funéraires.** Les frais funéraires sont déductibles dans la limite d'un montant de 1 500 €, sans aucune justification (CGI, art. 775. – BOI-ENR-DMTG-10-40-20-10, 30 mai 2016, § 120). Sont exclus les frais d'érection d'un monument funéraire, ceux d'achat de fleurs.

2013 **Droit temporaire au logement.** Le montant des loyers (mais non les charges) ou indemnités d'occupation effectivement remboursé par la succession au conjoint survivant ou au partenaire lié au défunt par un pacte civil de solidarité au titre du droit temporaire au logement (en application des articles 515-6 et 763 du Code civil) est déduit de l'actif de succession (CGI, art. 775 quater). En dehors de cette hypothèse, aucune déduction n'est possible lorsque ce droit s'exerce en nature, c'est-à-dire prend la forme d'une jouissance gratuite (BOI-ENR-DMTG-10-40-20-10, 30 mai 2016, § 140).

2014 **Frais de testament.** La déduction des frais de testament est admise non seulement pour ceux exposés avant le décès (frais de rédaction d'un testament authentique), mais aussi pour ceux nés après le décès tels les frais d'ouverture d'un testament olographe déposé chez un notaire même après le décès. Ces frais sont à imputer sur les legs à proportion de la part supportée par chacun des légataires à moins qu'ils n'aient été mis à la charge des héritiers par le testateur, auquel cas la déduction est opérée sur l'actif brut revenant à ceux-ci (BOI-ENR-DMTG-10-40-20-10, 30 mai 2016, § 250). La même solution est applicable aux frais des donations entre époux. En revanche, les honoraires dus à l'avocat à raison de la demande d'envoi en possession ne sont pas déductibles.

2015 **Indemnités de licenciement – Prélèvements sociaux résultant de la clôture d'un PEA.** Les indemnités de préavis et de licenciement dues à raison de la rupture du contrat de travail du fait même du décès de l'employeur sont déductibles, à condition que celles-ci ne soient pas prises en compte comme charge d'une exploitation industrielle, commerciale, artisanale, agricole ou libérale (BOI-ENR-DMTG-10-40-20-10, 30 mai 2016, § 20). Le décès du titulaire entraîne la clôture du plan d'épargne en actions et l'exigibilité des prélèvements sociaux dus à raison d'opérations réalisées depuis l'ouverture du compte jusqu'au décès. Par mesure de tempérament, l'administration fiscale admet que le montant de ces prélèvements soit déduit de l'actif successoral taxable (BOI-ENR-DMTG-10-40-20-10, 30 mai 2016, § 180).

2016 La rémunération du mandataire à titre posthume, déterminée de manière définitive dans les six mois suivant le décès, est déductible de l'actif de la succession dans la limite de 0,5 % de l'actif successoral géré dans le cadre des successions ouvertes à compter du 29 décembre 2007. Cette déduction ne peut toutefois excéder 10 000 € (CGI, art. 775 quinquies).

2017 Dans le cadre des successions ouvertes à compter du 30 décembre 2013, les frais de reconstitution des titres de propriété du défunt sont, sous certaines conditions, admis en déduction de l'actif successoral (CGI, art. 776 sexies). La déduction nécessite que :

– le droit de propriété du défunt n'a pas été constaté avant son décès par un acte régulièrement transcrit ou publié ;

– les attestations notariées reconstituant les titres de propriété du défunt soient publiées dans les vingt-quatre mois du décès.

Lorsque toutes les conditions sont respectées, les frais de reconstitution des titres de propriété sont admis en déduction pour leur montant réel dans la limite de la valeur déclarée des immeubles ou droits immobiliers concernés.

ATTENTION **L'administration procède à une interprétation extensive des frais déductibles. Elle admet en effet qu'ils comprennent toutes les dépenses concourant à la reconstitution des titres de propriété. Ils englobent notamment les dépenses afférentes à des recherches généalogiques et les frais de reconstitution cadastrale (appel à des géomètres spécialisés). En revanche, les frais de notoriété, de dépôt de testament ou de délivrance de legs ne sont pas déductibles (BOI-ENR-DMTG-10-40-20-10, 30 mai 2016, § 147).**

2018 **Récupération des prestations sociales.** La déduction au passif de la récupération des aides sociales versées au défunt résultant de décisions (généralement du conseil général) postérieures au décès, ne devrait pas être permise. L'administration a toutefois réintroduit à cet égard une mesure de tempérament admettant la déduction de l'actif taxable de sommes soumises à récupération est admise à hauteur du montant effectivement reversé (BOI-ENR-DMTG-10-40-20-20, 30 mai 2016, § 180 et 190). En pratique, la déduction est justifiée par une attestation du comptable constatant le reversement ou de l'huissier en charge du recouvrement.

ATTENTION Les aides faisant l'objet du recours en récupération ne doivent pas être portées au passif de la succession. Elles doivent être directement distraites de la part taxable du successeur qui a effectué ce reversement. Ce point n'est pas neutre. Par exemple, un légataire particulier n'est pas par principe tenu au paiement du passif de succession et doit être taxé sur la valeur brute des biens légués, mais il peut faire l'objet d'un recours en récupération.
On regrettera que cette doctrine soit déjà obsolète. Elle n'intègre pas en effet le recours certes subsidiaire dont peut faire l'objet le bénéficiaire d'un contrat d'assurance-vie depuis l'entrée en vigueur de la loi n° 2015-1776 du 28 décembre 2015 relative à l'adaptation de la société au vieillissement. Rien dans la doctrine administrative qui ne peut pas être étendue à des situations qu'elle n'évoque pas ne permet au bénéficiaire de déduire le montant des sommes reversées des primes taxables entre ses mains en application de l'article 757 B du CGI.

2019 Les dettes sont en principe détaillées, article par article, dans un inventaire certifié par le déposant et annexé à la déclaration de succession (CGI, art. 770, al. 1er) ou dans la déclaration elle-même. À l'appui de leur demande, les héritiers doivent indiquer soit la date de l'acte, le nom et la résidence de l'officier public qui l'a reçu, soit la date de la décision judiciaire et la juridiction dont elle émane (CGI, art. 770, al. 2). L'administration peut exiger des héritiers la production d'une attestation émanant du créancier (LPF, art. L. 20, al. 2).

2020 **En pratique.** Par mesure de simplification, l'administration exige la production d'une attestation de créances uniquement lorsque la dette est suspecte ou son montant important.

2021 **Impôt sur le revenu.** L'administration fiscale admettait traditionnellement que l'impôt sur le revenu de l'année du décès et des années antérieures le cas échéant, ainsi que le solde restant dû au décès après paiement des acomptes soient admis en déduction à condition d'être justifiés. Lorsque le défunt était marié sous le régime de la communauté, il s'agit d'un passif commun. Lorsque le défunt était marié sous un régime séparatiste, la déduction est admise au prorata de ses revenus par rapport à l'ensemble des revenus du ménage. La transposition de la jurisprudence civile (Cass. 1re civ., 30 oct. 2006, n° 03-19.317 : *JurisData* n° 2006-035634 ; *Bull. civ.* I, n° 454) conduit toutefois à répartir l'imposition globale proportionnellement à l'impôt dont ils auraient été redevables chacun s'ils avaient fait l'objet d'une imposition séparée.

2022 **Incidence du prélèvement à la source.** La mise en place du prélèvement à la source de cet impôt modifie considérablement la prise en compte de cet impôt dans le cadre de la liquidation des droits de succession. Elle peut conduire soit à déduire une dette reliquataire d'impôt qui devrait être plus faible soit même parfois à intégrer une créance en actif taxable de la succession. En cas de décès au cours d'une année, la dette d'impôt sur le revenu déductible comprend sous réserve de la publication du rôle correspondant, l'impôt sur le revenu dû au titre des revenus de l'année précédente restant éventuellement dû et l'impôt sur le revenu éventuellement dû au titre des revenus perçus ou réalisés entre le 1er janvier de l'année du décès et la date de ce décès. Si à l'inverse, la liquidation de l'impôt sur le revenu fait apparaître que le défunt pouvait bénéficier d'une restitution (par exemple en raison de la prise en compte de crédits d'impôt ou d'un prélèvement forfaitaire contemporain restituable qui excède le montant de l'impôt sur le revenu finalement dû), les sommes restituées doivent être comprises dans l'actif successoral. Les héritiers doivent les déclarer et le, cas échéant, par la souscription d'une déclaration de succession rectificative si leur montant n'était pas connu lors de la déclaration initiale. Pour ce qui concerne la mise en œuvre du prélèvement à la source de l'impôt sur le revenu, l'impôt afférent aux revenus non exceptionnels perçus ou réalisés en 2018 et rentrant dans le champ du prélèvement à la source est annulé au moyen du crédit d'impôt pour la modernisation du recouvrement. Faute de dette fiscale, aucune déduction ne peut donc être opérée à ce titre sur l'actif successoral à raison de l'impôt afférent à ces revenus. En revanche, l'impôt sur le revenu restant éventuellement dû sur les revenus perçus ou réalisés en 2018 par un contribuable décédé en 2018 ou en 2019 et non concernés par le crédit d'impôt pour la modernisation du recouvrement (revenus hors du champ du prélèvement à la source et revenus exceptionnels) sera déductible de l'actif successoral dans les conditions ordinaires rappelées ci-dessus. Pour ce qui concerne l'impôt sur le revenu afférent aux revenus perçus à compter du 1er janvier 2019 et jusqu'au décès en 2019, si la liquidation opérée en 2020 (année suivant la perception des revenus) fait apparaître un impôt sur le revenu, net du prélèvement à la source contemporain réalisé en 2019, positif, cette dette fiscale sera déductible dans les conditions ordinaires rappelées ci-dessus. À l'inverse, si cette liquidation fait apparaître un impôt sur le revenu, net du prélèvement à la source contemporain réalisé en 2019, négatif (par exemple en raison de la prise en compte de réductions ou crédits d'impôts, ou d'une baisse du niveau d'imposition résultant d'une modification du barème de l'impôt sur le revenu), les sommes restituées majorent l'actif successoral et les héritiers doivent les déclarer, le cas échéant par la souscription d'une déclaration rectificative si leur montant n'était pas connu lors de la déclaration de succession initiale. Ces règles s'appliqueront dans les mêmes conditions pour les décès constatés à compter de 2020. Ces nouvelles règles ont été synthétisées par l'administration fiscale dans une réponse ministérielle (Rép. min. : *JO* Sénat 27 déc. 2018, p. 6755, Bonnecarrère).

> ATTENTION **La dette afférente à la plus-value pour laquelle les héritiers ont renoncé à opter pour le maintien du report d'imposition pour lui préférer l'imposition immédiate est déductible de l'actif successoral au jour du décès. *A contrario*, l'impôt de plus-value ne peut pas être distrait de l'actif taxable lorsqu'il fait l'objet d'un report d'imposition (BOI-ENR-DMTG-10-40-20-10, 30 oct. 2014, § 190).**

2023 **Taxes foncières et taxes d'habitation.** Les impôts locaux mis en recouvrement l'année du décès sont admis en déduction s'ils n'ont pas été payés avant le décès. Si le défunt était marié sous le régime de la communauté, ils constituent un passif commun, qu'ils soient afférents à un immeuble propre ou commun.

2024 **Frais de dernière maladie.** Les frais de dernière maladie sont admis en déduction sans limitation de montant dès lors qu'ils sont justifiés et ne sont pas pris en charge au titre de l'assurance sociale.

2025 **Emprunts.** Les dettes d'emprunts garantis par un contrat d'assurance maladie-décès ne sont admises en déduction qu'à concurrence du solde non couvert par l'assurance. Les sommes versées par la compagnie d'assurance ne doivent pas être incluses à l'actif successoral.

II Dettes non déductibles

2026 **Présomption.** L'article 773, 2°, du CGI dispose que les dettes consenties par le défunt au profit de ses héritiers ou de personnes interposées ne sont pas déductibles de l'actif taxable. Les personnes désignées dans les articles 911, dernier alinéa sont réputées interposées. Il résulte de l'application combinée de l'article 773, 2° du CGI et de l'article 911, dernier alinéa, du Code civil, que les dettes au profit des père et mère, enfants et descendants de l'héritier ou légataire sont présumées fictives. Le Conseil constitutionnel a déclaré cette présomption conforme à la Constitution (Cons. const., 1er déc. 2017, n° 2017-676 QPC : *JurisData* n° 2017-024259).

2027 **Domaine d'application.** Seules les dettes d'origine contractuelle sont concernées. Par suite, sont déductibles :
- des dettes nées d'un quasi-usufruit né par l'effet de la loi (Cass. com., 27 mai 2015, n° 14-16.246 : *JurisData* n° 2015-012551. – Cass. com., 4 déc. 1984 : *BOI* 7 G-3-85. – Cass. com., 6 mai 1991. – BOI-ENR-DMTG-10-40-20-20, 30 mai 2016, § 60) ;
- des dettes nées d'un quasi-contrat de gestion d'affaires ;
- des dettes de pension alimentaire fixée par une décision judiciaire.

Une dette consentie par le défunt ne peut s'entendre que d'une dette volontairement contractée par celui-ci, auquel le terme « consentie » figurant dans l'article 773, 2° du CGI impose un comportement actif (CA Reims, 30 janv. 2018, n° 16/02077 : *JurisData* n° 2018-001551).

> ATTENTION **La chambre commerciale de la Cour de cassation (compétente en matière de droits d'enregistrement) considère que faute d'accord contraire, les réserves distribuées afférentes à des droits sociaux démembrés reviennent conjointement à l'usufruitier et au nu-propriétaire. Un quasi-usufruit ne naît**

ainsi pas l'effet de la loi, donnant lieu au décès du quasi-usufruitier à une dette de restitution librement déductible de l'actif taxable (Cass. com., 27 mai 2015, n° 14-16.246 : *JurisData* n° 2015-012551). Cependant, la jurisprudence des chambres diverge au sein de la Haute juridiction. Pour sa part, la première chambre civile analyse la distribution comme un « accroissement de l'actif social » revenant au seul nu-propriétaire (Cass. 1re civ., 22 juin 2016, nos 15-19.471 et 15-19.516 : *JurisData* n° 2016-012090), ce qui ne donnerait lieu à aucune déduction au décès de l'usufruitier.

2028 **Preuve contraire.** La présomption de fictivité ne peut être combattue que si les dettes résultent d'un acte authentique ou sous seing privé ayant acquis date certaine avant l'ouverture de la succession autrement que par le décès de l'une des parties contractantes (CGI, art. 773-2, al. 2).

2029 Ne sont pas déductibles :
- les dettes échues depuis plus de trois mois ;
- les dettes reconnues par testament ;
- les dettes hypothécaires garanties par une inscription périmée depuis plus de trois mois ;
- les dettes prescrites.

ATTENTION Les sommes dues par un exploitant agricole à l'un de ses héritiers au titre du contrat de travail à salaire différé peuvent être admises en déduction à la condition d'être justifiées par la production d'une attestation du créancier établie selon les formes et suivant les règles résultant de l'article L. 20 du LPF et mentionnant le montant de la créance ou la succession de l'exploitant (CGI, art. 774).

2030 Les dettes à la charge du défunt qui ont été contractées pour l'achat de biens compris dans la succession et exonérés de droits de mutation par décès ou dans l'intérêt de tels biens, sont imputées, par priorité sur la valeur desdits biens (CGI, art. 769). Sont exclues :
- les dettes qui ne résultent pas d'un contrat ;
- les dettes afférentes aux biens exonérés lorsque ces biens, pour l'acquisition desquels les dettes ont été contractées, sont sortis du patrimoine du défunt.

Lorsqu'un bien n'est assujetti aux droits de mutation à titre gratuit que pour une partie de sa valeur, le passif afférent à ce bien est déductible de l'actif héréditaire dans la même proportion.

III

Déduction de sommes autres que des dettes

2031 Lorsque les biens détenus en usufruit par le défunt se retrouvent en nature, ils ne font pas partie de la succession car ils sont repris par les nus-propriétaires sous réserve du jeu éventuel de la présomption de propriété énoncée par l'article 751 du CGI (V. *supra*, n° 1960). Dans le cas contraire, leur montant est déductible sous les justifications prévues pour la déduction du passif ordinaire (V. sur la distraction de l'actif taxable du portefeuille de valeurs mobilières dont le défunt était en totalité ou en partie usufruitier, F. Fruleux, *Comment déterminer l'actif taxable au décès de l'époux survivant resté en possession du portefeuille de valeurs mobilières commun ? : JCP* N 2000, p. 1352). La jurisprudence confirme que lors du règlement de la succession du survivant des époux, les sommes et valeurs dont le conjoint survivant n'était qu'usufruitier peuvent être distraites de l'actif taxable, sans que les héritiers aient à démontrer qu'ils n'ont pas été remplis de leurs droits durant le veuvage (Cass. com., 10 déc. 1996, *Lemaire : Ind. enr.*, n° 16947. – CA Reims, 9 juill. 2013, n° 11/03141 : *JurisData* n° 2013-030483). Par ailleurs, s'agissant des portefeuilles de valeurs mobilières, la Cour de cassation rappelle que l'usufruitier qui n'en conserve pas la substance est tenu d'indemniser le nu-propriétaire. Elle précise que cette indemnisation ne doit pas être chiffrée à hauteur des prix de cession appréhendés par l'usufruitier, mais en fonction la valeur qui aurait été celle du portefeuille en l'absence des prélèvements opérés par l'usufruitier (Cass. 1re civ., 16 juin 2011, n° 10-17.898 : *JurisData* n° 2011-011787). Fondée sur l'article 578 du Code civil, cette indemnité qui grève la succession de l'usufruitier est selon nous librement déductible de l'actif taxable, sans que la présomption de fictivité énoncée par l'article 773, 2° du CGI (V. *supra*, n° 2026) puisse être opposée par l'administration fiscale.

2032 Les sommes détenues à titre de mandataire, de tuteur, de dépositaire ne sont pas imposables.

2033 Les rentes et indemnités versées ou dues au défunt en réparation de dommages corporels liés à un accident ou à une maladie (CGI, art. 775 bis) et non plus uniquement celles versées aux victimes du SIDA, de la maladie de Creutzfeld-Jacob ou de l'amiante sont déductibles.

2034 Les biens légués sont à distraire de l'actif. En cas de legs net de frais et charges, les droits de mutation ne sont pas déductibles puisqu'ils naissent après le décès.

Fiche 33

Droits de mutation par décès – Exonérations liées à la qualité du successeur

2035 Après avoir détaillé les exonérations communes de mutation à titre gratuit (entre vifs et par décès) liées à la qualité de donataire ou à celle de successeur, nous exposons ci-après les exonérations de droits de mutation par décès concernant exclusivement certains successeurs. En la matière, l'apport de la loi n° 2007-1223 du 21 août 2007 (dite loi TEPA) est essentiel, puisque sont concernés le conjoint survivant et le partenaire lié au défunt par un pacte civil de solidarité, et à certaines conditions, les frères et sœurs ayant vécu avec le défunt sous le même toit. Ces exonérations sont applicables aux successions ouvertes à compter du 22 août 2007.

> **ATTENTION Contrairement à une idée reçue, l'exonération peut également s'appliquer dans le cadre de successions ouvertes avant cette date lorsque le fait générateur des droits est reporté après (taxation d'usufruits successifs, du second bénéficiaire d'une libéralité graduelle ou résiduelle, bénéficiaire d'une libéralité affectée d'une condition suspensive...).**

En matière de mutations gratuites, entre vifs, les intéressés restent par ailleurs soumis aux droits de donation. Enfin, sont également exonérées de droits de mutation par décès, les personnes qui sont dispensées de déclaration de succession en application des dispositions de l'article 800 du CGI. Sur ces personnes qui peuvent être des héritiers en ligne directe, des collatéraux ou encore des non-parents, nous renvoyons (V. *infra*, n° 2071).

2036 Le conjoint survivant est exonéré de droits de mutation par décès (CGI, art. 796-0 bis), dans le cadre les successions ouvertes à compter du 22 août 2007.

2037 **Avantages matrimoniaux.** Le conjoint survivant est désormais exonéré du paiement de droits de mutation par décès. Auparavant, seuls les biens qui lui étaient dévolus par l'effet d'une convention de mariage n'étaient pas assujettis à de tels droits, sans qu'il y ait à distinguer selon la présence ou non d'enfants d'un premier lit exerçant ou non l'action en retranchement.

2038 **Réversion d'usufruit.** Les réversions d'usufruit au profit du conjoint survivant relèvent du régime des droits de mutation par décès (CGI, art. 796-0 quater), de sorte qu'elles se trouvent exonérées lorsqu'elles bénéficient au conjoint survivant (CGI, art. 796-0 bis ; L. fin. n° 2007-1822, 24 déc. 2007, art. 21). L'administration admet que cette exonération bénéficie au conjoint survivant dans le cadre des décès survenus à compter du 22 août 2007 quelle que soit la date de l'acte contenant la réversion (BOI-ENR-DMTG-10-20-50-40, 12 sept. 2012, § 10).

2039 Par alignement sur la situation du conjoint survivant, le partenaire lié au défunt par un pacte civil de solidarité est exonéré de droits de mutation par décès (CGI, art. 796-0 bis) dans le cadre des successions ouvertes à compter du 22 août 2007. L'ensemble des réversions d'usufruit relevant, désormais des droits de mutation par décès, celles consenties entre partenaires d'un PACS se trouvent exonérées de droits de mutation par décès (CGI, art. 796-0 quater modifié L. fin. n° 2007-1822, 24 déc. 2007, art. 21). Par suite, les réversions d'usufruit entre partenaires sont exonérées de droits de succession.

ATTENTION L'administration admet par mesure de tempérament que les clauses de réversion d'usufruit sont, quelle que soit la qualité du bénéficiaire, soumises aux seuls droits de mutation par décès pour les décès intervenus à compter du 22 août 2007, même si l'acte instituant la clause de réversion d'usufruit est antérieur à cette date (V. *supra*, n° 2037).

Comme le conjoint survivant, le partenaire survivant n'est plus solidairement tenu au paiement des droits de succession dus par ses cohéritiers dans le cadre des successions ouvertes à compter du 22 août 2007.

2040 La loi TEPA a substitué à l'abattement spécifique de 57 000 € énoncé par l'ancien article 788-II une exonération totale de droits de mutation par décès pour les successions recueillies par les frères ou sœurs vivant sous le même toit (CGI, art. 796-0 ter).

2041 **Conditions.** Il s'agit des mêmes conditions qui étaient exigées pour l'application de cet abattement spécifique. Ainsi, la part de chaque frère ou sœur, célibataire, veuf, divorcé ou séparé de corps, est exonérée de droits de mutation par décès à la double condition :

– qu'il soit, au moment de l'ouverture de la succession, âgé de plus de cinquante ans ou atteint d'une infirmité le mettant dans l'impossibilité de subvenir par son travail aux nécessités de l'existence (sous réserve, sur ce dernier point, de produire un certificat médical circonstancié ou une pièce justificative suffisamment probante) ;

– qu'il ait été constamment domicilié avec le défunt pendant les cinq années ayant précédé le décès.

ATTENTION L'administration fiscale ne peut pas se fonder uniquement sur les déclarations fiscales de l'héritier en matière d'impôt sur le revenu (adresse mentionnée dans ses déclarations d'impôt sur le revenu, avantages fiscaux réservés à la résidence principale du contribuable) pour déterminer son domicile et lui refuser le bénéfice de l'exonération prévue par l'article 796-0-ter du CGI.

Le domicile commun s'entend de la définition donnée par les règles civiles (C. civ., art. 102) qui se réfèrent au « principal établissement » de la personne.

Nonobstant les indications mentionnées dans ses déclarations fiscales de revenus, l'héritier démontrait qu'il était constamment domicilié avec le défunt durant les cinq années précédant le décès en produisant les justificatifs suivants : attestations de personnes précisant qu'il vivait sans interruption depuis 1997 auprès de son frère ; – des factures dont l'intitulé portait l'adresse du domicile commun avec le défunt, dépôt de plainte lequel mentionnait cette même adresse, ouverture d'un compte courant auprès d'une banque dans cette ville, inscription sur les listes électorales (CA Angers, 24 mai 2016, n° 13/02628 : *JurisData* n° 2016-013039 ; *RFP* juill.-août 2016, obs. D. Faucher. – Dans le même sens, CA Aix-en-Provence, 23 juin 2015, n° 14/11066 : *JurisData* n° 2015-022878).

2042 Par mesure de tempérament, les réversions d'usufruit au profit d'un frère ou d'une sœur exonéré de droits de succession sont exonérées dans le cadre des intervenus à compter du 22 août 2007, même si l'acte instituant la clause de réversion d'usufruit est antérieur à cette date (V. *supra*, n° 2035).

Fiche 34

Droits de mutation par décès – Liquidation et paiement des droits

Sommaire

I Liquidation des droits ... 371
A Détermination des parts imposables ... 371
B Calcul de l'impôt ... 373
1 Principe ... 373
2 Cas particuliers ... 374
C Exemple de liquidation des droits ... 375
II Paiement des droits ... 376
A Moyens de paiement ... 376
B Règles particulières ... 376

I Liquidation des droits

A Détermination des parts imposables

2043 Les droits de succession sont dus sur la part nette recueillie par héritier ou légataire (CGI, art. 777).

ATTENTION Selon l'administration (BOI-ENR-DMTG-10-50-80, 24 août 2017, § 310), les successeurs qui succèdent à la fois au titre de la dévolution légale et de leur propre chef en vertu d'un legs particulier, à titre universel ou qui bénéficient d'une assurance-vie relevant de l'article 757 B du CGI (par exemple des petits-enfants succédant par représentation de leur auteur prédécédé et légataires particuliers) doivent faire l'objet d'une double liquidation. La part correspondant à chaque vocation est taxée séparément, au tarif applicable suivant le degré de parenté. Ainsi, par exemple, les petits-enfants ayant une double qualité bénéficient de l'abattement de 100 000 € sur la part successorale proprement dite leur revenant, mais uniquement de l'abattement de 1 594 € sur les legs ou les primes taxables leur revenant.

2044 Dans le cas de libéralités graduelles ou résiduelles (régies par les articles 1048 à 1061 du Code civil), lors de la transmission, le légataire (ou le donataire) institué en premier est redevable des droits de mutation à titre gratuit sur l'actif transmis dans les conditions de droit commun. Le légataire (ou le donataire) institué en second n'est redevable d'aucun droit. Au décès du premier légataire (ou le donataire), l'actif transmis est taxé d'après le degré de parenté existant entre le testateur (ou le donateur) et le second légataire (ou le donataire). Le régime fiscal applicable et la valeur imposable des biens transmis au second légataire (ou le donataire) sont déterminés en se plaçant à la date du décès du premier gratifié. Les droits acquittés par le premier légataire sont imputés sur les droits dus sur les mêmes biens par le second légataire (ou le donataire) (CGI, art. 784 C).

ATTENTION L'administration fiscale a énoncé une règle favorable de détermination des droits imputables lorsque la seconde transmission porte uniquement sur une partie des biens donnés ou légués au premier gratifié.
Les droits sont imputables même s'ils ont été pris en charge par le disposant.

2045 **Légataires particuliers.** Les légataires particuliers sont imposés sur les biens compris dans leurs legs, lesquels sont déduits des biens taxables entre les mains des héritiers ou légataires universels.

2046 **Legs nets de droits.** L'administration avait confirmé que lorsque les droits de mutation par décès dus sur un legs particulier ont été mis par le testateur à la charge de la succession, cette disposition n'a pas pour effet d'augmenter la valeur du legs ni, l'assiette taxable (Rép. min. Vialatte n° 6993 : *JOAN* 3 mars 2008). En d'autres termes, d'un point de vue fiscal, la prise en charge des droits par les héritiers ou légataires universels ne constitue pas un complément de libéralité soumis aux droits. Ainsi, lorsque le testament met à la charge d'un héritier non réservataire les droits de succession dus sur un legs particulier consenti au profit d'un tiers pour une valeur de 100, les droits mis à la charge des héritiers s'élèvent à 60 (100 × 60 %) et non à 96 [(100 + 60) × 60 %]. Cette stipulation testamentaire n'est toutefois pas opposable à l'administration, qui peut réclamer au légataire le paiement des droits exigibles sur son legs (Rép. min. Vialatte n° 6993 : *JOAN* 3 mars 2008), à charge pour légataire particulier de se faire rembourser par les héritiers ou légataires (Rép. min. Cressard : *JOAN* 12 juill. 1975, p. 5205).

2047 Dans le cadre des successions ouvertes à compter du 1er janvier 2007, les biens recueillis par un héritier ou un légataire en application de l'article 1002-1 ou du deuxième alinéa de l'article 1094-1 du Code civil sont réputés transmis à titre gratuit par le défunt (CGI, art. 788 bis). En cas de cantonnement de l'émolument du légataire ou de la libéralité *mortis causa* reçue par le conjoint, celui-ci n'est imposé que sur la part prise dans la libéralité. Les successibles qui bénéficient du cantonnement sont, pour leur part, taxés sur la part totale qu'ils recueillent, selon leur degré de parenté avec le défunt (BOI-ENR-DMTG-10-20-50-30, 12 sept. 2012, § 30).

ATTENTION Le cantonnement ne réalise aucune libéralité taxable entre le conjoint ou le légataire et le successeur qui en bénéficie et ne constitue pas une renonciation translative.
En raison de son caractère déclaratif, il ne donne pas en soi ouverture au droit de partage sur les biens faisant l'objet du cantonnement. Les biens concernés sont en effet réputés transmis au bénéficiaire par le défunt et non par l'auteur du cantonnement.

2048 En application de l'article 860 du Code civil, les donations en avancement de part successorale doivent être rapportées, c'est-à-dire ajoutées à l'actif successoral pour déterminer le montant des parts héréditaires, sauf à être déduites de la part de l'héritier gratifié, de manière à ne pas être taxées deux fois à l'impôt de mutation à titre gratuit (BOI-ENR-DMTG-10-50-10, 14 avr. 2016, § 70). Sur le plan fiscal, seul l'actif successoral net est donc, en toute hypothèse, susceptible d'être taxé dès lors que les donations sont déduites pour le montant pour lequel elles ont été rapportées. Le rapport a toutefois généralement pour effet d'accroître la part taxable revenant aux cohéritiers du gratifié, ce qui n'est pas neutre au regard de la progressivité de l'impôt (V. *JCl. Notarial Formulaire*, V° *Successions [Enreg.]*, Fasc. 90. – V. pour un exemple chiffré, F. Fruleux, *Liquidation des droits de succession : Sol. Not.* 7 févr. 2019, n° 5, 13).

ATTENTION Le conjoint survivant n'est pas à proprement parler ni créancier ni débiteur du rapport. Il est tenu à un « rapport spécial » en moins prenant des libéralités reçues du défunt dans les conditions définies à l'article 758-6 (Cass. 1re civ., 12 janv. 2022, n° 19-25.158 : *JurisData* n° 2022-000186). S'agissant des libéralités rapportables adressées à des cohéritiers, elles figurent dans la masse de calcul servant à fixer l'assiette des droits en propriété du conjoint. Mais ce dernier peut les exercer effectivement uniquement si une masse d'exercice suffisante le permet (C. civ., art. 758-5). C'est en fonction de ces règles que doit être fixée dans la déclaration de succession la part taxable revenant au conjoint survivant.

2049 Lors de l'actualisation du BOFiP-impôt, l'administration fiscale a réintroduit dans la doctrine qui lui est opposable la mesure de tempérament suivant laquelle la prise en charge des droits par le donateur ne constitue pas au plan fiscal un complément de donation qui rentrerait dans l'assiette des droits de donation. Ces derniers sont assis sur la seule valeur des biens donnés (BOI-ENR-DG-50-10-20, 27 févr. 2014). De son côté, la jurisprudence civile énonce que la prise en charge des droits par le donateur est susceptible d'être constitutive d'une donation indirecte sujette à rapport (Cass. 1re civ., 25 févr. 2009, n° 07-20.010 : *JurisData* n° 2009-047182).

> ATTENTION **Certains auteurs en déduisent que lors du règlement de la succession du donateur, ce rapport des droits pris en charge par le donateur entraînerait son rappel fiscal et sa taxation dans le cadre de la déclaration de succession, voire même, selon les circonstances, qu'une créance devrait être intégrée en actif de la succession du donateur (V. en ce sens, F. Douet : *Defrénois* 2009, p. 1545 et s. ; *Précis de droit fiscal de la famille*, LexisNexis, 12e éd. 2013, n° 2505). Cette analyse nous semble inexacte, procédant d'une confusion entre le rapport civil et le rappel fiscal.**

> ATTENTION **Lorsqu'une donation en avancement de part successorale excède la part du donataire dans la succession, l'administration fiscale admet que par mesure de tempérament, l'excédent soit déduit proportionnellement sur la part des autres héritiers (BOI-ENR-DMTG-10-50-10, 11 avr. 2016, § 70).**

2050 Le partage rétroagit au jour du décès, en vertu de l'effet déclaratif (C. civ., art. 883). Il détermine la portion légale que les cohéritiers recueillent dans la masse. Au lieu de payer les droits sur la fraction recueillie dans l'actif successoral, chaque attributaire doit l'impôt de mutation par décès sur les biens mis dans son lot par le partage. Lorsque des biens exonérés dépendent de la succession, seul l'attributaire des biens bénéficie de l'exonération. Mais, pour que le partage soit pris comme base pour l'établissement de la déclaration de succession, il doit être pur et simple, c'est-à-dire sans soulte ni plus-value de lot (BOI-ENR-DMTG-10-50-10, 11 avr. 2016, § 50 et 60). Bien que l'administration fiscale n'ait toujours pas intégré cette jurisprudence dans sa doctrine, ces principes doivent se combiner avec le principe de déchéance partielle consacré par la Cour de cassation (Cass. com., 10 juill. 2018, n° 16-26.083, P+B : *JurisData* n° 2018-012499) lorsqu'une partie du bien rural ayant bénéficié de l'exonération prévue par les articles 793, 2°, 3 et 793 bis est aliénée après que le partage de succession a été réalisé (V. sur cette question et les différentes solutions suivant les modalités du partage, F. Fruleux, *Biens ruraux loués par bail à long terme : portée et mise en œuvre de la remise en cause de l'exonération en cas d'aliénation partielle : JCP* N 2019, 1008).

2051 **Indication.** Le défaut d'indication dans la déclaration de succession, du partage pur et simple intervenu entre le décès et le dépôt de cette déclaration peut être considéré comme une omission s'il en est résulté une perception inférieure aux droits qui auraient dû être acquittés, à moins que l'acte de partage lui-même ne soit communiqué au receveur avec la déclaration.

2052 **Partage postérieur.** Un partage produisant l'effet rétroactif, même s'il est postérieur à la déclaration de succession, cette dernière devrait faire l'objet d'une déclaration rectificative dans les six mois de la réalisation du partage si les droits devaient être plus élevés en prenant le partage pour base. Il devrait en revanche permettre, à la suite d'une déclaration rectificative, de formuler une demande en restitution, si les droits étaient moins élevés.

2053 **Passif.** Lorsque le partage comprend du passif, il ne peut être tenu compte que du passif fiscalement déductible. De plus, le passif compris au partage, même celui non déductible, doit être réparti proportionnellement aux droits de chaque copartageant. Une répartition différente est en effet assimilée à une soulte faisant obstacle, sur le plan fiscal, à l'effet déclaratif du partage.

B Calcul de l'impôt

1 Principe

2054 Le calcul des droits de mutation s'opère de la façon suivante :

– sur chaque part successorale ou sur le montant de chaque legs, il est procédé à l'abattement (parfois à plusieurs abattements, lorsque le cumul est possible, par exemple l'abattement au profit des personnes handicapées avec un autre abattement) ;

– l'actif net taxable revenant à chaque héritier ou légataire est arrondi à l'euro le plus proche (CGI, art. 1649 undecies) ;
– on applique ensuite le tarif correspondant, en fonction du degré de parenté ainsi que du montant taxable ;
– enfin, on procède s'il y a lieu aux réductions pour enfants, ou autres.

ATTENTION **Lorsque des héritiers succèdent par représentation, chaque représenté bénéficie sur la part taxable lui revenant des premières tranches du tarif, ce qui est favorable. Il en résulte, contrairement à ce que soutenait l'administration (V. not. Rép. min. Le Nay : *JOAN* 2 sept. 2008, p. 7599 ; Instr. 10 juill. 2009), que lorsque le représenté laisse plusieurs représentants, le recours au mécanisme de la représentation a pour effet de réduire le montant des droits exigibles et d'accorder un avantage plus important que celui qui aurait été applicable en cas de survie du représenté ou en l'absence de renonciation (V. pour des exemples chiffrés, F. Fruleux, *Transmissions transgénérationnelles : les charmes discrets de la renonciation à succession : Actes prat. strat. patrimoniale* 2008, n° 4, p. 50).**

Les divers abattements, tarifs et réductions sont regroupés à la fin de cette partie (V. Fiche 39 : Droits de mutation à titre gratuit – Exonérations, abattements, tarifs et réductions, à laquelle le lecteur est invité à se reporter).

2 Cas particuliers

2055 **Renonciation pure et simple.** Dans le cadre des successions ouvertes à compter du 1er janvier 2007, l'article 785 du CGI ayant été abrogé, lorsque le successeur renonce purement et simplement à la succession (V. sur la distinction des renonciations abdicatives et translatives, *JCl. Notarial Formulaire*, V° *Successions [Enreg.]*, Fasc. 110 et 112), les héritiers ou légataires qui recueillent la part répudiée sont taxés en fonction de leur lien de parenté avec le défunt, même si ce tarif est plus avantageux que celui qui aurait été appliqué au renonçant. En cas de renonciation faite au profit d'une personne déterminée qui l'accepte, dite renonciation translative, il y a alors transmission de propriété entre le renonçant et le bénéficiaire de la renonciation. Cette opération, qui suppose que le renonçant ait préalablement accepté sa part dont il dispose ensuite rend le renonçant débiteur des droits de mutation par décès sur la part successorale. Une seconde mutation taxable s'opère entre renonçant et bénéficiaire de la renonciation. Cependant, les droits de donation ne sont exigibles que si l'accroissement de la part du bénéficiaire de la renonciation résulte de la seule volonté du renonçant. Lorsqu'elle ne modifie pas, en fait, les règles de la dévolution légale, la renonciation en faveur d'une personne déterminée est assimilée à une renonciation pure et simple (BOI-ENR-DMTG-10-50-80, 24 août 2017, § 300). La renonciation pure et simple à succession doit être sincère et effective pour permettre à l'acceptant de bénéficier du tarif plus favorable qui lui est applicable. Ce n'est pas le cas lorsqu'elle est simplement simulée ou poursuit un but exclusivement fiscal. Dans ces derniers cas, l'administration s'est expressément réservé la faculté de contester sur le fondement de l'abus de droit la renonciation qui serait fictive sur le terrain de l'abus de droit, en particulier s'il s'avérait que les biens répudiés étaient restitués concomitamment au renonçant par donation. L'administration a expressément confirmé ce point dans le cadre d'une décision de rescrit en date du 22 juillet 2008 (BOI-ENR-DMTG-10-50-80, 24 août 2017, § 290).

2056 **Rappel fiscal.** La règle du rappel fiscal qui ne doit pas être confondue avec celle du rapport civil qui joue lui aussi dans la déclaration de succession pour déterminer les parts successorales taxables entre les mains des héritiers (V. *supra*, n° 2045) concerne uniquement le tarif de l'impôt. Elle consiste afin de préserver la progressivité de l'impôt à tenir compte des donations antérieures reçues par l'héritier du défunt à l'exception de celles enregistrées depuis plus de quinze ans pour déterminer l'abattement résiduel et le cas échéant la tranche du tarif applicable à la part successorale de l'héritier gratifié depuis moins de quinze ans (CGI, art. 784). Sa mise en œuvre est simple : seule la part successorale est soumise aux droits de succession. L'abattement résiduel et les tranches du tarif progressif sont déterminés en déduisant du tarif en vigueur à la date du décès, l'abattement et des tranches dont le successeur a déjà bénéficié lors de la taxation des donations enregistrées depuis moins de quinze ans (BOI-ENR-DMTG-10-50-50, 13 févr. 2017, § 280 et s. – V. pour des exemples chiffrés, *JCl. Notarial Formulaire*, V° *Successions [Enreg.]*, Fasc. 90). Lorsque le donataire est décédé, le rappel fiscal est dû par ses descendants succédant en ses lieu et place par représentation (BOI-ENR-DMTG-10-50-50, 13 févr. 2017, § 120).

ATTENTION **La méthode préconisée par certains auteurs (V. not. préconisant cette méthode F. Douet, *Précis de droit fiscal de la famille*, LexisNexis, 12e éd. 2013, n° 2307. – A. Darmon et Ph. Vansteeland, *Le lissage des donations : variation autour de son plein effet* : *JCP* N 2011, 1310. – F. Douet et T. Bonduelle, *Radiographie de la France fiscale. Retour sur le lissage fiscal des donations* : *JCP* N 2012, 1197) consistant à rajouter le montant des donations sujettes à rappel à la masse taxable puis à retrancher le montant des droits acquittés lors de l'enregistrement des donations ne doit pas être retenue. Elle peut conduire à résultats erronés dans de nombreux cas. Ce mode de calcul n'est en outre pas celui qui est retenu par l'administration fiscale dans sa doctrine (BOI-ENR-DMTG-10-50-50, 13 févr. 2017, § 310, avec un exemple chiffré). Son utilisation a été condamnée par une réserve d'interprétation émise par le Conseil constitutionnel dans le cadre d'une QPC élevée à l'encontre des 2e et 3e alinéas de l'article 784 du CGI.**

C Exemple de liquidation des droits

2057 Le défunt décédé le 15 janvier 2023 laisse son conjoint, âgé de quatre-vingt-un ans, un enfant (A), et deux petits-enfants (B et C) venant par représentation d'un autre enfant prédécédé. Le défunt a consenti à son épouse survivante une donation à cause de mort de l'usufruit de ses biens. L'actif successoral s'élève à 1 800 000 €.

• **Épouse survivante** :

Cet actif de	1 800 000 €
revient :	
– À l'épouse survivante en usufruit.	
Valeur de cet usufruit : 2/10 de la pleine propriété (CGI, art. 669), soit	360 000 €
– Et aux héritiers pour le surplus	1 440 000 €
Dont moitié pour A est de	720 000 €
et le quart pour chacun de B et C de	360 000 €

En application de l'article 796 0 bis du CGI, le conjoint survivant est exonéré des droits de mutation de décès.

• **Enfant A** :

Il reçoit	360 000 €
Dont il faut déduire son abattement de	100 000 €
Reste taxable	260 000 €

Liquidation des droits :

	5 % sur 8 072	**403,60 €**
	10 % sur 4 037	403,704 €
	15 % sur 3 823	573,45 €
	20 % sur 244 068	48 813,60 €
Ensemble		50 194 €

• **Chaque petit-enfant** :

Chacun de B et C recueille dans la succession		180 000 €
Et à droit à moitié de l'abattement de 100 000, soit		50 000 €
Reste taxable		130 000 €
Liquidation des droits :		
	5 % sur 8 072	404,604 €
	10 % sur 4 037	404,704 €
	15 % sur 3 823	573,45 €
	20 % sur 114 068	22 813,60 €
Ensemble		241 194 €
Total pour B et C		48 388 €

II

Paiement des droits

2058 Les droits de mutation sont payables lors de l'enregistrement de la déclaration de succession. Le paiement est en principe intégral et préalable à l'exécution de la formalité (CGI, art. 1701), sous réserve d'exceptions (V. *infra*, n° 2059).

2059 Si, pour une cause quelconque, la déclaration ne peut être déposée dans le délai fixé, les héritiers et légataires peuvent verser des acomptes dans ce délai, versement qui permettra d'éviter à due concurrence les intérêts de retard.

A Moyens de paiement

2060 Les droits de mutation peuvent être acquittés en numéraire, par chèque, valeurs du Trésor (CGI, art. 1715). Sous réserve d'un agrément (V. CGI, ann. II, art. 384 A à 384 ter), ils peuvent également être payés par la remise d'œuvres d'art, d'objets de collection de haute valeur artistique ou historique, d'immeubles situés dans les zones d'intervention du conservatoire de l'espace littoral et des rivages lacustres ou encore de bois, forêts ou espaces naturels pouvant être incorporés au domaine forestier de l'État (V. CGI, art. 1716 bis).

B Règles particulières

2061 Par dérogation au principe rappelé plus haut posé par l'article 1701 du CGI et sous certaines conditions, le paiement des droits peut être fractionné ou différé (CGI, art. 1717). Afin d'éviter que les droits consécutifs à la transmission d'une entreprise ne génèrent des difficultés financières risquant de mettre l'entreprise en péril, les pouvoirs publics ont mis en place un régime de paiement différé puis fractionné, qui s'applique aussi bien aux mutations entre vifs qu'à celles par décès ; il est donc étudié parmi les dispositions communes aux mutations entre vifs et par décès. – V. égal. avec un exemple chiffré, *JCl. Notarial Formulaire*, V° *Successions [Enreg.]*, Fasc. 131).

2062 Les héritiers doivent constituer des garanties suffisantes pour le paiement des droits pour lesquels ils sollicitent un crédit de paiement. Tout type de garantie peut être offert, même s'il ne s'agit pas d'une sûreté telle qu'elle est définie par le Code civil (hypothèque, nantissement, cautionnement même non solidaire, délégation de paiement...), sur les biens successoraux ou ceux du successeur. Lors de l'examen de la demande de crédit, le comptable public doit cependant s'assurer que cette garantie est suffisante pour couvrir le montant des droits bénéficiant du crédit et ses accessoires.

2063 **Modalités.** Le paiement des droits s'effectue en plusieurs versements égaux, à intervalle de six mois au plus, dont le premier a lieu lors de la formalité. Pour tous les successeurs, le nombre de versements est en principe égal à trois. Il est toutefois porté à sept lorsque l'actif héréditaire comprend, à concurrence de 50 % au moins, certains biens non liquides : brevets d'invention, clientèles, créances non exigibles au décès, droits d'auteur, fonds de commerce y compris le matériel et les marchandises qui en dépendent, immeubles, matériels agricoles, bestiaux et récoltes, offices ministériels, parts sociales dans des sociétés dont le capital n'est pas divisé en actions, valeurs mobilières non cotées en Bourse, objets d'antiquité, d'art ou de collection (CGI, ann. III, art. 404 A, I).

> ATTENTION **En dépit de ce que laisse entendre le texte (CGI, ann. III, art. 404 A, I) qui précise que les versements « ne peuvent être supérieurs à trois » et que « le nombre des versements ne peut dépasser sept », le nombre d'échéances est toujours soit de trois soit de sept suivant que l'actif de succession comprend ou non, à concurrence de 50 % au moins des biens non liquides.**

2064 **Intérêts.** Les droits donnent lieu au versement d'intérêts dont le taux spécifique, est prévu par l'article 401 de l'annexe III au CGI. Il est déterminé par référence aux taux fixes des crédits immobiliers consentis aux particuliers, dont seule la première décimale est retenue. Ce taux est applicable pendant toute la durée du crédit (CGI, ann. III, art. 401).

> ATTENTION **Les taux du crédit de paiement sont indexés sur ceux pratiqués par les établissements de crédit**

au titre des crédits immobiliers à taux fixes consentis aux particuliers. Ils ont connu une augmentation significative pour les crédits sollicités à compter du 1er janvier 2023.

ATTENTION Ils s'élèvent en 2023 à :
– 1,70 % par an pour le taux de droit commun (CGI, ann. III, art. 401) ;
– 0,50 % par an pour le taux réduit applicable à certaines transmissions d'entreprises (CGI, ann. III, art. 404 GA).
Nos calculs validés par les indications fournies par l'administration sur le site *impots.gouv.fr* de ces taux se fondent sur la pratique retenue par l'administration fiscale consistant à retenir comme référence le taux effectif moyen le plus faible pratiqué au quatrième trimestre de l'année précédente par les établissements de crédit pour les prêts immobiliers à taux fixe consentis aux particuliers.
Au cas présent il s'agit du taux de 2,56 % applicable aux prêts d'une durée inférieure à dix ans (V. l'avis relatif à l'application des articles L. 314-6 du Code de la consommation et L. 313-5-1 du Code monétaire et financier concernant l'usure publié le 28 décembre dernier : *JO* 28 déc. 2022, texte n° 140).

2065 **Champ d'application.** Le paiement différé est applicable aux droits d'enregistrement exigibles en raison des mutations par décès (CGI, ann. III, art. 397) :
- qui comportent dévolution de biens en nue-propriété ;
- qui donnent lieu à l'attribution préférentielle prévue à l'article 832-1 du Code civil ou à la réduction prévue à l'article 924-3 du même code, dans les conditions fixées par l'article 1722 bis du CGI.

ATTENTION Par principe, les biens grevés d'un droit d'usage et d'habitation n'ouvrent pas droit au bénéfice du crédit de paiement différé. Toutefois, l'administration énonce une mesure de tempérament concernant les biens grevés du droit viager au logement du conjoint survivant (C. civ., art. 764).

2066 **Montant.** Corrélativement bénéficie du paiement différé la fraction des droits correspondant (CGI, ann. III, art. 404 B) :
- soit à la valeur imposable de la nue-propriété ;
- soit au montant des soultes ou récompenses payables à terme.

2067 **Échéance.** Le paiement des droits peut être différé jusqu'à l'expiration du délai qui ne peut excéder six mois comptés :
- soit de la date de la réunion de l'usufruit à la nue-propriété ou de la cession totale ou partielle de cette dernière ;
- soit du terme du délai imparti à l'attributaire, au légataire ou, au donataire pour le paiement des sommes dont il est débiteur envers ses cohéritiers.

La cession totale ou partielle par le légataire ou l'attributaire du bien entraîne l'exigibilité immédiate des droits en suspens (CGI, ann. III, art. 404 B, dernier al.).

2068 **Intérêts.** Les intérêts sont acquittés annuellement sur le montant du crédit de paiement différé (en ce qui concerne le taux applicable, V. *supra*, n° 2061), la première échéance venant un an après l'expiration du délai imparti pour souscrire la déclaration de succession (CGI, ann. III, art. 401). Toutefois, dans le cas de dévolution de biens en nue-propriété, le nu-propriétaire a la faculté de se faire dispenser du paiement des intérêts, à la condition que les droits de mutation par décès soient assis sur la valeur imposable, au jour de l'ouverture de la succession, de la pleine propriété des biens qu'il a recueillis (CGI, ann. III, art. 404 B).

ATTENTION L'option exercée pour la dispense de paiement de l'intérêt est irrévocable et joue même si en raison, par exemple, de l'aliénation des biens, le crédit de paiement cesse prématurément. En règle générale cette option est défavorable depuis que la faveur fiscale de l'usufruit a été revalorisée par la loi de finances pour 2004.

Fiche 35

Droits de mutation par décès – Établissement de la déclaration de succession

Sommaire

I Le déclarant 379
II Forme et contenu 380
A Forme 380
B Contenu 381
III Dépôt 382
A Délai 382
B Service des impôts compétent 383

2069 L'article 800, I du CGI impose en principe aux héritiers ou légataires et à leurs tuteurs et curateurs de souscrire une déclaration détaillée, même lorsque compte tenu des mesures d'exonération ou abattement aucun droit n'est exigible. Cependant lorsque l'actif brut successoral est faible, les successeurs sont dispensés de cette formalité (V. *infra*, n° 2071).

I Le déclarant

2070 Les héritiers étant solidaires pour le paiement des droits, à l'exception du conjoint survivant et des autres successeurs exonérés de droits (CGI, art. 1709), la déclaration de succession peut être souscrite par chacun d'eux au nom de tous.

2071 Il n'y a pas solidarité :
– entre les héritiers et légataires, entre légataires (universels, à titre universel ou particulier) (BOI-ENR-DG-50-20-20, 6 avr. 2016, § 170) ;
– entre les héritiers des héritiers prédécédés ;
– entre les héritiers exonérés.

II
Forme et contenu

A Forme

2072 La déclaration de succession peut être souscrite soit sur formules imprimées fournies par l'administration (imprimés 2705, 2706, 2705 A). Les notaires peuvent y substituer des documents reproduits par ordinateur. L'enregistrement peut également être dématérialisé. La loi de finances pour 2020 (L. fin. 2020, n° 2019-1479, 28 déc. 2019 : *JO* 29 déc. 2019, art. 150) a posé les premiers jalons en vue de l'instauration de l'« e-enregistrement » des déclarations de succession et l'article 150, I, 3° de la loi de finances pour 2020. Le passage vers cette dématérialisation implique d'adapter les textes législatifs afin de les expurger de toute référence aux formulaires papier (CGI, art. 800). À cette fin la loi de finances pour 2020 a supprimé à compter du 1er janvier 2020 la nécessité de souscrire la déclaration en deux exemplaires ainsi que l'obligation de produire un formulaire spécial dit « forain » (imprimé n° 2709-SD CERFA n° 10820) lorsque la succession comprend des immeubles situés en dehors de la circonscription du service des impôts auprès duquel la déclaration de succession est souscrite. L'article 281 O de l'annexe 3 au CGI qui détaille les modalités d'enregistrement de la déclaration de succession a été modifié par le décret n° 2019-1565 du 30 décembre 2019 afin de permettre l'enregistrement dématérialisé de la déclaration de succession. L'enregistrement en ligne s'effectue au moyen d'une plateforme dédiée créée au fur et à mesure du déploiement du service pour chaque impôt concerné. Un service des impôts chargé spécifiquement de l'enregistrement dématérialisé a été créé à cet effet. Le e-enregistrement des déclarations de succession est destiné à être déployé progressivement. Les délais annoncés par les pouvoirs publics (V. Rapp. L. Saint-Martin, Doc. AN n° 4787, 15e législature, vol. 1, p. 337) sont d'ores et déjà été dépassés. On peut espérer qu'avec cette nouvelle modalité l'exécution de la formalité soit instantanée, ce qui permettra d'éviter les écarts souvent de plusieurs mois existant entre le dépôt de la déclaration et son enregistrement qui sont loin d'être neutres notamment en matière de prescription (V. *infra*, n° 2106). L'enregistrement en ligne concernera uniquement les déclarations de succession déposées par les notaires, ce qui, suivant les indications des travaux préparatoires de la loi de finances pour 2022, représente entre 96 % et 98 % des déclarations souscrites (V. Exposé des motifs de l'amendement n° II 3491 présenté à l'Assemblée nationale le 6 novembre 2021 ; rapp. préc., Doc. AN n° 4787, V. 3, p. 337). La télétransmission des déclarations s'effectuera par un échange de fichiers dématérialisés sécurisé entre l'administration fiscale et le notaire. Les indications contenues dans la déclaration de succession originale notamment quant à sa sincérité (V. *infra*, n° 2079), imposent que la conformité à l'original de la copie télétransmise de la déclaration et l'identité des signataires soit établie de manière fiable. C'est pourquoi l'article 136 de la loi de finances pour 2022 a inséré à cette fin un article 802 bis dans le CGI qui détaille les mentions qui devront être apposées par le notaire sur la copie de la déclaration de succession télétransmise. Cette dernière devra mentionner la certification à la fois de l'identité des parties et de la conformité de la copie transmise à l'original, lequel sera conservé par le notaire.

> CONSEIL PRATIQUE **Le praticien est d'ores et déjà invité à adapter la rédaction des mandats qu'il reçoit des successeurs lors des règlements successoraux pour intégrer la télétransmission de la déclaration de succession.**
> **Il n'oubliera pas d'apposer les mentions de certification de l'identité des parties et de conformité à l'original qui deviendront des mentions de style lors de la rédaction des premières déclarations de succession qu'il télétransmettra. Ces mentions constituent en effet une condition requise pour l'enregistrement en ligne.**

2073 **Principe.** Les héritiers, légataires ou donataires, leurs tuteurs ou curateurs, sont tenus de souscrire une déclaration détaillée (CGI, art. 800, I). Sont dispensés de cette souscription :

– les ayants cause en ligne directe, le conjoint survivant et le partenaire lié par un pacte civil de solidarité lorsque l'actif brut successoral est inférieur à 50 000 € et à la condition que ces personnes n'aient pas bénéficié antérieurement, de la part du défunt, d'une donation ou d'un don manuel non enregistré ou non déclaré ;

– les autres personnes ci-dessus énumérées lorsque l'actif brut successoral est inférieur à 3 000 € (CGI,art. 800, I).

Les conjoints et partenaires survivants ainsi que les organismes exonérés de droits de succession en vertu de l'article 795 du CGI sont dispensés de fournir un certificat de non-exigibilité des droits pour obtenir le déblocage des capitaux-décès des contrats passibles des droits de succession en application de l'article 757 B du CGI (CGI, art. 806, III). La souscription d'une déclaration de succession partielle concernant ces contrats n'est donc plus nécessaire pour ces bénéficiaires.

> ATTENTION **Sauf lorsque l'actif de succession est faible, l'enregistrement d'une déclaration de succession reste obligatoire, même si l'hérédité revient à un successeur exonéré.**
> **En revanche, les successeurs dispensés de souscrire la déclaration de succession sont automatiquement exonérés des droits de succession qui pouvaient être exigibles (CGI, art. 796-0).**

2074 **Formulaires papier – e-enregistrement.** Les obligations déclaratives des successeurs ont été aménagées pour permettre le e-enregistrement des déclarations de succession (V. *supra*, n° 1942). L'administration fiscale n'a toujours pas actualisé sa doctrine suite à ces modifications (BOI-ENR-DMTG-10-60-30, 12 févr. 2017, § 30).

2075 L'article 150 de la loi de finances pour 2020 (citée *supra*, n° 1942) a supprimé à compter du 1er janvier 2020 la nécessité de souscrire un formulaire spécial dit « forain » (imprimé n° 2709-SD CERFA n° 10820) lorsque la succession comprend des immeubles situés en dehors de la circonscription du service des impôts auprès duquel la déclaration de succession est souscrite. Cette obligation n'est plus en effet énoncée par l'article 800 du CGI et n'est pas non plus imposée par l'article 281 O de l'annexe 3 au CGI issue du décret du 30 décembre 2019 détaillant les obligations déclaratives des successeurs.

B Contenu

2076 Les droits de succession étant calculés sur chaque part nette recueillie par les héritiers ou légataires, il y a lieu de mentionner dans la déclaration de succession la dévolution de l'hérédité compte tenu, le cas échéant, des dispositions à cause de mort prises par le défunt (donation entre époux, testament…).

2077 La déclaration de succession doit contenir l'énumération et l'estimation détaillée de tous les biens successoraux, imposables ou non. Les biens légués à titre particulier n'ont pas à figurer dans la déclaration souscrite par l'héritier ou le légataire universel.

2078 Les parties sont tenues de faire connaître dans tout acte constatant une transmission entre vifs à titre gratuit et dans toute déclaration de succession s'il existe ou non des donations antérieures consenties par le donateur ou le défunt aux donataires, héritiers ou légataires et, dans l'affirmative, le montant de ces donations ainsi que, le cas échéant, les noms, qualité et résidences des officiers ministériels qui ont reçu les actes de donation et la date de l'enregistrement de ces actes. Cette obligation s'étend aux donations indirectes et aux dons manuels non déjà révélés. Elle s'applique à toutes les libéralités, quelle que soit leur date, et même si elles sont antérieures de plus de quinze ans à la nouvelle transmission à titre gratuit (CGI, art. 784, al. 1er). Des obligations déclaratives spécifiques s'appliquent pour l'application de la limite de 300 000 € ou 500 000 € au-delà de laquelle le taux de l'exonération en faveur de la transmission de certains biens ruraux (CGI, art. 793, 2, 3°. – CGI, art. 793, 1, 4°. – Et CGI, art. 793 bis) chute de 75 % à 50 %. Elles sont détaillées par la partie réglementaire du CGI (CGI, ann. III, art. 281 A. – CGI, ann. III, art. 281 B. – Et CGI, ann. III, art. 281 C).

2079 L'article 802 du CGI fait obligation aux héritiers, donataires et légataires, tuteurs, curateurs ou administrateurs légaux de terminer toute déclaration de succession par une affirmation de sincérité, qui peut être manuscrite ou dactylographiée ou apposée à l'aide d'un cachet. Lorsque la déclaration est souscrite par un mandataire, celui-ci n'a pas à formuler, soit en son nom soit au nom de son mandant, l'affirmation de sincérité. De son côté, le mandant n'est pas tenu de souscrire l'affirmation dans la procuration qu'il donne. Celui qui a formulé frauduleusement l'affirmation de sincérité encourt des sanctions pénales, lesquelles se cumulent avec celles qui frappent les omissions et les dissimulations selon les lois fiscales (CGI, art. 1837). Lorsque la déclaration de succession est enregistrée en ligne (V. *supra*, n° 1942), le notaire, mandaté par les héritiers, légataires ou donataires, leurs tuteurs ou leurs curateurs qui transmet une copie de la déclaration prévue au I de l'article 800 au moyen d'un service en ligne mis à sa disposition par l'administration depuis une plateforme spécifique, doit apposer sur cette copie les mentions de certification de l'identité des parties et de conformité à l'original (CGI, art. 802 bis). Ces mentions constituent une condition requise pour l'enregistrement en ligne.

III Dépôt

A Délai

2080 Les déclarations de succession doivent être enregistrées dans un délai déterminé variant selon que le décès a lieu en France ou à l'étranger. Les délais de dépôt sont :
– de six mois, à compter du jour du décès, lorsque celui dont on recueille la succession est décédé en France métropolitaine ;
– d'une année, dans tous les autres cas (CGI, art. 641).

2081 En principe, le délai court du jour du décès sans que l'administration ait à prouver l'acceptation des héritiers, donataires et légataires. Toutefois, en cas de contestation judiciaire portant sur la validité d'un testament, les droits dus par un légataire qui n'est pas par ailleurs héritier légal ne deviennent exigibles qu'à la date à laquelle les tribunaux ont définitivement statué sur la validité du testament. Les héritiers légaux qui revendiquent la succession sont tenus, pour leur part, de souscrire la déclaration dans le délai de droit commun (Cass. com., 1er avr. 1997 : *JurisData* n° 1997-003173 ; *Dr. fisc.* 1997, comm. 580. – Cass. com., 17 oct. 1995 : *JurisData* n° 1995-002566 ; *BOI* 7 G-11-98. – Cass. com., 26 mars 2008, n° 07-11.703 : *JurisData* n° 2008-043354).

2082 **Disparu. Absent.** Le délai court de la transcription du jugement déclaratif d'absence sur les registres de l'état civil.

2083 **Héritiers inconnus.** Le délai court à compter du décès même lorsque tous les héritiers ne sont pas connus. C'est uniquement, lorsqu'aucun héritier n'est connu que l'administration fiscale que le délai imparti aux successibles ne commence à courir que du jour de la révélation qui leur a été faite de l'ouverture de la succession (Rép. min. fin. : *JOAN* Q 21 nov. 1994, p. 5766 ; BOI-ENR-DMTG-10-60-50, § 75, 30 oct. 2014).

> ATTENTION **Lorsque l'identité de certains héritiers est connue à l'expiration du délai légal, en vertu de la solidarité légale qui les unit, il leur appartient de souscrire la déclaration de succession en ce qui concerne l'intégralité de la succession.**

2084 **Biens rentrés dans l'hérédité.** Pour les biens rentrés dans l'hérédité après le décès, le délai de déclaration ne court qu'à partir du jour de l'événement qui provoque la réintégration des biens dans la succession (exemple : annulation judiciaire d'une vente ou d'une donation consentie par le défunt…).

2085 **Legs fait sous condition suspensive.** Si un legs est consenti sous condition suspensive, le délai court seulement du jour où la condition s'accomplit. Les droits sont dus suivant le régime fiscal en vigueur et selon la valeur des biens au jour de la réalisation de la condition et non au jour du décès (CGI, art. 676).

2086 **Legs aux départements, aux établissements publics ou d'utilité publique.** Le délai court du jour où l'autorité compétente a statué sur la demande en autorisation d'accepter le legs (CGI, art. 644 et 645). Mais si la décision de l'autorité compétente n'est pas intervenue dans le délai de deux ans à compter du décès, l'héritier ou le légataire saisi est tenu de verser avant l'expiration de ce délai les droits afférents aux biens légués d'après le taux réglé selon son degré de parenté avec le défunt. Les dispositions des articles 644 et 645 du CGI ne s'appliquent pas aux légataires particuliers qui sont propriétaires des biens légués dès le jour du décès (C. civ., art. 1014. – BOI-ENR-DMTG-10-60-50, 30 oct. 2014, § 130).

2087 **Successions comportant des droits immobiliers dont le titre de propriété n'a pas été publié ou transcrit.** Suite à l'invalidation par le Conseil constitutionnel de la prorogation du délai spécial applicable aux successions comprenant des biens et droits immobiliers situés en Corse l'article 11, I, A de la loi de finances pour 2014 (L. n° 2013-1278, 29 déc. 2013 : *JO* 30 déc. 2013 ; *Dr. fisc.* 2014, n° 1-2, comm. 56. – V. F. Fruleux, *Loi de finances pour 2014 : dispositions concernant les transmissions à titre gratuit et les stratégies d'optimisation fiscale : JCP* N 2014, 1051) a mis en place un délai dérogatoire de souscription de la déclaration de succession, codifié à l'article 641 bis du CGI, applicable lorsque la succession comprend des biens ou droits immobiliers pour lesquels le titre de propriété du défunt n'a pas été régulièrement publié au fichier immobilier.

2088 Le domaine d'application de ce délai dérogatoire est plus vaste que celui résultant de l'ancien article 641 bis du CGI. Le délai de vingt-quatre mois s'applique en effet sur l'ensemble du territoire national. Il n'est pas réservé aux seuls biens situés en Corse. Il s'applique aux successions ouvertes dès le 30 décembre 2013 (BOI-ENR-DMTG-10-60-50, 30 oct. 2014, § 228). Le délai spécial de 24 mois nécessite que les attestations de propriété mentionnées au 3° de l'article 28 du décret n° 55-22 du 4 janvier 1955 portant réforme de la publicité foncière relatives à ces biens dressés après le décès reconstituant les titres de propriété soient publiées dans les vingt-quatre mois suivant le décès.

ATTENTION Le défaut de publication de l'attestation de propriété dans les vingt-quatre mois suivant le décès, même s'il concerne une seule parcelle dont le titre n'avait pas été publié, conduira à appliquer rétrospectivement le délai de droit commun de six mois pour la souscription de la déclaration de succession (BOI-ENR-DMTG-10-60-50, 30 oct. 2014, § 30, 228 et 230). En conséquence, l'intérêt de retard sera exigible sur le montant des droits dus à compter du premier jour du septième mois suivant le décès.

2089 **Régime de la Corse.** L'article 51 de la loi n° 2002-92 du 22 janvier 2002 relative à la Corse avait porté de six à vingt-quatre mois le délai de dépôt des déclarations de succession comportant des immeubles ou droits immobiliers situés en Corse (CGI, art. 641 bis, I, nouveau). L'article 33 de la loi de finances rectificative pour 2008 (L. n° 2008-1443, 30 déc. 2008) avait prorogé l'application de ce délai dérogatoire jusqu'au 31 décembre 2012. Ce délai spécial a cessé de s'appliquer dans le cadre des successions ouvertes à compter du 1er janvier 2013, l'article 14 de la loi de finances pour 2013 qui prévoyait de proroger ce dispositif ayant été censuré par le Conseil constitutionnel.

2090 Indépendamment des intérêts et pénalités de retard, le défaut de déclaration régulière dans le délai légal peut entraîner la mise en œuvre par l'administration de la procédure de taxation d'office prévue au 4° de l'article L. 66 du LPF.

2091 Au titre de son devoir de conseil, le notaire a l'obligation, d'une part, d'informer les héritiers et les légataires de la nécessité de souscrire la déclaration de succession dans le délai légal ainsi que des sanctions encourues du fait du non-respect du délai, et, d'autre part, en cas d'impossibilité soit de déposer la déclaration soit d'acquitter la totalité des droits, de leur conseiller de verser un acompte dans le délai, de façon à limiter les intérêts de retard. Il est nécessaire que les intéressés reconnaissent par écrit avoir reçu ces informations et conseils.

B Service des impôts compétent

2092 La déclaration doit être souscrite auprès du service des impôts du domicile du défunt, quelle que soit la situation des valeurs mobilières ou immobilières à déclarer (CGI, art. 656) et quelle que soit sa nationalité. Les déclarations de succession de personnes non domiciliées en France sont déposées auprès du service des impôts des non-résidents, 10, rue du Centre, 93160 Noisy-le-Grand (pour ceux ayant résidé habituellement dans la Principauté de Monaco, au service départemental de l'enregistrement de Nice, CGI, ann. IV, art. 121 Z quinquies mod. par A. 13 oct. 2017). L'enregistrement en ligne s'effectue au moyen d'une plateforme dédiée.

Fiche 36

Droits de mutation par décès – Contrôle et sanction

Sommaire

I Mesures de contrôle 385
II Intérêt de retard, pénalités 386
A Retard 386
B Insuffisances d'évaluation, omissions ou inexactitudes 386
III Prescription 388

I Mesures de contrôle

2093 Les administrations publiques, ainsi que diverses personnes – parmi lesquelles les officiers publics ou ministériels – qui sont dépositaires, détenteurs ou débiteurs de titres, sommes ou valeurs dépendant d'une succession qu'ils savent ouvertes doivent adresser, soit avant le paiement, la remise ou le transfert, soit dans la quinzaine qui suit ces opérations, à la direction des services fiscaux du département de leur résidence, la liste de ces titres, sommes ou valeurs (CGI, art. 806, I). L'article 84 de la loi de finances pour 2016 (L. n° 2015-1785, 29 déc. 2015) a abrogé l'article L. 102 A du LPF, qui faisait obligation aux maires de transmettre chaque trimestre au service des impôts les relevés des actes de décès certifiés par eux, ces informations étant désormais transmises de manière dématérialisée à l'administration fiscale. Lors d'une actualisation du BOFiP-Impôts datant du 2 mai 2019, l'administration fiscale a supprimé en conséquence les commentaires consacrés à cette procédure (BOI-ENR-DMTG-10-70-10, 2 mai 2019, § 10).

2094 Les sociétés et organismes d'assurances ne peuvent se libérer des sommes, rentes ou émoluments quelconques dus par eux à raison ou à l'occasion du décès de l'assuré, à tout bénéficiaire domicilié en France ou à l'étranger, si ce n'est sur la présentation d'un certificat délivré par le comptable des impôts constatant soit l'acquittement soit la non-exigibilité de droits de mutation par décès. Ils peuvent, toutefois, sur la demande écrite des bénéficiaires, verser tout ou partie des sommes dues par eux, en l'acquit des droits de mutation par décès. Par ailleurs, le certificat de non-exigibilité des droits n'est plus requis pour le déblocage des garanties revenant au conjoint ou partenaire survivant lorsqu'ils sont domiciliés en France ou à des organismes exonérés de droits de mutation à titre gratuit en vertu de l'article 795 du CGI.

> ATTENTION **Ces dispositions ne sont pas applicables lorsque l'ensemble des sommes dues par un ou plusieurs assureurs n'excèdent pas 7 600 € et reviennent à des successibles en ligne directe n'ayant pas à l'étranger un domicile de fait ou de droit (CGI, art. 806, III. – L. fin. rect. n° 2017-1775, 28 déc. 2017, art. 16).**

2095 Un certain nombre d'administrations, d'établissements et de personnes – parmi lesquelles les officiers publics ou ministériels – dépositaires, détenteurs ou débiteurs de titres, sommes ou valeurs dépendant d'une succession qu'ils sauraient dévolue à un ou plusieurs héritiers ou légataires ayant à l'étranger leur domicile de fait ou de droit ne peuvent s'en libérer que sur présentation d'un certificat délivré par le comptable des impôts constatant l'acquittement des droits ou leur non-exigibilité. De même tout acquéreur d'un immeuble ou d'un fonds de commerce situé en France et dépendant d'une succession dévolue à un ou plusieurs héritiers ou légataires ayant leur domicile à l'étranger ne peut se libérer du prix que sur présentation d'un certificat délivré par le comptable des impôts (CGI, art. 807 et 803).

2096 En cas de transmission par décès d'un office à un héritier ou légataire unique, ce dernier doit produire à l'appui de sa demande de nomination un certificat délivré sans frais par le comptable public compétent constatant soit l'acquittement, soit la non-exigibilité du droit de mutation par décès (CGI, art. 859, al. 2).

II

Intérêt de retard, pénalités

A Retard

2097 Les redevables qui, n'ont pas souscrit la déclaration définitive de succession à l'issue du délai légal sont débiteurs d'un intérêt de retard sous déduction des acomptes versés dans les délais.

2098 **Succession donnant ouverture à des droits.** Les parties qui n'ont pas souscrit la déclaration de succession (donnant lieu à des droits) dans le délai légal (V. *supra*, n° 2086), sont redevables :
- de l'intérêt de retard depuis le premier jour du mois suivant celui au cours duquel l'impôt devait être acquitté jusqu'au dernier jour du mois du paiement (CGI, art. 1727). Le taux de cet intérêt a été ramené de 0,40 % à 0,20 % pour les intérêts courant à compter du 1er janvier 2018 par l'article 55 de la loi de finances rectificative pour 2017 (L. n° 2017-1775, 28 déc. 2017). Ce taux s'applique aux intérêts courant du 1er janvier 2018. Il a été pérennisé par l'article 68 de la loi de finances pour 2021 (L. fin. 2021, n° 2020-1721, 29 déc. 2020 : *JO* 30 déc. 2020) ;
- cet intérêt de retard est majoré d'une pénalité de 10 % passé le délai d'un an à compter du décès lorsque le dépôt n'a toujours pas été effectué (CGI, art. 1728, 2, al. 1er) ;
- cette majoration est portée à 40 % après un délai de quatre-vingt-dix jours à compter de la notification d'une mise en demeure non suivie du dépôt de la déclaration de succession (CGI, art. 1728, 2, al. 2).

2099 **Succession ne donnant ouverture à aucun droit.** Depuis la suppression des articles 1725 et 1726 du CGI (Ord. n° 2005-1512, 7 déc. 2005, art. 12, 2° et art. 25), l'application de sanctions particulières n'est pas certaine en cas de défaut de dépôt d'une déclaration de succession ne donnant ouverture à aucun droit. En effet, une amende de 150 € par document omis est bien prévue (V. CGI, art. 1729 B, I), mais elle concerne les documents « autres que la déclaration de succession ».

2100 Les pénalités incombent à ceux qui sont tenus de souscrire la déclaration de succession, c'est-à-dire aux héritiers, donataires ou légataires ou leur représentant légal. Lorsqu'ils ont négligé de faire, dans les délais prescrits, les déclarations des biens transmis par décès aux héritiers, donataires ou légataires, les tuteurs et curateurs supportent personnellement les peines prévues à l'article 1728 et au 1 de l'article 1729 B (CGI, art. 1840 F).

B Insuffisances d'évaluation, omissions ou inexactitudes

2101 En matière de déclaration de succession, il y a insuffisance d'évaluation lorsque des biens ont été évalués pour une valeur inférieure à celle qui aurait dû servir de base au calcul du droit d'enregistrement. Par inexactitude, il convient d'entendre toute erreur, volontaire ou non, affectant l'un quelconque des renseignements fournis sur les documents parvenus au service et susceptibles d'influer sur la liquidation des droits (exemple : indication inexacte du degré de parenté entre le défunt et les héritiers). Il y a omission lorsque les héritiers n'ont pas compris dans la déclaration de succession de leur auteur tous les biens assujettis à l'impôt ; et plus généralement lorsque le fait d'avoir omis un élément d'actif quelconque ou une mention a un intérêt pour la détermination de l'actif imposable ou pour la détermination exacte des droits des ayants droit à la succession.

2102 Lorsque la déclaration de succession fait apparaître une base d'imposition ou des éléments servant à la liquidation de l'impôt insuffisants, inexacts ou incomplets, le montant des droits mis à la charge du contribuable est assorti d'un intérêt de retard de 0,20 % par mois de retard (taux applicable aux intérêts courant à compter du 1er janvier 2018). Il est arrêté au dernier jour du mois de la notification de la proposition de rectification. Cet intérêt de retard ne constitue pas une sanction mais la réparation du préjudice financier du Trésor public. Les droits peuvent, en outre, être majorés, savoir :
- de 40 % en cas de manquement délibéré du déclarant (CGI, art. 1728, 1, b) ou d'abus de droit lorsque le redevable n'a pas eu l'initiative principale des actes, ou n'en est pas le principal bénéficiaire (CGI, art. 1729, b) ;
- de 80 % ou 40 %, selon le cas, en cas de manœuvres frauduleuses ou d'abus de droit au sens de l'article L. 64 du LPF (CGI, art. 1729).

En cas de manquement délibéré du déclarant, aucune majoration ne peut s'ajouter à l'intérêt de retard.

2103 Depuis l'entrée en vigueur de la loi ESSOC (L. n° 2018-727, 10 août 2018), le montant dû au titre de l'intérêt de retard est réduit de 50 % en cas de dépôt spontané par le contribuable, avant l'expiration du délai de reprise de l'administration fiscale, d'une déclaration rectificative à condition, d'une part, que la régularisation ne concerne pas une infraction exclusive de bonne foi et, d'autre part, que la déclaration soit accompagnée du paiement des droits simples (CGI, art. 1727 V). Cette disposition s'applique aux déclarations rectificatives déposées à compter de la publication de ladite loi, c'est-à-dire à compter du 11 août 2018. Cette minoration de moitié ne peut pas s'appliquer à l'intérêt dû en raison du retard pris dans la souscription de la déclaration de succession, même lorsque la déclaration est enregistrée spontanément par le redevable. Par ailleurs, si, dans un délai de 30 jours à compter de la réception d'une demande mentionnée aux articles L. 10, L. 16 ou L. 23 A du présent code ou de la réception d'une proposition de rectification ou d'un examen de situation fiscale personnelle, avant toute proposition de rectification, le contribuable demande à régulariser les erreurs, inexactitudes, omissions ou insuffisances dans les déclarations souscrites dans les délais, il est redevable d'un montant égal à 70 % de l'intérêt de retard prévu à l'article 1727 du CGI. Cette procédure de régularisation ne peut être appliquée que si :
1° elle ne concerne pas une infraction exclusive de bonne foi ;
2° le contribuable dépose une déclaration complémentaire dans les trente jours de la demande de régularisation mentionnée au premier alinéa du présent article et s'acquitte de l'intégralité des suppléments de droits simples dus et des intérêts de retard calculés en application du même premier alinéa soit au moment du dépôt de cette déclaration complémentaire, soit, en cas de mise en recouvrement par voie de rôle, au plus tard à la date limite de paiement portée sur l'avis d'imposition.

À défaut de paiement immédiat des droits simples, le bénéfice de la réduction de l'intérêt de retard est conservé en cas d'acceptation par le comptable public d'un plan de règlement des droits simples (LPF, art. L. 62).

2104 **Intérêt de retard non dû – mention expresse.** Lorsqu'un déclarant fait connaître, par une indication expresse portée sur la déclaration ou dans une note y annexée, les motifs de droit ou de fait pour lesquels il ne mentionne pas certains éléments d'imposition en totalité ou en partie, ou donne à ces éléments une qualification qui entraînerait, si elle était fondée, une taxation atténuée, ou fait état de déductions qui sont ultérieurement reconnues injustifiées, les redressements opérés à ces titres n'entraînent pas l'application de l'intérêt de retard (CGI, art. 1727, II, 2°). Il n'est pas non plus exigible au titre des éléments d'imposition afférents, lorsque le principe ou les modalités de la déclaration de ces éléments se heurtent, soit à une difficulté d'interprétation d'une disposition fiscale entrée en vigueur à compter du 1er janvier de l'année précédant l'échéance déclarative, soit à une difficulté de détermination des incidences fiscales d'une règle comptable, et que les conditions suivantes sont remplies :
1° le contribuable de bonne foi a joint à sa déclaration la copie de la demande, déposée avant l'expiration du délai de déclaration, par laquelle il a sollicité de l'administration, de manière précise et complète, une prise de position sur la question sans obtenir de réponse ;
2° l'administration n'a pas formellement pris position sur la question avant l'expiration du délai de déclaration (CGI, art. 1727, II, 2° bis).

2105 **Intérêt de retard non dû. Tolérance d'un dixième.** Sauf en cas de manquement délibéré, l'intérêt de retard et les majorations ne sont pas applicables en ce qui concerne les droits dus à raison de l'insuffisance des prix ou évaluations déclarés pour la perception des droits d'enregistrement lorsque l'insuffisance des chiffres déclarés appréciés pour chaque bien n'excède pas le dixième de la base d'imposition (CGI, art. 1727, II, 3).

III Prescription

2106 Nous avons vu précédemment (V. *JCl. Roulois*, Fasc. 4120) les prescriptions en matière de droits d'enregistrement en général. Elles sont applicables aux droits de mutation par décès. Nous n'en rappelons ci-dessous que les règles générales.

• Textes

• LPF, art. L. 21 B, L. 55, L. 180 à L. 188-A, L. 189 et L. 275.

2107 Dans tous les cas où il n'est pas édicté de prescription plus courte, le droit de reprise de l'administration s'exerce pendant un délai expirant le 31 décembre de la sixième année suivant celle au cours de laquelle le fait générateur de l'impôt (c'est-à-dire en général le décès) est survenu (LPF, art. L. 186).

2108 **Interruption.** La prescription est interrompue par la notification d'une proposition de rectification, par la déclaration ou notification d'un procès-verbal, par tout acte comportant reconnaissance des redevables ou par tout autre acte interruptif de droit commun.

ATTENTION **En application de l'article 10, I, 1° de l'ordonnance n° 2020-306 du 25 mars 2020 relative à la prorogation des délais échus pendant la période d'urgence sanitaire et à l'adaptation des procédures pendant cette même période, depuis lors modifiée (Ord. n° 2020-306, 25 mars 2020 : *JO* 26 mars 2020), les délais accordés à l'administration pour réparer les omissions totales ou partielles constatées dans l'assiette de l'impôt, les insuffisances, les inexactitudes ou les erreurs d'imposition et appliquer les intérêts de retard et les sanctions en application des articles L. 168 à L. 189 du LPF sont suspendus à compter du 12 mars 2020 et jusqu'au 23 août 2020 inclus et ne courent qu'à compter de cette dernière date lorsque la prescription est acquise au 31 décembre 2020.**
Cette disposition revient à repousser les délais de reprise concernés de 165 jours lorsqu'ils avaient vocation à expirer le 31 décembre 2020.
Sont en particulier concernés en matière de droits de mutation à titre gratuit les délais de reprise régis par les articles L. 180, L. 181, L. 181-0-1, L. 181 A, L. 181 B et L. 186 du LPF.
Ainsi, pour un délai de reprise expirant normalement le 31 décembre 2020, la proposition de rectification doit parvenir au contribuable au plus tard le 14 juin 2021.

ATTENTION **Le versement d'un acompte à valoir sur les droits de succession reconnaît l'obligation du redevable à l'égard du Trésor et interrompt la prescription (C. civ., art. 2240).**

La notification d'un avis de mise en recouvrement interrompt également la prescription courant contre l'administration et y substitue la prescription quadriennale (LPF, art. L. 189 et L. 275).

2109 L'action en répétition dont l'administration dispose au regard des droits d'enregistrement peut être exercée jusqu'à l'expiration de la troisième année suivant celle du dépôt de la déclaration de succession, à condition toutefois que l'exigibilité de ces droits ait été suffisamment révélée par la déclaration enregistrée sans qu'il soit nécessaire de recourir à des recherches ultérieures (LPF, art. L. 180).

CONSEIL PRATIQUE **On peut espérer qu'avec l'exécution de la formalité en ligne applicable lorsque la déclaration de succession**

fait l'objet d'un « e-enregistrement » (V. *supra*, n° 1942) l'enregistrement de la déclaration de succession soit instantané. Cela permettrait d'éviter les écarts souvent de plusieurs mois existant entre le dépôt de la déclaration et son enregistrement.

Pour les successions non déclarées ou s'il s'agit d'une omission de biens dans une déclaration de succession, le délai de reprise prévu à l'article L. 180 court à compter du jour de l'accomplissement de la formalité fusionnée ou de l'enregistrement d'un écrit ou d'une déclaration mentionnant exactement la date et le lieu du décès du défunt ainsi que le nom et l'adresse de l'un au moins des ayants droit, sans qu'il puisse en résulter une prolongation du délai de six ans énoncé par l'article L. 186. La prescription ne court qu'en ce qui concerne les droits dont l'exigibilité est révélée sur les biens, sommes ou valeurs expressément énoncés dans l'écrit ou la déclaration comme dépendant de l'hérédité (LPF, art. L. 181).

2110 La valeur des biens donnés depuis moins de 15 ans avant le décès et sujets au rappel fiscal en vertu du deuxième alinéa de l'article 784 du CGI peut, pour l'application du rappel seulement, être rectifiée (LPF, art. L. 181 B). L'article L. 181 B du LPF permet en effet à l'administration de rehausser la valeur d'une donation consentie depuis moins de quinze ans et sujette à rappel et de tenir compte dans le cadre du nouveau fait générateur des droits de la valeur rehaussée pour apprécier le plafond (d'un montant de 300 000 € depuis le 1er janvier 2019) au-delà duquel l'exonération est ramenée à 50 %.

ATTENTION Le texte inséré par la première loi de finances rectificative pour 2011 ne précise pas la durée du délai de reprise dont dispose l'administration. En l'absence de délai spécifié, le délai sexennal de droit commun devrait s'appliquer. Toutefois, tant les travaux parlementaires que la finalité du dispositif conduisent à considérer qu'il s'agit en réalité du délai triennal abrégé (LPF, art. L. 180). L'administration a admis cette analyse dès lors que le rappel est effectivement opéré dans la déclaration de succession (BOI-ENR-DMTG-10-50-50, 13 févr. 2017, § 140).

2111 Le rehaussement concerne uniquement les droits de succession exigibles au titre du rappel. En revanche, la perception initiale (droits de donation) n'est pas remise en cause.

2112 Lors de la révélation du don, le donataire peut opter pour la déclaration du don et le paiement des droits dans le mois suivant le décès du donateur (CGI, art. 625 A). Lorsque le donataire a exercé cette option, le droit de reprise de l'administration s'exerce jusqu'à l'expiration de la sixième année suivant le décès du donateur (LPF, art. L. 181 A).

2113 Dans le cadre des successions ouvertes depuis le 1er janvier 2009, les signataires de déclarations de succession peuvent demander à l'administration de contrôler la déclaration dont ils sont signataires (LPF, art. L. 21 B ; inséré par la loi de finances rectificative pour 2008).

2114 La demande de contrôle, pour être recevable, doit être :

- signée par les bénéficiaires d'au moins un tiers de l'actif net déclaré et transmis lors de la mutation ;
- relative à une déclaration enregistrée avant la réception d'un avis de mise en demeure de souscrire la déclaration mentionnée à l'article L. 67 ;
- et présentée au plus tard dans le délai de trois mois suivant l'enregistrement de la déclaration, sans pouvoir être antérieure à la date de cet enregistrement.

2115 Lorsque le contrôle est effectué à la demande des successeurs, l'administration ne peut proposer aucun rehaussement d'imposition après un délai d'un an suivant la date de réception de la demande de contrôle. Cette période d'un an est prorogée, dans deux cas :

- du délai de réponse du contribuable aux demandes de renseignements, justifications ou éclaircissements qui lui ont été adressées par l'administration, pour la partie qui excède le délai de trente jours prévu à l'article L. 11 du LPF lorsque le redevable y répond plus de trente jours après la réception de la demande ;
- du délai nécessaire à l'administration pour recevoir les renseignements demandés aux autorités étrangères lorsque des biens situés à l'étranger figurent dans la déclaration de succession ou l'acte de donation.

2116 La garantie offerte par la procédure de contrôle « sur demande » ne s'applique pas aux rehaussements d'imposition :

1° découlant de l'omission, dans l'acte ou la déclaration, de la mention de biens, droits, valeurs ou donations antérieures qui auraient dû y figurer ;

2° ou procédant de la remise en cause d'une exonération ou d'un régime de taxation favorable en raison du non-respect d'un engagement ou d'une condition prévus pour en bénéficier ;
3° ou proposés dans le cadre de la procédure prévue à l'article L. 64.

ATTENTION Sauf si la mauvaise foi du redevable était établie, l'exclusion de la garantie prévue par le 3° ne concerne pas par principe les rectifications réalisées par l'administration fiscale sur le terrain de la nouvelle procédure permettant à l'administration fiscale de remettre en cause les actes ou opérations poursuivant un but principalement fiscal (LPF, art. L. 64 A issu de la loi de finances pour 2019). L'administration fiscale a confirmé ce point dans ses commentaires (BOI-CF-PGR-40-20, 31 janv. 2020, § 340).

2117 Afin de permettre à l'administration de lutter efficacement contre les irrégularités les plus répréhensibles, l'article L. 187 du LPF prévoit que lorsque la découverte d'agissements frauduleux entraîne le dépôt d'une plainte en vue de l'application de l'une des sanctions pénales prévues par le CGI, le service des impôts peut opérer des contrôles et procéder à des rehaussements au titre des deux années excédant le délai ordinaire de prescription. Cette prorogation de délai est opposable aux auteurs des agissements, à leurs complices et, le cas échéant, aux personnes pour le compte desquelles la fraude a été commise.

2118 Lorsque l'obligation de déclarer les comptes bancaires et les contrats d'assurance-vie à l'étranger ainsi que des *trusts* n'a pas été respectée, le délai de reprise dont dispose l'administration fiscale est porté à dix ans pour procéder à des redressements en matière d'ISF et de droits d'enregistrement (LPF, art. L. 181-0 A).

2119 Les réclamations tendant à la restitution de droits indûment acquittés ou devenus restituables par suite d'un événement postérieur doivent être présentées au service des impôts compétent avant le 31 décembre de la deuxième année qui suit :
– celle du paiement des droits ;
– ou celle au cours de laquelle s'est produit l'événement qui motive la réclamation (LPF, art. R. 196-1).
Ne constitue pas un tel événement une décision juridictionnelle ou un avis mentionné aux troisième et cinquième alinéas de l'article L. 190 du LPF.
La restitution du trop-perçu doit être demandée avant le 31 décembre de la deuxième année qui suit celle de l'enregistrement de la déclaration de succession.

POUR ALLER PLUS LOIN

Fascicules JurisClasseur

• *JCl. Notarial Formulaire*, V° *Successions [Enreg.]*, Fasc. 70, 75 et 145.
• DO Fiscal, Études F-66 200 à F-66 600.

Fiche 37

Mutations entre vifs – Règles générales de taxation

Sommaire

Introduction ... 391
I Conditions d'exigibilité des droits de mutation ... 392
A Gratuité ... 392
B Dessaisissement actuel et irrévocable du donateur ... 395
C Acceptation du donataire ... 396
II Liquidation des droits ... 396
A Assiette ... 396
B Exonérations, abattements, réduction ... 398
1 Exonérations ... 398
2 Dons familiaux de somme d'argent ... 398
C Donations par des époux ... 402
1 À un enfant commun ... 402
2 À l'enfant d'un des époux ... 402
3 Réserve d'usufruit réversible ... 402
D Donation à un enfant marié ... 403

Introduction

2120 En règle générale, les donations obéissent au même régime fiscal que les successions. Des particularités existent cependant. Les principales sont les suivantes : les charges ne sont pas en principe déductibles de la valeur des biens donnés ; l'abattement « subsidiaire » de 1 594 € applicable en l'absence d'autre abattement, ne bénéficie pas aux donations ; en revanche, certains abattements sont propres aux droits de donation (abattement entre époux ou partenaires liés par un PACS, en faveur des petits-enfants ou arrière-petits-enfants), un dispositif pérenne de dons familiaux « exceptionnels » de sommes d'argent instaure des exonérations de droits plafonnées ; certaines donations d'entreprises peuvent bénéficier d'une réduction de droits, le paiement des droits de donation ne peut être fractionné, sauf si la libéralité porte, sur une entreprise ou des parts sociales ou actions de certaines sociétés.

2121 Nous examinerons dans les développements qui vont suivre uniquement les règles propres aux donations.

• **Textes**

• CGI, art. 635, 757 A, 776 et 777 bis, 790 à 791 et 1961.

2122 Le droit de mutation est dû lorsqu'un certain nombre de conditions sont remplies, que nous allons examiner, avant d'exposer les règles de liquidation des droits.

I

Conditions d'exigibilité des droits de mutation

2123 En règle générale, le droit de l'enregistrement applique les principes du droit civil. Le droit de mutation est donc dû toutes les fois qu'une donation au sens civil est constituée, ce qui implique : gratuité, dessaisissement actuel et irrévocable du donateur et acceptation du donataire (V. *JCl. Roulois*, Fasc. 1300 à 1360). Cependant, l'administration n'étant pas juge de la validité des actes, toute mutation entre vifs à titre gratuit est taxée, qu'elle ait ou non respecté les formes prescrites par l'article 931 du Code civil.

A Gratuité

2124 Le droit de mutation n'est dû que lorsque l'on se trouve en présence d'un acte effectué à titre gratuit. La preuve du caractère gratuit de la transmission incombe le cas échéant à l'administration.

ATTENTION L'existence d'un différend entre les protagonistes à laquelle la donation entend mettre un terme n'empêche pas l'administration fiscale de caractériser une intention libérale et de percevoir les droits de donation, y compris en démontrant l'existence d'une donation déguisée. Tel est le cas par exemple en présence de cessions de titres sociaux à l'euro symbolique ne correspondant manifestement pas à la valeur vénale des titres cédés.

Il a ainsi été jugé que si ces cessions sont intervenues dans le but de restructurer le groupe de sociétés familial et dans le contexte d'une mésentente familiale, ces éléments ne sont pas de nature à exclure l'intention libérale des cédants et traduisent, au contraire, leur volonté manifeste de favoriser le cessionnaire au détriment d'autres membres de la famille (Cass. com., 7 juill. 2021, n° 19-16.446 : *JurisData* n° 2021-015006).

2125 Le legs verbal, en principe nul de plein droit, est susceptible d'être reconnu valable dans certains cas exceptionnels. C'est ainsi que le versement de sommes à un tiers par un légataire universel, en exécution des dernières intentions manifestées verbalement par le défunt, constitue un legs particulier assujetti aux droits (BOI-ENR-DMTG 10-10-10-10, 12 sept. 2012, § 190).

2126 Une donation en rémunération de services rendus constitue en réalité une dation en paiement taxable comme telle si les services rendus sont appréciables en argent et peuvent donner lieu à une action en justice (BOI-ENR-DMTG-20-10-10, 2 mai 2019, § 70).

2127 Les donations indirectes sont taxables, mais l'intention libérale doit résulter des termes de l'acte ou des circonstances. La jurisprudence confirme, par exemple, que la souscription d'un contrat d'assurance-vie en faveur d'un bénéficiaire désigné peut réaliser une donation indirecte taxable lorsqu'en raison de la proximité de la souscription ou de la désignation du bénéficiaire et du décès, l'exercice par le souscripteur de la faculté de rachat est « illusoire » (Cass. ch. mixte, 21 déc. 2007, n° 06-12.769, *Giusti* : *JurisData* n° 2007-042070 ; *Dr. fisc.* 2008, n° 11, comm. 217, note Fl. Deboissy. – Cass. com., 26 oct. 2010, n° 1063, n° 09-70.927, *Alves* : *JurisData* n° 2010-019725 ; *Dr. fisc.* 2011, n° 3, comm. 116). Un arrêt de la Cour de cassation (Cass. com., 10 avr. 2019, n° 17-19.733 : *JurisData* n° 2019-005795) attire particulièrement l'attention. Il offre à l'administration fiscale une certaine latitude lorsqu'il s'agit de taxer une donation indirecte réalisée par le truchement d'une société. Dans cette affaire, une mère était usufruitière d'actions qu'elle détenait directement en qualité de personne physique dans une société dénommée « Techmeta ». La nue-propriété de ces actions appartenait à une société holding : la société « Techmeta participations » dont les quatre enfants de l'usufruitière étaient les principaux associés. Pour faciliter la cession par les enfants de l'usufruitière des actions qu'ils détenaient dans la société « Techmeta participations » la mère renonça à l'usufruit de ses actions de la société « Techmeta ». L'administration fiscale considéra que cet abandon d'usufruit constituait une donation indirecte. Elle notifia une proposition de rectification aux fins de percevoir sur la valeur de l'usufruit abandonné les droits de mutation à titre gratuit au tarif entre non-parents que la société et l'usufruitière contestèrent à nouveau. Certaines indications reprises dans la proposition de rectification laissaient penser qu'en réalité, la libéralité était adressée aux enfants de la renonçante qui détenaient la quasi-totalité du capital de la société « Techmeta participations » par le truchement de cette dernière. La société « Techmeta participations » ne jouerait pas le rôle de donataire, mais de personne interposée aux enfants de l'usufruitière envers qui l'intention libérale de la donatrice était caractérisée. La jurisprudence admet que la libéralité puisse emprunter une telle modalité d'exécution (Cass. 1re civ., 24 janv. 2018, n° 17-13.017 : *JurisData* n° 2018-000619). En l'espèce, la Haute juridiction ne retient pas cette analyse et écarte le grief de contradiction formé à l'encontre de l'arrêt rendu par la cour d'appel (CA Chambéry, 11 avr. 2017, n° 15/01707). Elle énonce que l'arrêt constate que l'usufruit dont Mme Y a fait l'abandon sans contrepartie n'était pas dépourvu de valeur, que cet abandon la privait de tout pouvoir de décision au sein de la société et que, s'il profitait aux associés en leur permettant de céder leurs actions, la société l'avait immédiatement accepté et avait perçu les dividendes lui revenant dès leur mise en distribution ; que de ces motifs, dont il ressort que Mme Y entendait gratifier la société en accroissant la valeur de ses actions et ses biens dès lors que cette dernière était la bénéficiaire de la donation intervenue en sa faveur et non les enfants de Mme Y, la cour d'appel, qui ne s'est pas contredite et n'a pas méconnu l'objet du litige, a légalement justifié sa décision. Aux termes de cet arrêt, la Cour de cassation admet donc de manière novatrice et inattendue qu'en pareille circonstance, la renonciation à l'usufruit peut réaliser une donation indirecte adressée non pas enfants de l'usufruitier, personnes physiques associés quasi exclusifs de la société nue-propriétaire, mais directement au profit de la société nue-propriétaire. Une telle identification du donataire entraînera le plus souvent une taxation bien plus lourde en termes de tarif (application systématique du tarif entre non-parents), mais aussi en termes d'assiette (impossibilité d'appliquer une décote en raison de l'illiquidité des actifs détenus *via* la société en particulier). Une certaine latitude est ainsi offerte à l'administration fiscale lui permettant dans de telles situations, sous réserve de pouvoir caractériser l'intention libérale au profit de la société nue-propriétaire de caractériser :

– soit l'existence d'une donation indirecte par personne interposée au profit des associés de la société nue-propriétaire (Cass. 1re civ., 24 janv. 2018, n° 17-13.017 : *JurisData* n° 2018-000619) ;

– soit l'existence d'une donation adressée directement à la société nue propriétaire.

> ATTENTION **Le praticien doit être particulièrement attentif à ce type de situations. La fiscalité engendrée par ce dernier type de libéralités peut être particulièrement lourde.**

On notera que dans cette même affaire, le Conseil d'État a admis qu'outre les droits de mutation à titre gratuit le gain net résultant des droits nouveaux acquis par la société bénéficiaire de la renonciation réalise un produit imposable à l'IS (CE, 3e et 8e ch. réunies, 14 oct. 2019, n° 417095 : *JurisData* n° 2019-017821 ; *RFP* 2019, comm. 14).

2128 L'administration est en droit de rechercher et démontrer le véritable caractère des conventions qui sont présentées à la formalité et d'estimer par exemple qu'une vente prétendue dissimule en réalité une donation, lorsqu'elle a des présomptions suffisantes d'un prix simulé. Ces présomptions peuvent résulter des circonstances de l'affaire, telles que :

– la situation patrimoniale des parties ;

– leur lien de parenté, leur âge ;

– le paiement du prix hors de la comptabilité du notaire ;

– la brièveté du délai écoulé entre la vente et le décès du vendeur et le fait que le prix prétendument payé ne se retrouve pas dans sa succession.

Si elle entend démontrer l'existence d'une donation déguisée, l'administration doit impérativement utiliser la procédure de répression de l'abus de droit (LPF, art. L. 64). L'administration qui décide d'utiliser l'abus de droit doit cependant le faire dès le stade de la notification de la proposition de rectification et non en cours de procédure (Cass. com., 23 mars 2010, n° 09-13.502 : *JurisData* n° 2010-002594). Dès lors qu'il s'agit de démontrer la fictivité de l'acte dissimulant la donation, l'administration ne peut pas recourir à la procédure organisée à l'article L. 64 A du LPF (V. *infra*, n° 2129) pour démontrer l'existence d'une donation déguisée (BOI-CF-IOR-30-20, 31 janv. 2020, § 80). Dans sa proposition de rectification, l'administration fiscale s'était attachée à démontrer la réunion des éléments constitutifs d'une donation sous l'apparence d'une vente, tout en invoquant la volonté manifeste et délibérée de la société, eu égard à la profession de notaire de son principal associé, d'éluder les droits dont elle était redevable, et, dans ses écritures d'appel, a soutenu que l'écart substantiel entre les prix de cession pratiqués et les valeurs ressortant du marché local, représentatif de ventes à vils prix, était volontaire et le fait de personnes parfaitement informées, justifiant l'application de la majoration pour manquement délibéré prévue par l'article 1729 du CGI. De ces constatations, la cour d'appel a pu déduire que l'administration s'était placée sur le terrain de l'abus de droit et que, faute pour elle de s'être conformée à la procédure prévue par l'article L. 64 du LPF, la procédure de redressement et celle, subséquente, de recouvrement étaient entachées d'irrégularité, justifiant le dégrèvement ordonné (Cass. com., 4 mars 2020, n° 17-31.642, F-D, *Directeur général des finances publiques c/ Sté Fongor : JurisData* n° 2020-003588).

ATTENTION Une cession intervenant moyennant un prix d'un euro symbolique qui ne correspond manifestement pas à la valeur vénale de l'actif cédé intervenant à l'appui d'une intention libérale réalise une donation déguisée et non une donation indirecte.
En présentant ces donations comme des actes de cession à titre onéreux, alors qu'il s'agissait de ventes à vil prix, les parties ont dissimulé la véritable nature juridique de ces mutations (Cass. com., 7 juill. 2021, n° 19-16.446 : *JurisData* n° 2021-015006).

2129 Nouvelle procédure : poursuite d'un but principalement fiscal et donations concernées. L'article 109 de la loi de finances pour 2019 (L. fin. 2019, n° 2018-1317, 28 déc. 2018 : *JO* 30 déc. 2018) a créé une nouvelle procédure permettant à l'administration fiscale de lutter contre des opérations constitutives d'une fraude à la loi ou à une décision poursuivant un but principalement fiscal qui s'appliquera aux rectifications notifiées à compter du 1er janvier 2021 portant sur des actes passés ou réalisés à compter du 1er janvier 2020. Elle pourrait notamment concerner les donations. Codifiée à l'article L. 64 A du LPF, elle s'ajoutera à celle qui permet actuellement au fisc d'écarter les actes fictifs ou constitutifs d'une fraude à la loi et poursuivent un but exclusivement fiscal (LPF, art. L. 64. – V. *supra*, n° 2128). Elle permettra à l'administration fiscale d'écarter, comme ne lui étant pas opposables, les actes qui, recherchant le bénéfice d'une application littérale d'une disposition sont motivés par un but principalement fiscal. Toute opération recherchant le bénéfice d'une application littérale de textes ou de décisions à l'encontre des objectifs poursuivis par ses auteurs ayant pour motif principal d'éluder ou d'atténuer une charge fiscale sera susceptible de tomber sous le coup de cette procédure et d'être écartée par l'administration fiscale. Afin d'éviter une censure par le Conseil constitutionnel, en contrepartie de la définition plus large de l'abus de droit, aucune pénalité spécifique n'est prévue lorsque l'administration fiscale aura eu recours à cette procédure. Les majorations de 40 % ou 80 % énoncées par l'article 1729 b du CGI lorsque l'administration a recours à l'article L. 64 du LPF ne seront pas applicables. L'administration fiscale a confirmé que les sanctions de droit commun restent applicables (BOI-CF-IOR-30-20, 31 janv. 2020, § 130). Elles permettent à l'administration d'appliquer la majoration de 40 % pour manquement délibéré ou celle de 80 % si des manœuvres frauduleuses sont caractérisées. S'agissant spécifiquement des donations assorties d'une réserve d'usufruit, l'administration a confirmé qu'elles ne sont pas en elles-mêmes concernées par la nouvelle procédure d'abus de droit, sous réserve qu'elles ne soient pas fictives, le législateur ayant entendu favoriser ce type de transmissions (BOI-CF-IOR-30-20, 31 janv. 2020, § 70). Les commentaires administratifs confirment également que les opérations produisant des effets patrimoniaux avérés, dotées d'une substance effective échappent également par principe à toute critique à cet égard ; et ce, quand bien même ils permettent de réaliser une économie d'impôt substantielle (BOI-CF-IOR-30-20, 31 janv. 2020, § 110 et 120). Rapprochée des exemples donnés par l'administration, cette indication permet selon nous de dissiper les craintes qu'avait pu faire naître la réforme concernant la remise en cause de la stratégie de donation avant cession. Dans le domaine des plus-values de particuliers, cette dernière permet de purger une plus-value latente. Pour autant, au regard des indications fournies par l'administration, dès lors qu'elle poursuit une intention libérale et produit des effets patrimoniaux effectifs résultant du dépouillement actuel et irrévocable du donateur, elle n'est pas en soi critiquable, quand bien même elle permet de réaliser une économie d'impôt de plus-value substantielle. Par ailleurs, le choix du disposant de retenir comme objet de la transmission parmi les biens qu'il détient l'un de ceux porteurs d'une plus-value significative n'est pas abusif pourvu que la donation ne soit empreinte d'aucune artificialité. Ainsi, du moins en tant que telle, cette stratégie n'est pas de notre point de vue en elle-même constitutive d'un abus de droit au sens de l'article L. 64 A du LPF en dépit du gain fiscal qu'elle procure, pourvu que la donation ne soit pas assortie de clauses abusives. La réforme de l'abus de droit ne doit selon nous nullement conduire à la délaisser.

2130 Une donation peut perdre son caractère gratuit si elle comporte des charges s'équilibrant avec la valeur du bien, de sorte qu'il n'y a émolument ni de la part du donataire ni de celle du donateur. L'opération est alors taxée comme une mutation à titre onéreux (BOI-ENR-DMTG-20-10-10, 2 mai 2019, § 20 et s.). Si les charges excèdent la valeur du bien donné, il y a donation en sens inverse. En toute hypothèse, comme nous l'avons signalé à propos des donations rémunératoires, la donation est un tout, que l'administration ne peut scinder afin de la considérer pour partie à titre onéreux et pour partie à titre gratuit, sauf volonté formelle des parties en ce sens.

2131 La transmission par donation de biens ou droits placés dans un *trust* ainsi que des produits qui y sont capitalisés est, pour la valeur vénale nette des biens, droits ou produits concernés à la date de la transmission, soumise aux droits de mutation à titre gratuit en fonction du lien de parenté existant entre le constituant et le bénéficiaire (CGI, art. 792-0-bis, II, 1°).

ATTENTION **Lorsque la qualification de donation ou de succession du *trust* ne peut pas être retenue, les biens et droits placés dans le *trust* donnent ouverture à des droits de mutation par décès sui generis au décès du constituant (CGI, art. 792-0-bis, II, 2°).**

2132 Sur le plan fiscal comme civil, la renonciation anticipée par un héritier réservataire (descendant ou conjoint) à exercer l'action en réduction (ou en retranchement d'un avantage matrimonial) conformément aux articles 929 et suivants du Code civil ne constitue pas une libéralité. La renonciation n'est pas passible des droits de mutation à titre gratuit (CGI, art. 756 bis). L'acte notarié constatant la renonciation est enregistré au droit fixe des actes innomés (125 € ; BOI-ENR-DMTG-10-20-50-20, 12 sept. 2012).

B Dessaisissement actuel et irrévocable du donateur

2133 L'article 894 du Code civil exige que le donateur se dépouille actuellement et irrévocablement de la chose donnée.

ATTENTION **En ayant recours à la procédure de répression de l'abus de droit (LPF, art. L. 64), l'administration fiscale peut faire déclarer fictive une prétendue donation qui n'a en réalité entraîné aucun dépouillement effectif du donateur. Tel est le cas par exemple lorsque le « donateur » se réapproprie l'actif transmis en portant le prix de cession revenant à son enfant mineur sur ses comptes personnels (CE, 3e et 8e ch. réunies, 5 févr. 2018, n° 409718 : *JurisData* n° 2018-002086 ; *JCP* N 2018, n° 8-9, 250).**

2134 La donation doit respecter l'irrévocabilité spéciale des donations (C. civ., art. 943 et s.). Elle peut toutefois être assortie d'un terme (par exemple le décès du donateur) ou modalité non potestative en ce qui concerne le donateur, de même le donateur peut se réserver l'usufruit du bien donné, sa vie durant (C. civ., art. 950).

2135 **Condition suspensive.** La donation affectée d'une condition suspensive ne donne ouverture qu'au droit fixe des actes innomés ; si la condition se réalise, le régime fiscal applicable et la valeur imposable sont déterminés en se plaçant à la date de réalisation de la condition (CGI, art. 676).

2136 Les réversions d'usufruit, bien que juridiquement constitutives de donations à terme de biens présents entre vifs, sont fiscalement passibles des droits de mutation par décès (CGI, art. 796 O quater).

2137 **Conditions résolutoires.** La stipulation d'une condition résolutoire ne met pas obstacle à la perception immédiate des droits de mutation à titre gratuit, lesquels ne sont pas restituables si la condition s'accomplit (CGI, art. 1961).

2138 Le retour conventionnel lorsqu'il joue produit les mêmes effets qu'une condition résolutoire ; s'il vient à s'exercer en raison du prédécès du donateur, aucun droit n'est dû à raison du retour du bien donné. La Cour de cassation (Cass. com., 4 déc. 2007, n° 06-12.024, F-P+B : *JurisData* n° 2007-041780 ; *Dr. fisc.* 2008, n° 12, comm. 226, note Fl. Deboissy) a toutefois censuré la doctrine administrative et a admis que les droits de donation acquittés lors de l'enregistrement de la donation sont restituables, nonobstant les dispositions de l'article 1961 du CGI.

2139 **Imputation ou restitution des droits acquittés.** À certaines conditions, les droits acquittés lors de la première donation peuvent être imputés sur ceux nouvellement exigibles à raison de la nouvelle donation des mêmes biens

à un descendant (CGI, art. 791 ter, al. 1er). Il est pour cela nécessaire que :
– les biens transmis fassent l'objet d'un droit de retour conventionnel ou du droit de retour légal prévu par l'article 738-2 du Code civil ;
– les première et seconde donations soient consenties à des descendants directs ;
– la seconde donation intervienne dans les cinq ans suivant le décès du premier gratifié.

L'imputation est possible même si les droits ont été acquittés par le donateur. Lorsque les droits de mutation à titre gratuit sur lesquels porte la restitution ont été acquittés par le donataire, la demande en restitution doit être formulée par les héritiers ou légataires. Ceux-ci doivent faire figurer à l'actif brut de la succession du donataire une créance égale au montant de la demande en restitution. En revanche, lorsque les droits de mutation à titre gratuit sur lesquels porte la restitution ont été acquittés par le donateur, seul celui-ci peut en demander la restitution. S'il décède avant toute demande de restitution sans avoir renoncé à son droit de retour, ses héritiers ou légataires pourront effectuer la demande en restitution, sous réserve qu'elle soit effectuée dans le délai légal de réclamation ouvert à compter du décès du donataire. le montant des droits de donation réglés par le donateur et restitués après le décès de ce dernier constituent une créance de la succession et doivent à ce titre être inclus dans le montant de l'actif taxable. (BOI-ENR-DMTG-20-30-20-60, 22 juill. 2016, § 40). L'administration admet que l'intégralité des droits acquittés lors de la première donation soit imputée lors de la seconde, même si cette dernière porte uniquement sur une partie des biens ayant fait l'objet du droit de retour (BOI-ENR-DMTG-20-30-20-60, 22 juill. 2016, § 30). Nonobstant l'imputation prévue par l'article 791 ter, alinéa 1er, en cas de retour des biens au donateur en vertu d'un droit de retour conventionnel ou du droit de retour légal prévu par l'article 738-2 du Code civil, le retour ouvre droit, dans le délai légal de réclamation à compter du décès du donataire, à restitution des droits de mutation à titre gratuit acquittés lors de la donation résolue (CGI, art. 791 ter, al. 2). L'administration a fini par admettre que le donateur peut avoir recours aux mécanismes d'imputation (CGI, art. 791 ter, 1er al.) et de restitution (CGI, art. 791 ter, al. 2) de manière combinée lorsque les biens ayant fait retour dans son patrimoine font l'objet d'une nouvelle donation avant le 31 décembre de la deuxième année qui suit le décès du donataire (BOI ENR-DMTG-20-30-20-60, 22 juill. 2016, § 50).

C Acceptation du donataire

2140 La donation doit être acceptée par le donataire (C. civ., art. 894). Si l'acceptation intervient par acte séparé, c'est cette acceptation qui constitue le fait générateur des droits ; ceux-ci sont perçus lors de l'enregistrement de l'acte d'acceptation, au tarif en vigueur et sur la valeur du bien donné à la date de l'acte.

2141 L'acceptation expresse du donataire n'est exigée que pour les donations respectant la forme exigée par la loi. La donation déguisée obéit aux règles de forme de l'acte sous lequel elle se dissimule, la donation indirecte à celles de l'acte qui la réalise (en ce qui concerne le don manuel, V. *infra*, n° 2217).

II Liquidation des droits

A Assiette

2142 Les règles exposées pour l'évaluation de l'actif imposable sont applicables aux donations, notamment en ce qui concerne l'estimation des immeubles (adjudication dans les deux ans).

2143 La valeur imposable des bijoux, pierreries, objets d'art et de collection ne peut être inférieure à 60 % de l'évaluation faite dans les contrats d'assurances contre le vol ou l'incendie en cours lors de la donation, ou conclus par le donateur, son conjoint, ou ses auteurs depuis moins de dix ans (CGI, art. 776, II).

2144 En revanche :
– l'estimation contenue dans les inventaires et autres actes estimatifs n'est pas retenue comme base légale d'estimation ;
– le forfait de 5 % prévu pour les meubles meublants n'est pas applicable (CGI, art. 776) ;
– l'option offerte par l'article 759 du CGI ne s'applique pas aux donations.

Les immeubles doivent faire l'objet d'une estimation détaillée mais, s'agissant d'une exploitation ou de parcelles formant un ensemble, une évaluation globale suffit.

2145 Alors qu'on déduit le passif pour la perception du droit de mutation par décès, les charges et dettes qui grèvent les biens donnés et qui sont imposées au donataire ne peuvent pas en principe être déduites pour la perception des droits de donation. Il ne faut toutefois pas confondre lesdites charges et dettes avec les réserves faites par le donateur et qui ne supportent pas le droit de donation (exemple, réserve d'usufruit ou du droit d'usage et d'habitation). Il y a charge, par exemple, lorsque le donataire doit payer en l'acquit du donateur une somme due à des tiers, ou se voit imposer le service d'une rente viagère.

2146 **Dettes mises à la charge du donataire.** L'article 776 bis du CGI permet cependant, pour la liquidation des droits de donation, de déduire de la valeur brute des biens transmis certaines dettes du donateur transférées au donataire. Sont concernées les dettes :
- contractées par le donateur pour l'acquisition ou dans l'intérêt des biens objets de la donation ;
- qui sont mises à la charge du donataire dans l'acte de donation ;
- et dont la prise en charge par le donataire est notifiée au créancier.

2147 Ces dettes sont déductibles lorsque la donation porte sur :
- des biens affectés à l'exploitation d'une entreprise individuelle ayant une activité industrielle, commerciale, artisanale, agricole ou libérale, à condition que les dettes ne soient pas contractées auprès des proches parents du donateur ou du donataire ;
- des biens autres, à condition que les dettes soient contractées auprès d'un établissement du secteur bancaire.

Le bénéfice de la déduction est subordonné à la justification par le donataire qu'il a effectivement supporté le paiement de la dette mise à sa charge. L'administration ne peut toutefois pas exiger cette démonstration au-delà de la troisième année suivant celle de leur échéance mentionnée dans l'acte de donation (CGI, art. 776 bis, II).

2148 Lorsque la donation porte sur une quote-part indivise ou un droit démembré, en présence d'un passif affecté à l'ensemble du bien, il convient de le répartir. Seule la fraction correspondant à la fraction transmise du bien (évaluée en application du barème fixé par l'article 669 du CGI en cas de transmission d'un droit démembré) est déductible de l'actif transmis pour la liquidation des droits (BOI-ENR-DMTG-20-30-10, 30 oct. 2014, § 200). En cas de donation d'une entreprise individuelle bénéficiant de l'exonération de 75 % prévue par l'article 787 C du CGI, selon l'administration, l'exonération partielle doit s'appliquer sur la valeur nette transmise après distraction du passif déductible en application de l'article 776 bis du CGI (BOI-ENR-DMTG-20-30-10, 30 oct. 2014, § 200).

2149 **Frais de reconstitution des titres de propriété.** Les frais de reconstitution des titres de propriété d'immeubles ou de droits immobiliers engagés dans les vingt-quatre mois précédant la donation pour permettre de constater le droit de propriété, supportés par le donateur peuvent également être admis, sur justificatifs, en déduction de la valeur déclarée des biens transmis, dans la limite de cette valeur, à la condition que les attestations notariées relatives à ces biens aient été publiées dans les six mois précédant l'acte de donation (CGI, art. 776 quater).

2150 La stipulation d'une prise en charge par le donateur des frais et droits de l'acte de donation est traditionnellement analysée par l'administration fiscale comme ne constituant pas sur le plan fiscal une libéralité supplémentaire taxable ; les droits restent assis sur la seule valeur des biens réellement transmis (V. *JCl. Enregistrement Traité*, V° *Donations*, Fasc. 20 ou *JCl. Notarial Formulaire*, V° *Donations [Enreg.]*, Fasc. 20). Il en est ainsi même lorsque l'acte de donation ne contient aucune stipulation à cet égard. L'avantage particulier conféré au donataire par suite de cette prise en charge n'est pas soumis à l'obligation de rappel dans la déclaration de succession prévue à l'article 784 du CGI. L'administration a réitéré cette mesure de tempérament suivant laquelle, la prise en charge des droits par le donateur ne constitue pas une mutation taxable (BOI-ENR-DG-50-10-20, § 150). Cette règle permet de réaliser une économie de droits lorsque la libéralité porte sur des liquidités. Ainsi, un donateur entend gratifier un non-parent d'une somme de 10 000 € :
- si les droits sont supportés par le donataire, ce dernier devra acquitter les droits à 60 % soit 6 000 € et ne recevra en définitive que 4 000 € ;
- si le donateur prend en charge le montant des droits, il peut se borner à donner 6 250 € (10 000 € × 100/160) mais supporter le paiement des droits de donation. Avec les droits de donation, s'élevant à 3 750 €, qu'il aura pris en charge, au total le donateur se sera dessaisi de 10 000 €. Mais dans cette dernière hypothèse, le donataire recevra un

émolument net de 6 250 €, soit 2 250 € de plus que dans la première hypothèse.

ATTENTION La Cour de cassation considère en revanche clairement que sur le plan civil, précisément en écartant l'aspect fiscal de la question, que la prise en charge des droits par le donateur est susceptible d'être constitutive d'une donation indirecte sujette à rapport (Cass. 1re civ., 25 févr. 2009, n° 07-20.010 : *JurisData* n° 2009-047182). Il faudra le cas échéant en tenir compte lors du règlement de la succession du donateur.

Aux termes d'une analyse contestable émanant du garde des Sceaux émise sous réserve de l'avis de la DGFiP, une réponse ministérielle énonce que, s'agissant des donations démembrées grevées d'usufruits successifs, le paiement des droits de donation par le donateur fait obstacle au droit à restitution prévu par l'article 1965 B du CGI (Rép. min. : *JO* 2 juin 2020, p. 3863, Duby ; V. *Usufruits successifs restitution et paiement des droits par le donateur : une réponse ministérielle qui ne convainc pas* : *JCP* N 2020, n° 26, act. 550).

B Exonérations, abattements, réduction

2151 Comme nous l'avons précisé, nous n'aborderons ici que les règles particulières aux donations.

1 Exonérations

2152 Les dons en faveur de certains organismes d'intérêt général qui ouvrent droit pour le redevable à la réduction d'IFI prévue par l'article 978 du CGI ne sont pas soumis aux droits de donation (CGI, art. 757 C).

2 Dons familiaux de somme d'argent

2153 La loi TEPA du 21 août 2007 applicable aux donations consenties à compter du lendemain a créé un dispositif pérenne de dons familiaux de sommes d'argent totalement exonérés de droits de donation dans la limite d'un plafond de 31 865 €. Ce dispositif s'applique tous les 15 ans aux donations consenties par un même donateur au même donateur lorsque les conditions sont réunies. Il est codifié à l'article 790 G, du CGI.

2154 Pour bénéficier de l'exonération, la donation doit intervenir dans un contexte familial assez restreint. Le don doit être consenti :
– soit à un descendant en ligne directe : enfant, petit-enfant, arrière-petit-enfant ;
– soit à défaut d'une telle descendance du disposant à un neveu ou une nièce ou par représentation, à des petits-neveux ou petites-nièces. Dans ce dernier cas, les donataires se répartissent entre eux le plafond de l'exonération, par parts égales. Dans tous les cas, le donataire doit être âgé de dix-huit ans révolus ou faire l'objet d'une mesure d'émancipation au jour de la transmission.

2155 Le donateur doit être âgé de moins de quatre-vingts ans au jour de la transmission, c'est-à-dire être âgé de soixante-dix-neuf ans au maximum au jour de la donation.

2156 La donation doit porter sur la pleine propriété d'une somme d'argent. En revanche, le texte ne prévoit aucune obligation quant à l'emploi de la somme donnée. D'après la doctrine administrative, sont seuls éligibles à l'exonération, les dons effectués par chèque, par virement, par mandat ou par remise d'espèces (BOI-ENR-DMTG-20-20-20, 2 mai 2019, § 110).

2157 L'exonération plafonnée prévue par l'article 790 G, du CGI peut s'appliquer tous les quinze ans entre un même donateur et donataire, dès lors que les conditions notamment d'âge du donateur sont réunies.

ATTENTION Sans avancer aucune justification à l'appui de son analyse, l'administration fiscale considère que lorsque l'exonération s'applique dans le cadre d'une donation-partage conjonctive, elle profite aux seuls bénéficiaires de sommes d'argent, c'est-à-dire à ceux qui reçoivent cette somme dans leur lot (BOI-ENR-DMTG-20-20-20, 2 mai 2019, § 215).

L'une des conditions requises pour bénéficier du régime d'exonération est l'enregistrement du don dans le délai d'un mois qui suit sa réalisation (CGI, art. 790 G, IV).

Opter lors de l'enregistrement de la déclaration de don manuel pour le régime de droit commun ou celui spécifique des dons exceptionnels relève

à nos yeux de l'exercice d'une option fiscale, laquelle est par principe irrévocable.

2158 X âgé de soixante et un ans a consenti à A, son fils un don pérenne exonéré le 1er septembre 2007, d'un montant de 30 000 €. Il peut à nouveau lui consentir un don exceptionnel totalement exonéré à hauteur de 1 865 € à compter du 1er janvier 2011 sans avoir à attendre l'expiration du délai de quinze ans. À compter du 1er septembre 2022, il peut à nouveau consentir à un don exceptionnel exonéré à concurrence de 31 865 €.

2159 L'exonération se cumule avec les abattements prévus aux I, II et V de l'article 779 et aux articles 790 B, et 790 D. Il n'est pas tenu compte des dons exceptionnels exonérés dans la limite du plafond dans le cadre du rappel fiscal des donations antérieures (CGI, art. 784).

2160 Les dons manuels ne sont pas soumis à une obligation générale d'enregistrement à l'administration fiscale lors de leur réalisation (V. *infra*, n° 2217). Toutefois, dans le cadre des dons exceptionnels de somme d'argent le bénéfice de l'exonération nécessite d'enregistrer le don dans un délai d'un mois à compter de sa réalisation (CGI, art. 790 G, IV).

a) Dons en numéraire au profit des victimes d'actes de terrorisme

2161 Suite à la vague d'attentats terroristes de 2015, l'article 94 de la loi de finances rectificative pour 2015 (L. n° 2015-1786, 29 déc. 2015) a créé une exonération pour les dons en numéraire effectués dans les douze mois suivant un acte de terrorisme au profit des victimes de l'acte ou, si ces dernières sont décédées, au profit de leurs proches (CGI, art. 796 bis). Cette exonération bénéficie également, sous certaines conditions, aux dons effectués au profit des militaires, sapeurs-pompiers, policiers, gendarmes et agents des douanes blessés dans l'accomplissement de leur mission, ou, s'ils sont décédés, au profit de leurs proches. L'article 5 de la loi de finances pour 2017 a étendu cette exonération rétroactivement à compter du 1er janvier 2015 aux dons consentis aux militaires blessés dans l'accomplissement de leur mission ou en cas de décès à leurs proches.

2162 Seuls les dons en numéraire bénéficient de l'exonération. L'exonération s'applique aux dons de sommes d'argent réalisés en pleine propriété effectués par chèque, par virement, par mandat ou par remise d'espèces. Elle joue sans limitation aux dons effectués directement au donataire ainsi qu'aux dons effectués indirectement notamment *via* un organisme d'utilité publique ou un site Internet de collecte dans les conditions détaillées par l'administration fiscale (BOI-ENR-DMTG-20-20-20, 2 mai 2019, § 226). Les dons doivent être reçus par le donataire dans les 12 mois suivant l'acte de terrorisme, ou dans les autres cas, le décès ou la blessure lorsque la victime n'est pas décédée. Ce délai n'est toutefois pas applicable lorsque les dons sont versés par l'intermédiaire d'une fondation ou d'une association reconnue d'utilité publique ou d'une œuvre ou d'un organisme d'intérêt général. L'article 43 de la loi de finances pour 2021 (L. fin. 2021, n° 2020-1721, 29 déc. 2020 : *JO* 30 déc. 2020) a actualisé et étendu indirectement le champ d'application de l'exonération aux droits de succession ou de donation auxquels les décès ou les blessures subies en opération par des militaires peuvent donner lieu. Le renvoi fait par l'article 796 I, 2° bis du CGI aux opérations extérieures ou de sécurité intérieure mentionnées au deuxième alinéa de l'article L. 4138-3-1 du Code de la défense était devenu obsolète en raison des modifications apportées à ce dernier texte par l'article 1er de l'ordonnance 2018-1127 du 12 décembre 2018. Cette référence est remplacée par un renvoi aux 2° et 3° de l'article 4138-1-3 précité. Outre l'actualisation du texte, cette modification permet d'ouvrir le bénéfice de l'exonération dans le but d'assimiler au regard du bénéfice du régime de faveur aux opérations qui présentent un semblable degré de dangerosité aux « OPEX », afin d'éviter toute rupture d'égalité. Les successions des militaires décédés dans le cadre de ce type d'opérations ou dans les 3 années suivant leur fin de blessures reçues ou de maladies contractées durant leur exécution sont totalement exonérées de droits de mutation par décès (CGI, art. 796 I, 2° bis). L'extension s'applique également par renvoi aux dons en numéraire reçus par les militaires blessés lors de ces opérations ou, en cas de décès, par leurs proches (CGI, art. 796 bis II et III). Aux termes du « II » de l'article 43 de la loi de finances, ces nouvelles dispositions s'appliquent par renvoi aux dons consentis à compter du 1er janvier 2021.

2163 L'administration fiscale n'a toujours pas actualisé ses commentaires suite à la mise en place du e-enregistrement des déclarations de don manuel, effective depuis le 30 juin 2021. Elle précise toujours qu'en cas de don manuel de sommes d'argent, celle-ci doit faire l'objet d'une déclaration par le donataire ou ses représentants auprès de l'administration fiscale par la souscription de l'imprimé « classique » n° 2735 (CERFA n° 111278), déposée au service des impôts des entreprises du domicile du donataire dans le mois qui suit la date à laquelle le donataire a révélé le don à l'administration (BOI-ENR-DMTG-20-20-20-20, 2 mai 2019, § 328). En cas de don constaté par un acte notarié, le notaire doit faire enregistrer l'acte au service des impôts dans le ressort duquel il a sa résidence dans un délai d'un mois à compter de sa date (CGI, art. 635, 1, 1°. – CGI, art. 650, 1). Le redevable qui revendique le bénéfice de l'exonération prévue à l'article 796 bis du CGI doit en toute hypothèse être en mesure de justifier auprès de l'administration fiscale que les conditions d'éligibilité de l'exonération sont remplies.

2164 L'exonération s'applique rétroactivement aux dons consentis suite à un acte de terrorisme postérieur au 1er janvier 2015 ou, dans les autres situations, à un décès ou à une blessure postérieure au 1er janvier 2015.

b) Abattements

2165 L'abattement (80 724 €) en faveur du partenaire lié au donateur par un PACS (CGI, art. 790 F) est remis en cause lorsque le PACS est rompu avant le 31 décembre suivant celle au cours de laquelle il a été conclu pour une cause autre que le mariage des partenaires ou le décès de l'un d'eux. En revanche, le taux entre partenaires continue à s'appliquer même dans cette hypothèse.

2166 Pour la perception des droits de mutation à titre gratuit entre vifs, il est effectué un abattement de 31 865 € sur la part de chacun des petits-enfants (CGI, art. 790 B). Les petits-enfants décédés du donateur sont, pour l'application de l'abattement, représentés par leurs descendants donataires dans les conditions prévues par le Code civil en matière de représentation successorale (CGI, art. 790 B).

2167 Cet abattement est cumulable avec celui institué au profit des personnes handicapées et celui (d'un montant de 100 000 €) dont bénéficient collectivement les petits-enfants donataires lorsqu'ils sont issus d'un enfant prédécédé du donateur.

2168 Pour la perception des droits de mutation à titre gratuit entre vifs, il est effectué un abattement de 5 310 € sur la part de chacun des arrière-petits-enfants du donateur (CGI, art. 790 D).

2169 En application de l'article 790 A du CGI, modifié par la loi LME du 4 août 2008, les donations en pleine propriété de fonds artisanaux, de fonds de commerce, de fonds agricoles ou de clientèles d'une entreprise individuelle ou de parts ou actions d'une société, bénéficient sur option du donataire, d'un abattement de 300 000 € sur la valeur du fonds ou de la clientèle ou sur la fraction de la valeur des titres représentative du fonds ou de la clientèle, si les conditions suivantes sont réunies :
– l'entreprise ou la société exerce une activité industrielle, commerciale, artisanale, agricole ou libérale ;
– la donation est consentie à des donataires titulaires d'un contrat de travail à durée indéterminée depuis au moins deux ans et qui exercent leur fonction à temps plein ou d'un contrat d'apprentissage en cours au jour de la transmission, conclu avec l'entreprise ;
– lorsqu'ils ont été acquis à titre onéreux, le fonds ou la clientèle doivent avoir été détenus depuis plus de deux ans par le donateur ou la société ;
– lorsque la transmission porte sur des parts ou actions acquises à titre onéreux, celles-ci doivent être détenues depuis plus de deux ans par le donateur ;
– les donataires doivent poursuivre à titre d'activité professionnelle unique pendant les cinq années qui suivent la date de la transmission l'exploitation du fonds ou de la clientèle transmis ou l'activité de la société dont les parts ou actions sont transmises ;
– l'un des donataires doit assurer pendant la même période, la direction effective de l'entreprise.

2170 Le donataire peut être un parent du donateur. Il cumule alors l'abattement de 300 000 € avec celui lié à son lien de parenté avec le donateur (BOI-ENR-DMTG-20-30-20-20, 6 avr. 2021, § 340). L'administration considère que la cession, même partielle, des biens donnés avant l'expiration du délai quinquennal entraîne la remise en cause de l'exonération (BOI-ENR-DMTG-20-30-20-20, 6 avr. 2021, § 270). Cette exigence ne nous semble pas opposable aux redevables. En effet, rien dans l'article 790-A du CGI ne subordonne le bénéfice de l'abattement à la conservation des biens transmis par le donataire. L'abattement de 300 000 € devrait être pratiqué « à la base », « sur la valeur du bien transmis » et bénéficiant de l'abattement. L'administration admet toutefois par mesure de faveur qu'en présence de plusieurs donataires qui optent pour ce dispositif, il est admis que l'abattement de 300 000 € s'applique sur la part de chacun des bénéficiaires (BOI-ENR-DMTG 20-30-20-20, 6 avr. 2021, § 140). L'abattement peut s'appliquer en totalité même si une partie seulement de l'entreprise ou du capital est transmise (BOI-ENR-DMTG-20-30-20-20, 6 avr. 2021, § 140). En revanche, il ne peut bénéficier qu'une seule fois entre un même donateur et un même donataire

(CGI, art. 790 A, I, *in fine*). L'option exercée par les donataires dans l'acte de donation pour l'abattement de 300 000 € est exclusive de l'exonération partielle en faveur des donations d'entreprises (CGI, art. 787 B et C) dans son application intégrale. Lorsque les donataires ont opté pour l'abattement de 300 000 €, l'exonération de 75 % ne peut pas porter, comme d'ordinaire, sur l'intégralité des biens affectés à l'exploitation ou sur la totalité de la valeur des parts ou actions données. Elle s'applique uniquement sur les biens pouvant bénéficier de l'abattement de 300 000 €, c'est-à-dire sur la valeur du fonds ou de la clientèle donnée, ou sur la fraction de la valeur des titres sociaux représentative du fonds ou de la clientèle (CGI, art. 790 A, II). L'exonération de 75 % s'applique alors (le cas échéant) avant l'abattement de 300 000 € (BOI-ENR-DMTG-20-30-20-20, 6 avr. 2021, § 350). Ce mode de liquidation est favorable aux redevables (pour des illustrations chiffrées, V. *JCl. Enregistrement Traité*, V° *Donations d'entreprises*, Fasc. 30 ou *JCl. Notarial Formulaire*, V° *Donations d'entreprises [Enreg.]*, Fasc. 30).

2171 M. X âgé de soixante-sept ans donne à Y, son neveu titulaire d'un contrat d'apprentissage au sein de la société 20 % des actions de la SAS Z évaluées à 350 000 €. La valeur du fonds de commerce exploité par la société représente 85 % de la valeur de l'actif brut total de la société. Les conditions énoncées par l'article 790 A du CGI sont réunies ; Y s'engage à poursuivre l'exploitation de l'entreprise à titre d'activité professionnelle unique et à y exercer les fonctions de dirigeant de la SAS Z pendant cinq ans à compter de la donation. Liquidation des droits :

Valeur des biens transmis	350 000 €

* Fraction de la valeur des biens donnés représentative du fonds de commerce bénéficiant de l'abattement de 300 000 € :

85 % × 350 000 € =	297 500 €
Abattement	300 000 €
Reste taxable	néant

* Fraction de la valeur des biens donnés représentative des autres actifs détenus ne bénéficiant pas de l'abattement de 300 000 €

15 % × 350 000 €	52 500 €
Base imposable	52 500 €
Abattement personnel	7 967 €
Reste taxable	44 533 €
Droits (55 %*)	24 493 €

ATTENTION **Si les titres donnés étaient couverts par un engagement collectif de conservation portant sur les seuils minima requis, la souscription par Y des engagements de conservation prévus par l'article 787 B, du CGI ne réduirait pas le coût fiscal de la transmission. En effet, l'exonération de 75 % ne pourrait pas porter sur la valeur des parts données représentative des biens autres que le fonds de commerce détenu par la société (V. *supra*, n° 2169).**

c) Réduction liée à l'âge du donateur

2172 Dans le cadre des donations consenties à compter du 31 juillet 2011, seules les donations d'entreprises remplissant les conditions requises pour bénéficier de l'exonération de 75 % résultant des engagements « Dutreil » (CGI, art. 787 B et 787 C) consenties en pleine propriété par un donateur âgé de moins de soixante-dix ans au jour de la donation sont susceptibles de bénéficier d'une réduction de droits de 50 % (CGI, art. 790).

ATTENTION **L'administration fiscale considère que lorsque le donateur se dépouille de la pleine propriété de l'entreprise ou des titres, mais que l'acte démembre cette propriété en faveur de deux donataires allotis respectivement de l'usufruit et de la nue-propriété, aucune de ces transmissions ne peut bénéficier de la réduction de droits (BOI-ENR-DMTG-20-30-20-50, 13 févr. 2017, § 35).**
Une telle analyse nous semble contestable et a été invalidée par le juge de l'impôt, s'agissant de l'ancien dispositif de réduction lié à l'âge du donateur. Selon la cour d'appel de Grenoble, « il convient de se placer du point de vue des obligations du donateur, lequel doit transmettre les parts et actions de la société » (CA Grenoble, 2 déc. 2014, n° 12/02988, *Patrick L. : JurisData* n° 2014-035472 ; *Dr. fisc.* 2015, n° 15, comm. 253, obs. J.-F. Desbuquois, § 2).

2173 Bien que l'article 790 du CGI réserve la réduction aux donations satisfaisant aux règles du Code civil, donc passées par acte notarié, il est admis que les dons manuels bénéficient de la réduction de droits. L'âge du donateur est alors apprécié à la date de l'enregistrement de l'acte ou de la déclaration.

2174 La réduction de droits en fonction de l'âge du donateur s'applique en dernier lieu, après le cas échéant les abattements et la réduction en faveur des mutilés de guerre (BOI-ENR-DMTG-20-30-20-50, 13 févr. 2017, § 10).

C Donations par des époux

1 À un enfant commun

2175 **Donation par un seul époux.** Si la donation est consentie par un seul des époux et que son conjoint intervient à l'acte, uniquement pour donner son consentement, conformément à l'article 1422 du Code civil cet époux est considéré comme seul donateur et l'abattement en ligne directe ainsi que le tarif en ligne directe s'appliquent sur l'intégralité de la valeur du bien donné.

> ATTENTION **Au regard de la jurisprudence civile, la simple présence du conjoint commun en biens et son absence d'opposition à la donation consentie par son époux à un enfant commun peuvent suffire à écarter toute récompense due à la communauté (Cass. 1re civ., 1er févr. 2017, n° 16-11.599 : *JurisData* n° 2017-001393 ; *JCP* N 2017, n° 20, 1181).**

2176 **Donation par les deux époux.** Si la donation est consentie par les deux époux conjointement, chacun d'eux est considéré comme donateur de moitié du bien commun et le donataire bénéficie deux fois de l'abattement et, s'il y a lieu, des premières tranches du tarif progressif.

2177 Il peut être convenu que la donation s'imputera sur la succession du prémourant et subsidiairement sur celle du survivant (V. *JCl. Roulois*, Fasc. 1495). Les droits de mutation sont alors provisoirement liquidés sur la base de moitié pour chacun des époux, après application de deux abattements, et le calcul est révisé au décès du prémourant, d'après la valeur du bien, le tarif et la situation de famille du donataire à l'époque de la donation.

> ATTENTION **L'insertion d'une telle clause est dangereuse au plan fiscal. Elle impose au décès du prémourant des époux de procéder à une nouvelle liquidation des droits qui implique généralement de verser un complément au Trésor (BOI-ENR-DMTG-20-30-20-10, 29 sept. 2014, § 10).**

2178 Lorsqu'un des parents consent à un enfant une donation de biens propres, cet époux est considéré comme seul donateur. La donation bénéficie d'un abattement et supporte le tarif progressif pour le surplus.

2179 Cependant si la donation entre dans les prévisions de l'article 1438 du Code civil selon lequel si le père et la mère ont doté conjointement un enfant commun sans exprimer la portion pour laquelle ils entendent y contribuer, ils sont censés avoir doté chacun pour moitié, soit que la dot ait été fournie ou promise en effets de la communauté, soit qu'elle l'ait été en biens personnels à chacun des époux (V. *JCl. Roulois*, Fasc. 1495). La jurisprudence applique cette disposition à la donation consentie à un enfant pour lui fournir un établissement, c'est-à-dire lui procurer les moyens d'avoir une existence indépendante de celle de ses parents (Cass. com., 24 avr. 1990 : *JCP* N 1991, II, 100, note J. Lafond). Dans ces hypothèses, le donataire bénéficie deux fois de l'abattement.

2 À l'enfant d'un des époux

2180 Si la libéralité, portant sur un bien commun, est consentie par le seul époux père ou mère du donataire, son conjoint intervenant uniquement pour la validité de l'acte, l'époux est considéré comme seul donateur et l'abattement appliqué sur la totalité du bien.

2181 Lorsque deux époux adressent une libéralité en bien commun à un enfant d'un premier lit de l'un d'eux, ou plus généralement, à un enfant non commun, ils sont considérés tous deux comme donateurs moitié chacun. L'abattement personnel est applicable uniquement sur la part donnée par le parent du donataire, l'autre part étant taxée au tarif entre étrangers.

3 Réserve d'usufruit réversible

2182 Lors d'une donation par deux conjoints avec réserve d'usufruit réversible en totalité au profit du survivant, les droits doivent être calculés distinctement sur les biens donnés par chaque époux, compte tenu, pour la détermination de la valeur de la nue-propriété, de leur âge respectif, et sans égard à la clause de réversion, les droits étant toujours perçus compte tenu des usufruits ouverts au moment de la mutation (CGI, art. 669, I, *in fine*). La réversion d'usufruit donne ouverture, pour sa part, uniquement au droit fixe des actes innomés lors de l'enregistrement de l'acte de donation.

2183 En cas de survivance du plus jeune des donateurs, le nu-propriétaire a droit, en vertu de l'article 1965 B du CGI, à la restitution d'une somme égale à ce qu'il aurait payé en moins si l'impôt acquitté avait été calculé d'après l'âge du plus jeune des usufruitiers.

2184 En revanche, en cas de survivance du plus âgé des donateurs, aucun supplément de droit n'est dû, l'administration ayant renoncé à réclamer le complément de droits (BOI-ENR-DG-70-40, 12 sept. 2012, § 10).

2185 M. et Mme X font donation à leur enfant d'un immeuble dépendant de la communauté, évalué à 400 000 € avec stipulation de réserve d'usufruit réversible sur la tête du survivant.

1° Calcul des droits dus lors de la donation :

M. X (âge : 62 ans)	200 000	Mme X (âge : 55 ans)	200 000
Usufruit 40 %	– 80 000	Usufruit 50 %	– 100 000
	120 000		100 000
Abattement	100 000	Abattement	100 000
Actif taxable	20 000	Actif taxable	néant
• **Droits dus** :		• **Droits dus** :	
5 % s/ 8 072	404		néant
10 % s/ 4 037	404		
15 % s/ 3 823	573		
20 % s/ 4 068	813		
Total	2 194		

2° Calcul au décès du prémourant : *a)* Prédécès de M. X. Si l'impôt acquitté avait été calculé d'après l'âge de Mme X, compte tenu de la valorisation de l'usufruit d'après l'âge de cette dernière au jour de l'acte, la donation n'aurait pas donné lieu au paiement effectif de droits. Le montant des droits acquittés peut faire l'objet d'une demande de restitution, au plus tard le 31 décembre de la deuxième année suivant la date du décès du premier usufruitier (LPF, art. R. 196-1). *b)* Prédécès de Mme X. Aucun supplément de droit n'est dû.

D Donation à un enfant marié

2186 Une donation d'immeuble au profit de son enfant marié, avec stipulation que le bien tombera en communauté, est soumise au tarif en ligne directe pour le tout (sur les inconvénients de cette clause, au point de vue civil, V. *JCl. Roulois*, Fasc. 1490). Mais, si la donation est consentie aux deux époux conjointement, le tarif en ligne directe est appliqué uniquement sur la part donnée à l'enfant.

Fiche 38

Mutations entre vifs – Mutations particulières

Sommaire

I Donation-partage 405
A Notion de donation-partage 405
B Liquidation et paiement des droits 406
C Exemple chiffré 407
D Donation-partage transgénérationnelle 408
1 Régime juridique 408
2 Liquidation des droits 408
E Donation-partage conjonctive en faveur de descendants de lits différents 409
II Don manuel 409
A Fait générateur 410
B Liquidation des droits 412
C Enregistrement ou e-enregistrement 412
III Donations entre époux 413

I Donation-partage

2187 Toute personne peut procéder entre ses héritiers présomptifs à la distribution et au partage de ses biens et droits (C. civ., art. 1075). L'article 1075 du Code civil autorise les père et mère et autres ascendants à faire, entre leurs enfants et descendants, la distribution et le partage de leurs biens.

2188 Depuis le 1er janvier 2007, le partage peut intervenir même dans le cadre de transmissions collatérales, mais uniquement en faveur de bénéficiaires ayant la qualité d'héritiers présomptifs du disposant. Cet acte peut se faire sous la forme d'une donation-partage, classique ou transgénérationnelle ou d'un testament-partage. Seules les premières seront ici étudiées. Lorsque le donateur ou testateur comprend une entreprise individuelle ayant une activité industrielle, commerciale, artisanale, agricole ou libérale, ou des titres de société exerçant ce type d'activité et dont il est dirigeant, la donation-partage peut également être consentie à d'autres personnes, à condition qu'il ne soit attribué que la propriété de tout ou partie des biens en question, ou leur jouissance (C. civ., art. 1075-2).

• Textes

- C. civ., art. 1075 à 1078-3.
- CGI, art. 790 et s.

A Notion de donation-partage

2189 La donation-partage doit être faite au profit d'héritiers présomptifs du donateur ayant vocation à succéder de leur propre chef ou par représentation ou au profit d'autres personnes en ce qui concerne les transmissions d'entreprises, dans les conditions évoquées ci-dessus.

2190 La donation-partage doit porter sur des biens présents. Elle peut n'être qu'en nue-propriété et peut même en l'absence de biens nouvellement donnés incorporer des donations antérieures (C. civ., art. 1078-1).

2191 La donation-partage doit contenir la répartition des biens ; à défaut, l'effet répartitif consubstantiel à cet acte ferait défaut de sorte qu'en droit civil, l'opération serait requalifiée en donation ordinaire, entraînant notamment le rapport à la succession du donateur et l'impossibilité de pouvoir bénéficier du gel de la valeur des biens donnés pour le calcul de la réserve successorale (Cass. 1re civ., 6 mars 2013, n° 11-21.892 : *JurisData* n° 2013-003727 ; *Bull. civ.* I, n° 34. – Cass. 1re civ., 20 nov. 2013, n° 12-25.681 : *JurisData* n° 2013-026113 ; *Bull. civ.* I, n° 223. – F. Fruleux et F. Sauvage : *JCP* N 2013, 1296, 3). L'administration fiscale admet toutefois que l'acte qui se borne à une simple attribution de quotités à chaque donataire (BOI-ENR-DMTG-20-20-10, 12 sept. 2012, § 80), soit qualifié de donation-partage, de sorte que l'administration fiscale ne peut pas se prévaloir de la seule absence de répartition des biens pour requalifier l'opération, et notamment refuser l'application du régime de faveur des partages familiaux (CGI, art. 748) lors de la réalisation du partage mettant fin à l'indivision née de la donation.

B Liquidation et paiement des droits

2192 Les donations-partages sont soumises au droit commun des donations donc aux droits de mutation à titre gratuit.

2193 L'incorporation de biens antérieurement donnés ne donne lieu à aucun droit de mutation, en application de la règle non bis in idem ; seul le droit de partage au taux réduit de 2,5 % est exigible sur la valeur des biens réincorporés (CGI, art. 776 A, al. 1er). La transformation en donation en avancement de part successorale d'une donation initialement consentie hors part n'entraîne pour sa part l'exigibilité d'aucun droit particulier.

2194 **Droit de partage.** Le partage constituant une disposition dépendante de la donation, le droit de partage n'est pas dû sur la valeur des biens donnés, du moins lorsque donation et partage sont constatés aux termes du même acte, ce qui n'est pas impératif (C. civ., art. 1076, al. 2). Le droit de partage est en revanche exigible sur les donations antérieures réincorporées et, s'il s'agit d'une donation-partage cumulative, sur la valeur des biens provenant de la succession de l'époux décédé et compris dans le partage.

2195 **Tableau récapitulatif.** La règle est que les mêmes biens ne peuvent être soumis, en vertu d'un même acte, à la fois au droit de donation et au droit de partage.

2196 Selon la méthode traditionnellement retenue par l'administration fiscale, il convient de distinguer selon que le partage est pur et simple, c'est-à-dire sans soulte ni plus-value de lot, ou non.

2197 **Partage pur et simple.** En cas de partage pur et simple, l'effet déclaratif du partage (C. civ., art. 883) joue sur le plan fiscal. Les droits de donation sont liquidés sur la base des lots effectifs, en tenant compte des biens mis dans le lot de chaque enfant aux termes du partage. Par suite, si le partage attribue à l'un des donataires copartagés des biens exonérés et à l'autre des biens non exonérés, le premier ne supporte aucun droit ; le second acquitte les droits sur la valeur des biens non exonérés, après application de l'abattement lui profitant.

2198 **Partage avec soulte.** Si le partage comporte une soulte ou plus-value de lot, les droits de mutation sont liquidés sur la part théorique de chaque gratifié. Lorsque la donation comprend des biens exonérés, chaque donataire copartagé bénéficie de l'exonération à concurrence de ses droits théoriques dans les biens exonérés.

ATTENTION En présence d'un impôt généralement progressif, ce dernier mode de liquidation est généralement plus favorable au regard du montant global de droits exigible.
Bien qu'il ne semble pas avoir été remis en cause par l'administration, ce mode de liquidation formellement énoncé dans le cadre de la liquidation des droits de succession n'est pas repris dans la doctrine administrative consacrée à la liquidation des droits de donation (V. BOI-ENR-DMTG 20-20-10, 12 sept. 2012, § 100).
La doctrine administrative déroge toutefois à ces principes en ce qui concerne les dons exceptionnels de somme d'argent et de certains biens immobiliers bénéficiant de régimes temporaires d'exonération plafonnée (V. *supra*, n° 2157).

2199 Les droits de mutation sur la donation-partage sont liquidés après abattements (V. Fiche 39 : Droits de mutation à titre gratuit – Exonérations, abattements, tarifs et réductions). Ils sont calculés au tarif applicable en fonction du lien, de parenté existant (ou non) entre disposant et donataire co-partagé.

2200 Les droits doivent être acquittés lors de la formalité d'enregistrement, sans possibilité de fractionnement ou de différé de paiement. Cependant, lorsque la donation-partage comprend une entreprise individuelle ou des parts ou actions de certaines sociétés, le paiement différé et fractionné est possible. Il est toutefois limité à la fraction de droits correspondant à la transmission de ces biens.

C Exemple chiffré

2201 **Donation-partage avec incorporation d'une donation antérieure.** M. et Mme X consentent une donation-partage au profit de leurs deux enfants A et B. L'acte contient :
– donation d'un portefeuille de valeurs mobilières dépendant de la communauté existant entre les donateurs, d'une valeur de 48 000 € ;
– donation par M. X. d'une maison de campagne lui appartenant personnellement, d'une valeur de 76 000 € ;
– et la réincorporation de la donation hors part successorale consentie en 1999 par Mme X à B consistant en un appartement lui appartenant en propre d'une valeur à l'époque de la donation de 40 000 €. Cet appartement vaut actuellement 50 000 €. D'un commun accord, la libéralité est transformée en une donation en avancement de part successorale. M. et Mme X sont respectivement âgés de soixante-trois et soixante ans. La donation-partage est égalitaire.

2202 **I. – Masse des biens donnés ou incorporés**

– Valeurs mobilières	48 000 €
– Maison de campagne	76 000 €
– Appartement	50 000 €
– Valeur de la masse	174 000 €
– Dont moitié	1/2
– Revient à chaque donataire	87 000 €

II. – Attributions Il est attribué à A :

– le portefeuille de valeurs mobilières pour sa valeur de	48 000 €
– la maison de campagne pour sa valeur de	76 000 €
soit	124 000 €
À charge de verser à B une soulte de	– 37 000 €
Montant de son attribution	87 000 €

Il est attribué à B :

– l'appartement objet de la donation de 1990, pour sa valeur actuelle de	50 000 €
– la soulte versée par A d'un montant de	37 000 €
Montant de son attribution	87 000 €

2203 Le portefeuille de valeurs mobilières et la maison de campagne supportent le droit de donation à l'exclusion de tout droit de partage. L'appartement, donné antérieurement, n'est soumis qu'au droit de partage. Par ailleurs, il n'est dû aucun droit pour la transformation d'une libéralité hors part successorale en une donation en avance sur part successorale. Pour le calcul des droits, on distingue les biens donnés par chacun des époux. Chaque donataire est imposé sur la valeur des droits théoriques (en l'espèce de moitié) auxquels ils prétendent sur chaque masse de biens.

• Biens donnés par M. X :

– moitié du portefeuille de valeurs (bien commun) : 1/2 × 48 000 €, soit	24 000 €
– maison de campagne (bien propre)	76 000 €
Total	100 000 €
Dont moitié	1/2
revient à chaque donataire	50 000 €
Chaque enfant reçoit de son père des biens d'une valeur de	50 000 €
L'abattement personnel disponible est de	100 000 €
Actif imposable	néant

Droits dus par A : néant
Droits dus par B : néant
• Biens donnés par Mme X :

moitié du portefeuille de valeurs		24 000 €
	dont moitié	1/2
	revient à chaque donataire	12 000 €

La part donnée par Mme X à chaque donataire est inférieure au montant de l'abattement de 150 000 € non entamé, la donation consentie en 1999 remontant à plus de 15 ans.

2204 En outre, il est dû un droit de partage au taux de 2,5 % sur la valeur actuelle de l'appartement réincorporé : 2,5 % × 50 000 € = 1 250 €.

D Donation-partage transgénérationnelle

1 Régime juridique

2205 La loi du 23 juin 2006 qui a modernisé le droit des successions et des libéralités a créé la donation-partage transgénérationnelle. Cette donation-partage permet de réaliser un « saut de génération » et, avec l'accord de la génération intermédiaire, à un aïeul de transmettre des biens à des descendants gratifiés aux lieu et place de leur auteur direct (C. civ., art. 1078-4 à 1078-10).

> ATTENTION **La donation-partage transgénérationnelle est uniquement possible en faveur de descendants en ligne directe. Elle peut en revanche être réalisée même en présence d'un ascendant qui n'a qu'un enfant unique, dès lors que ce dernier a lui-même au moins un enfant et accepte que ce dernier soit gratifié par le donateur conjointement avec lui, en partie ses lieu et place (C. civ., art. 1078-5, al. 1er).**

2206 La donation-partage transgénérationnelle ne peut porter que sur des biens présents dont l'ascendant donateur est propriétaire au jour de l'acte (C. civ., art. 1076, al. 1er). Elle peut également porter sur des donations antérieures réincorporées dans le partage d'ascendant (C. civ., art. 1078-7). L'acte peut même comporter uniquement les donations antérieures réincorporées, sans que l'ascendant donateur ne donne de nouveaux biens (C. civ., art. 1078-3 et 1078-7).

2207 La donation-partage transgénérationnelle est soumise par principe aux règles de droit commun de la donation-partage. Elle obéit cependant à des règles originales, spécialement en ce qui concerne le traitement liquidatif de la libéralité au décès du donateur ou du descendant ayant « cédé sa place ».

2208 Au décès de l'ascendant donateur, les biens donnés aux descendants gratifiés aux lieu et place de leur auteur s'imputent sur la part de réserve revenant à leur souche et uniquement subsidiairement s'il y a lieu sur la quotité disponible (C. civ., art. 1078-8, al. 1er). Cette règle d'imputation réduit les risques de réduction de la donation-partage transgénérationnelle pour atteinte à la réserve et permet à l'enfant consentant à la donation-partage transgénérationnelle de renoncer indirectement (et en totale neutralité fiscale, V. *infra*, n° 2211) à tout ou partie de ses droits réservataires dans la succession du donateur au profit de ses propres descendants.

2209 Dans la succession de l'enfant qui a consenti à ce que ses propres descendants soient allotis en son lieu et place, les biens reçus par eux de l'ascendant sont traités comme s'ils les tenaient de leur auteur direct (C. civ., art. 1078-9). En d'autres termes, au décès de l'enfant qui a consenti à la donation-partage transgénérationnelle, tout se passe comme si les descendants allotis par leur aïeul avaient été gratifiés par leur auteur direct aux termes d'une donation qui leur aurait été consentie par ce dernier en avance de part successorale. Ce rapport fictif, est doublement original. En effet :
- d'une part, les biens donnés par donation-partage échappent d'ordinaire au rapport ;
- d'autre part, les biens sont ici rapportés ou réunis fictivement à la succession d'une personne qui n'est pas le donateur.

Le rapport fictif ne joue pas dans deux cas :
- lorsque tous les descendants ont reçu un lot dans la donation-partage transgénérationnelle et qu'aucune réserve d'usufruit portant sur une somme d'argent n'a été prévue dans l'acte (C. civ., art. 1078-9, al. 3) ;
- lorsque l'enfant qui a consenti à la donation-partage transgénérationnelle a lui-même consenti une donation-partage dans laquelle les biens donnés par l'ascendant ont été réincorporés (C. civ., art. 1078-10).

2 Liquidation des droits

2210 La donation-partage transgénérationnelle donne ouverture sur les biens donnés par l'ascendant aux droits de mutation à titre gratuit entre vifs (droits de donation) au tarif applicable en fonction du degré de parenté existant directement entre l'ascendant donateur et le descendant gratifié (CGI, art. 784 B). Le tarif applicable est donc déterminé directement en tenant compte du lien existant entre l'ascendant donateur et le descendant alloti, sans tenir compte de l'enfant qui « cède sa place » en totalité ou en partie et consent à la donation. Ainsi, par exemple, des petits enfants gratifiés par leur aïeul avec l'accord de leur père enfant du donateur bénéficient uniquement de l'abattement de 31 865 € prévu par l'article 790 B du CGI et au-delà du tarif en ligne directe. Même si leur auteur direct cède intégralement sa place et ne recueille aucun bien, les donataires ne peuvent pas bénéficier de l'abattement de 100 000 € prévu par l'article 779, I du CGI. En revanche, Les articles 784 B et 776 ter du CGI excluent clairement toute exigibilité des droits de mutation à titre gratuit entre l'enfant qui consent à la donation-partage transgénérationnelle et ses descendants allotis en lieu et place. En d'autres termes, le consentement donné par l'enfant ne réalise pas une donation indirecte taxable consentie des descendants gratifiés au lieu et place de leur auteur.

2211 Lors du règlement de la succession de l'enfant qui a consenti à la donation, les biens reçus par ses descendants de leur aïeul aux termes de la donation-partage transgénérationnelle ne sont pas sujets au rappel fiscal, même lorsque l'acte a été passé depuis moins de quinze ans (CGI, art. 776 ter).

2212 Les biens réincorporés dans la donation-partage transgénérationnelle ne sont pas passibles des droits de mutation à titre gratuit et donnent uniquement ouverture au droit de partage au taux réduit de 2,5 % prévu par l'article 748 du CGI (CGI, art. 776 A, al. 1er). Seul le droit de partage est exigible, même lorsque les biens réincorporés sont attribués à des descendants de l'attributaire initial gratifiés au lieu et place de leur auteur direct (CGI, art. 776 A, al. 2). Selon l'administration fiscale, l'exigibilité du seul droit de partage dans ce contexte est réservée au seul cas où le bien incorporé est attribué à un descendant du donataire initial (réal lotissement intra-souche). Toutefois, lorsque le bien incorporé a été transmis au donataire réincorporant aux termes d'une donation ayant moins de quinze ans, les droits de mutation à titre gratuit sont dus en fonction du lien de parenté entre l'ascendant donateur et son petit-enfant alloti. En vertu de la règle non bis in idem les droits acquittés lors de la première donation à raison du bien réincorporé sont imputés sur ceux dus à raison du même bien lors de la donation-partage (CGI, art. 776 A, al. 3).

E Donation-partage conjonctive en faveur de descendants de lits différents

2213 L'article 1076-1 du Code civil inséré par la loi du 23 juin 2006 admet explicitement la possibilité de réaliser une donation-partage conjonctive dans le cadre d'une famille recomposée, à condition que l'enfant qui n'est pas commun aux deux époux donateurs reçoive uniquement des biens propres à son auteur ou des biens communs.

2214 Le domaine d'application de ce type de donation-partage semble restreint. En effet, l'analyse majoritaire partagée par la Chancellerie considère que la donation-partage conjonctive nécessite l'existence d'au moins deux enfants communs du couple (V. en ce sens, Rép. min. n° 12920 : *JOAN* 11 mars 2008, p. 2136, Cuq). Même si l'administration fiscale admet une telle possibilité (BOI-ENR-DMTG-20-20-10, 12 sept. 2012, § 150), la réalisation d'une donation-partage conjonctive ne semble pas juridiquement envisageable en présence d'un seul enfant commun aux codonateurs.

2215 L'allotissement de l'enfant non commun au moyen de biens communs entraîne une récompense à la charge de l'époux donateur (C. civ., art. 1438 et 1439).

2216 La donation-partage consentie en application de l'article 1076-1 est soumise au tarif en ligne directe sur l'intégralité de la valeur du bien donné (CGI, art. 778 bis). Les réductions de droits liées à l'âge du donateur s'apprécient en fonction de l'âge du seul époux donateur (BOI-ENR-DMTG-20-20-10, 12 sept. 2012, § 130).

II Don manuel

2217 Pour pallier l'absence, en pratique, d'écrit constatant un don manuel et éviter dans la mesure du possible que de telles transmissions échappent à l'impôt sur la mutation, il a été institué un régime spécial d'imposition, reposant sur la déclaration du donataire ou une reconnaissance judiciaire et l'absence de rappel fiscal des dons enregistrés depuis plus de 15 ans. Dans la même optique d'incitation à la révélation des dons manuels, la première loi de finances rectificative pour 2011 applicable aux dons révélés à compter du 31 juillet 2011 permet à certaines conditions au donataire de déclarer le don et d'acquitter les droits dans le mois suivant le décès du donateur (CGI, art. 635 A).

2218 Peuvent faire l'objet d'un don manuel les meubles corporels, les effets et titres au porteur (pour ces derniers, la dématérialisation des titres ne fait pas obstacle à ce qu'ils fassent l'objet d'un don manuel. – Cass. com., 19 mai 1998, n° 96-16.252 : *JurisData* n° 1998-002059 ; *JCP* N 1998, p. 1664 ; *Dr. fisc.* 1998, n° 42, comm. 910).

2219 Ces dons peuvent également le cas échéant si les conditions sont réunies bénéficier du régime fiscal favorable applicable aux dons « exceptionnels » (CGI, art. 790 G).

2220 Nous envisagerons le fait générateur puis le calcul des droits.

• **Textes**

• CGI, art. 757, 635 A, 784.

A Fait générateur

2221 Les actes renfermant soit la déclaration par le donateur ou ses représentants, soit la reconnaissance judiciaire d'un don manuel, sont sujets au droit de donation (CGI, art. 757, al. 1er).

2222 La reconnaissance judiciaire n'est pas subordonnée à la présence du bénéficiaire du don manuel dans l'instance ayant abouti au jugement (Cass. com., 8 juill. 1997 : *JCP* N 1998, p. 17). Il suffit que le jugement constate, même seulement dans les motifs, l'existence du don. Bien que l'article 757, alinéa 1er du CGI vise la « reconnaissance judiciaire » du don, la Cour de cassation admet que la reconnaissance d'un don manuel peut le cas échéant résulter d'un jugement rendu par une juridiction administrative dès lors que les conditions requises sont réunies. C'est le cas lorsqu'elle figure dans les motifs ou le dispositif d'un jugement rendu par un tribunal administratif, qu'elle est exempte de toute équivoque et emporte constatation certaine de la transmission à titre de libéralité (Cass. com., 26 sept. 2018, n° 16-23.410).

2223 La même règle s'applique lorsque le donataire révèle un don manuel à l'administration fiscale (CGI, art. 757, al. 2). Cette révélation peut être :
– soit spontanée ;
– soit faite en réponse à une demande de l'administration ;
– soit faite lors d'un contrôle ou d'une procédure contentieuse.

ATTENTION La Cour de cassation a confirmé que la réforme du régime fiscal des dons manuels réalisée par la loi de finances pour 2011 et codifiée à l'article 635-A du CGI ne concerne pas seulement l'exigibilité de l'impôt, mais également le fait générateur. Elle en tire notamment comme conséquence que pour les dons d'un montant supérieur à 15 000 € en vertu de ce texte combiné au deuxième alinéa de l'article 757 du CGI, la réponse formulée par un contribuable dans le cadre d'une procédure de contrôle ou suite à une demande de l'administration fiscale mentionnant l'existence du don constitue une « révélation » du don au sens de cette dernière disposition entraînant sa taxation (Cass. com., 4 mars 2020, n° 18-11.120, F-P+B : *JurisData* n° 2020-003594).
Dans cette affaire, entre 2000 et 2004, une contribuable avait reçu d'un voisin plusieurs dessins d'artistes qu'elle vendit pour la plupart pour un prix global d'environ 1 700 000 €. Elle fit l'objet avec son époux d'un examen contradictoire de leur situation fiscale personnelle au titre de leurs revenus des années 2008 à 2010. Ce contrôle la conduisit, pour justifier des sommes apparaissant au crédit de leurs comptes bancaires à faire état des dons manuels portant sur les dessins vendus, notamment dans un courrier adressé à l'agent vérificateur daté du 12 décembre 2011, suivi à la demande de ce dernier du dépôt le 10 mai 2012, d'un imprimé de déclaration de don manuel.
Au vu, de cette « révélation », l'intéressée fut destinataire d'une proposition de rectification visant à taxer ces dons manuels aux droits de mutation à titre gratuit. Elle saisit le tribunal de grande instance pour obtenir l'annulation de l'avis de mise en recouvrement émis à cet effet et la décharge de l'intégralité des droits de donation. Elle soutenait que les réponses apportées aux demandes de l'administration ne pouvaient constituer une révélation volontaire entraînant la taxation des dons manuels. Cet argumentaire est à nouveau réfuté par la Cour de cassation

qui comme elle l'énonçait initialement (Cass. com., 5 oct. 2004, n° 03-15.709, *Assoc. Les Témoins de Jéhovah : JurisData* n° 2004-025197) mais cette fois sur un fondement distinct admet que la réponse apportée par le contribuable dans le cadre de la procédure de contrôle constitue une révélation du don au sens de l'article 757 du CGI entraînant l'exigibilité du droit de donation.

Bien que complexe et conduisant à taxer les donataires suivant des modalités et avec des assiettes différentes, le régime fiscal des dons manuels issu de la loi de finances pour 2011 a été validé par le Conseil constitutionnel. Dans une décision QPC du 9 juillet 2021 (Cons. const., 9 juill. 2021, n° 2021-923 : *JurisData* n° 2021-011260), ce dernier a écarté les griefs de méconnaissance des principes d'égalité devant la loi et devant les charges publiques et du principe de sécurité juridique formulés à l'encontre du deuxième alinéa de l'article 757 du CGI dans sa rédaction issue de la première loi de finances rectificative pour 2011.

Selon les Sages de la rue de Montpensier, le législateur s'est fondé sur un critère objectif et rationnel en rapport avec l'objet de la loi en prévoyant que, lorsqu'un don manuel est révélé à l'administration fiscale par le donataire, le fait générateur de l'imposition se situe au jour, non de sa réalisation, mais de sa révélation.

Ces dispositions ne créent intrinsèquement aucune différence de traitement entre les donataires en soumettant les dons révélés aux mêmes règles d'imposition que les dons déclarés, enregistrés ou reconnus en justice.

2224 Le don manuel doit être déclaré ou enregistré par le donataire ou ses représentants dans le délai d'un mois qui suit la date à laquelle le donataire a révélé ce don à l'administration (CGI, art. 635 A). Les dons manuels révélés à l'administration fiscale doivent en principe également être déclarés dans le délai d'un mois qui suit la date à laquelle le donataire a révélé ce don à l'administration fiscale. Toutefois, pour les dons manuels dont le montant est supérieur à 15 000 €, la déclaration doit être réalisée :

– dans le délai d'un mois qui suit la date à laquelle le donataire a révélé ce don à l'administration fiscale ou, sur option du donataire lors de la révélation du don, dans le délai d'un mois qui suit la date du décès du donateur ;

– dans le délai d'un mois qui suit la date à laquelle ce don a été révélé, lorsque cette révélation est la conséquence d'une réponse du donataire à une demande de l'administration ou d'une procédure de contrôle fiscal (CGI, art. 635 A, al. 2).

Le donataire est privé de la possibilité d'exercer l'option pour la déclaration du don après le décès du donateur lorsque la révélation du don manuel intervient à l'occasion d'une procédure d'examen contradictoire de la situation personnelle du redevable. Il importe peu que la révélation soit survenue précocement, au stade du premier entretien avec le vérificateur (Cass. com., 25 janv. 2023, n° 20-16.700).

ATTENTION **L'option pour la déclaration du don et le paiement des droits dans le mois suivant le décès du donateur a été créée par la loi de finances rectificative pour 2011. Elle s'applique aux dons révélés à compter du 31 juillet 2011, quelle que soit la date du don.**

2225 L'article 784 du CGI impose aux parties de faire connaître, dans tout acte constatant une transmission entre vifs à titre gratuit et dans toute déclaration de succession, s'il existe ou non des donations antérieures consenties à un titre et sous une forme quelconque par le donateur ou le défunt aux donataires, héritiers ou légataires. Le don manuel est donc taxable lors d'une donation intervenue entre les mêmes personnes que le don manuel ou lors du décès du donateur, si le bénéficiaire du don manuel est successible.

ATTENTION **Les dons manuels révélés dans le cadre de la déclaration de succession du donateur, après le décès de ce dernier sont passibles des droits de succession et non des droits de donation (Cass. com., 31 mars 2004, n° 02-10.578, FS-P+B, *Fessard : JurisData* n° 2004-023107).**

Les nouvelles règles d'appréciation des valeurs imposables et du tarif mises en place par la loi de finances rectificative pour 2011 (CGI, art. 757 nouveau) ne s'appliquent pas aux dons taxés dans le cadre du rappel fiscal. Dans ce contexte, assiette et tarif s'apprécient à la date du nouveau fait générateur des droits.

2226 Les dons manuels ayant le caractère de présents d'usage conformément à l'article 852 du Code civil échappent aux droits de donation et n'ont pas à être énoncés dans les donations ultérieures ou la déclaration de succession du donateur ; tel est généralement le cas pour les cadeaux faits aux enfants mineurs par des membres ou des amis de la famille (V. S. Jacquin, *Quelle est la frontière entre présent d'usage et don manuel ? : Actes prat. strat. patrimoniale* 2020, n° 4. – D. Faucher, *Don manuel – Présents d'usage : comment éviter la requalification en don manuel taxable ? : JCP* N 2018, n° 6, 1100).

2227 **Applications.** Il a été jugé qu'un don de somme d'argent de 15 000 € versé par une mère disposant d'un patrimoine de 1 250 000 € à sa fille à l'occasion des fêtes de Noël constitue un présent d'usage qui n'est pas passible des droits (V. en ce sens, CA Paris, 11 avr. 2002, n° 2001/03791 : *JurisData* n° 2002-178548. – V. D. Faucher, *Présents d'usages non imposables : JCP* N 2002, 1724). De même, deux chèques de 7 500 € remis le jour de Noël par un donateur à ses légataires ont reçu cette qualification, compte tenu de l'état de fortune du donateur (CA Orléans, 11 oct. 2007, n° 06/03246 : *JurisData* n° 2007-356892).

B Liquidation des droits

2228 La loi de finances rectificative pour 2011 a modifié les règles d'évaluation des valeurs imposables et de détermination du tarif applicables aux dons manuels enregistrés, révélés à l'administration ou faisant l'objet d'une reconnaissance judiciaire. Dans le cadre de la taxation de ces dons, les droits sont calculés sur la valeur du don manuel au jour de sa déclaration ou de son enregistrement, ou sur sa valeur au jour de la donation si celle-ci est supérieure. Le tarif et les abattements applicables sont ceux en vigueur au jour de la déclaration ou de l'enregistrement du don manuel.

ATTENTION **Ces règles ne s'appliquent pas aux dons consentis avant le 31 juillet 2011, quelle que soit la date d'enregistrement ou de révélation du don, ni à ceux taxés dans le cadre du rappel fiscal imposé par l'article 784 du CGI.**

Rappelons que pour ce qui concerne les dons consentis avant le 31 juillet 2011, il convient de se placer à la date du fait générateur pour déterminer la valeur imposable ainsi que le tarif applicable. C'est également cette date qu'il faut retenir pour apprécier si l'âge du donateur peut entraîner une réduction des droits.

ATTENTION **Lorsque le don porte sur une somme d'argent, les droits sont assis sur le montant nominal de la somme donnée, quel que soit l'emploi qui en a été fait par le *donataire* (Cass. com., 20 oct. 1998 : *RJF* 1-99. – BOI-ENR-DMTG-20-10-20-10, 28 janv. 2014, § 200).**

2229 En cas de déclaration d'un don manuel antérieur, faite pour satisfaire aux prescriptions rappelées plus haut de l'article 784 du CGI, la taxation, s'il y a lieu, est faite par application de l'alinéa 2 dudit article 784, en ajoutant à la valeur des biens compris dans la donation ou la déclaration de succession celle des biens qui ont fait l'objet des dons manuels, non déjà soumis à l'impôt.

C Enregistrement ou e-enregistrement

2230 La voie a été ouverte par la loi de finances pour 2020 (L. n° 2019-1479, 28 déc. 2019, art. 150, I). Dans le domaine des droits d'enregistrement, la télédéclaration et le cas échéant le télérèglement des droits ont vocation à s'appliquer aux dons manuels, déclarations de succession et cessions de droits sociaux n'étant pas constatées par un acte. Un service des impôts chargé spécifiquement de l'enregistrement dématérialisé a été créé par arrêté ministériel. Les obligations déclaratives des redevables ont été adaptées pour permettre l'exécution dématérialisée de la formalité. La télédéclaration des dons manuels, du moins pour les plus simples d'entre eux est effective depuis le 30 juin 2021. Elle s'opère sur le site *impots.gouv.fr via* l'espace particulier du donataire. La formalité de l'enregistrement est réalisée de manière instantanée. Le télérèglement des droits afférents à ces dons est possible depuis septembre 2021.

III
Donations entre époux

2231 Les donations de biens présents sont imposées après l'abattement et selon le tarif entre époux (V. Fiche 39 : Droits de mutation à titre gratuit – Exonérations, abattements, tarifs et réductions).

2232 Les donations à cause de mort (en d'autres termes, donations pour le cas de survie ou institution contractuelle) sont passibles des droits de mutation par décès lors du décès, sur l'émolument recueilli par l'époux survivant. Elles sont donc exonérées de droits de succession en application de l'article 796-0 bis du CGI.

2233 Bien que juridiquement constitutives de donations entre vifs à terme de biens présents, les donations d'usufruits successifs ne sont fiscalement taxables que lors de l'ouverture de l'usufruit successif et donnent lieu au paiement de droits de mutation par décès (CGI, art. 796-0 quater).

POUR ALLER PLUS LOIN

- *JCl. Notarial Formulaire*, V° *Donations [Enreg.]*, Fasc. 60 et 70.
- *JCl. Notarial Formulaire*, V° *Enregistrement*.

Fiche 39

Droits de mutation à titre gratuit – Exonérations, abattements, tarifs et réductions

Sommaire

Introduction ... 415

I Principaux biens exonérés partiellement de droits de mutation à titre gratuit ... 415

II Abattements ... 418

III Tarifs ... 419

IV Réductions de droits ... 420

Introduction

2234 Le calcul des droits de mutation à titre gratuit comprend :
- d'une manière générale, l'application d'un abattement sur la part recueillie ou sur la valeur imposable des biens donnés ;
- le calcul des droits suivant divers tarifs ;
- et, le cas échéant, l'application d'une réduction sur les droits déterminés par le tarif.

2235 Préalablement à ces modalités de calcul, nous présentons un tableau recensant les principaux biens exonérés partiellement de droits de mutation à titre gratuit.

I

Principaux biens exonérés partiellement de droits de mutation à titre gratuit

2236 **Tableau synoptique.**

SUCCESSION ET DONATION
• **Parts de groupement forestier et de société d'épargne foncière** (CGI, art. 793, 1, 3°. – C. mon. fin., art. L. 214-95, al. 3. – BOI-ENR-DMTG-10-20-30-10)
– 3/4 de la valeur : durée de détention par le disposant + certificat + garantie de gestion durable + exploitation ou gestion normale*

SUCCESSION ET DONATION
• Bois et forêts (CGI, art. 793-2, 2°. – BOI-ENR-DMTG-10-20-30-10)
– 3/4 de la valeur : certificat + garantie de gestion durable + engagement d'exploitation*
Sommes figurant sur un compte d'investissement forestier et d'assurance CIFA (CGI, art. 793, 3°) – 3/4 de la valeur : produits de coupes, sous condition d'emploi
• Terres incluses dans des espaces naturels protégés (CGI, art. 793, 2, 7°)
– 3/4 de la valeur : certificat + garanties de gestion
• Biens ruraux loués à long terme ou à bail cessible (CGI, art. 793, 2, 3°)
– jusqu'à 300 000 € : 3/4 de la valeur ; au-delà de 300 000 € : 1/2 (obligation de conservation) À compter du 1er janvier 2023, la limite au-delà de laquelle le taux de l'exonération est ramené de 75 % à 50 % est portée de 300 000 à 500 000 € en contrepartie d'une durée de conservation portée de 5 à 10 ans.
• Parts de groupement foncier agricole (CGI, art. 793, 1, 4° et 793 bis)
– jusqu'à 300 000 € : 3/4 de la valeur ; au-delà de 300 000 € : 1/2 : pas de faire-valoir direct + bail à long terme ou bail cessible + durée de détention + engagement de conservation À compter du 1er janvier 2023, la limite au-delà de laquelle le taux de l'exonération est ramené de 75 % à 50 % est portée de 300 000 à 500 000 € en contrepartie d'une durée de conservation portée de 5 à 10 ans.
• Parts de groupement foncier rural (CGI, art. 848 bis)
– partie agricole : jusqu'à 300 000 € : 3/4 de la valeur ; au-delà de 300 000 € : 1/2 (durée de détention par le disposant + pas de faire-valoir direct + bail à long terme ou bail cessible + engagement de conservation) – partie forestière : 3/4 de la valeur (durée de détention par le disposant + certificat + garantie de gestion durable + exploitation ou gestion normale) À compter du 1er janvier 2023, la limite au-delà de laquelle le taux de l'exonération est ramené de 75 % à 50 % est portée de 300 000 à 500 000 € en contrepartie d'une durée de conservation portée de 5 à 10 ans.
Première transmission de biens immobiliers après reconstitution du titre de propriété entre le 1er octobre 2014 et le 31 décembre 2027 (CGI, art. 793, 2, 8°) 30 % de la valeur, 50 % à compter du 8 mars 2017. Ne peut pas être cumulée, au titre de la même mutation **ou d'une mutation antérieure**, avec une autre exonération.
• Immeubles d'habitation (CGI, art. 793, 4°, 5° et 6°)
– immeubles neufs (acquis entre le 1er juin 1993 et le 31 décembre 1994 et entre le 1er août 1995 et le 31 décembre 1995) : limitée à 46 000 € par part reçue (période d'acquisition du bien vendu + première transmission à titre gratuit + durée minimale d'affectation + engagement d'affectation) – immeubles anciens locatifs (acquis entre le 1er août 1995 et le 31 décembre 1996) : 3/4 de la valeur + plafond à 46 000 € par part reçue (première transmission à titre gratuit + durée minimale de location + engagement de location)
• Transmission d'entreprise individuelle (CGI, art. 787 C)
– 75 % de la valeur des biens affectés à l'exploitation : durée de détention + engagement de conservation + engagement de poursuite de l'exploitation
• Transmission d'entreprise sociétaire (CGI, art. 787 B)
– 75 % de la valeur : engagement collectif + engagements de conservation + exercice d'une activité ou fonction de direction au sein de l'entreprise par un bénéficiaire ou un signataire de l'engagement collectif ou unilatéral + exercice d'une activité éligible à compter de l'engagement collectif et jusqu'au terme de l'engagement individuel

SUCCESSION	DONATION
• **Assurance-vie** (CGI, art. 757 B ; 990 I ; 1649 AA ; ann. II, 292 A et 292 B)	• **Dons familiaux de sommes d'argent pérennes**
– selon date de souscription et âge du souscripteur au jour du versement des primes – 30 500 € (CGI, art. 757 B) – 152 500 € (CGI, art. 900 I) **Remarques** : En cas de pluralité de bénéficiaires, l'abattement de 30 500 € prévu par l'article 757 B, du CGI se ventile entre les bénéficiaires désignés au prorata de leurs droits respectifs dans les primes taxables **abstraction faite** des primes revenant à des **bénéficiaires exonérés** de droits de succession (BOI-ENR-DMTG-10-10-20-20, 1er juill. 2016, § 220). En cas de démembrement de la clause bénéficiaire dans le cadre du prélèvement spécifique le nu-propriétaire et l'usufruitier sont considérés comme bénéficiaires au prorata de la part leur revenant dans les sommes ou valeurs versées, déterminée selon le barème prévu à l'article 669. L'abattement de 152 500 € se répartit entre les personnes concernées dans les mêmes proportions (CGI, art. 990 I, I, al. 3). Dans le cadre de l'article 757 B du CGI, sous réserve du tempérament évoqué ci-dessus lorsqu'un bénéficiaire est exonéré de droits de succession, les primes taxables se répartissent également entre usufruitier et nu-propriétaire au prorata du barème fiscal prévu à l'article 669. Il n'est pas tenu compte des primes revenant à des bénéficiaires exonérés (BOI-ENR-DMTG-10-10-20-20, 1er juill. 2016, § 220).	(CGI, art. 790 G) Objet + identité et âge du donataire + âge du donateur
• **Exonération partielle applicable aux biens immobiliers situés en Corse** (CGI, art. 1135 bis) – 1/2 de la valeur des biens Décès survenant entre le 1er janvier 2013 et le 31 décembre 2027 • **Parcelles indivises non bâties de faible valeur** (CGI, art. 797). Exonération totale. Ne peut s'appliquer qu'à raison d'une seule parcelle ou de deux parcelles contiguës en indivision par succession. Les droits indivis doivent porter sur une parcelle non bâtie + valeur totale à 5 000 ou 10 000 € pour deux parcelles contiguës + droit de propriété du défunt non publié ou transcrit avant le décès + publication des attestations notariées dans un délai de 24 mois à compter du décès.	• Dons en numéraire au profit des victimes d'actes de terrorisme ou de fonctionnaires décédés en mission (CGI, art. 796 bis) Exonération totale non plafonnée Bénéficiaire + objet + délai de réalisation du don
• **Réversions de rentes viagères en ligne directe** (CGI, art. 793, 1, 5°) Exonération totale – Succession des **victimes de guerre, militaires, des sapeurs-pompiers, policiers, gendarmes, agents de douanes décédés en mission** et des **victimes de terrorisme** (CGI, art. 796). Exonération totale non plafonnée Certificat de l'autorité civile ou militaire compétente établissant les circonstances du décès	

II
Abattements

2237 Tableau synoptique :

Bénéficiaires	Domaine-Montant	Conditions
Ascendants Descendants (CGI, art. 779, I)	Succession et donation ——— 100 000 € (montant applicable à compter du 17 août 2012)	Applicable sur la part : – de chacun des ascendants ; – de chacun des enfants vivants ou représentés après décès ou renonciation. Entre les représentants des enfants prédécédés ou renonçants, cet abattement se divise d'après les règles de la dévolution légale (1).
Entre frères et sœurs (CGI, art. 779, IV)	Donation et succession ——— 15 932 €	En cas de succession, abattement applicable à défaut d'exonération de droits de mutation par décès lorsque les frères ou/et sœurs vivent sous le même toit (V. CGI, art. 796-0 ter). Cet abattement s'effectue sur la part de chacun des frères et sœurs vivants ou représentés par suite de décès ou de renonciation. Division de l'abattement entre les représentants des frères et sœurs prédécédés ou renonçants (2).
Neveux et nièces (CGI, art. 779, V)	Donation et succession ——— 7 967 € (3)	Sur la part de chacun des neveux et nièces. Non cumulable, selon l'administration avec l'abattement en faveur des frères et sœurs en cas de représentation (BOI-ENR-DMTG-10-50-80, 24 août 2017, § 380).
Infirmes (CGI, art. 779, II)	Succession et donation ——— 159 325 €	Sur la part de tout héritier, légataire ou donataire, incapable : – de travailler dans des conditions normales de rentabilité, en raison d'une infirmité physique ou mentale, congénitale ou acquise ; – s'il est âgé de moins de 18 ans, d'acquérir une instruction ou une formation professionnelle d'un niveau normal. L'état de santé doit être justifié par tous éléments de preuve (V. CGI, ann. II, art. 293 et 294). Cumul possible avec l'abattement résultant d'un lien de parenté ou d'alliance, à l'exception de l'abattement « subsidiaire » de 1 594 € (CGI, art. 788, IV).
Donataire d'un fonds artisanal, de commerce, clientèle, parts ou actions de société (CGI, art. 790 A)	Donation 300 000 € (4)	• Donation portant sur fonds artisanal, fonds de commerce, clientèle, parts ou actions de société (CGI, art. 790 A). – Abattement cumulable avec ceux de droit commun (donataire titulaire d'un CDI + durée de détention par le donateur ou la société + poursuite de l'exploitation)
Conjoint (CGI, art. 790 E)	Donation ——— 80 724 €	Applicable sur la part recueillie par le conjoint

Bénéficiaires	Domaine-Montant	Conditions
Partenaire d'un pacte civil de solidarité (CGI, art. 790, F)	Donation ——— 80 724 €	Remise en cause en cas de fin du pacte avant le 31 décembre de l'année suivant celle où il a été conclu pour un cas autre que le mariage entre partenaires ou le décès de l'un d'entre eux.
Petit-enfant (CGI, art. 790, B)	Donation uniquement ——— 31 865 € (1)	Cumulable avec l'abattement de 100 000 € applicable en cas de représentation. Applicable aux arrière-petits-enfants en cas de prédécès d'un petit-enfant.
Arrière-petit-enfant (CGI, art. 790 D)	Donation uniquement ——— 5 310 €	Sur la part de chaque arrière-petit-enfant du donateur.
Héritier ou légataire (CGI, art. 788, IV)	Succession uniquement ——— 1 594 €	Applicable, à défaut d'autre abattement, sur la part nette successorale recueillie par un héritier ou un légataire parent ou étranger par rapport au défunt. Inapplicable en matière de donation entre vifs.
Héritier ou légataire (CGI, art. 788, III)	Succession uniquement ——— Valeur des biens concernés au décès	Biens reçus du défunt remis par le successeur à certaines fondations reconnues d'utilité publique, associations reconnues d'utilité publique, à l'État, à ses établissements publics ou à un organisme mentionné à l'article 794 Libéralité consentie en pleine propriété dans les 12 mois du décès + attestation délivrée par le bénéficiaire du don joint à la déclaration de succession

(1) Les petits-enfants issus d'un enfant prédécédé du donateur peuvent cumuler l'abattement ou fraction d'abattement de 100 000 € (CGI, art. 779, I) avec celui de 31 865 € (CGI, art. 790, B) dont ils bénéficient personnellement en qualité de petits-enfants du donateur (BOI-ENR-DMTG-10-50-80, 24 août 2017, § 350).
(2) Dans l'hypothèse où le partage de l'abattement du renonçant entre les représentants aboutit à ce que chacun d'eux dispose d'un abattement inférieur à 1 594 €, il y a lieu d'appliquer sur la part de chacun l'abattement de 1 594 € visé au IV de l'article 788 (BOI-ENR-DMTG-10-50-80, 24 août 2017, § 380). Selon l'administration fiscale, les neveux et nièces ne peuvent pas bénéficier de cet abattement dans le cadre des donations entre vifs.
(3) Les neveux et nièces succédant par représentation dans la succession légale et de leur propre chef (legs, assurance-vie relevant de l'article 757 B, du CGI) font l'objet d'une double liquidation. L'abattement correspondant à chaque vocation est appliqué dans chacune de ces liquidations.
(4) L'administration admet contrairement à ce que prévoit l'article 790 A, qu'en cas de pluralité de donataires, l'abattement s'applique sur la part revenant à chacun d'eux (BOI-ENR-DMTG-20-30-20-20, 13 févr. 2017, § 140).

III
Tarifs

2238 Les établissements publics ou d'utilité publique qui ne reçoivent pas les dons et legs en franchise de droits sont assujettis aux tarifs fixés pour les successions entre frères et sœurs (CGI, art. 777, dernier al.).

En ligne directe (succession et donation)		Entre époux et entre partenaires d'un PACS (donation uniquement)	
Fraction de part nette taxable :		Fraction de part nette taxable :	
N'excédant pas 8 072 €	5 %	N'excédant pas 8 072 €	5 %
Comprise entre 8 072 et 12 109 €	10 %	Comprise entre 8 072 et 15 932 €	10 %
Comprise entre 12 109 et 15 932 €	15 %	Comprise entre 15 932 et 31 865 €	15 %
Comprise entre 15 9327 et 552 324 €	20 %	Comprise entre 31 865 et 552 324 €	20 %
Comprise entre 552 324 et 902 838 €	30 %	Comprise entre 552 324 et 902 838 €	30 %
Comprise entre 902 838 et 1 805 677 €	40 %	Comprise entre 902 838 et 1 805 677 €	40 %
Au-delà de 1 805 677 €	45 %	Au-delà de 1 805 677 €	45 %
Entre frères et sœurs vivants ou représentés :			
Part nette taxable n'excédant pas 24 430 €			35 %
Part nette taxable supérieure à 24 430 €			45 %
Entre parents jusqu'au 4e degré inclusivement			55 %
Entre parents au-delà du 4e degré et entre personnes non parentées			60 %

IV

Réductions de droits

2239 Tableau synoptique.

Circonstances	Domaine	Montant
Mutilé de guerre (CGI, art. 782)*	Donations et successions	Réduction de moitié des droits sans que la réduction excède 305 €.
Âge du donateur (CGI, art. 790)	Donation seulement	Réduction de 50 % pour les donations en pleine propriété de parts ou actions d'une société ou la totalité ou d'une quote-part indivise de l'ensemble des biens à l'exploitation d'une entreprise individuelle ayant une activité industrielle, commerciale, artisanale, agricole ou libérale réunissant les conditions pour bénéficier de l'exonération de 75 % prévue par les articles 787 B et C du CGI lorsque le donateur est âgé de moins de 70 ans.
* Invalidité de 50 % au minimum		

Cinquième partie
Droit international privé

Sommaire

Fiche 40 **Successions** 423
Fiche 41 **Libéralités et pactes successoraux** 435
Fiche 42 **Cas pratiques** 441

Fiche 40

Successions

Sommaire

Introduction ... 423

I Loi applicable aux successions jusqu'au 17 août 2015 ... 424

A Détermination de la loi applicable ... 424

1 Interprétation des règles de conflit de lois ... 424

2 Tempéraments aux règles de conflits de lois ... 424

B Domaine de la loi applicable ... 426

1 Ouverture de la succession ... 426

2 Dévolution de la succession ... 426

3 Transmission et liquidation de la succession ... 427

4 Partage de la succession ... 427

II Loi applicable aux successions ouvertes à compter du 17 août 2015 – Application du règlement européen du 4 juillet 2012 ... 428

A Détermination de la loi applicable : critères de rattachement ... 430

B Mise en œuvre des rattachements ... 431

Introduction

2240 Lorsqu'il est confronté à une succession internationale, le praticien doit notamment déterminer la loi qui lui est applicable. Les enjeux sont importants en raison des divergences entre les droits des différents pays en la matière. Pour résoudre cette problématique, il convient de recourir aux règles de conflit de lois en matière successorale dont la mise en œuvre conduira à désigner la loi applicable.

Or, il ne faut pas perdre de vue que celles-ci peuvent être de différentes sources. Les règles de conflit sont naturellement issues tout d'abord du droit international privé français, celles-ci n'étant applicables qu'aux successions des personnes décédées avant le 17 août 2015.

Pour les successions des personnes décédées postérieurement à cette date, il y a lieu de se référer aux règles de conflit du règlement (UE) n° 650/2012 du 4 juillet 2012 relatif à la compétence, la loi applicable, la reconnaissance et l'exécution des décisions et l'acceptation et l'exécution des actes authentiques en matière de successions et à la création d'un certificat successoral européen. Ce texte a été édicté en raison de l'importance des dévolutions successorales internationales au sein de l'Union européenne mais aussi de la divergence des systèmes de droit international privé des États membres qui conduisait aux morcellements des successions. Celui-ci comporte des innovations majeures parmi lesquelles il faut citer :

– la consécration de l'approche unitaire consistant à soumettre l'ensemble de la succession à une même autorité et une même loi ;

– la création d'un certificat successoral européen mais aussi la *professio juris* qui correspond à la faculté de choisir la loi applicable à sa succession. Il faut noter sur ce dernier point qu'un choix qui aurait été effectué antérieurement au 17 août 2015 relèvera rétroactivement du règlement européen. Par ailleurs, ce texte prévoit que la loi désignée comme applicable a une vocation universelle. De sorte que le règlement européen se substitue au droit international privé français. Le domaine d'application de ce dernier sera ainsi de plus en plus réduit et ne concernera que les successions des personnes décédées avant le 17 août 2015.

Seront donc abordés successivement le droit international privé commun des successions de source nationale (I) puis le droit international privé européen des successions (II).

• Textes

• C. civ., art. 3.
• L. 14 juill. 1819, art. 2.
• Conv. de La Haye, 5 oct. 1961 sur les conflits de lois en matière de formes des dispositions testamentaires (texte intégral sur www.hcch).
• Règl. européen n° 650/2012, 4 juill. 2012 (texte intégral sur eur-lex.europa.eu).

I

Loi applicable aux successions jusqu'au 17 août 2015

A Détermination de la loi applicable

2241 Dualité des règles de conflit de lois. Le droit international privé de source nationale a consacré une approche scissionniste du règlement des successions : deux règles de conflit ont en effet été forgées par la jurisprudence, l'une concernant la dévolution successorale des meubles, l'autre concernant la dévolution successorale des immeubles. Cette approche a conduit à un morcellement des successions guère conforme au principe d'universalité du patrimoine.

• Successions mobilières

2242 Les successions mobilières sont soumises à la loi du dernier domicile du défunt (Cass. civ., 19 juin 1939, *Labedan : GADIP*, n° 18. – Cass. 1re civ., 7 déc. 2005, n° 02-15.418). L'adoption de cette solution repose sur l'idée selon laquelle les meubles sont « réputés » être *sis* au lieu d'ouverture de la succession. L'avantage de retenir le rattachement par le domicile permet de désigner une loi unique pour régir l'ensemble de la succession mobilière.

• Successions immobilières

2243 Les successions immobilières sont soumises à la loi de la situation de l'immeuble (Cass. civ., 14 mars 1837, *Stewart : GADIP*, n° 3. – Cass. 1re civ., 21 mars 2000, n° 98-15.650 : *JurisData* n° 2000-001120 ; *JDI* 2001, p. 505, note M. Revillard). Il faut y voir une manifestation de la force localisatrice de la situation de l'immeuble. La solution repose sur une interprétation extensive de l'article 3, alinéa 2, du Code civil.
Elle présente l'avantage de soumettre à une loi unique les questions du droit de propriété et du droit des successions susceptibles de se poser pour le même bien. Mais son inconvénient est de conduire à morceler le règlement des successions composées de plusieurs immeubles lorsqu'ils sont situés dans des États différents.

1 Interprétation des règles de conflit de lois

• Qualification lege fori

2244 Pour déterminer quelle règle de conflit sélectionner, encore faut-il savoir ce qu'il faut entendre par « meuble » et « immeuble ». Il s'agit là de l'opération de qualification qui permettra de sélectionner la règle de conflit pertinente. Il est admis de longue date que celle-ci doit s'opérer en se référant aux conceptions du for ou du droit français. C'est le principe de la qualification *lege fori* (Cass. 1re civ., 22 juin 1955, *Caraslanis : GADIP*, n° 27. – V. égal. en matière de successions TGI Seine, 12 janv. 1966, *Stroganoff-Scherbattof : Rev. crit. DIP* 1967, p. 120, note Loussouarn. – Cass. 1re civ., 20 oct. 2010, n° 08-17.033 : *JurisData* n° 2010-018902).

2 Tempéraments aux règles de conflits de lois

• Renvoi

2245 La règle de conflit peut, le cas échéant, désigner une loi étrangère qui décline sa compétence.

EXEMPLE Un Français est décédé propriétaire d'un immeuble en Espagne.
La règle de conflit française (loi de situation de l'immeuble) débouche sur un rattachement au droit espagnol. Mais la règle de conflit espagnole désigne la loi nationale du défunt, c'est-à-dire la loi française, comme compétente pour régir

la succession. La dévolution de l'immeuble se fera selon la loi française.
Le renvoi est admis en matière successorale, par la doctrine et la jurisprudence (Cass. 1re civ., 21 mars 2000, n° 98-15.650, *Ballestrero : JurisData* n° 2000-001120. – Cass. 1re civ., 20 juin 2006, n° 05-14.281, *Wildenstein : JurisData* n° 2006-034123 ; *JDI* 2007, p. 125, note H. Gaudemet-Tallon ; *Rev. crit. DIP* 2007, p. 383, note B. Ancel. – Cass. 1re civ., 11 févr. 2009, n° 06-12.140, *Riley : JurisData* n° 2009-046979. – Cass. 1re civ., 25 mai 2016, n° 15-16.932 : *RJPF* 2016, p. 50, note S. Godechot-Patris). Il ne peut l'être que s'il assure l'unité successorale et l'application d'une même loi aux meubles et aux immeubles (Cass. 1re civ., 23 juin 2010, n° 09-11.901 : *JurisData* n° 2010-010075). Le critère de rattachement de la règle de conflit étrangère doit être apprécié selon les conceptions du pays renvoyant (Cass. 1re civ., 15 mai 2018, n° 17-11.571 : *JurisData* n° 2018-008199).

• Ordre public

2246 La règle de conflit peut, le cas échéant, désigner une loi étrangère dont l'application conduit à une solution incompatible avec les conceptions fondamentales de l'ordre juridique du for. Il en est ainsi lorsque la disposition désignée heurte les « principes essentiels » du droit français. Tel serait le cas de la loi étrangère qui aboutirait à écarter de la succession des héritiers en raison de leur sexe, de leur religion ou de leur race. Dans une telle hypothèse, le jeu du mécanisme de l'exception d'ordre public international s'impose. Celui-ci consistera ainsi à évincer la loi étrangère incompatible avec les conceptions du for et à lui substituer la loi française.
Il est difficile de déterminer les cas d'intervention de l'ordre public international. À cet égard, la Cour de cassation a dû établir si une loi étrangère ignorant la réserve héréditaire heurtait les principes essentiels du droit français et partant justifiait le jeu du mécanisme d'éviction dans les affaires *Jarre* et *Colombier* (Cass. 1re civ., 27 sept. 2017, nos 16-17.198 et 16-13.151 : *JurisData* n° 2017-018703). C'est ainsi qu'elle a estimé qu'« une loi étrangère (...) qui ignore la réserve héréditaire n'est pas en soi contraire à l'ordre public international français ». Il peut cependant en aller autrement et la réserve peut jouer si les enfants établissent « se trouver dans une situation de précarité économique ou de besoin ».
Il existe par ailleurs un obstacle au jeu du mécanisme lorsqu'il s'agit de donner effet en France à une situation crée sans fraude à l'étranger. Il s'agit de « l'effet atténué de l'ordre public ». C'est ainsi qu'il a été jugé que « la réaction à l'encontre d'une disposition contraire à l'ordre public n'est pas la même suivant qu'elle met obstacle à l'acquisition en France ou suivant qu'il s'agit de laisser se produire en France les effets d'un droit acquis, sans fraude, à l'étranger et en conformité de la loi ayant compétence en vertu du droit international privé français ». Ainsi peut-on reconnaître la qualité de conjoint aux épouses d'un musulman polygame (CA Paris, 22 févr. 1977 : *JCP* G 1978, 1110, note G. Droz ; maintenu par Cass. 1re civ., 3 janv. 1980, *Bendeddouche : JDI* 1980, p. 327, note D. Simon-Depitre).

• Droit de prélèvement : incertitudes

2247 L'article 2 de la loi du 14 juillet 1819 permettait à l'héritier français de prélever sur les biens français, s'il en existait, une portion égale à la valeur des biens situés à l'étranger dont il était exclu, à quelque titre que ce soit, en vertu des lois et coutumes locales (sur le droit de prélèvement, V. *JCl. Roulois*, Fasc. 1200, *Successions*).
Saisi d'une question prioritaire de constitutionnalité, le Conseil constitutionnel a décidé le 5 août 2011 que ce texte était contraire au principe d'égalité garanti par la Constitution. Les successions ouvertes ou non liquidées à cette date ne pouvaient donc plus donner ouverture à ce droit (Cons. const., 5 août 2011, n° 2011-159 QPC : *JO* 6 août 2011, p. 13478. – E. Fongaro, *Feu le droit de prélèvement : JCP* N 2011, 1236).
Mais le débat s'est de nouveau instauré de façon inattendue dans le cadre des débats sur la loi n° 2021-1109 confortant les principes de la République publiée le 25 août 2021. Celle-ci comprend un article 24 instituant un nouveau droit de prélèvement compensatoire destiné à lutter contre les lois étrangères de droit musulman permettant de « déshériter » les « filles ». Ainsi, ce texte a ajouté un nouvel alinéa 3 à l'article 913 du Code civil aux termes duquel : « Lorsque le défunt ou au moins l'un de ses enfants est, au moment du décès, ressortissant d'un État membre de l'Union européenne ou y réside habituellement et lorsque la loi étrangère applicable à la succession ne permet aucun mécanisme réservataire protecteur des enfants, chaque enfant ou ses héritiers ou ses ayants cause peuvent effectuer un prélèvement compensatoire sur les biens existants situés en France au jour du décès, de façon à être rétablis dans les droits réservataires que leur octroie la loi française dans la limite de ceux-ci ». Cette disposition n'a pas été visée lors de la saisine du Conseil constitutionnel antérieure à la promulgation de la loi. Sa constitutionnalité sera dès lors peut-être ultérieurement contrôlée dans le cadre d'une éventuelle QPC.

Successions

B Domaine de la loi applicable

2248 **Cas des successions testamentaires.** Il convient d'abord d'observer que la loi successorale présente un domaine d'application général dans la mesure où elle s'applique à la fois aux successions *ab intestat* et aux successions testamentaires ou contractuelles. Toutefois, étant donné que le testament est un acte juridique, on pouvait penser que le principe d'autonomie devait prévaloir ce qui conduirait ainsi à autoriser le défunt à choisir la loi applicable au fond. Mais dans le contexte du droit français caractérisé par une volonté de protéger les héritiers par la réserve héréditaire – même si elle est aujourd'hui plus fragilisée – cette solution a été considérée comme risquée. De sorte que la loi applicable est déterminée, en ce qui concerne les règles de fond, de la même manière que pour les successions *ab intestat*. En revanche, s'agissant des règles de forme, il convient de mettre en œuvre les règles de conflit figurant dans la Convention de La Haye du 5 octobre 1961 sur les conflits de lois en matière de forme des dispositions testamentaires.

2249 **Délimitation du domaine.** La loi successorale désignée comme applicable se voit conférer un domaine étendu. Certaines questions relèvent naturellement de celle-ci. Il existe cependant certaines limites. La loi successorale peut en effet se voir concurrencer par d'autres lois telles que la loi personnelle, la loi de situation des biens ou encore la loi du for ou du juge saisi comme nous allons le voir dans les développements qui suivent.

1 Ouverture de la succession

• **Loi du for**

2250 L'ouverture de la succession ne relève pas de la loi successorale. La preuve de la date du décès comme celle du lieu d'ouverture de la succession – détermination du domicile du défunt – relève de la loi du juge saisi ou loi du for.

2 Dévolution de la succession

• **Loi successorale**

2251 La dévolution de la succession constitue le domaine naturel de la loi successorale. C'est cette loi qui va régir les questions qui lui sont traditionnellement rattachées comme :
- le moment d'ouverture de la succession ;
- la vocation héréditaire ;
- l'ordre et le degré des successibles ;
- les qualités requises pour succéder ;
- la fente ;
- la représentation ;
- la détermination des parts héréditaires ;
- la vocation héréditaire du conjoint survivant ;
- le montant et les bénéficiaires de la réserve ;
- la quotité disponible ordinaire et la quotité disponible entre époux.

La réserve et la quotité disponible, dans les successions internationales, se calculent sur chaque masse de biens soumise à une loi différente. Le bien donné doit être réuni fictivement à la masse dans laquelle il aurait figuré si la donation n'avait pas eu lieu (Cass. 1re civ., 4 déc. 1990 : *Rev. crit. DIP* 1992, p. 76).

• **Limites**

2252 Toutefois, la loi successorale doit être écartée dans certains cas et partant concurrencée par d'autres lois.

• **Absence et disparition**

2253 La loi personnelle sera applicable en matière d'absence et de disparition « parce que l'existence juridique de la personne est mise directement en cause » (T. civ. Seine, 24 avr. 1931 : *DP* 1931, 2, 89, note Lalou ; *JDI* 1932, 83, note J.P.). Cette loi s'applique aux conditions de la déclaration d'absence et à ses effets. Si la loi nationale de l'absent ne présume pas le décès, la succession n'a pas lieu d'être ouverte.

• **Lien de parenté et qualité de conjoint**

2254 De même si la loi successorale détermine la liste des successibles, c'est la loi personnelle qui déterminera l'établissement de la parenté et la qualité de conjoint vis-à-vis du défunt. La Cour de cassation a, dans un célèbre arrêt *Bendeddouche* du 3 janvier 1980 jugé que « si la loi française régit la dévolution successorale des immeubles sis en France, la qualité de conjoint et l'établissement de la parenté nécessaire pour le jeu de la dévolution successorale relèvent de la loi personnelle » (Cass. 1re civ., 3 janv. 1980 : *GADIP*, n° 61).

• **Droits de l'État**

2255 Lorsque l'État fait valoir ses droits dans une succession en application des articles 810-12 et 811 du Code civil, il fait valoir ses prérogatives de puissance publique, lesquelles ont un domaine d'intervention strictement territorial. Elles ne peuvent donc concerner que des biens meubles ou immeubles situés sur le territoire national. Il n'y a donc pas lieu de prendre en considération la

localisation fictive des meubles au dernier domicile du défunt ; seule compte leur situation effective.
En conséquence, si la loi successorale détermine les limites de la vocation héréditaire, il faut remarquer qu'une fois le défaut de successible établi par cette loi, la matière de la déshérence est soumise exclusivement à la loi territoriale de la situation des biens. Il en résulte que l'État français est seul appelé à recueillir les biens meubles ou immeubles laissés sur son territoire. Il les appréhende comme biens vacants selon les articles 810-12 et 811 du Code civil, et cela alors même que la loi successorale donnerait à l'État étranger la qualité d'héritier.

3 Transmission et liquidation de la succession

• Transmission de l'actif

2256 La question de savoir quels successibles, héritiers ou légataires, et quels exécuteurs testamentaires ont la saisine, a donné lieu par le passé à de vives controverses qui sont maintenant bien tranchées en droit positif.
La loi successorale est compétente pour connaître de l'ensemble des questions concernant la prise de possession des biens (saisine héréditaire, exercice des droits et actions du défunt, envoi en possession).
La solution a été consacrée par un arrêt de la Cour de cassation du 22 décembre 1970 (*Rev. crit. DIP* 1972, p. 467).
Ainsi, la loi successorale définit les pouvoirs de l'exécuteur testamentaire qui n'a pas, en présence d'héritiers réservataires, le pouvoir de vendre un immeuble sis en France et relevant comme tel de la loi successorale française (Cass. 1re civ., 4 déc. 1990 : *Rev. crit. DIP* 1992, p. 76).
La convention de La Haye précitée du 2 octobre 1973 sur l'administration internationale des successions n'est pas pour l'instant entrée en vigueur.

• Option de l'héritier

2257 L'option de l'héritier est soumise à la loi successorale.
Il en résulte que lorsque la succession est morcelée entre plusieurs lois différentes, le successible peut diviser son option : ainsi, accepter la succession immobilière située dans tel pays, et renoncer à la succession mobilière soumise à une autre loi. Mais celui qui veut diviser son option doit s'assurer :
– que la succession n'est pas régie par une loi unique par le jeu du renvoi ;
– que la succession n'est pas déficitaire. La succession est universelle du point de vue de la transmission du passif. La divisibilité de l'option ne vaut que pour la transmission de l'actif. Si donc un héritier veut efficacement se mettre à l'abri de créanciers du défunt, il doit formaliser une option protectrice de son patrimoine (acceptation bénéficiaire nouvellement appelée acceptation à concurrence de l'actif net, renonciation) pour chacune des masses de biens relevant de lois différentes.
Les conditions de l'option – forme, délai – sont gouvernées par la loi successorale.
En revanche, la loi personnelle doit être consultée pour apprécier la capacité à exercer l'option.

• Transmission et règlement du passif

2258 Un arrêt important de la Cour de cassation, rendu le 19 juillet 1976, a affirmé que la loi successorale régit « l'étendue de l'obligation des héritiers au passif comme le droit de poursuite des créanciers » (*Rev. crit. DIP* 1978, p. 338).
La généralité de la formule fait qu'elle s'applique tant à l'obligation aux dettes qu'à la contribution aux dettes.
En revanche, la loi successorale s'efface derrière la loi de la situation du bien relativement :
– aux conséquences de l'acceptation à concurrence de l'actif net (acceptation bénéficiaire) sur l'administration de l'actif et le paiement du passif ;
– aux conséquences du bénéfice de la séparation des patrimoines. La nature de droit réel que lui confère la jurisprudence confirme d'ailleurs cette solution.
Rappelons que la succession est universelle du point de vue de la transmission du passif : chaque masse de biens relevant de lois différentes répond de la totalité des dettes.

4 Partage de la succession

2259 Le principe est celui de la compétence de la loi successorale pour mettre fin, par voie de partage, à l'indivision successorale. Mais cette compétence n'est pas exclusive. Elle doit être combinée avec d'autres lois telles la loi personnelle, la loi réelle, la loi du *for*.

• Principe : loi successorale

2260 La loi successorale est tout d'abord applicable à la formation de la masse partageable, et donc spécialement au rapport des libéralités. Et comme le droit français distingue selon les meubles (loi du dernier domicile du défunt) et les immeubles (loi de la situation de l'immeuble), le rapport devra être fractionné par masse partageable, pour autant qu'il en existe plusieurs : le bien donné doit être rapporté dans la masse dans laquelle il aurait figuré si la donation n'avait pas eu lieu.

Le rapport des dettes doit être également fait selon la loi successorale (mais en réalité, il ne pourra être exercé que s'il est également admis par la loi de la situation des biens au partage desquels est effectué le rapport).

Une fois la masse partageable déterminée, il faut procéder, toujours conformément à la loi successorale, à la formation des parts. Relèvent à cet égard de la compétence de la loi successorale :

- les modes d'attribution des lots ;
- l'attribution préférentielle de certains biens ;
- la date d'évaluation des biens ;
- la rescision pour cause de lésion ;
- la garantie d'éviction ;
- l'ancien privilège du copartageant – du moins dans son principe – qui, depuis la réforme du droit des sûretés opérée par l'ordonnance du 15 septembre 2021, est réduit au rang de simple hypothèque légale.

• **Loi de la situation des biens**

2261 La loi de la situation des biens doit également intervenir dans certains cas.

Il en est ainsi tout d'abord pour le fonctionnement de l'indivision antérieure au partage. L'indivision constitue en effet une modalité du droit de propriété. Il est donc normal qu'elle soit soumise au statut réel, c'est-à-dire à la loi de la situation des biens indivis. La loi de la situation gouverne en conséquence l'organisation de l'indivision comme d'ailleurs sa durée.

En revanche, la détermination des indivisaires est de la compétence de la loi successorale car ceux-ci ne sont autres que les héritiers.

L'ancien privilège du copartageant réduit au rang d'une hypothèque légale depuis l'ordonnance du 15 septembre 2021 était considéré comme soumis à la loi du lieu de situation des biens pour ce qui était de ses conditions d'exercice. Dans son principe, celui-ci relevait toutefois de la loi successorale car il garantit l'exécution des dispositions de celle-ci relativement à la composition des parts.

L'effet déclaratif du partage, en tant qu'il détermine le transfert de propriété et ses effets à l'égard des tiers, doit être soumis à la loi réelle.

Enfin, la loi réelle gouverne également la publicité du partage (pour un partage comprenant des immeubles situés en France et intervenu à l'étranger, V. D. 4 janv. 1955, art. 4, al. 3. – *Bull. AMC* 1966, art. 645).

• **Loi du lieu du partage**

2262 La loi du lieu où le partage doit intervenir détermine sa forme amiable ou judiciaire, avec cette précision qu'en cas de partage judiciaire, c'est la loi du juge saisi qui va organiser le déroulement des opérations en déterminant les autorités appelées à intervenir ainsi que leurs pouvoirs.

• **Capacité**

2263 En ce qui concerne le mineur, si la Convention de La Haye du 5 octobre 1961 est applicable, sa loi nationale fixera les conditions du partage. En effet, la Convention de La Haye du 19 octobre 1996 exclut les successions de son champ d'application (art. 4 f). Dès lors, la capacité du mineur à partager continuera à relever de sa loi nationale. Selon le cas, le partage pourra être amiable (à condition que certaines formalités habilitantes soient accomplies) ou judiciaire (M. Revillard, *Droit international privé et européen : pratique notariale*, Defrénois, 8e éd. 2014, § 988, p. 534).

En ce qui concerne le majeur, la Convention de La Haye du 13 janvier 2000, sur la protection internationale de l'adulte est en vigueur en France, et la loi de la résidence habituelle du majeur sera applicable et déterminera les conditions du partage.

II

Loi applicable aux successions ouvertes à compter du 17 août 2015 – Application du règlement européen du 4 juillet 2012

2264 Poursuivant son œuvre d'unification des règles de conflit de lois, l'Union européenne a élaboré le règlement (UE) n° 650/2012 du 4 juillet 2012 relatif à la compétence, la loi applicable, la reconnaissance et l'exécution des décisions et à l'acceptation et l'exécution des actes authentiques en matière de successions et à la création d'un certificat successoral européen. Il s'agit d'un texte majeur apportant de nombreux changements. Il faut, parmi eux, assurément compter l'unité de la loi successorale par la consécration d'une règle de conflit désignant une seule et même loi aux dévolutions portant sur les meubles et celles portant sur les immeubles. Ce texte a ainsi été adopté pour mettre fin aux morcellements des règlements des successions auxquels conduisait le droit international privé de certains États membres dont la France. Parmi les nouveautés apportées par ce texte, on mentionnera l'adoption d'un principe d'unité des compétences judiciaires et législatives, l'introduction de la *professio juris* permettant à un individu de choisir la loi applicable à sa succession ou encore la création d'un certificat successoral européen permettant de constituer une preuve de la qualité d'héritier dans tous les États membres.

• Champ d'application spatial

2265 Le règlement Successions est applicable dans tous les États membres de l'Union européenne à l'exception du Danemark, de l'Irlande et du Royaume-Uni – ce dernier n'ayant plus cette qualité en raison du *Brexit*. Ce qui signifie que les règles de conflit de lois de ce texte se substituent aux règles de conflit du droit international privé de source nationale. Par ailleurs, l'article 20 du règlement européen précise que « la loi désignée dans le présent règlement s'applique même si cette loi n'est pas celle d'un État membre ». Ce qui signifie que ce texte a une portée universelle et n'est pas limité aux seuls rapports intra-européens.

• Champ d'application matériel

2266 Le règlement est applicable aux « successions à cause de mort » ayant un caractère international. L'article 3, § 1, a de ce texte définit ce terme comme « recouvrant toute forme de transfert de biens, de droits et d'obligations à cause de mort, qu'il s'agisse d'un acte volontaire de transfert en vertu d'une disposition à cause de mort ou d'un transfert dans le cadre d'une succession ab intestat ». La Cour de justice est venue préciser qu'est considérée comme une succession ayant une incidence transfrontière relevant du champ d'application du règlement celle « dans laquelle le défunt, ressortissant d'un État membre, résidait dans un autre État membre à la date de son décès, mais n'avait pas rompu ses liens avec le premier de ces États membres, dans lequel se trouvent les biens composant sa succession, tandis que ses successibles ont leur résidence dans deux États membres » (CJUE, 16 juill. 2020, aff. C-80/19 : *JurisData* n° 2020-012505).

En outre, l'article 1er du règlement exclut de son champ d'application toute une série de matières relevant plutôt de la sphère du droit public comme les questions fiscales, douanières et administratives. De même, ce texte procède à l'exclusion de certaines matières de droit civil que l'on peut détacher de la matière successorale telles que les questions relatives à la capacité, à la disparition, à l'absence, aux régimes matrimoniaux des époux, au régime patrimonial des partenaires, à la propriété conjointe de plusieurs personnes avec réversibilité au survivant, aux plans retraite, aux questions relevant du droit des sociétés qui visent le sort des parts à la mort des associés, aux *trusts*, à la nature des droits réels portant sur un bien et à la publicité de ces droits.

Les libéralités entre vifs sont également exclues. Toutefois, la loi successorale reprendra son emprise pour indiquer si la libéralité est sujette à rapport ou à réduction.

• Champ d'application temporel

2267 L'article 84, alinéa 1er du règlement précise que celui-ci est applicable aux successions des personnes qui sont décédées le 17 août 2015 ou postérieurement.

Mais il existe des exceptions auxquelles les praticiens doivent porter attention. C'est ainsi que les choix de loi opérés antérieurement au 17 août 2015 sont susceptibles d'être validés rétroactivement sous certaines conditions lorsque la succession s'ouvre à cette date ou postérieurement. La Cour de justice est venue préciser que ce choix de loi vaut s'il porte sur l'ensemble de la succession et non sur un bien déterminé (CJUE, 9 sept. 2021, aff. C-277/20 : *JurisData* n° 2021-016428).

• Articulation entre le règlement et d'autres textes supranationaux

2268 Le règlement prévaut entre les États membres, sur les conventions conclues exclusivement entre deux ou plusieurs d'entre eux dans la mesure où ces conventions concernent des matières régies par le règlement (art. 75-2).

Mais il est prévu aussi que la Convention de La Haye du 5 octobre 1961 sur les conflits de lois en matière de forme des dispositions testamentaires continue à s'appliquer entre les États membres et écarte de ce fait l'article 27 du règlement pour ce qui est de la validité en la forme des testaments et des testaments conjonctifs (art. 75-1).

Successions

A Détermination de la loi applicable : critères de rattachement

• **Principe de l'unité de la loi successorale**

2269 La loi désignée par les règles de conflit du règlement Successions sera applicable aussi bien aux successions mobilières qu'aux successions immobilières. Plusieurs rattachements sont retenus par le texte européen : la dernière résidence habituelle du défunt et le choix par le défunt de la loi de l'État dont il possède la nationalité.

2270 **Rattachement de principe : la dernière résidence habituelle du défunt.** L'article 21-1 pose le principe d'un rattachement unique « sauf disposition contraire du règlement, la loi applicable à l'ensemble d'une succession est celle de l'État dans lequel le défunt avait sa résidence habituelle au moment de son décès ». Cette loi est applicable tant à la dévolution portant sur les meubles que sur la dévolution portant sur les immeubles.

2271 **Notion de résidence habituelle.** La notion de résidence habituelle est autonome : celle-ci est propre au règlement européen et détachée des conceptions nationales des États membres. Elle est précisée par les considérants 23 et 24 du règlement : il s'agira de « procéder à une évaluation d'ensemble des circonstances de la vie du défunt au cours des années précédant son décès et au moment de son décès, prenant en compte tous les éléments de fait pertinents... durée et régularité, de la présence du défunt et conditions et raisons de cette présence, permettant de révéler un lien étroit et stable avec l'État concerné » (pour une illustration du mode de détermination de la résidence habituelle du défunt, V. Cass. 1re civ., 29 mai 2019, n° 18-13.383 : *JurisData* n° 2019-009044. – V. égal. TGI Nanterre, 28 mai 2019, *Johnny Hallyday*. – V. égal. CJUE, 16 juill. 2020, aff. C-80/19 : *JurisData* n° 2020-012505 : la Cour de justice, sans être explicite sur cette notion, se réfère aux considérants et précise que la résidence habituelle doit être déterminée « au moyen d'une évaluation d'ensemble des circonstances de chaque espèce » et que cette résidence habituelle est nécessairement unique).

• **Clause d'exception**

2272 L'article 21, § 2 prévoit d'écarter exceptionnellement la loi de la résidence habituelle « lorsqu'il résulte de l'ensemble des circonstances de la cause que, au moment de son décès, le défunt présentait des liens manifestement plus étroits avec un État autre que celui dont la loi serait applicable en vertu du paragraphe 1 ».
Le considérant 25 du règlement invite à une application exceptionnelle de cette clause d'exception qui ne doit pas être considérée comme un rattachement subsidiaire.
L'exemple type d'application de la clause de sauvegarde est celui dans lequel le défunt avait changé de résidence habituelle peu avant son décès pour des raisons de santé ou de dépendance (M. Revillard, préc. § 1019, ex. 199 et 200, p. 547-548).

• **Professio juris**

2273 **Possibilité pour le défunt de choisir la loi applicable à sa succession : *professio juris.*** Le règlement Successions introduit une innovation majeure : la faculté pour le défunt de choisir la loi applicable à sa succession, mais restreint ce choix à sa loi nationale. Selon son article 22-1 : « Une personne peut choisir comme loi régissant l'ensemble de sa succession la loi de l'État dont elle possède la nationalité au moment où elle fait ce choix ou au moment de son décès ».
Or, dans le cas où la personne concernée possède plusieurs nationalités, l'article 22-1 du règlement Successions prévoit que celle-ci peut choisir l'une d'elles.
Ce choix doit porter sur l'ensemble de la succession et semble ainsi limité à la loi personnelle. Or, la Cour de justice semble admettre un élargissement (CJUE, 16 juill. 2020, aff. C-80/19 : *JurisData* n° 2020-012505 : jugeant que la volonté du *de cujus* ainsi que l'accord entre ses successibles peuvent conduire à la détermination d'une juridiction compétente en matière de successions et à l'application d'une loi successorale d'un État membre autre que celles qui résulteraient de l'application des critères dégagés par ce règlement).
S'agissant de la forme du choix, l'article 22-2 du règlement Successions prévoit que celui-ci doit être établi « de manière expresse dans une déclaration revêtant la forme d'une disposition à cause de mort ». La forme tacite semble également être admise dans la mesure où le texte ajoute que ce choix « résulte des termes » d'une disposition à cause de mort. Il convient aussi de tenir compte de l'article 83-4 du règlement selon lequel : « Si une disposition à cause de mort, prise avant le 17 août 2015, est rédigée conformément à la loi que le défunt aurait pu choisir en vertu du présent règlement, cette loi est réputée avoir été choisie comme loi applicable à la succession ». Ce qui signifie qu'il s'agirait d'un choix fictif : si une disposition à cause de mort rédigée avant l'entrée

en application du texte européen est conforme aux prescriptions substantielles de la loi nationale, celle-ci devrait s'imposer (V. CJUE, 16 juill. 2020, aff. C-80/19 : *JurisData* n° 2020-012505).

Par ailleurs, l'article 83-2 du règlement valide, au titre des dispositions transitoires, un choix de loi qui aurait été opéré avant le 17 août 2015, dès lors que celui-ci remplit les conditions du chapitre III ou s'il est valable en application des règles de droit international privé en vigueur au moment où le choix a été fait, dans l'État dans lequel le défunt avait sa résidence habituelle ou dans tout État dont il possédait la nationalité. La Cour de justice a précisé que ce choix devait porter sur l'ensemble de la succession et non sur un acte déterminé portant sur un seul bien quand bien même celui-ci aurait des effets successoraux (CJUE, 9 sept. 2021, aff. C-277/20 : *JurisData* n° 2021-016428).

Dans le même sens, l'article 83-3 prévoit qu'une disposition à cause de mort prise avant le 17 août 2015 est recevable et valable quant au fond et à la forme si elle remplit les conditions du chapitre III ou si elle est recevable et valable sur le fond et en la forme au regard des règles du droit international privé qui étaient en vigueur au moment où la disposition a été prise, dans l'État de la résidence habituelle du défunt, dans l'État dont il possédait la nationalité ou dans l'État membre de l'autorité chargée du règlement de la succession (sur la loi successorale dans les États membres de l'Union européenne, V. www.successions-europe.eu).

La validité au fond de l'acte est régie par la loi choisie conformément à l'article 22-3 du règlement Successions. En outre, la modification ou la révocation du choix de loi doit satisfaire aux exigences de forme applicables à la modification ou à la révocation d'une disposition à cause de mort conformément à l'article 22-4 du règlement Successions.

• Testaments et pactes successoraux

2274 Le règlement Successions comprend des règles spécifiques régissant les dispositions à cause de mort – en particulier les testaments –, d'une part, et les pactes successoraux, d'autre part. Il existe des définitions de ces actes figurant à l'article 3 du règlement Successions. La Cour de justice est venue préciser à cet égard que constitue un pacte successoral le contrat en vertu duquel une personne prévoit le transfert lors de son décès de la propriété d'un bien immobilier lui appartenant à d'autres parties contractantes (CJUE, 9 sept. 2021, aff. C-277/20 : *JurisData* n° 2021-016428).

S'agissant des testaments et autres dispositions à cause de mort, l'article 24-2 prévoit que ces actes sont soumis, au fond, à la loi nationale du défunt s'il choisit de les y soumettre. À défaut de choix de la loi nationale, l'article 24-1 prévoit que ces actes sont soumis à la loi qui aurait été applicable à la succession du *de cujus* s'il était décédé le jour de l'établissement de la disposition considérée.

En ce qui concerne la validité formelle de ces actes, le règlement réserve, dans son article 75, § 1, alinéa 2, l'application de la Convention de La Haye du 5 octobre 1961 sur les conflits de lois en matière de forme des dispositions testamentaires entre les États membres parties à cette convention.

S'agissant des pactes successoraux, l'article 25-1 du règlement Successions prévoit que ceux-ci sont soumis au fond à la loi qui aurait été applicable à la succession de la personne concernée si elle était décédée le jour de la conclusion du pacte. Lorsque le pacte concerne la succession de plusieurs personnes, l'article 25-2 du règlement Successions prévoit que sa recevabilité est appréciée selon chaque loi qui aurait régi la succession de chaque personne concernée si elles étaient décédées le jour où le pacte a été conclu tandis que sa validité est soumise à la loi qui présente les liens les plus étroits avec la situation. La loi applicable à la validité formelle des pactes successoraux est déterminée par l'article 27 du règlement, lequel est calqué sur l'article 1er de la Convention de La Haye précitée (V. Fiche 41 : Libéralités et pactes successoraux).

B Mise en œuvre des rattachements

• Domaine de la loi successorale

2275 L'article 23 du règlement Successions confère à la loi successorale un large domaine. Celui-ci liste en effet de nombreuses questions relevant de son domaine :

– les causes, le moment et le lieu d'ouverture de la succession ;

– la vocation successorale des bénéficiaires, la détermination de leurs parts respectives et les charges qui peuvent leur être imposées par le défunt, ainsi que la détermination d'autres droits dans la succession, y compris les droits successoraux du conjoint ou du partenaire survivant ;

– la capacité de succéder ;

– l'exhérédation et l'indignité successorale ;

– le transfert des biens des droits et obligations composant la succession aux héritiers et, selon le cas, aux légataires, y compris les conditions et les effets de l'acceptation de la succession ou du legs, ou de la renonciation à ceux-ci ;

– les pouvoirs des héritiers, des exécuteurs testamentaires et autres administrateurs de la succession... ;
– la responsabilité à l'égard des dettes de la succession ;
– la quotité disponible, les réserves héréditaires et les autres restrictions à la liberté de disposer à cause de mort ainsi que les droits que les personnes proches du défunt peuvent faire valoir à l'encontre de la succession ou des héritiers ;
– le rapport et la réduction des libéralités lors du calcul des parts des différents bénéficiaires ;
– le partage successoral.

2276 **Règles particulières.** Ce sont :
– les comourants : lorsque les successions relèvent de lois différentes retenant des présomptions différentes, aucun des comourants n'est appelé à la succession de l'autre (art. 32) ;
– les droits réels prévus par la loi successorale mais inconnus de la loi de situation du bien doivent être adaptés au droit réel équivalent le plus proche en tenant compte des objectifs et des intérêts poursuivis par le droit réel en question et des effets qui y sont liés ;
– la forme de l'option successorale, si elle relève en principe de la loi successorale, peut néanmoins répondre à la loi de la résidence habituelle de l'optant (art. 28). À cet égard, la Cour de justice est venue récemment apporter des clarifications sur les conditions formelles requises pour les déclarations concernant l'acceptation ou la renonciation à la succession (CJUE, 2 juin 2022, aff. C-617/20). S'il est acquis que la validité formelle dépend soit de la loi de l'État de la résidence habituelle de l'optant ou de la loi successorale, le règlement n'a cependant pas prévu de mécanisme de transmission de déclaration par la juridiction de l'État membre de la résidence habituelle de l'héritier déclarant à la juridiction compétente pour statuer sur la succession située dans un autre État membre. C'est une telle difficulté dont il était question dans l'arrêt rapporté. La Cour de justice a dû en effet statuer sur la validité d'une déclaration de renonciation à une succession devant la juridiction de l'État de la résidence habituelle du déclarant – Pays-Bas – n'ayant pas été communiquée à la juridiction compétente pour statuer sur la succession – Allemagne – selon les formes requises et/ou dans le délai fixé par le droit applicable à la succession. La Cour de justice a estimé qu'en vertu des articles 13 et 28 du règlement Succession, une déclaration de succession faite par un héritier devant la juridiction de l'État membre de sa résidence habituelle est valable quant à la forme lorsque les conditions de forme applicables devant cette juridiction ont été respectées, sans qu'il soit nécessaire que cette déclaration satisfasse aux conditions de forme exigées par la loi applicable à la succession. Ce qui signifie que les héritiers n'ont pas à s'acquitter d'autres formalités devant les juridictions d'autres États membres que celles prévues par la loi de l'État membre où cette déclaration est faite pour que de telles déclarations soient considérées comme valables ;
– les pouvoirs de l'administrateur : l'article 29 prévoit la possibilité pour les juridictions compétentes de statuer sur la succession afin de nommer un administrateur selon leur propre loi ;
– succession en déshérence : la loi successorale désignée par le règlement ne fait pas obstacle au droit d'un État membre ou d'une institution désignée à cet effet par lui d'appréhender les biens successoraux situés sur son territoire, sous réserve des droits des tiers qui peuvent s'exercer sur tous les biens où qu'ils se trouvent.

2277 **Exclusions (art. 1, § 2).** Certaines questions, bien que touchant aux successions, ne sont pas couvertes par la loi successorale normalement applicable. Tout d'abord sont concernées celles que le règlement exclut expressément de son champ d'application à son article 1-2. Ensuite, il peut être délicat de se prononcer pour certaines questions telles que la détermination des liens familiaux autorisant les intéressés à se prévaloir de la qualité d'héritier. La loi successorale va dire si un conjoint peut prétendre à une telle qualité, mais la loi régissant les conditions de validité du mariage prévaudra pour attester de la réalité et de la validité d'une telle union invoquée par le successible. Des difficultés sont également susceptibles de survenir lorsqu'il sera question du statut matrimonial du défunt dans la mesure où celui-ci se situe au carrefour de plusieurs catégories et partant d'autres lois. S'il s'agit par exemple de donations consenties par le défunt et de la liquidation du régime matrimonial de ce dernier, la loi successorale devra composer avec la loi des effets du mariage régissant les donations et la loi régissant les régimes matrimoniaux. Ce qui signifie que chaque opération sera régie par sa loi propre, mais la détermination du domaine de chacune des règles reste délicate (sur la frontière entre les successions et les régimes matrimoniaux, V. CJUE, 1er mars 2018, aff. C-558/16, *Mahnkopf*).
La loi successorale doit également composer avec la loi du lieu de situation des biens composant la masse successorale en ce que celle-ci a vocation à régir certains aspects du régime des biens en question. À cet égard, la Cour de justice a d'ores et déjà été amenée à donner une première interprétation du règlement Successions relative aux domaines respectifs de la loi successorale et de

la loi réelle (CJUE, 12 oct. 2017, aff. C-218/16, *Kubicka : JurisData* n° 2017-023990) jugeant que les conditions et modalités d'acquisition d'un droit réel, non couvertes par l'article 1, § 2, relèvent de la loi successorale.

• Correctifs

2278 **Renvoi.** L'article 34 du règlement Successions admet exceptionnellement le renvoi, au premier et au second degré, opéré par la loi d'un État tiers dans deux hypothèses :
– la loi de l'État tiers désignée comme applicable renvoie à la loi d'un État membre ;
– la loi de l'État tiers désignée comme applicable renvoie à la loi d'un autre État tiers qui appliquerait sa propre loi.
Le renvoi est cependant exclu lorsqu'il émane de la loi désignée par le jeu de la clause d'exception (art. 21-2), de la loi successorale volontairement choisie (art. 22), de la loi de l'État dans lequel une personne fait une déclaration d'acceptation ou de renonciation en ce qui concerne sa validité en la forme (art. 28, b) ou enfin d'une loi applicable à titre de loi de police (art. 30).

2279 **Ordre public.** Le règlement Successions réserve de manière classique le jeu de l'exception d'ordre public. Or, celui-ci ne doit intervenir que de manière exceptionnelle. L'article 35 du texte européen précise en ce sens qu'une loi étrangère désignée comme normalement applicable peut être écartée « si son application est manifestement incompatible avec l'ordre public du for ». Ainsi en sera-t-il des lois comprenant des dispositions discriminatoires écartant des successions des héritiers à raison du sexe, de la race ou de la religion. Toutefois, la réserve héréditaire telle que conçue par le droit français ne relèverait pas de l'ordre public international selon la jurisprudence récente (Cass. 1re civ., 27 sept. 2017, nos 16-17.198 et 16-13.151 : *JurisData* n° 2017-018703).

2280 **Lois de police.** Le règlement Successions ne prévoit pas de réserve générale au profit des lois de police. Il prévoit cependant un dispositif similaire restreint à certaines dispositions particulières. C'est ainsi que son article 30 prévoit que : « Lorsque la loi de l'État dans lequel sont situés certains biens immobiliers, certaines entreprises ou d'autres catégories particulières de biens comporte des dispositions spéciales qui, en raison de la destination économique, familiale ou sociale de ces biens imposent des restrictions concernant la succession portant sur ces biens ou ayant une incidence sur celle-ci, ces dispositions spéciales sont applicables à la succession dans la mesure où, en vertu de la loi de cet État, elles sont applicables quelle que soit la loi applicable à la succession ».
Ainsi en sera-t-il, par exemple, des règles françaises relatives à l'attribution préférentielle (Cass. 1re civ., 10 oct. 2012, n° 11-18.345 : *JurisData* n° 2012-022733 ; *JCP* G 2012, n° 51, 1368, note L. Perreau-Saussine ; *JDI* 2013, n° 1, 1, note E. Fongaro).

POUR ALLER PLUS LOIN

Fascicules JurisClasseur
• *JCl. Notarial Formulaire*, V° *Législation comparée* ; *JCl. Notarial Répertoire* ; *JCl. Droit international*.

Ouvrages
• A. Bonomi et P. Wautelet, *Le droit européen des successions internationales. Commentaire du règlement article par article*, Larcier, 2e éd. 2013.
• G. Khairallah et M. Revillard, *Droit européen des successions. Le règlement du 4 juillet 2012*, Defrénois, 2013.
• H. Péroz et É. Fongaro, *Droit international privé patrimonial de la famille*, LexisNexis, 2e éd. 2017.
• M. Revillard, *Droit international privé et européen : pratique notariale*, Defrénois, 9e éd. 2018.

Revues
• Ch. Bidaud-Garon, *La loi applicable aux successions internationales selon le règlement du 4 juillet 2012 : JCP* N 2013, 1109.
• D. Boulanger, *La réserve coûte que coûte : informer et prélever : JCP* N 2022, 1008.
• L. Galliez, *Successions internationales : entre unité civile et morcellement fiscal : JCP* N 2013, 1271.
• P. Lagarde, *Les principes de base du nouveau règlement sur les successions : Rev. crit. DIP* 2012, n° 4, p. 691 et s.
• A. Tani, *Action en réduction et devoir notarial renforcé : la loi doit-elle énoncer des évidences ? : JCP* N 2022, act. 133.
• Dossier spécial : *JCP* N 2013, 1078-1086.

Fiche 41

Libéralités et pactes successoraux

Sommaire

Introduction 435
I Successions testamentaires et contractuelles 435
A Droit international privé de source nationale 436
1 Questions de fond 436
2 Questions de forme 436
B Règlement Successions 437
II Pactes successoraux 437
A Droit international privé commun 438
B Règlement Successions 438
III Donations 439
A Conditions de fond 439
1 Loi normalement applicable 439
2 Lois concurrentes 439
B Conditions de forme 439

Introduction

2281 Les libéralités ou dispositions à titre gratuit ont des origines diverses. Elles peuvent résulter d'un contrat comme une donation ou autre institution contractuelles ou d'un acte unilatéral comme un testament. Elles peuvent également résulter d'un pacte successoral. Dans cette fiche, sera étudiée la question de la loi applicable à la validité et aux effets de ces actes. Seront successivement abordés les testaments et autres dispositions à cause de mort (I) les pactes successoraux (II) et enfin les donations (III).

• **Textes**

• Conv. de La Haye, 5 oct. 1961.
• Conv. de Bâle, 16 mai 1972 sur l'inscription des testaments.
• Conv. de Washington, 26 oct. 1973 sur le testament international.
• Règl. européen n° 593/2008, 17 juin 2008, dit « Rome I » du 17 juin 2008 sur la loi applicable aux obligations contractuelles.
• Règl. européen n° 650/2012, 4 juill. 2012 sur les successions.

I Successions testamentaires et contractuelles

2282 Pour déterminer la loi applicable aux successions testamentaires et contractuelles, les règles de conflit de lois ont deux sources distinctes : le droit international privé commun qui prévaut pour les successions des défunts décédés avant le 17 août 2015 (A), le règlement (UE) n° 650/2012 du 4 juillet 2012, relatif à la compétence, la loi applicable, la reconnaissance et l'exécution des décisions, et à l'acceptation et l'exécution des actes authentiques en matière de successions et à la création d'un certificat successoral européen applicable aux successions des défunts dont le décès est survenu le 17 août 2015 ou postérieurement à cette date (B).

A Droit international privé de source nationale

2283 Le droit international privé commun opère une distinction entre les questions de fond et les questions de forme.

1 Questions de fond

• Dualité des règles de conflit

2284 La loi applicable, au fond, aux successions testamentaires et contractuelles est déterminée de la même manière que pour les successions *ab intestat* (Cass. civ., 19 juin 1939, *Labedan : GADIP*, n° 18). La solution, rappelons-le, repose sur deux règles de conflit : les successions mobilières sont soumises à la loi du dernier domicile du défunt et les successions immobilières à la loi du lieu de situation de l'immeuble. Celle-ci présente un inconvénient bien connu : la succession ne sera pas nécessairement soumise à une seule et même loi et partant sera morcelée.

• Place réduite de l'autonomie de la volonté

2285 Transposer la solution adoptée pour les successions *ab intestat* aux successions testamentaires et contractuelles n'exclut pas totalement l'autonomie de la volonté. Son rôle restera cependant limité. La volonté du défunt ne saurait ainsi conduire à soustraire la succession aux règles impératives de la loi successorale. En particulier, la réserve successorale est au besoin rétablie (Cass. 1re civ., 4 déc. 1990, *Pearsh : JDI* 1991, p. 398, note M. Revillard ; *Rev. crit. DIP* 1992, p. 76, note G. Droz. – CA Paris, 10 juin 1972, *Martini : JDI* 1974, p. 150, note F. Déby-Gérard. – CA Aix-en-Provence, 30 sept. 1999 : *JurisData* n° 2001-158096 ; *JDI* 2001, p. 530, note M. Revillard. – V. égal. Cass. 1re civ., 4 juill. 2018, n° 17-16.515 : *JurisData* n° 2018-011782). Le défunt ne peut ainsi régler sa succession que dans les limites autorisées par la loi applicable. En d'autres termes, l'autonomie de la volonté ne jouera que pour les matières considérées comme supplétives par la loi successorale. Il en va ainsi pour l'interprétation des testaments ou encore pour les donations entre vifs sauf en ce qui concerne les problèmes de droit successoral.

2 Questions de forme

• Convention de La Haye du 5 octobre 1961

2286 La loi applicable s'agissant de la forme des testaments est déterminée par application de la Convention de La Haye du 5 octobre 1961 sur les conflits de lois en matière de forme des dispositions testamentaires entrée en vigueur le 19 novembre 1967.

La règle de droit international privé matériel qu'elle consacre est devenue le droit commun en la matière car elle se substitue entièrement au droit antérieur sans condition de réciprocité en ce qu'elle est applicable même aux rapports n'intéressant aucun signataire.

La convention est inspirée par l'idée de faveur pour la validité du testament. Cela explique qu'en son article 1, elle offre un très large éventail de lois susceptibles de recevoir application pour apprécier la validité d'une disposition testamentaire en la forme.

Une disposition testamentaire est valable quant à la forme si celle-ci répond à la loi interne :

– du lieu où le testateur a disposé, ou

– d'une nationalité possédée par le testateur, soit au moment où il a disposé, soit au moment de son décès, ou

– d'un lieu dans lequel le testateur avait son domicile, soit au moment où il a disposé, soit au moment de son décès, ou

– du lieu dans lequel le testateur avait sa résidence habituelle, soit au moment où il a disposé, soit au moment de son décès, ou

– pour les immeubles, du lieu de leur situation (art. 1er).

Le but poursuivi étant de valider le plus possible en la forme les testaments, la notion de forme présente alors une importance capitale pour délimiter le champ d'application de la convention. Dans cette opération de qualification, la convention précise, en son article 4, qu'elle s'applique aux formes « des dispositions testamentaires faites dans un même acte par deux ou plusieurs personnes ».

Quant à l'article 5, il dispose que : « Les prescriptions limitant la forme des dispositions testamentaires admises, et se rattachant à l'âge, à la nationalité ou à d'autres qualités personnelles du testateur, sont considérées comme appartenant au domaine de la forme. Il en est de même des qualités que doivent posséder les témoins requis pour la validité d'une disposition testamentaire ».

• **Autres conventions internationales**

2287 Il faut par ailleurs compter avec deux autres textes :
– en premier lieu, la Convention de Washington du 26 octobre 1973 portant loi uniforme sur la forme du testament international qui prévoit des règles matérielles relatives à la forme du testament. Si celles-ci sont respectées, l'acte est valable sur le plan formel sans que l'on ait à se référer à l'une des lois applicables précitées. Le texte conventionnel a ainsi instauré une nouvelle forme de testament peu contraignante que les États parties s'engagent à reconnaître ;
– en second lieu la Convention de Bâle du 16 mai 1972 qui prévoit un système d'inscription des testaments. Ce texte vise à permettre aux testateurs d'inscrire leurs testaments auprès d'un organisme national d'inscription afin que leurs volontés ne soient pas ignorées après la survenance de leurs décès.

B Règlement Successions

2288 Le règlement Successions comprend des règles spécifiques régissant les dispositions à cause de mort – en particulier les testaments. Il ne traite cependant que de la loi applicable au fond, celui-ci réservant pour la loi applicable quant à la forme la Convention de La Haye du 5 octobre 1961 sur les conflits de lois en matière de forme des dispositions testamentaires.

• **Validité au fond**

2289 L'article 24-2 prévoit que le testament est soumis au fond, à la loi nationale du défunt s'il choisit de les y soumettre. À défaut de choix de la loi nationale, l'article 24-1 prévoit que ces actes sont soumis à la loi qui aurait été applicable à la succession du *de cujus* s'il était décédé le jour de l'établissement de la disposition considérée.

• **Validité formelle**

2290 La loi applicable quant à la validité formelle du testament est déterminée par la Convention de La Haye du 5 octobre 1961 sur les conflits de lois en matière forme des dispositions testamentaires en vigueur en France depuis 1967. L'article 75-1 du règlement Successions précise que cette convention continue à s'appliquer dans les États membres qui l'ont ratifiée pour ce qui est de la validité formelle des testaments et des testaments conjonctifs en lieu et place de l'article 27 du règlement. Cette convention comprend, comme nous l'avons déjà vu auparavant, une règle de conflit à rattachement alternatif visant à favoriser la validité formelle du testament. Il ne faut pas perdre de vue qu'est susceptible d'être applicable la Convention de Washington du 28 octobre 1973 sur la forme d'un testament international. Par ailleurs, le testament peut toujours être enregistré auprès d'un organisme national grâce au système d'inscription des testaments prévu par la Convention de Bâle du 16 mai 1972.

• **Dispositions transitoires**

2291 Une rétroactivité du règlement est instituée en faveur des dispositions à cause de mort effectuées avant la date de son entrée en application, soit le 17 août 2015. L'article 83-3 du texte européen prévoit que celles-ci sont valables quant à la forme et au fond si elles remplissent les conditions prévues au chapitre III du même texte ou si elles le sont en application des règles de droit international privé qui étaient en vigueur, au moment où elles ont été prises, dans l'État dans lequel le défunt avait sa résidence habituelle, dans tout État dont il avait la nationalité ou dans l'État membre de l'autorité chargée de régler la succession. Et l'article 83-4 prévoit que si la disposition a été prise conformément à une loi qui aurait pu être choisie selon le règlement, cette loi est réputée avoir été choisie comme loi applicable à la succession.

II Pactes successoraux

2292 La loi applicable aux pactes successoraux est là encore susceptible d'être déterminée par le droit international privé commun (A) ou le règlement Successions qui comprend des dispositions qui leur sont spécifiques (B).

A Droit international privé commun

• Loi successorale

2293 Les pactes sur successions futures sont soumis à la loi régissant la succession conformément à la solution traditionnelle. Il s'agira ainsi de la loi du dernier domicile du défunt s'agissant des successions mobilières et de la loi du lieu de situation de l'immeuble s'agissant des successions immobilières.

• Annulation du pacte

2294 Pour l'heure, si la loi française est désignée comme applicable, le pacte sera annulé. Il peut cependant produire des effets en France sur des actifs mobiliers si la loi étrangère est désignée comme applicable et admet la validité de ce type d'acte.

B Règlement Successions

2295 Le règlement Successions comprend des règles spécifiques régissant les pactes successoraux d'autre part. Il existe des définitions de ces actes qui figurent à l'article 3 du règlement Successions. La Cour de justice est venue préciser à cet égard que constitue un pacte successoral le contrat en vertu duquel une personne prévoit le transfert lors de son décès de la propriété d'un bien immobilier lui appartenant à d'autres parties contractantes (CJUE, 9 sept. 2021, aff. C-277/20 : *JurisData* n° 2021-016428).

• Validité au fond

2296 S'agissant des pactes successoraux, l'article 25-1 du règlement Successions prévoit que ceux-ci sont soumis au fond à la loi qui aurait été applicable à la succession de la personne concernée si elle était décédée le jour de la conclusion du pacte. Lorsque le pacte concerne la succession de plusieurs personnes, l'article 25-2 du règlement Successions prévoit que sa recevabilité est appréciée selon chaque loi qui aurait régi la succession de chaque personne concernée si elles étaient décédées le jour où le pacte a été conclu tandis que sa validité est soumise à la loi qui présente les liens les plus étroits avec la situation.

• Validité formelle

2297 La loi applicable à la validité formelle des pactes successoraux est déterminée par l'article 27 du règlement Successions, lequel est calqué sur l'article 1er de la Convention de La Haye du 5 octobre 1961 sur les conflits de lois en matière de forme des dispositions testamentaires. Le texte européen prévoit ainsi que la validité formelle de l'acte est acquise si elles sont établies par écrit en conformité avec l'une des lois suivantes :
– la loi de l'État où la disposition a été prise ;
– la loi de l'État dont le testateur ou au moins l'une des personnes dont la succession est concernée par un pacte successoral avait la nationalité au jour où la disposition est prise ou au jour de son décès ;
– la loi de l'État dans lequel le testateur ou au moins l'une des personnes dont la succession est concernée par un pacte successoral avait son domicile au jour où la disposition est prise ou au jour de son décès ;
– pour les biens immobiliers, la loi de l'État de situation des immeubles.

• Dispositions transitoires

2298 Une rétroactivité du règlement est instituée en faveur des dispositions à cause de mort effectuée avant la date de son entrée en application soit le 17 août 2015. L'article 83-3 du texte européen prévoit que celles-ci sont valables quant à la forme et au fond si elles remplissent les conditions prévues au chapitre III du même texte ou si elles le sont en application des règles de droit international privé qui étaient en vigueur, au moment où elles ont été prises, dans l'État dans lequel le défunt avait sa résidence habituelle, dans tout État dont il avait la nationalité ou dans l'État membre de l'autorité chargée de régler la succession. La Cour de justice a précisé que le choix de la loi applicable n'est cependant valable que s'il porte sur l'ensemble de la succession et non sur un acte déterminé ne concernant qu'un immeuble (CJUE, 9 sept. 2021, aff. C-277/20 : *JurisData* n° 2021-016428). Et l'article 83-4 prévoit que si la disposition a été prise conformément à une loi qui aurait pu être choisie selon le règlement, cette loi est réputée avoir été choisie comme loi applicable à la succession.

III Donations

• **Donations : diversité des catégories de rattachement**

2299 La donation étant un contrat, celle-ci doit en principe être classée dans la catégorie des contrats. De sorte que la loi qui lui est applicable sera déterminée par le règlement (CE) n° 593/2008 du 17 juin 2008 sur la loi applicable aux obligations contractuelles (« Rome I »). Ce texte est applicable selon son article 28 à tous les contrats conclus après le 17 décembre 2009 (ceux qui ont été antérieurement conclus avant cette date relèvent de la Convention de Rome du 19 juin 1980 sur la loi applicable aux obligations contractuelles). Il n'en demeure pas moins que la donation est à la lisière de plusieurs catégories – contrats, successions, régimes matrimoniaux… –, de sorte que la loi contractuelle peut se voir concurrencée comme nous allons le voir par la suite par d'autres lois. Avant tout, la détermination du droit applicable à une donation implique de distinguer les conditions de fond (A) et les conditions de forme (B).

A Conditions de fond

1 Loi normalement applicable

• **Loi d'autonomie**

2300 La loi applicable, au fond, à une donation est celle qui est traditionnellement désignée pour les contrats en général. Ainsi, l'article 3-1 du règlement Rome I offre aux parties la possibilité de choisir la loi applicable au contrat qu'elles concluent. De sorte que le principe d'autonomie de la volonté prévaudra.

• **Loi du pays de la résidence habituelle du donateur**

2301 Lorsque les parties n'ont pas choisi la loi applicable au contrat, l'article 4-1 prévoit pour une série de contrats déterminés qu'elle liste toute une série de rattachements. Or, la donation n'y figure pas. Dans ce cas, l'article 4-2 prévoit que pour les autres contrats, la loi applicable est celle du pays de la résidence habituelle de la partie qui doit fournir la prestation caractéristique. Cette notion inspirée du droit suisse correspond à l'obligation pour laquelle le paiement est dû et qui permet d'identifier le contrat. Or, qu'en est-il pour les contrats à titre gratuit ? Il est certain que la prestation caractéristique est celle réalisée par le bienfaiteur. Pour la donation, ce sera donc le donateur de sorte que la loi applicable sera celle du pays de la résidence habituelle de ce dernier.

2 Lois concurrentes

2302 Dans la mesure où la donation est à la lisière de plusieurs catégories, il est certain que la loi contractuelle doit subir la concurrence d'autres lois telles que la loi successorale, la loi des effets du mariage ou encore la loi du lieu de situation de l'immeuble. Le praticien doit dès lors anticiper leur application.

• **Loi successorale**

2303 Il n'est guère douteux que la donation va subir l'influence du droit des successions. Plusieurs situations doivent être envisagées à cet égard. La loi successorale régira nécessairement les conséquences juridiques d'une donation au décès du donateur.
Les donations entre époux de biens à venir semblent soumises à la loi successorale. Cette solution vaut en matière immobilière (Cass. civ., 4 mars 1857, *Fraix : DP* 1857, 1, 102) et semble s'étendre aux biens mobiliers (B. Ancel et Y. Lequette : *GADIP*, n° 42, § 8).

• **Loi des effets du mariage**

2304 Les donations entre époux de biens présents sont soumises à la loi des effets du mariage depuis que la Cour de cassation a rendu les arrêts *Campbell-Johnston* (Cass. 1re civ., 15 févr. 1966 : *Rev. crit. DIP* 1966, p. 273, note H. Batiffol ; *JDI* 1967, p. 95, note B. Goldman ; *D.* 1966, p. 370, note Ph. Malaurie ; *GADIP*, n° 42) et *Dame Frost* (Cass. 1re civ., 12 juin 1979 : *Rev. crit. DIP* 1980, p. 322, note G. Légier ; *JDI* 1980, p. 644, note G. Wiederkehr).

B Conditions de forme

• **Rattachement alternatif**

2305 L'article 11-1 du règlement Rome I prévoit qu'un contrat est formellement valable si elle est

Libéralités et pactes successoraux

conforme soit à la loi du lieu de conclusion du contrat, soit à la loi applicable au fond. De sorte que ce rattachement alternatif vaut également pour une donation.

• Intervention de la loi du lieu de situation de l'immeuble

2306 Si la donation porte sur un droit immobilier ou sur un droit d'utilisation d'un immeuble, l'article 11-5 du règlement Rome I prévoit que les dispositions impératives de forme de la loi du lieu de situation du bien doivent être respectées si celle-ci s'estime applicable quel que soit le lieu de conclusion du contrat et de la loi le régissant au fond. En d'autres termes, la loi du lieu de situation de l'immeuble s'appliquera si celle-ci est une loi de police.

POUR ALLER PLUS LOIN

Fascicules JurisClasseur

• *JCl. Notarial Formulaire*, V° *Législation comparée* ; *JCl. Notarial Répertoire* ; *JCl. Droit international*.

Ouvrage et revue

• M. Revillard, *Droit international privé et européen : pratique notariale*, Defrénois, 9e éd. 2018.

• E. Fongaro, *L'anticipation successorale à l'épreuve du règlement Successions* : *JDI* 2014, doctr. 5.

Fiche 42
Cas pratiques

Sommaire

Introduction 441

I Cas n° 1 : Régime matrimonial – Succession – Mineurs – Testament – Formalités au décès 442

A Énoncé 442

B Solution 442

1 Décès antérieur à l'entrée en vigueur du règlement européen sur les successions, c'est-à-dire avant le 17 août 2015 443

2 Décès intervenu à compter du 17 août 2015 443

II Cas n° 2 : Régimes matrimoniaux – Changement de loi ou de régime immeuble en France – Loi successorale – Date du décès et loi applicable 444

A Énoncé 444

B Solution 445

III Cas n° 3 : Succession – Loi applicable – Notion de résidence habituelle du défunt 446

A Énoncé 446

B Solution 447

Introduction

2307 Afin d'illustrer les développements ci-dessus, quelques cas pratiques sont proposés.

Cas n° 1 : Succession d'un époux marié sous un régime matrimonial étranger, ayant rédigé un testament au profit de son épouse et lésant des enfants mineurs domiciliés à l'étranger.

Cas n° 2 : Régime matrimonial, modification, immeuble en France et enfants issus d'un précédent mariage. Changement de loi par application de l'article 6 de la Convention de La Haye du 14 mars 1978 – Loi successorale : date du décès déterminante.

Cas n° 3 : Succession. Loi applicable. Notion de résidence habituelle du défunt.

I

Cas n° 1 : Régime matrimonial – Succession – Mineurs – Testament – Formalités au décès

A Énoncé

2308 M. Martin et Mme Van Dongen, mariés à Paris en 1999, se sont installés à Amsterdam après leur mariage. Ils ont eu deux enfants encore mineurs à ce jour. M. Martin est décédé au cours de l'année 2015. Aux termes d'un testament rédigé aux Pays-Bas, M. Martin a institué son épouse légataire universelle en pleine propriété de tous ses biens, à charge pour elle de « dédommager » les héritiers en valeur. Un acte de notoriété a été établi par un notaire d'Amsterdam.
Il possédait un immeuble en France.
Mme Van Dongen a donc chargé un notaire d'établir les actes de propriété uniquement en son nom.

B Solution

2309 Lorsqu'une situation juridique comporte des éléments d'extranéité tenant notamment au lieu de situation d'un bien, à la nationalité des parties ou à la localisation du domicile de l'une d'elles, il se produit un conflit de lois. Le praticien français qui y est confronté doit alors déterminer quelle sera la loi applicable en se référant aux règles de conflit de lois, celles-ci pouvant être de source nationale ou de source supranationale. Dans le cas ici rapporté, il est question d'un individu décédé en France propriétaire d'un immeuble dans ce pays et ayant rédigé aux Pays-Bas un testament en faveur de son épouse. Or, dans la mesure où celui-ci était marié, l'ouverture de la succession suppose au préalable de procéder à la liquidation de son régime matrimonial. Il faut dès lors déterminer la loi applicable en la matière. Il convient donc de se référer aux règles de conflit propres à la catégorie « régimes matrimoniaux ». Ce qui conduit à s'interroger sur la source de ces normes : faut-il recourir aux règles de conflit du droit international privé français, à celles de la Convention de La Haye du 14 mars 1978 où à celle du règlement européen n° 2016/1103 du 24 juin 2016 ?

• Détermination de la loi applicable au régime matrimonial

2310 La délimitation de l'applicabilité de ces sources multiples est temporelle. En d'autres termes, chacune des règles de conflit a un domaine d'application délimité dans le temps. C'est ainsi que le régime matrimonial d'époux qui se sont mariés ou ont changé de régime à partir du 29 janvier 2019 relève des règles de conflit du règlement n° 2016/1103 du 24 juin 2016, que le régime matrimonial d'époux qui sont mariés ou ont changé de régime entre le 1er septembre 1992 et le 29 janvier 2019 relève des règles de conflit de la Convention de La Haye du 14 mars 1978 ; que, enfin, le régime matrimonial des époux mariés avant le 1er septembre 1992 – lesquels sont encore nombreux – relève des règles de conflit du droit international privé antérieur.
En l'espèce, il est précisé que le mariage a eu lieu en 1999, soit après le 1er septembre 1992 et l'époux est décédé en 2015. On peut donc en déduire que s'il y a eu changement de régime matrimonial, celui-ci est intervenu au cours de cette période et avant le 29 janvier 2019. De sorte qu'il convient ici de se référer aux règles de conflit de la Convention de La Haye du 14 mars 1978 sur la loi applicable aux régimes matrimoniaux.
En conséquence, la détermination de la loi applicable suppose de recourir à la règle de conflit de principe figurant à l'article 4, alinéa 1er de ce texte conventionnel. Celle-ci prévoit qu'à défaut de désignation de la loi applicable avant le mariage, les époux seront soumis à la loi de leur résidence habituelle. La résidence habituelle étant située aux Pays-Bas, c'est le régime légal de la communauté universelle de droit néerlandais qui s'applique (V. *JCl. Notarial Formulaire*, V° *Législation comparée*, Fasc. 10).
Au décès, la communauté est dissoute et les biens sont partagés par moitié.
Mme Van Dongen n'est donc pas seule propriétaire du bien en France : la succession de son mari comprend des droits indivis immobiliers sur l'immeuble en France.

• **Incidence des dispositions testamentaires**

2311 **Rappel des règles de droit international privé français applicables en matière successorale.** Il existe là encore différentes sources. D'une part, le droit international privé forgé par la jurisprudence en matière de successions internationales. D'autre part, le règlement (UE) n° 650/2012 du 4 juillet 2012 sur la compétence, la loi applicable, la reconnaissance et l'exécution des décisions, et l'acceptation et l'exécution des actes authentiques en matière de successions et à la création d'un certificat successoral européen. Il faut préciser que la loi qui est désignée comme applicable par le texte européen a une vocation universelle. De sorte que les règles de conflit de ce dernier se substituent à celles issues du droit international privé des États membres. Toutefois, le règlement Successions n'est applicable qu'aux successions des personnes décédées à partir du 17 août 2015 ou postérieurement à cette date (art. 83-1). Par ailleurs, ce texte réserve l'application de certaines conventions multilatérales.

2312 **Validité formelle du testament.** Quels que soient les textes applicables à la succession (règle de conflit française ou règlement européen), la forme du testament relève de la Convention de La Haye du 5 octobre 1961 sur les conflits de lois en matière de forme des dispositions testamentaires, entrée en vigueur en France le 19 novembre 1967, sans conditions de réciprocité.
En effet, le règlement européen du 4 juillet 2012 réserve l'application, notamment, de cette convention (art. 75-1).
Selon cette convention, un testament est valable en la forme dès lors qu'il répond à la loi interne :
– du lieu où le testateur a disposé ;
– ou d'une nationalité possédée par le testateur, soit au moment où il a disposé, soit au moment de son décès ;
– ou du lieu dans lequel le testateur avait son domicile, soit au moment où il a disposé, soit au moment de son décès ;
– ou du lieu dans lequel le testateur avait sa résidence soit au moment où il a disposé, soit au moment de son décès ;
– ou, pour les immeubles, du lieu de leur situation.
Ainsi le défunt aura-t-il pu tester soit dans une forme connue du droit français, soit dans une forme connue du droit néerlandais.

2313 **Validité substantielle du testament.** Ce n'est pas parce que le testament est valable en la forme qu'il va pouvoir s'appliquer aux biens situés en France : tout dépend de la loi successorale applicable.

La date du décès est primordiale : décès avant, ou à partir du 15 août 2015.

1 Décès antérieur à l'entrée en vigueur du règlement européen sur les successions, c'est-à-dire avant le 17 août 2015

2314 Le praticien français doit recourir aux règles de conflit du droit international privé de source française forgées par la jurisprudence qui, en matière de successions internationales, consacre une approche scissionniste fondée sur la distinction entre meubles et immeubles. C'est ainsi que :
– les successions immobilières sont régies par la loi du lieu de situation de l'immeuble (Cass. civ., 14 mars 1837, *Stewart* : selon l'interprétation faite de l'article 3, alinéa 2 du Code civil) ;
– les successions mobilières sont régies par la loi du dernier domicile du défunt (Cass. civ., 19 juin 1939).
Les droits immobiliers indivis portant sur un immeuble sis en France sont donc régis par le droit français pour leur dévolution.
Ces droits constituent une masse de biens seule soumise au droit français, le reste du patrimoine (par ex. : biens immobiliers aux Pays-Bas soumis à la loi du lieu de situation, et biens mobiliers, par exemple, comptes bancaires, où qu'ils se trouvent régis par la loi néerlandaise du domicile, sauf éventuel renvoi de celle-ci à la loi nationale du défunt).

2 Décès intervenu à compter du 17 août 2015

2315 Dans ce cas, le règlement Successions s'applique, lequel donne compétence à la loi du lieu de résidence habituelle du défunt au moment de son décès (art. 21), à moins que selon les circonstances de la cause, le défunt ait eu des liens manifestement plus étroits avec un autre État (principe de l'unité).
Il faudra vérifier dans le testament que le défunt n'a pas manifesté de choix en faveur de sa loi nationale, car, même si le testament a été rédigé avant l'entrée en vigueur du règlement, le choix de loi est valable (art. 83-2).

• **Présence d'héritiers mineurs**

2316 **Compétence législative.** La loi applicable à la protection des enfants mineurs et à leur représentation relève de la Convention de La Haye du 19 octobre 1996, entrée en vigueur en France le 1er février 2011. L'article 15 de la convention donne compétence à la loi de la résidence habituelle du mineur, en l'espèce la loi néerlandaise.

Cas pratiques

Cette loi désignera donc le représentant du mineur et précisera ses pouvoirs en matière successorale.

2317 **Compétence juridictionnelle.** La convention de La Haye précitée traite également de la compétence juridictionnelle. Le principe retenu est celui de la compétence des autorités de résidence habituelle de l'enfant.

Mais, il faut également tenir compte de l'existence du règlement européen du 27 novembre 2003, dit « Bruxelles II bis », relatif à la compétence, la reconnaissance et l'exécution des décisions en matière matrimoniale et en matière de responsabilité parentale, applicable depuis le 1er mars 2005. Le règlement lui-même prévoit qu'il prévaut sur la convention, dès lors que l'enfant a sa résidence dans un État membre de l'Union européenne.

Ainsi, si le règlement de la succession nécessite l'intervention d'un juge, c'est le tribunal du lieu de résidence de l'enfant qui interviendra. Il y aura coïncidence entre compétence législative et compétence judiciaire.

- **Formalités au décès**

2318 L'établissement d'un acte de notoriété en France n'est nécessaire que si aucun acte équivalent n'a pu être établi dans le pays où est décédé l'intéressé ou si un acte a été dressé mais dont le contenu ne permet pas de cerner avec précision la situation familiale et matrimoniale du défunt ou omet des héritiers ou des dispositions à cause de mort.

Le notaire néerlandais a pu établir un acte de notoriété aux Pays-Bas. En général, le contenu est proche de celui que dresserait un notaire français. Ainsi l'établissement d'un nouvel acte en France ne s'impose pas, dès lors que ce qui importe : situation familiale, statut matrimonial, identification de tous les héritiers, existence de disposition à cause de mort, sont relatés. Une copie authentique de cet acte suffira, avec sa traduction par un traducteur assermenté, pour établir l'attestation. Si le décès est survenu à partir du 17 août 2015, le règlement européen sur les successions du 4 juillet 2012 crée un « certificat successoral européen » (art. 62 à 73), mais le recours à celui-ci n'est pas obligatoire (art. 62-2). Il ne se substitue pas aux documents internes utilisés à des fins similaires dans les États membres La Cour de justice de l'Union européenne est venue récemment préciser que le certificat successoral doit respecter les prescriptions requises par le droit local pour permettre la publicité foncière. Les dispositions du règlement Successions ne s'opposent pas à la réglementation d'un État membre prévoyant que la demande d'inscription d'un bien immobilier dans le registre foncier de cet État membre soit rejetée si le seul document présenté à l'appui de cette demande ne permet pas d'identifier ledit bien immobilier (CJUE, 9 mars 2023, aff. C-345/21).

Il est destiné à être utilisé par les héritiers, légataires et les exécuteurs testamentaires ou les administrateurs de succession pour faire reconnaître leur qualité ou exercer leurs droits ou pouvoirs dans un autre État membre.

2319 En ce qui concerne le testament, en droit international privé français, les formalités de découverte (dépôt au rang des minutes, procès-verbal d'ouverture et description) sont régies par la loi du lieu de découverte. Si le testament était conservé aux Pays-Bas, c'est le droit néerlandais qui régirait ces formalités. Il est inutile de les réitérer en France, simplement une copie avec traduction éventuelle pourra être annexée aux actes dressés en France.

Les formalités d'exécution sont régies par la loi du lieu d'exécution.

II Cas n° 2 : Régimes matrimoniaux – Changement de loi ou de régime immeuble en France – Loi successorale – Date du décès et loi applicable

A Énoncé

2320 M. et Mme Smith, de nationalité anglaise, vivant à Londres, sont époux en secondes noces depuis de nombreuses années. Mme Smith a un enfant d'une première union. Les époux possèdent un immeuble en France. Ils souhaiteraient adopter la communauté universelle avec clause d'attribution du droit français et avoir l'assurance que le conjoint survivant sera seul propriétaire dudit immeuble.

B Solution

2321 Il s'agit d'une modification de régime matrimonial, comprenant des éléments d'extranéité (époux britanniques). Cette circonstance nécessite que l'on recherche la loi applicable à leur régime matrimonial qui peut être une loi étrangère.

• Loi applicable au régime matrimonial

2322 Dans la mesure où ceux-ci sont mariés depuis de nombreuses années, le règlement du 24 juin 2016 ne semble pas ici applicable. Il faut toutefois demander la date du mariage des époux pour rechercher si la Convention de La Haye du 14 mars 1978 sur les conflits de lois en matière de régimes matrimoniaux, entrée en vigueur en France le 1er septembre 1992, est applicable.

2323 Cette convention constitue, pour les époux mariés après cette date, la règle de conflit française en matière de détermination de la loi applicable au régime matrimonial auquel le praticien doit se référer.
De caractère universaliste, elle s'applique en France même si, par application des critères qu'elle pose, c'est la loi de l'État qui ne l'a pas ratifiée qui doit s'appliquer.

2324 Si les époux sont mariés avant cette date, à défaut de contrat de mariage, c'est la loi du pays où ils ont établi leur premier domicile.

2325 S'ils sont mariés après, par application de l'article 4, alinéa 1er, c'est la loi de leur résidence habituelle qui s'applique.

2326 Installés à Londres depuis leur mariage, ils seront donc soumis au droit anglais selon lequel les époux sont considérés comme séparés de biens purement et simplement (*JCl. Notarial Formulaire*, V° *Législation comparée*, Fasc. 10).

• Loi applicable au changement de régime matrimonial

2327 **Alternative proposée par le droit conventionnel.** En droit international privé français, c'est la loi du régime qui fixe les conditions de fond et de forme de la modification du régime matrimonial. Il faut donc consulter le droit anglais pour connaître les conditions dans lesquelles une telle modification pourra intervenir.

Mais, ici, les époux veulent également modifier la loi applicable à leur régime matrimonial et adopter le droit français. La convention de La Haye précitée leur offre ici une possibilité qui dispense le praticien de toute recherche dans le droit anglais, l'article 6 étant applicable à tous les époux, quelle que soit la date de leur mariage. En effet, ce texte permet aux époux de modifier la loi applicable et de choisir :
– la loi de leur résidence habituelle au moment de cette désignation ;
– la loi nationale de l'un des époux au moment de cette désignation (or, ces deux critères n'intéressent pas le praticien, car ils aboutissent à appliquer le droit anglais) ;
– ou, enfin, pour les immeubles, acquis ou à acquérir : la loi du lieu de leur situation.

2328 Reste à vérifier qu'un dépeçage de la loi applicable au régime rentre bien dans les prévisions de M. et Mme Smith car cela revient à soumettre l'immeuble situé en France au droit français, à tout le moins sur le plan du régime matrimonial.
Mais, les époux Smith doivent-ils respecter les dispositions de l'article 1397 du Code civil français pour parvenir à adopter une communauté assortie d'une clause d'attribution au survivant ?

2329 L'article 1397-3, alinéa 3, du Code civil permet, lors d'un changement de loi, d'adopter, dans le droit français, directement et sans homologation n'importe quel régime : les époux Smith pourront donc choisir la communauté avec clause d'attribution du droit français directement dans l'acte portant changement de loi, le cas échéant avec effet rétroactif.

2330 **Au plan des formalités.** Par application de l'article 1303-1, alinéa 2 du Code de procédure civile, une simple copie de l'acte notarié portant changement de loi et adoption d'un régime matrimonial français sera adressée au Répertoire civil annexe à Nantes, puisque les époux n'ont pas d'acte de mariage conservé en France.

• Loi successorale applicable

2331 La présence d'un enfant non issu des deux époux risque-t-elle d'entraîner l'application de l'article 1527, alinéa 2 du Code civil ?
Ce texte ayant pour objet la protection de la réserve, il s'applique dès lors que la loi successorale est la loi française.
Il convient donc de rechercher si la loi successorale est la loi française, et la date du décès revêt désormais une importance déterminante. En effet,

depuis le 17 août 2015, est applicable en France et dans tous les États membres de l'Union européenne, à l'exception du Danemark, du Royaume-Uni et de l'Irlande, le règlement du 4 juillet 2012 relatif à la compétence, la reconnaissance et l'exécution des décisions et à l'acceptation et l'exécution des actes authentiques en matière de succession et créant un certificat successoral européen. Il constitue le texte de référence pour le praticien français et il s'applique même si la loi désignée par ses dispositions n'est pas celle d'un État contractant (art. 20).
En l'espèce, il est précisé que les époux résident à Londres (Royaume-Uni). Si le décès a eu lieu le 17 août 2015 ou postérieurement, ce règlement s'applique et pour le praticien français, il convient d'appliquer l'article 21 selon lequel c'est la loi de la « résidence habituelle » qui est compétente : « sauf disposition contraire du règlement, la loi applicable à l'ensemble d'une succession est celle de l'État dans lequel le défunt avait sa résidence habituelle au moment de son décès ». L'article 21 précise que « toute loi désignée par le présent règlement s'applique même si cette loi n'est pas celle d'un État membre » (ce texte s'applique donc même dans les relations extra-communautaires).
En conclusion, le fait que l'immeuble se trouve en France n'a plus pour conséquence l'application de la loi française pour les décès survenus à compter du 17 août 2015.
Dès lors, est-il opportun que les époux Smith persistent dans leur projet de changement de loi et de régime si la loi successorale anglaise, qui ignore la réserve, leur permet d'atteindre leur but à moindre coût ?
En effet, en droit anglais, les successions sont bien souvent testamentaires et le droit anglais, qui ne connaît pas la réserve, permettrait aux époux de disposer du bien sis en France par testament au profit du conjoint survivant, sans que l'enfant du conjoint puisse invoquer un quelconque droit à réserve, notion inconnue du droit anglais.
Si le décès était survenu avant le 17 août 2015, c'est l'article 3, alinéa 2 du Code civil qui aurait été applicable comme texte de référence : « les immeubles, même ceux possédés par des étrangers, sont régis par la loi française ».
Dans ce cas, l'article 1527, alinéa 2 du Code civil pourrait trouver à s'appliquer. M. Smith pourrait envisager l'adoption de l'enfant de son conjoint qui serait ainsi assimilé à un « enfant issu des deux époux » auquel l'action en retranchement ne serait pas ouverte.

• Loi applicable à l'adoption

2332 Les conditions sont posées par l'article 370-3 du Code civil : la loi anglaise doit être consultée pour connaître les conditions de l'adoption, et si l'enfant est anglais les conditions de son consentement ou de celui de son représentant s'il est mineur découleront du droit anglais.
Les parties n'étant ni domiciliées en France, ni de nationalité française, les tribunaux français ne sont pas compétents pour connaître de cette adoption (CPC, art. 1166).
Si cette adoption est possible en droit anglais, elle sera prononcée selon le droit anglais et le jugement sera reconnu en France, selon une jurisprudence bien établie, comme étant relatif à l'état et la capacité des personnes, et si l'enfant est mineur, par application de la Convention de La Haye le 29 mai 1993, entrée en vigueur en France le 1er octobre 1998.

III

Cas n° 3 : Succession – Loi applicable – Notion de résidence habituelle du défunt

A Énoncé

2333 M. Martin, de nationalité française et Mme Van Dongen, une Néerlandaise, se sont mariés à Amsterdam. Le couple a ensuite vécu à Londres pendant dix ans. Puis pendant trente ans, ils ont vécu entre Paris et l'État de New York. Il s'avère qu'ils passaient seulement une partie de l'année dans cette ville : quelques semaines par an surtout pendant l'été en ce qu'ils y possédaient une maison de vacances au bord de l'océan. M. Martin est décédé le 17 août 2015. Il laisse derrière lui quelques valeurs mobilières dans une banque française et un appartement à Paris ainsi que la maison dans l'État de New York. Mme Van Dongen interroge son notaire français afin de savoir quelle est la loi applicable à la succession.

B Solution

2334 Le praticien français confronté à une situation comportant des éléments d'extranéité doit déterminer la loi applicable à la situation juridique en se référant aux règles de conflit de lois du droit international privé français, celles-ci pouvant être de source nationale ou supra-étatique. Dans la mesure où il est question du décès d'un individu, il faudrait se référer aux règles de conflit successorales. Or, celui-ci est décédé le 17 août 2015. Par conséquent, la situation entre dans le champ d'application temporel du règlement « successions » du 4 juillet 2012, son article 83 prévoyant que ce texte est applicable « aux successions des personnes qui décèdent le 17 août 2015 ou après le 17 août 2015 ». Quant à l'applicabilité dans l'espace du règlement Successions, bien qu'il y ait un lien avec les États-Unis et que cet État ne participe pas à ce texte, cela ne devrait pas avoir d'impact important en ce que l'article 20 de ce dernier prévoit qu'il a vocation universelle. S'agissant enfin de l'applicabilité matérielle du règlement, son article 1er prévoit qu'il « s'applique aux successions à cause de mort ». Et l'article 3 de ce même texte précise que l'on doit entendre par succession au sens du présent règlement « toute forme de transfert de biens, de droits et d'obligations à cause de mort qu'il s'agisse d'un acte volontaire de transfert en vertu d'une disposition à cause de mort ou d'un transfert dans le cadre d'une succession *ab intestat* ». On peut donc en conclure que le règlement Successions est bien ici applicable à l'espèce.

• Détermination de la loi applicable à la succession

2335 Selon l'article 21 du règlement Successions, « la loi applicable à l'ensemble d'une succession est celle de l'État dans lequel le défunt avait sa résidence habituelle au moment de son décès ». La difficulté tient à la définition de cette notion. Celle-ci est autonome, c'est-à-dire qu'elle est propre à l'instrument européen et détachée des conceptions nationales des États membres. Or, la Cour de justice n'a pour le moment pas fourni de précisions à ce sujet. On peut cependant se référer aux considérants n°s 23 et 24 figurant dans le préambule du règlement Successions, à l'instar de la Cour de cassation dans un arrêt récent (Cass. 1re civ., 29 mai 2019, n° 18-13.383 : *JurisData* n° 2019-009044 ; *JCP* G 2019, 926, note L. Perreau-Saussine ; *JCP* N 2020, 1055, note C. Latil. – Comp. avec l'affaire *Hallyday* : TGI Nanterre, 28 mai 2019 : *JCP* N 2019, 1278, note R. Le Guidec et B. Thomas-David ; LexisNexis 360 Notaires, juill. 2019, note C. Latil). Il s'agit en premier lieu de procéder à une évaluation d'ensemble des circonstances de la vie du défunt au cours de la période précédant son décès et lors de son décès en se fondant sur des éléments de faits pertinents, notamment la durée et la régularité de la présence du défunt dans l'État concerné. Et selon ces dispositions : « La résidence habituelle ainsi déterminée devrait révéler un lien étroit et stable avec l'État concerné, compte tenu des objectifs spécifiques du présent règlement ». Ainsi, l'examen consiste à se fonder sur des éléments objectifs – durée et régularité du séjour du défunt dans les pays concernés – et des éléments subjectifs – conditions et raison du séjour du défunt dans les pays concernés.

En l'espèce, il semble que la résidence habituelle soit localisée en France en ce que c'est dans ce pays qu'il existe un lien étroit et stable. Le défunt y passait la majeure partie de l'année et semblait y avoir son lieu de vie tandis qu'il ne passait que de courtes périodes et pour les vacances et son agrément dans l'État de New York. Il y a donc lieu de penser que la résidence habituelle du défunt se situait en France, ce qui conduira à l'application de la loi française.

Sixième partie
Illustrations pratiques

Sommaire

Fiche 43 Rédiger une notoriété successorale 451

Fiche 44 Rédiger l'option du conjoint survivant 473

Fiche 45 Rédiger une attestation immobilière 489

Fiche 46 Rédiger un partage de succession 499

Fiche 47 Rédiger un inventaire 521

Fiche 48 Rédiger un certificat de mutation 537

Fiche 49 Demander la désignation d'un mandataire successoral 541

Fiche 50 Rédiger un mandat de protection future 547

Fiche 51 Rédiger une donation 565

Fiche 52 Rédiger un legs 581

Fiche 53 Rédiger un testament 597

Fiche 54 Rédiger un testament international 621

Fiche 55 Rédiger une libéralité résiduelle 635

Fiche 56 Rédiger une libéralité graduelle 643

Fiche 57 Rédiger une délivrance de legs 653

Fiche 58 Désigner un exécuteur testamentaire 663

Fiche 59 Rédiger une donation entre époux pendant le mariage 675

Fiche 60 Rédiger une donation-partage 689

Fiche 61 Rédiger une déclaration de succession 707

Fiche 43
Rédiger une notoriété successorale

Sommaire

I Aperçu rapide ... 451
A Éléments-clés ... 451
B Textes ... 452
II Préparation de l'acte ... 452
A Mise au point de la stratégie avec le client ... 452
1 Analyse de l'objectif du client ... 452
2 Conseils à donner ... 453
3 Alertes ... 453
B Vérifications préalables ... 455
1 Réalité et date du décès ... 455
2 Lieu d'ouverture de la succession ... 455
3 Recherche des héritiers légaux ... 455
4 Renseignements à obtenir des parties ... 461
5 Pièces à demander ... 462
III Rédaction et formules ... 462
A Rédaction ... 462
1 Rédacteur de la notoriété ... 462
2 Forme de l'acte ... 464
3 Éléments obligatoires ... 465
4 Éléments facultatifs ... 466
5 Annexes ... 468
B Formules ... 468
IV Formalités et taxation ... 468
A Formalités ... 468
B Taxation ... 469

I
Aperçu rapide

A Éléments-clés

2336 Issu de la pratique notariale, l'acte de notoriété après décès est le document établi à l'effet de déterminer quels sont les héritiers et ayants droit du défunt.

Ce mécanisme traditionnel de preuve non contentieuse de la qualité d'héritier revêt une très grande importance dans le règlement effectif de la succession d'une personne décédée, c'est-à-dire dans la transmission des biens que celle-ci possédait et des dettes dont elle était redevable.

L'acte comporte toutes indications utiles sur le défunt et ses présomptifs héritiers, ainsi que toutes informations sur les dispositions à cause de mort susceptibles de perturber la dévolution légale.

La notoriété successorale ne peut être établie que par un notaire, à la demande d'un ou plusieurs ayants droit (C. civ., art. 730-1, al. 1er).

Elle contient l'affirmation, signée du ou des ayants droit, auteurs de la demande, qu'ils ont vocation, seuls ou avec d'autres qu'ils désignent, à recueillir tout ou partie de la succession du défunt (C. civ., art. 730-1, al. 2).

Il est important de noter que cette affirmation n'emporte pas, par elle-même, acceptation de la succession (C. civ., art. 730-2. – CA Versailles, 1re ch., sect. 1, 7 mai 2019, n° 17/07077 : *JurisData* n° 2019-007211).

Dès lors qu'il est rédigé dans le respect des textes, l'acte de notoriété fait foi jusqu'à preuve contraire (C. civ., art. 730-3, al. 1er) et permet aux héritiers désignés de procéder aux opérations liquidatives. L'existence de l'acte de notoriété doit être mentionnée en marge de l'acte de décès de la personne dont le règlement de la succession est demandé (C. civ., art. 730-1, al. 5).

B Textes

- C. civ., art. 730 à 730-5.

II Préparation de l'acte

A Mise au point de la stratégie avec le client

1 Analyse de l'objectif du client

2337 **Reconnaissance de sa qualité d'héritier ou d'ayant droit universel.** Lorsqu'il demande l'établissement d'un acte de notoriété, première démarche dans le processus de règlement d'une succession, le requérant souhaite que soient reconnus, d'une part, son degré de parenté avec le défunt et, d'autre part, sa qualité héréditaire, c'est-à-dire l'absence de toute autre personne d'un rang préférable au sien.
En effet, dans le droit successoral français, c'est le lien de famille qui est à la base de la dévolution héréditaire (rapport de parenté ou de mariage). Le caractère familial de la dévolution successorale légale suppose aussi que soit prise en compte la proximité de parenté qui se calcule en degrés. Lorsque le défunt laisse un légataire universel, la notoriété établie à la requête de celui-ci constate qu'il n'existe pas d'héritier réservataire.

2338 **Preuve de sa qualité héréditaire.** Dans le passé, la preuve de la qualité héréditaire pouvait être administrée à l'aide d'un acte de notoriété dressé par un notaire, sur les indications de témoins attestant pour vérité, comme étant de notoriété publique et, à leur connaissance personnelle, les faits énoncés au sujet du défunt et de la dévolution de sa succession.
La loi n° 2001-1135 du 3 décembre 2001 relative aux droits du conjoint survivant et des enfants adultérins a consacré cette pratique. La preuve de la qualité d'héritier s'établit par tous moyens (C. civ., art. 730). Elle peut résulter d'un acte de notoriété dressé par un notaire, à la demande d'un ou plusieurs ayants droit (C. civ., art. 730-1). La notoriété successorale est légalisée et sécurisée. Les recherches sont l'œuvre préalable du notaire, en concertation avec les ayants droit. On ne fait plus référence à une notoriété illusoire basée sur les déclarations de témoins. Le notaire s'appuie sur l'analyse de documents permettant d'établir la transmission héréditaire avec le maximum de certitude (C. civ., art. 730 à 730-5).

> **ATTENTION** **L'acte de notoriété ne peut être établi que par un notaire (C. civ., art. 730-1).**

2339 **Usage de son titre héréditaire.** Rédigée dans le respect du Code civil, la notoriété successorale fait foi jusqu'à preuve contraire (C. civ., art. 730-3, al. 1er). Certes, il ne s'agit pas d'un moyen de preuve absolu car il ne faut jamais exclure l'existence d'un héritier inconnu ou d'un testament ignoré mais celui qui se prévaut d'un acte de notoriété est présumé avoir des droits héréditaires dans la proportion qui s'y trouve indiquée (C. civ., art. 730-3, al. 2). Les héritiers désignés dans l'acte ou leur mandataire commun sont réputés, à l'égard des tiers détenteurs de biens de la succession, avoir la libre disposition de ces biens et, s'il s'agit de fonds, la libre disposition de ceux-ci, dans la proportion indiquée à l'acte (C. civ., art. 730-4. – Rép. min. n° 11726 : *JOAN* Q 5 mai 2003, p. 3550, Boucheron ; *JCP* N 2003, n° 21, 1334). Ils ont la possibilité d'appréhender l'actif et la charge d'acquitter le passif et sont habilités à procéder aux opérations liquidatives.

2340 **Légataire universel.** En l'absence d'héritier susceptible d'invoquer une réserve, le légataire universel est seul appelé à la succession et se trouve saisi de plein droit (C. civ., art. 1006). L'acte de notoriété est dressé à sa requête et constate l'absence d'héritier réservataire, c'est-à-dire de descendants ou de conjoint. Avant la réforme du 3 décembre 2001, la pratique variait suivant les études. Pour certains, l'acte de notoriété constatait seulement l'absence d'héritier réservataire. Pour d'autres, il était préférable d'énoncer le testament dans l'acte de notoriété. Cette seconde pratique s'impose indirectement puisque l'acte de notoriété est établi par l'ayant droit (V. *JCl. Notarial Formulaire*, V° *Notoriété*, Fasc. 85).

2 Conseils à donner

2341 **Communication des renseignements.** Si l'un des présomptifs héritiers se présente à l'effet de faire dresser un acte de notoriété, le notaire doit lui conseiller de donner, le plus rapidement possible, tous renseignements nécessaires sur l'état civil du défunt et la composition de sa famille, en vue de préparer la dévolution légale. Il doit aussi l'inviter à préciser quelles sont, à sa connaissance, les dispositions à cause de mort laissées par son auteur.

2342 **Égalité successorale.** Le notaire rappelle utilement au requérant que le droit successoral est fondé sur l'égalité des divers héritiers. Il n'y a plus à tenir compte de l'âge, ni du sexe, ni de l'origine du lien de parenté avec le défunt (parenté issue ou non d'un mariage ou parenté adoptive).

D'une manière générale, les enfants dont la filiation est légalement établie ont les mêmes droits et les mêmes devoirs dans leurs rapports avec leurs parents. Ils entrent dans la famille de chacun d'eux (C. civ., art. 6-2, réd. Ord. n° 2022-1292, 5 oct. 2022, art. 1 [ancien art. 310]. – V. *JCl. Notarial Formulaire*, V° *Succession*, Fasc. 50 et 60 ou *JCl. Liquidations-Partages*, V° *Succession*, Fasc. 50 et 60).

Rappelons que la filiation est légalement établie par l'effet de la loi, par la reconnaissance volontaire ou par la possession d'état constatée par un acte de notoriété ainsi que dans les conditions prévues au chapitre V du titre VII du livre 1er du Code civil (de l'assistance médicale à la procréation avec tiers donneur), par la reconnaissance conjointe (C. civ., art. 310-1, al. 1er, réd. L. n° 2021-1017, 2 août 2021, art. 6). À défaut, elle peut l'être par un jugement rendu à l'issue de l'une des actions en établissement ou contestation dans les conditions prévues aux articles 328 à 337 du même code (C. civ., art. 310-1, al. 2).

2343 **Informations relatives à l'atteinte à la réserve.** Si le rédacteur de l'acte de notoriété constate, au vu des documents en sa possession, que les droits réservataires d'un héritier sont susceptibles d'être atteints par les libéralités effectuées par le défunt, il ne saurait omettre d'informer chaque héritier concerné et connu, individuellement, de son droit de demander la réduction des libéralités qui excèdent la quotité disponible (C. civ., art. 921, al. 2, réd. L. n° 2021-1109, 24 août 2021, art. 24).

Chaque héritier réservataire (descendant ou conjoint survivant) doit bénéficier d'une information individuelle et des conseils appropriés. Pour éviter toute contestation ultérieure, le notaire agira prudemment, en se ménageant la preuve de ses diligences (par exemple : envoi d'une lettre ou d'un courriel à chacun des héritiers réservataires connus).

Si le rédacteur de l'acte de notoriété ne dispose pas d'éléments patrimoniaux suffisants lors de l'établissement de l'acte de notoriété, il devra délivrer cette information au moment de la liquidation successorale.

EXEMPLE M....... (*ou :* Mme......),

Dans le respect de l'alinéa 2 de l'article 921 du Code civil, j'attire votre attention sur les informations suivantes :

- vous bénéficiez de la qualité d'héritier réservataire dans la succession de M....... (*ou :* de Mme......), votre père (*ou :* votre mère ; *ou :* votre ascendant ; *ou :* votre conjoint) ;
- la quotité de votre réserve héréditaire individuelle est de la moitié (*ou :* du tiers ; *ou :* du quart) des biens et droits successoraux ;
- le défunt (*ou :* la défunte) a consenti une libéralité (*ou :* des libéralités) portant atteinte à vos droits réservataires ;
- à ce titre, la loi vous accorde une action en réduction vous permettant de percevoir une indemnisation, à concurrence de la portion excessive de la libéralité concernée (*ou :* des libéralités concernées), quel que soit cet excédent.

Je reste à votre disposition pour tous renseignements complémentaires.

Veuillez agréer.......

3 Alertes

2344 **Place du conjoint survivant.** Si un enfant se présente en vue de faire établir un acte de notoriété, le notaire doit l'informer que le conjoint laissé par son père ou sa mère est un héritier légal à part entière et ne doit pas être laissé en dehors des premières démarches successorales.

2345 **Capacité.** Si l'un des ayants droit est mineur ou placé sous un régime de protection des majeurs, il convient de le signaler au notaire, rédacteur de la notoriété successorale, afin que ce dernier puisse s'assurer des pouvoirs de son représentant légal. Un tuteur dûment investi a le pouvoir de signer seul l'acte de notoriété (C. civ., art. 730-1), ainsi que la déclaration de succession et l'attestation de propriété (D. n° 2008-1484, 22 déc. 2008, ann. I, col. 1, V). Il en va de même, pour l'administrateur légal unique ou l'un des administrateurs légaux conjoints (C. civ., art. 382-1, créé Ord. n° 2015-1288, 15 oct. 2015, art. 3. – V. *JCl. Notarial Formulaire*, V° *Mineurs. Majeurs protégés*, Fasc. 200, 202 et 710).

Il convient également d'alerter le rédacteur de la notoriété successorale, si un héritier majeur, non placé sous un régime de protection judiciaire, est dans l'impossibilité de pourvoir seul à ses intérêts en raison d'une altération, médicalement constatée, soit de ses facultés mentales, soit de ses facultés corporelles de nature à empêcher l'expression de sa volonté et bénéficie d'un dispositif d'habilitation familiale destiné à l'assister dans les conditions prévues à l'article 467 du Code civil ou à le représenter sur la scène juridique (C. civ., art. 494-1 à 494-12, mod. L. n° 2019-222, 23 mars 2019, art. 29. – CPC, art. 1217 à 1233, réd. D. n° 2019-756, 22 juill. 2019, art. 3. – V. *JCl. Notarial Formulaire*, V° *Mineurs. Majeurs protégés*, Fasc. 520).

> CONSEIL **En demandant un extrait de l'acte de naissance d'un présomptif héritier, le notaire peut s'apercevoir, par la mention d'inscription au répertoire civil, « RC, n° ... » (CPC, art. 1059), que des autorisations seront nécessaires au cours des opérations tendant au règlement de la succession.**

2346 **Option héréditaire.** Une clause de l'acte de notoriété rappelle que l'affirmation des héritiers n'emporte pas, par elle-même, acceptation de la succession (C. civ., art. 730-2). Cette clause est l'occasion pour le notaire de leur expliquer les conséquences financières d'une telle acceptation et les précautions qui s'imposent, lorsqu'il existe un risque, par exemple, si le défunt s'est porté caution ou s'il a des dettes (V. *JCl. Pratique notariale – Les actes*, Fasc. 1000, *Acte d'acceptation successorale*).

2347 **Rappel des sanctions.** Le notaire ne doit pas manquer d'informer les ayants droit qu'ils s'exposent aux peines du recel successoral et à des dommages et intérêts, en cas d'oubli volontaire d'un héritier, dans leur affirmation (C. civ., art. 730-5. – CA Toulouse, 1re ch., sect. 2, 18 janv. 2018, n° 16/02124 : *JurisData* n° 2018-003501).

Il est de bonne pratique de faire reconnaître aux héritiers qu'ils ont été avertis par le notaire des peines attachées aux fausses affirmations.

2348 **Attestation immobilière.** Le notaire est tenu d'informer les héritiers de l'obligation qui leur est imposée par l'article 29 du décret n° 55-22 du 4 janvier 1955 de faire constater dans une attestation notariée la transmission ou constitution par décès à leur profit des droits réels immobiliers pouvant dépendre de la succession (D. n° 55-1350, 14 oct. 1955, art. 69, § 4). En pratique, les héritiers chargent ensuite le rédacteur de l'acte de notoriété d'établir cette attestation, si elle est nécessaire, dans le délai prévu par la loi (V. Fiche 45 : Rédiger une attestation immobilière ou *JCl. Pratique notariale – Les actes*, Fasc. 1050, *Attestation immobilière* ; V. *JCl. Notarial Formulaire*, V° *Attestation notariée*, Fasc. 10 et *JCl. Notarial Formulaire*, V° *Publicité foncière*, Fasc. 10).

2349 **Droits de mutation.** Le notaire se doit enfin d'avertir les ayants droit de l'obligation de déposer une déclaration de succession auprès du service des impôts du domicile du défunt, dans le délai de six mois à compter du jour du décès (BOI-ENR-DMTG-10-60-50, 30 oct. 2014, § 1 à 80) et de payer les droits de mutation à titre gratuit dans le même délai. Il doit les informer de la possibilité de verser un acompte sur les droits susceptibles d'être dus, dans l'hypothèse où la déclaration de succession ne pourrait pas être déposée dans le délai de six mois et de la possibilité pour certains héritiers de demander le paiement différé des droits de succession (sur les conséquences en matière de fiscalité successorale du passage au prélèvement à la source au titre de l'impôt sur le revenu, V. Rép. min. n° 3472 : *JO* Sénat 27 déc. 2018, p. 6755, *Bonnecarrère : JCP* N 2019, n° 1, act. 125. – V. Fiche 61 : Rédiger une déclaration de succession ou *JCl. Pratique notariale – Les actes*, Fasc. 1180, *Déclaration de succession*).

Enfin, il est précisé ici, à toutes fins utiles, que dans l'hypothèse où aucun héritier n'est connu au jour du décès, notamment, lorsque le légataire, institué par un testament olographe ou mystique, ignorait l'existence de ce dernier, l'administration fiscale admet, par mesure de tolérance, que le délai de six mois pour souscrire la déclaration du legs ne commence à courir qu'à partir de l'ouverture du testament ou de son dépôt en l'étude d'un notaire ou de son enregistrement (BOI-ENR-DMTG-10-60-50, 30 oct. 2014, § 140. – CA Paris, 20 nov. 2017, n° 15/22129 : *JurisData* n° 2017-026909 ; *JCP* N 2017, n° 50, act. 1032, D. Faucher. – V. Fiche 61 : Rédiger une déclaration de succession ou *JCl. Pratique notariale – Les actes*, Fasc. 1180, *Déclaration de succession*).

CONSEIL Il est recommandé de confirmer par écrit les explications et informations données aux héritiers lors du premier rendez-vous. En effet, il n'est pas rare que les héritiers négligents reprochent au notaire de ne pas leur avoir donné ces informations pourtant essentielles et que le notaire engage sa responsabilité professionnelle, faute de preuve du conseil donné (V. *JCl. Notarial Formulaire,* V° *Responsabilité notariale,* Fasc. 30 et 35 pour une formule de modèle de lettre).

B Vérifications préalables

2350 **Il conviendra de contrôler** :
- réalité et date du décès ;
- lieu d'ouverture de la succession ;
- qualité des ayants droit.

1 Réalité et date du décès

2351 **Effectivité du décès.** Avant toute autre recherche des héritiers, il convient de s'assurer du décès effectif de celui dont on entend transmettre les biens car il ne saurait être question d'ouvrir la succession d'une personne encore vivante.

Ce principe, d'ordre public, résulte de l'article 720 du Code civil. La mort, au sens de ce texte, s'entend du décès d'une personne quelle qu'en soit la cause, mort naturelle ou mort violente.

2352 **Date du décès.** La constatation du décès est un élément fondamental du droit des successions, puisque la dévolution des biens ne peut avoir lieu qu'après la mort de leur propriétaire.

La mort est officiellement constatée par un acte de décès ou, exceptionnellement, par un jugement déclaratif de décès et c'est sur cette base que s'ouvre la succession au moment même du décès.

2353 **Acte de décès.** Seul l'acte de décès permet de connaître la date officielle de la mort. Cette pièce doit comporter l'identité du défunt, ainsi que le jour, l'heure et le lieu du décès, « autant qu'on pourra le savoir » (C. civ., art. 79).

Pour énoncer la date du décès, l'officier d'état civil utilise non seulement les dires du déclarant, mais surtout le certificat médical de décès qui doit être délivré préalablement à l'inhumation.

CONSEIL Il devra ensuite être fait mention de l'existence de l'acte de notoriété en marge de l'acte de décès (C. civ., art. 730-1, al. 5).

2 Lieu d'ouverture de la succession

2354 **Dernier domicile du défunt.** La succession s'ouvre par la mort, au dernier domicile du défunt (C. civ., art. 720). Cette règle est générale et s'applique à toute espèce de domicile, volontaire ou légal, en France ou à l'étranger et quelles que soient les circonstances de l'ouverture de la succession (décès constaté, disparition ou absence). Le lieu du décès ne joue ici aucun rôle, même s'il correspond à une résidence plus ou moins longue.

3 Recherche des héritiers légaux

2355 **Il conviendra de contrôler** :
- existence des successibles légaux ;
- aptitude à succéder ;
- actes susceptibles d'avoir une incidence sur la dévolution légale ;
- éventuellement, les titres de propriété du défunt.

a) Difficultés pratiques

2356 La première étape, dans le travail du notaire, consiste à découvrir les parents laissés par le défunt, en opérant les vérifications nécessaires, à l'aide de tous les moyens dont il dispose. Il lui faut aussi répertorier les actes juridiques susceptibles d'influencer la dévolution de la succession.

La fragilité des actes de notoriété dénoncée dans le passé tenait, sauf exception, à l'impuissance des témoins à identifier avec certitude les ayants droit et à connaître la portée d'actes juridiques complexes.

Les divorces, remariages ou concubinages successifs, ainsi que l'égalité de principe de tous les enfants du défunt, compliquent largement la recherche des héritiers. Enfin, les documents d'état civil sont parfois anciens et incomplets.

b) Sources de renseignements

2357 **Successibles.** Les premiers renseignements sont livrés au notaire par les successibles, au moment où ils le saisissent du dossier. Un échange de questions et réponses permet de connaître l'essentiel et de poser des jalons qu'il suffira de vérifier, notamment, au moyen d'actes de naissance et autres pièces d'état civil. Certes, les informations livrées par les ayants droit risquent d'être incomplètes. Il peut être tentant d'oublier un enfant ne figurant pas sur le livret de famille ou un cousin éloigné mais tout laisse penser que les héritiers, dans leur majorité, sont peu enclins à encourir les peines du recel.

Normalement, l'appréciation résulte d'une concertation entre le notaire et les ayants droit. Elle doit être de la seule décision du notaire si les déclarations des ayants droit comportent des zones d'ombre dues à la complexité de la dévolution. Tel peut être le cas à l'occasion d'une filiation sujette à caution (V. *JCl. Notarial Formulaire*, V° *Notoriété*, Fasc. 20 et *JCl. Notarial Formulaire*, V° *Succession*, Fasc. 50 à 80, ou *JCl. Liquidations – Partages*, V° *Notoriété*, Fasc. 20 et *JCl. Liquidations – Partages*, V° *Succession*, Fasc. 50 à 80).

2358 **Livret de famille.** Le livret de famille assure la publicité des actes de l'état civil (C. civ., art. 101-2, créé L. n° 2016-1547, 18 nov. 2016, art. 53). Ce document est le guide du premier entretien avec les successibles et la preuve de leurs déclarations (D. n° 74-449, 15 mai 1974, mod. D. n° 2017-450, 29 mars 2017 et D. n° 2022-290, 1er mars 2022. – A. 1er juin 2006, mod., A. 3 mai 2022. – *JCl. Notarial Formulaire*, V° *État civil*, Fasc. 20).

En raison des mentions figurant sur le livret de famille du défunt, on constate, le cas échéant, qu'il était célibataire, lors de son mariage. Par conséquent, il n'y a pas d'enfant d'un précédent mariage à rechercher ou de convention de mariage susceptible d'être invoquée par le premier conjoint divorcé.

EXEMPLE Le livret de famille d'un époux décédé laissant un conjoint et des enfants ou bien celui d'un célibataire laissant des descendants dont la filiation est légalement établie est une pièce essentielle que le notaire a généralement sous les yeux, lorsqu'il constitue le dossier avec les ayants droit.

Les enfants issus du mariage sont indiqués. Si l'un d'eux est décédé antérieurement, le notaire doit se préoccuper des enfants qu'il a pu laisser et qui viendront par représentation.

2359 **Utilité en cas de filiation complexe.** Les renseignements offerts par le livret de famille sont amplement développés et tiennent compte de l'évolution des textes relatifs au nom de famille et à la filiation (L. n° 2002-304, 4 mars 2002, mod., L. n° 2003-516, 18 juin 2003, L. n° 2013-404, 17 mai 2013 et L. n° 2016-1547, 18 nov. 2016. – Ord. n° 2005-759, 4 juill. 2005. – L. n° 2021-1017, 2 août 2021. – L. n° 2022-219, 21 févr. 2022. – L. n° 2022-301, 2 mars 2022). Un livret est remis lors du mariage ou de la déclaration de naissance du premier enfant, si la filiation est établie à l'égard d'au moins l'un des parents ou lors de la transcription sur les registres de l'état civil du jugement d'adoption d'un enfant par une personne seule (pour un rappel des principes, V. Rép. min. n° 77505 : *JOAN* Q 14 juin 2016, p. 5598, Lefait ; *JCP* N 2016, n° 28, act. 885).

Les modalités de délivrance et de mise à jour du livret de famille, à la suite d'une recomposition familiale par l'adoption et le remariage des parents, notamment, ont été précisées dans la circulaire ministérielle du 23 juillet 2014 relative à l'état civil (Circ. n° JUSC1412888C, 23 juill. 2014 : *BO Justice* n° 2014-07, 31 juill. 2014. – V. *JCl. Notarial Formulaire*, V° *État civil*, Fasc. 20).

ATTENTION **Il peut être délivré un second livret en cas de perte, vol ou destruction du premier, de changement dans la filiation ou dans les nom et prénoms des personnes dont l'acte figure sur le livret, sous réserve de la restitution du premier livret ou lorsque l'un des titulaires en est dépourvu, notamment, en cas de divorce ou de séparation des titulaires justifié par la production d'une décision judiciaire ou d'une convention judiciairement homologuée ou d'une convention de divorce ou de séparation de corps par consentement mutuel par acte sous signature privée contresigné par avocats et déposé au rang des minutes d'un notaire, mais également toutes les fois où le demandeur invoque un intérêt à disposer d'un livret de famille (à titre d'exemple, en cas de mésentente entre les époux ou séparation de fait). Le demandeur doit s'adresser à l'officier de l'état civil du lieu de sa résidence (A. 1er juin 2006, ann. I et II, 4°, mod.).**

Enfin, sur demande d'un des époux ou d'un des parents, un nouveau livret de famille est délivré, contre remise du précédent, à la suite d'une décision judiciaire de changement de la mention du sexe à l'état civil (C. civ., art. 61-5 à 61-8), ayant entraîné la modification des prénoms dans les actes de l'état civil de la personne intéressée, de son conjoint et, le cas échéant, des enfants, en application du dernier alinéa de l'article 1055-9 du Code de procédure civile (D. n° 74-449, 15 mai 1974, art. 16-1).

2360 **Contrôle des mises à jour.** Le livret de famille est complété par un certain nombre d'extraits des actes de l'état civil relatifs à ses détenteurs. Sont portés le mariage des parents, la naissance du parent à l'égard duquel la filiation est établie après la date de délivrance du livret. Toutefois, si plusieurs enfants figurent déjà sur le livret de famille, cette mention n'est possible que si ce parent est commun à tous les enfants. Dans les autres cas, le livret de famille est restitué et deux nouveaux livrets sont délivrés, l'un mentionnant les enfants communs aux deux parents, l'autre les enfants pour lesquels la filiation n'est établie qu'à l'égard de l'un des parents. Il est également complété par les extraits des actes de naissance des enfants communs et les extraits des actes de décès des époux ou des parents et des enfants. Enfin, il est fait mention des actes ou jugements ayant une incidence sur un acte figurant sur le livret : changement de nom, jugement rectificatif, divorce, séparation de corps.

2361 **Autres consultations.** Pour établir la notoriété, il peut s'avérer utile de vérifier les mentions figurant sur des livrets de famille autres que celui du défunt. On citera celui du premier mariage du défunt s'il y a lieu, celui des auteurs communs, lorsque les héritiers ne sont pas des descendants ou les père et mère mais des collatéraux privilégiés, des ascendants ou des collatéraux ordinaires.

2362 **Pièces d'état civil.** Les pièces d'état civil apportent la preuve du lien de parenté ou du mariage, c'est-à-dire, le plus souvent, du fondement d'une vocation successorale indiscutable.

2363 **Actes de naissance.** Les premiers renseignements issus du livret de famille sont contrôlés au vu des actes de naissance des intéressés. En principe, c'est le seul moyen d'établir la preuve de la filiation. L'acte de notoriété est alors étayé par la force probante des actes d'état civil.

> CONSEIL **Toutefois, si la succession présente un actif modeste, on peut se contenter du livret de famille dont le rôle demeure central. Mais, en cas de doute, un extrait d'acte de naissance doit être demandé.**

2364 **Mentions en marge.** La loi prévoit plusieurs mentions en marge des actes de naissance, ce qui aide les praticiens dans la rédaction de leurs actes mais tel n'est pas toujours le cas. Aujourd'hui, seule la consultation du livret de famille permet de connaître avec exactitude les enfants du défunt. Il peut avoir été égaré ou ne pas avoir été mis à jour. Par respect de la vie privée, le droit français ne prévoit aucune inscription, en marge de l'acte de naissance des parents de la mention de la naissance de leurs enfants ou de leur reconnaissance. Seule l'identification de l'auteur de la reconnaissance peut être portée en marge de l'acte de naissance de l'enfant (C. civ., art. 62. – V. *JCl. Notarial Formulaire*, V° *État civil*, Fasc. 12).

2365 **Actes de mariage.** Le mariage du défunt est constaté par un extrait d'acte de mariage confirmant les indications du livret de famille.
On vérifie que le mariage n'a pas été dissous par divorce (CPC, art. 1082 et 1147, al. 1er). Dans le passé, un jugement de séparation de corps avait une incidence sur les droits successoraux du conjoint, lui faisant perdre sa vocation légale. De nos jours, la situation est différente. En cas de décès de l'un des époux séparés de corps, l'autre époux conserve les droits que la loi accorde au conjoint survivant mais, en cas de séparation de corps par consentement mutuel, les époux peuvent inclure dans leur convention une renonciation aux droits successoraux qui leur sont conférés par les articles 756 à 757-3 et 764 à 766 du Code civil (C. civ., art. 301, mod. L. n° 2019-222, 23 mars 2019, art. 24).
La situation matrimoniale des ayants droit est déterminée par le même moyen. L'extrait d'acte de mariage révèle éventuellement l'existence d'un contrat de mariage dont il sera justifié.
Si on annexe à l'acte de notoriété un extrait d'acte de mariage du défunt, une preuve normalement non contestable de l'existence et de l'identification d'un conjoint survivant se trouve rapportée.

2366 **Contrat de mariage.** Le contrat de mariage du défunt est un document essentiel au règlement de la succession. Le contrat de mariage des héritiers et autres ayants droit n'est pas sans intérêt car son examen permet de déterminer les droits du conjoint sur les biens recueillis dans la succession. Il en est ainsi si celui-ci est marié sous le régime de la communauté de meubles et acquêts, rare aujourd'hui, ou celui de la communauté universelle adopté par changement de régime (V. *JCl. Notarial Formulaire*, V° *Changement de régime matrimonial*, Fasc. 10).

2367 **Pacte civil de solidarité.** Un ayant droit non engagé dans les liens du mariage ou bien le conjoint survivant peut avoir conclu un pacte civil de solidarité.
Le rédacteur de l'acte de notoriété est averti de l'existence du pacte et connaît l'identité du partenaire grâce à la mention apposée en marge de l'acte de naissance de chaque signataire. Pour les personnes de nationalité étrangère

nées à l'étranger, cette information est portée sur un registre tenu au service central d'état civil du ministère des Affaires étrangères (C. civ., art. 515-3-1, 1°, mod. L. n° 2016-1547, 18 nov. 2016, art. 48. – V. *JCl. Notarial Formulaire*, V° *État civil*, Fasc. 12).

L'identité du partenaire du défunt est confirmée par la mention de ses nom et prénoms en marge de l'acte de décès (C. civ., art. 79, 4° bis. – V. *JCl. Notarial Formulaire*, V° *Pacte civil de solidarité*, Fasc. 10 ou *JCl. Pratique notariale – Les actes*, Fasc. 1365, *Pacte civil de solidarité*).

2368 **Autres documents.** L'acte de notoriété peut viser un jugement d'adoption, s'il n'a pas encore été transcrit.

Si la filiation résulte de la possession d'état (C. civ., art. 310-1, 311-1 et 317), une copie authentique de l'acte de notoriété dressé par un notaire (C. civ., art. 317, mod. L. n° 2019-222, 23 mars 2019, art. 6) est opportunément annexée à la notoriété successorale ; étant rappelé qu'avant le 25 mars 2019, date d'entrée en vigueur de l'article 6 de la loi de programmation 2018-2022 et de réforme pour la justice, l'acte de notoriété constatant la possession d'état était établi par le juge du tribunal judiciaire (C. civ., ancien art. 317. – V. *JCl. Notarial Formulaire*, V° *État civil*, Fasc. 30).

Des actes notariés antérieurs (titres de propriété), des états hypothécaires et des extraits des registres de l'enregistrement permettent également de connaître la dévolution de parents décédés.

c) Parents en ligne directe et conjoint survivant

2369 **Conjoint survivant.** Dans les successions ouvertes depuis le 1er juillet 2002, le conjoint survivant est placé au premier rang dans la hiérarchie des successibles légaux et n'est plus jamais écarté par un autre membre de la famille. Il vient à la succession de son époux soit seul, soit en concours avec d'autres héritiers. Pour qu'il en soit ainsi, encore faut-il, pour que le lien matrimonial puisse créer une vocation successorale, que le mariage ait persisté jusqu'à l'ouverture de la succession.

La qualité de conjoint successible est accordée au seul conjoint non divorcé (C. civ., art. 732. – V. *JCl. Notarial Formulaire*, V° *Succession*, Fasc. 60 ou *JCl. Liquidations-Partages*, V° *Succession*, Fasc. 60).

Si le défunt laisse son conjoint, celui-ci est généralement le premier à saisir le notaire du règlement de la succession. Il est aussi le mieux placé pour lui donner les renseignements nécessaires.

2370 **Descendants et ascendants.** Lorsque le défunt laisse des enfants, petits-enfants ou, à défaut, des ascendants, les recherches sont relativement aisées et les pièces d'état civil restent en nombre restreint.

Les livrets de famille permettent d'avoir rapidement justification de la dévolution.

2371 **Possession d'état.** Si un enfant se prévaut de sa possession d'état, il est recommandé et nécessaire, en cas de désaccord, de faire établir un acte de notoriété par un notaire (C. civ., art. 317, réd. L. n° 2019-222, 23 mars 2019, art. 6) ; étant rappelé qu'avant le 25 mars 2019, l'acte de notoriété était établi par le juge du tribunal judiciaire du lieu de naissance de l'intéressé ou de son domicile (C. civ., ancien art. 317, al. 1er. – CA Fort-de-France, ch. civ., 14 nov. 2017, n° 15/00733 : *JurisData* n° 2017-023172).

L'acte de notoriété est établi sur la foi des déclarations d'au moins trois témoins et de tout autre document produit qui atteste une réunion suffisante de faits, au sens de l'article 311-1 du Code civil.

La délivrance de l'acte de notoriété ne peut être demandée que dans un délai de cinq ans à compter de la cessation de la possession d'état alléguée ou à compter du décès du parent prétendu, y compris lorsque celui-ci est décédé avant la déclaration de naissance (C. civ., art. 317, al. 3).

La filiation établie par la possession d'état constatée dans l'acte de notoriété est mentionnée en marge de l'acte de naissance de l'enfant (C. civ., art. 317, al. 4. – V. *JCl. Notarial Formulaire*, V° *État civil*, Fasc. 30).

2372 **Adresse inconnue.** Même les parents les plus proches sont parfois dispersés et n'ont plus de relation entre eux. Il arrive que l'un des enfants soit parti sans laisser d'adresse et qu'il soit difficile de le retrouver. Le règlement de la succession risque d'être paralysé.

d) Parents éloignés

2373 **Difficultés de preuve.** En l'absence de conjoint, de descendants, des père et mère, de frères et sœurs ou descendants d'eux et d'ascendants ordinaires, la succession est dévolue aux collatéraux ordinaires plus ou moins éloignés. Il est alors plus délicat d'établir la parenté avec les moyens de preuve ordinaires et de s'assurer du caractère exhaustif de la dévolution.

CONSEIL **Une personne qui prétend à la qualité d'héritier ne saurait, dans le cadre d'une action en pétition d'hérédité, réclamer au juge le recours à une expertise génétique (arg. C. civ.,**

art. 16-11). Ainsi, une cour d'appel, sans porter atteinte au droit au respect de la vie privée et familiale, tel que garanti à l'article 8 de la Convention de sauvegarde des droits de l'homme et des libertés fondamentales, a exactement retenu que toute recherche d'ADN à des fins généalogiques se trouvait exclue, dès lors que la cousine prétendue de la défunte assignait en pétition d'hérédité les héritiers mentionnés à l'acte de notoriété (Cass. 1re civ., 14 mars 2018, n° 17-12.060 : *JurisData* n° 2018-003718 ; *Dr. famille* 2018, comm. 188, M. Nicod).

2374 **Recours à un généalogiste.** Le généalogiste est en mesure de retrouver les héritiers dans les situations les plus diverses. Il retrouvera, par exemple, les parents représentant la branche jusque-là restée inconnue ou découvrira l'adresse des héritiers connus mais dont la trace est perdue.

Selon l'article 36 de la loi n° 2006-728 du 23 juin 2006, nul ne peut prêter son concours à la recherche d'héritier dans une succession, s'il n'est porteur d'un mandat donné à cette fin par toute personne qui a un intérêt direct et légitime à l'identification des héritiers ou au règlement de la succession. Toutefois, le notaire doit préalablement procéder aux investigations qui sont à sa portée (V. *JCl. Notarial Formulaire*, V° *Notoriété*, Fasc. 30) ; étant entendu que le généalogiste successoral ne saurait agir en paiement de ses honoraires sur le fondement de la gestion d'affaires (Cass. 1re civ., 29 mai 2019, n° 18-16.999 : *JurisData* n° 2019-009009 ; *JCP* N 2019, n° 27, act. 605) ; il ne peut être indemnisé, en l'absence de tout contrat, qu'à hauteur des dépenses spécifiques, utiles ou nécessaires qu'il a exposées pour la recherche de l'héritier considéré et la détermination de ses droits successoraux (Cass. 1re civ., 18 nov. 2020, n° 19-10.965 : *JurisData* n° 2020-018936 ; *JCP* N 2020, n° 51, act. 1030).

Afin de faciliter leur mission, les généalogistes qui procèdent aux recherches peuvent obtenir une copie intégrale des actes de l'état civil ou un extrait, avec indication de la filiation, des actes de naissance, sous réserve qu'ils justifient de l'autorisation de consultation des actes de l'état civil délivrée par l'administration des archives et qu'ils soient porteurs d'un mandat ou d'une demande émanant d'un notaire ou de toute autre personne ayant un intérêt direct et légitime (D. n° 2017-890, 6 mai 2017, art. 30, al. 5. – V. *JCl. Notarial Formulaire*, V° *État civil*, Fasc. 20).

e) Conditions requises des successibles

2375 **Existence des successibles.** Pour succéder, il faut exister à l'instant de l'ouverture de la succession ou, ayant déjà été conçu, naître viable (C. civ., art. 725). Pour succéder *ab intestat*, il faut tout d'abord avoir la personnalité juridique. En principe, cette personnalité commence par la naissance, de telle sorte que celui qui n'est pas encore né au moment de l'ouverture de la succession n'a pas encore d'existence juridique et ne peut, de ce fait, être appelé à la recueillir. Néanmoins, la personnalité juridique remonte à la date de la conception, si cette rétroactivité est dans l'intérêt de la personne en cause. Par suite, l'enfant né vivant et viable, après le décès de son père, est appelé à hériter de lui car il existait déjà juridiquement au moment du décès du seul fait de sa conception.

ATTENTION **Un acte d'enfant né sans vie peut être établi par l'officier d'état civil, à la demande de la famille. Cet acte est inscrit à sa date sur les registres de décès (C. civ., art. 79-1, al. 2) et une mention peut être apposée sur le livret de famille (D. n° 74-449, 15 mai 1974, art. 9, al. 3, réd. D. n° 2022-290, 2 mars 2022, art. 2. – Circ. n° JUSC2220409C, 12 juill. 2022 : *BO Justice* 21 juill. 2022). Peuvent figurer dans cet acte, à la demande des parents, le nom, ainsi que le ou les prénom(s) de l'enfant (C. civ., art. 79-1, al. 2, mod. L. n° 2021-1576, 6 déc. 2021, art. unique). Toutefois, cette inscription n'emporte aucun effet juridique (C. civ., art. 79-1, al. 3). L'enfant né sans vie demeure privé de toute personnalité juridique. Aucun lien de filiation ne peut donc être établi à son égard.**

2376 **Absence d'indignité.** Est indigne de succéder et comme tel, exclu de la succession, celui qui est condamné, comme auteur ou complice, à une peine criminelle pour avoir volontairement donné ou tenté de donner la mort au défunt ou qui est condamné, comme auteur ou complice, à une peine criminelle pour avoir volontairement porté des coups ou commis des violences ou voies de fait ayant entraîné la mort du défunt sans intention de la donner (C. civ., art. 726). La loi prévoit également certaines hypothèses permettant aux juges de prononcer l'indignité (C. civ., art. 727). Ainsi, peut être déclaré indigne de succéder, « celui qui est condamné, comme auteur ou complice, à une peine criminelle ou correctionnelle pour avoir commis des tortures et actes de barbarie, des violences volontaires, un viol ou une agression sexuelle envers le défunt » (C. civ., art. 727, 2° bis, créé L. n° 2020-936, 30 juill. 2020, art. 8).

Si on est amené à régler une succession dans laquelle figure un héritier incarcéré, il est opportun de s'assurer que la peine de nature correctionnelle n'est pas intervenue à la suite d'une faute grave commise envers le défunt et n'a pas été suivie d'une demande tendant à faire déclarer l'indignité.

L'effet essentiel de l'indignité est de priver l'héritier de sa part dans la succession *ab intestat*. Cependant, seule la succession de celui vis-à-vis duquel il y a indignité est concernée. Ainsi, un fils, indigne à l'égard de son père, peut recueillir la succession de sa mère, de ses grands-parents et de ses frères et sœurs ; il peut venir à la succession de l'un de ses grands-parents paternels par représentation de son père vis-à-vis duquel il est indigne (V. *JCl. Notarial Formulaire*, V° *Succession*, Fasc. 50 ou *JCl. Liquidations-Partages*, V° *Succession*, Fasc. 50).

2377 **Réhabilitation de l'indigne.** La victime, qui a une parfaite connaissance des faits d'indignité, peut préciser, par une déclaration expresse de volonté, en la forme testamentaire, qu'elle entend maintenir le successible indigne dans ses droits héréditaires. Le pardon peut également résulter d'un legs universel ou à titre universel au profit de l'héritier coupable (C. civ., art. 728).

Il convient de ne pas minimiser cette faculté de pardon. Elle ne pourra se rencontrer que si la victime a survécu aux faits. Le testament de « pardon » destiné à relever l'indigne de l'exclusion successorale, a vocation à jouer un rôle dans tous les cas d'indignité successorale.

2378 **Représentation de l'indigne.** L'article 755 du Code civil dispose que la représentation est admise en faveur des enfants et descendants de l'indigne encore que celui-ci soit vivant à l'ouverture de la succession (le précepte de l'ancien article 744 du Code civil, célèbre pour indiquer qu'on ne représente pas les personnes vivantes a été modifié par la loi n° 2001-1135 du 3 décembre 2001). Depuis le 1er juillet 2002, la représentation peut jouer au profit des enfants et descendants de la personne qui ne peut hériter en raison de fautes qui la rendent indigne.

> ATTENTION **L'article 754 du Code civil, dans sa rédaction issue de la loi n° 2006-728 du 23 juin 2006, autorise un autre cas de représentation d'un héritier vivant, mais précise qu'on représente le renonçant uniquement dans une succession dévolue en ligne directe ou collatérale.**

f) Dispositions à cause de mort

2379 **Modification des droits des héritiers.** La dévolution légale n'a d'effet que dans la mesure où le défunt n'a pas pris de disposition prenant effet au décès. Naturellement, la volonté du disposant est limitée, en principe, par la réserve héréditaire, à l'exception des conventions de mariage sous certaines conditions.

Il est donc nécessaire de vérifier l'existence et la portée des actes juridiques ayant des conséquences sur les droits des héritiers. En l'absence d'héritier réservataire, ces actes peuvent conduire à l'éviction pure et simple des parents appelés par la loi à la succession.

2380 **Contrat de mariage.** Ce document peut contenir une institution contractuelle au profit du conjoint survivant (C. civ., art. 1091 à 1094-3). Le contrat portant adoption de la communauté comporte des clauses de préciput, de partage inégal. Enfin, quel que soit le régime adopté, des clauses d'acquisition ou d'attribution de biens communs ou propres peuvent modifier les droits héréditaires et les modalités du partage (V. *JCl. Notarial Formulaire*, V° *Contrat de mariage*, Fasc. 10).

2381 **Donation entre époux ou testament au profit du conjoint.** Dans la majorité des successions auxquelles le conjoint est appelé, des dispositions ont été prises en sa faveur par le défunt ; ces dispositions résultent généralement d'une donation entre époux consentie réciproquement entre les époux, plus rarement d'un testament. Le plus souvent, le conjoint survivant bénéficie à son choix de l'une des quotités permises entre époux (V. *JCl. Pratique notariale – Les actes*, Fasc. 1225, *Donation entre époux par contrat de mariage* et Fiche 59 : Rédiger une donation entre époux pendant le mariage ou *JCl. Pratique notariale – Les actes*, Fasc. 1230, *Donation entre époux pendant le mariage*).

2382 **Changement de régime matrimonial.** Des époux adoptent parfois, par changement de régime matrimonial, des clauses avantageant le conjoint, en cas de dissolution du régime par décès. Il n'est pas rare que soit adopté le régime de la communauté universelle avec clause d'attribution au profit du conjoint survivant. La succession est alors vidée de tout contenu (C. civ., art. 1527).

Nous préciserons simplement ici que depuis le 25 mars 2019, date d'entrée en vigueur de l'article 8 de la loi n° 2019-222 du 23 mars 2019, de programmation 2018-2022 et de réforme pour la justice, l'homologation judiciaire du changement de régime matrimonial ne s'impose plus, si l'un des époux a des enfants mineurs placés sous le régime de l'administration légale mais au moment du changement de régime, le notaire peut saisir le juge des tutelles, dans les conditions prévues au deuxième alinéa de l'article 387-3 du Code civil (C. civ., art. 1397, al. 5, mod. L. n° 2019-222, 23 mars 2019, art. 8), c'est-à-dire s'il estime que la convention des époux compromet manifestement et substantiellement les intérêts patrimoniaux des mineurs (V. *JCl. Pratique notariale – Les actes*, Fasc. 1135, *Changement de régime matrimonial*). Il est fait mention de la modification du régime matrimonial sur la minute du contrat de mariage modifié (C. civ., art. 1397, al. 8. – V. *JCl. Pratique notariale – Les actes*, Fasc. 1155, *Contrat de mariage*).

2383 **Donations ou disposition testamentaires.** Le défunt peut avoir disposé au profit de l'un ou de plusieurs de ses enfants de la quotité disponible ou de certains biens, soit en avancement de part successorale, soit par préciput. Les modalités du partage en seront naturellement affectées.

Par testament, le défunt peut aussi avoir laissé à un ou plusieurs tiers l'intégralité de la succession, limitée à la quotité disponible, s'il a des héritiers réservataires (V. Fiche 53 : Rédiger un testament ou *JCl. Pratique notariale – Les actes*, Fasc. 1525, *Testament*. – V. égal., Fiche 54 : Rédiger un testament international ou *JCl. Pratique notariale – Les actes*, Fasc. 1527, *Testament international*).

2384 **Éventuel droit de prélèvement compensatoire.** Pour toute succession ouverte depuis le 1er novembre 2021, le notaire doit s'interroger sur le point de savoir si le nouveau droit légal de prélèvement compensatoire est susceptible d'être mis en œuvre. En effet, lorsque le défunt ou au moins l'un de ses enfants est, au moment du décès, ressortissant d'un État membre de l'Union européenne ou y réside habituellement et lorsque la loi étrangère applicable à la succession ne permet aucun mécanisme réservataire protecteur des enfants, chaque enfant ou ses héritiers ou ses ayants cause peuvent effectuer un prélèvement compensatoire sur les biens existants situés en France au jour du décès, de façon à être rétablis dans les droits réservataires que leur octroie la loi française, dans la limite de ceux-ci (C. civ., art. 913, al. 3, créé L. n° 2021-1109, 24 août 2021, art. 24. – V. N. Levillain, *Mise en pratique du nouveau prélèvement compensatoire : JCP* N 2022, n° 4, 1057. – V. égal., *JCl. Notarial Formulaire*, V° *Successions internationales*, Fasc. 10).

2385 **Fichier central des dispositions de dernières volontés.** Conformément aux engagements de la Convention de Bâle du 16 mai 1972 (*JO* 16 mai 1976), la France a mis en place, dès le milieu des années soixante-dix, un fichier informatisé dans lequel sont enregistrées les dispositions de dernières volontés, donations entre époux et testaments déposés chez les notaires.

En interrogeant le fichier, le notaire chargé de la succession a connaissance des donations entre époux qui n'ont pas été régularisées par son office et des testaments qui n'y ont pas été déposés, dans la mesure où ils l'ont été chez un confrère.

Le notaire peut désormais interroger le fichier et recevoir la réponse par courrier électronique grâce à la clé Réal sécurisée. Cette possibilité s'inscrit dans un équipement d'ensemble des offices de notaires, dit télé@ctes, permettant la rédaction des actes sur support électronique et leur archivage légal au minutier central électronique de Venelles.

Aux yeux des juges, le fait de ne pas interroger le fichier central des dispositions de dernières volontés constitue une faute professionnelle pour le notaire (V. *JCl. Notarial Formulaire*, V° *Testament*, Fasc. 10).

2386 **Donation-partage ou testament-partage.** Si le défunt a opéré le règlement anticipé de sa succession, par le biais d'une donation-partage ou d'un testament-partage, dans les termes des articles 1075 à 1080 du Code civil il faut, bien évidemment, en tenir compte. La dévolution légale s'en trouvera affectée.

> CONSEIL **Le recours à la donation-partage est facilité dans les familles recomposées. Cet acte, de même que le testament-partage, n'est plus limité aux enfants et descendants. Toute personne peut faire aussi la distribution et le partage de ses biens entre des descendants de degrés différents, qu'ils soient ou non ses héritiers présomptifs (C. civ., art. 1975-1. – V. Fiche 60 : Rédiger une donation-partage ou *JCl. Pratique notariale – Les actes,* Fasc. 1235, *Donation-partage* et *JCl. Pratique notariale – Les actes,* Fasc. 1530, *Testament-partage.* – V. *JCl. Notarial Formulaire,* V° *Donation-partage,* Fasc. 20 et 22 et *JCl. Notarial Formulaire,* V° *Partage testamentaire,* Fasc. 10).**

4 Renseignements à obtenir des parties

2387 **État civil.** Le notaire chargé du règlement d'une succession doit se faire communiquer les pièces lui permettant de contrôler l'état civil du défunt et des héritiers, ainsi que leur situation matrimoniale, leur nationalité et leur domicile. Le requérant peut, notamment, remettre, dans un premier temps, une carte d'identité nationale, un passeport ou un permis de conduire, afin que le praticien soit en mesure de demander des extraits des actes de naissance des personnes intéressées par la notoriété successorale. Quand un requérant a donné mandat à un ayant droit à l'effet de le représenter, il lui faut avertir le rédacteur qui se préoccupera de la validité du mandat.

ATTENTION Tout acte de l'état civil des Français et des étrangers fait en pays étranger et rédigé dans les formes usitées dans ce pays fait foi, sauf si d'autres actes ou pièces détenus, des données extérieures ou des éléments tirés de l'acte lui-même établissent, le cas échéant après toutes vérifications utiles, que cet acte est irrégulier, falsifié ou que les faits qui y sont déclarés ne correspondent pas à la réalité. Celle-ci est appréciée au regard de la loi française (C. civ., art. 47, mod. L. n° 2021-1017, 2 août 2021, art. 7. – V. *JCl. Notarial Formulaire*, V° *État civil*, Fasc. 12 et 20).

2388 **Notoriété dressée à l'étranger.** Si le défunt a séjourné à l'étranger, il peut être opportun d'interroger les successibles sur l'existence éventuelle de pièces dressées dans un autre pays que la France. Un acte de notoriété établi à l'étranger peut servir de base au règlement de la succession, à condition qu'il ait été établi suivant des modalités analogues à celles qui s'appliquent en France (M. Revillard, *Droit international privé et européen : pratique notariale*, Defrénois-Lextenso, 9e éd. 2018, n° 557. – Pour un exemple, V. CA Reims, 1re ch. civ., sect. 2, 16 avr. 2021, n° 20/01044 : *JurisData* n° 2021-006027).

5 Pièces à demander

2389 **Acte de décès.** L'acte de décès permet de connaître la date précise de la mort. Ceci revêt une grande importance pratique, notamment au regard de la loi applicable à la liquidation et au regard de l'évaluation des biens pour le calcul des droits de mutation.

2390 **Jugement déclaratif de décès.** Si le corps de la personne décédée n'est pas représenté, le décès doit être constaté par jugement (C. civ., art. 88, al. 3). Dans une telle situation, le jugement déclaratif de décès tient lieu d'acte de décès (C. civ., art. 91, al. 3. – V. *JCl. Notarial Formulaire*, V° *Absence*, Fasc. 10).
C'est donc sur la base du jugement déclaratif de décès que sera ouverte la succession de la personne, plus précisément au jour retenu par le jugement comme date du décès (C. civ., art. 90, al. 3).

III Rédaction et formules

A Rédaction

2391 **Il conviendra de contrôler :**
- identification, capacité, pouvoirs et régime matrimonial des requérants ;
- déclarations des parties, sur le plan juridique et fiscal.

1 Rédacteur de la notoriété

2392 **Rédaction par un notaire.** La rédaction par un notaire est la solution de principe, conforme à la tradition et l'article 730-1 du Code civil.
Le choix du notaire est libre et appartient à l'héritier requérant.

2393 **Rédaction par le greffier.** La possibilité que la notoriété soit dressée, dans certains cas, par le greffier en chef du tribunal judiciaire du lieu d'ouverture de la succession a été supprimée par la loi n° 2007-1787 du 20 décembre 2007 (*JO* 21 déc. 2007).

2394 **Certificat d'hérédité délivré par les maires.** Dans le passé, pour les dévolutions successorales légales simples – ligne descendante, notamment –, certains créanciers n'exigeaient pas un acte authentique et se contentaient d'un certificat d'hérédité délivré par un maire, lequel n'était prévu par aucun texte et ne résultait que d'une simple pratique administrative (Rép. min. n° 52502 : *JOAN* 1er févr. 2005, p. 1138, Zimmermann). Dans les faits, ce document était difficile à obtenir et constituait difficilement la preuve non équivoque de la qualité d'héritier (Rép. min. n° 41501 : *JOAN* 24 déc. 2013, p. 13513, Cresta). Ce moyen de preuve n'a plus de raison d'être, par suite de la mise en place du dispositif simplifié permettant de justifier de la qualité d'héritier visé ci-après.

2395 **Attestation signée de tous les héritiers.** Dans sa rédaction issue de l'article 4 de la loi n° 2015-177 du 16 février 2015, l'article L. 312-1-4 du Code monétaire et financier permet désormais à tout successible en ligne directe d'obtenir, d'une part, le débit des comptes bancaires du défunt (dans la limite des soldes créditeurs et d'un montant fixé par arrêté du ministre chargé de l'économie), en vue de régler les sommes nécessaires au paiement d'actes conservatoires et, d'autre part, la clôture des comptes bancaires et le versement des sommes y figurant, dans la limite d'un montant fixé par arrêté du ministre chargé de l'économie (actuellement 5 000 € [A. 7 mai 2015]). Dans les deux cas, l'héritier demandeur doit justifier de sa qualité d'héritier auprès de l'établissement de crédit teneur des comptes, soit par la production d'un acte de notoriété, soit par la production d'une attestation signée de l'ensemble des héritiers, par lequel ils attestent :

– qu'il n'existe pas de testament ni d'autres héritiers du défunt ;
– qu'il n'existe pas de contrat de mariage ;
– qu'ils autorisent le porteur du document à percevoir pour leur compte les sommes figurant sur les comptes du défunt ou à clôturer ces derniers ;
– qu'il n'y a ni procès, ni contestation en cours concernant la qualité d'héritier ou la composition de la succession.

Lorsque l'attestation est produite, en vue de clôturer les comptes bancaires, elle doit également préciser que la succession ne comporte aucun bien immobilier et l'héritier est tenu de remettre à l'établissement de crédit son extrait d'acte de naissance, un extrait d'acte de naissance du défunt et une copie intégrale de son acte de décès, le cas échéant, un extrait d'acte de mariage du défunt, les extraits d'actes de naissance de chaque ayant droit désigné dans l'attestation et un certificat d'absence d'inscription de dispositions de dernières volontés au fichier central des dispositions de dernières volontés (pour une formule d'attestation des successibles en ligne directe, V. *JCl. Notarial Formulaire*, V° *Notoriété*, Fasc. 45).

ATTENTION Lorsque l'établissement de crédit ne pourra pas obtenir l'ensemble de ces éléments ou s'il apparaît sur l'acte de mariage du défunt l'existence d'un contrat de mariage, le débit sur les comptes du défunt ou leur clôture sera refusé. Les intéressés devront alors solliciter l'établissement d'un acte de notoriété auprès d'un notaire.
Afin d'éviter tous risques d'erreurs et de contestations ultérieures (à la suite de la révélation d'un passif inconnu des ayants droit, par exemple), il demeure vivement conseillé aux héritiers de demander l'intervention d'un notaire, quel que soit le montant de la succession.

2396 **Certificat successoral européen.** Enfin, il est à noter que le règlement (UE) n° 650/2012 du Parlement européen et du Conseil du 4 juillet 2012, entré en vigueur le 17 août 2015, a créé un certificat successoral européen (CSE) qui a vocation à faciliter la circulation dans l'espace judiciaire européen des preuves des qualités héréditaires et des pouvoirs des exécuteurs testamentaires ou tiers administrateurs pour toute succession ouverte depuis le 17 août 2015 et ayant une incidence transfrontière au sein de l'union. À titre d'exemple, le certificat successoral européen est de nature à faciliter la preuve auprès d'une banque d'un État membre de la qualité d'héritier et le déblocage des fonds (Rép. min. n° 19499 : *JOAN* 24 sept. 2019, p. 8343, Abad ; *Dr. famille* 2019, comm. 223, A. Tani. – V. *JCl. Droit international*, Fasc. 557-50 ou *JCl. Europe Traité*, Fasc. 2830 ou *JCl. Notarial Formulaire*, V° *Successions internationales*, Fasc. 150 ou *JCl. Liquidations-Partages*, V° *Successions internationales*, Fasc. 150. – Fr. Chalvignac, *Le certificat successoral européen : Dr. famille* 2013, dossier 39). Le modèle officiel du certificat successoral européen figure dans le règlement d'exécution n° 1329/2014 de la Commission européenne du 9 décembre 2014 (*JOUE* n° L 359, 16 déc. 2014. – V. C. Nourissat, *Certificat successoral européen : premières observations : JCP* N 2015, n° 3, 140. – Pour des formules, V. égal., *JCl. Notarial Formulaire*, V° *Successions internationales*, Fasc. 150-30 et 150-35 ou *JCl. Liquidations-Partages*, V° *Successions internationales*, Fasc. 150-30 et 150-35). Une copie certifiée conforme du CSE délivrée par un notaire est valable pour une durée de six mois, même lorsqu'elle porte la mention « illimitée ». Pour remplir son plein effet, la copie certifiée conforme doit être valide au moment de sa présentation à l'autorité compétente et non au jour où celle-ci rend sa décision. Toute personne nommément citée peut l'utiliser, même si elle n'a pas la qualité de demandeur du CSE (CJUE, 1er juill. 2021, aff. C-301/20 : *JurisData* n° 2021-014628 ; *JCP* N 2021, n° 30, act. 781, veille par A. Tani ; *Dr. famille* 2022, chron. 1, spéc. n° 17, A. de Guillenchmidt-Guignot et S. Hamou).

Le certificat successoral européen ne se substitue pas aux documents internes ayant des finalités similaires, tels que l'acte de notoriété mais le certificat délivré par un notaire français produit également en France les effets attachés à ce nouvel instrument européen.

Le recours à un certificat successoral européen n'étant pas obligatoire dans le règlement des successions internationales (Règl. 4 juill. 2012, art. 62), le notaire français peut choisir d'établir soit un acte de notoriété soit un certificat successoral européen (Circ. n° JUSC1601018C : *BO Justice* n° 2016-02, 29 janv. 2016, p. 15 ; *JCP* N 2016, n° 13, act. 469).

La Cour de justice de l'Union européenne considère que l'article 4 du règlement n° 650/2012 doit être interprété en ce sens qu'il s'oppose à une règle nationale, en l'espèce, allemande, donnant compétence au juge allemand, pour la délivrance d'un certificat successoral national, dans le cadre d'une succession ayant une incidence transfrontalière, en raison de la présence de biens successoraux en Allemagne ou de la nationalité allemande du défunt, bien que ce dernier n'ait pas, au moment de son décès, sa résidence habituelle dans cet État (CJUE, 21 juin 2018, aff. C-20/17, *Oberlé* : *JurisData* n° 2018-012420 ; *JCP* N 2018, n° 36, act. 714, I. Barrière Brousse ; *JCP* N 2018, n° 50, 1359, R. Crône et L. Perreau-Saussine ; *Dr. famille* 2018, comm. 228, A. Devers). À la lumière de cette décision, il est permis de penser que dans le cadre d'une succession internationale relevant du règlement n° 650/2012 un notaire français ne peut délivrer un acte de notoriété que s'il est, par ailleurs, compétent pour délivrer un certificat successoral européen (en ce sens, A. Devers, note préc.).

CONSEIL La Cour de justice de l'Union européenne a également estimé qu'il est possible de faire figurer dans un certificat successoral européen la part de la succession revenant au conjoint survivant (CJUE, 2e ch., 1er mars 2018, aff. C-558/16, *Doris Margret Lisette Mahnkopf* : *JCP* N 2018, n° 13, act. 340, C. Nourissat ; *JCP* N 2018, n° 45, 1330, E. Jacoby).

La Cour de justice a ainsi retenu que « l'article 1er, paragraphe 1, du règlement (UE) n° 650/2102 doit être interprété en ce sens que relève du champ d'application de ce règlement une disposition nationale, telle que l'article 1371, § 1, du *Bürgerliches Gesetzbuch* qui (en droit allemand) prévoit, lors du décès de l'un des époux, une répartition des acquêts forfaitaire par majoration de la part successorale du conjoint survivant » (pour les incidences pratiques de cette décision, V. C. Nourissat, obs. préc.).

2397 **Formalités fiscales.** L'exigence de l'enregistrement des testaments faits en pays étrangers prévue aux articles 1000 du Code civil et 655 du Code général des impôts constitue une formalité fiscale, qui ne relève pas du domaine matériel du règlement (UE) n° 650/2012 sur les successions internationales. Cette exigence d'enregistrement ne remet pas en cause l'efficacité probatoire du certificat successoral européen et ne constitue pas une condition d'exécution des testaments prohibée par le règlement. Le certificat successoral européen ne constitue pas un titre exécutoire, de sorte que, s'il atteste de la qualité et des droits d'héritier, il n'épuise pas nécessairement les formalités à mettre en œuvre pour obtenir l'exécution de ces droits. Dès lors, ne commet pas de faute de nature à engager sa responsabilité, la banque française qui refuse de remettre les fonds dépendant de la succession à un héritier titulaire d'un certificat successoral européen mais ne prouvant pas s'être acquitté de la formalité d'enregistrement prévue par les textes précités (Cass. 1re civ., 13 avr. 2022, n° 20-23.530 : *JurisData* n° 2022-005622 ; *JCP* N 2022, n° 40, 1235, spéc. n° 6, M. Devisme).

2 Forme de l'acte

2398 **Acte notarié en minute.** L'acte de notoriété est un acte notarié reçu en la forme ordinaire. Sauf très rares exceptions où son usage serait ponctuel, il est dressé en minute.

Classiquement, la lecture pouvait être faite et la signature recueillie par un clerc habilité. Toutefois, en raison de l'importance de l'intervention des ayants droit, on considérait que le notaire pouvait juger préférable de recevoir l'acte lui-même. Désormais, la question ne se pose plus. L'article 53 de la loi n° 2015-990 du 6 août 2015 pour la croissance, l'activité et l'égalité des chances économiques a, en effet, abrogé l'article 10 de la loi du 25 ventôse an XI, supprimant ainsi toute possibilité d'habiliter un clerc à l'effet de donner lecture des actes et des lois et recueillir les signatures des parties (V. *JCl. Notarial Formulaire*, V° *Acte notarié*, Fasc. 30).

3 Éléments obligatoires

a) Réquisition

2399 **Identification des requérants.** Les requérants sont identifiés par leurs nom, prénoms, domicile, profession, date et lieu de naissance et s'il y a lieu, on indique le nom de leur conjoint.
L'identification des ayants droit – héritiers et légataires – intervenants ou non, doit être complète et conforme aux règles de la publicité foncière. Cette précaution facilite les formalités ultérieures, notamment, la rédaction de l'attestation immobilière constatant la transmission des immeubles au fichier immobilier compétent (V. *JCl. Notarial Formulaire*, V° *Publicité foncière*, Fasc. 50).

2400 **Réquisition d'un ayant droit.** Le notaire est habilité à dresser l'acte de notoriété à la demande d'un ou plusieurs ayants droit (C. civ., art. 730-1, al. 1er). L'acte doit être établi à la demande d'un ayant droit au minimum. Le notaire ne peut, en effet, spontanément, procéder au règlement d'une succession dont l'acte de notoriété est le premier élément. Ce sont les héritiers et ayants droit qui saisissent le praticien et lui donnent les premiers renseignements sur la dévolution, ainsi que sur l'actif et le passif.
Pour le légataire, le terme « requérant » s'applique au bénéficiaire d'une universalité en l'absence d'héritier réservataire, légataire universel ou à titre universel.

> ATTENTION **Un légataire particulier ne peut être concerné par un acte de notoriété puisqu'il n'aspire qu'à la délivrance de son legs.**

2401 **Conjoint survivant.** Dans les successions ouvertes depuis le 1er juillet 2002, le conjoint survivant est placé au premier rang dans la hiérarchie des successibles légaux. Il vient à la succession de son époux soit seul, soit en concours avec d'autres héritiers (V. *JCl. Notarial Formulaire*, V° *Conjoint survivant*, Fasc. 10 ou *JCl. Liquidations-Partages*, V° *Conjoint survivant*, Fasc. 10).

2402 **Intérêt d'une réquisition unanime.** Il est important que tous les ayants droit soient requérants à l'acte de notoriété. Si un ayant droit ne peut se déplacer, il peut donner mandat.
La procuration devra être précise et rapporter les énonciations essentielles de la notoriété. Le mandant devra y faire l'affirmation prévue par la loi.

> CONSEIL **Il n'est pas conseillé de faire signer la notoriété par un clerc de l'étude comme mandataire de tous les ayants droit. Il est préférable qu'au moins l'un de ces derniers soit mandataire.**

2403 **Procuration notariée.** En raison de l'importance du mandat donné à l'effet de requérir l'acte de notoriété, il est recommandé de recourir à une procuration notariée.
Le notaire recevant la procuration pourra donner au mandant toutes les explications nécessaires, éventuellement, après concertation avec son confrère chargé de la succession. Si la procuration est sous signature privée, le notaire devra informer le mandant par lettre et lors d'un rendez-vous ultérieur (V. *JCl. Pratique notariale – Les actes*, Fasc. 1425, *Procuration*).

b) Affirmation des ayants droit

2404 **Dévolution successorale.** L'acte de notoriété doit contenir l'affirmation par les ayants droit requérants qu'ils ont vocation à tout ou partie de la succession (C. civ., art. 730-2). Si tous ne comparaissent pas, les requérants désignent ceux qui y ont vocation avec eux. Cette affirmation est faite avec l'aide du notaire qui explique aux intéressés les règles de dévolution.
Le lien de parenté des ayants droit avec le défunt est indiqué et les circonstances qui leur permettent d'être héritiers sont explicitées : décès d'un ascendant ou d'un descendant, frères et sœurs venant par représentation, absence de parents au degré successible dans une branche... Les droits de chacun sont mentionnés.

2405 **Importance de l'affirmation.** L'affirmation des ayants droit qu'ils ont vocation à recueillir tout ou partie de la succession du défunt est le fondement de la fiabilité de l'acte de notoriété. Elle est donc essentielle et ne doit être exprimée qu'en toute connaissance de cause. Les ayants droit sont en effet responsables de leurs déclarations.

c) Pièces et documents relatifs à la dévolution

2406 **Acte de décès.** L'acte de notoriété doit tout d'abord viser l'acte de décès (C. civ., art. 730-1, al. 3). Lorsqu'il s'agit d'une personne déclarée absente, on annexe un extrait de la transcription du jugement déclaratif passé en force de chose jugée, effectuée sur le registre des décès du lieu du domicile de l'absent ou de sa dernière résidence (C. civ., art. 127).

ATTENTION **La mention de l'existence de l'acte de notoriété devra être faite en marge de l'acte de décès (C. civ., art. 730-1, al. 5).**

2407 **Actes de l'état civil.** Le troisième alinéa de l'article 730-1 du Code civil dispose qu'il est fait mention des pièces justificatives, tels les actes de l'état civil. Le plus souvent le document synthétique sera le livret de famille, corroboré par les extraits de naissance des descendants du défunt. De plus, les actes de naissance des ayants droit permettent d'avoir la justification de leur situation matrimoniale et de l'existence d'un pacte civil de solidarité.

2408 **Régime matrimonial et contrat de mariage.** L'acte de notoriété précise les droits du conjoint survivant résultant de son régime matrimonial et, éventuellement, du contrat de mariage des époux ou de l'acte de changement de régime matrimonial. Les clauses du contrat de mariage ou du changement de régime matrimonial peuvent concerner des biens particuliers, préciput, clause de prélèvement ou d'acquisition de biens divers, ou augmenter les droits du conjoint dans la communauté, clause de partage inégal, attribution intégrale, notamment (V. *JCl. Notarial Formulaire*, V° *Contrat de mariage*, Fasc. 10 et 20).

2409 **Dévolution complexe.** Lorsque les héritiers sont des collatéraux ordinaires, le nombre de filiations à vérifier et l'ancienneté de la naissance des auteurs communs peuvent rendre difficile et fort onéreuse, la justification de la parenté au moyen des actes de naissance. On admet que d'autres documents peuvent servir de preuve (livrets de famille, actes de successions antérieures).

2410 **Tableau généalogique.** Dans le cas de dévolutions complexes, il est utile d'établir un tableau généalogique. Ce tableau est l'œuvre le plus souvent du généalogiste dont l'intervention est généralement nécessaire dans les successions auxquelles sont appelés des parents éloignés et parfois nombreux (V. *JCl. Notarial Formulaire*, V° *Notoriété*, Fasc. 30).

d) Libéralités à cause de mort

2411 **Mention des documents.** L'acte de notoriété doit faire mention des documents qui concernent les libéralités à cause de mort pouvant avoir une incidence sur la dévolution (C. civ., art. 730-1, al. 3). Il s'agit, notamment, des donations entre époux, des institutions contractuelles et des testaments.

2412 **Analyse des documents.** Les différentes dispositions à cause de mort sont analysées et les conditions principales reproduites intégralement. Leurs conséquences sur la transmission de la succession sont indiquées sommairement ; lorsqu'elles offrent un choix au conjoint survivant, ce dernier se réserve généralement le droit de l'exercer ultérieurement.

2413 **Réduction des libéralités.** Certaines libéralités à cause de mort peuvent être réductibles dans les limites de la quotité disponible. Il est déconseillé de préciser que la réduction est effective car celle-ci suppose qu'elle soit demandée. Généralement, la décision ne sera pas encore prise lors de l'établissement de l'acte de notoriété.

2414 **Cantonnement des libéralités.** La loi précitée du 23 juin 2006 autorise opportunément le conjoint survivant bénéficiaire d'une donation à cause de mort ou le légataire universel à limiter l'émolument leur revenant (C. civ., art. 1002-1 et 1094-1. – V. Fiche 44 : Rédiger l'option du conjoint survivant ou *JCl. Pratique notariale – Les actes*, Fasc. 1360, *Option du conjoint survivant*). Si l'intéressé a pris sa décision avant l'établissement de l'acte de notoriété, elle pourra être rappelée dans l'acte. Toutefois, il paraît difficile de prendre une telle décision dans un bref délai. L'acte de cantonnement sera alors établi ultérieurement (V. *JCl. Notarial Formulaire*, V° *Succession*, Fasc. 160 ou *JCl. Liquidations-Partages*, V° *Succession*, Fasc. 160).

4 Éléments facultatifs

a) Qualité des recherches

2415 Dans les cas les plus complexes, il est opportun de relater, expressément, dans l'acte de notoriété, les recherches effectuées par le notaire ou le généalogiste pour établir la dévolution. Cette précaution renforce la qualité de la preuve et prévient d'éventuelles actions en responsabilité. En effet, en présence d'une notoriété erronée, les juges considèrent que le notaire n'engage sa responsabilité de ce fait que lorsqu'il dispose d'éléments de nature à le faire douter de la véracité des énonciations dont on lui a demandé de faire état.

b) Droits au logement du conjoint

2416 **Droit temporaire au logement.** Le droit temporaire au logement bénéficie de plein droit au conjoint (C. civ., art. 763). Ce dernier n'a donc pas de demande à faire ni d'option à exercer. Néanmoins, ce droit peut être utilement rappelé, en précisant ses modalités d'exercice.

2417 **Droit viager au logement.** Le droit viager d'habitation du logement et d'usage du mobilier le garnissant doit faire l'objet d'une demande du conjoint dans l'année du décès (C. civ., art. 764 et 765-1). Il sera généralement prématuré de laisser le conjoint formuler la demande alors que, l'actif de la succession n'étant pas encore bien connu, les conséquences financières ne peuvent en être mesurées. La nécessité de respecter le délai d'un an pour faire la demande sera nettement indiquée au conjoint survivant.
Selon la Cour de cassation, la manifestation de volonté du conjoint survivant peut être tacite (Cass. 1re civ., 13 févr. 2019, n° 18-10.171 : *JurisData* n° 2019-001940 ; *JCP* N 2019, n° 10, act. 280, D. Epailly ; *AJ fam.* 2019, p. 352, N. Levillain ; *JCP* N 2020, n° 7-08, 1053, R. Le Guidec), sans toutefois résulter du seul maintien dans les lieux (Cass. 1re civ., 2 mars 2022, n° 20-16.674 : *JurisData* n° 2022-002834 ; *JCP* N 2022, n° 13, act. 419, A. Tani ; *JCP* N 2022, n° 19, 1161, V. Zalewski-Sicard ; *Dr. famille* 2022, comm. 75, M. Nicod ; *JCP* G 2023, doctr. 108, spéc. n° 1, R. Le Guidec). Pour éviter toute contestation ultérieure, une telle pratique semble à déconseiller (V. *JCl. Notarial Formulaire*, V° *Conjoint survivant*, Fasc. 30 et *JCl. Notarial Formulaire*, V° *Succession*, Fasc. 60 ou *JCl. Liquidations-Partages*, V° *Conjoint survivant*, Fasc. 30 et *JCl. Liquidations-Partages*, V° *Succession*, Fasc. 60).

c) Option du conjoint

2418 **Usufruit ou quart en propriété.** En présence d'enfants tous issus des deux époux, le conjoint a le choix entre l'usufruit de tous les biens existants ou le 1/4 en propriété de la succession, limité toutefois à la masse d'exercice (C. civ., art. 757). Dans certains cas simples, le conjoint pourra exercer l'option entre ces deux droits et sa décision sera consignée dans l'acte de notoriété. Dans d'autres cas, les conséquences pratiques du choix ne pourront pas être appréciées. Il sera alors préférable de surseoir à l'exercice de l'option.

2419 **Liberté du conjoint.** Il n'est pas toujours opportun que le conjoint survivant prenne sa décision trop rapidement, par exemple, lors du premier rendez-vous commun avec ses enfants. Le notaire doit expliquer les modalités du choix et inviter le conjoint et les enfants à y réfléchir.

2420 **Liquidation sommaire.** Dès lors que le défunt a consenti des donations aux enfants ou, plus rarement, à des tiers, il paraît indispensable de procéder à un projet de liquidation pour déterminer le montant du quart en propriété. Faute de le faire, le conjoint risque d'exercer son option sans avoir conscience des conséquences exactes qui ne se révéleront qu'ultérieurement.

ATTENTION Les libéralités reçues par le conjoint survivant s'imputent sur ses droits successoraux (Cass. 1re civ., 12 janv. 2022, n° 20-12.232 : *JurisData* n° 2022-000185 ; *JCP* N 2022, n° 4, act. 200 ; *Dr. famille* 2022, comm. 36, M. Nicod. – Cass. 1re civ., 12 janv. 2022, n° 20-10.091 : *JurisData* n° 2022-000186 ; *JCP* N 2022, n° 4, act. 201 ; *JCP* G 2023, doctr. 108, spéc. n° 2, R. Le Guidec). Lorsque les libéralités ainsi reçues sont inférieures aux droits définis aux articles 757 et 757-1 du Code civil, le conjoint survivant peut en réclamer le complément, sans jamais recevoir une portion des biens supérieure à la quotité définie à l'article 1094-1 de ce code (C. civ., art. 758-6. – Cass. 1re civ., 25 oct. 2017, n° 17-10.644 : *JurisData* n° 2017-021016 ; *JCP* N 2017, n° 49, 1333, Fr. Sauvage ; *JCP* N 2018, n° 8-9, 1110, R. Le Guidec ; *Dr. famille* 2018, comm. 15, M. Nicod ; *RTD civ.* 2018, p. 188, M. Grimaldi ; *AJ fam.* 2018, p. 51, J. Casey).

d) Proportion des droits héréditaires

2421 **Détermination des droits.** Si le conjoint survivant n'a pas opté pour l'usufruit total ou le 1/4 en propriété, la proportion des droits de chacun des ayants droit sur les biens de la succession ne peut pas être précisée.
D'autres raisons peuvent faire obstacle à la détermination de la part revenant à chacun des ayants droit dans les actifs successoraux : règlement du régime matrimonial, rapport de donation, rapport de dette, paiement du passif par certains indivisaires, notamment.

ATTENTION Le conjoint bénéficiaire d'une donation à cause de mort ou le légataire peuvent décider de cantonner leur émolument. La décision ne sera pas toujours prise lors de l'établissement de l'acte de notoriété.

e) Personnes appelées à l'acte

2422 La présence de témoins n'est plus envisagée, mais les personnes dont les dires paraîtraient utiles peuvent être appelées (C. civ., art. 730-1, *in fine*). Ces déclarants ne font que transmettre

leurs informations personnelles. Ils ne témoignent pas de quelque notoriété que ce soit.
Ces dires complètent les informations recueillies par ailleurs et confirment la dévolution.

5 Annexes

2423 **Raisons d'être.** Annexer diverses pièces à l'acte de notoriété permet d'en assurer la conservation et d'en faciliter la justification, par la production d'une copie authentique les reproduisant. La prudence commande donc de mettre en annexe tous les documents ayant permis d'établir la dévolution et ceux qui modifient les droits des héritiers légaux, tels que la copie de la donation entre époux, un extrait du contrat de mariage comportant un avantage matrimonial, une copie du testament.

CONSEIL **La pratique systématique de l'annexe des pièces justificatives et autres documents ne semble pas opportune pour les successions simples et dont l'actif est peu important.**
Suivant les cas, le notaire apprécie s'il faut ou non annexer certaines pièces. Les actes comportant des dispositions à cause de mort peuvent toujours être communiqués par le notaire qui les a reçus. D'autres pièces, comme la copie des livrets de famille, peuvent être conservées dans le dossier ou dans la chemise de la minute, sans pour autant être annexées.

2424 **Extrait d'acte de décès.** L'acte de notoriété doit viser l'acte de décès, alors qu'il est fait simplement mention des autres pièces justificatives. On en déduit que l'extrait d'acte de décès doit être annexé à la notoriété.

2425 **Autres pièces officielles.** S'il est annexé à l'acte de notoriété un extrait d'acte de naissance d'un enfant, se trouve apportée la preuve du lien de filiation dont la loi déduit une vocation successorale non discutable, sans compter le droit à une réserve. S'il est annexé à l'acte de notoriété un extrait d'acte de mariage du défunt, se trouve apportée une preuve normalement non contestable, de l'existence et de l'identification d'un conjoint survivant.
D'autres pièces sont dans la même situation, dans la mesure où elles participent à l'établissement de la preuve du lien de filiation ou d'alliance ou de l'absence de celle-ci. Ainsi en sera-t-il du jugement d'adoption non encore transcrit, d'un jugement de divorce, de la copie de l'attestation de dépôt de la convention de divorce par consentement mutuel au rang des minutes d'un notaire et de l'acte de notoriété délivré par un notaire (ou, avant le 25 mars 2019, par le juge du tribunal judiciaire), à l'effet de constater la possession d'état, dans les termes de l'article 317 du Code civil.

2426 **Réponse du fichier des dispositions de dernières volontés.** La réponse qui suit l'interrogation faite au fichier central des dispositions de dernières volontés est également annexée à l'acte de notoriété.

B Formules

• *JCl. Notarial Formulaire*, V° *Notoriété*, Fasc. 45 à 87, 91 et 105 à 127.
• *JCl. Notarial Formulaire*, V° *Succession*, Fasc. 95, 125, 135, 137, 145, 155 et 165.

IV Formalités et taxation

A Formalités

2427 **Enregistrement.** L'enregistrement est fait sur états, au droit fixe (CGI, ann. III, art. 245 et CGI, ann. IV, art. 60. – V. *JCl. Notarial Formulaire*, V° *Enregistrement*, Fasc. 2 et 5).

2428 **Mention en marge de l'acte de décès.** L'existence de l'acte de notoriété doit être mentionnée en marge de l'acte de décès (C. civ., art. 730-1, al. 5). Le notaire est tenu de solliciter l'apposition de cette mention par courrier adressé au maire de la commune concernée.

CONSEIL **Le notaire prendra soin de demander en retour l'envoi d'un exemplaire de l'acte de décès revêtu de cette mention de l'acte de notoriété, afin de s'assurer que la formalité a bien été exécutée.**

B Taxation

2429 Un arrêté du 28 février 2020 est entré en vigueur le 1er mars 2020. Toutefois, les émoluments des prestations effectuées avant le 1er janvier 2021, ou dont la réalisation a donné lieu, avant le 1er mars 2020, au versement par le client d'un acompte ou d'une provision, ou à l'engagement par l'un des notaires intervenant de frais ou débours, restent régis par l'ancien tarif (A. 28 févr. 2020, art. 29, 2° mod. A. 28 avr. 2020, art. 2).
Un nouvel arrêté en date du 25 février 2022, applicable depuis le 1er mars 2022, proroge jusqu'au 29 février 2024 les dispositions antérieures (A. 25 févr. 2022, art. 2).

2430 **Émolument fixe.** La notoriété après décès, constatant la dévolution successorale (C. com., art. A. 444-66. – Numéro 13 du tableau 5. – V. *JCl. Commentaire du Tarif des Notaires*, Fasc. 5100) donne lieu à la perception d'un émolument fixe de 56,60 €.

CHECK-LIST **• Vérifier la qualité et la capacité des requérants, en sollicitant toutes pièces d'état civil.**
• S'assurer que la requête émane de tous les ayants droit du défunt ; si un ayant droit ne peut se déplacer, ne pas oublier de lui faire signer une procuration authentique contenant les énonciations essentielles de l'acte de notoriété et l'affirmation prévue par l'article 730-1, alinéa 2, du Code civil.
• Veiller à interroger le fichier central des dispositions de dernières volontés, dès réception du dossier ;
• Répertorier les actes juridiques susceptibles d'avoir une incidence sur la dévolution de la succession.
• Informer les ayants droit qu'ils s'exposent aux peines du recel successoral et à des dommages et intérêts, en cas d'oubli volontaire d'un héritier, dans leur affirmation.
• Ne pas omettre d'annexer un extrait de l'acte de décès et de toutes pièces officielles nécessaires.

POUR ALLER PLUS LOIN

Fiches pratiques

• V. Fiche 61 : Rédiger une déclaration de succession ou *JCl. Pratique notariale – Les actes*, Fasc. 1180, *Déclaration de succession*.
• V. Fiche 44 : Rédiger l'option du conjoint survivant ou *JCl. Pratique notariale – Les actes*, Fasc. 1360, *Options du conjoint survivant*.

Fascicules JurisClasseur

• *JCl. Ingénierie du patrimoine*, Fasc. 1140, *Règlement de la succession*.
• *JCl. Liquidations-Partages*, V° *Succession*, Fasc. 30 à 350.
• *JCl. Notarial Formulaire*, V° *Notoriété*, Fasc. 20, 45 à 127.
• *JCl. Notarial Formulaire*, V° *Succession*, Fasc. 30 à 350.
• *JCl. Pratique notariale – Les actes*, Fasc. 1350, *Option successorale*.
• *JCl. Pratique notariale – Les actes*, Fasc. 1475, *Renonciation à succession*.
• *JCl. Pratique notariale – Les actes*, Fasc. 1000, *Acte d'acceptation successorale*.
• *JCl. Roulois*, Fasc. 1220.

Revues

• M.-E. Ancel et D. Vincent, *La circulation internationale des actes : JCP* N 2016, n° 2, 1009.
• N. Baillon-Wirtz, *Loi du 21 février 2022 : une réforme de l'adoption par petites touches : JCP* N 2022, n° 9, act. 302 ; *AMP, enfant sans vie, adoption, choix du nom : le modèle du livret de famille mis à jour : JCP* N 2022, n° 19, act. 550 ; *Ordonnance du 5 octobre 2022 : un nouveau cadre formel pour l'adoption : JCP* N 2022, n° 41-42, act. 944.
• J.-R. Binet, *Admission de la preuve par photocopie du testament perdu par l'expert : JCP* N 2016, n° 26, 1212.
• Chr. Blanchard, *La protection des victimes de violences conjugales, dispositions intéressant le notariat : JCP* N 2020, n° 37, act. 725.
• M. Blanck-Dap, *La virtualité de la réserve héréditaire en présence d'un légataire universel : JCP* N 2017, n° 24, 1207.
• V. Bouchard, *Le logement du conjoint survivant au bon vouloir des époux : JCP* N 2018, n° 42, 1318.
• D. Boulanger, *L'utilisation du formulaire de demande de certificat successoral européen est facultative : JCP* N 2019, n° 12, act. 314 ; *La réserve héréditaire : un principe républicain ? : JCP* N 2020, n° 51, act. 1039 ; *La réserve coûte que coûte :*

Rédiger une notoriété successorale

informer et prélever : *JCP* N 2022, n° 1, 1008 ; *Utiliser le certificat successoral européen !* : *JCP* N 2022, n° 39, 1233.

• A. Bouquemont, *Quel traitement fiscal pour la représentation successorale ?* : *JCP* N 2021, n° 15-16, 1157.

• M. Bourassin, *La transmission à cause de mort des sûretés* : *JCP* N 2017, n° 13, 1144 ; *La consécration de l'acte authentique avec comparution à distance limitée à la procuration notariée* : *JCP* N 2021, n° 1, 1000.

• Cl. Brenner, *Désignation testamentaire du bénéficiaire d'une assurance-vie et legs de la chose d'autrui : une correspondance manquée* : *JCP* N 2019, n° 2, 1005.

• Fr. Chalvignac, *Le certificat successoral européen* : *Dr. famille* 2013, dossier 39.

• F. Collard, *Le cantonnement de libéralité par le conjoint survivant* : *JCP* N 2019, n° 1, 1004.

• J. Combret et N. Baillon-Wirtz, *La loi du 18 novembre 2016 de modernisation de la justice du 21e siècle : incidences pour la pratique notariale* : *JCP* N 2016, n° 47, act. 1254.

• J. Couard, *Nouvelle version du livret de famille* : *Dr. famille* 2022, alerte 73.

• N. Couzigou-Suhas, *La loi du 3 décembre 2001 et la pratique notariale* : *Dr. famille* 2022, dossier 4.

• Y. Delecraz, *La renonciation à succession : un nouvel outil patrimonial* : *JCP* N 2016, n° 18, 1138.

• A. Devers, *Compétence du notaire français pour délivrer un acte de notoriété* : *Dr. famille* 2018, comm. 228.

• Fr. Douet, *Conditions de déduction du passif* : *Dr. famille* 2018, comm. 21 ; *Neveux et nièces venant à la succession de leur propre chef* : *Dr. famille* 2020, comm. 35.

• S. Ducamp-Monod, *De quelques difficultés prévisibles liées à l'application du règlement européen des successions* : *Dr. famille* 2015, étude 10.

• L. Fabre, *Ouverture de l'habilitation familiale à l'assistance* : *JCP* N 2019, n° 27, 1235.

• M. Farge, *Règlement des successions : les nouveaux réflexes à acquérir* : *JCP* N 2015, n° 31-35, 1143.

• Cl. Farge et S. Comparot, *L'obligation naturelle, comme moyen de faire parler les morts* : *JCP* N 2017, n° 50, 1340.

• E. Gallant, *De l'intérêt pour le notariat de s'intéresser aux règles de compétence juridictionnelle internationale* : *JCP* N 2018, n° 16, 1164.

• M. Gayet, *Statut successoral : la situation du partenaire pacsé ne peut être assimilée à celle du conjoint survivant* : *Dr. famille* 2018, comm. 2.

• Ch. Goldie-Genicon, *Les droits légaux du conjoint survivant* : *JCP* N 2018, n° 42, 1317.

• A. Gouëzel, *Les dispositions relatives à la filiation dans la loi de bioéthique : entre ruptures, ajustements et interrogations* : *Dr. famille* 2021, dossier 24.

• X. Grosjean, *Incidence du rapport civil des libéralités sur le traitement fiscal de la succession* : *JCP* N 2022, n° 50, 1288.

• S. Hamou, *Les nouvelles procédures familiales en droit des successions* : *Dr. famille* 2019, dossier 4.

• E. Jacoby, *Le certificat successoral européen et le rôle du notaire* : *JCP* N 2016, n° 18, 1137 ; *Les droits du conjoint survivant et le certificat successoral européen dans les relations franco-allemandes* : *JCP* N 2018, n° 45, 1330.

• A.-S. de Jotemps, Th. Leandri et M. Mery, *Les organismes sans but lucratif et la gestion des successions immobilières* : *JCP* N 2019, n° 5, 1089.

• A. La Haye, *Le point de vue du notaire sur l'habilitation familiale* : *Dr. famille* 2022, n° 12, 25.

• M. Lamarche, *Successions internationales : les défis de l'application du règlement européen* : *Dr. famille* 2015, alerte 58.

• R. Le Guidec, *Successions et libéralités* : *JCP* G 2023, chron. 108.

• J.-J. Lemouland, *La reconnaissance conjointe : un nouveau mode énigmatique d'établissement de la filiation* : *JCP* N 2021, n° 41, act. 945.

• Fr. Letellier, *La réforme de l'envoi en possession du légataire universel. – Aspects pratiques* : *JCP* N 2017, n° 12, 1138 ; *Successions : 1er novembre 2017, le rôle nouveau du notaire est arrivé !* : *JCP* N 2017, n° 43-44, 1301 ; *Le cantonnement : approche pratique* : *JCP* N 2023, n° 01, 1003.

• N. Levillain, *Le notaire, la caution et l'acceptant à concurrence de l'actif net* : *JCP* N 2017, n° 13, 1147 ; *Mise en pratique du nouveau prélèvement compensatoire* : *JCP* N 2022, n° 4, 1057.

• M. Mathieu, *Un cas d'application du règlement UE « Successions »* : *JCP* N 2016, n° 37, 1276.

• H. Mazeron-Gabriel, *Pour le conjoint successible, imputer n'est pas rapporter* : *JCP* N 2022, n° 25, 1183.

• M. Michel, *Les principales mesures de la loi de finances pour 2023 relatives à la fiscalité patrimoniale* : *RFP* 2023, étude 1.

• D. Montoux, *Mission exclusivement notariale : l'acte de notoriété établissant la possession d'état (Form.)* : *JCP* N 2019, n° 20, 1196.

• Y. Moreau-Cotten et L. Perreau-Saussine, *Règlement d'une succession internationale impliquant un mineur* : *JCP* N 2022, n° 51-52, 1297.

• M. Nicod, *L'imputation n'efface pas la libéralité entre époux* : *Dr. famille* 2018, comm. 15 ; *Conditions d'appartenance du légataire universel à la catégorie des « héritiers »* : *Dr. famille* 2018, comm. 69 ; *Restrictions à l'usage de la photocopie du testament disparu* : *Dr. famille* 2018, comm. 103.

• M. Nicod et A. Tani, *Comment liquider une libéralité en usufruit* : *JCP* N 2022, n° 35, 1209 ; *Consécration de l'imputation « en assiette » des libéralités en usufruit* : *Dr. famille* 2022, comm. 146.
• W. Nonnenmacher *Certificat d'héritier alsacien-mosellan. – Certains aspects de son contenu* : *JCP* N 2016, n° 6, 1081.
• C. Nourissat, *Certificat successoral européen : premières observations* : *JCP* N 2015, n° 3, 140 ; *Une révolution copernicienne pour les successions internationales... – Entrée en application du règlement (UE) n° 650/2012 le 17 août 2015* : *JCP* G 2015, doctr. 935 ; *Certificat successoral européen : quelle part pour le conjoint survivant* : *JCP* N 2018, n° 13, act. 340 ; *Règlement Bruxelles II ter : quelques éléments d'introduction* : *Dr. famille* 2022, dossier 13.
• L. Perreau-Saussine et R. Crône, *Le notaire face à la compétence juridictionnelle internationale : quelles précautions, quels réflexes ?* : *JCP* N 2020, n° 52, 1262.
• H. Péroz, *Effets patrimoniaux des partenariats enregistrés : le règlement du 24 juin 2016* : *JCP* N 2016, n° 35, act. 939 ; *Suppression de la légalisation dans l'Union européenne de documents publics relatifs à l'état des personnes* : *JCP* N 2019, n° 7, act. 251.
• N. Peterka, *Déjudiciarisation du changement de régime matrimonial en présence d'enfants mineurs* : *JCP* N 2018, n° 26, 1230 ; *La loi du 23 mars 2019 et la réforme du droit des personnes vulnérables : quelles conséquences pour la pratique notariale ?* : *JCP* N 2019, n° 14, 1157.
• M. Pichard, *La réserve et l'enfant* : *D.* 2019, p. 2002.
• J.-M. Plazy, *Organiser de son vivant la gestion du patrimoine successoral* : *JCP* N 2016, n° 18, 1142.
• N. Randoux, *Réserve héréditaire : rappel opportun de la Cour de cassation* : *JCP* N 2018, n° 3, 1046.
• S. Rezek, *Questionnaire successoral après le décès de M...* : *JCP* N 2020, n° 7-08, 1051.
• B. Savouré, *Réflexions pratiques sur la loi successorale unique et la réserve héréditaire de droit français* : *JCP* N 2015, n° 22, 1178.
• A. Sériaux, *La réserve à la croisée des chemins* : *Dr. famille* 2020, étude 14.
• A. Tani, *Mémorandum des successions internationales : jeu de « questions/réponses »* : *Dr. famille* 2018, dossier 8 ; *D'utiles précisions sur le certificat successoral européen* : *JCP* N 2021, n° 30, act. 781 ; *Action en réduction et devoir notarial renforcé : la loi doit-elle énoncer des évidences ?* : *JCP* N 2022, n° 2, act. 133 ; *Un agent immobilier peut avoir intérêt à retrouver des héritiers* : *Dr. famille* 2022, comm. 131 ; *Quotité disponible spéciale : choisir n'est pas réduire* : *Dr. famille* 2022, comm. 169.
• S. Torricelli-Chrifi, *Le conjoint survivant dans le partage* : *JCP* N 2018, n° 42, 1324 ; *L'imputation troublante des libéralités entre époux sur les droits légaux* : *Actes prat. strat. patrimoniale* 2020, n° 4, 28.
• F. Tremosa, *L'articulation du règlement « Régimes matrimoniaux » et des règlements « Successions », « Divorce », « Obligations alimentaires » et « Bruxelles II bis »* : *Dr. famille* 2018, étude 20.
• B. Vareille, *La quotité disponible spéciale entre époux* : *JCP* N 2018, n° 42, 1319.
• V. Zalewski-Sicard, *Le rapport spécial du conjoint survivant* : *JCP* N 2022, n° 13, 1130.

Modèle de courrier à adresser au client

• Modèle de courrier pour l'ouverture d'un dossier de succession : http://bit.ly/2iGlGzu.

Fiche 44
Rédiger l'option du conjoint survivant

Sommaire

I Aperçu rapide 473
A Éléments-clés 473
B Textes 474
II Préparation de l'acte 474
A Mise au point de la stratégie avec le client 474
1 Analyse de l'objectif du client 474
2 Choix à exercer 474
3 Conseils à donner 475
B Vérifications préalables 476
1 Option légale entre l'usufruit universel ou le quart en propriété 476
2 Option entre les quotités du disponible spécial entre époux 479
3 Renseignements à obtenir des parties 480
4 Pièces à demander 480
5 Alertes 481
III Rédaction et formules 482
A Rédaction 482
1 Clauses usuelles 482
2 Clauses particulières 483
B Formules 483
IV Formalités et taxation 483
A Formalités 483
B Taxation 483
1 Droits d'enregistrement 483
2 Tarif des notaires 484

I Aperçu rapide

A Éléments-clés

2431 Quand une personne décède, en laissant son conjoint et des enfants tous issus des deux époux, le survivant recueille, à son choix, l'usufruit de la totalité des biens existants ou la propriété du quart des biens (C. civ., art. 757). Si le conjoint n'a pas pris parti par écrit sur la nature des droits légaux qu'il entend exercer dans la succession, dans les trois mois de la demande faite par les descendants, il est réputé avoir opté pour l'usufruit (C. civ., art. 758-3). Il en va de même, s'il décède sans avoir pris parti (C. civ., art. 758-4).

Lorsqu'il bénéficie d'une libéralité à cause de mort, le conjoint survivant a le choix entre les trois termes de la quotité disponible spéciale des époux. Il a ainsi la faculté d'opter pour la propriété de la quotité dont le défunt aurait pu disposer envers un étranger ou pour 1/4 en propriété et les 3/4 en usufruit ou pour l'usufruit de la totalité des biens successoraux (C. civ., art. 1094-1).

S'il existe des enfants non issus des deux époux, le conjoint survivant a intérêt à accepter la libéralité consentie par le défunt qui lui permet de recevoir un droit en usufruit, alors que la loi ne lui accorde que le quart en propriété, sans faculté d'option. À cette occasion, il a la possibilité de cantonner son émolument sur une partie des biens dont il a été disposé en sa faveur. Cette limitation n'est pas considérée comme une libéralité faite aux autres successibles. Toutes les libéralités consenties par le défunt à son conjoint s'imputent sur la part successorale

légale de ce dernier (C. civ., art. 758-6). Par suite, les libéralités reçues du défunt ne s'ajoutent pas à la vocation successorale légale du conjoint. Si les libéralités ainsi reçues sont inférieures à ses droits légaux, le conjoint survivant peut en réclamer le complément, sans jamais recevoir une portion des biens supérieure à la quotité définie à l'article 1094-1 du Code civil.
La faculté d'opter appartient au seul conjoint survivant. Il s'agit d'un droit personnel. Les créanciers ne peuvent le contraindre à opter, ni exercer l'option à sa place, par la voie oblique.

L'option du conjoint n'est soumise à aucune formule sacramentelle mais elle doit s'exprimer clairement et être pure et simple ; elle ne saurait être assortie de modalités, comme le terme ou la condition. Enfin, si la succession comprend des immeubles, mention de l'option du conjoint doit être faite dans l'attestation de propriété établie par le notaire.

B Textes

- C. civ., art. 757 et 1094-1.
- CGI, art. 968.

II Préparation de l'acte

A Mise au point de la stratégie avec le client

1 Analyse de l'objectif du client

2432 Vocation successorale légale. Quand il déclare opter pour l'usufruit de la totalité des biens existants ou la propriété du quart, le conjoint survivant non divorcé (C. civ., art. 732) choisit, en présence d'enfants communs aux deux époux, la nature des droits légaux qu'il entend exercer dans la succession du défunt. Dans le délai d'un an, le conjoint survivant doit aussi déclarer vouloir bénéficier du droit viager au logement, lorsque les conditions légales sont réunies (C. civ., art. 765-1) ; étant précisé qu'au regard du droit viager au logement, la manifestation de volonté du conjoint peut être tacite (Cass. 1re civ., 13 févr. 2019, n° 18-10.171 : *JurisData* n° 2019-001940 ; *JCP* N 2019, n° 10, act. 280, D. Epailly ; *Dr. famille* 2019, repère 5, M. Nicod ; *AJ fam.* 2019, p. 352, N. Levillain. – CA Paris, pôle 3, ch. 1, 3 juin 2020, n° 19/04706 : *JurisData* n° 2020-007662) mais ne saurait résulter du seul maintien de l'intéressé dans les lieux, un an après le décès (Cass. 1re civ., 2 mars 2022, n° 20-16.674 : *JurisData* n° 2022-002834 ; *JCP* N 2022, n° 13, act. 419, A. Tani ; *JCP* N 2022, n° 19, 1161, V. Zalewski-Sicard ; *Dr. famille* 2022, comm. 75, M. Nicod. – Sur la notoriété successorale, V. Fiche 43 : Rédiger une notoriété successorale ou *JCl. Pratique notariale – Les actes*, Fasc. 1345, *Notoriété successorale*).

> **ATTENTION** **La valeur du droit d'usage et d'habitation revenant au conjoint survivant s'impute sur ses droits en propriété, s'il a opté pour 1/4 en propriété. Un examen d'ensemble est donc nécessaire pour que l'option du conjoint survivant soit exercée en connaissance de cause.**

2433 Droits successoraux volontaires. Quand il choisit la propriété de la quotité disponible ordinaire ou le 1/4 en propriété et les 3/4 en usufruit ou encore l'usufruit de la totalité des biens successoraux, le conjoint survivant souhaite que soit déterminé l'objet exact de la libéralité à cause de mort qui lui a été consentie par le défunt.

2 Choix à exercer

2434 Il conviendra de contrôler :
- identité, consentement et capacité du conjoint survivant ;
- état civil et capacité des héritiers réservataires ;
- composition du patrimoine du défunt.

2435 Renonciation à la donation entre époux. Quand il est en concours avec des enfants tous issus des deux époux, le conjoint survivant peut renoncer à la donation entre époux consentie par le défunt, s'il considère que sa vocation successorale légale est suffisante, notamment, s'il opte pour l'usufruit universel, dans les termes de l'article 757 du Code civil.

Il convient néanmoins se souvenir, dans ce cas, que l'existence d'un enfant inconnu de lui est susceptible de faire perdre au conjoint survivant le droit à l'usufruit de la succession, en réduisant ses droits au quart en propriété (V. *JCl. Notarial Formulaire*, V° *Conjoint survivant*, Fasc. 10 et 50 ou *JCl. Liquidations-Partages*, V° *Conjoint survivant*, Fasc. 10 et 50).

2436 **Acceptation de la donation entre époux.** S'il bénéficie d'une donation entre époux, le conjoint survivant recueille normalement des droits supérieurs à sa vocation successorale légale.
S'il existe des enfants non issus des deux époux, le conjoint survivant a donc intérêt à accepter la libéralité consentie par le défunt qui lui permet de recevoir un droit en usufruit, alors que la loi ne lui accorde que le quart en propriété, sans faculté d'option (C. civ., art. 757).

2437 **Cantonnement de l'acceptation.** Depuis le 1er janvier 2007, sauf stipulation contraire du disposant, le conjoint survivant peut cantonner son émolument sur une partie des biens dont il a été disposé en sa faveur. Cette limitation n'est pas considérée comme une libéralité faite aux autres successibles (C. civ., art. 1094-1, al. 2, réd. L. n° 2006-728, 23 juin 2006, art. 25). Néanmoins comme il s'agit d'un acte de disposition particulièrement dangereux, l'assistance du curateur est requise si le survivant est sous curatelle. Lorsque le conjoint est placé sous tutelle, la plus grande prudence s'impose. Il ne saurait être question pour le tuteur d'opérer ce cantonnement, sans une autorisation du juge des tutelles des majeurs ou du conseil de famille, s'il a été constitué.
Le conjoint survivant a donc la faculté de limiter l'effet de son acceptation à une partie seulement des biens et droits dont il a été gratifié, ce qui autorise un peu plus de souplesse dans sa liberté de choix et lui permet de faciliter la transmission d'une partie des biens directement aux enfants (V. *JCl. Notarial Formulaire*, V° *Succession*, Fasc. 160 ou *JCl. Liquidations-Partages*, V° *Succession*, Fasc. 160).

> ATTENTION **La possibilité de cantonner ne joue pas, si le conjoint bénéficie uniquement de droits légaux. Cette disposition renforce donc l'intérêt de la donation entre époux** (V. Fiche 59 : Rédiger une donation entre époux pendant le mariage **ou *JCl. Pratique notariale - Les actes*, Fasc. 1230, *Donation entre époux pendant le mariage*).**

3 Conseils à donner

2438 **Déclaration écrite.** Le notaire ne doit pas omettre de dire au conjoint survivant qu'il est prudent de faire constater son option dans un acte.

2439 **Informations sur les droits de mutation par décès.** Il est important de rappeler au conjoint survivant les incidences fiscales attachées à l'option qu'il se propose d'exercer, même si depuis la loi n° 2007-1223 du 21 août 2007, dite loi TEPA, ces incidences n'ont plus le même impact. Pour les successions ouvertes depuis le 22 août 2007, le conjoint survivant est entièrement exonéré de droits de mutation par décès (CGI, art. 796-0 bis). Ces critères doivent toutefois continuer à être pris en compte, notamment, si les enfants ne peuvent plus faire valoir leur propre abattement, en raison des donations qui leur ont été consenties par le défunt, depuis moins de quinze ans (V. *JCl. Notarial Formulaire*, V° *Conjoint survivant*, Fasc. 10 et 50 ou *JCl. Liquidations-Partages*, V° *Conjoint survivant*, Fasc. 10 et 50).

2440 **Informations concernant l'impôt sur la fortune immobilière.** Lorsque l'actif successoral comprend un actif immobilier d'une certaine valeur, il est opportun d'éclairer le conjoint survivant sur les incidences de l'option qu'il s'apprête à exercer, au regard de l'impôt sur la fortune immobilière (IFI) applicable depuis le 1er janvier 2018 (CGI, art. 964 et 965, créés L. n° 2017-1837, 30 déc. 2017, art. 31). Quand il prend sa décision, le conjoint survivant ne saurait méconnaître les principales règles suivantes :
– s'il entend faire jouer sa seule vocation successorale légale et opte pour l'usufruit universel, dans les termes de l'article 757 du Code civil, les actifs immobiliers seront compris, respectivement, dans son patrimoine et celui des enfants, nus-propriétaires, suivant les proportions fixées par l'article 669 du Code général des impôts (barème dépendant de l'âge de l'usufruitier) (CGI, art. 968, al. 2, 1°) ; les enfants, en leur qualité de nus-propriétaires, devront déclarer les actifs immobiliers démembrés, à concurrence de leurs droits et seront assujettis à l'IFI, si leur patrimoine personnel dépasse 1 300 000 € ; l'option du conjoint risque de faire entrer les enfants dans l'IFI ou d'alourdir le poids de leur impôt, s'ils sont déjà imposables ;
– s'il souhaite exercer l'usufruit de la totalité des biens transmis par la donation entre époux (C. civ., art. 1094-1), les biens seront compris dans son patrimoine pour leur valeur en pleine propriété ; cette option n'aura donc aucun impact fiscal pour les enfants (V. L. Briday-Lelong, *IFI et*

usufruit : JCP N 2018, n° 7, act. 228. – Pour une étude détaillée, V. *JCl. Ingénierie du patrimoine*, Fasc. 1800. – *JCl. Impôt sur la fortune*, Fasc. 13-20 et 13-22. – Pour les commentaires de l'administration, V. not. BOI-PAT-IFI-20-20-30-10, 8 juin 2018, § 70 à 130. – V. égal., *Dr. fisc.* 2018, n° 25, comm. 307. – Fr. Fruleux, *IFI : des commentaires administratifs utiles mais parfois contestables : JCP* N 2018, n° 25, act. 552. – J. Duhem, *2018, première année de l'IFI : JCP* N 2018, n° 48, 1351 ; *De l'ISF à l'IFI.... – Chronique annuelle, mai 2019 : JCP* N 2019, n° 21, 1203 ; *Impôt sur la fortune immobilière 2021. – Chronique annuelle : JCP* N 2022, n° 19, 1163).

B Vérifications préalables

2441 **Il conviendra de contrôler :**
- date du décès ;
- qualité des héritiers ;
- capacité du conjoint survivant ;
- licéité de l'acte.

1 Option légale entre l'usufruit universel ou le quart en propriété

a) Conditions d'existence

2442 **Qualité de conjoint successible.** Pour prétendre à une vocation héréditaire légale, le conjoint survivant doit avoir la qualité de successible, telle qu'elle est entendue par la loi. Il ne doit donc pas être divorcé (C. civ., art. 732).
Depuis le 1er juillet 2002, s'il remplit cette condition, le conjoint survivant n'est jamais primé par d'autres héritiers légaux (C. civ., art. 756 à 757-2).

2443 **Présence exclusive d'enfants communs.** La faculté de choisir entre l'usufruit de la totalité des biens existants ou la propriété du quart des biens n'est offerte au conjoint survivant que si tous les enfants laissés par le défunt sont issus des 2 époux (C. civ., art. 757. – V. *JCl. Notarial Formulaire*, V° *Conjoint survivant*, Fasc. 10 et *JCl. Notarial Formulaire*, V° *Succession*, Fasc. 50 et 60 ou *JCl. Liquidations-Partages*, V° *Conjoint survivant*, Fasc. 10 et *JCl. Liquidations-Partages*, V° *Succession*, Fasc. 50 et 60).

> ATTENTION **Malgré la formulation légale, il y a lieu de comprendre parmi les enfants issus des deux époux, ceux qui ont été adoptés par le couple, puisqu'ils sont aussi leurs héritiers.**

2444 **Absence d'exhérédation.** En présence de descendants, le conjoint survivant n'est pas un héritier réservataire et son droit de successibilité cesse, si le défunt l'en a privé directement, en l'exhérédant ou, indirectement, en instituant un légataire universel, par voie testamentaire (V. *JCl. Notarial Formulaire*, V° *Succession*, Fasc. 60 ou *JCl. Liquidations-Partages*, V° *Succession*, Fasc. 60) ; étant entendu que l'exhérédation du conjoint, par testament olographe, ne produit ses effets qu'en présence d'un testament valable en la forme (arg. C. civ., art. 970. – CA Versailles, 1re ch., sect. 1, 3 nov. 2017, n° 16/03329 : *JurisData* n° 2017-021689).

2445 **Absence d'indignité successorale.** Le conjoint survivant ne saurait prétendre à une vocation héréditaire légale, s'il est condamné, comme auteur ou complice, à une peine criminelle pour avoir volontairement donné ou tenté de donner la mort au défunt ou qui est condamné, comme auteur ou complice, à une peine criminelle pour avoir volontairement porté des coups ou commis des violences ou voies de fait ayant entraîné la mort du défunt sans intention de la donner (C. civ., art. 726). La loi prévoit également un certain nombre d'hypothèses permettant aux juges de prononcer l'indignité (C. civ., art. 727). Ainsi, peut, notamment, être déclaré indigne de succéder, « celui qui est condamné, comme auteur ou complice, à une peine criminelle ou correctionnelle pour avoir commis des tortures et actes de barbarie, des violences volontaires, un viol ou une agression sexuelle envers le défunt » (C. civ., art. 727, 2° bis, créé L. n° 2020-936, 30 juill. 2020, art. 8. – V. *JCl. Notarial Formulaire*, V° *Succession*, Fasc. 50 ou *JCl. Liquidations-Partages*, V° *Succession*, Fasc. 50).

2446 **Droit personnel au conjoint.** La faculté d'opter pour le quart en propriété ou l'usufruit des biens existants appartient au seul conjoint survivant. Il s'agit d'un droit personnel. Les créanciers, même s'ils ont intérêt à ce que le choix s'effectue dans un sens ou dans l'autre, ne peuvent contraindre le conjoint à opter, ni exercer l'option à sa place, par la voie oblique. À défaut d'option, les droits du conjoint sont incessibles, ce qui interdit à un tiers le droit de l'exercer (C. civ., art. 758-1. – V. *JCl. Notarial Formulaire*, V° *Conjoint survivant*, Fasc. 10 ou *JCl. Liquidations-Partages*, V° *Conjoint survivant*, Fasc. 10).

b) Époque de l'option

2447 **Absence de délai légal.** Si les enfants ne manifestent pas leur désir de connaître la position prise par le conjoint survivant, l'article 757 du Code civil ne fixe pas de délai particulier pour l'exercice de l'option légale. Mais il va de soi que celui-ci ne saurait dépasser un délai raisonnable ; il se doit de prendre parti sans trop tarder, notamment, en raison des conséquences fiscales de son option.

2448 **Initiative des enfants.** Les autres héritiers légaux ne peuvent rester dans l'expectative trop longtemps. Ils sont tenus de déposer une déclaration fiscale dans les six mois du décès ; ils doivent aussi envisager le partage à intervenir, notamment, si l'option du survivant porte sur le quart en propriété. Pour toutes ces raisons, le législateur les autorise à contraindre le conjoint à prendre parti ; chacun d'eux peut l'inviter par écrit à exercer son option légale (C. civ., art. 758-3).

> CONSEIL **Le conjoint successible doit être invité à exercer son option par lettre recommandée avec demande d'avis de réception (CPC, art. 1341). Ce procédé permet aux enfants de se ménager une preuve et d'éviter ainsi toute contestation ultérieure.**

2449 **Usufruit à défaut d'option.** Si le conjoint n'a pas pris parti sur la nature des droits légaux qu'il entend exercer dans la succession, dans les trois mois de la demande faite par les héritiers, il est réputé avoir opté pour l'usufruit (C. civ., art. 758-3). Cette règle clarifie la situation des enfants, en cas de doute sur les intentions du conjoint. Mais elle n'est pas sans danger. Toute demande brutale est à éviter pour ne pas risquer des conflits familiaux.

> CONSEIL **Il est opportun de convaincre le conjoint survivant des intérêts liés à son option, en l'incitant à régulariser un acte d'option, sans attendre une demande des enfants.**

2450 **Déclaration de succession.** Si le conjoint survivant n'a pas pris parti lors du dépôt de la déclaration de succession, dans le délai prévu à l'article 641 du Code général des impôts (BOI-ENR-DMTG-10-60-50, 30 oct. 2014, § 1) ou en cas de taxation d'office, il est censé avoir opté pour l'usufruit. S'il opte, ultérieurement, pour le quart en propriété, une déclaration rectificative doit être déposée (Instr. 7 avr. 2003 : *BOI* 7 G-1-03 ; *JCP* N 2003, en bref 98. – V. *JCl. Notarial Formulaire*, V° *Successions [Enreg.]*, Fasc. 105).

2451 **Décès du conjoint.** Si le conjoint décède sans avoir pris parti, il est censé avoir choisi l'usufruit (C. civ., art. 758-4) ; celui-ci s'éteignant au décès, la succession de l'époux décédé en premier sera pratiquement réglée comme si le conjoint survivant n'avait pas été héritier.

2452 **Aménagement de l'option par le défunt.** Le défunt peut avoir pris des dispositions par testament ou dans le cadre d'une donation entre époux, afin de modifier les modalités d'exercice de l'option légale. Il en est ainsi, notamment, s'il a décidé qu'à défaut d'option dans un certain délai, à compter du décès et non plus du jour de la demande des héritiers, le conjoint sera censé avoir choisi l'usufruit ou au contraire le 1/4 en propriété.
Le défunt a pu stipuler également que s'il décède, sans avoir opté, le conjoint sera censé avoir choisi la propriété, plutôt que l'usufruit, comme le prévoit la loi.

c) Capacité

2453 **Conjoint sous tutelle ou sous curatelle.** Si le conjoint survivant est placé sous tutelle, son représentant légal exerce l'option en son nom avec l'autorisation du juge des tutelles des majeurs ou du conseil de famille s'il a été constitué. L'option emporte, en effet, renonciation à un droit qui n'est pas choisi et la renonciation à un droit impose toujours une autorisation (D. n° 2008-1484, 22 déc. 2008, ann. I, col. 2, V).
Si le conjoint survivant est placé sous curatelle, le concours du curateur est nécessaire (V. *JCl. Notarial Formulaire*, V° *Mineurs. Majeurs protégés*, Fasc. 710 et 800 et *JCl. Notarial Formulaire*, V° *Quotité disponible et réserve*, Fasc. 80 ou *JCl. Liquidations-Partages*, V° *Quotité disponible et réserve*, Fasc. 80).

2454 **Opposition d'intérêts.** Si le tuteur ou le curateur du conjoint survivant se trouve être l'un des descendants, l'exercice de l'option fera naître une opposition d'intérêts entre les parties et la mission de représentation ou d'assistance sera confiée au subrogé tuteur ou au subrogé curateur. À défaut, l'acte imposera la désignation d'un tuteur ou d'un curateur *ad hoc* (C. civ., art. 454 et 455. – V. *JCl. Notarial Formulaire*, V° *Mineurs. Majeurs protégés*, Fasc. 710 et 800).

2455 **Conjoint bénéficiant du dispositif d'habilitation familiale.** Le juge des tutelles des majeurs peut habiliter un proche d'un majeur « dans l'impossibilité de pourvoir seul à ses intérêts en raison d'une altération, médicalement constatée, soit de ses facultés mentales, soit de ses facultés corporelles de nature à empêcher l'expression de sa volonté », à l'effet de le représenter, de l'assister dans les conditions prévues à l'article 467 du Code civil ou de passer un ou plusieurs actes en son nom, dans les conditions et selon les modalités prévues aux articles 494-2 à 494-12 du même code (C. civ., art. 494-1, mod. L. n° 2019-222, 23 mars 2019, art. 29. – CPC, art. 1217 à 1233, réd. D. n° 2019-756, 22 juill. 2019, art. 3). L'habilitation peut être spéciale (C. civ., art. 494-6, al. 2 et 3) ou générale (C. civ., art. 494-6, al. 5).

Sur le fondement de ces textes, lorsque le conjoint survivant souffre d'une altération de ses facultés mentales mais n'est pas soumis à un régime de protection continue, un de ses proches est donc en droit de solliciter une habilitation judiciaire à l'effet de l'assister ou de le représenter dans l'exercice de l'option successorale. Naturellement, le requérant ne saurait être un descendant car l'exercice de l'option ferait naître une opposition d'intérêts entre lui et le conjoint survivant. La personne titulaire d'une habilitation générale (C. civ., art. 494-6, al. 5) ne saurait non plus assister le conjoint survivant ou exercer l'option successorale en son nom, si elle se trouve en opposition d'intérêts avec la personne protégée. Dans une telle situation, la personne habilitée est tenue de demander au juge des tutelles de la confirmer dans son pouvoir de représentation ou d'assistance (C. civ., art. 494-6, al. 6. – V. *JCl. Notarial Formulaire*, V° *Mineurs. Majeurs protégés*, Fasc. 520).

> CONSEIL **Depuis le 1er janvier 2020, les fonctions de juge des tutelles des majeurs sont exercées par le juge des contentieux de la protection du tribunal judiciaire (COJ, art. L. 213-4-1 et L. 213-4-2, créés L. n° 2019-222, 23 mars 2019, art. 95).**

2456 **Sauvegarde des entreprises.** Le syndic de la liquidation des biens s'est vu refuser, dans le passé, l'exercice de l'option du conjoint bénéficiaire d'une donation entre époux. À défaut de disposition légale contraire, cette solution paraît devoir être transposée aux procédures actuellement en vigueur, notamment, dans le cadre de la sauvegarde des entreprises régie par la loi n° 2005-845 du 26 juillet 2005, modifiée (C. com., art. L. 620-1 à L. 663-4), puisque l'option légale de l'article 757 du Code civil est un droit personnel au conjoint.

2457 **Surendettement des particuliers.** S'il sollicite le traitement de son surendettement, le débiteur doit rester de bonne foi, sous peine d'être déchu du bénéfice des procédures (C. consom., art. L. 761-1). Le conjoint survivant ne saurait donc augmenter son endettement, en exerçant l'option offerte par l'article 757 du Code civil. Sa bonne foi est aussi exigée, en cas de rétablissement personnel et il lui faut donc rester prudent quant aux incidences de son option (V. *JCl. Notarial Formulaire*, V° *Surendettement des particuliers*, Fasc. 10 et 20).

d) Licéité de l'option

2458 **Conjoint séparé de corps.** En cas de décès d'un époux séparé de corps, l'autre époux conserve les droits que la loi accorde au conjoint survivant (C. civ., art. 301). Il est appelé à la succession et, s'il est en concours avec des enfants tous issus des 2 époux, il peut opter pour l'usufruit universel ou le quart en propriété.

> ATTENTION **Lorsque la séparation de corps a eu lieu par consentement mutuel, des vérifications s'imposent car les époux ont pu inclure dans leur convention une renonciation aux droits successoraux conférés au conjoint survivant par les articles 756 à 757-3 et 764 à 766 du Code civil (C. civ., art. 301, réd. L. n° 2019-222, 23 mars 2019, art. 24. – V. *JCl. Notarial Formulaire*, V° *Divorce*, Fasc. 170).**

2459 **Respect des termes de l'option légale.** Si le conjoint est en concours avec des enfants tous issus des deux époux et entend exercer sa vocation légale, sur le fondement de l'article 757 du Code civil, il lui faut respecter les termes de l'option offerte par le texte. À défaut de libéralité à cause de mort, son choix porte exclusivement sur l'usufruit universel ou la propriété du quart des biens.

2460 **Conjoint privé du quart en propriété.** Si l'époux a pris des dispositions testamentaires, afin que son conjoint recueille l'usufruit de tous ses biens, mais pas de droit en pleine propriété, le survivant n'a plus la faculté d'exercer l'option légale, même s'il est en concours avec des enfants tous issus des deux époux.

2461 **Conjoint privé de l'usufruit universel.** L'option légale est également exclue si le défunt a gratifié son conjoint d'une quotité en propriété, en le privant, par voie testamentaire, de tout droit en usufruit dans sa succession. Il n'est pas rare, en effet, que l'usufruit soit jugé néfaste aux intérêts de la famille, notamment,

si le patrimoine comporte des biens difficiles à gérer ou s'il est nécessaire d'assurer des revenus aux enfants.
Quand il est en concours avec des descendants, le conjoint n'est pas réservataire et une disposition testamentaire peut l'exhéréder en partie (pour un rappel du principe, CA Aix-en-Provence, 2e et 3e ch. réunies, 3 nov. 2021, n° 18/08578 : *JurisData* n° 2021-017908. – V. *JCl. Notarial Formulaire*, V° *Testament*, Fasc. 80).

2 Option entre les quotités du disponible spécial entre époux

2462 **Éléments du choix.** Les donations entre époux de biens à venir consenties pendant le mariage permettent d'améliorer la situation patrimoniale du conjoint survivant mais elles sont enfermées dans certaines limites légales, afin de ne pas porter atteinte aux droits des héritiers réservataires.
Ainsi, selon l'article 1094-1 du Code civil, pour le cas où l'époux laisserait des enfants ou des descendants, il peut disposer en faveur de son conjoint :
– soit de la propriété de la quotité disponible ordinaire (la moitié des biens, s'il ne laisse qu'un enfant, le tiers, s'il laisse deux enfants et le quart, s'il en laisse trois ou un plus grand nombre) ;
– soit d'un quart de ses biens en propriété et trois quarts en usufruit ;
– soit de la totalité de ses biens en usufruit (V. Fiche 59 : Rédiger une donation entre époux pendant le mariage ou *JCl. Pratique notariale – Les actes*, Fasc. 1230, *Donation entre époux pendant le mariage*).

> CONSEIL **Depuis le 1er janvier 2007, l'enfant qui renonce à la succession n'est compris dans le nombre d'enfants laissés par le défunt que s'il est représenté ou s'il est tenu au rapport d'une libéralité en application de l'article 845 du Code civil (C. civ., art. 913, al. 2, créé, L. n° 2006-728, 23 juin 2006, art. 12, I, 2°).**

2463 **Auteur du choix.** Le donateur est en droit de choisir, lui-même, l'un des termes de la quotité disponible spéciale aux époux. Mais il peut aussi déléguer conventionnellement cette faculté à son conjoint. Cette dernière solution est la plus utilisée en pratique. Elle évite d'arrêter définitivement l'objet de la libéralité au jour où elle est signée et présente l'avantage de laisser au survivant la possibilité de se déterminer, en considération de la situation familiale et patrimoniale, au moment du décès, en prenant en compte les intérêts civils et fiscaux du choix au même moment.

> ATTENTION **Les héritiers réservataires ou les créanciers du défunt ne sauraient se substituer au conjoint gratifié pour opter entre les disponibles de l'article 1094-1 du Code civil. Tout en présentant un caractère patrimonial, cette option procède de l'appréciation discrétionnaire du conjoint gratifié. Elle ne peut pas non plus être exercée en ses lieu et place par ses propres créanciers.**

2464 **Transmission de l'option.** Si le conjoint gratifié décède sans avoir exercé son choix pour l'un des termes du disponible spécial entre époux, l'option est généralement transmise à ses héritiers qui peuvent opter dans les mêmes conditions mais, pour éviter des difficultés pratiques, le donateur peut stipuler que le donataire sera censé avoir opté pour l'universalité en usufruit, s'il décède avant l'exercice de l'option.

> CONSEIL **Aucune clause ne saurait transmettre l'option aux héritiers du donateur.**

2465 **Option tacite.** La loi ne prévoit aucune forme particulière pour exercer le choix entre les trois termes de la quotité disponible spéciale entre époux mais une clause de la libéralité pourrait exiger une forme précise.
À défaut de forme imposée, l'exercice de l'option peut être tacite et sa preuve rapportée par tous moyens, notamment, par des témoignages ou des actes impliquant un choix déterminé.
Pour emporter des effets de droit, l'option du conjoint doit toutefois être certaine et non équivoque.

2466 **Délai d'exercice.** Contrairement à l'option héréditaire qui doit s'exercer dans les dix ans, à compter de l'ouverture de la succession (C. civ., art. 780), le choix entre les quotités du disponible spécial aux époux n'est pas soumis à un délai légal particulier (CA Paris, pôle 3, ch. 1, 30 sept. 2020, n° 18/17020 : *JurisData* n° 2020-015286).
L'acceptation de la succession est une condition préalable à l'exercice de la faculté de choisir fondée sur l'article 1094-1 du Code civil mais cette dernière faculté n'est assujettie à aucun délai

précis, à compter de l'ouverture de la succession ou de son acceptation ; étant entendu qu'il est néanmoins permis au disposant d'impartir un délai au conjoint gratifié.

2467 **Incapacité du conjoint survivant.** Au jour de l'ouverture de la succession, la capacité exigée du conjoint survivant, pour accepter une donation entre époux de biens à venir, est celle prévue en matière de legs. Si la libéralité entre époux est universelle ou à titre universel, le tuteur d'un majeur sous tutelle n'a besoin d'aucune autorisation pour accepter à concurrence de l'actif net.
Depuis le 25 mars 2019, le tuteur peut également accepter purement et simplement, si l'actif dépasse manifestement le passif, après recueil d'une attestation du notaire chargé du règlement de la succession ou, à défaut, après autorisation du conseil de famille ou du juge (C. civ., art. 507-1, al. 1er, mod. L. n° 2019-222, 23 mars 2019, art. 9-1, 9°). La renonciation nécessite toujours une autorisation préalable (C. civ., art. 507-1, al. 2). Avant cette date, le tuteur devait être autorisé par le juge des tutelles des majeurs ou le conseil de famille, s'il avait été constitué, pour accepter purement et simplement ou pour renoncer (C. civ., ancien art. 507-1. – V. D. n° 2008-1484, 22 déc. 2008, ann. I, col. 2, V).
Le majeur en curatelle peut accepter seul à concurrence de l'actif net. Il peut également accepter purement et simplement, si l'actif dépasse manifestement le passif, après recueil d'une attestation du notaire chargé du règlement de la succession ; à défaut, il doit être assisté de son curateur (arg. C. civ., art. 467, al. 1er et 507-1, al. 1er, combinés). Cette assistance s'impose toujours pour renoncer (C. civ., art. 467, al. 1er et 507-1, al. 2, combinés). Avant cette date, le majeur en curatelle devait être assisté de son curateur pour accepter purement et simplement ou renoncer (C. civ., art. 467, al. 1er et C. civ., ancien art. 507-1. – V. *JCl. Notarial Formulaire*, V° *Mineurs. Majeurs protégés*, Fasc. 710 et 800).

> ATTENTION **Si le conjoint est sous tutelle, l'option entre les quotités de l'article 1094-1 du Code civil doit être exercée par le tuteur dûment autorisé (C. civ., art. 507-1, al. 2) ; en effet, l'option ne saurait s'analyser en un acte de pure administration car le choix de l'une des quotités implique nécessairement la renonciation aux deux autres (D. n° 2008-1484, 22 déc. 2008, ann. I, col. 2, V).**

3 Renseignements à obtenir des parties

2468 **Livret de famille.** Il est toujours opportun de demander la copie du livret de famille du défunt, en raison des mentions figurant sur ce document (A. 1er juin 2006, mod. A. 3 mai 2022). Cette démarche est un facteur de sécurité, dans la mesure où la publicité des actes de l'état civil est assurée tant par la délivrance des copies intégrales ou d'extraits faite par les officiers de l'état civil que par le livret de famille (C. civ., art. 101-1 et 101-2, créés, L. n° 2016-1547, 18 nov. 2016, art. 53. – D. n° 2017-890, 6 mai 2017, art. 25).
En consultant le livret de famille, le notaire constate, le cas échéant, que le défunt était célibataire quand il s'est marié avec le conjoint survivant et qu'il n'y aura donc pas d'enfant d'un précédent mariage à rechercher.
Les enfants issus du mariage sont indiqués. Si l'un d'eux est décédé antérieurement, le notaire doit alors se préoccuper des enfants qu'il a pu laisser et qui viendront par représentation (V. *JCl. Notarial Formulaire*, V° *État civil*, Fasc. 20).

2469 **Pièces d'état civil.** Outre le livret de famille, le notaire doit se faire communiquer toutes pièces officielles lui permettant de contrôler l'état civil du défunt et de ses héritiers légaux.

2470 **Informations patrimoniales.** Le notaire doit également se faire remettre les titres de propriété et autres documents susceptibles de l'informer sur la situation patrimoniale des époux au moment du décès et sur les libéralités qu'ils ont pu se consentir au cours de leur union.

4 Pièces à demander

2471 **Acte de décès.** L'acte de décès permet de connaître la date précise du décès de l'époux dont on entend régler la succession.

2472 **Acte de naissance.** En demandant un extrait de l'acte de naissance du conjoint survivant et des descendants, le praticien obtient tous renseignements utiles sur leurs date et lieu de naissance. De plus, des informations sont susceptibles de figurer dans les mentions en marge de cet acte Tel sera le cas, notamment, si le conjoint survivant fait l'objet d'une habilitation familiale générale (C. civ., art. 444 et 494-6, al. 5 et 8, combinés. – CPC, art. 1233).

2473 **Fichier central des dispositions de dernières volontés.** En interrogeant le fichier central des dispositions de dernières volontés, le notaire

chargé de la succession a connaissance des donations entre époux qui n'ont pas été régularisées par son office et des testaments qui n'y ont pas été déposés.
Le notaire peut désormais interroger le fichier et recevoir la réponse par courrier électronique grâce à la clé Réal sécurisée. Cette possibilité s'inscrit dans un équipement d'ensemble des offices de notaires, dit télé@cte, permettant la rédaction des actes sur support électronique et leur archivage légal au minutier central électronique de Venelles (concernant le fichier, V. *JCl. Notarial Formulaire*, V° *Testament*, Fasc. 10).

5 Alertes

2474 Demande en réduction. La réduction d'une libéralité à cause de mort entamant la réserve héréditaire des descendants n'a pas lieu de plein droit et doit être demandée.
La donation entre époux est seulement réductible ; tant qu'elle n'a pas été réduite, la libéralité excessive produit son plein effet (V. *JCl. Notarial Formulaire*, V° *Quotité disponible et réserve*, Fasc. 80 et 90 ou *JCl. Liquidations-Partages*, V° *Quotité disponible et réserve*, Fasc. 80 et 90).
Notons qu'aux yeux de la Cour de cassation, le conjoint survivant gratifié d'un legs universel, en présence de descendants, n'étant pas titulaire de l'action en réduction, le fait qu'il opte pour l'une des branches de la quotité disponible spéciale entre époux est sans incidence sur l'étendue de sa libéralité si l'action en réduction n'est pas exercée. Ce n'est qu'en cas d'action en réduction que sa libéralité sera réduite à l'option choisie, la réduction se faisant alors en principe en valeur. Il n'en reste pas moins que le conjoint peut limiter sa vocation libérale en usant de la faculté de cantonnement (Cass. 1re civ., 13 juill. 2022, n° 21-10.226 : *JurisData* n° 2022-014076 ; *Dr. famille* 2022, comm. 169, A. Tani).

2475 Imputation des libéralités. La loi n° 2006-728 du 23 juin 2006 portant réforme des successions et des libéralités a rétabli le principe traditionnel selon lequel toutes les libéralités faites par le défunt à son conjoint s'imputent sur la part successorale légale de ce dernier (C. civ., art. 758-6). Par suite, les libéralités reçues du défunt ne s'ajoutent pas à la vocation successorale légale du conjoint (Cass. 1re civ., 12 janv. 2022, n° 20-10.091 : *JurisData* n° 2022-000186 ; *JCP* N 2022, n° 4, act. 201 ; *JCP* N 2022, n° 13, 1130, V. Zalewski-Sicard ; *JCP* G 2023, doctr. 108, spéc. n° 2, R. Le Guidec. – CA Douai, 1re ch. sect. 1, 23 sept. 2021, n° 19/04791 : *JurisData* n° 2021-014986).
L'imputation fondée sur l'article 758-6 du Code civil concerne toutes les libéralités conjugales et s'applique, notamment, lorsqu'un pacte tontinier compris dans l'acte d'achat d'un appartement constitue une donation déguisée du défunt en faveur de son épouse, pour absence d'un aléa d'égale importance entre les intéressés (Cass. 1re civ., 12 janv. 2022, n° 20-12.232 : *JurisData* n° 2022-000185 ; *JCP* N 2022, n° 4, act. 200 ; *RFP* 2022, act. 35).
Si les libéralités reçues du défunt sont inférieures aux droits définis aux articles 757 et 757-1 du Code civil, le conjoint survivant peut en réclamer le complément, sans jamais recevoir une portion des biens supérieure à la quotité définie à l'article 1094-1 du même code (C. civ., art. 758-6).
Dans une espèce où le défunt avait laissé, pour lui succéder, deux enfants issus d'une première union, ainsi que son épouse, héritière pour 1/4 en propriété (C. civ., art. 757) et donataire de la plus forte quotité disponible permise par la loi, il a été jugé, au visa de l'article 758-6 du Code civil, qu'en présence d'enfants ou de descendants, les libéralités reçues du défunt par le conjoint survivant s'imputent sur les droits de celui-ci dans la succession, de sorte qu'il ne peut recevoir une portion de biens supérieure, soit à la quotité disponible en faveur d'un étranger, soit au 1/4 en pleine propriété et aux 3/4 en usufruit, soit encore à la totalité des biens en usufruit seulement. En conséquence, dans la situation envisagée, le conjoint survivant bénéficie de sa vocation légale, augmentée de la portion de la libéralité excédant cette vocation, dans la limite de la quotité disponible spéciale entre époux, c'est-à-dire, 1/4 en pleine propriété et 3/4 en usufruit (Cass. 1re civ., 25 oct. 2017, n° 17-10.644 : *JurisData* n° 2017-021016 ; *JCP* N 2017, n° 49, 1333, Fr. Sauvage ; *JCP* N 2018, n° 8-9, 1110, R. Le Guidec ; *Dr. famille* 2018, comm. 15, M. Nicod ; *RTD civ.* 2018, p. 188, M. Grimaldi ; *AJ fam.* 2018, p. 51, J. Casey. – V. égal., CA Paris, pôle 3, ch. 1, 16 oct. 2019, n° 18/02364 : *JurisData* n° 2019-018053).

CONSEIL En présence d'enfants tous issus des deux époux, il est important d'informer le conjoint que s'il opte pour la quotité disponible ordinaire, en vertu d'une libéralité à cause de mort, il ne pourra pas prétendre bénéficier de l'usufruit du surplus, dans les termes de l'article 757 du Code civil.
D'une manière générale, afin de ne pas engager sa responsabilité professionnelle, pour manquement à son devoir de conseil, le notaire se doit d'informer son client sur les différentes options

possibles, en chiffrant toutes les hypothèses, sans oublier de conserver la preuve de ses diligences (Cass. 1re civ., 22 nov. 2017, n° 16-26.169 : *JurisData* n° 2017-023886 ; *Dr. famille* 2018, comm. 40, A. Tani ; *JCP* N 2018, n° 38, 1283, D. Epailly ; en l'espèce, dans le cadre d'une succession ouverte avant le 1er janvier 2007, un notaire n'avait pas donné toutes les informations utiles au conjoint survivant concernant les règles du cumul des libéralités entre époux avec la vocation légale et a été condamné en réparation de la perte de chance de sa cliente de choisir une option plus favorable).

2476 **Sort de l'usufruit du droit d'exploitation d'une œuvre littéraire.** Suivant un arrêt du 8 juillet 2015 de la Cour de cassation, en optant pour l'usufruit de la totalité des biens, le conjoint survivant bénéficie de l'usufruit sur les droits patrimoniaux, non pas au titre de l'usufruit légal spécial sur le droit d'exploitation de l'œuvre littéraire du défunt que l'article L. 123-6 du Code de la propriété intellectuelle lui réserve, mais au titre de la quotité disponible spéciale sur laquelle l'article 1094-1 du Code civil l'invite à opter. Ainsi, après avoir relevé que le conjoint survivant était donataire de l'usufruit de la totalité des biens dépendant de la succession, lequel n'affectait pas la nue-propriété de la réserve héréditaire, la cour d'appel en a déduit à bon droit que l'usufruit du droit d'exploitation des œuvres de l'auteur dont le conjoint survivant bénéficiait, en vertu de l'article L. 123-6 du Code de la propriété intellectuelle, n'était pas soumis à réduction au profit de l'héritier réservataire (pour le régime juridique de l'usufruit spécial attribué au conjoint survivant, V. *JCl. Notarial Formulaire*, V° *Propriété littéraire et artistique*, Fasc. 10).

2477 **Acte de notoriété.** Dans certaines situations simples, le conjoint peut exercer assez vite l'option offerte par l'article 757 du Code civil et sa décision sera alors consignée dans l'acte de notoriété dressé après le décès (V. Fiche 43 : Rédiger une notoriété successorale ou *JCl. Pratique notariale – Les actes*, Fasc. 1345, *Notoriété successorale*). Dans d'autres situations, les conséquences pratiques du choix ne pourront pas être immédiatement appréciées et il sera alors préférable de surseoir à l'exercice de l'option. Il en sera ainsi, notamment, si le conjoint survivant décide d'opter pour le quart en propriété, compte tenu des modalités particulières de calcul édictées par l'article 758-5 du Code civil (V. *JCl. Notarial Formulaire*, V° *Succession*, Fasc. 60 ou *JCl. Liquidations-Partages*, V° *Succession*, Fasc. 60).

2478 **Liquidation sommaire.** Si le défunt a consenti des donations à ses enfants ou à des tiers, il est indispensable de procéder à un projet de liquidation chiffrée pour déterminer le montant du quart en propriété ; à défaut d'une telle précaution, le conjoint risquerait d'exercer son option légale, sans avoir conscience des conséquences pratiques exactes.

III Rédaction et formules

A Rédaction

2479 **Il conviendra de contrôler** :
- état civil du conjoint survivant ;
- consentement et capacité du conjoint survivant et des héritiers.

1 Clauses usuelles

2480 **Volonté d'opter.** Les textes n'imposent aucune formule sacramentelle mais il va de soi que le conjoint survivant doit exprimer clairement sa volonté d'exercer les options que lui offre la loi.

2481 **Mention du choix.** L'acte portant la déclaration du conjoint survivant doit indiquer, de manière expresse et non ambiguë, l'option retenue, sur le fondement de l'article 757 du Code civil (1/4 en propriété ou l'usufruit universel) ou de l'article 1094-1 du même code (quotité disponible ordinaire ou 1/4 en propriété et 3/4 en usufruit ou encore usufruit universel).

CONSEIL **L'option exercée par le conjoint survivant doit être pure et simple, c'est-à-dire qu'elle ne peut être assortie de modalités, comme le terme ou la condition.**

2 Clauses particulières

2482 **Modalités d'exercice de l'usufruit.** Si le conjoint opte pour l'usufruit, il est possible de préciser, avec l'accord des autres héritiers, qu'il est dispensé de fournir caution, de faire dresser un inventaire ou l'état des immeubles (V. *JCl. Notarial Formulaire*, V° *Usufruit*, Fasc. 20).
Une telle convention ne doit toutefois pas être adoptée sans quelques explications préalables.
Les héritiers réservataires peuvent également accepter que le régime légal de l'usufruit soit aménagé, dans un sens favorable à l'usufruitier (V. *JCl. Notarial Formulaire*, V° *Usufruit*, Fasc. 20).

2483 **Conversion de l'usufruit en rente viagère.** L'usufruit profitant au conjoint survivant, qu'il résulte de la loi, d'un testament ou d'une donation entre époux, peut toujours être converti en rente viagère, à la demande du conjoint ou des nus-propriétaires (C. civ., art. 759 à 761. – V. *JCl. Pratique notariale – Les actes*, Fasc. 1165, *Conversion d'usufruit*).
Cette faculté peut utilement être rappelée dans l'acte de notoriété ou dans l'acte constatant l'option du conjoint pour l'usufruit universel de la succession, dans les termes de l'article 757 du Code civil.

2484 **Convention de quasi-usufruit.** Lorsque le conjoint survivant opte pour l'usufruit, si la succession comporte des biens consomptibles, c'est-à-dire des biens dont on ne peut faire usage sans les consommer (C. civ., art. 587), s'ouvre un « quasi-usufruit ». Le conjoint survivant a le droit de s'en servir, mais à la charge de rendre, à la fin de l'usufruit, soit des choses de même quantité et qualité soit leur valeur estimée à la date de la restitution.

> CONSEIL **Afin d'éviter toutes contestations ultérieures, il peut s'avérer opportun de prévoir une convention constatant l'existence d'un quasi-usufruit sur les biens consomptibles précisément désignés et aménageant les droits respectifs des parties, tant au cours du démembrement, qu'au moment de l'extinction de l'usufruit (V. *JCl. Notarial Formulaire*, V° *Usufruit*, Fasc. 60. – Pour la rédaction des clauses susceptibles d'être adoptées, selon la volonté des parties, V. *JCl. Notarial Formulaire*, V° *Usufruit*, Fasc. 65, par F. Collard et B. Travely).**

B Formules

- *JCl. Notarial Formulaire*, V° *Notoriété*, Fasc. 65.
- *JCl. Notarial Formulaire*, V° *Succession*, Fasc. 135 et 137.

IV Formalités et taxation

A Formalités

2485 **Lettre des héritiers.** Si les enfants du défunt ont invité le conjoint survivant à exercer son option légale par lettre recommandée avec demande d'avis de réception (C. civ., art. 758-2. – CPC, art. 1341), il est utile d'annexer une copie de cet écrit à l'acte portant la déclaration d'option.

2486 **Courrier du notaire.** Il est également opportun d'annexer la lettre du notaire informant le conjoint survivant des incidences civiles et fiscales de son choix.

2487 **Publicité de l'option.** Si la succession comprend des immeubles, mention de l'option du conjoint doit être faite dans l'attestation de propriété établie par le notaire, en application des articles 29 du décret n° 55-22 du 4 janvier 1955 et 69 du décret n° 55-1350 du 14 octobre 1955 (V. Fiche 45 : Rédiger une attestation immobilière ou *JCl. Pratique notariale – Les actes*, Fasc. 1050, *Attestation immobilière*).

B Taxation

1 Droits d'enregistrement

2488 **Droit fixe.** L'acte notarié distinct constatant l'option du conjoint survivant doit être enregistré dans le délai d'un mois, à compter de sa date (arg. CGI, art. 635, 1, 1°). L'enregistrement se fait sur états (CGI, ann. 3, art. 245 et ann. 4, art. 60) et donne lieu au droit fixe des actes innommés de 125 € au 1er janvier 2023 (CGI, art. 680).

> ATTENTION **En pratique, l'option est souvent constatée dans un acte ayant un autre objet, dont elle est une disposition dépendante, ne donnant pas lieu à taxation.**

Depuis le 1er janvier 2020, s'il est établi sous signature privée, l'acte portant acceptation ou répudiation d'une succession ou d'un legs est dispensé de la formalité de l'enregistrement, l'article 635, 2, 2° du Code général des impôts ayant été abrogé par l'article 21 de la loi n° 2019-1479 du 28 décembre 2019 de finances pour 2020. La présentation volontaire de l'acte à l'enregistrement reste soumise au droit fixe de 125 € (CGI, art. 679, 3° et CGI, art. 680).

2489 **Cantonnement par le conjoint survivant.** D'une manière générale, les biens recueillis par un ou plusieurs héritiers, à la suite du cantonnement de son émolument par le conjoint survivant (C. civ., art. 1094-1, al. 2) ou un légataire (C. civ., art. 1002-1), sur une partie des biens dont il a été disposé en sa faveur, sont réputés transmis à titre gratuit par le défunt (CGI, art. 788 bis). Il en résulte que le conjoint survivant ou le légataire n'est taxé aux droits de mutation à titre gratuit, au tarif qui lui est personnellement applicable, que sur la part effectivement recueillie par lui (BOI-ENR-DMTG-10-20-50-30, 12 sept. 2012, § 20). Les autres successibles, bénéficiaires indirects du cantonnement, sont imposés sur les biens qu'ils reçoivent en supplément, au tarif applicable, selon leur lien de parenté avec le défunt. Il n'y a donc pas de double mutation taxable. Par ailleurs, le cantonnement constituant une simple modalité de l'option successorale offerte au conjoint survivant et non pas une opération de partage, le droit de partage ne peut être perçu.

2490 **Droits de mutation à titre gratuit.** L'exonération totale des droits de mutation à titre gratuit en faveur des successions recueillies par le conjoint survivant issue de la loi TEPA, n° 2007-1223 du 21 août 2007 demeure en vigueur (CGI, art. 796-0 bis) mais pour les successions ouvertes depuis le 17 août 2012, l'abattement en ligne directe prévu par l'article 779 du Code général des impôts est réduit à 100 000 € (V. *JCl. Notarial Formulaire*, V° *Successions [Enreg.]*, Fasc. 105). Pour un panorama exhaustif des différents tarifs applicables, nous invitons les lecteurs à se reporter aux tableaux publiés dans le guide fiscal des actes (V. *Guide fiscal des actes, premier semestre 2023*, éd. LexisNexis).

> ATTENTION **Il ne faut pas oublier que le conjoint survivant reste tenu de souscrire une déclaration de succession, même s'il recueille la totalité des biens laissés par le défunt, dès lors que l'actif brut de succession est supérieur à 50 000 € ou lorsqu'il a bénéficié antérieurement d'une donation non enregistrée ou non déclarée (CGI, art. 800. – BOI-ENR-DMTG-10-60-10, 12 sept. 2012, § 20.** – V. **Fiche 61 : Rédiger une déclaration de succession ou *JCl. Pratique notariale – Les actes*, Fasc. 1180, Déclaration de succession).**

2 Tarif des notaires

2491 Un arrêté du 28 février 2020 est entré en vigueur le 1er mars 2020. Toutefois, les émoluments des prestations effectuées avant le 1er janvier 2021, ou dont la réalisation a donné lieu, avant le 1er mars 2020, au versement par le client d'un acompte ou d'une provision, ou à l'engagement par l'un des notaires intervenant de frais ou débours, restent régis par l'ancien tarif (A. 28 févr. 2020, art. 29, 2° mod. A. 28 avr. 2020, art. 2).
Un nouvel arrêté en date du 25 février 2022, applicable depuis le 1er mars 2022, proroge jusqu'au 29 février 2024 les dispositions antérieures (A. 25 févr. 2022, art. 2).

2492 **Émolument fixe.** L'acte distinct dressé en minute constatant l'option du conjoint survivant ne fait pas partie des prestations notariales figurant au tableau 5 de l'article Annexe 4-7 du Code de commerce. Sa taxation est donc libre sous réserve du respect des conditions posées à l'article L. 444-1 du Code de commerce.

2493 **Émolument proportionnel.** Le cantonnement de l'émolument par le conjoint survivant (C. com., art. A. 444-62. – Numéro 7 du tableau 5. – V. *JCl. Commentaire du Tarif des Notaires*, Fasc. 3810) donne lieu à la perception d'un émolument proportionnel à la somme cantonnée, selon le barème suivant :

De	A	% (HT)
0	6 500 €	2,58
6 500	17 000 €	1,064

De	A	% (HT)
17 000	30 000 €	0,709
Au-dessus		0,532

CHECK-LIST **• Contrôler la capacité et le consentement du conjoint, en s'assurant qu'il n'est pas divorcé.**
• Vérifier que le défunt n'a pas, par voie testamentaire, privé le survivant du droit d'opter ou aménager les modalités de l'option.
• Se préoccuper de la composition de la famille du défunt, en recherchant s'il existe ou non des enfants communs aux époux.
• Ne pas omettre d'établir un projet de liquidation chiffrée pour déterminer le montant du quart en propriété et permettre au conjoint d'exercer son option légale en pleine connaissance de cause, si le défunt a consenti des donations à ses enfants ou à des tiers.
• Si le conjoint survivant bénéficie d'une libéralité à cause de mort, l'informer qu'il peut cantonner son émolument sur une partie des biens dont il a été disposé en sa faveur.

POUR ALLER PLUS LOIN

Fiches pratiques

• V. Fiche 61 : Rédiger une déclaration de succession ou *JCl. Pratique notariale – Les actes*, Fasc. 1180, *Déclaration de succession*.
• V. Fiche 59 : Rédiger une donation entre époux pendant le mariage ou *JCl. Pratique notariale – Les actes*, Fasc. 1230, *Donation entre époux pendant le mariage*.
• V. Fiche 43 : Rédiger une notoriété successorale ou *JCl. Pratique notariale – Les actes*, Fasc. 1345, *Notoriété successorale*.

Fascicules JurisClasseur

• *JCl. Ingénierie du patrimoine*, Fasc. 1050 et 1800.
• *JCl. Liquidations-Partages*, V° *Conjoint survivant*, Fasc. 10, 30 et 50.
• *JCl. Liquidations-Partages*, V° *Quotité disponible et réserve*, Fasc. 80.
• *JCl. Liquidations-Partages*, V° *Succession*, Fasc. 50 et 60.
• *JCl. Notarial Formulaire*, V° *Conjoint survivant*, Fasc. 10, 30 et 50.
• *JCl. Notarial Formulaire*, V° *Quotité disponible et réserve*, Fasc. 80.
• *JCl. Notarial Formulaire*, V° *Succession*, Fasc. 50 et 60.
• *JCl. Pratique notariale – Les actes*, Fasc. 1355, *Options du conjoint du chef d'entreprise*.
• *JCl. Roulois*, Fasc. 1230 et 1320.

Revues

• Chr. Blanchard, *La protection des victimes de violences conjugales, dispositions intéressant le notariat : JCP* N 2020, n° 37, act. 725.
• P. Bonduelle, *La loi du 23 juin 2006 et le couple : JCP* N 2016, n° 24, 1202.
• V. Bouchard, *Le logement du conjoint survivant au bon vouloir des époux : JCP* N 2018, n° 42, 1318.
• D. Boulanger, *La réserve héréditaire : un principe républicain ? : JCP* N 2020, n° 51, act. 1039 ; *Utiliser le certificat successoral européen ! : JCP* N 2022, n° 39, 1233.
• Cl. Brenner, Fr. Fruleux, V. Godron-Manessier et M. Leroy, *Les différents outils de protection du conjoint survivant : présentation générale : Actes prat. strat. patrimoniale* 2020, n° 4, dossier 26.
• L. Briday-Lelong, *IFI et usufruit : JCP* N 2018, n° 7, act. 228.
• Pr. Caignault, *Protéger le conjoint survivant. Le recours aux libéralités : anticiper les difficultés liquidatives – Cas pratiques : JCP* N 2015, n° 22, 1169.
• F. Collard, *Le cantonnement de libéralité par le conjoint survivant (Formule) : JCP* N 2019, n° 1, 1004.
• F. Collard et B. Travely, *Convention de quasi-usufruit après décès (Formule) : JCP* N 2018, n° 40, 1293.
• J. Combret et N. Baillon-Wirtz, *La loi du 18 novembre 2016 de modernisation de la justice du 21e siècle : incidences pour la pratique notariale : JCP* N 2016, n° 47, act. 1254.
• J. Couard, *Nouvelle version du livret de famille : Dr. famille* 2022, alerte 73.
• N. Couzigou-Suhas, *La loi du 3 décembre 2001 et la pratique notariale : Dr. famille* 2022, dossier 4.
• R. Crône et L. Perreau-Saussine, *La protection du conjoint survivant dans un contexte international : l'apport des règlements européens récents : JCP* N 2016, n° 48, 1327.
• Y. Delecraz, *La renonciation à succession : un nouvel outil patrimonial : JCP* N 2016, n° 18, 1138.
• Ph. Delmas Saint-Hilaire, *La déclaration des options par le conjoint survivant. – De l'intérêt stratégique de l'acte d'options : JCP* N 2013, n° 17, 1106.

Rédiger l'option du conjoint survivant

• Ph. Delmas Saint-Hilaire et Fr. Fruleux, *De l'intérêt renouvelé des libéralités universelles entre époux : Actes prat. strat. patrimoniale* 2020, n° 4, dossier 29.
• S. Ducamp-Monod, *De quelques difficultés prévisibles liées à l'application du règlement européen des successions : Dr. famille* 2015, étude 10.
• J. Duhem, *2018, première année de l'IFI : JCP* N 2018, n° 48, 1351 ; *De l'ISF à l'IFI.... – Chronique annuelle, mai 2019 : JCP* N 2019, n° 21, 1203 ; *Impôt sur la fortune immobilière 2021. – Chronique annuelle : JCP* N 2022, n° 19, 1163.
• D. Epailly, *Devoir d'information du notaire sur les droits successoraux du conjoint survivant : JCP* N 2018, n° 38, 1283 ; *Réforme de la réserve héréditaire, retour sur le rapport du groupe de travail : JCP* N 2021, n° 2, 1012.
• M. Farge, *Règlement des successions : les nouveaux réflexes à acquérir : JCP* N 2015, n° 31-35, 1143.
• D. Faucher, *Plaidoyer pour l'option du conjoint en cas de renonciation de l'enfant d'un premier lit : JCP* N 2013, n° 38, act. 910.
• É. Fongaro, *La protection patrimoniale du couple en droit international privé : Dr. famille* 2018, dossier 7.
• Fr. Fruleux, *Loi de finances pour 2020 et transmissions à titre gratuit : modernisation et changement de méthode : JCP* N 2020, n° 1-02, act. 101 ; *Suppression de la formalité de l'enregistrement et de certains droits fixes : à propos de l'article 21 de la loi de finances pour 2020 : JCP* N 2020, n° 3, act. 127 ; *Réforme de l'abus de droit fiscal : des commentaires administratifs « mesurés » : JCP* N 2020, n° 10, 1063 ; *Loi de finances pour 2021 et droits de mutation à titre gratuit : stabilité : JCP* N 2021, n° 3, act. 156.
• E. Galhaud, *Utiliser les techniques nouvelles. – Stratégie du cantonnement : JCP* N 2010, n° 5, 1061.
• Ch. Gijsbers, *La réalisation post mortem des sûretés : JCP* N 2017, n° 13, 1145.
• Ch. Goldie-Genicon, *Les droits légaux du conjoint survivant : JCP* N 2018, n° 42, 1317.
• E. Jacoby, *Le certificat successoral européen et le rôle du notaire : JCP* N 2016, n° 18, 1137 ; *Les droits du conjoint survivant et le certificat successoral européen dans les relations franco-allemandes : JCP* N 2018, n° 45, 1330.
• M. Lamarche, *Successions internationales : les défis de l'application du règlement européen : Dr. famille* 2015, alerte 58.
• R. Le Guidec, *Successions et libéralités : JCP* G 2023, doctr. 108.
• Fr. Letellier, *Le cantonnement : approche pratique : JCP* N 2023, n° 01, 1003.
• N. Levillain, *Le quart en propriété du conjoint survivant : JCP* N 2014, n° 36, 1267.
• J.-J. Lubin, *Impôt sur la fortune immobilière (IFI) – Recentrage total sur l'immobilier : RFP* 2018, dossier 2.
• I. Maria, *La ratification de l'ordonnance n° 2015-1288 du 15 octobre 2015 portant simplification et modernisation du droit de la famille : Dr. famille* 2017, dossier 8.
• H. Mazeron-Gabriel, *Pour le conjoint successible, imputer n'est pas rapporter : JCP* N 2022, n° 25, 1183.
• M. Michel, *Les principales mesures de la loi de finances pour 2023 relatives à la fiscalité patrimoniale : RFP* 2023, étude 1.
• D. Montoux, *Acte d'option par le conjoint survivant. Choix du quart en propriété des biens de la succession : Dr. famille* 2022, form. 1.
• D. Montoux et N. Levillain, *La modification des droits du conjoint, du fait notamment du cantonnement, doit être énoncée dans la déclaration de succession (Formule) : JCP* N 2021, n° 50, 1348.
• M. Nicod, *Interprétation souveraine des juges du fond quant à l'étendue d'un testament en faveur du conjoint survivant : Dr. famille* 2015, comm. 36 ; *L'imputation n'efface pas la libéralité entre époux : Dr. famille* 2018, comm. 15 ; *Les choix du conjoint survivant : quelle place pour la volonté tacite ? : Dr. famille* 2019, repère 5 ; *L'imputation des libéralités conjugales chasse le rapport à la masse partageable : Dr. famille* 2022, comm. 36 ; *L'acceptation du droit viager au logement : Dr. famille* 2022, comm. 75.
• C. Pérès, *La remise du rapport relatif à « la réserve héréditaire » : JCP* N 2020, n° 7-08, act. 212.
• N. Peterka, *La loi du 23 mars 2019 et la réforme du droit des personnes vulnérables : quelles conséquences pour la pratique notariale ? : JCP* N 2019, n° 14, 1157 ; *La légitimité de la mesure de protection : Dr. famille* 2023, dossier 4.
• G. Raoul-Cormeil, *Les droits du conjoint survivant face aux conflits de famille : Dr. famille* 2014, n° 7-8, étude 14.
• S. Rezek, *Questionnaire successoral après le décès de M.... : JCP* N 2020, n° 7-08, 1051.
• Cl. Richert et B. Homo, *118e Congrès des notaires de France. L'ingénierie notariale au service des familles. Compte rendu des travaux de la 3e commission (Aperçu rapide) : JCP* N 2022, n° 48, hors-série, 10008.
• B. Roman, *Comment donner des options au conjoint survivant et aux descendants ? L'arithmétique d'une transmission optimisée : RFP* 2020, prat. 1.
• Fr. Sauvage, *Vocation successorale du conjoint survivant : de l'imputation à la réduction : JCP* N 2017, n° 49, 1333.

• B. Savouré, *Réflexions pratiques sur la loi successorale unique et la réserve héréditaire de droit français* : *JCP* N 2015, n° 22, 1178.
• A. Sériaux, *La réserve à la croisée des chemins* : *Dr. famille* 2020, étude 14.
• A. Tani, *La promotion successorale du conjoint survivant. Quel bilan 20 ans après la loi du 3 décembre 2001 ?* : *Dr. famille* 2022, dossier 3 ; *Quotité disponible spéciale : choisir n'est pas réduire* : *Dr. famille* 2022, comm. 169 ; *Le conjoint successible est un héritier* : *Dr. famille* 2022, comm. 178.
• S. Torricelli-Chrifi, *L'imputation troublante des libéralités entre époux sur les droits légaux* : *Actes prat. strat. patrimoniale* 2020, n° 4, 28.
• B. Vareille, *La donation de biens à venir au conjoint survivant de l'écrivain* : *JCP* N 2015, n° 38, 1165 ; *Renonciation et cantonnement : abandonner sans donner* : *JCP* N 2016, n° 24, 1201 ; *La quotité disponible spéciale entre époux* : *JCP* N 2018, n° 42, 1319.
• V. Zalewski-Sicard, *La réduction et le conjoint survivant* : *JCP* N 2018, n° 42, 1323 ; *Option du conjoint survivant et droit viager au logement* : *JCP* N 2022, n° 19, 1161.

Fiche 45

Rédiger une attestation immobilière

Sommaire

I Aperçu rapide ... 489
A Éléments-clés ... 489
B Textes ... 489
II Préparation de l'acte ... 490
A Mise au point de la stratégie avec le client ... 490
1 Analyse de l'objectif du client ... 490
2 Conseils ... 491
B Vérifications préalables ... 492
1 Qualité pour requérir l'établissement de l'attestation ... 492
2 Vérifications concernant les biens à inclure dans l'attestation ... 492
III Rédaction et formules ... 493
A Rédaction ... 493
1 Forme ... 493
2 Contenu ... 493
B Formules ... 495
IV Formalités et taxation ... 495
A Formalités ... 495
B Taxation ... 496
1 Taxe de publicité foncière ... 496
2 Contribution de sécurité immobilière ... 496
3 Tarif des notaires ... 496

I Aperçu rapide

A Éléments-clés

2494 **L'attestation immobilière est un acte destiné à constater la transmission ou la constitution par décès d'immeubles ou de droits réels immobiliers, en vue de la publicité foncière. Tant que cette attestation n'a pas été publiée, l'héritier ou le légataire ne peut faire procéder à la publication des inscriptions, constitutions de droits réels ou mutations concernant les immeubles ou droits réels immobiliers qu'il a recueillis dans la succession.**

B Textes

- D. n° 55-22, 4 janv. 1955, art. 28, 3°, 29 et 33 A.
- D. n° 55-1350, 14 oct. 1955, art. 69.

II Préparation de l'acte

A Mise au point de la stratégie avec le client

1 Analyse de l'objectif du client

a) Établissement de l'attestation à la requête d'un héritier ou d'un légataire

2495 **Cas où l'attestation est inutile.** L'établissement de l'attestation sera le plus souvent requis par un héritier ou un légataire.
Il conviendra en pareil cas d'attirer son attention sur le fait que la publication dans les dix mois du décès d'un acte de partage portant sur la totalité des immeubles héréditaires dispense d'établir une attestation notariée (D. n° 55-22, 4 janv. 1955, art. 29, dernier al.).

> CONSEIL **Compte tenu de l'interprétation donnée à ce texte, il y aura lieu de vérifier si, dans ce délai de dix mois, les héritiers ou légataires ont l'intention :**
> **– de procéder à un partage ou une licitation portant sur la totalité des immeubles héréditaires ;**
> **– de procéder à une cession de droits successifs faisant cesser l'indivision à l'égard de tous les cohéritiers ;**
> **– de consentir une donation-partage cumulative.**
> **Il en est de même si le conjoint survivant entend donner à un enfant unique la totalité de ses droits indivis sur les immeubles dépendant de la communauté et éventuellement de la succession.**

2496 **Partage partiel.** Si le partage n'est que partiel, il vaudra attestation à l'égard des immeubles ou droits immobiliers concernés, mais l'établissement d'une attestation restera nécessaire pour constater la transmission des immeubles ou droits immobiliers non compris dans ce partage.

2497 **Attestation nécessaire.** L'exception légale à l'établissement d'une attestation notariée ne joue pas dans les divers cas suivants :
- donation entre vifs de droits successifs ;
- donation par le conjoint survivant non seulement de ses droits dans la communauté et dans la succession de son conjoint mais également d'immeubles lui appartenant en propre.

b) Établissement de l'attestation à la requête d'un créancier ou d'un tiers étranger à la succession

2498 **Principe général.** L'établissement d'une attestation est inutile toutes les fois qu'un acte doit être publié du chef du défunt lui-même et non du chef de ses héritiers.

2499 **Succession administrée par un tiers.** Il a été admis que l'établissement d'une attestation est inutile :
- dans le cas de succession vacante lorsque l'autorité administrative chargée du domaine exerce la fonction de curateur (C. civ., art. 809-1) ;
- lorsqu'un administrateur judiciaire a été désigné en l'absence d'héritier connu pour procéder à la vente par adjudication des immeubles héréditaires ;
- lorsque l'exécuteur testamentaire a été habilité à vendre les biens héréditaires (C. civ., art. 1030 et 1030-1).

2500 **Procédures ou actes d'exécution forcée.** Lorsqu'il y a lieu de procéder à la publication d'un acte dressé ou d'une décision rendue sans le concours ou la requête du titulaire du droit, le service de la publicité foncière doit accepter le dépôt de l'acte dont la formalité est requise même en l'absence de référence à l'attestation de propriété constatant la transmission par décès.
Il en est ainsi, par exemple, lorsqu'un créancier veut entreprendre la saisie d'un immeuble qui a été recueilli par son débiteur à titre successoral, sans qu'une attestation de propriété ait été publiée pour le constater ; il en est de même en cas de demande en justice, d'expropriation, de remembrement collectif (D. n° 55-1350, 14 oct. 1955, art. 36, 1).
Une procédure spéciale est alors prévue, qui permet soit de provoquer la publicité de l'attestation, soit de suppléer à l'absence d'attestation par la production d'un acte de notoriété ou d'un certificat délivré par un notaire ou un greffier (V. *JCl. Notarial Formulaire*, V° *Attestation notariée*, Fasc. 10).

2501 **Mesures d'exécution poursuivies à l'encontre des successibles du chef du défunt.** Si une saisie est poursuivie du chef du défunt à l'encontre des successibles, par exemple, par des créanciers de l'indivision agissant en vertu de l'article 815-17, alinéa 1er, du Code civil, le commandement peut être publié, de même que le jugement d'adjudication, sans qu'il soit nécessaire de produire l'acte de notoriété ou le certificat prévus à l'article 36, § 3, b, du décret du 14 octobre 1955. Il suffit que le document destiné à être conservé au service chargé de la publicité foncière comporte la mention de certification de l'identité du défunt. Il en est de même, dans les mêmes circonstances, s'il y a lieu de procéder à l'inscription d'un privilège ou d'une hypothèque légale ou judiciaire. Le commandement de saisie est alors publié directement du chef du défunt, V. l'étude de S. Lamiaux, préc., *in JCP* N 2022, n° 9, 1100, nos 13 à 20).

c) Reconstitution des titres de propriété de biens immobiliers dont la propriété est incertaine

2502 **Mesures fiscales de faveur.** L'administration fiscale a institué divers allégements et assouplissements applicables sur l'ensemble du territoire français, afin de favoriser la reconstitution des titres de propriété de biens ou droits immobiliers dont la propriété est incertaine, afin de faciliter ainsi le dénouement de certaines successions ou le partage de certains biens détenus en indivision. Ces mesures de faveur s'appliquent à la condition qu'une attestation de propriété soit établie dans les vingt-quatre mois du décès (V. BOI-ENR-DMTG-10-20-30-130, 30 oct. 2014, § 50 à 70. – BOI-ENR-DMTG-10-40-20-10, 30 oct. 2014, § 142 à 147. – BOI-ENR-DMTG-10-60-50, 30 oct. 2014, § 150. – BOI-CF-INF-10-20-10, 8 mars 2017, § 60) :
- le délai de dépôt de la déclaration de succession est alors porté à vingt-quatre mois (CGI, art. 641 bis) ;
- les frais de reconstitution des titres de propriété des biens ou droits immobiliers dans la propriété est incertaine sont admis en déduction de l'actif successoral dans la limite de la valeur déclarée de ses biens (CGI, art. 775 sexies) ;
- une exonération totale de droits de succession sous condition de reconstitution des titres de propriété est instituée en faveur des immeubles non bâtis indivis de faible valeur (CGI, art. 797).

2503 **Immeubles et droits immobiliers situés en Corse.** L'article 1135 bis du CGI exonère, sous certaines conditions, de droits de mutation par décès, en totalité, puis à concurrence de la moitié de leur valeur, les immeubles et droits immobiliers situés en Corse (V. BOI-ENR-DMTG-10-20-30-120, 30 mai 2014).

En pareil cas, l'établissement de l'attestation notariée présente un intérêt spécifique. En effet, le bénéfice de l'exonération ne s'applique qu'aux immeubles et droits immobiliers pour lesquels le droit de propriété du défunt n'a pas été constaté avant son décès par un acte régulièrement transcrit ou publié, qu'à la condition qu'une attestation notariée relative à ces biens soit publiée dans les vingt-quatre mois du décès (CGI, art. 1135 bis). À défaut, les héritiers ou légataires sont tenus d'acquitter dans le mois suivant l'expiration du délai de deux ans les droits de succession dont la mutation par décès a été dispensée, outre un intérêt de retard et un droit supplémentaire de 1 % de la valeur vénale des immeubles ou droits immobiliers en cause (CGI, art. 1840 G ter).

2 Conseils

2504 **Il conviendra de contrôler** :
- situation de la succession ;
- conséquences sur l'option ;
- héritiers.

2505 **Testament contesté.** Si le défunt a laissé un testament dont la validité est contestée, le notaire devra l'indiquer dans l'attestation. Mais tant que la nullité de ce testament n'a pas été prononcée, et parce qu'il n'en est pas juge, le notaire ne pourra que déférer à la demande faite par le légataire d'établir une attestation de propriété.

2506 **Option non intervenue.** Le fait que les héritiers ou les légataires n'aient pas exercé l'option successorale n'empêche pas l'établissement de l'attestation et n'est pas une cause de refus ou de rejet de sa publication.
Lorsque cette option interviendra, il y aura lieu d'établir une attestation rectificative.

CONSEIL Le fait de requérir l'établissement d'une attestation vaut-il acceptation tacite ? Cette question, traditionnellement débattue, n'a pas été expressément tranchée par la loi du 23 juin 2006 portant réforme des successions (C. civ., art. 784). L'établissement de l'attestation peut a priori être considéré comme un acte d'administration provisoire – il est imposé par la loi – n'emportant pas acceptation de la succession, dès lors que le successible n'y prend pas le titre ou la qualité d'héritier (précision qu'il sera bon de faire figurer expressément dans l'attestation). Dans le doute, l'héritier qui craindrait de se voir considéré comme acceptant pur

et simple devrait se faire autoriser à requérir l'établissement de l'attestation (C. civ., art. 784, al. 2).

2507 **Héritiers non identifiés.** L'impossibilité d'identifier un ou plusieurs successibles dont l'existence est connue, mais dont l'état civil est inconnu, n'est pas un obstacle à l'établissement de l'attestation. Elle sera dressée à la requête des héritiers dont l'identité est connue pour la part héréditaire leur revenant dans les immeubles de la succession. L'attestation indiquera que les cohéritiers non intervenants n'ont pas pris parti.

B Vérifications préalables

2508 **Il conviendra de contrôler** :
- qualité du requérant ;
- désignation et origine de propriété des biens.

1 Qualité pour requérir l'établissement de l'attestation

2509 **Personnes habilitées.** Il convient de vérifier que l'établissement de l'attestation est bien requis par une personne ayant qualité pour ce faire. Rappelons à ce sujet que :
- lorsque le défunt laisse plusieurs héritiers, l'attestation peut être requise par un seul où quelques-uns seulement d'entre eux ;
- que les légataires ont qualité pour requérir l'établissement de l'attestation ;
- il en est de même pour un administrateur provisoire, s'agissant d'une mesure d'administration, ou encore pour le curateur à une succession vacante ou l'exécuteur testamentaire.

CONSEIL **Il est rappelé que l'établissement d'une attestation n'est pas, en ce dernier cas, nécessaire pour vendre les immeubles dépendant de l'hérédité.**

2 Vérifications concernant les biens à inclure dans l'attestation

2510 **Biens et droits immobiliers.** L'attestation ne concerne que les biens et droits immobiliers, quelle qu'en soit leur nature, et donc, par exemple, les droits réels résultant d'un bail à construction ou d'un bail emphytéotique.
Si le défunt était titulaire de droits indivis dans un immeuble, ses droits doivent être compris dans l'attestation : mais les coïndivisaires n'ont pas à intervenir, si leurs propres droits indivis ne font pas l'objet de la transmission par décès (ainsi dans le cas où ils ne sont ni successibles, ni légataires).

ATTENTION **Si, lors de son décès, le défunt était saisi de ses droits dans une autre succession, une attestation doit être préalablement publiée pour constater cette transmission.**

2511 **Attestation limitée aux biens dépendant de la succession.** Doivent être considérés comme dépendants de la succession :
- les droits immobiliers éventuels ou conditionnels détenus par le défunt ; ainsi lorsqu'il était bénéficiaire d'un contrat de vente à terme, ou titulaire d'un usufruit successif ;
- les droits immobiliers conditionnels dépendant de la succession du défunt ; ainsi lorsqu'il était bénéficiaire d'un contrat de vente à terme.

2512 **Biens exclus.** En revanche, ne dépendent pas de la succession et n'ont donc pas à figurer dans l'attestation notariée :
- les immeubles ou droits immobiliers faisant l'objet d'un droit de retour conventionnel ou légal, ou qui sont sortis du patrimoine du défunt à la suite de l'exercice d'une action résolutoire ayant donné lieu à une décision judiciaire définitive ;
- les droits viagers dont le défunt était titulaire - usufruit, droits d'usage ou d'habitation - qui se sont éteints par le fait du décès.

CONSEIL **Lorsque le défunt est décédé après avoir signé un acte de vente d'immeuble sous seing privé devenu définitif avant son décès, il n'est pas nécessaire d'établir une attestation avant la publication de l'acte constatant la réitération de la vente par les héritiers.**

2513 **Transmission par décès.** L'attestation notariée est destinée à constater la transmission d'immeubles ou de droits immobiliers par décès, ce qui concerne en particulier :
- l'usufruit légal dont bénéficie le conjoint ;
- les attributions de droits réels immobiliers résultant au profit du survivant des époux des clauses du contrat de mariage, emportant attribution de parts inégales dans la communauté ;
- la transmission de droits réels immobiliers résultant de donations faites entre époux au profit du survivant soit par contrat de mariage, soit pendant le mariage (D. n° 55-1350, 14 oct. 1955, art. 69, al. 6).

2514 **Autres transmissions.** N'ont pas à être constatées dans l'attestation notariée, parce qu'il ne s'agit pas de transmission par décès :
– l'ouverture au profit du survivant des époux de l'usufruit, ou d'un droit d'usage ou d'habitation, résultant d'une clause de réversion d'usufruit ;
– la transmission au profit du survivant des acquéreurs des droits du prédécédé, dans le cas d'acquisition d'un immeuble ou de droits immobiliers avec « clause d'accroissement » ou acquisition en tontine (V. *JCl. Pratique notariale – Les actes*, Fasc. 1535, *Tontine*).

ATTENTION **Une attestation immobilière est nécessaire pour constater le jeu d'une clause d'attribution de communauté.**

III Rédaction et formules

A Rédaction

2515 **Il conviendra de contrôler :**
– qualité des requérants ;
– forme de l'acte ;
– énonciations de l'acte, notamment désignation des biens, effet relatif, évaluation ;
– intervention des ayants droit ;
– option successorale.

2516 **Réquisition.** L'attestation ne peut être établie par le notaire que sur réquisition expresse. Cette réquisition doit intervenir dans un délai de six mois qui court en principe à compter du jour du décès. Toutefois dans divers cas – successibles non appelés au moment du décès ou appelés sous condition suspensive ; déclaration d'absence ; succession en déshérence ou jugement déclaratif du décès – le point de départ de ce délai est reporté (V. D. n° 55-1350, 14 oct. 1955, art. 69, § 3).

1 Forme

2517 **Authenticité.** L'authenticité est requise pour les besoins de la publicité foncière (V. D. n° 55-22, 4 janv. 1955, art. 4, al. 1er). L'article 29 du décret n° 55-22 du 4 janvier 1955 indique d'ailleurs que l'attestation doit être « notariée ». Toutefois la procuration peut être valablement donnée par acte sous seing privé. L'acte doit être établi en minute.

ATTENTION **Le règlement national exclut que l'attestation puisse être reçue en concours ou en participation. Si plusieurs notaires sont chargés de dresser l'attestation, la préférence sera dévolue, selon le cas, dans l'ordre établi par le règlement de la chambre ou de la cour ou par le règlement Inter-cours.**

2 Contenu

2518 **Principales indications.** Toute attestation notariée comprend habituellement les indications suivantes : notaire rédacteur, mention du décès et identification du défunt, visa des pièces établissant la dévolution, mentions concernant les ayants droit, option successorale, désignation des biens, origine de propriété, évaluation, attestation, clôture.
Nous ne reprendrons pas le détail de chacune de ces rubriques. Nous mettrons simplement l'accent sur les points susceptibles de faire difficulté.

2519 **Visa des pièces établissant la dévolution.** Doivent être visées, les pièces qui établissent la dévolution de la succession :
– acte de décès du défunt ;
– acte de notoriété ou intitulé d'inventaire qui établit les qualités des successibles ;
– et le cas échéant, tous autres actes, tels que donation, testament, contrat de mariage, desquels résulte la dévolution successorale.

CONSEIL **Lorsque les actes dont le visa est nécessaire ne sont pas en la possession du notaire rédacteur de l'attestation, celui-ci doit s'en faire représenter une copie authentique.**

2520 **Dispositions à cause de mort.** Il est conseillé de reproduire littéralement le texte des dispositions à cause de mort dans l'attestation notariée, et plus particulièrement les clauses de restitution, les restrictions au droit de disposer et toutes les clauses susceptibles d'entraîner la révocation de la transmission par décès (D. n° 55-22, 4 janv. 1955, art. 29, al. 3).
En outre, dans le cas de testament, on doit mentionner dans l'attestation, selon le cas, soit la

décision judiciaire ordonnant l'envoi en possession, soit l'acte de délivrance de legs, lorsqu'elle est nécessaire ou la décision judiciaire statuant sur la demande en délivrance (D. n° 55-1350, 14 oct. 1955, art. 69, al. 1er).

2521 **Attestation rectificative.** Si l'envoi en possession ou la délivrance de legs n'intervient qu'après l'établissement de l'attestation notariée, il y aura lieu d'établir une attestation rectificative. Lorsque les actes dont le visa est nécessaire ne sont pas en la possession du notaire rédacteur de l'attestation, celui-ci doit s'en faire représenter une copie authentique.

Rappelons qu'en vertu de la loi n° 2016-1547 du 18 novembre 2016 de modernisation de la justice du XXIe siècle, pour les successions ouvertes à compter du 1er novembre 2017, le légataire universel institué par testament olographe ou mystique ne sera, en principe, plus soumis à envoi en possession. L'envoi en possession, et l'intervention du juge, ne sont nécessaires qu'en cas d'opposition à l'exercice par le légataire universel de sa saisine de plein droit (V. J. Letellier, étude au *JCP* N 2017, n° 12, 1138. – *Guide des successions*, fiche 16, éd. LexisNexis).

2522 **Mentions concernant les ayants droit.** Les ayants droit doivent être identifiés selon le droit commun (D. n° 55-22, 4 janv. 1955, art. 5). Lorsque certains des ayants droit n'ont pas pu être identifiés, on procède comme il est dit ci-dessus.

> CONSEIL **Aucun texte ne prescrit l'intervention des ayants droit, mais elle est, en pratique, vivement recommandée. L'indication de l'option héréditaire, toutes les fois où celle-ci aura été exercée, l'indication de la consistance des biens et droits immobiliers, de l'origine de propriété, et surtout la fixation de l'évaluation des biens héréditaires, incombent en effet à ces derniers.**

2523 **Option successorale.** Selon l'article 29, 1er alinéa du décret n° 55-22 du 4 janvier 1955, l'attestation notariée doit indiquer « obligatoirement si les successibles ou légataires ont accepté » et préciser « éventuellement les modalités de cette acceptation » (pure et simple ou à concurrence de l'actif net). Il en est de même pour l'option du conjoint survivant donataire.

Il ne faut pas se méprendre sur la portée de ces dispositions : ce qui est obligatoire, ce n'est pas que les héritiers et légataires aient pris parti, mais que l'attestation indique clairement si l'acceptation est déjà ou non intervenue. L'absence d'option n'est pas un obstacle à l'établissement de l'attestation.

2524 **Désignation des biens.** La désignation des immeubles et droits immobiliers dépendant de la succession doit, bien entendu, satisfaire aux conditions de l'article 7 du décret n° 55-22 du 4 janvier 1955, c'est-à-dire indiquer la nature, la situation, la consistance et la désignation cadastrale de chaque bien : section, numéro de plan, lieudit, remplacé par l'indication de la rue et du numéro pour les immeubles urbains (V. *JCl. Notarial Formulaire*, V° *Attestation notariée*, Fasc. 10 et 15 et *JCl. Notarial Formulaire*, V° *Publicité foncière*, Fasc. 50).

Les ayants droit doivent fournir au notaire tous les renseignements nécessaires à cette désignation. Le notaire doit, en outre, se faire justifier de leur exactitude par la production des titres de propriété du défunt.

Les servitudes pouvant grever les immeubles doivent être mentionnées.

> CONSEIL **L'attestation notariée n'est pas un partage et n'a pas à contenir la répartition de l'actif immobilier héréditaire entre les différents ayants droit à la succession. Lorsqu'il existe plusieurs ayants droit, il suffit d'indiquer que les biens leur sont transmis conjointement et indivisément, sans mentionner la proportion dans laquelle ces biens doivent finalement revenir à chacun.**

2525 **Origine de propriété.** L'origine de propriété – date, volume et numéro de la formalité de publicité du titre de propriété du défunt – doit être mentionnée selon le droit commun.

Signalons simplement quelques particularités :

– lorsque l'immeuble dépendant de la succession a été acquis par prescription par le *de cujus*, l'acte de notoriété constatant cette acquisition est à publier avant ou en même temps que l'attestation ;

– lorsque le défunt avait lui-même recueilli le bien par succession, il n'est pas indispensable, comme c'est par contre le cas en matière de vente, de faire figurer dans l'origine de propriété l'état civil, ni le lieu et la date de décès du précédent propriétaire. La seule mention des références à la publication du titre du dernier titulaire, c'est-à-dire date de publication, volume et numéro d'enliassement est suffisante.

2526 **Évaluation.** L'attestation doit contenir l'évaluation des biens qui en sont l'objet pour la perception de la contribution de sécurité

immobilière. Cette évaluation est à faire en se plaçant à la date de l'attestation.
Une évaluation globale est suffisante pour les immeubles qui sont dévolus soit indivisément, soit en nue-propriété à l'un et en usufruit à l'autre. La contribution de sécurité immobilière est en effet perçue sur la valeur totale des immeubles ou droits immobiliers successoraux sans division entre les divers successibles.

2527 **Attestation.** L'attestation est la partie essentielle de l'acte. Le notaire y certifie que, comme conséquence des faits et actes énoncés et visés par lui, les biens et droits dépendant de l'hérédité appartiennent aux héritiers ou ayants droit du défunt.
L'attestation est faite par le notaire sous sa responsabilité personnelle.
L'intervention des successibles à l'acte ne pourrait le couvrir que dans la mesure où il lui aurait été impossible de déceler l'inexactitude des déclarations faites par eux, déclarations qu'il est tenu de vérifier.

B Formules

• *JCl. Notarial Formulaire*, V° *Attestation notariée*, Fasc. 15.

IV Formalités et taxation

A Formalités

2528 **Publicité foncière.** L'attestation doit être établie et publiée dans les quatre mois à dater du jour où le notaire a été requis par les successibles (D. n° 55-22, 4 janv. 1955, art. 33, A). Au total donc la publication de l'attestation notariée doit intervenir au plus tard dans les dix mois du décès, mis à part le cas où le point de départ du délai de six mois imparti pour requérir l'établissement de l'attestation est retardé.

> ATTENTION **Un partage régularisé dans les dix mois du décès dispense d'établir une attestation de propriété. Pour les attestations rectificatives visées au paragraphe 2 de l'article 69 du décret n° 55-1350 du 14 octobre 1955, le délai commence à courir, soit du jour de l'événement modifiant les droits des successibles ou la masse héréditaire, soit du jour de l'exercice ou de la modification de l'option.**

2529 **Mode d'exécution.** La publication de l'attestation relève de la formalité unique.
Lorsque les immeubles sont situés dans le ressort d'un même service de la publicité foncière, il y a lieu de déposer :
– deux copies authentiques intégrales de l'attestation ; l'une de ces copies authentiques est rendue au déposant, revêtue d'une mention attestant l'exécution de la formalité ainsi que le paiement des sommes dues, l'autre est conservée par le service de la publicité foncière ;
– les extraits d'acte prescrits par les articles 18 à 22 du décret n° 55-1350 du 14 octobre 1955 (V. *JCl. Notarial Formulaire*, V° *Attestation notariée*, Fasc. 10 et 15).

> ATTENTION **Un régime spécifique est applicable en Alsace-Moselle (départements du Bas-Rhin, du Haut-Rhin et de la Moselle).**

2530 **Sanctions du défaut de publication.** L'absence de publication de l'attestation n'a aucune incidence sur l'opposabilité aux tiers de la mutation, qui s'impose à eux par le simple fait du décès. En effet l'attestation se borne à constater une dévolution et ne crée aucune situation juridique nouvelle. Mais il faut mettre à part le cas du légataire particulier qui peut se prévaloir de la publication de son legs par l'attestation notariée à l'égard des ayants cause du défunt qui n'ont pas publié antérieurement les actes ou décisions judiciaires établissant à leur profit des droits concurrents (D. n° 55-22, 4 janv. 1955, art. 30, § 4, al. 2).
En l'absence de publication, la responsabilité du notaire pourrait être engagée si l'inobservation du délai prescrit avait engendré un préjudice (D. n° 55-22, 4 janv. 1955, art. 30, § 4, al. 1er).

2531 **Effet relatif.** En raison du principe de « l'effet relatif », toute publication concernant les

immeubles successoraux ne peut intervenir tant que l'attestation notariée n'a pas été publiée.
Il suffit que la publication de l'attestation immobilière intervienne préalablement ou simultanément à la réquisition d'une autre formalité de publicité relative aux immeubles héréditaires pour qu'il soit satisfait à ce principe. L'attestation peut donc être déposée en même temps que l'acte à publier (D. n° 55-1350, 14 oct. 1955, art. 32).

B Taxation

1 Taxe de publicité foncière

2532 **Principe.** La publication de l'attestation notariée ne donne lieu qu'à la perception de la taxe fixe de publicité foncière prévue aux articles 674 ou et 680 du Code général des impôts, soit en 2021 : 25 ou 125 €.

2533 **Exceptions.** Exceptionnellement, l'attestation peut être soumise :
– soit à la perception de la taxe fixe prévue pour les actes innommés soit actuellement 125 € (CGI, art. 680) ; il en est ainsi lorsqu'elle contient la notoriété établissant la dévolution successorale ;
– soit à la taxe de publicité foncière à 0,715 %, lorsqu'elle contient une notoriété acquisitive ;
– soit au droit de partage, au tarif fixé par l'article 746 du CGI, lorsque, par exemple, elle fait état d'un partage testamentaire et que les successibles déclarent consentir à son exécution et constatent la répartition des immeubles successoraux en résultant.

2534 **Immeubles situés dans le ressort de plusieurs services chargés de la publicité foncière.** La taxe de publicité foncière est perçue en totalité au service de la publicité foncière où la formalité est requise en premier lieu. Dans les autres bureaux, il n'est dû que la contribution de sécurité immobilière.

2 Contribution de sécurité immobilière

2535 **Liquidation.** La contribution de sécurité immobilière est due sur la valeur vénale des immeubles ou droits immobiliers, estimée au jour de l'acte au taux de 0,10 % (CGI, art. 881 K, al. 1) avec minimum de 15 € (CGI, art. 881 M, b).
Si l'attestation concerne un immeuble de communauté, la contribution de sécurité immobilière est calculée sur la part du défunt, soit la moitié de la valeur de l'immeuble. Par contre dans le cas d'une clause d'attribution intégrale de la communauté au survivant, la contribution de sécurité immobilière est liquidée sur la valeur totale des immeubles transmis.

2536 **Unicité de la contribution de sécurité immobilière.** Il n'est procédé qu'à une unique perception de la contribution de sécurité immobilière, calculée sur la valeur de l'ensemble des immeubles figurant dans l'attestation :
– même s'ils dépendent de plusieurs successions, sous réserve qu'ils soient dévolus aux mêmes héritiers ou légataires ;
– qu'il s'agisse de biens propres et de biens communs ;
– quel que soit le nombre d'héritiers ou de légataires (toutefois en cas de legs particuliers la contribution de sécurité immobilière est calculée sur le montant de chaque legs avec application s'il y a lieu du tarif minimum pour chacun d'eux).

3 Tarif des notaires

2537 **Émolument proportionnel.** L'attestation notariée destinée à constater la transmission par décès ou par convention matrimoniale d'immeubles ou de droits immobiliers ouvre droit à un émolument proportionnel calculé sur la valeur des biens en cause (Tableau 5, n° 1. – C. com., art. A. 444-59. – *JCl. Commentaire du Tarif des Notaires*, Fasc. 3330), selon le barème suivant :

de	à	% (HT)
0	6 500 €	1,935
6 500	17 000 €	1,064
17 000	30 000 €	0,726
Au-dessus		0,532

CHECK-LIST **• Attirer l'attention des héritiers sur le fait que l'attestation immobilière n'est pas requise si un partage intervient dans les dix mois du décès.**
• Viser l'acte de décès et l'acte de notoriété.
• Reproduire littéralement les dispositions à cause de mort.
• Indiquer la désignation précise des biens, les éventuelles servitudes et une origine de propriété trentenaire : cette attestation sera le titre de propriété des héritiers.

POUR ALLER PLUS LOIN

Fiche pratique

• V. Fiche 43 : Rédiger une notoriété successorale ou *JCl. Pratique notariale – Les actes*, Fasc. 1345, *Notoriété successorale*.

Fascicules JurisClasseur

• *JCl. Notarial formulaire*, V° *Attestation notariée*, Fasc. 10 et 15.

• *JCl. Pratique notariale – Les actes*, Fasc. 1350, *Option successorale*.

Revue

• S. Lamiaux, *Succession et publicité foncière : situations pratiques autour de l'attestation immobilière : JCP* N 2022, n° 9, 1100.

Fiche 46
Rédiger un partage de succession

Sommaire

I Aperçu rapide 499
A Éléments-clés 499
B Textes 500
II Préparation de l'acte 500
A Mise au point de la stratégie avec le client 500
1 Analyse de l'objectif du client 500
2 Choix à exercer 502
3 Conseils à donner 504
4 Alertes 504
B Vérifications préalables 507
1 Parties à l'acte 507
2 Biens partagés 511
3 Licéité de l'opération 511
4 Renseignements à obtenir des parties 512
5 Pièces à demander 512
III Rédaction et formules 513
A Rédaction 513
1 Désignation des biens à partager 513
2 Clauses usuelles 513
3 Clauses particulières 514
B Formules 515
IV Formalités et taxation 515
A Formalités 515
B Taxation 516
C Rémunération du notaire 517

I Aperçu rapide

A Éléments-clés

2538 Le partage est l'acte juridique qui met fin à l'indivision, en substituant à la quote-part abstraite dont était titulaire chaque coïndivisaire sur l'ensemble des biens indivis, un droit privatif sur un ou plusieurs de ces biens. Cet acte provoque le fractionnement de la masse indivise en un certain nombre de lots, lesquels sont ensuite attribués aux intéressés.

Le partage est amiable, s'il intervient dans la forme et selon les modalités choisies par les parties (C. civ., art. 835).

De nos jours, un partage de cette nature est possible, même en présence d'un héritier défaillant qui, sans s'opposer expressément, ne répond pas aux propositions de ses cohéritiers. Tout copartageant peut mettre l'intéressé en demeure de se faire représenter au partage amiable par le mandataire de son choix. À défaut de désignation d'un mandataire conventionnel, un copartageant peut demander au président du tribunal judiciaire du lieu d'ouverture de la succession de désigner toute personne qualifiée qui représentera le défaillant jusqu'à la réalisation complète du partage.

Quand plusieurs indivisions d'origine distincte existent entre les mêmes personnes, celles-ci sont en droit de procéder à un partage amiable unique englobant tous les biens indivis, sans considération de leur provenance. Des enfants communs peuvent ainsi, afin de limiter les frais, opérer le

partage des successions confondues de leurs parents, au décès du conjoint survivant.
S'ils se mettent d'accord entre eux, les indivisaires ont également la faculté de réaliser un partage partiel, laissant subsister l'indivision à l'égard de certains biens ou de certaines personnes.
La théorie générale du partage a été construite à propos des successions (C. civ., art. 815 à 892) mais son domaine d'application s'étend aux principaux cas d'indivision. Il en va ainsi, notamment, dans les régimes matrimoniaux, pour le partage de la communauté et celui des biens indivis entre époux séparés de biens ou en cas de divorce ou de séparation de corps.

B Textes

- C. civ., art. 815 à 892.

II Préparation de l'acte

A Mise au point de la stratégie avec le client

1 Analyse de l'objectif du client

2539 **Fin de l'indivision.** Quand ils s'accordent pour procéder au partage d'une succession à laquelle ils sont appelés, les héritiers entendent mettre fin à l'indivision existant entre eux, souhaitant ainsi que soit fixée l'assiette du droit de chacun des intéressés sur des biens déterminés.

2540 **Partage partiel.** Quand ils décident, d'un commun accord, de procéder à un partage partiel, les coïndivisaires manifestent leur volonté de laisser subsister l'indivision à l'égard de certains biens ou de certaines personnes (C. civ., art. 838).
Dans diverses situations, des raisons économiques justifient le partage partiel. D'une façon générale, le notaire et les copartageants doivent, en effet, apprécier les conséquences économiques engendrées par la division des biens et les intégrer, si possible, dans le déroulement des opérations.

EXEMPLE Le partage partiel permet, par exemple, de répartir les meubles et de surseoir au partage des immeubles. Il permet aussi de différer la licitation des biens impartageables en nature, dans l'attente d'une conjoncture plus favorable ou d'attribuer, sans délai, un bien à l'indivisaire qui apparaît le plus apte à le mettre en valeur.

2541 **Partage unique de plusieurs indivisions.** Quand plusieurs indivisions d'origine distincte existent entre les mêmes personnes, les coïndivisaires peuvent procéder à un partage amiable unique englobant tous les biens indivis (C. civ., art. 839) ; ce faisant, ils acceptent de répartir les biens, sans considération de leur provenance. Tel est le cas, si des enfants communs procèdent au partage des successions confondues de leurs parents, au décès du conjoint survivant.

2542 **Accord des parties.** Le partage amiable se définit comme étant celui dont la forme et les modalités sont choisies par les parties (C. civ., art. 835).
Toutefois, la forme amiable ne peut intervenir que si deux conditions tenant aux indivisaires sont réunies, à savoir, leur présence et leur capacité.
Les opérations de partage constituent parfois une source de blocage du règlement de la succession. C'est la raison pour laquelle la loi n° 2006-728 du 23 juin 2006 portant réforme des successions et des libéralités a invité les copartageants à s'entendre. Afin que le partage procède essentiellement de la volonté des parties, les conditions du recours à la forme amiable ont été allégées (C. civ., art. 836 et 837). La voie judiciaire se trouve désormais limitée aux seuls cas où il existe un véritable litige entre les parties ou s'il s'élève des contestations sur la manière de procéder (C. civ., art. 840 à 842. – V. *JCl. Pratique notariale – Les actes*, Fasc. 1387, *Partage judiciaire*).

2543 **Présence de personnes protégées.** Le principe du partage amiable est maintenu, même si un héritier est mineur ou soumis à un régime de protection des majeurs ou bien encore s'il est présumé absent ou dans l'impossibilité de manifester sa volonté, par suite d'un éloignement involontaire. Mais, en pareille situation, cette forme de partage doit respecter plusieurs règles impératives, sous peine d'être considérée comme un partage provisionnel (C. civ., art. 507, 116 et 836

combinés), c'est-à-dire d'un partage en jouissance seulement.
S'agissant de l'héritier taisant mais non opposé au partage, la loi précitée du 23 juin 2006 a mis en place une procédure de représentation nécessitant une intervention judiciaire simplifiée et limitée, sans pour autant abandonner la voie amiable (C. civ., art. 837).

2544 **Loi successorale éventuellement choisie par le défunt.** Depuis le 17 août 2015, quand ils sollicitent le partage des biens dépendant d'une succession, les héritiers peuvent être confrontés, dans certaines circonstances, aux principes directeurs édictés pour ce type d'acte par la loi successorale, éventuellement, choisie par le défunt. Le règlement (UE) n° 650/2012 du Parlement européen et du Conseil du 4 juillet 2012 relatif aux successions internationales s'applique, en effet, aux successions ouvertes depuis cette date (art. 83, § 1).
Les Français expatriés et les personnes qui se trouvent dans une situation présentant des éléments d'extranéité sont en droit d'organiser la transmission de leur patrimoine, en choisissant, par une disposition à cause de mort (testament ou donation entre époux), la loi applicable à leur succession (par exemple, la loi de leur nationalité). À défaut de choix, la loi applicable est celle du pays dans lequel le défunt a sa résidence habituelle, au moment du décès (pour les critères de détermination de la résidence habituelle du défunt, V. Cass. 1re civ., 29 mai 2019, n° 18-13.383 : *JurisData* n° 2019-009044 ; *JCP* N 2019, n° 24, act. 532, H. Péroz ; *Dr. famille* 2019, comm. 161, A. Devers ; *JCP* N 2020, n° 7-08, 1055, C. Latil ; *JCP* N 2020, n° 28, 1153, M. Devisme) ; étant entendu que les dispositions testamentaires constatant une *professio juris* prises avant le 17 août 2015 demeurent valables et peuvent s'appliquer, dès lors que le testateur est décédé après cette date (art. 83, § 2).
La loi ainsi désignée est reconnue, à l'égard de tous les pays liés par le règlement, seule compétente pour régler l'ensemble de la succession, en quelques lieux que se trouvent les biens appartenant au défunt (pour une étude détaillée du règlement et de ses incidences pratiques, V. *JCl. Europe Traité*, Fasc. 2830 ou *JCl. Droit international*, Fasc. 557-50 ou *JCl. Notarial Formulaire*, V° *Successions internationales*, Fasc. 150 ou *JCl. Liquidations-Partages*, V° *Successions internationales*, Fasc. 150. – Pour la reconnaissance judiciaire du choix d'une loi étrangère qui ignore la réserve héréditaire, V. Fiche 53 : Rédiger un testament ou *JCl. Pratique notariale – Les actes*, Fasc. 1525, *Testament*).

CONSEIL Lorsqu'il est confronté à une succession présentant un élément d'extranéité, le praticien peut se référer à une circulaire de la Chancellerie, en date du 25 janvier 2016 qui apporte d'utiles précisions, notamment, sur les successions concernées par le champ d'application du règlement (UE) n° 650/2012 du Parlement européen et du Conseil du 4 juillet 2012, l'acceptation des actes authentiques, l'utilisation des formulaires et le recours au certificat successoral européen par les notaires (Circ. n° JUSC1601018C : *BO Justice* n° 2016-02, 29 janv. 2016 ; *JCP* N 2016, n° 13, act. 469). Une copie certifiée conforme du certificat successoral européen délivrée par un notaire est valable pour une durée de six mois, même lorsqu'elle porte la mention « illimitée ». Pour remplir son plein effet, la copie certifiée conforme doit être valide au moment de sa présentation à l'autorité compétente et non au jour où celle-ci rend sa décision. Toute personne nommément citée peut l'utiliser, même si elle n'a pas la qualité de demandeur du CSE (CJUE, 1er juill. 2021, aff. C-301/20 : *JurisData* n° 2021-014628 ; *JCP* N 2021, n° 30, act. 781, veille par A. Tani ; *Dr. famille* 2022, chron. 1, spéc. n° 17, A. de Guillenchmidt-Guignot et S. Hamou).
Notons que selon la Cour de justice de l'Union européenne, il est possible de faire figurer dans un certificat successoral européen la part de la succession revenant au conjoint survivant (CJUE, 2e ch., 1er mars 2018, aff. C-558/16, *Doris Margret Lisette Mahnkopf* : *JCP* N 2018, n° 13, act. 340, C. Nourissat ; *JCP* N 2018, n° 45, 1330, E. Jacoby). La Cour a retenu que « l'article 1er, paragraphe 1, du règlement (UE) n° 650/2012 doit être interprété en ce sens que relève du champ d'application de ce règlement une disposition nationale, telle que l'article 1371, paragraphe 1, du *Bürgerliches Gesetzbuch* qui (en droit allemand) prévoit, lors du décès de l'un des époux, une répartition des acquêts forfaitaire par majoration de la part successorale du conjoint survivant » (pour les incidences pratiques de cette décision, V. C. Nourissat, obs. préc.).

2545 **Éventuel droit de prélèvement compensatoire.** Pour toute succession ouverte depuis le 1er novembre 2021, le notaire doit s'interroger sur le point de savoir si le nouveau droit légal de prélèvement compensatoire est susceptible d'être mis en œuvre. En effet, si le défunt ou au moins l'un de ses enfants est, au moment du décès, ressortissant d'un État membre de l'Union européenne ou y réside habituellement et lorsque la loi étrangère applicable à la succession ne permet aucun mécanisme réservataire protecteur des enfants, chaque enfant ou ses héritiers ou ses ayants cause peuvent effectuer un prélèvement compensatoire sur les biens existants situés en France au jour du décès, de façon à être rétablis dans les droits réservataires que leur octroie la loi française, dans la limite de ceux-ci (C. civ., art. 913, al. 3, créé L. n° 2021-1109, 24 août 2021, art. 24. – V. N. Levillain, *Mise en pratique du nouveau prélèvement compensatoire* : *JCP* N 2022, n° 4, 1057. – *JCl. Notarial Formulaire*, V° *Successions internationales*, Fasc. 10).

2 Choix à exercer

2546 **Il conviendra de contrôler** :
- état civil, capacité et pouvoirs des copartageants ;
- origine et nature des droits et biens indivis ;
- caractère partageable des biens et défaut de maintien judiciaire ou conventionnel dans l'indivision.

a) Forme de l'acte

2547 **Partage verbal.** Si tous les indivisaires sont présents et capables, le partage peut intervenir dans la forme et selon les modalités choisies par les parties (C. civ., art. 835). Celles-ci ont toute liberté. Il n'est pas nécessaire, pour la validité d'un partage, qu'il en soit dressé un acte écrit. Le partage se forme par le seul échange des consentements et peut être fait verbalement. La division matérielle des biens et leur répartition suffisent à constituer le partage, quand elles sont réalisées dans une intention définitive.

CONSEIL **Il est déconseillé d'utiliser cette forme de partage, sauf peut-être lorsqu'il s'agit de partager des sommes d'argent de minime importance ou des meubles meublants d'usage courant. En pratique, l'existence effective d'un partage verbal soulève des difficultés car la preuve ne peut être rapportée que selon le droit commun des actes juridiques prévu aux articles 1359 à 1362 du Code civil, dans leur rédaction issue de l'ordonnance n° 2016-131 du 10 février 2016 portant réforme du droit des contrats, du régime général et de la preuve des obligations (C. civ., anciens art. 1341 à 1348) et, depuis le 1er janvier 2005, le montant à partir duquel la preuve écrite est exigée (C. civ., art. 1359 [ancien art. 1341]), est fixé à 1 500 € (V. *JCl. Notarial Formulaire*, V° *Acte notarié*, Fasc. 10).**
Ainsi que nous le verrons, en l'absence d'acte, le partage est neutre sur le plan fiscal et peut paraître attractif. Toutefois, compte tenu des risques de remise en cause d'un tel partage, si l'une des parties s'estime, par la suite, lésée, les notaires se doivent de dissuader leurs clients, souvent prêts, de nos jours, à effectuer ce choix, en raison de la forte augmentation du droit de partage.

2548 **Acte sous signature privée.** Le partage amiable est souvent constaté en un acte sous signature privée. Il pourrait résulter de la combinaison de plusieurs actes sous signature privée, notamment, d'un simple échange de lettres. Cependant, l'acte sous signature privée doit obéir aux prescriptions de l'article 1375 du Code civil, dans sa rédaction issue de l'ordonnance précitée du 10 février 2016 (C. civ., ancien art. 1125). Il doit être fait en autant d'originaux qu'il y a de parties ayant un intérêt distinct, à moins que celles-ci ne soient convenues de remettre à un tiers l'unique exemplaire dressé (C. civ., art. 1375, al. 1er) et chaque original doit contenir la mention du nombre des originaux qui en ont été faits (C. civ., art. 1375, al. 2) ; étant précisé que l'exigence d'une pluralité d'originaux est réputée satisfaite, pour les partages établis sous forme électronique, lorsque l'acte est établi et conservé conformément aux dispositions des articles 1366 et 1367 (anciens art. 1316-1 et 1316-4) du Code civil et que le procédé permet à chaque copartageant de disposer d'un exemplaire ou d'y avoir accès (C. civ., art. 1375, al. 4. – V. *JCl. Notarial Formulaire*, V° *Acte notarié*, Fasc. 10 et 16).

2549 **Acte notarié.** Le partage amiable sous signature privée n'est pas possible, dans l'hypothèse d'une succession comprenant des immeubles ou des droits immobiliers. Lorsque l'indivision porte sur des biens soumis à la publicité foncière, l'acte de partage est passé par acte notarié (C. civ., art. 835, al. 2. – D. n° 55-22, 4 janv. 1955, art. 4). Néanmoins, cette exigence ne retentit pas sur la validité du partage ou sur son opposabilité aux tiers (V. *JCl. Notarial Formulaire*, V° *Publicité foncière*, Fasc. 20 et 30).

b) Partage total ou partage partiel de l'indivision

2550 **Objet du choix.** S'ils se mettent d'accord entre eux, les indivisaires ont le choix entre un partage amiable total ou partiel. Le partage est partiel lorsqu'il laisse subsister l'indivision à l'égard de certains biens ou de certaines personnes (C. civ., art. 838).

En validant les partages partiels de nature amiable, la loi précitée du 23 juin 2006 a codifié une règle jurisprudentielle bien établie, confortée par le premier alinéa de l'article 507 du Code civil qui admet le partage partiel des biens d'un mineur ou d'un majeur sous tutelle.

2551 **Raison d'être.** Les intérêts pratiques de ce choix sont illustrés par l'article 824 du Code civil relatif à l'attribution éliminatoire auquel la jurisprudence reconnaît le caractère de partage partiel. Selon ce texte, si des indivisaires entendent demeurer dans l'indivision, le tribunal peut, à la demande de l'un ou de plusieurs d'entre eux, en fonction des intérêts en présence, attribuer sa part à celui qui a demandé le partage. S'il n'existe pas dans l'indivision une somme suffisante, le complément est versé par ceux des indivisaires qui ont concouru à la demande, sans préjudice de la possibilité pour les autres indivisaires d'y participer, s'ils en expriment la volonté.

Le partage partiel est définitif et produit entre les indivisaires les mêmes effets qu'un partage total.

c) Partage global ou partages séparés de plusieurs indivisions

2552 **Accord de tous les indivisaires.** Lorsque plusieurs indivisions existent exclusivement entre les mêmes personnes, qu'elles portent sur les mêmes biens ou sur des biens différents, un partage amiable unique peut intervenir (C. civ., art. 839).

Cette règle légale est conforme aux décisions judiciaires rendues avant la réforme de 2006. Un partage amiable unique est possible, à condition que les indivisaires soient d'accord sur la conduite des opérations. Seul l'accord des indivisaires peut déroger au principe de la séparation des indivisions.

Le partage unique peut être envisagé par des enfants qui attendent le décès de leurs deux parents pour demander la répartition des biens successoraux.

> CONSEIL **Par prudence, il est utile de solliciter l'accord des créanciers susceptibles d'être lésés. Ainsi, si un héritier est, en même temps, débiteur d'une somme à la succession de son père et créancier d'une somme, d'un montant inférieur envers la succession de sa mère, il ne saurait imposer par un partage unique, la compensation de sa créance et de sa dette, au détriment de ses créanciers.**

2553 **Utilité du partage global.** Le premier avantage du partage global est la diminution des frais. Le deuxième avantage d'un tel acte est, bien entendu, la constitution d'une masse unique et l'attribution des biens sans considération d'origine, lesquelles tendent à faciliter la composition de lots suffisants pour remplir tous les indivisaires de leurs droits dans le respect des unités économiques que peuvent former les biens en cause.

Le partage global emporte aussi la réduction des soultes, ce qui n'est pas sans intérêt sur le plan fiscal, si le partage porte à la fois sur des biens dépendant d'une succession ou d'une communauté conjugale et comme tel, bénéficiant d'un régime fiscal de faveur (CGI, art. 748), ainsi que sur des biens ayant une autre origine et passibles, quant à eux, des droits de mutation sur les soultes et les plus-values de lots (CGI, art. 747). En permettant la composition de lots égaux en nature, le partage global évite les soultes et écarte, par là même, le risque de leur taxation comme une vente. On rappellera en effet que les partages qui portent sur des biens meubles ou immeubles dépendant d'une succession ou d'une communauté conjugale et qui interviennent uniquement entre les membres originaires de l'indivision, leur conjoint, des ascendants, des descendants ou des ayants droit à titre universel de l'un ou de plusieurs d'entre eux, ne sont pas considérés comme translatifs de propriété dans la mesure des soultes ou plus-values et qu'il en va de même des partages portant sur des biens indivis :

- acquis par des époux avant ou pendant le mariage, quel que soit leur régime matrimonial ;
- acquis par des partenaires liés par un PACS, avant ou pendant la durée du pacte ;
- reçus par voie de donation-partage (BOI-ENR-PTG-10-20, 12 sept. 2012, § 10 et 280 à 310).

2554 **Liquidation séparée.** En règle générale, la pratique notariale respecte le principe de la liquidation séparée des indivisions, même lorsqu'il est procédé à un partage global. Il en est ainsi lorsqu'une indivision communautaire est en cause et cela reste le plus souvent vrai, dans les autres cas, ne serait-ce que pour une question de présentation et de clarté des opérations.

3 Conseils à donner

2555 **Projet de partage.** Si le partage intéresse un mineur ou un majeur placé sous tutelle, il doit être soumis à l'approbation du conseil de famille ou, à défaut, du juge des tutelles (C. civ., art. 507, al. 2). Pour permettre à cette assemblée ou à ce magistrat de statuer en connaissance de cause, il est fortement conseillé de leur soumettre assez rapidement un résumé rappelant les biens à partager, les attributions envisagées et les conditions essentielles du partage à intervenir.

Bien entendu, l'ensemble des pièces et documents devra être, préalablement, communiqué aux indivisaires majeurs, leur accord étant indispensable, dans le cadre d'un partage amiable (C. civ., art. 835).

CONSEIL **Le notaire chargé de procéder aux opérations de partage peut se mettre d'accord avec le juge des tutelles sur les grandes lignes de l'opération, dans la mesure où ce magistrat ne se contente pas de vérifier la conformité formelle de l'acte, mais veille à ce que les intérêts de l'enfant ou du majeur protégé soient respectés, notamment, au regard de la composition des lots et des biens attribués.**

2556 **Information du subrogé tuteur.** Sous le régime de la tutelle, le subrogé tuteur devait jadis contresigner la quittance des capitaux revenant au pupille. La formalité est supprimée depuis le 1er janvier 2009 mais cet organe de protection est investi d'une large mission de surveillance et doit être informé et consulté avant tout acte grave (C. civ., art. 410, al. 2 et C. civ., art. 454, al. 6). Il est donc de bonne pratique de le faire intervenir au partage, afin qu'il constate la parfaite régularité des opérations (V. *JCl. Notarial Formulaire*, V° *Mineurs. Majeurs protégés*, Fasc. 60, 202 et 710).

2557 **Opposition d'intérêts.** En cas de difficultés, la question de savoir s'il existe une opposition d'intérêts entre la personne protégée et son représentant légal, administrateur ou tuteur, relève de l'appréciation souveraine des juges du fond.

Sous le régime de la tutelle, le subrogé tuteur prend normalement la place du tuteur (C. civ., art. 410, al. 1er et C. civ., art. 454, al. 5). Sous le régime de l'administration légale, un administrateur *ad hoc* est nommé par le juge des tutelles des mineurs (C. civ., art. 383, al. 1er ; CPC, art. 1210-1). Lorsque les intérêts de l'un des deux administrateurs légaux (C. civ., art. 382) sont en opposition avec ceux du mineur, ce même magistrat peut autoriser l'autre administrateur légal à représenter l'enfant aux opérations de partage (arg. C. civ., art. 383, al. 2).

Ces mesures ont également vocation à jouer si une opposition d'intérêts existe entre plusieurs mineurs (V. *JCl. Notarial Formulaire*, V° *Mineurs. Majeurs protégés*, Fasc. 40 et 60).

Enfin, si le représentant initial d'un présumé absent est lui-même intéressé au partage, un remplaçant lui est désigné, dans les termes de l'article 115 du Code civil (V. *JCl. Notarial Formulaire*, V° *Absence*, Fasc. 10).

2558 **Consentement de toutes les parties.** Dans le cadre d'un partage amiable, il faut conseiller aux parties de s'assurer tout au long des opérations de l'existence et du maintien du consentement de chacune d'elles. En effet, le partage peut être annulé pour cause de violence ou de dol. Il peut l'être également pour cause d'erreur, si celle-ci a porté sur l'existence ou la quotité des droits des copartageants ou sur la propriété des biens compris dans la masse partageable (C. civ., art. 887, al. 2) ; étant précisé que selon la Cour de cassation, l'erreur commise sur l'existence ou la quotité des droits d'un copartageant, de nature à justifier l'annulation d'une convention de partage, ne peut être déduite du seul constat d'une différence entre la valeur du lot attribué à celui-ci et celle des biens partagés (Cass. 1re civ., 17 oct. 2018, n° 17-26.945 : *JurisData* n° 2018-017987 ; *JCP* N 2018, n° 45, act. 850, D. Boulanger ; *Dr. famille* 2019, comm. 13, A. Tani).

Néanmoins, s'il apparaît que les conséquences de la violence, du dol ou de l'erreur peuvent être réparées autrement que par l'annulation du partage, le tribunal est en droit, à la demande de l'une des parties, d'ordonner un partage complémentaire ou rectificatif (C. civ., art. 887, al. 3).

4 Alertes

2559 **Droit au partage.** Le droit de participer au partage amiable appartient à toutes les personnes qui ont vocation à une quote-part de la succession. En effet, nul ne peut être contraint à demeurer dans l'indivision et le partage peut toujours être provoqué (C. civ., art. 815. – Cass. 1re civ., 24 janv. 2018, n° 17-11.558 : *JurisData* n° 2018-000666). Selon la Cour de cassation, les héritiers sont en droit de réclamer le partage tant qu'il subsiste des biens indivis, même s'ils ont préalablement réparti entre eux le prix de vente de tous les effets laissés par le défunt. Ainsi, les juges du fond ne sauraient rejeter la demande tendant à l'ouverture des opérations de comptes, liquidation et partage d'une succession, sans vérifier que les héritiers avaient bien été remplis de leurs droits (Cass. 1re civ., 24 juin 2020, n° 19-10.510 : *JurisData* n° 2020-009183 : *Dr. famille* 2020, comm. 121, M. Nicod ; *JCP* N 2020, n° 44, 1231, M. Nicod ; en l'espèce, il n'avait pas été tenu compte de récompenses et de dettes dues par l'épouse survivante quasi usufruitière).

Les héritiers *ab intestat* sont concernés au premier chef, dans la mesure où ils sont investis, dès l'ouverture de la succession, de droits concurrents de même nature sur l'universalité des biens appartenant au défunt. Celui qui a accepté la succession à concurrence de l'actif net a qualité pour participer au partage des biens indivis mais l'héritier renonçant ne saurait intervenir. L'héritier qui n'a pas pris parti dans un délai de dix ans, à compter du décès, est présumé renonçant (C. civ., art. 780, al. 2) et dès lors que cet héritier n'est pas en mesure de prouver qu'il a, dans le délai légal, effectué des actes valant acceptation tacite de la succession, il n'a plus qualité pour demander le partage.

Pour leur permettre de sortir de l'indivision existant entre eux, le droit de demander le partage appartient également aux colégataires universels ou à titre universel.

> **ATTENTION** **Le légataire particulier et l'exécuteur testamentaire ne peuvent demander le partage amiable de la succession (V. *JCl. Notarial Formulaire*, V° *Testament*, Fasc. 110 et 220).**
> **Au surplus, il y a lieu de se souvenir qu'il n'y a pas d'indivision entre un héritier réservataire et un légataire universel (Cass. 1re civ., 15 mai 2018, n° 17-16.039 : *JurisData* n° 2018-008116 ; *Dr. famille* 2018, comm. 219, A. Tani).**

2560 **Sursis au partage.** Un indivisaire peut faire obstacle au partage amiable auquel les cohéritiers désirent procéder. En effet, à la demande d'un indivisaire, le tribunal peut surseoir au partage pour deux années au plus, si sa réalisation immédiate risque de porter atteinte à la valeur des biens indivis ou si l'un des indivisaires ne peut reprendre l'entreprise agricole, commerciale, industrielle, artisanale ou libérale dépendant de la succession qu'à l'expiration de ce délai. Ce sursis peut s'appliquer à l'ensemble des biens indivis ou à certains d'entre eux seulement (C. civ., art. 820, al. 1er).

S'il y a lieu, la demande de sursis au partage peut porter sur des droits sociaux (C. civ., art. 820, al. 2).

2561 **Maintien judiciaire de l'indivision.** Certains biens successoraux peuvent être maintenus dans l'indivision par décision du tribunal prise « en fonction des intérêts en présence et des moyens d'existence que la famille peut tirer des biens indivis » (C. civ., art. 821 à 823). À ce titre, on peut citer le maintien dans l'indivision d'une entreprise agricole, commerciale, industrielle, artisanale ou libérale (C. civ., art. 821) ou le maintien dans l'indivision de la propriété du local d'habitation ou professionnel (C. civ., art. 821-1). S'il s'agit d'un local d'habitation, le conjoint doit avoir résidé dans les lieux à l'époque du décès (C. civ., art. 822, al. 3).

À défaut de descendants mineurs, le maintien de l'indivision peut être demandé par le conjoint survivant, à la condition qu'il ait été, avant le décès, copropriétaire des locaux d'habitation (C. civ., art. 822, al. 2) ; étant précisé que le maintien dans l'indivision ne saurait être prescrit pour une durée supérieure à cinq ans, même s'il peut être renouvelé jusqu'au décès du conjoint survivant (C. civ., art. 823. – En ce sens, V. Cass. 1re civ., 12 juill. 2017, n° 16-20.915 : *JurisData* n° 2017-013957 ; *JCP* N 2017, n° 30-34, act. 744 ; *Dr. famille* 2017, comm. 213, M. Nicod ; *AJ fam.* 2017, p. 489, note S. Ferré-André ; *JCP* N 2018, n° 7, 1102, Fr. Sauvage).

2562 **Acte notarié.** Le plus souvent, l'intervention d'un notaire s'avère nécessaire et doit être conseillée, compte tenu de la complexité des opérations de liquidation et d'allotissement.

La forme authentique est, au surplus, la seule qui donne toute sécurité aux parties, au point de vue de la preuve, de la conservation du titre, et de l'exacte application des règles de droit qui mettra le partage à l'abri de toute contestation (calcul de la réserve, vérifications en vue d'éventuelles réductions, etc.).

En outre, dans la majorité des cas, seul le partage reçu par un notaire permettra d'exécuter sans difficulté les multiples formalités pour en assurer l'exécution : virement au compte des attributaires respectifs des divers titres déposés au compte du défunt, signification des attributions de créances, de droit au bail, etc.

> **CONSEIL** **Les parties ne doivent pas perdre de vue que la forme notariée donne date certaine à l'acte, alors que pour qu'il en soit ainsi vis-à-vis des**

tiers, le partage effectué par acte sous signature privée doit être enregistré (C. civ., art. 1377 [C. civ., ancien art. 1328]).

2563 **Information sur le droit à l'action en réduction.** Si le notaire constate, lors du règlement de la succession, que les droits réservataires d'un héritier sont susceptibles d'être atteints par les libéralités effectuées par le défunt, il ne saurait omettre d'informer chaque héritier concerné et connu, individuellement et, le cas échéant, avant tout partage, de son droit de demander la réduction des libéralités qui excèdent la quotité disponible (C. civ., art. 921, al. 2, réd. L. n° 2021-1109, 24 août 2021, art. 24).

Chaque héritier réservataire (descendant ou conjoint survivant) doit bénéficier d'une information individuelle. Pour éviter toute contestation ultérieure, il est de bonne pratique de se ménager la preuve des diligences effectuées (par exemple : envoi d'une lettre ou d'un courriel à chacun des héritiers connus).

2564 **Effet déclaratif.** Il peut s'avérer opportun de rappeler aux indivisaires que le partage a un effet déclaratif, même en présence d'une soulte (Cass. 1re civ., 28 févr. 2018, n° 17-12.040 : *JurisData* n° 2018-002684 ; *JCP* N 2018, n° 10, act. 270, M. Nicod). Chaque cohéritier est censé avoir succédé seul et immédiatement à tous les effets compris dans son lot et n'avoir jamais eu la propriété des autres effets de la succession (Sur les incidences de l'effet déclaratif du partage, V. Cass. 3e civ., 9 févr. 2022, n° 20-22.159 : *JurisData* n° 2022-001626 : *Dr. famille* 2022, comm. 81, A. Tani).

Il est néanmoins indispensable de présenter aux copartageants les nombreuses limites apportées à l'effet rétroactif du partage, lesquelles permettent de prendre en considération les actes accomplis en conformité avec les règles se rapportant au statut de l'indivision. Ainsi, l'effet déclaratif du partage ne peut pas anéantir les actes conservatoires, même s'ils sont effectués par un seul des indivisaires et ne présentent pas un caractère d'urgence. Il ne peut pas non plus remettre en cause les actes d'administration passés avec la majorité des 2/3 (C. civ., art. 815-3) ou encore les actes de disposition réalisés avec l'accord unanime des indivisaires. De même, restent opposables, les actes accomplis par un indivisaire, en vertu d'un mandat consenti par les autres ou d'une autorisation judiciaire. Ces actes sont maintenus, quel que soit l'attributaire du bien qu'ils concernent (V. *JCl. Notarial Formulaire*, V° *Indivision*, Fasc. 22).

2565 **Éviction d'un copartageant.** Il convient d'avertir les parties qu'en vertu du principe ancestral de l'égalité dans le partage, si l'un des copartageants souffre d'une éviction, au sens de l'article 884 du Code civil, il aura droit à une indemnité sans pouvoir demander la résolution du partage. Chacun des cohéritiers sera alors personnellement obligé, à proportion de son émolument, d'indemniser le cohéritier évincé de la perte qu'il aura subie. Cette perte sera évaluée au jour de l'éviction (C. civ., art. 885, al. 1er).

L'indemnité sera répartie entre tous les héritiers (y compris l'héritier indemnisé) à proportion de la part effectivement reçue dans le partage. Si l'un des cohéritiers se trouve insolvable, la portion dont il était tenu, sera répartie entre les copartageants solvables et l'héritier évincé.

2566 **Omission d'un héritier.** Le partage encourt la nullité en cas d'omission d'un héritier (C. civ., art. 887-1, al. 1er).

Toutefois, il est possible d'échapper à la nullité, si l'héritier omis demande à recevoir sa part, soit en nature, soit en valeur (C. civ., art. 887-1, al. 2). En vue de déterminer cette part, les biens et droits sont réévalués comme s'il s'agissait d'un nouveau partage (C. civ., art. 887-1, al. 3).

2567 **Action en complément de part.** S'il subit une lésion de plus du quart, l'indivisaire peut exercer une action en comblement de part. Cette action se prescrit par 2 ans à compter du partage (C. civ., art. 889, al. 2).

Selon la Cour de cassation, si l'erreur invoquée par un copartageant porte sur l'évaluation de biens compris dans la masse partageable, l'acte de partage ne peut être annulé ou rectifié, seule une action en complément de part pour cause de lésion étant alors possible (Cass. 1re civ., 7 févr. 2018, n° 17-12.480 : *JurisData* n° 2018-001397 ; *JCP* N 2018, n° 8-9, act. 251 ; *JCP* G 2018, doctr. 331, spéc. n° 2, Y.-M. Serinet).

Le partage déjà réalisé est maintenu, à charge pour les copartageants de l'héritier lésé de lui verser un complément de part. Le complément peut être fourni en nature ou en valeur, au choix du défendeur (C. civ., art. 889, al. 1er). Le montant du supplément versé au copartageant lésé est apprécié souverainement par les juges du fond.

2568 **Recel successoral.** Les demandes en rapport d'une libéralité dont aurait bénéficié un héritier et en application de la sanction du recel successoral ne peuvent être formées qu'à l'occasion d'une action en partage judiciaire. Une telle action ne peut plus être engagée lorsque les parties, ayant déjà procédé au partage amiable de la succession, ne sont plus en indivision. Quand la masse partageable est entièrement répartie entre les héritiers, le recel d'une donation rapportable ne peut plus être utilement invoqué. Toutefois, aux yeux des juges, il en va autrement si le demandeur agit en nullité du partage opéré, en complément de part ou en partage complémentaire (Cass. 1re civ., 6 nov. 2019, n° 18-24.332 : *JurisData* n° 2019-019577 ; *JCP* N 2019, n° 46, act. 874 ; *Dr. famille* 2020, comm. 14, M. Nicod. – Cass. 1re civ., 2 sept. 2020, n° 19-15.955 : *JurisData* n° 2020-012467 ; *Dr. famille* 2020, comm. 152, A. Tani).

Rappelons qu'un héritier ne peut être frappé des peines du recel que lorsqu'est apportée la preuve de son intention frauduleuse, élément constitutif de ce délit civil (C. civ., art. 778. – Cass. 1re civ., 15 sept. 2021, n° 20-11.678 : *JurisData* n° 2021-014995 ; *Dr. famille* 2021, comm. 160, A. Tani) et qu'un époux commun en biens condamné au paiement d'une somme au titre d'un recel successoral peut être poursuivi sur les biens communs (Cass. 2e civ., 8 déc. 2022, n° 20-14.302 : *JurisData* n° 2022-020706 ; *JCP* N 2022, n° 51-52, act. 1236).

B Vérifications préalables

2569 **Il conviendra de contrôler** :
- état civil des copartageants ;
- qualité, capacité et pouvoirs des parties ;
- nature et origine des biens indivis.

1 Parties à l'acte

a) Présence et capacité des copartageants

2570 **Mineur émancipé.** Le mineur émancipé a la pleine capacité pour les actes de la vie civile (C. civ., art. 413-6). Il peut donc participer à un partage amiable.

ATTENTION **Au cours des opérations, l'attribution d'un fonds de commerce ne saurait le concerner, s'il n'a pas été autorisé à prendre la qualité de commerçant par le juge des tutelles des mineurs, au moment de la décision d'émancipation ou par le président du tribunal judiciaire, s'il a formulé cette demande après avoir été émancipé (C. civ., art. 413-8, mod. Ord. n° 2019-964, 18 sept. 2019, art. 35. – V. *JCl. Notarial Formulaire*, V° *Mineurs. Majeurs protégés*, Fasc. 400).**

2571 **Mineur non émancipé.** Dans le passé, lorsque parmi les copartageants se trouvait un mineur, le partage devait, en principe, être judiciaire. Il était néanmoins permis de procéder à un partage amiable, en obtenant une autorisation préalable du conseil de famille ou du juge des tutelles et une homologation de l'état liquidatif par le tribunal de grande instance (C. civ., art. 466, al. 2, ancien).

Aujourd'hui, le principe est le partage amiable (C. civ., art. 507 et 836) mais l'opération doit toujours être regardée comme un acte de disposition (D. n° 2008-1484, 22 déc. 2008, ann. 1, col. 2, V) soumis à certaines exigences :

Indivisaire mineur	Modalités
placé sous le régime de l'administration légale	Ses parents, en leur qualité d'administrateurs légaux (C. civ., art. 382) le représentent aux opérations de partage ; ils doivent agir d'un commun accord entre eux ou solliciter l'autorisation supplétive du juge des tutelles des mineurs (C. civ., art. 387, créé Ord. n° 2015-1288, 15 oct. 2015, art. 3). Le parent, administrateur légal unique (C. civ., art. 382) agit, quant à lui, sous sa seule responsabilité (V. *JCl. Notarial Formulaire*, V° *Mineurs. Majeurs protégés*, Fasc. 200).
sous tutelle	Classiquement, son tuteur devait obtenir l'autorisation du conseil de famille ou, à défaut, du juge des tutelles. L'état liquidatif devait ensuite être approuvé par le conseil de famille ou le juge des tutelles (C. civ., ancien art. 507). Depuis le 25 mars 2019, l'autorisation préalable à un partage amiable est requise uniquement si le mineur est en opposition d'intérêts avec la personne chargée de la mesure de protection mais, dans tous les cas, l'état liquidatif reste soumis à l'approbation du conseil de famille ou, à défaut, du juge (C. civ., art. 507, al. 1 et 2, mod. L. n° 2019-222, 23 mars 2019, art. 9, I, 8°. – V. *JCl. Notarial Formulaire*, V° *Mineurs. Majeurs protégés*, Fasc. 202).

Depuis le 1er janvier 2016, le partage amiable intéressant un mineur sous administration légale ne figure plus dans la liste des actes subordonnés à autorisation judiciaire dans tous les cas. Toutefois,

dans la mesure où l'administrateur légal ne peut renoncer pour le mineur à un droit, transiger ou compromettre en son nom, sans demander l'autorisation préalable du juge des tutelles (C. civ., art. 387-1, 4°), si un partage amiable est susceptible de comporter un élément transactionnel, il y a lieu, aujourd'hui encore, de demander l'autorisation de ce magistrat (V. *JCl. Notarial Formulaire*, V° *Mineurs. Majeurs protégés*, Fasc. 200).
Il y a lieu de noter également que toute décision du juge des tutelles est désormais notifiée au mineur âgé de seize ans révolus à moins que son état ne le permette pas (CPC, art. 1180-16, al. 2).

2572 **Majeur en tutelle.** Si l'indivisaire est un majeur placé sous tutelle, le droit de participer à un partage amiable est exercé par son tuteur. Jusqu'à une date récente, le représentant légal devait solliciter l'autorisation préalable du conseil de famille ou du juge des tutelles et soumettre l'état liquidatif au même organe habilitant (C. civ., ancien art. 507).
Depuis le 25 mars 2019, l'autorisation préalable au partage est requise uniquement « en cas d'opposition d'intérêts avec la personne chargée de la mesure de protection ». Toutefois, « dans tous les cas », l'état liquidatif reste soumis à l'approbation du conseil de famille ou, à défaut, du juge (C. civ., art. 507, al. 1 et 2, mod. L. n° 2019-222, 23 mars 2019, art. 9, I, 8°. – V. *JCl. Notarial Formulaire*, V° *Mineurs. Majeurs protégés*, Fasc. 710).
Le majeur protégé est parfois autorisé à participer à un partage amiable, soit seul, soit en présence de son tuteur (C. civ., art. 473, al. 2) mais la décision du juge des tutelles des majeurs doit être explicite.

2573 **Majeur sous curatelle.** Traditionnellement, l'indivisaire sous curatelle devait être assisté par son curateur, s'il procédait à un partage amiable (arg. C. civ., art. 467, al. 1er et ancien art. 507, combinés) mais le juge des tutelles des majeurs pouvait l'autoriser à agir seul (C. civ., art. 471). Le partage effectué par le majeur sous curatelle sans l'autorisation de son curateur était annulable à la demande de ce dernier, de l'intéressé lui-même ou de ses héritiers (C. civ., art. 467, al. 1er). L'action en nullité s'éteignait à l'expiration du délai de cinq ans prévu à l'article 2224 du Code civil ou par l'approbation de l'acte par le curateur (C. civ., art. 465. – V. *JCl. Notarial Formulaire*, V° *Mineurs. Majeurs protégés*, Fasc. 800).
Depuis le 25 mars 2019, le majeur sous curatelle peut procéder à un partage amiable, sous sa seule signature (arg. C. civ., art. 467, al. 1er et 507, al. 1er, réd. L. n° 2019-222, 23 mars 2019, art. 9, I, 8° combinés).
Notons que dans le cadre d'un partage, rien ne s'oppose à l'attribution d'un fonds de commerce au majeur en curatelle. La Cour de cassation considère, en effet, qu'aucun texte n'interdit à la personne en curatelle d'exercer le commerce, celle-ci devant toutefois être assistée de son curateur pour accomplir les actes de disposition que requiert l'exercice de cette activité (Cass. 1re civ., avis, 6 déc. 2018, n° 18-70.011 : *JurisData* n° 2018-022047 ; *JCP* G 2018, 1338, D. Noguéro ; *JCP* N 2019, n° 3, act. 158, N. Baillon-Wirtz ; *JCP* N 2019, n° 7, 1114, S. Moisdon-Chataignier ; *Dr. famille* 2019, comm. 64, M. Nicod).

2574 **Majeur sous sauvegarde de justice.** Le majeur sous sauvegarde de justice conserve tous ses droits et peut donc demander seul le partage (C. civ., art. 435, al. 1er. – V. *JCl. Notarial Formulaire*, V° *Mineurs. Majeurs protégés*, Fasc. 600). Si l'intéressé avait constitué un mandataire à l'effet d'administrer ses biens, ce mandat ne serait pas suffisant pour procéder au partage amiable. Il faudrait un mandat spécial (V. *JCl. Notarial Formulaire*, V° *Procuration*, Fasc. 20 et *JCl. Pratique notariale – Les actes*, Fasc. 1425, *Procuration*).

2575 **Présumé absent ou non-présent involontaire.** Le présumé absent est réputé en vie et son représentant judiciaire peut participer en son nom à un partage fait à l'amiable.
Jusqu'à une date récente, le représentant judiciaire devait solliciter l'autorisation préalable du juge des tutelles des majeurs et l'état liquidatif était soumis à l'approbation de ce même magistrat (C. civ., anciens art. 113 et 116. – V. *JCl. Notarial Formulaire*, V° *Absence*, Fasc. 10).
Depuis le 25 mars 2019, la représentation du présumé absent et l'administration de ses biens sont soumises aux règles applicables à la tutelle des majeurs sans conseil de famille ou, à titre exceptionnel et sur décision expresse du juge, aux règles de l'habilitation familiale, si le représentant est une des personnes mentionnées à l'article 494-1 du Code civil (C. civ., art. 113, mod. L. n° 2019-222, 23 mars 2019, art. 9, I, 1°).
Lorsqu'un présumé absent est appelé à un partage, son représentant judiciaire agit, en principe librement. Toutefois, « en cas d'opposition d'intérêts entre le représentant et le présumé absent », le juge des tutelles autorise le partage, même partiel, en présence du remplaçant désigné conformément à l'article 115 du Code civil. Dans tous les cas, l'état liquidatif reste soumis à l'approbation de ce magistrat (C. civ., art. 116, al. 2 et 3, mod. L. n° 2019-222, 23 mars 2019, art. 9, I, 2°).
Ces dispositions s'appliquent également aux personnes qui, par suite d'éloignement, se trouvent

malgré elles hors d'état de manifester leur volonté (C. civ., art. 120). Le partage peut se faire à l'amiable (C. civ., art. 836), sous réserve d'obtenir l'autorisation préalable du juge des tutelles, en cas d'opposition d'intérêts entre la personne éloignée et son représentant. Dans tous les cas, l'état liquidatif est soumis à l'approbation de ce même magistrat (arg. C. civ., art. 116, al. 2 et 3, mod. L. n° 2019-222, 23 mars 2019, art. 9, I, 2° et 120, combinés).

Il convient de rappeler que les règles protectrices des intérêts du non-présent demeurent subsidiaires et ne sont pas obligatoires, s'il a laissé une procuration suffisante à l'effet de le représenter ou si son conjoint peut pourvoir à ses intérêts par l'application des règles de son régime matrimonial, notamment, au moyen des articles 217, 219, 1426 et 1429 du Code civil (V. *JCl. Notarial Formulaire*, V° *Absence*, Fasc. 10).

2576 **Majeur protégé par un mandat de protection future.** Traditionnellement, s'il était titulaire d'un mandat de protection future établi sous signature privée, le mandataire devait, pour représenter le majeur protégé à un partage amiable, obtenir l'autorisation du juge des tutelles des majeurs et soumettre l'état liquidatif à l'approbation de ce même magistrat (C. civ., art. 493, al. 1er et ancien art. 507, combinés). Depuis le 25 mars 2019, cette autorisation préalable est requise uniquement si le majeur protégé et la personne chargée de sa protection sont en opposition d'intérêt (arg. C. civ., art. 493, al. 1er et 507, al. 1er, réd. L. n° 2019-222, 23 mars 2019, art. 9, I, 8° combinés) mais, dans tous les cas, l'état liquidatif reste soumis à l'approbation du juge (C. civ., art. 507, al. 2, mod. L. n° 2019-222, 23 mars 2019, art. 9, I, 8°).

Le mandataire notarié peut agir seul (C. civ., art. 490, al. 1er), sous réserve que le mandat ne l'interdise pas et que le partage n'ait pas un caractère transactionnel ; en effet, le mandataire ne saurait accomplir un acte de disposition à titre gratuit sans l'autorisation du juge des tutelles (C. civ., art. 490, al. 2) et la transaction peut avoir un caractère gratuit.

> CONSEIL **Si un doute s'élève sur la nature du partage, il est vivement conseillé de demander l'autorisation du juge des tutelles des majeurs, même en présence d'un mandat notarié (V. *JCl. Notarial Formulaire*, V° *Mandat de protection future*, Fasc. 10).**

2577 **Majeur bénéficiant du dispositif d'habilitation familiale.** Si un majeur est « dans l'impossibilité de pourvoir seule à ses intérêts en raison d'une altération, médicalement constatée soit de ses facultés mentales, soit de ses facultés corporelles de nature à empêcher l'expression de sa volonté », le juge des tutelles peut habiliter un de ses proches (ascendant, descendant, frère ou sœur ou, à moins que la communauté de vie ait cessé entre eux, le conjoint, le partenaire auquel il est lié par un pacte civil de solidarité ou le concubin), à le représenter à l'assister dans les conditions prévues à l'article 467 du Code civil ou à passer un ou des actes en son nom, dans les conditions et selon les modalités prévues aux articles 494-2 à 494-12 du Code civil et à celles des articles 1984 à 2010 du même code (se rapportant au mandat) qui ne leur sont pas contraires, afin d'assurer la sauvegarde de ses intérêts (C. civ., art. 494-1, mod. L. n° 2016-1547, 18 nov. 2016, art. 111, II et L. n° 2019-222, 23 mars 2019, art. 29. – CPC, art. 1211 à 1233, mod. D. n° 2019-756, 22 juill. 2019, art. 3). Selon l'appréciation du juge, l'habilitation ainsi conférée est spéciale (C. civ., art. 494-6, al. 2 et 3) ou générale (C. civ., art. 494-6, al. 5).

Sur le fondement de ces textes, lorsqu'un indivisaire souffre d'une altération de ses facultés mentales mais n'est pas soumis à un régime de protection continue, un de ses proches est donc en droit de solliciter une habilitation judiciaire à l'effet de le représenter ou de l'assister à un partage amiable.

Si le juge des tutelles des majeurs a délivré une habilitation générale (C. civ., art. 494-6, al. 5), la personne habilitée à représenter le majeur protégé peut agir sur sa seule initiative, sous réserve que le partage n'ait pas un caractère transactionnel ; cette personne ne saurait, en effet, accomplir un acte de disposition à titre gratuit, sans l'autorisation préalable du juge des tutelles (C. civ., art. 494-6, al. 4) et il n'est pas exclu que la transaction ait un caractère gratuit ; étant entendu que la personne habilitée est tenue de demander au juge des tutelles de la confirmer dans son pouvoir de représentation lorsqu'elle est intéressée personnellement au partage (arg. C. civ., art. 494-6, al. 6). Enfin, depuis le 25 mars 2019, l'indivisaire est en droit de procéder au partage amiable, avec l'assistance de la personne habilitée, si cette dernière bénéficie d'une habilitation générale de simple assistance (arg. C. civ., art. 494-1. – V. *JCl. Notarial Formulaire*, V° *Mineurs. Majeurs protégés*, Fasc. 520).

> CONSEIL **Depuis le 1er janvier 2020, les fonctions de juge des tutelles des majeurs sont exercées par le juge des contentieux de la protection du tribunal judiciaire (COJ, art. L. 213-4-1 et L. 213-4-2, créés L. n° 2019-222, 23 mars 2019, art. 95).**

Rédiger un partage de succession

2578 **Représentation d'un indivisaire taisant.** Pour forcer l'inertie de l'indivisaire défaillant, tout copartageant peut, par acte extrajudiciaire, le mettre en demeure de se faire représenter au partage amiable (C. civ., art. 837, al. 1er). L'héritier dispose de trois mois, à compter de la mise en demeure, pour constituer un mandataire (C. civ., art. 837, al. 2). À défaut, un copartageant peut demander au juge de désigner toute personne qualifiée qui représentera le défaillant, jusqu'à la réalisation complète du partage. Cette personne ne saurait cependant consentir au partage sans l'autorisation du juge (C. civ., art. 837, al. 2). Cette procédure évite le partage judiciaire systématique. Le juge n'intervient que pour désigner le représentant et non pour contrôler la validité des opérations.

b) Pouvoirs des copartageants

2579 **Qualité d'indivisaire.** Nul ne peut être contraint à demeurer dans l'indivision et le partage peut toujours être provoqué, à moins qu'il n'y ait été sursis par jugement ou convention (C. civ., art. 815). Toute personne a la possibilité de réclamer le partage, dès lors qu'elle justifie de droits indivis, si minime qu'en soit l'importance. L'exercice par un indivisaire de son droit de sortir de l'indivision ne saurait constituer un abus. Il en est ainsi quel que soit le but poursuivi par le demandeur. Toutefois, pour qu'un droit au partage puisse être revendiqué, il faut qu'il y ait indivision. La jurisprudence veille scrupuleusement au respect de la définition de la notion d'indivision (pour une application, V. Cass. 1re civ., 19 déc. 2018, n° 18-10.244 : *JurisData* n° 2018-023840 ; *JCP* N 2019, n° 3, act. 167, D. Boulanger).

> ATTENTION **En dépit de son droit discrétionnaire à sortir de l'indivision, il faut se souvenir qu'en matière de partage amiable l'accord de tous les indivisaires est impératif. Un indivisaire ne saurait imposer un acte de cette nature aux héritiers qui ne le souhaitent pas. Dans ce cas, seule la voie judiciaire serait ouverte (V. *JCl. Pratique notariale – Les actes*,** Fasc. 1387, ***Partage judiciaire*).**

2580 **Personnes mariées.** Le régime matrimonial adopté par les conjoints n'a aucune incidence sur la liberté de participer au partage amiable d'une indivision.

2581 **Mandat entre époux.** Il convient de tenir compte des règles qui permettent la représentation de l'un des époux par son conjoint, à la suite d'un mandat conventionnel ou d'une décision judiciaire (C. civ., art. 218 et 219). Cette représentation peut, en effet, intervenir en matière de partage comme en toute autre matière. Le droit de demander le partage peut aussi être exercé par un époux qui a obtenu une substitution ou un transfert judiciaire de pouvoirs (C. civ., art. 1426 et 1429. – V. *JCl. Notarial Formulaire*, V° *Communauté entre époux*, Fasc. 60, 100 et 110 et *JCl. Notarial Formulaire*, V° *Régimes matrimoniaux*, Fasc. 40).

2582 **Pacte civil de solidarité.** Chacun des partenaires, qu'il soit soumis au régime de la séparation de biens ou à celui de l'indivision résultant de la loi n° 2006-728 du 23 juin 2006, a seul qualité pour demander le partage amiable d'une indivision dans laquelle il possède des droits (V. *JCl. Pratique notariale – Les actes*, Fasc. 1365, *Pacte civil de solidarité*).

2583 **Mandataire conventionnel.** Si l'un des indivisaires se fait représenter aux opérations de partage, il peut donner mandat à un tiers, sous n'importe quelle forme mais le notaire chargé de recevoir la convention de partage se doit de vérifier la régularité de la procuration (V. *JCl. Pratique notariale – Les actes*, Fasc. 1425, *Procuration* et *JCl. Notarial Formulaire*, V° *Procuration*, Fasc. 10 et 20).

2584 **Surendettement des particuliers.** Lorsqu'il bénéficie d'une mesure de traitement de sa situation de surendettement, dans les termes des articles L. 711-1 et L. 732-1 à L. 733-18 du Code de la consommation, dans leur rédaction issue de l'ordonnance n° 2016-301 du 14 mars 2016, le débiteur doit rester de bonne foi (C. consom., art. L. 761-1). Il peut être déchu du bénéfice des procédures, s'il aggrave son endettement, sans l'accord de ses créanciers, de la commission ou du juge, notamment, en signant des actes de disposition. Il ne saurait donc demander le partage d'une succession, si cette opération risque de mettre en péril ses intérêts et ceux de ses créanciers (C. consom., art. L. 761-1).
Si le débiteur est dans une situation irrémédiablement compromise (C. consom., art. L. 724-1, al. 2) et fait l'objet d'une procédure de rétablissement personnel (C. consom., art. L. 741-1 à L. 742-20), il doit également rester de bonne foi (C. consom., art. L. 761-1) et ne pas signer une convention de partage susceptible de lui porter préjudice (V. *JCl. Notarial Formulaire*, V° *Surendettement des particuliers*, Fasc. 10 et 20).

2585 **Redressement ou liquidation judiciaire, sauvegarde des entreprises.** Si l'héritier est soumis à une procédure de redressement judiciaire, il continue à exercer sur son patrimoine les actes de disposition et d'administration et les droits et actions qui ne sont pas compris dans la mission de l'administrateur. L'on peut en déduire qu'il conserve le droit de participer au partage amiable, si le jugement n'a pas confié expressément cette mission à l'administrateur. Toutefois, la plus grande prudence s'impose. Il ne faut pas perdre de vue que le partage pourrait être annulé sur le fondement de l'article L. 632-1 du Code de commerce, s'il était consenti après la cessation des paiements et présentait un caractère transactionnel au détriment du copartageant soumis au redressement judiciaire.

Bien évidemment, en présence d'une liquidation judiciaire, la convention de partage ne peut être signée que par le liquidateur car le débiteur est dessaisi de tous ses pouvoirs.

La procédure de sauvegarde issue de la loi n° 2005-845 du 26 juillet 2005, modifiée, traite des entreprises en difficulté mais ne comporte aucune règle particulière quant au partage amiable d'une indivision (C. com., art. L. 620-1 à L. 627-4). Au cours de la période de conciliation, les pouvoirs de gestion du débiteur ne sont pas affectés mais il est de bonne pratique d'informer le conciliateur de toute initiative et de veiller à ce que le partage envisagé ne porte pas atteinte aux intérêts du débiteur concerné.

Au cours de la période d'observation, le débiteur continue à exercer sur son patrimoine les actes, droits et actions qui ne sont pas compris dans la mission de l'administrateur (C. com., art. L. 622-3). L'on peut donc penser que les règles antérieures restent applicables (V. *JCl. Notarial Formulaire*, V° *Partage*, Fasc. 20 ou *JCl. Liquidations-Partages*, V° *Partage*, Fasc. 20).

> **CONSEIL S'il a connaissance d'une procédure collective ouverte à l'égard d'un copartageant commerçant, dirigeant de société, artisan, agriculteur ou professionnel libéral, le notaire chargé des opérations de partage se doit de vérifier la nature de la procédure en cours. Quel que soit le stade de la procédure, il est prudent de se procurer, le cas échéant, la décision autorisant l'opération projetée.**

2 Biens partagés

2586 **Existence d'une indivision.** Par sa définition même, l'acte de partage suppose l'existence préalable d'une indivision, c'est-à-dire la présence sur les mêmes biens de droits de même nature, au profit de plusieurs personnes (V. *JCl. Notarial Formulaire*, V° *Indivision*, Fasc. 10).

2587 **Origine de l'indivision.** Bien que l'on puisse rencontrer des indivisions d'origines diverses, le Code civil ne traite pas du partage en général d'une chose indivise. C'est à propos des successions qu'il construit la théorie générale du partage (C. civ., art. 815 à 892) et, pour les principaux cas d'indivision, ce code renvoie, de manière expresse, aux règles établies pour les partages entre cohéritiers. Il en est ainsi dans les régimes matrimoniaux, pour le partage de la communauté (C. civ., art. 1476, al. 1er. – V. *JCl. Pratique notariale – Les actes*, Fasc. 1385, *Partage de communauté*) et celui des biens indivis entre époux séparés de biens (C. civ., art. 1542, al. 1er. – V. *JCl. Notarial Formulaire*, V° *Partage*, Fasc. 550 et *JCl. Notarial Formulaire*, V° *Séparation de biens*, Fasc. 30). Ces règles s'appliquent également après divorce ou séparation de corps (V. *JCl. Pratique notariale – Les actes*, Fasc. 1205, *Divorce par consentement mutuel* et *JCl. Pratique notariale – Les actes*, Fasc. 1207, *Divorce contentieux*. – V. aussi, *JCl. Notarial Formulaire*, V° *Divorce*, Fasc. 20 et 60).

Du vœu de la loi, il faut suivre un régime uniforme pour toutes les indivisions. Si aucune règle spécifique n'est édictée, le régime du partage successoral a vocation à s'appliquer à titre supplétif.

2588 **Logement de la famille.** Aux termes de l'alinéa 3 de l'article 215 du Code civil, quel que soit le régime matrimonial, les époux ne peuvent, l'un sans l'autre, disposer des droits par lesquels est assuré le logement de la famille. Mais la jurisprudence considère que ce texte ne prive pas les conjoints du droit de demander le partage des biens indivis servant au logement de la famille.

De son côté, la pratique ne prévoit pas le concours des 2 époux, en cas de partage amiable (V. *JCl. Notarial Formulaire*, V° *Régimes matrimoniaux*, Fasc. 20).

3 Licéité de l'opération

2589 **Irrecevabilité du droit au partage.** S'il ne fait aucun doute que le partage ne se conçoit qu'en présence d'une indivision, encore faut-il qu'il puisse être mis fin à celle-ci. Il arrive parfois que le droit de demander le partage se heurte à des obstacles tenant aux caractéristiques des biens indivis ou résultant de la volonté des indivisaires ou du juge (V. *JCl. Notarial Formulaire*, V° *Partage*, Fasc. 10 et 40 ou *JCl. Liquidations-Partages*, V° *Partage*, Fasc. 10 et 40).

2590 **Tombeaux de famille et concessions funéraires.** Les tombeaux et sépultures de famille, ainsi que les concessions funéraires dont la destination est de servir à l'usage d'un groupe familial et qui, au surplus, sont des fondations pieuses, hors commerce, échappent aux règles du droit commun de la propriété et de la libre disposition des biens. Ils doivent demeurer dans l'indivision et ne pas sortir de la famille ; ils ne sauraient faire l'objet d'un partage (V. *JCl. Notarial Formulaire*, V° *Sépulture*, Fasc. 10).

2591 **Souvenirs de famille.** Certains biens – décorations, correspondances, tableaux, photographies, par exemple – méritent la qualification de souvenirs de famille, lorsqu'ils constituent des éléments étroitement intégrés à l'histoire d'une famille ou rappelant la mémoire de l'un de ses membres particulièrement marquant. Les « souvenirs de famille », en raison de leur valeur morale particulière, échappent aux règles de la dévolution successorale et de partage établies par le Code civil et peuvent être confiés, à titre de dépôt, à celui des membres de la famille que les tribunaux estiment le plus qualifié (V. *JCl. Notarial Formulaire*, V° *Indivision*, Fasc. 10).

2592 **Navire.** La copropriété des navires est un statut particulier régi par les articles L. 5114-30 à L. 5114-50 du Code des transports (V. *JCl. Notarial Formulaire*, V° *Navire*, Fasc. 10). La dissolution de la copropriété peut résulter d'une licitation volontaire décidée par les copropriétaires représentant la majorité en valeur du navire (C. transp., art. L. 5114-49) ou d'une licitation judiciaire (C. transp., art. L. 5114-50), mais les règles du partage ordinaire ne sont pas applicables (V. *JCl. Notarial Formulaire*, V° *Navire*, Fasc. 20).

2593 **Officines de pharmacie.** Après le décès d'un pharmacien, le délai pendant lequel son conjoint ou ses héritiers peuvent maintenir une officine ouverte, en la faisant gérer par un pharmacien autorisé à cet effet par le directeur général de l'agence régionale de santé, ne peut excéder deux ans. Ce délai peut être prorogé, pour une période ne pouvant excéder un an, par le directeur général de l'agence régionale de santé en cas de situation exceptionnelle (CSP, art. L. 5125-16, al. 4. – V. *JCl. Notarial Formulaire*, V° *Pharmacie*, Fasc. 60). Si, à l'expiration du délai légal, la situation de l'officine n'est pas régularisée par une vente, un partage ou autrement, au profit d'un pharmacien remplissant les conditions requises, l'exploitation doit cesser.

2594 **Offices ministériels.** Les offices ministériels ne peuvent être ni partagés, ni licités. Les héritiers sont en droit de comprendre la valeur vénale de la finance de l'office dans le lot de celui des copartageants qui remplit les conditions d'aptitude pour succéder au défunt ou présenter un titre à l'agrément du garde des Sceaux, ministre de la Justice, pour succéder au défunt, dans l'office et dans ce cas, la valeur du droit de présentation est comprise dans la masse à partager (V. *JCl. Notarial Formulaire*, V° *Notariat*, Fasc. 150).

4 Renseignements à obtenir des parties

2595 **État civil et patrimoine.** Le notaire chargé de rédiger la convention de partage doit demander aux indivisaires tous renseignements indispensables sur leur état civil, leur situation matrimoniale, leur nationalité et leur domicile. Il lui faut aussi avoir en sa possession tous documents utiles se rapportant au défunt, ainsi qu'à la nature et l'étendue des biens indivis. Il lui faut également connaître les dispositions à titre gratuit consenties par le défunt, afin de prendre toutes les précautions requises. Quand un indivisaire a donné mandat à un tiers à l'effet de le représenter, il doit avertir le rédacteur qui se préoccupera de la validité du mandat.

5 Pièces à demander

2596 **Acte de décès.** L'acte de décès permet de connaître la date précise de la mort qui revêt une grande importance pratique.

2597 **Jugement déclaratif de décès.** Si le corps de la personne décédée n'est pas représenté, le décès doit être constaté par jugement (C. civ., art. 88, al. 3) ; dans une telle situation, le jugement déclaratif de décès tient lieu d'actes de décès (C. civ., art. 91, al. 3).

C'est donc sur la base du jugement déclaratif de décès que sera ouverte la succession de la personne, plus précisément au jour retenu par le jugement comme date du décès (C. civ., art. 90, al. 3. – V. *JCl. Notarial Formulaire*, V° *État civil*, Fasc. 12).

2598 **Acte de naissance.** Le notaire demande utilement un extrait de l'acte de naissance des copartageants. En lisant le contenu de cette pièce officielle et des mentions en marge, le praticien a connaissance des date et lieu de naissance des indivisaires. Il peut savoir s'ils sont mariés ou non ou s'ils sont liés par un pacte civil de solidarité. Il peut s'apercevoir, par la mention d'inscription au répertoire civil, que l'un des intéressés n'a peut-être pas la capacité de participer aux opérations.

III Rédaction et formules

A Rédaction

2599 Il conviendra de contrôler :
- état civil, capacité et pouvoirs des copartageants ;
- composition des lots, existence de soultes et modalités de versement de celles-ci ;
- nature et origine de propriété des biens ;
- pour les biens immobiliers, état hypothécaire, situation cadastrale, existence de servitudes...

1 Désignation des biens à partager

2600 Fixation de la masse partageable. La détermination de la masse partageable est une étape fort importante dans le déroulement des opérations et la convention de partage se doit d'être, en la matière, extrêmement précise.
À la différence de la masse de calcul de la réserve et de la quotité disponible (C. civ., art. 922), le contenu de la masse à partager ne faisait, dans le passé, l'objet d'aucune précision légale. Dans leur approche rédactionnelle, les notaires s'en remettaient aux solutions judiciaires intervenues au fil des années. Depuis 2006, l'article 825 du Code civil consacre cette pratique, en donnant une définition de la masse partageable largement inspirée de la jurisprudence antérieure (V. *JCl. Notarial Formulaire*, V° *Partage*, Fasc. 40 ou *JCl. Liquidations-Partages*, V° *Partage*, Fasc. 40).

2601 Désignation individuelle des biens. Le notaire, chargé de recevoir la convention de partage, établit la masse active objet du partage amiable, telle que l'on vient de l'indiquer, en désignant les biens individuellement, selon les règles applicables à la nature propre à chacun d'eux (meubles, instruments financiers, par exemple).
La désignation des droits et biens immobiliers doit être précise et conforme aux règles de la publicité foncière (D. n° 55-22, 4 janv. 1955, art. 28, 4°, a).
Cette désignation individuelle conforme aux exigences légales permet au notaire de vérifier la composition effective de la masse indivise, avant le partage proprement dit, pour éviter toute difficulté ultérieure. Il ne faut pas oublier, en effet, que l'omission d'un bien indivis donne lieu à un partage complémentaire portant sur ce bien (C. civ., art. 892).

2 Clauses usuelles

a) Évaluation des biens

2602 Date de la jouissance divise. Traditionnellement, les notaires font coïncider la date d'évaluation des biens indivis avec la date dite de « la jouissance divise », c'est-à-dire le jour fixé, dans le partage ou dans l'état liquidatif, comme étant celui à partir duquel chacun des copartageants fait siens les fruits des biens que le partage lui attribue et les perçoit dorénavant à titre exclusif, tandis qu'il abandonne aux autres copartageants les fruits des biens qui composent leurs lots. La date de la jouissance divise est, elle-même, fixée à un jour le plus proche possible du partage.
Cette pratique a été consacrée par la loi précitée du 23 juin 2006 et inscrite dans le Code civil. L'article 829, alinéa 1er, de ce code dispose, en effet, qu'en vue de leur répartition, les biens sont estimés à leur valeur à la date de la jouissance divise telle qu'elle est fixée par l'acte de partage. Cette date est la plus proche possible du partage (C. civ., art. 829, al. 2) ; étant entendu que la date de jouissance divise validée par un juge du fond, à quelque titre que ce soit, dans une décision devenue définitive, ne peut être remise en cause par l'administration et la taxation des biens doit être assise sur leur valeur à cette date (V. BOI-ENR-PTG-10-10, 30 juin 2020, § 180. – V. *JCl. Notarial Formulaire*, V° *Partage*, Fasc. 40 ou *JCl. Liquidations-Partages*, V° *Partage*, Fasc. 40).

> ATTENTION **Il est nécessaire d'attirer l'attention des indivisaires sur les conséquences d'une évaluation erronée des biens à partager et de les inciter à procéder à une expertise sérieuse par un professionnel. Une sous-évaluation est, en effet, source d'inégalité dans le partage et peut engendrer un redressement fiscal.**

2603 Prise en compte d'éventuelles charges. L'évaluation des biens indivis doit tenir compte des éventuelles charges qui les grèvent (C. civ., art. 829, al. 1er).
Dans un souci égalitaire, cette règle permet de diminuer la valeur des biens, afin de tenir compte des contraintes imposées par le défunt, dans

une donation ou un testament. Jusqu'à une date récente, sa mise en application était illustrée par l'article L. 621-29-7 du Code du patrimoine. En vertu de ce texte, quand un immeuble classé ou inscrit au titre des monuments historiques, transmis par donation ou succession, était affecté d'une clause d'inaliénabilité, l'évaluation de l'immeuble était diminuée des charges, y compris d'entretien, nécessaires à sa préservation durant toute la durée de la clause. Cette disposition légale a toutefois été abrogée par l'article 4 de l'ordonnance n° 2017-651 du 27 avril 2017 relative aux immeubles et objets mobiliers classés ou inscrits au titre des monuments historiques.

b) Formation et nombre de lots

2604 **Préservation des intérêts économiques.** Dans la formation et la composition des lots, il faut s'efforcer d'éviter la division des unités économiques et autres ensembles de biens dont le fractionnement entraînerait la dépréciation (C. civ., art. 830). Le notaire et les copartageants doivent donc apprécier les conséquences économiques engendrées par la division des biens et les intégrer, si cela est possible, dans le déroulement des opérations de partage.

2605 **Nombre de lots.** Après avoir déterminé et évalué la masse partageable, on poursuit les opérations, en constituant autant de lots égaux qu'il y a d'héritiers copartageants ou de souches copartageantes. Le partage de la masse s'opère par tête ; il se fait par souche quand il y a lieu à représentation (C. civ., art. 827).

Dans le partage par tête, chaque copartageant, venant à la succession de son chef, reçoit un lot correspondant à sa propre vocation, c'est-à-dire la part qui lui est personnellement dévolue.

Le partage par souche n'intervient qu'en vertu de la représentation successorale. Dans ce partage, les représentants du successible décédé, ne venant pas de leur chef, ne sont pas comptés par tête mais reçoivent ensemble pour lot la part dévolue à celui qu'ils représentent. Lorsque le partage par souche a été réalisé, une répartition est ensuite opérée, le cas échéant, entre les héritiers de chaque souche (C. civ., art. 827, *in fine*).

2606 **Égalité en valeur.** Initialement, le Code civil retenait le principe de l'égalité en nature, consistant à attribuer à chaque copartageant un lot identique et à vendre en justice les biens impartageables ; dans chacun des lots, on retrouvait, autant que possible, la même proportion d'immeubles, de meubles et de créances de même nature.

Des assouplissements étaient apparus au cours des années et le souci de limiter le morcellement des biens l'emportait progressivement sur la recherche de l'égalité en nature.

La loi précitée du 23 juin 2006 a parachevé l'évolution, en posant le principe de l'égalité en valeur dans le partage (C. civ., art. 826, al. 1er) et en précisant que chaque copartageant reçoit des biens pour une valeur égale à celle de ses droits dans l'indivision (C. civ., art. 826, al. 2).

Ce principe simplifie les opérations de partage et évite le recours à la licitation.

2607 **Existence d'une soulte.** Si la consistance de la masse partageable ne permet pas de former des lots d'égale valeur, il est possible de compenser cette inégalité par le versement d'une soulte (C. civ., art. 826, al. 4).

Celle-ci est susceptible d'être révisée, après le partage, lorsque le débiteur a obtenu des délais de paiement. Dans ce cas, si la valeur des biens qui sont échus au débiteur a augmenté ou diminué de plus du quart depuis le partage, par suite de circonstances économiques, les sommes restant dues augmentent ou diminuent dans la même proportion. Cette variation peut cependant être exclue par les parties (C. civ., art. 828).

2608 **Garantie de paiement.** Le paiement de la soulte est garanti par l'hypothèque légale spéciale du copartageant (C. civ., art. 2402, 4°, réd. Ord. n° 2021-1192, 15 sept. 2021). Les intérêts sont garantis au même rang que le principal et dans les limites précisées par l'article 2429 du Code civil (V. *JCl. Notarial Formulaire*, V° *Bordereaux d'inscription hypothécaire*, Fasc. 20 et 160).

3 Clauses particulières

2609 **Modalités de réalisation.** Le partage amiable étant une convention, il peut être affecté de toutes les modalités dont peuvent être assortis les actes juridiques en général. Il est donc possible de le faire sous condition suspensive. Dans ce cas, les copartageants restent en indivision, tant que la condition n'est pas réalisée. Dans le principe, l'acte renfermant la condition doit respecter les prescriptions imposées pour les conventions de maintien de l'indivision. L'indivision doit donc être maintenue par une convention à durée déterminée qui ne saurait être supérieure à cinq ans. Toutefois, si la convention est à durée indéterminée, le partage peut être demandé à tout moment et la condition suspensive est mise en échec (arg. C. civ., art. 1873-3 al. 1 et 2. – V. *JCl. Notarial Formulaire*, V° *Indivision*, Fasc. 110).

ATTENTION Le partage peut également être dit sous condition suspensive, s'il doit être homologué par le juge, en matière de divorce judiciaire par consentement mutuel (C. civ., art. 230 et 232) ou si l'état liquidatif nécessite l'approbation du juge des tutelles, en présence d'un indivisaire présumé absent ou placé sous tutelle (C. civ., art. 116, al. 3 et C. civ., art. 507, al. 2) mais l'homologation ou l'approbation sont un élément constitutif du partage et non une modalité voulue par les parties.

2610 **Partage provisionnel.** Le partage peut être définitif ou simplement provisionnel, qu'il s'agisse d'un partage total ou d'un partage partiel. Le partage définitif est celui qui fait cesser l'indivision par l'attribution à chacun des copartageants d'une part en propriété des biens indivis.
Le partage provisionnel tend seulement à diviser la possession et la jouissance des biens. Il ne règle les droits des héritiers que temporairement quant à la jouissance, l'indivision étant maintenue quant à la propriété et ne pouvant disparaître que par un partage définitif qui, lui-même, pourra modifier les attributions provisoires antérieures en jouissance. Le droit en jouissance des copartageants est donc précaire.
S'ils sont d'accord entre eux, les indivisaires ont toute liberté de procéder à un partage simplement provisionnel, notamment, s'ils entendent différer la répartition des biens indivis.

2611 **Clause de non-garantie.** Les cohéritiers sont, en principe, respectivement garants, les uns envers les autres, des troubles et évictions seulement qui procèdent d'une cause antérieure au partage (C. civ., art. 884, al. 1er). L'éviction, qui peut être totale ou partielle, signifie toute dépossession, toute cause de perte ou de préjudice que l'un des copartageants éprouve en dehors du cas fortuit et qui diminue la valeur du lot qui lui est attribué (action réelle exercée par un tiers, action en revendication, servitude non déclarée, par exemple).
Toutefois, la garantie n'a pas lieu, si l'espèce d'éviction soufferte a été exceptée par une clause particulière et expresse de l'acte de partage (C. civ., art. 884, al. 2). Enfin, la garantie cesse, si c'est par sa faute que le cohéritier souffre l'éviction (C. civ., art. 884, al. 2, *in fine*. – V. *JCl. Notarial Formulaire*, V° *Partage*, Fasc. 70 ou *JCl. Liquidations-Partages*, V° *Partage*, Fasc. 70).

ATTENTION Pour diminuer les risques pesant sur elles, les parties ne sauraient se contenter d'une clause de style de portée générale. Seule une clause particulière et expresse pourra décharger les copartageants, c'est-à-dire une stipulation visant le bien susceptible d'éviction, ainsi que la cause d'éviction et manifestant sans équivoque la volonté des copartageants de renoncer à la garantie dans le cas précis évoqué dans leur convention.
Si la clause de non-garantie ne peut fonctionner, l'action en garantie se prescrit par deux ans, à compter de l'éviction ou de la découverte du trouble (C. civ., art. 886).

B Formules

• *JCl. Notarial Formulaire*, V° *Partage*, Fasc. 55, 65, 105, 107, 109, 115, 125, 135, 137, 145, 153, 155, 157, 161, 163, 165, 175, 177, 179, 181, 183, 185, 245, 255, 257, 265, 275, 277, 285, 305, 325, 335, 337, 345, 355, 385, 395, 405 et 415.

IV Formalités et taxation

A Formalités

2612 **Publicité foncière.** L'acte de partage portant sur des immeubles ou des droits immobiliers doit être publié au fichier immobilier compétent (D. n° 55-22, 4 janv. 1955, art. 28, 4°, e. – BOI-ENR-PTG-10-10, 30 juin 2020, § 1) mais, contrairement à ce qui se passe en matière d'actes translatifs, le défaut de publicité du partage, acte déclaratif, n'est pas sanctionné par l'inopposabilité aux tiers mais par la condamnation à des dommages et intérêts dus par celui qui devait faire publier à ceux qui ont eu à souffrir du défaut de publication (V. *JCl. Notarial Formulaire*, V° *Publicité foncière*, Fasc. 50).

2613 Inscription de l'hypothèque légale du copartageant. Pour assurer l'exécution des obligations des copartageants entre eux, l'égalité du partage, des soultes ou retours de lots, le législateur accordait, classiquement, à chacun des héritiers un privilège sur les immeubles compris dans le partage (C. civ., ancien art. 2474, 3°).
L'ordonnance n° 2021-1192 du 15 septembre 2021 portant réforme du droit des sûretés a remplacé le privilège du copartageant par une hypothèque légale spéciale sur les immeubles partagés (C. civ., art. 2402, 4°). Depuis le 1er janvier 2022, le rang de cette sûreté est exclusivement déterminé par sa date d'inscription au registre de la publicité foncière (C. civ., art. 2418). La rétroactivité de l'inscription, jugée préjudiciable aux impératifs de lisibilité et de sécurité juridique, est désormais bannie. Toutefois, un privilège déjà inscrit continue de bénéficier des effets de la loi ancienne, ainsi que celui né avant l'entrée en vigueur de l'ordonnance, s'il a été inscrit dans le délai prescrit (Ord. n° 2021-1192, 15 sept. 2021, art. 37, IV. – V. *JCl. Notarial Formulaire*, V° *Bordereaux d'inscription hypothécaire*, Fasc. 20 et 160).

2614 Annexes des pièces à l'acte de partage. Dans le cadre d'un partage intéressant un mineur ou un majeur sous tutelle, si une autorisation préalable était requise, en raison d'une opposition d'intérêts entre le copartageant et son représentant légal (C. civ., art. 507), il convient d'annexer à l'acte de partage une expédition de la délibération du conseil de famille ou de la décision du juge des tutelles, ainsi que le certificat de notification et de non-recours. Si un recours a été formé, il est nécessaire d'annexer les pièces établissant que le recours a été définitivement rejeté.

B Taxation

2615 Droits d'enregistrement. Le partage de biens meubles et immeubles entre copropriétaires, cohéritiers et coassociés, à quelque titre que ce soit, pourvu qu'il en soit justifié, est assujetti à un droit d'enregistrement ou à une taxe de publicité foncière de 2,50 % (CGI, art. 746).
Les droits sont liquidés sur le montant de l'actif net partagé. Lorsque le partage comporte une soulte ou une plus-value, l'impôt sur ce qui en est l'objet est perçu aux taux prévus pour les ventes, au prorata, le cas échéant, de la valeur respective des différents biens compris dans le lot grevé de la soulte ou de la plus-value (CGI, art. 747).
Il est à noter que sur le plan fiscal, seuls sont soumis à la formalité de l'enregistrement les partages ayant fait l'objet d'un acte les constatant (CGI, art. 635, 1-7°) ; en conséquence, en l'absence d'acte, l'impôt de partage ne peut être perçu sur les biens répartis au terme d'un partage seulement verbal ; néanmoins, si les intéressés déclarent dans un acte avoir été remplis antérieurement, au moyen d'un partage verbal, complètement ou partiellement de leurs droits, l'impôt de partage est dû sur les biens antérieurement partagés (BOI-ENR-PTG-10-10, 30 juin 2020, § 90. – Pour un rappel du principe, V. CA Versailles, 22 sept. 2017, n° 15/04911 : *JurisData* n° 2017-021934 ; *JCP* N 2017, n° 42, act. 892, D. Faucher ; *JCP* N 2018, n° 21-22, 1193, Chr. Lesbats. – Rép. min. n° 10159 : *JOAN* 1er sept. 2020, p. 5757, Descœur ; *JCP* N 2020, n° 37, act. 737 ; *Dr. famille* 2020, comm. 141, Fr. Douet).
Si des copropriétaires ne partagent qu'une fraction des biens indivis, l'impôt de partage n'est exigible que sur la valeur de cette fraction. Mais si l'un des indivisaires est loti d'une manière définitive au moyen d'attributions représentant sa part dans la masse indivise alors que les autres copropriétaires restent dans l'indivision pour le surplus de la masse, l'impôt est dû sur la totalité des biens indivis car le partage concerne l'ensemble des biens. Dans cette dernière hypothèse, si les parties restées en indivision procèdent au partage par le même acte, aucun droit ou taxe n'est exigible pour ce sous-partage. Au contraire, l'opération est taxable, si elle a lieu par acte distinct (BOI-ENR-PTG-10-10, 30 juin 2020, § 200. – Rép. min. n° 20974 : *JOAN* Q 22 déc. 2020, p. 9482, Louwagie ; *JCP* N 2021, n° 2, act. 144). Les partages qui portent sur les biens dépendant d'une succession ou d'une communauté conjugale et qui interviennent uniquement entre les membres originaires de l'indivision, leur conjoint, des ascendants, des descendants ou des ayants droit à titre universel de l'un ou de plusieurs d'entre eux ne sont pas considérés comme translatifs de propriété dans la mesure des soultes ou plus-values. Il en est de même des partages portant sur des biens indivis issus d'une donation-partage et des partages portant sur des biens indivis acquis par des partenaires ayant conclu un PACS ou par des époux, avant ou pendant le pacte ou le mariage. En ce qui les concerne, l'imposition est liquidée sur la valeur nette de l'actif partagé déterminé sans déduction des soultes ou plus-values (CGI, art. 748).
Ce régime fiscal de faveur, au taux de 2,50 % applicable sur la valeur nette de l'actif partagé, sans déduction des soultes ou plus-values, concerne les partages intervenant entre les membres originaires de l'indivision, leurs conjoints, ascendants, descendants ou ayants droit à titre universel, à condition qu'ils portent sur des biens ayant l'une des origines suivantes :

– biens indivis reçus par succession ;
– biens acquis en indivision par des époux avant ou pendant le mariage ;
– biens acquis en indivision par des partenaires avant ou après la conclusion du pacte civil de solidarité ;
– biens reçus en indivision par donation-partage (BOI-ENR-PTG-10-20, 12 sept. 2012, § 10 et 280 à 310. – V. *Guide fiscal des actes, Premier semestre 2023*, I, 91, éd. LexisNexis).
Ne bénéficient pas, en revanche, du régime de faveur :
– les biens reçus en indivision par donation simple ;
– les biens acquis en indivision par des concubins.

ATTENTION Depuis le 1er janvier 2021, le droit de partage des intérêts patrimoniaux consécutifs à une séparation de corps, à un divorce ou à une rupture d'un pacte civil de solidarité était fixé à 1,80 %. Depuis le 1er janvier 2022, ce droit est abaissé à 1,10 % (CGI, art. 746, mod. L. n° 2019-1479, 28 déc. 2019, art. 108. – BOI-ENR-PTG-10-10, 30 juin 2020, § 70) ; ce taux réduit ne s'applique, pour les partenaires liés par un pacte civil de solidarité, que si le partage intervient après la rupture (Rép. min. n° 00356 : *JO* Sénat 22 déc. 2022, p. 6646, Renaud-Garabedian ; *JCP* N 2023, n° 1, act. 101, B. Roman). Cette diminution du droit de partage ne s'applique pas aux partages successoraux.

2616 **Plus-values.** Les partages relevant du régime de faveur visé ci-dessus ne sont pas générateurs d'impôt sur la plus-value, même s'ils sont réalisés avec soulte car ils constituent une simple opération intercalaire. Lors de la mutation ultérieure, l'impôt de plus-value sera calculé en prenant comme date d'acquisition la date de naissance de l'indivision.
Les partages ne bénéficiant pas du régime de faveur donneront lieu au paiement de l'impôt sur la plus-value, dans la mesure des soultes prévues dans l'acte.

C Rémunération du notaire

2617 Un arrêté du 28 février 2020 est entré en vigueur le 1er mars 2020. Toutefois, les émoluments des prestations effectuées avant le 1er janvier 2021, ou dont la réalisation a donné lieu, avant le 1er mars 2020, au versement par le client d'un acompte ou d'une provision, ou à l'engagement par l'un des notaires intervenant de frais ou débours, restent régis par l'ancien tarif (A. 28 févr. 2020, art. 29, 2° mod. A. 28 avr. 2020, art. 2).
Un nouvel arrêté en date du 25 février 2022, applicable depuis le 1er mars 2022, proroge jusqu'au 29 février 2024 les dispositions antérieures (A. 25 févr. 2022, art. 2).

2618 **Émolument proportionnel.** Le partage volontaire ou judiciaire (C. com., art. A. 444-121. – Numéro 101 du tableau 5. – V. *JCl. Pratique notariale – Commentaire du Tarif des Notaires*, Fasc. 5310) donne lieu à la perception d'un émolument proportionnel à l'actif brut, déduction faite seulement des legs particuliers, selon le barème suivant :

De	A	% (HT)
0	6 500 €	4,837
6 500	17 000 €	1,995
17 000	60 000 €	1,330
Au-dessus		0,998

ATTENTION L'émolument prévu ci-dessus n'est perçu qu'une seule fois sur les valeurs qui figurent dans plusieurs opérations successives comprises dans un même acte de liquidation (C. com., art. A. 444-121, 2°).

Il donne également lieu à la perception d'un émolument proportionnel non dégressif de 0,484 % sur les reprises en nature (C. com., art. A. 444-121, 2°).

CHECK-LIST
- **Vérifier la qualité, le consentement et la capacité des copartageants et s'assurer de leur présence tout au long des opérations.**
- **Rechercher si les parties ont la volonté de procéder à un partage global ou partiel de l'indivision.**
- **Respecter les formalités requises, si l'un des copartageants est mineur ou placé sous un régime de protection des majeurs.**
- **Contrôler la composition effective de la masse indivise, avant le partage proprement dit, pour éviter toute difficulté ultérieure.**
- **Fixer avec le plus grand soin la date de la jouissance divise.**

Rédiger un partage de succession

• Informer les copartageants du risque encouru en cas d'éviction de l'un d'eux.
• Veiller à faire inscrire l'hypothèque légale spéciale prévue par l'article 2402, 4° du Code civil, pour garantir l'exécution des obligations des copartageants entre eux, l'égalité du partage et le règlement des soultes éventuelles.

POUR ALLER PLUS LOIN

Fascicules JurisClasseur

• *JCl. Ingénierie du patrimoine*, Fasc. 1140, *Règlement de la succession*.
• *JCl. Liquidations-Partages*, V° *Partage*, Fasc. 10 à 450.
• *JCl. Notarial Formulaire*, V° *Partage*, Fasc. 10 à 450.
• *JCl. Pratique notariale – Les actes*, Fasc. 1385, *Partage de communauté*.
• *JCl. Pratique notariale – Les actes*, Fasc. 1387, *Partage judiciaire*.
• *JCl. Roulois*, Fasc. 1405 et 1410.

Revues

• M.-E. Ancel et D. Vincent, *La circulation internationale des actes : JCP* N 2016, n° 2, 1009.
• C. Bitbol et A. de Guillenchmidt-Guignot, *Quand le notaire et l'avocat s'unissent. – Regards croisés sur les pratiques du divorce et du partage successoral : Dr. famille* 2022, entretien 2.
• P. Bonduelle, *Testament : outil de sécurisation juridique et d'optimisation fiscale : RFP* 2017, étude 21.
• D. Boulanger, *La réserve héréditaire : un principe républicain ? : JCP* N 2020, n° 51, act. 1039 ; *La réserve coûte que coûte : informer et prélever : JCP* N 2022, n° 1, 1008 ; *Utiliser le certificat successoral européen ! : JCP* N 2022, n° 39, 1233.
• M. Bourassin, *La transmission à cause de mort des sûretés : JCP* N 2017, n° 13, 1144.
• V. Brémond, *Les sûretés légales et judiciaires protégeant les successeurs : JCP* N 2017, n° 13, 1150.
• Cl. Brenner, *L'acte notarié n'est pas une condition de validité du partage immobilier : JCP* N 2013, n° 4, 1008.
• M. Chetaille, *Les atouts du partage. Avantages fiscaux et autres opportunités : JCP* N 2016, n° 18, 1140.
• E. Clerget, *Entreprise individuelle et régimes matrimoniaux : JCP* N 2020, n° 52, 1271.
• F. Collard, *Appréciation de l'intention libérale et du montant à rapporter : JCP* N 2016, n° 1, 1005.
• J. Combret, *La mise en œuvre pratique des récupérations sur succession : JCP* N 2021, n° 41, 1298.
• J. Combret et N. Baillon-Wirtz, *La loi du 18 novembre 2016 de modernisation de la justice du 21e siècle : incidences pour la pratique notariale : JCP* N 2016, n° 47, act. 1254.
• J. Combret et A. Houis, *Focus sur la représentation du mineur non émancipé : JCP* N 2018, n° 50, 1360.
• St. David, *Le rôle accru du notaire à l'aune de la déjudiciarisation : JCP* N 2020, n° 9, 1058.
• A. Devers, *L'arbitrage en droit de la famille : Dr. famille* 2019, dossier 7.
• Fr. Douet, *Neveux et nièces venant à la succession de leur propre chef : Dr. famille* 2020, comm. 35.
• S. Ducamp-Monod, *De quelques difficultés prévisibles liées à l'application du règlement européen des successions : Dr. famille* 2015, étude 10.
• R. Dupuis-Bernard, *Réflexions autour de l'article 215 du Code civil : JCP* N 2021, n° 51-52, 1358.
• V. Égéa, *Développement des modes amiables de résolution des conflits : Dr. famille* 2022, comm. 73.
• D. Epailly, *Réforme de la réserve héréditaire, retour sur le rapport du groupe de travail : JCP* N 2021, n° 2, 1012.
• L. Fabre, *Ouverture de l'habilitation familiale à l'assistance : JCP* N 2019, n° 27, 1235.
• M. Farge, *Règlement des successions : les nouveaux réflexes à acquérir : JCP* N 2015, n° 31-35, 1143.
• Cl. Farge et S. Comparot, *L'obligation naturelle, comme moyen de faire parler les morts : JCP* N 2017, n° 50, 1340.
• D. Faucher, *Droit dû sur l'acte constatant un partage antérieur : JCP* N 2017, act. 892.
• D. Fenouillet, *La diversification des mesures de protection : Dr. famille* 2023, dossier 2.
• E. Fongaro, *Le pacte successoral à l'épreuve de la mobilité internationale : JCP* N 2016, n° 18, 1148.
• Fl. Fresnel, *L'habilitation familiale, un nouvel outil pour la personne vulnérable : Dr. famille* 2019, dossier 5.
• Ch. Gijsbers, *La réalisation post mortem des sûretés : JCP* N 2017, n° 13, 1145.
• A. de Guillenchmidt-Guignot, *Enjeux et perspectives du partage amiable : Dr. famille* 2020, étude 4.
• S. Hamou, *Les nouvelles procédures familiales en droit des successions : Dr. famille* 2019, dossier 4.
• E. Jacoby, *Le certificat successoral européen et le rôle du notaire : JCP* N 2016, n° 18, 1137 ;

Les droits du conjoint survivant et le certificat successoral européen dans les relations franco-allemandes : *JCP* N 2018, n° 45, 1330.
• F. Jourdain-Thomas, *Convention d'indivision : prévoir la sortie de l'indivision* : *JCP* N 2013, n° 47, 1267.
• G. Khairallah, *Le principe de primauté du droit de l'Union européenne, le notaire et l'article 913 du Code civil* : *JCP* N 2021, n° 50, 1347.
• C. Kuhn, *La représentation successorale : aspects liquidatifs complexes* : *JCP* N 2020, n° 52, 1264.
• M. Lamarche, *Successions internationales : les défis de l'application du règlement européen* : *Dr. famille* 2015, alerte 58.
• S. Lamiaux, *Partage et licitation en droits d'enregistrement : existe-t-il une différence ?* : *JCP* N 2016, n° 35, 1252.
• S. Le Chuiton, *Le copartageant qui prétend s'être libéré d'une dette doit justifier le paiement ou le fait qui a produit l'extinction de son obligation* : *JCP* N 2020, n° 9, act. 242.
• N. Levillain, *Mise en pratique du nouveau prélèvement compensatoire* : *JCP* N 2022, n° 4, 1057 ; *Issues de secours du partage : le recours à une personne qualifiée* : *JCP* N 2022, n° 15-16, 1147.
• I. Maria, *Déjudiciariser et simplifier... pour mieux protéger ?* : *Dr. famille* 2018, comm. 159.
• M. Mathieu, *Un cas d'application du règlement UE « Successions »* : *JCP* N 2016, n° 37, 1276.
• A. Meiller, *Panorama des principaux aspects fiscaux des partages et licitations (Fiche pratique)* : *RFP* 2022, prat. 10.
• M. Mekki, *Réforme du droit des obligations : le droit des nullités* : *JCP* N 2017, n° 1, act. 101.
• D. Montoux, *Partage amiable de succession. Légataire universel présumé absent* : *Dr. famille* 2020, form. 2 ; *Rédiger un partage de succession : le rapport de dettes de l'indivision (Form.)* : *JCP* N 2021, n° 10, 1131 ; *Comment établir l'origine de propriété d'un bien attribué au vendeur aux termes d'un partage ? (Form.)* : *JCP* N 2021, n° 13, 1143.
• Y. Moreau-Cotten et L. Perreau-Saussine, *Règlement d'une succession internationale impliquant un mineur* : *JCP* N 2022, n° 51-52, 1207.
• M. Nicod, *Pas de prescription de la dette de rapport avant la clôture des opérations de partage* : *Dr. famille* 2017, comm. 138 ; *Quelle prescription extinctive pour l'action en réduction ?* : *Dr. famille* 2017, comm. 165 ; *Égalité (successorale) et fraternité* : *Dr. famille* 2018, repère 1 ; *L'obligation au rapport de l'héritier mis en liquidation judiciaire* : *Dr. famille* 2019, comm. 34 ; *Recel d'une donation rapportable : toujours avant le partage !* : *Dr. famille* 2020, comm. 14 ; *De l'objet des opérations de liquidation et de partage* : *Dr. famille* 2020, comm. 121.
• M. Nicod et A. Tani, *Comment liquider une libéralité en usufruit* : *JCP* N 2022, n° 35, 1209 ; *Consécration de l'imputation « en assiette » des libéralités en usufruit* : *Dr. famille* 2022, comm. 146.
• D. Noguéro, *Organisation de l'habilitation familiale* : *Dr. famille* 2022, étude 26.
• C. Nourissat, *Certificat successoral européen : quelle part pour le conjoint survivant* : *JCP* N 2018, n° 13, act. 340.
• C. Pérès, *Évaluation des donations avec charge : hommage rendu au nominalisme monétaire* : *JCP* G 2023, act. 54.
• H. Péroz, *Le droit de prélèvement compensatoire : tout nouveau, tout faux ?* : *Dr. famille* 2021, comm. 146.
• N. Peterka, *La loi du 23 mars 2019 et la réforme du droit des personnes vulnérables : quelles conséquences pour la pratique notariale ?* : *JCP* N 2019, n° 14, 1157.
• N. Randoux, *Réduction en valeur du legs universel, confirmation jurisprudentielle* : *JCP* N 2016, n° 35, 1251.
• B. Roman, *Pitié pour le droit de partage* : *JCP* N 2022, n° 46, act. 1061 ; *Commentaire de la réponse ministérielle du 22 décembre 2022 sur le droit de partage* : *JCP* N 2023, n° 01, act. 101.
• Fr. Sauvage, *Durée du maintien judiciaire de l'indivision : un quinquennat au plus !* : *JCP* N 2018, n° 7, 1102.
• C. Séjean-Chazal, *L'ordonnance du 15 septembre 2021 portant réforme du droit des sûretés* : *JCP* N 2021, n° 38-39, act. 885.
• É. Simon-Michel, *Le droit de partage dans tous ses états* : *RFP* 2019, prat. 2 et 3 ; *La métamorphose des privilèges immobiliers spéciaux en hypothèques légales spéciales issue de la réforme des sûretés* : *JCP* N 2021, n° 46, 1326.
• P.-A. Soreau, *Déjudiciarisation du partage* : *JCP* N 2019, n° 27, 1233.
• A. Tani, *Rapport et réduction, ces faux-amis...* : *Dr. famille* 2015, étude 18 ; Les héritiers continuent la personne du défunt : *Dr. famille* 2017, comm. 89 ; *Preuve de l'insanité d'esprit et vigilance du notaire* : *JCP* N 2019, n° 27, 1227 ; *Action en réduction et devoir notarial renforcé : la loi doit-elle énoncer des évidences ?* : *JCP* N 2022, n° 2, act. 133.
• S. Torricelli-Chrifi, *Le conjoint survivant dans le partage* : *JCP* N 2018, n° 42, 1324.
• B. Vareille, *Recel de communauté et recel de succession : un recel peut-il en cacher un autre ?* : *JCP* N 2018, n° 6, 1098.
• V. Zalewski-Sicard, *Liquidation de régime de séparation de biens et de succession (Corrigé d'examen professionnel)* : *JCP* N 2021, n° 1, 1002.

Fiche 47
Rédiger un inventaire

Sommaire

I Aperçu rapide 521
A Éléments-clés 521
B Textes 522
II Préparation de l'acte 522
A Mise au point de la stratégie avec le client 522
1 Analyse de l'objectif du client 522
2 Choix à exercer 522
3 Conseil à donner 522
B Vérifications préalables 523
1 Requérants 523
2 Licéité de l'acte 527
3 Constitution du dossier 529
4 Alertes 529
III Rédaction et formules 529
A Rédaction 529
1 Intitulé de l'inventaire 529
2 Description et prisée des meubles 531
3 Analyse du patrimoine 531
4 Clôture de l'inventaire 532
5 Clauses particulières 532
B Formules 532
IV Formalités et taxation 532
A Formalités 532
B Taxation 533

I
Aperçu rapide

A Éléments-clés

2619 L'inventaire est un acte conservatoire qui consiste dans l'énumération, la description sommaire et l'estimation, article par article, des éléments de l'actif et du passif composant un patrimoine.

Le cas type est l'inventaire de succession dont le rôle s'est fortement accru, à la suite de la loi n° 2006-728 du 23 juin 2006 portant réforme des successions et des libéralités, quand un héritier entend accepter à concurrence de l'actif net.

En dehors des cas où la loi l'impose pour la protection ou l'obtention d'un droit, la confection de cet acte est recommandée dans de nombreux domaines de la vie juridique car il constitue un élément de preuve essentiel.

L'inventaire n'est jamais dressé d'office. Il doit être requis par une personne justifiant d'un intérêt. Si plusieurs personnes ont qualité pour demander sa confection, aucune d'elles ne jouit d'un droit de préférence. L'acte est établi à la requête de la partie la plus diligente ou à la requête collective de celles qui le sollicitent en même temps.

Pour produire pleinement ses effets, l'inventaire est dressé en la forme authentique par un commissaire de justice ou un notaire, selon les lois et règlements applicables à ces professions.

L'inventaire se déroule, le plus souvent, en plusieurs séances mais quelles que soient les modalités de sa réalisation, il doit nécessairement comporter un certain nombre de mentions impératives que l'officier public ne saurait méconnaître.

B Textes

- C. civ., art. 789.
- CPC, art. 1328 à 1333.

II Préparation de l'acte

A Mise au point de la stratégie avec le client

1 Analyse de l'objectif du client

2620 **Accepter une succession à concurrence de l'actif net.** Quand il requiert l'établissement d'un inventaire, le successible souhaite obtenir le document qui devra nécessairement accompagner ou suivre la déclaration de n'accepter la succession qu'à concurrence de l'actif net qu'il se propose d'effectuer au greffe du tribunal judiciaire dans le ressort duquel la succession est ouverte ou devant notaire (C. civ., art. 788 et 789, al. 1er. – CPC, art. 1334 à 1337. – V. *JCl. Pratique notariale – Les actes*, Fasc. 1000, *Acceptation successorale*).

2621 **Conserver les intérêts des héritiers.** Quand il fait procéder à un inventaire, le successible entend que soient déterminées et mesurées les forces et charges de la succession, afin de garantir la conservation des droits de toutes les personnes intéressées et ne pas prendre le risque de confusion des patrimoines ou de détournement des biens successoraux.

2622 **Prouver le caractère propre d'un bien.** Quand un successible commun en biens fait dresser l'inventaire de la succession à laquelle il est appelé, il souhaite connaître les forces et charges héréditaires mais également se ménager la preuve du caractère propre des biens recueillis, pour mettre en échec la présomption de communauté édictée par l'article 1402 du Code civil.
Il en est de même de l'époux marié sous le régime de la participation aux acquêts qui souhaite se ménager la preuve de la consistance de son patrimoine originaire (V. *JCl. Notarial Formulaire*, V° *Communauté entre époux*, Fasc. 30 et *JCl. Notarial Formulaire*, V° *Participation aux acquêts*, Fasc. 10).

CONSEIL Contrairement à ce que l'on pourrait croire, la pré-constitution de preuve des biens appartenant aux époux séparés de biens est souvent fort utile (V. *JCl. Notarial Formulaire*, V° *Séparation de biens*, Fasc. 10 et 30).

2 Choix à exercer

2623 **Assistance ou non d'experts.** Lors de la prisée des biens meubles et objets mobiliers, le notaire peut se poser la question de savoir s'il doit ou non se faire assister d'experts. Il en est ainsi, notamment, si le patrimoine à inventorier renferme des objets dont l'estimation demande des connaissances spéciales, comme les bijoux, les tableaux ou autres objets précieux (V. *JCl. Notarial Formulaire*, V° *Inventaire*, Fasc. 50).

3 Conseil à donner

2624 **Délai.** Lorsqu'une personne appelée à une succession a été sommée de prendre parti (C. civ., art. 771), il faut lui rappeler qu'elle dispose d'un délai de 2 mois pour se prononcer. Quand elle entend accepter la succession à concurrence de l'actif net, il lui est possible de solliciter un délai supplémentaire auprès du juge (C. civ., art. 772), si la complexité de la succession empêche de terminer l'inventaire requis en temps voulu. L'inventaire devra ensuite être déposé au tribunal dans le délai de 2 mois à compter de la déclaration d'acceptation à concurrence de l'actif net (C. civ., art. 790, al. 1er) mais il sera encore possible de solliciter un délai, en justifiant de motifs sérieux et légitimes retardant le dépôt de l'inventaire (C. civ., art. 790, al. 2).
S'il ne dépose pas dans le délai légal l'inventaire requis pour faire produire effet à la déclaration des héritiers, le notaire engage sa responsabilité professionnelle (Cass. 1re civ., 7 mars 2018, n° 17-14.632 : *JurisData* n° 2018-003481 ; *JCP* N 2019, n° 28, 1246, note C. Corgas).

2625 **Contenu de l'inventaire.** Il est utile d'informer le requérant qu'il doit fournir, le plus rapidement possible, tous les renseignements susceptibles d'avoir une incidence sur la rédaction de l'inventaire. Cet acte a, en effet, un rôle déterminant dans les opérations liquidatives.

> ATTENTION **Il ne s'agit pas uniquement d'une photographie des biens de la succession mais de l'inventaire complet du patrimoine successoral. Depuis le 1er janvier 2007, l'inventaire doit comporter une estimation, article par article, des éléments de l'actif et du passif (CPC, art. 1330 et 1331).**

2626 **Saisine du juge.** Il y a lieu de préciser aux personnes appelées à l'inventaire que s'il survient une difficulté dans l'établissement de l'acte, le président du tribunal judiciaire, saisi par la partie la plus diligente, statuera selon la procédure accélérée au fond (CPC, art. 1333, mod. D. n° 2019-1419, 20 déc. 2019, art. 5).

B Vérifications préalables

2627 **Il conviendra de contrôler :**
- qualité des requérants ;
- état civil, capacité et pouvoirs des requérants ;
- licéité de l'acte.

1 Requérants

a) Qualités

2628 **Personnes habilitées.** Aux termes de l'article 1328 du Code de procédure civile, l'inventaire peut être requis par ceux qui ont le droit de solliciter l'apposition des scellés et l'article 1305 du même code donne la liste des personnes habilitées à requérir cette formalité.
On déduit de la combinaison de ces textes que l'inventaire est valablement dressé à l'initiative du conjoint ou du partenaire d'un pacte civil de solidarité, de tous ceux qui prétendent avoir une vocation successorale, de l'exécuteur testamentaire ou du mandataire désigné pour l'administration de la succession (mandataire à effet posthume, mandataire judiciaire ou conventionnel), du ministère public, du propriétaire des lieux et de tout créancier muni d'un titre exécutoire ou justifiant d'une créance apparaissant fondée en son principe (CPC, art. 1305, 1° à 6°).
Dans l'hypothèse où le juge a désigné un mandataire successoral, en raison de l'inertie, de la carence ou de la faute des héritiers, de leur mésentente ou de la complexité de la situation familiale (C. civ., art. 813-1), les héritiers sont dessaisis de l'exercice des prérogatives entrant dans la mission confiée au mandataire. Dans les faits, si l'administrateur judiciaire a été chargé de dresser l'inventaire de la succession, dans les formes prévues par l'article 789 du Code civil, l'un des héritiers ne saurait prétendre le concurrencer dans l'établissement de l'actif successoral (Cass. 1re civ., 1er juin 2017, n° 16-18.314 : *JurisData* n° 2017-010364 ; *JCP* N 2017, n° 24, act. 631 ; *Dr. famille* 2017, comm. 185, M. Nicod).

> ATTENTION **En cas d'absence du conjoint ou des héritiers ou, s'il y a parmi les héritiers des mineurs non pourvus d'un représentant, sont habilités à requérir l'inventaire, ceux qui habitaient avec le défunt, le maire, le commissaire de police ou le commandant de la brigade de gendarmerie (CPC, art. 1305, 7°). L'absence dont il est question ici n'est pas strictement celle qui est prévue par les dispositions du Code civil relatives à l'absence véritable (V. *JCl. Notarial Formulaire*, V° *Absence*, Fasc. 10) mais un état intermédiaire entre la présomption d'absence, la non-présence involontaire et le simple éloignement. La personne concernée n'est pas pourvue d'un représentant et l'on suppose que son éloignement l'a empêché de connaître le décès et de pourvoir à la sauvegarde de ses intérêts.**

2629 **Autres requérants.** À ces personnes, il y a lieu d'ajouter le curateur à la succession vacante (CPC, art. 1328, *in fine*), ainsi que toutes personnes qui, d'une manière générale, sont tenues de faire procéder à un inventaire, en raison de leurs fonctions ou en vue de conserver leurs droits ou d'en déterminer l'assiette. Tel est le cas, par exemple, du tuteur d'un mineur ou d'un majeur protégé (C. civ., art. 503) et de l'usufruitier (C. civ., art. 600).
Le mandataire de protection future chargé de l'administration des biens d'une personne protégée doit également faire procéder à leur inventaire, lors de l'ouverture de la mesure et assurer son actualisation au cours du mandat (C. civ., art. 486. – V. Fiche 50 : Rédiger un mandat de protection future ou *JCl. Pratique notariale – Les actes*, Fasc. 1322, *Mandat de protection future*). Enfin, un inventaire est requis à l'expiration du mandat (C. civ., art. 487. – Concernant la qualité des requérants, V. *JCl. Notarial Formulaire*, V° *Inventaire*, Fasc. 20).

2630 **Conjoint survivant bénéficiant d'un usufruit donné ou légué.** Aux termes de l'article 1094-3 du Code civil, en présence d'une donation entre époux, les héritiers réservataires peuvent exiger, malgré toute disposition contraire du défunt, qu'il soit dressé état des immeubles et inventaire des meubles soumis à l'usufruit, afin de leur fournir la preuve de la consistance du patrimoine à l'époque du décès. L'inventaire visé par ce texte s'impose au juge s'il est requis par des enfants privés de la jouissance des biens successoraux par une disposition à cause de mort en usufruit au profit du conjoint survivant. Ainsi, dans une espèce où un collectionneur d'œuvres d'art avait légué l'usufruit de sa collection à son épouse, un arrêt récent de la Cour de cassation énonce que « les filles du défunt, nues-propriétaires, étaient en droit d'exiger qu'un inventaire des œuvres formant la collection objet de l'usufruit de leur mère soit dressé en leur présence ou elles dûment appelées » (Cass. 1re civ., 6 mars 2019, nos 18-11.640, 18-11.936 : *JurisData* n° 2019-003217 ; *JCP* N 2019, n° 12, act. 316, veille par Fr. Sauvage ; *Dr. famille* 2019, comm. 132, M. Nicod ; *AJ fam.* 2019, p. 297, S. Ferré-André. – V. *JCl. Notarial Formulaire*, V° *Donation entre époux*, Fasc. 20 et *JCl. Notarial Formulaire*, V° *Quotité disponible et réserve*, Fasc. 80 ou *JCl. Liquidations-Partages*, V° *Quotité disponible et réserve*, Fasc. 80).

b) Capacité

2631 **Capacité de principe.** La réquisition doit émaner d'une personne capable d'exercer son droit mais l'inventaire est un acte purement conservatoire qui n'impose pas d'autorisation particulière.

2632 **Mineur sous administration légale.** Quand l'administration légale est exercée conjointement par les parents du mineur, chacun d'eux peut requérir un inventaire au nom de l'enfant, sans le concours de l'autre (C. civ., art. 382-1). Le parent, administrateur légal unique (C. civ., art. 382), est également en droit de requérir un acte de cette nature, sans autorisation particulière (C. civ., art. 382-1. – V. *JCl. Notarial Formulaire*, V° *Inventaire*, Fasc. 20).

ATTENTION **Depuis le 1er janvier 2016, date d'entrée en vigueur de l'ordonnance n° 2015-1288 du 15 octobre 2015 portant simplification et modernisation du droit de la famille, il ne pèse plus d'obligation systématique d'inventaire sur les administrateurs légaux et le défaut d'inventaire des biens échus à un mineur à la suite du décès de l'un de ses parents n'est plus sanctionné par la privation du droit de jouissance légale du survivant (V. *JCl. Notarial Formulaire*, V° *Mineurs. Majeurs protégés*, Fasc. 30).**
Cependant, s'il a décidé d'effectuer un contrôle renforcé de la gestion des biens, sur le fondement de l'article 387-3 du Code civil, le juge des tutelles peut demander à l'administrateur légal qu'un inventaire du patrimoine du mineur lui soit transmis ainsi que, chaque année, un inventaire actualisé. Une copie de l'inventaire est alors remise au mineur âgé de seize ans révolus (C. civ., art. 387-4. – V. *JCl. Notarial Formulaire*, V° *Mineurs. Majeurs protégés*, Fasc. 200 et 900).
Lorsque le patrimoine de l'enfant est important, on ne peut que conseiller à l'administrateur légal d'effectuer cet acte conservatoire, malgré l'absence d'obligation légale.

2633 **Mineur placé sous tutelle.** Traditionnellement, le tuteur a l'obligation de faire dresser un inventaire des biens du mineur, en présence du subrogé tuteur, s'il a été désigné et d'assurer son actualisation au cours de la mesure de protection. L'inventaire réalisé par le tuteur doit être transmis au juge dans les trois mois de l'ouverture de la tutelle, pour les biens meubles corporels, et dans les six mois pour les autres biens, avec le budget prévisionnel (C. civ., art. 503, al. 1er, réd. L. n° 2019-202, 23 mars 2019, art. 30).
Lorsque le juge l'estime nécessaire, il peut désigner, dès l'ouverture de la mesure, un commissaire-priseur judiciaire, un huissier de justice ou un notaire pour procéder, aux frais du mineur, à l'inventaire des biens meubles corporels, dans le délai de trois mois (C. civ., art. 503, al. 3, créé L. n° 2019-222, 23 mars 2019, art. 30. – V. *JCl. Notarial Formulaire*, V° *Mineurs. Majeurs protégés*, Fasc. 180 et 202) ; étant observé que les huissiers de justice et les commissaires-priseurs judiciaires sont réunis au sein de la nouvelle profession de commissaire de justice, depuis le 1er juillet 2022 (V. *infra*, nos 2651 et s., « Compétence »).

2634 **Administrateur particulier.** En consentant une libéralité à un mineur, le donateur ou le testateur peut stipuler que les biens transmis seront soustraits aux pouvoirs du représentant légal du gratifié. Si le disposant désigne la personne chargée de l'administration des biens, l'inventaire est requis par cette personne au nom du mineur. Ses pouvoirs sont ceux conférés dans l'acte. À défaut, elle agit comme le ferait un administrateur légal (C. civ., art. 384. – V. *JCl. Notarial Formulaire*, V° *Mineurs. Majeurs protégés*, Fasc. 40).

2635 **Majeur sous sauvegarde de justice.** Le majeur sous sauvegarde de justice conserve l'exercice de ses droits (C. civ., art. 435, al. 1er). Il peut requérir l'inventaire le concernant. Il peut aussi être représenté par un mandataire (C. civ., art. 436, al. 1er), à moins que la révocation de ce mandat n'ait été prononcée par le juge des tutelles des majeurs. En l'absence de mandat, toute personne peut faire cet acte conservatoire, selon les règles de la gestion d'affaires (C. civ., art. 436, al. 2. – V. *JCl. Notarial Formulaire*, V° *Mineurs. Majeurs protégés*, Fasc. 600).

2636 **Majeur sous tutelle.** Un majeur sous tutelle ne saurait requérir personnellement un inventaire et doit être représenté par son tuteur. Classiquement, ce dernier avait l'obligation d'opérer la formalité, en présence du subrogé tuteur, dans les trois mois qui suivaient son entrée en fonction et d'assurer l'actualisation du document, au cours de la mesure de protection (C. civ., ancien art. 503, al. 1er).
Depuis le 25 mars 2019, l'inventaire réalisé par le tuteur est transmis au juge dans les trois mois de l'ouverture de la tutelle, pour les biens meubles corporels, et dans les six mois pour les autres biens, avec le budget prévisionnel (C. civ., art. 503, al. 1er, réd. L. n° 2019-202, 23 mars 2019, art. 30).
Si le juge l'estime nécessaire, il peut désigner, dès l'ouverture de la mesure, un commissaire-priseur judiciaire, un huissier de justice ou un notaire pour procéder, aux frais de la personne protégée, à l'inventaire des biens meubles corporels, dans le délai de trois mois (C. civ., art. 503, al. 3, créé L. n° 2019-222, 23 mars 2019, art. 30) ; depuis le 1er juillet 2022, le juge des tutelles désigne un commissaire de justice ou un notaire (V. *infra*, nos 2651 et s., « Compétence »).
Enfin, en cas de retard dans la transmission de l'inventaire, le juge peut désigner un commissaire-priseur judiciaire, un huissier de justice, un notaire ou un mandataire judiciaire à la protection des majeurs pour y procéder aux frais du tuteur (C. civ., art. 503, al. 4, créé L. n° 2019-222, 23 mars 2019, art. 30. – V. *JCl. Notarial Formulaire*, V° *Mineurs. Majeurs protégés*, Fasc. 700 et 710) ; étant observé que les huissiers de justice et les commissaires-priseurs judiciaires sont réunis au sein de la nouvelle profession de commissaire de justice, depuis le 1er juillet 2022 (V. *infra*, nos 2651 et s., « Compétence »).

2637 **Majeur sous curatelle.** La personne sous curatelle a qualité pour requérir l'inventaire auquel elle est intéressée, dans la mesure où il s'agit d'un acte dénué de risque anormal, au sens de l'article 1er du décret n° 2008-1484 du 22 décembre 2008 (D. n° 2008-1484, 22 déc. 2008, ann. 1, col. 1, V). Comme elle peut être amenée à faire des déclarations ou reconnaissances dépassant ses pouvoirs, il est préférable de demander l'assistance de son curateur (C. civ., art. 467. – V. *JCl. Notarial Formulaire*, V° *Mineurs. Majeurs protégés*, Fasc. 800).
Depuis le 1er janvier 2020, les fonctions de juge des tutelles des majeurs sont exercées par le juge des contentieux de la protection du tribunal judiciaire (COJ, art. L. 213-4-1 et L. 213-4-2, créés L. n° 2019-222, 23 mars 2019, art. 95).

2638 **Majeur relevant du dispositif d'habilitation familiale.** Lorsqu'un majeur, non placé sous un régime de protection judiciaire continue, est « dans l'impossibilité de pourvoir seul à ses intérêts en raison d'une altération, médicalement constatée, soit de ses facultés mentales, soit de ses facultés corporelles de nature à empêcher l'expression de sa volonté », le juge des tutelles peut habiliter un de ses proches (ascendants ou descendants, frères et sœurs ou, à moins que la communauté de vie ait cessé entre eux, le conjoint, le partenaire auquel elle est liée par un pacte civil de solidarité ou le concubin), à l'effet de le représenter, de l'assister dans les conditions prévues à l'article 467 du Code civil ou de passer un ou plusieurs actes en son nom, dans les conditions et selon les modalités prévues aux articles 494-2 à 494-12 du même code (C. civ., art. 494-1, mod. L. n° 2019-222, 23 mars 2019, art. 29, 3°. – CPC, art. 1217 à 1233, réd. D. n° 2019-756, 22 juill. 2019, art. 3).
Il peut, notamment, être fait usage de cette habilitation judiciaire, à l'effet de requérir un inventaire au nom d'une personne vulnérable ou à l'effet de l'assister dans la présentation de sa requête (arg. C. civ., art. 494-1). Si le juge des tutelles a délivré une habilitation générale (C. civ., art. 494-6, al. 5), la personne habilitée pourra également faire procéder, sur sa seule initiative, à l'inventaire auquel est intéressé le majeur protégé ou assister ce dernier, si la mission qui lui est conférée se limite à une simple assistance.

CONSEIL **Lorsque le juge des tutelles habilite un proche du majeur protégé à l'effet de le représenter sur la scène juridique, aucune obligation de faire dresser un inventaire ne pèse légalement sur la personne ainsi désignée mais,**

Rédiger un inventaire

dans le souci de protéger les intérêts en présence, l'établissement de cet acte conservatoire est vivement conseillé (V. *JCl. Notarial Formulaire*, V° *Mineurs. Majeurs protégés*, Fasc. 520).

2639 **Présumé absent.** Lorsque la représentation du présumé absent et l'administration de ses biens sont soumises aux règles applicables à la tutelle des majeurs sans conseil de famille, son représentant judiciaire doit faire dresser inventaire des biens appartenant à l'intéressé avant son départ, afin d'éviter toutes contestations, en cas de retour de l'intéressé (arg. C. civ., art. 113 et 503). L'acte conservatoire est établi comme il est indiqué ci-dessus concernant les biens d'un majeur sous tutelle.
Depuis le 25 mars 2019, la représentation du présumé absent et l'administration de ses biens sont soumises, à titre exceptionnel et sur décision expresse du juge, aux règles de l'habilitation familiale, si son représentant est une des personnes mentionnées à l'article 494-1 du Code civil (C. civ., art. 113, mod. L. n° 2019-222, 23 mars 2019, art. 9, I, 1°). Dans une telle hypothèse, aucune obligation de faire dresser un inventaire ne pèse légalement sur le proche (ascendant, descendant, frère ou sœur, notamment) mais, dans le souci de protéger les intérêts du présumé absent et éviter toutes contestations lors de son retour éventuel, l'établissement de cet acte conservatoire est une sage précaution (V. *JCl. Notarial Formulaire*, V° *Absence*, Fasc. 10).

c) Pouvoirs

2640 **Personnes mariées.** Le régime matrimonial des époux n'a pas d'incidence sur leur liberté de requérir un inventaire mais il faut tenir compte du mandat qu'un époux peut donner à son conjoint et des limitations judiciaires de pouvoir ou des autorisations judiciaires (C. civ., art. 217 à 220-3. – V. *JCl. Notarial Formulaire*, V° *Régimes matrimoniaux*, Fasc. 30, 40 et 50).

2641 **Partenaires d'un pacte civil de solidarité.** Chacun des partenaires, qu'il soit soumis au régime de la séparation de biens ou à celui de l'indivision résultant de la loi n° 2006-728 du 23 juin 2006, a seul qualité pour requérir un inventaire (V. *JCl. Pratique notariale – Les actes*, Fasc. 1365, *Pacte civil de solidarité* ; V. *JCl. Notarial Formulaire*, V° *Pacte civil de solidarité*, Fasc. 10).

2642 **Surendettement des particuliers.** Quand il sollicite le traitement de son surendettement ou s'il est soumis à un rétablissement personnel, le débiteur doit rester de bonne foi (C. consom., art. L. 761-1). Il ne doit pas aggraver son endettement mais peut requérir seul un inventaire, acte purement conservatoire (V. *JCl. Notarial Formulaire*, V° *Surendettement des particuliers*, Fasc. 10 et 20).

2643 **Sauvegarde et liquidation judiciaire des entreprises.** Dès l'ouverture d'une procédure de sauvegarde, il doit être dressé un inventaire du patrimoine du débiteur, ainsi que des garanties qui le grèvent. Cet inventaire est complété par la mention des biens détenus par le débiteur et susceptibles d'être revendiqués par un tiers. Le débiteur entrepreneur y fait en outre figurer les biens détenus dans le cadre de l'activité à raison de laquelle la procédure a été ouverte qui sont compris dans un autre de ses patrimoines et dont il est susceptible de demander la reprise dans les conditions prévues par l'article L. 624-19 du Code de commerce (C. com., art. L. 622-6, R. 622-4 et R. 622-4-1).
L'inventaire est, en principe, établi par le débiteur et certifié par un commissaire aux comptes ou attesté par un expert-comptable (C. com., art. L. 622-6-1). Les opérations d'inventaire doivent être initiées dans un délai de huit jours à compter du jugement et achevées dans le délai judiciairement fixé. À défaut, le tribunal nomme un professionnel chargé de réaliser ou d'achever l'acte en cause.
Toutefois, si le débiteur en fait la demande, le tribunal désigne, en considération de leurs attributions respectives telles qu'elles résultent des dispositions qui leur sont applicables, un commissaire-priseur judiciaire, un huissier de justice, un notaire ou un courtier en marchandises assermenté aux fins de réaliser cet inventaire (C. com., art. L. 621-4, al. 6) ; étant observé que les huissiers de justice et les commissaires-priseurs judiciaires sont réunis, depuis le 1er juillet 2022, au sein de la nouvelle profession de commissaire de justice (V. *infra*, nos 2651 et s., « Compétence »).
En cas d'ouverture d'un redressement judiciaire, par conversion d'une procédure de sauvegarde, lorsqu'il apparaît que le débiteur était déjà en état de cessation des paiements quand il a bénéficié de la sauvegarde (C. com., art. L. 621-12), le jugement d'ouverture désigne un professionnel chargé d'opérer l'inventaire du patrimoine du débiteur mais, dans ce cas, une prisée des actifs est réalisée en même temps que l'inventaire (C. com., art. L. 631-9 et L. 631-14. – V. *JCl. Procédures collectives*, Fasc. 2310 ou *JCl. Commercial*, Fasc. 2310).
En cas de liquidation judiciaire, le tribunal désigne, en considération de leurs attributions respectives, telles qu'elles résultent des dispositions qui leur sont applicables, un commissaire-priseur

judiciaire, un huissier de justice, un notaire ou un courtier en marchandises assermenté, aux fins de réaliser l'inventaire prévu par l'article L. 622-6 du Code de commerce et la prisée de l'actif du débiteur (C. com., art. L. 641-1) ; étant observé que les huissiers de justice et les commissaires-priseurs judiciaires sont réunis, depuis le 1er juillet 2022, au sein de la nouvelle profession de commissaire de justice.
Aux yeux des juges, un inventaire incomplet, sommaire ou inexploitable équivaut à l'absence d'inventaire obligatoire prévu par l'article L. 622-6 du Code de commerce (Cass. com., 25 oct. 2017, n° 16-22.083 : *JurisData* n° 2017-021041 ; *Act. proc. coll.* 2017, repère 297, M. Laroche ; *Rev. proc. coll.* 2018, comm. 28, A. Aynès. – V. *JCl. Procédures collectives*, Fasc. 2700 ou *JCl. Commercial*, Fasc. 2700).
Dans le cadre de la procédure simplifiée (C. com., art. L. 644-1 à L. 644-6), le tribunal peut confier au liquidateur la mission de réaliser l'inventaire (C. com., art. L. 641-2). Si la valeur des biens le justifie, le juge-commissaire désigne, aux fins de réaliser la prisée de l'actif, l'un des professionnels mentionnés ci-dessus (C. com., art. L. 644-1-1. – V. *JCl. Procédures collectives*, Fasc. 2702 ou *JCl. Commercial*, Fasc. 2702).
Enfin, s'il demande à bénéficier d'une procédure de rétablissement professionnel sans liquidation (C. com., art. L. 645-1 à L. 645-12), le débiteur précise, en complément de l'inventaire, les modalités d'évaluation de ses biens. L'inventaire ainsi complété est établi à la date de la demande (C. com., art. R. 640-1-1. – V. *JCl. Procédures collectives*, Fasc. 2705 ou *JCl. Commercial*, Fasc. 2705).

> ATTENTION **Quand il sollicite l'ouverture d'une procédure de sauvegarde, le débiteur ne doit pas omettre de préciser s'il s'engage à réaliser l'inventaire lui-même, ainsi que le délai nécessaire à l'établissement de celui-ci ou s'il requiert la désignation d'un professionnel chargé des opérations (C. com., art. R. 621-1).**

2644 **Mandataire conventionnel.** Tous ceux qui ont le droit de requérir l'inventaire peuvent s'y faire représenter par mandataire et chacun est libre de choisir le mandataire qu'il lui plaît (concernant le régime du mandat, V. *JCl. Pratique notariale – Les actes*, Fasc. 1425, *Procuration*).
Toutefois, le tuteur et le subrogé tuteur d'un mineur ou d'un majeur protégé ne sauraient choisir le même mandataire, les deux fonctions ne pouvant être remplies par la même personne (V. *JCl. Notarial Formulaire*, V° *Mineurs. Majeurs protégés*, Fasc. 60).

2 Licéité de l'acte

a) Réquisition

2645 **Nécessité légale.** L'inventaire n'est jamais dressé d'office. Il doit être requis par les parties visées à l'article 1305 du Code de procédure civile (CPC, art. 1328).
L'inventaire peut être requis, même s'il n'y a pas eu apposition de scellés préalable. Il suffit de justifier d'un intérêt à demander cet acte pour avoir qualité. La confection d'un inventaire est une mesure conservatoire qui n'impose pas, quand elle est sollicitée, la preuve de droits incontestables mais uniquement la preuve de droits éventuels dont l'inventaire assurera la protection.

2646 **Pluralité de requérants.** Si plusieurs personnes ont qualité pour demander la confection d'un inventaire, aucune d'elles ne jouit d'un droit de préférence. L'inventaire est dressé à la requête de la partie la plus diligente ou à la requête collective de celles qui le sollicitent en même temps.

2647 **Loi successorale éventuellement choisie par le défunt.** Dans certaines situations, les requérants doivent s'en remettre aux principes directeurs édictés pour cet acte conservatoire, par la loi successorale, éventuellement, choisie par le défunt. Le règlement (UE) n° 650/2012 du Parlement européen et du Conseil du 4 juillet 2012 relatif aux successions internationales s'applique, en effet, aux successions ouvertes depuis le 17 août 2015 (art. 83, § 1). Les Français expatriés et les personnes qui se trouvent dans une situation présentant des éléments d'extranéité peuvent organiser la transmission de leur patrimoine, en choisissant, par une disposition à cause de mort (testament ou donation entre époux), la loi applicable à leur succession (par exemple, la loi de leur nationalité). À défaut de choix, la loi applicable est celle du pays dans lequel le défunt a sa résidence habituelle, au moment du décès (pour les critères de détermination de la résidence habituelle du défunt, V. Cass. 1re civ., 29 mai 2019, n° 18-13.383 : *JurisData* n° 2019-009044 ; *JCP* N 2019, n° 24, act. 532, H. Péroz ; *Dr. famille* 2019, comm. 161, A. Devers ; *JCP* N 2020, n° 7-08, 1055, C. Latil ; *JCP* N 2020, n° 28, 1153, M. Devisme) ; étant entendu que les dispositions testamentaires constatant une *professio juris* prises avant le 17 août 2017 sont valables et peuvent s'appliquer, dès lors que le testateur est décédé après cette date (art. 83, § 2).
La loi ainsi désignée est reconnue, à l'égard de tous les pays liés par le règlement, seule compétente pour régler l'ensemble de la succession, quel que soit le lieu où se trouvent les biens appartenant au défunt (pour une étude détaillée du règlement, V. *JCl. Notarial Formulaire*,

Rédiger un inventaire

Successions internationales, Fasc. 150 ou *JCl. Liquidations – Partages*, V° *Successions internationales*, Fasc. 150 ou *JCl. Europe Traité*, Fasc. 2830 ou *JCl. Droit international*, Fasc. 557-50 ou *JCl. Civil Code*, App. Art. 720 à 892, Fasc. 30).

CONSEIL Une circulaire de la Chancellerie, en date du 25 janvier 2016, apporte des précisions utiles, notamment, sur les successions concernées par le champ d'application du règlement (UE) n° 650/2012 du Parlement européen et du Conseil du 4 juillet 2012, l'acceptation des actes authentiques, l'utilisation des formulaires et le recours au certificat successoral européen par les notaires (Circ. n° JUSC1601018C : *BO Justice* n° 2016-02, 29 janv. 2016 ; *JCP* N 2016, n° 13, act. 469). Une copie certifiée conforme du CSE délivrée par un notaire est valable pour une durée de six mois, même lorsqu'elle porte la mention « illimitée ». Pour remplir son plein effet, la copie certifiée conforme doit être valide au moment de sa présentation à l'autorité compétente et non au jour où celle-ci rend sa décision. Toute personne nommément citée peut l'utiliser, même si elle n'a pas la qualité de demandeur du CSE (CJUE, 1er juill. 2021, aff. C-301/20 : *JurisData* n° 2021-014628 ; *JCP* N 2021, n° 30, act. 781, veille par A. Tani ; *Dr. famille* 2022, chron. 1, spéc. n° 17, A. de Guillenchmidt-Guignot et S. Hamou).

b) Personnes devant être appelées

2648 **Principe.** D'une manière générale, doivent être appelés à l'inventaire :
1° le conjoint survivant ou le partenaire d'un pacte civil de solidarité ;
2° tous ceux qui prétendent avoir une vocation successorale ;
3° l'exécuteur testamentaire si le testament est connu ;
4° le mandataire désigné pour l'administration de la succession (CPC, art. 1329, al. 1er).

2649 **Délai.** Le requérant est tenu d'appeler les personnes qui doivent assister à l'inventaire au plus tard vingt jours avant la date prévue pour sa réalisation, à moins qu'elles ne l'aient expressément dispensé de cet appel (CPC, art. 1329, al. 2).

2650 **Forme de la convocation.** En pratique, il est possible de convoquer les personnes concernées par lettre recommandée avec demande d'accusé de réception ou par lettre recommandée électronique. En cas de difficultés, le requérant est en droit d'effectuer une sommation, par acte d'huissier de justice.

c) Compétence

2651 **Principe.** Dans le passé, seul un notaire pouvait dresser un inventaire successoral. Cet acte est désormais établi par un commissaire-priseur judiciaire, un huissier de justice ou un notaire, selon les lois et règlements applicables à ces professions (C. civ., art. 789, al. 2).

ATTENTION Seul un acte notarié peut contenir les qualités et droits de ceux qui peuvent prétendre à la communauté ou à la succession et, le cas échéant, la consistance active et passive de la communauté, telle qu'elle résulte de tous documents, titres et papiers présentés au notaire et des déclarations des requérants et comparants (CPC, art. 1332).

2652 **Inventaire lié à la levée des scellés.** Si l'inventaire accompagne la levée des scellés, il est établi par l'huissier de justice qui a effectué l'apposition, à moins que les personnes ayant qualité pour être appelées à l'acte conviennent de choisir un autre officier public et ministériel ou que la désignation en soit faite conformément à l'article 1333 du Code de procédure civile (CPC, art. 1319, al. 2). En conséquence, les personnes intéressées peuvent décider, d'un commun accord, de confier les opérations à un notaire ou à commissaire-priseur judiciaire (CPC, art. 1330). Si elles ne parviennent pas à s'entendre, la partie la plus diligente a la faculté de saisir le président du tribunal judiciaire ou son délégué, afin que le professionnel soit désigné selon la procédure accélérée au fond (CPC, art. 1319, al. 2 et 1333, mod. D. n° 2019-1419, 20 déc. 2019, art. 5. – V. *JCl. Notarial Formulaire*, V° *Inventaire*, Fasc. 10).
Prise en application de l'article 61, III de la loi n° 2015-990 du 6 août 2015, pour la croissance, l'activité et l'égalité des chances économiques, l'ordonnance n° 2016-728 du 2 juin 2016 regroupe les professions d'huissier de justice et de commissaire-priseur judiciaire sous une seule et même profession, celle de **commissaire de justice** et détermine avec précision le cadre de ce nouveau statut (compétences matérielles et territoriales, modalités d'accès, conditions d'exercice, organisation, règles applicables en matière de responsabilité et de discipline, etc.).
La nouvelle profession de commissaire de justice a vu le jour le 1er juillet 2022. Cependant, tant que

les huissiers de justice et les commissaires-priseurs n'auront pas satisfait aux conditions de formation à la profession de commissaire de justice, ils conserveront leur seul titre d'huissier de justice ou de commissaire-priseur judiciaire, jusqu'au 30 juin 2026. Passée cette date, faute de répondre aux conditions de formation, ils ne pourront plus exercer leurs fonctions (Ord. n° 2016-728, 2 juin 2016, art. 25).
Les commissaires de justice ont qualité pour accomplir les mesures conservatoires après l'ouverture d'une succession, dans les conditions prévues par le Code de procédure civile (Ord. n° 2016-728, 2 juin 2016, art. 1, 4°. – Pour la compétence territoriale et les attributions des commissaires de justice, V. D. n° 2021-1625, 10 déc. 2021 ; *JCP* N 2021, n° 50, act. 1134).

3 Constitution du dossier

2653 **Renseignements à obtenir des parties.** Le notaire doit se faire communiquer les pièces lui permettant de contrôler l'état civil des requérants, leur nationalité et leur domicile, ainsi que leur situation matrimoniale.

2654 **Pièces à demander.** En demandant un extrait de l'acte de naissance des requérants, le praticien obtient tous renseignements utiles sur leurs date et lieu de naissance. Des informations sont également susceptibles de figurer dans les mentions en marge de cet acte.

4 Alertes

2655 **Biens de faible valeur.** L'inventaire n'est pas le seul acte conservatoire envisageable. Quand un défunt ne laisse aucun immeuble mais de nombreuses dettes et quelques objets mobiliers de valeur que les héritiers voudraient conserver, ces derniers peuvent mandater un commissaire de justice (avant le 1er juillet 2022, un huissier de justice ou un commissaire-priseur judiciaire), pour faire l'inventaire estimatif des biens concernés. Les héritiers déclarent ensuite qu'ils conservent les biens et paient entre les mains du commissaire de justice la somme correspondant à la valeur de la prisée.

2656 **Contrôle des dires des requérants.** Lors de la confection de l'inventaire, les requérants et tous ceux appelés à intervenir sont amenés à faire les déclarations qu'ils jugent utiles mais cette pratique ne saurait faire oublier la nécessité, pour le rédacteur, de contrôler, par lui-même, les dires des requérants et intervenants. Le rédacteur se doit aussi de vérifier tous les documents susceptibles de l'éclairer sur la dévolution successorale (acte de notoriété antérieur, acte de mariage, jugement de divorce ou convention de divorce par consentement mutuel, par exemple), en les annexant, au besoin, au procès-verbal de l'inventaire.

III Rédaction et formules

A Rédaction

2657 **Il conviendra de contrôler :**
- état civil des requérants ;
- capacité et pouvoirs des requérants ;
- désignation et estimation des objets ;
- estimation des biens ;
- dettes ;
- déclaration des requérants et intervenants.

1 Intitulé de l'inventaire

2658 **Préambule.** L'intitulé est le préambule de l'inventaire. Il contient tout ce qui est nécessaire pour expliquer la situation imposant la confection de l'inventaire. On y mentionne l'état civil des parties et les droits qu'elles prétendent exercer, ainsi que l'identification des personnes tenues de représenter les objets ou de faire les déclarations.

> CONSEIL **Il est d'usage de grouper toutes ces indications dans une rédaction distincte du reste de l'inventaire et de faire signer l'intitulé par les parties requérantes ou appelées, les intervenants et le notaire. Cette pratique facilite la délivrance de copies authentiques ou extraits, chaque fois qu'il y a lieu de prouver à des tiers la qualité des intéressés.**

2659 **Date et lieu de confection.** La rédaction commence par l'indication de l'année, du jour et de l'heure auxquels il est procédé. L'indication du lieu où l'inventaire est dressé est obligatoire (CPC, art. 1330, 2°).

2660 **Décès et état civil du défunt.** Dans le cas de l'inventaire après décès, l'énonciation des nom, prénoms, profession et domicile du défunt, et les date et lieu de son décès, se place indifféremment soit après l'indication du lieu où l'inventaire est dressé et avant le nom des requérants, soit au cours ou à la suite des qualités des parties. L'essentiel est que ces indications figurent dans l'intitulé.

2661 **Identité des requérants.** On mentionne les nom, prénoms, profession et domicile des requérants, des personnes comparantes ou représentées, le cas échéant des commissaires-priseurs judiciaires et des experts (CPC, art. 1330, al. 1er). D'une manière générale, les notaires ont l'habitude de relater dans l'intitulé tous les renseignements qui pourront se révéler nécessaires pour la confection des actes auxquels donne lieu l'ouverture de la succession (date et lieu de naissance des intéressés, prénoms, nom, date et lieu de naissance des enfants des successibles, pour l'établissement de la déclaration de succession).

2662 **Qualités.** Sous ce titre et après l'énonciation des parties requérantes, on rapporte les qualités auxquelles les intéressés prétendent avoir droit. Toutefois, les droits et qualités peuvent, sans inconvénient, être mentionnés dans la réquisition, à la suite de l'indication des nom, prénoms, profession et domicile des parties intéressées.

> ATTENTION **En toutes circonstances, il faut veiller à ne pas faire prendre qualité aux intéressés. Les requérants doivent donc agir comme habiles à se dire donataires, légataires ou héritiers. Cette précaution élémentaire laisse subsister le droit d'option.**

2663 **Justification des qualités.** Dans le cadre d'un inventaire dressé après décès, il y a lieu d'exiger toutes les justifications propres à établir les qualités invoquées par ceux qui prétendent avoir vocation à un droit dans la succession.

> CONSEIL
> **Il peut s'avérer opportun de faire précéder l'inventaire d'un acte de notoriété destiné à conforter les énonciations des qualités et d'en faire mention dans l'intitulé ; étant entendu que la rédaction de la notoriété successorale répond à des règles légales précises (C. civ., art. 730-1 à 730-5.** – V. **Fiche 43 : Rédiger une notoriété successorale ou *JCl. Pratique notariale – Les actes,* Fasc. 1345, *Notoriété successorale.* – V. égal., *JCl. Notarial Formulaire,* V° *Notoriété,* Fasc. 20).**
> **Toutefois, le législateur indiquant nettement que la preuve de la qualité d'héritier s'établit par tous moyens (C. civ., art. 730), il est permis de penser que l'intitulé d'inventaire rédigé par le notaire, avec l'intervention des ayants droit bénéficie d'une valeur équivalente à l'acte de notoriété, à condition, bien évidemment, que l'intitulé comporte les éléments exigés par l'article 730-1 du Code civil (visa de l'acte de décès, mention des pièces justificatives qui ont pu être produites, tels les actes de l'état civil et les documents qui concernent l'existence de libéralités à cause de mort pouvant avoir une incidence sur la dévolution successorale, affirmation, signée du ou des ayants droit, auteurs de la demande, qu'ils ont vocation, seuls ou avec d'autres qu'ils désignent, à recueillir tout ou partie de la succession du défunt).**
> **En pratique, un acte de notoriété est néanmoins nécessaire. La production d'un acte de cette nature est le plus souvent demandée par divers organismes, notamment, par les établissements bancaires.**

2664 **Fichier central des dispositions de dernières volontés.** L'intitulé d'inventaire doit contenir, comme la notoriété, une clause faisant mention de l'interrogation du fichier central des dispositions de dernières volontés (V. Fiche 43 : Rédiger une notoriété successorale ou *JCl. Pratique notariale – Les actes*, Fasc. 1345, *Notoriété successorale*. – V. *JCl. Notarial Formulaire*, V° *Notoriété*, Fasc. 20. – Pour l'interrogation du fichier, V. *JCl. Notarial Formulaire*, V° *Testament*, Fasc. 10).

2665 **Attestation immobilière.** Le notaire est tenu d'informer les requérants de l'obligation qui leur est imposée par l'article 29 du décret n° 55-22 du 4 janvier 1955 de faire constater dans une attestation notariée la transmission par décès à leur profit des droits réels immobiliers (D. n° 55-1350, 14 oct. 1955, art. 69, § 4. – V. Fiche 45 : Rédiger une attestation immobilière ou *JCl. Pratique notariale – Les actes*, Fasc. 1050, *Attestation immobilière*. – V. *JCl. Notarial Formulaire*, V° *Publicité foncière*, Fasc. 20).

2666 **Représentation des objets.** La représentation consiste à montrer ou à donner accès aux objets à inventorier. Cette formalité incombe à tous ceux qui sont restés en possession de ces objets.

2667 **Avertissement de serment.** On a pour habitude d'avertir, dans l'intitulé, les requérants et spécialement ceux qui ont eu la garde du mobilier, du serment qu'ils auront à prêter lors de la clôture et de leur faire promettre d'y déclarer et faire comprendre tout ce qui, à leur connaissance, peut dépendre activement et passivement de la succession faisant l'objet de l'inventaire.

2 Description et prisée des meubles

2668 **Description des effets mobiliers.** La description doit porter sur tous les meubles et effets mobiliers intéressant la succession. En cet endroit de l'inventaire, la description se limite aux biens mobiliers corporels et à certains biens mobiliers incorporels tels que les fonds de commerce. Les autres biens mobiliers incorporels sont désignés au cours de l'analyse des papiers.

> ATTENTION **Sont à priser tous les biens mobiliers dont la valeur ne peut être obtenue par aucun autre moyen légal. Ainsi, parmi les biens mobiliers incorporels, il y a lieu d'estimer les fonds de commerce, mais non les instruments financiers (valeurs mobilières), s'ils sont admis aux opérations d'un dépositaire central.**

2669 **Regroupement des objets.** La description se fait, autant que possible, objet par objet. Toutefois, il est possible de regrouper en un seul article plusieurs objets de peu d'importance ou de même nature ou encore des objets ayant une même destination. On évite ainsi la multiplication des articles et les frais qui en résultent. Il y a lieu de se conformer au système légal des poids et mesures et à la numération décimale.

2670 **Estimation des objets.** L'estimation est faite, article par article, au fur et à mesure de la description (V. *JCl. Notarial Formulaire*, V° *Inventaire*, Fasc. 50).

La prisée est un élément très important car elle fixe la valeur au jour de l'inventaire et sert de base au juge pour apprécier si, au cours du partage ultérieur, l'une des parties a été lésée de plus du quart. Si tel est le cas, une action en complément de part est ouverte (C. civ., art. 889, al. 1er).

3 Analyse du patrimoine

2671 **Documents, titres et papiers.** Il importe que les documents, titres et papiers présentés soient analysés de manière à faire ressortir clairement tout l'actif et tout le passif en résultant (CPC, art. 1330). Cette règle est d'autant plus forte que le rôle de l'inventaire est essentiel dans la liquidation. L'acte doit renfermer une estimation, article par article, des éléments de l'actif et du passif ; pour le cas d'une acceptation à concurrence de l'actif net, l'inventaire établi en application de l'article 789 du Code civil contient une liste numérotée des éléments d'actif de la succession (CPC, art. 1331).

Dans le passé, le notaire instrumentaire était tenu de coter et parapher tous les titres, notes et papiers analysés au cours de l'inventaire (CPC, art. 943, 6°, ancien). Le décret n° 2006-1805 du 23 décembre 2006 relatif à la procédure en matière successorale et modifiant certaines dispositions de procédure civile n'a pas repris ces exigences.

De nos jours, l'énoncé des titres et documents permettant de connaître l'état actif et passif du patrimoine à inventorier est présenté sous la forme d'un exposé.

2672 **Estimation des éléments d'actif.** Tous les biens dépendant de la succession doivent être estimés par les requérants. C'est une innovation importante imposée par la loi n° 2006-728 du 23 juin 2006, lorsque la succession est acceptée à concurrence de l'actif net. Ces estimations serviront de base à la conservation de certains biens par les héritiers. Elles doivent donc être faites avec le plus grand soin (V. *JCl. Pratique notariale – Les actes*, Fasc. 1000, *Acceptation successorale*).

> CONSEIL **Pour se conformer aux textes et faciliter l'examen du patrimoine successoral par les créanciers, il est opportun d'établir, en fin d'acte, une liste numérotée des éléments actifs et passifs, en les estimant (C. civ., art. 789 et CPC, art. 1331). Si le défunt était marié sous un régime communautaire, il y a lieu, pour chaque élément de cette liste, de préciser s'il s'agit d'un bien propre ou d'un bien commun.**
>
> **Si l'inventaire est établi pour éviter le forfait mobilier fiscal (CGI, art. 764, I, 3°) ou par le curateur à une succession vacante (C. civ., art. 809-2), les règles applicables à l'inventaire établi pour l'acceptation de la succession à concurrence de l'actif net peuvent également être suivies (pour un exemple pratique, V. *JCl. Notarial Formulaire*, V° *Inventaire*, Fasc. 25).**

2673 **Déclarations des parties.** L'inventaire contient tous les renseignements nécessaires pour établir l'actif et le passif existant au décès. Les pièces analysées ne font pas toujours apparaître suffisamment la situation et il est d'usage de compléter l'examen des titres et documents par des déclarations.

> CONSEIL **Il est recommandé de demander tous éclaircissements aux parties présentes ; étant entendu que les dires des parties doivent, au besoin, être appuyés des pièces justificatives complémentaires. Selon la jurisprudence, une déclaration ne vaut, en effet, que comme commencement de preuve par écrit. Toutefois, il y a lieu de veiller à ce que les déclarations recueillies ne fassent pas prendre qualité ou n'engagent pas les déclarants au-delà de leurs intentions véritables.**

2674 **Récapitulation.** La récapitulation générale du contenu de l'inventaire facilite les recherches et l'établissement de la déclaration de succession ou du partage. Cependant, on ne doit y procéder que dans des cas exceptionnels, par exemple si l'inventaire est long et compliqué.

4 Clôture de l'inventaire

2675 **Constatation expresse.** La clôture fait corps avec la dernière séance de l'inventaire. Elle constate l'accomplissement des formalités prescrites par la loi et en particulier, le serment, la remise des objets entre les mains d'un gardien, la signature des parties ou la mention de l'empêchement.

2676 **Serment.** L'inventaire doit contenir la mention du serment prêté par ceux qui ont été en possession des biens, avant l'inventaire ou qui ont habité l'immeuble (CPC, art. 1330, 5°).
La réception du serment est de la compétence exclusive des notaires et la tradition veut que le serment ne soit prêté qu'entre les mains du notaire en personne ; étant entendu que la question ne se pose plus, dans la mesure où l'habilitation des clercs a été supprimée par l'article 53, 3° de la loi n° 2015-990 du 6 août 2015, pour la croissance, l'activité et l'égalité des chances économiques (V. *JCl. Notarial Formulaire*, V° *Acte notarié*, Fasc. 30).

2677 **Signatures.** La clôture de l'inventaire doit être signée par les requérants et les parties présentes, quand bien même l'un des intéressés aurait apposé sa signature antérieurement, soit sur l'intitulé, soit à l'occasion d'un dire ou d'une protestation quelconque.
Si une partie ne sait ou ne peut signer, on applique les règles prévues pour tous les actes notariés ordinaires. Mention de l'empêchement est faite dans le procès-verbal et il est fait appel à un second notaire ou à 2 témoins (V. *JCl. Notarial Formulaire*, V° *Acte notarié*, Fasc. 16 et 30).

5 Clauses particulières

2678 **Ajournement.** En cas d'ajournement, la continuation de l'inventaire est renvoyée à une date ultérieure, fixée à l'avance ou laissée au choix des intéressés. Tel est le cas, notamment, si l'importance de l'affaire empêche de terminer l'inventaire en une seule séance, si les opérations doivent se continuer en un autre endroit, si on découvre un testament ou bien encore si un héritier plus proche se présente pour recueillir la succession en tout ou en partie.

> CONSEIL **En cas d'interruption de la séance, il y a lieu d'en faire mention dans l'acte et de recueillir la signature des parties, sur-le-champ.**

B Formules

- *JCl. Notarial Formulaire*, V° *Inventaire*, Fasc. 25 à 475.

IV Formalités et taxation

A Formalités

2679 **Enregistrement.** L'acte notarié d'inventaire de meubles est soumis à la formalité de l'enregistrement, dans le délai d'un mois, à compter de sa date, en raison de la qualité de son auteur (arg. CGI, art. 635, 1, 1°). L'enregistrement se fait sur états (CGI, ann. 3, art. 245 et CGI, ann. 4, art. 60) et donne lieu à un droit fixe de 125 € au 1er janvier 2023 (CGI, art. 680, al. 1er).
L'inventaire de meubles établi sous signature privée est dispensé de la formalité de

l'enregistrement, les articles 635, 2, 4° et 648, 2° du Code général des impôts ayant été abrogés par l'article 21 de la loi n° 2019-1479 du 28 décembre 2019 de finances pour 2020. La présentation volontaire à l'enregistrement de l'acte reste soumise au droit fixe de 125 € (CGI, art. 679, 3° et art. 680).

2680 **Dépôt au tribunal et publicité.** En cas d'acceptation de la succession à concurrence de l'actif net, l'inventaire est déposé au tribunal judiciaire, dans le délai de deux mois (C. civ., art. 790). Une publicité est faite sur un support habilité à recevoir les annonces légales dans le ressort du tribunal compétent et sur le site du *Bulletin officiel des annonces civiles et commerciales* (C. civ., art. 790 et CPC, art. 1335). Un arrêté du garde des Sceaux, ministre de la Justice, en date du 9 novembre 2009, précise les modalités de publicité par voie électronique des déclarations d'acceptation de la succession à concurrence de l'actif net et des actes subséquents. En pratique, la saisie en ligne des informations nécessaires à la publication est réalisée par le greffe de la juridiction territorialement compétente sur le site : *www.bodacc.fr*.

ATTENTION **Cette formalité est essentielle car elle permet aux créanciers, au moins s'ils sont diligents, de connaître la consistance de l'actif (V. *JCl. Pratique notariale – Les actes*, Fasc. 1000, *Acceptation successorale*).**
Depuis le 1er novembre 2017, lorsque la déclaration de n'accepter qu'à concurrence de l'actif net est faite devant un notaire (C. civ., art. 788, al. 1er), le praticien est tenu d'informer l'héritier de l'obligation d'opérer l'insertion d'un avis sur un support habilité à recevoir les annonces légales dans le ressort du tribunal compétent (CPC, art. 1334, al. 2).

B Taxation

2681 Un arrêté du 28 février 2020 est entré en vigueur le 1er mars 2020. Toutefois, les émoluments des prestations effectuées avant le 1er janvier 2021, ou dont la réalisation a donné lieu, avant le 1er mars 2020, au versement par le client d'un acompte ou d'une provision, ou à l'engagement par l'un des notaires intervenant de frais ou débours, restent régis par l'ancien tarif (A. 28 févr. 2020, art. 29, 2° mod. A. 28 avr. 2020, art. 2).

Un nouvel arrêté en date du 25 février 2022, applicable depuis le 1er mars 2022, proroge jusqu'au 29 février 2024 les dispositions antérieures (A. 25 févr. 2022, art. 2).

2682 **Émolument fixe.** L'acte d'inventaire (C. com., art. A. 444-155. – Numéro 156 du tableau 5. – V. *JCl. Commentaire du Tarif des Notaires*, Fasc. 4740) donne lieu à la perception d'un émolument de 75,46 €.

2683 **Prisée.** En l'absence de commissaire-priseur judiciaire effectuant lui-même la prisée, le notaire qui s'en charge a droit aux honoraires dévolus aux commissaires-priseurs judiciaires (arg. C. com., art. L. 444-1, al. 2. – Avis de la Commission Statut et Éthique notariale du CSN en date du 6 décembre 2019, V. *JCl. Commentaire du Tarif des Notaires*, Fasc. 4740).
De nos jours, lorsqu'elle est effectuée par un commissaire-priseur judiciaire, la prisée des effets mobiliers inventoriés (C. com., art. A. 444-2. – Numéro 1 du tableau 1) donne lieu à la perception d'un émolument proportionnel :
– en cas de liquidation judiciaire : à la valeur de réalisation de chaque article ;
– dans tous les autres cas, y compris en cas de redressement judiciaire : à la moyenne entre la valeur d'exploitation et la valeur de réalisation ; selon le barème suivant :

De	A	%
0	1 725 €	1,488
1 726 €	4 600 €	0,496
4 601 €	34 500 €	0,248
Au-dessus		0,099

CHECK-LIST **• Contrôler la capacité et la qualité des requérants, en exigeant toutes pièces justificatives utiles.**
• S'assurer que les personnes devant assister à l'inventaire ont bien été appelées au plus tard vingt jours avant la date prévue pour sa réalisation.
• Veiller à établir, en fin d'acte, une liste numérotée des éléments actifs et passifs, en les estimant, lorsque l'inventaire est le préalable à l'acceptation d'une succession à concurrence de l'actif net.
• Faire déposer l'inventaire daté et signé au tribunal judiciaire, dans le délai de deux mois, si l'héritier a accepté la succession à concurrence de l'actif net.

POUR ALLER PLUS LOIN

Fiche pratique

• V. Fiche 44 : Rédiger l'option du conjoint survivant ou *JCl. Pratique notariale – Les actes*, Fasc. 1360, *Options du conjoint survivant*.

Fascicules JurisClasseur

• *JCl. Notarial Formulaire*, V° *Inventaire*, Fasc. 10 à 475.
• *JCl. Ingénierie du patrimoine*, Fasc. 1140, *Règlement de la succession*.
• *JCl. Pratique notariale – Les actes*, Fasc. 1000, *Acceptation successorale*.
• *JCl. Pratique notariale – Les actes*, Fasc. 1350, *Option successorale*.
• *JCl. Pratique notariale – Les actes*, Fasc. 1475, *Renonciation à succession*.
• *JCl. Pratique notariale – Les actes*, Fasc. 1550, *Usufruit*.
• *JCl. Roulois*, Fasc. 1280.

Revues

• N. Baillon-Wirtz, *AMP, enfant sans vie, adoption, choix du nom : le modèle du livret de famille mis à jour : JCP* N 2022, n° 19, act. 550.
• B. Beignier, *Participation aux acquêts : composition des patrimoines originaire et final : Dr. famille* 2018, comm. 12 ; *Avantages matrimoniaux et participation aux acquêts : nouveaux enseignements, nouvelles pratiques : JCP* N 2020, n° 24, 1129.
• D. Boulanger, *Utiliser le certificat successoral européen ! : JCP* N 2022, n° 39, 1233.
• S. Brunet, *L'administration des successions : JCP* N 2015, n° 31-35, 1144.
• A.-L. Casado, N. Couzigou-Suhas et A. Munck-Barraud, *Rappel des fondamentaux pour liquider une créance de participation : Dr. famille* 2022, étude 16 ; *JCP* N 2022, n° 48, 1278.
• J. Combret et N. Baillon-Wirtz, *La loi du 18 novembre 2016 de modernisation de la justice du 21e siècle : incidences pour la pratique notariale : JCP* N 2016, n° 47, act. 1254.
• J. Couard, *Nouvelle version du livret de famille : Dr. famille* 2022, alerte 73.
• N. Couzigou-Suhas, *Le majeur vulnérable et la transmission du patrimoine : Dr. famille* 2014, n° 11, dossier 25 ; *La loi du 3 décembre 2001 et la pratique notariale : Dr. famille* 2022, dossier 4.
• R. Crône et L. Perreau-Saussine, *Certificat successoral européen : questions d'actualité : JCP* N 2018, n° 50, 1359.
• St. David, *Le rôle accru du notaire à l'aune de la déjudiciarisation : JCP* N 2020, n° 9, 1058.
• B. Delesalle, J. Lotz et N. Gessey, *Encadrer la gestion des biens de l'enfant mineur après le décès : JCP* N 2017, n° 29, 1238.
• A. Devers, *Compétence du notaire français pour délivrer un acte de notoriété : Dr. famille* 2018, comm. 228.
• N. Duchange, *Qu'est-ce donc que participer aux acquêts ? : JCP* N 2021, n° 37, 1285.
• D. Epailly, *Réforme de la réserve héréditaire, retour sur le rapport du groupe de travail : JCP* N 2021, n° 2, 1012.
• M. Farge, *Règlement des successions : les nouveaux réflexes à acquérir : JCP* N 2015, n° 31-35, 1143.
• Fl. Fresnel, *L'habilitation familiale, un nouvel outil pour la personne vulnérable : Dr. famille* 2019, dossier 5.
• Fr. Fruleux, *Suppression de la formalité de l'enregistrement et de certains droits fixes : à propos de l'article 21 de la loi de finances pour 2020 : JCP* N 2020, n° 3, act. 127 ; *Loi de finances pour 2021 : enregistrement des testaments et des donations mortis causa. – À propos de l'article 156 de la loi de finances pour 2021 : JCP* N 2021, n° 2, act. 128 ; *Loi de finances pour 2021 et droits de mutation à titre gratuit : stabilité : JCP* N 2021, n° 3, act. 156.
• F. Gasnier, Les charmes cachés de l'acceptation à concurrence de l'actif : *JCP* N 2014, n° 49, 1354.
• M. Gayet, *Statut successoral : la situation du partenaire pacsé ne peut être assimilée à celle du conjoint survivant : Dr. famille* 2018, comm. 2.
• Ch. Gijsbers, *La réalisation post mortem des sûretés : JCP* N 2017, n° 13, 1145.
• S. Hamou, *Les nouvelles procédures familiales en droit des successions : Dr. famille* 2019, dossier 4.
• E. Jacoby, *Le certificat successoral européen et le rôle du notaire : JCP* N 2016, n° 18, 1137 ; *Les droits du conjoint survivant et le certificat successoral européen dans les relations franco-allemandes : JCP* N 2018, n° 45, 1330.
• M. Lamarche, *Successions internationales : les défis de l'application du règlement européen : Dr. famille* 2015, alerte 58.
• S. Lamiaux, *Succession et publicité foncière : situations pratiques autour de l'attestation immobilière : JCP* N 2022, n° 9, 1100.
• L. Lauvergnat, *L'huissier de justice et le commissaire-priseur judiciaire sont morts, vive le commissaire de justice ! : Procédures* 2022, alerte 16.
• Ch. Lebel, *Désignation d'un huissier pour réaliser l'inventaire en sauvegarde et conversion de la procédure en redressement : Rev. proc. coll.* 2017, comm. 20.
• H. Lemaire, *Préqualification des flux financiers au sein du couple : anticiper les difficultés de liquidation : JCP* N 2020, n° 10, 1061.

• J.-J. Lemouland, *Simplifier et recentrer le rôle du juge dans le domaine de la protection des majeurs : D.* 2019, p. 827.
• Fr. Letellier, *La réforme de l'envoi en possession du légataire universel. – Aspects pratiques : JCP* N 2017, n° 12, 1138 ; *Successions : 1er novembre 2017, le rôle nouveau du notaire est arrivé ! : JCP* N 2017, n° 43-44, 1301 ; *Le notaire et la déjudiciarisation par la loi du 18 novembre 2016, pour les divorces et successions : JCP* N 2018, n° 14, 1152.
• N. Levillain, *Le notaire, la caution et l'acceptant à concurrence de l'actif net : JCP* N 2017, n° 13, 1147 ; *Mise en pratique du nouveau prélèvement compensatoire : JCP* N 2022, n° 4, 1057.
• I. Maria, *La ratification de l'ordonnance n° 2015-1288 du 15 octobre 2015 portant simplification et modernisation du droit de la famille : Dr. famille* 2017, dossier 8.
• M. Mekki, *L'ordonnance du 10 février 2016 réforme le droit des contrats et des obligations : JCP* N 2016, n° 7-8, act. 297 ; *Une ratification minimaliste de l'ordonnance du 10 février 2016 : JCP* N 2018, n° 17, 1175.
• M. Michel, *Les principales mesures de la loi de finances pour 2022 relatives à la fiscalité patrimoniale : RFP* 2021, étude 1.
• D. Montoux, *Rédiger un inventaire : requêtes, présences, qualités (Formules) : JCP* N 2021, n° 28, 1259.
• P. Murat, *Les principes directeurs du fonctionnement et des règles liquidatives du régime franco-allemand de la participation aux acquêts : JCP* N 2015, n° 7, 1078.
• E. Naudin, *Le rappel des règles de calcul de la créance de participation aux acquêts : JCP* N 2016, n° 28, 1236.
• M. Nicod, *Réforme de l'envoi en possession : Dr. famille* 2017, dossier 9 ; *Désignation judiciaire d'un mandataire successoral et dessaisissement des héritiers : Dr. famille* 2017, comm. 185 ; *Le Picasso était au coffre : Dr. famille* 2023, repère 2.
• H. Péroz, *Effets patrimoniaux des partenariats enregistrés : le règlement du 24 juin 2016 : JCP* N 2016, n° 35, act. 939 ; *Suppression de la légalisation dans l'Union européenne de documents publics relatifs à l'état des personnes : JCP* N 2019, n° 7, act. 251.
• N. Peterka, *La loi du 23 mars 2019 et la réforme du droit des personnes vulnérables : quelles conséquences pour la pratique notariale ? : JCP* N 2019, n° 14, 1157.
• J.-F. Pillebout, *Détermination et évaluation du patrimoine final des époux : JCP* N 2018, n° 47, act. 886.
• J.-M. Plazy, *Organiser de son vivant la gestion du patrimoine successoral : JCP* N 2016, n° 18, 1142.
• C. Pommier, A. Cazalet et V. Mamelli, *Mariage, divorce, succession : chaque étape de la vie nécessite un bilan patrimonial numérique : Dr. famille* 2021, étude 18.
• J. Prieur et C. Caraux, *Gestion de patrimoine et cycle de vie : agir pour ne pas subir : JCP* N 2017, n° 48, 1329.
• N. Randoux, *Réserve héréditaire : rappel opportun de la Cour de cassation : JCP* N 2018, n° 3, 1046.
• S. Rezek, *Questionnaire successoral après le décès de M.... : JCP* N 2020, n° 7-08, 1051.
• Fr. Sauvage, *L'inventaire des œuvres d'art dont le défunt a légué l'usufruit à son épouse est impératif : JCP* N 2019, n° 12, act. 316.
• A. Tani, *Acceptation à concurrence de l'actif net : quelques rappels : Dr. famille* 2017, comm. 106.
• S. Torricelli-Chrifi, *Devoir de conseil du notaire : une vigilance de tous les instants : Dr. famille* 2020, comm. 101.

Fiche 48

Rédiger un certificat de mutation

Sommaire

I Aperçu rapide ... 537
A Éléments-clés ... 537
B Textes ... 537
II Préparation de l'acte ... 538
A Mise au point de la stratégie avec le client ... 538
1 Analyse de l'objectif du client ... 538
2 Choix à exercer ... 538
3 Conseils à donner ... 538
B Vérifications préalables ... 538
1 Identité et capacité des héritiers et légataires. Vérification des comptes ... 538
2 Vérification des valeurs mobilières ... 538
3 Constitution du dossier ... 539
4 Renseignements à obtenir des parties ... 539
5 Pièces à demander ... 539
III Rédaction et formules ... 539
A Rédaction ... 539
B Formules ... 539
IV Formalités et taxation ... 540
A Formalités ... 540
B Taxation ... 540

I Aperçu rapide

A Éléments-clés

2684 Le certificat de mutation est un acte notarié permettant de transférer au nom des héritiers ou légataires des valeurs mobilières ou des comptes figurant au nom du défunt.

B Textes

2685 La réglementation du certificat de propriété, dont l'objet était le même, résultait de certaines dispositions du décret n° 55-1595 du 7 décembre 1955 qui ont été abrogées par le décret n° 83-359 du 2 mai 1983. La pratique ne repose donc plus sur un texte.

II

Préparation de l'acte

A Mise au point de la stratégie avec le client

1 Analyse de l'objectif du client

2686 **Disposition des valeurs.** Les héritiers désirent tout naturellement pouvoir disposer des titres et valeurs qui appartenaient au défunt. Certains établissements demandent un certificat de mutation qui est d'un emploi plus pratique que l'acte de notoriété et autres documents établissant les droits des héritiers sur l'actif successoral.
Le certificat précise que les valeurs appartiennent aux héritiers indivisément dans la proportion de leurs droits dans l'actif.

2687 **Partage.** Le certificat de mutation peut être établi à la suite d'un partage, aux termes duquel les valeurs sont attribuées distinctement à chacun des héritiers. Le certificat indique que les valeurs visées appartiennent exclusivement à l'héritier attributaire.

2 Choix à exercer

2688 **Utilité d'un certificat de mutation.** Il est opportun de vérifier auprès de l'organisme débiteur ou tenant le compte de la nécessité d'un certificat de mutation. Dans certains cas, une simple attestation du notaire ou une lettre confirmant la dévolution paraissent suffisantes.

> ATTENTION **Un notaire a été jugé responsable d'avoir établi un acte inutile pour avoir rédigé un certificat de propriété pour un changement de l'associé unique d'une société alors que cette formalité n'était pas nécessaire (Cass. 1re civ., 5 juin 2019, nos 18-16.831 et 18-21.341, F-D : *JurisData* n° 2019-011728 ; *JCP* N 2019, n° 28, act. 627).**

2689 **Partage.** Une lettre du notaire indiquant la répartition des valeurs mobilières entre les héritiers peut suffire pour opérer les transferts. L'établissement bancaire ou la société confirment ou non cette possibilité.

3 Conseils à donner

2690 **Vente des titres.** Si les héritiers et légataires sont tenus de payer des droits de succession, il est opportun de leur signaler les risques de la bourse. Une baisse des cours peut les mettre en difficultés pour payer les droits, si la vente des titres s'impose pour faire face à la dépense. Il est parfois préférable de ne pas trop attendre pour réaliser la vente. Toutefois, la conjoncture peut être inverse, la vente prématurée constituant alors une mauvaise opération. Le conseil du notaire doit donc être particulièrement nuancé.

> CONSEIL **Le notaire amené à donner des informations sur cette délicate question peut fournir une consultation indiquant les avantages et inconvénients de la vente immédiate ou retardée. Un exemplaire est signé par les héritiers (V. *JCl. Notarial Formulaire*, V° *Responsabilité notariale*, Fasc. 10 et 35, par J.-F. Sagaut, J.-F. Pillebout et R. Crône).**

B Vérifications préalables

2691 Il conviendra de contrôler :
- comptes et titres dépendant de la succession ;
- dévolution héréditaire ;
- partage ou cession de droits, éventuellement ;
- nécessité ou non d'établir un certificat de mutation, notamment en matière de société.

1 Identité et capacité des héritiers et légataires. Vérification des comptes

2692 Le notaire vérifie l'intitulé du compte et son montant, le cas échéant en demandant confirmation à l'organisme tenant le compte. L'intitulé doit être reproduit exactement en tête du certificat de mutation.

2 Vérification des valeurs mobilières

2693 Un certificat de mutation est généralement demandé pour les titres nominatifs. Il faut vérifier l'intitulé du compte tenu par l'établissement financier ou la société afin de le reproduire en tête du certificat. Si cet intitulé comporte des inexactitudes, il convient de certifier l'identité du titulaire et du défunt.

3 Constitution du dossier

2694 **Pièces indispensables.** La notoriété, éventuellement l'inventaire et le partage sont examinés pour établir le certificat de mutation (V. *JCl. Notarial Formulaire*, V° *Certificat de mutation*, Fasc. 10 et 20).

4 Renseignements à obtenir des parties

2695 Les héritiers et légataires auront généralement donné tous les renseignements nécessaires lors de l'établissement de l'acte de notoriété.

5 Pièces à demander

2696 Si l'acte de notoriété a été établi depuis un certain temps, les héritiers et légataires doivent confirmer que leur situation n'a pas changé.
Sans doute en raison de la complexité des vérifications à faire le ministère de la Justice a préconisé l'abandon de la pratique des certificats d'hérédité délivrés par les mairies (Rép. min. n° 21667 : *JO* Sénat, 20 juill. 2006, p. 1965 ; *JCP* N 2006, n° 35, act. 539, p. 1489).

III Rédaction et formules

A Rédaction

2697 L'acte peut être établi sur support électronique (D. n° 71-941, 26 nov. 1971, art. 16 à 20). Il peut être transmis sur support papier ou électronique par voie sécurisée (V. *JCl. Notarial Formulaire*, V° *Acte notarié*, Fasc. 32 et 200. – J.-Fr. Pillebout, *L'acte notarié électronique. Une proposition du congrès de Lyon : JCP* N 2000, n° 20, p. 885. – M. Latina, *La rédaction numérisée. L'impact des nouvelles technologies : JCP* N 2015, n° 21, 1158. – Th. Mugarra, *Acte notarié électronique et dématérialisation des procédures : JCP* N 2016, n° 40, 1292). La procuration peut être reçue à distance (D. n° 71-941, 26 nov. 1971, art. 20-1 ; D. n° 2020-1422, 20 nov. 2020. – M. Bourassin, *La consécration de l'acte authentique avec comparution à distance limitée à la procuration notariée : JCP* N 2021, n° 1, 1000).
Il conviendra de contrôler :
– intitulés exacts des comptes et titres dépendant de la succession ;
– dévolution héréditaire ;
– identité et capacité des héritiers et légataires.

2698 **Intitulé.** Le certificat de mutation reproduit en tête l'exact intitulé du certificat de compte ou de valeurs nominatives. S'il y a une erreur, par exemple dans les prénoms, le certificat de mutation affirme l'identité de personne entre le défunt et le titulaire du compte ou des titres.

2699 **Visa.** Le notaire vise ensuite les pièces et documents permettant d'établir la dévolution de la succession et éventuellement le droit privatif de l'héritier à qui reviennent les titres, notamment à la suite d'un partage.

2700 **Certificat.** C'est la partie essentielle du certificat de mutation. Le notaire certifie, au vu des pièces énoncées, que le solde du compte ou les titres appartiennent aux héritiers, avec ou sans l'indication de la part revenant à chacun d'eux, ou au seul héritier, ou encore à l'héritier qui en a été attributaire aux termes du partage ou d'une cession de droits.

B Formules

• V. *JCl. Notarial Formulaire*, V° *Certificat de mutation*, Fasc. 55.

IV Formalités et taxation

A Formalités

2701 Enregistrement. L'acte est enregistré sur état, sauf dispense par exemple pour les avoirs de caisse d'épargne.

2702 Répertoire. Le certificat de mutation est porté au répertoire comme tous les actes de l'office notarial.

B Taxation

2703 Tarif issu des décret et arrêté du 28 février 2020. L'arrêté du 28 février 2020 entre en vigueur au 1er mars 2020. Toutefois, les émoluments des prestations effectuées avant le 1er janvier 2021, ou dont la réalisation a donné lieu, avant le 1er mars 2020, au versement par le client d'un acompte ou d'une provision, ou à l'engagement par l'un des notaires intervenant de frais ou débours, restent régis par l'ancien tarif (A. 28 févr. 2020, art. 29, 2°). L'entrée en vigueur a été reportée au 1er janvier 2021 en raison de la situation sanitaire (A. 28 avr. 2020 : *JO* 29 avr. 2020. – F. Hébert, *Report des modifications du tarif des notaires : JCP* N 2020, n° 19, act. 433 ; *Entrée en application des modifications du tarif des notaires : JCP* N 2021, n° 1, act. 101).

Un nouvel arrêté en date du 25 février 2022, applicable depuis le 1er mars 2022, proroge jusqu'au 29 février 2024 les dispositions antérieures (A. 25 févr. 2022, art. 2).

Le certificat de mutation donne lieu à un émolument proportionnel de 0,484 % sur la valeur des biens transmis si elle dépasse 3 120 € et un émolument fixe de 15,09 € si la valeur est inférieure à ce montant (C. com., art. A. 444-86. – Tableau 5, n° 47. – V. *JCl. Pratique notariale – Commentaire du Tarif des Notaires*, Fasc. 3540).

CHECK-LIST
- **Vérifier identité et capacité des héritiers et légataires.**
- **Établir la dévolution héréditaire.**
- **Vérifier auprès de l'organisme débiteur ou tenant le compte de la nécessité d'un certificat de mutation.**
- **Vérifier les intitulés exacts des comptes et titres dépendant de la succession.**

POUR ALLER PLUS LOIN

Fascicule JurisClasseur
- *JCl. Notarial Formulaire*, V° *Certificat de mutation*, Fasc. 10 et 55.

Fiche 49

Demander la désignation d'un mandataire successoral

Sommaire

I Aperçu rapide ... 541
A Éléments-clés ... 541
B Textes ... 542
1 Textes codifiés ... 542
2 Textes non codifiés ... 542
II Préparation de l'acte ... 542
A Informations à recueillir auprès du client ... 542
B Inventaire des solutions et éléments de décisions ... 542
1 Mandataire successoral conventionnel ... 542
2 Mandataire successoral judiciaire ... 543
3 Désignation d'un mandataire successoral en présence d'autres représentants ... 545
III Mise en œuvre ... 545
A Comment désigner un mandataire successoral conventionnel ... 545
B Comment obtenir la désignation d'un mandataire successoral judiciaire ... 546

I Aperçu rapide

A Éléments-clés

2704 La loi du 23 juin 2006 a ajouté des dispositions au Code civil relatives à l'administration de la succession par un mandataire.

Ce faisant, elle autorise désormais toute personne à désigner un mandataire pour gérer et administrer son patrimoine, après son décès, et pour le compte des héritiers. Il s'agit du **mandat à effet posthume** (C. civ., art. 812 et s.).

Le législateur a également donné aux héritiers eux-mêmes la faculté de confier la gestion ou l'administration de la succession à l'un d'entre eux ou à un tiers. Il s'agit alors du **mandat conventionnel** (C. civ., art. 813).

Enfin, à défaut d'accord des héritiers ou de l'inertie de l'un d'eux, le juge peut, désormais, désigner toute personne physique ou morale en qualité de mandataire successoral pour administrer provisoirement la succession. Il s'agit donc du **mandat successoral judiciaire** (C. civ., art. 813-1 et s.).

La loi du 23 juin 2006 a ainsi doté la succession des mêmes possibilités de représentation que **l'indivision laquelle connaît également tant le mandat conventionnel (C. civ., art. 815-3) que l'administration judiciaire provisoire** (C. civ., art. 815-6, al. 3).

L'instauration de ces nouveaux mandats successoraux pose donc quelques **problèmes d'articulation** avec les mandats existants en droit de l'indivision dans la mesure où l'administration de la succession dans le cadre de ces mandats obéit à **des règles particulièrement proches** de celles édictées en matière d'indivision. Ainsi, outre un **domaine commun d'intervention lorsque**

la succession est indivise, les conditions de désignation des mandataires sont pour le moins **similaires.**

Ceci étant, il est des hypothèses où **indivision et succession ne se confondent pas systématiquement** et l'instauration de mandats propres à la gestion de la succession présente l'avantage de répondre à une variété plus étendue de situations factuelles.

Le praticien doit donc identifier avec précision la nature des droits de chacun des héritiers (pleine propriété, nue-propriété, usufruit ...) et déterminer si ces derniers sont les seuls à avoir la qualité d'indivisaires afin de déterminer si succession et indivision se confondent ou non, et donc appliquer la procédure et les règles adéquates.

B Textes

1 Textes codifiés

- C. civ., art. 815-3 et 815-6.
- C. civ., art. 812.
- C. civ., art. 813 et 813-1.
- CPC, art. 1355 à 1357.
- CPC, art. 1379 et s.

2 Textes non codifiés

- L. n° 2006-728, 23 juin 2006 portant réforme des successions et des libéralités.
- D. n° 2006-1805, 26 déc. 2006, relatif à la procédure en matière successorale.

II Préparation de l'acte

A Informations à recueillir auprès du client

2705 Il est donc nécessaire, pour conseiller le client sur les possibilités de représentation et de gestion de la succession pouvant être mises en place, de déterminer avec précision la composition de l'actif successoral ainsi que les droits de chacun des héritiers sur cet actif.

De même, il est vivement recommandé au praticien de s'assurer que les biens composant l'actif successoral ne sont pas également détenus par des tiers à la succession.

À cette fin, les questions suivantes pourront être posées au client :

- Quel type de biens compose l'actif successoral : meubles, immeubles, valeurs mobilières, liquidités ... ?
- Qui sont les héritiers : conjoint survivant, descendants, ascendants privilégiés... ?
- Le conjoint survivant a-t-il opté pour l'usufruit ou la pleine propriété ?
- Une donation au dernier des vivants a-t-elle était faite au profit du conjoint survivant. Dans l'affirmative, quelle quotité a-t-il choisi ?
- Existe-t-il un testament ?
- Le patrimoine successoral est-il composé de biens pour lesquels le défunt était en indivision avec des tiers ?
- Les héritiers entretiennent-ils de bonnes relations ou au contraire sont-ils en conflit ?

B Inventaire des solutions et éléments de décisions

2706 À partir des informations recueillies, le praticien doit informer son client qu'il existe deux façons de désigner un mandataire pour administrer la succession : soit par le biais d'une convention soit en engageant une action judiciaire.

Il est vivement recommandé au praticien d'avertir son client que le mandataire successoral peut intervenir en concours avec d'autres représentants tels que l'administrateur provisoire de l'indivision ou encore le mandataire désigné par le défunt lui-même en vertu du mandat à effet posthume. Dans pareille hypothèse, le domaine d'intervention et les pouvoirs de chacun des représentants doivent être délimités avec précision et expliqués au client.

1 Mandataire successoral conventionnel

2707 Depuis l'entrée en vigueur de la loi du 23 juin 2006, les héritiers ont la faculté de confier, d'un **commun accord**, l'administration de la succession à l'un d'entre eux ou à un tiers à la succession.

La désignation du mandataire successoral s'opère alors par le biais d'un **contrat** conclu entre, d'une part, l'ensemble des héritiers, et d'autre part, la personne choisie en qualité de mandataire, ce qui suppose le consentement de toutes les parties.

ATTENTION Cependant, **quand succession et indivision se confondent**, il est possible de **déroger à la règle de l'unanimité** posée par l'article 813 du Code civil en faisant **application de l'article 815-3** du même code aux termes duquel les indivisaires titulaires **d'au moins deux tiers** des droits indivis peuvent donner un mandat de gestion général de l'indivision à l'un d'entre eux ou à un tiers.

ATTENTION Même lorsque tous les héritiers sont d'accord pour désigner un mandataire successoral ce dernier ne pourra être désigné que par le juge lorsqu'un héritier au moins a accepté la succession à concurrence de l'actif net (C. civ., art. 813, al. 2). **Le mandat successoral conventionnel est donc proscrit dans pareille hypothèse et ce malgré le commun accord des héritiers.**
Il appartient donc aux héritiers, conformément au droit commun du mandat applicable en l'espèce en raison du renvoi opéré par l'article 813 du Code civil aux articles 1984 à 2010 du même code ayant trait au mandat, de désigner la personne du mandataire et **de définir la mission qu'ils entendent lui confier.**
À cette fin, il convient d'attirer l'attention du client sur la **grande liberté** dont disposent les héritiers quant au choix de la personne du mandataire.
En effet, les héritiers peuvent désigner un ou plusieurs mandataires, personne physique ou personne morale, professionnel ou non, parmi eux ou tiers à la succession. De multiples possibilités s'offrent donc aux héritiers.

CONSEIL Le notaire en charge du règlement de la succession peut être désigné par les héritiers comme mandataire successoral afin d'administrer celle-ci jusqu'au terme des opérations de compte, liquidation et partage.
De même, il convient de noter que l'avocat peut également être désigné à ce titre.
Le mandataire ainsi désigné par les héritiers a pour **mission d'administrer la succession** (C. civ., art. 813).

ATTENTION La loi ne précise à aucun moment ce qu'il faut entendre par administrer la succession et ne précise donc pas les actes qui entrent par nature dans la mission du mandataire successoral conventionnel.
Un raisonnement par analogie avec ce qui a été décidé pour le mandat de gestion général de l'indivision est alors possible (*JCl. Civil Code,* Art. 813 à 814-1, Fasc. unique, *Mandats Successoraux. – Mandats conventionnel et judiciaire,* par G. Wicker, n° 17).
Il en résulte qu'administrer l'indivision correspond à une exploitation normale des biens et recouvre ainsi les actes d'administration, à l'exclusion des actes de disposition.
Dès lors, et sauf disposition expresse du mandat, le mandataire successoral conventionnel ne peut qu'accomplir des actes d'administration lors de la gestion du patrimoine successoral.
Il appartient en conséquence aux héritiers qui souhaiteraient autoriser le mandataire successoral à accomplir des actes de disposition **de stipuler dans le contrat les actes de disposition que ce dernier peut accomplir ainsi que les biens concernés.**

2 Mandataire successoral judiciaire

2708 Outre la possibilité offerte aux héritiers de désigner d'un commun accord un mandataire successoral, la loi du 23 juin 2006 leur a également permis de solliciter la désignation de ce dernier en justice.
Il convient d'ailleurs dès à présent de préciser que **cette faculté n'est pas réservée aux seuls héritiers** dans la mesure où les **créanciers, le ministère public, toute personne qui assurait l'administration de tout ou partie du patrimoine de la personne décédée de son vivant** et pour son compte ou encore de façon plus générale **toute personne ayant un intérêt à agir**, peuvent solliciter la désignation d'un mandataire successoral judiciaire (C. civ., art. 813-1, al. 2).
Ainsi, aux termes de l'article 813-1 du Code civil, « Le juge peut désigner toute personne qualifiée, physique ou morale, en qualité de mandataire successoral, à l'effet d'administrer provisoirement la succession en raison **de l'inertie, de la carence ou de la faute d'un ou de plusieurs héritiers dans cette administration, de leur mésentente,**

d'une opposition d'intérêts entre eux ou de la complexité de la situation successorale ».

Conformément à l'article 1380 du Code de procédure civile, la demande de désignation d'un mandataire successoral relève de la compétence du président du tribunal judiciaire qui statue selon la procédure accélérée au fond (CPC, art. 481-1). Le juge doit donc être saisi par voie d'assignation. En conséquence, la désignation d'un mandataire successoral judiciaire nécessite la démonstration, par le demandeur, de l'existence d'une des situations sus-énumérées :

• **L'inertie, la carence ou la faute d'un ou de plusieurs héritiers dans l'administration de la succession** : l'absence de manifestation ou de diligences d'un héritier permet donc tant aux autres héritiers qu'à un créancier, par exemple, de demander la désignation d'un mandataire successoral en ce que ce comportement **bloque le règlement de la succession.** La faute commise par un héritier permet également une telle désignation.

EXEMPLE L'absence de réponse aux sollicitations du notaire ou des autres héritiers, ou s'agissant de la faute, le refus injustifié de signer certains documents nécessaires au règlement de la succession empêchant ainsi une issue rapide des opérations de partage.

• **La mésentente des héritiers** : elle doit avoir pour effet de bloquer le règlement de la succession ou de paralyser l'administration de cette dernière. Une telle situation peut causer un préjudice tant aux héritiers en retardant les opérations de partage qu'aux créanciers.

EXEMPLE Dialogue impossible entre les héritiers, existence de procédure judiciaire les opposant (Cass. 1re civ. 17 janv. 2006, n° 04-11.267 : *Bull. civ.* I, n° 24 ; *JCP* G 2006, IV, 1280).

• **L'opposition d'intérêts entre les héritiers** : il suffit que les intérêts en présence soient simplement opposés et risquent de dégénérer en conflit d'intérêts pour solliciter la désignation d'un mandataire successoral. **À ce titre, il importe de préciser que les règles de gestion prévues à l'article 815-3** du Code civil, permettant aux héritiers représentant les 2/3 de l'indivision successorale, ne permettent pas de s'opposer à la désignation d'un mandataire successoral s'il existe un conflit patent entre ces héritiers et les indivisaires minoritaires.

EXEMPLE Opposition entre un héritier réservataire légataire de la quotité disponible et les autres héritiers réservataires dont a la réserve a été violée par ledit legs.

• **La complexité de la situation successorale** : il arrive qu'en raison des droits de chacun des héritiers ou encore qu'eu égard à la nature des biens composant le patrimoine successoral, le règlement de la succession s'avère particulièrement complexe.

EXEMPLE Il en va notamment ainsi lorsque sur un même bien, ou un même ensemble de biens, certains héritiers disposent de droit en nue-propriété alors que les autres n'en auraient que l'usufruit. De même, la présence d'une exploitation agricole ou de plusieurs sociétés dans le patrimoine successoral peut caractériser la complexité de la situation et nécessiter la désignation d'un mandataire successoral.

Le juge ainsi saisi dans l'un des cas sus-énoncés apprécie souverainement la nécessité et l'opportunité de désigner un mandataire successoral judiciaire.

L'article 814-1 du Code civil ajoute à ces cas de désignation, la demande émanant de l'héritier ayant accepté la succession à concurrence de l'actif net, qui peut être présentée au juge **en toutes circonstances.** La demande de cet héritier lie le juge de sorte qu'il ne peut refuser de nommer un mandataire judiciaire, étant précisé que cette désignation **s'impose également aux autres héritiers** s'il y en a.

Par ailleurs, et à l'instar du mandat conventionnel, toute personne physique ou morale, héritier ou tiers à la succession, peut être désignée par le juge. Une fois le mandataire désigné, le juge doit fixer la durée de sa mission laquelle est par nature provisoire (C. civ., art. 813-9).

Le mandataire représente alors l'ensemble des héritiers pour les actes de la vie civile et en justice dans le cadre de l'administration de la succession (C. civ., art. 813-5).

ATTENTION **La désignation d'un mandataire successoral a pour principale conséquence de dessaisir les héritiers représentés. Ces derniers ne peuvent donc plus exercer eux-mêmes les droits qu'ils détiennent sur le patrimoine successoral.**

Enfin, il convient de préciser que l'étendue des pouvoirs du mandataire successoral judiciaire varie selon que les héritiers n'ont pas encore accepté la succession ou qu'au moins l'un d'eux l'a d'ores et déjà acceptée soit purement et simplement, soit à concurrence de l'actif net :

– si aucun héritier n'a encore accepté la succession : le mandataire ne peur accomplir que les actes qui n'emportent pas acceptation de la succession, prévus par le premier alinéa de l'article 784 du Code civil (C. civ., art. 813-4), à savoir les actes purement conservatoires ou de surveillance et les actes d'administration provisoire ;

– si au moins un héritier a accepté la succession soit purement et simplement, soit à concurrence de l'actif net : le juge peut alors autoriser le mandataire, lors de sa désignation, à effectuer l'ensemble des actes d'administration de la succession (C. civ., art. 814, al. 1). De même, le juge peut autoriser, à tout moment, le mandataire à effectuer « les actes de disposition nécessaires à la bonne administration de la succession et en déterminer les prix et stipulations » (C. civ., art. 814, al. 2) ;

– cependant, le mandataire successoral ne peut jamais être désigné pour consentir à un acte de partage. En effet, le partage mettant fin à l'indivision, le mandataire ne peut y consentir. Seul le tribunal peut homologuer cet acte final en cas de désaccords des héritiers ou de défaillance de l'un d'entre eux (Cass. 1re civ., 13 mai 2020, n° 18-26.706).

3 Désignation d'un mandataire successoral en présence d'autres représentants

2709 L'article 813-2 du Code civil envisage l'hypothèse où le mandataire successoral interviendrait en concours avec d'autres représentants et dispose qu'il « ne peut agir que **dans la mesure compatible avec les pouvoirs de celui qui a été désigné en application du troisième alinéa de l'article 815-6, du mandataire désigné en application de l'article 812 ou de l'exécuteur testamentaire**, nommé par le testateur en application de l'article 1025 ».

Le champ d'intervention et l'étendue des pouvoirs du mandataire successoral sont donc définis par les pouvoirs attribués aux autres mandataires. Le concours entre mandataire successoral et administrateur provisoire de l'indivision n'est envisageable que dans l'hypothèse où succession et indivision ne sont pas confondues.

Il en va notamment ainsi lorsque le patrimoine successoral comprend des biens indivis avec un tiers à la succession.

> **EXEMPLE** L'époux marié sous le régime légal de la communauté réduite aux acquêts décède en laissant pour lui succéder son conjoint survivant et deux enfants communs. Le patrimoine successoral comprend la moitié du bien immobilier constituant le logement des époux, le conjoint survivant étant propriétaire de l'autre moitié. La succession se retrouve donc en indivision avec le conjoint survivant.

Dans pareille hypothèse, les biens indivis ne faisant pas partie de la succession, cette dernière ne comprenant qu'une partie des droits sur ces biens, les pouvoirs de l'administrateur provisoire de l'indivision priment sur ceux du mandataire successoral.

III Mise en œuvre

2710 Il convient de distinguer l'hypothèse dans laquelle les héritiers ont décidé d'un commun accord de désigner un mandataire successoral conventionnel de celle où, en raison de leur mésentente, de l'inertie de l'un d'entre eux, ou encore de la complexité de la succession à administrer, le juge a été saisi pour désigner un mandataire successoral judiciaire.

A Comment désigner un mandataire successoral conventionnel

2711 Il ressort de l'article 813 du Code civil que le mandataire successoral est désigné d'un commun accord par les héritiers, sans autre précision.

2712 **Aucune condition de forme** n'étant imposée, la désignation du mandataire successoral peut donc résulter tant d'un **contrat que d'un accord tacite** des héritiers (*JCl. Civil Code*, Art. 813 à 814-1, Fasc. unique, *Mandats Successoraux. – Mandats conventionnel et judiciaire*, n° 14, par G. Wicker).

De même, le renvoi opéré expressément par l'article 813 du Code civil aux articles 1984 à 2010 du même code soumet cet accord, exprès ou tacite, aux règles de droit commun du mandat de sorte que les héritiers disposent d'une grande liberté pour déterminer la mission du mandataire.

B Comment obtenir la désignation d'un mandataire successoral judiciaire

2713 Comme précédemment indiqué, tant les héritiers que les **créanciers, le ministère public, toute personne qui assurait l'administration de tout ou partie du patrimoine de la personne décédée de son vivant** et pour son compte ou encore de façon plus générale **toute personne ayant un intérêt à agir**, peuvent saisir le juge pour solliciter la désignation d'un mandataire successoral judiciaire (C. civ., art. 813-1, al. 2).

Le mode de saisine du juge varie selon les situations, conformément aux articles 1379 et suivants du Code de procédure civile, à savoir :

– lorsque la demande émane d'un héritier ayant accepté la succession à concurrence de l'actif net, ou d'un autre héritier dans le cadre d'une succession où l'un des héritiers a accepté la succession de cette façon, **le juge compétent est le président du tribunal judiciaire qui statue par ordonnance sur requête**. Il en va de même lorsque le mandataire doit solliciter une autorisation du juge avant d'agir. Le juge est donc saisi par simple requête déposée au greffe.

– dans les autres cas, le juge compétent est le président du tribunal judiciaire qui statue selon la procédure accélérée au fond. Il est donc saisi par assignation laquelle doit, conformément aux règles de droit commun, être délivrée par huissier à tous les intéressés. S'agissant d'une demande financièrement indéterminée, la représentation par un avocat est obligatoire.

Il appartient alors au demandeur d'établir l'existence d'un cas énuméré par l'article 813-1 du Code civil, étant rappelé que le juge dispose d'un pouvoir d'appréciation souverain en la matière.

CHECK-LIST **• Déterminer la composition de l'actif successoral.**
• Déterminer la qualité des héritiers et la nature de leur droit respectif.
• Vérifier si le défunt a laissé un testament. Si oui, s'assurer qu'il ne comporte pas de mandat à effet posthume.
• Déterminer s'il existe des conflits ou non entre les héritiers.
• S'assurer que les biens successoraux ne font pas partie d'une indivision. Dans l'affirmative, vérifier si un administrateur provisoire de l'indivision n'a pas d'ores et déjà été désigné.

POUR ALLER PLUS LOIN

Fascicules JurisClasseur

• *JCl. Civil Code*, Art. 813 à 814-1, Fasc. unique, *Mandats Successoraux. – Mandats conventionnel et judiciaire*, par G. Wicker.

• *JCl. Civil Code*, Art. 815 à 815-18, Fasc. 30, *Successions* ; *JCl. Procédures Formulaire*, V° *Successions*, Fasc. 15, *Successions*.

Revue

• B. Beignier, *À chaque indivision, son administrateur : Dr. famille* juill. 2001, n° 7, comm. 77.

Fiche 50

Rédiger un mandat de protection future

Sommaire

I Aperçu rapide 547
A Éléments-clés 547
B Textes 547
II Préparation de l'acte 548
A Mise au point de la stratégie avec le client 548
1 Analyse de l'objectif du client 549
2 Choix à exercer 548
3 Conseils à donner 553
B Vérifications préalables 553
1 Parties à l'acte 553
2 Objet du mandat 555
3 Renseignements à demander aux parties 555
4 Pièces à demander 555
5 Alertes 555
6 Intervention du juge des tutelles 558
III Rédactions et formules 560
A Rédaction 560
1 Désignation des biens 560
2 Clauses usuelles 560
3 Clauses particulières 561
B Formules 561
IV Formalités et taxation 561
A Formalités 561
B Taxation 561
1 Enregistrement 561
2 Rémunération du notaire 561

I Aperçu rapide

A Éléments-clés

2714 Le mandat de protection future permet à une personne d'organiser, par anticipation, sa protection (mandat pour « soi-même ») ou celle de son enfant souffrant de maladie ou de handicap (mandat « pour autrui »).

Selon la mission sur l'évolution de la protection juridique des personnes (rapport rendu le 21 septembre 2018 à la ministre des Solidarités et de la Santé et à la ministre de la Justice), le nombre total de mandats de protection future en cours d'exécution s'élève à 4 600. 1 200 mandats auraient été conclus en 2017 et neuf fois sur dix cette conclusion se ferait par acte notarié. Enfin, une étude réalisée par Harris Interactive du 21 au 27 septembre 2020 auprès d'un échantillon national représentatif de 1 592 personnes permet de conclure qu'une majorité des Français bien informés des singularités du PACS en matière de protection, méconnaissent le dispositif du « mandat de protection future » (*JCP* N 2020, n° 43, act. 857).

B Textes

- C. civ., art. 477 à 494, issus de la loi n° 2007-308 du 5 mars 2007 portant réforme de la protection juridique des majeurs (complétés par la loi n° 2015-1776 du 28 décembre 2015 relative à l'adaptation de la société au vieillissement).
- COJ, art. R. 213-9-2 à R. 213-9-9.
- CPC, art. 1258 à 1260.

- D. n° 2007-1702, 30 nov. 2007.
- D. n° 2008-296, 31 mars 2008.
- D. n° 2008-1276, 5 déc. 2008.
- L. n° 2019-222, 23 mars 2019.
- D. n° 2019-912, 30 août 2019.
- Ord. n° 2020-232, 11 mars 2020.

II
Préparation de l'acte

A Mise au point de la stratégie avec le client

1 Analyse de l'objectif du client

2715 **Anticipation par le client.** Le mandat de protection future permet d'organiser, par avance, sa propre protection ou celle d'un enfant malade ou handicapé, majeur ou mineur, dont on a la charge. Quant à la forme du mandat, celui-ci peut être établi par acte notarié (forme obligatoire pour le mandat « pour autrui ») ou par acte sous seing privé ; dans ce dernier cas, il est contresigné par l'avocat du mandant ou souscrit à l'aide du formulaire dont le modèle est fourni par le ministère de la Justice (site : www.justice.gouv.fr – formulaire CERFA n° 13592*01).

2716 **Mandat pour « soi-même ».** Le recours au mandat de protection future « pour soi-même », autorise une personne majeure à anticiper une perte future de ses facultés personnelles.
Le dispositif légal offre la possibilité au mandant de désigner un tiers – le mandataire – qui sera chargé, une fois acquise la perte des facultés personnelles, de le représenter pour la réalisation d'actes tenant (une réserve doit être faite pour les actes à consentement strictement personnel) :
- à sa personne ;
- ou à l'administration et à la gestion de ses biens ;
- ou les deux à la fois.

Ce procédé peut se révéler très utile pour quelqu'un qui se trouve atteint d'une maladie dégénérative, de type Alzheimer, par exemple. Elle peut également rendre des services en cas de famille recomposée.

2717 **Mandat de protection « pour autrui ».** Dans le mandat de protection future « pour autrui », il s'agit pour le ou les parents d'un enfant handicapé ou atteint d'une grave maladie ou d'un handicap, de lui désigner un mandataire qui sera chargé d'accomplir des actes relativement à sa personne, ou sur ses biens. Le mandat ne deviendra effectif qu'au jour où ce ou ces parents ne pourront plus prendre soin de leur enfant – que ce soit par décès, ou survenance d'une incapacité – et que cet enfant ne pourra plus pourvoir seul à ses intérêts. En pratique, cette situation est malheureusement courante, de sorte que la loi du 5 mars 2007 répond à une attente profonde de parents concernés.

> ATTENTION **Ce mandat doit être obligatoirement conclu par acte notarié.**

2718 **Affranchissement du recours à la voie judiciaire.** Les deux types de mandat de protection future pour « soi-même » ou « pour autrui » présentent plusieurs points communs : ils revêtent la forme d'un contrat, avec pour finalité de s'affranchir du recours au juge des tutelles pour la mise en place d'une mesure protectrice. Les fonctions de juge des tutelles des majeurs sont désormais assurées par le juge des contentieux de la protection du tribunal judiciaire ou du tribunal de proximité (COJ, art. L. 213-4-2, réd. L. n° 2019-222, 23 mars 2019).
Basé sur la représentation, ce contrat est avant tout un acte de confiance envers le mandataire. Un paradoxe mérite d'ailleurs d'être relevé. Une fois le mandat devenu effectif, le mandant conserve la pleine capacité d'exercice de ses droits, alors qu'il remplirait les conditions pour l'ouverture d'une mesure judiciaire de protection. Une proposition votée et adoptée lors du 116e Congrès des notaires de France a proposé d'élargir le mandat de protection future à l'assistance de la personne et non plus seulement à la représentation de celle-ci.

2719 **Subsidiarité.** Il convient de replacer le mandat de protection future dans l'échelle du régime de protection des personnes. À ce titre, l'article 29 de la loi n° 2019-222 du 23 mars 2019 de programmation 2018-2022 et de réforme pour la justice (*JO* 24 mars 2014) réaffirme la primauté de ce mandat par rapport aux autres mesures de protection. En effet, une mesure de protection judiciaire ne peut être ordonnée par le juge qu'en cas de nécessité et lorsqu'il ne peut être suffisamment pourvu aux intérêts de la personne par la mise en œuvre du mandat de protection future conclu par l'intéressé, par l'application des règles du droit commun de la représentation, de celles relatives aux droits et devoirs respectifs des époux et des règles des régimes matrimoniaux, en particulier celles des articles 217, 219, 1426 et 1429 du Code civil ou, par une autre mesure de protection moins contraignante (C. civ., art. 428 et 483 combinés. – V. *Dr. famille* 4 avr. 2019, dossier 15 « Réforme de la justice : focus sur les mesures relatives aux majeurs protégés »). La simple conclusion du mandat de protection future (et non son activation) semble devoir être prise en considération pour l'application du principe de subsidiarité (V. N. Peterka, *Primauté du primat du mandat de protection future sur tout autre dispositif de protection* : *JCP* N 2019, n° 27, 1236. – Comp. I. Maria : *Dr. famille* 4 avr. 2019, dossier 15 « Réforme de la justice : focus sur les mesures relatives aux majeurs protégés »). Cela va d'ailleurs dans le sens de la jurisprudence antérieure à la loi n° 2019-222 du 23 mars 2019 (Cass. 1re civ., 4 janv. 2017, n° 15-28.669 : *JurisData* n° 2017-000001 ; *JCP* G 2017, 200, N. Peterka ; *Defrénois* 2017, 129s3, p. 28, comm. J. Combret ; *AJ fam.* 2017, p. 144, obs. G. Raoul-Cormeil). Dans cette décision, il a été fait droit à la demande du mandant de substituer le mandat de protection future à la mesure de curatelle ouverte alors que le mandat conventionnel, non mis en œuvre, préexistait à cette mesure pour avoir été tout simplement ignoré du juge des tutelles..

2720 **Mandat de protection future ou mandat à effet posthume.** Lorsqu'il s'agit de protéger un enfant présentant une inaptitude à prendre soin de lui-même, la question peut se poser du choix entre le mandat de protection future pour « autrui » et le mandat à effet posthume. Ces deux dispositifs ne doivent pas être confondus, même s'ils présentent une certaine similitude.

Le mandat à effet posthume a en effet vocation à désigner, pour une certaine durée, un mandataire pour administrer ou gérer tout ou partie du patrimoine que laissera le mandant après sa mort (V. *JCl. Pratique notariale – Les actes*, Fasc. 1320, *Mandat à effet posthume*).

En revanche, le mandat de protection future pour « autrui » a vocation à s'appliquer à la personne même de cet enfant et/ou à un patrimoine que possède d'ores et déjà cet enfant, le décès du mandant n'étant qu'une des causes d'ouverture de la mesure conventionnelle de protection. Il est à cet égard intéressant, car il prend en considération une « inaptitude » du mandant qui pourra être tout simplement progressive, et non pas brutale, telle que le décès.

2 Choix à exercer

2721 **Il conviendra de contrôler** :
- état civil, capacité, consentement et pouvoirs du mandant et du mandataire ;
- biens objets du mandat.

a) Forme du mandat

2722 **Forme sous seing privé.** Le mandat de protection future peut revêtir la forme sous seing privé. Toutefois, cette forme est expressément interdite lorsqu'il s'agit de conclure un mandat de protection future « pour autrui ».

Réservé uniquement au mandat de protection future pour « soi-même », le mandat sous seing privé est contresigné par un avocat ou établi selon un modèle défini par le décret n° 2007-1702 du 30 novembre 2007 (C. civ., art. 492, al. 1er). Une notice d'information jointe au modèle de mandat de protection future sous seing privé figure à un arrêté du 30 novembre 2007 (A. 30 nov. 2007 : *JO* 2 déc. 2007).

Le mandat n'acquiert date certaine que du jour où il est enregistré, ou du jour où sa substance est constatée dans un acte dressé par un officier public, tels que procès-verbal de scellés ou d'inventaire (C. civ., art. 492-1).

2723 **Forme notariée.** Si la forme notariée peut être adoptée pour l'établissement d'un mandat de protection future pour « soi-même », elle est en revanche obligatoire lorsqu'il s'agit d'un mandat « pour autrui » (C. civ., art. 477, al. 3).

Dans ce dernier cas, le mandat établi par acte authentique est reçu par un notaire choisi par le mandant (C. civ., art. 489, al. 1er). La présence d'un deuxième notaire n'est pas nécessaire, contrairement au pacte successoral de renonciation anticipée à l'action en réduction (V. *JCl. Pratique notariale – Les actes*, Fasc. 1783, *Renonciation anticipée à l'action en réduction*).

CONSEIL **Lorsqu'il s'agira de protéger les intérêts patrimoniaux du bénéficiaire (mandant ou enfant du mandant), le choix de la forme du mandat sera essentiel. En effet, le mandat conclu par acte notarié reconnaît au mandataire un champ d'action étendu comparé au mandat conclu sous seing privé puisqu'il autorise le mandataire à accomplir des actes de disposition (C. civ., art. 490). En outre, il faut souligner l'importance**

du rôle du notaire : investi d'une mission de vérificateur, il donne l'alerte en cas d'opérations qui lui sembleraient suspectes.
Enfin, le mandat notarié confère un gage de sécurité pour le mandant.

b) Personne du mandataire

2724 **Personne physique ou morale.** Le mandataire peut être toute personne physique choisie par le mandant (C. civ., art. 480, al. 1er). Ce pourra être un parent, proche ou éloigné, un allié de la famille, voire un ami (sur le possible choix de beaux-enfants dans le cadre de familles recomposées, V. Rép. min. n° 814 : *JOAN* Q 19 avr. 2016, p. 3443 ; *JCP* N 2016, n° 19, act. 630). Le choix d'une autre personne que le conjoint du bénéficiaire (mandant ou enfant du mandant) pourra être remis en cause par le juge des tutelles (dont les fonctions sont désormais assurées par le juge des contentieux de la protection du tribunal judiciaire ou du tribunal de proximité) saisi à cet effet, dès lors que les règles relatives aux droits et devoirs respectifs des époux et aux régimes matrimoniaux apparaîtraient suffisantes (C. civ., art. 483, 4°).
Le mandataire choisi peut être également une personne morale inscrite sur la liste des mandataires judiciaires à la protection des majeurs, prévue à l'article L. 471-2 du Code de l'action sociale et des familles. À ce titre, il convient de relever que la profession de mandataire judiciaire est particulièrement encadrée (V. CASF, art. 471-3, D. 471-4, D. 471-7, D. 471-8, D. 471-10 à D. 471-12, et D. 472-1 à D. 472-10 ; sur le conseil de recourir à un tel mandataire, V. Rép. min. n° 609 : *JOAN* Q 11 oct. 2016, p. 8376 ; *JCP* N 2016, n° 42, act. 1142).

2725 **Qualités personnelles du mandataire.** Il est important d'attirer l'attention du mandant quant au choix du mandataire. S'il s'agit, par exemple, de désigner le mandataire pour gérer les biens du bénéficiaire du mandat, le dispositif légal impose à ce mandataire diverses obligations. Outre les qualités d'un bon gestionnaire, le mandataire devra être rigoureux. Il devra procéder, lors de l'ouverture de la mesure protectrice, à l'inventaire des biens du mandant ou du bénéficiaire du mandat (l'enfant du mandant), puis assurer régulièrement son actualisation (sur les modalités d'établissement de cet inventaire, V. CPC, art. 1253 et sur renvoi art. 1260). Il sera également obligé de tenir un compte de gestion annuel des biens et, en cas de mandat notarié, de l'adresser au notaire choisi par le mandant avec l'ensemble de ces pièces comptables (C. civ., art. 486 et 491).
L'étendue de ces obligations conduit à ce que le mandataire présente des garanties de rigueur. Le mandant peut d'ailleurs demander que le mandataire souscrive une assurance, de façon à garantir le risque d'une gestion maladroite. Cette question mérite d'être débattue et examinée selon les possibilités offertes par les assureurs.
Enfin, il faut probablement se garder de choisir un mandataire de la même génération lorsque le mandant est âgé. En effet, cela peut comporter, du côté du mandataire, certains risques (maladie, décès, voire incapacité).

2726 **Pluralité de mandataires.** Qu'il s'agisse du mandat de protection future « pour soi-même » ou de celui « pour autrui », le mandant peut charger une ou plusieurs personnes de représenter le bénéficiaire du mandat. La nomination de plusieurs mandataires permet :
– d'anticiper le cas dans lequel un mandataire viendrait à être empêché d'agir pour le compte du bénéficiaire (par exemple : décès, interdiction, etc.) : le mandataire désigné en second prend la place de celui empêché ;
– de pallier un refus du mandataire qui surviendrait au cours de l'exécution du mandat : à défaut, le mandat s'en trouverait paralysé.
– selon l'objet de la protection (personne ou biens) et l'aptitude personnelle du mandataire, de nommer tel mandataire à la protection de la personne du bénéficiaire, et tel mandataire à celle du patrimoine de ce bénéficiaire.
Dans certaines situations (biens éloignés du domicile ou de l'établissement d'accueil du mandant, etc.), s'imposera alors le choix d'un mandataire spécifique à la gestion de biens.

2727 **Mandataires successifs.** On ne saurait trop insister sur l'intérêt qu'il y aurait de prévoir des mandataires successifs. Ce moyen permettra d'assurer dans le temps le respect de la volonté du mandant.

CONSEIL **En pratique, il conviendra de veiller à délimiter et organiser avec précision les pouvoirs de chacun des mandataires, de façon à prévenir les conflits qui pourraient survenir entre eux (V. *JCl. Notarial Formulaire*, V° *Mandat de protection future*, Fasc. 55, form. 2).**

c) Contrôleur de gestion

2728 Pour davantage de sécurité et compte tenu de ce qui précède, il peut être conseillé de prévoir la désignation dans l'acte constitutif d'un spécialiste « contrôleur de gestion » – parent du mandant, expert-comptable, etc. – dont la mission sera de prendre connaissance des comptes de gestion, d'en vérifier les calculs puis de les approuver. Il s'agit là d'un point essentiel du mandat de protection future. En effet, une gestion sécurisée avec l'aide de professionnels protégera le mandant et rassurera par la même occasion le notaire dans son travail de surveillance et d'alerte. Cela est surtout vrai lorsque le mandant possède un important patrimoine et qu'il faudra alors gérer ses biens. À ce titre, pourrait être envisagé le recours à un administrateur de biens pour gérer le patrimoine immobilier ou la signature d'un contrat de gestion privée avec un établissement financier pour gérer un important portefeuille de valeurs mobilières.

d) Tiers observateur

2729 De façon à répondre à l'attente de membres de la famille ou de proches du mandant souhaitant jouer un rôle lors de l'exécution du mandant, il est possible de désigner un voire plusieurs « tiers observateurs » qui seront chargés de prendre connaissance des mesures principales prises et d'alerter le juge des tutelles si un acte douteux devait être accompli par le mandataire ou tout simplement dans le cas de passivité de ce dernier. On relèvera que le recours à plusieurs « tiers observateurs » sera un moyen fort utile s'il existe plusieurs mandataires successifs ou lorsque la famille du mandant est nombreuse et qu'un seul parent est désigné comme mandataire. Le fait de confier une fonction d'observation à des proches sécurisera, d'une part, le respect de la volonté du mandant car ce dernier se saura entouré, et, d'autre part, la mission de contrôle du notaire.

e) Étendue du mandat

2730 **Protection de la personne.** Lorsque le mandat s'étend à la protection de la personne, les droits et obligations du mandataire sont définis par les articles 457-1 à 459-2 du Code civil (C. civ., art. 479, al. 1). Ces mesures et obligations sont, en réalité, celles qui sont imposées au curateur ou au tuteur envers la personne dont il assure la protection. Cela revient à dire que le mandataire :
– devra informer le bénéficiaire des décisions qui le concernent ;
– ne pourra prendre de décisions personnelles (ou conclure un acte à caractère strictement personnel ; V. C. civ., art. 458) en lieu et place du bénéficiaire, comme il ne pourra décider à la place du bénéficiaire du choix du lieu de sa résidence ou de l'organisation de ses relations avec ses proches ;
– devra informer le juge des tutelles, lorsqu'il sera question d'accomplir une mesure strictement nécessaire pour mettre fin au danger que l'intéressé fera courir pour lui du fait de son comportement ;
– devra recueillir, sauf urgence, l'autorisation du juge des tutelles pour faire un acte gravement attentatoire à l'intégrité corporelle ou à l'intimité de la vie privée. Toute stipulation contraire sera réputée non écrite.

2731 **Autres missions.** Le mandat pourra également prévoir que le mandataire exercera les missions que le Code de la santé publique et le Code de l'action sociale et des familles confient au représentant de la personne en tutelle ou à la personne de confiance (C. civ., art. 479, al. 2 ; V. *JCl. Notarial Formulaire*, V° *Mandat de protection future*, Fasc. 55, form. 1 et 2). Alors que ce représentant a disparu de ces deux codes, il sera nécessaire, au moment de rédiger le mandat de protection future, de définir les pouvoirs du mandataire de façon à ce que ce dernier soit investi du pouvoir de consentir à un acte médical, en cas d'inaptitude du mandant, et également informé du dossier médical (CSP, art. L. 1111-4, L. 1111-2, al. 7 et L. 1111-14). Au-delà, le mandataire, personne de confiance, pourra être chargé d'assister le mandant dans ses démarches médicales et lors de la prise de décisions, et au besoin donner son avis. En matière de recherche biomédicale à finalité thérapeutique directe ne représentant pas un risque sérieux pour la personne du mandant et en cas d'empêchement pour ce dernier d'exprimer sa volonté, le consentement sera donné par le mandataire seul.

2732 **Protection patrimoniale.** La protection du bénéficiaire du mandat peut se limiter à ses seuls intérêts patrimoniaux (C. civ., art. 425, al. 2). L'étendue de cette protection est aménageable puisque le mandant, pour des raisons personnelles, peut ne vouloir protéger que certains biens uniquement, compte tenu de leur spécificité : portefeuille de valeurs mobilières, immeuble de rapport, entreprise, etc.

ATTENTION **Les actes de disposition relatifs à la résidence principale ou secondaire, et des meubles la garnissant, ne pourront être accomplis sans l'autorisation du juge des tutelles, et ce, qu'il s'agisse d'un mandat sous seing privé ou notarié.**
Le pouvoir d'administrer ces biens n'autorise que des conventions de jouissance précaire, qui cesseront en cas de

retour du bénéficiaire dans son logement. Si cela devient nécessaire ou s'il est de l'intérêt du bénéficiaire qu'il soit disposé des droits relatifs à son logement ou à son mobilier par l'aliénation, la résiliation ou la conclusion d'un bail, l'acte doit alors être autorisé par le juge (C. civ., art. 426, al. 1 à 3).

2733 **Pouvoirs du mandataire.** L'essentiel de la préparation du mandat réside dans la détermination des pouvoirs du mandataire.

Alors que le choix du mandat sous seing privé limite sérieusement le champ d'action du mandataire, l'option pour le mandat notarié permet un aménagement assez large de ces pouvoirs, sauf pour ce qui concerne la disposition à titre gratuit de biens du bénéficiaire.

Lorsque le mandat notarié sera choisi par le mandant, il lui faudra d'abord déterminer les différents actes à accomplir : aliénation d'immeubles ou meubles, emploi et remploi, souscription d'un emprunt, exercice d'une option successorale, acceptation d'une libéralité, etc.

Il faudra ensuite choisir entre une limitation du rôle du mandataire à une simple assistance ou lui attribuer une large autonomie, par un affranchissement de toute autorisation du juge des tutelles.

Certaines questions méritent en outre d'être examinées : nécessité de désigner plusieurs mandataires pour l'administration et la gestion d'un bien déterminé et de nature particulière, indépendance ou non des mandataires dans la gestion des biens, etc. (pour des exemples de formules, V. *JCl. Notarial Formulaire*, V° *Mandat de protection future*, Fasc. 55, form. 1 et 2).

2734 **Aménagements contractuels.** En cas d'option pour le mandat notarié, l'article 490 du Code civil édicte que le mandataire peut accomplir les actes patrimoniaux que le tuteur a le pouvoir d'accomplir seul ou avec une autorisation (C. civ., art. 490, al. 1er). Cette différence de traitement avec le mandat sous seing privé est importante. Dans cette dernière forme de mandat, en effet, les pouvoirs du mandataire sont limités aux seuls actes qu'un tuteur peut effectuer sans autorisation.

La latitude du mandat notarié n'interdit pas pour autant de restreindre contractuellement les pouvoirs du mandataire.

ATTENTION **Ce principe de « liberté » de disposer du mandataire a une limite, puisque cet affranchissement de l'autorisation du juge des tutelles vaut pour les seuls actes de disposition à titre onéreux. Ceux consentis à titre gratuit au nom du bénéficiaire requièrent une autorisation du juge des tutelles (C. civ., art. 490, al. 2).**

Enfin, il ne faut pas perdre de vue que le bénéficiaire du mandat – mandant ou enfant du mandant selon le cas – conserve, malgré tout, sa capacité de jouissance et d'exercice et ce, bien qu'il réunisse les conditions pour que soit ouverte une mesure de protection judiciaire (pour la conclusion d'un contrat de travail par le mandant en qualité d'employeur, V. CA Orléans, ch. soc., 20 mai 2021, n° 18/01860). Le 116e Congrès des notaires n'a pas manqué de relever que cela peut être la source d'une tension avec le mandataire et d'une insécurité juridique pour les tiers à l'acte. Le rôle du notaire sera alors essentiel et délicat à la fois : il devra demander un avis médical, informer au préalable le mandataire ou, dans une situation pouvant révéler l'exercice de pressions, refuser d'instrumenter.

2735 **Actes interdits au mandataire.** La liberté contractuelle pourra également conduire le mandant à interdire certains actes au mandataire, même autorisés par le juge des tutelles. Dans ce cas, la limitation des pouvoirs du mandataire est « radicale » puisqu'elle prive le mandataire d'un champ d'action particulier (V. *JCl. Notarial Formulaire*, V° *Mandat de protection future*, Fasc. 55, form. 1).

CONSEIL **Il est possible au mandant de calquer cette interdiction sur celle existant pour le tuteur d'un majeur sous tutelle.**

2736 **Responsabilité du mandataire.** Le mandataire de protection future engage sa responsabilité dans l'exercice de son mandat dans les conditions prévues à l'article 1992 du Code civil (C. civ., art. 424).

Il répond ainsi de manœuvres dolosives, des fautes de gestion qu'il pourrait commettre. Pour un cas de révocation du mandataire pour mauvaise gestion, V. Cass. 1re civ., 17 avr. 2019, n° 18-14.250 : *JurisData* n° 2019-006152 ; *Dr. famille* 2019, comm. 134, note I. Maria. – V. égal. CA Paris, pôle 3, ch. 7, 2 mars 2021, n° 19/18583 : *JurisData* n° 2021-004220. Pour le cas de révocation du mandat de protection future dans le cadre d'un conflit familial et non pour manquements caractérisés du mandataire, V. CA Paris, pôle 3, ch. 7, 1er févr. 2022, n° 20/15379 : *JurisData* n° 2022-001137 et CA Versailles, ch. 3, 17 mars 2022, n° 20/05892). La responsabilité relative aux fautes est toutefois appréciée moins rigoureusement pour le mandataire non rémunéré que pour celui percevant une rémunération quelconque.

3 Conseils à donner

2737 **Contexte familial.** Il convient d'être vigilant au contexte familial au moment de la rédaction du mandat de protection future. En effet, l'existence d'un conflit familial ou le risque de sa survenance commande au notaire d'attirer l'attention de son client sur le risque de révocation du mandat. Les tribunaux du fond sont parfois conduits à révoquer un mandat lorsqu'il s'agit de préserver la personne protégée des violentes tensions de son entourage et sa sérénité. Il n'est pas rare que soit alors ouverte une tutelle aux biens qui sera confiée à un mandataire judiciaire à la protection des majeurs (MJPM) (V. CA Paris, pôle 3, ch. 7, 8 sept. 2021, nos 20/12766 et 20/12768 : *JurisData* n° 2021-014951 ; *Dr. famille* 2021, comm. 162, I. Maria ; *JCP* N 2021, n° 11, 1120, note N. Peterka).
Au-delà, il peut être opportun, lors de la rédaction du mandat de protection future, d'anticiper et prévoir la désignation d'un curateur ou tuteur si le mandat devait prendre fin à l'avenir.

2738 **Famille recomposée.** Lorsque le mandant fait partie d'une famille recomposée, le mandat de protection future peut se révéler particulièrement opportun. Par exemple, l'enfant du mandant peut être élevé dans de bonnes conditions par le conjoint ou le compagnon du mandant. Dans ce cas, la désignation de ce conjoint ou de ce compagnon comme mandataire permettra de s'affranchir de l'ouverture d'une mesure de protection judiciaire. Celle-ci, par certains côtés, peut paraître rigide et conduirait à faire naturellement appel aux membres de la famille par le sang. Bien entendu, cette solution n'est possible que lorsque certains paramètres préexistent : concorde, reconnaissance et estime réciproques des parties, etc.

2739 **Opposition d'intérêts.** Une question mérite d'être préalablement discutée : celle de l'opposition d'intérêts qui pourrait survenir entre le mandataire et le bénéficiaire – mandant ou enfant du mandant – au cours du mandat devenu effectif. Si, *a priori* on peut penser que l'honnêteté du mandataire prévaudra, sans doute faudra-t-il aménager le contrat en stipulant un mode de contrôle (désignation d'un tiers, etc.) au cas où se produirait une telle situation.

> ATTENTION **Cette question doit être préalablement débattue, le recours au juge des tutelles introduisant alors un contrôle judiciaire que le mandant a pu souhaiter écarter en recourant précisément au mode contractuel de protection.**

2740 **Capacité et représentation du mandant.** Le recours au mandat de protection future nécessite l'examen de la situation personnelle du mandant. La loi n° 2019-222 du 23 mars 2019 a supprimé la possibilité pour le juge de substituer, à la demande de tout intéressé, le mandataire de droit commun ou le conjoint au mandataire de protection choisi par le mandant. Cette disposition fragilisait la portée du mandat, ce qui explique son abrogation.

B Vérifications préalables

2741 **Il conviendra de contrôler :**
– état civil, capacité, consentement et pouvoirs des parties ;
– objet du mandat.

1 Parties à l'acte

2742 **Nombre de parties à l'acte.** La conclusion d'un mandat de protection future concerne deux personnes : le mandant et le mandataire.
Quant au bénéficiaire du mandat, ce peut être :
– le mandant lui-même – cas du mandat pour « soi-même » –, de sorte qu'il y a alors confusion sur une même personne ;
– ou l'enfant du mandant – cas du mandat « pour autrui » –, étant précisé que la participation à l'acte de cet enfant bénéficiaire, n'est pas requise par le législateur.

a) Capacité et consentement du mandant

2743 **Mandat pour « soi-même ».** Le recours au mandat de protection future « pour soi-même » est reconnu au mineur émancipé ou au majeur ne faisant pas l'objet d'une mesure de tutelle.
Le majeur sous curatelle peut également recourir à ce mandat, à condition d'être assisté de son curateur (C. civ., art. 477, al. 1 et 2. – CA Versailles, 21 janv. 2015 : *JurisData* n° 2015-001952). Dans ce dernier cas, l'accord du juge des tutelles est alors nécessaire puisque la mise en œuvre effective du mandat implique la remise en cause de la mesure judiciaire de protection qu'est la curatelle. Cela présuppose un état de clairvoyance suffisant du mandant.

Enfin, le mandant placé sous sauvegarde de justice peut conclure un tel mandat, sans assistance particulière. Dans cette situation, le dispositif contractuel prend alors le relais de la mesure judiciaire protectrice.

ATTENTION L'action en annulation du mandat de protection pour vice du consentement ou trouble mental du mandant relève de la compétence du tribunal de grande instance (devenu tribunal judiciaire) et non du juge des tutelles (CA Douai, 12 juill. 2013 : *JurisData* n° 2013-013482).

2744 **Mandat de protection « pour autrui ».** Dans le mandat « pour autrui », le mandant est soit les père et mère de l'enfant à protéger, ou le dernier vivant des père et mère de cet enfant. Ici, les conditions requises du mandant sont plus sévères que celles prévues pour le mandat pour « soi-même ». Outre le fait que le mandant doive être majeur ou mineur émancipé, il ne doit pas être placé sous tutelle ou sous curatelle. Il ne peut, dans ce cas, être question d'une assistance quelconque du curateur pour conclure le mandat.
Le mandant placé sous sauvegarde de justice peut conclure seul, sans assistance, un mandat de protection future « pour autrui ».
En outre, le père et la mère ou le survivant d'entre eux doivent :
– s'il s'agit de protéger un enfant mineur, exercer l'autorité parentale sur cet enfant ;
– s'il s'agit d'un enfant majeur, assumer la charge matérielle et affective de cet enfant (V. *JCl. Notarial Formulaire*, V° *Mandat de protection future*, Fasc. 55, form. 4 et 5).

2745 **Parent agissant seul.** Lorsque les père et mère sont vivants, il est donc impossible pour l'un des parents de conclure seul un mandat de protection future pour l'enfant commun. Cette situation semble injuste car il est sévère d'empêcher le parent préoccupé du sort de son enfant, d'adopter une mesure utile, alors que l'autre parent serait indifférent à l'endroit de cet enfant.

CONSEIL Si un des parents souhaite seul donner mandat, il est nécessaire de stipuler l'obtention ultérieure de l'accord de l'autre parent ou établir que le parent défectueux ne peut consentir au mandat en raison d'une incapacité, absence ou cas de force majeure, ou encore qu'il se désintéresse de l'enfant en n'assumant pas la charge affective et matérielle de cet enfant.

2746 **Consentement.** Qu'il s'agisse du mandat sous seing privé contresigné par l'avocat du mandant ou de la souscription du mandat à l'aide du formulaire prévu à cet effet, le mandat est daté et signé de la main du mandant (C. civ., art. 492, al. 1er). Lorsque la forme notariée est choisie par les parties (mandat « pour soi-même ») ou lorsqu'elle est obligatoire (mandat « pour autrui »), le rôle du notaire se révèle particulièrement important : celui-ci est tenu de vérifier la capacité des parties et la délivrance d'un consentement libre et éclairé.

ATTENTION Indépendamment d'une possible révélation par l'acte de naissance du mandant de l'ouverture d'une mesure de protection et des conséquences à en tirer, il se peut que le mandant présente de sérieux signes d'affaiblissement de ses facultés personnelles ou qu'il fasse encore l'objet de pressions de la part du mandataire. Dans ce cas, se pose la question du refus du notaire d'instrumenter. Selon la doctrine, l'existence d'un trouble mental sévère et décelable devrait empêcher que la responsabilité du notaire ne soit alors engagée.

2747 **Majeur placé sous habilitation familiale.** Il se peut qu'une personne majeure soit placée sous le régime de l'habilitation familiale créé par l'ordonnance n° 2015-1288 du 15 octobre 2015. Dans la majorité des cas, il s'agira d'une habilitation familiale générale de représentation (C. civ., art. 494-8) qui rend impossible la conclusion d'un mandat de protection future. Lorsque l'habilitation n'est que spéciale (C. civ., art. 494-1 et 494-8, al. 1er), il semble qu'il serait alors possible au majeur de conclure un tel mandat dès lors que l'habilitation spéciale ne l'exclurait pas. Sur le plan pratique, on peut douter d'une telle solution. En effet, si le majeur est censé avoir conservé un tel pouvoir, il fait l'objet d'un certificat médical attestant de l'altération de ses facultés ; le risque est alors grand d'une action en nullité contre les actes qui seraient alors accomplis par lui.

b) Capacité et consentement du mandataire

2748 **Qualités et incompatibilités.** Lors de la conclusion et pendant l'exécution du mandat, le mandataire doit jouir de la capacité civile. En outre, il doit remplir les conditions prévues pour les charges tutélaires (C. civ., art. 480, al. 2). Plus précisément, le mandataire ne peut être :
– un mineur non émancipé ;
– un majeur pour lequel une mesure de protection juridique a été ouverte (mesure judiciaire

– sauvegarde justice, curatelle ou tutelle – ou conventionnelle telle que ce même mandat de protection future) ;
– privé de l'exercice de l'autorité parentale ;
– une personne à qui l'exercice des charges tutélaires a été interdit en application de l'article 131-26 du Code pénal ;
– membre d'une profession médicale et de la pharmacie, ou auxiliaire médical du bénéficiaire du mandat.

> ATTENTION **Le notaire rédacteur du mandat ne peut être désigné mandataire, en raison des incapacités d'instrumenter qui le frappent et de son rôle de vérificateur choisi par le mandant.**

2749 **Consentement.** En cas de mandat sous seing privé, le mandataire accepte le mandat en y apposant sa signature (C. civ., art. 492, al. 2). Lorsque le mandat est établi par acte authentique, l'acceptation du mandataire est faite dans les mêmes formes (C. civ., art. 489, al. 1er).

> ATTENTION **Dans une procédure aux fins d'ouverture d'une mesure de protection en cours d'instruction devant le juge des tutelles et dès lors qu'aucune décision prononçant une telle mesure n'a encore été prise, le désistement d'instance émanant du requérant met fin à l'instance en application de l'article 394 du Code de procédure civile (Cass., avis, 20 juin 2011, n° 01100007P : *JCP* N 2011, n° 38, 1244).**

2 Objet du mandat

2750 **Protection du bénéficiaire.** L'étendue du mandat de protection future est « vaste » : le mandataire pourra représenter le mandant ou l'enfant de ce dernier aussi bien pour des mesures à caractère personnel, que pour l'accomplissement d'actes patrimoniaux (C. civ., art. 479). Aussi, sera-t-il important pour le mandant de présenter avec clarté et soin sa volonté. Cette volonté commandera de recenser l'état du patrimoine du bénéficiaire du mandat de façon à choisir et adapter les clauses aux nécessités de la situation.

3 Renseignements à demander aux parties

2751 **Montage du dossier.** Le notaire doit demander au mandant de fournir les renseignements relatifs à son état civil et à sa situation patrimoniale, y compris dans les détails des éléments composant son patrimoine. Ceci est absolument nécessaire et va guider le choix et l'adoption des clauses du mandat.

> EXEMPLE S'il y a, parmi les biens du mandant, une entreprise, il sera utile de prévoir la désignation d'un mandataire rompu à la gestion d'un tel bien : personne en place dans l'entreprise, existence parmi les héritiers d'une personne apte à gérer, etc.
> Il faudra aussi envisager l'empêchement éventuel du mandataire et son remplacement. Il faudra également, en présence d'une société, consulter les statuts de façon à ce que le mandat à établir ne soit pas paralysé par le pacte social.

4 Pièces à demander

2752 **Acte de naissance.** Il est certain que l'obtention d'une copie de l'acte de naissance des parties est absolument nécessaire. De la sorte, le notaire est à même de vérifier les informations relatives à l'âge et à la capacité des parties. Une copie qui révélerait la mention en marge d'une inscription au répertoire civil commandera la demande d'un extrait en rapport avec cette mention, au moyen d'un imprimé CERFA n° 13485*01.

2753 **Autres documents.** Compte tenu de la situation patrimoniale du mandant, différentes pièces devront être rassemblées : titre de propriété pour les biens immobiliers, documents relatifs au portefeuille de valeurs...

5 Alertes

a) Mise en œuvre du mandat

2754 **Mandat pour « soi-même ».** En cas de mandat pour soi-même, le mandataire se présente en personne au greffe du tribunal judiciaire dans le ressort duquel réside le mandant. Il doit être accompagné du mandant, sauf s'il est établi, par certificat médical, que la présence du mandant est incompatible avec son état de santé. Le mandataire présente au greffier :
– l'original du mandat ou sa copie authentique, signé du mandant et du mandataire ;
– un certificat médical datant de deux mois au plus, émanant d'un médecin inscrit sur la liste établie par le procureur de la République et établissant que le mandant ne peut pourvoir seul à ses intérêts du fait d'une altération, soit de ses

facultés mentales, soit de ses facultés corporelles de nature à empêcher l'expression de sa volonté ;
– une pièce d'identité concernant sa propre identité et celle du mandant ;
– un justificatif de la résidence habituelle du mandant (CPC, art. 1258).

2755 **Mandat « pour autrui ».** S'agissant du mandat « pour autrui », le mandataire est tenu de se présenter en personne au greffe du tribunal judiciaire dans le ressort duquel réside le bénéficiaire du mandat. Ce dernier doit l'accompagner, sauf s'il est établi, par certificat médical, que sa présence est incompatible avec son état de santé. Le mandataire présente alors au greffier :
– la copie authentique du mandat, signé du mandant et du mandataire ;
– un certificat de décès du mandant ou un certificat médical datant de deux mois au plus, émanant d'un médecin inscrit sur la liste établie par le procureur de la République et établissant que le mandant ne peut pourvoir seul à ses intérêts du fait d'une altération, soit de ses facultés mentales, soit de ses facultés corporelles de nature à empêcher l'expression de sa volonté. À ce titre, s'agissant du traitement des demandes déposées par des Français établis hors de France et, en particulier, du médecin habilité à intervenir et de la procédure à suivre, il a été précisé, pour les ressortissants français résidant dans un pays ayant adhéré à la Convention de La Haye du 13 janvier 2000 sur la protection internationale des adultes (Autriche, Écosse, Estonie, Finlande, Lettonie, Monaco, République tchèque et Suisse), que les « modalités d'exercice » du mandat de protection future sont régies par la loi du pays où le ressortissant a sa résidence habituelle. Quant aux pays non-signataires de la Convention de La Haye du 13 janvier 2000, et en l'absence d'une convention bilatérale spéciale, la mise en œuvre et l'exécution du mandat de protection future est soumise aux règles de droit international privé local (Rép. min. n° 3037 : *JO* Sénat 31 mai 2018, p. 2688 ; *JCP* N 2018, n° 24, act. 546) ;
– un certificat médical datant de deux mois au plus, émanant d'un médecin inscrit sur la liste sus-énoncée et établissant que le bénéficiaire du mandat, enfant majeur du mandant, ne peut pourvoir seul à ses intérêts du fait d'une altération, soit de ses facultés mentales, soit de ses facultés corporelles de nature à empêcher l'expression de sa volonté ;
– une pièce d'identité concernant sa propre identité et celle du bénéficiaire du mandat ;
– un justificatif de la résidence habituelle du bénéficiaire du mandat (CPC, art. 1258-1).

> ATTENTION **Le mandant ou le bénéficiaire du mandat qui n'a pas comparu devant le greffier du tribunal est informé par le mandataire de la prise d'effet du mandat de protection future par lettre recommandée avec demande d'avis de réception (CPC, art. 1258-4).**

> CONSEIL **Dans la notification de la prise d'effet du mandat au mandant ou à l'enfant bénéficiaire du mandat (mandat pour autrui), il est fortement conseillé de rappeler au protégé les droits que celui-ci conserve, les actes qu'il ne pourra plus accomplir parce que confiés au mandataire, et enfin, le risque de sanction éventuelle (annulation, rescision ou réduction) si d'aventure le protégé les accomplissait.**

2756 **Rôle du greffier.** Au vu de ces pièces, le greffier vérifie en outre, que :
– le mandant et le mandataire étaient majeurs ou mineurs émancipés à la date d'établissement du mandat ;
– les modalités du contrôle de l'activité du mandataire sont formellement prévues ;
– l'avocat a contresigné le mandat lorsqu'il a établi celui-ci sous seing privé ;
– le curateur a contresigné le mandat, si le mandant a indiqué dans celui-ci être placé sous curatelle ;
– le mandataire, s'il est une personne morale, justifie être inscrit sur la liste prévue à l'article L. 471-2 du Code de l'action sociale et des familles (CPC, art. 1258-2).

2757 **Date d'effet du mandat.** Lorsque ces conditions sont remplies, le greffier paraphe chaque page du mandat, puis mentionne, en fin d'acte, que celui-ci prend effet à compter de la date de sa présentation au greffe, y appose son visa et le restitue au mandataire, accompagné des pièces produites.

> CONSEIL **Il se peut que le greffier estime non remplies les conditions, de sorte qu'il restitue le mandat, sans le viser, au mandataire. Dans une telle situation, le mandataire dispose d'un recours puisqu'il peut saisir le juge des tutelles par requête. Celui-ci se prononcera sans débat et sa décision ne sera pas susceptible d'appel (CPC, art. 1258-3).**

b) Changement de volonté du mandant

2758 **Modification ou révocation avant la prise d'effet du mandat.** Quelle que soit la forme du mandat choisi – sous seing privé ou notarié – le législateur reconnaît au mandant la faculté de modifier ou de révoquer le mandat (C. civ., art. 489, al. 2 et C. civ., art. 492, al. 3). Ceci est possible, avant la prise d'effet du mandat, sous réserve de respecter le parallélisme de forme de l'acte concerné.
Les auteurs, qui s'accordent à reconnaître une telle faculté, ajoutent que la modification ou la révocation du mandat notarié devront alors être notifiées au mandataire (C. civ., art. 489, al. 2). Il ne semble pas nécessaire d'en faire autant pour le notaire, lorsque c'est ce dernier qui a reçu la modification ou la révocation du mandat notarié et qui a préalablement dressé l'acte initial.
S'agissant du mandat sous seing privé, il convient d'admettre la nécessité de notifier au mandataire la révocation ou la modification intervenue.

ATTENTION **En pratique, lorsqu'il s'agira pour le mandant de modifier le mandat de protection future, le bon sens commandera que cette modification ait lieu en présence du mandataire et que celui-ci l'approuve. À défaut, on ne manquerait pas de s'interroger sur l'efficacité d'une telle modification, laquelle pourrait, par exemple, intéresser les pouvoirs du mandataire. En admettant la validité d'un tel procédé, resterait alors au mandataire en désaccord avec cette modification contractuelle, la possibilité de révoquer le mandat. En la matière, la vigilance sera de mise du côté du mandataire.**

2759 **Révocation du mandat entré en vigueur.** Un paradoxe mérite d'être relevé : alors que le mandant conserve la pleine capacité d'exercice et de jouissance de ses droits (V. Rép. min. n° 856 : *JOAN* Q 6 sept. 2016, p. 7998 ; *JCP* N 2016, n° 37, act. 1018), il ne lui est pas permis de révoquer par contrat unilatéral le mandat, une fois que celui-ci est devenu effectif ! Pour mettre fin au mandat, le mandant (ou le bénéficiaire du mandat) doit produire au greffe du tribunal judiciaire de son domicile une copie authentique du mandat, si le mandat est notarié, ou l'original du mandat, s'il est sous seing privé et un certificat datant de deux mois au plus et émanant d'un médecin, choisi sur une liste dressée par le procureur de la République. Ce certificat constate le rétablissement de ses facultés personnelles (V. C. civ., art. 483, 1°). Si les conditions sont remplies, le greffier mentionne sur le mandat que celui-ci prend fin à compter de la date de sa présentation au greffe, y appose son visa et le restitue au comparant avec le certificat produit (CPC, art. 1259, al. 3). Dans le cas contraire, le greffier restitue le mandat sans le viser (CPC, art. 1259, al. 4), le mandant ou le bénéficiaire du mandat pouvant alors saisir le juge des tutelles par requête (CPC, art. 1259, al. 5).

ATTENTION **Le bénéficiaire du mandat, le mandant ou le mandataire qui n'a pas comparu devant le greffier est informé par le comparant de la fin de l'exécution du mandat par lettre recommandée avec demande d'avis de réception à l'initiative du greffe (CPC, art. 1259-1).**

c) Actes accomplis par le mandant

2760 **Interdiction d'agir du mandant.** Le mandat de protection future devenu effectif ne prive pas le mandant de sa pleine capacité juridique (Rép. min. n° 85698 : *JOAN* Q, 6 sept. 2016, p. 7998). En effet, le dispositif légal met en place un mécanisme de représentation du mandant, ce dernier s'interdisant, en principe, d'accomplir les actes pour lesquels le mandataire a été missionné.

2761 **Sanctions.** Aussi, convient-il d'attirer l'attention du mandant sur le sort des actes et engagements patrimoniaux que celui-ci accomplirait en dépit des pouvoirs de représentation du mandataire. De telles opérations seront :
- annulables en vertu de l'article 414-1 du Code civil, c'est-à-dire en cas de trouble mental établi au moment de l'acte concerné ;
- ou rescindables pour simple lésion ;
- ou encore réductibles en cas d'excès (C. civ., art. 488).

ATTENTION **Le prononcé de la nullité de l'acte n'est pas automatique, puisque le sort de l'acte dépendra de la décision du juge qui aura la possibilité de substituer à l'anéantissement de l'acte, la rescision pour lésion ou la réduction pour excès. Dans ce cas, le juge prendra notamment en considération l'utilité ou l'inutilité de l'opération, l'importance ou la consistance du patrimoine de la personne protégée et la bonne ou mauvaise foi de ceux avec qui elle a contracté (C. civ., art. 488, al. 1er).**

d) Rôle du notaire

2762 **Conservation des pièces comptables.** Dans le cadre du mandat notarié, le mandataire rend compte au notaire qui a établi le mandat, en lui adressant ses comptes annuels de gestion. À ces comptes sont annexées toutes pièces justificatives utiles.
Le notaire est chargé d'assurer la conservation de ces comptes, de l'inventaire des biens du bénéficiaire – mandant ou enfant du mandant – et de ses actualisations (C. civ., art. 491).

> CONSEIL **Ce rôle de conservateur ne semble pas exiger un dépôt de ces pièces au rang des minutes du notaire, sauf clause contraire du mandat qui exigerait un tel dépôt.**

2763 **Vérification, alerte et responsabilité.** Le rôle du notaire est particulièrement important en ce qui concerne la vérification de la gestion du patrimoine du mandant lorsque le mandat est notarié. Il résulte, en effet, de l'article 491 du Code civil que le notaire est tenu de saisir le juge des tutelles de tout mouvement de fonds et de tout acte non justifiés ou n'apparaissant pas conformes au mandat. À ce titre, les termes du rapport parlementaire n° 3557 indiquent qu'« il appartient au juge des tutelles, le cas échéant après avoir été informé d'une irrégularité par le notaire, de faire vérifier les comptes comme s'il s'agissait d'une tutelle ».

> ATTENTION **La question se pose de savoir si le notaire est tenu d'un contrôle sommaire de l'existence des pièces justificatives et de la conformité au mandat des mouvements de fonds ou d'un contrôle plus approfondi de la pertinence de ces pièces et de l'opportunité des mouvements de fonds (V. D. Fenouillet, *Le mandat de protection future ou la double illusion : Defrénois* 2009, art. 38882, spéc. n° 46). Si les travaux parlementaires (Rapp. AN n° 3557, XIIe législature, p. 200, E. Blessig) ne semblent pas charger le notaire d'une vérification approfondie des comptes, il faut bien admettre que le rôle de surveillance et d'alerte auquel est astreint le notaire renforce sa responsabilité en cas d'irrégularité commise par le mandataire dans l'exécution du mandat. En outre, la création d'un tarif spécial pour l'examen des comptes par le notaire concourt au renforcement de la responsabilité du notaire.**
>
> **De façon à offrir un contrôle rigoureux de la gestion des comptes annuels, on peut conseiller au mandant de recourir à un spécialiste désigné dans l'acte – parent du mandant, expert-comptable, etc. – pour prendre connaissance des comptes de gestion, en vérifier les calculs, puis approuver leur exactitude.**

2764 **Impossibilité d'exercer du notaire.** Le notaire choisi par le mandant ne peut renoncer de façon unilatérale à sa mission une fois qu'il a accepté celle-ci. Ensuite, le mandant ou le mandataire, une fois le mandat mis en œuvre, ne peuvent écarter le notaire mandataire. Seule une décision judiciaire pourrait entraîner le changement de notaire. Dans le cas de décès du notaire, d'interdiction ou d'incapacité de celui-ci, de cession et retrait de l'office, il est envisageable de recourir à l'article 484 du Code civil, lequel édicte que « tout intéressé peut saisir le juge des tutelles aux fins de contester la mise en œuvre du mandat ou de voir statuer sur les conditions et modalités de son exécution ». L'impossibilité pour le notaire choisi de remplir sa mission, quelle qu'en soit la cause, constitue bien une difficulté relative aux modalités d'exécution du mandat. Sous la réserve que les tribunaux confirment cette pratique, il reviendrait ainsi au juge saisi de substituer un notaire au notaire défaillant.

6 Intervention du juge des tutelles

2765 **Pouvoirs du juge.** Si le mandat de protection future évite l'ouverture d'une mesure judiciaire de protection, il ne faut pas conclure pour autant que le juge des tutelles (fonction exercée par le juge des contentieux de la protection du tribunal judiciaire ou du tribunal de proximité) sera sans pouvoir d'intervention dans l'exécution du mandat ou encore quant à la survie même du mandat. En effet, le juge des tutelles peut maintenir le mandat de protection en adoptant des mesures supplémentaires, comme il peut mettre fin au mandat par la substitution d'une mesure judiciaire (dans cette dernière hypothèse, la décision du juge est alors notifiée au mandataire et au mandant ou au bénéficiaire du mandat par lettre recommandée avec demande d'avis de réception ; CPC, art. 1259-4. – V. CA Aix-en-Provence, 5 mars 2014 : *JurisData* n° 2014-005756). Enfin, une mesure de placement sous curatelle ne peut mettre fin au mandat non mis à exécution au jour du prononcé de cette mesure judiciaire de placement (Cass. 1re civ., 4 janv. 2017, n° 15-28.669, P+B+I : *JurisData* n° 2017-000001 ; *JCP* N 2017, n° 2, act. 137).

2766 **Adjonction d'une mesure de protection juridique.** À un moment donné, la mise en œuvre du mandat peut ne pas permettre, en raison de son champ d'application, une protection suffisante des intérêts personnels ou patrimoniaux du bénéficiaire. Aussi, le juge des tutelles pourra-t-il ouvrir une mesure de protection juridique complémentaire confiée, le cas échéant, au mandataire de protection future (C. civ., art. 485, al. 2). Concrètement, le mandat, qui aura été limité à la seule gestion des biens du patrimoine du bénéficiaire, pourra être étendu à la protection de sa personne, et *vice versa*.

2767 **Autorisation judiciaire pour un acte non couvert par le mandat.** De même, le juge des tutelles aura la faculté d'autoriser le mandataire ou un mandataire ad hoc à accomplir un ou plusieurs actes déterminés non couverts par le mandat (C. civ., art. 485, al. 2 ; CPC, art. 1259-5). Cette possibilité palliera ainsi le silence du mandat. Sous la condition d'une nécessité avérée d'accomplir les actes omis, l'intervention du juge viendra au secours d'une rédaction incomplète du mandat.

ATTENTION **Le mandataire de protection future et la ou les personnes désignées par le juge sont indépendants et ne sont pas responsables l'un envers l'autre. Toutefois, ils s'informent des décisions qu'ils prennent (C. civ., art. 485, al. 3).**

2768 **Substitution d'une mesure de protection juridique.** Le juge peut mettre fin au mandat en ouvrant une mesure de protection juridique dans les conditions et selon les modalités prévues aux articles 425 à 476 du Code civil (C. civ., art. 485, al. 1er). Il sera donc possible au juge des tutelles de placer le bénéficiaire sous sauvegarde de justice, sous curatelle (Cass. 1re civ., 29 mai 2013 : *JurisData* n° 2013-017230. – CA Nancy, 27 févr. 2015 : *JurisData* n° 2015-004599. – Cass. 1re civ., 17 avr. 2019, n° 18-14.250, F-P+B : *JurisData* n° 2019-006152) ou sous tutelle (CA Rennes, 29 oct. 2013 : *JurisData* n° 2013-025508), ce qui nécessite l'établissement d'un certificat circonstancié et non la reprise du certificat médical d'activation du mandat (Cass. 1re civ., 2 mars 2022, n° 20-19.767 : *JurisData* n° 2022-002806). Est justifiée la décision du juge de révoquer un mandat de protection future en raison de l'atteinte aux intérêts du mandant (Cass. 1re civ., 12 juin 2019, n° 18-19.079, D : *JurisData* n° 2019-010352 : en l'espèce, l'inventaire des biens réalisé par le mandataire était incomplet, le compte de gestion déposé avec retard et la résiliation du bail du mandant lors de son accueil en EHPAD tardive). Dans ce cas, la mesure judiciaire est radicale, puisque le mandat conventionnel s'éteint (Cass. 1re civ., 12 janv. 2011 : *JurisData* n° 2011-000143 ; *JCP* N 2011, n° 38, 1244. – Cass. 1re civ., 29 mai 2013 : *JurisData* n° 2013-017230). À l'inverse, une mesure de placement sous curatelle, postérieure à la conclusion d'un mandat de protection future, n'empêche pas la mise en œuvre du mandat dès lors que son exécution n'est pas de nature à porter atteinte aux intérêts du mandant (Cass. 1re civ., 4 janv. 2017, n° 15-28.669, P+B+I : *JurisData* n° 2017-000001 ; *JCP* N 2017, n° 2, act. 137).

2769 **Suspension des effets du mandat de protection future.** Le juge peut suspendre les effets du mandat de protection future dans la décision d'ouverture d'une mesure de sauvegarde de justice ou, si l'existence du mandat est portée à sa connaissance postérieurement à cette ouverture, par une décision prise en cours de déroulement de la mesure (CPC, art. 1259-2, al. 1).

ATTENTION **Depuis le 1er janvier 2020, les fonctions de juge des tutelles des majeurs sont exercées par le juge des contentieux de la protection du tribunal judiciaire (COJ, art. L. 213-4-1 et L. 213-4-2, créés L. n° 2019-222, 23 mars 2019, art. 95, I, 29° et 109-XXIII).**

III Rédactions et formules

A Rédaction

2770 **Il conviendra de contrôler :**
- volonté du mandant ;
- désignation des biens concernés par le mandat ;
- pouvoirs, rémunération du ou des mandataires.

1 Désignation des biens

2771 **Liste des biens concernés.** En cas de mandat conféré pour la gestion patrimoniale des biens du bénéficiaire – ceux du mandant ou ceux de l'enfant de ce dernier lorsque le mandat est stipulé pour autrui – il conviendra de déterminer et de désigner avec soin les biens concernés (entreprise, comptes bancaires et livrets d'épargne, logement du mandant, effets personnels…).
Il ne faudrait pas que cette désignation soit paralysée, du fait d'une confusion possible avec d'autres biens du bénéficiaire, et pour lesquels le mandant a souhaité prévoir des modalités spécifiques de gestion (V. *JCl. Notarial Formulaire*, V° *Mandat de protection future*, Fasc. 55, form. 1).

EXEMPLE Il peut y avoir confusion sur l'immeuble en copropriété, dans lequel certains appartements devront être gérés par un proche, alors que le fonds de commerce situé au rez-de-chaussée devra être géré par un professionnel averti…

2 Clauses usuelles

2772 **Dispositions du mandat.** Les clauses les plus usuelles du mandat sont les suivantes :
- pouvoirs généraux et particuliers du mandataire, ses obligations ;
- modification ou révocation du mandat ;
- renonciation du mandataire ;
- capacité de substitution ;
- démarches médicales et prise d'effet du mandat ;
- rémunération et responsabilité du mandataire ;
- rôle du notaire ;
- fin du mandat (V. *JCl. Notarial Formulaire*, V° *Mandat de protection future*, Fasc. 55, form. 1 et 2).

2773 **Mission personnelle du mandataire.** Le mandataire exécute personnellement le mandat, de sorte que le mandat de protection future est un acte conclu *intuitu personae*.
Sauf interdiction du mandant, il peut, toutefois, se substituer un tiers pour les actes de gestion du patrimoine, mais seulement à titre spécial (C. civ., art. 482, al. 1er). En d'autres termes, le mandataire :
- ne pourra se substituer une autre personne qu'en matière de gestion patrimoniale des biens du bénéficiaire, et non pas pour les actes relatifs à la personne du bénéficiaire ;
- pourra charger un tiers d'effectuer des actes de gestion, ce qui, a priori, exclut les actes de disposition.
Le mandataire répond de la personne qu'il s'est substitué dans les conditions de droit commun du mandat (C. civ., art. 1984).

CONSEIL **Dans tous les cas, le mandat qui interdirait toute substitution, empêchera le mandataire d'y procéder. Une telle situation n'exclut pas de déboucher sur l'éventuelle ouverture d'une mesure judiciaire de protection.**

2774 **Mandat général ou spécial.** Le mandat de protection future, qu'il ait été stipulé « pour soi-même » ou « pour autrui », est destiné à protéger tant les intérêts patrimoniaux que la personne du bénéficiaire. Dans ce cas, le mandat est dit « général ». Il peut, tout autrement, être limité expressément à l'une de ces deux missions (C. civ., art. 425, al. 1 et 2), de sorte qu'il est alors « spécial » quant à son objet. Dans ce dernier cas, il est permis d'affiner cette spécialité en limitant le domaine du mandat à certains biens ou à certains actes intéressant la personne du bénéficiaire.
Ce principe de spécialité peut encore se rencontrer sur le plan du choix du mandataire – un mandataire pourra être désigné pour la gestion de tel bien, alors qu'un autre le sera pour un autre bien – ou de ses pouvoirs – le mandat pourra conférer à celui-ci un simple pouvoir d'assistance ou bien un pouvoir de représentation du bénéficiaire. Là encore, les cas de figure sont multiples, de sorte qu'il conviendra de rédiger avec soin les pouvoirs de chacun des mandataires de façon à éviter tout risque de paralysie du mandat.

2775 **Rémunération du mandataire.** À défaut de convention contraire, le mandat est en principe gratuit (C. civ., art. 1986). Mais une rémunération forfaitaire ou proportionnelle peut être prévue. Elle a une incidence en matière de responsabilité.

CONSEIL **Cette question doit donc être préalablement discutée entre les parties.**

2776 **Rémunération du notaire pour l'examen des comptes.** L'examen par le notaire des comptes du mandataire est rémunéré selon la tarification prévue à l'article A. 444-80 du Code de commerce (V. ci-dessous, n°s 2780 et s., « Taxation »).

3 Clauses particulières

2777 **Ordre de préférence.** Parce que le mandat de protection future permet au mandant de désigner des mandataires « successifs », il conviendra d'établir un ordre de préférence ainsi que les modalités d'information des mandataires subséquents, dès lors qu'un mandataire « en second » prendra la place d'un mandataire « en premier ».

2778 **Reddition des comptes.** Il sera opportun que le mandat rappelle les obligations comptables du mandataire à l'occasion de la fin de sa mission. Ainsi, à l'expiration du mandat et dans les cinq ans qui suivent, le mandataire devra tenir l'inventaire des biens et les actualisations auxquelles il a donné lieu, ainsi que les cinq derniers comptes de gestion et les pièces nécessaires pour continuer celle-ci ou assurer la liquidation de la succession de la personne protégée, à la disposition :
– de la personne qui est amenée à poursuivre la gestion ;
– de la personne protégée si elle a recouvré ses facultés ;
– ou des héritiers de cette dernière (C. civ., art. 487).

ATTENTION **Parce que le notaire est tenu d'alerter le juge des tutelles en cas de mouvement de fonds suspect et d'acte injustifié, mission pour laquelle il est rémunéré, la responsabilité du notaire est susceptible d'être engagée.**

B Formules

• *JCl. Notarial Formulaire*, V° *Mandat de protection future*, Fasc. 55, form. 1 à 9.

IV Formalités et taxation

A Formalités

2779 **Inscription sur un registre spécial.** Le mandat de protection future est publié au moyen d'une inscription sur un registre spécial dont les modalités et l'accès seront réglés par un décret en Conseil d'État (C. civ., art. 477-1, réd. L. n° 2015-1776, 28 déc. 2015, art. 35).

B Taxation

1 Enregistrement

2780 **Dispense d'enregistrement.** Lorsqu'il est notarié, le mandat de protection future est obligatoirement conclu par acte authentique. Il est alors enregistré au droit fixe de 125 € (CGI, art. 680. – V. BOI-ENR-DMTG-10-40-20-10, 30 oct. 2014, § 310).

2 Rémunération du notaire

a) Tarif issu des décret et arrêté du 26 février 2016

2781 **Rémunération du notaire pour l'établissement de l'acte.** Les actes relatifs au mandat de protection future (C. com., art. A. 444-79-1, réd. A. 28 oct. 2016) donnent lieu à la perception des émoluments prévus à l'article A. 444-79 du Code de commerce pour les mandats posthumes (Numéros 35 à 38 du tableau 5 de l'article Annexe 4-7 du Code de commerce. – V. *JCl. Commentaire du Tarif des Notaires*, Fasc. 4890), soit :
– établissement du mandat, 115,39 € ;
– acceptation par acte séparé, 57,69 € ;
– révocation par le mandant, 57,69 € ;
– renonciation, 57,69 €.

2782 **Rémunération du notaire pour l'examen des comptes.** L'examen par le notaire des comptes du mandataire est rémunéré selon le barème suivant (C. com., art. A. 444-80. – Numéro 39 du tableau 5 de l'article Annexe 4-7 du Code de commerce. – V. *JCl. Commentaire du Tarif des Notaires*, Fasc. 4890) :
– 115,39 €, lorsque le chapitre le plus élevé, en recettes ou en dépenses, au titre de l'année à laquelle se rapportent les comptes, est inférieur ou égal à 25 000 € ;
– 192,31 €, lorsque le chapitre le plus élevé, en recettes ou en dépenses, au titre de l'année à laquelle se rapportent les comptes, est supérieur à 25 000 € et inférieur ou égal à 65 000 € ;
– 346,16 €, lorsque le chapitre le plus élevé, en recettes ou en dépenses, au titre de l'année à laquelle se rapportent les comptes, est supérieur à 65 000 €.

b) Tarif issu des décret et arrêté du 28 février 2020

2783 L'arrêté du 28 février 2020 est entré en vigueur au **1er janvier 2021**. Toutefois, les émoluments des prestations effectuées avant le 1er janvier 2021, ou dont la réalisation a donné lieu, avant le 1er mars 2020, au versement par le client d'un acompte ou d'une provision, ou à l'engagement par l'un des notaires intervenant de frais ou débours, restent régis par l'ancien tarif (A. 28 févr. 2020, art. 29, 2° mod. A. 28 avr. 2020, art. 2).
Un nouvel arrêté en date du 25 février 2022, applicable depuis le 1er mars 2022, proroge jusqu'au 29 février 2024 les dispositions antérieures (A. 25 févr. 2022, art. 2).

2784 **Rémunération du notaire pour l'établissement de l'acte.** Les actes relatifs au mandat de protection future (C. com., art. A. 444-79-1, réd. A. 28 oct. 2016) donnent lieu à la perception des émoluments prévus à l'article A. 444-79 du Code de commerce pour les mandats posthumes (Numéros 35 à 38 du tableau 5 de l'article Annexe 4-7 du Code de commerce. – V. *JCl. Commentaire du Tarif des Notaires*, Fasc. 4890), soit :
– établissement du mandat, 113,20 € ;
– acceptation par acte séparé, 56,59 € ;
– révocation par le mandant, 56,59 € ;
– renonciation, 56,59 €.

2785 **Rémunération du notaire pour l'examen des comptes.** L'examen par le notaire des comptes du mandataire est rémunéré selon le barème suivant (C. com., art. A. 444-80. – Numéro 39 du tableau 5 de l'article Annexe 4-7 du Code de commerce. – V. *JCl. Commentaire du Tarif des Notaires*, Fasc. 4890) :
– 113,20 €, lorsque le chapitre le plus élevé, en recettes ou en dépenses, au titre de l'année à laquelle se rapportent les comptes, est inférieur ou égal à 25 000 € ;
– 188,66 €, lorsque le chapitre le plus élevé, en recettes ou en dépenses, au titre de l'année à laquelle se rapportent les comptes, est supérieur à 25 000 € et inférieur ou égal à 65 000 € ;
– 339,58 €, lorsque le chapitre le plus élevé, en recettes ou en dépenses, au titre de l'année à laquelle se rapportent les comptes, est supérieur à 65 000 €.

CHECK-LIST **• Définir l'objectif du mandant.**
• Rechercher l'existence possible de mandat(s) en cours.
• Choisir la forme sous seing privé ou notariée du mandat de protection future.
• Choisir le mandataire.
• Envisager l'éventuelle impossibilité pour le mandataire de mener sa mission.
• Distinguer protection de la personne et protection des biens.
• Définir les pouvoirs du mandataire.
• Discuter des conditions de la rémunération du mandataire.

POUR ALLER PLUS LOIN

Fascicules JurisClasseur
• *JCl. Civil code*, Art. 477 à 494, Fasc. unique.
• *JCl. Ingénierie du patrimoine*, Fasc. 31.
• *JCl. Notarial Formulaire*, V° *Mandat de protection future*, Fasc. 10 et 55.
• *JCl. Roulois*, Fasc. 1122.

Revues
• M. Baudel, *Repenser la protection des majeurs protégés au regard de la Convention relative aux droits des personnes handicapées* : *Dr. famille* 2018, étude 8.
• J. Combret et N. Baillon-Wirtz, *La réforme de la protection juridique des majeurs du 5 mars 2007 a dix ans : quel bilan ?* : *JCP* N 2017, n° 9, 1119.
• J. Combret et A. Houis, *Focus sur les majeurs protégés De quelques questions pratiques* : *JCP* N 2018, n° 50, 1362.
• J. Combret et D. Noguéro, *Personnes vulnérables, habilitation familiale et mandat de protection*

future, réforme de la justice et prospective : Defrénois 2019, art. 147s8, p. 25.
• S. David et V. Prado, *Protéger les personnes vulnérables : JCP* N 2020, n° 39, 1188.
• L. Fabre, *Personnes vulnérables – Perspectives d'amélioration de la protection juridique des majeurs : JCP* N 2019, n° 7, 1106.
• E. Mallet, *Accompagnement du vieillissement : les principales mesures contenues dans la loi du 28 décembre 2015 : JCP* N 2016, n° 1, act. 100 ; *Divorce, administration légale et protection des majeurs : les modifications apportées par l'ordonnance du 15 octobre 2015 : JCP* N 2015, n° 44, act. 1015.
• I. Maria, *Loi de programmation et de réforme pour la justice – Personnes protégées. Protection juridique des majeurs : une nouvelle réforme dans l'attente d'une autre ? : Dr. famille* 2019, dossier 15.
• N. Peterka, *Mesures de protection judiciaire – Déjudiciarisation programmée de la gestion patrimoniale : JCP* N 2018, n° 26, 1225 ; *La loi du 23 mars 2019 et la réforme du droit des personnes vulnérables : quelles conséquences pour la pratique notariale ? : JCP* N 2019, n° 14, 1157 ; *Primauté, Révocation du mandat de protection future pour mauvaise gestion : JCP* N 2019, n° 27, 1236 ; *Nouveau régime des décisions médicales à l'égard d'une personne majeure protégée. – Quelles incidences pour le notariat ? : JCP* N 2020, n° 25, 1132 ; *La fiducie au soutien du mandat de protection future : JCP* N 2021, n° 38-39, 1287.
• J.-M. Plazy, *Organiser de son vivant la gestion du patrimoine successoral : JCP* N 2016, n° 18, 1142.
• A. Tani, *Voici venu le juge des contentieux de la protection ! : JCP* N 2020, n° 5, 1038.

Rapports

• Rapport du 116e Congrès des notaires de France, éd. 2020.

Modèle de courrier à adresser au client

• Modèle de courrier pour un mandat de protection future : http://bit.ly/2EV7fXJ.

Fiche 51
Rédiger une donation

Sommaire

I Aperçu rapide ... 565
A Éléments-clés ... 565
B Textes ... 565
II Préparation de l'acte ... 566
A Mise au point de la stratégie avec le client ... 566
1 Analyse de l'objectif du client ... 566
2 Choix à exercer ... 569
3 Conseils à donner ... 570
B Vérifications préalables ... 570
1 Parties à l'acte ... 570
2 Bien donné ... 573
3 Licéité de l'opération ... 573
4 Renseignements à obtenir des parties ... 573
5 Pièces à demander ... 573
6 Alertes ... 573
III Rédaction et formules ... 574
A Rédaction ... 574
1 Désignation des biens donnés ... 574
2 Clauses usuelles ... 574
3 Clauses particulières ... 575
B Formules ... 575
IV Formalités et taxation ... 576
A Formalités ... 576
1 Formalités fiscales ... 576
2 Publicité foncière ... 576
B Taxation ... 576
1 Droits d'enregistrement ... 576
2 Rémunération du notaire ... 578

I Aperçu rapide

A Éléments-clés

2786 La donation est un contrat à titre gratuit par lequel le donateur se dépouille actuellement et irrévocablement de la chose donnée en faveur du donataire qui l'accepte. Elle peut porter sur tout type de biens, meubles ou immeubles, à condition qu'il s'agisse de biens présents du donateur.

La donation peut être faite au profit d'un tiers ou d'un présomptif héritier. Dans ce dernier cas le donateur doit choisir les modalités de la donation : donation en avancement de part successorale ou hors part. Faite en avancement de part successorale, la donation permet d'anticiper la transmission du patrimoine sans avantager le gratifié, présomptif héritier. Faite hors part successorale, la donation sert à avantager.

La donation peut être assortie de différentes charges et conditions en fonction des souhaits et objectifs du disposant.

Elle nécessite en principe un acte notarié mais peut être réalisée sous la forme d'un don manuel, ce qui en pratique peut poser des problèmes de preuve, notamment lors du règlement de la succession du disposant.

B Textes

- C. civ., art. 893 à 930-5 (dispositions communes aux donations et testaments).
- C. civ., art. 931 à 966 (dispositions spécifiques aux donations).

II Préparation de l'acte

A Mise au point de la stratégie avec le client

1 Analyse de l'objectif du client

2787 **Motivation du client.** Avant de choisir la forme et les modalités de la donation, le notaire doit interroger son client sur ses motivations : a-t-il une véritable intention libérale, ou a-t-il décidé de consentir la donation dans un souci d'optimisation fiscale de la transmission de son patrimoine ? Souvent ces deux motivations sont liées. Par ailleurs, il faut tenir compte de nombreux paramètres liés à la situation familiale et patrimoniale du client.

> ATTENTION **La tentation est grande de procéder par don manuel, mais il faut être conscient des difficultés que cela soulève en matière de preuve, de rapport et éventuellement de réduction ainsi qu'en cas de mise en œuvre d'un droit de retour légal (sur les biens mobiliers, V. *JCl. Pratique notariale – Les actes*, Fasc. 1220, *Donation de biens mobiliers*).**
> **Il est possible, il est vrai, de reprendre les dons manuels dans une donation-partage, mais il est alors nécessaire de payer le droit de partage sur la valeur des biens réincorporés** (V. **Fiche 60 : Rédiger une donation-partage ou *JCl. Pratique notariale – Les actes*, Fasc. 1235, *Donation-partage*).**

2788 **Situation familiale du client.** Il est nécessaire d'interroger le donateur sur sa situation familiale : existence d'héritiers réservataires, descendants ou conjoint, enfants d'un autre lit, notamment en cas de donation entre époux.
Le lien de parenté existant entre le donateur et le donataire est évidemment déterminant, ne serait-ce que pour des raisons fiscales (sur les stratégies complexes à mettre en place, V. *Actes prat. strat. patrimoniale* 2007, dossiers 1 et s.).

2789 **Situation patrimoniale du client.** L'objet de la donation dépend notamment de la situation patrimoniale du client. Si le client a un patrimoine important, rien ne s'oppose à ce qu'il dispose de ses biens en pleine propriété, cela lui permet même d'échapper à l'impôt sur la fortune immobilière sur les biens donnés. En revanche, en cas de patrimoine modeste, lorsque la donation vise seulement à optimiser la transmission du patrimoine, le notaire conseillera au donateur de conserver l'usufruit des biens donnés, afin de garder une source de revenus. Lorsque la donation porte sur la nue-propriété du logement de la famille, le notaire doit attirer l'attention du donateur sur deux points :
– d'une part, s'il est marié et que les biens immobiliers servant de logement à la famille sont propres ou personnels, s'il ne se réserve l'usufruit que sur sa tête, le conjoint survivant ne pourra bénéficier ni du droit temporaire ni du droit viager. La Cour de cassation a précisé qu'une clause de réversibilité d'usufruit n'était pas nécessaire sur le fondement de l'article 215, alinéa 3 du Code civil, car ce texte ne concerne la protection du logement familial que pendant le mariage, pas après sa dissolution (Cass. 1re civ., 22 mai 2019, n° 18-16.666 : *JurisData* n° 2019-008400 ; *JCP* N 2019, n° 25, act. 556 ; *JCP* N 2019, n° 37, 1272) ;
– d'autre part, la donation avec réserve d'usufruit lui permet de jouir du bien et de le louer mais pas d'en disposer librement, ce qui peut s'avérer gênant lorsque le donateur souhaite quitter son logement pour en choisir un plus adapté ou doit partir en maison de retraite. L'usufruit ne permet en effet pas toujours de couvrir le coût du nouveau logement ou de la maison de retraite.

2790 **Donation à un successible.** Lorsque le gratifié est un présomptif héritier, le donateur peut lui consentir une donation en avancement de part successorale ou hors part successorale, selon qu'il souhaite, ou non, l'avantager par rapport à ses cohéritiers. La donation faite à un présomptif héritier au jour de l'acte étant présumée faite en avancement de part successorale, l'acte de donation doit contenir une stipulation expresse en cas de donation hors part successorale (C. civ., art. 843). En revanche, si le gratifié n'a pas cette qualité au jour de la donation, mais l'acquiert au décès du donateur, la donation est présumée faite hors part successorale, sauf clause contraire (C. civ., art. 846).
Il est par ailleurs désormais possible d'astreindre l'héritier gratifié au rapport lorsqu'il a renoncé, en le stipulant expressément dans une clause de la donation (C. civ., art. 845).

CONSEIL Si le donateur souhaite partager tout ou partie de ses biens entre ses présomptifs héritiers, on lui conseillera, selon le cas, de consentir une donation-partage s'il veut se dessaisir immédiatement de ses biens ou, sinon, de rédiger un testament-partage (V. Fiche 60 : Rédiger une donation-partage ou *JCl. Pratique notariale – Les actes*, Fasc. 1235, *Donation-partage* et *JCl. Pratique notariale – Les actes*, Fasc. 1530, *Testament-partage*).

Par ailleurs, la donation entre vifs en faveur du conjoint obéit à des règles particulières (V. *JCl. Pratique notariale – Les actes*, Fasc. 1225, *Donation entre époux par contrat de mariage* et V. Fiche 59 : Rédiger une donation entre époux pendant le mariage ou *JCl. Pratique notariale – Les actes*, Fasc. 1230, *Donation entre époux pendant le mariage*).

2791 **Modalités du rapport.** À défaut de précision dans l'acte, la donation faite à un successible est rapportable selon les modalités prévues par l'article 860 du Code civil.

Cet article n'étant pas d'ordre public, le donateur peut stipuler des modalités de rapport différentes : rapport forfaitaire, rapport selon la valeur du bien au jour de la donation ou au jour du décès, exclusion de la subrogation réelle en cas d'aliénation des biens donnés..., avantageant plus ou moins le gratifié.

Le rapport se fait en principe en valeur, sauf stipulation contraire dans l'acte (C. civ., art. 858). Le donataire peut toutefois décider de rapporter les biens reçus en nature, à condition que ce bien soit libre de toute charge ou occupation dont il n'aurait pas déjà été grevé à l'époque de la donation (C. civ., art. 859). La reproduction des dispositions légales du rapport en moins prenant ne suffit pas à écarter la faculté de rapporter en nature prévue par l'article 859 du Code civil (Cass. 1re civ., 12 janv. 2011, n° 09-15.298 : *JurisData* n° 2011-000141 ; *Dr. famille* 2011, comm. 40, obs. B. Beignier).

CONSEIL Si le donateur veut écarter la faculté de rapporter en nature, l'acte de donation doit contenir une clause expresse en ce sens.

2792 **Donation à un tiers.** Lorsque le gratifié n'est pas un présomptif héritier, la donation ne peut être faite que hors part successorale. Toutefois, le donataire qui n'était pas présomptif héritier au jour de la donation, mais qui se trouve successible au jour de l'ouverture de la succession, n'est plus tenu au rapport, sauf clause contraire (C. civ., art. 846).

Si le donateur souhaite que la donation soit rapportable dans cette hypothèse, notamment en cas de donation aux petits-enfants, l'acte de donation doit le prévoir expressément.

2793 **Objet de la transmission.** La donation peut porter sur des biens corporels ou incorporels – valeurs mobilières dématérialisées, par exemple – de nature mobilière, ou immobilière (sur les biens immobiliers, V. *JCl. Pratique notariale – Les actes*, Fasc. 1215, *Donation de biens immobiliers*), ou sur un mélange des deux.

La donation peut porter sur des droits : usufruit, nue-propriété, droits indivis, mais également droit d'usage et d'habitation.

Si, le plus souvent, la donation porte sur un bien présent, elle peut porter sur un bien futur, une maison à construire par exemple, à condition que l'engagement du donateur ne soit pas potestatif.

La donation entre vifs ne peut porter sur des biens à venir, c'est-à-dire les biens laissés par le donateur à son décès, sauf en cas d'institution contractuelle par contrat de mariage ou entre époux.

Les biens donnés peuvent être propres au donateur ou communs ; dans ce second cas, le conjoint du donateur doit donner son accord (C. civ., art. 1422).

En cas de donation de la pleine propriété ou de l'usufruit du logement de la famille ou des meubles le garnissant, le consentement du conjoint est requis, quel que soit le régime matrimonial des époux (C. civ., art. 215).

2794 **Conditions de la donation.** Le donateur peut prévoir différentes conditions dans la donation, mais celles-ci ne doivent pas être potestatives (C. civ., art. 944).

Il peut ainsi subordonner la donation à la réalisation d'une condition suspensive : mariage du donataire, obtention d'un permis de construire, etc. La donation peut également contenir une condition résolutoire.

ATTENTION Le donateur ne peut donner un bien sous la condition résolutoire qu'il ne l'aliénera pas, cette condition étant contraire au principe d'irrévocabilité des donations (C. civ., art. 946).

2795 **Charges de la donation.** Il est possible de stipuler des charges dans l'acte de donation, par exemple : obligation d'habiter le bien donné, interdiction d'hypothéquer ou d'aliéner,

Rédiger une donation

obligation de soins, paiement des dettes du donateur, rente viagère... Leur stipulation dépendra de la nature des biens et de la volonté du donateur. Il faut, bien évidemment, que le donataire les accepte.

Le législateur a ajouté deux nouvelles charges pouvant être stipulées dans une donation : l'obligation de conserver puis transmettre à un second gratifié – donation graduelle – et l'obligation de transmettre ce qui restera des biens au décès du donataire – donation résiduelle (V. Fiche 56 : Rédiger une libéralité graduelle ou *JCl. Pratique notariale – Les actes*, Fasc. 1295, *Libéralité graduelle* et V. Fiche 55 : Rédiger une libéralité résiduelle ou *JCl. Pratique notariale – Les actes*, Fasc. 1300, *Libéralité résiduelle*). Ces nouvelles modalités permettent au donateur d'anticiper et d'optimiser la transmission patrimoniale de ses biens à titre gratuit.

ATTENTION Les charges, dans la mesure où elles entraînent un appauvrissement du donataire – tel que par exemple le paiement d'une rente viagère, d'une dette du donateur ou le remboursement d'un prêt – doivent être inférieures à la valeur des biens donnés, sinon l'acte sera requalifié :

– soit en vente, si le montant des charges est égal à la valeur des biens donnés. Les droits de mutation à titre onéreux sont alors perçus en fonction de la nature des biens donnés ;

– soit en donation dans l'autre sens, si le montant des charges excède la valeur des biens donnés.

Par ailleurs, lorsque les charges n'excèdent pas la valeur des biens donnés, la donation avec charges est désavantageuse d'un point de vue fiscal. En effet, le donataire paie les droits de mutation à titre gratuit sur la valeur des biens donnés sans pouvoir déduire le montant de la charge, sauf en cas de respect des conditions de l'article 776 bis du CGI (BOI-ENR-DMTG-20-30-10, 30 oct. 2014, § 130).

L'article 776 bis du CGI admet en effet la déductibilité de certaines charges : dettes impliquant le versement d'une somme d'argent (ce qui exclut toutes les obligations de faire) au titre d'un contrat (ce qui exclut notamment l'acquittement des droits de succession dus par le donateur sur le bien donné) et ayant un lien avec le bien transféré (remboursement par le donataire d'un emprunt contracté pour l'acquisition du bien donné par exemple). Lorsque la donation porte sur une entreprise individuelle, les dettes contractées dans le cadre du cercle familial (conjoint, descendants, ascendants, collatéraux privilégiés et ordinaires, et ascendants du conjoint) ne sont pas déductibles. Pour les autres biens donnés, la dette doit avoir été contractée auprès d'un établissement de crédit (Instr. 27 juill. 2006 : *BOI* 7 G-7-05 ; *JCP* N 2006, act. 538 ; BOI-ENR-DMTG-20-30-10, 30 oct. 2014, § 180 et 190).

En contrepartie de cette déductibilité, l'administration fiscale exerce un contrôle sur le paiement effectif de la dette, et ce jusqu'à l'expiration de la troisième année suivant la date d'échéance de la dette mentionnée dans l'acte de donation.

2796 **Réserve de l'action révocatoire.** Afin de s'assurer de la bonne exécution des charges stipulées, le donateur peut se réserver le droit de demander la révocation de la donation pour inexécution des charges.

Le notaire rappellera que la révocation n'est pas automatique, elle doit en effet faire l'objet d'une demande en justice (C. civ., art. 956) ou bien, à compter du 1er novembre 2017, d'une résolution unilatérale extrajudiciaire par voie de notification (C. civ., art. 1226).

2797 **Révocation pour survenance d'enfant.** La révocation pour survenance d'enfant n'est plus automatique. Si le donateur souhaite la prévoir, il est nécessaire d'insérer une stipulation expresse (C. civ., art. 960). Devenue conventionnelle, la révocation pour survenance d'enfant n'a plus lieu de plein droit, elle nécessite donc, comme les autres causes de révocation, une demande en justice (C. civ., art. 956).

2798 **Clause de retour conventionnel.** Le donateur peut stipuler, à son profit seulement, une clause de droit de retour conventionnel, en cas de prédécès du donataire, ou en cas de prédécès du donataire et de ses descendants (C. civ., art. 951). La clause est à adapter selon la situation familiale du donateur et du donataire. En particulier, si le donateur envisage, le cas échéant, de respecter les dernières volontés de son enfant prédécédé, on peut prévoir un caractère facultatif à cette clause.

ATTENTION **Lorsque la clause prévoit le retour des biens en cas de prédécès du donataire sans postérité, la Cour de cassation considère que la clause joue en cas de renonciation de tous les descendants du donataire, ce dernier étant considéré comme décédé sans postérité pour lui succéder (Cass. 1re civ., 23 mai 2012, n° 11-14.104 : *JurisData* n° 2012-010784. – Cass. 1re civ., 16 sept. 2014, n° 13-16.164 : *JurisData* n° 2014-020945).**

CONSEIL **Lorsqu'elle joue, cette clause agit comme une condition résolutoire : la donation est rétroactivement anéantie et les biens et droits donnés retournent dans le patrimoine du donateur, sans droits de mutation à acquitter. Cet intérêt fiscal justifie qu'une telle clause soit stipulée, même lorsque le donateur bénéficie d'un droit de retour légal, car bien qu'également exonéré de droits de succession, le droit de retour légal est plus complexe à mettre en œuvre et ne garantit pas le retour de l'intégralité des biens donnés.**

ATTENTION **En cas de retour conventionnel, les biens retournent dans le patrimoine du donateur dans l'état dans lequel ils se trouvaient au jour de la donation. C'est pourquoi, si des travaux ont été effectués par le donataire, le donateur doit indemniser les héritiers du donataire (Cass. 1re civ., 23 sept. 2015, n° 14-18.131 : *JurisData* n° 2015-020992). Si en revanche, les biens retournent dans le patrimoine du donateur en application d'un droit de retour légal, les biens devraient retourner dans le patrimoine du donateur dans leur état au jour de l'ouverture de la succession, sans aucune indemnisation, l'article 738-2 du Code civil ne prévoyant aucune prise en compte des améliorations réalisées (cf. Cass. 1re civ., 28 févr. 2018, n° 17-12.040 : *JurisData* n° 2018-002684, arrêt rendu à propos du droit de retour légal de l'article 757-3 du Code civil mais dont la solution devrait pouvoir être étendue au droit de retour légal de l'article 738-2 du Code civil).**

CONSEIL **La renonciation par des père et mère au droit de retour conventionnel stipulé dans un acte de donation ne vaut pas renonciation au droit de retour légal de l'article 738-2 du Code civil. Le droit de retour légal est en effet un droit de nature successoral auquel il n'est pas possible de renoncer avant l'ouverture de la succession du donataire (Cass. 1re civ., 21 oct. 2015, n° 14-21.337 : *JurisData* n° 2015-023340). Lorsque le droit de retour de l'article 738-2 du Code civil trouve à s'appliquer, la renonciation au droit de retour conventionnel a donc une portée limitée.**

2 Choix à exercer

2799 **Il conviendra de contrôler :**

- capacité des parties et validité des procurations ;
- biens donnés ;
- absence d'obstacle à la donation lorsque le bien provient d'une donation : droit de retour, interdiction d'aliéner, clause graduelle, etc. ;
- lien de parenté ou d'alliance entre le donateur et le donataire ;
- autre lien entre donataire et donateur (lien médecin/patient...) pour vérifier qu'il n'existe pas d'interdiction de recevoir ;
- existence de donation antérieure par le donateur au donataire ;
- situation personnelle du donataire – nombre d'enfants, handicap... – pour l'application des règles fiscales.

2800 **Réserve d'usufruit.** Le donateur peut donner la pleine propriété des biens, leur nue-propriété ou leur usufruit seulement (sur l'usufruit, V. *JCl. Pratique notariale – Les actes*, Fasc. 1550, *Usufruit*). Ce choix dépend de sa volonté, mais également de sa situation familiale et patrimoniale, ainsi que de considérations fiscales (impôt sur la fortune immobilière, minoration de la valeur des biens donnés...).

CONSEIL **Lorsque le donateur se réserve l'usufruit, il est également possible de prévoir une réversibilité de l'usufruit au profit de son conjoint ou d'un tiers (partenaire pacsé, par exemple).**

2801 **Donation en avancement ou hors part successorale.** La donation à un présomptif héritier peut se faire en avancement de part successorale ou hors part. Le choix dépend de l'objectif du donateur : avantager un de ses héritiers ou juste lui faire une avance sur sa succession.

Rédiger une donation

3 Conseils à donner

2802 Donation au profit d'un présomptif héritier. On conseillera de consentir une donation en avancement de part successorale à un présomptif héritier, sauf si la volonté d'avantager est manifeste. Le donateur conserve ainsi le disponible pour consentir des libéralités ultérieures à son conjoint ou à des tiers (dont notamment son partenaire pacsé).

2803 Clause de rapport en cas de renonciation. Si le donateur souhaite que le donataire rapporte les biens à sa succession, même en cas de renonciation, il est nécessaire d'insérer la clause de rapport dans l'acte de donation lui-même. Une convention faite postérieurement risquerait en effet d'être qualifiée de pacte sur succession future. L'intérêt d'une telle clause est double : assurer l'égalité entre les héritiers et garantir l'efficacité de la stratégie de transmission patrimoniale du disposant. En effet, en renonçant, le gratifié devient tiers à la succession et sa donation s'impute sur la quotité disponible, ce qui risque de rendre réductible les libéralités ultérieurement consenties.

B Vérifications préalables

2804 Il conviendra de contrôler :
- capacité des parties ;
- régime matrimonial du donateur et du donataire ;
- lien de parenté éventuel entre le donateur et le donataire ;
- objet de la donation, propriété, consentement du conjoint ;
- valeur des biens donnés ;
- existence de donations antérieures au profit du donataire ;
- situation du donataire : nombre d'enfants, lien de parenté ou lien juridique (mariage, PACS) avec le donataire, personne handicapée ou non ;
- fiscalité applicable à la mutation et, notamment, nature des biens donnés (biens exonérés en totalité ou en partie, ou non exonérés).

1 Parties à l'acte

a) Capacité

2805 Capacité du donateur. Le donateur doit être sain d'esprit au moment de la donation (C. civ., art. 901). Il doit en outre avoir la capacité de donner entre vifs.
Le mineur émancipé peut consentir une donation, car il a la capacité de faire tous les actes de la vie civile (C. civ., art. 413-6, al. 1er). Il en va de même du majeur sous sauvegarde de justice ou de la personne soumise à un mandat de protection future. Toutefois les actes accomplis par ces derniers sont rescindables pour lésion ou réductibles en cas d'excès (C. civ., art. 435, al. 2 pour la sauvegarde de justice, et C. civ., art. 488, pour le mandat de protection future). Si le mandat de protection future est notarié, le mandataire pourra signer l'acte de donation au nom et pour le compte de la personne protégée s'il a obtenu l'autorisation préalable du juge des contentieux de la protection sur le fondement de l'article 490, al. 2 du Code civil). Le mandataire sous seing privé ne peut quant à lui faire des actes de disposition, qu'ils soient à titre onéreux ou à titre gratuit. Enfin, le majeur en curatelle ne peut donner qu'avec l'autorisation de son curateur (C. civ., art. 470, al. 2).

2806 Majeur en tutelle. Lorsque le majeur est placé sous un régime de tutelle, l'article 476 du Code civil énonce que : « La personne en tutelle peut, avec l'autorisation du juge ou du conseil de famille s'il en a été constitué, être assistée ou au besoin représentée par le tuteur pour faire des donations ».
Le majeur en tutelle peut donc désormais consentir une donation à la personne de son choix (avant la réforme du régime des personnes protégées, il ne pouvait gratifier qu'un descendant et ce en avancement d'hoirie, son conjoint ou ses frères et sœurs et leurs descendants) à condition d'obtenir l'autorisation préalable du juge des contentieux de la protection ou du conseil de famille. Si ses capacités le permettent, il consent la donation avec l'assistance de son tuteur, sinon son tuteur le représente.

2807 Majeur sous mandat de protection futur. Le majeur sous mandat de protection future notarié doit être représenté par son mandataire qui aura préalablement obtenu une autorisation du juge des contentieux de la protection (C. civ., art. 490, al. 2).

2808 Habilitation familiale. S'agissant du majeur sous habilitation familiale, la Cour de cassation a rendu un avis le 15 décembre 2021 dans lequel elle précise les conditions dans lesquelles une donation peut être consentie. Ainsi le représentant d'un majeur hors d'état de manifester sa volonté peut être judiciairement autorisé à consentir une donation au nom du représenté à la double condition que la donation corresponde à ce qu'aurait voulu la personne protégée si elle avait été capable d'y consentir elle-même et que cette libéralité soit conforme à ses intérêts personnels et patrimoniaux, en particulier que soient préservés les moyens lui permettant de maintenir son niveau de vie et de faire face aux conséquences de sa vulnérabilité (Cass. 1re civ., avis, 15 déc. 2021, n° 21-70.022 TJ Rouen : *JurisData* n° 2021-020922 ; *Dr. famille* 2022, comm. 40, note I. Maria et L. Mauger-Vielpeau ; *JCP* N 2022, n° 9, 1103, comm. N. Peterka).

2809 **Donateur étranger.** Lorsque le donateur est un étranger, il peut consentir une donation en France, à condition d'être capable, selon les règles édictées par sa loi nationale. L'acte de donation est soumis aux conditions de forme de la loi française.

2810 **Donateur marié.** Le donateur marié ne peut disposer seul de la pleine propriété ou de l'usufruit du logement de la famille, quel que soit son régime matrimonial (C. civ., art. 215, al. 3) ; son conjoint doit y consentir expressément, de préférence dans l'acte de donation. Il peut en revanche disposer seul de la nue-propriété de ce bien, sans avoir à réserver un usufruit éventuel sur la tête de son conjoint, l'article 215, alinéa 3 du Code civil ne protégeant le logement familial que pendant le mariage, pas après sa dissolution (Cass. 1re civ., 22 mai 2019, n° 18-16.666 : *JurisData* n° 2019-008400 ; *JCP* N 2019, n° 25, act. 556 ; *JCP* N 2019, n° 37, 1272. – Cass. 1re civ., 3 avr. 2019, n° 18-15.177 : *JurisData* n° 2019-004961).
Le notaire doit également vérifier si l'époux marié n'est pas frappé d'une interdiction de disposer (C. civ., art. 220-1).

CONSEIL **Selon le régime matrimonial des époux, il faut vérifier l'origine des biens donnés. Sous un régime de communauté, un époux ne peut donner seul que ses biens propres. Pour les biens communs, il doit obtenir l'accord de son conjoint (C. civ., art. 1422). L'époux marié sous un régime de séparation des biens ou de participation aux acquêts, peut en principe donner librement les biens dont il est propriétaire, sauf s'il s'agit du domicile conjugal. Toutefois, en cas de participation aux acquêts, lorsqu'un époux donne un bien du patrimoine final, l'intervention du conjoint est recommandée afin d'éviter que le bien donné fasse l'objet d'une réunion fictive lors de la liquidation du régime matrimonial (C. civ., art. 1573).**

2811 **Capacité du donataire.** Le donataire doit avoir la capacité de recevoir à titre gratuit.
En premier lieu, il doit être conçu au jour de la donation ; la donation ne produira ses effets que si l'enfant naît viable (C. civ., art. 906). Elle sera acceptée par les représentants légaux de l'enfant à naître.

2812 **Incapacité de recevoir.** Le donataire ne doit pas être frappé d'une incapacité de recevoir. Ainsi le tuteur ne peut recevoir une donation du mineur devenu majeur, tant que le compte définitif de la tutelle n'a pas été rendu et apuré (C. civ., art. 907, al. 2).
L'article 909 du Code civil frappe certains professionnels d'une interdiction absolue de recevoir à titre gratuit de leurs patients ou clients ; il s'agit des professions médicales et de la pharmacie, et des auxiliaires médicaux, des ministres du culte, ainsi que des mandataires judiciaires à la protection des majeurs et des personnes morales au nom desquelles ils exercent leurs fonctions. Pour les professions médicales, il faut que la libéralité soit faite pendant le cours de la maladie, peu importe la date à laquelle elle est officiellement diagnostiquée (Cass. 1re civ., 16 sept. 2020, n° 19-15.818 P : *JurisData* n° 2020-013351).

ATTENTION **Seuls les mandataires judiciaires professionnels sont concernés par cette interdiction de recevoir. Les mandataires non professionnels, membres de la famille de la personne protégée, peuvent recevoir à titre gratuit (Cass. 1re civ., 17 oct. 2018, n° 16-24.331 : *JurisData* n° 2018-017988 ; *Dr. famille* 2018, comm. 287 : en l'espèce, la gratifiée était nièce et curatrice de la personne protégée).**

Cette liste avait été complétée par les articles 28 et 29 de la loi n° 2015-1776 du 28 décembre 2015 créant l'article L. 116-4 du Code de l'action sociale et des familles, lequel prévoyait une interdiction de recevoir à titre gratuit pour :
– les personnes physiques propriétaires, gestionnaires, administrateurs ou employés des établissements ou services sociaux ou médico-sociaux ou encore d'un service proposant de l'aide personnelle à domicile ou à la mobilité permettant le maintien à domicile ;
– les bénévoles ou les volontaires qui agissent au sein de ces structures ou y exercent une responsabilité.
Dans ces deux premières hypothèses, l'incapacité de recevoir durait pendant toute la durée de prise en charge par l'établissement ou le service, sous

réserve des exceptions prévues aux 1° et 2° de l'article 909 du Code civil ;
– le couple ou l'accueillant familial (soumis à agrément prévu par l'article L. 441-1 du Code action soc. et fam.) et son conjoint, partenaire de PACS ou concubin, leurs ascendants et descendants en ligne directe pendant la durée de l'accueil ou de l'accompagnement. Le Conseil constitutionnel a censuré cette disposition par une décision du 12 mars 2021, estimant qu'elle portait une atteinte disproportionnée au droit de propriété des personnes âgées et handicapées (Cons. const., 12 mars 2021, n° 2020-888 QPC). Cette déclaration d'inconstitutionnalité intervient dès la date de publication de la décision au *Journal officiel*, soit le 13 mars 2021, et s'applique à toutes les instances non jugées définitivement à cette date. En conséquence, les incapacités de recevoir visées par ce texte ne trouvent plus à s'appliquer.
Enfin, la donation ne peut être consentie à une personne interposée, qu'il s'agisse d'une personne physique ou morale (C. civ., art. 911, al. 1er). Sont réputés personnes interposées, les père, mère, descendants et conjoint de la personne incapable de recevoir ; désormais cette présomption n'est plus irréfragable (C. civ., art. 911, al. 2, réd. L. n° 2006-728, 23 juin 2006).

2813 **Donataire incapable.** En raison d'une omission de la loi n° 2007-308 du 5 mars 2007, il convient d'appliquer les solutions antérieures à la réforme, ce que confirme d'ailleurs le décret n° 2008-1484 du 22 décembre 2008. Ainsi le majeur placé sous tutelle ne peut recevoir seul une donation : la donation doit être acceptée par son tuteur (C. civ., art. 935 et 504), avec l'autorisation du juge des contentieux de la protection ou du conseil de famille s'il en a été constitué un, lorsque des charges ont été stipulées (C. civ., art. 935 et 505).
Le majeur en curatelle ne peut accepter seul que les donations sans charges, mais l'assistance du curateur est recommandée ; lorsqu'une charge est stipulée, l'assistance du curateur est obligatoire (C. civ., art. 467).
La donation consentie à un mineur non émancipé est acceptée par son représentant légal, si elle est consentie sans charges. En cas de stipulation de charges, l'autorisation du juge des contentieux de la protection ou du conseil de famille est requise, lorsque le mineur est sous tutelle.
Une telle donation, sans charges, peut également être acceptée par les autres ascendants du mineur (grand-père, grand-mère...) même du vivant des père et mère et bien qu'ils ne soient pas tuteurs du mineur (C. civ., art. 935, al. 2).
En revanche, le mineur émancipé peut accepter seul une donation, même assortie de charges (C. civ., art. 413-6).

> CONSEIL **La jurisprudence considère que la réserve d'usufruit n'est pas une charge. Il en va de même de la stipulation de soulte destinée à compenser l'excédent de valeur mis dans le lot du mineur (V. *JCl. Notarial Formulaire*, V° *Mineurs. Majeurs protégés*, Fasc. 200).**

2814 **Donataire étranger.** Le donataire étranger, capable de recevoir selon sa loi nationale, peut recevoir une donation consentie en France, selon les conditions de forme de la loi française.

2815 **Association et établissement ayant la capacité à recevoir des libéralités.** Lorsque le donataire est une fondation, une congrégation ou une association ayant la capacité à recevoir des libéralités, l'acceptation de la donation est en principe libre, sauf opposition de l'autorité administrative à laquelle le notaire déclare la libéralité (C. civ., art. 910. – Sur les associations et les fondations, V. *JCl. Pratique notariale – Les actes*, Fasc. 1035, *Association*, et *JCl. Pratique notariale – Les actes*, Fasc. 1250, *Fondation*).

> ATTENTION **Il faut toutefois que l'association ait la capacité de recevoir à titre gratuit au jour de l'ouverture de la succession ou à défaut soit affilié à une association ou une fondation reconnue d'utilité publique à cette date. À défaut, le legs sera frappé de nullité (Cass. 1re civ., 14 avr. 2021, n° 19-19.306 : *JurisData* n° 2021-005373 ; *JCP* N 2021, n° 17, act. 442 ; *Dr. famille* 2021, comm. 99, obs. A. Tani ; *AJ fam.* 2021, 438, obs. N. Levillain).**

b) Pouvoirs

2816 **Représentation du donateur.** Le donateur peut donner procuration à l'effet de consentir la donation. Cette procuration doit être spéciale, s'agissant d'un acte de disposition, et comporter les éléments essentiels de l'acte de donation. Elle doit être passée devant notaire et une copie authentique – expédition – sera annexée à l'acte de donation.

2817 **Représentation du donataire.** Le donataire peut se faire représenter pour accepter la donation. La procuration doit être passée devant notaire et une copie authentique (Cass. 1re civ., 11 sept. 2013, n° 12-15.618 : *JurisData* n° 2013-018924, nullité de la donation en cas de procuration sous seing privé) – expédition – doit en être annexée à la minute de la donation ou à la minute de l'acceptation si elle est faite par acte séparé (C. civ., art. 933).

2 Bien donné

2818 Les vérifications préalables seront fonction de la nature du bien donné : biens immobiliers ou biens de nature mobilière, fonds de commerce, parts sociales…

> **ATTENTION Lorsque la donation porte sur des droits, le notaire s'assurera que le donateur ne dispose pas au-delà de ceux qu'il détient (sur les biens immobiliers ou mobiliers, V. *JCl. Pratique notariale – Les actes*, Fasc. 1215, *Donation de biens immobiliers* et *JCl. Pratique notariale – Les actes*, Fasc. 1220, *Donation de biens mobiliers*).**

3 Licéité de l'opération

2819 **Cause morale et licite.** Le notaire doit s'assurer que la donation n'a pas une cause immorale ou illicite.

La libéralité consentie à un enfant adultérin n'est plus annulée pour cause immorale. Il en va de même pour la donation faite au profit du concubin, même en cas d'adultère (V. *JCl. Notarial Formulaire*, V° *Donation entre vifs*, Fasc. 20).

> **ATTENTION La cause de la libéralité ne peut être l'engagement par le gratifié de renoncer de façon anticipée à l'action en réduction contre une autre libéralité, cet engagement devant être sans contrepartie (C. civ., art. 929, dernier al. – V. *JCl. Pratique notariale – Les actes*, Fasc. 1470, *Renonciation anticipée à l'action en réduction*).**

4 Renseignements à obtenir des parties

2820 **Renseignements à obtenir du donateur.** Le notaire doit obtenir du donateur les renseignements suivants :

- renseignements d'état civil ;
- situation matrimoniale et s'il est marié, éventuellement, son contrat de mariage ;
- renseignements relatifs au bien donné, en fonction de sa nature ;
- si le donateur est marié, origine de propriété du bien ;
- renseignements sur le conjoint du donateur marié, en cas d'aliénation d'un bien commun ou du logement de la famille.

2821 **Renseignements à obtenir du donataire.** Le donataire doit fournir les renseignements suivants :

- renseignement d'état civil ;
- situation matrimoniale et si le donataire est marié, contrat de mariage ;
- pour des raisons fiscales, handicap éventuel.

5 Pièces à demander

2822 Le notaire doit demander divers documents, et notamment : un extrait d'acte de naissance du donateur et du donataire, éventuellement un extrait d'acte de mariage des parties et la copie du contrat de mariage, un extrait d'acte de naissance du conjoint du donateur, s'il doit intervenir à l'acte, le titre de propriété des biens donnés, selon leur nature, justification des donations antérieures consenties au donataire ou formulaire de déclaration de don manuel.

> **CONSEIL Il peut être utile de demander au donataire, si les donations antérieures reçues du donateur n'ont pas fait l'objet d'un redressement fiscal sur les valeurs déclarées et, en conséquence, d'un paiement complémentaire de droit. Cela permettra de calculer sans erreur les droits de mutation à titre gratuit pour la nouvelle donation, compte tenu de l'abattement et des tranches utilisées en raison du redressement.**

2823 **Handicaps et mesures de protection.** Le notaire demandera une copie de la carte d'invalidité du donataire ou un certificat médical attestant de l'incapacité du donataire à travailler dans des conditions normales, s'il est handicapé l'autorisation éventuelle du conseil de famille ou du juge en cas de donation avec charges consentie à un majeur sous tutelle ou à un mineur non émancipé.

6 Alertes

2824 **Protection de la réserve.** Si le donateur a des héritiers réservataires, il est nécessaire d'en tenir compte pour prévoir les effets de la donation.

Notons que depuis la réforme des successions intervenue en 2006, la réduction s'opère toujours en valeur, quelle que soit la qualité du donataire (C. civ., art. 924, réd. L. n° 2006-728, 23 juin 2006), sauf volonté contraire du donateur ou option du donataire dans les conditions de l'article 924-1 du Code civil.

2825 **Origine de propriété.** Il convient de vérifier l'origine de propriété. Si le bien provient d'une donation, il faut s'assurer qu'aucun obstacle ne s'oppose à la nouvelle donation : interdiction d'aliéner, droit de retour.

2826 **Situation financière du donateur.** Lorsque le donateur connaît des difficultés financières, il est préférable de s'abstenir de procéder à une donation qui a toutes les chances de faire l'objet d'une contestation de la part des créanciers.

> ATTENTION **L'action paulienne est fréquemment exercée avec succès dans une telle hypothèse (V. *JCl. Notarial Formulaire*, V° *Donation entre vifs*, Fasc. 30).**

III Rédaction et formules

A Rédaction

2827 **Il conviendra de contrôler :**
- état civil, capacité et pouvoirs du donateur et du donataire ;
- désignation du bien donné, conformité avec les documents cadastraux ;
- évaluation des biens donnés ;
- origine de propriété des biens donnés ;
- déclarations des parties, sur le plan juridique et fiscal.

1 Désignation des biens donnés

2828 La désignation des biens donnés dépend de leur nature juridique (sur les biens immobiliers ou mobiliers, V. *JCl. Pratique notariale – Les actes*, Fasc. 1215, *Donation de biens immobiliers* et *JCl. Pratique notariale – Les actes*, Fasc. 1220, *Donation de biens mobiliers*).

2 Clauses usuelles

2829 **Propriété-jouissance.** Alors que le transfert de propriété est en principe immédiat, le transfert de jouissance peut être immédiat ou différé. Il peut intervenir soit à une date déterminée, soit au décès du donateur, lorsque ce dernier se réserve l'usufruit des biens donnés.

2830 **Charges et conditions.** La clause relative aux charges et conditions générales de la donation est à rédiger selon la nature des biens donnés (V. *JCl. Pratique notariale – Les actes*, Fasc. 1215, *Donation de biens immobiliers* et *JCl. Pratique notariale – Les actes*, Fasc. 1220, *Donation de biens mobiliers*).

2831 **Droit de retour conventionnel.** La clause de droit de retour conventionnel est à stipuler si le donateur souhaite que le bien donné retourne dans son patrimoine en cas de prédécès du donataire ou en cas de prédécès du donataire et de ses descendants (C. civ., art. 951). Le droit de retour peut être stipulé de façon facultative, dans l'éventualité où le donateur souhaite respecter les dernières volontés du donataire.

> CONSEIL **Il est conseillé de stipuler une telle clause de retour conventionnel, même lorsque le donateur peut bénéficier d'un droit de retour légal. Le retour conventionnel est en effet plus efficace – le donateur récupère l'intégralité des biens donnés dans leur état au jour de la donation – et sans incidence fiscale. Afin que le donateur puisse conserver une certaine souplesse, il est possible d'écarter l'automaticité du retour conventionnel. Notons toutefois que si le donataire a effectué des travaux sur le bien, le donateur devra indemniser sa succession. En effet, la donation étant rétroactivement anéantie, les biens retournent dans le patrimoine du donateur dans l'état dans lequel ils se trouvaient au jour de la donation (Cass. 1re civ., 23 sept. 2015, n° 14-18.131 : *JurisData* n° 2015-020992).**

2832 **Interdiction d'aliéner.** Afin de contraindre le donataire à conserver le bien donné, le donateur peut stipuler une clause d'interdiction d'aliéner. Pour être valable, cette clause doit être temporaire, mais ce peut être jusqu'au décès du donateur. Elle doit en outre être justifiée par un intérêt légitime et sérieux : réserve d'usufruit au profit du donateur, retour conventionnel, stipulation d'une charge de rente viagère, conservation du bien dans la famille (C. civ., art. 900-1). Elle peut ne concerner que les biens donnés ou être étendue aux biens subrogés aux biens donnés.

2833 **Déclarations fiscales.** Les déclarations fiscales sont utilisées par l'administration pour contrôler les droits de mutation dus. Il faut veiller à les remplir avec le plus grand soin, en n'omettant pas de rappeler les donations consenties par le donateur au donataire au cours des quinze années précédant l'acte (L. fin. rect. n° 2011-900, 29 juill. 2011, art. 7).

Il faut, par ailleurs, préciser les biens qui sont susceptibles d'une exonération de droits de mutation à titre gratuit, qu'elle soit totale, ou partielle et indiquer l'existence éventuelle d'un ou plusieurs engagements de conservation (V. *Guide fiscal des actes*, éd. LexisNexis).

3 Clauses particulières

2834 **Stipulations de charges.** Le donateur peut stipuler des charges dans l'acte de donation, à condition toutefois que la donation ne soit pas dénaturée, pour devenir un acte à titre onéreux. Il est ainsi possible de prévoir la prise en charge par le donataire de certaines dettes du défunt, à condition qu'elles soient déterminables, ou le versement d'une rente viagère.

La donation peut par ailleurs être assortie de la charge de conserver et transmettre à un second gratifié ou de transmettre le reliquat des biens donnés à un second gratifié (sur les libéralités graduelles et résiduelles, V. Fiche 56 : Rédiger une libéralité graduelle ou *JCl. Pratique notariale – Les actes*, Fasc. 1295, *Libéralité graduelle* et Fiche 55 : Rédiger une libéralité résiduelle ou *JCl. Pratique notariale – Les actes*, Fasc. 1300, *Libéralité résiduelle*).

2835 **Clauses relatives au rapport.** Lorsque la donation est faite au profit d'un présomptif héritier, le donateur peut ne rien stipuler à propos du rapport ou exclure le rapport, en indiquant expressément que la donation est consentie hors part successorale.

Il peut également aménager les modalités du rapport ou prévoir le rapport même en cas de renonciation du gratifié.

2836 **Acceptation par acte séparé.** Le donataire peut accepter la donation dans l'acte lui-même ou par acte séparé.

ATTENTION L'acceptation doit intervenir avant le décès du donateur et respecter les conditions de forme de la donation (C. civ., art. 932).
La seule exception à cette règle est l'acceptation par le second gratifié d'une donation graduelle ou résiduelle (C. civ., art. 1055, dernier al., pour la donation graduelle, C. civ., art. 1061, renvoyant à l'article 1055 du Code civil, pour la donation résiduelle). Le donataire en second peut en effet accepter la donation après le décès du donateur (V. Fiche 56 : Rédiger une libéralité graduelle ou *JCl. Pratique notariale – Les actes*, Fasc. 1295, *Libéralité graduelle* et Fiche 55 : Rédiger une libéralité résiduelle ou *JCl. Pratique notariale – Les actes*, Fasc. 1300, *Libéralité résiduelle*).

2837 **Prise en charge des droits par le donateur.** Les droits de mutation à titre gratuit peuvent être pris en charge par le donateur sans que cela ne constitue, fiscalement, une libéralité.

CONSEIL Cette possibilité ne doit pas être ignorée, car elle permet une sérieuse économie fiscale lorsque les droits sont élevés, notamment en cas de donation à des personnes autres que les descendants.
D'un point de vue civil, la jurisprudence considère toutefois qu'il peut s'agir d'une nouvelle donation consentie par le donateur au donataire dont les droits de mutation à titre gratuit sont pris en charge (Cass. 1re civ., 25 févr. 2009 : *Bull. civ.* I, n° 40). Faite à un présomptif héritier, cette donation est rapportable, sauf clause contraire.

B Formules

- *JCl. Notarial Formulaire*, V° *Donation entre vifs*, Fasc. 15, 25, 35, 37, 39, 45, 47, 55, 65, 67, 69 et 105.

Rédiger une donation

IV Formalités et taxation

A Formalités

2838 Les formalités à effectuer dépendent de la nature des biens compris dans la donation. Nous invitons, en conséquence, les abonnés à se reporter aux fascicules de la collection concernant les donations de biens mobiliers ou immobiliers (V. *JCl. Pratique notariale – Les actes*, Fasc. 1215, *Donation de biens immobiliers* et *JCl. Pratique notariale – Les actes*, Fasc. 1220, *Donation de biens mobiliers*).

1 Formalités fiscales

2839 Le notaire procède à l'enregistrement de la donation dans le mois de sa date à la recette des impôts (CGI, art. 635). Il assure le paiement des droits de mutation à titre gratuit s'il en est dû.

2 Publicité foncière

2840 Lorsque la donation porte sur des droits ou biens immobiliers, l'acte est soumis à la formalité fusionnée (V. *JCl. Pratique notariale – Les actes*, Fasc. 1215, *Donation de biens immobiliers*). Une seule formalité est accomplie au service de la publicité foncière du lieu de situation de l'immeuble (CGI, art. 657). Lorsqu'un acte concerne des immeubles ou droits immobiliers situés dans le ressort de plusieurs services de publicité foncière, cet acte est soumis à la formalité fusionnée au service où la publicité est requise en premier lieu, au choix du requérant (CGI, ann. III, art. 251). Dans ce cas, le service chargé d'exécuter la formalité fusionnée perçoit la totalité des droits et taxes (CGI, ann. III, art. 253). La contribution de sécurité immobilière reste par ailleurs due au service de publicité foncière où la publicité est requise. Ce régime s'applique également aux donations mixtes portant sur des meubles et des immeubles (BOI-ENR-DMTG-20, 30 sept. 2014, § 20).

B Taxation

1 Droits d'enregistrement

2841 **Enregistrement.** Les droits d'enregistrement sont perçus, après déduction éventuelle de l'abattement dont peut se prévaloir le donataire, sur la valeur brute des biens donnés sans déduction du passif et des charges, sauf en ce qui concerne les donations avec charges pour lesquelles il convient de faire application de l'article 776 bis du Code général des impôts.

Le montant des abattements prévus par les textes est désormais fixé comme suit (V. tableau ci-après).

	Du 1/01/2002 au 31/12/2007	Du 1/01/2008 au 31/12/2008	Du 1/01/2009 au 31/12/2009	Du 1/01/2010 au 31/12/2012	Du 1/01/2011 au 17/08/2012	Depuis le 17/08/2012
Enfant vivant ou représenté ou ascendant (CGI, art. 779, I)	150 000 €	151 950 €	156 359 €	156 974 €	159 325 €	100 000 €
Donataire atteint d'une infirmité (CGI, art. 779, II)	150 000 €	151 950 €	156 359 €	156 974 €	159 325 €	159 325 €
Conjoint survivant (CGI, art. 790 E)	76 000 €	76 988 €	79 222 €	79 533 €	80 724 €	80 724 €
Partenaire d'un PACS (CGI, art. 790 F)	76 000 €	76 988 €	79 222 €	79 533 €	80 724 €	80 724 €
Petits enfants – ou des arrière-petits-enfants en cas de prédécès d'un petit enfant (CGI, art. 790 B)	30 000 €	30 390 €	31 272 €	31 395 €	31 865 €	31 865 €

	Du 1/01/2002 au 31/12/2007	Du 1/01/2008 au 31/12/2008	Du 1/01/2009 au 31/12/2009	Du 1/01/2010 au 31/12/2012	Du 1/01/2011 au 17/08/2012	Depuis le 17/08/2012
Enfants, petits-enfants arrières petits enfants ou, à défaut d'une telle descendance, des neveux ou nièces, pour les dons de sommes d'argent reçus en pleine propriété d'un donateur âgé de moins de 65 ans (CGI, art. 790 G)	30 000 €	30 390 €	31 272 €	31 395 €	31 865 €	31 865 €
Arrière-petits-enfants (CGI, art. 790 D)	5 000 €	5 095 €	5 212 €	5 232 €	5 310 €	5 310 €
Frères et sœurs (CGI, art. 779, IV)	5 000 € (entre le 1/01/2006 et le 21/08/2007) puis 15 000 €	15 195 €	15 636 €	15 697 €	15 932 €	15 932 €
Neveux et nièces (CGI, art. 779, V)	7 500 €	7 598 €	7 818 €	7 849 €	7 967 €	7 967 €

2842 **Particularité de l'abattement en valeur d'un donataire atteint d'une infirmité.** L'article 779, II, du CGI prévoit un abattement spécial de 159 325 € sur la part de tout héritier, légataire ou donataire, incapable de travailler dans des conditions normales de rentabilité, en raison d'une infirmité physique ou mentale congénitale ou acquise. L'article 293, annexe II, du CGI précise qu'il ne sera tenu compte que des infirmités existant au jour de la donation ou de l'ouverture de la succession. Enfin, l'article 294 du CGI indique que l'héritier qui invoque son infirmité doit justifier que celle-ci l'empêche de se livrer dans des conditions normales de rentabilité à toute activité professionnelle. La preuve de cet empêchement peut être apportée tous moyens, l'existence ou non d'une carte d'invalidité étant sans incidence.

Lorsque le bénéficiaire de l'abattement est retraité, il suffit de démontrer que celui qui invoque l'application de l'abattement a dû prendre une retraite anticipée en raison de son inaptitude au travail et que le montant de sa pension de retraite a été réduit de ce fait (CA Aix-en-Provence, 1re ch., 27 juin 2017, n° 15/21441). En revanche, ne peuvent bénéficier de l'abattement les personnes atteintes d'une infirmité après la période généralement considérée comme celle de la vie active.

2843 **Exclusion de certains abattements.** L'abattement général de 1 594 € prévu par l'article 788, IV, du Code général des impôts, ainsi que l'abattement de 20 % sur la valeur de la résidence principale, réservés aux droits de succession, ne s'appliquent pas aux donations (pour une évaluation rapide du montant des droits de mutation à titre gratuit tenant compte de l'âge du donateur, V. *Guide fiscal des actes*, éd. LexisNexis).

2844 **Exonération temporaire pour les donations de logements neufs.** Les donations entre vifs portant sur la pleine propriété d'immeubles pour lesquels un permis de construire a été obtenu entre le 1er septembre 2014 et le 31 décembre 2016 et constatées par un acte authentique signé au plus tard dans les trois ans suivant l'obtention de ce permis bénéficient d'une exonération partielle de droits de mutation (CGI, art. 790 I). Cette disposition concerne donc les donations de logements neufs réalisées au plus tard le 31 décembre 2019 (pour un permis obtenu le 31 décembre 2016).

L'exonération est subordonnée à deux conditions : la production au moment de l'enregistrement de l'acte de donation de l'attestation d'achèvement et de conformité des travaux prévue à l'article L. 462-1 du Code de l'urbanisme et l'absence d'occupation ou d'utilisation de l'immeuble neuf à

Rédiger une donation

usage d'habitation avant la donation (impossibilité de transmettre un bien loué).

Le montant de l'exonération est fixé, dans la limite de la valeur déclarée, à 100 000 €, 45 000 € ou 35 000 € selon le lien de parenté entre le donateur et le donataire (même mécanisme que celui prévu pour les terrains à bâtir, voir supra).

Le montant des donations de logements neufs consenties par un même donateur et susceptibles d'être exonérées sur le fondement de l'article 790 I nouveau du CGI est plafonné à 100 000 €, quel que soit le nombre de donataires.

Pour les abattements spécifiques relatifs aux dons de sommes de sommes d'argent, V. *JCl. Pratique Notariale – Les actes*, Fasc. 1220, *Donation de biens mobiliers*.

2 Rémunération du notaire

2845 Le décret n° 2020-179 du 28 février 2020 relatif aux tarifs réglementés applicables à certains professionnels du droit (*JO* 29 févr. 2020) et l'arrêté du 28 février 2020 fixant les tarifs réglementés des notaires (*JO* 1er mars 2020) ont modifié le tarif des notaires pour la période du 1er mars 2020 au 28 février 2022. L'application du nouveau tarif qui était initialement prévue au 1er mai 2020 a été reportée, en raison du contexte sanitaire et économique actuel, au 1er janvier 2021.

Un arrêté en date du 25 février 2022, applicable depuis le 1er mars 2022, proroge jusqu'au 29 février 2024 les dispositions antérieures (A. 25 févr. 2022, art. 2).

2846 **Donation.** L'émolument dû au notaire se calcule sur la valeur des biens donnés en pleine propriété (y compris en cas de réserve d'usufruit) par chaque donateur (C. com., art. A. 444-67. – Numéros 16 à 18 du tableau 5. – V. *JCl. Commentaire du Tarif des Notaires*, Fasc. 4500). Cet émolument dépend de l'acceptation de la donation.

• Si la donation est acceptée (sans distinction de ligne) (C. com., art. A. 444-67, 1° – Numéro 16 du tableau 5) :

De	À	% (TVA comprise)	Ajouter (TVA comprise)
0	6 500 €	5,8044	
6 500	17 000 €	2,394	221,676 €
17 000	60 000 €	1,596	357,336 €
Au-delà		1,1976	596,376 €

• Si la donation n'est pas acceptée (C. com., art. A. 444-67, 2° – Numéro 17 du tableau 5) :

De	À	% (TVA comprise)	Ajouter (TVA comprise)
0	6 500 €	4,17636	
6 500	17 000 €	1,7244	159,377 €
17 000	60 000 €	1,1484	257,297 €
Au-delà		0,8616	429,377 €

• L'acte séparé d'acceptation de la donation, qu'il s'agisse de l'acceptation du premier ou du second gratifié est soumis aux émoluments suivants (C. com., art. A. 444-67, 3° – Numéro 18 du tableau 5) :

De	À	% (TVA comprise)	Ajouter (TVA comprise)
0	6 500 €	1,626	
6 500	17 000 €	0,6708	62,088 €
17 000	60 000 €	0,4476	100,032 €
Au-delà		0,336	166,992 €

ATTENTION **Pour les biens ou droits entrant dans le champ d'application de l'émolument proportionnel mais dont la valeur est inférieure au seuil de 500 €, il est appliqué un émolument fixe dont le montant en euros est égal au produit de ce seuil et du taux applicable à la première tranche d'assiette du barème correspondant (C. com., art. A. 444-58, 2°).**

Pour les émoluments relatifs aux donations de créances, espèces ou valeurs mobilières cotées, V. *JCl. Pratique Notariale – Les actes*, Fasc. 1220, *Donation de biens mobiliers*.

CHECK-LIST **Préparation du rendez-vous :**
– motivations de la donation : aspect civil et fiscal ;
– situation financière du donateur notamment s'il exerce une activité indépendante ;
– modalités envisagées pour la donation : avantager/transmettre par anticipation ;

- nature des biens donnés et avantages fiscaux possibles en fonction des biens donnés ;
- clauses spécifiques susceptibles d'intéresser le client : clause de rapport en cas de renonciation, charges spécifiques, réserve d'usufruit... ;
- capacité et situation familiale des parties ;
- droits du disposant sur les biens (biens indivis, logement de la famille...) ;
- évaluation des biens et incidence fiscale (droits de mutation, plus-value en cas de revente) ;
- déclarations fiscales : donations antérieures, éventuels redressements sur les donations antérieures, engagements en cas de donation de biens exonérés ;
- Qui paie les droits de mutation ? Conséquences civiles et fiscales.

Préparation de l'acte :
- état civil des parties et contrôle de la capacité ;
- titres de propriété des biens donnés, origine de propriété ;
- évaluation des biens donnés ;
- autorisation du conjoint du donateur en cas de donation par un seul des époux d'un bien commun, d'un bien du patrimoine final si les époux sont mariés sous le régime de la participation aux acquêts ou du logement de la famille (donation en pleine propriété ou en usufruit) ;
- validation des modalités de la donation ;
- déclarations fiscales : rappel des donations, engagements en cas de donation portant sur des biens exonérés.

Formalités postérieures :
- enregistrement de l'acte de donation dans le mois de la signature et paiement des droits de mutation à titre gratuit ;
- publicité foncière si la donation porte sur des biens immobiliers.

POUR ALLER PLUS LOIN

Fiches pratiques

- V. Fiche 59 : Rédiger une donation entre époux pendant le mariage ou *JCl. Pratique notariale – Les actes*, Fasc. 1230, *Donation entre époux pendant le mariage*.
- V. Fiche 60 : Rédiger une donation-partage ou *JCl. Pratique notariale – Les actes*, Fasc. 1235, *Donation-partage*.
- V. Fiche 56 : Rédiger une libéralité graduelle ou *JCl. Pratique notariale – Les actes*, Fasc. 1295, *Libéralité graduelle*.
- Fiche 55 : Rédiger une libéralité résiduelle ou *JCl. Pratique notariale – Les actes*, Fasc. 1300, *Libéralité résiduelle*.

Fascicules JurisClasseur

- *JCl. Notarial Formulaire*, V° *Donation entre vifs*, Fasc. 10 à 105.
- *JCl. Notarial Répertoire*, V° *Donations et testaments*, Fasc. 10.
- *JCl. Pratique notariale – Les actes*, Fasc. 1215, *Donation de biens immobiliers*.
- *JCl. Pratique notariale – Les actes*, Fasc. 1220, *Donation de biens mobiliers*.
- *JCl. Pratique notariale – Les actes*, Fasc. 1225, *Donation entre époux par contrat de mariage*.

Fiche 52
Rédiger un legs

Sommaire

I Aperçu rapide 581
A Éléments-clés 581
B Textes 581
II Préparation de l'acte 582
A Mise au point de la stratégie avec le client 582
1 Analyse de l'objectif du client 582
2 Choix à exercer 582
3 Conseils à donner 584
4 Alertes 585
B Vérifications préalables 587
1 Parties 587
2 Biens légués 587
3 Incapacité de recevoir 587
4 Renseignements à obtenir des parties 588
III Rédaction et formules 589
A Rédaction 589
B Formules 592
IV Formalités et taxation 592
A Formalités 592
B Taxation 592

I
Aperçu rapide

A Éléments-clés

2847 Le legs est un acte unilatéral de disposition à cause de mort et à titre gratuit. Au choix du testateur, le legs peut être universel, à titre universel ou à titre particulier.
Le legs universel confère à son bénéficiaire vocation à recueillir la totalité de la succession, alors que le legs particulier a pour objet une ou plusieurs choses déterminées.
Le legs à titre universel porte, quant à lui, sur une quote-part des biens dont la loi permet au testateur de disposer, telle qu'une moitié, un tiers ou tous ses immeubles ou tout son mobilier ou une quotité fixe de tous ses immeubles ou de tout son mobilier.
Un testateur peut parfaitement disposer de l'ensemble de son patrimoine, en recourant uniquement à des legs particuliers.
Lorsque le disposant institue plusieurs légataires universels, en précisant la part revenant à chacun d'eux, la qualification de legs universel ne sera retenue que s'il prend soin de stipuler formellement que chacun des colégataires aura vocation à bénéficier de la part des autres, s'il y a lieu, par le jeu de l'accroissement.
Quelle que soit la nature du legs, celui-ci peut être assorti d'une charge stipulée, soit au profit du testateur lui-même – ou de sa mémoire –, soit au profit du légataire, soit au profit d'un tiers.

B Textes

- C. civ., art. 1002 à 1024.

II

Préparation de l'acte

A Mise au point de la stratégie avec le client

1 Analyse de l'objectif du client

2848 **Rechercher la volonté du testateur.** Quand une personne déclare vouloir rédiger son testament, la première tâche du notaire est de faire préciser par le disposant ce que sont ses intentions et de lui indiquer les conséquences de son projet sur le plan familial, patrimonial et fiscal.

2849 **Mise en forme.** Le notaire doit ensuite aider le testateur à rédiger son testament de façon claire et non ambiguë, en distinguant soigneusement le legs universel, le legs à titre universel et le legs particulier. Il est important de veiller à ce que la formulation du testateur soit à l'abri de toute interprétation, à son décès.

2850 **Hypothèse du prédécès du légataire.** Il convient d'interroger le testateur sur ses intentions dans l'hypothèse du décès du légataire. Faute d'indication contraire, le legs accroît la part des autres légataires universels ou des héritiers légaux, suivant le cas.

> CONSEIL **Il y a lieu de préciser, éventuellement, que le bénéfice du legs reviendra dans ce cas aux descendants du légataire.**

2 Choix à exercer

2851 **À contrôler** :
- rédaction précise du testament ;
- volonté exacte du testateur ;
- disposition relative au prédécès du légataire.

a) Institution d'un ou plusieurs légataires universels

2852 **Vocation à l'universalité.** Le legs universel est la disposition testamentaire par laquelle le testateur donne à une ou plusieurs personnes l'universalité des biens qu'il laissera à son décès (C. civ., art. 1003).
Ce qui caractérise le legs universel, ce n'est pas l'émolument effectif qu'il procure mais celui qu'il peut permettre de recueillir. Dès lors, est universel le legs qui confère à son bénéficiaire vocation à recueillir la totalité de la succession. Un legs universel conserve cette qualification, même s'il est réduit à néant par la charge imposée au légataire par le testateur d'exécuter des legs particuliers. Toutefois, la validité du legs universel sans attribution d'un émolument effectif au légataire suppose que le testateur ait été réellement animé d'une intention libérale et non qu'il ait simplement considéré le légataire comme un exécuteur testamentaire ou un mandataire.
Enfin, le testateur doit savoir qu'à son décès, le légataire universel, qui n'est pas héritier légal, n'a pas nécessairement la faculté de se mettre en possession des biens légués :
– s'il est en concours avec des héritiers réservataires (enfants du testateur ou, à défaut, conjoint survivant), il doit leur demander la délivrance de son legs (C. civ., art. 1004. – V. Fiche 57 : Rédiger une délivrance de legs ou *JCl. Pratique notariale – Les actes*, Fasc. 1190, *Délivrance de legs*) ;
– en l'absence d'héritiers réservataires, le légataire universel bénéficie de la saisine (C. civ., art. 1006) mais, traditionnellement, celle-ci n'était effective que s'il avait été institué par testament authentique. En présence d'un testament olographe ou mystique, ce légataire devait obtenir une ordonnance d'envoi en possession auprès du président du tribunal de grande instance (C. civ., ancien art. 1008). Ainsi que nous le verrons plus loin, depuis le 1er novembre 2017, date d'entrée en vigueur de la loi n° 2016-1547 du 18 novembre 2016, de modernisation de la justice du XXIe siècle, le recours à la procédure judiciaire d'envoi en possession n'est plus systématique. Le contrôle des conditions de la saisine de ce légataire, c'est-à-dire, sa vocation universelle et l'absence d'héritiers réservataires demeurent mais cette tâche revient au notaire entre les mains duquel le testament est déposé avant exécution (C. civ., art. 1007. – V. *infra*, n°s 2866 et s., « Alertes »).

2853 **Legs de la quotité disponible.** Dans le principe, le legs de la quotité disponible est un legs universel. En effet, si les héritiers réservataires du testateur viennent à renoncer, sont déclarés indignes, sans que joue leur représentation ou décèdent avant leur auteur, c'est le légataire qui recueille la totalité de la succession. En

toute hypothèse, la vocation à l'universalité joue pleinement.
Enfin, aux yeux des juges, le légataire de la quotité disponible ne peut prétendre qu'aux biens laissés par le défunt au jour de l'ouverture de la succession et ne dispose d'aucun droit sur les donations antérieurement consenties.

2854 **Legs de tous les meubles et immeubles.** Le legs de tous les meubles et de tous les immeubles est un legs universel puisque les biens successoraux sont forcément appelés à rentrer dans l'une ou l'autre catégorie.

b) Institution d'un ou plusieurs légataires à titre universel

2855 **Caractéristiques.** Le legs à titre universel est celui par lequel le testateur lègue une quote-part des biens dont la loi lui permet de disposer, telle qu'une moitié, un tiers ou tous ses immeubles ou tout son mobilier ou une quotité fixe de tous ses immeubles ou de tout son mobilier (C. civ., art. 1010).
Le legs à titre universel peut donc être celui qui attribue à son bénéficiaire une quote-part de la succession ou une catégorie déterminée des biens héréditaires :
- legs de tous les immeubles ;
- ou de tous les meubles du testateur ;
- ou une quotité fixe de ses immeubles ou de ses meubles.

2856 **Vocation à une fraction de la succession.** Pour qu'une disposition testamentaire puisse être qualifiée de legs à titre universel, il faut qu'elle porte sur une fraction de la succession du disposant ou bien sur une fraction de la quotité disponible, en présence d'héritiers réservataires (pour une illustration, V. Cass. 1re civ., 17 nov. 2021, n° 20-11.732 : *JurisData* n° 2021-020954 ; *Dr. famille* 2022, comm. 18, M. Nicod ; en l'espèce, le testateur avait limité sa disposition à la fraction des biens à venir qu'il savait être disponible).

CONSEIL **La vocation à une quotité de la succession du testateur ne suffit pas, à elle seule, à constituer le legs à titre universel. En effet, il pourrait arriver que le legs d'une quotité confère, en réalité, à son bénéficiaire, une vocation éventuelle au tout et il y aurait alors non pas legs à titre universel mais legs universel. Le legs à titre universel suppose donc que la vocation du légataire soit fixée et limitée de manière immuable à une quote-part de l'hérédité, lors de la confection du testament.**
Ainsi, en est-il par exemple du legs de moitié de la succession consenti à un bénéficiaire unique ou du legs des 3/4 consenti à trois bénéficiaires conjoints, chacun par part égale. Un tel legs ne donne en aucun cas vocation au surplus de la succession et sa distinction d'avec le legs universel ne saurait faire difficulté.

2857 **Legs correspondant à un ensemble prévu par la loi.** Tout legs se conformant strictement à l'une ou l'autre des modalités prévues par l'article 1010 du Code civil est considéré comme un legs à titre universel. Il en est ainsi :
- du legs de tous les immeubles, sans autre précision ;
- du legs de tous les meubles, sans autre précision ;
- du legs d'une quote-part de tous les immeubles, sans autre précision ;
- du legs d'une quote-part de tous les meubles, sans autre précision.
Dès lors que la libéralité consentie s'inscrit dans l'un ou l'autre de ces ensembles, le legs est à titre universel, à condition, bien évidemment, que le testateur confère au légataire une vocation à l'universalité de l'ensemble légué.

2858 **Principaux effets.** La transmission d'une quote-part du patrimoine du défunt s'opère de plein droit du seul fait du décès et une indivision naît à compter de cette époque. La propriété privative des meubles ou des immeubles légués est acquise dès ledit décès. Néanmoins, les légataires à titre universel sont tenus de demander la délivrance aux héritiers auxquels une quotité des biens est réservée par la loi. À leur défaut, ils s'adressent aux légataires universels et, à défaut de ceux-ci, aux héritiers appelés dans l'ordre établi au titre des successions (C. civ., art. 1011).
Le légataire à titre universel est tenu des dettes et charges de la succession du testateur, personnellement pour sa part et portion et hypothécairement pour le tout (C. civ., art. 1012).

c) Institution d'un ou de plusieurs légataires particuliers

2859 **Notion de legs particulier.** Le Code civil ne définit pas directement le legs particulier mais, après avoir précisé ce qu'il faut entendre par legs universel (C. civ., art. 1003) et par legs à titre universel (C. civ., art. 1011, al. 1er), il indique que « tout autre legs ne forme qu'une disposition à titre particulier » (C. civ., art. 1011, al. 2).

En conséquence, le legs particulier est celui qui a pour objet une ou plusieurs choses considérées individuellement, autrement dit, déterminées. Un testateur peut parfaitement disposer de l'ensemble de son patrimoine en recourant uniquement à des legs particuliers.

À l'instar de l'acceptation d'une succession par un héritier ou un légataire universel ou à titre universel, l'option prise par un légataire à titre particulier est irrévocable, dès lors qu'elle a été exprimée de façon formelle ou implicite (CA Paris, pôle 3, ch. 1, 26 févr. 2020, n° 18/20255 : *JurisData* n° 2020-002321).

Il est à noter également qu'aux yeux des juges le légataire qui bénéficiait à la fois d'un legs universel et d'un legs particulier peut répudier le premier sans renoncer au second (V. not. CA Versailles, 1re ch., sect. I, 19 nov. 2019, n° 18/06974 : *JurisData* n° 2019-020407).

3 Conseils à donner

2860 **Incidences du legs.** Le notaire doit éclairer le testateur sur les conséquences civiles et fiscales des dispositions qu'il souhaite prendre.

2861 **Information relative à l'action en réduction.** Il est important de prévenir le testateur qu'à son décès, si le notaire chargé du règlement de sa succession constate que les droits réservataires d'un héritier sont susceptibles d'être atteints par les libéralités qu'il aura consenties, il informera chaque héritier concerné et connu, individuellement et, le cas échéant, avant tout partage, de son droit de demander la réduction des libéralités qui excéderont la quotité disponible (C. civ., art. 921, al. 2, réd. L. n° 2021-1109, 24 août 2021, art. 24). Le disposant doit savoir que chacun de ses héritiers réservataires bénéficiera d'une information individuelle et des conseils appropriés formulés par écrit.

2862 **Option successorale.** Il n'est pas inutile de préciser au testateur que sa volonté unilatérale ne saurait contraindre son légataire universel ou à titre universel à recevoir des droits successoraux, ni à supporter une dette. Le légataire universel ou à titre universel dispose, en effet, d'une option lui permettant d'accepter purement ou simplement ou à concurrence de l'actif net ou bien encore de renoncer (arg. C. civ., art. 724-1). Pour être opposable aux tiers, la renonciation opérée par l'héritier universel ou à titre universel doit être adressée ou déposée au tribunal dans le ressort duquel la succession s'est ouverte ou faite devant notaire. Dans le mois suivant la renonciation, le notaire qui l'a reçue en adresse copie au tribunal judiciaire dans le ressort duquel la succession s'est ouverte, en vue d'une inscription de la déclaration sur le registre tenu à cet effet par le greffe (C. civ., art. 804, al. 2 et 3. – CPC, art. 1339, mod. D. n° 2019-966, 18 sept. 2019, art. 8. – V. *JCl. Pratique notariale – Les actes*, Fasc. 1350, *Option successorale*).

> ATTENTION **Il est opportun d'informer le disposant qu'à défaut de stipulation contraire de son testament, si sa succession est acceptée par au moins un héritier désigné par la loi, le légataire pourra cantonner son émolument sur une partie des biens dont il aura été disposé en sa faveur (C. civ., art. 1002-1. – V. *JCl. Notarial Formulaire*, V° *Succession*, Fasc. 160 ou *JCl. Liquidations-Partages*, V° *Succession*, Fasc. 160).**

2863 **Régime fiscal.** Les conséquences fiscales demandent une vigilance particulière :
- lorsque le bénéficiaire du legs est un parent éloigné ou une personne non parente ;
- ou bien encore s'il a été adopté en la forme simple par le disposant (CGI, art. 786. – BOI-ENR-DMTG-10-50-80, 24 août 2017, § 30 à 150. – V. *JCl. Notarial Formulaire*, V° *Adoption*, Fasc. 20 et *JCl. Notarial Formulaire*, V° *Successions [Enreg.]*, Fasc. 100).

2864 **Organismes exempts de droits de succession.** Il sera parfois utile de rappeler au testateur que certains organismes publics ou privés d'intérêt général bénéficient d'une exonération de droits de succession (CGI, art. 794, mod. L. fin. 2022, n° 2021-1900, art. 89 et CGI, art. 795) ; étant précisé que pour les successions ouvertes depuis le 31 décembre 2014, l'exonération de droits de mutation à titre gratuit mentionnée aux articles 794 et 795 du Code général des impôts est étendue, sous certaines conditions, aux personnes morales ou aux organismes de même nature que ceux mentionnés à ces articles, constitués sur le fondement d'un droit étranger et dont le siège est situé dans un État membre de l'Union européenne ou un État partie à l'accord sur l'Espace économique européen ayant conclu avec la France une convention d'assistance administrative en vue de lutter contre la fraude et l'évasion fiscale (CGI, art. 795-0 A, créé L. n° 2014-1655, 29 déc. 2014, art. 61). La valeur des legs aux personnes morales concernées est indiquée distinctement sur la déclaration de succession prévue au I de l'article 800 du Code général des impôts (CGI, ann. III, art. 281 M. – BOI-ENR-DMTG-10-20-20, 14 juin 2022, § 520 à 680. – V. *JCl. Notarial Formulaire*, V° *Successions [Enreg.]*, Fasc. 120).

CONSEIL **Depuis le 1er janvier 2019, les legs consentis à des fondations ou associations reconnues d'utilité publique ayant un objet éducatif, social, humanitaire, sportif, familial, ou visant à favoriser le pluralisme de la presse sont exonérés de droits de mutation à titre gratuit (CGI, art. 795, 2°, mod. L. n° 2018-1317, 28 déc. 2018, art. 47. – BOI-ENR-DMTG-10-20-20, 14 juin 2022, § 20, 25 et 130).**

Classiquement, l'administration admettait, par mesure de tempérament, que les associations non reconnues d'utilité publique (simplement déclarées), poursuivant un but exclusif d'assistance et de bienfaisance, profitent de l'exonération des droits de mutation à titre gratuit. Cette tolérance a été légalisée par la loi de finances pour 2021 (CGI, art. 795, 4°, *in fine*, mod. L. n° 2020-1761, 29 déc. 2020, art. 158. – V. *JCP* N 2021, n° 1, act. 100, spéc. n° 4).

2865 **Allégement de l'impact fiscal.** Le testateur doit également savoir que dans l'hypothèse où il institue un légataire universel exonéré de droits de mutation à titre gratuit (association reconnue d'utilité publique, par exemple), il peut consentir un legs particulier à un tiers, en recourant à la technique du legs net de frais et de droits. Aux yeux des juges, le notaire se doit d'informer le testateur sur cette possibilité qui lui est donnée, sous peine de manquer à son obligation de conseil.

4 Alertes

2866 **Règles fiscales.** La question qui est fréquemment négligée ou ignorée par le testateur concerne la fiscalité qui est prohibitive entre parents éloignés ou non-parents.

2867 **Choix de la loi successorale.** Le règlement (UE) n° 650/2012 du Parlement européen et du Conseil du 4 juillet 2012, relatif aux successions internationales s'applique aux successions ouvertes depuis le 17 août 2015 (art. 83, § 1). Les Français expatriés et les personnes qui se trouvent dans une situation présentant des éléments d'extranéité peuvent organiser la transmission de leur patrimoine, en choisissant, par une disposition à cause de mort (testament ou donation entre époux), la loi applicable à leur succession (par exemple, la loi de leur nationalité). À défaut de choix, la loi applicable sera celle du pays dans lequel le défunt aura sa résidence habituelle à l'époque du décès (pour les critères de détermination de la résidence habituelle du défunt, V. Cass. 1re civ., 29 mai 2019, n° 18-13.383 : *JurisData* n° 2019-009044 ; *JCP* N 2019, n° 24, act. 532 ; *Dr. famille* 2019, comm. 161, A. Devers ; *JCP* N 2020, n° 7-08, 1055, C. Latil ; *JCP* N 2020, n° 28, 1153, M. Devisme. – Pour une étude détaillée du règlement, V. *JCl. Droit international*, Fasc. 557-50 ou *JCl. Europe Traité*, Fasc. 2830 ou *JCl. Notarial Formulaire*, V° *Successions internationales*, Fasc. 150 ou *JCl. Liquidations – Partages*, V° *Successions internationales*, Fasc. 150).

Une circulaire de la Chancellerie, en date du 25 janvier 2016, apporte des précisions utiles, notamment, sur les successions concernées par le champ d'application du règlement (UE) n° 650/2012 du Parlement européen et du Conseil du 4 juillet 2012, l'acceptation des actes authentiques, l'utilisation des formulaires et le recours au certificat successoral européen par les notaires (Circ. n° JUSC1601018C : *BO Justice* n° 2016-02, 29 janv. 2016 ; *JCP* N 2016, n° 13, act. 469).

CONSEIL **Quand il est amené à conseiller un client qui souhaite rédiger son testament, le notaire ne doit pas omettre de lui donner toutes informations utiles sur cette possibilité de choisir, par une disposition expresse, la loi successorale qui correspond le mieux à ses aspirations personnelles (par exemple, la loi de l'État dont il possède la nationalité au moment où il fait son choix ou au moment de son décès).**

Si le testateur adopte une loi étrangère l'autorisant à exhéréder ses descendants, il convient de l'avertir que la jurisprudence française lui reconnaît cette liberté, sous réserve de ne pas laisser ses enfants dans le dénuement, à son décès. La Cour de cassation a, en effet, considéré en 2017 qu'une loi étrangère désignée par la règle de conflit qui ignore la réserve héréditaire n'est pas en soi contraire à l'ordre public international français et ne peut être écartée que si son application concrète, au cas d'espèce, conduit à une situation incompatible avec les principes du droit français considérés comme essentiels (Cass. 1re civ., 27 sept. 2017, n° 16-13.151 : *JurisData* n° 2017-018698. – Cass. 1re civ., 27 sept. 2017, n° 16-17.198 : *JurisData* n° 2017-018703 ; *JCP* N 2017, n° 45,

1305, É. Fongaro ; *JCP* G 2017, 1236, C. Nourissat et M. Revillard ; *Dr. famille* 2017, comm. 230, M. Nicod ; *D.* 2017, p. 2185, J. Guillaumé ; *Dr. famille* 2018, chron. 1, spéc. n° 28, V. Égéa ; *Dr. famille* 2018, étude 13, D. Vincent ; dans les deux dossiers, après avoir énoncé que la loi normalement applicable à la succession était celle de l'État de Californie, qui ne connaît pas la réserve héréditaire, les arrêts ont relevé qu'il n'était pas soutenu que l'application de cette loi laisserait les enfants du défunt « dans une situation de précarité économique ou de besoin » et qu'il n'y avait donc pas lieu d'écarter cette loi au profit de la loi française).
La prudence commande d'analyser la situation familiale et patrimoniale du client et de l'éclairer sur les conséquences de sa décision, afin qu'il se détermine, en pleine connaissance de cause (V. Fiche 53 : Rédiger un testament **ou *JCl. Pratique notariale – Les actes,* Fasc. 1525, *Testament*).**

2868 **Éventuel droit de prélèvement compensatoire.** Depuis le 1er novembre 2021, il convient d'informer le disposant que sa volonté testamentaire risque d'être anéantie, en cas de mise en œuvre du nouveau droit légal de prélèvement compensatoire. En effet, si lui-même ou au moins l'un de ses enfants est, au moment de son décès, ressortissant d'un État membre de l'Union européenne ou y réside habituellement et si la loi étrangère applicable à sa succession ne permet aucun mécanisme réservataire protecteur des enfants, chaque enfant ou ses héritiers ou ses ayants cause pourront effectuer un prélèvement compensatoire sur les biens existants situés en France au jour du décès, de façon à être rétablis dans les droits réservataires que leur octroie la loi française, dans la limite de ceux-ci (C. civ., art. 913, al. 3, réd. L. n° 2021-1109, 24 août 2021, art. 24. – Pour une étude détaillée, V. N. Levillain, *Mise en pratique du nouveau prélèvement compensatoire* : *JCP* N 2022, n° 4, 1057. – *JCl. Notarial Formulaire*, V° *Succession internationale*, Fasc. 10 ou *JCl. Liquidations-Partages*, V° *Succession Internationale*, Fasc. 10).

2869 **Envoi en possession.** Classiquement, pour exercer les droits du défunt, le légataire universel gratifié par un testament olographe ou mystique devait obtenir une ordonnance d'envoi en possession auprès du président du tribunal de grande instance (C. civ., art. 1008, ancien).

Pour les successions ouvertes depuis le 1er novembre 2017 (L. n° 2016-1547, 18 nov. 2016, art. 114, III), le recours à la procédure judiciaire d'envoi en possession n'est plus systématique. Le légataire universel, titulaire de la saisine (C. civ., art. 1006), ne doit s'y plier que s'il rencontre l'opposition d'un tiers intéressé (un héritier évincé ou un autre légataire, par exemple).

Le notaire effectue un contrôle formel du testament qui lui est remis. Il vérifie ensuite les conditions de la saisine du légataire, au regard du caractère universel de sa vocation et de l'absence d'héritiers réservataires et porte mention de ces vérifications sur le procès-verbal de dépôt (C. civ., art. 1007, al. 1er). Dans les quinze jours suivant l'établissement de ce procès-verbal, le notaire fait procéder à un avis, qui comporte le nom du défunt, le nom et les coordonnées du notaire chargé de la succession, ainsi que l'existence du legs universel, sur le site du *BODACC* et dans un support habilité à recevoir les annonces légales dans le ressort du tribunal compétent (CPC, art. 1378-1).

Dans le mois qui suit la date du procès-verbal, le notaire adresse, comme par le passé, une copie authentique de celui-ci et une copie figurée du testament au greffier du tribunal judiciaire du lieu d'ouverture de la succession qui lui accuse réception de ces documents et les conserve au rang de ses minutes (C. civ., art. 1007, al. 2). Dans le mois suivant cette réception, tout intéressé peut s'opposer à l'exercice de ses droits par le légataire universel (C. civ., art. 1007, al. 3).

En cas d'opposition formée auprès du notaire chargé de la succession (CPC. art. 1378-2, al. 1er), le légataire doit, avant d'appréhender les biens légués, se faire envoyer en possession par une ordonnance du président mise au bas de la requête à laquelle est joint l'acte d'opposition (C. civ., art. 1007, al. 3, *in fine*. – CPC, art. 1378-2, al. 2. – V. Circ. n° JUSC1638274C, 26 janv. 2017, fiche 11 : *BO Justice*, n° 2017-06, 30 juin 2017, p. 27 et 28 ; *JCP* N 2017, n° 6-7, act. 252 ; *JCP* N 2017, n° 6-7, 1103. – V. *JCl. Notarial Formulaire*, V° *Testament*, Fasc. 230 et 235).

CONSEIL **L'expédition de l'ordonnance d'envoi en possession revêtue de la formule exécutoire est déposée au rang des minutes du notaire chargé du règlement de la succession et le légataire universel se trouve habilité à exercer la plénitude de ses droits et pouvoirs sur les biens légués. Il peut ainsi procéder à la délivrance d'un legs à titre universel ou d'un legs particulier (**V. Fiche 57 : Rédiger une délivrance de legs **ou *JCl. Pratique notariale – Les actes,* Fasc. 1190, *Délivrance de legs*).**

2870 **Récupération des aides sociales.** Si le testateur est âgé et bénéficie de certaines aides de la collectivité, il doit savoir qu'à son décès, des prestations, comme l'allocation de solidarité aux personnes âgées (ASPA) (CSS, art. L. 815-13) ou l'aide sociale à domicile (CASF, art. L. 231-1) pourront être récupérés par l'état ou le département (CASF, art. L. 132-8). Cette récupération s'effectuera sur l'actif net transmis au légataire universel. En présence de legs particuliers, le recours sera exercé jusqu'à concurrence de la valeur des biens légués au jour de l'ouverture de la succession.
Une hypothèque légale pourra être inscrite par le représentant de l'État (le préfet) ou le président du conseil départemental, sur les biens immobiliers du bénéficiaire de l'aide sociale, pour garantir les recours en récupération (CASF, art. L. 132-9. – V. *JCl. Notarial Formulaire*, V° *Aides sociales*, Fasc. 10 et 12).

B Vérifications préalables

2871 **À contrôler** :
- capacité et qualité d'expression de la volonté du testateur ;
- souhaits exacts du testateur ;
- conséquences fiscales du legs.

1 Parties

2872 **Testateur.** Les conditions de capacité sont précisées dans l'étude consacrée au testament. Le lecteur pourra s'y reporter (V. Fiche 53 : Rédiger un testament ou *JCl. Pratique notariale – Les actes*, Fasc. 1525, *Testament*).

2 Biens légués

2873 **Legs particulier.** S'il s'agit d'un legs particulier, le bien légué est désigné avec précision et sans qu'il puisse y avoir d'ambiguïté. En effet, un legs particulier ne peut être délivré, si la consistance et le montant du legs ne sont pas clairement déterminés.
Il va de soi que le bien légué doit appartenir au disposant. Si le testateur léguait la chose d'autrui, son legs serait dépourvu d'effet (C. civ., art. 1021. – Pour un rappel du principe, Cass. 1re civ., 15 mai 2018, n° 14-11.123 : *JurisData* n° 2018-008107 : *Dr. famille* 2018, comm. 216, M. Nicod ; en l'espèce, a été annulé, comme portant sur la chose d'autrui, le legs consenti par un associé et portant sur un immeuble appartenant à la société).

2874 **Legs universel ou à titre universel.** Il faut éviter au testateur une erreur assez fréquente qui consiste à énumérer tous les biens sans préciser que le légataire à une vocation au tout.
La désignation des biens est inutile et peut même entraîner la disqualification du legs.

3 Incapacité de recevoir

2875 **Médecins, pharmaciens et auxiliaires médicaux.** Certaines personnes ne peuvent recevoir de libéralités dans le but d'éviter la captation d'héritage. Il en est ainsi, par exemple, des membres des professions médicales et de la pharmacie et des auxiliaires médicaux qui ont prodigué des soins à une personne pendant la maladie dont elle meurt. Ces professionnels ne peuvent profiter des legs qu'elle aurait faits en leur faveur pendant le cours de cette maladie (C. civ., art. 909, al. 1er. – Cass. 1re civ., 16 sept. 2020, n° 19-15.818 : *JurisData* n° 2020-013351 ; *Dr. famille* 2020, comm. 151, A. Tani ; *JCP* N 2021, n° 7-08, 1113, N. Peterka).
Les mêmes règles s'appliquent à l'égard du ministre du culte (C. civ., art. 909, al. 1er et 4).

> CONSEIL **Le Conseil constitutionnel a déclaré le premier alinéa de l'article 909 du Code civil conforme à la Constitution (Cons. const., 29 juill. 2022, n° 2022-1005 QPC : *JurisData* n° 2022-012293 ; *JCP* N 2022, n° 35, act. 796, S. Bernard et Z. Bremond ; *JCP* N 2022, n° 35, act. 817, focus par A. Tani ; *JCP* N 2022, n° 46, 1267, S. Bernard et Z. Bremond ; *Dr. famille* 2022, n° 10, comm. 147, A. Tani : *JCP* G 2023, doctr. 73, spéc. n° 5, N. Anciaux).**

2876 **Propriétaires, administrateurs et employés de certains établissements de soins ou de services.** Les personnes physiques propriétaires, gestionnaires, administrateurs ou employés d'un établissement ou service soumis à autorisation ou à déclaration en application du Code de l'action sociale et des familles, ainsi que les bénévoles ou les volontaires qui agissent en leur sein ou y exercent une responsabilité, ne peuvent profiter de dispositions à titre gratuit entre vifs ou testamentaires faites en leur faveur par les personnes prises en charge par l'établissement ou le service pendant la durée de cette prise en charge, sous réserve des exceptions prévues aux 1° et 2° de l'article 909 du Code civil (CASF, art. L. 116-4, I, al. 1er, mod. Cons. const. 12 mars 2021, n° 2020-888 QPC : *JurisData* n° 2021-003211 ; *JCP* N 2021, n° 11, act. 327 ; *JCP* N 2021, n° 12,

act. 339, N. Peterka ; *Dr. famille* 2021, comm. 75, M. Nicod).
Notons que dans sa décision précitée du 12 mars 2021, le Conseil constitutionnel a censuré, comme portant une atteinte disproportionnée au droit de propriété, les dispositions de l'article L. 116-4, I du Code de l'action sociale et des familles qui, dans leur rédaction issue de l'ordonnance n° 2016-131 du 10 février 2016, interdisaient aux responsables, aux employés ou bénévoles des sociétés délivrant des services à la personne, ainsi qu'aux personnes directement employées par celles qu'elles assistaient, de recevoir de ces dernières des donations ou des legs.
Ainsi, depuis le 12 mars 2021, les personnes dépendantes, âgées ou souffrant d'un handicap, sont en droit de disposer à titre gratuit au profit des auxiliaires de vie employés à leur domicile. Dans sa nouvelle rédaction, le texte reprend la jurisprudence de la Cour de cassation qui estimait, avant 2016, qu'une aide-ménagère n'était pas frappée d'une incapacité de recevoir à titre gratuit et que l'inobservation des obligations mises à sa charge par son employeur ne pouvait affecter la validité du legs que lui avait consenti la personne auprès de laquelle elle intervenait (Cass. 1re civ., 25 sept. 2013, n° 12-25.160 : *JurisData* n° 2013-020182 ; *Dr. famille* 2013, comm. 154, I. Maria ; *JCP* G 2013, 1168, A.-M. Leroyer. – Cass. 1re civ., 5 mars 2014, n° 13-14.093 : *JurisData* n° 2014-003809 ; *Dr. famille* 2014, comm. 78, B. Beignier ; *RTD civ.* 2014, p. 428, M. Grimaldi. – V. Fiche 53 : Rédiger un testament ou *JCl. Pratique notariale – Les actes*, Fasc. 1525, *Testament* et *JCl. Notarial Formulaire*, V° *Testament*, Fasc. 100).

2877 **Particuliers accueillant ou accompagnant des personnes âgées ou handicapées.** Le couple ou l'accueillant familial soumis à un agrément, en application de l'article L. 441-1 du Code de l'action sociale et des familles, son conjoint, la personne avec laquelle il a conclu un pacte civil de solidarité ou son concubin, ses ascendants ou descendants en ligne directe, ne peuvent profiter des dispositions entre vifs ou testamentaires faites en leur faveur par les personnes qu'ils accueillent ou accompagnent, pendant la durée de cet accueil ou de cet accompagnement (CASF, art. L. 116-4, I, al. 2, mod.).

ATTENTION **Les mandataires judiciaires à la protection des majeurs et les personnes morales au nom desquelles ils exercent leurs fonctions ne peuvent pareillement profiter des dispositions entre vifs ou testamentaires que les personnes dont ils assurent la protection auraient faites en leur faveur quelle que soit la date de la libéralité (C. civ., art. 909, al. 2) ; étant précisé que cette incapacité de recevoir à titre gratuit ne s'applique pas à un membre de la famille du disposant, notamment, lorsqu'il exerce les fonctions de curateur (Cass. 1re civ., 17 oct. 2018, n° 16-24.331 : *JurisData* n° 2018-017988 ; *JCP* N 2018, n° 45, act. 851, I. Maria ; *JCP* N 2019, n° 7, 1107, A. Tani).**

4 Renseignements à obtenir des parties

2878 **Famille.** S'il ne la connaît pas, le notaire doit interroger le testateur sur sa famille, les relations bonnes ou mauvaises de ses membres et sur sa situation matrimoniale.
Pour exercer pleinement son devoir de conseil, le notaire se doit également de savoir si le testateur a ou non signé un pacte civil de solidarité.

2879 **Patrimoine.** La consistance du patrimoine est à connaître pour apprécier l'opportunité des dispositions envisagées par le testateur.
Il convient également de s'intéresser à l'origine de propriété des biens du testateur, notamment, en l'absence de descendants. Si le testateur a reçu des biens de ses parents par donation ou succession, il doit être informé que, selon la jurisprudence, l'institution d'un légataire universel fera échec au droit de retour que l'article 757-3 du Code civil accorde à ses frères et sœurs. En revanche, le droit de retour des parents fondé sur l'article 738-2 du même code est d'ordre public et ces derniers ne sauraient en être privés par le testateur (CA Chambéry, ch. civ., sect. 1, 31 oct. 2017, n° 16/00971 : *JurisData* n° 2017-021872 ; *Dr. famille* 2018, comm. 2, M. Gayet ; en l'espèce, le droit de retour des père et mère, donateurs, a pu s'exercer, en présence d'un partenaire pacsé institué légataire universel).

III

Rédaction et formules

A Rédaction

2880 **À contrôler** :
- état civil et capacité du testateur ;
- volonté précise du testateur ;
- conformité de la rédaction avec la volonté du testateur ;
- conséquences juridiques et fiscales des dispositions.

2881 **Identification des légataires.** La désignation des légataires doit être aussi précise que possible. Ainsi, les personnes physiques sont identifiées par leurs nom, prénoms, profession et domicile (sans être à proprement parler indispensable, l'indication de leurs lieu et date de naissance, s'ils sont connus, n'est jamais superflue) ; étant précisé que le juge ne doit pas interpréter les testaments clairs et précis et doit se cantonner aux dernières volontés du défunt, lesquelles sont supposées être les volontés réelles (CA Chambéry, 1re ch. civ., sect. 1, 5 janv. 2021 : *JurisData* n° 2021-000045).

2882 **Désignation des biens.** Comme on l'a vu, la désignation des biens légués à titre particulier doit être précise et dépourvue d'ambiguïté.

2883 **Nature du legs.** Le plus important est de bien distinguer suivant qu'il s'agit d'un legs universel, d'un legs à titre universel ou d'un legs particulier.

2884 **Legs rémunératoire.** Si un ascendant souhaite rétribuer un enfant après son décès, des soins qu'il lui a prodigués, il a la faculté de lui léguer, à titre rémunératoire, un bien ou une somme déterminée, dans le cadre d'un testament authentique, mystique ou sous seing privé. La reconnaissance de l'assistance et des services rendus ne constitue pas une libéralité, sous réserve que certaines précautions soient prises.
Afin d'éviter d'éventuelles contestations de la part des autres héritiers, au moment du règlement de la succession, il est important d'expliciter la nature des soins apportés à l'ascendant et d'évaluer de manière précise l'appauvrissement de l'enfant et l'enrichissement du testateur ; étant précisé que la jurisprudence considère qu'un legs rémunératoire à titre particulier peut être payé au moyen de la remise d'un bien d'une valeur supérieure à la rémunération due, le legs étant pur et simple au-delà.

CONSEIL Pour éviter tous risques de contentieux au décès, il est opportun de conseiller au testateur de conserver des documents, voire des témoignages, de nature à prouver le comportement du légataire à son égard. Les énonciations du testament demeurent, en effet, des affirmations unilatérales.

2885 **Legs à terme.** Le legs à terme est celui dont le paiement est reculé à une époque postérieure au décès du disposant. L'émolument légué est acquis dans le principe au légataire, dès cette date, mais la délivrance n'en peut être demandée qu'à compter de l'arrivée du terme. Jusque-là, le légataire doit se contenter d'exercer des actes conservatoires.

2886 **Legs conditionnel.** Dans le principe, les règles édictées pour les obligations conditionnelles (C. civ., art. 1304 à 1304-6, réd. Ord. n° 2016-131, 10 févr. 2016 [anciens art. 1168 à 1184]) ont vocation à s'appliquer en matière de legs.
En particulier, la condition s'analyse en un événement futur de réalisation incertaine, le caractère futur s'appréciant à la date du testament. L'événement retenu doit être incertain non seulement dans sa date mais aussi quant à sa réalisation. Enfin, la condition peut être, soit résolutoire, soit suspensive ; étant précisé qu'en cas de doute sur sa nature, il appartient aux tribunaux de rechercher quelle a été la réelle intention du testateur.

ATTENTION La validité même du legs peut se trouver affectée par l'existence d'une condition. Il est ainsi si le legs est fait pour le cas de mort subite ou accidentelle du testateur. Si l'intéressé décède par exemple des suites d'une longue maladie, la condition n'est pas remplie et le legs n'est pas valable.

2887 **Condition potestative.** Dans le cadre du legs, toute condition qualifiée de potestative est valable, qu'elle dépende de la volonté du testateur ou du légataire. L'article 1304-2 du Code civil

(C. civ., ancien art. 1174), qui édicte la nullité de l'obligation contractée sous une condition potestative de la part de celui qui s'oblige, ne concerne pas le testament, acte unilatéral essentiellement révocable et provisoire.

2888 **Condition résolutoire.** Le legs sous condition résolutoire est celui dont le maintien est subordonné à un événement futur et certain. Si la condition (survenance ou non-survenance de l'événement, suivant le cas) se réalise, le legs est réputé n'avoir jamais été consenti. Ce legs a pour effet de transmettre au légataire la propriété des biens légués, dès le décès mais la transmission est exposée à un anéantissement rétroactif, en cas de réalisation de la condition (C. civ., art. 1304-7 [anciens art. 1179 et 1183]). Le légataire est alors censé n'avoir jamais été propriétaire et les droits qu'il a pu consentir sur les biens légués se trouvent semblablement rétroactivement résolus.

> ATTENTION **Le testateur doit être averti que cette résolution n'entraîne pas restitution des droits de mutation à titre gratuit.**

2889 **Condition suspensive.** Le legs sous condition suspensive est celui dont l'ouverture est subordonnée à un événement futur et incertain.
Si la condition (survenance ou non-survenance de l'événement, suivant le cas) ne se réalise pas, le legs est réputé n'avoir jamais été consenti. Parmi les legs sous condition suspensive, on peut citer, notamment, l'attribution de l'usufruit ou de la nue-propriété de la quotité disponible, sous condition de l'existence d'une postérité chez le légataire.
Tant que la condition demeure pendante, le légataire ne bénéficie d'aucun droit réel sur les biens successoraux et ne peut accomplir, relativement aux biens légués, que des actes conservatoires (inscription de son hypothèque, interruption de prescription, notamment). Selon la jurisprudence, le bénéficiaire peut aussi intervenir dans les instances susceptibles de nuire à ses droits, par exemple dans une contestation relative à la validité du testament.
Notons également qu'en cas de décès du légataire, pendant le même temps, le legs se trouve caduc (C. civ., art. 1040), de sorte que ses héritiers ne peuvent prétendre à aucun droit sur les biens légués. Mais le testateur peut en disposer autrement ; on se trouve alors en présence d'une substitution vulgaire, opération dont la validité n'a pas été remise en cause par la loi n° 2006-738, 23 juin 2006 portant réforme des successions et des libéralités (arg. C. civ., art. 898).

Avant le 1er octobre 2016, date d'entrée en vigueur de l'ordonnance n° 2016-131 du 10 février 2016, portant réforme du droit des contrats, du régime général et de la preuve des obligations, ratifiée par l'article 1er de la loi n° 2018-287 du 20 avril 2018, la réalisation de la condition opérait rétroactivement, à compter du jour du décès (C. civ., ancien art. 1179). Désormais, le legs devient pur et simple à compter de l'accomplissement de la condition suspensive (C. civ., art. 1304-6, al. 1er). Toutefois, ce principe légal n'a qu'un caractère supplétif et il est possible de stipuler le caractère rétroactif de l'accomplissement de la condition (C. civ., art. 1304-6, al. 2). Comme par le passé, en cas de défaillance de la condition suspensive, le legs sera réputé n'avoir jamais existé (C. civ., art. 1304-6, al. 3).

2890 **Legs alternatif.** En rédigeant ses dernières volontés, un disposant est parfaitement en droit de consentir un legs alternatif quant aux biens, c'est-à-dire un legs dont l'objet est à choisir entre plusieurs choses (par exemple, une somme en espèces ou une rente annuelle et viagère). Pour être pleinement efficace et ne pas donner lieu à interprétation, la clause testamentaire doit indiquer à qui appartient l'option (héritier, légataire universel ou le bénéficiaire du legs alternatif).
Ce type de libéralité n'étant réglementé par aucun texte, les règles édictées pour les obligations alternatives ont vocation à s'appliquer (C. civ., art. 1307 à 1307-5 [avant le 1er oct. 2016, anciens art. 1189 à 1196], sous réserve d'adaptation, s'il y a lieu (V. *JCl. Notarial Formulaire*, V° *Testament*, Fasc. 120).

2891 **Legs avec charges.** S'agissant des legs, la charge peut se définir comme toute obligation – de faire ou de ne pas faire – imposée par le testateur au légataire.
La charge peut être stipulée :
– soit au profit du testateur lui-même – ou de sa mémoire ;
– soit au profit du légataire ;
– soit au profit d'un tiers.
Elle peut être imposée à tout légataire, quelle que soit la qualification de son legs, universel, à titre universel ou à titre particulier.

> CONSEIL **La charge stipulée dans l'intérêt du légataire – à condition du moins que cet intérêt existe réellement – n'affecte pas le caractère gratuit de la disposition, lequel subsiste intégralement (V. *JCl. Notarial Formulaire*, V° *Testament*, Fasc. 130 et 140).**

2892 **Legs en usufruit.** Il est loisible au testateur de consentir le legs de l'usufruit de tout ou partie de ses biens, notamment, pour améliorer la situation de son partenaire lié par un pacte civil de solidarité qui, à ce jour, demeure privé d'une véritable vocation successorale légale. Le legs en usufruit doit respecter la réserve de ses descendants, s'il en laisse à son décès (C. civ., art. 913). Toutefois, la réduction d'un legs de cette nature n'est pas systématique. L'article 917 du Code civil offre, en effet, une option aux héritiers réservataires : ceux-ci peuvent, soit laisser la libéralité s'exécuter purement et simplement, soit abandonner la propriété de la quotité disponible. Cette option qui s'impose, non pas au légataire en usufruit, mais à l'héritier réservataire, lui est individuelle. En présence de plusieurs héritiers réservataires, chacun se prononce pour son compte.

La mise en œuvre de l'article 917 du Code civil impose que la libéralité « excède la quotité disponible » et que, par conséquent, elle empiète sur l'usufruit de la réserve héréditaire (V. *JCl. Notarial Formulaire*, V° *Quotité disponible et réserve*, Fasc. 270 ou *JCl. Liquidations-Partages*, V° *Quotité disponible et réserve*, Fasc. 270). En présence d'une libéralité en usufruit, cet excès est déterminé selon la méthode de l'imputation « en assiette », ainsi qu'il résulte d'un important arrêt de la Cour de cassation (Cass. 1re civ., 22 juin 2022, n° 20-23.215 : *JurisData* n° 2022-010155 ; *JCP* N 2022, n° 35, 1209, M. Nicod et A. Tani : *AJ fam.* 2022, p. 450, N. Levillain ; *RTD civ.* 2022, p. 682, M. Grimaldi).

Pour l'application de ce texte, la jurisprudence exige, au surplus, trois autres conditions cumulatives :

– la libéralité est d'un usufruit ou d'une rente viagère ; les libéralités portant sur un droit d'usage et d'habitation ne sont pas concernées ;

– le défunt ne doit avoir consenti aucune autre libéralité ;

– enfin, le disposant ne doit pas avoir exclu expressément l'application de cet article dont les dispositions sont supplétives de volonté.

CONSEIL **Quand il reçoit le testament, le notaire se doit de donner connaissance des dispositions de l'article 917 du Code civil à son client, en l'informant qu'il a la faculté d'écarter son application et d'ordonner l'exécution en usufruit, la libéralité excédentaire étant alors réduite à l'usufruit de la quotité disponible, dans les conditions de droit commun de l'article 924 du Code civil. Il appartient au notaire d'envisager avec le testateur les incidences de l'article 917 du Code civil, en se gardant de l'écarter systématiquement au seul motif que son application risque de compliquer les opérations de liquidation.**

Si le testateur entend exclure l'application du texte, il convient de l'indiquer par une clause testamentaire expresse et dénuée d'ambiguïté. S'il entend maintenir son application, il est recommandé de le mentionner également dans l'acte, « ne serait-ce que pour démontrer que le notaire avait pris soin d'aborder la question avec son client, pour le cas où sa responsabilité viendrait à être engagée » (M. Nicod et A. Tani, préc., spéc. n° 15. – Pour une illustration, V. D. Montoux et A. Tani, *Legs en usufruit au partenaire de Pacs. Formule pour exclure ou maintenir l'article 917 du Code civil : JCP* N 2022, n° 35, 1210. – V. égal., *JCl. Notarial Formulaire*, V° *Testament*, Fasc. 145).

2893 **Clause pénale.** Afin d'assurer l'exécution pleine et entière de sa libéralité, le testateur peut imposer, sous peine de sanctions, à ses héritiers ou à son légataire, de faire ou de ne pas faire telle ou telle chose. Toutefois, cette clause ne sera valable que si les dispositions dont elle assure l'exécution ne sont pas contraires à la loi.

La portée de la clause pénale est dépendante de la volonté manifestée par le testateur (V. *JCl. Notarial Formulaire*, V° *Testament*, Fasc. 140. – V. Fiche 53 : Rédiger un testament ou *JCl. Pratique notariale – Les actes*, Fasc. 1525, *Testament*).

Il convient d'alerter le testateur sur la fragilité de la clause pénale qu'il entend insérer dans sa disposition de dernière volonté. En effet, selon la Cour de cassation, la pénalité testamentaire imposant aux enfants de la testatrice la forme du partage amiable est réputée non écrite, par combinaison des articles 815 et 900 du Code civil, au motif qu'elle a pour conséquence, faute d'entente entre les parties, de pérenniser l'indivision successorale (Cass. 1re civ., 13 avr. 2016, n° 15-13.312 : *JurisData* n° 2016-006949 ; *Dr. famille* 2016, comm. 152, M. Nicod ; *JCP* N 2016, n° 18, act. 578, M. Nicod ; *RTD civ.* 2016, p. 424, M. Grimaldi). Le droit de provoquer le partage judiciaire d'une succession est d'ordre public et son exercice ne saurait, en conséquence, être mis en échec par la clause pénale figurant dans un testament.

Enfin, il a été jugé que la vérification d'un dépassement de la quotité disponible « n'a nullement pour objet ou pour effet de mettre en cause des dispositions testamentaires » et que l'exercice de l'action en réduction d'un legs particulier « ne peut, par conséquent, être susceptible de faire jouer la clause pénale insérer dans le testament (CA Fort-de-France, 21 nov. 2017, n° 13/00472 : *JurisData* n° 2017-023907 ; *Dr. famille* 2018, comm. 72, A. Tani).

2894 **Legs graduel.** Le testateur peut assortir son legs d'une charge comportant l'obligation pour le légataire de conserver les biens ou droits qui en sont l'objet et de les transmettre, à son décès, à un second gratifié, désigné dans le testament (C. civ., art. 1048 à 1056). Lorsqu'une liberté d'aliéner n'est pas accordée au premier légataire, le legs s'analyse comme étant graduel (Cass. 1re civ., 14 avr. 2021, n° 19-21.290 : *JurisData* n° 2021-005407 ; *Dr. famille* 2021, comm. 98, M. Nicod).
Le legs graduel ne produit aucun effet du vivant du disposant. Son efficacité dépend tout d'abord de l'acceptation du premier légataire. Sans cette acceptation, les biens légués se retrouvent dans la succession légale. Elle dépend, au surplus, de l'attitude du second gratifié. Si celui-ci renonce au legs, la libéralité devient un legs ordinaire au profit du premier gratifié (V. Fiche 56 : Rédiger une libéralité graduelle ou *JCl. Pratique notariale – Les actes*, Fasc. 1295, *Libéralité graduelle*).

2895 **Legs résiduel.** Enfin, il est loisible au testateur d'assortir son legs d'une clause aux termes de laquelle il charge le gratifié de transmettre à son décès ce qui restera des biens ou droits légués, à un second gratifié désigné dans le testament (C. civ., art. 1057 à 1061). Dans une telle situation, le grevé peut disposer librement entre vifs des biens. La charge stipulée lui interdit seulement de les léguer (C. civ., art. 1059. – Fiche 55 : Rédiger une libéralité résiduelle ou *JCl. Pratique notariale – Les actes*, Fasc. 1300, *Libéralité résiduelle*).

B Formules

• *JCl. Notarial Formulaire*, V° *Testament*, Fasc. 115 et 125.

IV Formalités et taxation

A Formalités

2896 **Renvoi.** Les formalités propres au testament sont indiquées dans les rubriques contenues dans l'étude plus complète portant sur le testament (V. Fiche 53 : Rédiger un testament ou *JCl. Pratique notariale – Les actes*, Fasc. 1525, *Testament*).

B Taxation

2897 **Renvoi.** La taxation du testament (fiscalité et émoluments du notaire) est indiquée dans les rubriques contenues dans l'étude plus complète portant sur le testament (V. Fiche 53 : Rédiger un testament ou *JCl. Pratique notariale – Les actes*, Fasc. 1525, *Testament*. – *JCl. Pratique notariale – Commentaire du Tarif des Notaires*, Fasc. 1420).

CHECK-LIST

• Vérifier la capacité du client.
• Obtenir toutes informations utiles sur la composition de la famille du testateur et les éléments de son patrimoine, afin de le conseiller sur l'opportunité de la disposition envisagée.
• Avertir le testateur que sa disposition à cause de mort peut revêtir trois formes différentes (legs universel, à titre universel ou particulier) et être, éventuellement, assortie de charges ou de conditions, en lui expliquant clairement les effets civils de ses choix.
• Interroger le testateur sur ses volontés, dans l'hypothèse du prédécès du légataire.
• S'assurer de la conformité de la rédaction avec les intentions réelles du testateur.
• Ne pas omettre d'informer le disposant qu'à défaut de stipulation contraire de son testament, si sa succession est acceptée par au moins un héritier désigné par la loi, le légataire pourra cantonner son émolument sur une partie des biens dont il aura été disposé en sa faveur.
• Si le testateur entend consentir un legs en usufruit, ne pas négliger de lui donner connaissance des dispositions

de l'article 917 du Code civil et de l'informer de la possibilité d'écarter son application par une clause expresse du testament.

• Attirer l'attention du testateur sur les conséquences fiscales du legs, si le bénéficiaire est un parent éloigné ou une personne étrangère à sa famille.

POUR ALLER PLUS LOIN

Fiches pratiques

• V. Fiche 57 : Rédiger une délivrance de legs ou *JCl. Pratique notariale – Les actes*, Fasc. 1190, *Délivrance de legs*.
• V. Fiche 58 : Désigner un exécuteur testamentaire ou *JCl. Pratique notariale – Les actes*, Fasc. 1247, *Exécuteur testamentaire*.
• V. Fiche 56 : Rédiger une libéralité graduelle ou *JCl. Pratique notariale – Les actes*, Fasc. 1295, *Libéralité graduelle*.
• V. Fiche 55 : Rédiger une libéralité résiduelle ou *JCl. Pratique notariale – Les actes*, Fasc. 1300, *Libéralité résiduelle*.
• V. Fiche 53 : Rédiger un testament ou *JCl. Pratique notariale – Les actes*, Fasc. 1525, *Testament*.
• V. Fiche 54 : Rédiger un testament international ou *JCl. Pratique notariale – Les actes*, Fasc. 1527, *Testament international*.

Fascicules JurisClasseur

• *JCl. Ingénierie du patrimoine*, Fasc. 1250.
• *JCl. Notarial Formulaire*, V° *Testament*, Fasc. 110 à 140.
• *JCl. Roulois*, Fasc. 1340 et 1350.

Revues

• S. Arnaud et M. Nicod, *Le choix d'avantager un enfant : JCP* N 2015, n° 22, 1173.
• S. Bernard et Z. Bremond, *Le carcan de la vulnérabilité : retour sur l'incapacité de disposer de son patrimoine en faveur des professions de santé : JCP* N 2022, n° 46, 1267.
• C. Bienvenue, G. Dufour, C. Ponchel-Pouvreau, K. Tokka, *L'intérêt de la bonne qualification des legs : JCP* N 2012, n° 42, 1355.
• M. Blanck-Dap, *La virtualité de la réserve héréditaire en présence d'un légataire universel : JCP* N 2017, n° 24, 1207.
• P. Bonduelle, *Testament : outil de sécurisation juridique et d'optimisation fiscale : RFP* 2017, étude 21.
• G. Bonnet et Fr. Sauvage, *L'envoi en possession du légataire universel au lendemain de la loi J21, Étude Questions-réponses : JCP* N 2018, n° 8-9, 1109.
• J.-Ph. Borel, *Proposition pour une formule de legs rémunératoire : JCP* N 2015, n° 8-9, 1085.
• D. Boulanger, *La loi successorale fixe le régime du transfert de la propriété du bien légué : JCP* N 2017, n° 43-44, act. 902 ; *La réserve héréditaire : un principe républicain ? : JCP* N 2020, n° 51, act. 1039 ; *La réserve coûte que coûte : informer et prélever : JCP* N 2022, n° 1, 1008 ; *Utiliser le certificat successoral européen ! : JCP* N 2022, n° 39, 1233.
• V. Boulanger et D.-P. Simon, *La libéralité au service de la générosité. – Rappel pratique de certaines règles et modalités : JCP* N 2022, n° 37, 1220.
• Cl. Brenner, *Désignation testamentaire du bénéficiaire d'une assurance-vie et legs de la chose d'autrui : une correspondance manquée : JCP* N 2019, n° 2, 1005.
• Cl. Brenner et Fr. Fruleux, *Les libéralités à la descendance et la protection du conjoint survivant : Actes prat. strat. patrimoniale* 2020, n° 4, dossier 27.
• Ch.-E. Bucher, Le conjoint survivant réservataire : *JCP* N 2018, n° 42, 1320.
• A. Chapron-Jacquette, *La bonne gestion des legs : JCP* N 2016, n° 18, 1143.
• F. Collard, *La condition suspensive confrontée à la pratique notariale, d'un régime à l'autre : JCP* N 2015, n° 47, 1217 ; *Redécouvrons le legs net de droits : RFP* 2016, n° 6, repère 6 ; *Le cantonnement de libéralité par le conjoint survivant : JCP* N 2019, n° 1, 1004.
• J. Combret, *La mise en œuvre pratique des récupérations sur succession (Formules) : JCP* N 2021, n° 41, 1298.
• O. Debat et M. Ferré, *Les mesures phares de la loi de finances rectificative pour 2022 et de la loi de finances pour 2023 : JCP* N 2023, n° 01, act. 100.
• C. Dessertenne-Brossard, *Les techniques post mortem : JCP* N 2016, n° 18, 1139.
• C.-M. Dubois-Spaenlé et A. de Roux, *La révision des conditions et charges grevant les dons et legs : Actes prat. strat. patrimoniale* 2021, n° 4, dossier 31.
• D. Epailly, *Réforme de la réserve héréditaire, retour sur le rapport du groupe de travail : JCP* N 2021, n° 2, 1012.
• L. Erstein, *Libéralité à une association sous condition particulière : JCP* N 2023, n° 05, act. 253.
• M. Farge, *Règlement des successions : les nouveaux réflexes à acquérir : JCP* N 2015, n° 31-35, 1143.

• É. Fongaro, *La réserve héréditaire ne relève pas, en principe, de l'ordre public international : JCP* N 2017, n° 45, 1305.
• Fr. Fruleux, *La fiscalité applicable à l'adopté simple : JCP* N 2017, n° 25, 1212 ; *Loi de finances pour 2020 et transmissions à titre gratuit : modernisation et changement de méthode : JCP* N 2020, n° 1-02, act. 101 ; *Loi de finances pour 2021 et droits de mutation à titre gratuit : stabilité : JCP* N 2021, n° 3, act. 156 ; *Droits de mutation à titre gratuit : nouveautés de l'année 2022 : JCP* N 2022, n° 2, act. 131.
• Fr. Fruleux et S. Le Chuiton, *Recours en récupération d'aides sociales : analyse fiscale et civile : JCP* N 2016, n° 47, 1320.
• M. Gayet, *Statut successoral : la situation du partenaire pacsé ne peut être assimilée à celle du conjoint survivant : Dr. famille* 2018, comm. 2.
• F.-B. Godin, *Le terreau de la transmission à titre gratuit par le chef d'entreprise dans le cercle familial : aspects civils : Actes prat. strat. patrimoniale* 2020, n° 3, dossier 20.
• J. Guillaumé, *La loi étrangère qui ne connaît pas la réserve héréditaire n'est pas en soi contraire à l'ordre public international : D.* 2017, p. 2185.
• A. Hurel et M. Méry, *Quand mettre en place une fondation abritée ?. – Un outil philanthropique à mieux connaître : JCP* N 2018, n° 41, 1311.
• E. Jacoby, *Le certificat successoral européen et le rôle du notaire : JCP* N 2016, n° 18, 1137.
• A.-S. de Jotemps, Th. Leandri et M. Mery, *Les organismes sans but lucratif et la gestion des successions immobilières : JCP* N 2019, n° 5, 1089.
• G. Khairallah, *Le principe de primauté du droit de l'Union européenne, le notaire et l'article 913 du Code civil : JCP* N 2021, n° 50, 1347.
• M. Lamarche, *Successions internationales : les défis de l'application du règlement européen : Dr. famille* 2015, alerte 58.
• C. Latil, *Quelques précisions sur le mode de détermination de la résidence habituelle du défunt au sens du règlement sur les successions internationales : JCP* N 2020, n° 7-08, 1055.
• M. Latina, *Les clauses relatives aux conditions suspensive et résolutoire : JCP* N 2016, n° 13, 1114.
• P. Lemée, J.-M. Mathieu, M.-A. Jubré, A. Larnaudie-Eiffel et A.-S. de Jotemps, *Organismes sans but lucratif et legs en présence d'un conjoint survivant : JCP* N 2022, n° 26, 1186.
• S. Lerond, *Successions internationales : comment anticiper le nouveau droit de prélèvement compensatoire ? : Actes prat. strat. patrimoniale* 2021, n° 4, dossier 4.
• Fr. Letellier, *La réforme de l'envoi en possession du légataire universel et de l'exécuteur testamentaire : JCP* N 2016, n° 49, 1337 ; *La réforme de l'envoi en possession du légataire universel. – Aspects pratiques : JCP* N 2017, n° 12, 1138 ; *Successions : 1er novembre 2017, le rôle nouveau du notaire est arrivé ! : JCP* N 2017, n° 43-44, 1301 ; *L'élaboration du testament : JCP* N 2020, n° 12, 1071 ; *Le cantonnement : approche pratique : JCP* N 2023, n° 01, 1003.
• N. Levillain, *Mise en pratique du nouveau prélèvement compensatoire : JCP* N 2022, n° 4, 1057.
• J.-J. Lubin, *Exonération de droits de mutation à titre gratuit sur les dons et legs faits aux établissements publics et d'utilité publique : RFP* 2019, act. 66.
• É. Mallet, *Accompagnement du vieillissement : les principales mesures contenues dans la loi du 28 décembre 2015 : JCP* N 2016, n° 1, act. 100.
• M. Mathieu, *Libéralités graduelles ou résiduelles. – Clauses facilitant la liquidation : JCP* N 2018, n° 1, 1003.
• G. Michaux et P. Bonduelle, *Enterrement de première classe pour la réserve héréditaire : une révolution du droit des successions internationales : RFP* 2018, comm. 2.
• M. Michel, *Les principales mesures de la loi de finances pour 2023 relatives à la fiscalité patrimoniale : RFP* 2023, étude 1.
• D. Montoux et M. Mathieu, *Délivrance d'un legs alternatif : JCP* N 2018, n° 11, 1131.
• D. Montoux et A. Tani, *Legs en usufruit au partenaire de Pacs. Formule pour exclure ou maintenir l'article 917 du Code civil : JCP* N 2022, n° 35, 1210.
• M. Nicod, *Quand la clause d'administration légale vaut legs : Dr. famille* 2015, comm. 75 ; *Assiette du legs de la quotité disponible : Dr. famille* 2015, comm. 223 ; *L'effacement d'une clause pénale testamentaire : JCP* N 2016, n° 18, act. 578 ; *Proportionnalité des clauses pénales : épisode 2 : Dr. famille* 2016, comm. 152 ; *Conditions d'appartenance du légataire universel à la catégorie des « héritiers » : Dr. famille* 2018, comm. 69 ; *Les aides à domicile peuvent de nouveau recevoir des libéralités ! : Dr. famille* 2021, comm. 75 ; *De la distinction du legs graduel et du legs résiduel : Dr. famille* 2021, comm. 98 ; *Quand le legs de la quotité disponible est à titre universel : Dr. famille* 2022, comm. 18 ; *Capacité du légataire et changement de la loi applicable : Dr. famille* 2022, comm. 89.
• M. Nicod et A. Tani, *Comment liquider une libéralité en usufruit : JCP* N 2022, n° 35, 1209 ; *Consécration de l'imputation « en assiette » des libéralités en usufruit : Dr. famille* 2022, comm. 146.
• H. Péroz, *Le droit de prélèvement compensatoire ou la mise à mal de la pratique des successions internationales : JCP* N 2021, n° 35, act. 805 ; *Le droit de prélèvement compensatoire : tout nouveau, tout faux ? : Dr. famille* 2021, comm. 146.
• V. Perruchot-Triboulet et A. Cermolacce, *Intérêt patrimonial de l'enfant et clause d'exclusion de*

l'administration légale des biens donnés ou légués au mineur : *JCP* N 2018, n° 30-34, 1260.
• N. Randoux, *Réduction en valeur du legs universel, confirmation jurisprudentielle* : *JCP* N 2016, n° 35, 1251 ; *Réserve héréditaire : rappel opportun de la Cour de cassation* : *JCP* N 2018, n° 3, 1046.
• Fr. Sauvage, *La décharge de l'héritier de la caution* : *JCP* N 2017, n° 21, 1187.
• A. Sériaux, *La réserve à la croisée des chemins* : *Dr. famille* 2020, étude 14.
• A. Tani, *Inefficacité de la clause pénale en cas d'exercice de l'action en réduction : assimilation d'un revirement jurisprudentiel ?* : *Dr. famille* 2018, comm. 72 ; *La réserve héréditaire : règle d'ordre public ou règle impérative ?* : *Dr. famille* 2018, comm. 243 ; *JCP* N 2019, n° 8-09, 1122 ; *Concilier réserve héréditaire et philanthropie « à la française » ?* : *Dr. famille* 2020, comm. 122 ; *Action en réduction et devoir notarial renforcé : la loi doit-elle énoncer des évidences ?* : *JCP* N 2022, n° 2, act. 133.
• F. Vancleemput, L. Fabre et E. Grimond, *Nouveautés en matière de récupération des aides sociales* : *JCP* N 2017, n° 28, 1238.
• V. Zalewski-Sicard, *La révocation pour ingratitude et le légataire universel* : *JCP* N 2021, n° 15-16, 1156.

Fiche 53

Rédiger un testament

Sommaire

I Aperçu rapide 597
A Éléments-clés 597
B Textes 597
II Préparation de l'acte 598
A Mise au point de la stratégie avec le client 598
1 Analyse de l'objectif du client 598
2 Conseils à donner 598
3 Alertes 599
B Vérifications préalables 599
1 Expression de la volonté du testateur 599
2 Choix de la forme testamentaire 601
3 Capacité de disposer et de recevoir par testament 603
4 Constitution du dossier 607
III Rédaction et formules 608
A Rédaction 608
1 Confection du testament authentique 608
2 Contenu du testament 612
B Formules 615
IV Formalités et taxation 616
A Formalités 616
B Taxation 616
1 Enregistrement 616
2 Tarif des notaires 616

I Aperçu rapide

A Éléments-clés

2898 Le testament est un acte par lequel le testateur dispose, pour le temps où il n'existera plus, de tout ou partie de ses biens ou de ses droits et qu'il peut révoquer (C. civ., art. 895).

Au gré du disposant, le testament peut être fait en la forme olographe ou mystique ou bien par acte public (C. civ., art. 969). Toutefois, dans certains cas, la forme testamentaire n'est pas libre. Ainsi, si un époux souhaite priver son conjoint des droits d'habitation sur le logement familial et d'usage sur le mobilier le garnissant, il ne peut le faire qu'aux termes d'un testament authentique (C. civ., art. 764, al. 1er). Il en va de même si l'un des parents entend reconnaître son enfant par voie testamentaire (C. civ., art. 316).

Tout testament doit être écrit et répondre aux contraintes rédactionnelles propres à chaque forme légalement admise.

La législation française prohibe les testaments dits « conjonctifs ». Sous peine de nullité, un testament ne saurait être fait dans le même acte par deux ou plusieurs personnes, soit au profit d'un tiers, soit à titre de disposition réciproque ou mutuelle.

La validité du testament suppose aussi le respect de certaines règles de capacité tant de la part du testateur que de celle des bénéficiaires de la libéralité.

L'indication de la date a une importance particulière car c'est à ce jour qu'il faut se placer pour déterminer la capacité du testateur. De plus, la date permet d'établir l'ordre des testaments, si le défunt en laisse plusieurs.

B Textes

- C. civ., art. 895.
- C. civ., art. 967 à 1061.

II

Préparation de l'acte

A Mise au point de la stratégie avec le client

1 Analyse de l'objectif du client

2899 **Transmission patrimoniale.** Quand une personne rédige un testament, elle exprime sa volonté de ne pas laisser jouer les principes de la dévolution successorale légale et d'arrêter elle-même les modalités de transmission à titre gratuit et à cause de mort de ses biens et droits.

2900 **Dispositions extrapatrimoniales.** Il n'est pas obligatoire que le testament renferme des dispositions patrimoniales. Son auteur peut se contenter d'exhéréder un héritier ou prendre des dispositions extrapatrimoniales, comme la reconnaissance d'un enfant ou la nomination d'un tuteur à ses enfants mineurs.

2901 **Choix de la forme testamentaire.** Au gré du disposant, le testament peut être fait en la forme olographe ou mystique ou bien par acte notarié (C. civ., art. 969). Dans certains cas exceptionnels, sont autorisés des testaments dits « privilégiés » passés en une forme particulière.
Si aucune forme interne ne lui convient, une personne est en droit de disposer de ses biens par la voie du testament international (V. Fiche 54 : Rédiger un testament international ou *JCl. Pratique notariale – Les actes*, Fasc. 1527, *Testament international*).

2 Conseils à donner

2902 **Testament olographe.** Si un client veut tester sous la forme olographe, il convient de lui rappeler que ce type de testament n'est valable que s'il est écrit en entier, daté et signé par lui (pour un rappel des raisons d'être de cette règle, V. Rép. min. n° 73270 : *JOAN* Q 3 mai 2016, p. 3846 ; *JCP* N 2016, n° 21, act. 685). Le testateur doit savoir qu'il n'est pas possible d'utiliser une formule préétablie, une machine à écrire ou un ordinateur.

2903 **Capacité de lire.** Il est nécessaire de signaler aux personnes qui ne savent ou ne peuvent lire, qu'elles ne sauraient tester sous la forme mystique (C. civ., art. 978). En effet, la capacité de lire doit exister au moment de la présentation de l'écrit au notaire et aux témoins (Cass. 1re civ., 12 oct. 2022, n° 21-11.408 : *JurisData* n° 2022-016546 ; *JCP* N 2022, n° 43, act. 989 ; *JCP* G 2022, 1402, G. Raoul-Cormeil ; *Dr. famille* 2022, comm. 177, M. Nicod ; *JCP* G 2023, doctr. 108, spéc. n° 10, R. Le Guidec ; en l'espèce, la testatrice avait fait rédiger son testament par un tiers sous forme dactylographiée ; elle était malvoyante et, en conséquence, dans l'impossibilité de relire le texte et d'en vérifier personnellement le libellé ; son testament a été déclaré nul, pour défaut de respect des exigences légales).

2904 **Protection des héritiers réservataires.** Il convient d'expliquer au testateur qu'au regard du droit français, ses dispositions de dernière volonté ne pourront excéder une certaine quotité, s'il laisse au moins un enfant à son décès (C. civ., art. 913, al. 1er. – V. *JCl. Notarial Formulaire*, V° *Quotité disponible et réserve*, Fasc. 10 à 300 ou *JCl. Liquidations-Partages*, V° *Quotité disponible et réserve*, Fasc. 10 à 300). En droit français la réserve héréditaire est « d'ordre public interne » et ne peut être écartée par des dispositions testamentaires établies selon la loi du domicile du défunt et régissant son statut personnel (Cass. 1re civ., 4 juill. 2018, n° 17-16.515 : *JurisData* n° 2018-011782 : *JCP* N 2018, n° 29, act. 657 ; *JCP* N 2018, n° 41, 1313, É. Fongaro ; *Dr. famille* 2018, comm. 243, A. Tani ; en l'espèce, le testament n'a pas pu modifier les droits appartenant aux héritiers réservataires sur les immeubles successoraux soumis à la loi française).

ATTENTION **Il est important de prévenir le testateur qu'à son décès, si le notaire chargé du règlement de sa succession constate que les droits réservataires d'un héritier sont susceptibles d'être atteints par les libéralités qu'il aura consenties, il informera chaque héritier concerné et connu, individuellement et, le cas échéant, avant tout partage, de son droit de demander la réduction des libéralités qui excéderont la quotité disponible (C. civ., art. 921, al. 2, réd. L. n° 2021-1109, 24 août 2021, art. 24). Le disposant doit savoir que chacun de**

ses héritiers réservataires bénéficiera d'une information individuelle et des conseils appropriés formulés par écrit.

2905 **Respect des droits du conjoint survivant.** Il peut également s'avérer utile de préciser au testateur que ses libéralités ne pourront excéder les 3/4 des biens si, à défaut de descendant, il laisse un conjoint survivant, non divorcé (C. civ., art. 914-1. – V. *JCl. Notarial Formulaire*, V° *Conjoint survivant*, Fasc. 10).

2906 **Nécessaire acceptation du légataire universel ou à titre universel.** Enfin, avant de rédiger son œuvre testamentaire, le disposant doit savoir que sa volonté unilatérale ne saurait contraindre son légataire universel ou à titre universel à recevoir des droits successoraux, ni à supporter une dette. Le légataire universel ou à titre universel dispose, en effet, d'une option lui permettant d'accepter purement ou simplement ou à concurrence de l'actif net ou bien encore de renoncer (arg. C. civ., art. 924-1. – V. *JCl. Pratique notariale – Les actes*, Fasc. 1350, *Option successorale*).

3 Alertes

2907 **Caractère révocable du testament.** Il est impératif de prévenir le disposant que tout testament, quel que soit son support formel, est révocable (C. civ., art. 895. – Cass. 1re civ., 6 mars 2019, n° 18-14.784 : *JurisData* n° 2019-003330 ; *Dr. famille* 2019, comm. 112, A. Tani). Cette révocabilité est d'ordre public. Toute clause par laquelle le testateur renoncerait à révoquer ou à modifier son testament serait nulle (V. *JCl. Pratique notariale – Les actes*, Fasc. 1495, *Révocation de testament*).

2908 **Forme authentique obligatoire.** Si un époux souhaite priver son conjoint des droits d'habitation sur le logement familial et d'usage sur le mobilier le garnissant accordés par l'article 764 du Code civil, il doit être averti qu'il ne peut s'exprimer que dans le cadre d'un testament authentique (C. civ., art. 764, al. 1er). Toute autre forme de testament est donc proscrite dans ce domaine.
Il en est de même si un père ou une mère entend reconnaître son enfant par voie testamentaire. La forme du testament n'est pas libre. Seul un testament authentique permet d'établir valablement le lien de filiation (C. civ., art. 316. – V. *JCl. Notarial Formulaire*, V° *Reconnaissance d'enfant*, Fasc. 5).

2909 **Ordre public international français.** Lorsqu'un Français résidant hors de notre territoire manifeste la volonté de choisir, par une clause testamentaire, une loi successorale étrangère, en considérant qu'elle correspond le mieux à ses aspirations personnelles (V. ci-après, nos 2979 et s., « Contenu du testament »), il est très important de lui expliquer les conséquences de sa décision.
Le praticien se doit d'analyser la situation familiale et patrimoniale de son client et de lui donner toutes informations, afin qu'il se détermine, en pleine connaissance de cause. Si le testateur choisit une loi lui permettant d'exhéréder ses enfants, il convient de l'avertir que la jurisprudence française lui reconnaît désormais cette liberté, sous réserve de ne pas laisser ses descendants dans le dénuement, au moment de son décès.
Dans l'exercice de son devoir de conseil, le notaire peut s'appuyer sur deux arrêts de la Cour de cassation. La Haute juridiction, a en effet, considéré qu'une loi étrangère désignée par la règle de conflit qui ignore la réserve héréditaire n'est pas en soi contraire à l'ordre public international français et ne peut être écartée que si son application concrète, au cas d'espèce, conduit à une situation incompatible avec les principes du droit français considérés comme essentiels (Cass. 1re civ., 27 sept. 2017, n° 16-13.151 : *JurisData* n° 2017-018698. – Cass. 1re civ., 27 sept. 2017, n° 16-17.198 : *JurisData* n° 2017-018703 ; *JCP* N 2017, n° 45, 1305, É. Fongaro ; *JCP* G 2017, 1236, C. Nourissat et M. Revillard ; *Dr. famille* 2017, comm. 230, M. Nicod ; *D.* 2017, p. 2185, J. Guillaumé ; *Dr. famille* 2018, chron. 1, spéc. n° 28, V. Égéa ; dans les deux espèces, après avoir énoncé que la loi normalement applicable à la succession était celle de l'État de Californie, qui ne connaît pas la réserve héréditaire, les arrêts ont relevé qu'il n'était pas soutenu que l'application de cette loi laisserait les enfants du défunt « dans une situation de précarité économique ou de besoin » et qu'il n'y avait donc pas lieu d'écarter cette loi au profit de la loi française).

B Vérifications préalables

2910 **Il conviendra de contrôler** :
- identité du testateur ;
- volonté réelle de tester ;
- choix de la forme testamentaire ;
- intentions du testateur.

1 Expression de la volonté du testateur

2911 **Existence d'une réelle volonté.** Avant toute autre recherche, le notaire est tenu de se préoccuper de la volonté de tester de son client.

Le testament doit, en effet, contenir une disposition de biens présentant un caractère impératif et non un conseil ou une recommandation.

2912 **Exécution au décès.** L'existence d'une volonté ne suffit pas. Il n'y a testament que si l'acte contient des dispositions de dernière volonté devant prendre effet après le décès de son auteur.

2913 **Acte unilatéral.** Le testament est un acte juridique unilatéral. La déclaration de volonté du testateur est efficace par elle-même. Sa validité intrinsèque n'est pas subordonnée à l'acceptation du bénéficiaire.

De plus, un testament ne saurait être fait dans le même acte par deux ou plusieurs personnes, soit au profit d'un tiers, soit à titre de disposition réciproque ou mutuelle (C. civ., art. 968). Cette prohibition des testaments dits « conjonctifs » est sanctionnée par la nullité (C. civ., art. 1001) et s'applique à tous les testaments, quelle que soit leur forme.

Ainsi, à titre d'exemple, des partenaires ne sauraient introduire une clause testamentaire dans leur convention de PACS prévoyant qu'en « cas de décès de l'un ou de l'autre », l'ensemble des biens en indivision « sera légué au partenaire survivant ». Un arrêt de la cour d'appel de Nancy, en date du 23 mai 2017, a jugé qu'un acte ainsi rédigé constitue un testament conjonctif tombant sous le coup de l'interdiction édictée par l'article 968 du Code civil, dans la mesure où les dernières volontés des auteurs sont rédigées sur un seul et même écrit et où leurs dispositions sont intellectuellement indissociables (CA Nancy, 1re ch. civ., 23 mai 2017, n° 16/00964 : *JurisData* n° 2017-010347 ; *Dr. famille* 2017, comm. 184, M. Nicod). La Cour de cassation a approuvé cette décision, tout en fixant les principes des droits fondamentaux des partenaires. Ainsi, aux yeux de la Haute juridiction : « L'exigence de forme édictée par l'article 968 du Code civil ne porte atteinte ni au droit à la vie privée et familiale ni au droit de propriété, dès lors que le testateur conserve la libre disposition de ses biens ». Enfin, l'article 1er du Protocole n° 1 additionnel à la Convention européenne de sauvegarde des droits de l'homme et des libertés fondamentales ne garantit pas le droit d'acquérir des biens par voie de succession ab intestat ou de libéralités » (Cass. 1re civ., 4 juill. 2018, n° 17-22.934 : *JurisData* n° 2018-011767 : *JCP* N 2018, n° 40, act. 774, Cl. Brenner ; *Dr. famille* 2018, comm. 244, M. Nicod ; *JCP* G 2019, doctr. 84, spéc. n° 9, R. Le Guidec ; *JCP* G 2019, doctr. 215, spéc. n° 6, H. Bosse-Platière).

2914 **Acte révocable.** Le testament est révocable. Le disposant peut toujours anéantir son écrit qui, jusqu'à son décès, n'est qu'un projet, ne donnant aucun droit au légataire avant l'ouverture de la succession (C. civ., art. 895).

> ATTENTION **La révocabilité du testament est d'ordre public. Toute clause par laquelle le testateur renoncerait à révoquer ou à modifier son testament serait nulle.**

2915 **Acte solennel.** La validité du testament est subordonnée à l'observation de certaines formes prescrites par la loi, dans le but de donner un caractère aussi certain que possible à la manifestation de la volonté du testateur. Le Code civil n'admet que le testament écrit (C. civ., art. 969). Il s'agit d'une condition de formation et de validité et non d'une simple condition de preuve.

Les héritiers ne sont pas liés par les dispositions verbales que le défunt aurait pu prendre. Toutefois, selon la jurisprudence, un legs verbal, nul de plein droit, peut, comme constituant une obligation naturelle, servir de cause à une obligation civile valable que les héritiers sont en droit d'exécuter, après le décès.

Il est à noter que dans sa rédaction issue de l'ordonnance n° 2016-131 du 10 février 2016 portant réforme du droit des contrats, du régime général et de la preuve des obligations, le deuxième alinéa de l'article 1100 du Code civil dispose que les obligations « peuvent naître de l'exécution volontaire ou de la promesse d'exécution d'un devoir de conscience envers autrui ». Ainsi, la promesse d'exécuter une obligation naturelle, en pleine connaissance de cause, la transformant ainsi en obligation civile, se trouve légalement consacrée et, selon l'opinion d'un auteur, pourrait être très utile, en pratique, pour valider, notamment, les dernières volontés du défunt qui n'auraient pas été prises par écrit et qu'un héritier s'engagerait à respecter (M. Mekki, *L'ordonnance du 10 février 2016 réforme le droit des contrats et des obligations : JCP* N 2016, n° 7-8, act. 297).

2916 **Formes imposées.** L'écrit testamentaire ne peut être fait que dans les 3 formes prévues à l'article 969 du Code civil. En conséquence, le testament doit être olographe ou fait par acte public ou dans la forme mystique.

L'inobservation des formes légales entraîne la nullité absolue du testament. L'acte nul en la forme ne peut pas être confirmé, sauf à le reprendre dans un deuxième testament formellement valable. À cet égard, on notera que la Cour de cassation estime que « la confirmation, par un testament régulier, d'un premier testament nul en la forme, ne peut faire revivre que celles des dispositions de ce premier testament que le second rappelle en termes exprès et auxquelles il donne ainsi une existence légale. Les dispositions du premier testament, qui ne sont pas renouvelées par le second, ne peuvent avoir plus de force que le testament qui les contient et tombent avec lui » (Cass. 1re civ., 31 mars 2016, n° 15-17.039 : *JurisData* n° 2016-005784 ; *JCP* N 2016, n° 15, act. 526 ; *Dr. famille* 2016, comm. 131, A. Tani. – V. égal., CA Angers, 1re ch., sect. B, 30 août 2018, n° 16/02494 ; *JurisData* n° 2018-014915).

2 Choix de la forme testamentaire

2917 **Nécessaire information.** Le notaire doit faire porter ses vérifications sur l'intention de son client au regard de la forme qu'il entend employer pour rédiger ses dernières volontés. Il conseillera utilement le disposant en lui présentant les contraintes rédactionnelles propres à chaque testament, ainsi que les avantages et inconvénients des différentes formes légalement admises.

a) Testament olographe

2918 **Présentation.** Le testament olographe n'est pas valable, s'il n'est écrit en entier, daté et signé de la main du testateur. Il n'est assujetti à aucune autre forme (C. civ., art. 970. – CA Versailles, 1re ch., sect. 1, 3 nov. 2017, n° 16/03329 : *JurisData* n° 2017-021689. – CA Amiens, 1re ch. civ., 15 sept. 2020, n° 18/04219 : *JurisData* n° 2020-013353).
Ce type de testament est simple et peut donc être utilisé par tout français sachant écrire.
La simplicité de rédaction offre de réels avantages, mais n'est pas non plus dénuée d'inconvénients. Le document risque, en effet, de disparaître ou d'être contesté. Par conséquent, il est nécessaire de prendre de sérieuses précautions, tant pour la rédaction du texte, que pour sa conservation.

> ATTENTION **Selon la Cour de cassation, un testament olographe rédigé dans une langue que le disposant ne maîtrisait pas ne peut être considéré comme l'expression de la volonté de son auteur et se trouve entaché de nullité, pour non-respect de la condition d'écriture édictée par l'article 970 du Code civil (Cass. 1re civ., 9 juin 2021, n° 19-21.770 : *JurisData* n° 2021-008928 ; *JCP* N 2021, n° 38-39, 1289, G. Sebban ; *Dr. famille* 2021, comm. 132 ; *Dr. famille* 2022, chron. 1, spéc. n° 14, obs. A. de Guillenchmidt-Guignot et S. Hamou ; *JCP* G 2022, doctr. 115, spéc. n° 6, R. Le Guidec).**

2919 **Date et signature.** L'énonciation de la date est une condition essentielle de la validité d'un testament olographe. L'acte doit être daté à peine de nullité ; étant précisé que la Cour de cassation se montre moins rigoureuse que par le passé et considère, de nos jours, qu'en dépit de son absence de date, un testament olographe n'encourt pas la nullité, dès lors que des éléments intrinsèques à l'acte, corroborés par des éléments extrinsèques, établissent qu'il a été rédigé au cours d'une période déterminée ; toutefois, le testament échappe à la nullité uniquement s'il n'est pas démontré qu'au cours de la période déterminée de rédaction, le testateur a été frappé d'une incapacité de tester ou a rédigé un testament révocatoire ou incompatible.
La signature est aussi une formalité substantielle. Elle identifie son auteur qui, en signant, manifeste sa volonté d'approuver les termes écrits et leur conférer valeur testamentaire.

> CONSEIL **Même si l'évolution jurisprudentielle montre que l'exigence de la date est moins stricte que par le passé et n'entraîne pas systématiquement la nullité du testament, il convient, de nos jours, encore, de conseiller au disposant de respecter le formalisme édicté par l'article 970 du Code civil et d'apposer de sa main la date précise (jour, mois et année) de son testament olographe.**

2920 **Conservation du testament.** Le testament olographe peut être conservé dans n'importe quel lieu choisi par son auteur mais il est conseillé de le déposer chez un notaire (V. *JCl. Notarial Formulaire*, V° *Testament*, Fasc. 40).

> CONSEIL **La personne qui dépose son testament sous enveloppe cachetée à l'étude peut opportunément être invitée par le notaire à l'ouvrir, afin d'en vérifier la perfection formelle et la rédaction. Il arrive, en effet, que le testament ne soit pas signé ou ne soit pas rédigé clairement (V. *JCl. Notarial Formulaire*, V° *Testament*, Fasc. 20 et 40).**

b) Testament authentique

2921 **Atouts majeurs.** Le testament authentique présente un certain nombre d'avantages :
– dicté par le testateur, c'est la seule forme utilisable, si un individu ne sait ou ne peut pas signer ;
– écrit par le notaire, il est moins sujet à interprétation que le testament olographe ; il bénéficie

de la force probante et de la date certaine attachées à tout acte authentique ;
- lu par le notaire, en présence de témoins, il assure une conformité totale entre la volonté exprimée oralement par le testateur et les dispositions consignées par écrit par le notaire ;
- établi en minute, le risque de destruction et de détournement est réduit ; certes, un testament olographe peut être déposé dans le coffre d'un notaire mais aucun document n'est établi quant à son contenu, alors que le testament authentique figure sur le répertoire des actes tenu par le notaire ; si l'acte est dressé sur support électronique, sa conservation est assurée de façon sécurisée par le minutier central électronique des notaires de France (MICEN) établi et contrôlé par le Conseil supérieur du notariat (D. n° 71-941, 26 nov. 1971, art. 28. - V. *JCl. Notarial Formulaire*, V° *Acte notarié*, Fasc. 32) ;
- classiquement, la forme notariée évitait au légataire universel de demander l'envoi en possession (arg. C. civ., art. 1008, ancien) ; cet argument en faveur du testament authentique a perdu une grande partie de sa portée ; en effet, depuis le 1er novembre 2017, le recours à la procédure judiciaire d'envoi en possession du légataire universel désigné par testament olographe ou mystique, en l'absence d'héritiers réservataires, n'est plus systématique (C. civ., art. 1007. - CPC, art. 1378-1 et 1378-2. - Circ. n° JUSC1638274C, 26 janv. 2017, fiche 11 : *BO Justice*, n° 2017-06, 30 juin 2017, p. 27 et 28. - V. Fiche 52 : Rédiger un legs ou *JCl. Pratique notariale - Les actes*, Fasc. 1290, *Legs*. - V. égal. *JCl. Notarial Formulaire*, V° *Testament*, Fasc. 230).

2922 **Inconvénients.** Le testament authentique présente, cependant, certains inconvénients :
- la rigueur des règles de forme ; néanmoins, un testament authentique nul, pour non-respect des articles 971 à 975 du Code civil, peut valoir en tant que testament international, dès lors que les formalités prescrites par la Convention de Washington du 26 octobre 1973 ont été accomplies, sous réserve que la nullité de ce testament n'ait pas été prononcée également pour insanité d'esprit de son auteur, en application des dispositions de l'article 901 du Code civil ;
- le testateur peut redouter que les témoins diffusent son contenu, lui faisant perdre son caractère secret mais cet inconvénient n'existe plus si les témoins sont remplacés par un deuxième notaire ;
- cette forme testamentaire est un peu plus onéreuse que le testament olographe, en raison des honoraires perçus par le notaire.

c) Testament mystique

2923 **Définition.** Le testament mystique est celui que le testateur, sachant lire, écrit lui-même ou fait écrire par un tiers et qu'il présente, après l'avoir signé, clos, cacheté et scellé à un notaire et à deux témoins ou qu'il fait clore, cacheter et sceller en leur présence, le notaire devant dresser l'acte de suscription (C. civ., art. 976 à 979).

2924 **Rédaction.** La loi impose plusieurs règles quant à l'écriture et la signature. En revanche, elle n'exige pas que le testateur appose une date sur ses écrits car le testament mystique ne prend date que du jour où est dressé l'acte notarié attestant l'origine et la sincérité des intentions finales.
Le testament peut être écrit à la main ou mécaniquement (C. civ., art. 976), par le testateur ou par un tiers. Il n'y a pas lieu d'indiquer le nom de la personne qui a écrit.
Rappelons toutefois que les personnes qui ne savent ou ne peuvent lire ne peuvent faire de dispositions dans la forme du testament mystique (C. civ., art. 978. - Cass. 1re civ., 12 oct. 2022, n° 21-11.408 : *JurisData* n° 2022-016546 ; *JCP* N 2022, n° 43, act. 989 ; *JCP* G 2022, 1402, G. Raoul-Cormeil ; *Dr. famille* 2022, comm. 177, M. Nicod ; *JCP* G 2023, doctr. 108, spéc. n° 10, R. Le Guidec).

2925 **Signature.** Le testateur doit obligatoirement signer ses dispositions de dernière volonté (C. civ., art. 976, al. 2). Si le testament est écrit par un tiers, il n'est pas nécessaire que ce dernier signe.

> ATTENTION **Si l'écrit contenant les dernières volontés n'est pas signé par le testateur, il est nécessaire de mentionner sur l'acte de suscription que le testateur a déclaré ne pas savoir signer ou n'avoir pu le faire lorsqu'il a fait écrire ses dispositions (C. civ., art. 977).**

2926 **Présentation au notaire et aux témoins.** Afin de transformer en un testament mystique, l'écrit qui n'est encore qu'un projet, le testateur le présente clos, cacheté et scellé au notaire et à deux témoins ou le fait clore, cacheter et sceller en leur présence et déclare que le contenu de ce papier est son testament, signé de lui et écrit par lui ou par un autre, en affirmant, dans ce cas, qu'il en a personnellement vérifié le libellé ; il précise le mode d'écriture utilisé (C. civ., art. 976, al. 2).
La mission du notaire et des témoins est de constater que l'écrit exprime effectivement les dernières volontés de son auteur.

Cette formalité de présentation ne peut en être dissociée de l'élaboration de l'acte de suscription (C. civ., art. 976, al. 4).

2927 **Acte de suscription.** Cet acte, dressé en brevet, a pour objet de constater, par l'attestation du testateur, du notaire et des témoins l'état extérieur du pli présenté et ses principales caractéristiques, la présentation par le testateur et la déclaration faite par le testateur.

> ATTENTION **Le testament est nul si l'acte de suscription est rédigé sur une feuille séparée.**

2928 **Remise du testament.** L'acte de suscription étant établi en brevet, il peut être remis au testateur dès sa rédaction ou ultérieurement si, après l'avoir confié au notaire, le testateur le demande (V. *JCl. Notarial Formulaire*, V° *Testament*, Fasc. 50).

d) Testaments spéciaux

2929 À l'occasion de ses vérifications sur l'intention de son client au regard de la forme qu'il entend utiliser, le notaire ne doit pas omettre de lui parler des testaments exceptionnels, appelés « testaments privilégiés », régis par les articles 996 à 998 du Code civil. Tout individu peut, en effet, se trouver, à un moment donné de sa vie, confronté à une situation permettant ce type de testaments. Ces actes sont, en réalité, des testaments authentiques pour lesquels la loi présume, qu'en raison des circonstances, il ne peut pas être fait appel à un notaire. L'acte est alors reçu par des personnes exceptionnellement pourvues de pouvoirs spéciaux. En pratique, ces testaments sont peu utilisés car il est toujours possible de rédiger un testament olographe (V. *JCl. Notarial Formulaire*, V° *Testament*, Fasc. 60).

2930 **Testaments des Français à l'étranger.** Les Français se trouvant dans un pays étranger peuvent faire leurs dispositions testamentaires, soit en la forme olographe, dans les conditions prescrites par l'article 970 du Code civil, soit par acte authentique avec les formalités prévues par la législation du pays où l'acte est passé (C. civ., art. 999).

À ces deux formes, il convenait, jusqu'à maintenant, d'ajouter le testament reçu par les agents diplomatiques ou consulaires exerçant les attributions notariales dans le pays où résidait le testateur. Un arrêté du 18 décembre 2017 (*JO* 20 déc. 2017) fixait la liste des postes diplomatiques et consulaires dans lesquels étaient exercées des attributions notariales. Cet arrêté a été abrogé par un arrêté du 28 septembre 2018 (*JO* 9 oct. 2018) prenant effet au 1er janvier 2019 ; en conséquence, cette date a marqué la fin de l'activité notariale des agents diplomatiques et consulaires, tant dans l'espace économique européen que dans le reste du monde. Il est à noter toutefois que le décret n° 91-152 du 7 février 1991 relatif aux attributions notariales des agents diplomatiques et consulaires n'est toujours pas abrogé à ce jour.

Enfin, depuis la ratification par la France de la Convention de Washington du 26 octobre 1973, un Français est en droit d'utiliser la forme du testament international (V. Fiche 54 : Rédiger un testament international ou *JCl. Pratique notariale – Les actes*, Fasc. 1527, *Testament international* et *JCl. Notarial Formulaire*, V° *Testament international*, Fasc. 10).

> CONSEIL **Un Français se trouvant à l'étranger qui ne souhaite pas rédiger ses dispositions testamentaires par acte sous signature privée (C. civ., art. 970) est invité à faire établir son testament auprès d'un notaire en France ou à s'adresser à un homme de loi local susceptible de traduire sa volonté dans un acte authentique (V. *JCl. Notarial Formulaire*, V° *Acte notarié*, Fasc. 50 et *JCl. Notarial Formulaire*, V° *Testament*, Fasc. 60).**

2931 **Enregistrement en France.** Dans le cadre de ses informations et vérifications, le notaire doit préciser à son client que le testament fait par un Français en pays étranger ne pourra être exécuté sur les biens situés en France, qu'après avoir été enregistré au bureau de l'enregistrement du domicile du testateur, s'il en a conservé un, sinon au bureau de son ancien domicile connu en France et que dans le cas où le testament contiendrait des dispositions d'immeubles, il devra être enregistré au bureau de la situation de ces immeubles, sans qu'il soit exigé un double droit (C. civ., art. 1000 et CGI, art. 655. – Cass. 1re civ., 13 avr. 2022, n° 20-23.530 : *JurisData* n° 2022-005622 ; *JCP* N 2022, n° 40, 1235, spéc. n° 6, M. Devisme. – V. *JCl. Notarial Formulaire*, V° *Testament*, Fasc. 60).

3 Capacité de disposer et de recevoir par testament

2932 **Il conviendra de contrôler :**
- état civil du disposant ;
- capacité du testateur et du légataire ;
- intentions du testateur.

2933 Liberté de principe. Si le testament doit être régulier en la forme, il doit aussi respecter certaines règles de capacité tant de la part du testateur que de celle des bénéficiaires de la libéralité.
Aux termes de l'article 902 du Code civil, toutes personnes peuvent disposer et recevoir par testament, excepté celles que la loi en déclare incapables. La capacité constitue donc la règle et l'incapacité l'exception mais, dans le cadre testamentaire, une vigilance particulière s'impose.

a) Capacité du testateur

• Règles générales

2934 Volonté raisonnable. Pour faire un testament, il faut être sain d'esprit (C. civ., art. 901). En conséquence, un individu doit jouir de la plénitude de ses facultés intellectuelles pour tester valablement (CA Versailles, 1re ch., sect. 1, 7 mai 2019, n° 17/07077 : *JurisData* n° 2019-007211. – CA Pau, 2e ch., sect. 2, 13 janv. 2020, n° 16/02435 : *JurisData* n° 2020-002210. – V. *JCl. Notarial Formulaire*, V° *Mineurs. Majeurs protégés*, Fasc. 510 et *JCl. Notarial Formulaire*, V° *Testament*, Fasc. 100).
Le testament qui n'émane pas d'une volonté libre et raisonnable peut être annulé pour insanité d'esprit, sur le fondement des articles 414-1, 414-2 et 901 du Code civil combinés.
Aux yeux des juges, la nullité du testament fondée sur l'insanité d'esprit de son auteur ne peut être demandée que par les successeurs universels légaux ou testamentaires et non par un légataire particulier (CA Reims, 1re ch. civ., sect. 2, 16 avr. 2021, n° 19/02480 : *JurisData* n° 2021-005920 ; *Dr. famille* 2021, comm. 113, A. Tani). Le point de départ de l'action en nullité est le décès du testateur.
Enfin, la faculté d'attaquer les dispositions de dernière volonté se trouve renforcée, si l'auteur de l'acte est placé sous un régime de protection continue.

2935 Insanité d'esprit. L'insanité d'esprit permettant, en vertu de l'article 901 du Code civil, de faire prononcer la nullité d'un testament, comprend toutes les variétés d'affections mentales par l'effet desquelles l'intelligence du disposant est obnubilée ou sa faculté de discernement déréglée. Il suffit qu'au moment de la confection du testament, son auteur se soit trouvé dans un état d'esprit qui ne lui permettait pas de se rendre compte de la nature et de la portée de son acte. L'origine du trouble mental importe peu. L'atteinte psychique résultant d'un affaiblissement dû à l'âge, l'usage de l'alcool ou de stupéfiants peut être pris en considération.

> **ATTENTION Toute personne âgée de plus de dix-huit ans (C. civ., art. 414), même si elle est internée, dispose d'une capacité entière. Tout majeur est présumé sain d'esprit et peut librement tester. Celui qui entendra attaquer le testament devra donc prouver l'insanité d'esprit au moment de la rédaction (pour un rappel du principe, V. CA Paris, pôle 3, ch. 1, 8 nov. 2017, n° 16/15107 : *JurisData* n° 2017-022129 ; *Dr. famille* 2018, comm. 47, I. Maria. – CA Versailles, 1re ch., sect. 1, 25 févr. 2020, n° 18/07103 : *JurisData* n° 2020-002427. – CA Paris, pôle 3, ch. 1, 3 juin 2020, n° 18/27549 : *JurisData* n° 2020-007661. – CA Pau, 2e ch., sect. 2, 7 déc. 2020, n° 17/00295 : *JurisData* n° 2020-020177. – CA Aix-en-Provence, 2e et 4e ch. réunies, 13 oct. 2021, n° 18/12404 : *JurisData* n° 2021-015942).**

2936 Majeur sous sauvegarde de justice. Une personne placée sous sauvegarde de justice conserve l'exercice de ses droits (C. civ., art. 435, al. 1er) et peut librement tester. La déclaration de mise sous sauvegarde de justice, en elle-même, n'emporte aucune présomption d'insanité d'esprit (CA Reims, 1re ch., sect. 2, 9 oct. 2020, n° 19/01902 : *JurisData* n° 2020-018731). Néanmoins, s'il est prouvé que l'intéressée n'avait pas toutes ses facultés mentales au moment précis de la confection du testament, ses héritiers pourront le faire annuler, sur le fondement de l'article 901 du Code civil (V. *JCl. Notarial Formulaire*, V° *Mineurs. Majeurs protégés*, Fasc. 510 et 600).

2937 Majeur sous curatelle. Une personne sous curatelle peut librement tester, sauf application de l'article 901 du Code civil s'il y a lieu (C. civ., art. 470, al. 1er). Ses héritiers ont le droit d'attaquer le testament, comme provenant d'une personne qui n'était pas saine d'esprit et le placement sous curatelle est de nature à faciliter l'action. Toutefois, la mise en place d'une curatelle n'implique pas nécessairement une insanité d'esprit susceptible de justifier l'annulation d'un testament rédigé au cours de la mesure de protection (Cass. 1re civ., 14 mars 2018, n° 17-15.406 : *JurisData* n° 2018-003721 ; *Dr. famille* 2018, comm. 137, I. Maria. – V. *JCl. Notarial Formulaire*, V° *Mineurs. Majeurs protégés*, Fasc. 510 et 800).

CONSEIL Si le testament est dressé en la forme authentique, il est conseillé au notaire de s'assurer, par différentes questions, que la personne protégée a bien conscience de l'acte qu'elle dicte et signe.

2938 **Majeur sous tutelle.** Le testament rédigé avant l'ouverture de la tutelle demeure valable, à moins qu'il ne soit établi, qu'après la mise en place du régime de protection, la cause qui avait déterminé le testateur à disposer a disparu (C. civ., art. 476, al. 4). Ce principe n'écarte pas pour autant la faculté d'annulation pour insanité d'esprit (C. civ., art. 414-1 et 901).

Après l'ouverture du régime de protection, le majeur en tutelle peut valablement tester seul, à condition d'y avoir été autorisé par le juge des tutelles des majeurs ou le conseil de famille, s'il a été constitué. À défaut de cette autorisation, l'acte serait nul (C. civ., art. 476, al. 2).

Pour cet acte, le majeur en tutelle ne peut être ni représenté, ni assisté (même texte. – V. *JCl. Notarial Formulaire*, V° *Mineurs. Majeurs protégés*, Fasc. 710).

CONSEIL Si le testament est établi par acte authentique, il semble prudent de le faire recevoir par deux notaires. Les praticiens devront être particulièrement vigilants, afin de le mettre à l'abri de toute action en nullité pour insanité d'esprit. Ils devront s'assurer que le juge des tutelles a procédé à une audition du majeur protégé, pour contrôler sa capacité à exprimer clairement ses volontés ; étant toutefois précisé que le magistrat n'a pas à vérifier le contenu des dispositions que le testateur veut prendre ; le caractère éminemment personnel de l'acte en cause commande une telle solution (Cass. 1re civ., 8 mars 2017, n° 16-10.340 : *JurisData* n° 2017-003895 ; *JCP* N 2017, n° 11, act. 355 ; *Dr. famille* 2017, comm. 109, I. Maria ; *JCP* G 2018, doctr. 123, spéc. n° 9, R. Le Guidec).

2939 **Majeur soumis au dispositif d'habilitation familiale.** Lorsque le juge des tutelles a ordonné une mesure d'habilitation familiale à l'égard d'un majeur « dans l'impossibilité de pourvoir seul à ses intérêts en raison d'une altération, médicalement constatée, soit de ses facultés mentales, soit de ses facultés corporelles de nature à empêcher l'expression de sa volonté » (C. civ., art. 494-1 à 494-12, mod. L. n° 2019-222, 23 mars 2019, art. 29), la personne habilitée doit solliciter l'autorisation de ce magistrat, si elle entend accomplir un acte de disposition à titre gratuit (C. civ., art. 494-6, al. 4) mais cette règle ne s'étend pas au testament, acte personnel, pour lequel aucune représentation ou assistance n'est admise (V. *JCl. Notarial Formulaire*, V° *Mineurs. Majeurs protégés*, Fasc. 520).

Le majeur protégé conserve l'exercice de ses droits autres que ceux dont l'exercice a été confié à la personne habilitée à le représenter (C. civ., art. 494-8, al. 1er, mod. L. n° 2019-222, 23 mars 2019, art. 29, 8°) et, dans la rigueur des principes, demeure libre de tester mais, dans la mesure où ce majeur souffre de troubles mentaux (C. civ., art. 494-1, al. 1er), le testament pourra être contesté, pour insanité d'esprit, dans les conditions de droit commun (C. civ., art. 414-1 et 901, combinés. – V. *JCl. Notarial Formulaire*, V° *Testament*, Fasc. 100 et 102).

2940 **Altération des facultés corporelles.** Le trouble physique, aussi grave soit-il, n'est pas en lui-même, une cause d'annulation du testament, si le testateur est sain d'esprit et peut manifester sa volonté (V. *JCl. Notarial Formulaire*, V° *Mineurs. Majeurs protégés*, Fasc. 510).

2941 **Mineur émancipé.** Un mineur émancipé est capable, comme un majeur, de tous les actes de la vie civile (C. civ., art. 413-6). Il peut, en conséquence, disposer de ses biens par testament (C. civ., art. 904, *a contrario*), sous réserve, bien évidemment, qu'il soit sain d'esprit (C. civ., art. 901. – V. *JCl. Notarial Formulaire*, V° *Mineurs. Majeurs protégés*, Fasc. 400 et *JCl. Notarial Formulaire*, V° *Testament*, Fasc. 100).

• Cas d'incapacité de tester

2942 **Mineur âgé de moins de seize ans.** Le mineur âgé de moins de seize ans ne peut aucunement tester (C. civ., art. 903. – V. *JCl. Notarial Formulaire*, V° *Mineurs. Majeurs protégés*, Fasc. 10).

2943 **Mineur âgé de plus de seize ans.** Le mineur parvenu à l'âge de seize ans et non émancipé peut disposer par testament de la moitié des biens dont la loi permet au majeur de disposer (C. civ., art. 904, al. 1er) et le testament fait pendant la minorité ne s'exécute qu'à concurrence de cette quotité, même si le mineur décède en état de majorité. Il n'existe d'exception qu'en faveur des mineurs appelés sous les drapeaux

Rédiger un testament

pour une campagne de guerre ; pendant la période des hostilités, le mineur est en droit de disposer de la même quotité que s'il était majeur, en faveur d'un parent, jusqu'au sixième degré inclusivement ou en faveur de son conjoint survivant (C. civ., art. 904, al. 2) ; à défaut de parents, il peut disposer comme un majeur (C. civ., art. 904, al. 3).

b) Incapacité de recevoir par testament

2944 **Personnes non conçues.** Pour être capable de recevoir par testament, il suffit d'être conçu à l'époque du décès ; néanmoins, le testament n'aura son effet qu'autant que l'enfant sera né viable (C. civ., art. 906).

Seules sont véritablement prohibées les libéralités directes aux personnes non conçues ; cette règle est logique car de telles libéralités, si elles étaient admises, seraient de nature à générer des chaînes non continues de titulaires de droits ; la loi, elle-même, tempère la règle, lorsqu'elle autorise, notamment, certaines substitutions (C. civ., art. 1048 et 1049).

2945 **Personnes incertaines.** Il est bien acquis, dans le principe, que l'on ne peut gratifier des personnes incertaines. Cette prohibition se rattache à l'idée selon laquelle la chaîne des transmissions d'un droit ne saurait comporter d'interruption, faute de titulaire pour ce droit.

EXEMPLE Ainsi, sont frappés d'inefficacité les legs faits au profit de personnes dont l'identification ne peut être opérée avec suffisamment de précision, compte tenu des indications fournies par le disposant. L'acte ne pourra sortir d'effet, excepté si le bénéficiaire, bien que non déterminé, demeure déterminable.

2946 **Tuteur d'un mineur.** Le mineur, même parvenu à l'âge de seize ans, ne peut disposer au profit de son tuteur et le mineur, devenu majeur ou émancipé, ne saurait disposer, par testament, au profit de celui qui a été son tuteur, si le compte définitif de la tutelle n'a été préalablement rendu et apuré. Il existe une seule exception en faveur de l'ascendant du mineur qui est ou a été son tuteur (C. civ., art. 907. – V. *JCl. Notarial Formulaire*, V° *Testament*, Fasc. 100).

2947 **Médecins, pharmaciens et auxiliaires médicaux.** Les membres des professions médicales et de la pharmacie, ainsi que les auxiliaires médicaux qui ont prodigué des soins à une personne pendant la maladie dont elle meurt ne peuvent profiter des dispositions testamentaires qu'elle aurait faites en leur faveur pendant le cours de celle-ci (C. civ., art. 909, al. 1er. – Cass. 1re civ., 16 sept. 2020, n° 19-15.818 : *JurisData* n° 2020-013351 ; *JCP* N 2020, n° 40, act. 785 ; *Dr. famille* 2020, comm. 151, A. Tani ; *JCP* N 2021, n° 7-08, 1113, N. Peterka).

Les mêmes règles s'appliquent à l'égard du ministre du culte (C. civ., art. 909, al. 1er et 4).

Notons que le Conseil constitutionnel a déclaré le premier alinéa de l'article 909 du Code civil conforme à la Constitution (Cons. const., 29 juill. 2022, n° 2022-1005 QPC : *JurisData* n° 2022-012293 ; *JCP* N 2022, n° 35, act. 817, focus par A. Tani ; *JCP* N 2022, n° 46, 1267, S. Bernard et Z. Bremond : *Dr. famille* 2022, comm. 147, A. Tani ; *JCP* G 2023, doctr. 108, spéc. n° 5, R. Le Guidec).

2948 **Mandataires judiciaires à la protection des majeurs.** Les mandataires judiciaires à la protection des majeurs et les personnes morales au nom desquelles ils exercent leurs fonctions ne peuvent pareillement profiter des dispositions testamentaires que les personnes dont ils assurent la protection auraient faites en leur faveur, quelle que soit la date de la libéralité (C. civ., art. 909, al. 2). Cette incapacité de recevoir à titre gratuit ne s'applique pas à un membre de la famille du disposant, notamment, lorsqu'il exerce les fonctions de curateur (Cass. 1re civ., 17 oct. 2018, n° 16-24.331 ; *JurisData* n° 2018-017988 ; *JCP* N 2018, n° 45, act. 851, I. Maria ; *JCP* N 2019, n° 7, 1107, A. Tani).

Dans les situations visées ci-dessus, sont exceptées :

– les dispositions rémunératoires faites à titre particulier, eu égard aux facultés du disposant et aux services rendus ;

– les dispositions universelles, dans le cas de parenté jusqu'au quatrième degré inclusivement, pourvu toutefois que le décédé n'ait pas d'héritiers en ligne directe ; à moins que celui au profit de qui la disposition a été faite, ne soit lui-même du nombre de ces héritiers (C. civ., art. 909, al. 3).

2949 **Propriétaires, administrateurs et employés de certains établissements de soins ou de services.** Les personnes physiques propriétaires, gestionnaires, administrateurs ou employés d'un établissement ou service soumis à autorisation ou à déclaration en application du Code de l'action sociale et des familles, ainsi que les bénévoles ou les volontaires qui agissent en leur sein ou y exercent une responsabilité, ne peuvent profiter de dispositions à titre gratuit entre vifs ou testamentaires faites en leur faveur par les personnes prises en charge par l'établissement ou le service pendant la durée de cette prise en charge, sous réserve des exceptions prévues aux 1° et 2° de l'article 909 du Code civil (CASF, art. L. 116-4, I, al. 1er, mod. Cons. const. 12 mars 2021, n° 2020-888 QPC : *JO* 13 mars 2021 ; *JurisData* n° 2021-003211 ; *JCP* N 2021, n° 11, act. 327 ; *JCP* N 2021, n° 12, act. 339, N. Peterka ; *Dr. famille* 2021, comm. 75, M. Nicod). Notons que le Conseil constitutionnel a censuré, comme portant une atteinte disproportionnée au droit de propriété, les dispositions de l'article L. 116-4, I du Code de l'action sociale et des familles qui, dans leur rédaction issue de l'ordonnance n° 2016-131 du 10 février 2016, interdisaient aux responsables, aux employés ou bénévoles des sociétés délivrant des services à la personne, ainsi qu'aux personnes directement employées par celles qu'elles assistaient, de recevoir de ces dernières des donations ou des legs. Ainsi, depuis le 12 mars 2021, les personnes dépendantes, âgées ou souffrant d'un handicap, sont en droit de disposer à titre gratuit au profit des auxiliaires de vie employés à leur domicile. Dans sa nouvelle rédaction, le texte reprend la jurisprudence de la Cour de cassation qui estimait, avant 2016, qu'une aide-ménagère n'était pas frappée d'une incapacité de recevoir à titre gratuit et que l'inobservation des obligations mises à sa charge par son employeur ne pouvait affecter la validité du legs que lui avait consenti la personne auprès de laquelle elle intervenait (Cass. 1re civ., 25 sept. 2013, n° 12-25.160 : *JurisData* n° 2013-020182 ; *Dr. famille* 2013, comm. 154, I. Maria ; *JCP* G 2013, 1168, A.-M. Leroyer. – Cass. 1re civ., 5 mars 2014, n° 13-14.093 : *JurisData* n° 2014-003809 ; *Dr. famille* 2014, comm. 78, B. Beignier ; *RTD civ.* 2014, p. 428, M. Grimaldi).

Selon la Cour de cassation, à défaut de dispositions particulières, les actes juridiques sont régis par la loi en vigueur au jour où ils ont été conclus ; par suite, l'existence d'une incapacité de recevoir à titre gratuit s'apprécie à la date du testament (Cass. 1re civ., 23 mars 2022, n° 20-17.663 : *JurisData* n° 2022-004309 ; *JCP* N 2022, n° 13, act. 421 ; *Dr. famille* 2022, comm. 89, M. Nicod ; *JCP* G 2023, doctr. 108, spéc. n° 5, R. Le Guidec).

2950 **Particuliers accueillant ou accompagnant des personnes âgées ou handicapées.** Cette même interdiction est applicable au couple ou à l'accueillant familial soumis à un agrément, en application de l'article L. 441-1 du Code de l'action sociale et des familles, à son conjoint, à la personne avec laquelle il a conclu un pacte civil de solidarité ou à son concubin, à ses ascendants ou descendants en ligne directe, s'agissant des dispositions à titre gratuit entre vifs ou testamentaires faites en leur faveur par les personnes qu'ils accueillent ou accompagnent, pendant la durée de cet accueil ou de cet accompagnement (CASF, art. L. 116-4, I, al. 2, mod.).

2951 **Personnes interposées.** Toute libéralité au profit d'une personne physique ou d'une personne morale, frappée d'une incapacité de recevoir à titre gratuit, est nulle, qu'elle soit déguisée sous la forme d'un contrat onéreux ou faite sous le nom de personnes interposées, physiques ou morales. Sont présumés personnes interposées, jusqu'à preuve contraire, les père et mère, les enfants et descendants, ainsi que l'époux de la personne incapable (C. civ., art. 911, mod. L. n° 2015-1776, 28 déc. 2015, art. 29).

> ATTENTION **L'article 911 du Code civil édicte une simple présomption d'interposition de personnes. La formulation légale permet, dans un souci de sécurité juridique, à un individu présumé interposé, de prouver que la libéralité a réellement été faite en sa faveur et qu'il en bénéficie (V. *JCl. Notarial Formulaire*, V° *Testament*, Fasc. 102).**

4 Constitution du dossier

2952 **Renseignements à obtenir des parties.** Le notaire doit demander à son client des renseignements sur son état civil, la composition de sa famille et sa situation patrimoniale. Il lui faut aussi l'interroger sur les raisons qui l'incitent à vouloir disposer de ses biens par testament, afin de le conseiller au mieux.

Le notaire examine avec le testateur quelles sont ses intentions, par exemple, en ce qui concerne le sort d'un legs en cas de prédécès du légataire.

2953 **Pièces à demander.** Le notaire demande utilement un extrait de l'acte de naissance du disposant. En lisant le contenu de cette pièce officielle et des mentions en marge, le praticien a connaissance des date et lieu de naissance du testateur. Il peut savoir s'il est marié ou non ou s'il est lié par un pacte civil de solidarité. Il peut s'apercevoir, par la mention d'inscription au répertoire civil, « RC, n° ... » (CPC, art. 1059), que son client n'a peut-être pas la capacité de tester.

Rédiger un testament

III Rédaction et formules

A Rédaction

2954 **Il conviendra de contrôler :**
- état civil, capacité et pouvoirs du testateur ;
- état civil et capacité des témoins ou du second notaire ;
- conformité de la rédaction aux intentions du testateur ;
- respect des règles spécifiques à chaque forme de testament.

2955 **Bases légales.** Lorsqu'un client choisit la forme authentique, le notaire chargé d'instrumenter doit veiller au respect des règles imposées pour ce type d'acte, tout en reproduisant exactement les dispositions de dernières volontés de son auteur.
Le testament authentique, appelé par le Code civil « testament public » est réglementé par ce code aux articles 971 à 975, 980 et 1001. Mais, étant un acte notarié, il est soumis aux articles 1369 à 1371 du même code, dans leur rédaction issue de l'ordonnance n° 2016-131 du 10 février 2016 portant réforme du droit des contrats, du régime général et de la preuve des obligations (C. civ., anciens art. 1317 à 1321-1), ainsi qu'au décret n° 71-941 du 26 novembre 1971, relatif aux actes établis par les notaires, modifié en dernier lieu par le décret n° 2017-1416 du 28 septembre 2017 et le décret n° 2020-1422 du 20 novembre 2020.

> ATTENTION **La définition légale de l'acte authentique fait mention expresse de la nécessaire qualité de l'officier public à établir l'acte. En effet, aux termes de l'article 1369 du Code civil, « l'acte authentique est celui qui a été reçu, avec les solennités requises, par un officier public ayant compétence et qualité pour instrumenter » (V. *JCl. Notarial Formulaire*, V° *Acte notarié*, Fasc. 30 et 32).**

1 Confection du testament authentique

a) Personnes concernées par la rédaction

• Notaires

2956 **Incapacité d'instrumenter.** D'une manière générale, un notaire ne peut recevoir des actes dans lesquels ses parents ou alliés, en ligne directe, à tous les degrés et en ligne collatérale, jusqu'au degré d'oncle ou de neveu inclusivement, sont parties ou qui contiennent quelque disposition en leur faveur (D. n° 71-941, 26 nov. 1971, art. 2, al. 1er, réd. D. n° 2005-973, 10 août 2005, art. 2).
Les notaires associés de certaines sociétés (société titulaire d'un office notarial, société de notaires, société en participation de notaires, société de participations financières de profession libérale de notaires, société de participations financières pluri-professionnelle ayant, notamment, pour objet la détention de parts ou d'actions de sociétés ayant elles-mêmes pour objet l'exercice de la profession de notaire) ne sauraient non plus recevoir un testament contenant des dispositions en faveur de l'un d'entre eux ou dans lequel l'un de leurs parents ou alliés au degré prohibé serait intéressé comme testateur ou comme légataire ou qui contiendrait une disposition en sa faveur (D. n° 71-941, 26 nov. 1971, art. 2, al. 2, réd. D. n° 2016-661, 20 mai 2016, art. 1).
Enfin, 2 notaires parents ou alliés au degré prohibé ou membres de la même société civile professionnelle ne peuvent recevoir ensemble un testament (D. n° 71-941, 26 nov. 1971, art. 3, réd. D. n° 2005-973, 10 août 2005, art. 2).

2957 **Ancien clerc habilité.** Classiquement, le notaire avait la possibilité d'habiliter un ou plusieurs de ses clercs assermentés à l'effet de donner lecture des actes et des lois et recueillir la signature des parties (L. 25 ventôse an XI, art. 10, al. 1er) mais cette habilitation ne jouait pas pour un acte nécessitant la présence de deux notaires ou de deux témoins (L. 25 ventôse an XI, art. 10, al. 3), ce qui est le cas du testament.
Désormais, la question ne se pose plus car l'article 53 de la loi n° 2015-990 du 6 août 2015 pour la croissance, l'activité et l'égalité des chances économiques a abrogé l'article 10 de la loi du 25 ventôse an XI, supprimant ainsi toute possibilité d'habiliter un clerc à l'effet de donner lecture des actes et des lois et recueillir la signature des parties (V. *JCl. Notarial Formulaire*, V° *Acte notarié*, Fasc. 30).

• Témoins

2958 **Choix des témoins.** Aucune disposition légale ne précise par qui et comment les témoins doivent être choisis, l'article 975 du Code civil

interdisant simplement de les prendre parmi les légataires ou leurs parents ou alliés. Il n'est pas utile d'indiquer dans l'acte que les témoins sont choisis par le testateur. Puisque cette mention du choix n'est pas impérative, il est préconisé de préciser simplement que les témoins remplissent les conditions légales nécessaires (V. *JCl. Notarial Formulaire*, V° *Testament*, Fasc. 30).
Il est à noter qu'aux yeux de la Haute juridiction, la qualité de partenaire d'un pacte civil de solidarité n'emporte pas incapacité à être témoin lors de l'établissement d'un testament authentique instituant l'autre partenaire légataire (Cass. 1re civ., 28 févr. 2018, n° 17-10.876 : *JurisData* n° 2018-002683 ; *JCP* N 2018, n° 10, act. 271, D. Boulanger ; *JCP* N 2018, n° 20, 1188, B. Beignier ; *JCP* G 2019, doctr. 84, R. Le Guidec).

2959 **Capacité générale.** Pour la réception de tout acte notarié, les témoins doivent être majeurs ou émancipés et avoir la jouissance de leurs droits civils. Le mari et la femme ne peuvent être témoins dans le même acte (D. n° 71-941, 26 nov. 1971, art. 4). Pour un testament, les parents et alliés au degré prohibé, soit du notaire, soit de l'associé du notaire, soit du testateur ou des légataires, leurs clercs et employés ne sauraient être témoins (D. n° 71-941, 26 nov. 1971, art. 3, al. 2, réd. D. n° 2005-973, 10 août 2005, art. 2 et 9).
Enfin, les témoins appelés pour être présents à un testament ne sont pas nécessairement français mais doivent comprendre la langue française (C. civ., art. 980, mod. L. n° 2006-728, 23 juin 2006, art. 16 et 47, I).

2960 **Parenté ou alliance des témoins entre eux.** Seuls le mari et la femme ne peuvent être témoins dans le même testament authentique (C. civ., art. 980). Aucune autre incapacité n'est prévue, de sorte que les témoins peuvent être parents ou alliés entre eux, à quelque degré que ce soit.

2961 **Présence d'autres personnes déconseillée.** La présence d'autres personnes lors de la confection du testament n'entraîne pas sa nullité, que cette présence soit ou non constatée dans l'acte ou que ces personnes soient des témoins supplémentaires, des amis ou des conseils. Mais cette pratique est à déconseiller car une telle présence pourrait influencer la libre volonté du testateur.

- **Testateur**

2962 **Capacité particulière.** Comme pour tout testament, le disposant doit être sain d'esprit (C. civ., art. 901) mais celui qui choisit d'établir un testament authentique doit posséder certaines aptitudes physiques et intellectuelles, puisqu'il doit, traditionnellement, dicter son testament, le lire ou entendre la lecture et le signer.
Une personne aveugle dispose de la pleine capacité pour faire un testament authentique car elle peut dicter ses dernières volontés et en entendre la lecture par le notaire.
En revanche, jusqu'à maintenant, une personne muette ou sourde et muette ne pouvait tester sous cette forme. Il en était de même de celui qui se trouvait dans l'impossibilité de proférer des paroles suffisamment intelligibles.
La loi n° 2015-177 du 16 février 2015 relative à la modernisation et à la simplification du droit et des procédures dans les domaines de la justice et des affaires intérieures a modifié la réglementation du testament authentique, afin de permettre aux personnes sourdes-muettes de faire un tel testament, dans le respect des formalités précisées ci-après (C. civ., art. 972, al. 3 à 6).

b) Modalités générales d'établissement

2963 **Minute.** Le Code civil étant silencieux sur ce point, il y a lieu d'appliquer la règle prévue à l'article 26 du décret n° 71-941 du 26 novembre 1971, dans sa rédaction issue du décret n° 2005-973 du 10 août 2005. La minute s'impose car aucun texte n'indique que le testament puisse être délivré en brevet.

2964 **Date, lieu et signature.** Tout acte authentique doit indiquer le lieu où l'acte est passé et la date à laquelle est apposée chaque signature (D. n° 71-941, 26 nov. 1971, art. 6).
Aux yeux des juges, le lieu de réception du testament est indifférent. Le fils d'un testateur décédé a, en effet, été débouté de son action en responsabilité dirigée contre le notaire qui avait recueilli le testament de son père dans une brasserie (CA Paris, pôle 2, ch. 1, 22 janv. 2019, n° 17/07881 : *JurisData* n° 2019-000784).
Un testament authentique doit être signé du testateur, des témoins et du notaire et l'ensemble des opérations de confection s'effectue en la présence réelle et continue des personnes qui y prennent part (C. civ., art. 973 et 974. – V. *JCl. Notarial Formulaire*, V° *Acte notarié*, Fasc. 30).

> ATTENTION **L'indication de la date a une importance particulière, car c'est à ce jour qu'il faut se placer pour déterminer la capacité du testateur. De plus, elle permet d'établir l'ordre des testaments, si le défunt en laisse plusieurs.**

Rédiger un testament

c) Règles spécifiques au testament authentique

2965 **Dictée par le testateur.** Le testament est dicté par le testateur et, ceci, qu'il soit reçu par deux notaires ou par un seul notaire, en présence de deux témoins (C. civ., art. 972, al. 1 et 2). Le testateur doit exprimer oralement ses dernières volontés et cette expression orale ne peut être remplacée par des signes, même expressifs et peu équivoques. Il n'y a pas dictée, si le testateur n'a fait que répondre à des questions posées ; en revanche, ce dernier peut dicter ses dernières volontés, en s'aidant d'un brouillon.
Il est important de noter qu'en l'état actuel des textes, le notaire doit rédiger l'acte contenant les dernières volontés, sur le champ, après la dictée du testateur. Selon la jurisprudence, il ne suffit pas que le disposant lise le testament prérédigé par le notaire suivant les instructions qu'il a pu lui donner mais rien n'interdit de rédiger l'intitulé (partie introductive) à l'avance.

> ATTENTION **Sont interdites, les interpellations du notaire conçues de façon à suggérer ou provoquer une disposition à laquelle le testateur ne songeait pas.**

2966 **Langue étrangère.** Rien n'interdit une dictée dans une langue étrangère ou un dialecte, si le notaire comprend les déclarations et si les témoins connaissent à la fois la langue ou le dialecte et la langue française dans laquelle le testament doit obligatoirement être rédigé s'agissant d'un acte authentique.

2967 **Présence d'un interprète.** Jusqu'à une date récente, le formalisme rigoureux du testament authentique interdisait au notaire de faire appel à un interprète (V. not., Cass. 1re civ., 12 juin 2018, n° 17-14.461 : *JurisData* n° 2018-010326 ; *Dr. famille* 2018, repère 8, M. Nicod). Tel n'est plus le cas.
Lorsque le testateur ne peut s'exprimer en langue française, la dictée et la lecture peuvent désormais être accomplies par un interprète que le testateur choisit sur la liste nationale des experts judiciaires dressée par la Cour de cassation ou sur la liste des experts judiciaires dressée par chaque cour d'appel. L'interprète veille à l'exacte traduction des propos tenus. Le notaire n'est pas obligé de recourir à un interprète, lorsque lui-même ainsi que, selon le cas, l'autre notaire ou les témoins comprennent la langue dans laquelle s'exprime le testateur (C. civ., art. 972, al. 3, créé, L. n° 2015-177, 16 févr. 2015, art. 2, II, 2°).

2968 **Écriture par le notaire.** Si le testament est reçu par deux notaires, l'un de ces notaires l'écrit ou le fait écrire. S'il n'y a qu'un notaire, il l'écrit lui-même ou le fait écrire (C. civ., art. 972, al. 1er). Le testament authentique peut donc être écrit soit par le notaire lui-même, soit par un de ses clercs ; il peut être manuscrit ou dactylographié (V. *JCl. Notarial Formulaire*, V° *Acte notarié*, Fasc. 30).

> CONSEIL **Le notaire n'est pas astreint à rapporter mot à mot les paroles du testateur. Il peut les mettre en forme et les changer, pour les rendre plus juridiques, pourvu que sa rédaction conserve exactement le sens et la substance de la dictée.**

2969 **Lecture par le notaire au testateur.** Pour permettre au testateur de vérifier que ses intentions ont été respectées lors de la rédaction, l'article 972, alinéa 3, du Code civil impose que le testament soit lu au testateur. Cette lecture doit être intégrale, sous peine de nullité et bien que le texte ne le prévoie pas expressément, elle doit être effectuée en présence des témoins ou du deuxième notaire.

2970 **Auteur de la lecture.** Cette lecture est, en général, effectuée par le notaire rédacteur mais elle pourrait être donnée par un témoin. Le testateur pourrait également lire lui-même ce testament à haute et intelligible voix. Une lecture que le disposant ferait lui-même à voix basse ne suffirait pas à sauver le testament, si elle ne s'accompagnait pas de la lecture qui doit être donnée par le notaire car les témoins ne pourraient alors vérifier la conformité de l'écriture à la parole.

2971 **Déclaration du testateur.** Le testateur doit déclarer qu'il a bien compris le testament, que celui-ci renferme l'expression exacte de sa volonté et qu'il y persévère.

2972 **Mention de l'accomplissement des formalités légales.** Le testament doit mentionner que toutes les formalités ont été accomplies (C. civ., art. 972, al. 7), c'est-à-dire contenir la mention de la dictée, de l'écriture, de la lecture et de la présence, simultanée et non interrompue, des témoins. Aucune forme sacramentelle n'est exigée.

> CONSEIL **La loi ne détermine ni la place ni l'ordre que doivent occuper les mentions relatives à la dictée, à l'écriture et à la lecture. Mais, comme il est indispensable qu'elles portent sur toutes les**

clauses, il est judicieux de les placer à la fin de l'acte, avant les signatures.

2973 **Testateur sourd ou muet.** Depuis le 18 février 2015, date d'entrée en vigueur de la loi n° 2015-177 du 16 février 2015 relative à la modernisation et à la simplification du droit et des procédures dans les domaines de la justice et des affaires intérieures, les personnes sourdes et muettes (et également analphabètes) peuvent tester en la forme authentique :
- lorsque le testateur peut écrire en langue française mais ne peut parler, le notaire écrit lui-même le testament ou le fait écrire à la main ou mécaniquement d'après les notes rédigées devant lui par le testateur, puis en donne lecture à ce dernier ;
- lorsque le testateur ne peut entendre, il prend connaissance du testament en le lisant lui-même, après lecture faite par le notaire ;
- lorsque le testateur ne peut ni parler ou entendre, ni lire et écrire, la dictée et la lecture sont accomplies dans les conditions décrites ci-dessus, en ayant recours à un interprète en langue des signes (C. civ., art. 972, al. 4 à 6, créés L. n° 2015-177, 16 févr. 2015, art. 2, II, 2°).

2974 **Signature du testament.** Sous peine de nullité, le testament authentique est signé par le testateur, lui-même, à moins qu'il ne déclare être dans l'incapacité de signer, en présence des témoins et du notaire (C. civ., art. 973 et 1001). Il doit également être signé par ces derniers.
Le testament ne devient parfait que par l'apposition de la signature de son auteur et serait dépourvu d'effet juridique si le testateur décédait ou perdait connaissance avant d'avoir signé ou avant que les notaires ou le notaire et les témoins aient eux-mêmes signé.
Cette exigence légale est fondamentale et le notaire doit mentionner à la fin de l'acte qu'il a été signé par le testateur (D. n° 71-941, 26 nov. 1971, art. 10, al. 3).
Notons qu'un testament établi au domicile du disposant est nul, en application de l'article 1001 du Code civil, quand un seul des témoins mentionnés dans l'acte était présent lors de la lecture et de la signature du testament (CA Rouen, 1re ch. civ., 13 nov. 2019, n° 17/00114 : *JurisData* n° 2019-021698).

2975 **Incapacité de signer.** L'âge, la maladie, les infirmités ou l'ignorance mettent parfois certains disposants dans l'incapacité de signer. Si le testateur ne sait ou ne peut signer, il doit le déclarer lui-même au notaire qui le mentionne dans l'acte.
Un accident physique (syncope ou décès) survenant avant la signature du testateur ne peut équivaloir à cette déclaration.
Aucune forme sacramentelle n'est imposée mais la déclaration doit être expresse et sincère.
Lorsque le testateur déclare, volontairement, ne pas savoir signer alors qu'en réalité il le sait et le fait habituellement, le testament est nul.

2976 **Mention de l'impossibilité de signer.** Si le testateur a déclaré ne savoir ou ne pouvoir signer, le notaire doit mentionner cette déclaration dans l'acte ainsi que la cause qui empêche de signer (C. civ., art. 973). Cette mention fera foi jusqu'à inscription de faux.

CONSEIL **La mention faite par le notaire n'obéit à aucun formalisme. Mais elle doit être rédigée de manière à ne laisser aucun doute sur le fait de la déclaration par le testateur lui-même.**

2977 **Signature par les témoins et le notaire.** Le testament doit être signé par les témoins (C. civ., art. 974). Il s'agit d'une formalité substantielle et il doit en être fait mention dans l'acte.
Il doit également être signé par le notaire (C. civ., art. 974). Cette signature est apposée en présence du testateur et des témoins et le notaire, comme pour tout autre acte authentique reçu par lui, fait mention de sa propre signature à la fin du testament.

2978 **Conversion en testament international.** Un testament authentique irrégulier, pour non-respect de la formalité de la dictée exigée par l'article 972 du Code civil, peut valoir en tant que testament international, dès lors qu'il respecte les conditions de validité de ce dernier imposées par les articles 4 à 14 de la loi uniforme annexée à la convention de Washington du 28 octobre 1973 (V. not. CA Paris, pôle 3, ch. 1, 16 déc. 2020, n° 19/21177 : *JurisData* n° 2020-021187). Parmi ces conditions, figure l'obligation faite au testateur de déclarer sa volonté et de signer le testament en présence d'une personne habilitée par la loi nationale à instrumenter ce testament et de deux témoins (L. uniforme, art. 4 et 5. – V. Fiche 54 : Rédiger un testament international ou *JCl. Pratique notariale – Les actes*, Fasc. 1527, *Testament international*) mais la Cour de cassation considère que cette condition est remplie dès lors que l'acte a été instrumenté en présence de deux notaires (Cass. 1re civ., 5 sept. 2018, n° 17-26.010 : *JurisData* n° 2018-014930 ; *JCP* N 2018, n° 37, act. 728, S. Bernard ; *Dr. famille* 2018, comm. 263, M. Nicod).

Rédiger un testament

2 Contenu du testament

2979 **Dispositions patrimoniales à cause de mort.** Quand un individu rédige un testament, il exprime, le plus souvent, sa volonté de fixer, lui-même, le sort de ses biens, pour le temps où il n'existera plus et la fonction la plus habituelle du testament est la transmission à titre gratuit et à cause de mort, dans les conditions voulues par le testateur, de tout ou partie des biens ou droits de celui-ci.

Les dispositions prises par le testateur, appelées legs, peuvent revêtir plusieurs formes (C. civ., art. 1002) ; ceux-ci renferment parfois des conditions ou charges plus ou moins lourdes pour les légataires (V. Fiche 52 : Rédiger un legs ou *JCl. Pratique notariale – Les actes*, Fasc. 1290, *Legs*).

L'institution de légataires peut, au surplus, être doublée par la nomination d'un exécuteur testamentaire, chargé de la bonne exécution des legs (V. Fiche 58 : Désigner un exécuteur testamentaire ou *JCl. Pratique notariale – Les actes*, Fasc. 1247, *Exécuteur testamentaire*).

À côté de la transmission à cause de mort, le testament permet aussi au testateur d'exprimer sa volonté d'exhérédation.

2980 **Validité de principe des dispositions extra-patrimoniales.** La fonction habituelle du testament est la transmission à titre gratuit et à cause de mort, dans les conditions voulues par le testateur, de tout ou partie de ses biens et de ses droits (par exemple, un droit d'usufruit sur un immeuble). Mais le testament peut renfermer des dispositions extrapatrimoniales en concours ou non avec des dispositions patrimoniales.

2981 **Reconnaissance d'un enfant.** La reconnaissance d'un enfant peut parfaitement résulter d'une clause insérée dans un testament authentique (C. civ., art. 316). Aucune formule sacramentelle n'est requise et la reconnaissance demeure valable, même si le testament est ensuite révoqué (V. *JCl. Notarial Formulaire*, V° *Reconnaissance d'enfant*, Fasc. 5).

2982 **Reconnaissance de dette.** La reconnaissance de dette contenue dans le testament d'un débiteur est, en principe, valable, mais à condition que son bénéficiaire puisse justifier d'un droit de créance contre le testateur. À défaut, elle est présumée n'être qu'un legs, avec les conséquences juridiques qui en découlent (V. *JCl. Notarial Formulaire*, V° *Testament*, Fasc. 170).

2983 **Désignation du bénéficiaire d'une assurance-vie.** En l'absence de désignation d'un bénéficiaire dans la police ou à défaut d'acceptation par le bénéficiaire, le contractant a le droit de désigner un bénéficiaire ou de substituer un bénéficiaire à un autre. Cette désignation ou cette substitution peut parfaitement être réalisée par voie testamentaire (C. assur., art. L. 132-8) ; étant entendu que la clause bénéficiaire doit être rédigée avec soin, afin d'éviter des contestations au décès ; si les intentions du souscripteur ne sont pas suffisamment explicites, il appartient aux juges du fond d'interpréter souverainement sa volonté, en prenant en considération, le cas échéant, son testament (Cass. 1re civ., 30 sept. 2020, n° 19-11.187 : *JurisData* n° 2020-015246 ; *JCP* N 2020, n° 45, act. 891, veille par M. Leroy ; *Dr. famille* 2020, comm. 164, A. Tani ; en l'espèce, la cour d'appel, appréciant souverainement la volonté de la défunte, a pu en déduire que le capital garanti devait être réparti entre ses héritiers légaux et ses légataires à titre universel. – V. *JCl. Notarial Formulaire*, V° *Testament*, Fasc. 170).

La deuxième chambre civile de la Cour de cassation, spécialisée dans les questions relatives à l'assurance, s'est prononcée sur les conditions de validité de la modification de la clause bénéficiaire d'un contrat d'assurance-vie par un majeur sous curatelle, en ces termes : « Il ressort de l'article L. 132-4-1, alinéa 1, du Code des assurances qui déroge à l'article 470, alinéa 1, du Code civil, que si une personne en curatelle peut librement tester sous réserve des dispositions de l'article 901 du Code civil, ce n'est qu'avec l'assistance de son curateur qu'elle peut procéder à la substitution du bénéficiaire d'un contrat d'assurance sur la vie pour lequel elle avait stipulé » (Cass. 2e civ., 8 juin 2017, n° 15-12.544 : *JurisData* n° 2017-011036 ; *JCP* N 2017, n° 25, act. 651 ; *JCP* G 2017, 730, D. Noguéro).

> CONSEIL **S'il est appelé à recevoir le testament d'une personne en curatelle comportant une modification de la clause bénéficiaire d'un contrat d'assurance-vie, le notaire doit tenir compte de cette jurisprudence, en obtenant l'assistance du curateur, sous forme d'un accord par acte séparé, afin de conserver la confidentialité du testament. Au surplus, pour que le testament ne soit pas privé d'efficacité quant à la substitution du bénéficiaire, le praticien est tenu de veiller à ce que l'accord du curateur soit porté à la connaissance de l'assureur, dans les meilleurs délais. En tout état de cause, l'assureur doit être avisé avant le décès du stipulant.**

La même prudence s'impose en présence d'une personne placée sous tutelle. Le notaire doit s'assurer que le majeur protégé a obtenu l'autorisation du juge des tutelles pour tester (C. civ., art. 476, al. 2) mais également pour modifier la clause bénéficiaire d'un contrat d'assurance-vie (C. assur., art. L. 132-4-1, al. 1. – Cass. 1re civ., 21 sept. 2022, n° 20-23.610 : *JurisData* n° 2022-018259 ; *Dr. famille* 2022, comm. 182, I. Maria ; *JCP* N 2023, n° 04, 1018, spéc. n° 3, A. Tani) ; étant entendu que le magistrat n'a pas à vérifier le contenu du testament, en raison de son caractère éminemment personnel.

2984 **Exhérédation.** Le testateur peut manifester sa volonté d'exclure de sa succession tout ou partie des personnes qui seraient normalement appelées à la recueillir, en raison d'un lien de parenté ou d'alliance. L'exhérédation n'impose aucune formule sacramentelle mais doit être expresse. La personne exhérédée peut être identifiée nommément. Une exhérédation générale est également possible. Elle a alors pour effet d'écarter tous les successibles, à quelque degré qu'ils soient, sous réserve, en droit français, de la protection traditionnelle des héritiers réservataires ; étant précisé qu'aux yeux des juges, une clause testamentaire par laquelle le testateur déclare exhéréder « tous ses héritiers, y compris l'État » est inopposable à ce dernier (V. *JCl. Notarial Formulaire*, V° *Testament*, Fasc. 80).

CONSEIL **Si le testateur entend exclure l'ensemble de ses successibles légaux, en instituant un légataire universel et souhaite que cette exhérédation s'applique, même en cas de non-exercice du legs, pour quelque cause que ce soit ou en cas de renonciation à celui-ci, il convient de lui conseiller, pour éviter toute difficulté d'interprétation, de préciser nettement son intention au cas où le legs deviendrait caduc.**

2985 **Choix de la loi applicable à sa succession.** Le règlement (UE) n° 650/2012 du Parlement européen et du Conseil du 4 juillet 2012, relatif aux successions internationales s'applique aux successions ouvertes depuis le 17 août 2015 (art. 83, § 1). Les Français expatriés et les personnes qui se trouvent dans une situation présentant des éléments d'extranéité peuvent organiser la transmission de leur patrimoine, en choisissant, par une disposition à cause de mort (testament ou donation entre époux), la loi applicable à leur succession. À défaut de choix, la loi applicable sera celle du pays dans lequel le défunt aura sa résidence habituelle à l'époque du décès (pour les critères de détermination de la résidence habituelle du défunt, V. Cass. 1re civ., 29 mai 2019, n° 18-13.383 : *JurisData* n° 2019-009044 ; *JCP* N 2019, n° 24, act. 532, H. Péroz ; *Dr. famille* 2019, comm. 161, A. Devers ; *JCP* N 2020, n° 7-08, 1055, C. Latil ; *JCP* N 2020, n° 28, 1153, M. Devisme. – Pour une étude détaillée du règlement, V. *JCl. Droit international*, Fasc. 557-50 ou *JCl. Europe Traité*, Fasc. 2830 ou *JCl. Notarial Formulaire*, V° *Successions internationales*, Fasc. 150 ou *JCl. Liquidations – Partages*, V° *Successions internationales*, Fasc. 150).

Une circulaire de la Chancellerie, en date du 25 janvier 2016, apporte des précisions utiles, notamment, sur les successions concernées par le champ d'application du règlement (UE) n° 650/2012 du Parlement européen et du Conseil du 4 juillet 2012, l'acceptation des actes authentiques, l'utilisation des formulaires et le recours au certificat successoral européen par les notaires (Circ. n° JUSC1601018C : *BO Justice* n° 2016-02, 29 janv. 2016 ; *JCP* N 2016, n° 13, act. 469. – Pour des formules, V. *JCl. Notarial Formulaire*, V° *Successions internationales*, Fasc. 150-30 et 150-35 ou *JCl. Liquidations-Partages*, V° *Successions internationales*, Fasc. 150-30 et 150-35. – Pour la validité d'une copie certifiée conforme d'un certificat successoral européen délivrée par un notaire, V. CJUE, 1er juill. 2021, aff. C-301/20 : *JurisData* n° 2021-014628 ; *JCP* N 2021, n° 30, act. 781, veille par A. Tani ; *Dr. famille* 2022, chron. 1, spéc. n° 17, A. de Guillenchmidt-Guignot et S. Hamou).

CONSEIL **Quand il est amené à conseiller un client en matière testamentaire, le notaire ne doit pas omettre de lui donner toutes informations utiles sur cette possibilité de choisir, par une disposition expresse, la loi successorale qui correspond le mieux à ses aspirations personnelles (par exemple, la loi de l'État dont il possède la nationalité au moment où il fait son choix ou au moment de son décès).**
Si un testateur français entend choisir une loi étrangère lui permettant de priver ses descendants de leurs droits dans sa succession, il convient de l'avertir que la jurisprudence lui reconnaît cette liberté, sous réserve que sa décision ne conduise pas à une situation incompatible avec les principes du

Rédiger un testament

droit français considérés comme essentiels. Le disposant doit savoir que dans l'hypothèse où son testament serait contesté à son décès, la loi étrangère pourrait être écartée, si son application laissait ses héritiers réservataires « dans une situation de précarité économique ou de besoin » (V. ci-dessus, nos 2907 et s., « Alertes »).

2986 Éventuel droit de prélèvement compensatoire. Le notaire ne saurait omettre d'informer le testateur que sa volonté risque d'être perturbée, en cas de mise en œuvre du nouveau droit légal de prélèvement compensatoire. En effet, si lui-même ou au moins l'un de ses enfants est, au moment de son décès, ressortissant d'un État membre de l'Union européenne ou y réside habituellement et si la loi étrangère applicable à sa succession ne permet aucun mécanisme réservataire protecteur des enfants, chaque enfant ou ses héritiers ou ses ayants cause pourront effectuer un prélèvement compensatoire sur les biens existants situés en France au jour du décès, de façon à être rétablis dans les droits réservataires que leur octroie la loi française, dans la limite de ceux-ci (C. civ., art. 913, al. 3, réd. L. n° 2021-1109, 24 août 2021, art. 24. – Pour une étude détaillée, V. N. Levillain, *Mise en pratique du nouveau prélèvement compensatoire : JCP* N 2022, n° 4, 1057. – *JCl. Notarial Formulaire*, V° *Successions internationales*, Fasc. 10 ou *JCl. Liquidations-Partages*, V° *Successions internationales*, Fasc. 10).

2987 Nomination d'un exécuteur testamentaire. Le testateur peut nommer un ou plusieurs exécuteurs testamentaires jouissant de la pleine capacité civile, pour veiller ou procéder à l'exécution de ses volontés (C. civ., art. 1025).

Les pouvoirs de l'exécuteur testamentaire varient selon la volonté du testateur mais celui-ci est généralement chargé de prendre les mesures conservatoires utiles à la bonne exécution du testament (C. civ., art. 1029). Le testateur peut aussi l'habiliter à prendre possession du mobilier de la succession et à le vendre, pour acquitter les legs particuliers, dans la limite de la quotité disponible (C. civ., art. 1030) ou lui accorder des pouvoirs plus étendus, en l'absence d'héritiers réservataires acceptants (C. civ., art. 1030-1. – V. Fiche 58 : Désigner un exécuteur testamentaire ou *JCl. Pratique notariale – Les actes*, Fasc. 1247, *Exécuteur testamentaire*. – V. aussi, *JCl. Notarial Formulaire*, V° *Testament*, Fasc. 220).

2988 Gestion par un tiers des biens légués à un mineur. Quand le père ou la mère d'un mineur ne souhaite pas que l'autre parent administre les biens qu'il laissera à son décès, il lui est possible de consentir un legs à son enfant, sous la condition que les biens légués soient gérés par un tiers qu'il désigne. Par l'effet de cette disposition, l'application du régime de l'administration légale sera écartée (C. civ., art. 384, al. 1 et 2, réd. Ord. n° 2015-1288, 15 oct. 2015, art. 3) ; étant entendu qu'il ressort clairement des décisions judiciaires rendues sous l'empire de l'ancien article 389, alinéa 3, du Code civil, que la clause d'exclusion de l'administration légale ne doit pas être limitée à la quotité disponible.

Même si le disposant garde le silence sur la jouissance légale, il n'en demeure pas moins que celle-ci ne pourra pas s'exercer sur les biens légués. Nous savons, en effet, que la jouissance légale, corollaire normal de l'administration légale (C. civ., art. 386-1), ne porte que sur les biens administrés par les parents, en leur qualité d'administrateurs légaux (C. civ., art. 386-4, 2°. – V. *JCl. Notarial Formulaire*, V° *Mineurs. Majeurs protégés*, Fasc. 30 et 40 et *JCl. Notarial Formulaire*, V° *Testament*, Fasc. 140).

2989 Intérêt supérieur de l'enfant. On observera ici qu'à l'occasion d'un litige opposant le père d'un enfant mineur à la tante maternelle de celui-ci, désignée par testament comme administratrice légale des biens dont avait hérité l'enfant, à la suite du décès de sa mère, une question prioritaire de constitutionnalité (QPC) a été soumise à la première chambre civile de la Cour de cassation par une cour d'appel, pour renvoi devant le Conseil constitutionnel, en ces termes : « Les dispositions de l'article 384 du Code civil, dans sa rédaction issue de l'ordonnance n° 2015-1288 du 15 octobre 2015, ratifiée par l'article 111 de la loi n° 2016-1547 du 18 novembre 2016 de modernisation de la justice du XXIe siècle, sont-elles conformes aux droits et libertés garantis par la Constitution, ne portent-elles pas atteinte au droit à mener une vie familiale normale, en ne préservant ni ne tenant compte de la protection de l'intérêt supérieur de l'enfant ? ».

Dans un arrêt du 15 juin 2017, la Haute juridiction a décidé que la question posée ne présentait pas un caractère sérieux et qu'il n'y avait pas lieu de la renvoyer au Conseil constitutionnel :

– d'une part, « le droit de mener une vie familiale normale n'implique pas que l'administration des biens donnés ou légués à un mineur soit confiée à son père ou à sa mère, administrateur légal et titulaire de l'autorité parentale » ;

– d'autre part, « le législateur a prévu, afin d'assurer la protection de l'intérêt de l'enfant en présence d'une clause d'exclusion de l'administration légale, une garantie contre la défaillance du tiers administrateur institué par le donateur ou le testateur, en insérant, à l'alinéa 3 de l'article 384 du Code civil, une disposition selon laquelle, lorsque le tiers administrateur refuse cette fonction ou se trouve dans une des situations prévues aux articles 395 et 396 du même code, le juge des tutelles désigne un administrateur ad hoc pour le remplacer » (Cass. 1re civ., 15 juin 2017, n° 17-40.035 : *JurisData* n° 2017-011578 : *JCP* N 2017, n° 26, act. 652 ; *Dr. famille* 2017, comm. 187, I. Maria ; *JCP* N 2018, n° 30-34, 1260, V. Perruchot-Triboulet et A. Cermolacce).

CONSEIL Pour être pleinement efficace, l'exclusion de l'administration légale doit être expresse et résulter clairement soit d'une clause spéciale introduite dans la libéralité, soit de l'ensemble des clauses de cet acte. Toutefois, il est également permis de penser, à la lumière d'un arrêt de la Cour de cassation, du 11 février 2015, que la volonté parentale peut se déduire des termes d'un testament olographe, même si aucun legs n'est expressément consenti au mineur. La Haute juridiction a, en effet, considéré que la clause d'exclusion de l'administration légale qui emportait privation de la jouissance légale de la mère avait nécessairement pour effet d'augmenter les droits des mineurs sur leur émolument dans la succession de leur père, de sorte qu'une telle clause stipulée par le testateur pour « mon patrimoine qui reviendra à mes enfants », caractérisait un legs.

2990 **Clause pénale.** Il est possible d'insérer, dans le testament, une clause sanctionnant les héritiers légaux ou les légataires qui ne se conformeraient pas aux strictes volontés du disposant. S'agissant des légataires, la stipulation a pour but de les priver du bénéfice de la libéralité, s'ils contestent les modalités de celle-ci ou s'ils refusent d'exécuter la condition ou la charge leur incombant en cette qualité. S'agissant des héritiers, la clause prévoit, en principe, leur exhérédation totale ou partielle (selon qu'ils ont ou non la qualité de réservataires), pour le cas où ils refuseraient d'exécuter la libéralité ou en contesteraient les modalités (V. *JCl. Notarial Formulaire*, V° *Testament*, Fasc. 140).

S'il prévoit une clause pénale, le testateur doit se montrer prudent dans les termes employés. Dans le passé, une telle clause était réputée non écrite uniquement si les dispositions dont elle visait à assurer l'exécution étaient contraires aux prohibitions de la loi ou à l'ordre public mais, depuis quelques années, la jurisprudence est moins complaisante. La Cour de cassation a ainsi décidé, en présence d'un litige né après le décès, que les juges du fond étaient tenus de rechercher si l'application d'une clause pénale, privant les héritiers contestataires de toute part dans la quotité disponible, n'avait pas pour effet de porter une atteinte excessive au droit d'agir en justice, protégé par l'article 6, § 1, de la Convention de sauvegarde des droits de l'homme et des libertés fondamentales. Enfin, cette même juridiction a estimé que la pénalité testamentaire imposant aux enfants de la testatrice la forme du partage amiable était réputée non écrite, par combinaison des articles 815 et 900 du Code civil, au motif qu'elle avait pour conséquence, faute d'entente entre les parties, de pérenniser l'indivision successorale (Cass. 1re civ., 13 avr. 2016, n° 15-13.312 : *JurisData* n° 2016-006949 ; *Dr. famille* 2016, comm. 152, M. Nicod ; *JCP* N 2016, n° 18, act. 578, M. Nicod ; *RTD civ.* 2016, p. 424, M. Grimaldi. – Cass. 1re civ., 31 mars 2021, n° 19-24.407 : *JurisData* n° 2021-004749 ; *JCP* G 2022, doctr. 115, spéc. n° 7, R. Le Guidec. – Pour un refus d'appliquer une clause pénale, V. égal., CA Fort-de-France, 21 nov. 2017, n° 13/00472 : *JurisData* n° 2017-023907 ; *Dr. famille* 2018, comm. 72, A. Tani ; en l'espèce, il a été jugé que le fait de procéder à une vérification d'un dépassement de la quotité disponible « n'a nullement pour objet ou pour effet de remettre en question les dispositions testamentaires » et que l'exercice de l'action en réduction « ne peut, par conséquent, être susceptible de faire jouer la clause pénale insérée dans le testament »).

B Formules

• *JCl. Notarial Formulaire*, V° *Testament*, Fasc. 35, 37, 55, 65, 85, 105, 115, 145, 155, 165, 175, 215, 225 et 235.

IV Formalités et taxation

A Formalités

2991 **Enregistrement.** Depuis le 1er janvier 2021, les testaments reçus par les notaires, soit les testaments authentiques ou mystiques, doivent être enregistrés dans un délai de trois mois à compter de la date du décès du testateur (CGI, art. 636, al. 1er, réd. L. n° 2020-1761, 29 déc. 2020, art. 156).

> CONSEIL **Rappelons que cette formalité n'était plus requise depuis le 1er janvier 2020. Le premier alinéa de l'article 636 du CGI avait, en effet, été abrogé par l'article 21 de la loi n° 2019-1479 du 28 décembre 2019 de finances pour 2020. Par ailleurs, depuis le 1er janvier 2020, les testaments olographes ne doivent plus être soumis à enregistrement (seul l'acte notarié de dépôt du testament lors de sa remise, s'il était établi, devrait faire l'objet d'un enregistrement sur état). Au décès du testateur, seul le procès-verbal d'ouverture constatant le dépôt du testament est enregistré sur état.**

2992 **Inscription du testament.** Si le testament est reçu sous la forme authentique, le notaire a l'obligation de le faire inscrire au fichier central des dispositions de dernières volontés, sauf décision contraire du testateur. Le coût de l'inscription à ce fichier est de 10,74 €, au 1er janvier 2023. L'inscription d'un testament olographe remis au notaire s'effectue en vertu d'une autorisation donnée par le testateur. Si l'intéressé s'y oppose, le notaire doit l'avertir par écrit des conséquences et faire signer une reconnaissance de conseils donnés. Le même régime est étendu au testament mystique qui, après rédaction de l'acte en brevet de suscription, peut être soit retiré par le testateur, soit remis au notaire à titre de dépôt.

B Taxation

1 Enregistrement

2993 **Droit fixe.** L'article 21 de la loi n° 2019-1479 du 28 décembre 2019 de finances pour 2020 a abrogé l'article 848, 5° du Code général des impôts qui soumettait à enregistrement obligatoire les testaments ainsi qu'au paiement du droit fixe de 125 €. Pour les testaments olographes, la rédaction (très rare en pratique car contraire au principe de confidentialité des dispositions de dernières volontés du vivant du testateur) d'un acte notarié de dépôt lors de sa remise ferait l'objet d'un enregistrement sur état donnant ouverture à un droit fixe de 125 € au titre des actes innommés (CGI, art. 680). Au décès du testateur, seul le procès-verbal d'ouverture constatant le dépôt du testament est enregistré sur état au droit fixe de 125 €.
Par ailleurs, l'article 156 de la loi n° 2020-1721 du 29 décembre 2020 de finances pour 2021 a réintroduit dans l'article 636 du CGI un premier alinéa aux termes duquel les testaments reçus par les notaires doivent être enregistrés dans un délai de trois mois à compter de la date du décès du testateur. L'enregistrement des testaments authentiques ou mystiques donne ainsi lieu au paiement du droit fixe des actes innommés de 125 € (CGI, art. 680).

2 Tarif des notaires

2994 Un arrêté du 28 février 2020 est entré en vigueur le 1er mars 2020. Toutefois, les émoluments des prestations effectuées avant le 1er janvier 2021, ou dont la réalisation a donné lieu, avant le 1er mars 2020, au versement par le client d'un acompte ou d'une provision, ou à l'engagement par l'un des notaires intervenant de frais ou débours, sont demeurés régis par l'ancien tarif (A. 28 févr. 2020, art. 29, 2° mod. A. 28 avr. 2020, art. 2).
Un nouvel arrêté en date du 25 février 2022, applicable depuis le 1er mars 2022, proroge jusqu'au 29 février 2024 les dispositions antérieures (A. 25 févr. 2022, art. 2).

2995 **Testament authentique ou mystique.** Le testament authentique ou mystique, ainsi que tout codicille (C. com., art. A. 444-60. – Numéro 3 du tableau 5. – V. *JCl. Commentaire du Tarif des Notaires*, Fasc. 6060) donne lieu à un émolument fixe de 113,19 €.

2996 **Testament olographe.** La garde du testament olographe, avant le décès (C. com., art. A. 444-60. – Numéro 4 du tableau 5. – V. *JCl.*

Commentaire du Tarif des Notaires, Fasc. 6090) donne lieu à un émolument fixe de 26,41 €.
Le procès-verbal d'ouverture et de description du testament olographe (C. com., art. A. 444-60. – Numéro 5 du tableau 5. – V. *JCl. Commentaire du Tarif des Notaires*, Fasc. 6090) donne également lieu à un émolument fixe de 26,41 €.

CHECK-LIST **• Vérifier l'état civil et la capacité du disposant.**
• Veiller au respect des règles propres à chaque forme testamentaire.
• Prévoir la présence d'un interprète, si le testateur ne peut s'exprimer en français ou la présence d'un interprète en langage des signes, s'il ne peut ni parler ou entendre, ni lire et écrire.
• Se préoccuper de la capacité des témoins, si le disposant entend tester en la forme authentique ou mystique.
• S'assurer de la conformité de la rédaction aux intentions du testateur.
• Informer le disposant sur la possibilité qui lui est offerte de choisir la loi applicable à sa succession et sur la faculté de désigner un exécuteur testamentaire.
• Ne pas omettre de faire inscrire le testament au fichier central des dispositions de dernières volontés ou d'avertir par écrit le testateur des conséquences de son refus d'inscription, en lui faisant signer une reconnaissance de conseils donnés.

Rédiger un testament

POUR ALLER PLUS LOIN

Fiches pratiques

• V. Fiche 58 : Désigner un exécuteur testamentaire ou *JCl. Pratique notariale – Les actes*, Fasc. 1247, *Exécuteur testamentaire*.
• V. Fiche 52 : Rédiger un legs ou *JCl. Pratique notariale – Les actes*, Fasc. 1290, *Legs*.
• V. Fiche 56 : Rédiger une libéralité graduelle ou *JCl. Pratique notariale – Les actes*, Fasc. 1295, *Libéralité graduelle*.
• V. Fiche 55 : Rédiger une libéralité résiduelle ou *JCl. Pratique notariale – Les actes*, Fasc. 1300, *Libéralité résiduelle*.

Fascicules JurisClasseur

• *JCl. Ingénierie du patrimoine*, Fasc. 1230.
• *JCl. Notarial Formulaire*, V° *Testament*, Fasc. 10 à 230.
• *JCl. Pratique notariale – Les actes*, Fasc. 1530, *Testament-partage*.
• *JCl. Roulois*, Fasc. 1340.

Revues

• B. Ancel, *SMS et testament : sécurité juridique ou souci de modernité ? : JCP* N 2018, n° 37, act. 729.
• M.-E. Ancel et D. Vincent, *La circulation internationale des actes : JCP* N 2016, n° 2, 1009.
• A. Auriol-Ballarotta, *La réserve de souche, une porte ouverte à l'exhérédation. Regard sur le 118e Congrès des notaires : JCP* N 2022, n° 48, 1277.
• B. Beignier, *Le testament authentique et le partenaire témoin : la lettre ou l'esprit ? : JCP* N 2018, n° 20, 1188 ; *Du testament d'un malvoyant et de la clairvoyance de son notaire : JCP* N 2023, n° 02, 1007.
• B. Beignier et A. Tani, *Le notaire et le testament olographe. Modèle fourni et conservation assurée. Possible responsabilité ? Prudence... : Dr. famille* 2018, étude 12.
• S. Bernard, *La possible validité d'un testament authentique irrégulier comme testament international : JCP* N 2018, n° 37, act. 728.
• J.-R. Binet, *Admission de la preuve par photocopie du testament perdu par l'expert : JCP* N 2016, n° 26, 1212.
• P. Bonduelle, *Testament : outil de sécurisation juridique et d'optimisation fiscale : RFP* 2017, étude 21.
• D. Boulanger, *L'enfant gratifié, l'administrateur aux biens et la réserve héréditaire : JCP* N 2013, n° 18, 1121 ; *La réserve héréditaire : un principe républicain ? : JCP* N 2020, n° 51, act. 1039 ; *La réserve coûte que coûte : informer et prélever : JCP* N 2022, n° 1, 1008 ; *Utiliser le certificat successoral européen ! : JCP* N 2022, n° 39, 1233.
• V. Boulanger et D.-P. Simon, *La libéralité au service de la générosité. – Rappel pratique de certaines règles et modalités : JCP* N 2022, n° 37, 1220.
• Cl. Brenner, *Prohibition du testament conjonctif de partenaires pacsés : une évidence fondamentale ? Libres propos : JCP* N 2018, n° 40, act. 774 ; *Désignation testamentaire du bénéficiaire d'une assurance-vie et legs de la chose d'autrui : une correspondance manquée : JCP* N 2019, n° 2, 1005.
• Cl. Brenner et Fr. Fruleux, *Les libéralités à la descendance et la protection du conjoint survivant : Actes prat. strat. patrimoniale* 2020, n° 4, dossier 27.

• Ch.-E. Bucher, *Le conjoint survivant réservataire : JCP* N 2018, n° 42, 1320.
• A. Chapron-Jacquette, *La bonne gestion des legs : JCP* N 2016, n° 18, 1143.
• F. Collard, *Redécouvrons le legs net de droits : RFP* 2016, n° 6, repère 6 ; *Le cantonnement de libéralité par le conjoint survivant : JCP* N 2019, n° 1, 1004.
• B. Dauchez, *Réforme du droit de suite : accompagner l'artiste pour la rédaction de son testament : JCP* N 2017, n° 19, 1174.
• B. Delesalle, J. Lotz et N. Gessey, *Encadrer la gestion des biens de l'enfant mineur après le décès : JCP* N 2017, n° 29, 1238.
• D. Epailly, *Réforme de la réserve héréditaire, retour sur le rapport du groupe de travail : JCP* N 2021, n° 2, 1012.
• Cl. Farge, *L'obligation naturelle, comme moyen de faire parler les morts : JCP* N 2017, n° 50, 1340.
• M. Farge, *Règlement des successions : les nouveaux réflexes à acquérir : JCP* N 2015, n° 31-35, 1143.
• É. Fongaro, *La réserve héréditaire ne relève pas, en principe, de l'ordre public international : JCP* N 2017, n° 45, 1305 ; *La protection patrimoniale du couple en droit international privé : Dr. famille* 2018, dossier 7.
• Fr. Fruleux, *Loi de finances pour 2021 : enregistrement des testaments et des donations mortis causa. – À propos de l'article 156 de la loi de finances pour 2021 : JCP* N 2021, n° 2, act. 128 ; *Loi de finances pour 2021 et droits de mutation à titre gratuit : stabilité : JCP* N 2021, n° 3, act. 156.
• F.-B. Godin, *Le terreau de la transmission à titre gratuit par le chef d'entreprise dans le cercle familial : aspects civils : Actes prat. strat. patrimoniale* 2020, n° 3, dossier 20.
• Q. Guiguet-Schielé, *Du testament par acte authentique au testament international : illustration du formalisme intelligent : Dr. famille* 2014, étude 16.
• S. Hamou, *Les nouvelles procédures familiales en droit des successions : Dr. famille* 2019, dossier 4.
• E. Jacoby, *Le certificat successoral européen et le rôle du notaire : JCP* N 2016, n° 18, 1137.
• A.-S. de Jotemps, Th. Leandri et M. Mery, *Les organismes sans but lucratif et la gestion des successions immobilières : JCP* N 2019, n° 5, 1089.
• G. Khairallah, *Le principe de primauté du droit de l'Union européenne, le notaire et l'article 913 du Code civil : JCP* N 2021, n° 50, 1347.
• M. Lamarche, *Successions internationales : les défis de l'application du règlement européen : Dr. famille* 2015, alerte 58.
• C. Latil, *Quelques précisions sur le mode de détermination de la résidence habituelle du défunt au sens du règlement sur les successions internationales : JCP* N 2020, n° 7-08, 1055.
• R. Le Guidec, *Successions et libéralités : JCP* G 2023, doctr. 108.
• S. Lerond, *Successions internationales : comment anticiper le nouveau droit de prélèvement compensatoire ? : Actes prat. strat. patrimoniale* 2021, n° 4, dossier 4.
• Fr. Letellier, *La réforme de l'envoi en possession du légataire universel et de l'exécuteur testamentaire : JCP* N 2016, n° 49, 1337 ; *La réforme de l'envoi en possession du légataire universel. – Aspects pratiques : JCP* N 2017, n° 12, 1138 ; *Successions : 1er novembre 2017, le rôle nouveau du notaire est arrivé ! : JCP* N 2017, n° 43-44, 1301 ; *L'élaboration du testament : JCP* N 2020, n° 12, 1071 ; *Le cantonnement : approche pratique : JCP* N 2023, n° 01, 1003.
• N. Levillain, *Mise en pratique du nouveau prélèvement compensatoire : JCP* N 2022, n° 4, 1057.
• M. Lopez de Tejada, *Le choix implicite de la loi applicable à la succession : JCP* N 2021, n° 11, 1135.
• I. Maria, *La ratification de l'ordonnance n° 2015-1288 du 15 octobre 2015 portant simplification et modernisation du droit de la famille : Dr. famille* 2017, dossier 8.
• M. Mathieu, *Un cas d'application du règlement UE « Successions » : JCP* N 2016, n° 37, 1276.
• G. Michaux et P. Bonduelle, *Enterrement de première classe pour la réserve héréditaire : une révolution du droit des successions internationales : RFP* 2018, comm. 2.
• M. Michel, *Les principales mesures de la loi de finances pour 2023 relatives à la fiscalité patrimoniale : RFP* 2023, étude 1.
• D. Montoux et A. Tani, *Legs en usufruit au partenaire de Pacs. Formule pour exclure ou maintenir l'article 917 du Code civil : JCP* N 2022, n° 35, 1210.
• M. Nicod, *L'effacement d'une clause pénale testamentaire : JCP* N 2016, n° 18, act. 578 ; *Réforme de l'envoi en possession : Dr. famille* 2017, dossier 9 ; *La réserve héréditaire et l'ordre public international français : ou comment concilier liberté et solidarité ? : Dr. famille* 2017, comm. 230 ; *Conditions d'appartenance du légataire universel à la catégorie des « héritiers » : Dr. famille* 2018, comm. 69 ; *Restrictions à l'usage de la photocopie du testament disparu : Dr. famille* 2018, comm. 103 ; *Les aides à domicile peuvent de nouveau recevoir des libéralités ! : Dr. famille* 2021, comm. 75 ; *Plaidoyer pour l'instauration d'un testament vidéo : Dr. famille* 2021, repère 11.
• M. Nicod et A. Tani, *Comment liquider une libéralité en usufruit : JCP* N 2022, n° 35, 1209 ; *Consécration de l'imputation « en assiette » des libéralités en usufruit : Dr. famille* 2022, comm. 146.
• D. Noguéro, *Assistance du curatélaire pour la modification du bénéficiaire du contrat d'assurance-vie, y compris par testament : JCP* G 2017, 730.

• C. Nourissat, *Fin programmée des attributions notariales des postes diplomatiques et consulaires : une opportunité à saisir !* : *JCP* N 2018, n° 42, act. 808.
• A. Passot, *Régime successoral du droit de suite : un début de piste vers une dévolution simplifiée ?* : *JCP* N 2017, n° 50, act. 1028.
• C. Pérès, *La remise du rapport relatif à « la réserve héréditaire* : *JCP* N 2020, n° 7-08, act. 212.
• V. Perruchot-Triboulet et A. Cermolacce, *Intérêt patrimonial de l'enfant et clause d'exclusion de l'administration légale des biens donnés ou légués au mineur* : *JCP* N 2018, n° 30-34, 1260.
• J.-M. Plazy, *Organiser de son vivant la gestion du patrimoine successoral* : *JCP* N 2016, n° 18, 1142.
• N. Randoux, *Réserve héréditaire : rappel opportun de la Cour de cassation* : *JCP* N 2018, n° 3, 1046.
• Fr. Sauvage, *La licéité d'une clause d'exhérédation conditionnelle de nouveau mise à l'épreuve* : *JCP* N 2017, n° 7-8, 168.
• V. Savarit et M. Beautier, *Formalisme du testament olographe : quelques conseils pratiques relatifs à sa rédaction* : *JCP* N 2021, n° 49, 1344.
• B. Savouré, *Réflexions pratiques sur la loi successorale unique et la réserve héréditaire de droit français* : *JCP* N 2015, n° 22, 1178.
• G. Sebban, *L'absence de maîtrise de la langue comme limite à la validité d'un testament olographe* : *JCP* N 2021, n° 38-39, 1289.
• A. Sériaux, *La réserve à la croisée des chemins* : *Dr. famille* 2020, étude 14.
• A. Tani, *Inefficacité de la clause pénale en cas d'exercice de l'action en réduction : assimilation d'un revirement jurisprudentiel ?* : *Dr. famille* 2018, comm. 72 ; *Le sauvetage du testament authentique en testament international. – Affirmation d'un formalisme « raisonné »* : *JCP* N 2018, n° 41, 1314 ; *La réserve héréditaire : règle d'ordre public ou règle impérative ?* : *Dr. famille* 2018, comm. 243 ; *JCP* N 2019, n° 8-09, 1122 ; *Assurance-vie : à la recherche de la volonté perdue* : *Dr. famille* 2020, comm. 164 ; *Le légataire est-il recevable à invoquer l'insanité d'esprit du testateur ?* : *Dr. famille* 2021, comm. 113.

Modèle de courrier à adresser au client

• Courrier d'information en vue de la rédaction d'un **testament authentique**, rédigé par Alex Tani (docteur en droit, diplômé supérieur du notariat, ATER à l'université Toulouse Capitole [IDP – EA 1920]). http://bit.ly/3aB7m8G.
• Courrier d'information en vue de la rédaction d'un **testament olographe**, rédigé par Alex Tani (docteur en droit, diplômé supérieur du notariat, ATER à l'université Toulouse Capitole [IDP – EA 1920]). http://bit.ly/3dtSxGT.

Fiche 54

Rédiger un testament international

Sommaire

I Aperçu rapide ... 621
A Éléments-clés ... 621
B Textes ... 622
II Préparation de l'acte ... 622
A Mise au point de la stratégie avec le client ... 622
1 Analyse de l'objectif du client ... 622
2 Choix à exercer ... 622
3 Conseils à donner ... 623
4 Alertes ... 625
B Vérifications préalables ... 625
1 Écriture des dispositions de dernières volontés ... 625
2 Capacité et consentement du testateur ... 626
3 Constitution du dossier ... 627
III Rédaction et formules ... 627
A Rédaction ... 627
1 Personnes en présence ... 628
2 Configuration matérielle ... 629
B Formules ... 631
IV Formalités et taxation ... 631
A Formalités ... 631
B Rémunération des notaires ... 631

I Aperçu rapide

A Éléments-clés

2997 Créé par la Convention de Washington du 28 octobre 1973, entrée en vigueur en France le 1er décembre 1994, le testament international est une forme de testament admise par tous les pays contractants, sans qu'il soit nécessaire de rechercher, dans chaque cas, les conditions posées par la loi interne pour la validité du support matériel des dispositions de dernières volontés.

Dans notre législation, cette forme prend place à côté des testaments authentiques, olographes et mystiques et peut être utilisée quelle que soit la nationalité du disposant.

Sur le territoire de la République française, la personne qui entend tester sous cette forme doit s'adresser à un notaire français.

Sous peine de nullité, les dispositions de dernière volonté doivent être rédigées par écrit mais les modalités de l'écriture importent peu (écriture à la main, usage d'une machine à écrire ou d'un procédé informatique, par exemple).

L'acte destiné à conférer un caractère international au testament présenté à cet effet par son auteur est établi à la suite des dispositions de dernières volontés proprement dites. Il constate, par l'attestation du notaire et de deux témoins, la présentation de l'écrit par le testateur lui-même, pour confirmer l'origine des dispositions de dernière volonté et les déclarations faites par celui-ci au sujet de la reconnaissance de sa signature.

L'élaboration de cet acte authentique obéit aux règles de capacité et de forme imposées par le décret n° 71-941 du 26 novembre 1971, modifié, relatif aux actes établis par les notaires. Son contenu répond aux exigences des articles 4 à 14 de la loi uniforme annexée à la Convention de Washington.

La date du testament est celle de sa signature par le notaire et doit être apposée à la fin du testament. Enfin, le notaire est tenu de joindre au testament une attestation conforme aux dispositions de l'article 10 de la loi uniforme, établissant que les obligations prescrites par cette loi ont été respectées.

B Textes

- L. n° 94-320, 25 avr. 1994 autorisant la ratification de la Convention de Washington.
- D. n° 94-990, 8 nov. 1994 portant publication en France de la convention.

II

Préparation de l'acte

A Mise au point de la stratégie avec le client

1 Analyse de l'objectif du client

2998 **Faciliter la circulation de son testament.** Quand une personne de nationalité étrangère demande à un notaire français de dresser l'acte destiné à conférer un caractère international à son testament, elle entend s'assurer que ses dispositions de dernière volonté seront valables, quant à la forme, quel que soit le pays où elles seront produites. Soucieuse de ne pas laisser jouer les principes de la dévolution successorale légale et d'arrêter elle-même les modalités de transmission à cause de mort de ses biens situés dans différents pays, elle utilise cette forme testamentaire, afin qu'elle soit reconnue par chacun d'eux, sans qu'il soit nécessaire de se préoccuper de sa nationalité, de sa résidence et du lieu de rédaction de l'acte.

2999 **Tester dans la langue de son choix.** Quand une personne de nationalité étrangère résidant en France décide de tester en la forme internationale, elle souhaite utiliser la possibilité qui lui est offerte de rédiger ses dispositions à cause de mort dans sa langue maternelle ou dans une autre langue, tout en leur conférant une certaine solennité. Cette forme testamentaire permettait, classiquement, d'éviter le formalisme rigoureux du testament authentique qui interdisait au notaire de faire appel à un interprète. De nos jours, cette motivation a perdu un peu de sa valeur. Certes, le notaire est toujours tenu de rédiger le testament authentique classique en français mais si le testateur ne peut s'exprimer dans notre langue, la dictée et la lecture peuvent désormais être accomplies par un interprète que le testateur choisit sur la liste des experts judiciaires dressée par la Cour de cassation ou par chaque cour d'appel (C. civ., art. 972, al. 4, créé, L. n° 2015-177, 16 févr. 2015, art. 2, II, 2°).

3000 **Sécuriser ses dispositions testamentaires.** Quand une personne de nationalité française fait dresser un testament international, sur notre territoire, elle marque sa volonté d'écarter d'éventuelles contestations quant à l'écriture de son testament olographe. Il lui est ainsi loisible d'écrire elle-même ses dispositions à cause de mort ou de les faire écrire par un tiers, à la main ou mécaniquement. Elle peut choisir cette voie testamentaire, pour transmettre un patrimoine purement français, si aucune forme interne (testament authentique, olographe ou mystique) ne lui convient.

2 Choix à exercer

3001 **Il conviendra de contrôler** :
- état civil et capacité du testateur ;
- volonté de tester et intentions du testateur.

3002 **Caractère secret.** Le disposant n'est pas tenu de donner connaissance du contenu de son testament aux témoins ni à la personne habilitée (L. uniforme, art. 4-2).
Il peut souhaiter que son testament demeure secret.

> ATTENTION **Même si le testateur opère ce choix, le notaire devra apposer la date et sa signature à la fin du testament et les témoins devront signer au même endroit (L. uniforme, art. 5, 6 et 7).**
> **En pareille situation, le texte des dispositions à cause de mort, proprement dites, devra être dissimulé le temps que les formalités légales aient lieu.**

3003 **Révélation du testament.** Le caractère secret n'est pas de l'essence du testament international. En conséquence, en présentant ses dispositions de dernière volonté, le testateur peut très bien souhaiter que le notaire, les témoins et toute autre personne en prennent connaissance.

Le testateur aura d'ailleurs tout intérêt à demander que le testament soit lu à haute voix, dans le cas où il ne peut ou ne sait pas lire.

3 Conseils à donner

3004 **Remise d'un pli non scellé.** Dans la mesure où la loi uniforme lui fait obligation de rédiger l'acte confirmatif à la suite du testament, le notaire doit inviter son client à ne pas présenter ses dispositions testamentaires dans une enveloppe scellée ou sur une feuille pliée et scellée, à moins que celui-ci n'accepte de briser les scellés, afin que l'exigence légale puisse être remplie.

3005 **Volonté de tester.** Quand un client lui demande de conférer un caractère international à ses dispositions testamentaires, le notaire est tenu, comme pour tout testament, de se préoccuper de la volonté de tester de son auteur. Il doit lui rappeler que l'acte doit contenir une disposition de biens présentant un caractère impératif et non un conseil ou une recommandation.

3006 **Caractère révocable.** Il convient d'avertir le disposant qu'il pourra toujours anéantir son écrit (C. civ., art. 895). L'article 14 de la Convention de Washington renvoie aux règles ordinaires de révocations des testaments. Par conséquent, dans le respect de l'article 1035 du Code civil, seul sera retenu, sur notre territoire, un testament postérieur ou un acte devant notaires, portant déclaration du changement de volonté (V. *JCl. Pratique notariale – Les actes*, Fasc. 1495, *Révocation de testament*).

3007 **Protection des héritiers réservataires.** Il y a lieu d'expliquer au testateur qu'au regard du droit français, ses dispositions ne pourront excéder une certaine quotité, s'il laisse au moins un enfant à son décès (C. civ., art. 913, al. 1er. – V. *JCl. Notarial Formulaire*, V° *Quotité disponible et réserve*, Fasc. 20 ou *JCl. Liquidations-Partages*, V° *Quotité disponible et réserve*, Fasc. 20). La Cour de cassation considère qu'en droit français, la réserve héréditaire est « d'ordre public interne » et ne peut pas être écartée par des dispositions testamentaires établies selon la loi du domicile du défunt et régissant son statut personnel (Cass. 1re civ., 4 juill. 2018, n° 17-16.515 : *JurisData* n° 2018-011782 : *JCP* N 2018, n° 29, act. 657 ; *JCP* N 2018, n° 41, 1313, É. Fongaro ; *Dr. famille* 2018, comm. 243, A. Tani ; en l'espèce, le testament n'a pas pu modifier les droits appartenant aux héritiers réservataires sur les immeubles successoraux soumis à la loi française).

Il peut aussi s'avérer utile de lui préciser que ses legs ne pourront excéder les trois quarts des biens si, à défaut de descendant, il laisse un conjoint survivant, non divorcé (C. civ., art. 914-1. – V. *JCl. Notarial Formulaire*, V° *Conjoint survivant*, Fasc. 10 et 20).

En droit international privé, la réserve héréditaire a toutefois connu en 2017 un recul significatif. La Cour de cassation a, en effet, considéré qu'une loi étrangère désignée par la règle de conflit qui ignore la réserve héréditaire n'est pas en soi contraire à l'ordre public international français et ne peut être écartée que si son application concrète, au cas d'espèce, conduit à une situation incompatible avec les principes du droit français considérés comme essentiels (Cass. 1re civ., 27 sept. 2017, n° 16-13.151 : *JurisData* n° 2017-018698. – Cass. 1re civ., 27 sept. 2017, n° 16-17.198 : *JurisData* n° 2017-018703 ; *JCP* N 2017, n° 45, 1305, É. Fongaro ; *JCP* G 2017, 1236, C. Nourissat et M. Revillard ; *Dr. famille* 2017, comm. 230, M. Nicod ; *D.* 2017, p. 2185, J. Guillaumé ; *Dr. famille* 2018, chron. 1, spéc. n° 28, V. Égéa ; dans les deux espèces, après avoir énoncé que la loi normalement applicable à la succession était celle de l'État de Californie, qui ne connaît pas la réserve héréditaire, les arrêts ont relevé qu'il n'était pas soutenu que l'application de cette loi laisserait les enfants « dans une situation de précarité économique ou de besoin » et qu'il n'y avait donc pas lieu d'écarter cette loi au profit de la loi française).

3008 **Information sur l'action en réduction.** Il est important de prévenir l'auteur d'un testament international qu'à son décès, si le notaire chargé du règlement de sa succession constate que les droits réservataires d'un héritier sont susceptibles d'être atteints par les libéralités qu'il aura consenties, il informera chaque héritier concerné et connu, individuellement et, le cas échéant, avant tout partage, de son droit de demander la réduction des libéralités qui excéderont la quotité disponible (C. civ., art. 921, al. 2, réd. L. n° 2021-1109, 24 août 2021, art. 24).

Le disposant doit savoir que chacun de ses héritiers réservataires bénéficiera d'une information individuelle et des conseils appropriés formulés par écrit.

3009 **Choix de la loi successorale.** Le règlement (UE) n° 650/2102 du Parlement européen et du Conseil du 4 juillet 2012, relatif aux successions internationales s'applique aux successions ouvertes depuis le 17 août 2015 (art. 83, § 1). Les personnes qui se trouvent dans une situation présentant des éléments d'extranéité peuvent organiser la transmission de leur patrimoine, en choisissant, par une disposition à cause de mort (testament ou donation entre époux, notamment), la loi applicable à leur succession. À défaut de choix, la loi applicable sera celle du pays dans lequel le défunt aura sa résidence habituelle à l'époque du décès (pour les critères de détermination de la résidence habituelle du défunt, V. Cass. 1re civ., 29 mai 2019, n° 18-13.383 : *JurisData* n° 2019-009044 ; *JCP* N 2019, n° 24, act. 532 ; *Dr. famille* 2019, comm. 161, A. Devers ; *JCP* N 2020, n° 7-08, 1055, C. Latil ; *JCP* N 2020, n° 28, 1153, M. Devisme. – Pour une étude détaillée du règlement, V. *JCl. Droit international*, Fasc. 557-50 ou *JCl. Europe Traité*, Fasc. 2830 ou *JCl. Notarial Formulaire*, V° *Successions internationales*, Fasc. 150 ou *JCl. Liquidations-Partages*, V° *Successions internationales*, Fasc. 150).

Quand il est amené à recevoir l'acte destiné à conférer le caractère international à un testament, le notaire ne doit pas omettre de donner toutes informations utiles au testateur sur cette nouvelle possibilité de choisir la loi successorale qui correspond le mieux à ses aspirations personnelles (par exemple, la loi de sa nationalité, au moment du choix ou au moment du décès).

> CONSEIL **Une circulaire de la Chancellerie, en date du 25 janvier 2016, apporte des précisions utiles, notamment, sur les successions concernées par le champ d'application du règlement (UE) n° 650/2012 du Parlement européen et du Conseil du 4 juillet 2012, l'acceptation des actes authentiques, l'utilisation de différents formulaires et le recours au certificat successoral européen par les notaires (Circ. n° JUSC1601018C : *BO Justice* n° 2016-02, 29 janv. 2016 ; *JCP* N 2016, n° 13, act. 469. – Pour la validité d'une copie certifiée conforme d'un certificat successoral européen délivrée par un notaire, V. CJUE, 1er juill. 2021, aff. C-301/20 : *JurisData* n° 2021-014628 ; *JCP* N 2021, n° 30, act. 781, veille par A. Tani).**

3010 **Information sur le droit de prélèvement compensatoire.** Depuis le 1er novembre 2021, le testateur ne saurait ignorer que si lui-même ou au moins l'un de ses enfants est, au moment de son décès, ressortissant d'un État membre de l'Union européenne ou y réside habituellement et si la loi étrangère applicable à sa succession ne permet aucun mécanisme réservataire protecteur des enfants, chaque enfant ou ses héritiers ou ses ayants cause pourront effectuer un prélèvement compensatoire sur les biens existants situés en France au jour du décès, de façon à être rétablis dans les droits réservataires que leur octroie la loi française, dans la limite de ceux-ci (C. civ., art. 913, al. 3, réd. L. n° 2021-1109, 24 août 2021, art. 24. – N. Levillain, *Mise en pratique du nouveau prélèvement compensatoire* : *JCP* N 2022, n° 4, 1057. – V. égal., *JCl. Notarial Formulaire*, V° *Succession internationale*, Fasc. 10 ou *JCl. Liquidations-Partages*, V° *Succession internationale*, Fasc. 10).

4 Alertes

3011 **Prohibition des testaments conjonctifs.** La Convention de Washington exclut expressément de son domaine le testament conjonctif. L'article 2 de la loi uniforme précise qu'elle ne s'applique pas aux formes des dispositions testamentaires faites dans un même acte par deux ou plusieurs personnes.

Par conséquent, un testament international ne saurait être fait, sur notre territoire, dans le même acte par deux ou plusieurs personnes, soit au profit d'un tiers, soit à titre de disposition réciproque ou mutuelle (C. civ., art. 968). Cette prohibition est sanctionnée par la nullité (C. civ., art. 1001).

Aux yeux de la Haute juridiction : « l'exigence de forme édictée par l'article 968 du Code civil ne porte atteinte ni au droit à la vie privée et familiale ni au droit de propriété, dès lors que le testateur conserve la libre disposition de ses biens ». Au surplus, l'article 1er du Protocole n° 1 additionnel à la Convention européenne de sauvegarde des droits de l'homme et des libertés fondamentales ne garantit pas le droit d'acquérir des biens par voie de succession *ab intestat* ou de libéralités (Cass. 1re civ., 4 juill. 2018, n° 17-22.934 : *JurisData* n° 2018-011767 : *JCP* N 2018, n° 29, act. 659 ; *JCP* N 2018, n° 40, act. 774, Cl. Brenner ; *Dr. famille* 2018, comm. 244, M. Nicod ; *JCP* G 2019, doctr. 215, spéc. n° 6, H. Bosse-Platière).

3012 **Nullité pour vice de forme.** Certaines formalités sont prescrites à peine de nullité (L. uniforme, art. 1er). Il en est ainsi, pour l'exigence d'un écrit, la présence des témoins et de la personne habilitée lors de la déclaration du testateur, la signature par le testateur et les intervenants et la prohibition des testaments conjonctifs (L. uniforme, art. 2 à 5).

Les formalités liées à l'emplacement de la signature, la date du testament et le numérotage des pages (L. uniforme, art. 6 et 7) sont dépourvues de sanction, mais leur défaut pourrait engager la responsabilité professionnelle de la personne habilitée.

3013 **Validité en tant que testament olographe.** La nullité du testament, en tant que testament international n'affecte pas sa validité éventuelle, quant à la forme, en tant que testament d'une autre espèce (L. uniforme, art. 1-2). Par conséquent, le testament rédigé, daté et signé de la main par le testateur pourra être valable comme testament olographe, en droit interne français, même s'il est nul comme testament international, en l'absence, par exemple, des témoins.

3014 **Suppression des droits viagers du conjoint survivant.** Si le testateur est français et entend priver le conjoint survivant des droits viagers sur le logement familial et le mobilier le garnissant (C. civ., art. 964), il ne peut le faire que par un testament établi dans les conditions de l'article 971 du Code civil, c'est-à-dire par un testament authentique classique (V. *JCl. Notarial Formulaire*, V° *Conjoint survivant*, Fasc. 30 et *JCl. Notarial Formulaire*, V° *Testament*, Fasc. 35).
Par conséquent, il est important de l'informer qu'il ne saurait tester en la forme internationale.

B Vérifications préalables

3015 **Il conviendra de contrôler** :
- identité et capacité du testateur ;
- volonté réelle de tester ;
- intentions du testateur ;
- validité intrinsèque du testament.

1 Écriture des dispositions de dernières volontés

3016 **Présentation.** La confection du testament international se décompose en deux phases :
- la rédaction des dernières volontés proprement dites ;
- la présentation de l'écrit testamentaire à la personne habilitée à dresser l'acte destiné à lui conférer un caractère international.

Il convient, en conséquence, de vérifier, dans un premier temps, les modalités de rédaction des dispositions testamentaires, en s'assurant qu'elles répondent aux conditions d'établissement posées par la loi uniforme sur la forme d'un testament international annexée à la Convention de Washington du 26 octobre 1973, signée par la France le 29 novembre 1974 (ratification par L. n° 94-320, 25 avr. 1994, entrée en vigueur, dans notre pays, le 1er décembre 1994 : D. n° 94-990, 8 nov. 1994 : *JO* 16 nov. 1994).
Ces conditions sont exigées sous peine de nullité du testament (L. uniforme, art. 1-1) mais elles sont moins contraignantes que pour un testament olographe.
L'attention se porte ensuite sur l'acte notarié établi en présence de deux témoins, pour donner valeur de testament international aux dispositions à cause de mort concernées.

a) Support matériel

• **Exigence d'un écrit**

3017 Le testament présenté au notaire doit obligatoirement être fait par écrit (L. uniforme, art. 3-1). Il s'agit d'une condition de formation et de validité et non d'une simple condition de preuve.

• **Rédacteur**

3018 **Testateur.** L'acte représentatif des dernières volontés est naturellement valable, s'il est écrit par le testateur lui-même.

3019 **Tiers.** Le testament bénéficiant du caractère international, au sens de la Convention de Washington peut être écrit par un tiers, quel qu'il soit (L. uniforme, art. 3-2).
Le testateur est donc en droit de demander à un notaire d'écrire ses dernières volontés, sous sa direction.
Il n'est pas impératif d'indiquer dans l'acte le nom du tiers rédacteur.

3020 **Opportunité du choix.** La souplesse dans les modalités d'écriture n'est pas dénuée d'intérêt. Elle confère, en effet, une certaine sécurité au testament sous forme manuscrite, en le mettant à l'abri d'éventuelles contestations des héritiers légaux, quant à l'identification de l'écriture du disposant.

> CONSEIL **Cette forme testamentaire peut être conseillée à un client ne sachant ou ne pouvant pas lire qui entend conserver un caractère secret à ses dernières volontés. Cette personne ne pourrait, en effet, faire un testament mystique (C. civ., art. 978. - V. *JCl. Notarial Formulaire*, V° *Testament*, Fasc. 50).**

• **Procédé d'écriture**

3021 **Écriture manuscrite.** Le testament auquel sera conféré le caractère international peut être écrit à la main (L. uniforme, art. 3-3).

3022 **Procédé mécanique.** Le testateur est aussi en droit d'utiliser une machine à écrire ou un procédé informatique (L. uniforme, art. 3-3). S'il est aveugle, rien ne paraît interdire l'utilisation de l'alphabet Braille. Peu importe, au surplus, qu'il soit dans l'impossibilité de signer (L. uniforme, art. 5-2).

• **Langue**

3023 **Langue comprise par le testateur.** Le testament peut être écrit dans n'importe quelle langue (L. uniforme, art. 3-3 et 4-1), afin de faciliter l'expression de la volonté de son auteur. Toutefois, le testament ne saurait être écrit en une langue que le testateur ne comprend pas, même avec l'aide d'un interprète (Cass. 1re civ., 2 mars 2022, n° 20-21.068 : *JurisData* n° 2022-002804 ; *JCP* N 2022, n° 11, act. 365, Fr. Hébert ; *JCP* N 2022, n° 40, 1235, spéc. n° 9, M. Devisme ; *Dr. famille* 2022, comm. 76, M. Nicod ; *Dr. famille* 2023, chron. 1, spéc. n° 17, A. Guillenchmidt-Guignot et S. Hamou).

3024 **Assistance d'un interprète.** Dans le cadre d'un testament international, la présence d'un interprète est autorisée pour la rédaction de l'acte conférant ce caractère aux dispositions de dernières volontés mais les conditions d'intervention de l'interprète sont régies par la loi en vertu de laquelle la personne habilitée a été désignée (Conv., art. V-1). En conséquence, quand un testament international est reçu par un notaire français, il revient à la législation française de dire si la présence d'un interprète est ou non autorisée pour cette forme testamentaire.

Sur notre territoire, le notaire est tenu de rédiger un testament authentique classique en français mais, depuis l'entrée en vigueur de la loi n° 2015-177 du 16 février 2015 relative à la modernisation et à la simplification du droit et des procédures, si le testateur ne peut s'exprimer dans notre langue, la dictée et la lecture peuvent être accomplies par un interprète que le testateur choisit sur la liste des experts judiciaires dressée par la Cour de cassation ou par chaque cour d'appel (C. civ., art. 972, al. 4, créé, L. n° 2015-177, 16 févr. 2015, art. 2, II, 2°. – V. Fiche 53 : Rédiger un testament ou *JCl. Pratique notariale – Les actes*, Fasc. 1525, *Testament*. – V. égal., *JCl. Notarial Formulaire*, V° *Testament*, Fasc. 30).

Il est important de noter que cette mesure légale destinée à faciliter l'expression de la volonté du disposant n'a pas été étendue au testament mystique et au testament international. Pour ces deux formes testamentaires, l'intervention d'un interprète demeure prohibée et constitue une cause de nullité des dispositions de dernière volonté.

En conséquence, sur notre territoire, un testament par acte public irrégulier en la forme ne peut bénéficier d'un sauvetage par conversion en testament international, si le testateur, qui ne parle pas français, s'est exprimé dans cette langue avec l'aide d'un interprète (en ce sens M. Nicod, *Le sauvetage du testament notarié compromis par l'interprète : Dr. famille* 2022, comm. 76).

• **Signature**

3025 Le testament auquel le caractère international sera conféré doit être signé par le testateur mais cette formalité, contrairement à la règle prévue pour le testament olographe, n'est pas imposée dans la phase de rédaction des dispositions dévolutives.

Le testateur peut signer son testament, en présence des témoins et de la personne habilitée.

S'il l'a signé précédemment, il reconnaît et confirme sa signature en présence de ces mêmes intervenants (L. uniforme, art. 5-1).

S'il est dans l'incapacité de signer, il en est fait mention dans l'acte conférant le caractère international (L. uniforme, art. 5-2).

b) Date des dispositions testamentaires

3026 La loi uniforme n'exige pas que le testateur date lui-même l'écrit renfermant ses dispositions de dernières volontés. Le testament international ne prend date que du jour où il est signé par la personne habilitée à lui conférer ce caractère (L. uniforme, art. 7-1). C'est au notaire qu'il appartient de l'apposer, à la fin du testament (L. uniforme, art. 7-2).

Si le testament comporte deux dates, celle de sa rédaction et celle de sa signature par le notaire, c'est cette dernière date qui doit être prise en considération.

2 Capacité et consentement du testateur

3027 **Capacité de tester.** La loi uniforme ne concerne que la forme du testament et ne s'intéresse pas aux conditions de fond. Elle ne vise donc pas les qualités personnelles du testateur. Toutefois, comme pour tout testament dressé en France, il est impératif que l'intéressé ait la capacité requise (V. Fiche 53 : Rédiger un testament ou *JCl. Pratique notariale – Les actes*, Fasc. 1525, *Testament*. – V. aussi, *JCl. Notarial Formulaire*, V° *Acte notarié*, Fasc. 80).

3028 **Volonté raisonnable.** Le disposant doit naturellement être sain d'esprit. Le testament international qui n'émanerait pas d'une volonté raisonnable et libre pourrait être annulé pour insanité d'esprit de son auteur (C. civ., art. 414-1 et 901. – V. *JCl. Notarial Formulaire*, V° *Acte notarié*, Fasc. 70).

On observera, à cet égard, que la Cour de cassation considère qu'un testament authentique nul, pour non-respect des dispositions des articles 971 à 975 du Code civil, peut valoir en tant que testament international, dès lors que les formalités prescrites par la Convention de Washington du 26 octobre 1973 ont été accomplies, sous réserve, toutefois, que la nullité de ce testament n'ait pas été prononcée également pour insanité d'esprit de son auteur, en application des dispositions de l'article 901 du Code civil.

3029 **Majeur sous tutelle.** Après l'ouverture d'une tutelle, le majeur protégé peut valablement tester seul, en la forme internationale, à condition d'y avoir été autorisé par le juge des tutelles des majeurs ou le conseil de famille, s'il a été constitué (C. civ., art. 476, al. 2) ; étant précisé que le juge procède à une audition du majeur protégé, pour contrôler sa capacité à exprimer clairement ses volontés mais n'a pas à vérifier le contenu des dispositions que le testateur veut prendre ; le caractère éminemment personnel de l'acte en cause commande une telle solution (Cass. 1re civ., 8 mars 2017, n° 16-10.340 : *JurisData* n° 2017-003895 ; *JCP* N 2017, n° 11, act. 355 ; *Dr. famille* 2017, comm. 109, I. Maria. – Pour une étude détaillée, V. Fiche 53 : Rédiger un testament ou *JCl. Pratique notariale – Les actes*, Fasc. 1525, *Testament* et *JCl. Notarial Formulaire*, V° *Testament*, Fasc. 100).

3030 **Majeur soumis au dispositif d'habilitation familiale.** Lorsque le juge des tutelles a ordonné une mesure d'habilitation familiale à l'égard d'un majeur « dans l'impossibilité de pourvoir seul à ses intérêts en raison d'une altération, médicalement constatée, soit de ses facultés mentales, soit de ses facultés corporelles de nature à empêcher l'expression de sa volonté » (C. civ., art. 494-1 à 494-12), la personne habilitée doit solliciter l'autorisation de ce magistrat, si elle entend accomplir un acte de disposition à titre gratuit au nom du majeur protégé (C. civ., art. 494-6, al. 4) mais cette règle ne s'étend pas au testament, acte personnel, pour lequel aucune représentation ou assistance n'est admise (V. *JCl. Notarial Formulaire*, V° *Mineurs. Majeurs protégés*, Fasc. 520).

Le majeur protégé conserve l'exercice de ses droits autres que ceux dont l'exercice a été confié à la personne habilitée (C. civ., art. 494-8, al. 1er) et demeure donc, en théorie, libre de tester mais, dans la mesure où ce majeur est hors d'état de manifester une volonté saine et éclairée, son testament sera très fragile et pourra être contesté, pour insanité d'esprit, dans les conditions de droit commun (C. civ., art. 414-1 et 901, combinés). Dans les faits, il est vraisemblable que le notaire chargé de dresser l'acte conférant un caractère international au testament s'abstiendra, s'il constate que l'auteur des dispositions à cause de mort ne jouit pas de toutes ses facultés mentales.

3 Constitution du dossier

3031 **État civil et patrimoine.** Le notaire doit demander au disposant tous renseignements indispensables sur son état civil et sa situation patrimoniale.

> CONSEIL **Il lui faut aussi interroger son client sur les raisons qui l'incitent à vouloir disposer de ses biens sous une forme internationale, afin de le conseiller au mieux.**

3032 **Pièces à demander.** Le notaire demande utilement un extrait de l'acte de naissance du disposant. En lisant le contenu de cette pièce officielle et des mentions en marge, le praticien a connaissance des date et lieu de naissance du testateur. Il peut savoir s'il est marié ou non ou s'il est lié par un pacte civil de solidarité. Il peut s'apercevoir, par la mention d'inscription au répertoire civil, « RC, n° ... » (CPC, art. 1059), que son client a peut-être l'obligation de demander une autorisation à l'effet de tester.

III Rédaction et formules

A Rédaction

3033 **Il conviendra de contrôler :**
- état civil et capacité du testateur ;
- état civil et capacité des témoins ;
- conformité de la rédaction aux intentions du testateur ;
- respect des règles spécifiques au testament international.

3034 **Bases légales.** L'acte destiné à conférer un caractère international au testament présenté à cet effet par le disposant est établi à la suite des dispositions de dernières volontés proprement dites.

Il constate, par l'attestation du notaire (personne habilitée à instrumenter) et de deux témoins :
– la présentation de l'écrit testamentaire par le testateur lui-même, pour confirmer l'origine des dispositions de dernières volontés ;
– la déclaration faite par le testateur, afin que la nature et l'identification du document présenté ne puissent pas être contestées.
L'élaboration de cet acte authentique obéit aux règles de capacité et de forme imposées par le décret n° 71-941 du 26 novembre 1971, modifié, relatif aux actes établis par les notaires. Son contenu répond aux exigences des articles 4 à 14 de la loi uniforme annexée à la Convention de Washington.
Comme pour l'acte de suscription d'un testament mystique, les différentes opérations doivent se dérouler sans discontinuer.
Enfin, la personne habilitée est tenue de joindre au testament une attestation conforme aux dispositions de l'article 10 de la loi uniforme, établissant que les obligations prescrites par cette loi ont été respectées.

EXEMPLE L'attestation peut être rédigée ainsi :
Je soussigné, M^e^......
Personne habilitée à instrumenter en matière de testament international,
Atteste que le......, à......,
M....... (*Identification du testateur*),
en ma présence et en celle des témoins, M....... et M.......,
A déclaré que le document ci-joint est son testament et qu'il en connaît le contenu.
J'atteste, en outre, qu'en ma présence et en celle des témoins, le testateur a signé le testament (*ou :* a reconnu et confirmé sa signature déjà apposée).
Les témoins et moi-même avons signé le testament.
Je me suis assuré de l'identité du testateur et des témoins désignés ci-dessus.
Les témoins remplissaient les conditions requises selon la loi en vertu de laquelle j'instrumente.
Le testateur a désiré faire la déclaration suivante concernant la conservation de son testament :......
À......, le......
Signature et sceau du notaire.

1 Personnes en présence

a) Personnes habilitées à instrumenter

• **Notaires**

3035 **Principe.** Les personnes habilitées à instrumenter en matière de testament international mentionnées à l'article II de la Convention de Washington portant loi uniforme sur la forme d'un testament international sont, sur le territoire de la République française, les notaires (L. n° 94-337, 29 avr. 1994, art. 1er).

3036 **Compétence territoriale.** Le notaire appelé à instrumenter doit avoir la compétence territoriale, telle qu'elle est définie par l'article 8 du décret n° 71-942 du 26 novembre 1971, modifié.

3037 **Compétence personnelle.** La compétence personnelle du notaire doit s'apprécier uniquement pour l'acte destiné à conférer le caractère international au testament. Elle n'entre pas en ligne de compte pour le contenu du testament écrit sur le papier qui lui est présenté.
Les incapacités pour parenté ou alliance édictées par l'article 2 du décret n° 71-941 du 26 novembre 1971, modifié, en dernier lieu, par les décrets n° 2016-661 du 20 mai 2016 et n° 2016-1278 du 29 septembre 2016, n'interdisent pas au notaire de rédiger le papier renfermant les dispositions testamentaires proprement dites (V. *JCl. Notarial Formulaire*, V° *Acte notarié*, Fasc. 30).
Le notaire peut aussi dresser l'acte conférant un caractère international au testament contenant des dispositions en sa faveur, qu'il les connaisse ou non, et même si c'est lui qui a écrit le testament. En effet, cet acte ne contient, par lui-même, aucune disposition dévolutive.

3038 **Incompétence des anciens clercs habilités.** Classiquement, le notaire avait la possibilité d'habiliter un ou plusieurs de ses clercs assermentés à l'effet de donner lecture des actes et des lois et recueillir la signature des parties mais cette habilitation ne jouait pas pour un acte nécessitant la présence de deux témoins (L. 25 ventôse an XI, art. 10, al. 3), ce qui est le cas de l'acte conférant un caractère international à un testament.
Il est à noter, à toutes fins utiles, que l'habilitation n'est plus possible. L'article 53 de la loi pour la croissance, l'activité et l'égalité des chances économiques n° 2015-990 du 6 août 2015 a, en effet, abrogé l'article 10 de la loi du 25 ventôse an XI (V. *JCl. Notarial Formulaire*, V° *Acte notarié*, Fasc. 30).

3039 **Agents diplomatiques ou consulaires.** À l'égard des Français à l'étranger, cette compétence revient aux agents diplomatiques et consulaires (L. n° 94-337, 29 avr. 1994, art. 1er).
Un arrêté du 18 décembre 2017 (*JO* 20 déc. 2017) fixait la liste des postes diplomatiques et consulaires dans lesquels étaient exercées des attributions notariales. Cet arrêté a été abrogé par un

arrêté du 28 septembre 2018 (*JO* 9 oct. 2018) prenant effet au 1er janvier 2019 ; en conséquence, cette date a marqué la fin de l'activité notariale des agents diplomatiques et consulaires, tant dans l'espace économique européen que dans le reste du monde. Il est à noter toutefois que le décret n° 91-152 du 7 février 1991 relatif aux attributions notariales des agents diplomatiques et consulaires n'est toujours pas abrogé à ce jour.

CONSEIL **Le testateur est désormais invité à faire établir l'acte destiné à conférer un caractère international à son testament auprès d'un notaire en France ou à s'adresser à un homme de loi local habilité à instrumenter en matière de testament international, au sens des articles II et III de la Convention de Washington (V. *JCl. Notarial Formulaire,* V° *Acte notarié,* Fasc. 50).**

b) Témoins

3040 **Nécessaire présence.** Les formalités imposées pour la validité du testament international ont lieu en présence de deux témoins (L. uniforme, art. 4 et 5).
Aux yeux de la Haute juridiction, « l'obligation faite au testateur de déclarer sa volonté et de signer le testament en présence de deux témoins et d'une personne habilitée à instrumenter à cet effet, en l'occurrence, sur le territoire de la République française, un notaire, est satisfaite en ce que ces formalités ont été accomplies en présence de deux notaires, par équivalence des conditions prévues en droit interne à l'article 971 du Code civil » (Cass. 1re civ., 5 sept. 2018, n° 17-26.010 : *JurisData* n° 2018-014930 ; *JCP* N 2018, n° 37, act. 728, S. Bernard ; *Dr. famille* 2018, comm. 263, M. Nicod).

3041 **Capacité.** Les conditions requises pour être témoin sont régies par la loi en vertu de laquelle la personne habilitée à instrumenter a été désignée. Cependant, par une disposition matérielle uniforme, l'alinéa 2 de l'article V de la Convention de Washington précise que la seule qualité d'étranger ne constitue pas un obstacle pour être témoin d'un testament international.
Les autres conditions sont celles requises, en France, pour la rédaction d'un acte notarié. Les intéressés doivent être majeurs ou émancipés, avoir la jouissance de leurs droits civils, comprendre le français et pouvoir signer. Ils ne sauraient être parents ou alliés du notaire ou de son associé au degré prohibé ou être époux (D. n° 71-941, 26 nov. 1971, art. 3 et 4. – V. *JCl. Notarial Formulaire*, V° *Testament*, Fasc. 30). Selon la Cour de cassation, la qualité de partenaire d'un pacte civil de solidarité n'emporte pas incapacité à être témoin lors de l'établissement d'un testament authentique instituant l'autre partenaire légataire (Cass. 1re civ., 28 févr. 2018, n° 17-10.876 : *JurisData* n° 2018-002683 ; *JCP* N 2018, n° 10, act. 271, note D. Boulanger ; *JCP* N 2018, n° 20, 1188, note B. Beignier. – V. Fiche 53 : Rédiger un testament ou *JCl. Pratique notariale – Les actes*, Fasc. 1525, *Testament*).

2 Configuration matérielle

a) Modalités générales d'établissement

3042 **Écriture à la suite du testament.** L'acte conférant le caractère international peut être écrit par le notaire aussitôt après le texte du testament et les signatures devant figurer sous ce texte.

EXEMPLE Il sera, par exemple, établi au verso de la feuille sur le recto de laquelle figure le texte du testament ou au verso de la dernière feuille, en cas de pluralité de feuilles.

3043 **Écriture sur une feuille séparée.** Si le testament est écrit sur le recto et le verso d'une feuille unique ou sur l'intégralité des feuillets présentés au notaire, l'acte est rédigé sur une feuille séparée qui sera ensuite matériellement liée au testament. L'acte notarié et l'écrit comportant les dispositions de dernières volontés doivent, en effet, former un tout.

3044 **Brevet.** En raison des règles qui président à l'établissement de l'acte conférant le caractère international au testament, celui-ci est reçu en brevet (V. *JCl. Notarial Formulaire*, V° *Acte notarié*, Fasc. 30).

b) Présentation du testament

3045 Le disposant est tenu de présenter au notaire et aux deux témoins le papier sur lequel il a couché ses dernières volontés, en effectuant plusieurs déclarations qui seront consignées sur l'acte notarié conférant un caractère international au testament.

c) Déclarations du testateur

3046 **Déclaration d'écriture.** Le testament ayant pu être rédigé par un tiers, le testateur doit déclarer au notaire et aux témoins, que le document présenté est son testament et qu'il en connaît le contenu (L. uniforme, art. 4-1).

La formalité de la déclaration confirme l'origine des dispositions, en écartant ainsi tout risque de contestations ultérieures. Elle couvre toute manifestation non équivoque de volonté, qu'il s'agisse de paroles, d'écrit ou de signes. La loi uniforme n'imposant aucune exigence supplémentaire, il est permis de penser que le testateur qui a perdu l'usage de la parole peut apposer une mention écrite de sa main et signée par lui, attestant que le document présenté au notaire et aux témoins est son testament.

3047 **Reconnaissance et confirmation de signature.** Le disposant doit ensuite reconnaître et confirmer sa signature, si le document testamentaire a été signé par lui, précédemment.
Si tel n'est pas le cas, il doit apposer sa signature à la suite du document, en présence du notaire et des témoins (L. uniforme, art. 5-1).

3048 **Impossibilité de signer.** Si le testateur ne sait pas ou ne peut pas signer, il en indique la cause au notaire qui en fait mention sur le testament (L. uniforme, art. 5-2).
En ce cas, les témoins et le notaire apposent sur le champ leur signature sur le testament, en la présence du testateur (L. uniforme, art. 5-3).

3049 **Pluralité de feuillets.** Si le testament comporte plusieurs feuillets, chaque feuillet doit être signé par le testateur. Si celui-ci est dans l'incapacité de le faire, le notaire est tenu d'apposer sa propre signature sur chaque feuillet (L. uniforme, art. 6-2).

> ATTENTION **Le notaire doit s'assurer que chaque feuillet a bien été signé et numéroté par le testeur (L. uniforme, art. 6-2). À défaut, il procède lui-même ou fait procéder à cette numérotation. Dès lors qu'ils constatent qu'il n'a pas été satisfait à cette formalité, les juges considèrent que le testament international est nul.**
> **Il est important de noter qu'aux yeux des juges, l'obligation faite au testateur, en application de l'article 6-2 de la loi uniforme, de signer chaque feuillet du testament est satisfaite par l'apposition du paraphe visé par le quatrième alinéa de l'article 14 du décret n° 71-941 du 26 novembre 1971, modifié, relatif aux actes établis par les notaires.**

3050 **Choix du lieu de conservation du testament.** Interrogé sur ce point par le notaire, le testateur doit déclarer s'il entend conserver son testament ou s'il souhaite que celui-ci soit conservé en l'étude dudit notaire (L. uniforme, art. 8).
À la demande expresse du testateur, le lieu où il a l'intention de faire conserver son testament sera mentionné dans l'attestation dont il sera fait état ci-après.

d) Signatures du notaire et des témoins

3051 **Emplacement.** Les signatures des différents intervenants doivent être apposées à la fin du testament (L. uniforme, art. 6-1).

3052 **Portée.** Les signatures apposées sur le testament sont dispensées de toute légalisation ou formalité analogue (Conv., art. VI). De nombreuses conventions internationales dispensent également de la légalisation les actes publics (V. *JCl. Notarial Formulaire*, V° *Légalisation*, Fasc. 10).

e) Date du testament

3053 La date du testament est celle de sa signature par la personne habilitée et doit être apposée à la fin du testament (L. uniforme, art. 7).
Si le notaire omet d'indiquer la date, l'acte n'est pas nul mais le praticien risque d'engager sa responsabilité.

> CONSEIL **Cette formalité ne saurait être négligée car elle permet de situer le testament international par rapport à d'autres dispositions de son auteur ou de déterminer s'il jouissait de ses facultés mentales, au moment où il a exprimé ses volontés testamentaires (V. *JCl. Notarial Formulaire*, V° *Testament*, Fasc. 100).**

f) Continuité des opérations

3054 La présentation du testament, les déclarations du testateur, l'apposition des signatures du notaire et des témoins sur le testament, la rédaction de l'acte conférant le caractère international, sa lecture par le notaire et sa signature par les différents intervenants doivent avoir lieu de suite, sans divertir à d'autres actes et en la présence réelle, simultanée et non interrompue des deux témoins (L. uniforme, art. 5-3).

g) Attestation de la régularité formelle

3055 **Caractère impératif.** Le notaire est tenu de joindre au testament une attestation établissant que les obligations légales ont été respectées (L. uniforme, art. 9). Cette attestation est rédigée

en trois exemplaires, selon un modèle figurant dans l'article 10 de ladite loi.
Un exemplaire doit être joint au testament, c'est-à-dire fixé à celui-ci. Le notaire conserve le deuxième exemplaire et remet le troisième au testateur.

3056 **Preuve.** Sauf preuve contraire, l'attestation est acceptée comme preuve suffisante de la validité formelle de l'acte en tant que testament international (L. uniforme, art. 12). Mais l'absence ou l'irrégularité d'une attestation ne porte pas atteinte à la validité formelle d'un testament établi selon les prescriptions légales (L. uniforme, art. 13). Il a, notamment, été jugé que le fait que l'attestation prévue à l'article 9 de la convention n'ait pas été jointe au testament ne suffit pas à remettre en cause la validité en la forme du testament, dans la mesure où les conditions de validité énoncées à l'article 1er de la convention ne font pas référence à l'article 9 (CA Paris, pôle 3, ch. 1, 16 déc. 2020, n° 19/21177 : *JurisData* n° 2020-021187).

B Formules

• *JCl. Notarial Formulaire*, V° *Testament international*, Fasc. 15.

IV Formalités et taxation

A Formalités

3057 **Fichier des dispositions de dernières volontés.** Le notaire doit faire inscrire le testament international au fichier central des dispositions de dernières volontés, sauf décision contraire du testateur (V. *JCl. Notarial Formulaire*, V° *Testament*, Fasc. 10).

B Rémunération des notaires

3058 Un arrêté du 28 février 2020 est entré en vigueur le 1er mars 2020. Toutefois, les émoluments des prestations effectuées avant le 1er janvier 2021, ou dont la réalisation a donné lieu, avant le 1er mars 2020, au versement par le client d'un acompte ou d'une provision, ou à l'engagement par l'un des notaires intervenant de frais ou débours, restent régis par l'ancien tarif (A. 28 févr. 2020, art. 29, 2° mod. A. 28 avr. 2020, art. 2).
Un nouvel arrêté en date du 25 février 2022, applicable depuis le 1er mars 2022, proroge jusqu'au 29 février 2024 les dispositions antérieures (A. 25 févr. 2022, art. 2).

3059 **Émolument fixe.** Le testament international ou tout codicille reçu en cette forme (C. com., art. A. 444-60. – Numéro 3 du tableau 5) donne lieu à la perception d'un émolument fixe de 113,19 € (V. *JCl. Commentaire du Tarif des Notaires*, Fasc. 6060).

CHECK-LIST
• **Contrôler la volonté de tester et la capacité du client.**
• **Rappeler au disposant les conditions de fond imposées pour la validité de tout testament.**
• **S'assurer que chaque feuillet du testament proprement dit a bien été signé et numéroté par le testeur.**
• **Veiller à ce que les différentes opérations imposées par la loi uniforme se déroulent sans discontinuer et à ce que l'acte notarié et l'écrit comportant les dispositions de dernières volontés forment un tout.**
• **Informer le testateur de la possibilité qui lui est désormais offerte de choisir la loi qui sera applicable à sa succession et lui donner tous renseignements utiles sur les modalités et les conséquences de ce choix.**
• **Demander au testateur s'il entend conserver son testament ou s'il souhaite que celui-ci soit conservé à l'étude.**
• **Ne pas omettre d'inscrire le testament au fichier central des dispositions de dernières volontés, sauf décision contraire du testateur.**

POUR ALLER PLUS LOIN

Fiches pratiques

• V. Fiche 58 : Désigner un exécuteur testamentaire ou *JCl. Pratique notariale – Les actes*, Fasc. 1247, *Exécuteur testamentaire*.

• V. Fiche 52 : Rédiger un legs ou *JCl. Pratique notariale – Les actes*, Fasc. 1290, *Legs*.

• V. Fiche 53 : Rédiger un testament ou *JCl. Pratique notariale – Les actes*, Fasc. 1525, *Testament*.

Fascicules JurisClasseur

• *JCl. Notarial Formulaire*, V° *Droit international privé*, Fasc. 10.

• *JCl. Notarial Formulaire*, V° *Testament international*, Fasc. 10.

• *JCl. Pratique notariale – Les actes*, Fasc. 1495, *Révocation de testament*.

• *JCl. Pratique notariale – Les actes*, Fasc. 1530, *Testament-partage*.

• *JCl. Roulois*, Fasc. 1340.

Revues

• M.-E. Ancel et D. Vincent, *La circulation internationale des actes : JCP* N 2016, n° 2, 1009.

• P. Bonduelle, *Testament : outil de sécurisation juridique et d'optimisation fiscale : RFP* 2017, étude 21.

• D. Boulanger, *La réserve héréditaire : un principe républicain ? : JCP* N 2020, n° 51, act. 1039 ; *La réserve coûte que coûte : informer et prélever : JCP* N 2022, n° 1, 1008 ; *Utiliser le certificat successoral européen ! : JCP* N 2022, n° 39, 1233.

• Cl. Brenner, *Prohibition du testament conjonctif de partenaires pacsés : une évidence fondamentale ? Libres propos : JCP* N 2018, n° 40, act. 774.

• S. Brunet, *L'administration des successions : JCP* N 2015, n° 31-35, 1144.

• A. Chapron-Jacquette, *La bonne gestion des legs : JCP* N 2016, n° 18, 1143.

• J. Combret et N. Baillon-Wirtz, *La loi du 18 novembre 2016 de modernisation de la justice du 21e siècle : incidences pour la pratique notariale : JCP* N 2016, n° 47, act. 1254.

• R. Crône et L. Perreau-Saussine, *Certificat successoral européen : questions d'actualité : JCP* N 2018, n° 50, 1359.

• D. Epailly, *Réforme de la réserve héréditaire, retour sur le rapport du groupe de travail : JCP* N 2021, n° 2, 1012.

• M. Farge, *Règlement des successions : les nouveaux réflexes à acquérir : JCP* N 2015, n° 31-35, 1143.

• É. Fongaro, *La protection patrimoniale du couple en droit international privé : Dr. famille* 2018, dossier 7.

• Fr. Fruleux, *Loi de finances pour 2020 et transmissions à titre gratuit : modernisation et changement de méthode : JCP* N 2020, n° 1-02, act. 101 ; *Loi de finances pour 2021 et droits de mutation à titre gratuit : stabilité : JCP* N 2021, n° 3, act. 156.

• Q. Guiguet-Schielé, *Du testament par acte authentique au testament international : Illustration du formalisme intelligent : Dr. famille* 2014, étude 16.

• J. Guillaumé, *La loi étrangère qui ne connaît pas la réserve héréditaire n'est pas en soi contraire à l'ordre public international : D.* 2017, p. 2185.

• A. Guillenchmidt-Guignot et S. Hamou, *Un an de jurisprudence en droit international privé de la famille : Dr. famille* 2023, chron. 1.

• Fr. Hébert, *Le testament international à la rescousse du testament authentique défectueux : JCP* N 2010, n° 29, 1249 ; *La question de l'interprète : JCP* N 2022, n° 11, act. 365.

• E. Jacoby, *Le certificat successoral européen et le rôle du notaire : JCP* N 2016, n° 18, 1137 ; *Les droits du conjoint survivant et le certificat successoral européen dans les relations franco-allemandes : JCP* N 2018, n° 45, 1330.

• A.-S. de Jotemps, Th. Leandri et M. Mery, *Les organismes sans but lucratif et la gestion des successions immobilières : JCP* N 2019, n° 5, 1089.

• G. Khairallah, *Le principe de primauté du droit de l'Union européenne, le notaire et l'article 913 du Code civil : JCP* N 2021, n° 50, 1347.

• F. Labelle-Pichevin, *Le testament transfrontalier : RFN* 2015, n° 6, dossier 10.

• C. Latil, *Quelques précisions sur le mode de détermination de la résidence habituelle du défunt au sens du règlement sur les successions internationales : JCP* N 2020, n° 7-08, 1055.

• Fr. Letellier, *Successions : 1er novembre 2017, le rôle nouveau du notaire est arrivé ! : JCP* N 2017, n° 43-44, 1301 ; *L'élaboration du testament : JCP* N 2020, n° 12, 1071.

• M. Lamarche, *Successions internationales : les défis de l'application du règlement européen : Dr. famille* 2015, alerte 58.

• N. Levillain, *Mise en pratique du nouveau prélèvement compensatoire : JCP* N 2022, n° 4, 1057.

• I. Maria, *Quel (s) pouvoir (s) a le juge des tutelles sollicité pour l'autorisation d'un acte personnel ? : Dr. famille* 2017, comm. 109.

• G. Michaux et P. Bonduelle, *Enterrement de première classe pour la réserve héréditaire : une révolution du droit des successions internationales : RFP* 2018, comm. 2.

• N. Nicod, *Précisions sur la signature du testament international : Dr. famille* 2016, comm. 32 ; *Le sauvetage du testament notarié compromis par l'interprète : Dr. famille* 2022, comm. 76.

• C. Nourissat, *Certificat successoral européen : premières observations* : *JCP* N 2015, n° 3, 140 ; *Fin programmée des attributions notariales des postes diplomatiques et consulaires : une opportunité à saisir !* : *JCP* N 2018, n° 42, act. 808.

• C. Nourissat et M. Revillard, *La réserve héréditaire à l'épreuve de l'ordre public international* : *JCP* G 2017, 1236.

• C. Pérès, *La remise du rapport relatif à « la réserve héréditaire* : *JCP* N 2020, n° 7-08, act. 212.

• H. Péroz, *Suppression de la légalisation dans l'Union européenne de documents publics relatifs à l'état des personnes* : *JCP* N 2019, n° 7, act. 251 ; *Le droit de prélèvement compensatoire ou la mise à mal de la pratique des successions internationales* : *JCP* N 2021, n° 35, act. 805 ; *Le droit de prélèvement compensatoire : tout nouveau, tout faux ?* : *Dr. famille* 2021, comm. 146.

• A. Sériaux, *La réserve à la croisée des chemins* : *Dr. famille* 2020, étude 14.

• A. Tani, *Mémorandum des successions internationales : jeu de « questions/réponses »* : *Dr. famille* 2018, dossier 8 ; *Le sauvetage du testament authentique en testament international. – Affirmation d'un formalisme « raisonné »* : *JCP* N 2018, n° 41, 1314 ; *La réserve héréditaire : règle d'ordre public ou règle impérative ?* : *Dr. famille* 2018, comm. 243 ; *JCP* N 2019, n° 8-09, 1122 ; *D'utiles précisions sur le certificat successoral européen* : *JCP* N 2021, n° 30, act. 781.

Fiche 55

Rédiger une libéralité résiduelle

Sommaire

I Aperçu rapide 635
A Éléments-clés 635
B Textes 636
II Préparation de l'acte 636
A Mise au point de la stratégie avec le client 636
1 Analyse de l'objectif du client 636
2 Choix à exercer 637
B Vérifications préalables 638
1 Parties 638
2 Bien donné ou légué 638
3 Licéité de l'opération 638
4 Renseignements à obtenir des parties 639
5 Pièces à demander 639
III Rédaction et formules 639
A Rédaction 639
1 Désignation des biens donnés 639
2 Clauses usuelles 639
3 Clauses particulières 640
B Formules 640
IV Formalités et taxation 640
A Formalités 640
1 Formalités fiscales 640
2 Publicité foncière 640
B Taxation 640
1 Droits de mutation à titre gratuit 640
2 Émoluments du notaire 641

I Aperçu rapide

A Éléments-clés

3060 Une libéralité résiduelle est une libéralité, donation entre vifs ou legs, contenant une clause aux termes de laquelle le disposant charge le gratifié de transmettre à son décès ce qui restera des biens ou droits donnés ou légués, à un second gratifié désigné dans l'acte. Contrairement à la clause graduelle, la clause résiduelle n'impose pas au gratifié de conserver les biens donnés ou légués. Il peut donc les aliéner entre vifs, mais pas à cause de mort. Le disposant peut toutefois limiter la faculté de disposer entre vifs en interdisant au premier gratifié de donner les biens. Une telle clause n'est efficace que si elle ne porte pas sur la réserve du premier gratifié.

La libéralité résiduelle peut être consentie au profit de toute personne ayant la capacité de recevoir sans qu'un lien de parenté entre donateur et donataire ne soit exigé.

Il est possible d'insérer une clause résiduelle dans une libéralité portant sur tout bien meuble ou immeuble.

Jusqu'à son décès, le premier gratifié est propriétaire des biens donnés ou légués mais il ne peut en disposer à cause de mort. À son décès, ce qui reste des biens donnés ou légués est transmis au second gratifié, qui pourra en disposer librement. Afin d'assurer la transmission de ce reliquat au décès du premier gratifié, la loi préconise de prendre des garanties et sûretés, tels que notamment un inventaire des biens meubles.

Fiscalement, la libéralité résiduelle s'analyse comme une double mutation à titre gratuit faite par le disposant. Lors de la transmission des biens au premier gratifié, des droits de mutation à titre gratuit sont perçus en fonction du lien de parenté disposant/premier gratifié. Au décès du premier gratifié, les droits de mutation sont perçus en fonction du lien de parenté disposant/second gratifié avec possibilité de déduire les droits payés lors de la première mutation.

B Textes

- C. civ., art. 1057 à 1061.

II
Préparation de l'acte

A Mise au point de la stratégie avec le client

1 Analyse de l'objectif du client

3061 **Choix de la libéralité résiduelle.** Moins contraignante que la libéralité graduelle (sur la libéralité graduelle, V. Fiche 56 : Rédiger une libéralité graduelle ou *JCl. Pratique Notariale – Les actes*, Fasc. 1295, *Libéralité graduelle*), la libéralité résiduelle ne garantit la transmission des biens donnés à un second gratifié que dans l'éventualité où le premier gratifié n'en a pas disposé. Le disposant n'est donc pas assuré que les biens donnés seront recueillis en totalité par le second gratifié. En contrepartie, le premier gratifié jouit d'une plus grande liberté sur les biens donnés puisqu'il peut en disposer entre vifs à titre onéreux ou à titre gratuit, sauf disposition spéciale l'interdisant de donner. Lorsque le disposant a un enfant handicapé, la libéralité résiduelle permet ainsi de vendre les biens donnés s'ils ne produisent pas suffisamment de revenus, pour acquérir des biens ayant un meilleur rendement, voire pour utiliser les fonds ainsi obtenus lorsque le premier gratifié a un important besoin d'argent.

> ATTENTION **En cas d'aliénation, le second gratifié n'a aucun droit sur le produit de l'aliénation ou sur les nouveaux biens acquis. Il n'a de droits que sur les biens donnés se retrouvant en nature dans la succession du premier gratifié (C. civ., art. 1058, al. 2).**

3062 **Domaine quant aux personnes.** La libéralité résiduelle peut être consentie à toute personne physique ou morale ayant la capacité de recevoir à titre gratuit, l'article 1057 du Code civil, n'imposant aucune condition particulière.

3063 **Domaine quant aux biens.** La loi ne donnant aucune précision sur ce point, la libéralité résiduelle, comme toute libéralité, porte sur des biens ou des droits identifiables à la date de la transmission : meuble corporel ou incorporel, immeuble, droits sociaux, créances...

3064 **Protection de la réserve héréditaire.** La libéralité résiduelle opère une transmission de biens grevés d'une charge. Les biens composants la réserve devant être transmis libres de toute charge, la libéralité résiduelle ne peut en principe porter sur la réserve du premier gratifié. C'est pourquoi l'alinéa 3 de l'article 1059 du Code civil précise que le premier gratifié, héritier réservataire, conserve la possibilité de disposer entre vifs ou à cause de mort des biens qui lui ont été donnés en avancement de part successorale.
Contrairement aux règles régissant la donation graduelle, il n'existe aucune disposition limitant l'efficacité d'une clause résiduelle portant sur la réserve du grevé et permettant à celui-ci d'accepter qu'une telle charge grève sa part de réserve. Si la donation résiduelle porte sur la réserve du grevé, celui-ci peut demander le cantonnement de la charge.

> CONSEIL **Si le disposant souhaite que la charge résiduelle s'exécute même sur la part de réserve du premier gratifié, il faut que ce dernier fasse une renonciation anticipée à l'action en réduction dans les conditions de l'article 929 du Code civil (V. *JCl. Pratique Notariale – Les actes*, Fasc. 1470, *Renonciation anticipée à l'action en réduction*).**

3065 **Effets de la libéralité résiduelle à l'égard du grevé.** Le grevé peut disposer librement entre vifs des biens donnés. La charge stipulée lui interdit seulement de les léguer (C. civ., art. 1059).

Le disposant ne peut lui interdire d'aliéner les biens à titre onéreux (à défaut il s'agirait d'une libéralité graduelle). En revanche, il est possible de prévoir une clause interdisant au grevé de disposer des biens donnés par donation. Une telle clause toute comme l'interdiction de léguer ne peut porter sur des biens donnés en avancement de part successorale à un héritier réservataire (C. civ., art. 1059, dernier al.).

ATTENTION Si le disposant ne souhaite pas que le grevé puisse disposer à titre gratuit des biens donnés, la libéralité résiduelle faite à un héritier réservataire doit être stipulée hors part successorale. À défaut, l'interdiction de léguer et de donner pourrait être cantonnée à la demande du grevé à la fraction de libéralité excédant sa part de réserve.

3066 **Garanties et sûretés.** Le disposant peut prescrire toutes les garanties nécessaires à la bonne exécution de la charge (C. civ., art. 1061, renvoyant à C. civ., art. 1052). En particulier en cas de libéralité portant sur une universalité de biens meubles, il pourra exiger qu'un inventaire soit dressé. Si la libéralité porte sur un immeuble, la clause d'interdiction de léguer et éventuellement de donner sera publiée.

3067 **Droits du second gratifié.** Les droits du second gratifié s'ouvrent à la mort du premier gratifié grevé de la charge ; ce n'est qu'à cette date qu'il devient propriétaire du reliquat des biens ou des droits objets de la donation ou du legs (C. civ., art. 1057).

3068 **Incidences liquidatives du décès du premier gratifié.** Le second gratifié est réputé tenir ses droits du disposant (C. civ., art. 1061, renvoyant à C. civ., art. 1051), et non pas du premier gratifié. Cette fiction juridique fait échapper les biens reçus par le second gratifié aux règles du rapport et de l'imputation applicables à la succession du premier gratifié.

3069 **Acceptation de la donation résiduelle.** Comme toute donation, la donation résiduelle peut être acceptée par le premier et le second gratifié dans l'acte de donation lui-même ou dans un acte postérieur. L'acceptation par acte séparé doit être notifiée au donateur dans les formes requises en matière de donation (C. civ., art. 1061, renvoyant à C. civ., art. 1055, al. 1er). Toutefois, par dérogation à l'article 932 du Code civil, la donation résiduelle peut être acceptée par le second gratifié après le décès du donateur (C. civ., art. 1061, renvoyant à C. civ., art. 1055, al. 2). Dans cette hypothèse, il est conseillé de prévoir un délai pour l'acceptation *post mortem* du second gratifié dans l'acte de donation afin de limiter les situations de blocage, à défaut de dispositions légales sur ce point.

CONSEIL Cette possibilité permet au disposant de conserver jusqu'à son décès la faculté de révoquer la donation résiduelle à l'égard du second gratifié. Dans l'hypothèse d'une telle révocation, la donation devient une donation ordinaire à l'égard du grevé, sauf si l'acte de donation prévoit expressément un donataire en second subsidiaire.

3070 **Efficacité du legs résiduel.** À la différence de la donation résiduelle, le legs résiduel ne produit aucun effet du vivant du disposant. Son efficacité dépend tout d'abord de l'acceptation du premier légataire. Sans cette acceptation, le legs résiduel ne produit aucun effet. Les biens légués retournent dans la succession légale. Par ailleurs, si le second gratifié renonce au legs, la libéralité devient un legs ordinaire au profit du premier gratifié. Si le disposant souhaite que la libéralité résiduelle soit pleinement efficace, le notaire lui conseillera d'opter pour une donation résiduelle, avec éventuellement une réserve d'usufruit portant sur les biens donnés, s'il ne souhaite pas s'en dessaisir immédiatement.

3071 **Intérêt fiscal de la libéralité résiduelle.** La libéralité résiduelle est doublement taxée : taxation lors de la transmission des biens par le disposant au premier gratifié, puis seconde taxation au décès de ce dernier. Pour cette seconde taxation, le reliquat des biens, évalué au décès du premier gratifié, subit les droits de mutation en fonction du lien de parenté entre le disposant et le second gratifié. Il est donc important de choisir judicieusement ce dernier. On déduit par ailleurs des droits à payer par le second gratifié, le montant des droits acquittés par le premier (CGI, art. 784 C).

2 Choix à exercer

3072 **Il conviendra de contrôler :**
- capacité des parties et éventuellement la validité des procurations ;
- biens donnés et absence d'obstacle à la donation ;
- lien de parenté ou d'alliance entre le donateur et le premier gratifié en cas de donation résiduelle ;

Rédiger une libéralité résiduelle

– autre lien entre gratifiés et disposant (lien médecin/patient...) pour vérifier qu'il n'existe pas d'interdiction de recevoir ;
– existence de donation antérieure par le donateur au donataire ;
– situation personnelle des gratifiés : nombre d'enfants, personne handicapée...

3073 **Informer ou non le second gratifié.** En cas de donation résiduelle, le donateur devra décider s'il souhaite informer ou non le second gratifié de la libéralité qu'il lui consent. Une intervention du second gratifié dès l'acte de donation permet de garantir la pleine exécution de la donation résiduelle. Il a la possibilité toutefois, en cas d'incertitude quant à l'acceptation du second gratifié, de désigner un second gratifié subsidiaire (C. civ., art. 1061, renvoyant à C. civ., art. 1056). Limitant ainsi les risques, le donateur pourra préférer ne pas informer le donataire en second, afin de conserver la faculté de révoquer la donation à l'égard de ce dernier, jusqu'à la date où il lui fera mention de l'acte voire jusqu'à son décès (C. civ., art. 1061, renvoyant à C. civ., art. 1055).

B Vérifications préalables

3074 **Il conviendra de contrôler :**
– capacité des parties ;
– lien de parenté éventuel entre le donateur et le premier gratifié ainsi que le second gratifié ;
– objet de la donation, propriété du donateur et disponibilité du bien ;
– nature des biens, notamment valeurs mobilières ;
– valeur des biens donnés compte tenu de la charge ;
– nature des biens donnés : biens exonérés en totalité ou en partie, biens non exonérés ;
– existence de donations antérieures au profit du premier gratifié ;
– situation du donataire lien de parenté ou lien juridique (mariage, PACS) avec le donataire, personne handicapée ou non ;
– capacité du testateur pour le legs résiduel.

1 Parties

a) Capacité

3075 **Capacité du disposant.** Les règles de capacité dépendent de la nature de la libéralité. En cas de donation résiduelle, on appliquera les règles de capacité des donations en général (sur la donation, V. Fiche 51 : Rédiger une donation ou *JCl. Pratique Notariale – Les actes*, Fasc. 1210, *Donation*). En cas de legs résiduel, ce sont les conditions de capacité pour tester qui s'appliquent (sur les legs, V. Fiche 52 : Rédiger un legs ou *JCl. Pratique Notariale – Les actes*, Fasc. 1290, *Legs*).

3076 **Capacité du premier et du second gratifié.** Le premier et le second gratifié doivent avoir la capacité de recevoir à titre gratuit (sur les donations, V. Fiche 51 : Rédiger une donation ou *JCl. Pratique Notariale – Les actes*, Fasc. 1210, *Donation*). Pour le gratifié en premier on appliquera les règles de capacité relatives à l'acceptation d'une donation ou d'un legs avec charge.

b) Pouvoirs

3077 **Représentation du disposant.** La représentation du disposant ne se conçoit qu'en cas de donation résiduelle, le testateur ne pouvant être représenté. Le donateur peut donner procuration à l'effet de consentir la donation. Cette procuration doit être spéciale, s'agissant d'un acte de disposition, et comporter les éléments essentiels de l'acte de donation. Cette procuration doit être passée devant notaire et une copie authentique sera annexée à l'acte de donation.

3078 **Représentation des gratifiés.** Les règles de représentation dépendent de la nature de la libéralité. Pour accepter une donation résiduelle du vivant du donateur, le premier gratifié tout comme le second doivent signer une procuration authentique devant notaires dont une copie authentique (expédition) sera annexée à la minute de la donation ou à la minute de l'acceptation si elle est faite par acte séparé (C. civ., art. 933). Lorsque le second gratifié accepte la donation résiduelle après le décès du donateur, il nous semble qu'il faille appliquer les règles de représentation relatives aux legs, tout comme en cas de représentation du premier et du second légataire d'un legs résiduel (V. Fiche 52 : Rédiger un legs ou *JCl. Pratique Notariale – Les actes*, Fasc. 1290, *Legs*).

2 Bien donné ou légué

3079 Une libéralité résiduelle peut porter sur tous types de biens ou droits, à condition qu'ils ne se trouvent pas hors du commerce. On rappellera que lorsqu'elle porte sur un portefeuille de titres, la subrogation réelle est exceptionnellement admise : le premier gratifié peut donc procéder à des arbitrages.

3 Licéité de l'opération

3080 On rappellera que l'interdiction de donner ou de léguer ne peut être stipulée dans une donation en avancement de part successorale faite à un héritier réservataire.

4 Renseignements à obtenir des parties

3081 **Renseignements à obtenir du donateur.** Le notaire doit obtenir du donateur les renseignements suivants :
- renseignement d'état civil ;
- situation matrimoniale et s'il est marié éventuellement contrat de mariage ;
- renseignements relatifs au bien donné, en fonction de sa nature ;
- si le donateur est marié, l'origine du bien ;
- renseignement d'état du conjoint du donateur marié en cas d'aliénation d'un bien commun ou du logement de la famille.

3082 **Renseignements à obtenir du premier donataire.** Le premier gratifié doit fournir les renseignements suivants :
- renseignements d'état civil ;
- situation matrimoniale et si le donataire est marié, contrat de mariage ;
- pour des raisons fiscales, handicap éventuel.

5 Pièces à demander

3083 Le notaire doit demander divers documents en cas de donation résiduelle dont un extrait d'acte de naissance du donateur et du donataire, éventuellement un extrait d'acte de mariage des parties et copie du contrat de mariage, un extrait d'acte de naissance du conjoint du donateur, s'il doit intervenir à l'acte, le titre de propriété des biens donnés, selon leur nature, justification des donations antérieures consenties au donataire ou formulaire de déclaration de don manuel. Il ne demandera qu'un extrait d'acte de naissance du testateur, en cas de legs résiduel par testament authentique.

3084 **Handicapé, mineur ou majeur protégé.** Le notaire demande une copie de la carte d'invalidité du donataire ou un certificat médical attestant qu'il ne peut travailler dans des conditions normales, s'il est handicapé, l'autorisation éventuelle du conseil de famille ou du juge des tutelles en cas de donation avec charges consentie à un majeur sous tutelle ou à un mineur non émancipé (pour les donations résiduelles uniquement).

III Rédaction et formules

A Rédaction

3085 **Il conviendra de contrôler :**
- état civil, capacité et pouvoirs du testateur en cas de legs résiduel ou du donateur et des gratifiés en cas de donation résiduelle ;
- désignation du bien donné et sa conformité avec les documents cadastraux le cas échéant ;
- évaluation des biens donnés ;
- origine des biens donnés ;
- déclarations des parties, sur le plan juridique et fiscal.

1 Désignation des biens donnés

3086 La désignation des biens donnés dépend de leur nature (biens immobiliers ou mobiliers, (V. *JCl. Pratique Notariale – Les actes*, Fasc. 1215, *Donation de biens immobiliers* et *JCl. Pratique Notariale – Les actes*, Fasc. 1220, *Donation de biens mobiliers*).

2 Clauses usuelles

3087 **Charges et conditions.** La clause relative aux charges et conditions générales de la donation est à rédiger selon la nature des biens donnés (biens immobiliers ou mobiliers, V. *JCl. Pratique Notariale – Les actes*, Fasc. 1215, *Donation de biens immobiliers* et *JCl. Pratique Notariale – Les actes*, Fasc. 1220, *Donation de biens mobiliers*).

3088 **Droit de retour conventionnel.** La clause de droit de retour conventionnel (C. civ., art. 951) dans la donation résiduelle, n'est à stipuler que dans l'éventualité d'un prédécès du second gratifié suivi du décès du grevé. Un droit de retour conventionnel stipulé au décès du premier donataire ne permettrait en effet pas la mise en œuvre de la charge.

3089 **Interdiction d'aliéner.** La clause d'interdiction d'aliéner (C. civ., art. 900-1) est incompatible avec la donation résiduelle. Le grevé doit conserver la faculté de disposer entre vifs des biens. Toutefois, en cas de donation ne portant pas sur la réserve du gratifié, il est possible de stipuler une interdiction de donner.

3090 **Déclarations fiscales.** Dans la donation résiduelle, en principe seuls le donateur et le premier donataire font les déclarations fiscales. Si le second gratifié intervient à l'acte pour accepter la donation qui lui est faite, il peut déclarer entendre bénéficier du tarif et des abattements lui profitant en fonction de son lien de parenté avec le donateur, mais la taxation de la mutation se fera au décès du premier gratifié.

3 Clauses particulières

3091 **Obligation de transmettre ce qui restera.** La donation résiduelle contient obligatoirement une clause obligeant le premier gratifié à transmettre ce qui restera des biens donnés à un second gratifié désigné dans l'acte.

3092 **Garanties et sûretés.** Le donateur peut prendre toutes les mesures conservatoires qu'il jugera utiles afin de garantir l'exécution de la charge ainsi stipulée. Ces mesures seront prises en fonction de la nature des biens donnés : hypothèque sur les biens immobiliers, inventaire en cas de libéralité portant sur une universalité de biens, cautionnement...

B Formules

- V. *JCl. Notarial Formulaire*, V° *Donation entre vifs*, Fasc. 245.
- V. *JCl. Notarial Formulaire*, V° *Testament*, Fasc. 155.

IV Formalités et taxation

A Formalités

1 Formalités fiscales

3093 Le notaire procède à l'enregistrement de la donation résiduelle et assure le paiement des droits de mutation à titre gratuit s'il en est dû. En cas de legs résiduel par testament olographe, le notaire enregistre le testament au fichier central des dispositions de dernières volontés.

2 Publicité foncière

3094 Lorsque la donation porte sur des droits ou biens immobiliers elle est publiée au service chargé de la publicité foncière. Les donations immobilières sont depuis le 1er juillet 2004 soumises à la formalité fusionnée (sur la donation de biens immobiliers, V. *JCl. Pratique Notariale – Les actes*, Fasc. 1215, *Donation de biens immobiliers*).

Si la libéralité résiduelle porte sur plusieurs biens immobiliers, il est nécessaire d'établir une attestation immobilière constatant le transfert de propriété au profit du second gratifié afin d'informer les tiers du contenu du reliquat transmis par le grevé. Un extrait d'acte de décès sera annexé à l'acte.

B Taxation

1 Droits de mutation à titre gratuit

3095 **Donation résiduelle.** Les droits sont perçus sur la valeur vénale des biens à la date de la transmission, dans les conditions de droit commun, en fonction du lien de parenté existant entre le donateur et le premier gratifié, après déduction éventuelle de l'abattement dont peut se prévaloir le donataire (CGI, art. 784 C) et de la réduction de droits prévue par l'article 790 du CGI.

ATTENTION Au décès du premier gratifié, le second gratifié devra acquitter les droits de mutation en fonction de son lien de parenté avec le disposant, sur la valeur du reliquat des biens donnés au jour de ce décès. Il pourra déduire les droits éventuellement déjà acquittés par le premier gratifié (CGI, art. 784 C, al. 2 et 3). En revanche, si les droits acquittés lors de la première transmission sont supérieurs à ceux dus lors de la seconde, il ne sera procédé à aucune restitution. Pour la détermination des droits de mutation à titre gratuit, le second gratifié bénéficie de l'abattement applicable au jour de la mutation à titre gratuit, même si le disposant est décédé au moment de l'exécution de la charge. Seules les réductions de droit prévues à l'article 790 du CGI deviennent inapplicables du fait du décès du donateur (*BOI* 7 G-6-07, 22 nov. 2007, n° 80). Ainsi si le second gratifié est un petit-enfant du donateur, il bénéficie de l'abattement prévu par l'article 790 B du CGI (31 865 € en 2019) et non pas de celui prévu par l'article 788 IV du CGI (1 594 € en 2019).

3096 **Legs résiduel.** En cas de legs résiduel, les droits de mutation ne sont exigibles qu'au décès du testateur, puis au décès du premier légataire, selon le même mode de calcul qu'en cas de donation résiduelle.

2 Émoluments du notaire

3097 **Donation résiduelle.** L'émolument dû au notaire se calcule sur la valeur des biens donnés en pleine propriété (y compris en cas de réserve d'usufruit) par chaque donateur (C. com., art. A. 444-67. – Numéros 16 à 18 du tableau 5. – V. *JCl. Commentaire du Tarif des Notaires*, Fasc. 4500). Cet émolument dépend de l'acceptation de la donation.

• Si la donation est acceptée (sans distinction de ligne) (C. com., art. A. 444-67, 1° – Numéro 16 du tableau 5) :

De	À	% (TVA comprise)	Ajouter (TVA comprise)
0	6 500 €	5,8044	
6 500	17 000 €	2,394	221,676 €
17 000	60 000 €	1,596	357,336 €
Au-delà		1,1976	596,376 €

• Si la donation n'est pas acceptée (C. com., art. A. 444-67, 2° – Numéro 17 du tableau 5) :

De	À	% (TVA comprise)	Ajouter (TVA comprise)
0	6 500 €	4,17636	
6 500	17 000 €	1,7244	159,377 €
17 000	60 000 €	1,1484	257,297 €
Au-delà		0,8616	429,377 €

• L'acte séparé d'acceptation de la donation, qu'il s'agisse de l'acceptation du premier ou du second gratifié est soumis aux émoluments suivants (C. com., art. A. 444-67, 3° – Numéro 18 du tableau 5) :

De	À	% (TVA comprise)	Ajouter (TVA comprise)
0	6 500 €	1,626	
6 500	17 000 €	0,6708	62,088 €
17 000	60 000 €	0,4476	100,032 €
Au-delà		0,336	166,992 €

ATTENTION **Pour les biens ou droits entrant dans le champ d'application de l'émolument proportionnel mais dont la valeur est inférieure au seuil de 500 €, il est appliqué un émolument fixe dont le montant en euros est égal au produit de ce seuil et du taux applicable à la première tranche d'assiette du barème correspondant (C. com., art. A. 444-58, 2°).**
Pour les émoluments relatifs aux donations de créances, espèces ou valeurs mobilières cotées : V. *JCl. Pratique Notariale – Les actes*, Fasc. 1220, *Donation de biens mobiliers*.

3098 **Legs résiduel.** Le testament authentique ou le testament mystique donne lieu à la perception d'un émolument fixe de 113,19 € HT ou 135,83 € TTC (C. com., art. A. 444-60. – Numéro 3 du tableau 5. – V. *JCl. Commentaire du Tarif des Notaires*, Fasc. 6060).
Le dépôt d'un testament olographe à l'étude avant décès est rémunéré par la perception d'un émolument fixe de 26,41 € HT ou 31,69 € TTC (C. com., art. A. 444-60. – Numéro 4 du tableau 5. – V. *JCl. Commentaire du Tarif des Notaires*, Fasc. 6090).

CHECK-LIST **Préparation du rendez-vous client :**
– rechercher la motivation du client pour stipuler une clause résiduelle ;
– expliquer les avantages et les inconvénients d'une telle clause ;
– le disposant veut-il écarter la faculté de donner ?
– s'informer sur la capacité des parties (notamment, la capacité du testateur, en cas de legs) ;
– s'informer sur le lien de parenté éventuel entre le donateur et le premier gratifié ainsi que le second gratifié ;
– opportunité de désigner un second gratifié subsidiaire ;
– opportunité d'informer le donataire en second dès l'acte de donation ;
– information sur les biens donnés : nature des biens, pouvoirs du disposant sur les biens... ;
– quelles garanties sont envisagées pour assurer l'efficacité de la charge ?
Préparation de l'acte de donation :
– V. *JCl. Pratique Notariale – Les actes*, Fasc. 1215, *Donation de biens immobiliers*

et *JCl. Pratique Notariale – Les actes*, Fasc. 1220, *Donation de biens mobiliers*.
Particularités :
– rédaction de la clause résiduelle en tenant compte de la particularité des biens donnés, de la volonté de désigner un ou plusieurs seconds gratifiés subsidiaires ;
– déclarations fiscales spécifiques.

Formalités postérieures à l'acte :
– en cas de legs résiduel : enregistrement du testament et inscription au fichier central des dispositions de dernières volontés ;
– en cas de donation : enregistrement et publicité foncière ou signification à la société et formalités au greffe, le cas échéant.

POUR ALLER PLUS LOIN

Fiches pratiques

- V. Fiche 51 : Rédiger une donation ou *JCl. Pratique Notariale – Les actes*, Fasc. 1210, *Donation*.
- V. Fiche 56 : Rédiger une libéralité graduelle ou *JCl. Pratique Notariale – Les actes*, Fasc. 1295, *Libéralité graduelle*.

Fascicules JurisClasseur

- *JCl. Ingénierie du patrimoine*, Fasc. 1180.
- *JCl. Notarial Formulaire*, V° *Donation entre vifs*, Fasc. 240.
- *JCl. Pratique Notariale – Les actes*, Fasc. 1215, *Donation de biens immobiliers*.
- *JCl. Pratique Notariale – Les actes*, Fasc. 1220, *Donation de biens mobiliers*.

Fiche 56

Rédiger une libéralité graduelle

Sommaire

I Aperçu rapide ... 643
A Éléments-clés ... 643
B Textes ... 644
II Préparation de l'acte ... 644
A Mise au point de la stratégie avec le client ... 644
1 Analyse de l'objectif du client ... 644
2 Choix à exercer ... 646
3 Conseils à donner ... 647
B Vérifications préalables ... 647
1 Parties à l'acte ... 647
2 Bien donné ou légué ... 648
3 Licéité de l'opération ... 648
4 Renseignements à obtenir des parties ... 648
5 Pièces à demander ... 648
III Rédaction et formules ... 649
A Rédaction ... 649
1 Désignation des biens donnés ... 649
2 Clauses usuelles ... 649
3 Clauses particulières ... 649
B Formules ... 649
IV Formalités et taxation ... 650
A Formalités ... 650
1 Formalités fiscales ... 650
2 Publicité foncière ... 650
B Taxation ... 650
1 Enregistrement ... 650
2 Rémunération du notaire ... 650

I Aperçu rapide

A Éléments-clés

3099 Une libéralité graduelle est une libéralité (donation entre vifs ou legs), contenant une clause aux termes de laquelle le disposant charge le gratifié de conserver les biens ou droits qui en sont l'objet et de les transmettre, à son décès, à un second gratifié désigné dans l'acte. La clause graduelle ne peut être stipulée que sur un seul degré.

La libéralité graduelle peut être consentie au profit de toute personne ayant la capacité de recevoir sans qu'un lien de parenté entre donateur et donataire soit exigé. Toutefois, si elle porte sur la réserve d'un présomptif héritier réservataire, la clause graduelle ne peut être stipulée qu'au profit des enfants nés ou à naître du premier gratifié et avec l'accord du premier gratifié. À défaut, ce dernier peut demander le cantonnement de la charge.

Il est possible d'insérer une clause graduelle dans une libéralité portant sur tout bien meuble ou immeuble. Toutefois si cette clause porte sur une somme d'argent, il est nécessaire de prévoir une clause d'emploi des deniers. La charge portera alors sur le bien acquis en emploi de la somme donnée.

Jusqu'à son décès, le premier gratifié est propriétaire des biens donnés ou légués mais ne peut les aliéner ni entre vifs ni à cause de mort. À son décès, ils sont transmis au second gratifié, qui pourra en disposer librement.

Pour garantir l'efficacité de la charge, la loi préconise de prendre des garanties et sûretés.

Fiscalement, l'opération s'analyse comme une double mutation à titre gratuit faite par le disposant. Lors de la transmission des biens au premier gratifié, des droits de mutation à titre gratuit sont perçus en fonction du lien de parenté disposant/premier gratifié. Au décès du premier gratifié, les droits de mutation sont perçus en fonction du lien de parenté disposant/second gratifié avec possibilité de déduire les droits payés lors de la première mutation.

B Textes

- C. civ., art. 1048 à 1056 (L. n° 2006-728, 23 juin 2006).
- CGI, art. 784 C.

II

Préparation de l'acte

A Mise au point de la stratégie avec le client

1 Analyse de l'objectif du client

3100 **Choix de la libéralité graduelle.** La libéralité graduelle est très contraignante pour le premier gratifié. Il ne peut en effet que jouir des biens donnés, sans pouvoir en disposer ni entre vifs, ni à cause de mort. Les biens sont hors du commerce jusqu'à son décès. Mais en tant que propriétaire, le gratifié doit payer toutes les dépenses qu'elles soient d'entretien ou de conservation. Ces contraintes justifient que le notaire analyse parfaitement les besoins de son client ainsi que ses objectifs, avant de conseiller une telle libéralité. Il sera notamment tenu compte de la personne du premier gratifié : enfant handicapé, enfant prodigue ou incompétent pour gérer les biens ou simplement enfant sans postérité, mais également, dans un souci fiscal, de la personne du gratifié en second. Le maintien de certains biens dans la famille peut justifier une libéralité graduelle.

3101 **Domaine quant aux personnes.** La libéralité graduelle peut être consentie à toute personne physique ou morale ayant la capacité de recevoir à titre gratuit (C. civ., art. 1048). Il n'existe donc plus aucune restriction concernant le premier et le second gratifié. Aucun lien de parenté n'est exigé ni entre le disposant et le premier gratifié, ni entre ce dernier et le second gratifié. Cette liberté offre d'importantes possibilités qui permettent en outre de limiter le coût fiscal de la transmission au second gratifié :
– libéralité graduelle consentie au conjoint à charge pour lui de conserver et transmettre les biens à la famille par le sang du disposant ;
– libéralité graduelle au profit d'un enfant handicapé ou sans postérité afin de lui assurer sa vie durant des moyens de subsistance, et désignation des cohéritiers de cet enfant ou de leurs descendants comme seconds gratifiés.

3102 **Domaine quant aux biens.** Le domaine quant aux biens est vaste puisque l'article 1049 du Code civil énonce seulement que la libéralité graduelle doit porter sur des biens ou des droits identifiables à la date de la transmission : meuble corporel ou incorporel, immeuble, droits sociaux, créances...

> ATTENTION **Si la libéralité porte sur une somme d'argent, certaines précautions sont à prendre pour assurer l'efficacité de la clause graduelle.**
> **Soit la libéralité a pour objet une somme identifiable placée sur un support financier (produits capitalisation, assurance-vie, compte rémunéré, compte courant d'associé...), la clause graduelle sera efficace à condition de prévoir une clause d'emploi des capitaux placés dans l'éventualité où les placements arrivent à échéance.**
> **Soit la libéralité porte sur une simple somme d'argent, l'efficacité de la libéralité est subordonnée à la stipulation d'une clause d'emploi des fonds précisant la nature des biens à acquérir (immeuble, valeurs mobilières...). La clause graduelle porte alors sur les biens acquis en emploi.**

3103 **Limitation de la charge à un seul degré.** La libéralité graduelle n'est autorisée que sur un seul degré. Le disposant ne peut assurer la conservation d'un bien de famille en stipulant une clause obligeant le gratifié en second à conserver et transmettre les biens donnés. Si une telle clause était néanmoins insérée dans l'acte de donation ou dans le testament, la libéralité demeurerait valable mais la clause serait inapplicable au second gratifié (C. civ., art. 1053).

3104 **Protection de la réserve héréditaire.** En principe, la libéralité graduelle ne doit pas porter sur la réserve du premier gratifié qui doit être transmise libre de toute charge (C. civ., art. 1054, al. 1er. – Sur la renonciation anticipée à l'action en réduction, V. *JCl. Pratique notariale – Les actes*, Fasc. 1470, *Renonciation anticipée à l'action en réduction*). En cas de donation graduelle, si la charge risque d'affecter tout ou partie de la réserve du premier gratifié, celui-ci peut renoncer par anticipation à demander la réduction de ladite donation, soit dans l'acte de donation lui-même, soit dans un acte postérieur respectant les conditions de forme de l'article 930 du Code civil afin de garantir l'efficacité de la donation (C. civ., art. 1054, al. 2). En cas de legs graduel, le légataire dispose d'un délai d'un an à compter du jour où il a eu connaissance du testament pour demander que sa part de réserve soit libérée de la charge qui la grève, à défaut il doit en assumer l'exécution (C. civ., art. 1054, al. 3).

> ATTENTION **Le notaire doit informer son client que l'efficacité d'un legs graduel portant sur tout ou partie de la réserve du premier gratifié dépend de la volonté de ce dernier. En cas de donation graduelle portant sur la réserve du premier gratifié, le seul moyen de s'assurer que la charge ne sera pas remise en cause au décès du disposant est de faire renoncer le premier gratifié à demander la réduction de cette donation, ce qui devrait en pratique être plus aisé à réaliser dans l'acte de donation lui-même. La charge portant sur la part de réserve du grevé, avec son consentement, bénéficie de plein droit, dans cette mesure, à l'ensemble de ses enfants nés et à naître (C. civ., art. 1054, dernier al.).**

3105 **Effets de la libéralité graduelle à l'égard du premier gratifié.** Le premier gratifié a en principe le pouvoir d'aliéner les biens donnés. Toutefois, en raison de l'obligation de conserver grevant les biens, il ne peut en disposer sa vie durant car son droit de propriété est frappé d'une inaliénabilité sous condition résolutoire, subordonnée à la survie du second gratifié. En cas de survie du second gratifié, ces actes seront rétroactivement résolus. Ce n'est qu'en cas de prédécès du second gratifié, et en l'absence de désignation d'un autre bénéficiaire en second, que les aliénations et les constitutions de droits réels seront consolidées, en raison de la caducité de la charge stipulée.

> ATTENTION **Lorsque la libéralité graduelle porte sur un portefeuille de valeurs mobilières, le premier gratifié peut procéder à des arbitrages et donc aliéner les valeurs mobilières sans remettre en cause la libéralité. La subrogation réelle est en effet admise dans cette hypothèse particulière afin de permettre la gestion du portefeuille (C. civ., art. 1049, al. 2).**

3106 **Conservation en nature et conservation en valeur.** En principe les biens donnés doivent être conservés en valeur, sauf pour les portefeuilles de valeurs mobilières (C. civ., art. 1049). Cela exclut-il toute possibilité de subrogation lorsque la libéralité porte sur d'autres biens que des valeurs mobilières ?

Il a été démontré d'une part que l'obligation de conservation en nature pouvait être contournée en apportant les biens à donner à une société civile. La libéralité graduelle porte alors non pas sur les biens mais sur les parts sociales, qui seules doivent être conservées en nature. Les aménagements statutaires permettent d'assurer la conservation en valeur des biens apportés à la société.

Certains auteurs notent d'autre part que l'obligation de conservation en nature n'est pas d'ordre public. Ils considèrent que les parties peuvent conventionnellement écarter l'obligation de conservation en nature et prévoir une obligation de conservation en valeur des biens donnés, ce qui permet de conférer au grevé un plus grand pouvoir de gestion. Des précautions doivent être prises dans l'acte de donation ou le testament afin d'encadrer le remploi des fonds provenant de la vente des biens donnés.

3107 **Garanties et sûretés.** Le disposant peut prescrire toutes les garanties nécessaires à la bonne exécution de la charge (C. civ., art. 1052). En particulier en cas de libéralité portant sur une universalité de biens meubles, il pourra exiger qu'un inventaire soit dressé. Si la libéralité porte sur un immeuble, la charge de conserver et transmettre ainsi que la clause d'inaliénabilité seront publiées.

3108 **Droits du second gratifié.** Les droits du second gratifié s'ouvrent à la mort du légataire ou du donataire grevé de la charge ; ce n'est qu'à cette date qu'il devient propriétaire des biens ou des droits objets de la donation ou du legs (C. civ., art. 1050, al. 1er) ; ses droits peuvent néanmoins s'ouvrir par anticipation dans les cas où le premier gratifié lui abandonne la jouissance des biens concernés (C. civ., art. 1050, al. 2).

> **CONSEIL** **Cette modalité peut jouer un rôle, si le premier gratifié n'a plus l'utilité du bien transmis. Tel sera le cas, par exemple, si une personne âgée est hébergée dans une maison de retraite, n'utilise plus l'appartement dont elle avait été gratifiée et souhaite en faire profiter ses enfants, désignés comme seconds bénéficiaires de la libéralité graduelle.**

3109 **Incidences liquidatives du décès du premier gratifié.** Le second gratifié est réputé tenir ses droits du disposant et non pas du premier gratifié (C. civ., art. 1051). Cette fiction juridique fait échapper les biens reçus par le second gratifié aux règles du rapport et de l'imputation applicables à la succession du premier gratifié.

3110 **Caducité de la clause de substitution.** L'article 1056 du Code civil prévoit deux causes de caducité de la libéralité graduelle. La clause de substitution ne produit pas d'effet, d'une part, lorsque le gratifié en second décède avant le premier gratifié. Les biens donnés ou légués ne seront pas transmis à ses héritiers, sauf accord du disposant, mais dépendront de la succession du premier gratifié (C. civ., art. 1056). Le gratifié en second peut, d'autre part, renoncer au bénéfice de la libéralité graduelle. Dans ce second cas, les biens donnés ou légués dépendent également de la succession du premier gratifié.

> **CONSEIL** **Pour éviter cette conséquence, notamment lorsque le gratifié en premier est un incapable, le disposant peut, soit prévoir expressément dans l'acte que les biens seront recueillis par les héritiers du gratifié en second, soit désigner un autre gratifié en second.**

3111 **Acceptation de la donation graduelle.** Comme toute donation, la donation graduelle peut être acceptée par le premier et le second gratifié dans l'acte de donation lui-même ou dans un acte postérieur. L'acceptation par acte séparé doit être notifiée au donateur dans les formes requises en matière de donation (C. civ., art. 1055, al. 1er). Toutefois, par dérogation à l'article 932 du Code civil, la donation graduelle peut être acceptée par le second gratifié après le décès du donateur (C. civ., art. 1055, al. 2). Cette possibilité permet au disposant de conserver jusqu'à son décès la faculté de révoquer la donation graduelle à l'égard du second gratifié. La donation graduelle révoquée à l'égard du second gratifié devient une donation ordinaire à l'égard du premier gratifié.

> **CONSEIL** **La loi ne prévoyant aucun délai pour l'acceptation *post mortem* de la donation graduelle par le second gratifié, il est conseillé de prévoir ce délai dans l'acte de donation afin de limiter les situations de blocage.**

3112 **Efficacité du legs graduel.** À la différence de la donation graduelle, le legs graduel ne produit aucun effet du vivant du disposant. Son efficacité dépend tout d'abord de l'acceptation du premier légataire. Sans cette acceptation, le legs graduel ne produit aucun effet. Les biens légués se retrouvent dans la succession légale. Par ailleurs, si le second gratifié renonce au legs, la libéralité devient un legs ordinaire au profit du premier gratifié. Si le disposant souhaite que la libéralité graduelle soit pleinement efficace, le notaire lui conseillera d'opter pour une donation graduelle, avec éventuellement une réserve d'usufruit, s'il ne souhaite pas se dessaisir immédiatement des biens donnés.

3113 **Intérêt fiscal de la libéralité graduelle.** La libéralité graduelle est doublement taxée : taxation lors de la transmission des biens par le disposant au premier gratifié, puis seconde taxation au décès de ce dernier. Pour cette seconde taxation, les biens, évalués au décès du premier gratifié, subissent les droits de mutation en fonction du lien de parenté entre le disposant et le second gratifié. Il est donc important de choisir judicieusement ce dernier. On déduit par ailleurs des droits à payer par le second gratifié, le montant des droits acquittés par le premier (CGI, art. 784 C).

2 Choix à exercer

3114 **Il conviendra de contrôler** :
- capacité des parties et éventuellement la validité des procurations ;
- biens donnés et absence d'obstacle à la donation lorsque le bien provient d'une donation : droit de retour, interdiction d'aliéner, etc. ;
- lien de parenté ou d'alliance entre le donateur et le premier gratifié en cas de donation graduelle ;
- autres liens possibles entre gratifiés et disposant (médecin/patient…) pour vérifier qu'il n'existe pas d'interdiction de recevoir ;

– existence de donation antérieure par le donateur au donataire ;
– situation personnelle des gratifiés : personne handicapée… pour l'application des règles fiscales.

3115 **Informer ou non le second gratifié.** En cas de donation graduelle, le donateur devra décider s'il souhaite informer ou non le second gratifié de la libéralité qu'il lui consent. Une intervention du second gratifié dès l'acte de donation permet de garantir la pleine exécution de la donation graduelle. Ainsi lorsque le gratifié est un enfant handicapé, le donateur est assuré que les biens donnés seront dévolus, à moindre coût fiscal, selon sa volonté.

> CONSEIL **Le donateur a la possibilité toutefois, en cas d'incertitude quant à l'acceptation du second gratifié, de désigner un second gratifié subsidiaire (C. civ., art. 1056). Limitant ainsi les risques, le donateur pourra préférer ne pas informer le donataire en second, afin de conserver la faculté de révoquer la donation à l'égard de ce dernier, jusqu'à la date où il lui fera mention de l'acte, voire jusqu'à son décès (C. civ., art. 1055).**

3 Conseils à donner

3116 **Indisponibilité du bien donné.** La libéralité graduelle rend le bien donné indisponible jusqu'au décès du premier gratifié. Le notaire doit s'assurer que le disposant et le premier gratifié ont bien compris les conséquences d'une telle libéralité et qu'elle correspond bien à leur souhait. Si le disposant souhaite que le premier gratifié puisse disposer à titre onéreux du bien donné en cas de besoin, on lui conseillera alors de consentir une libéralité résiduelle et non pas graduelle.

3117 **Faculté d'abandon de la jouissance des biens donnés.** Le notaire informera le premier gratifié de la faculté qui lui est offerte par la loi d'abandonner la jouissance des biens donnés par anticipation au profit du second gratifié. Par convention, ce dernier s'engagera alors à assumer l'intégralité des charges relatives aux biens donnés.

B Vérifications préalables

3118 **Il conviendra de contrôler** :
– capacité des parties (notamment, la capacité du testateur, en cas de legs) ;
– lien de parenté éventuel entre le donateur et le premier gratifié ainsi que le second gratifié ;
– objet de la donation : le donateur est-il bien propriétaire des biens donnés ? Doit-il obtenir le consentement d'un tiers (conjoint, associé en cas de cession de parts sociales…) pour transmettre ces biens ?
– nature des biens (pour les valeurs mobilières, rappeler la faculté de procéder à des arbitrages).

1 Parties à l'acte

a) Capacité

3119 **Capacité du disposant.** Les règles de capacité dépendent de la nature de la libéralité. En cas de donation graduelle, on appliquera les règles de capacité des donations en général (sur la donation, V. Fiche 51 : Rédiger une donation ou *JCl. Pratique notariale – Les actes*, Fasc. 1210, *Donation*). En cas de legs graduel, ce sont les conditions de capacité pour tester qui s'appliquent (sur le testament, V. Fiche 53 : Rédiger un testament ou *JCl. Pratique notariale – Les actes*, Fasc. 1525, *Testament*).

3120 **Capacité du premier et du second gratifié.** Le premier et le second gratifié doivent avoir la capacité de recevoir à titre gratuit (sur la donation et le testament, V. Fiche 51 : Rédiger une donation ou *JCl. Pratique notariale – Les actes*, Fasc. 1210, *Donation* et V. Fiche 53 : Rédiger un testament ou *JCl. Pratique notariale – Les actes*, Fasc. 1525, *Testament*). Pour le gratifié en premier, on appliquera les règles de capacité relatives à l'acceptation d'une donation ou d'un legs avec charge. Lorsque la charge stipulée porte atteinte à la part de réserve du premier gratifié, celui-ci ne peut renoncer à demander le cantonnement de la charge graduelle, que s'il a la capacité de renoncer par anticipation à l'action en réduction, même, selon nous, si cette renonciation est faite dans l'acte de donation lui-même (sur la renonciation anticipée à l'action en réduction, V. *JCl. Pratique notariale – Les actes*, Fasc. 1470, *Renonciation anticipée à l'action en réduction*).

b) Pouvoirs

3121 **Représentation du disposant.** La représentation du disposant ne se conçoit qu'en cas de donation graduelle, le testateur ne pouvant être représenté. Le donateur peut donner procuration à l'effet de consentir la donation. Cette procuration doit être spéciale, s'agissant d'un acte de disposition, et comporter les éléments essentiels de l'acte de donation. Cette procuration doit être

Rédiger une libéralité graduelle

passée devant notaire et une copie authentique (expédition) sera annexée à l'acte de donation.

3122 **Représentation des gratifiés.** Les règles de représentation dépendent de la nature de la libéralité. Pour accepter une donation graduelle du vivant du donateur, le premier gratifié tout comme le second doivent signer une procuration authentique devant notaire dont une copie authentique (expédition) sera annexée à la minute de la donation ou à la minute de l'acceptation si elle est faite par acte séparé (C. civ., art. 933). Lorsque le second gratifié accepte la donation graduelle après le décès du donateur, il semble qu'il faille appliquer les règles de représentation relatives aux legs, tout comme en cas de représentation du premier et du second légataire d'un legs graduel (sur les legs, V. Fiche 52 : Rédiger un legs ou *JCl. Pratique notariale – Les actes*, Fasc. 1290, *Legs*).

2 Bien donné ou légué

3123 Une libéralité graduelle peut porter sur tous types de biens ou droits. On rappellera que lorsqu'elle porte sur un portefeuille de titres, la subrogation réelle est exceptionnellement admise : le premier gratifié peut donc procéder à des arbitrages.

3 Licéité de l'opération

3124 **Substitution sur un degré seulement.** La charge de conserver et transmettre les biens donnés ou légués ne peut peser que sur un degré. Si elle a été stipulée au-delà d'un degré, elle demeure valable mais uniquement pour le premier degré (C. civ., art. 1053). Le disposant ne peut donc prévoir la dévolution de ses biens sur plusieurs générations.

4 Renseignements à obtenir des parties

3125 Les parties ne devront fournir ces renseignements qu'en cas de donation graduelle. Pour le legs graduel, le testateur n'a à fournir que son état civil, dans l'éventualité où le testament est rédigé en la forme authentique.

3126 **Renseignements à obtenir du donateur.** Le notaire doit obtenir du donateur les renseignements suivants :
- renseignements d'état civil ;
- situation matrimoniale et s'il est marié, le contrat de mariage, le cas échéant ;
- renseignements relatifs au bien donné, en fonction de sa nature ;
- origine du bien ;
- renseignements d'état civil du conjoint du donateur marié en cas d'aliénation d'un bien commun ou du logement de la famille.

3127 **Renseignements à obtenir du premier donataire.** Le premier gratifié doit fournir les renseignements suivants :
- renseignements d'état civil ;
- situation matrimoniale et si le donataire est marié, contrat de mariage, le cas échéant ;
- pour des raisons fiscales : nombre d'enfants et handicap éventuel.

5 Pièces à demander

3128 Le notaire doit demander divers documents en cas de donation graduelle :
- un extrait d'acte de naissance du donateur et du donataire ;
- un extrait d'acte de mariage des parties et une copie du contrat de mariage, le cas échéant ;
- un extrait d'acte de naissance du conjoint du donateur et s'il doit intervenir à l'acte, le titre de propriété des biens donnés ;
- selon leur nature, justification des donations antérieures consenties au donataire ou formulaire de déclaration de don manuel ; éventuels redressements sur les donations antérieures ;
- enfin, un extrait d'acte de naissance du testateur, en cas de legs graduel par testament authentique.

3129 **Handicapé. Mineur ou majeur protégé.** Le notaire demandera une copie de la carte d'invalidité du donataire, s'il est handicapé ou un certificat médical attestant qu'il ne peut travailler dans des conditions normales, l'autorisation éventuelle du conseil de famille ou du juge en cas de donation avec charges consentie à un majeur sous tutelle ou à un mineur non émancipé, pour les donations graduelles uniquement.

III

Rédaction et formules

A Rédaction

3130 **Il conviendra de contrôler :**
- état civil, capacité et pouvoirs du testateur en cas de legs graduel (ou du donateur et des gratifiés en cas de donation graduelle) ;
- désignation du bien donné et sa conformité avec les documents cadastraux ;
- évaluation des biens donnés ;
- origine des biens donnés ;
- déclarations des parties, sur le plan juridique et fiscal.

1 Désignation des biens donnés

3131 La désignation des biens donnés dépend de leur nature (sur les biens immobiliers et mobiliers, V. *JCl. Pratique notariale – Les actes*, Fasc. 1215, *Donation de biens immobiliers* et *JCl. Pratique notariale – Les actes*, Fasc. 1220, *Donation de biens mobiliers*).

2 Clauses usuelles

3132 **Charges et conditions.** La clause relative aux charges et conditions générales de la donation est à rédiger selon la nature des biens donnés (sur les biens immobiliers et mobiliers, V. *JCl. Pratique notariale – Les actes*, Fasc. 1215, *Donation de biens immobiliers* et *JCl. Pratique notariale – Les actes*, Fasc. 1220, *Donation de biens mobiliers*).

3133 **Droit de retour conventionnel.** La clause de droit de retour conventionnel dans la donation graduelle n'est à stipuler que dans l'éventualité d'un prédécès du premier et du second gratifié (C. civ., art. 951). Un droit de retour conventionnel stipulé au décès du premier donataire ne permettrait pas en effet la mise en œuvre de la charge de conserver et de transmettre.

3134 **Interdiction d'aliéner.** La clause d'interdiction d'aliéner permet de garantir le respect de l'obligation de conserver les biens donnés (C. civ., art. 900-1). Elle présente toutefois peu d'utilité lorsque la charge graduelle grève un immeuble car l'existence d'une telle charge donne lieu à publication au fichier immobilier, rendant ainsi le bien indisponible.

3135 **Déclarations fiscales.** Dans la donation graduelle, en principe, seuls le donateur et le premier donataire font les déclarations fiscales. Si le second gratifié intervient à l'acte pour accepter la donation qui lui est faite, il peut déclarer entendre bénéficier du tarif et des abattements lui profitant en fonction de son lien de parenté avec le donateur, mais la taxation de la mutation se fera au décès du premier gratifié.

3 Clauses particulières

3136 **Charge de conserver et de transmettre.** La donation graduelle contient obligatoirement une clause obligeant le premier gratifié à conserver sa vie durant les biens donnés et à les transmettre à un second gratifié désigné dans l'acte. Cette charge ne doit en principe pas porter sur la part de réserve du gratifié.

> ATTENTION **Lorsque la libéralité est faite en avancement de part successorale, le gratifié pourra demander à l'ouverture de la succession le cantonnement de la charge à la fraction de libéralité excédant sa part de réserve, c'est-à-dire s'imputant sur la quotité disponible (C. civ., art. 1054, al. 1er). Si le gratifié accepte que la charge grève sa part de réserve – soit dans l'acte de donation soit dans les conditions prévues par l'article 930 du Code civil – elle ne peut alors profiter qu'à tous ses enfants nés et à naître.**

3137 **Garanties et sûretés.** Le donateur peut prendre toutes les mesures conservatoires qu'il jugera utiles afin de garantir l'exécution de la charge ainsi stipulée. Ces mesures seront prises en fonction de la nature des biens donnés (hypothèque sur les biens immobiliers, inventaire en cas de libéralité portant sur une universalité de biens, cautionnement…).

B Formules

- V. *JCl. Notarial Formulaire*, V° *Donation entre vifs*, Fasc. 245.
- V. *JCl. Notarial Formulaire*, V° *Testament*, Fasc. 165.

IV
Formalités et taxation

A Formalités

1 Formalités fiscales

3138 Le notaire procède à l'enregistrement de la donation graduelle et assure le paiement des droits de mutation à titre gratuit s'il en est dû. En cas de legs graduel par testament olographe, le notaire enregistre le testament au fichier central des dispositions de dernières volontés.

2 Publicité foncière

3139 Lorsque la donation porte sur des droits ou biens immobiliers, elle est publiée au service chargé de la publicité foncière (sur les biens immobiliers, V. *JCl. Pratique notariale – Les actes*, Fasc. 1215, *Donation de biens immobiliers*). Les donations immobilières sont depuis le 1er juillet 2004 soumises à la formalité fusionnée. Il est par ailleurs recommandé d'établir une attestation de propriété constatant le transfert de propriété au décès du premier grevé, en y annexant un extrait d'acte de décès.

B Taxation

1 Enregistrement

3140 **Enregistrement.** Les droits d'enregistrement de la donation graduelle sont perçus en fonction du lien de parenté entre le donateur et le premier gratifié, après déduction éventuelle de l'abattement dont peut se prévaloir le donataire (CGI, art. 784 C). Si la donation porte sur une entreprise individuelle, la réduction de droit prévue par l'article 790 du CGI est applicable.

ATTENTION Au décès du premier gratifié, le second gratifié devra acquitter les droits de mutation en fonction de son lien de parenté avec le disposant, sur la valeur des biens au jour de ce décès. Il pourra déduire les droits éventuellement acquittés par le premier gratifié (CGI, art. 784 C, al. 2 et 3). Le second gratifié bénéficie alors non seulement du tarif applicable selon son lien de parenté avec le disposant mais également de l'abattement applicable au jour de la mutation à titre gratuit, même si le disposant est décédé au moment de l'exécution de la charge. Seules les réductions de droit prévues à l'article 790 du CGI deviennent inapplicables du fait du décès du donateur (*BOI* 7 G-6-07, n° 121, 22 nov. 2007, spéc. n° 80). Ainsi si le second gratifié est un petit-enfant du donateur, il bénéficie de l'abattement prévu par l'article 790 B du CGI (31 865 € en 2019) et non pas de celui prévu par l'article 788, IV, du CGI (1 594 € en 2019).

3141 **Legs graduel.** Les droits de mutation ne sont exigibles qu'au décès du testateur, puis au décès du premier légataire, selon les mêmes règles que la donation graduelle.

2 Rémunération du notaire

3142 Un arrêté du 28 février 2020 entre en vigueur au 1er janvier 2021. Toutefois, les émoluments des prestations effectuées avant le 1er janvier 2021, ou dont la réalisation a donné lieu, avant le 1er mars 2020, au versement par le client d'un acompte ou d'une provision, ou à l'engagement par l'un des notaires intervenant de frais ou débours, restent régis par l'ancien tarif (A. 28 févr. 2020, art. 29, 2° mod. A. 28 avr. 2020, art. 2).
Un nouvel arrêté en date du 25 février 2022, applicable depuis le 1er mars 2022, proroge jusqu'au 29 février 2024 les dispositions antérieures (A. 25 févr. 2022, art. 2).

3143 **Donation graduelle.** L'émolument dû au notaire se calcule sur la valeur des biens donnés en pleine propriété (y compris en cas de réserve d'usufruit) par chaque donateur (C. com., art. A. 444-67. – Numéros 16 à 18 du tableau 5. – V. *JCl. Commentaire du Tarif des Notaires*, Fasc. 4500). Cet émolument dépend de l'acceptation de la donation.

• Si la donation est acceptée (sans distinction de ligne) (C. com., art. A. 444-67, 1° – Numéro 16 du tableau 5) :

De	À	% (TVA comprise)	Ajouter (TVA comprise)
0	6 500 €	5,8044	

De	À	% (TVA comprise)	Ajouter (TVA comprise)
6 500	17 000 €	2,394	221,676 €
17 000	60 000 €	1,596	357,336 €
Au-delà		1,1976	596,376 €

• Si la donation n'est pas acceptée (C. com., art. A. 444-67, 2° – Numéro 17 du tableau 5) :

De	À	% (TVA comprise)	Ajouter (TVA comprise)
0	6 500 €	4,17636	
6 500	17 000 €	1,7244	159,377 €
17 000	60 000 €	1,1484	257,297 €
Au-delà		0,8616	429,377 €

• L'acte séparé d'acceptation de la donation, qu'il s'agisse de l'acceptation du premier ou du second gratifié est soumis aux émoluments suivants (C. com., art. A. 444-67, 3° – Numéro 18 du tableau 5) :

De	À	% (TVA comprise)	Ajouter (TVA comprise)
0	6 500 €	1,626	
6 500	17 000 €	0,6708	62,088 €
17 000	60 000 €	0,4476	100,032 €
Au-delà		0,336	166,992 €

ATTENTION Pour les biens ou droits entrant dans le champ d'application de l'émolument proportionnel mais dont la valeur est inférieure au seuil de 500 €, il est appliqué un émolument fixe dont le montant en euros est égal au produit de ce seuil et du taux applicable à la première tranche d'assiette du barème correspondant (C. com., art. A. 444-58, 2°).

Pour les émoluments relatifs aux donations de créances, espèces ou valeurs mobilières cotées : V. *JCl. Pratique notariale – Les actes,* Fasc. 1220, *Donation de biens mobiliers.*

3144 **Legs graduel.** Le testament authentique ou le testament mystique donne lieu à la perception d'un émolument fixe de 113,19 € HT ou 135,83 € TTC (C. com., art. A. 444-60, 1° – Numéro 3 du tableau 5. – V. *JCl. Commentaire du Tarif des Notaires*, Fasc. 6060).

Le dépôt d'un testament olographe à l'étude avant décès est rémunéré par la perception d'un émolument fixe de 26,41 € HT ou 31,69 € TTC (C. com., art. A. 444-60, 1° – Numéro 4 du tableau 5. – V. *JCl. Commentaire du Tarif des Notaires*, Fasc. 6090).

CHECK-LIST **Préparation du rendez-vous client :**

– rechercher la motivation du client pour stipuler une clause graduelle ;
– expliquer les avantages et les inconvénients (notamment pour le premier gratifié) d'une telle clause ;
– s'informer sur la capacité des parties (notamment, la capacité du testateur, en cas de legs) ;
– s'informer sur le lien de parenté éventuel entre le donateur et le premier gratifié ainsi que le second gratifié ;
– opportunité de désigner un second gratifié subsidiaire ;
– opportunité d'informer le donataire en second dès l'acte de donation ;
– information sur les biens donnés : nature des biens, pouvoirs du disposant sur les biens... ;
– quelles garanties sont envisagées pour assurer l'efficacité de la charge ?

Préparation de l'acte de donation :
– V. *JCl. Pratique notariale – Les actes,* Fasc. 1215, *Donation de biens immobiliers* et *JCl. Pratique notariale – Les actes,* Fasc. 1220, *Donation de biens mobiliers.*

Particularités :
– rédaction de la clause graduelle en tenant compte de la particularité des biens donnés, de la volonté de désigner un ou plusieurs seconds gratifiés subsidiaires ;
– déclarations fiscales spécifiques.

Formalités postérieures à l'acte :
– en cas de legs graduel : enregistrement du testament et inscription au fichier central des dispositions de dernières volontés ;
– en cas de donation : enregistrement et publicité foncière ou signification à la société et formalités au greffe, le cas échéant.

POUR ALLER PLUS LOIN

Fiches pratiques

- V. Fiche 51 : Rédiger une donation ou *JCl. Pratique notariale – Les actes*, Fasc. 1210, *Donation*.
- Fiche 55 : Rédiger une libéralité résiduelle ou *JCl. Pratique notariale – Les actes*, Fasc. 1300, *Libéralité résiduelle*.

Fascicules JurisClasseur

- *JCl. Ingénierie du patrimoine*, Fasc. 1180.
- *JCl. Notarial Formulaire, V° Donation entre vifs*, Fasc. 200 et 210.
- *JCl. Pratique notariale – Les actes*, Fasc. 1215, *Donation de biens immobiliers*.
- *JCl. Pratique notariale – Les actes*, Fasc. 1220, *Donation de biens mobiliers*.

Fiche 57

Rédiger une délivrance de legs

Sommaire

I Aperçu rapide ... 653
A Éléments-clés ... 653
B Textes ... 654
II Préparation de l'acte ... 654
A Mise au point de la stratégie avec le client ... 654
1 Analyse de l'objectif du client ... 654
2 Choix à exercer ... 654
B Vérifications préalables ... 656
1 Parties à l'acte ... 656
2 Acte de délivrance ... 657
3 Renseignements à obtenir des parties ... 657
4 Pièces à demander ... 658
III Rédaction et formules ... 658
A Rédaction ... 658
1 Nature de l'acte ... 658
2 Clauses usuelles ... 659
3 Clauses particulières ... 659
B Formules ... 659
IV Formalités et taxation ... 660
A Publicité foncière ... 660
B Rémunération du notaire ... 660

I

Aperçu rapide

A Éléments-clés

3145 La délivrance de legs est une formalité à laquelle doit se soumettre le légataire non saisi – légataire particulier ou à titre universel ou bien encore légataire universel, en concours avec un héritier réservataire –, afin de pouvoir exercer pleinement ses droits sur les biens qui lui ont été légués. Elle ne doit pas être confondue avec le paiement ou l'exécution du legs, lequel ne peut intervenir qu'une fois la délivrance obtenue. La délivrance de legs doit également être distinguée de la procédure judiciaire d'envoi en possession à laquelle le légataire universel investi par testament olographe ou mystique est tenu de se plier, en l'absence d'héritier réservataire, si un tiers intéressé s'oppose à l'exercice de sa saisine (C. civ., art. 1007, al. 3).

Le légataire universel est tenu de demander la délivrance des biens compris dans le testament, en s'adressant aux héritiers réservataires (C. civ., art. 1004).

Le légataire à titre universel a l'obligation de demander la délivrance aux héritiers réservataires, à défaut, aux légataires universels et, à défaut, aux héritiers appelés dans l'ordre établi au titre des successions. Il en va de même pour le légataire particulier, à moins que cette délivrance ne lui soit volontairement consentie (C. civ., art. 1011 et 1014).

Un légataire légalement tenu d'obtenir la délivrance de son legs ne saurait en être dispensé par une clause du testament.

Cette formalité a généralement lieu par la voie amiable mais le légataire peut également saisir le tribunal à cet effet, si les héritiers ne répondent pas à sa demande.

Le refus de consentir la délivrance est judiciairement sanctionné, s'il apparaît abusif.

B Textes

- C. civ., art. 1004, 1005, 1011, 1014 à 1016.
- CGI, art. 635 et 680.

II Préparation de l'acte

A Mise au point de la stratégie avec le client

1 Analyse de l'objectif du client

3146 **Hypothèses où la délivrance de legs n'est pas requise.** La délivrance de legs suppose que le défunt ait rédigé un testament instituant un ou plusieurs légataires. Cette condition, nécessaire, n'est toutefois pas suffisante pour justifier l'établissement d'un acte de délivrance de legs. En effet, il faut, également, que le ou les légataires désignés ne soient pas saisis. Ainsi, il n'est pas nécessaire d'établir un acte de délivrance de legs lorsque le légataire est par ailleurs un héritier *ab intestat*, puisqu'il a déjà la saisine. De même, lorsque le testament désigne un légataire universel, ce dernier a, en principe, la saisine, excepté s'il est en concours avec un héritier réservataire. Dans tous les autres cas, le légataire doit demander la délivrance de son legs.

3147 **Situations où la délivrance de legs est nécessaire.** Le légataire universel ne demande la délivrance de son legs que s'il est en concours avec un héritier réservataire (C. civ., art. 1004). Le légataire à titre universel et le légataire particulier doivent toujours demander la délivrance de leur legs, s'ils ne sont pas héritiers *ab intestat* (C. civ., art. 1011 et 1014).

3148 **Motifs de la demande de délivrance d'un legs.** Les légataires non saisis sont tenus de solliciter la délivrance de leur legs, afin que leurs droits sur les biens légués soient reconnus. Lorsque le legs porte sur des droits divis, le légataire peut en jouir pleinement à compter de la délivrance. Par ailleurs, le légataire particulier n'acquiert en principe les fruits qu'au jour de la délivrance amiable de son legs ou de la demande en justice (C. civ., art. 1014). Avant la délivrance du legs particulier, les fruits de la chose léguée sont intégrés dans la succession et appartiennent aux héritiers légaux. Toutefois, dans l'hypothèse où le legs porte sur des parts sociales, l'héritier légal, qui n'a pas la qualité d'associé, faute d'avoir été agréé, ne saurait prétendre aux dividendes versés par la société avant la délivrance du legs (Cass. 1re civ., 2 sept. 2020, n° 19-14.604 : *JurisData* n° 2020-012468 ; *JCP* N 2020, n° 38, act. 757 ; *JCP* N 2020, n° 47, 1243, N. Randoux ; *Dr. famille* 2020, comm. 150, M. Nicod).

Le légataire universel, auquel la jurisprudence assimile le légataire à titre universel, acquiert les fruits à compter du décès, à condition de demander la délivrance de son legs dans l'année suivant le décès. Si la demande intervient plus tard, il ne percevra les fruits qu'à compter de la délivrance amiable ou de la demande en justice (C. civ., art. 1005).

Le légataire particulier a droit aux intérêts ou fruits de la chose léguée à compter du décès, lorsque le testateur en a ainsi disposé ou lorsque le legs porte sur une rente viagère ou une pension léguée à titre d'aliments (C. civ., art. 1015).

3149 **Cantonnement du legs.** Lorsque la succession a été acceptée par au moins un héritier désigné par la loi, le notaire doit informer le légataire universel ou à titre universel sur la faculté qui lui est accordée de cantonner son émolument sur une partie des biens dont il a été disposé en sa faveur, sauf si le testateur en a disposé autrement (C. civ., art. 1002-1). En cas de cantonnement, la délivrance de legs ne portera que sur les biens désignés par le légataire. Le cantonnement ne constitue cependant pas une libéralité faite par le légataire aux autres successibles (C. civ., art. 1002-1, *in fine*), ce qui est très important fiscalement (BOI-ENR-DMTG-10-20-50-30, 12 sept. 2012, § 10 à 30. – V. *JCl. Notarial Formulaire*, V° *Succession*, Fasc. 160).

2 Choix à exercer

3150 Il conviendra de contrôler :
- acte de décès ;
- existence et forme du testament ;
- validité du testament ;
- nature du legs ;

– actes de notoriété pour les héritiers ;
– capacité et consentement des parties.

3151 **Délivrance de legs universels.** L'acte de délivrance d'un legs universel n'est requis que si le légataire universel est en concours avec des héritiers réservataires (C. civ., art. 1004). Dans les autres hypothèses, il est saisi de plein droit (C. civ., art. 1006. – CA Versailles, 1re ch. sect. 1, 26 oct. 2021, n° 20/01976 : *JurisData* n° 2021-017105. – V. *JCl. Notarial Formulaire*, V° *Délivrance de legs*, Fasc. 20 et *JCl. Notarial Formulaire*, V° *Testament*, Fasc. 110).

3152 **Délivrance de legs à titre universel.** Le légataire à titre universel doit en principe obtenir délivrance de son legs, sauf dans l'hypothèse où il est en même temps héritier saisi, en vertu de l'article 724 du Code civil. La personne et la qualité de ceux à qui cette délivrance sera demandée varient. En application de l'article 1011 du même code, les légataires à titre universel sont tenus tout d'abord de la demander aux héritiers réservataires, à défaut, aux légataires universels et, à défaut, aux héritiers appelés dans l'ordre établi au titre des successions (V. *JCl. Notarial Formulaire*, V° *Délivrance de legs*, Fasc. 20 et *JCl. Notarial Formulaire*, V° *Testament*, Fasc. 110).

3153 **Délivrance de legs particuliers.** Le legs portant sur un bien déterminé, meuble ou immeuble, est appelé legs particulier (C. civ., art. 1014). Ce bien, devenu, dès l'instant du décès du testateur, la propriété de celui à qui il a été légué, doit être délivré à ce dernier. Il résulte en effet de l'article 1014 du Code civil que le légataire à titre particulier n'a jamais la saisine et qu'il doit, en toute hypothèse, obtenir délivrance de son legs auprès des héritiers légaux ou auprès des légataires universels. Le cas échéant, c'est le légataire à titre universel qui délivrera le legs particulier (V. *JCl. Notarial Formulaire*, V° *Délivrance de legs*, Fasc. 20 et *JCl. Notarial Formulaire*, V° *Testament*, Fasc. 110).

3154 **Délivrance immédiate ou différée.** En principe, la délivrance doit être consentie par les héritiers, dès qu'elle est demandée, même si ces derniers ont accepté la succession à concurrence de l'actif net. Toutefois, la délivrance est légitimement différée lorsqu'il s'agit d'un legs à terme, jusqu'à l'arrivée du terme ou lorsqu'il s'agit d'un legs sous condition suspensive, jusqu'à l'accomplissement de la condition.

3155 **Délivrance amiable ou judiciaire.** La délivrance est en principe amiable. À condition qu'elle soit faite de manière expresse, elle peut même être l'occasion, pour les héritiers qui la consentent, de confirmer le legs, c'est-à-dire de renoncer à l'attaquer. La confirmation doit alors être circonstanciée, c'est-à-dire s'appliquer à des vices connus avec précision.
Les héritiers auxquels la délivrance est demandée peuvent cependant s'opposer à celle-ci pour diverses raisons. Le légataire est alors obligé de demander la délivrance de son legs en justice. Cette délivrance sera accordée toutes les fois où les héritiers ne seront pas en mesure de contester valablement les prétentions de l'intéressé. Les frais de la demande en délivrance sont à la charge de la succession (C. civ., art. 1016, al. 1er), sauf si le légataire est débouté par le tribunal. Il supporte alors seul les frais (V. *JCl. Notarial Formulaire*, V° *Délivrance de legs*, Fasc. 10).

> ATTENTION **La délivrance d'un legs à titre particulier a uniquement pour objet la reconnaissance des droits du légataire et doit être distinguée du paiement du legs. En conséquence, une décision judiciaire accueillant une demande de délivrance d'un legs de somme d'argent ne constitue pas un titre exécutoire autorisant le légataire à procéder à des mesures d'exécution forcée. Un commissaire de justice doit refuser de réaliser tout acte d'exécution forcée qui serait fondé sur une décision se limitant à accueillir une demande de délivrance de legs sous peine d'engager sa responsabilité (Cass. 1re civ., 21 sept. 2022, n° 19-22.693 : *JurisData* n° 2022-015411 ; Procédures 2022, comm. 272, R. Laher ; *Dr. famille* 2023, comm. 8, M. Nicod).**

3156 **Refus de délivrance.** Le notaire est amené à conseiller les héritiers, lorsqu'ils envisagent de s'opposer à la délivrance, en niant l'existence du legs et donc des dispositions testamentaires. C'est le cas le plus fréquent. Le praticien se doit de vérifier s'ils peuvent légitimement refuser la délivrance dans les hypothèses de nullité manifeste du testament ou du legs lui-même, de caducité de ce dernier ou de réductibilité intégrale, en raison de l'existence d'autres libéralités.
Il est important de préciser aux clients que la délivrance d'un legs particulier est une mesure provisoire qui n'enlève aux héritiers aucun moyen pour faire établir leurs droits dans la succession, et qui préserve donc aux héritiers réservataires la faculté d'en poursuivre la réduction (CA Paris, pôle 3, ch. 1, 2 oct. 2019, n° 17/22895 : *JurisData* n° 2019-016940).

3157 **Fruits des biens légués.** Le notaire informera le légataire universel ou à titre universel que s'il fait la demande de délivrance de son legs dans l'année, il a droit aux revenus à compter du décès. On peut lui rappeler aussi que l'action en délivrance est soumise à la prescription de cinq ans prévue par l'article 2224 du Code civil.

3158 **Intérêt du cantonnement.** Suivant les circonstances, le légataire universel ou à titre universel peut prendre la décision de ne pas réclamer totalement ce qui lui a été légué. Il permet ainsi aux héritiers ou aux autres légataires universels de recevoir une part plus importante. Cette solution est intéressante en particulier lorsque les bénéficiaires du cantonnement sont plus jeunes que le légataire.

L'exercice du cantonnement relève de l'appréciation du seul légataire. Certes, une concertation officieuse préalable avec les héritiers du disposant (réservataires ou non) est possible mais un accord officiel de la part de ces derniers n'est pas requis.

B Vérifications préalables

3159 **Il conviendra de contrôler** :
- acte de décès ;
- existence d'un testament et validité du testament ;
- existence de successeur saisi ;
- identité et qualité des intéressés ;
- capacité et consentement des héritiers et légataires.

1 Parties à l'acte

3160 **Auteur de la demande.** La délivrance de legs, lorsqu'elle est requise, ne peut être demandée que par le légataire lui-même ou par son représentant légal, s'il est frappé d'une incapacité d'exercice. Elle ne peut être demandée par un tiers (un créancier par exemple).

En présence de plusieurs légataires universels, chacun d'entre eux doit demander la délivrance, individuellement.

3161 **Destinataire de la demande.** La délivrance de legs doit être demandée au successeur saisi. Ainsi, le légataire universel doit demander la délivrance de son legs aux héritiers réservataires avec lesquels il est en concours car ce sont eux qui ont la saisine.

Le légataire particulier demande la délivrance de son legs au successeur saisi et tenu d'exécuter les legs particuliers. Il peut ainsi s'agir d'un héritier *ab intestat* réservataire ou non, d'un légataire universel saisi ou ayant obtenu la délivrance de son propre legs ou bien encore d'un légataire à titre universel ou même particulier ayant obtenu la délivrance de son legs. S'il se trouve en présence de plusieurs successeurs habiles à lui délivrer son legs, la jurisprudence considère qu'il doit s'adresser à chacun d'eux pour sa part.

Quant au légataire à titre universel, il doit demander la délivrance de son legs aux héritiers, en l'absence de légataire universel. S'il y a un légataire universel, il demandera la délivrance de son legs à ce dernier, sauf s'il existe des héritiers réservataires et que le légataire universel n'a pas obtenu la délivrance de son propre legs. Dans ce cas, le légataire à titre universel devra s'adresser aux héritiers réservataires, seuls saisis, pour obtenir la délivrance de son legs. En l'absence de légataire universel et d'héritiers, le légataire à titre universel peut, soit demander à l'État de se faire envoyer en possession (C. civ., art. 811), puis de lui délivrer son legs, soit faire déclarer la vacance de la succession et présenter sa demande au curateur.

3162 **Capacité.** Pour consentir la délivrance d'un legs, il faut être un héritier saisi du testateur. Mais le tuteur d'un héritier mineur peut consentir seul à la délivrance d'un legs, dès lors du moins que le testament est régulier et non contesté (D. n° 2008-1484, 22 déc. 2008, ann. I, col. 1, V). Dans le cas inverse, la prudence s'impose. L'autorisation du conseil de famille sera nécessaire, si la délivrance du legs est assimilée à un acquiescement.

Sous le régime de l'administration légale, l'autorisation du juge des tutelles des mineurs sera indispensable, si la délivrance volontaire peut être assimilée à une transaction (C. civ., art. 387-1, 4°, réd. Ord. n° 2015-1288, 15 oct. 2015, art. 3. – V. *JCl. Notarial Formulaire*, V° *Mineurs. Majeurs protégés*, Fasc. 200 et 202).

> **ATTENTION** **Depuis le 1er janvier 2020, le tribunal de grande instance et le tribunal d'instance ont fusionné au sein du « tribunal judiciaire » (COJ, art. L. 211-1, mod. L. n° 2019-222, 23 mars 2019, art. 95).**
> **Les fonctions de juge des tutelles des mineurs sont exercées par le juge de ce tribunal délégué aux affaires familiales (COJ, art. L. 213-3 et L. 213-3-1) et les fonctions de juge des tutelles des majeurs sont exercées par le juge des contentieux de la protection de ce même tribunal (COJ, art. L. 213-4-1 et L. 213-4-2).**

2 Acte de délivrance

3163 **Forme de la délivrance.** Il n'y a pas en la matière de formalité spécifique ni pour demander la délivrance par la voie amiable, ni pour l'accorder. La délivrance du legs peut être expresse ou tacite. En particulier, elle peut simplement résulter de la prise de possession des biens légués par le légataire, sans opposition des héritiers (CA Paris, pôle 3, ch. 1, 11 déc. 2019, n° 18/08823 : *JurisData* n° 2019-022320). Toutefois, un acte est généralement établi pour constater la délivrance. Afin d'assurer la meilleure preuve possible de la délivrance, l'établissement d'un acte authentique est vivement conseillé.

ATTENTION **La délivrance étant étrangère à la transmission de la propriété des biens ou quotes-parts de biens légués, l'acte la constatant n'est pas, en tant que tel, assujetti à publicité auprès du service chargé de la publicité foncière. Si le legs porte sur un bien immobilier, la transmission de propriété par décès sera publiée au fichier immobilier compétent, au moyen d'une attestation notariée, laquelle visera la délivrance, si celle-ci est intervenue. Dans le cas contraire, une attestation complémentaire sera établie** (V. **Fiche 45 : Rédiger une attestation immobilière ou *JCl. Pratique notariale – Les actes,* Fasc. 1050, *Attestation immobilière*).**

3164 **Condition de délai.** L'action en délivrance de legs doit être exercée dans un délai de cinq ans, à compter du jour où le titulaire du droit a connu ou dû connaître les faits lui permettant d'agir (C. civ., art. 2224). Passé ce délai, l'action est prescrite et la Cour de cassation considère que la prescription fait perdre au légataire le bénéfice même du legs.

Notons que le délai de l'action en délivrance du legs, qui commence à courir le jour du décès du testateur, n'est pas suspendu par l'action en nullité du testament engagée par l'héritier réservataire (Cass. 1re civ., 30 sept. 2020, n° 19-11.543 : *JurisData* n° 2020-015248 ; *JCP* N 2020, n° 43, act. 842 ; *Dr. famille* 2020, comm. 163, M. Nicod). Ainsi, même lorsque la validité du testament est contestée par les héritiers du testateur, le légataire doit demander sans tarder la délivrance de son legs, sous peine de se voir opposer la prescription de son droit d'agir.

3165 **Envoi en possession.** En l'absence d'héritier réservataire, le légataire universel bénéficie de la saisine (C. civ., art. 1006) mais, jusqu'à une date récente, celle-ci n'était effective que s'il avait été institué par testament authentique. Pour exercer pleinement les droits du défunt, le légataire universel institué par un testament olographe ou mystique devait obtenir une ordonnance d'envoi en possession auprès du président du tribunal de grande instance (C. civ., ancien art. 1008).

Depuis le 1er novembre 2017, date d'entrée en vigueur de la loi n° 2016-1547 du 18 novembre 2016, de modernisation de la justice du XXIe siècle, le recours à la procédure judiciaire d'envoi en possession n'est plus systématique. Le légataire universel ne doit s'y plier que s'il rencontre l'opposition d'un tiers intéressé (un héritier évincé ou un autre légataire, par exemple).

Le contrôle des conditions de la saisine de ce légataire, c'est-à-dire sa vocation universelle et l'absence d'héritier réservataire demeure mais cette tâche revient au notaire entre les mains duquel le testament est déposé, avant exécution (C. civ., art. 1007, al. 1 et 2. – CPC, art. 1378-1 et 1378-2. – Concernant les vérifications et les formalités incombant au notaire, V. *JCl. Pratique notariale – Les actes*, Fasc. 1290, *Legs*).

En l'absence d'opposition, la saisine du légataire universel est pleinement effective.

En cas d'opposition formée auprès du notaire chargé de la succession (CPC, art. 1378-2, al. 1er), le légataire universel doit, avant d'appréhender les biens légués, se faire envoyer en possession par une ordonnance du président du tribunal judiciaire mise au bas de la requête à laquelle est joint l'acte d'opposition (C. civ., art. 1007, al. 3, *in fine*. – CPC, art. 1378-2, al. 2. – V. Circ. n° JUSC1638274C, 26 janv. 2017, fiche 11 : *BO Justice* n° 2017-06, 30 juin 2017, p. 27 et 28 ; *JCP* N 2017, n° 6-7, act. 252 ; *JCP* N 2017, n° 6-7, 1103).

L'expédition de l'ordonnance d'envoi en possession revêtue de la formule exécutoire est déposée au rang des minutes du notaire chargé du règlement de la succession et le légataire universel se trouve habilité à exercer la plénitude de ses droits et pouvoirs sur les biens légués. Il peut ainsi procéder à la délivrance d'un legs à titre universel ou d'un legs particulier.

3 Renseignements à obtenir des parties

3166 **Forme du testament.** Le notaire doit obtenir une copie des dispositions testamentaires. Il lui importe de savoir s'il s'agit d'un testament authentique, mystique ou olographe et de connaître l'étendue du legs fait par le testateur ; étant toutefois précisé que la forme du

Rédiger une délivrance de legs

testament n'a pas à être prise en considération dans le cadre de la délivrance de legs, cette formalité étant tout aussi indispensable au légataire non héritier qui se prévaut d'un testament authentique qu'à celui qui se prévaut d'un testament olographe ou mystique.

3167 **Objet du legs.** Les parties doivent communiquer au notaire les informations qu'ils peuvent détenir pour préciser l'objet exact du legs.
Dans certaines situations particulières, notamment, si le disposant a consenti un legs alternatif quant aux biens, c'est-à-dire un legs dont l'objet est à choisir entre plusieurs choses (par exemple, une somme en espèces ou une rente annuelle et viagère), il est important de vérifier la clause testamentaire précisant à qui appartient l'option (héritier, légataire universel ou le bénéficiaire du legs alternatif). Au décès, la délivrance porte valablement sur l'une des deux choses comprises dans le legs (C. civ., art. 1307). Le choix appartient normalement au successeur tenu de délivrer, à moins que ce choix n'ait été conféré au légataire par le testateur (C. civ., art. 1307-1).

3168 **Existence d'un exécuteur testamentaire.** La lecture des dispositions de dernière volonté indique si le testateur a nommé un exécuteur testamentaire et s'il l'a habilité à prendre possession en tout ou partie du mobilier de la succession et à le vendre si nécessaire pour acquitter les legs particuliers dans la limite de la quotité disponible (C. civ., art. 1030. – V. Fiche 58 : Désigner un exécuteur testamentaire ou *JCl. Pratique notariale – Les actes*, Fasc. 1247, *Exécuteur testamentaire*).
L'exécuteur testamentaire qui peut acquitter le legs doit pouvoir effectuer la délivrance, bien que celle-ci ne soit pas le paiement. En revanche, si l'exécuteur testamentaire ne s'est pas vu attribuer les pouvoirs prévus par l'article 1030 du Code civil, il n'a pas la possibilité de délivrer les legs et peut seulement concourir aux actes consentis par les héritiers ayant la saisine (*V. JCl. Notarial Formulaire*, V° *Testament*, Fasc. 220).

4 Pièces à demander

3169 Pour le paiement du legs, le notaire doit réunir les pièces suivantes : acte de décès, copie authentique du testament s'il est notarié, original du testament olographe, acte de notoriété, copie de l'ordonnance d'envoi en possession délivré par le greffe du tribunal judiciaire du lieu d'ouverture de la succession, si un tiers intéressé (un héritier évincé ou un autre légataire, par exemple) s'est opposé à l'exercice de ses droits par le légataire universel (C. civ., art. 1007, al. 3 et CPC, art. 1378-2) ou preuve de la délivrance du legs. Pour les legs universels ou à titre universel, le notaire aura également besoin d'un état du patrimoine du défunt.
Le plus souvent le notaire rédigeant la délivrance de legs est chargé du règlement de la succession. Il est donc en possession des documents énoncés.

III Rédaction et formules

A Rédaction

3170 Il conviendra de contrôler :
- acte de décès ;
- état civil, qualité, capacité et pouvoirs des légataires et héritiers ;
- acte de notoriété ;
- régularité formelle du testament ;
- procès-verbal d'ouverture et de description du testament olographe dressé par le notaire et conservé au rang de ses minutes ;
- copie de l'ordonnance d'envoi en possession, en cas d'opposition d'un tiers intéressé ;
- nature du ou des legs ;
- absence d'obstacle à la délivrance.

1 Nature de l'acte

3171 **Acte notarié ou non.** La nature des biens légués peut impliquer l'établissement d'une attestation notariée. Ce doit être le cas lorsque le legs porte sur un bien immobilier.

3172 **Délivrance et paiement du legs.** Le paiement du legs ou encore la remise matérielle des objets légués ou du titre représentatif de ceux-ci ne peut intervenir qu'une fois la délivrance obtenue. Elle en est la suite logique même s'il est vrai que délivrance et exécution matérielle du legs font souvent l'objet d'un acte unique. Mais, les circonstances peuvent aussi conduire à l'établissement de deux actes distincts. En pareil cas, l'exécution du legs suit nécessairement la délivrance ; elle est alors constatée par un acte de « décharge de legs ».

2 Clauses usuelles

3173 **Identification des parties.** L'acte contenant la délivrance de legs contient tout d'abord l'identification du légataire (demandeur) et de la personne chargée de délivrer le legs (héritier, légataire universel ou à titre universel, selon les cas).

3174 **Identification du testateur et rappel de la dévolution.** L'acte de délivrance de legs doit identifier avec précision le testateur, mentionner sa date de décès et rappeler les règles de dévolution applicables, compte tenu de l'existence de son testament.

3175 **Dispositions testamentaires.** L'acte de délivrance est à rédiger de la manière la plus circonstanciée possible. Un exposé préalable à la délivrance relate utilement les termes du testament laissé par le défunt, afin de déterminer la nature du legs qui a été consenti (legs universel, à titre universel ou particulier).

3176 **Désignation et évaluation du bien légué.** Le ou les biens, objets du legs, doivent être mentionnés avec précision dans l'acte de délivrance. Pour l'accomplissement des formalités de publicité foncière, en cas de legs portant sur des biens immobiliers, il est nécessaire de désigner les biens selon les règles spécifiques à la matière et de les évaluer. Cette indication servira également de base pour le calcul des émoluments.

3177 **Frais occasionnés par un legs.** Les frais et droits occasionnés par l'exécution d'un legs sont très divers et se répartissent entre la succession et le légataire. Parmi ceux qui concernent directement le testament, seuls les émoluments d'ouverture incombent au légataire. Ceux qui concernent la délivrance en tant que telle, amiable ou judiciaire, incombent à la succession, y compris les frais d'enregistrement, dans la mesure toutefois où il n'en résulte pas une atteinte à la réserve (C. civ., art. 1016). Enfin, les droits de mutation à titre gratuit incombent au légataire. Ces règles ne sont pas d'ordre public et le testateur peut en décider autrement (V. *JCl. Notarial Formulaire*, V° *Délivrance de legs*, Fasc. 10).

3 Clauses particulières

3178 **Régimes particuliers.** Ces régimes concernent la délivrance de legs verbal, alternatif ou facultatif ou encore la délivrance de legs à des personnes morales de l'ordre administratif, tels qu'une commune, un hospice, une association ou fondation (pour des formules, V. *JCl. Notarial Formulaire*, V° *Délivrance de legs*, Fasc. 35).

> CONSEIL **Lorsqu'il lui est demandé d'établir un acte de délivrance de legs verbal, le praticien doit se montrer très prudent. Même s'il établit son acte sur les déclarations des héritiers ou du légataire universel et n'a pas à rechercher les volontés du défunt, il ne saurait rester passif, en omettant d'informer les intéressés sur le caractère exceptionnel et exorbitant de l'acte envisagé. Il lui faut relater clairement la volonté manifestée oralement par le testateur et réunir, aux termes de l'acte, un maximum de faisceaux d'indices de cette volonté. Un exposé préalable à la délivrance, portant sur la connaissance de ces volontés par des parents ou amis du défunt, renforcera utilement l'acte et la présomption d'existence du legs. Il doit également s'assurer que le legs verbal n'est pas envisagé dans le seul but de diminuer le montant des droits de mutation, en fraude des droits du fisc. Si tel était le cas, le notaire se rendrait complice de cette fraude et pourrait être poursuivi.**

3179 **Cantonnement du legs.** Comme il a été indiqué ci-dessus, la loi autorise le cantonnement du legs, sans que cela constitue une libéralité entre le légataire et les héritiers qui en sont bénéficiaires.

L'acte de délivrance de legs doit rappeler ou comporter la décision du légataire. Il précisera, notamment, dans quelle mesure le legs s'exécute et sur quels biens il porte.

B Formules

• *JCl. Notarial Formulaire*, V° *Délivrance de legs*, Fasc. 35.

IV Formalités et taxation

3180 **Formalités fiscales.** L'acte notarié de délivrance de legs doit être enregistré dans le délai d'un mois, à compter de sa date (arg. CGI, art. 635-1, 1°. – V. *JCl. Notarial Formulaire*, V° *Délivrance de legs*, Fasc. 10).
L'enregistrement se fait sur état (CGI, ann. 3, art. 245 et ann. 4, art. 60) et donne lieu à un droit fixe qui s'élève à 125 € au 1er janvier 2023 (CGI, art. 680, al. 1er. – BOI-ENR-DG-20-30-30-20, 11 avr. 2014, § 20). Les frais d'enregistrement constituent des charges de la succession (C. civ., art. 1016, al. 1er).

A Publicité foncière

3181 En tant que telle, la délivrance d'un legs immobilier n'est pas assujettie à publicité auprès du service chargé de la publicité foncière. La transmission des droits réels est constatée dans un acte d'attestation notariée visant la délivrance (V. Fiche 45 : Rédiger une attestation immobilière ou *JCl. Pratique notariale – Les actes*, Fasc. 1050, *Attestation immobilière*. – V. égal. *JCl. Notarial Formulaire*, V° *Attestation notariée*, Fasc. 10).

B Rémunération du notaire

3182 Un arrêté du 28 février 2020 est entré en vigueur le 1er mars 2020. Toutefois, les émoluments des prestations effectuées avant le 1er janvier 2021, ou dont la réalisation a donné lieu, avant le 1er mars 2020, au versement par le client d'un acompte ou d'une provision, ou à l'engagement par l'un des notaires intervenant de frais ou débours, restent régis par l'ancien tarif (A. 28 févr. 2020, art. 29, 2° mod. A. 28 avr. 2020, art. 2).
Un nouvel arrêté en date du 25 février 2022, applicable depuis le 1er mars 2022, proroge jusqu'au 29 février 2024 les dispositions antérieures (A. 25 févr. 2022, art. 2).

3183 **Émoluments proportionnels.** Les actes de délivrance de legs (C. com., art. A. 444-64. – Numéros 9 et 10 du tableau 5. – V. *JCl. Commentaire du Tarif des Notaires*, Fasc. 4350) donnent lieu à la perception d'un émolument proportionnel selon le barème suivant :
• s'agissant de l'acte avec décharge, quittance ou acceptation :

De	A	% (HT)
0	6 500 €	1,935
6 500	17 000 €	1,064
17 000	30 000 €	0,726
Au-dessus		0,532

• s'agissant de l'acte sans décharge ni quittance ou sur la décharge, la quittance ou acceptation ultérieure :

De	A	% (HT)
0	6 500 €	0,967
6 500	17 000 €	0,532
17 000	30 000 €	0,363
Au-dessus		0,266

CHECK-LIST • **Veiller à ce que le testament soit régulier et non contesté.**
• **Solliciter l'autorisation du juge des tutelles des mineurs, si la délivrance volontaire réalisée au nom d'un héritier mineur peut être assimilée à une transaction.**
• **Ne pas oublier de rappeler le contenu de la disposition de dernière volonté.**
• **Informer le légataire universel ou à titre universel qu'il lui est loisible de cantonner son legs.**
• **Prévenir le légataire universel institué par un testament olographe ou mystique qu'il devra se soumettre à la procédure judiciaire de l'envoi en possession, s'il rencontre l'opposition d'un tiers intéressé.**
• **Veiller à désigner et à évaluer de manière précise les biens compris dans la délivrance de legs.**
• **Prévoir la rédaction d'une attestation de propriété, afin de publier la transmission de l'immeuble légué au fichier immobilier.**

POUR ALLER PLUS LOIN

Fiches pratiques

• V. Fiche 53 : Rédiger un testament ou *JCl. Pratique notariale – Les actes*, Fasc. 1525, *Testament*.
• V. Fiche 54 : Rédiger un testament international ou *JCl. Pratique notariale – Les actes*, Fasc. 1527, *Testament international*.

Fascicules JurisClasseur

• *JCl. Ingénierie du patrimoine*, Fasc. 1250, *Legs*.
• *JCl. Notarial Formulaire*, V° *Délivrance de legs*, Fasc. 10, 20, 35 et 37.
• *JCl. Notarial Formulaire*, V° *Testament*, Fasc. 110.
• *JCl. Pratique notariale – Les actes*, Fasc. 1290, *Legs*.
• *JCl. Roulois*, Fasc. 1350.

Revues

• M.-E. Ancel et D. Vincent, *La circulation internationale des actes : JCP* N 2016, n° 2, 1009.
• C. Bienvenue, G. Dufour, C. Ponchel-Pouvreau, K. Tokka, *L'intérêt de la bonne qualification des legs : JCP* N 2012, n° 42, 1355.
• G. Bonnet et F. Sauvage, *L'envoi en possession du légataire universel au lendemain de la loi J21. Questions-réponses : JCP* N 2018, n° 8-09, 1109.
• D. Boulanger, *La réserve héréditaire : un principe républicain ? : JCP* N 2020, n° 51, act. 1039.
• A. Chapron-Jacquette, *La bonne gestion des legs : JCP* N 2016, n° 18, 1143.
• F. Collard, *Le cantonnement de libéralité par le conjoint survivant : JCP* N 2019, n° 1, 1004.
• J. Combret et N. Baillon-Wirtz, *Quand modernisation rime avec confusion : l'administration légale selon l'ordonnance du 15 octobre 2015 : JCP* N 2015, n° 50, 1238 ; *La loi du 18 novembre 2016 de modernisation de la justice du 21e siècle : incidences pour la pratique notariale : JCP* N 2016, n° 47, act. 1254.
• N. Couzigou-Suhas, *La loi du 3 décembre 2001 et la pratique notariale : Dr. famille* 2022, dossier 4.
• C. Dessertenne-Brossard, *Les techniques post mortem : JCP* N 2016, n° 18, 1139.
• S. Ducamp-Monod, *De quelques difficultés prévisibles liées à l'application du règlement européen des successions : Dr. famille* 2015, étude 10.
• R. Dupuis-Bernard, *Organiser le cantonnement : JCP* N 2016, n° 18, 1141.
• D. Epailly, *Réforme de la réserve héréditaire, retour sur le rapport du groupe de travail : JCP* N 2021, n° 2, 1012.
• M. Farge, *Règlement des successions : les nouveaux réflexes à acquérir : JCP* N 2015, n° 31-35, 1143.
• Fr. Fruleux, *Suppression de la formalité de l'enregistrement et de certains droits fixes : à propos de l'article 21 de la loi de finances pour 2020 : JCP* N 2020, n° 3, act. 127.
• S. Hamou, *Les nouvelles procédures familiales en droit des successions : Dr. famille* 2019, dossier 4.
• A. Hurel et M. Méry, *Quand mettre en place une fondation abritée ?. – Un outil philanthropique à mieux connaître : JCP* N 2018, n° 41, 1311.
• E. Jacoby, *Le certificat successoral européen et le rôle du notaire : JCP* N 2016, n° 18, 1137.
• A.-S. de Jotemps, Th. Leandri et M. Mery, *Les organismes sans but lucratif et la gestion des successions immobilières : JCP* N 2019, n° 5, 1089.
• C. Latil, *Quelques précisions sur le mode de détermination de la résidence habituelle du défunt au sens du règlement sur les successions internationales : JCP* N 2020, n° 7-08, 1055.
• Fr. Letellier, *La réforme de l'envoi en possession du légataire universel et de l'exécuteur testamentaire : JCP* N 2016, n° 49, 1337 ; *La réforme de l'envoi en possession du légataire universel. – Aspects pratiques : JCP* N 2017, n° 12, 1138 ; *Successions : 1er novembre 2017, le rôle nouveau du notaire est arrivé ! : JCP* N 2017, n° 43-44, 1301 ; *L'élaboration du testament : JCP* N 2020, n° 12, 1071 ; *Le passé de la réserve héréditaire : une leçon pour le futur ? Bref historique de la réserve héréditaire : JCP* N 2020, n° 39, 1189 ; *Le cantonnement : approche pratique : JCP* N 2023, n° 1, 1003.
• D. Montoux et M. Mathieu, *Délivrance d'un legs verbal : JCP* N 2018, n° 10, 1126 ; *Délivrance d'un legs alternatif (formule) : JCP* N 2018, n° 11, 1131 ; *Délivrance de legs par un héritier réservataire à un légataire universel. Cantonnement du legs universel : Dr. famille* 2018, form. 3.
• D. Montoux et A. Tani, *Legs en usufruit au partenaire de Pacs. Formule pour exclure ou maintenir l'article 917 du Code civil : JCP* N 2022, n° 35, 1210.
• M. Nicod, *Saisine de l'héritier légataire : Dr. famille* 2014, comm. 164 ; *Assiette du legs de la quotité disponible : Dr. famille* 2015, comm. 223 ; *Réforme de l'envoi en possession : Dr. famille* 2017, dossier 9 ; *De la qualité d'associé du légataire de parts sociales : Dr. famille* 2018, comm. 186 ; *Tester en temps d'épidémie : Dr. famille* 2020, repère 5 ; *Ne jamais attendre pour agir en délivrance d'un legs ! : Dr. famille* 2020, comm. 163 ; *Sort des dividendes distribués avant la délivrance d'un legs de parts sociales : Dr. famille* 2020, comm. 150.
• M. Nicod et A. Tani, *Comment liquider une libéralité en usufruit : JCP* N 2022, n° 35, 1209 ; *Consécration de l'imputation « en assiette » des libéralités en usufruit : Dr. famille* 2022, comm. 146.
• C. Pérès, *La remise du rapport relatif à « la réserve héréditaire : JCP* N 2020, n° 7-08, act. 212.

• Fr. Petit, *Le cantonnement au profit du conjoint survivant : aspects pratiques et stratégiques : JCP* N 2013, n° 17, 1107.
• Cl. Peuble et D. Boulanger, *Délivrance et exécution des legs : retour sur une classique distinction : JCP* N 2023, n° 05, 1020.
• N. Randoux, *Réserve héréditaire : rappel opportun de la Cour de cassation : JCP* N 2018, n° 3, 1046 ; *La qualité d'associé confrontée à la saisine successorale : JCP* N 2020, n° 47, 1243.
• A. Sériaux, *La réserve à la croisée des chemins : Dr. famille* 2020, étude 14.
• A. Tani, *La promotion successorale du conjoint survivant. Quel bilan 20 ans après la loi du 3 décembre 2001 ? : Dr. famille* 2022, dossier 3.

Fiche 58

Désigner un exécuteur testamentaire

Sommaire

I Aperçu rapide ... 663
A Éléments-clés ... 663
B Textes ... 663
II Préparation de l'acte ... 664
A Mise au point de la stratégie avec le client ... 664
1 Analyse de l'objectif du client ... 664
2 Choix à exercer ... 664
3 Conseils à donner ... 666
4 Alertes ... 666
B Vérifications préalables ... 668
1 Manifestation de volonté du testateur ... 668
2 Licéité de l'acte ... 669
3 Pièces à demander ... 670
III Rédaction et formules ... 671
A Rédaction ... 671
1 Clauses usuelles ... 671
2 Clauses particulières ... 672
B Formules ... 672
IV Formalités et taxation ... 672
A Formalités ... 672
B Taxation ... 672

I Aperçu rapide

A Éléments-clés

3184 L'exécuteur testamentaire est une personne de confiance nommée par le testateur et chargée par lui de surveiller l'exécution de ses dernières volontés, voire de les exécuter lui-même.
Le pouvoir de l'exécuteur testamentaire se distingue de celui d'un mandataire classique, en ce sens qu'il trouve son origine dans un acte juridique unilatéral – le testament – et ne prend effet qu'au décès du mandant.
L'exécuteur testamentaire peut se voir conférer, en même temps, la qualité de légataire. Son refus d'accepter sa charge lui fait perdre le bénéfice du legs, quand celui-ci est lié à la mission confiée mais le legs demeure efficace, quand il n'est pas fait en considération de cette mission.
Dans le silence du testament qui le désigne, l'exécuteur testamentaire peut prendre les mesures conservatoires utiles et provoquer la vente du mobilier, à défaut de liquidités suffisantes pour acquitter les dettes urgentes de la succession (C. civ., art. 1029) mais le testateur a la faculté d'augmenter ses pouvoirs par une disposition expresse, dans le respect de la réserve héréditaire (C. civ., art. 1030 et 1030-1). Quelle que soit l'ampleur des pouvoirs confiés, la mission du mandataire n'est que provisoire. Sauf prorogation judiciaire, elle s'achève au plus tard deux ans après l'ouverture du testament.
L'exécuteur testamentaire assume la responsabilité d'un mandataire à titre gratuit (C. civ., art. 1033, al. 3) mais sa responsabilité sera plus sévèrement appréciée, s'il a reçu un « diamant ».

B Textes

- C. civ., art. 1025 à 1034.

II Préparation de l'acte

A Mise au point de la stratégie avec le client

1 Analyse de l'objectif du client

3185 **Assurer le respect de ses dernières volontés.** Quand il désigne un exécuteur testamentaire, le testateur entend se prémunir contre la négligence ou la malveillance de ses héritiers ou légataires universels qui pourraient se montrer peu disposés à se prêter à ses volontés, après son décès (résistance dans l'exécution des legs particuliers, notamment). Dans le cadre de sa mission générale de surveillance, l'exécuteur testamentaire est, en effet, tenu de faire respecter, après la mort du testateur, les volontés exprimées par ce dernier. À ce titre, il peut prendre les mesures conservatoires utiles et provoquer la vente du mobilier, à défaut de liquidités suffisantes pour acquitter les dettes urgentes de la succession (C. civ., art. 1029).

3186 **Faciliter l'exécution de ses dispositions testamentaires.** Quand il décide d'amplifier les pouvoirs de l'exécuteur testamentaire, par une disposition expresse de son testament, le disposant souhaite que celui-ci intervienne directement dans la mise en œuvre de ses dernières volontés. Ainsi, quelle que soit la composition de sa famille, le testateur peut habiliter son mandataire à prendre possession en tout ou partie du mobilier de la succession et à le vendre, s'il est nécessaire, pour acquitter les legs particuliers, dans la limite de la quotité disponible (C. civ., art. 1030). Cette extension de pouvoirs est utile si le testateur laisse un patrimoine complexe ou des légataires particuliers se trouvant géographiquement éloignés du lieu du règlement de la succession. L'exécuteur testamentaire est alors le garant du respect des droits des légataires.

3187 **Simplifier le règlement de sa succession.** Quand il use de toutes les possibilités offertes par la loi, en conférant les pouvoirs les plus étendus à son exécuteur testamentaire, le disposant manifeste sa volonté de limiter les contestations inutiles, en privant ses héritiers non réservataires du droit de régler eux-mêmes sa succession. Dans le souci de simplifier et d'accélérer la liquidation et le partage, il peut ainsi, par une clause expresse, habiliter son mandataire à disposer en tout ou partie des meubles et immeubles successoraux, recevoir et placer les capitaux, payer les dettes et les charges et procéder à l'attribution ou au partage des biens subsistants entre les héritiers et les légataires (C. civ., art. 1030-1). Cette précaution revêt toute son importance, si le testament renferme de nombreux legs.

2 Choix à exercer

3188 **Il conviendra de contrôler :**
- état civil et capacité du testateur ;
- forme du testament ;
- intentions du testateur ;
- présence d'héritiers réservataires ;
- nature des biens légués.

3189 **Simples pouvoirs légaux ou amplification de la mission.** Quand le testateur rédige la clause relative à la nomination de la personne chargée de faire respecter ses dernières volontés, un choix s'offre à lui. Il peut en effet :
- soit, s'en remettre à la loi pour déterminer les pouvoirs de l'exécuteur testamentaire ;
- soit user de la faculté qui lui est offerte d'amplifier, par une disposition expresse, les pouvoirs de ce dernier.

Dans le silence du testament qui le désigne, l'exécuteur testamentaire n'a qu'un rôle traditionnel de surveillance de l'application des dernières volontés du défunt (C. civ., art. 1028 et 1029). En revanche, si le testateur lui confère les pouvoirs spéciaux visés aux articles 1030 et 1030-1 du Code civil, il peut être chargé de procéder lui-même à l'exécution du testament, dans le respect de la réserve héréditaire.

Dans ce choix, la volonté exprimée par le testateur revêt une importance primordiale. Néanmoins, pour se déterminer, le disposant est invité à tenir compte de la composition de son patrimoine – existence de biens meubles ou immeubles – et de sa famille – présence ou non d'héritiers réservataires.

> ATTENTION **Quelle que soit l'ampleur des pouvoirs confiés, la mission du mandataire ne concerne que l'exécution des legs et des dispositions testamentaires. Tout ce qui ne se rapporte pas à cette exécution est en dehors de sa charge car il n'est en aucun cas le représentant de la succession.**

L'exécuteur testamentaire ne dispose d'aucun pouvoir dans le domaine non patrimonial. À titre d'exemple, seules les personnes ayant la qualité d'ayants droit peuvent accéder aux informations médicales relatives à la personne décédée.

3190 Aspects juridiques et pratiques du choix. Afin qu'il se décide en toute connaissance de cause, il est utile de présenter au testateur les incidences juridiques et pratiques pouvant résulter de son choix.

Absence de pouvoirs spéciaux	Exécuteur testamentaire investi de pouvoirs spéciaux	
	Présence d'héritiers réservataires	Absence d'héritiers réservataires
Défense de l'exécution du testament en justice (C. civ., art. 1028)	Défense de l'exécution du testament en justice (C. civ., art. 1028)	Défense de l'exécution du testament en justice (C. civ., art. 1028)
Mesures conservatoires : – obligation de prendre les mesures nécessaires à l'exécution du testament (C. civ., art. 1029, al. 1er) ; – faculté de faire apposer les scellés, s'il le juge utile (CPC, art. 1304, 3°) ; – droit de faire procéder à l'inventaire de la succession en présence ou non des héritiers, après les avoir dûment appelés (C. civ., art. 1029, al. 2).	**Mesures conservatoires** : *Idem*	**Mesures conservatoires** : *Idem*
Paiement des dettes urgentes : Faculté de provoquer la vente du mobilier successoral, à défaut de liquidités suffisantes pour acquitter les dettes urgentes (C. civ., art. 1029, al. 3).	**Paiement des dettes urgentes** : *Idem*	**Paiement des dettes urgentes** : *Idem*
Interdiction de toute intervention directe dans l'exécution du testament	**Intervention limitée aux biens meubles** : Habilitation à l'effet : – de prendre possession du mobilier successoral ; – et de le vendre, si nécessaire, pour acquitter les legs particuliers, dans la limite de la quotité disponible (C. civ., art. 1030).	**Intervention directe dans l'exécution du testament** : À côté des pouvoirs lui permettant de prendre possession du mobilier et de le vendre, si nécessaire, pour acquitter les legs particuliers dans la limite de la quotité disponible (C. civ., art. 1030), l'exécuteur peut être habilité à l'effet de : – disposer en tout ou partie des immeubles de la succession ; – recevoir et placer les capitaux ; – payer les dettes et les charges ; – procéder à l'attribution ou au partage des biens subsistants entre les héritiers et les légataires (C. civ., art. 1030-1).

3191 Diminution des pouvoirs. Inversement, le testateur peut restreindre les pouvoirs de son mandataire à l'une ou à l'autre de ses dispositions testamentaires ou à un objet déterminé, par exemple, au règlement de ses funérailles, au tri et au classement de ses papiers ou à la destruction de quelques-uns d'entre eux.

3 Conseils à donner

3192 **Volonté expresse.** Il est important d'informer le testateur que les pouvoirs spéciaux de l'exécuteur testamentaire n'existent jamais de plein droit et nécessitent une habilitation particulière.
Même si aucune formule sacramentelle n'est imposée, il est recommandé d'utiliser des termes exempts d'ambiguïté et d'indiquer de manière très précise la nature des pouvoirs conférés.

3193 **Respect de la réserve.** Si le testateur souhaite étendre les pouvoirs de son mandataire et le charger d'exécuter directement ses dispositions de dernières volontés, il y a lieu d'attirer son attention sur le fait qu'au regard du droit français, les prérogatives spéciales susceptibles d'être confiées ne sauraient porter atteinte aux règles protectrices de la réserve héréditaire. Il doit être conscient qu'en présence d'au moins un héritier réservataire acceptant, le pouvoir de vendre le mobilier successoral à l'effet d'acquitter les legs particuliers – legs de somme d'argent – ne trouvera application que dans la limite de la quotité disponible (arg. C. civ., art. 1030. – V. Fiche 52 : Rédiger un legs ou *JCl. Pratique notariale – Les actes*, Fasc. 1290, *Legs*).

3194 **Information sur l'action en réduction.** Quand il reçoit le testament comportant la nomination d'un exécuteur testamentaire, il est important de prévenir le disposant qu'à son décès, si le notaire chargé du règlement de sa succession constate que les droits réservataires d'un héritier sont susceptibles d'être atteints par les libéralités qu'il aura consenties, il informera chaque héritier concerné et connu, individuellement et, le cas échéant, avant tout partage, de son droit de demander la réduction des libéralités qui excéderont la quotité disponible (C. civ., art. 921, al. 2, réd. L. n° 2021-1109, 24 août 2021, art. 24). Le disposant doit savoir que chacun de ses héritiers réservataires bénéficiera d'une information individuelle et des conseils appropriés formulés par écrit (V. Fiche 53 : Rédiger un testament ou *JCl. Pratique notariale – Les actes*, Fasc. 1525, *Testament*).

4 Alertes

3195 **Primauté sur les autres mandats successoraux.** Quand le testateur entend nommer à la fois un exécuteur testamentaire et un mandataire à effet posthume (C. civ., art. 812 à 812-7), ce dernier mandataire devra toujours agir sous réserve des pouvoirs confiés à l'exécuteur (C. civ., art. 812, al. 1er. – V. *JCl. Pratique notariale – Les actes*, Fasc. 1320, *Mandat à effet posthume*).
Après le décès, les héritiers qui accepteront purement et simplement la succession pourront confier son administration à l'un d'eux ou à un tiers (C. civ., art. 813) mais, ici encore, ce mandataire n'agira que de façon subsidiaire par rapport aux pouvoirs de l'exécuteur nommé par le défunt. Il en ira de même pour le mandataire désigné en justice, en raison de l'inertie, de la carence ou de la faute d'un ou de plusieurs héritiers, de leur mésentente, d'une opposition d'intérêts entre eux ou de la complexité de la situation successorale (C. civ., art. 813-1 et 813-2. – V. *JCl. Notarial Formulaire*, V° *Succession*, Fasc. 300).

3196 **Révocation de la nomination.** Le testateur peut naturellement révoquer la nomination qu'il a faite d'un exécuteur testamentaire, comme il a le droit d'anéantir toute autre disposition testamentaire (C. civ., art. 895). Toutefois, il ne saurait s'exprimer, en dehors des formes admises par l'article 1035 du Code civil. Seul sera retenu un testament postérieur ou un acte devant notaires, portant déclaration du changement de volonté (V. *JCl. Pratique notariale – Les actes*, Fasc. 1495, *Révocation de testament*).

3197 **Annulation du testament.** L'annulation du testament contenant l'exécution testamentaire met fin à celle-ci mais de simples attaques dirigées par les héritiers contre un testament ne sauraient suspendre ou entraver les fonctions de l'exécuteur testamentaire nommé dans ce testament.

3198 **Décès de l'exécuteur testamentaire.** Les pouvoirs de ce mandataire ne sont pas transmissibles à cause de mort (C. civ., art. 1025, al. 3). Si l'exécuteur institué décède avant le testateur, il appartiendra au légataire universel (ou à l'héritier) d'exécuter les charges qui lui étaient imposées.

3199 **Acceptation de la charge.** La loi ne prévoit aucune forme particulière pour l'acceptation de la charge. Celle-ci peut donc être expresse ou simplement tacite et s'induire des circonstances. Le plus souvent, elle résultera de l'exécution du mandat.
L'acceptation d'un legs fait à l'exécuteur testamentaire, en cette qualité et pour le rémunérer des soins apportés à l'exécution du testament, emporte de sa part acceptation de sa mission.
Lorsqu'il aura accepté sa mission, il sera tenu de l'accomplir (C. civ., art. 1025, al. 2). Il ne pourra plus décliner sa mission ou s'en dégager, si ce n'est en justice, pour des motifs graves (C. civ., art. 1026). De leur côté, les héritiers et légataires universels ne pourront révoquer à leur gré l'exécuteur

testamentaire, celui-ci ne tenant pas d'eux ses pouvoirs et, contrairement au mandataire ordinaire, exerçant ses fonctions en l'absence de mandant.

3200 **Formalité de l'envoi en possession.** Lorsque le testament a revêtu la forme authentique, l'envoi en possession n'est pas requis pour l'exécution des pouvoirs mentionnés aux articles 1030 et 1030-1 du Code civil (C. civ., art. 1030-2, réd. L. n° 2016-1547, 18 nov. 2016, art. 44).

Dans le passé, si le testament conférant des pouvoirs spécifiques à l'exécuteur se présentait sous une forme olographe ou mystique, il était soumis, avant toute exécution, à la formalité de l'envoi en possession prévue par l'ancien article 1008 du Code civil, pour le légataire universel saisi (C. civ., ancien art. 1030-2).

Depuis le 1er novembre 2017, le recours à la procédure judiciaire d'envoi en possession du légataire universel désigné par testament olographe ou mystique n'est plus systématique. Le contrôle formel du testament et la vérification des conditions de la saisine du légataire, au regard du caractère universel de sa vocation et de l'absence d'héritiers réservataires, sont réalisés par le notaire et mention des vérifications est portée sur le procès-verbal de dépôt (C. civ., art. 1007, al. 1er, mod. L. n° 2016-1547, 18 nov. 2016, art. 44).

Le notaire fait procéder à un avis sur le site du *BODACC* et sur un support habilité à recevoir les annonces légales dans le ressort du tribunal compétent (CPC, art. 1378-1) et adresse une copie authentique du procès-verbal de dépôt et une copie figurée du testament au greffier du tribunal judiciaire du lieu d'ouverture de la succession qui lui accuse réception des documents et les conserve au rang de ses minutes (C. civ., art. 1007, al. 2). Dans le mois suivant cette réception, tout intéressé peut s'opposer à l'exercice de ses droits par le légataire universel (C. civ., art. 1007, al. 3). En cas d'opposition formée auprès du notaire chargé de la succession (CPC. art. 1378-2, al. 1er), le légataire est tenu de solliciter du juge un envoi en possession (C. civ., art. 1007, al. 3, *in fine*. – CPC, art. 1378-2, al. 2. – Circ. n° JUSC1638274C, 26 janv. 2017, fiche 11 : *BO Justice*, n° 2017-06, 30 juin 2017, p. 27 et 28. – V. Fiche 52 : Rédiger un legs ou *JCl. Pratique notariale – Les actes*, Fasc. 1290, *Legs*).

Afin de tenir compte de l'abrogation de l'article 1008 du Code civil (L. n° 2016-1547, 18 nov. 2016, art. 44, II, 1°), le législateur a supprimé le renvoi à ce texte mais, pour l'exécution des pouvoirs mentionnés aux articles 1030 et 1030-1 du même code, a maintenu l'exigence d'un envoi en possession de l'exécuteur testamentaire nommé par un testament qui ne revêt pas la forme authentique (C. civ., art. 1030-2, mod. L. n° 2016-1547, 18 nov. 2016, art. 44, II, 2°).

De nos jours, l'envoi en possession de l'exécuteur testamentaire est donc distinct de l'envoi en possession du légataire universel mais aucun texte ne précise, à ce jour, quelle est la procédure à suivre. Le nouvel article 1030-2 du Code civil ne renvoyant pas à l'article 1007 précité du même code, il est permis de penser que l'exécuteur testamentaire n'est pas concerné par la déjudiciarisation de l'envoi en possession dont on vient de faire état et que le simple constat de sa qualité d'exécuteur doté de pouvoirs spéciaux par le notaire qui dresse le procès-verbal de dépôt et de description du testament n'est pas suffisant pour lui accorder le droit de commercer l'exercice de sa mission (V. *JCl. Notarial Formulaire*, V° *Testament*, Fasc. 220).

CONSEIL Afin d'éviter toute difficulté et tout risque de retard dans la mise en œuvre des pouvoirs du mandataire, le notaire conseillera utilement à son client de désigner l'exécuteur de ses dispositions de dernière volonté au terme d'un testament authentique.

3201 **Durée de l'exécution testamentaire.** La mission de l'exécuteur testamentaire s'achève au plus tard deux ans après l'ouverture du testament (C. civ., art. 1032).

Le délai peut être prorogé en justice. Aucune limite n'étant fixée à cette prorogation, sa durée sera déterminée par le juge, en fonction des circonstances familiales et patrimoniales (pour une application, V. CA Paris, pôle 3, ch. 1, 5 juill. 2017, n° 17/05365 : *JurisData* n° 2017-013779).

Ce délai est à distinguer de celui pendant lequel l'exécuteur peut bénéficier des pouvoirs spéciaux visés aux articles 1030 et 1031 du Code civil.

En pratique, les pouvoirs spéciaux de l'exécuteur cessent parfois avant la fin de sa mission. À l'expiration des deux ou trois premières années (en cas de prorogation judiciaire), ses pouvoirs seront réduits à de simples mesures de surveillance (C. civ., art. 1029). Les héritiers seront alors directement chargés de gérer le patrimoine dans l'attente du partage (V. *JCl. Notarial Formulaire*, V° *Testament*, Fasc. 220).

3202 **Compte de gestion.** L'exécuteur testamentaire qui intervient dans l'application des volontés du testateur, en disposant d'une habilitation spéciale (C. civ., art. 1030 et 1030-1) doit rendre compte de sa gestion, dans les six mois suivant la fin de sa mission (C. civ., art. 1033, al. 1er).

Ce compte est rendu, selon les cas, aux héritiers, aux légataires universels ou au curateur à succession vacante. Il peut être arrêté à l'amiable ou en justice. S'il est rendu à l'amiable, il n'est soumis à aucune forme particulière (pour les modalités pratiques, V. *JCl. Notarial Formulaire*, V° *Testament*, Fasc. 220).

3203 **Responsabilité.** L'exécuteur testamentaire est responsable à l'égard des héritiers et légataires universels de ses actes ou omissions préjudiciables. Il l'est aussi envers les légataires particuliers, s'il compromet leurs intérêts par une mauvaise gestion. Néanmoins, comme il n'est pas le mandataire de ces derniers, s'il dilapide des fonds destinés à l'acquit de leurs legs, le légataire universel sera tenu de les acquitter.
Conformément aux principes généraux du droit de la responsabilité, la mise en cause de l'exécuteur testamentaire impose l'existence d'une faute, d'un préjudice et d'un lien de causalité entre ces deux éléments.

ATTENTION **L'exécuteur testamentaire assume la responsabilité d'un mandataire à titre gratuit (C. civ., art. 1033, al. 3) mais, sa responsabilité sera plus sévèrement appréciée, s'il a reçu un « diamant ».**

3204 **Abus de confiance.** L'exécuteur testamentaire doit veiller à ne pas encaisser à titre personnel des fonds dépendant de la succession, sous peine d'être sanctionné en justice pour abus de confiance (C. pén., art. 314-1).
Cette sanction peut être complétée par des sanctions professionnelles et disciplinaires, si l'exécuteur testamentaire indélicat exerce une profession soumise à une déontologie propre.

3205 **Certificat successoral européen.** Si le testateur détient des biens dans un état de la Communauté européenne autre que la France, il n'est pas inutile de l'informer que le règlement (UE) n° 650/2012 du Parlement européen et du Conseil du 4 juillet 2012 a créé un certificat successoral européen (CSE) qui a vocation à faciliter la circulation dans l'espace judiciaire européen des preuves des qualités héréditaires des ayants droit et des pouvoirs de l'exécuteur testamentaire, pour toute succession ouverte depuis le 17 août 2015 et ayant une incidence transfrontière. Par le biais de ce document unifié et simplifié, l'exécuteur testamentaire peut justifier de ses pouvoirs, pour assurer une opération dans un État membre différent de celui où la succession est réglée. Il est, notamment, possible, d'utiliser le CSE pour le règlement des avoirs mobiliers bancaires (V. *JCl. Droit international*, Fasc. 557-50 ou *JCl. Europe Traité*, Fasc. 2830 ou *JCl. Notarial Formulaire*, V° *Successions internationales*, Fasc. 150 ou *JCl. Liquidations – Partages*, V° *Successions internationales*, Fasc. 150).
Le modèle officiel du certificat successoral européen figure dans le règlement d'exécution n° 1329/2014 de la Commission européenne du 9 décembre 2014 (*JOUE* n° L 359, 16 déc. 2014. – Pour des formules, V. *JCl. Notarial Formulaire*, V° *Successions internationales*, Fasc. 150-30 et 150-35 ou *JCl. Liquidations-Partages*, V° *Successions internationales*, Fasc. 150-30 et 150-35).

CONSEIL **Une circulaire de la Chancellerie, en date du 25 janvier 2016, apporte des précisions utiles, notamment, sur les successions concernées par le champ d'application du règlement (UE) n° 650/2012, l'acceptation des actes authentiques, l'utilisation des formulaires et le recours au certificat successoral européen par les notaires (Circ. n° JUSC1601018C : *BO Justice* n° 2016-02, 29 janv. 2016 ; *JCP* N 2016, n° 13, act. 469. – Pour la validité d'une copie certifiée conforme d'un certificat successoral européen délivrée par un notaire, V. CJUE, 1er juill. 2021, aff. C-301/20 : *JurisData* n° 2021-014628 ; *JCP* N 2021, n° 30, act. 781, veille par A. Tani ; *Dr. famille* 2022, chron. 1, spéc. n° 17, A. de Guillenchmidt-Guignot et S. Hamou).**

B Vérifications préalables

3206 **Il conviendra de contrôler** :
- état civil et capacité du testateur ;
- identité et capacité de l'exécuteur testamentaire ;
- validité du testament ;
- intentions réelles du testateur.

1 Manifestation de volonté du testateur

a) Support matériel

3207 **Testament.** La nomination d'un exécuteur testamentaire ne peut être faite que par un acte revêtu des formes prescrites ordinairement pour les testaments (C. civ., art. 1025, al. 1er).
Il peut donc s'agir d'un testament olographe, authentique ou mystique (C. civ., art. 969) ou d'un testament international ; étant rappelé qu'un testament

international peut être écrit en une langue quelconque afin de faciliter l'expression de la volonté de son auteur mais qu'il ne peut l'être en une langue que le testateur ne comprend pas, même avec l'aide d'un interprète (Cass. 1re civ., 2 mars 2022, n° 20-21.068 : *JurisData* n° 2022-002804 ; *Dr. famille* 2022, comm. 76, M. Nicod ; *RTD civ.* 2022, p. 441, M. Grimaldi ; *JCP* G 2023, doctr. 108, spéc. n° 9, R. Le Guidec. – V. Fiche 53 : Rédiger un testament ou *JCl. Pratique notariale – Les actes*, Fasc. 1525, *Testament* et V. Fiche 54 : Rédiger un testament international ou *JCl. Pratique notariale – Les actes*, Fasc. 1527, *Testament international*).

Il convient de noter que la nomination d'un exécuteur testamentaire ne saurait être figurée dans un SMS car un testament fait par un message électronique est nul (TGI Metz, 17 août 2018 : *JurisData* n° 2018-018273 ; *JCP* N 2018, n° 37, act. 729, B. Ancel ; *Dr. famille* 2018, repère 9, B. Beignier).

> ATTENTION **Cette nomination peut avoir lieu dans une simple lettre adressée au mandataire, dès lors qu'elle est tout entière écrite, datée et signée de la main du défunt (V. *JCl. Notarial Formulaire*, V° *Testament*, Fasc. 40).**

3208 **Codicille.** La nomination de l'exécuteur testamentaire n'est pas nécessairement effectuée dans le testament même dont elle a pour objet d'assurer l'exécution. Elle peut être contenue dans un testament postérieur et il importe peu, pour sa validité, que l'acte qui la renferme ne fasse mention d'aucun legs.

b) Capacité et consentement du testateur

3209 **Capacité de tester.** La nomination de l'exécuteur testamentaire devant avoir lieu par testament, il est naturellement impératif que son auteur ait la capacité de tester (V. Fiche 53 : Rédiger un testament ou *JCl. Pratique notariale – Les actes*, Fasc. 1525, *Testament*. – V. aussi, *JCl. Notarial Formulaire*, V° *Acte notarié*, Fasc. 80).

3210 **Volonté raisonnable.** Le testateur doit être sain d'esprit. La disposition qui n'émanerait pas d'une volonté raisonnable et libre pourrait être annulée pour insanité d'esprit de son auteur (C. civ., art. 414-1 et 901. – CA Pau, 2e ch., sect. 2, 7 déc. 2020, n° 17/00295 : *JurisData* n° 2020-020177) ; étant précisé que s'il est établi que l'état mental du disposant était dégradé, le bénéficiaire du testament doit prouver que le testament a été rédigé dans un instant de lucidité (V. *JCl. Notarial Formulaire*, V° *Testament*, Fasc. 100 et *JCl. Notarial Formulaire*, V° *Mineurs. Majeurs protégés*, Fasc. 510).

2 Licéité de l'acte

a) Condition d'existence

3211 **Absence de formule sacramentelle.** La nomination d'un exécuteur testamentaire n'est soumise à aucun terme sacramentel. Il suffit que l'intention du testateur apparaisse nettement.

> CONSEIL **Pour éviter une contestation ultérieure et les risques inhérents à l'interprétation du testament, il est vivement conseillé au disposant d'expliciter sa volonté. S'il souhaite, par exemple, que son légataire universel ait aussi la mission d'exécuter le testament, des termes exprès doivent être pris en ce sens.**

3212 **Caractère nominatif de la désignation.** La désignation de l'exécuteur testamentaire doit, en principe, être nominative. Toutefois, en désignant son mandataire, il se peut que le testateur considère sa qualité ou sa fonction plutôt que sa personne même. La nullité ne sera pas encourue, s'il nomme, par exemple, le bâtonnier de l'ordre des avocats. En cas de décès du premier titulaire, le nouveau titulaire de la fonction continuera la mission d'exécution de son prédécesseur.

3213 **Pluralité d'exécuteurs testamentaires.** Le testateur est en droit de nommer plusieurs exécuteurs testamentaires (C. civ., art. 1025, al. 1er) et de diviser ou non leurs missions. Il peut aussi nommer des exécuteurs testamentaires successifs ou donner à l'exécuteur unique la faculté de substituer.

b) Capacité de l'exécuteur testamentaire

3214 **Capacité civile.** Seule une personne jouissant de la pleine capacité civile peut être désignée comme exécuteur testamentaire (C. civ., art. 1025, al. 1er. – CA Paris, pôle 3, ch. 1, 15 janv. 2020, n° 18/16016 : *JurisData* n° 2020-000324).

Le choix ne saurait donc se porter sur un mineur non émancipé ou un majeur protégé, tel un majeur placé sous curatelle ou sous tutelle (C. civ., art. 414 et 440. – V. *JCl. Notarial Formulaire*, V° *Mineurs. Majeurs protégés*, Fasc. 510) mais rien n'interdit de choisir un mineur émancipé, puisqu'il jouit de la pleine capacité (C. civ., art. 413-6).

Cette limitation légale diffère de la règle applicable à un mandataire ordinaire choisi par le mandant à ses risques et périls (V. *JCl. Pratique notariale – Les actes*, Fasc. 1425, *Procuration*).

ATTENTION Bien que la sauvegarde de justice ou le mandat de protection future mis en exécution ne soient pas, en eux-mêmes, des mesures d'incapacité civile, il est conseillé, compte tenu de l'importance des actes compris dans la mission, de ne pas choisir un exécuteur testamentaire qui bénéficie de l'une de ces mesures de protection. De même, il est recommandé de ne pas désigner un majeur soumis à une mesure d'habilitation familiale générale (arg. C. civ., art. 494-9. – V. *JCl. Notarial Formulaire,* V° *Mineurs. Majeurs protégés,* Fasc. 520).

3215 **Date.** L'appréciation de la capacité a lieu à la date d'ouverture du testament. Si une mesure de protection (curatelle ou tutelle) intervient en cours d'exécution de la mission, celle-ci sera interrompue de plein droit.
Inversement, la nomination d'un mineur produira son effet, si l'intéressé est devenu majeur à l'époque du décès car il suffit que l'exécuteur soit capable au moment où il est appelé à remplir ses fonctions.

3216 **Sanction.** Si l'exécuteur testamentaire désigné ne dispose pas de la pleine capacité juridique, la nullité ne frappe pas l'ensemble du testament mais simplement la désignation, excepté, toutefois, si la nomination de cette personne était une condition essentielle du legs ou du testament tout entier.

3217 **Incapacité de recevoir par legs.** La seule exigence légale étant la capacité civile, la mission peut être confiée à une personne incapable de recevoir un « legs » de la part du testateur, comme le médecin, le pharmacien ou l'auxiliaire médical lui ayant prodigué des soins pendant la maladie dont il meurt (C. civ., art. 909. – V. égal., CASF, art. L. 116-4, I. – Sur ces incapacités, V. Fiche 53 : Rédiger un testament ou *JCl. Pratique notariale – Les actes,* Fasc. 1525, *Testament*).

3218 **Témoin instrumentaire.** La mission peut être confiée à un témoin instrumentaire du testament authentique renfermant la désignation de l'exécuteur testamentaire. Ce dernier ne doit pas, en effet, en cette qualité, être considéré comme gratifié et peut servir de témoin dans un testament qui ne contient aucun legs à son profit. En revanche, si le testateur joint à l'exécution testamentaire un legs même modique, le mandataire ne peut pas servir de témoin (C. civ., art. 975. – V. *JCl. Notarial Formulaire,* V° *Testament,* Fasc. 30).

3219 **Notaire.** Il est permis de confier la mission au notaire qui reçoit le testament, sous réserve qu'il ne soit bénéficiaire d'aucun legs (V. not. CA Paris, pôle 3, ch. 1, 28 févr. 2018, n° 16/17591 : *JurisData* n° 2018-002676). Cependant, quelle que soit la forme du testament, il est recommandé au notaire de ne pas se faire nommer exécuteur testamentaire, s'il est appelé à régler la succession. Dans le cas contraire, le notaire ne remplirait pas les conditions requises pour exercer son ministère (arg. D. n° 71-941, 26 nov. 1971, art. 2, al. 1er. – V. *JCl. Notarial Formulaire,* V° *Acte notarié,* Fasc. 16 et *JCl. Notarial Formulaire,* V° *Notariat,* Fasc. 18).

3220 **État civil et patrimoine.** Le notaire chargé de rédiger le testament doit demander au disposant tous renseignements indispensables sur :
- son état civil ;
- et la composition de sa famille (présence ou non de réservataires…).

Il lui faut aussi avoir en sa possession tous documents utiles sur la nature et l'étendue des biens composant son patrimoine (meubles ou immeubles) et connaître les dispositions à titre gratuit déjà consenties, afin de prendre toutes les précautions requises.

3 Pièces à demander

3221 **Acte de naissance.** Le notaire demande utilement un extrait de l'acte de naissance du disposant. En lisant le contenu de cette pièce officielle et des mentions en marge, il a connaissance des date et lieu de naissance du testateur. Il peut savoir s'il est marié ou lié par un pacte civil de solidarité. Il peut aussi s'apercevoir, par la mention d'inscription au répertoire civil, « RC, n° … » (CPC, art. 1059), que l'intéressé ne saurait tester sans une autorisation préalable (V. Fiche 53 : Rédiger un testament ou *JCl. Pratique notariale – Les actes,* Fasc. 1525, *Testament*).

III Rédaction et formules

A Rédaction

3222 Il conviendra de contrôler :
- état civil et capacité du testateur ;
- conformité de la rédaction avec la volonté du testateur ;
- conséquences juridiques et fiscales des dispositions.

1 Clauses usuelles

3223 Énonciation des legs. Les dispositions prises par le testateur, appelées legs, peuvent revêtir plusieurs formes (C. civ., art. 1002). L'important est de bien distinguer les legs universels, à titre universel ou particulier soumis à la surveillance ou à l'exécution du mandataire désigné (V. Fiche 52 : Rédiger un legs ou *JCl. Pratique notariale – Les actes*, Fasc. 1290, *Legs*).

3224 Appréhension des meubles. Si la composition de sa famille laisse penser au testateur qu'il laissera, à son décès, au moins un héritier réservataire acceptant, il peut confier à son exécuteur testamentaire le pouvoir d'appréhender matériellement et juridiquement tout ou partie des meubles successoraux. L'intéressé pourra administrer les objets de nature mobilière, en percevoir les fruits et les aliéner, si cela est nécessaire au paiement des legs particuliers (legs de somme d'argent).
L'exécuteur n'agira pas sous le contrôle des successeurs légaux mais devra veiller à ne pas faire porter la délivrance sur des legs excédant le disponible (C. civ., art. 1030), sous peine d'être condamné à supporter lui-même les conséquences de la réduction que les héritiers seraient en droit de faire prononcer.

3225 Attribution des legs et partage des biens subsistants. Si le testateur estime qu'il ne laissera aucun héritier réservataire, il peut attribuer à son mandataire la mission expresse de prendre possession et de disposer de tous les biens de quelque nature qu'ils soient – meubles ou immeubles – qui dépendront de sa succession, de liquider celle-ci et, après apurement et extinction du passif, d'attribuer les legs particuliers et de partager les biens subsistants entre ses successeurs légaux, selon leurs qualités héréditaires respectives.

3226 Réalisation des biens et répartition du reliquat liquide. Il lui est également loisible d'attribuer à l'exécuteur testamentaire la mission expresse de prendre possession et de réaliser, pour les convertir en argent, tous les biens, de quelque nature qu'ils soient, meubles et immeubles, qui dépendront de sa succession, de liquider celle-ci et, après apurement et extinction du passif, d'acquitter les legs particuliers et de répartir le reliquat liquide entre ses successeurs selon leurs qualités héréditaires respectives.

> ATTENTION **Le mandataire sera tenu de se conformer aux stipulations du testament. De plus, au regard des biens non légués, il aura l'obligation de tenir compte des règles de la dévolution successorale légale.**

3227 Quittance et mainlevée. Afin d'éviter toute contestation et assurer la sécurité de l'acquéreur, il est important que les pouvoirs du mandataire quant à la forme de la vente et la réception du prix, soient prévus dans le testament. Quand il est habilité à recevoir et placer les capitaux, l'exécuteur testamentaire pourra toucher toutes les créances dues à la succession, sans le concours des héritiers et, en conséquence, donner quittance et mainlevée des inscriptions prises pour leur garantie (V. *JCl. Pratique notariale – Les actes*, Fasc. 1445, *Quittance subrogative*).

> ATTENTION **L'habilitation ne durant au maximum que deux ou trois ans (en cas de prorogation judiciaire), après l'ouverture du testament (C. civ., art. 1032), le paiement devra être fait dans ce délai, sinon il sera irrégulier, ainsi que la mainlevée consentie en conséquence.**

3228 Information des héritiers. Une clause du testament rappellera utilement qu'à peine d'inopposabilité, la vente d'un immeuble de la succession ne pourra intervenir qu'après information des héritiers par l'exécuteur testamentaire (C. civ., art. 1030-1, al. 2).

3229 **Information du légataire universel.** Si l'on se réfère aux termes de l'article 1030-1 du Code civil, seule l'information des héritiers est imposée, sous peine d'inopposabilité de la vente immobilière mais il semble prudent de porter l'acte de vente à la connaissance du légataire universel, notamment, si le testateur ne laisse pas d'héritiers désignés par la loi.
Une clause du testament rappellera donc utilement cette exigence.

3230 **Durée des pouvoirs spéciaux.** Les habilitations spéciales sont conférées pour une durée qui ne peut excéder deux années à compter de l'ouverture du testament (C. civ., art. 1031).
Ce délai est un délai maximum mais si des nécessités l'imposent, une prorogation d'une année peut être accordée par le juge (C. civ., art. 1031).

3231 **Diamant.** En principe, l'exécution testamentaire est une charge gratuite – sauf remboursement des frais justifiés – mais il arrive assez souvent que le testateur dédommage son mandataire en lui consentant un legs. Cette pratique de la libéralité rémunératoire faite à titre particulier, couramment dénommée « diamant », est valide, à condition de respecter les exigences posées par l'article 1033-1 du Code civil. Son montant doit être en rapport avec les facultés du disposant et proportionné à l'importance des services rendus par l'exécuteur testamentaire, dans le cadre de sa mission (CA Aix-en-Provence, 2e et 4e ch. réunies, 26 janv. 2019, n° 2019/226 : *JurisData* n° 2019-023882).

2 Clauses particulières

3232 **Pluralité d'exécuteurs testamentaires.** Une clause peut déroger au principe d'indépendance posé par l'article 1027 du Code civil et subordonner la nomination de plusieurs exécuteurs testamentaires, à la condition qu'ils acceptent tous et qu'ils n'agissent que collectivement.
Le testateur peut aussi diviser les fonctions des exécuteurs et assigner à chacun d'eux des fonctions spéciales.

3233 **Clause de substitution.** L'exécuteur testamentaire ne saurait normalement se substituer un tiers dans l'accomplissement de sa mission. Toutefois, il est possible de nommer des exécuteurs successifs, en prévision des cas où le premier nommé viendrait à décéder avant le testateur, ne croirait pas devoir accepter la mission ou serait empêché de l'exercer.
Une clause du testament peut aussi autoriser l'exécuteur à faire remplir par un fondé de pouvoir spécial tel ou tel objet particulier de sa mission.

3234 **Bénéfice d'un legs.** Si l'exécuteur testamentaire est en même temps légataire, son refus d'accepter sa charge lui fait perdre le bénéfice du legs quand celui-ci est lié à la mission confiée mais le legs demeure efficace, quand il n'est pas fait en considération de cette mission.
Il est donc utile de régler la question dans le testament, afin de ne pas l'abandonner à l'appréciation des juges.

B Formules

• *JCl. Notarial Formulaire*, V° *Testament*, Fasc. 225.

IV Formalités et taxation

A Formalités

3235 **Renvoi.** Les formalités du testament sont précisées dans les rubriques contenues dans l'étude plus complète portant sur le testament (V. Fiche 53 : Rédiger un testament ou *JCl. Pratique notariale – Les actes*, Fasc. 1525, *Testament*).

B Taxation

3236 **Renvoi.** La taxation du testament (fiscalité et émoluments du notaire) est précisée dans les rubriques contenues dans l'étude plus complète portant sur le testament (V. Fiche 53 : Rédiger un testament ou *JCl. Pratique notariale – Les actes*, Fasc. 1525, *Testament*).

CHECK-LIST • **Vérifier l'état civil et la capacité du testateur et de son mandataire.**
• **Se préoccuper de la composition de la famille du testateur, afin de vérifier s'il est ou non susceptible de laisser des héritiers réservataires.**
• **Veiller à se faire remettre tous documents utiles, pour connaître la nature et l'étendue des biens composant le patrimoine du testateur (meubles ou immeubles).**
• **Se préoccuper des dispositions à titre gratuit déjà consenties.**
• **Interroger le testateur sur l'étendue des pouvoirs qu'il entend conférer à son mandataire.**
• **S'assurer que la clause du testament conférant au mandataire le pouvoir de vendre les biens successoraux accorde également à l'intéressé le pouvoir de recevoir le prix sans le concours des héritiers, de donner quittance et mainlevée.**
• **Avertir le testateur que le montant du diamant doit être en rapport avec ses facultés et proportionné à l'importance des services demandés à l'exécuteur testamentaire.**

POUR ALLER PLUS LOIN

Fiches pratiques

• V. Fiche 52 : Rédiger un legs ou *JCl. Pratique notariale – Les actes*, Fasc. 1290, *Legs*.
• V. Fiche 53 : Rédiger un testament ou *JCl. Pratique notariale – Les actes*, Fasc. 1525, *Testament*.
• V. Fiche 54 : Rédiger un testament international ou *JCl. Pratique notariale – Les actes*, Fasc. 1527, *Testament international*.

Fascicules JurisClasseur

• *JCl. Ingénierie du patrimoine*, Fasc. 1230, *Testament*.
• *JCl. Ingénierie du patrimoine*, Fasc. 2400, *Stratégies liées à la transmission d'entreprise*.
• *JCl. Notarial Formulaire*, V° *Vente d'immeuble*, Fasc. 300 et *JCl. Notarial Formulaire*, V° *Testament*, Fasc. 220.
• *JCl. Pratique notariale – Les actes*, Fasc. 1530, *Testament-partage*.

Revues

• M.-E. Ancel et D. Vincent, *La circulation internationale des actes* : *JCP* N 2016, n° 2, 1009.
• B. Beignier, *Du testament d'un malvoyant et de la clairvoyance de son notaire* : *JCP* N 2023, n° 02, 1007.
• B. Beignier et A. Tani, *Le notaire et le testament olographe. Modèle fourni et conservation assurée. Possible responsabilité ? Prudence...* : *Dr. famille* 2018, étude 12.
• C. Bienvenue, G. Dufour, C. Ponchel-Pouvreau, K. Tokka, *L'intérêt de la bonne qualification des legs* : *JCP* N 2012, n° 42, 1355.
• P. Bonduelle, *Testament : outil de sécurisation juridique et d'optimisation fiscale* : *RFP* 2017, étude 21.
• D. Boulanger, *L'utilisation du formulaire de demande de certificat successoral européen est facultative* : *JCP* N 2019, n° 12, act. 314 ; *La réserve héréditaire : un principe républicain ?* : *JCP* N 2020, n° 51, act. 1039 ; *La réserve coûte que coûte : informer et prélever* : *JCP* N 2022, n° 1, 1008 ; *Utiliser le certificat successoral européen !* : *JCP* N 2022, n° 39, 1233.
• Cl. Brenner, *Prohibition du testament conjonctif de partenaires pacsés : une évidence fondamentale ? Libres propos* : *JCP* N 2018, n° 40, act. 774.
• S. Brunet, *L'administration des successions* : *JCP* N 2015, n° 31-35, 1144.
• Fr. Chalvignac, *Le certificat successoral européen* : *Dr. famille* 2013, dossier 39.
• B. Delesalle, J. Lotz et N. Gessey, *Encadrer la gestion des biens de l'enfant mineur après le décès* : *JCP* N 2017, n° 29, 1238.
• D. Epailly, *Réforme de la réserve héréditaire, retour sur le rapport du groupe de travail* : *JCP* N 2021, n° 2, 1012.
• M. Farge, *Règlement des successions : les nouveaux réflexes à acquérir* : *JCP* N 2015, n° 31-35, 1143.
• É. Fongaro, *Successions transfrontalières : ce qu'apporte le décret du 2 novembre 2015* : *JCP* N 2015, n° 47, act. 1099 ; *La protection patrimoniale du couple en droit international privé* : *Dr. famille* 2018, dossier 7.
• S. Hamou, *Les nouvelles procédures familiales en droit des successions* : *Dr. famille* 2019, dossier 4.
• A. Hurel et M. Méry, *Quand mettre en place une fondation abritée ? Un outil philanthropique à mieux connaître* : *JCP* N 2018, n° 41, 1311.
• E. Jacoby, *Le certificat successoral européen et le rôle du notaire* : *JCP* N 2016, n° 18, 1137.
• A.-S. de Jotemps, Th. Leandri et M. Mery, *Les organismes sans but lucratif et la gestion des successions immobilières* : *JCP* N 2019, n° 5, 1089.

Désigner un exécuteur testamentaire

• G. Khairallah, *Le principe de primauté du droit de l'Union européenne, le notaire et l'article 913 du Code civil* : *JCP* N 2021, n° 50, 1347.
• M. Lamarche, *Successions internationales : les défis de l'application du règlement européen* : *Dr. famille* 2015, alerte 58.
• C. Latil, *Quelques précisions sur le mode de détermination de la résidence habituelle du défunt au sens du règlement sur les successions internationales* : *JCP* N 2020, n° 7-08, 1055.
• R. Le Guidec, *Successions et libéralités* : *JCP* G 2023, doctr. 108.
• Fr. Letellier, *La réforme de l'exécution testamentaire. À propos de la loi du 23 juin 2006* : *Dr. famille* 2006, étude 47 ; *La réforme de l'envoi en possession du légataire universel et de l'exécuteur testamentaire* : *JCP* N 2016, n° 49, 1337 ; *La réforme de l'envoi en possession du légataire universel. – Aspects pratiques* : *JCP* N 2017, n° 12, 1138 ; *Successions : 1er novembre 2017, le rôle nouveau du notaire est arrivé !* : *JCP* N 2017, n° 43-44, 1301 ; *L'élaboration du testament* : *JCP* N 2020, n° 12, 1071 ; *Le cantonnement : approche pratique* : *JCP* N 2023, n° 01, 1003.
• N. Levillain, *Mise en pratique du nouveau prélèvement compensatoire* : *JCP* N 2022, n° 4, 1057.
• G. Michaux et P. Bonduelle, *Enterrement de première classe pour la réserve héréditaire : une révolution du droit des successions internationales* : *RFP* 2018, comm. 2.
• M. Nicod, *Réforme de l'envoi en possession* : *Dr. famille* 2017, dossier 9 ; *Tester en temps d'épidémie* : *Dr. famille* 2020, repère 5.
• C. Nourissat, *Certificat successoral européen : premières observations* : *JCP* N 2015, n° 3, 140.
• C. Pérès, *La remise du rapport relatif à « la réserve héréditaire »* : *JCP* N 2020, n° 7-08, act. 212.
• J.-M. Plazy, *Organiser de son vivant la gestion du patrimoine successoral* : *JCP* N 2016, n° 18, 1142.
• J. Prieur et C. Caraux, *Gestion de patrimoine et cycle de vie : agir pour ne pas subir* : *JCP* N 2017, n° 48, 1329.
• N. Randoux, *Réserve héréditaire : rappel opportun de la Cour de cassation* : *JCP* N 2018, n° 3, 1046.
• S. Rezek, *Questionnaire successoral après le décès de M…* : *JCP* N 2020, n° 7-08, 1051.
• A. Sériaux, *La réserve à la croisée des chemins* : *Dr. famille* 2020, étude 14.
• A. Tani, *Le sauvetage du testament authentique en testament international. – Affirmation d'un formalisme « raisonné »* : *JCP* N 2018, n° 41, 1314 ; *La réserve héréditaire : règle d'ordre public ou règle impérative ?* : *JCP* N 2019, n° 8-09, 1122 ; *Concilier réserve héréditaire et philanthropie « à la française » ?* : *Dr. famille* 2020, comm. 122.

Fiche 59

Rédiger une donation entre époux pendant le mariage

Sommaire

I Aperçu rapide ... 675
A Éléments-clés ... 675
B Textes ... 676
II Préparation de l'acte ... 676
A Mise au point de la stratégie avec le client ... 676
1 Analyse de l'objectif du client ... 676
2 Choix à exercer ... 678
3 Conseils à donner ... 679
B Vérifications préalables ... 681
1 Parties à l'acte ... 681
2 Biens donnés ... 683
3 Renseignements à obtenir des parties ... 683
4 Pièces à demander ... 683
5 Alertes ... 683
III Rédaction et formules ... 683
A Rédaction ... 683
1 Donation de biens présents ... 683
2 Donation de biens à venir ... 684
3 Clauses particulières ... 684
B Formules ... 685
IV Formalités et taxation ... 685
A Formalités ... 685
1 Donation à cause de mort ... 685
2 Donation de biens présents ... 685
B Taxation ... 685
1 Enregistrement ... 685
2 Taxe de publicité foncière ... 686
3 Contribution de sécurité immobilière ... 686
4 Calcul des droits de mutation à titre gratuit ... 686
5 Tarif des notaires ... 686

I Aperçu rapide

A Éléments-clés

3237 La donation entre époux pendant le mariage regroupe deux catégories de libéralités : les donations de biens à venir entre époux et plus rares en pratique, les donations de biens présents entre époux. Ces libéralités sont soumises aux conditions de fond et de forme prévues pour les donations, avec toutefois certaines particularités pour les donations de biens à venir. Ces dernières, également appelées institutions contractuelles entre époux ou donations au dernier vivant, sont toujours révocables et ne produisent leurs effets qu'au décès du disposant. En revanche, les donations de biens présents sont irrévocables – même en cas de divorce – dès lors qu'elles prennent effet au cours du mariage.

Les donations entre époux ne sont désormais plus automatiquement révoquées par la survenance d'enfants. Par ailleurs, elles ne peuvent être consenties que dans les limites de la quotité disponible entre époux. À défaut, elles sont exposées à un risque de réduction.

Le plus souvent, l'institution contractuelle délègue au conjoint survivant la faculté d'opter entre les trois quotités offertes par l'article 1094-1 du Code civil (quotité disponible ordinaire, usufruit de toute la succession ou un quart en pleine propriété et trois quarts en usufruit de la succession). Toutefois avec l'évolution de la structure des familles, et la présence de plus en plus fréquente d'enfants non communs, il devient important de vérifier avec le client quelle quotité est la plus adaptée à ses objectifs et sa situation familiale.

B Textes

- C. civ., art. 1091 à 1099-1.
- CGI, art. 635, 674, 791, 848 et 879.

II
Préparation de l'acte

A Mise au point de la stratégie avec le client

1 Analyse de l'objectif du client

3238 Protection du conjoint survivant : la donation de biens à venir. Les époux peuvent, au cours du mariage, se consentir librement des donations. Lorsqu'ils se consentent une donation portant sur des biens à venir, les époux expriment généralement la volonté que revienne tout ou partie de leurs biens au dernier vivant d'entre eux. La situation légale du conjoint survivant a certes été améliorée par la loi du 3 décembre 2001, la donation au dernier vivant reste cependant utile et même indispensable dans certains cas. Elle permet en effet de donner davantage et d'aménager les droits légaux au profit du conjoint survivant. Une telle donation ne prend effet qu'au décès de l'époux donateur, elle porte sur les biens existants lors du décès et présente la particularité d'être révocable unilatéralement à tout moment.

3239 Organiser la transmission des « biens de famille ». La donation entre époux, tout comme le testament, peut servir à organiser la transmission des biens que le défunt a reçus de ses père et mère, lorsque les époux n'ont pas d'enfants. Le testament présente toutefois une plus grande souplesse. Il permet de priver le conjoint de certains droits alors que la donation entre époux ne permet pas d'exhéréder. Il permet par ailleurs de transmettre les biens de famille à d'autres personnes que le conjoint (frère, sœur, neveu, nièce…).

Transmission des biens au sein de la famille	
Droit de retour légal des frères et sœurs	Il est en effet possible de prévoir, dans la donation, le sort des biens qui seront soumis au droit de retour légal des frères et sœurs (C. civ., art. 757-3), de façon à éviter une indivision entre le conjoint survivant et les frères et sœurs du défunt. La donation entre époux peut ainsi : – soit porter sur tous les biens laissés par le défunt, à l'exception de ceux qu'il a reçus à titre gratuit de ses père et mère. Ces derniers sont ensuite transmis aux frères et sœurs, à certains d'entre eux ou à toute autre personne par un testament confirmant le maintien de la donation entre époux ; – ou au contraire, inclure expressément tous les biens de famille, privant ainsi les collatéraux privilégiés de leur droit de retour, celui-ci n'étant pas d'ordre public.
Droit de retour légal des père et mère	Il n'est en revanche pas possible de priver les père et mère de leur droit de retour légal : ce droit de retour qui s'exerce en principe en nature, s'exerce en valeur si le défunt a disposé des biens donnés par ses père et mère entre vifs ou à cause de mort (C. civ., art. 738-2). La question de savoir s'il s'applique en concours avec le conjoint est discutée. Si on considère qu'il s'applique, il convient de suivre les préconisations suivantes.

Transmission des biens au sein de la famille	
	Si la donation entre époux prévoit la transmission des biens de famille au conjoint survivant, les père et mère pourront prélever sur la succession une indemnité égale à la valeur des biens objet du droit de retour légal (C. civ., art. 738-2). Un moyen de contourner le droit de retour légal des père et mère consiste à faire apporter les biens de famille à la communauté et à stipuler une clause d'attribution intégrale au profit du conjoint survivant avec exclusion de la reprise des propres. La donation entre époux est en revanche inefficace.

3240 **Donation de biens présents.** La donation entre époux dite de biens présents entraîne transfert immédiat de la propriété, sauf stipulation contraire. Elle constitue une donation classique qui n'est révocable que dans les conditions de droit commun, depuis la loi n° 2004-439 du 26 mai 2004 relative au divorce (C. civ., art. 1096, al. 2). La pratique de telles donations est rare.

3241 **Régime matrimonial.** Lorsque l'on envisage la situation du conjoint survivant, il faut tenir compte du régime matrimonial :
- le régime de la séparation de biens est peu favorable au conjoint n'ayant pas, ou peu, de ressources propres, sauf s'il y est adjoint une société d'acquêts ;
- au contraire, le régime de la communauté ou de la participation aux acquêts est un avantage pour ledit conjoint, encore renforcé par les clauses de préciput (régime communautaire uniquement), de partage inégal (de communauté ou de la créance de participation) ou d'attribution au profit du conjoint survivant (de la communauté ou de la créance de participation) ;
- la communauté universelle avec clause d'attribution intégrale et exclusion de la reprise des biens propres est le moyen le plus achevé d'avantager le conjoint survivant, mais n'est guère conseillée lorsque les époux ont des enfants non communs et même communs.

La donation entre époux doit être aménagée en fonction de la volonté des époux et de leur situation matrimoniale	
Changement de régime matrimonial	Le notaire doit rechercher si la donation entre époux est la solution la plus adaptée. Un changement de régime matrimonial peut apporter une solution plus conforme au souhait des époux (V. *JCl. Pratique Notariale – Les actes*, Fasc. 1135, *Changement de régime matrimonial*). Notons toutefois qu'en raison du principe de réduction en valeur, la donation entre époux aboutit au même résultat que la communauté universelle avec clause d'attribution intégrale et clause d'exclusion de la reprise des biens propres, en présence d'enfants non communs exerçant l'action en retranchement ou en présence d'enfants communs renonçant à exercer l'action en réduction.
Arguments fiscaux	S'il n'existe désormais aucun argument fiscal pour préférer un avantage matrimonial à une donation entre époux, le conjoint survivant étant désormais exonéré de droits de mutation par décès (CGI, art. 796-0 bis), il existe toutefois de nombreux arguments civils.

La donation entre époux doit être aménagée en fonction de la volonté des époux et de leur situation matrimoniale	
Présence d'enfants communs	En présence d'enfants communs, les époux peuvent souhaiter avoir une totale autonomie sur la gestion de leur patrimoine, même au décès de l'un d'eux. L'adoption de la communauté universelle avec clause d'attribution intégrale est alors plus adaptée que la donation entre époux, elle ne présente aucun risque d'action en réduction. Attention toutefois à l'inconvénient fiscal pour les enfants : ils perdent l'abattement sur les biens qu'ils auraient sinon reçus au premier décès. La donation entre époux, désormais réductible en valeur, permet au conjoint de recevoir toute la succession en nature mais en cas d'action en réduction, il devra indemniser les enfants, ce qui peut l'obliger à vendre certains biens. Dans l'éventualité où le conjoint survivant opterait pour la réduction en nature, il perd la maîtrise du patrimoine successoral car, selon son option, il reçoit soit des droits indivis soit des biens démembrés. La donation entre époux présente un avantage par rapport à la communauté universelle : le conjoint peut cantonner son émolument et abandonner aux enfants certains biens pour leur fournir leur part de réserve. Le cantonnement est alors soumis au droit fixe de 125 € et non pas au droit de partage.
Présence d'enfants non communs	En revanche, si l'un des époux a des enfants non communs, on peut préférer une donation entre époux, afin de s'assurer que ses enfants reçoivent leur part dans sa succession. Le choix de la solution dépendra donc de la situation des époux. Si on souhaite qu'ils recueillent une fraction du patrimoine et non seulement une indemnité de réduction, il faut inclure une clause dans la donation entre époux imposant la réduction en nature.
Droit de retour légal des père et mère	De même, la communauté universelle avec clause d'attribution intégrale et exclusion de la reprise des propres présente un intérêt lorsque le conjoint survivant est en concours avec les père et mère et que l'on considère que ces derniers bénéficient du droit de retour légal de l'article 738-2 du Code civil.

2 Choix à exercer

3242 Il conviendra de contrôler :
- état civil, capacité de l'époux donateur et de l'époux donataire (C. civ., art. 902) ;
- consentement des époux (C. civ., art. 901) ;
- remises de sommes d'argent entre époux séparés de biens.

3243 Donation de biens présents. La donation peut porter sur des biens déterminés meubles ou immeubles existants au moment où elle est faite dans le patrimoine de l'époux donateur.
Sauf l'effet d'une condition de survie, la donation de biens présents produit ses effets immédiatement, le donataire étant saisi de la propriété des biens donnés, dès la signature de l'acte. Depuis la loi n° 2004-439 du 26 mai 2004 relative au divorce, les donations entre époux de biens présents ne sont plus révocables que dans les conditions de droit commun (C. civ., art. 1096, al. 2), condition d'avoir été consenties après le 1er janvier 2005 (Cass. 1re civ., 13 sept. 2017, n° 17-13.389 : *JurisData* n° 2017-017633 ; *AJ fam.* 2017, 548, note N. Levillain). Ces donations restent donc peu fréquentes (V. *JCl. Notarial Formulaire*, V° *Donation entre époux*, Fasc. 20).

> ATTENTION **La loi n° 2006-728 du 23 juin 2006 ajoute, après les termes de biens présents, « qui prend effet au cours du mariage ». Par argument *a contrario* et conformément à l'intention du législateur, les clauses de réversion d'usufruit ou de rente viagère restent révocables comme les donations de biens à venir.**

3244 Donation de biens à venir. La donation entre époux la plus pratiquée porte sur des biens indéterminés, biens que le prémourant laissera au jour de son décès. Elle est encore dénommée institution contractuelle. Cette libéralité ne produit ses

effets qu'au décès du donateur lequel conserve jusqu'à cette date la propriété et la jouissance de tous les biens compris dans la donation. Ce type de donation vise en fait à assurer des ressources suffisantes à l'époux survivant.
Étant donné son caractère révocable, c'est le type de donation entre époux que les notaires dressent le plus généralement, pour ne pas dire exclusivement (C. civ., art. 1096, al. 1er).

3245 **Donation simple ou réciproque.** Les donations entre époux à cause de mort peuvent être simples ou réciproques (C. civ., art. 1093). Dans le premier cas, un seul des époux gratifie l'autre, dans le second cas, chacun des époux gratifie son conjoint même si la donation n'est effective qu'unilatéralement lorsque par exemple elle ne profite qu'au seul survivant dans l'hypothèse d'une donation de biens à venir. La donation mutuelle et réciproque est la plus courante.

3 Conseils à donner

3246 **Utilité de la donation.** La loi du 3 décembre 2001 a certes augmenté les droits successoraux du conjoint survivant. Ces donations présentent néanmoins toujours un certain intérêt : tout d'abord, parce que la loi ne correspond pas toujours aux souhaits des époux ; ensuite parce que les droits que le conjoint survivant tient de la loi peuvent être réduits du fait de l'existence d'autres libéralités. La donation entre époux permet alors de lui garantir une protection notamment dans les hypothèses où ce conjoint est en concours avec d'autres héritiers (V. tableau ci-après). Enfin parce que, contrairement aux droits légaux, les droits que le conjoint tient d'une libéralité peuvent être cantonnés, sauf si le disposant a exclu cette faculté (C. civ., art. 1094-1), ce qui permet au conjoint survivant d'adapter son émolument à sa situation et à sa volonté après l'ouverture de la succession.

> ATTENTION **Au niveau de l'impôt sur la fortune immobilière, si le conjoint tient son usufruit de la loi, nus-propriétaires et usufruit sont soumis à cet impôt en fonction de la valeur fiscale de son droit, alors que si le conjoint tient son usufruit d'une libéralité à cause de mort, alors lui seul y est soumis pour la valeur de la pleine propriété.**

La réforme issue de la loi du 3 décembre 2001 devrait inciter les époux à faire le point sur leur situation patrimoniale et successorale. S'ils ont déjà signé des actes de donation, il conviendra alors de vérifier la compatibilité de ces dispositions avec la loi nouvelle.

Protection quand le conjoint est en concours avec d'autres héritiers	
Présence d'enfants non communs	Ainsi en présence d'enfants non communs, le conjoint survivant n'a-t-il que des droits légaux en propriété. La donation entre époux permet de lui transmettre des droits en usufruit. **Attention :** Si le disposant ne veut transmettre que des droits en usufruit, il doit priver son conjoint de ses droits légaux, à défaut il peut conserver ses droits légaux et son usufruit universel dès lors que son émolument total ne dépasse pas la quotité disponible spéciale (Cass. 1re civ., 25 oct. 2017, n° 17-10.644 : *JurisData* n° 2017-021016). Cette exhérédation ne peut pas se faire dans une donation entre époux, elle doit être faite par testament.
Concours avec les père et mère du défunt	Lorsque le conjoint survivant est en concours avec les père et mère du défunt, une donation entre époux permet de lui transmettre la totalité de la succession, sauf le droit de retour légal édicté par l'article 738-2 du Code civil si on considère qu'il s'applique, les ascendants privilégiés n'étant maintenant plus des héritiers réservataires.
Présence de collatéraux privilégiés	Enfin, une donation entre époux peut permettre de régler le sort des « biens de famille » lorsqu'en l'absence de descendants et d'ascendants, le défunt laisse des collatéraux privilégiés.
Cantonnement de l'émolument en présence d'enfants	La donation entre époux permet également au conjoint survivant de cantonner son émolument pour par exemple laisser l'usufruit de certains biens à ses enfants (C. civ., art. 1094-1, al. 2). Les droits légaux ne peuvent en revanche pas être cantonnés.

Protection quand le conjoint est en concours avec d'autres héritiers	
Montant de l'émolument	L'assiette du quart légal en propriété du conjoint survivant ne comprend pas les biens dont il a été disposé hors part successorale (C. civ., art. 758-5), contrairement à l'assiette du quart recueilli en vertu d'une libéralité (C. civ., art. 922). L'émolument du conjoint en vertu d'une donation entre époux est donc au moins égal mais parfois supérieur (s'il y a eu des libéralités hors part) aux droits légaux.

3247 **Moment de la donation.** Il est à conseiller aux époux de faire une donation au dernier des vivants assez rapidement après le mariage afin de parer à un décès prématuré de l'un des époux, cela même si le couple ne possède pas de patrimoine important. La donation de biens à venir est un acte simple et peu coûteux.

3248 **Modification de la donation.** Une donation consentie entre époux pendant le mariage pour le cas de prédécès de l'un d'eux peut être modifiée par le testament olographe de l'époux donateur, si cet acte se réfère à la donation précédemment acceptée par le conjoint donataire.

3249 **Quotité disponible entre époux.** Les donations faites entre époux peuvent porter sur l'universalité de la succession mais sont réductibles, en présence de descendants à la quotité disponible en faveur du conjoint (C. civ., art. 1090). Cette quotité disponible spéciale entre époux est soit d'un quart en pleine propriété et trois quarts en usufruit, soit de l'usufruit total des biens, soit égale au disponible ordinaire, c'est-à-dire la moitié en pleine propriété en présence d'un enfant, un tiers en pleine propriété en présence de deux enfants, ou un quart en pleine propriété en présence de trois enfants et plus (C. civ., art. 1094-1).
À compter du 1er janvier 2007, date d'entrée en vigueur de la loi du 23 juin 2006, les libéralités consenties au conjoint survivant s'imputent sur ses droits légaux, il ne peut donc cumuler ses droits légaux et ceux résultant des libéralités qui lui ont été consenties (C. civ., art. 758-6).
Avant la loi du 23 juin 2006 portant réforme du droit des successions et des libéralités, les ascendants étaient héritiers réservataires. Le conjoint pouvait prétendre à la nue-propriété de leur réserve. Désormais, les ascendants ne sont plus réservataires. La donation entre époux peut s'exécuter sans restriction lorsque le défunt laisse des ascendants, sauf le droit de retour légal des ascendants (C. civ., art. 738-2) dans l'éventualité où les père et mère ont consenti des donations à l'époux prédécédé (V. *JCl. Notarial formulaire*, V° *Quotité disponible et réserve*, Fasc. 10 à 250).

CONSEIL **En présence d'enfants non communs, il est possible d'adapter la donation entre époux afin que ces enfants n'aient pas à subir l'usufruit de leur marâtre ou parâtre leur vie durant. La donation entre époux peut ainsi ne porter que sur la quotité disponible ordinaire ou porter sur un usufruit partiel (usufruit de la moitié de la succession ou portant sur des biens déterminés par exemple) ou sur un usufruit limité dans le temps.**

3250 **Intérêt de la donation entre époux.** Les donations entre époux peuvent être un moyen de donner davantage au conjoint survivant.
Si le défunt laisse à sa survivance un ou plusieurs enfants ou descendants issus des deux époux, au lieu d'avoir à choisir entre le quart en propriété ou l'usufruit total des biens de la succession, le conjoint survivant peut, grâce à la donation entre époux, bénéficier de l'un et l'autre de ces droits.
Lorsque l'époux décédé n'a pas d'enfant mais laisse à sa survivance ses père et mère, son conjoint a légalement vocation à recevoir la moitié des biens en pleine propriété. S'il est bénéficiaire d'une donation entre époux, il aura droit à toute la succession, sauf le droit de retour légal des père et mère portant sur les biens donnés au défunt (C. civ., art. 914, abrogé et C. civ., art. 738-2).

ATTENTION **Si les père et mère de l'époux sont décédés, le conjoint survivant a vocation en principe à recueillir toute la succession, mais les frères et sœurs bénéficient d'un droit de retour portant sur la moitié des biens reçus des ascendants par succession ou donations et qui se retrouvent en nature (C. civ., art. 757-3). La donation entre époux peut être un moyen opportun pour éviter l'indivision en prévoyant que les biens de famille reviendront par exemple au conjoint survivant.**

3251 **Caractère révocable ou irrévocable de la donation.** L'article 1096 du Code civil distingue la donation de biens à venir de la donation de biens présents. La première est toujours révocable à tout moment, sans que le donateur n'ait à justifier de raison (C. civ., art. 1096, al. 1er).

En revanche, la donation portant sur des biens présents consentie à compter du 1er janvier 2005 est par principe irrévocable, sauf dans les conditions de droit commun prévues par les articles 953 à 958 du Code civil (C. civ., art. 1096, al. 2). Aussi, l'époux qui a par exemple donné à son conjoint une somme d'argent pour lui permettre d'acquérir un bien ne peut ultérieurement reprendre ce qu'il a donné (V. *JCl. Notarial Formulaire*, V° *Contrat de mariage*, Fasc. 14).

La loi du 23 juin 2006 a modifié le deuxième alinéa de l'article 1096 du Code civil. La donation de biens présents est irrévocable à condition qu'elle prenne effet au cours du mariage. Cela exclut, notamment, la réversion d'usufruit ou de rente viagère qui reste donc révocable.

3252 **Possibilité de révocation unilatérale pour les donations portant sur des biens à venir.** Les donations entre époux portant sur des biens à venir sont généralement réciproques, le mari donne à sa femme pour le cas où elle lui survivrait et vice versa. Cette réciprocité n'empêche pas l'un des époux de révoquer unilatéralement la donation qu'il a faite à l'autre. Ce droit est discrétionnaire, la révocation n'a pas à être motivée. Ainsi, l'époux qui souhaite revenir sur sa libéralité peut-il le faire librement sans en informer son conjoint. Par ailleurs, le secret professionnel interdit au notaire qui a dressé l'acte de donation de révéler au donataire l'existence d'une révocation dont il aurait connaissance. La révocation peut être expresse ou tacite (rédaction d'un testament aux termes duquel l'époux révoque toutes les dispositions qu'il a prises antérieurement).

CONSEIL Si les époux craignent cette révocabilité unilatérale, il faut leur conseiller une donation en époux par contrat de mariage, à l'occasion d'un changement de régime matrimonial. La libéralité ne sera alors révocable que lors d'un nouveau changement de régime matrimonial. En cas de divorce, comme l'institution contractuelle au cours du mariage, elle est révoquée de plein droit (C. civ., art. 265). Attention toutefois, une telle donation s'impute à sa date et non pas concurremment avec les legs. Si elle porte sur l'universalité de la succession, elle rend toutes les libéralités ultérieures réductibles.

3253 **Causes d'inefficacité.** Les donations entre époux de biens présents sont révocables pour inexécution des conditions ou charges dans les termes de l'article 953 du Code civil. Elles peuvent également être révoquées pour cause d'ingratitude conformément à l'article 955 du Code civil, mais non pour survenance d'enfants (C. civ., art. 1096, al. 3).

3254 **Sort des donations en cas de divorce.** En application de la loi du 26 mai 2004, le divorce est sans incidence sur les donations de biens présents prenant effet au cours du mariage (C. civ., art. 265). Ces donations sont donc maintenues. Il emporte à l'inverse révocation de plein droit des donations de biens à venir, indépendamment de la question des torts des époux dans le divorce. Cette règle s'applique sauf volonté contraire exprimée par acte authentique lors du divorce par l'époux qui a consenti la donation (C. civ., art. 265, al. 2).

CONSEIL Ce maintien d'une donation à cause de mort est généralement à proscrire. D'une part, l'institution contractuelle maintenue devient irrévocable (C. civ., art. 265, al. 2. – Pour les libéralités antérieures à la loi du 26 mai 2004, Cass. 1re civ., 6 févr. 2008, n° 05-18.745 : *JurisData* n° 2008-042651 ; *JCP* N 2008, n° 8, act. 245). D'autre part, l'ancien conjoint est appelé à la succession en concours avec les héritiers et éventuellement un second conjoint et ses droits s'exercent sur la quotité disponible spéciale entre époux.

B Vérifications préalables

3255 **Il conviendra de contrôler :**

- état civil, capacité des époux (C. civ., art. 902) ;
- consentement des époux (C. civ., art. 901) ;
- situation familiale et patrimoniale du couple ;
- autres moyens d'avantager le conjoint survivant.

1 Parties à l'acte

a) Capacité

3256 **Incapacité de donner ou de recevoir.** Le notaire appelé à recevoir une donation doit s'assurer que les parties à l'acte ne sont pas frappées d'une incapacité générale de disposer ou de recevoir (C. civ., art. 902). Aussi, il doit se renseigner au préalable pour savoir si les époux sont placés sous un régime de protection, à défaut, il devra veiller à ce que les parties jouissent de la plénitude de leurs facultés au moment de la libéralité (V. *JCl. Notarial Formulaire*, V° *Donation entre vifs*, Fasc. 20). Il doit enfin veiller à informer l'époux donateur du caractère irrévocable de la donation en cas de donation de biens présents sous peine d'engager sa responsabilité (Cass. 1re civ., 12 mai 2016, n° 14-29.959 : *JurisData* n° 2016-008927, à propos d'une donation de biens présents au profit du conjoint, faite après adoption de la séparation de biens et portant sur tous les droits de l'épouse dans la communauté dissoute ; l'époux demande ensuite le divorce).

3257 **Époux mineur.** Pour pouvoir consentir une donation, le disposant doit avoir la capacité générale de contracter. Le mineur non émancipé est donc en principe privé du droit de disposer (C. civ., art. 903 et 904). Il est cependant acquis que l'époux mineur est émancipé de plein droit par le mariage (C. civ., art. 413-1). Par suite toute donation faite entre époux pendant le mariage pourra donc être consentie ou acceptée librement par un époux mineur, sans assistance de personne (V. *JCl. Notarial Formulaire*, V° *Mineurs. Majeurs protégés*, Fasc. 400).

3258 **Époux majeur protégé.** Pour le majeur en tutelle, le tuteur autorisé par le conseil de famille pourra faire une libéralité de ses biens, au profit de son conjoint (C. civ., art. 476).

Le majeur en curatelle pourra aussi faire une donation à son conjoint avec l'assistance de son curateur (C. civ., art. 470, al. 2). Toutefois, s'il s'agit d'une donation de biens à venir, il est possible d'admettre que ce dernier agisse seul, dans la mesure où l'institution contractuelle est révocable et ne dépouille pas immédiatement le donateur.

Lorsque la personne protégée est sous mandat de protection future, son mandataire ne peut consentir une donation que si deux conditions sont satisfaites :

– le mandat est authentique et n'exclut pas la faculté de donner ;

– le mandataire a obtenu une autorisation du juge des contentieux de la protection (C. civ., art. 490, al. 2).

En cas d'habilitation familiale de représentation, le représentant du majeur protégé doit demander au juge des contentieux de la protection une autorisation pour consentir une donation au nom et pour le compte de la personne protégée. Dans un avis rendu le 15 décembre 2021 (Cass. 1re civ., 15 déc. 2021, n° 21-70.022 : *JurisData* n° 2021-020922 ; *Dr. famille* 2022, comm. 40, I. Maria et L. Mauger-Vielpeau ; *JCP* G 2022, 278, H. Fulchiron ; *JCP* G 2022, 279, G. Raoul-Cormeil), la Cour de cassation a précisé que le représentant d'un majeur hors d'état de manifester sa volonté peut être judiciairement autorisé à consentir une donation au nom du représenté à la double condition que la donation corresponde à ce qu'aurait voulu la personne protégée si elle avait été capable d'y consentir elle-même et que cette libéralité soit conforme à ses intérêts personnels et patrimoniaux, en particulier que soient préservés les moyens lui permettant de maintenir son niveau de vie et de faire face aux conséquences de sa vulnérabilité (CA Paris, 6 avr. 2021, n° 20/03486. – CA Paris, 22 mars 2022, n° 21/10110 : *JurisData* n° 2022-004276 ; *Dr. famille* 2022, comm. 94, I. Maria). Du point de vue de la personne du donataire, le tuteur comme le majeur en curatelle peuvent accepter seuls une donation, sauf s'il s'agit d'une libéralité grevée de charges (C. civ., art. 504 et 467. – V. *JCl. Notarial Formulaire*, V° *Donation entre époux*, Fasc. 20).

> ATTENTION **Si la personne en curatelle reçoit des capitaux par donation, ceux-ci doivent être versés directement sur un compte ouvert à son seul nom et mentionnant son régime de protection, auprès d'un établissement habilité à recevoir des fonds publics (C. civ., art. 468, al. 1er).**

b) Consentement

3259 **Absence d'insanité d'esprit.** Pour faire une donation, il faut être sain d'esprit. Tel est le principe posé à l'article 901 du Code civil. Autrement dit, l'acte de donation exige un consentement réel et impose un véritable accord de volonté entre les époux Si la preuve d'une quelconque insanité d'esprit est rapportée, l'acte de donation est susceptible de nullité (V. *JCl. Notarial Formulaire*, V° *Donation entre époux*, Fasc. 10).

3260 **Absence de vices de consentement.** Le contrat de donation peut être remis en cause s'il est établi qu'un époux a exprimé un consentement vicié. À cet égard, les vices du consentement prévus par le Code civil, soit l'erreur, le dol et la violence, peuvent être invoqués au soutien d'une action en nullité.

3261 **Forme de la donation.** Les donations que les époux se consentent pendant le mariage doivent être faites par acte notarié et doivent nécessairement être reçues en minute à peine de nullité (C. civ., art. 931). Toutefois, lorsqu'elles portent sur un bien présent, elles peuvent ne pas être solennelles et revêtir la forme d'un don manuel ou d'une donation indirecte. La donation doit être acceptée en termes exprès (C. civ., art. 932) ; si cette acceptation est faite par acte séparé, elle est soumise aux mêmes règles de forme que la donation elle-même (V. *JCl. Notarial Formulaire*, V° *Donation entre époux*, Fasc. 20).

2 Biens donnés

3262 **Biens meubles ou immeubles.** Les biens donnés peuvent comprendre tous biens meubles ou immeubles, appartenant à l'époux disposant. Il peut aussi s'agir d'une somme d'argent.
La donation peut porter sur des biens présents ou à venir, c'est-à-dire sur tout ou partie des biens que l'époux donateur laissera à son décès.

> CONSEIL **L'acte le plus fréquent est la donation entre époux à cause de mort qui prend effet au décès pour tous les biens existants alors et est révocable unilatéralement par l'époux donateur.**

3 Renseignements à obtenir des parties

3263 Le notaire doit demander aux époux des renseignements sur leur état civil, leur situation patrimoniale, le régime matrimonial adopté, les opérations financières qu'ils ont réalisées, notamment si les époux sont séparés de biens. Il prendra également soin de s'informer sur la situation familiale des époux et en particulier sur l'existence d'enfants communs ou non. Enfin, en l'absence d'enfants, il convient de demander aux époux s'ils ont reçu des biens à titre gratuit de leurs père et mère afin d'anticiper le jeu éventuel des droits de retour prévus par l'article 757-3 du Code civil au profit des frères et sœurs et par l'article 738-2 du même code au profit des père et mère.

4 Pièces à demander

3264 Le notaire peut demander copie du contrat de mariage si cet acte n'a pas été reçu par lui. Si les époux ne se souviennent plus d'avoir fait ou non des testaments ou des donations entre époux, le notaire peut interroger le fichier central des dispositions de dernières volontés.

5 Alertes

3265 **Opposabilité aux tiers d'une donation de biens présents.** Lorsque la donation porte sur un immeuble, le transfert de propriété n'est opposable aux tiers qu'après accomplissement de la formalité de publicité foncière s'il s'agit d'un immeuble ou après remise de la possession au donataire s'il s'agit d'un meuble corporel (C. civ., art. 1141).

3266 **Obligation d'information sur les conséquences d'une donation de biens présents.** Le notaire doit informer le donateur du caractère irrévocable de la donation de biens présents entre époux et de ses conséquences en cas de divorce. À défaut il engage sa responsabilité (sur la responsabilité du notaire pour défaut d'information complète et circonstanciée, sur la portée, les effets et les risques d'une donation de biens présents entre époux pendant le mariage, V. Cass. 1re civ., 12 mai 2016, n° 14-29.959 : *JurisData* n° 2016-008927 ; *JCP* N 2016, n° 21, act. 676).

III Rédaction et formules

A Rédaction

3267 **Il conviendra de contrôler** :
- état civil, capacité des époux donateur et donataire ;
- connaissance par les époux des différents moyens d'avantager le conjoint survivant ;
- désignation des biens donnés, en cas de donation de biens présents ;
- valeur des biens transmis dans la même hypothèse.

1 Donation de biens présents

3268 **Biens immobiliers.** Si la donation de biens présents porte sur un bien immobilier, la désignation est faite conformément aux règles de la publicité foncière et il est opportun de requérir les documents habituels en matière d'urbanisme, d'inscription hypothécaire, d'état de l'immeuble (V. *JCl. Pratique Notariale – Les actes*, Fasc. 1565, *Vente d'immeuble. Cas général*).

3269 **État estimatif des meubles.** Si la donation porte sur des effets mobiliers, un état estimatif de ces derniers signé du donateur et du donataire doit être annexé à l'acte conformément à l'article 948 du Code civil. Cet état estimatif n'est soumis à aucune forme particulière. Il peut aussi bien être établi par acte authentique que par acte sous seing privé.
Une telle description est bien évidemment inutile si les biens ont déjà fait l'objet d'une énumération estimative dans le corps même de l'acte.

3270 **Procuration.** Lorsque la donation est faite par un mandataire, ce dernier doit être muni d'une procuration authentique spéciale comportant, soit dans le corps de l'acte, soit en annexe, la liste estimative des biens donnés, signée par le donataire. Aucun état estimatif n'est à établir lorsque la libéralité porte sur des biens à venir.

2 Donation de biens à venir

3271 **Donation de la quotité disponible actuelle ou en vigueur au décès.** Les donations portant sur les biens à venir, dites aussi à cause de mort, sont de loin les plus courantes ; elles visent à préserver la situation future du conjoint survivant et peuvent être révoquées unilatéralement. Elles portent généralement sur l'universalité des biens de la succession. Elles peuvent prévoir deux types de clauses dans l'éventualité où le défunt laisserait des descendants :
– la première clause, dite de réduction automatique, prévoit qu'en présence de descendants, la libéralité sera automatiquement réduite à l'une des quotités disponibles prévues par la loi. Les descendants n'ont alors pas à demander la réduction. Se pose juste la question de l'émolument du conjoint après cette réduction : la réduction se faisant désormais en valeur, il semble que le conjoint puisse conserver l'universalité des biens successoraux, à charge d'indemniser les héritiers réservataires. Si le disposant souhaite que les descendants aient des droits sur les biens, il doit, nous semble-t-il, prévoir une clause imposant la réduction en nature de la donation entre époux ;
– la seconde clause, dite de réduction facultative, reprend les dispositions légales : elle stipule en effet que si les descendants demandent la réduction, alors le conjoint survivant, à qui on a délégué la faculté de choix, choisira entre l'une des trois quotités disponibles prévues par la loi. Dans cette hypothèse, il est certain que la réduction se fait selon les modalités prévues par l'article 924 du Code civil, c'est-à-dire en valeur. Le conjoint recueille ainsi tout le patrimoine successoral et ne doit indemniser que les réservataires qui demandent la réduction. Il peut également cantonner son émolument, ainsi que le prévoit l'article 1094-1 du Code civil dès lors qu'il n'a pas été privé de cette faculté, ce qui lui permet de choisir les biens qu'il souhaite conserver en n'acquittant que le droit fixe des actes innommés (125 €). Les biens abandonnés par le conjoint retombent alors dans la succession légale et sont dévolus aux descendants.

3272 **Choix de la quotité disponible.** Le choix entre l'une ou l'autre quotité appartient en principe à l'époux donateur. Cependant, en pratique, les formules notariales laissent généralement au conjoint survivant le soin d'opter après le décès pour la quotité qui lui convient mieux.

> CONSEIL **Il peut être opportun de prévoir que si le conjoint survivant décède avant d'avoir opté, il sera censé avoir choisi l'usufruit de la succession, ce qui réduit les effets de la donation devenue inutile. Il est également possible de prévoir que la donation n'aura effet que si le conjoint survivant ne décède pas avant un certain délai à compter de l'ouverture la succession, par exemple un mois. Afin d'éviter un blocage lié au choix de l'option, notamment au moment du dépôt de la déclaration de succession, il est également possible de stipuler une clause permettant aux héritiers réservataires de mettre le conjoint en demeure d'opter et de prévoir, à l'instar de ce qui est édicté par l'article 758-3 du Code civil, un délai pour opter à compter de la mise en demeure et une option imposée passé ce délai. Ainsi par exemple, on peut prévoir que les héritiers peuvent mettre le conjoint en demeure d'opter par lettre recommandée ou exploit d'huissier et que passé trois mois (ou six mois) à compter de la mise en demeure, le conjoint est réputé avoir opté pour la totalité de la succession en usufruit.**

3 Clauses particulières

3273 **Règlement des frais et droits.** Une clause de l'acte peut préciser « que si les frais et droits de mutation qui incomberont aux héritiers du donateur se révèlent supérieurs au montant recueilli par ceux-ci en pleine propriété, ils pourront être réglés dans cette mesure au moyen de biens soumis à l'usufruit du donataire, mais à charge d'opérer rétablissement des sommes utilisées à l'actif de la succession du donateur, sans intérêts ». En présence d'enfants communs, il est également possible de prévoir comme charge de la donation que si le conjoint opte pour l'usufruit de toute la succession et que la réduction se fait en nature, le conjoint aura la charge de payer tous les droits de succession dus par les enfants.

3274 **Faculté de conversion de l'usufruit en rente viagère ou en capital.** L'acte peut rappeler cette règle qui résulte de la loi du 3 décembre 2001 : l'usufruitier et les nus-propriétaires ont la possibilité de demander la conversion de l'usufruit en rente viagère conformément aux dispositions des articles 759 à 762 du Code civil (V. *JCl. Pratique Notariale – Les actes*, Fasc. 1165, *Conversion d'usufruit*). Une telle demande peut être faite jusqu'au partage définitif.
La conversion en rente viagère peut également être amiable. Quant à la conversion en capital, elle ne peut qu'être amiable.

La conversion de l'usufruit portant sur le logement que le conjoint occupe à titre de résidence principale et sur le mobilier le garnissant ne peut pas être ordonnée par le juge contre la volonté du conjoint.

> ATTENTION **Les héritiers ne peuvent renoncer avant l'ouverture de la succession à la faculté de conversion de l'usufruit du conjoint en rente viagère. Le donateur ne peut non plus les en priver. Il semble en revanche qu'il puisse en priver le conjoint survivant, car en présence de descendants le conjoint peut être privé de tous ses droits successoraux.**

B Formules

- *JCl. Notarial Formulaire*, V° *Donation entre époux*, Fasc. 25.

IV Formalités et taxation

A Formalités

1 Donation à cause de mort

3275 **Fichier central des dispositions de dernières volontés.** L'acte de donation entre époux est enregistré au fichier des dispositions de dernières volontés, sauf opposition des époux. Ce fichier national permet au notaire chargé du règlement de la succession de retrouver ladite libéralité et surtout de l'exécuter.

3276 **Enregistrement.** Les actes de donations entre époux à cause de mort sont dispensés d'enregistrement (CGI, ann. III, art. 245 et ann. IV, art. 60).

2 Donation de biens présents

3277 **Publicité foncière.** Comme tout transfert de la propriété d'un bien immobilier, l'acte de donation est publié au service chargé de la publicité foncière du lieu de l'immeuble (V. *JCl. Notarial Formulaire*, V° *Publicité foncière*, Fasc. 20).

3278 **Enregistrement.** L'acte est enregistré dans le mois de sa date et les droits de mutation, s'il en est dû, payés lors de la formalité, sauf demande de paiement différé ou fractionné (V. Fiche 51 : Rédiger une donation ou *JCl. Pratique Notariale – Les actes*, Fasc. 1210, *Donation* et V. Fiche 61 : Rédiger une déclaration de succession ou *JCl. Pratique Notariale – Les actes*, Fasc. 1180, *Déclaration de succession*).

3279 **Formalités diverses.** Suivant la nature du bien donné, la donation entre époux de biens présents fait l'objet d'une notification au syndic pour les lots de copropriété, de l'inscription au registre du commerce et des sociétés ou au répertoire des métiers pour les fonds de commerce et les fonds artisanaux, etc.

B Taxation

1 Enregistrement

3280 **Donation à cause de mort.** Bien que la donation de biens à venir faite pendant le mariage soit dispensée d'enregistrement lors de sa rédaction (CGI, ann. III, art. 245 et ann. IV, art. 60), elle fait l'objet, comme les testaments notariés, dans les trois mois suivant le décès du donateur d'un enregistrement sur état et donne ouverture au droit fixe des actes innommés de 125 € (CGI, art. 680).

2 Taxe de publicité foncière

3281 **Donation immobilière.** Les donations immobilières sont depuis le 1er juillet 2014 soumises à la formalité fusionnée (V. *JCl. Fiscalité immobilière*, Fasc. 114). Une seule formalité est accomplie au service de la publicité foncière du lieu de situation de l'immeuble (CGI, art. 657). Lorsqu'un acte concerne des immeubles ou droits immobiliers situés dans le ressort de plusieurs services de publicité foncière, cet acte est soumis à la formalité fusionnée au service où la publicité est requise en premier lieu, au choix du requérant (CGI, ann. III, art. 251). Dans ce cas, le service chargé d'exécuter la formalité fusionnée perçoit la totalité des droits et taxes (CGI, ann. III, art. 253). La contribution de sécurité immobilière reste par ailleurs due au service de publicité foncière où la publicité est requise. Ce régime s'applique également aux donations mixtes portant sur des meubles et des immeubles (BOI-ENR-DMTG-20, 30 sept. 2014, § 20).
La taxe de publicité foncière est perçue sur la valeur des biens immobiliers donnés, au taux de 0,60 % (CGI, art. 791) auquel s'ajoutent les frais d'assiette et de recouvrement de 2,37 % (CGI, art. 1647) (V. *JCl. Fiscalité immobilière*, Fasc. 126).
Les actes de donation antérieurs au 1er juillet 2014 étaient exclus de la formalité fusionnée. Ils étaient enregistrés puis publiés au service chargé de la publicité foncière compétent.

3 Contribution de sécurité immobilière

3282 La contribution de sécurité immobilière est exigible au taux de 0,10 % (CGI, art. 881 K).

4 Calcul des droits de mutation à titre gratuit

3283 **Donation de biens présents.** La part taxable correspond à la part revenant au donataire après application de l'abattement entre époux de 80 724 € (CGI, art. 790 E). Les taux de taxation sont fixés par tranche ; les taux de réduction varient selon l'âge du donateur et la nature de la donation qui peut être en pleine propriété, en nue-propriété ou en usufruit (V. *JCl. Notarial Formulaire*, V° *Donations [Enreg.]*, Fasc. 10. – *Guide fiscal des actes*, éd. LexisNexis).

5 Tarif des notaires

3284 Un arrêté du 28 février 2020 entre en vigueur au 1er janvier 2021. Toutefois, les émoluments des prestations effectuées avant le 1er janvier 2021, ou dont la réalisation a donné lieu, avant le 1er mars 2020, au versement par le client d'un acompte ou d'une provision, ou à l'engagement par l'un des notaires intervenant de frais ou débours, restent régis par l'ancien tarif (A. 28 févr. 2020, art. 29, 2° mod. A. 28 avr. 2020, art. 2).
Un nouvel arrêté en date du 25 février 2022, applicable depuis le 1er mars 2022, proroge jusqu'au 29 février 2024 les dispositions antérieures (A. 25 févr. 2022, art. 2).

3285 **Donation de biens à venir.** L'émolument revenant au notaire est un émolument de 135,84 € TTC (113,20 € HT) (C. com., art. A. 444-69. – Numéro 22 du tableau 5. – V. *JCl. Commentaire du Tarif des Notaires*, Fasc. 4620).

3286 **Donation de biens présents.** Les donations de biens présents sont taxées selon la nature des biens donnés, savoir :
• sur la valeur en pleine propriété des biens donnés autres que les créances, espèces ou valeurs mobilières cotées (C. com., art. A. 444-67, 1° – Numéro 16 du tableau 5. – V. *JCl. Commentaire du Tarif des Notaires*, Fasc. 4500), soit, pour une donation acceptée :

De	À	% (TVA comprise)	Ajouter (TVA comprise)
0	6 500 €	5,8044	
6 500	17 000 €	2,394	221,676 €
17 000	60 000 €	1,596	357,336 €
Au-delà		1,1976	596,376 €

• sur les créances, espèces ou valeurs mobilières cotées (C. com., art. A. 444-67, 4°. – Numéro 19 du tableau 5. – V. *JCl. Commentaire du Tarif des Notaires*, Fasc. 4530), soit :

De	À	% (TVA comprise)	Ajouter (TVA comprise)
0	6 500 €	2,7864	
6 500	17 000 €	1,1496	106,392
17 000	60 000 €	0,7668	171,468
Au-delà		0,5748	286,668

ATTENTION Si la donation contient à la fois « des créances, espèces ou valeurs mobilières cotées », et des biens d'une autre nature, elle n'est pas « uniquement » mobilière au sens du n° 43 *ter* et ne peut bénéficier de la réduction prévue par cet article.

CHECK-LIST **Préparation du rendez-vous client :**
- état civil et capacité des époux ;
- vérifier la situation familiale de chaque époux : enfants communs et non communs et en l'absence d'enfants qualité des présomptifs héritiers (père et mère, collatéraux privilégiés...) ;
- Interroger les époux sur leurs objectifs : éviter un transfert de patrimoine vers la famille du survivant, éviter un démembrement entre les enfants non communs et le conjoint survivant,... ;
- envisager les autres possibilités : avantages matrimoniaux notamment ;
- objet de la donation : biens présents/ biens à venir ; les trois branches de l'option ou l'une d'entre elles ;
- modalités de la donation : charges et conditions des donations de biens présents, possibilité d'écarter le cantonnement ou la faculté de conversion en rente viagère pour l'institution contractuelle, possibilité d'imposer la réduction en nature ;
- informer le client de la libre révocabilité de la libéralité.

Préparation de l'acte :
- état civil et capacité des époux ;
- pour les donations de biens présents : titre et origine de propriété, état estimatif des meubles, estimation des biens donnés, déclarations fiscales ;
- pour les donations de biens à venir : objet de la donation (quotité[s] choisie[s]), modalité de la réduction (clause de réduction automatique ou facultative), maintien ou retrait de la faculté de cantonnement.

Formalités postérieures :
- donations de biens présents : enregistrement et paiement des droits de mutation, publicité foncière le cas échéant, formalités diverses selon la nature des biens donnés ;
- donation de biens à venir : enregistrement et inscription au fichier central des dispositions de dernière volonté.

POUR ALLER PLUS LOIN

Fiche pratique

- V. Fiche 44 : Rédiger l'option du conjoint survivant ou *JCl. Pratique Notariale – Les actes*, Fasc. 1360, *Option du conjoint survivant*.

Fascicules JurisClasseur

- *JCl. Civil Code*, Art. 1091 à 1100, Fasc. 10 à 40.
- *JCl. Ingénierie du patrimoine*, Fasc. 1190, *Donation entre époux*.
- *JCl. Notarial Formulaire*, V° *Donation entre époux*, Fasc. 20.
- *JCl. Notarial Formulaire*, V° *Donation entre vifs*, Fasc. 20.
- *JCl. Notarial Formulaire*, V° *Donations (Enreg.)*, Fasc. 10 et Fasc. 50.
- *JCl. Notarial Formulaire*, V° *Quotité disponible et réserve*, Fasc. 10 à 250.
- *JCl. Pratique Notariale – Les actes*, Fasc. 1155, *Contrat de mariage*.
- *JCl. Pratique Notariale – Les actes*, Fasc. 1225, *Donation entre époux par contrat de mariage*.

Fiche 60
Rédiger une donation-partage

Sommaire

I Aperçu rapide 689
A Éléments-clés 689
B Textes 690
II Préparation de l'acte 690
A Mise au point de la stratégie avec le client 690
1 Analyse de l'objectif du client 690
2 Choix à exercer 692
3 Conseils à donner 693
B Vérifications préalables 694
1 Parties 694
2 Bien 696
3 Licéité de l'opération 697
4 Renseignements à obtenir des parties 699
5 Pièces à demander 699
6 Alertes 700
III Rédaction et formules 700
A Rédaction 700
1 Désignation des biens donnés 700
2 Clauses usuelles 700
3 Clauses particulières 701
B Formules 702
IV Formalités et taxation 703
A Formalités 703
B Taxation 703
1 Enregistrement 703
2 Tarif des notaires 704

I Aperçu rapide

A Éléments-clés

3287 La donation-partage est l'acte par lequel une personne distribue et partage tout ou partie de ses biens et droits entre différents gratifiés. Ces derniers peuvent être des héritiers présomptifs, des descendants de degrés différents, ou d'autres personnes, lorsqu'il s'agit de donner une entreprise ou des droits sociaux de l'entreprise dans laquelle le donateur exerce une fonction dirigeante.

La donation-partage peut être faite au profit d'enfants communs et non communs, dans le cadre d'une famille recomposée. Elle peut également être faite au profit de descendants de degrés différents. Quant à son objet, la donation-partage porte nécessairement sur des biens présents, avec possibilité pour un parent d'allotir son enfant non commun au moyen de biens de communauté avec le consentement de son conjoint.

La donation-partage peut être égalitaire – pure et simple ou avec soulte – ou inégalitaire. Dans ce second cas, si l'un des gratifiés n'a pas reçu sa part de réserve au décès du disposant, il pourra en l'absence de biens existants suffisants, exercer l'action en réduction.

La donation-partage présente un double intérêt. D'une part, les lots reçus ne sont pas rapportables dès lors que le partage est intervenu du vivant du disposant. D'autre part, pour le calcul de la quotité disponible et de la réserve, les biens donnés sont évalués au jour de l'acte, à condition que tous les présomptifs héritiers aient été allotis et qu'il n'ait pas été stipulé de réserve d'usufruit sur une somme d'argent.

B Textes

- C. civ., art. 1075 à 1078-10 (L. n° 2006-728, 23 juin 2006).

II

Préparation de l'acte

A Mise au point de la stratégie avec le client

1 Analyse de l'objectif du client

3288 **Argument psychologique.** La donation-partage offre la possibilité de transmettre ses biens, de son vivant, à titre gratuit, simultanément à plusieurs personnes. Cette opération correspond tout d'abord, pour le client, à des motivations d'ordre psychologique : gratifier de façon identique et dans les mêmes conditions ses présomptifs héritiers. Il s'agit là d'une possibilité et non pas d'une obligation. Le disposant peut ne gratifier que certains présomptifs héritiers dans une donation-partage, il peut également, sous certaines conditions gratifier un tiers (transmission d'entreprise individuelle ou de droits dans une société dans laquelle le disposant exerce des fonctions de direction).
Par ailleurs la donation-partage permet au disposant de contrôler la dévolution de ses biens en soumettant leur transmission à certaines conditions et en opérant lui-même leur partage.
Enfin, la donation-partage permet d'anticiper des difficultés qui pourraient naître au décès en cas de mésentente entre les héritiers, en partageant les biens du vivant du donateur.

3289 **Argument fiscal.** À cela vient s'ajouter l'argument fiscal. Si les dispositions spécifiques aux donations-partages ont désormais disparu, les dispositifs actuels incitent toujours à transmettre progressivement le patrimoine pour profiter à plein des abattements.
Les avantages fiscaux ne perdurent que pour la transmission d'une entreprise individuelle ou en société dans le cadre du dispositif du pacte Dutreil. L'assiette des droits est réduite de 75 % et la réduction de droit de 50 % en fonction de l'âge du donateur a été maintenue.
Enfin, le bien sortant du patrimoine du donateur n'y est plus fiscalisé…

3290 **Arguments juridiques.** Sur ces bonnes raisons que le client trouvera souvent seul, viennent se greffer de solides arguments juridiques. Le notaire va les étayer au cas par cas, selon la situation personnelle de celui qui vient le consulter. Le principal intérêt de la donation-partage réside dans le fait que les lots reçus par les présomptifs héritiers sont, sauf clause contraire, des avances de parts ; mais les biens donnés ne sont pas rapportables, ayant déjà été partagés.

> **CONSEIL** **Le mécanisme connu et apprécié de la donation-partage a été modernisé et renforcé par la loi du 23 juin 2006. L'un de ses principaux avantages reste de faire profiter le donataire de la plus-value acquise par le bien postérieurement à la libéralité. Mais il offre maintenant une grande souplesse patrimoniale et familiale.**

3291 **Cercle des bénéficiaires élargi.** Tout en maintenant la donation-partage dans certaines limites, la loi du 23 juin 2006 a considérablement ouvert le cercle des bénéficiaires de la libéralité. Peuvent être gratifiés :
– les héritiers présomptifs du donateur, c'est-à-dire ceux qui viendraient en rang utile pour lui succéder ;
– ses descendants de degrés différents, qu'ils soient ou non ses héritiers présomptifs (C. civ., art. 1075-1) ;
– un tiers, s'agissant de lui transmettre l'entreprise individuelle ou les droits sociaux d'une société dans laquelle le disposant exerce une fonction de direction.

3292 **Présence de descendants.** Lorsque l'auteur de la libéralité-partage a des descendants, l'opération peut prendre de multiples aspects :
– elle peut être consentie par un parent seul, ou les deux, ou encore dans le cadre de la famille recomposée ;
– elle permet de gratifier ses descendants, quel que soit leur degré, avec beaucoup de facilité. La libéralité est envisageable en présence d'un enfant unique et d'un ou plusieurs petits enfants, par exemple.

3293 **Enfant handicapé.** La libéralité-partage permet de préparer l'avenir d'un enfant handicapé, en tenant compte de ses besoins spécifiques par rapport aux autres enfants ou descendants : par exemple, en lui attribuant, en propriété ou en jouissance, certains biens productifs de revenus.

3294 **Absence de descendance.** Le mécanisme s'adapte aux différentes configurations familiales, y compris lorsque le disposant n'a pas de descendance. Ce dernier peut organiser la transmission de ses biens au profit de frères et sœurs ou neveux et nièces, d'ascendants, de cousins, dès lors que ceux-ci ont la qualité de présomptif héritier.

> **ATTENTION** **Une donation-partage au profit des neveux et nièces n'est possible que si les frères et sœurs sont prédécédés, car du vivant de ces derniers les neveux et nièces n'ont pas la qualité de présomptif héritier.**
> **Une donation-partage transgénérationnelle – donation aux neveux et nièces du vivant des frères et sœurs qui s'effacent à leur profit – n'est en revanche pas possible, car ce type de donation-partage ne peut être fait qu'au profit de descendants (C. civ., art. 1078-4).**

3295 **Conjoint.** Le conjoint peut faire partie des bénéficiaires avec :
- les descendants ;
- les père et mère ;
- ou les frères et sœurs, s'il y a des biens de famille sujets au droit de retour des collatéraux privilégiés (V. M. Grimaldi : *JCP* N 2006, n° 38, 1320).

> **ATTENTION** **En cas de donation de biens présents au conjoint, la donation est irrévocable (C. civ., art. 1096, al. 1er). On conseillera plutôt d'attribuer au conjoint un usufruit réversible, qualifié de donation de biens présents à terme et toujours révocable en cas de divorce (C. civ., art. 1096, al. 2).**

3296 **Souplesse patrimoniale.** L'auteur de la libéralité a la haute main sur la transmission et le partage de son patrimoine. En présence de descendants, la donation-partage peut ainsi porter sur des biens propres, des biens communs – avec toutefois l'accord de son conjoint (C. civ., art. 1422) – ou dépendant de la succession de son conjoint prédécédé. Dans cette dernière hypothèse de donation-partage cumulative, le disposant doit avoir l'accord des héritiers.
Il est aussi possible d'incorporer des biens précédemment donnés, ce qui permet de multiples combinaisons.
La donation-partage n'empêche pas le donateur de se réserver l'usufruit d'un ou de plusieurs biens ; l'usufruit sur une somme d'argent est toutefois à déconseiller, car elle empêche l'évaluation dérogatoire des biens donnés au jour de l'acte (C. civ., art. 1078), lors du règlement de la succession du donateur.

3297 **Transmission de l'entreprise.** Si le disposant estime que son outil de travail doit être confié à une personne extérieure au cercle familial, et s'il est prêt à y consentir à titre gratuit, la donation-partage lui permet d'effectuer cette transmission. Les héritiers présomptifs ou les descendants peuvent d'ailleurs également recevoir une partie des actifs de l'entreprise.
Les dispositions du donateur sur ses différents biens permettront d'ajuster le projet. Celui-ci doit être préparé à l'avance pour se dérouler dans les meilleures conditions psychologiques, juridiques et fiscales possibles.

3298 **Équilibres financiers.** Enfin, le versement de soultes peut venir parachever l'ensemble des allotissements voulus par le donateur, afin de maintenir certains équilibres.

> **ATTENTION** **Le donateur peut lui-même souhaiter créer des inégalités.**
> **En outre, quelle que soit la volonté exprimée dans la libéralité, nul ne peut savoir à l'avance la composition, ni surtout le montant exact du patrimoine au moment du décès, ni encore prévoir à coup sûr la présence et le nombre d'héritiers qui viendront à la succession.**
> **Que la volonté du disposant soit de créer une inégalité qui se maintiendra à son décès ou de souhaiter un rétablissement de l'égalité au moment du règlement de la succession, il est recommandé de la préciser dans l'acte.**
> **Cette précision se fait à l'occasion d'une clause aux termes de laquelle le disposant choisit la méthode qu'il souhaite voir appliquer au règlement de sa succession. En effet, il existe actuellement deux méthodes liquidatives en présence d'une donation-partage qui aboutissent à des résultats différents :**
> **– la première méthode dite « méthode du TGI de Carpentras » (TGI Carpentras,**

4 mai 1999 : *JurisData* n° 1999-124465 ; *BICC* 15 févr. 2000, n° 195 ; *JCP* G 2000, II, 10380, note F. Sauvage) tend à rétablir l'égalité entre les héritiers (méthode préconisée lors du 116e Congrès des notaires à défaut de choix du disposant, V. F. Letellier in *JCP* N 2020, n° 39, 1190) ;
– la seconde méthode permet à l'héritier alloti au-delà de sa part de réserve de conserver la différence dans les limites de la quotité disponible. Cette seconde méthode a été appliquée dans un jugement inédit du tribunal de grande instance de Paris (TGI Paris, 13 févr. 2008, n° 05/000598).
Le choix entre ces deux méthodes, s'il n'a pas été fait par le donateur – notamment par une clause dans la donation-partage – se déduit de la volonté implicite du donateur (CA Versailles, 1re ch., sect. 1, 15 juin 2018, n° 15/0841). En particulier, la volonté d'avantager peut se déduire de l'existence de libéralités hors part successorale – donation ou legs – au profit du donataire sur-alloti.

3299 **Anticipation calculée.** L'acte permet de cristalliser, définitivement en principe, les valeurs transmises à sa date. En effet, sauf convention contraire, les biens sont évalués au jour de la donation-partage pour l'imputation et le calcul de la réserve, à condition que tous les héritiers réservataires vivants ou représentés au décès de l'ascendant aient reçu un lot dans le partage anticipé et l'aient expressément accepté, et qu'il n'ait pas été prévu de réserve d'usufruit portant sur une somme d'argent (C. civ., art. 1078).
Par ailleurs, les biens donnés ne seront pas soumis à rapport, car le rapport ne se conçoit pas pour les biens déjà partagés.
La plus-value acquise par le bien une fois l'acte signé profite donc en principe au donataire.
Cette technique constitue une bonne réponse aux préoccupations d'allongement de la durée de la vie ou de transmission d'entreprise. Elle pacifie les relations entre héritiers, en éliminant, en principe, des sources présentes ou futures de conflit. Encore faut-il élaborer le projet avec soin (choix des gratifiés et des biens attribués).

ATTENTION L'intérêt de l'évaluation dérogatoire édictée par l'article 1078 du Code civil a ses limites. Certes, une évaluation au jour de l'acte évite toute contestation de la part des présomptifs héritiers à l'ouverture de la succession. Toutefois, si le disposant laisse à son décès des biens dont il a gratifié à cause de mort son conjoint ou un tiers, cette seconde libéralité risque d'être réductible, du fait de la sous-évaluation dans la masse de calcul de la quotité disponible, des biens donnés lors de la donation-partage. Le risque est d'autant plus important que la donation-partage est ancienne (sur les inconvénients de l'évaluation dérogatoire notamment en cas de donation-partage transgénérationnelle, V. *JCl. Notarial Formulaire*, V° *Donation-partage*, Fasc. 90).

2 Choix à exercer

3300 **Il conviendra de contrôler** :
– calendrier des opérations souhaité par le client ;
– intentions quant aux personnes à gratifier et aux biens à inclure dans la libéralité ;
– droits du disposant sur les biens donnés (biens communs, biens provenant de la succession de son époux prédécédé…).

3301 **Un acte ou deux.** La libéralité-partage suppose une donation et un partage des biens. Autrement dit, on ne saurait uniquement attribuer des quotes-parts indivises de biens aux donataires, sauf cas particulier de l'allotissement des petits enfants dans le cadre d'une donation-partage faite à des descendants de degrés différents (C. civ., art. 1078-4, al. 2).
Les deux actes peuvent être faits séparément, mais le disposant doit intervenir aux deux (C. civ., art. 1076, al. 2) et c'est lui seul qui décide de la répartition des biens donnés (Cass. 1re civ., 13 févr. 2019, n° 18-11.642 : *JurisData* n° 2019-001941). L'acte de donation-partage se forme alors dès l'acceptation d'un des donataires copartagés (même arrêt). Fiscalement, cette façon de faire est pénalisante, puisque le deuxième acte donnera ouverture au droit de partage de 2,50 %.

ATTENTION L'opération pourrait être requalifiée en donation simple, en l'absence de partage, avant le décès du donateur. Le partage des biens indivis serait considéré comme un partage simple ouvrant droit aux dispositions de droit commun (recevabilité de l'action en rescision pour lésion, possibilité de demander l'attribution préférentielle, soumission aux règles

du rapport, évaluation au décès pour le calcul de la réserve...). C'est ce qui a été confirmé par deux arrêts rendus par la Cour de cassation (Cass. 1re civ., 6 mars 2013, n° 11-21.892 : *JurisData* n° 2013-003727. – Cass. 1re civ., 20 nov. 2013, n° 12-25.681 : *JurisData* n° 2013-026113).
Ce risque est cependant assez réduit en pratique, si les quotes-parts indivises ont été attribuées de façon égalitaire aux présomptifs héritiers et en l'absence d'autre libéralité (sur les risques et conséquences d'une requalification : N. Levillain, *Contentieux de la donation-partage après décès : AJ fam.* 2022, p. 16).

3 Conseils à donner

3302 **Périmètre des biens donnés.** Le notaire doit attirer l'attention de son client sur le fait que « si tous les biens ou droits que le disposant laisse au jour de son décès n'ont pas été compris dans le partage, ceux de ses biens ou droits qui n'y ont pas été compris sont attribués ou partagés conformément à la loi » (C. civ., art. 1075-5).

3303 **Équilibre des lots.** L'action en rescision pour lésion ne peut pas être exercée contre une donation-partage (C. civ., art. 1075-3).
Pour autant, le partage n'est pas toujours égalitaire. La limite aux déséquilibres éventuels se trouve donc dans la protection de la réserve des descendants. Sa mise en œuvre prend la forme de l'action en réduction.
L'information donnée aux parties doit être très précise sur ces points.

3304 **Atteinte à la réserve.** Les donations-partages suivent les règles des donations entre vifs pour tout ce qui concerne l'imputation, le calcul de la réserve et la réduction (C. civ., art. 1077-2).
Certaines modalités sont particulières :
– les biens reçus à titre de partage anticipé par un héritier réservataire présomptif héritier s'imputent sur sa part de réserve, à moins qu'ils n'aient été donnés expressément hors part (C. civ., art. 1077) ;
– les biens sont évalués à la date de la donation-partage, sauf convention contraire (C. civ., art. 1078). Encore faut-il que tous les héritiers réservataires vivants ou représentés au décès de l'ascendant aient reçu un lot dans le partage anticipé et l'aient expressément accepté. En outre, aucune réserve d'usufruit ne doit avoir été prévue sur une somme d'argent ;
– la pratique qui consiste à indiquer dans l'acte que tous les biens donnés et partagés sont de même valeur alors qu'il existe en fait des différences de valeurs est à bannir. La Cour de cassation vient en effet de rappeler que pour le calcul de la quotité disponible et de la réserve, les lots reçus par donation-partage doivent être réunis fictivement non pas pour leur valeur indiquée dans l'acte de donation-partage, mais pour la valeur réelle qu'ils avaient au jour de la donation-partage, conformément à l'article 1078 du Code civil (Cass. 1re civ., 25 mai 2016, n° 15-16.160 : *JurisData* n° 2016-009853).
Les biens sont donc évalués au jour du décès, et non au jour de la donation-partage, lorsque l'atteinte à la réserve concerne un héritier présomptif omis ou ayant refusé de participer à la libéralité-partage ou s'il a été stipulé dans l'acte de donation-partage une clause de réserve d'usufruit portant sur une somme d'argent.

3305 **Action en réduction.** Au décès du disposant, l'héritier réservataire qui n'a pas concouru à la donation-partage ou qui n'a pas reçu sa part de réserve peut agir (C. civ., art. 1077-1). Il dispose pour cela de cinq ans (C. civ., art. 1077-2).
En cas de donation-partage faite conjointement par les deux époux, l'action en réduction ne peut être introduite qu'après le décès du survivant des disposants.
Une exception est prévue : l'enfant non commun peut agir dès le décès de son auteur.

CONSEIL **L'action en réduction ne pourra être exercée s'il y a, au décès du disposant, suffisamment de biens non compris dans la donation-partage permettant de compléter la part de réserve du demandeur (C. civ., art. 1077-1).**

3306 **Héritier non conçu.** L'héritier présomptif non encore conçu au moment de la donation-partage ne sera pas lésé : il dispose d'une action pour composer ou compléter sa « part héréditaire » (C. civ., art. 1077-2, al. 3). Il a droit à sa réserve et à une partie de la quotité disponible, si celle-ci n'a pas été épuisée.
Le calcul de sa réserve s'effectue dans ce cas en tenant compte de la valeur des biens au décès et non au jour de la donation-partage.

3307 **Imputation sur la quotité disponible.** L'égalité est souvent l'âme de la donation-partage, mais rien n'empêche de prévoir une imputation d'un lot sur la quotité disponible, par exemple en faveur d'un enfant handicapé.
Il faut toutefois s'assurer que chaque enfant est suffisamment rempli de ses droits réservataires et

qu'il y aura assez de biens au décès pour éviter la remise en cause ultérieure de la donation-partage. Si l'on souhaite avantager un donataire, il suffit de faire une donation-partage inégalitaire et de lui attribuer un lot plus important. Au décès du disposant, la fraction de lot excédant éventuellement la part de réserve du donataire, s'imputera sur la quotité disponible. Une clause de préciput est également possible, mais elle n'est pas souhaitable, car elle limite pour l'avenir la faculté du donateur de disposer à titre gratuit au profit d'un tiers.

3308 **Soulte.** Une soulte, payable comptant ou à terme, peut être mise à la charge d'un ou de plusieurs donataires (C. civ., art. 1075-4). À l'extrême, l'un des attributaires peut être alloti uniquement avec une soulte. Cette soulte peut être immédiatement payée et quittancée dans l'acte. Dans cette hypothèse, il faut rappeler aux donataires quittançant une soulte payée hors la comptabilité du notaire qu'ils ne disposeront d'aucun recours pour obtenir le paiement effectif de la soulte, sauf s'ils disposent d'un commencement de preuve par écrit ou s'ils peuvent invoquer l'impossibilité morale de se préconstituer une preuve par écrit (Cass. 1re civ., 3 avr. 2019, n° 18-10.885 : *JurisData* n° 2019-007324, appliquant l'ancien art. 1347, devenu C. civ., art. 1359).

Si la soulte est payable à terme, sa révision est possible en cas de changement de valeur due aux circonstances économiques : lorsque la valeur des biens reçus par le débiteur de la soulte a augmenté ou diminué de plus du quart depuis le partage, les sommes restant dues augmentent ou diminuent dans la même proportion (C. civ., art. 828). Ces règles, d'ordre public, s'appliquent, « nonobstant toute convention contraire » (C. civ., art. 1075-4).

3309 **Usufruit et réversion.** Le ou les donateurs peuvent se réserver l'usufruit d'un ou plusieurs biens et prévoir la réversion de l'usufruit sur la tête du survivant.

> CONSEIL **La fiscalité, favorable, et l'envie de gratifier ses enfants ne doivent pas inciter le donateur à se dépouiller complètement : pour constituer un acte de saine anticipation patrimoniale, il convient d'insérer la donation-partage dans une perspective complète, tenant compte notamment de l'ensemble des biens du disposant, de son âge et de sa santé, des membres existants de la famille et de leur nombre. La réserve d'usufruit peut constituer une mesure raisonnable.**

3310 **Usufruit sur une somme d'argent.** Dans certains cas, le donateur peut se réserver sciemment l'usufruit sur une somme d'argent donnée à l'un de ses héritiers en dépit du mécanisme d'évaluation des biens au jour de la donation-partage mis en place par l'article 1078 du Code civil.

Ce peut être le cas en présence d'un enfant handicapé. L'inconvénient sera, certes, que l'évaluation au titre de la réserve aura lieu au jour du décès. L'avantage peut être, pour l'auteur de la libéralité, de garder les mains libres sur la gestion de ce bien afin de le faire prospérer, avant qu'il ne revienne à l'enfant handicapé.

B Vérifications préalables

3311 **Il conviendra de contrôler :**

– capacité et pouvoirs des parties, notamment au sein de la famille recomposée ;

– identification des biens qu'on envisage de donner ou d'incorporer dans la masse lorsqu'ils ont fait l'objet de donations antérieures ;

– droits du disposant sur les biens objets de la donation-partage notamment en cas de donation-partage cumulative ou de donation-partage de biens communs par le disposant seul ;

– licéité de l'opération au regard des règles d'ordre public de la réserve.

1 Parties

a) Capacité

3312 **Capacité du donateur.** Pour pouvoir consentir une donation-partage, le donateur doit, être sain d'esprit, c'est-à-dire jouir de la plénitude de ses facultés intellectuelles (C. civ., art. 901).

Il ne doit par ailleurs pas faire l'objet d'une procédure collective, à défaut la donation-partage serait inopposable au mandataire liquidateur sans possibilité pour ce dernier de ratification (Cass. com., 3 févr. 2021, n° 19-18.664 : *JurisData* n° 2021-006456 ; *AJ fam.* 2021, 239, obs. N. Levillain).

3313 **Sauvegarde de justice.** Le majeur placé sous sauvegarde de justice conserve l'exercice de ses droits. Il peut donc consentir une donation-partage (C. civ., art. 435, al. 1er). Mais les actes qu'il passe peuvent être attaquables, notamment si un trouble mental au moment de leur passation est établi (V. *JCl. Notarial Formulaire*, V° *Mineurs-Majeurs protégés*, Fasc. 600).

Il est donc fortement déconseillé de faire consentir une donation-partage par un majeur sous sauvegarde de justice.

3314 **Mandat de protection future.** Tout comme le majeur sous sauvegarde de justice, le majeur placé sous mandat de protection conserve l'exercice de ses droits. Toutefois les actes qu'il accomplit une fois le mandat mis en œuvre sont rescindables pour lésion ou réductibles en cas d'excès (C. civ., art. 488). Afin d'éviter la remise en cause de l'acte de donation, la personne protégée doit être représentée par son mandataire. Toutefois les pouvoirs de ce dernier vont dépendre de la forme du mandat :

– si le mandat de protection future est notarié, le mandataire pourra signer l'acte de donation au nom et pour le compte de la personne protégée s'il a obtenu l'autorisation préalable du juge des tutelles sur le fondement de l'article 490, alinéa 2 du Code civil ;

– si le mandat est sous seing privé, le mandataire ne peut faire aucun acte de disposition qu'il soit à titre onéreux ou à titre gratuit.

3315 **Habilitation familiale.** La personne qui a été habilitée à représenter le majeur ne peut accomplir une donation-partage qu'avec l'autorisation du juge des tutelles (C. civ., art. 494-6, al. 4).

3316 **Curatelle.** Le majeur en curatelle peut consentir une donation-partage, s'il est assisté de son curateur ou, à défaut, s'il a obtenu une autorisation spéciale du juge des tutelles (C. civ., art. 470, al. 2).

3317 **Majeur en tutelle.** Lorsque le majeur est placé sous un régime de tutelle, l'article 476 du Code civil énonce que : « La personne en tutelle peut, avec l'autorisation du juge ou du conseil de famille s'il en a été constitué, être assistée ou au besoin représentée par le tuteur pour faire des donations ».

Le majeur en tutelle peut donc désormais consentir une donation à la personne de son choix (avant la réforme du régime des personnes protégées, il ne pouvait gratifier qu'un descendant et ce en avancement d'hoirie, son conjoint ou ses frères et sœurs et leurs descendants) à condition d'obtenir l'autorisation préalable du juge des tutelles ou du conseil de famille. Si ses capacités le permettent, il consent la donation avec l'assistance de son tuteur, sinon son tuteur le représente.

3318 **Mineur.** Le mineur non émancipé ne peut pas consentir une donation-partage, car il est frappé d'une incapacité absolue de disposer par acte entre vifs à titre gratuit (C. civ., art. 903 et 904). En revanche, le mineur émancipé peut y procéder, car il est capable comme un majeur d'effectuer tous les actes de la vie civile (C. civ., art. 413-6, al. 1er).

3319 **Capacité du donataire mineur.** Le représentant légal d'un mineur, ainsi que les ascendants de celui-ci, ses grands-parents par exemple, peuvent accepter au nom de l'enfant les donations-partages, à condition qu'elles soient faites sans charges (C. civ., art. 935, al. 2).

La réserve d'usufruit, de même que la stipulation de soulte destinée à compenser l'excédent de valeur mis dans le lot du mineur, ne sont pas considérées comme des charges (V. *JCl. Notarial Formulaire*, V° *Mineurs. Majeurs protégés*, Fasc. 200).

CONSEIL **Le point de savoir si le représentant légal du mineur qu'il gratifie peut, en sa qualité d'ascendant, accepter seul une donation-partage grevée de charges, n'est pas clairement tranché. La prudence commande de faire accepter l'opération par un autre ascendant ou par un représentant *ad hoc* ou le subrogé tuteur, surtout s'il y a risque d'opposition d'intérêts ; la même solution paraît devoir être retenue si le lot du mineur est essentiellement composé d'une soulte (V. *JCl. Notarial Formulaire*, V° *Donation-partage*, Fasc. 20).**

3320 **Mineur copartageant.** Sur le fond, il faut distinguer selon la forme de libéralité-partage. Le représentant de l'incapable peut accepter sans autorisation une donation-partage simple.

Si les père et mère font une donation-partage conjonctive, on admet que l'acceptation peut être effectuée par le père, en ce qui concerne les biens donnés par la mère, et par la mère, en ce qui concerne les biens donnés par le père (C. civ., art. 933 à 940).

3321 **Donation-partage cumulative en présence d'un mineur.** Si l'ascendant comprend dans sa libéralité des biens indivis qui proviennent de la succession de son conjoint prédécédé (donation-partage cumulative), l'opération constitue pour partie un partage de biens successoraux. Il faut une autorisation, selon le cas, du conseil de famille – en cas de tutelle – ou du juge des tutelles – en régime d'administration légale sous ses deux formes (C. civ., art. 389-5, dernier al. et C. civ., art. 389-6).

3322 **Donataire personne protégée.** Le majeur placé sous sauvegarde de justice conserve l'exercice de ses droits et peut donc accepter une donation-partage, tout comme la personne protégée par un mandat de protection future, à condition que la donation soit faite sans charge. À défaut, la donation est susceptible de rescision pour lésion ou de réduction pour excès (C. civ., art. 435, al. 2 pour la sauvegarde de justice, et C. civ., art. 488, pour le mandat de protection future). Si la donation est faite avec charge, l'opération est assimilée à un acte de disposition, et seul le mandataire notarié peut l'accepter. Le mandataire sous seing privé peut toutefois demander l'autorisation du juge des tutelles.

Le majeur en curatelle peut en principe accepter seul la libéralité-partage. L'assistance du curateur ou, à défaut, l'autorisation du juge des tutelles, est toutefois nécessaire si l'acte comporte des charges onéreuses ou doit constater la réception de capitaux par le donataire (C. civ., art. 467, al. 1er et art. 468).

Les règles de la tutelle des mineurs ont vocation à s'appliquer au majeur en tutelle. Il peut toutefois être autorisé à faire seul certains actes ou avec l'assistance de son tuteur ou de la personne qui en tient lieu (C. civ., art. 473, al. 2. – V. *JCl. Notarial Formulaire*, V° *Mineurs. Majeurs protégés*, Fasc. 200).

b) Pouvoirs

3323 **Incidence du régime communautaire.** S'ils sont soumis à un régime de communauté, les époux doivent agir conjointement pour disposer à titre gratuit des biens communs. Si un époux se porte seul donateur, l'autre doit consentir à la donation (C. civ., art. 1422. – Pour la famille recomposée, V. *JCl. Notarial Formulaire*, V° *Mineurs. Majeurs protégés*, Fasc. 60, par ce consentement, l'époux ne se porte pas codonateur, V. toutefois Cass. 1re civ., 1er févr. 2017, n° 16-11.599 : *JurisData* n° 2017-001393). La disposition de leurs biens propres à titre gratuit est entièrement libre. Ainsi, dans les familles recomposées, l'enfant non commun peut être alloti du chef de son auteur en biens propres de celui-ci ou en biens communs, le conjoint donnant alors son consentement à la donation, sans toutefois se porter codonateur des biens communs (C. civ., art. 1076-1).

3324 **Autres régimes.** En séparation de biens, la libre disposition à titre gratuit des biens personnels est totale. Le consentement du conjoint est toutefois requis :

– s'il s'agit du logement de la famille ou des meubles meublants le garnissant (C. civ., art. 215, al. 3), à moins que le donateur s'en réserve l'usufruit, mais une réversion d'usufruit sur la tête du conjoint n'est pas requise (Cass. 1re civ., 22 mai 2019, n° 18-16.666 : *JurisData* n° 2019-008400 ; *AJ fam.* 2019, 413, obs. Levillain ; *RTD civ.* 2019, 641, obs. Vareille ; *JCP* N 2019, n° 37, n° 1272, note Bouchard) ;

– s'il existe une interdiction de disposer des biens personnels sans le consentement du conjoint (C. civ., art. 220-1).

Le régime de la participation aux acquêts fonctionne comme celui de la séparation de biens. Mais il est nécessaire d'obtenir le concours du conjoint à l'occasion d'une donation-partage, du fait de l'éventuelle créance de participation (C. civ., art. 1577). Le conjoint ne se porte pas donateur mais son intervention permet d'éviter la réunion fictive de la donation pour le calcul de la créance de participation, en cas de donation portant sur un bien du patrimoine final ou sur un bien originaire ayant été amélioré au moyen de deniers du patrimoine final (cf. C. civ., art. 1573).

3325 **Procuration du donateur.** La procuration pour consentir une donation-partage doit être passée devant notaire. Elle est reçue en minute. Une expédition restera annexée à la minute de la donation.

> ATTENTION **La procuration doit être spéciale et mentionner tous les éléments de la libéralité : désignation des parties et des biens, charges et conditions de l'opération...**

3326 **Donataire.** La procuration pour accepter une donation-partage doit être passée devant notaire (C. civ., art. 933, al. 2). Elle est reçue en minute. Une expédition est annexée à la minute de la donation, ou de l'acceptation si celle-ci est faite par acte séparé.

> CONSEIL **La procuration doit contenir, soit le pouvoir spécial d'accepter la donation faite, soit un pouvoir général d'accepter toutes les donations qui auraient été ou qui pourraient être faites au mandant (C. civ., art. 933, al. 1er).**

2 Bien

3327 **Biens présents.** La donation-partage ne peut avoir pour objet que des biens présents (C. civ., art. 1076).

Il peut s'agir de biens mobiliers ou immobiliers, corporels ou incorporels. Les règles générales applicables en matière de donation pure et simple s'appliquent à la donation-partage (C. civ., art. 1075). Il convient de dresser un état des meubles dans l'acte lui-même ou par acte séparé.

CONSEIL L'état des meubles par acte séparé n'est assujetti à aucune condition de forme : il suffit qu'il soit signé des parties. Il doit contenir la description et l'estimation détaillées, article par article, de chacun des objets mobiliers compris dans la donation.

3328 **Nature des biens.** Un époux marié sous le régime de la communauté peut donner des biens qui lui appartiennent en propre. Mais il ne peut donner sa part de communauté, puisqu'elle n'est pas liquidée. Il peut cependant donner un ou plusieurs biens communs déterminés, avec le consentement de son conjoint (C. civ., art. 1422). En revanche, deux époux peuvent agir comme codonateurs, en distribuant des biens communs et des propres : la donation-partage est conjonctive. Après le décès de l'un d'eux, le survivant et les héritiers peuvent procéder à une donation-partage cumulative, portant sur les biens du prédécédé et ceux du survivant.

3329 **Famille recomposée.** En cas de donation-partage conjonctive, l'enfant non commun peut recevoir de son auteur des biens propres ou des biens communs. Dans ce dernier cas, le conjoint doit donner son accord, puisque les époux ne peuvent, l'un sans l'autre, disposer entre vifs, à titre gratuit, des biens de la communauté (C. civ., art. 1422). Il ne peut pas être codonateur de ces biens communs, car les enfants du donateur ne sont pas ses présomptifs héritiers (C. civ., art. 1076-1). Le donateur doit une récompense à sa communauté.
Afin d'éviter toute difficulté liquidative au décès du disposant, il est possible de prévoir dans l'acte de donation-partage les modalités de calcul de la récompense.

3330 **Incorporation des donations.** La donation-partage peut porter sur des biens précédemment donnés : avec l'accord des donataires, ils sont incorporés dans la masse pour être réattribués. On peut ainsi englober des libéralités antérieures très diverses : dons manuels, donations déguisées, ou indirectes. Les donations rapportables incorporées à une donation-partage demeurent des avances de parts successorales mais ne sont plus rapportables (Cass. 1re civ., 4 juill. 2018, n° 16-15.915 : *JurisData* n° 2018-011768).

ATTENTION Il faut tenir compte des conséquences fiscales de cette incorporation. Si le don manuel n'a pas été déclaré et imposé antérieurement à la donation-partage, il va l'être à l'occasion de celle-ci. Bien que s'analysant en une donation incorporée, il donnera lieu aux mêmes perceptions que les biens présents donnés, au lieu d'être traité comme une donation incorporée et soumis au droit de partage.

3331 **Combinaisons multiples.** Le disposant peut profiter de la donation – partage pour apporter des modifications aux allotissements :
– une donation faite initialement hors part, peut être transformée en donation rapportable aux termes du nouvel acte, avec l'accord du gratifié initial (C. civ., art. 1078-1) ;
– l'inverse est également possible. Là encore l'accord du gratifié est requis ;
– des biens remis dans la masse peuvent se trouver attribués à un donataire différent ; le gratifié d'origine peut être alloti d'une soulte.
On voit toutes les combinaisons qui s'offrent au donateur pour optimiser la transmission de ses biens au fil du temps, rééquilibrer les allotissements si nécessaire, et ce, d'autant plus, qu'il peut jouer sur la possibilité d'imputer les attributions sur une part successorale ou sur la quotité disponible. On retient en principe la valeur des biens fixée au jour du nouvel acte (C. civ., art. 1078-1).

3332 **Entreprise.** La donation-partage peut porter non seulement sur l'entreprise individuelle à caractère industriel, commercial, artisanal, agricole ou libéral, mais aussi sur les parts ou actions d'une société dans laquelle le disposant exerce une fonction dirigeante (C. civ., art. 1075-2).
Cette attribution peut être faite en pleine propriété ou usufruit, mais pas en nue-propriété uniquement. Elle peut être prévue à charge de soulte. L'opération doit s'appuyer sur un engagement collectif de conservation pour optimiser l'impôt dû.

3333 **Prise en charge des frais.** Outre les biens qu'il donne et partage, le disposant peut assumer le paiement des frais et droits que l'acte génère. Ceci est considéré comme un complément de libéralité d'un point de vue civil (Cass. 1re civ., 25 févr. 2009, n° 07-20.010 : *JurisData* n° 2009-047182 ; *Bull. civ.* I, n° 40 ; *JCP* N 2009, n° 45, 1303, obs. Sauvage.) mais pas fiscal.

3 Licéité de l'opération

3334 **Donation-partage transgénérationnelle.** Toute personne peut « faire la distribution et le partage de ses biens et de ses droits entre des descendants de degrés différents, qu'ils soient ou non ses héritiers présomptifs » (C. civ., art. 1075-1).

Auparavant, les grands-parents ne pouvaient pas, du vivant des enfants, donner à leurs petits-enfants au-delà de la quotité disponible (V. M. Grimaldi : *JCP* N 2006, n° 40, 1320). Ils ne pouvaient gratifier les petits-enfants au moyen d'une donation-partage que si l'enfant dont ils étaient issus était prédécédé ou s'ils leur attribuaient une entreprise. Depuis la loi du 23 juin 2006, même en présence d'enfants, le donateur peut gratifier ses petits-enfants au moyen d'une donation-partage. Les descendants du premier degré peuvent consentir à ce que leurs propres descendants soient allotis à leur place (C. civ., art. 1078-4). Ils doivent alors renoncer dans l'acte à tout ou partie de leurs droits (C. civ., art. 1078-5). Les allotissements faits directement aux descendants de l'héritier consentant seront imputés sur la réserve de ce dernier dans la succession de l'ascendant (C. civ., art. 1078-8).

ATTENTION **La libéralité est nulle, lorsque le consentement du descendant qui renonce à tout ou partie de ses droits se trouve vicié par l'erreur, le dol ou la violence (C. civ., art. 1078-5).**

3335 **Partage par souche.** Lorsque des descendants de degrés différents concourent à la même donation-partage, le partage s'opère par souche. Des attributions peuvent être consenties à des descendants de degrés différents dans certaines souches, et non dans d'autres (C. civ., art. 1078-6). Les allotissements des petits-enfants uniquement peuvent porter sur des biens individualisés ou indivis (C. civ., art. 1078-4). L'allotissement des enfants ne peut porter que sur des biens ou droits divis, comme en cas de donation-partage ordinaire. Des actifs précédemment donnés peuvent aussi se trouver incorporés dans la masse (C. civ., art. 1078-7).

3336 **Partage inégalitaire.** La répartition peut ne pas être égalitaire entre les souches, par exemple, si l'ascendant souhaite distribuer des biens de façon égalitaire entre ses petits-enfants (exemple : une distribution par tête, avec une souche de deux petits-enfants, et une autre de cinq).
La double limite reste, dans tous les cas, la part de réserve de celui qui consent à ce que ses propres enfants soient allotis, et la quotité disponible.

ATTENTION **Une telle distribution inégalitaire afin de donner à tous les petits-enfants la même chose risque de ne pas allotir une ou plusieurs souches de sa part de réserve. Lors du règlement de la succession du donateur, le(s) représentant(s) de la souche insuffisamment alloti pourra (ont) exercer une action en réduction, soit contre les libéralités ultérieures, soit contre la donation-partage elle-même dans la mesure où le lot d'une souche excède sa part de réserve (C. civ., art. 1077-1, auquel renvoie l'article 1078-8).**

3337 **Décès de l'enfant qui s'est effacé.** Au décès de l'enfant qui s'est effacé au profit de ses propres descendants, les biens reçus de l'aïeul sont traités comme ayant été reçus à titre gratuit du défunt lui-même (C. civ., art. 1078-9, al. 1er). Ces biens sont en principe soumis aux règles des donations entre vifs pour la réunion fictive, l'imputation, le rapport et, le cas échéant, la réduction dans la succession de l'enfant qui a consenti à ce que ses propres enfants soient allotis en ses lieu et place (C. civ., art. 1078-9, al. 2). Il existe toutefois deux exceptions à ce principe (sur les conséquences liquidatives de la donation-partage transgénérationnelle, V. *JCl. Notarial Formulaire*, V° *Donation-partage*, Fasc. 90).

3338 **Allotissement de tous les petits-enfants d'une souche.** Si tous les enfants de celui qui s'est effacé ont reçu et accepté un lot dans le partage anticipé consenti par le grand-parent et s'il n'a pas stipulé de clause de réserve d'usufruit portant sur une somme d'argent, alors les lots reçus de l'aïeul sont traités, dans la succession de l'enfant prédécédé, comme s'ils avaient été reçus par donation-partage de l'enfant qui s'est effacé (C. civ., art. 1078-9, al. 3).

ATTENTION **Les lots donnés par le grand-parent étant réputés avoir été reçus par donation-partage de l'enfant qui s'est effacé, ces lots ne sont pas soumis au rapport. Ils entrent en revanche dans la composition de la masse de calcul de la quotité disponible et de la réserve, mais pour leur valeur au jour de la donation-partage transgénérationnelle, sauf clause contraire, omission d'une souche ou clause de réserve d'usufruit portant sur une somme d'argent.**

3339 **Incorporation des lots reçus par les petits-enfants à une donation-partage consentie par l'enfant qui s'est effacé.** L'enfant qui a consenti à ce que ses propres descendants soient allotis en ses lieu et place, peut lui-même consentir

une donation-partage en y incorporant les biens donnés par l'aïeul. L'avantage est double :
– faire prendre date à l'opération au jour où elle est consentie, et non plus au jour de la donation-partage initiale (C. civ., art. 1078-10) ;
– échapper aux règles du rapport, car les lots attribués dans la nouvelle donation-partage sont soumis aux règles des donations-partages, dès lors que tous les petits-enfants n'avaient pas été allotis par l'aïeul.

CONSEIL L'incorporation des lots reçus de l'aïeul à une nouvelle donation-partage permet de rectifier l'équilibre des allotissements arbitrés par l'ascendant, mais également d'allotir un enfant qui n'a pas été gratifié par l'aïeul, notamment parce qu'il n'était alors pas conçu. Par ailleurs, lorsque la donation-partage transgénérationnelle est ancienne, l'incorporation permet de revaloriser au jour de la nouvelle donation-partage, les lots antérieurement reçus par les petits-enfants, et d'éviter ainsi que les libéralités ultérieures consenties par l'enfant deviennent réductibles du fait de la sous-évaluation des lots reçus par ses propres enfants. En effet, à défaut, ces lots sont évalués au jour de la donation-partage consentie par l'aïeul, si les conditions de l'article 1078-9 du Code civil sont réunies.

4 Renseignements à obtenir des parties

3340 **Héritiers présomptifs et descendants.** Le notaire doit demander au donateur de lui indiquer l'identité de toutes les personnes concernées par le projet et de lui fournir les pièces d'état civil propres à l'établir les liens familiaux entre elles.
On conseille de faire un exposé dans l'acte notarié, afin d'identifier tous les intéressés en indiquant, le cas échéant, les souches auxquelles ils appartiennent.
Le donateur peut aussi exposer ses motivations.

5 Pièces à demander

3341 **Immeubles.** Les pièces d'usage pour la mutation de propriété de l'immeuble sont notamment les pièces d'urbanisme, du syndic, diagnostic amiante, etc. (V. *JCl. Pratique Notariale – Les actes*, Fasc. 1215, *Donation de biens immobiliers*).

3342 **Meubles.** Les effets mobiliers donnés doivent figurer dans un état estimatif qui sera signé du donateur et du donataire, ou de ceux qui acceptent pour lui, et annexé à la minute de la donation (C. civ., art. 948. – V. *JCl. Pratique Notariale – Les actes*, Fasc. 1220, *Donation de biens mobiliers*).

CONSEIL L'acte séparé n'est pas nécessaire, lorsque la description détaillée avec estimation des biens donnés est faite dans l'acte de donation lui-même. Les meubles incorporels comme les créances, rentes, etc., sont toujours désignés dans l'acte même de donation.

3343 **Donation-partage comprenant une entreprise.** Le notaire doit demander qu'on lui fournisse les statuts et les divers documents propres à établir :
– la désignation des biens donnés (fonds de commerce, droits sociaux...) ;
– les modalités juridiques prévues en cas de mutation. Il faut notamment se préoccuper de l'éventuel agrément du donataire par les associés.
Par ailleurs, sur le plan fiscal, il est possible de déduire certaines dettes mises à la charge du donataire de la valeur du bien donné pour calculer les droits de mutation à titre gratuit (CGI, art. 776 bis : « dette pour l'acquisition ou dans l'intérêt du bien donné »). Dans cette hypothèse, le notaire doit demander certains justificatifs, comptables par exemple, propres à déterminer les sommes en jeu.

3344 **Engagement collectif de conservation des biens.** Lorsqu'il s'agit d'une entreprise individuelle ou sous forme de société, ayant une activité industrielle, commerciale, artisanale, agricole ou libérale, le notaire doit préparer le dossier sur le plan fiscal. Il faut faire le point avec le client sur l'engagement collectif de conservation en cours, ou à mettre en place pour bénéficier de droits de mutation réduits. Cette démarche permet de bénéficier d'une exonération de 75 % de la valeur taxable des biens, parts ou actions transmis (CGI, art. 787 C et 787 B. – V. BOI-ENR-DMTG-10-20-40-10, 21 déc. 2021 et BOI-ENR-DMTG-10-20-40-20, 21 déc. 2021 : *JCP* N 2022, n° 2, 1015, obs. F. Fruleux). La libéralité peut être régularisée dès que l'engagement collectif à date certaine.
Certaines sociétés sont exclues de ce régime de faveur : les SCI, les SCPI et les holdings passives.
Par ailleurs ce régime est cumulable avec celui de l'article 790 A du CGI qui permet au donataire d'un fonds artisanal, d'un fonds de commerce,

d'un fonds agricole ou d'une clientèle d'une entreprise individuelle de bénéficier d'un abattement de 300 000 € sur la valeur du fonds ou de la clientèle si plusieurs conditions sont réunies :
– le donataire est titulaire d'un contrat à durée indéterminée depuis au moins deux ans et exerce une activité à plein-temps dans l'entreprise donnée ou est titulaire d'un contrat d'apprentissage en cours ;
– le donataire s'engage à poursuivre l'activité de l'entreprise pendant au moins cinq ans et à en assurer sa direction effective ;
– la donation est faite en pleine propriété ;
– le donataire opte dans l'acte de donation pour l'application de l'article 790 A du CGI.

3345 **Attestation de la société.** L'acte de donation-partage devra être appuyé par une attestation de la société indiquant que les conditions sont remplies pour bénéficier de l'exonération partielle (CGI, art. 787 B, b).

3346 **Rescrit fiscal.** Le notaire doit veiller à respecter la procédure de rescrit pour éviter tout contentieux fiscal sur l'évaluation de l'entreprise ou des droits sociaux. Cette voie permet au contribuable de demander à l'administration de prendre position par rapport à sa situation fiscale personnelle.

> ATTENTION **La demande doit être écrite et précéder l'opération. Le délai de réponse de l'administration doit être pris en compte.**

6 Alertes

3347 **Allotissement d'un donataire en usufruit.** Pour préserver l'évaluation définitive des biens au jour de la donation-partage dans le calcul de la réserve, il faut éviter de prévoir une réserve d'usufruit sur une somme d'argent.
En outre, la réserve doit en principe être servie en pleine propriété. On peut prévoir une attribution en nue-propriété à certains héritiers et en usufruit à d'autres, mais ce peut être contestable. L'essentiel est de pouvoir vérifier que la réserve est respectée. Ce peut être notamment le cas s'il y a des biens suffisants à se répartir au décès.

3348 **Défaut d'incorporation des libéralités.** Il faut faire le point avec le client sur la chronologie des libéralités auxquelles il procède ou compte procéder. En effet, les donations antérieures non incorporées dans la donation-partage, ou postérieures, peuvent encourir la réduction du fait, au décès, de la sous-évaluation des biens objets de la libéralité-partage. Quant aux donations en avancement de part non incorporées, elles présentent l'inconvénient de demeurer rapportables.

3349 **Récompenses à prévoir.** En cas de donation-partage conjonctive de biens communs à un enfant non commun, le notaire doit attirer l'attention de son client sur le fait qu'une récompense sera mise à sa charge en faveur de la communauté, sauf s'il en a été convenu autrement dans l'acte de donation-partage.

III Rédaction et formules

A Rédaction

3350 **Il conviendra de contrôler :**
– état civil, capacité et pouvoirs du disposant et des gratifiés ;
– désignation des biens donnés et pour les immeubles, conformité de celle-ci avec les documents cadastraux ;
– déclarations des parties, sur le plan juridique et fiscal.

1 Désignation des biens donnés

3351 **Biens immobiliers.** Les règles de la donation de biens immobiliers s'appliquent (V. *JCl. Pratique Notariale – Les actes*, Fasc. 1215, *Donation de biens immobiliers*).

3352 **Biens mobiliers.** Les règles de la donation de biens mobiliers s'appliquent (V. *JCl. Pratique Notariale – Les actes*, Fasc. 1220, *Donation de biens mobiliers*).

2 Clauses usuelles

3353 **Renvoi au droit commun.** Les libéralités partages contiennent certaines clauses identiques à celles qui figurent dans les donations entre vifs « simples », notamment celles portant sur les garanties, la propriété et la jouissance, les charges et conditions générales – servitude, copropriété... ; (V. Fiche 51 : Rédiger une donation ou *JCl. Pratique Notariale – Les actes*, Fasc. 1210, *Donation* ; V. *JCl. Pratique Notariale – Les actes*, Fasc. 1215, *Donation de biens immobiliers* ; V. *JCl. Pratique Notariale – Les actes*, Fasc. 1220, *Donation de biens mobiliers*).

3354 **Dispositions principales.** Les principales dispositions de l'acte sont les suivantes :
- identification du donateur et des donataires copartageants, état et capacité, domicile, présence et représentation des intéressés ;
- exposé (retraçant éventuellement les donations antérieures) ;
- masse des biens donnés et à partager (biens propres du donateur et de la donatrice, ceux de la communauté, les donations incorporées) ;
- droits des donataires copartageants ;
- effet relatif ;
- formation de lots et leur attribution aux donataires copartageants ;
- acceptation de la donation-partage et mention du caractère de la libéralité (en avance sur part successorale ou non) ;
- pour le calcul de la quotité disponible, choix des modalités de calcul (prise en compte de la valeur au jour de la libéralité, ou au décès du survivant des donateurs) ;
- droit de retour sur les biens donnés, pour le cas où les donataires copartageants ou l'un d'eux viendraient à décéder avant eux sans enfants (C. civ., art. 951) ;
- interdiction d'aliéner et d'hypothéquer ;
- éventuellement, action révocatoire, en garantie des charges et conditions de la donation-partage ;
- propriété jouissance ;
- déclarations fiscales (relativement aux donations antérieures, aux enfants des donataires, à l'âge des donateurs, à l'évaluation des biens).

3355 **Fin de l'acte.** En fin d'acte, on trouve en général les dispositions suivantes : urbanisme, servitudes, origine de propriété, charges et conditions (V. *JCl. Notarial Formulaire*, V° *Donation-partage*, Fasc. 105).

3 Clauses particulières

3356 **Donation-partage transgénérationnelle.** Le ou les descendants du premier degré consentent à ce que leurs propres enfants soient allotis en leur lieu et place en tout ou partie. Le partage s'opère par souche.

Les descendants de degré subséquent peuvent être allotis séparément ou conjointement entre eux, autrement dit en recevant un bien indivis. Ils doivent par ailleurs donner leur consentement à l'application des règles spécifiques de la donation-partage transgénérationnelle.

> **CONSEIL Le partage peut comprendre des biens déjà donnés, qui sont incorporés (l'article 1078-7 du Code civil autorise les conventions prévues par les articles 1078-1 à 1078-3 du même code). Les intéressés peuvent également convenir que les donations antérieures changeront de nature : donation initialement faite hors part, transformée en avance de part successorale, et imputée sur la part de réserve.**

3357 **Récompenses.** Les donateurs peuvent indiquer dans l'acte toutes les récompenses qu'ils peuvent avoir à exercer à l'encontre de leur communauté et toutes celles qu'ils peuvent lui devoir. Cette clause ne contrevient pas à l'interdiction de liquider par anticipation les régimes communautaires puisque la donation-partage vaut partage anticipé de la succession des donateurs et implique celui de leur communauté. La clause suppose toutefois que le partage anticipé porte sur l'ensemble des biens actuels des donateurs. Elle ne produira effet que s'il n'y a pas lieu à calcul de la quotité disponible.

3358 **Condition de ne pas attaquer la donation-partage.** Par une clause pénale ou « condition de ne pas attaquer le partage », le donateur peut défendre aux donataires d'attaquer le partage anticipé.

La sanction, à l'égard de celui qui enfreindrait cette défense, est une sanction pécuniaire. Elle consiste généralement à le priver de sa part dans la quotité disponible sur les biens donnés et à faire donation de cette part aux autres donataires.

> **ATTENTION La licéité de la clause n'a, semble-t-il, jamais été jugée (V. *JCl. Notarial Formulaire*, V° *Donation-partage*, Fasc. 40). Elle est considérée comme nulle si elle soutient des dispositions contraires à l'ordre public telles que l'interdiction pour un réservataire de demander la réduction d'un lot portant atteinte à sa réserve (Cass. 1re civ., 10 mars 1970 : *D.* 1970, jurispr. p. 584, note A.B.). Son but est essentiellement dissuasif : éviter une action en justice abusive. Une récente décision semble toutefois en limiter la portée. La Cour de cassation a en effet demandé aux juges du fond de vérifier si une telle clause n'avait pas pour effet de porter**

une atteinte excessive au droit d'agir en justice des donataires co-partagés (Cass. 1re civ., 16 déc. 2015, n° 14-29.285 : *JurisData* n° 2015-029150).

3359 **Charges pesant sur les donataires.** Le donateur peut prévoir certaines charges pesant sur les gratifiés.

Il ne semble pas possible de prévoir une clause rendant la libéralité graduelle sur les biens donnés en avancement de part, car le gratifié en second doit alors être « tous les enfants nés ou à naître » du premier gratifié, lesquels ne peuvent être allotis dans une donation-partage ordinaire V. Fiche 56 : Rédiger une libéralité graduelle ou *JCl. Pratique Notariale – Les actes*, Fasc. 1295, *Libéralité graduelle*). Une clause résiduelle semble en revanche possible (Fiche 55 : Rédiger une libéralité résiduelle ou *JCl. Pratique Notariale – Les actes*, Fasc. 1300, *Libéralité résiduelle*).

La révocation pour inexécution des charges peut remettre en cause la libéralité.

3360 **Rente viagère.** La charge pesant sur le donataire peut être le service d'une rente viagère au profit du donateur.

Ce dernier ne peut pas se prévaloir d'une hypothèque et, en cas de non-paiement, doit agir en révocation pour inexécution.

3361 **Solutions pratiques.** Pour éviter les inconvénients d'une telle solution, deux formules sont possibles.

On peut prévoir qu'à défaut de paiement, le donateur aura le droit de reprendre la jouissance de tous les biens compris dans le lot du donataire défaillant et d'obtenir une affectation hypothécaire de tout ou partie des biens reçus par le donataire débiteur.

On peut aussi établir deux actes différents. Le premier met la rente à la charge de tous ; puis, dans un acte ultérieur à titre onéreux, un seul des donataires (l'attributaire d'une exploitation par exemple) accepte d'en assurer seul le paiement en contrepartie, par exemple, de l'abandon par les autres d'une partie de leur soulte.

3362 **Soulte.** Une soulte, stipulée payable comptant ou à terme, peut être mise à la charge d'un ou de plusieurs donataires (C. civ., art. 1075-4). Elle peut être transformée en une autre obligation à la charge du débiteur.

3363 **Garantie des copartageants.** Le recours en garantie contre les autres gratifiés peut être exercé par le donataire évincé des biens mis dans son lot.

3364 **Hypothèque légale spéciale.** Les sommes mises à la charge des gratifiés peuvent être garanties par une hypothèque légale spéciale (C. civ., art. 2402, 4°).

3365 **Droit de retour conventionnel.** Le donateur peut prévoir le retour du bien donné dans son propre patrimoine, si le donataire décède sans postérité (C. civ., art. 951).

En cas de donation-partage transgénérationnelle, il peut être judicieux de ne prévoir ce droit de retour que si l'enfant qui s'est effacé est également prédécédé.

3366 **Autorisation d'aliéner ou d'hypothéquer.** La clause usuelle dans les libéralités est l'interdiction d'aliéner et d'hypothéquer. L'interdiction doit être motivée par un intérêt sérieux et légitime.

CONSEIL **Une clause spéciale peut autoriser réciproquement et par avance chaque donataire copartagé à aliéner ou hypothéquer les biens qu'il a reçus.**

3367 **Entreprise sous forme sociale.** Sur le plan juridique, il faut respecter les conditions propres à chaque forme de société ou stipulées dans les statuts, autrement dit les clauses d'agrément et autres clauses de cession (C. civ., art. 1075-2. – V. *JCl. Pratique Notariale – Les actes*, Fasc. 1510, *Société*).

3368 **Engagement fiscal de conservation.** Sur le plan fiscal, pour bénéficier de la réduction de droits de mutation à titre gratuit en cas de donation d'entreprise individuelle ou sous forme de parts sociales, chaque donataire doit s'engager à ce jour, dans l'acte de donation, à conserver les biens donnés pendant quatre ans à compter :

– de la date de transmission des biens, pour l'entreprise individuelle (CGI, art. 787 C) ;

– de l'expiration du délai de conservation pour lequel le donateur s'est lui-même engagé, pour la donation de droits sociaux (CGI, art. 787 B).

B Formules

• V. *JCl. Notarial Formulaire*, V° *Donation-partage*, Fasc. 101, 103, 107, 115, 135, 145, 155, 215, 227 et 229.

IV Formalités et taxation

A Formalités

3369 **Publicité foncière.** Si les biens donnés comprennent des biens immobiliers, l'acte est soumis aux formalités de publicité foncière (V. *JCl. Pratique Notariale – Les actes*, Fasc. 1215, *Donation de biens immobiliers*).

3370 **Formalités particulières.** Certaines formalités sont à accomplir suivant la nature des biens : lots de copropriété (V. *JCl. Pratique Notariale – Les actes*, Fasc. 1215, *Donation de biens immobiliers* ; V. *JCl. Pratique Notariale – Les actes*, Fasc. 1580, *Vente d'un lot de copropriété*), fonds de commerce, brevets, créances, parts sociales, etc.

B Taxation

1 Enregistrement

3371 **Droits d'enregistrement.** L'acte est enregistré dans le mois de sa date (CGI, art. 635 et 647). Les droits de mutation sont payés dans les conditions habituelles, compte tenu des abattements et réductions de droits – désormais accordées qu'en cas de donation d'entreprise (CGI, art. 790) – pouvant bénéficier aux donataires et en tenant compte de toutes les donations déjà consenties par le donateur (CGI, art. 777 et 779) sauf à appliquer la règle de non-rappel des donations de plus de quinze ans (V. Fiche 51 : Rédiger une donation ou *JCl. Pratique Notariale – Les actes*, Fasc. 1210, *Donation*. – *Guide fiscal des actes*, éd. LexisNexis). Le droit de partage au taux de 2,50 % (donation-partage par acte séparé, biens indivis provenant d'une autre origine que la donation, donations antérieures incorporées) est liquidé sur la valeur des biens partagés (CGI, art. 746). Les soultes ne sont pas déduites pour la perception du droit de partage.

3372 **Donation-partage transgénérationnelle.** En cas de donation-partage faite à des descendants de degrés différents, les droits sont liquidés en fonction du lien de parenté existant entre l'ascendant donateur et les descendants allotis (CGI, art. 784 B).

3373 **Incorporation d'une donation antérieure à une donation-partage.** En cas d'incorporation d'une donation antérieure à une donation-partage, seul le droit de partage est dû sur les biens incorporés, les droits de mutation à titre gratuit ne sont pas dus, même en cas de changement d'attributaire (CGI, art. 776 A, al. 1er).

3374 **Incorporation d'une donation antérieure à une donation-partage transgénérationnelle.** De même, l'incorporation d'une donation antérieure à une donation-partage transgénérationnelle est soumise uniquement au droit de partage (CGI, art. 776 A, al. 2). Toutefois, lorsque le bien réincorporé a été transmis par l'ascendant donateur à son enfant par une donation intervenue moins de quinze ans avant la donation-partage et qu'il est réattribué à un descendant du donataire initial, les droits de mutation à titre gratuit sont dus en fonction du lien de parenté entre l'ascendant donateur et son petit-enfant alloti. Dans ce cas, les droits acquittés lors de la première donation à raison du bien réincorporé sont imputés sur les droits dus à raison du même bien lors de la donation-partage (CGI, art. 776 A, al. 3).

3375 **Incorporation partielle à une donation-partage transgénérationnelle.** En cas d'incorporation d'une partie seulement des biens donnés, le calcul des droits à imputer s'effectue en considérant les biens objets de la réincorporation comme ayant été, lors de la première donation, inclus dans les tranches les plus élevées de l'actif imposable (Instr. n° 24, 1er mars 2012 : *BOI* 7 G-1-12, n° 15).

3376 **Incorporation d'un bien donné en nue-propriété et clause de réversibilité d'usufruit.** Enfin en cas d'incorporation d'un bien donné en nue-propriété, si le donateur prévoit une clause de réversibilité d'usufruit au profit du donataire initial, ce dernier devra acquitter les droits de mutation à titre gratuit sur la valeur de l'usufruit reçu au décès du donateur (Instr. n° 24, 1er mars 2012 : *BOI* 7 G-1-12, n° 16).

> ATTENTION **Les droits dus sur les biens donnés aux petits-enfants sont calculés après l'abattement de 31 865 € propre aux donations consenties aux petits-enfants et non après l'abattement de 100 000 € dont bénéficient les enfants.**

3377 **Donation-partage conjonctive en présence d'enfants de lits différents.** La donation-partage consentie en application de l'article 1076-1 du Code civil est soumise au tarif en ligne directe sur l'intégralité de la valeur des biens donnés (CGI, art. 778 bis).

2 Tarif des notaires

ATTENTION **Dans l'hypothèse où la donation-partage porte uniquement sur des créances (auxquelles sont assimilés les comptes courants), espèces (ou assimilées) ou des valeurs mobilières cotées, le Conseil supérieur du notariat recommande d'appliquer la tarification introduite pour les donations simples portant uniquement sur ces mêmes biens, prévue au nouveau numéro 43 *ter* du Tableau I, soit S1, coefficient 0,60 au lieu du coefficient 1,25 (V. *JCl. Pratique Notariale – Les actes*, Fasc. 1220, *Donation de biens mobiliers*). Cette position a été approuvée par la Chancellerie dans une lettre de la direction des affaires civiles et du sceau datée du 11 mai 2007 (V. *JCP* N 2007, n° 24, 446).**

Si la donation-partage contient à la fois « des créances, espèces ou valeurs mobilières cotées », et des biens d'une autre nature, elle n'est pas « uniquement » mobilière au sens du n° 43 *ter* et ne peut bénéficier de la réduction prévue par cet article.

Le décret n° 2020-179 du 28 février 2020 relatif aux tarifs réglementés applicables à certains professionnels du droit (*JO* 29 févr. 2020) et l'arrêté du 28 février 2020 fixant les tarifs réglementés des notaires (*JO* 1er mars 2020) ont modifié le tarif des notaires pour la période du 1er mars 2020 au 28 février 2022. L'application du nouveau tarif qui était initialement prévue au 1er mai 2020 a été reportée, en raison du contexte sanitaire et économique actuel, au 1er janvier 2021.

Un nouvel arrêté en date du 25 février 2022, applicable depuis le 1er mars 2022, proroge jusqu'au 29 février 2024 les dispositions antérieures (A. 25 févr. 2022, art. 2).

3378 **Émoluments proportionnels.** Les donations-partages donnent lieu à la perception d'un émolument proportionnel qui s'applique :
– à la valeur en pleine propriété (y compris en cas de réserve d'usufruit) des biens donnés par chaque donateur, y compris les rapports, s'agissant de la donation-partage conjonctive ;
– à la valeur en pleine propriété (y compris en cas de réserve d'usufruit) des biens partagés, y compris les rapports, s'agissant de la donation-partage réalisée par une seule personne.

Le barème applicable est le suivant (C. com., art. A. 444-68, 1° et 2° – Numéros 20 et 21 du tableau 5. – V. *JCl. Commentaire du Tarif des Notaires*, Fasc. 4560 et 4590) :

De	À	% (TVA comprise)	Ajouter (TVA comprise)
0	6 500 €	5,9172	
6 500	17 000 €	2,4408	225,966 €
17 000	60 000 €	1,6272	364,278 €
Au-delà		1,2204	608,358 €

ATTENTION **Dans l'hypothèse où la donation-partage porte uniquement sur des créances (auxquelles sont assimilés les comptes courants), espèces (ou assimilées) ou des valeurs mobilières cotées, le Conseil Supérieur du Notariat recommande d'appliquer la tarification introduite pour les donations simples portant uniquement sur ces mêmes biens, prévue au nouveau numéro 43 *ter* du Tableau I, soit S1, coefficient 0,60 au lieu du coefficient 1,25 (V. *JCl. Pratique Notariale – Les actes*, Fasc. 1220, *Donation de biens mobiliers*). Cette position a été approuvée par la Chancellerie dans une lettre de la direction des affaires civiles et du sceau datée du 11 mai 2007 (V. *JCP* N 2007, n° 24, 446).**

Si la donation-partage contient à la fois « des créances, espèces ou valeurs mobilières cotées », et des biens d'une autre nature, elle n'est pas « uniquement » mobilière au sens du n° 43 *ter* et ne peut bénéficier de la réduction prévue par cet article.

Cette recommandation prise sous l'empire de l'ancien tarif semble valable sous l'empire du nouveau tarif.

CHECK-LIST **Préparation du rendez-vous client :**
- détermination de l'objectif du client : transmettre à ses enfants seulement ou également à ses petits-enfants, transmettre une entreprise à un tiers...
- nécessité du partage et volonté du disposant quant aux lots à former : partage égalitaire ou inégalitaire ;
- détermination des donateurs (les deux époux ou un seul) et des donataires (enfants communs et/ou non communs, petits-enfants, tiers) ;
- objet de la donation : pleine propriété ou droits démembrés, clause de réversibilité d'usufruit, donation-partage conjonctive ou cumulative ;
- nature des biens donnés et agrément éventuel en cas de donation de parts sociales ;
- existence de donations antérieures et volonté de les incorporer à la donation-partage ;
- capacité des parties, nécessité de prévoir des procurations pour l'un des donateurs ou donataires ;
- information sur la nécessité de faire intervenir les descendants de la génération intermédiaire en cas de donation-partage transgénérationnelle.

Préparation de l'acte :
- état civil, capacité et pouvoirs du disposant et des gratifiés ;
- désignation des biens donnés et pour les immeubles, conformité de celle-ci avec les documents cadastraux ;
- informations relatives aux donations incorporées ;
- déclarations des parties, sur le plan juridique et fiscal ;
- information sur les donations antérieurement consenties et les droits payés, ainsi que sur les éventuels redressements relatifs à la valeur des biens donnés ;
- en cas de transmission d'entreprise : vérifier que les conditions d'exonération sont remplies (engagement de conservation...).

Formalités postérieures :
- enregistrement de l'acte et paiement des droits d'enregistrement (droits de mutation et/ou droit de partage) ;
- publicité foncière en cas de donation-partage portant sur des immeubles ;
- formalités postérieures à la cession en cas de donation-partage portant sur un fonds de commerce ou sur des parts sociales.

POUR ALLER PLUS LOIN

Fiche pratique

- V. Fiche 51 : Rédiger une donation ou *JCl. Pratique Notariale – Les actes*, Fasc. 1210, *Donation*.

Fascicules JurisClasseur

- *JCl. Ingénierie du patrimoine*, Fasc. 1160, *Donation-partage*.
- *JCl. Ingénierie du patrimoine*, Fasc. 1170, *Donation-partage transgénérationnelle*.
- *JCl. Ingénierie du patrimoine*, Fasc. 2400, n° 60, *Stratégies liées à la transmission d'entreprise*.
- *JCl. Notarial Formulaire*, V° *Donation-partage*, Fasc. 10 à 210.
- *JCl. Pratique Notariale – Les actes*, Fasc. 1215, *Donation de biens immobiliers*.
- *JCl. Pratique Notariale – Les actes*, Fasc. 1220, *Donation de biens mobiliers*.

Modèle de courrier à adresser au client

- Modèle de courrier pour une donation-partage : http://bit.ly/2hg04gz.

Fiche 61

Rédiger une déclaration de succession

Sommaire

I Aperçu rapide 707
A Éléments-clés 707
B Textes 707
II Préparation de l'acte 708
A Mise au point de la stratégie avec le client 708
1 Analyse de l'objectif du client 708
2 Choix à exercer 708
3 Conseils à donner 712
B Vérifications préalables 713
1 Personnes concernées 713
2 Licéité de l'opération 719
3 Renseignements à obtenir des parties 722
4 Pièces à demander 722
5 Alertes 723
III Rédaction et formules 724
A Rédaction 724
1 Présentation générale 724
2 Clauses usuelles 725
3 Clauses particulières 726
B Formules 729
IV Formalités et taxation 729
A Formalités 729
1 Formalités fiscales 729
2 Formalités notariales 730
3 Formalités particulières 730
B Taxation 730
1 Droits d'enregistrement 489
2 Tarif des notaires 473

I Aperçu rapide

A Éléments-clés

3379 Les héritiers, légataires ou donataires, leurs mandataires ou représentants légaux, sont tenus de souscrire une déclaration détaillée (sauf cas de dispense : CGI, art. 800 I 1°) auprès de la recette des impôts compétente. Celle-ci peut être effectuée au format papier au moyen des imprimés n° 2705, n° 2705 S (feuille de suite), n° 2705 A (pour les contrats d'assurance-vie) mais également, depuis le 1er janvier 2020, par voie dématérialisée au moyen d'un téléservice mis à disposition par l'administration depuis une plateforme.

Synthèse de la dévolution successorale et de la situation patrimoniale du défunt, elle s'accompagne du calcul des droits rendus exigibles par le décès et de leurs modalités de paiement.

Accès au simulateur Fidroit en matière de succession : https://fidnet.fidroit.fr/document/53614.

B Textes

- CGI, art. 641 à 645.
- CGI, art. 750 ter à 808.
- CGI, ann. III, art. 281 O.

II

Préparation de l'acte

A Mise au point de la stratégie avec le client

1 Analyse de l'objectif du client

3380 **Condensé de règles, tant fiscales que civiles.** À supposer que l'on puisse véritablement parler d'« objectif » en matière successorale, l'une des préoccupations principales d'un client, touché par le décès d'un proche, est de se mettre en conformité avec la législation fiscale. En l'absence de caractère authentique attaché à la déclaration de succession, le notaire, s'il ne bénéficie pas d'un monopole, apparaît généralement comme l'interlocuteur privilégié des héritiers qui le mandatent pour la rédiger. En effet, cette déclaration fait appel à de solides compétences, tant juridiques que fiscales, car, en plus d'aboutir au calcul et aux modalités de paiement de l'impôt, elle exige une maîtrise totale des techniques de liquidation des régimes matrimoniaux et des successions.

> CONSEIL **À la fois directement subordonnée aux règles civiles de la dévolution successorale, *ab intestat* ou testamentaire, cette déclaration, en ce qu'elle met en évidence la part recueillie par chacun des héritiers, constitue une base de réflexion pour l'organisation d'un partage éventuel (**V. Fiche 46 : Rédiger un partage de succession **ou *JCl. Pratique notariale – Les actes*, Fasc. 1395, *Rédiger un partage de succession*).**

3381 **Travail d'équipe.** La mise au point d'une déclaration de succession installe le notaire et ses clients dans une étroite relation de collaboration, voire d'interdépendance. Pour mener à bien la tâche qu'ils lui confient, l'officier ministériel attend, de ces derniers, exhaustivité et transparence dans les pièces et renseignements transmis. Tout mandataire qu'il est, le notaire (même « de famille ») peut difficilement se résoudre au rôle passif de ses clients et se lancer seul dans une mission d'investigation. Lors de l'ouverture du dossier de succession, il est d'ailleurs préconisé de mettre au clair ce postulat avec les héritiers qui sont, par hypothèse, les meilleurs détenteurs de l'historique familial et patrimonial du défunt.

3382 **Limiter la facture fiscale présente et à venir.** Fréquemment sollicité pour diminuer, dans la mesure du possible, l'impact fiscal consécutif à un décès, le notaire doit redoubler de vigilance dans le conseil qu'il donne, en particulier par l'adoption d'une vision fiscale à long terme, quitte à ce qu'elle conduise à une légère augmentation de l'impôt successoral.

2 Choix à exercer

3383 **Il conviendra de contrôler :**
- dévolution de la succession ;
- option du conjoint ;
- modalités de paiement de l'impôt ;
- évaluation des biens, notamment de l'entreprise ;
- anticipation de l'impôt futur ;
- assurance-vie.

3384 **Option du conjoint survivant.** Offerte par la loi en présence d'enfants communs (C. civ., art. 757) ou par une institution contractuelle (C. civ., art. 1094-1), l'option du conjoint survivant pour une quotité de la succession « impacte » le calcul des droits de mutation par décès à régler par les autres héritiers, même si l'incidence fiscale est aujourd'hui moindre compte tenu de la suppression des droits de succession dus sur la part nette revenant au conjoint survivant (CGI, art. 796-0 bis. – V. Fiche 44 : Rédiger l'option du conjoint survivant ou *JCl. Pratique notariale – Les actes*, Fasc. 1360, *Déterminer l'option du conjoint survivant* ; V. *JCl. Pratique notariale – Les actes*, Fasc. 1355, *Conseiller le conjoint du chef d'entreprise*).

> CONSEIL **En présence d'une libéralité, l'influence de l'option sur les droits de succession doit être soulignée avec d'autant plus de vigueur que l'alinéa 2 de l'article 1094-1 du Code civil donne le droit au conjoint de cantonner son émolument sur une partie des biens dont il a été disposé en sa faveur. Cette innovation d'un « choix à la carte » pour l'époux survivant – enfermé dans le même délai de six mois (C. civ., art. 771 et 772) que celui du dépôt de la déclaration – doit inciter le notaire**

et ses clients à travailler, dès l'ouverture du dossier, sur les différentes options possibles et leurs incidences juridiques et fiscales pour tous les autres héritiers.

3385 **Évaluation des immeubles.** L'estimation des biens immobiliers est l'une des pierres angulaires d'un dossier successoral. Contrairement à la valorisation d'un portefeuille boursier qui s'impose au contribuable, celle d'un immeuble est source d'hésitations, puisque c'est justement à lui de la fournir. Cette apparente liberté de choix n'est pas sans danger comme le démontrent les nombreux rehaussements effectués par les services de fiscalité immobilière. À cet égard, les textes fiscaux ne sont pas d'une grande utilité, l'article 761 du Code général des impôts se bornant à faire référence à la valeur vénale réelle à la date de transmission, c'est-à-dire le prix qu'un acquéreur pourrait proposer dans le cadre normal du jeu de l'offre et de la demande. Rien de plus flou pour un profane ! Surtout au regard de l'essor du marché immobilier au cours des dernières années... La référence à la déclaration d'impôt sur la fortune immobilière, quand elle existe, étant déconseillée, il demeure donc indispensable d'orienter les clients vers une expertise immobilière. Pour être digne de ce nom, cette expertise doit être la synthèse de divers facteurs – destination, superficie, surface habitable ou constructible, état d'entretien ou vétusté, résidence principale ou secondaire, emplacement, situation géographique, juridique ou locative, immeuble neuf ou ancien... – et devra intégrer plusieurs méthodes d'évaluation : par comparaison des transactions intervenues sur des biens identiques, par le revenu ou par l'actualisation des flux futurs... (V. *JCl. Notarial Formulaire*, V° *Expertise*, Fasc. 10).
Pour aller plus loin : Contenus Fidroit – IFI/DMTG – Comment évaluer un immeuble ?
https://fidnet.fidroit.fr/document/51906.

ATTENTION **Même en cas de vente de l'immeuble dans les six mois du décès, sauf si elle a lieu aux enchères publiques, l'administration reste en droit de prouver l'insuffisance du prix reporté dans la déclaration (LPF, art. L. 17). La nouvelle procédure de contrôle « sur demande » de la déclaration de succession peut constituer, pour le client pressé, un moyen de raccourcir les délais d'investigation de l'administration.**

3386 **Résidence principale du défunt au jour de son décès.** Par dérogation aux dispositions de l'article 761, l'article 764 bis du Code général des impôts prévoit que, pour la liquidation des droits de mutation par décès, un abattement de 20 % sur la valeur vénale réelle de l'immeuble constituant au jour du décès la résidence principale du défunt est effectué dès lors que les deux conditions suivantes sont remplies :
– l'immeuble constitue au jour du décès la résidence principale du défunt ;
– l'immeuble est occupé à cette même date, à titre de résidence principale, par au moins une des personnes suivantes, limitativement énumérées :
• le conjoint survivant,
• le partenaire lié au défunt par un pacte civil de solidarité,
• les enfants mineurs ou majeurs protégés du défunt,
• les enfants mineurs ou majeurs protégés du conjoint du défunt ou de son partenaire.
Ces dispositions s'appliquent dans les mêmes conditions lorsque les enfants majeurs du défunt, de son conjoint ou de son partenaire sont incapables de travailler dans des conditions normales de rentabilité, en raison d'une infirmité physique ou mentale, congénitale ou acquise au sens du II de l'article 779 du Code général des impôts (V. BOI-ENR-DMTG-10-40-10-30, 12 sept. 2012).

3387 **Vente aux enchères publiques.** L'évaluation ne peut être remise en cause lorsque cette évaluation correspond au prix obtenu lors de la vente de l'immeuble aux enchères publiques intervenue dans les deux ans du décès (CGI, art. 761. – V. *JCl. Pratique notariale – Les actes*, Fasc. 1010, *Préparer une adjudication d'immeuble* et *JCl. Notarial Formulaire*, V° *Successions [Enreg.]*, Fasc. 35).

CONSEIL **Lorsque les droits sont importants et que la valeur des immeubles peut être discutée, il est conseillé de procéder à une adjudication.**

3388 **Évaluation d'une entreprise, d'un office public ou ministériel.** Il est possible de tenir compte de la dépréciation éventuelle des actifs incorporels ou des titres non cotés résultant du décès du dirigeant (CGI, art. 764 A), à trois sortes de conditions : celles relatives aux dirigeants, aux biens concernés, et à la prise en compte de la dépréciation (BOI-ENR-DMTG-10-40-10-40, 2 mai 2019, § 160 à 250). D'abord, l'appréciation de la fonction de dirigeant diffère selon que le défunt exploitait son entreprise à titre individuel (inscription au registre des commerçants ou à l'ordre de la profession libérale concernée, telle qu'architectes, médecins, notaires) ou sous forme sociétaire : associé d'une société civile professionnelle, gérant d'une SARL, dirigeant d'une société anonyme, etc. Ensuite, il doit s'agir de biens incorporels, clientèle civile, fonds de commerce, office, ou de titres non cotés, parts sociales, actions. Enfin, il appartient aux héritiers de démontrer la forte corrélation entre le décès et la dévalorisation du patrimoine professionnel, telle que pouvant résulter d'une importante baisse du bénéfice, sous réserve de la souscription éventuelle par le défunt d'une assurance « homme-clé ».

CONSEIL **Sans sous-estimer ses compétences en la matière, il est sage pour le notaire de solliciter l'avis de l'expert-comptable du défunt ou de la société. Cette évaluation s'avère souvent complexe et l'on ne peut que constater la diversité des méthodes utilisées : moyenne pondérée des derniers chiffres d'affaires avec l'anticipation délicate de la baisse d'exploitation liée au décès, valorisation mathématique du bilan ou valorisation des facteurs de rentabilité... Dans l'hypothèse de cession dans les six mois, on veillera, comme en matière immobilière, à ce que le prix de vente corresponde à la valeur vénale de l'exploitation.**

3389 **Meubles meublants.** Pour l'évaluation des meubles meublants (C. civ., art. 534), le contribuable peut choisir entre trois méthodes (CGI, art. 764. – BOI-ENR-DMTG-10-40-10-20, 30 mai 2016) :

– la vente publique intervenant dans les deux ans du décès ; on reporte alors le prix net de vente obtenu dans la déclaration de succession ; ce délai, curieusement déconnecté du délai légal de dépôt de ladite déclaration, permet *de facto* de demander la restitution d'un trop versé d'impôt consécutif à une surévaluation des meubles par l'une des deux autres méthodes ;

– l'inventaire dressé par un notaire dans les formes de l'article 789 du Code civil ;

– l'application d'un forfait de 5 % calculé sur l'actif brut héréditaire (CGI, art. 764, I, 3°).

3390 **Forfait mobilier ou inventaire.** Pour être régulier, l'inventaire doit contenir, sous peine d'être remis en cause, la description des biens, complétée par leur estimation, ainsi que la consistance active et passive du patrimoine établie à partir des documents présentés et des déclarations des parties et des requérants (CPC, art. 1330 à 1332. – V. Fiche 47 : Rédiger un inventaire ou *JCl. Pratique notariale – Les actes*, Fasc. 1285, *Rédiger un inventaire*). En cas d'acceptation à concurrence de l'actif net, l'inventaire établi selon les dispositions de l'article 789 du Code civil, contient une liste numérotée des éléments de l'actif successoral (V. *JCl. Pratique notariale – Les actes*, Fasc. 1000, *Rédiger un acte d'acceptation successorale*). Si l'inventaire est notarié, il peut également contenir les titres et droits de ceux qui peuvent prétendre à la communauté ou à la succession, ainsi que la consistance active et passive de la communauté.

On notera sans doute un assouplissement de la rigidité de l'administration fiscale à la lumière de récentes décisions jurisprudentielles qui lui ont donné tort, alors que, désireuse de remettre en cause l'inventaire et d'appliquer le forfait de 5 %, elle invoquait le non-respect scrupuleux de certaines formes.

Le forfait de 5 % est calculé sur l'actif brut héréditaire. S'il a le mérite de la simplicité, le forfait de 5 % ne permet pas d'englober tout le mobilier. Ainsi, bijoux et objets d'art, *a fortiori* lorsqu'ils ont été assurés contre le vol ou l'incendie, de même que les véhicules, doivent être estimés distinctement (V. *JCl. Notarial Formulaire*, V° *Successions [Enreg.]*, Fasc. 39).

Par ailleurs, il n'est pas tenu compte, pour la détermination du forfait :

– des rapports de dons en avancement d'hoirie ;

– des récompenses dues par le défunt qui s'imputent sur les biens communs ;

– des biens exonérés de droits soit totalement, soit, en cas d'exonération partielle, à concurrence de la partie exonérée. En revanche, cette exclusion ne s'applique pas aux biens légués à un organisme bénéficiant d'une exonération de droits de succession, sauf, bien entendu, si les biens en cause étaient eux-mêmes exonérés en tant que tels (V. BOI-ENR-DMTG-10-40-10-20, 30 mai 2016, § 90). Cette exclusion vaut pour le présent dispositif de l'article 787 B du CGI (V. BOI-ENR-DMTG-10-20-40-10, 21 déc. 2021, § 460).

ATTENTION **Quel notaire chargé d'une succession ne s'est jamais vu répondre par des ayants droit qu'il n'est pas nécessaire de faire un inventaire des meubles, puisque le défunt n'en avait que « très peu » ou que « leur valeur est négligeable » ? Or, c'est justement dans de telles hypothèses qu'un inventaire permettra de limiter la facture fiscale ! Surtout en cas de taux marginal d'imposition élevé. De plus, le forfait de 5 % n'est pas un rempart infranchissable**

contre les tentatives de l'administration d'apporter la preuve contraire, c'est-à-dire la démonstration d'une valeur réelle supérieure à celle du forfait ! Au notaire à ne pas céder invariablement à la tentation « des 5 % » en invitant ses clients à choisir la solution de l'inventaire, si fastidieuse soit-elle...

3391 **Modalités de paiement de l'impôt.** Le principe est l'acquittement comptant de l'impôt dans les six mois du décès, concomitamment au dépôt de la déclaration (CGI, art. 1701).

Le contribuable peut toutefois solliciter, lors de ce dépôt, un système dérogatoire qui consiste à différer ou à fractionner ce paiement, moyennant la proposition de garanties au profit du Trésor public (CGI, art. 1717 et ann. III, art. 396 à 404 D).

Dans des cas plus exceptionnels, le paiement peut s'effectuer par la dation en paiement, c'est-à-dire par la remise de biens particuliers au Trésor, tels que les œuvres d'art (CGI, art. 1716 bis. – V. BOI-ENR-DMTG-10-20-30-80, 29 Juin 2020).

3392 **Paiement fractionné ou différé des droits de succession.** Le paiement des droits d'enregistrement, de la taxe de publicité foncière et des taxes additionnelles exigibles sur certaines mutations de propriété et apports en société peut, par dérogation au principe du paiement immédiat, être différé ou fractionné, notamment pour les transmissions d'entreprise à titre gratuit (CGI, art. 1717 et ann. III, art. 396 à 397 A). Le crédit ainsi accordé par l'État porte intérêt.

Les modalités de paiement différé ou fractionné des droits d'enregistrement ont été reformées par le décret n° 2014-1565 du 22 décembre 2014 (*JO* 29 nov. 2015). Ainsi, pour les demandes formulées depuis le 1er janvier 2015 :

– la durée de droit commun du fractionnement prévue pour le paiement des droits de succession a été réduite à un an (au lieu de cinq ans antérieurement) (CGI, ann. III, art. 404 A) ;

– la liste des biens non liquides susceptibles d'ouvrir droit à un allongement de la période de fractionnement pour les droits de succession, lorsqu'ils représentent plus de la moitié de l'actif héréditaire, a été élargie aux objets d'antiquité, d'art ou de collection (CGI, ann. III, art. 404 A, I) ;

– les modalités de calcul des intérêts dus au titre du crédit ont été modifiées (CGI, ann. III, art. 401).

Le **décret n° 2015-1548** du **27 novembre 2015** assouplit les modalités de paiement différé ou fractionné des droits d'enregistrement ou de la publicité foncière :

– en allongeant de trois à quatre mois le délai dont disposent les redevables pour constituer une garantie à l'appui d'une demande de paiement différé ou fractionné (CGI, ann. III, art. 400, al. 3 modifié) ;

– en autorisant la constitution de garanties autres que les sûretés réelles et les engagements de caution solidaire (CGI, ann. III, art. 400, al. 1er modifié).

La liste des garanties pouvant être acceptées par le Trésor n'étant plus limitative, toute garantie est désormais susceptible d'être proposée.

Par ailleurs, le décret actualise la liste des biens non liquides susceptibles d'ouvrir droit à un allongement de la période de fractionnement pour les droits de succession, lorsqu'ils représentent plus de la moitié de l'actif héréditaire, l'expression désuète de « parts d'intérêt » étant remplacée par celle de « parts sociales » (CGI, ann. III, art. 404 A modifié).

Entrée en vigueur. Ces assouplissements s'appliquent aux demandes formulées à compter du 30 novembre 2015 (lendemain de la publication du décret au *JO*) (D. n° 2015-1548, 27 nov. 2015, art. 3).

3393 **Paiement différé de droit commun.** Il est toujours possible de différer le paiement des droits d'une succession qui comporte dévolution de biens en nue-propriété. Ce différé prend effet jusqu'à l'expiration d'un délai de six mois suivant l'extinction de l'usufruit (notamment par le décès de l'usufruitier) ou la cession de la nue-propriété (CGI, ann. III, art. 404 B. – V. BOI-ENR-DG-50-20-30, 6 déc. 2017).

Ce crédit donne lieu au versement d'intérêts dont le taux est égal à celui du taux effectif moyen pratiqué par les établissements de crédit pour des prêts à taux fixe aux particuliers entrant dans le champ d'application des articles L. 312-1 à L. 312-36 du Code de la consommation, au cours du quatrième trimestre de l'année précédant celle de la demande de paiement fractionné ou différé, réduit d'un tiers. Toutefois, seule la première décimale est retenue (CGI, art. 401).

3394 **Paiement fractionné de droit commun.** Les droits peuvent être acquittés en plusieurs versements égaux dont le premier a lieu en même temps que le dépôt de la déclaration de succession dans les conditions fixées à l'article 402 de l'annexe III au Code général des impôts et le dernier au plus tard un an après l'expiration du délai légal imparti pour souscrire cette déclaration. Le nombre des versements est égal à trois et l'intervalle entre deux versements ne peut excéder six mois.

Le délai maximal prévu à l'alinéa précédent est porté à 3 ans et le nombre des versements est égal à sept lorsque l'actif héréditaire comprend, à concurrence de 50 % au moins, des biens non liquides énumérés au quatrième alinéa de l'article 404 A de l'annexe III au Code général des impôts (V. BOI-ENR-DG-50-20-30, 6 déc. 2017).

3395 **Paiement différé et fractionné lié aux transmissions d'entreprises.** Le patrimoine professionnel, c'est-à-dire les biens affectés à l'exploitation de l'entreprise individuelle, soit les valeurs mobilières de la société professionnelle non cotée en bourse (dès lors que la transmission par héritier porte sur au moins 5 % du capital), est traité avec faveur (V. CGI, ann. III, art. 397 A. – V. *JCl. Notarial Formulaire*, V° *Successions [Enreg.]*, Fasc. 131). En effet, les droits de mutation y afférents sont payables sur une durée de quinze ans au total : un différé d'impôt sur cinq ans, suivi d'un fractionnement sur dix ans, les droits étant exigibles à intervalles de six mois, en vingt et un versements dont le premier est exigible à l'expiration du paiement différé (CGI, ann. III, art. 404 GB).
Le bénéficie du taux réduit s'applique lorsque la valeur de l'entreprise ou la valeur nominale des titres comprise dans la part taxable de chaque héritier, donataire ou légataire est supérieure à 10 % de la valeur de l'entreprise ou du capital social ; ou lorsque, globalement, plus du tiers du capital social est transmis (CGI, ann. III, art. 404 GA). Le taux d'intérêt de base est alors réduit des deux tiers.

3396 **Paiement différé ou fractionné réservé au conjoint survivant.** Le décret n° 2010-320 du 22 mars 2010 a abrogé le régime spécifique de crédit de paiement des droits de succession dû par le conjoint survivant (CGI, ann. III, art. 397, 3° abrogé). Ce régime était devenu sans objet depuis que le conjoint avait été exonéré entièrement des droits de succession par la loi TEPA dans le cadre des successions ouvertes à compter du 22 août 2007.

3 Conseils à donner

3397 **Anticipation de l'impôt futur.** Paradoxalement, il s'avère parfois judicieux de payer un impôt immédiat supérieur au minimum légal requis afin de limiter la fiscalité prévisible à terme. Les deux exemples qui suivent permettent d'illustrer ce propos surprenant à première vue.

3398 **Option du conjoint survivant.** Opter pour l'usufruit, c'est non seulement anticiper la neutralité fiscale liée à l'extinction naturelle de l'usufruit au jour du décès du conjoint survivant (CGI, art. 1133), mais c'est aussi miser sur une absence totale d'impôt à la charge du nu-propriétaire (devenu plein propriétaire) en cas d'augmentation, entre les deux décès, de la valeur de l'actif successoral démembré. À l'inverse, la part « optée » en pleine propriété par le conjoint et exonérée de tous droits de succession en vertu de l'article 796-0 bis nouveau du CGI est virtuellement destinée à être taxée au décès de celui-ci.

3399 **Évaluation des immeubles.** Second exemple lié à l'évaluation des immeubles : doit-on invoquer systématiquement l'abattement légal du logement de la famille ou encore la minoration de valeur communément admise pour un bien loué ou détenu en indivision ? À supposer qu'un arbitrage soit envisagé, l'équation est la suivante : l'économie générée sur l'impôt successoral immédiat (obtenue grâce à une sous-évaluation légale ou autorisée) ne risque-t-elle pas d'être rétroactivement anéantie, voire pénalisée, par une taxation ultérieure de la plus-value (mécaniquement constatée entre la valeur déclarée et le prix de la valeur vénale future) ? La réponse dépendra notamment de la comparaison, pour chaque impôt, des taux marginaux applicables et des cas possibles d'exonération (à ce sujet, n'oublions pas que l'exonération de plus-value pour la vente de la résidence principale du défunt ne bénéficiera pas forcément aux enfants, qui auront souvent quitté le domicile parental)... « Désamorcer » une plus-value future commence donc peut-être par ne pas pratiquer une sous-évaluation, quand bien même elle serait admise (V. *JCl. Notarial Formulaire*, V° *Expertise*, Fasc. 10 et 20).

3400 **Assurance-vie.** Au nom du *leitmotiv*, à ce jour solidement ancré dans le paysage économique et financier, voire jurisprudentiel..., selon lequel « les contrats d'assurance-vie sont hors succession », le notaire se heurte fréquemment à la loi du silence lorsqu'il « ose » s'inquiéter de l'existence de contrats d'assurance-vie. Pourtant, le notaire ne doit pas se borner à vérifier le versement de « primes manifestement excessives », aspect sur lequel ce dernier est en pratique souvent contraint de jeter un voile pudique par manque d'information. En effet, le notaire doit informer les héritiers de la prise en compte des contrats d'assurance-vie dans le règlement de la succession.
D'un point de vue fiscal, deux hypothèses sont à envisager (BOI-ENR-DMTG-10-10-20-20, 1er juill. 2016, § 380) :
Le contrat souscrit par les époux n'est pas dénoué au décès d'un des époux.
La réponse ministérielle Bacquet (Rép. min. n° 26231 : *JOAN* 29 juin 2010, p. 7283), qui précisait que la valeur de rachat des contrats

d'assurance-vie souscrits avec des fonds communs faisait partie de l'actif de communauté soumis aux droits de succession dans les conditions de droit commun, a été rapportée. Il est désormais admis, **pour les successions ouvertes à compter du 1er janvier 2016**, que la valeur de rachat d'un contrat d'assurance-vie, souscrit avec les deniers communs et non dénoué lors de la liquidation d'une communauté conjugale à la suite du décès de l'un des époux, n'est pas, au plan fiscal, intégrée à l'actif de la communauté conjugale lors de sa liquidation, et ce quelle que soit la qualité des bénéficiaires désignés. Elle ne constitue donc pas un élément de l'actif successoral pour le calcul des droits de mutation dus par les héritiers de l'époux prédécédé (Rép. min. n° 78192, Ciot : *JOAN* 23 févr. 2016, p. 1648).

Ainsi, en cas de décès n'entraînant pas le dénouement du contrat d'assurance-vie, **la valeur de rachat du contrat non dénoué souscrit avec des fonds communs n'est pas soumise aux droits de succession**.

> **ATTENTION** **L'abandon de la réponse ministérielle Bacquet ne change rien aux règles civiles : le contrat d'assurance-vie fait toujours partie de l'actif de succession pour moitié (en ce sens, Rép. min. n° 19978, Malhuret : *JO* Sénat 26 mai 2016, p. 2228).**
>
> **En effet, la valeur du contrat d'assurance-vie non dénoué (parce que souscrit par le conjoint survivant) doit être intégrée à l'actif de communauté et donc pour moitié à l'actif successoral, en application de l'arrêt *Praslicka* (Cass. 1re civ., 31 mars 1992, n° 90-16.343 : *JurisData* n° 1992-000854).**

Le contrat souscrit par les époux est dénoué du fait du décès de l'un des époux.

L'article L. 132-12 du Code des assurances dispose que : « Le capital ou la rente stipulés payables lors du décès de l'assuré à un bénéficiaire déterminé ou à ses héritiers ne font pas partie de la succession de l'assuré. Le bénéficiaire, quelles que soient la forme et la date de sa désignation, est réputé y avoir eu seul droit à partir du jour du contrat, même si son acceptation est postérieure à la mort de l'assuré ». Lors du dénouement du contrat suite au décès de l'assuré, **les sommes versées aux bénéficiaires de l'assurance-vie restent soumises aux prélèvements prévus**, suivant les cas, à l'article 757 B du CGI et à l'article 990 I du CGI dans les conditions de droit commun.

> **ATTENTION** **En présence d'un contrat dénoué (par le décès du souscripteur), au bénéfice d'un tiers (à la communauté) et financé par des biens communs, le défunt reste redevable d'une récompense au profit de la communauté, conformément à l'article 1437 du Code civil. Ladite récompense sera portée au passif de la succession, au profit du conjoint survivant.**

> **CONSEIL** **On ne saurait que trop conseiller aux différents bénéficiaires de contrats – encore faut-il évidemment les connaître – de centraliser entre les mains du notaire les démarches déclaratives en la matière. Non seulement cette centralisation participe à une efficiente utilisation de l'abattement général de 30 500 € visé à l'article 757 B du Code général des impôts, mais encore à sa bonne articulation avec les abattements individuels de droit commun. À défaut, il appartient à l'héritier bénéficiaire, qui entame lui-même ces démarches, de solliciter auprès de la recette des impôts un certificat faisant apparaître l'utilisation éventuelle de son abattement individuel pour prémunir le notaire du risque d'appliquer, sans le savoir, un abattement déjà utilisé en amont et se voir reprocher ensuite le calcul erroné des droits de mutation.**

B Vérifications préalables

3401 **Il conviendra de contrôler :**

- dévolution de la succession ;
- recherche des avantages matrimoniaux ;
- détermination de l'actif et du passif ;
- élément d'extranéité.

1 Personnes concernées

a) Défunt

3402 **Recherche de l'avantage matrimonial.** Aussi évidente soit-elle, une règle fondamentale mérite d'être rappelée : avant de se lancer dans l'établissement d'une déclaration de succession, encore faut-il s'assurer qu'il y ait bien ouverture de succession ! Ceci implique une vérification scrupuleuse du régime matrimonial du défunt afin de dénicher la possible présence d'avantages matrimoniaux, eux-mêmes susceptibles d'annihiler toute exigibilité de droits de mutation. Bien sûr, une communauté universelle, assortie d'une clause d'attribution intégrale au profit du survivant, passe rarement inaperçue. Mais tel n'est pas toujours le cas. Ainsi, il était d'usage fréquent, jusqu'à la loi n° 65-570 du 13 juillet 1965, que l'adoption par contrat du régime de communauté réduite aux acquêts s'accompagne d'une « anodine » clause d'attribution totale au survivant des acquêts, ou de suppression de comptes de récompenses.

CONSEIL **Dans ces hypothèses, seule l'existence de biens propres au défunt justifierait le dépôt d'une déclaration ! Une efficace investigation ne se limite donc pas au contrôle d'un possible changement de régime matrimonial, mais s'étend à la lecture exhaustive du contrat de mariage originel (V. *JCl. Pratique notariale – Les actes*, Fasc. 1155, *Rédiger un contrat de mariage*).**

3403 **État civil, situation familiale et professionnelle.** La collecte de ces premiers « indices » sur le défunt facilitera le travail rédactionnel ultérieur.

3404 **Détermination du domicile.** La déclaration de succession s'enregistre impérativement au service des impôts du domicile du défunt, quelle que soit la situation géographique de son patrimoine (CGI, art. 656) : un dépôt qui interviendrait auprès d'un service incompétent serait considéré comme non avenu, avec toutes les sanctions fiscales qui en découlent. À ce sujet, le foyer fiscal se définit comme le lieu où le défunt habitait à titre principal et concentrait l'essentiel de ses intérêts familiaux (V. BOI-ENR-DMTG-10-10-30, 12 sept. 2012). Il faut s'assurer que son domicile fiscal était bien situé en France et, le cas échéant, connaître son lieu précis. En cas de doute, par exemple en présence de résidences alternées semestriellement, on s'appuie sur la dernière déclaration de revenus, corroborée par les affirmations de ses héritiers. L'identification du domicile pourra aussi permettre de lui appliquer un abattement.

3405 **Éléments d'extranéité.** Des éléments d'extranéité peuvent se révéler, liés à la personne du défunt, sa nationalité, son domicile, lieu de mariage, ou au patrimoine, aux biens situés en ou hors de France. La déclaration de succession peut être amenée à conjuguer droit international privé français – qui a vocation à fixer les règles civiles de conflit pour la détermination du statut matrimonial ou successoral – et loi fiscale, qui demeure autonome. Civilement, une succession peut être régie par plusieurs lois.

CONSEIL **Fiscalement, si le défunt était domicilié en France, tous ses biens – meubles ou immeubles, situés en France ou non – sont soumis aux droits de succession français (CGI, art. 750 ter, 1°). En cas de domiciliation à l'étranger, seuls les biens meubles et immeubles basés en France y sont soumis (CGI, art. 750 ter, 2°), à moins que des biens étrangers échoient à des personnes fiscalement domiciliées en France.**
Dans le cadre des successions ouvertes à compter du 31 juillet 2011, la première loi de finances rectificative pour 2011 (L. n° 2011-900, 29 juill. 2011) a étendu les règles de territorialité énoncées par l'article 750 ter du CGI aux biens placés dans un *trust*.

b) Héritiers et légataires

3406 **Dévolution successorale.** La dévolution patrimoniale, contenue dans la déclaration, a pour préalable l'identification des ayants droit tels qu'ils figurent au sein de la dévolution successorale du défunt, elle-même conditionnée par les dispositions impératives du Code civil ou des dispositions testamentaires (V. *JCl. Pratique notariale – Les actes*, Fasc. 1000, *Rédiger un acte d'acceptation successorale* ; V. Fiche 57 : Rédiger une délivrance de legs ou *JCl. Pratique notariale – Les actes*, Fasc. 1190, *Rédiger une délivrance de legs* ; V. *JCl. Pratique notariale – Les actes*, Fasc. 1225, *Rédiger une donation entre époux par contrat de mariage* ; V. Fiche 43 : Rédiger une notoriété successorale ou *JCl. Pratique notariale – Les actes*, Fasc. 1345, *Rédiger un acte de notoriété successorale* ; V. *JCl. Pratique notariale – Les actes*, Fasc. 1350, *Choisir l'option successorale* ; V. Fiche 44 : Rédiger l'option du conjoint survivant ou *JCl. Pratique notariale – Les actes*, Fasc. 1360, *Déterminer l'option du conjoint survivant* et V. Fiche 53 : Rédiger un testament ou *JCl. Pratique notariale – Les actes*, Fasc. 1525, *Rédiger un testament*).

3407 **Représentation et solidarité fiscale.** La loi énonce un principe de solidarité fiscale entre les héritiers. Toutefois, pour les successions ouvertes à compter du 22 août 2007, date de

publication de la loi en faveur du travail, de l'emploi et du pouvoir d'achat, cette solidarité ne s'applique plus au conjoint survivant.
Cette solidarité ne s'applique pas également aux légataires (V. *JCl. Notarial Formulaire*, V° *Successions [Enreg.]*, Fasc. 15).
En ce qui concerne les héritiers, l'administration a la faculté de poursuivre un seul d'entre eux pour le paiement des droits, à charge pour lui de se retourner contre ses cohéritiers (CGI, art. 1709). Pour autant, il serait hâtif d'en conclure que chaque héritier a tous pouvoirs pour signer seul la déclaration.

> CONSEIL **On préconise la mise en place de procurations spécifiques à fin de signer la déclaration. Elles seront relatées dans celle-ci et jointes lors du dépôt (V. *JCl. Notarial Formulaire*, V° *Procuration*, Fasc. 65). Dans des cas plus marginaux, le notaire prendra en considération l'existence éventuelle d'un mandataire successoral désigné en justice « à l'effet d'administrer provisoirement la succession en raison de l'inertie, de la carence ou de la faute d'un ou de plusieurs héritiers dans cette administration, de leur mésentente, d'une opposition d'intérêts entre eux ou de la complexité de la situation successorale » (C. civ., art. 813-1).**

3408 **Mineur.** Si l'autorité parentale est exercée en commun par les deux parents, chacun d'entre eux est administrateur légal. Chacun des parents est réputé, à l'égard des tiers, avoir reçu de l'autre le pouvoir de faire seul les actes d'administration portant sur les biens du mineur (C. civ., art. 382-1). La déclaration de succession étant classée dans la liste des actes d'administration par le décret n° 2008-1484 du 22 décembre 2008 (ann. 1, col. 1, V), elle peut dès lors être signée par un seul des parents.
Dans les autres cas, l'administration légale appartient à celui des parents qui exerce l'autorité parentale (C. civ., art. 382). S'il s'agit précisément de la succession de l'un des parents, le mineur est représenté par le survivant d'eux, en tant qu'administrateur légal.
Le tuteur d'un mineur n'a besoin d'aucune autorisation pour faire dresser l'inventaire des biens échus au mineur (D. n° 2008-1484, 22 déc. 2008, ann. 1, col. 1, V).

3409 **Majeurs protégés.** S'agissant des majeurs sous tutelle, la déclaration étant considérée comme un acte d'administration (D. n° 2008-1484, 22 déc. 2008, ann. 1, col. 1, V), elle est souscrite pour leur compte par leur tuteur.
S'agissant des majeurs sous curatelle, ils ont le pouvoir d'effectuer seuls un acte l'administration, et donc de signer la déclaration de succession.

3410 **Légataire.** Le notaire n'ignore pas les formalités à respecter, au cas par cas, en présence d'un testament (V. Fiche 53 : Rédiger un testament ou *JCl. Pratique notariale – Les actes*, Fasc. 1525, *Rédiger un testament*).

3411 **Ancienneté du domicile fiscal.** Le cas de la succession d'un non-résident fiscal français possédant des biens à l'étranger est spécifique : il y a lieu de vérifier si l'héritier résident est fondé à revendiquer une exonération d'impôt sur le fondement d'une durée de domiciliation fiscale française d'au moins 6 ans au cours des 10 dernières années qui ont précédé le décès (CGI, art. 750 ter, 3° *in fine*).

3412 **Renonciation à succession.** Dès lors qu'il renonce à la succession à laquelle il est normalement appelé, l'héritier n'a pas à procéder à une quelconque déclaration fiscale. Dans ce cas, le notaire peut le conseiller sur la procédure à suivre pour formaliser cette renonciation. À cet égard, la loi n° 2009-526 du 12 mai 2009 de simplification et de clarification du droit et d'allégement des procédures, modifie sensiblement l'article 804, alinéa 2 du Code civil. Auparavant, l'héritier devait, soit se déplacer personnellement au tribunal compétent, soit donner procuration écrite spéciale (sans condition de forme particulière). Désormais, il est autorisé à « adresser » ou à « déposer » sa renonciation au tribunal judiciaire dans le ressort duquel la succession est ouverte.

> CONSEIL **Le décret n° 2009-1366 du 9 novembre 2009 précise que la déclaration de renonciation à une succession doit indiquer les nom, prénoms, profession et domicile du successible, ainsi que la qualité en vertu de laquelle il est appelé à la succession (CPC, art. 1339, al. 1). En l'absence de précisions légales ou réglementaires sur les modalités concrètes de la renonciation, le notaire invitera l'héritier à l'adresser par voie postale, sous la forme d'un courrier avec avis de réception. À réception, le greffier lui enverra un récépissé (CPC, art. 1339, al. 2). Nul doute que, s'il est sollicité pour être mandataire de son client, le notaire**

veillera à vérifier le caractère éclairé de la renonciation et l'opportunité de cette dernière.

c) Composition du patrimoine

3413 Dans un premier temps, on doit discerner la nature, tant matérielle que juridique, des différents biens dépendant de la succession.

3414 **Biens communs, biens propres, reprises et récompenses.** La liquidation d'un régime de communauté ayant existé entre le défunt et son conjoint survivant implique de distinguer la nature juridique des actifs.

Les biens communs, ceux acquis à titre onéreux par les époux pendant leur mariage (C. civ., art. 1401), participent à la détermination du *boni* de communauté, dont la moitié est intégrée à l'actif de succession.

De son côté, chacun des deux époux est susceptible de détenir des biens propres (C. civ., art. 1404 à 1408) qui font l'objet d'une reprise, tantôt par la succession et donc pour la totalité à faire figurer dans la déclaration d'actif, tantôt par le conjoint survivant (sans fiscalité) en fonction de leur appartenance.

Enfin, on tient compte des récompenses : celles mises à la charge ou au profit de la communauté, celles portées au crédit ou au débit de la succession.

CONSEIL **Toutes les conséquences en seront tirées sur le plan fiscal au sein de la déclaration : par exemple, la récompense due au défunt figure au passif de la communauté avant d'être intégrée à l'actif successoral.**

3415 **Biens situés à l'étranger.** L'exonération automatique des biens situés en dehors du territoire national ne s'applique que lorsque le défunt et l'héritier ont tous deux leur domicile fiscal fixé hors de France.

Autrement, et depuis la loi de finances pour 1999, ces biens sont taxables dès lors que l'héritier est fiscalement domicilié en France, alors même le défunt ne l'était point. Cette taxation suppose de se pencher sur l'existence et l'applicabilité d'une convention internationale conclue entre la France et le pays concerné, destinée à éviter une double imposition, soit par le système de l'exemption, soit par celui de l'imputation. Faute de convention, les droits de mutation acquittés à l'étranger s'imputent proportionnellement sur ceux dus au fisc français (CGI, art. 784 A).

3416 **Biens exonérés.** Certains biens, en raison de leur nature ou de leur situation, sont exonérés de droits de mutation à titre gratuit. Il en est ainsi de ceux rattachés à la catégorie des « **biens ruraux** » au sens large, dont l'exonération partielle est généralement conditionnée à une obligation d'exploitation sur une longue durée : parts d'intérêts des groupements forestiers (CGI, art. 793, 1, 3°), parts des groupements fonciers agricoles et des groupements agricoles fonciers (CGI, art. 793, 1, 4°), bois et forêts (CGI, art. 793, 2, 2°), biens ruraux donnés à bail à long terme ou à bail cessible (CGI, art. 793, 2, 3°), et parts de groupements fonciers ruraux (CGI, art. 848 bis). Depuis le **1er janvier 2019**, la limite au-delà de laquelle cette exonération est ramenée, pour les décès survenus depuis cette date, de 75 à 50 %, est passée de 101 897 à **300 000** € (CGI, art. 793 bis, al. 2, mod. L. n° 2018-1317, 28 déc. 2018, art. 46 ; V. *JCP* N 2019, n° 1, act. 100).

ATTENTION **Jusqu'à la loi n° 2016-1087 du 8 août 2016 pour la reconquête de la biodiversité, de la nature et des paysages, étaient exonérés de droits de mutation à titre gratuit les dons et legs d'immeubles consentis au profit du Conservatoire de l'espace littoral et des rivages lacustres dans certaines zones d'intervention définies à l'article L. 322-1 du Code de l'environnement (CGI, art. 795, 12°. – 6 juill. 2016, § 490). La loi du 8 août 2016 étend le champ de l'exonération de droits de mutation à titre gratuit à tous les dons et legs d'immeubles faits au profit du Conservatoire du littoral et supprime ainsi la conditionnalité tenant à la situation géographique des biens visés.**
Une attention particulière est réservée aux monuments historiques et aux meubles qui les garnissent (CGI, art. 795 A), aux œuvres d'art ou de collection données à l'État (CGI, art. 1131), aux parcelles incluses dans les espaces naturels (CGI, art. 793, 2, 7°), aux immeubles situés en Corse (CGI, art. 1135 bis) ou acquis pendant une certaine période pour un usage d'habitation (CGI, art. 793, 2, 4° à 6°), ensemble de biens auxquels, tantôt une exonération, totale ou partielle, tantôt un abattement spécifique sont attachés. Par ailleurs, la réversion de rente viagère entre parents en ligne directe

(CGI, art. 793, 1, 5°), ainsi que la transmission par décès du bénéfice du contrat de travail à salaire différé (CGI, art. 793, 1, 6°), bénéficient d'une exonération totale des droits de mutation à titre gratuit.
La loi de finances rectificative pour 2009 proroge de deux ans le dispositif d'exonération totale, puis partielle, des immeubles situés en Corse (autres que ceux acquis à titre onéreux à compter du 23 janvier 2002). L'exonération est totale pour les successions ouvertes jusqu'au 31 décembre 2012, et deviendra partielle, pour la moitié de la valeur des immeubles, pour les successions ouvertes entre le 1er janvier 2013 et le 31 décembre 2017.

ATTENTION **Enfin, le notaire n'ignore pas le régime d'exonération relatif aux transmissions d'entreprise, dit Dutreil (CGI, art. 787 B et CGI, art. 787 C. – V. *JCl. Notarial Formulaire, V° Successions [Enreg.],* Fasc. 68-5 et pour des exemples, *JCl. Notarial Formulaire, V° Successions [Enreg.],* Fasc. 68-10, par F. Fruleux ; ce régime, dit Dutreil, a été profondément remanié par les réformes successives issues des dernières lois de finances (BOI-ENR-DMTG-10-20-40-10 à BOI-ENR-DMTG-10-20-40-20, 21 déc. 2021 : *JCP* N 2022, n° 2, 1015, obs. F. Fruleux ; *RFP* 2022, act. 1, obs. J. Saint-Amand et C. Panya).**
Pour aller plus loin : Contenus Fidroit – À quoi sert le Pacte Dutreil ? (https://fidnet.fidroit.fr/document/52597).

Enfin, la loi de finances rectificatives pour 2016 aménage le régime d'exonération au profit des **victimes du terrorisme**. Pour les successions ouvertes à compter du 1er janvier 2015, sont ainsi exonérées de l'impôt de mutation par décès les successions des militaires décédés lors de leur participation à une opération extérieure ou à une opération intérieure ou, dans les trois années suivant la fin de celle-ci, des blessures reçues ou des maladies contractées pendant cette opération » (CGI, art. 796, I, 2° bis).

L'article 43 de la loi de finances pour 2021 élargit, pour les successions ouvertes à compter du 1er janvier 2021, le champ d'application de l'exonération déjà prévue par les dispositions de l'article 796 I, 2° bis du CGI au profit des successions des militaires décédés lors d'une opération extérieure ou de leur participation à une opération de sécurité intérieure. Sont désormais concernées les opérations mobilisant des capacités militaires se déroulant sur le territoire national ou en dehors de celui-ci (V. BOI-ENR-DMTG-10-20-10, 29 juin 2021, § 80).

L'article 5 de la loi n° 2016-1917, de finances pour 2017, étend l'exonération des droits de mutation à titre gratuit au profit des victimes d'actes de terrorisme, aux militaires décédés dans l'accomplissement de leur mission ou des blessures reçues dans les mêmes circonstances attributaires de la mention « Mort pour la France » ou de la mention « Mort pour le service de la nation » (CGI, art. 796, I, 2° ter, nouveau).

ATTENTION **La seconde loi de finance rectificative pour 2017 crée une exonération de droits de mutation à titre gratuit au profit des premières transmissions d'immeubles situés à Mayotte dont la propriété est incertaine, sous réserve que leur titre de propriété ait été constaté par un acte régulièrement transcrit ou publié entre le 1er janvier 2018 et le 31 décembre 2025 (CGI, art. 1135 ter nouveau, créé par L. n° 2017-1775, 28 déc. 2017, art. 64).**

3417 **Biens exclus.** Outre les biens propres du conjoint survivant, certains biens, qui figurent en apparence dans le patrimoine du défunt, sont pourtant exclus de sa succession par l'effet d'une volonté antérieure. On pense à la chose qui lui aurait été donnée ou léguée (en tant que gratifié initial) avec l'obligation de la transmettre à un second gratifié, à la condition que la chose subsiste au jour de son propre décès et que le second bénéficiaire lui survive. Il s'agit là des libéralités désormais légalement qualifiées de « résiduelles » (C. civ., art. 1057).

ATTENTION **Depuis le 1er janvier 2007, il faut aussi prendre garde à l'existence de donations graduelles, grevées de l'obligation de conserver la chose en vue de la transmettre (C. civ., art. 1048). Ayons aussi à l'esprit le bien donné assorti d'une clause de retour conventionnel au profit des donateurs, et celui acquis en indivision par le défunt avec la stipulation d'une clause dite d'accroissement – ou de tontine – au profit du survivant des acquéreurs. Dans la tontine, la propriété exclusive de chaque acquéreur est notamment** soumise à la condition résolutoire de son prédécès avec, dans ce cas, l'application d'un régime fiscal particulier (droits de mutation à titre onéreux ou gratuit) tenant compte de la date d'acquisition du bien, de son affectation et de sa valeur au décès (CGI, art. 754 A).

3418 **Dettes du défunt.** L'instruction du dossier de succession consiste souvent pour le notaire à « faire le tri » entre les différentes factures qui lui sont présentées.

Les droits de mutation par décès sont assis sur la valeur des biens transmis déduction faite, le cas échéant, des dettes à la charge du défunt lorsque leur existence au jour de l'ouverture de la succession est dûment justifiée (CGI, art. 768). Une dette est déductible dès lors qu'elle existe dans son principe, même lorsque son montant n'est pas encore arrêté. Dans ce cas, la déduction ne peut être effectivement opérée qu'une fois ce montant définitivement arrêté. Ainsi, une telle dette doit figurer dans la déclaration de succession pour mémoire et sera admise en déduction par voie de réclamation lorsque son montant sera définitivement fixé (V. BOI-ENR-DMTG-10-40-20-10, § 30). À ce titre, les impôts dus par le défunt, même mis en recouvrement postérieurement au décès, sont déductibles dans les conditions ordinaires.

ATTENTION **Sur les conséquences du passage au prélèvement à la source de l'impôt sur le revenu** : « (...) L'impôt sur le revenu dû par les héritiers du chef du défunt ne peut être déduit de l'actif successoral avant publication du rôle, qui constitue le titre même de la dette d'impôt. Ce passif peut être déduit par voie de réclamation lorsque le rôle est publié après la souscription de la déclaration de succession. Les droits de succession payés en trop sont restituables dans le délai de réclamation (V. BOI-ENR-DMTG-10-40-20-10, § 170). En cas de décès au cours d'une année, la dette d'impôt sur le revenu déductible comprend ainsi et sous réserve de la publication du rôle correspondant, l'impôt sur le revenu dû au titre des revenus de l'année précédente restant éventuellement dû et l'impôt sur le revenu éventuellement dû au titre des revenus perçus ou réalisés entre le 1er janvier de l'année du décès et la date de ce décès. À l'inverse, si la liquidation de l'impôt sur le revenu fait apparaître que le contribuable décédé peut bénéficier d'une restitution (par exemple en raison de la prise en compte de crédits d'impôt ou d'un prélèvement forfaitaire contemporain restituable qui excède le montant de l'impôt sur le revenu finalement dû), les sommes restituées majorent l'actif successoral et les héritiers doivent les déclarer, le cas échéant par la souscription d'une déclaration de succession rectificative si leur montant n'était pas connu lors de la déclaration initiale. Dans le cadre de la mise en œuvre du prélèvement à la source de l'impôt sur le revenu, l'impôt afférent aux revenus non exceptionnels perçus ou réalisés en 2018 et inclus dans le champ du prélèvement à la source est annulé au moyen du crédit d'impôt pour la modernisation du recouvrement. Faute de dette fiscale, aucune déduction n'aura donc à être opérée sur l'actif successoral à raison de l'impôt afférent à ces revenus. En revanche, l'impôt sur le revenu restant éventuellement dû sur les revenus perçus ou réalisés en 2018 par un contribuable décédé en 2018 ou en 2019 et non concernés par le crédit d'impôt pour la modernisation du recouvrement (revenus hors du champ du prélèvement à la source et revenus exceptionnels) sera déductible de l'actif successoral dans les conditions ordinaires rappelées ci-dessus. Enfin, pour ce qui concerne l'impôt sur le revenu afférent aux revenus perçus à compter du 1er janvier 2019 et jusqu'au décès en 2019, si la liquidation opérée en 2020 (année suivant la perception des revenus) fait apparaître un impôt sur le revenu, net du prélèvement à la source contemporain réalisé en 2019, positif, cette dette fiscale sera déductible dans les conditions ordinaires rappelées ci-dessus. À l'inverse, si cette liquidation fait apparaître un impôt sur le revenu, net du prélèvement à la source contemporain réalisé en 2019, négatif (par exemple en raison de la prise en compte de réductions ou crédits d'impôts, ou d'une baisse du niveau d'imposition

résultant d'une modification du barème de l'impôt sur le revenu), les sommes restituées majorent l'actif successoral et les héritiers doivent les déclarer, le cas échéant par la souscription d'une déclaration rectificative si leur montant n'était pas connu lors de la déclaration de succession initiale. Ces règles s'appliqueront dans les mêmes conditions pour les décès constatés à compter de 2020. » (Rép. min. n° 03472, Bonnecarrère : *JO* Sénat 27 déc. 2018, p. 6755).

2 Licéité de l'opération

3419 **Obligation de souscription.** Tout héritier ou légataire est tenu de souscrire une déclaration détaillée auprès du service des impôts du domicile fiscal français du défunt, à défaut, au service des impôts des particuliers « non-résidents » située à Noisy-le-Grand (CGI, art. 800).

ATTENTION **Depuis le 1er novembre 2017, les personnes physiques qui résident habituellement dans la Principauté de Monaco, qu'elles soient ou non fiscalement domiciliées en France, souscrivent les déclarations de succession au service départemental de l'enregistrement de Nice (A. 13 oct. 2017 : *JO* 20 oct. 2017 ; CGI, ann. IV, art. 121 Z quinquies).**

3420 **Dispense de dépôt.** Une dispense existe quand l'actif brut successoral est inférieur à un certain seuil (50 000 € pour les héritiers en ligne directe, 3 000 € pour les autres ayants cause), et à la condition que ces personnes n'aient pas bénéficié antérieurement, de la part du défunt, d'une donation ou d'un don manuel non enregistré ou non déclaré.

ATTENTION **La dispense de dépôt a pour critère un seuil lié à l'actif brut et non à l'actif net, ce qui ne présage donc en rien de l'absence d'impôt par le jeu des abattements légaux, ni d'une éventuelle déclaration négative.**

3421 **Modalités de souscription.** L'article 150 de la loi de finances pour 2020 (L. n° 2019-1479, 28 déc. 2019 : *JO* 29 déc. 2019) et le décret n° 2019-1565 du 30 décembre 2019 (*JO* 31 déc. 2019) ont aménagé les formalités déclaratives relatives aux successions en permettant la souscription dématérialisée de ces déclarations. L'obligation déclarative prévue à l'article 800 du CGI est ainsi accomplie :
– soit par la souscription en deux exemplaires d'un formulaire conforme au modèle fixé par l'administration ;
– soit par voie dématérialisée au moyen d'un téléservice mis à disposition par l'administration depuis une plateforme dédiée (CGI, art. 281 O, I, nouveau).

Le décret n° 2020-772 du 24 juin 2020 (*JO* 25 juin 2020. – V. *JCP* N 2020, n° 27, act. 582) détermine les déclarations soumises à l'obligation de dépôt et de paiement par voie dématérialisée en matière d'enregistrement. Les déclarations de succession doivent être souscrites par voie électronique. Doivent être effectués par télérèglement les paiements les accompagnant, au moyen d'un téléservice mis à disposition par l'administration depuis une plateforme dédiée. Les conditions et les modalités de télédéclaration et de télérèglement et la date d'entrée en vigueur de l'obligation seront définies par un arrêté du ministre chargé du budget au plus tard le 1er juillet 2025.

Une récente réponse ministérielle (Rép. min. n° 20619, Lavarde : *JO* Sénat 1er avr. 2021 ; *JCP* N 2021, n° 14, act. 387) et un communiqué de presse de Bercy (Communiqué presse n° 1150, 29 juin 2021) apportent des précisions sur le e-Enregistrement des déclarations de succession et des autres déclarations concernées par l'enregistrement en ligne. Le déploiement du téléservice « e-Enregistrement » va intervenir progressivement à partir de 2021. Le téléservice e-Enregistrement offrira aux usagers un service numérique pour accomplir la formalité de l'enregistrement. Il permettra la transmission et l'enregistrement dématérialisés des déclarations de don manuel par les particuliers, des déclarations de cession de droits sociaux non constatées par un acte, déposées par les particuliers et les entreprises, puis des déclarations de succession transmises par les notaires. Les particuliers et les professionnels bénéficieront d'un service en ligne *via* impots.gouv.fr. Les notaires déposeront les déclarations de succession par échange de fichiers dématérialisés sécurisés, selon des modalités techniques en cours d'examen avec cette profession. L'offre de service en ligne pour l'enregistrement commencera à être déployée à compter de 2021.

ATTENTION **Dans le cadre de l'ouverture du service en ligne de l'enregistrement aux déclarations de successions dès la fin de l'année 2022, l'article 136 de la loi n° 2021-1900 du 30 décembre 2021 de**

Rédiger une déclaration de succession

finances pour 2022 instaure l'obligation, pour le notaire qui conservera la déclaration originale, de certifier la fiabilité de la copie numérique télétransmise à l'administration fiscale (CGI, art. 802 bis nouveau. – V. *Dr. fisc.* 2022, n° 3, comm. 82).

Les mentions de certification de l'identité des parties et de conformité à l'original sont les suivantes :

– les nom, prénoms, date et lieu de naissance de chacun des héritiers, légataires ou donataires (CGI, art. 801) ;

– la mention par laquelle l'héritier, légataire ou donataire affirme la déclaration « sincère et véritable » et qu'elle « comprend l'argent comptant, les créances et toutes autres valeurs mobilières françaises ou étrangères qui, à sa connaissance, appartenaient au défunt, soit en totalité, soit en partie » (CGI, art. 802).

À défaut de précision dans le texte, ces dispositions s'appliquent depuis le 1er janvier 2022 (L. fin. 2022, art. 1er, I, 3°).

3422 **Délais de dépôt : règle, tolérance et dérogations.** La règle fixe le délai de dépôt à six mois (CGI, art. 641 à 645). Il commence à courir à compter du jour du décès et se calcule théoriquement de quantième à quantième. En pratique cependant, l'administration fiscale accorde tacitement au contribuable jusqu'à la fin du sixième mois suivant le décès : par exemple, jusqu'au 31 juillet pour un décès survenu le 1er janvier.

ATTENTION En cas de dépassement probable du délai de six mois, le notaire doit conseiller le dépôt d'une déclaration partielle ou le dépôt d'un acompte sur les droits de succession afin de limiter les intérêts de retard. Interrogé par un député sur le point de savoir si les notaires ont une obligation de moyens ou de résultat de déposer une déclaration de succession et de payer les droits dans les six mois du décès, le garde des Sceaux confirme que « le notaire est, d'après la jurisprudence, tenu d'une obligation de moyens » (V. Rép. min. n° 33080 : *JOAN* 15 févr. 2022, p. 1009 : *Dr. famille* 2022, comm. 55, A. Tani).

Le délai est porté à un an pour un défunt décédé hors de France. Les départements et territoires d'outre-mer (DOM-TOM) relèvent d'un régime particulier (CGI, art. 642).

Les délais prévus à l'article 641 bis du Code général des impôts sont portés à vingt-quatre mois pour les déclarations de succession comportant des immeubles ou des droits immobiliers pour lesquels le droit de propriété du défunt n'a pas été constaté avant son décès par un acte régulièrement transcrit ou publié, à la condition que les attestations notariées soient publiées dans ce même délai.

L'article 641 bis du CGI, dans sa version antérieure au 30 décembre 2013, c'est-à-dire pour les successions ouvertes entre la date de publication de la loi du 22 janvier 2002 relative à la Corse et le 31 décembre 2012 prévoit, sous certaines limites et conditions, une prolongation du délai imparti pour déclarer les successions comportant des immeubles situés en Corse. Pour les successions ouvertes à compter du 1er janvier 2013, les dispositions de droit commun s'appliquent (V. BOI-ENR-DMTG-10-60-50, 30 oct. 2014, § 150).

Le point de départ du délai peut aussi être la date de la révélation de leurs qualités héréditaires à des héritiers inconnus au jour de la succession, ou la date de la décision de justice définitive pour des légataires dont les droits étaient contestés.

ATTENTION Le délai d'enregistrement des déclarations de succession prévu par l'article 641 du CGI ne peut pas bénéficier de la prolongation des délais organisée par l'article 2 de l'ordonnance n° 2020-306 du 25 mars 2020 relative à la prorogation des délais échus pendant la période d'urgence sanitaire et à l'adaptation des procédures pendant cette même période (V. *JCP* N 2020, n° 14, act. 340 ; *JCP* N 2020, n° 14, 1079). Toutefois, par mesure de tempérament, l'administration fiscale est venue préciser ultérieurement que « les déclarations principales de succession déposées hors délai, du 12 mars au 23 juin 2020 inclus, ne font l'objet d'aucun intérêt de retard, ni de pénalités » et que « Les déclarations principales de succession (2705-SD et 2705-S-SD disponibles en ligne sur le site www.impots.gouv.fr) déposées hors du délai prévu à l'article 641 du CGI, à compter du 24 juin 2020, sont soumises aux règles de droit commun en matière d'intérêt de retard (CGI, art. 1727) et de pénalités (CGI, art. 1728 A). Dans cette dernière situation, et sur demande des successeurs, les motifs du retard feront l'objet d'un examen au cas par cas » (V. BOI-DJC-COVID19-50, 24 juin 2020, § 60).

3423 **Sanctions et prescription.** À partir du septième mois suivant le décès, chaque dépassement mensuel donne lieu à un intérêt de retard de 0,20 % sur les droits dus (CGI, art. 1727). À partir du 13e mois (février de l'année n+1 dans notre exemple), les droits sont majorés de 10 %, voire de 40 % lorsque l'un des héritiers reçoit une notification de la part de l'administration non suivie d'une régularisation dans les quatre-vingt-dix jours de cette réception.

ATTENTION La loi du 10 août 2018 pour un État au service d'une société de confiance (ESSOC) (*JO* 11 août 2018) prévoit une réduction de moitié des intérêts de retard en cas de dépôt spontané par le contribuable, avant l'expiration du délai prévu pour l'exercice par l'administration de son droit de reprise, d'une déclaration rectificative à condition, d'une part, que la régularisation ne concerne pas une infraction exclusive de bonne foi et, d'autre part, que la déclaration soit accompagnée du paiement des droits simples ou, s'agissant des impositions recouvrées par voie de rôle, que le paiement soit effectué au plus tard à la date limite de paiement portée sur l'avis d'imposition (CGI, art. 1727, V, réd. L. n° 2018-727, 10 août 2018, art. 5).

La procédure de taxation d'office est la sanction, encore plus lourde, qui impose le contribuable à 80 % lorsqu'une seconde mise en demeure est restée à son tour infructueuse pendant trente jours.

Le délai de reprise fiscale s'exerce jusqu'à la fin de la troisième année civile, prescription triennale dite « abrégée », suivant celle de l'enregistrement de la déclaration (LPF, art. L. 180). Mais la prescription devient décennale lorsque des biens ont été omis dans la déclaration (LPF, art. L. 181). Ce délai est réduit à six ans à compter du 1er juin 2008 (V. Instr. 3 janv. 2008 : *BOI* 13 L-1-08 ; V. BOI-CF-PGR-10-40, 12 août 2015, § 230 et s.).

3424 **Contrôle fiscal.** L'administration est en droit de rectifier l'évaluation d'un bien qui paraît inférieure à sa valeur vénale réelle (LPF, art. L. 17). En outre, elle peut demander aux héritiers toutes informations complémentaires à propos de la déclaration déposée, telle que la justification de titres, valeurs et créances non énoncés dans la déclaration (LPF, art. L. 19) ou de dettes déduites de l'actif successoral (LPF, art. L. 20 et 21).

Le constat d'une insuffisance, d'une inexactitude, d'une omission ou d'une dissimulation dans les éléments servant de base au calcul de l'impôt, autorise l'administration à enclencher la procédure de rectification contradictoire (LPF, art. L. 55). Le contribuable sera alors invité à formuler ses observations (LPF, art. L. 57 à L. 61 B).

3425 **Procédure de contrôle « sur demande ».** Depuis le 1er janvier 2009, il est possible de demander à l'administration fiscale de contrôler une déclaration de succession. Ce dispositif, initialement conçu pour s'appliquer temporairement et de manière expérimentale (sous réserve d'une reconduction ultérieure) aux successions ouvertes entre le 1er janvier 2009 et le 31 décembre 2011, a pour principal atout de limiter dans le temps le droit de reprise du fisc. Cette demande de contrôle doit émaner des signataires de la déclaration de succession et être formulée par les héritiers représentant au moins un tiers de l'actif de succession. Ce dispositif se distingue du rescrit car il fonctionne *a posteriori*. En effet, la demande (qui ne revêt aucun formalisme particulier) doit être effectuée dans un délai maximum de trois mois suivant l'enregistrement de la déclaration, et ne peut en aucun cas lui être antérieure. Toutefois, rien n'empêche les héritiers de présenter leur demande concomitamment à l'envoi de la déclaration de succession. À l'inverse, la demande de contrôle doit être relative à une déclaration enregistrée avant la mise en demeure de l'article L. 67 du LPF (mais non avant la simple relance faite par le fisc pour en obtenir le dépôt).

Par ailleurs, la prise en compte de la demande de contrôle suppose que les droits de succession aient été préalablement acquittés.

CONSEIL L'utilisation de ce dispositif doit être encouragée auprès des clients dès lors qu'il réduit à un an seulement (au lieu de trois, voire quatre ans) le délai de prescription octroyé à l'administration fiscale pour exercer un contrôle ou une reprise. Ainsi, à l'issue de ce délai, toute proposition de rehaussement d'imposition est rendue impossible (LPF, art. L. 21 B, II) : il en résulte une indéniable source de sécurité juridique, tant sur le plan fiscal que civil. Fiscalement, le contribuable, au mieux, est assuré qu'il ne subira pas de rehaussement, au pire, évitera de payer des intérêts de retard. Civilement, la perspective d'effectuer une vente ou un partage des biens successoraux s'en trouve grandement facilitée.

Cette période d'un an peut toutefois être prorogée, le cas échéant, du délai de réponse accordé à tout contribuable faisant l'objet d'une demande de renseignements, justifications ou éclaircissements de l'administration, pour la partie excédant le délai de droit commun de trente jours (LPF, art. 11), ainsi que du délai nécessaire à l'administration pour recevoir les renseignements demandés aux autorités étrangères lorsque des biens situés à l'étranger figurent dans la déclaration de succession.

Notons enfin que ce dispositif n'est pas applicable aux rehaussements d'imposition :
– découlant de l'omission de biens dans la déclaration de succession ;
– procédant de la remise en cause d'une exonération ou d'un régime de taxation favorable en raison du non-respect d'un engagement ou d'une condition prévus pour en bénéficier ;
– ou proposés dans le cadre de la procédure fondée sur l'abus de droit.

3 Renseignements à obtenir des parties

3426 Des documents d'état civil complets doivent être fournis : les livrets de famille, tant du défunt que des héritiers, contrat de mariage et donation entre époux éventuels régularisés par le défunt.
Le défunt avait-il des enfants et était-il célibataire, pacsé, marié – dans l'affirmative, sous quel régime – ou bien divorcé ? On en déduira les abattements fiscaux applicables, les récompenses ou des créances entre époux, sans oublier la possible pension alimentaire ou prestation compensatoire restant dues par le défunt.
Le défunt était-il soumis à un régime de protection des majeurs ? Le cas échéant, on demandera la production des comptes de gestion de tutelle et l'on vérifiera s'il bénéficiait d'aides sociales. Avait-il consenti une vente en viager en tant que crédirentier ?

3427 **Patrimoine.** On interrogera les parties sur l'existence de biens mobiliers et immobiliers (en indivision, pleine propriété, nue-propriété ou usufruit), de donations antérieures, de dispositions à cause de mort et de contrats d'assurance-vie, sur les importants retraits d'espèces précédant le décès. On demandera une copie de la déclaration de succession de l'époux prédécédé, ainsi que des éventuelles conventions de quasi-usufruit conclues à cette occasion afin de pouvoir les intégrer au passif de succession.

3428 **Entreprise.** Quelle était la profession du défunt, était-il associé d'une société ou dirigeant d'entreprise ? Bénéficiait-il d'un plan de stock-options ?
Toutes ces questions doivent rendre le notaire plus à même d'assister un conjoint survivant éligible à certaines prestations, réversion de pension de retraite ou de rente viagère, versement d'un capital d'assurance-vie. Il examinera les engagements de conservation de titres sociaux éventuellement souscrits par le défunt à des fins d'optimisation fiscale.

4 Pièces à demander

3429 Le notaire collecte auprès des héritiers l'ensemble des documents relatifs au patrimoine du défunt à commencer, si elle existe, par la dernière déclaration d'impôt sur la fortune immobilière et, si possible, celles des deux années antérieures : ce document est fondamental pour connaître approximativement la composition et la valeur du patrimoine du défunt.
Concernant l'actif, il demandera aussi : les relevés de comptes bancaires récents pour chaque établissement, les titres de propriété immobilière, la carte grise des véhicules, les statuts des sociétés dont le défunt était associé, la liste des biens de valeur assurés, les coordonnées des organismes de retraites.
Les démarches sont identiques pour le passif : derniers avis d'imposition à l'impôt sur le revenu, à la contribution sociale généralisée ou aux diverses taxes locales (foncière ou d'habitation), liste des prêts (bancaires ou non) en cours souscrits par le défunt, accompagnés de leurs échéanciers, les contrats d'embauche (notamment les aides à domicile) et les baux consentis par le défunt, etc.
Muni de ces pièces, le notaire interroge les différents organismes bancaires et financiers afin de recueillir la situation des comptes titres et espèces au jour du décès. Pour chaque immeuble, il vérifie la situation hypothécaire et l'origine de propriété : une acquisition donne-t-elle lieu à récompense, ou encore, la donation contient-elle un droit de retour conventionnel ? Il contacte les différents créanciers afin qu'ils régularisent une attestation permettant la déduction. Pour les dettes fiscales, il est d'usage de demander aux centres des impôts concernés un bordereau de situation du défunt.

3430 **Renseignements bancaires.** Les logiciels informatiques, largement répandus dans le notariat, fournissent des « lettres types » d'interrogation bancaire. Or, celles-ci ne stipulent pas toujours des demandes spécifiques pour une optimisation fiscale. Nous recommandons donc, entre autres, d'exiger des banques de communiquer le cours moyen des valeurs mobilières au cours des trente derniers jours boursiers – que le contribuable a le droit d'utiliser s'il est inférieur au cours boursier du jour du décès (CGI, art. 759) – et le montant des prélèvements sociaux générés par la clôture du plan épargne en actions (PEA) éventuel, puisqu'ils seront déductibles de l'actif successoral.

5 Alertes

3431 **Suspicion autour des mouvements bancaires.** L'administration fiscale se montre particulièrement attentive aux mouvements bancaires intervenus sur les comptes du défunt. Au regard du contentieux jurisprudentiel rendu en la matière, la période considérée comme « suspecte » est celle des douze mois qui précèdent le décès. Il arrive que l'administration demande aux contribuables de fournir les relevés correspondants, sauf à exercer directement son droit de communication auprès des banques. Cette démarche participe à la présomption selon laquelle les importants retraits d'espèces ou émissions de chèques, intervenus peu de temps avant la disparition du défunt, sont source d'évasion fiscale. C'est à l'administration de prouver que les sommes retirées n'ont pas eu le temps matériel d'être dépensées, supposant ainsi leur réintégration à l'actif de succession, ou que des chèques, tirés au profit d'héritiers, sont des dons manuels – dont la révélation s'impose au titre du rappel fiscal (CGI, art. 784) – ou des prêts, créances taxables du défunt.

> CONSEIL **Une prudence extrême est de rigueur. Elle consiste, du reste, à conseiller aux héritiers de réintégrer spontanément ces sommes au sein de l'actif. La bonne foi paie toujours !**

3432 **Déclaration successorale et déclaration d'impôt sur la fortune immobilière (IFI).** Nous l'avons dit, la production de la déclaration d'impôt sur la fortune est très importante. Mais ne nous y trompons pas ! D'une part, certains biens peuvent y figurer alors qu'ils ne seront pas intégrés à l'actif de succession, comme ceux que le défunt possédait en usufruit seulement, sous réserve de la présomption fiscale (CGI, art. 751), et réciproquement, comme ceux détenus pour la nue-propriété… ou oubliés de bonne foi. Le praticien reconnaîtra ici la « fameuse parcelle de terrain en indivision familiale depuis des lustres » dont on finit soudainement par se rappeler, ou encore le compte courant d'associé au sein d'une société civile immobilière… On n'ignorera pas, par ailleurs, que les actifs immobiliers sont très souvent sous-évalués au sein de la déclaration d'impôt sur la fortune immobilière. Enfin, il convient de ne pas oublier que si la résidence principale bénéficie désormais d'un abattement de 30 % en matière d'IFI, il demeure à 20 % en matière successorale.

3433 **Gare aux droits de retour.** On sait qu'une donation contient fréquemment un droit de retour conventionnel au profit du disposant pour parer à l'hypothèse d'un prédécès du donataire, sans descendance (C. civ., art. 951 et 952 et V. *JCl. Pratique notariale – Les actes*, Fasc. 1215, *Rédiger une donation de biens immobiliers*). La chose « retourne » alors dans le patrimoine du donateur et ne fait pas partie de la succession du donataire, sans droits de mutation exigibles (au contraire, puisque les droits de donation pourront faire l'objet d'une restitution à certaines conditions). Mais ce droit de retour peut aussi être légal : droit de retour au profit des collatéraux privilégiés, frères et sœurs ou leurs descendants, portant sur la moitié des biens que le défunt avait reçus de ses ascendants par succession ou donation, se retrouvant en nature au jour du décès, en cas d'absence d'ascendants et de descendants (C. civ., art. 757-3), droit de retour encore au profit des père et mère relatif aux biens donnés par ces parents, en l'absence de postérité (C. civ., art. 738-2).

> ATTENTION **Le notaire doit bien vérifier, au cas par cas, l'applicabilité de telles situations, résurgences des successions dites « anomales ».**

III

Rédaction et formules

A Rédaction

3434 **Il conviendra de contrôler :**
- état civil du défunt et des héritiers ;
- dévolution ;
- actif et passif ;
- paiement des droits.

1 Présentation générale

3435 **Identités et dévolution.** La déclaration de succession contient tous les éléments relatifs à l'identité du défunt – état civil complet, situation familiale, date de décès – et des héritiers, des donataires et des légataires, avec précision de leur lien de parenté avec le défunt, par référence à l'acte de notoriété établi en amont (C. civ., art. 730-1).

3436 **Liste des actifs successoraux.** En plus de distinguer, s'il y a lieu, les biens communs et les biens propres du défunt, la déclaration doit contenir leur désignation précise. L'ordre d'énumération préconisé par l'administration est le suivant : valeurs mobilières (actions, obligations, parts d'intérêts), numéraire, assurances-vie conclues sans bénéficiaires ou relevant de l'article 757 B du CGI, comptes bancaires et livrets d'épargne, créances et rentes, prix d'offices, fonds de commerce et leurs marchandises, meubles corporels et immeubles. Chaque actif fait aussi l'objet d'une évaluation précise dans une colonne prévue à cet effet dans l'imprimé fiscal.

3437 **Liste du passif.** Pour la liste des dettes déductibles du passif successoral, V. BOI-ENR-DMTG-10-40-20-10, et pour la liste des dettes non déductibles, V. BOI-ENR-DMTG-10-40-20-20 (V. égal. *Guide fiscal des actes*, éd. LexisNexis).
Pour liquider les droits de succession, les dettes du défunt sont déduites, si elles existent de manière certaine au jour du décès et résultent d'un titre ou d'un autre moyen de preuve (CGI, art. 768). La déductibilité est donc étroitement liée à l'antériorité du fait générateur de la dette par rapport au décès : à titre exceptionnel, on tolère la déduction des frais funéraires pour un montant forfaitaire de 1 500 € (CGI, art. 775) et, pour les successions ouvertes avant le 23 mars 2007, celle des honoraires proportionnels d'ouverture de testament (ou de donation entre époux) dus au notaire qui en est le dépositaire (ou le rédacteur). Pour les successions ouvertes à compter du 29 décembre 2007, la loi de finances rectificative pour 2007 permet la déductibilité de la rémunération du mandataire à titre posthume, déterminée de manière définitive dans les 6 mois suivant le décès, dans la limite de 0,5 % de l'actif successoral, sans pouvoir excéder 10 000 € (CGI, art. 775 quinquies).

> ATTENTION **Sur les conséquences en matière successorale du passage au prélèvement à la source au titre de l'impôt sur le revenu, V. Rép. min. n° 03472, Bonnecarrère : *JO* Sénat 27 déc. 2018, p. 6755.**

Il faut prendre garde à la non-déductibilité des dettes consenties par le défunt à ses héritiers, à moins de l'avoir été au sein d'un acte contenant date certaine (CGI, art. 773, 2°) et, à l'inverse, à ne pas en oublier certaines peu évidentes : sommes dues à un salarié au titre d'un reliquat de salaire, de congés payés ou d'indemnité de licenciement, dépôt de garantie d'un locataire, d'un arrérage de rente viagère si le défunt était débirentier... Toutes seront indifféremment relatées au sein de la déclaration ou annexées dans un état de passif à joindre lors du dépôt.

> ATTENTION **Le dépôt de garantie dû au locataire peut figurer au passif de succession (CA Versailles, 8 déc. 2016, n° 14/08477 : *JurisData* n° 2016-027862 ; *JCP* N 2017, n° 5, act. 219).**

> ATTENTION **L'administration fiscale vient d'apporter une précision sur le traitement en matière de droits de mutation à titre gratuit (DMTG) des sommes allouées aux victimes de persécutions antisémites ou à leurs ayants droit par l'État français ainsi que de celles allouées aux victimes des persécutions nazies ou à leurs ayants droit par des États étrangers, directement ou indirectement.**
> **Lesdites sommes sont déductibles pour leur valeur nominale de leur propre**

succession, en application des dispositions de l'article 775 bis du CGI, dès lors qu'elles revêtent à leur égard un caractère indemnitaire (V. BOI-ENR-DMTG-10-20-10, 29 juin 2021, § 213).

3438 **Suppression des feuilles foraines.** L'article 150 de la loi n° loi de finances pour 2020 (L. fin. 2020, n° 2019-1479, 28 déc. 2019) et le décret n° 2019-1565 du 30 décembre 2019 aménagent les formalités déclaratives relatives aux successions, en supprimant notamment l'obligation de remplir plusieurs déclarations lorsque les immeubles hérités ne se situent pas dans la circonscription du service des impôts auprès duquel le contribuable a souscrit sa déclaration (CGI, art. 800, I, dernier al. supprimé).

2 Clauses usuelles

3439 **Notion de comptabilité d'engagement.** Plus qu'une simple clause, c'est la rédaction tout entière de la déclaration de succession qui doit être dictée par un principe essentiel. En effet, à la différence de l'impôt sur le revenu qui fait appel à la notion de « comptabilité de caisse », l'impôt successoral fait appel à celle de « comptabilité d'engagement ». Ainsi, alors même que le défunt était titulaire de créances au jour de son décès et que les sommes en question n'ont été encaissées que postérieurement, il faut les déclarer à l'actif de succession. À l'inverse, sont déductibles toutes les dettes, dont l'exigibilité intervient après la mort, mais dont le fait générateur est survenu antérieurement. C'est le cas des taxes locales (taxe foncière, taxe d'habitation), « générées » au 1er janvier mais dont le paiement n'est exigible qu'à l'automne suivant, ou de l'impôt sur le revenu pour l'année en cours, ou encore des travaux de copropriété votés avant le décès mais dont le paiement est étalé dans le temps.

3440 **Déclaration sur les donations antérieures.** Toutes les donations consenties par le défunt, à quelque titre que ce soit, doivent être relatées par les parties, en précisant notamment leur montant et leur bénéficiaire (CGI, art. 784, al. 1er).

CONSEIL **Dans le régime de l'article 790 G du CGI (dons familiaux), l'administration fiscale a précisé que les règles fiscales relatives au rappel des donations passées depuis moins de quinze ans n'étaient pas applicables. Ces dons exonérés et enregistrés ou déclarés ne sont pas pris en compte pour la liquidation des droits dus à raison des mutations à titre gratuit consenties postérieurement entre les mêmes personnes (V. BOI-ENR-DMTG-20-20-20, § 230, 13 mai 2015).**
Il devrait en être de même en ce qui concerne la nouvelle exonération des dons familiaux en espèces de 100 000 € (CGI, art. 790 A bis) instituée par la loi de finances rectificative pour 2020 (L. n° 2020-935, 30 juill. 2020, art. 19, I).

Contrairement à une idée parfois véhiculée, le rappel des donations en matière successorale n'est pas limité au « rappel fiscal » des donations de moins de quinze ans pour le calcul des abattements (CGI, art. 784, al. 2 ; art. 793 bis, al. 3, pour les donations de parts de GFA et de biens ruraux). En effet, ne perdons pas de vue qu'une donation, même très ancienne, est susceptible d'influer sur le calcul des droits de mutation par décès dus par chacun des héritiers, notamment par le jeu du rapport successoral « en moins prenant ».

EXEMPLE Le défunt laisse un patrimoine de 100 à ses deux enfants A et B. Il avait consenti un don de 50 à B, il y a plus de quinze ans. Au décès, A reçoit une part taxable de 75, alors que B n'est taxé que sur 25, le surplus de 50 est rapporté, forfaitairement par hypothèse, en moins prenant.

Au plan fiscal, quel que soit le mode d'évaluation adopté pour le rapport des donations, seul l'actif successoral net est, en toute hypothèse, susceptible d'être taxé dès lors que les donations sont déduites pour le montant pour lequel elles ont été rapportées. Les conditions du rapport ont, en revanche, une incidence au niveau de la répartition de l'actif successoral entre les héritiers.

CONSEIL **S'agissant de la liquidation des droits de succession, comme il vient d'être dit, en vertu de la règle *non bis in idem*, les biens rapportés sont déduits de la part de l'héritier qui a effectué le rapport à concurrence de celui-ci. Pour l'application du tarif, et notamment pour déterminer si l'abattement subsiste en tout ou partie, il est tenu compte de la valeur du bien au jour de la donation.**

Des exemples de liquidation des droits sont exposés au BOI-ENR-DMTG-10-50-50 pour illustrer le mode de liquidation des droits en cas de mutations successives intervenues entre les mêmes personnes. Un de ces exemples figurant au § 310 présente l'hypothèse d'une donation en avancement d'hoirie excédant la part du donataire dans la succession du donateur.

3441 **Déclaration de sincérité.** Assez rare pour être signalée, la loi fiscale (CGI, art. 802) donne les termes précis de la mention que l'imprimé doit comporter *in fine* :
« Le déclarant affirme sincère et véritable » la déclaration de succession et « affirme, sous les peines de l'article 1837 du CGI (sanctions pénales allant jusqu'à trois ans d'emprisonnement et 45 000 € d'amende !) que cette déclaration comprend l'argent comptant, les créances et toutes autres valeurs mobilières (...) qui appartenaient au défunt, soit en totalité, soit en partie ».

3442 **Résidence principale : abattement et droit viager.** Consacrant l'ancienne pratique jurisprudentielle en matière d'impôt sur la fortune, le législateur autorise l'application d'un abattement de 20 % sur la valeur vénale de l'immeuble qui constituait la résidence principale du défunt au jour de son décès (CGI, art. 764 bis). En plus de la mise en garde spécifique à formuler dans la perspective d'une vente future, le notaire doit s'assurer que les conditions sont remplies pour bénéficier de cette décote. En effet, l'immeuble doit aussi avoir servi de résidence principale pour le conjoint survivant, ou pour le partenaire pacsé, ou par l'un des enfants mineurs ou majeurs protégés issus de ces derniers. De même, il est important de vérifier le caractère effectif et habituel de cette résidence principale au cours de l'année précédant le décès.
Par ailleurs, lorsqu'il s'agit d'évaluer le droit viager au logement du conjoint survivant portant sur un tel bien, il y a lieu de retenir 60 % de la valeur de l'usufruit (CGI, art. 762 bis), elle-même déterminée en fonction de l'âge de l'usufruitier (CGI, art. 669).

3 Clauses particulières

3443 **Présomptions de propriété.** Il est fondamental de connaître les quatre présomptions de propriété instaurées par le législateur fiscal (CGI, art. 751 à 754). Elles s'appliquent aux biens dont le défunt est usufruitier et dont un présomptif héritier est lui-même nu-propriétaire (CGI, art. 751), aux valeurs mobilières détenues par le défunt moins d'un an avant son décès (CGI, art. 752), et, à concurrence d'une part virile, aux comptes (CGI, art. 753) et au contenu de coffre-fort (CGI, art. 754) possédés par le défunt en indivision. Ces présomptions sont heureusement susceptibles de preuve contraire. Ainsi, la preuve contraire à la présomption de l'article 751 peut notamment résulter d'une donation des deniers constatée par un acte ayant date certaine, quel qu'en soit l'auteur, en vue de financer, plus de trois mois avant le décès, l'acquisition de tout ou partie de la nue-propriété d'un bien, sous réserve de justifier de l'origine des deniers dans l'acte en constatant l'emploi (CGI, art. 751, mod. L. fin. 2008, n° 2007-1822, 24 déc. 2007).

> CONSEIL **L'arme fiscale la plus redoutable est, sans aucun doute, celle de l'article 751 qu'il convient souvent de combattre par anticipation : au décès du premier époux, le notaire rédigera des conventions de démembrement de propriété, avec les modalités de report de ce démembrement en cas d'arbitrage. Au second décès, l'article 1133 du Code général des impôts trouvera à s'appliquer.**

3444 **Récupération des aides sociales.** L'État est en droit de demander la récupération des aides sociales qui avaient été allouées au défunt, en liaison avec son état de dépendance ou de nécessité, du à son âge ou un handicap. Au sein de la multitude des aides pouvant exister – aide à domicile, frais d'hébergement en établissement, prestation spécifique dépendance, etc. – certaines sont considérées comme des avances. Elles devront donc être remboursées par la succession, selon des modalités très variables, telles que l'existence de seuils de récupération (CASF, art. L. 132-8 ; V. *Guide fiscal des actes*, éd. LexisNexis). Il est important que le notaire en tienne compte pour l'évaluation de l'actif net successoral.

3445 **Particularités liées au décès du conjoint survivant.** Lorsque le notaire traite la succession du conjoint survivant, lui-même usufruitier dans la succession de son époux, il lui faut se reporter à la déclaration de succession initiale.

3446 **Paiement différé.** Ce réflexe permet déjà de vérifier l'octroi éventuel d'un paiement différé lors du premier décès :
– soit au profit des nus-propriétaires, qui, désormais pleins propriétaires, doivent acquitter l'impôt devenu exigible ;
– soit au profit du conjoint survivant (avant le 22 août 2007), l'impôt constituant alors un passif déductible de la succession de ce dernier.

3447 **Évolution du patrimoine.** Le notaire vérifie aussi l'évolution du patrimoine, généralement laissé à la libre disposition du conjoint, en l'absence d'opération de partage, entre les deux décès. La démarche a pour but d'éviter une double taxation.

CONSEIL De deux choses l'une : ou l'actif recueilli en usufruit par le conjoint se retrouve en nature à son décès, et il y a lieu d'appliquer la règle de l'extinction de l'usufruit nette d'impôt (CGI, art. 1133) ; ou ce n'est pas le cas, et les héritiers tenteront de faire valoir la déduction d'une dette successorale (CGI, art. 768) pour un montant égal à la valeur de l'actif soumis à son usufruit au jour du premier décès, sur le fondement du quasi-usufruit (C. civ., art. 587).

3448 **Réversibilité d'usufruit.** Il convient de vérifier l'existence d'une stipulation d'usufruit successif au profit d'un tiers. Si le tiers survit au donateur, cette transmission d'usufruit donnait systématiquement lieu au paiement d'un impôt. Pour les décès intervenus à compter du 22 août 2007, les réversions d'usufruit (bien que considérées civilement comme des donations à terme de biens présents) au profit du conjoint survivant relèvent du régime des droits de mutation par décès et sont donc *de facto* exonérées de droits de succession. La loi de finances pour 2008 étend à toutes les réversions d'usufruit, quels que soient les bénéficiaires, le régime des droits de mutation par décès (CGI, art. 796-0 quater).

CONSEIL Par mesure de tempérament, les clauses de réversion d'usufruit sont, quelle que soit la qualité du bénéficiaire, soumises aux seuls droits de mutation par décès pour les décès intervenus à compter du 22 août 2007, et cela même si l'acte instituant la clause de réversion d'usufruit est antérieur à cette date (BOI-ENR-DMTG-10-20-50-40, 12 sept. 2012, § 10).

S'agissant de l'évaluation des biens, de la détermination de l'âge de l'usufruitier et de l'application des tarifs, il convient de se placer à la date du décès pour le calcul des droits dus.

3449 **Quasi-usufruit.** Dans un arrêt n° 19-14.421 du 4 novembre 2020 (*JurisData* n° 2020-017729 ; *RFP* 2021, comm. 1, note C. Farge), la première chambre civile de la Cour de cassation précise les conséquences civiles du prédécès du nu-propriétaire en présence d'un quasi-usufruit. Parce qu'elle est certaine dans son principe mais assortie d'un simple terme suspensif, la créance de restitution due par le quasi-usufruitier fait bien partie de la succession du nu-propriétaire prédécédé, et est donc transmise à ses héritiers.

Les conséquences fiscales de cette décision restent encore incertaines.

3450 **Usufruits successifs.** Dans le cas d'usufruits successifs, l'usufruit éventuel venant à s'ouvrir, l'impôt devient exigible et s'accompagne d'une déclaration rectificative : le nu-propriétaire ayant droit à une restitution d'impôt tenant compte de l'âge du second usufruitier si celui-ci est plus jeune que le premier (CGI, art. 1965 B. – V. BOI-ENR-DMTG-10-40-10-50, 23 déc. 2013, § 50).

3451 **Transmission d'entreprises.** Un régime d'exonération partielle de droits de mutation par décès existe pour les parts ou actions d'une société ayant une activité industrielle, commerciale, artisanale, agricole ou libérale, à concurrence de 75 % de leur valeur (CGI, art. 787 B, a et b. – BOI-ENR-DMTG-10-20-40-10 à BOI-ENR-DMTG-10-20-40-30). Ce régime est d'abord subordonné à la souscription, par le dirigeant, donc de son vivant, d'un engagement collectif de conservation portant sur un certain pourcentage de titres, d'une durée de deux ans au moins, et toujours en cours au jour de son décès (V. *JCl. Pratique notariale – Les actes*, Fasc. 1380, *Rédiger un pacte de préférence*. – V. A. Arnaud-Emery, *Bien rédiger la clause « durée » dans un engagement collectif de conservation : JCP* N 2017, n° 26, 1218). Au décès de ce dirigeant d'entreprise, le notaire chargé de la succession devra vérifier si la première condition est remplie. Si cela n'est pas le cas, les héritiers ou légataires devront être avertis que la loi de finances pour 2008 permet désormais de conclure dans les six mois qui suivent le décès du dirigeant cet engagement collectif de conservation (CGI, art. 787 B, a, al. 2). Le notaire sera à même de faire remplir deux autres conditions *sine qua non* : l'engagement par chacun des héritiers dans la déclaration de succession, pour lui ou ses ayants cause à titre gratuit, de conserver les titres pendant une durée de quatre ans (antérieurement six ans) à compter de la date d'expiration du délai susvisé (CGI, art. 787 B, c), ainsi que la condition d'exercice par l'un des associés ou l'un des héritiers, donataires ou légataires, d'une fonction de direction ou de l'activité principale au sein de la société pendant la durée de l'engagement collectif de conservation et pendant les trois années (antérieurement cinq ans) qui suivent le décès (CGI, art. 787 B, d). À noter que l'apport de titres de plusieurs sociétés faisant l'objet d'un engagement individuel de conservation à une société holding n'entraîne plus la remise en cause de l'exonération lorsque ces sociétés participent activement à la conduite de la politique du groupe et au contrôle des filiales et rendent, le cas échéant et à titre purement interne, des services spécifiques (V. BOI-ENR-DMTG-10-20-40-10, 19 mai 2014, § 50).

La loi de finances rectificative pour 2007 modifie également le dispositif afin que l'exonération ne soit plus remise en cause en cas de donation à des descendants des titres objet de l'engagement individuel de conservation sous réserve que ces derniers reprennent cet engagement.

La loi de finances pour 2010 a prévu que l'exonération partielle des transmissions de parts ou actions de sociétés détenant, directement ou par l'intermédiaire d'une autre société, une participation dans une société dont les titres font l'objet d'un engagement collectif de conservation n'est pas remise en cause en cas d'augmentation de la participation détenue par les sociétés interposées. Cet aménagement légalise à cet égard la réponse ministérielle à la question écrite n° 79441 de M. Georges Tron (*JOAN* 14 févr. 2006).

La première loi de finances rectificative pour 2011 (L. n° 2011-900, 29 juill. 2011), qui supprime de manière générale les réductions de droits liées à l'âge du donateur pour les donations consenties à compter du 31 juillet 2011, maintient à l'article 790 du CGI une réduction de droits de 50 % pour donations en pleine propriété d'entreprises répondant aux conditions des articles 787 B et 787 C (« pactes Dutreil ») lorsque le donateur est âgé de moins de soixante-dix ans.

Ensuite, la première loi de finances rectificative pour 2011 (L. n° 2011-900, 29 juill. 2011) a assoupli le régime fiscal prévu à l'article 787 B du CGI, d'une part, en permettant à de nouveaux associés d'adhérer à des pactes déjà conclus, d'autre part, en prévoyant, sous certaines conditions, la non-remise en cause des avantages fiscaux en cas de cession de titres pendant la durée de l'engagement collectif. Ainsi, les transmissions à titre gratuit d'entreprises, exploitées sous la forme sociale ou individuelle, bénéficient, en application des articles 787 B et787 C du CGI, d'une exonération partielle de droits de mutation à titre gratuit à concurrence de 75 % de leur valeur (V. BOI-ENR-DMTG-10-20-40-40).

Enfin, la loi de finances pour 2019 (L. n° 2018-1317, 28 déc. 2018, art. 40) a aménagé, à compter du **1er janvier 2019**, le dispositif de transmission sur de nombreux points (pour diverses formules, notamment d'engagement de conservation, V. *RFP* 2019, form. 2 ; *RFP* 2019, form. 3 et *RFP* 2019, form. 4) :

– les seuils minimums requis pour la conclusion de l'engagement collectif sont abaissés pour les engagements conclus à compter du 1er janvier 2019 ;

– l'engagement collectif pourra être souscrit par un signataire unique, dès lors qu'il en remplira à lui seul les conditions ;

– les engagements réputés acquis à compter du 1er janvier 2019 pourront s'appliquer aux titres de sociétés interposées ;

– en présence de sociétés interposées, l'obligation de maintien inchangé des participations applicable jusqu'alors pendant la période de l'engagement collectif est étendue à celle de l'engagement individuel,

– le dispositif autorisant l'apport à une holding des titres soumis aux engagements de conservation est entièrement refondu ;

– l'offre publique d'échange (OPE), qui peut conduire le cas échéant au non-respect de l'une des conditions de conservation, est désormais neutralisée ;

– la cession partielle de titres engagés réalisée par l'héritier, le donataire ou le légataire au profit d'un signataire de l'engagement collectif, permettra au cédant de maintenir le bénéfice du dispositif pour le surplus des titres qu'il conservera ;

– la périodicité des obligations déclaratives est allégée.

ATTENTION La loi de finances pour 2019 a simplifié les obligations déclaratives exigées, dans le cadre du « pacte Dutreil », pour le bénéfice de l'exonération partielle de droits de mutation à titre gratuit des transmissions de titres de sociétés ayant une activité industrielle, commerciale, agricole, artisanale ou libérale (CGI, art. 787 B, e modifié L. n° 2018-1317, 28 déc. 2018, art. 40 : V. *Dr. fisc.* 2019, n° 46, § 35).

Depuis le 1er janvier 2019 :

– l'obligation systématique de fournir une attestation annuelle du respect des engagements est remplacée par la faculté pour l'administration d'en faire la demande expresse auprès de l'héritier, du donataire ou du légataire ; l'attestation qui devra être rédigée désormais par la société en toutes hypothèses, doit être transmise dans un délai de trois mois ;

– la fourniture d'une attestation du respect des conditions par la société demeure obligatoire au moment de la donation ou de la déclaration de succession, ainsi qu'au terme de l'engagement individuel de conservation

(pour une formule d'attestation, V. *RFP* 2019, form. 4).
Enfin, le décret n° 2019-653 du 27 juin 2019 a modifié les dispositions réglementaires fixant les obligations déclaratives prévues pour le bénéfice du régime « Dutreil ».

ATTENTION Lors de la mise à jour de la base BOFiP-Impôts du 6 avril 2021, l'administration avait mis en consultation publique, du 6 avril au 6 juin 2021 inclus, ses commentaires sur l'exonération partielle des droits de mutation à titre gratuit (DMTG) dus sur les transmissions d'entreprises (« Pacte Dutreil ») prévu à l'article 787 B du CGI (V. *JCP* N 2021, n° 51-52, 1357, par F. Fruleux ; *JCP* N 2021, n° 15-16, act. 402, par A. Arnaud-Emery ; *JCP* N 2021, n° 15-16, act. 417 ; *Dr. fisc.*2021, n° 18, comm. 236, par J.-F. Desbuquois ; *RFP* 2021, act. 71, par P. Julien-Saint-Amand et C. Panya). Ces commentaires initiaux consistaient dans l'intégration de prises de position administratives (V. not. la très contestée Rép. min. n° 99759, Moreau : *JOAN* 7 mars 2017, p. 1983 : Pacte Dutreil et engagement réputé acquis : pas d'exonération si le donateur assume seul la direction après la transmission ; *JCP* N 2017, n° 14-15, 1156, par F. Fruleux ; *RFP* 2017, alerte 76, par J.-J. Lubin) et jurisprudentielles (notamment reprise de la définition de la holding animatrice retenue par le Conseil d'État, CE, 23 janv. 2020, n° 435562 : *JurisData* n° 2020-000738 ; et par la Cour de cassation, Cass. com., 14 oct. 2020, n° 18-17.955, P+B : *JurisData* n° 2020-016236 ; *Dr. fisc.* 2020, n° 51-52, comm. 472), ainsi que de la réforme profonde apportée au dispositif par la loi de finances pour 2019 (L. n° 2018-1317, 28 déc. 2018 : *JO* 30 déc. 2018, texte n° 1).
Dans une nouvelle mise à jour en date du 21 décembre, la DGFiP vient de publier ses commentaires définitifs qui ont été aménagés par rapport à la version initiale pour tenir compte des nombreuses remarques qui lui ont été adressées (BOI-ENR-DMTG-10-20-40-10, 21 déc. 2021 et BOI-ENR-DMTG-10-20-40-20, 21 déc. 2021 : *RFP* 2022, act. 1, par P. Julien Saint-Amand et C. Panya ; *JCP* N 2022, n° 2, 1015, par F. Fruleux. – V. *JCl. Notarial Formulaire*, V° *Successions [Enreg.]*, Fasc. 68-5 et pour des exemples, V. *JCl. Notarial Formulaire*, V° *Successions [Enreg.]*, Fasc. 68-10, par F. Fruleux).

B Formules

• *JCl. Notarial Formulaire*, V° *Déclaration de succession*, Fasc. 15 à 325.

IV Formalités et taxation

A Formalités

1 Formalités fiscales

3452 Le notaire adresse la déclaration de succession à la recette compétente. Cette dernière délivre, selon les cas, un certificat de non-exigibilité ou d'acquittement de droits, revêtu de la mention d'enregistrement. Ce document doit être conservé précieusement au dossier !

ATTENTION L'article 15 de la troisième loi de finances rectificative pour 2020 (L. n° 2020-935, 30 juill. 2020, art. 15 : *JO* 31 juill. 2020 ; *Dr. fisc.* 2020, n° 37, comm. 359) applicable aux versements effectués à compter du 1er août 2020 a supprimé l'obligation pour les organismes exonérés de droits de succession en vertu de l'article 795 du CGI de fournir à l'assureur un certificat de non-exigibilité des droits pour obtenir le règlement de la garantie décès dont ils sont bénéficiaires. En revanche, les établissements énumérés à l'article 170 de l'annexe IV au CGI, qui présentent un caractère industriel ou commercial ne bénéficient pas de l'exemption (pour

la liste des organismes visés par cette mesure, V. *JCl. Notarial Formulaire*, V° *Successions [Enreg.]*, Fasc. 120).

2 Formalités notariales

3453 Ne s'agissant pas d'un acte authentique, la déclaration ne fait l'objet d'aucune formalité particulière au sein du service dédié du même nom propre aux offices notariaux. En pratique, un troisième original signé, ou une copie des formulaires nos 2705 et 2706 est généralement classé au sein d'une « pochette minute »… sans faire précisément l'objet d'un acte officiel de dépôt au rang des minutes du notaire, pour ne pas en augmenter inutilement le coût. À titre de remarque, notons que les chambres interdépartementales des notaires confèrent aux déclarations de succession un statut statistique particulier, en en faisant ressortir le nombre spécifique, à côté des actes notariés usuels reçus en minute ou en brevet.

3 Formalités particulières

3454 **Prise de garanties.** En cas d'acceptation d'un régime dérogatoire de paiement, le Trésor public demande généralement la constitution de garanties, tantôt réelles (hypothèque légale d'un bien immobilier, nantissement d'un portefeuille de valeurs mobilières…), tantôt personnelles (cautionnement). La mise en place d'une hypothèque légale ou conventionnelle s'accompagnera d'une notification par le notaire à la compagnie d'assurance-incendie souscrite par l'héritier pour le bien immobilier faisant l'objet de la garantie.

3455 **Déclaration complémentaire.** Déposer une déclaration de succession n'est pas synonyme de clôture définitive de dossier. Le contribuable peut être amené à déposer une déclaration complémentaire par suite d'une omission quelconque. La révélation d'une omission d'un élément d'actif pourra s'accompagner d'une demande de remise, à titre gracieux, des intérêts ou majoration de retard. À l'inverse, la réintégration d'un élément de passif, ou la correction d'une évaluation excessive, s'accompagnera d'une demande en restitution du trop versé, à présenter avant le 31 décembre de la deuxième année suivant l'enregistrement (LPF, art. R* 196-1).

B Taxation

1 Droits d'enregistrement

3456 **Rappel : incidences de toutes les donations passées.** Certes, il n'est pas tenu compte de l'utilisation de l'abattement légal et des tranches d'imposition du barème progressif au-delà d'une antériorité de plus de quinze ans des donations concernées. Mais, en raison des règles impératives du rapport successoral (C. civ., art. 843), cette antériorité n'est pas forcément évacuée pour la répartition de l'actif net taxable entre les cohéritiers. Il est donc primordial pour le notaire de tirer toutes les conséquences fiscales de cette règle civile. En pratique, elle se traduira par une taxation individuelle différente pour chaque héritier, voire même par une augmentation de la taxation globale (en comparaison avec une répartition de l'actif net par part virile), conséquence éventuelle de la progressivité du barème et du taux marginal d'imposition atteint respectivement par chaque enfant.

Une succession donne ouverture à des droits d'enregistrement à titre gratuit. Leur calcul, qui figure usuellement à la fin de la déclaration fiscale, suppose d'appliquer successivement : un abattement sur la part reçue, un taux d'imposition sur la part taxable et, éventuellement, une réduction sur l'impôt ainsi calculé.

3457 **Exonérations.** Depuis la loi dite « TEPA » du 21 août 2007, les droits de mutation par décès sont totalement supprimés entre époux et entre partenaires liés par un pacte civil de solidarité (CGI, art. 796-0 bis) pour les successions ouvertes à compter du 22 août 2007. La part de chaque frère ou sœur célibataire, veuf, divorcé ou séparé de corps est également totalement exonérée de droits de mutation par décès à compter de cette même date à la double condition qu'il soit, au moment de l'ouverture de la succession, âgé de plus de cinquante ans ou atteint d'une infirmité le mettant dans l'impossibilité de subvenir par son travail aux nécessités de l'existence et qu'il ait été constamment domicilié avec le défunt pendant les cinq années ayant précédé le décès (CGI, art. 796-0 ter).

Par ailleurs, les successions de certaines victimes bénéficient d'une exonération à concurrence des parts nettes recueillies par les ascendants, descendants du défunt, ainsi que les frères et sœurs ou leurs descendants (CGI, art. 796). À noter que la loi de finances rectificatives pour 2016 aménage, pour les successions ouvertes à compter du 1er janvier 2015, le régime d'exonération au profit des victimes du terrorisme (CGI, art. 796, I, 2° bis) (V. ci-dessus).

De même, sont exonérées de droits de mutation par décès les personnes dispensées de dépôt de déclaration de succession en application des dispositions de l'article 800 du Code général des impôts (CGI, art. 796-0). Enfin un certain nombre de légataires, en leur qualité d'organisme ou d'établissement public, d'association ou de fondation, bénéficient, sous certaines conditions, d'une exonération totale ou partielle des droits de mutation à titre gratuit (CGI, art. 794, 795 et 1071 ; V. *Guide fiscal des actes*, éd. LexisNexis).

ATTENTION L'article 136 de la loi de finances pour 2020 avait modifié l'article 794 du Code général des impôts, en précisant que seules les libéralités consenties avant le 31 décembre 2023 pourront bénéficier de l'exonération de DMTG sur les dons et legs aux organismes publics mentionnés à cet article. L'article 89 de la loi de finances pour 2022 supprime le bornage temporel de l'exonération portée par l'article 794 du CGI et rétablit son application sans limitation dans le temps (V. *JCP* N 2022, n° 2, act. 131, obs. F. Fruleux).

Par ailleurs, avant le 1er janvier 2015, l'exonération des dons et legs consentis à certains organismes d'intérêt général (CGI, art. 794 et 795) était, sauf accord de réciprocité, réservée aux seuls organismes français. La Cour de justice de l'Union européenne a jugé que cette restriction est contraire au principe de libre circulation des capitaux (CJUE, 6e ch., 16 juill. 2015, aff. C-485/14, *Commission c/ France* : *Dr. fisc.* 2015, n° 31-35, act. 463).

ATTENTION L'article 47 de la loi de finances pour 2019 étend, à compter du 1er janvier 2019, l'exonération totale de droits de mutation à titre gratuit prévue par l'article 795, 2° du CGI à tous les établissements publics ou d'utilité publique répondant aux caractéristiques mentionnées aux b ou f bis du 1 de l'article 200 du CGI. Ce dernier texte régit les réductions d'impôt sur le revenu dont peuvent bénéficier les particuliers qui consentent des dons à ces organismes (V. *JCP* N 2019, n° 1, act. 100, note F. Fruleux).

ATTENTION L'administration a intégré dans la base BOFiP-Impôts (BOI-ENR-DMTG-10-20-20, 1er juill. 2021) les dispositions de l'article 158 de la loi de finances pour 2021 qui ont modifié le 4° de l'article 795 du Code général des impôts (CGI) afin de légaliser la doctrine de l'administration selon laquelle une association simplement déclarée qui poursuit un but exclusif d'assistance et de bienfaisance peut bénéficier d'une exonération de droits de mutation à titre gratuit sur les dons et legs reçus (V. *JCP* N 2021, n° 4, 1092).

3458 **Abattements individuels.** Pour les successions ouvertes à compter du 17 août 2012, les abattements principaux, revalorisés au 1er janvier 2010 sont donc les suivants : 100 000 € pour les ascendants et les enfants du défunt (CGI, art. 779, I), 15 932 € pour les frères et sœurs lorsque les dispositions de l'article 796-0 ter ne sont pas applicables (CGI, art. 779, IV). Par ailleurs, rappelons brièvement quelques abattements spécifiques en matière successorale : 159 325 € pour l'héritier handicapé (CGI, art. 779, II), 7 927 € sur la part de chacun des neveux et nièces (CGI, art. 779, V) et enfin un abattement de 1 594 € applicable à défaut d'autre abattement (CGI, art. 788, IV).

ATTENTION Abattement handicapé. Un arrêt rendu par la cour d'appel d'Aix-en-Provence confirme d'une part, que l'incapacité d'exercer une activité professionnelle dans des conditions normales de rentabilité s'apprécie à la date de l'ouverture de la succession et que le caractère probant des documents produits ne peut être contesté du fait qu'ils ont été établis postérieurement à celle-ci, d'autre part, que la reconnaissance d'invalidité alors que le bénéficiaire de la transmission était à la retraite n'a pas d'incidence sur l'appréciation de l'incapacité d'exercer toute activité professionnelle antérieurement constatée (CA Aix-en-Provence, 27 juin 2017, n° 15/21441 : *JurisData* n° 2017-015895).

3459 **Adopté simple.** Une vigilance particulière s'impose dans le cas de la succession de l'adoptant dévolue à un adopté simple. En effet, pour la perception des droits de mutation, il n'est pas tenu compte du lien de parenté résultant de l'adoption simple. Des exceptions sont toutefois prévues à l'article 786 du CGI.

ATTENTION L'article 36 de la loi n° 2016-297 du 14 mars 2016 relative à la

protection de l'enfant, prévoit que les transmissions à titre gratuit entre adoptants et adoptés simples sont imposées selon le régime fiscal applicable aux transmissions en ligne directe lorsque l'adopté est mineur au moment du décès de l'adoptant (CGI, art. 786, 3° mod.).
Par ailleurs, lorsque l'adopté est majeur (suppression par l'article 9 de la loi n° 2016-1917 de finances pour 2017 des termes « au moment du décès du décès de l'adoptant), il devra continuer à prouver qu'il a bénéficié de soins et secours ininterrompus soit dans sa minorité pendant au moins cinq ans, soit dans sa minorité et sa majorité pendant au moins dix ans. Toutefois, la loi facilite cette preuve : il suffit que les « secours et soins non interrompus aient été prodigués au titre d'une prise en charge continue et principale » de la part de l'adoptant (CGI, art. 786, 3° bis).
Pour les droits de succession dont le fait générateur est antérieur à la date d'entrée en vigueur de la loi, soit avant le 16 mars 2016, par dérogation à l'article L. 247 du Livre des procédures fiscales, l'administration procède, à la demande du contribuable, à la remise des droits restés impayés, pour la partie qui excède les droits qui auraient été dus si les dispositions issues de la loi nouvelle avaient été en vigueur à la date du fait générateur (L. n° 2016-297, 14 mars 2016, art. 36, II).

3460 **Neveux et nièces succédant par représentation.** L'article 82 de la loi de finances pour 2009 a modifié l'article 777 du CGI pour appliquer aux neveux et nièces venant à la succession en représentation de leur parent prédécédé, lui-même frère ou sœur du défunt, le tarif applicable à leur auteur, c'est-à-dire 35 % jusqu'à 24 430 € et 45 % au-delà (au lieu de 55 %). Dans une instruction fiscale en date du 10 juillet 2009 (*BOI* 7 G-7-09), l'administration a même donné une portée rétroactive à cette mesure de faveur, et ce à compter du 1er janvier 2007. Par ailleurs, les neveux et nièces bénéficient désormais de l'abattement de leur auteur (soit 15 932 €) qu'ils se partagent, sans toutefois pouvoir le cumuler avec leurs abattements personnels (7 967 €).

3461 **Abattement global (successions ouvertes entre le 1er janvier 2005 et le 21 août 2007).** L'abattement global de 50 000 € institué par la loi de finances pour 2005 pour les successions recueillies par les ascendants, descendants ou conjoint survivant (CGI, art. 775 ter) a été supprimé par la loi dite « TEPA » du 21 août 2007 pour les successions ouvertes à compter du 22 août 2007. Cet abattement continue cependant de s'appliquer à toutes les successions ouvertes entre le 1er janvier 2005 et le 21 août 2007. Il se répartit entre les bénéficiaires au prorata de leurs droits, la fraction éventuellement non utilisée par l'un profitant proportionnellement aux autres (CGI, art. 788, I). Ses modalités d'application ont été explicitées par des instructions administratives des 24 octobre 2005 (*BOI* 7 G-6-05) et 7 juin 2006 (*BOI* 7 G-5-06). Il en résulte que la quote-part d'abattement global du conjoint survivant est proportionnelle à ses droits légaux (C. civ., art. 757) et non à ceux qu'il tire du bénéfice d'une donation entre époux (C. civ., art. 1094-1). Ainsi, en cas d'option pour le quart en pleine propriété, sa quote-part ressort à 12 500 € (50 000 × 25 %) ; en cas d'option pour l'usufruit, elle est en fonction du barème fiscal qui tient compte de l'âge de l'usufruitier (CGI, art. 669) : soit, pour un conjoint de 80 ans, une quote-part de 15 000 € (50 000 × 30 %).

ATTENTION **Sous l'empire du droit fiscal antérieur à la loi TEPA, l'administration a eu l'occasion de préciser que l'abattement global s'appliquait après l'utilisation des abattements individuels et qu'il n'était pas utilisable pour la fraction des primes d'assurance-vie taxables comme versées après soixante-dix ans (CGI, art. 757 B).**

3462 **Dons aux œuvres.** Le notaire ne manquera pas d'informer les héritiers et légataires, animés de philanthropie, de l'existence d'un abattement spécifique (CGI, art. 788, III) s'ils prélèvent une somme sur leur part successorale afin d'en faire profiter, dans les douze mois du décès (antérieurement six mois), une fondation reconnue d'utilité publique par exemple ; à moins de conserver la réduction d'impôt au titre de l'impôt sur le revenu par souci d'économie plus importante (CGI, art. 200, 1, b. – V. *JCl. Pratique notariale – Les actes*, Fasc. 1035, *Constituer une association* et *JCl. Pratique notariale – Les actes*, Fasc. 1250, *Constituer une fondation*).

ATTENTION **Depuis le 1er août 2020, les dons ouvrant droit à l'abattement peuvent être consentis en numéraire ou en nature quel que soit l'organisme bénéficiaire. Pour les associations reconnues d'utilité publique ou les organismes mentionnés à l'article 794**

du CGI, seuls les versements en numéraire étaient autorisés. La troisième loi de finances rectificative pour 2020 porte également de six à douze mois le délai imparti pour réaliser le don à l'organisme bénéficiaire (V. L. n° 2020-935, 30 juill. 2020, art. 13 et 14, I).

3463 **Taux d'imposition et réduction d'impôt.** Après abattement, la taxation s'effectue à différents taux d'imposition, déterminés suivant le lien de parenté et, généralement, selon un barème progressif (CGI, art. 777).

ATTENTION L'article 32 de la loi n° 2016-1917, de finances pour 2017 a supprimé la réduction d'impôt pour charges de famille (CGI, art. 780 et 781 abrogés). La mesure s'applique aux successions ouvertes à compter du 1er janvier 2017. Par ailleurs, la loi de finances pour 2017 n'a pas rétabli le mécanisme de l'indexation sur l'inflation des tranches d'imposition des barèmes des droits de mutation à titre gratuit.

3464 **Conventions internationales.** L'internationalisation accrue des successions impose au notaire de maîtriser l'incidence des conventions internationales (V. au BOI-ANNX-000306, 7 oct. 2015, la liste des conventions fiscales conclues par la France en vigueur au 1er janvier 2015). Celles-ci ont essentiellement pour but de s'accorder sur la notion de domicile, de répartir les biens imposables entre les États concernés et de définir un système, d'exemption ou d'imputation, qui écarte la double imposition. Certaines conventions conclues par la France avec d'autres pays, comme la Belgique, le Royaume-Uni ou, plus récemment, l'Allemagne (la convention franco-allemande du 12 décembre 2006 est entrée en vigueur le 3 avril 2009), adoptent le mécanisme de l'imputation : lorsque deux États imposent un même bien, le contribuable peut déduire le montant de l'impôt perçu dans le premier État sur celui à payer dans le second. Les autres conventions, plus nombreuses (Espagne, Italie, Suède, Suisse...), prévoient le système de l'exemption : chaque pays ne taxe que les biens situés sur son territoire, mais en y appliquant un taux effectif ou moyen d'imposition, afin de tenir compte de la progressivité de l'impôt qui lui est propre. Ce taux effectif est lui-même calculé *in abstracto*, comme si tous les biens du défunt étaient situés dans un seul des deux pays et imposés comme tels.

3465 **Assurance-vie.** Les contrats d'assurance-vie sont soumis à des régimes d'imposition différents en fonction de la date de souscription du contrat et de la date de versement des primes (CGI, art. 757 B ; art. 990 I. – V. BOI-ENR-DMTG-10-10-20-20, 1er juill. 2016 ; BOI-TCAS-AUT-60, 16 mai 2018).

Le tableau ci-après récapitule les régimes fiscaux applicables selon la date de souscription du contrat et la date de versement des primes :

Date de souscription du contrat	Primes versées avant le 13 octobre 1998		Primes versées depuis le 13 octobre 1998	
	Avant 70 ans	Après 70 ans	Avant 70 ans	Après 70 ans
Avant le 20 novembre 1991	Pas de taxation (sauf modification de l'économie du contrat après le 20 novembre 1991 – Rép. min. n° 26186, Dutreil : *JOAN* Q 20 nov. 1995, p. 4926)	Pas de taxation (sauf modification de l'économie du contrat après le 20 novembre 1991)	Application d'un abattement de 152 500 € Prélèvements de 20 % jusqu'à 700 000 €* et 31,25 % au-delà (CGI, art. 990 I)	Application d'un abattement de 152 500 € Prélèvements de 20 % jusqu'à 700 000 €* et 31,25 % au-delà (CGI, art. 990 I)
À compter du 20 novembre 1991	Pas de taxation	Droits de succession dus sur la fraction des primes excédant 30 500 € (CGI, art. 757 B)	Application d'un abattement de 152 500 € Prélèvements de 20 % jusqu'à 700 000 €* et 31, 25 % au-delà (CGI, art. 990 I)	Droits de succession dus sur la fraction des primes excédant 30 500 € (CGI, art. 757 B)

* Pour les décès antérieurs au 1er juillet 2014, après application d'un abattement de 152 500 €, un prélèvement était effectué de 20 % jusqu'à 902 838 € et de 25 % au-delà.

CONSEIL Les assureurs ne peuvent verser les sommes dues par eux, à raison du décès de l'assuré, à tout bénéficiaire domicilié en France ou à l'étranger, si ce n'est sur la présentation d'un certificatif délivré sans frais par le comptable public compétent et constatant soit l'acquittement, soit la non-exigibilité de l'impôt sur les droits de mutation à titre gratuit. Une dispense de présentation de ce certificat est toutefois admise dans certaines situations (sommes inférieures à 7 600 €, sommes versés au conjoint survivant ou au partenaire survivant).
L'article 15 de la troisième loi de finances rectificative pour 2020 supprime, à compter du 1er août 2020, l'obligation pour les organismes exonérés de droits de mutation par décès en application de l'article 795 du CGI de fournir à l'assureur un certificat de non-exigibilité de ces droits pour obtenir le versement des sommes dues en vertu de contrats d'assurance-vie (CGI, art. 806, III, réd. L. n° 2020-935, 30 juill. 2020, art. 15). Les avoirs sont donc désormais délivrés par l'assureur sans formalité particulière.

3466 **Contrats vie-génération.** Pour les décès à compter du 1er juillet 2014, les bénéficiaires des contrats vie-génération créés par la loi de finances rectificative pour 2013 ont droit à un abattement de 20 %, avant application de l'abattement général de 152 500 €.

3467 **Démembrement de propriété.** En cas de démembrement de la clause bénéficiaire, le nu-propriétaire et l'usufruitier sont considérés comme bénéficiaires au prorata de la part leur revenant dans les sommes, rentes ou valeurs versées par l'organisme d'assurance, déterminée selon le barème prévu à l'article 669 du CGI. L'abattement de 30 500 € est réparti entre l'usufruitier et le nu-propriétaire dans les mêmes proportions.

3468 **Conjoint survivant et partenaire pacsé.** Le bénéficiaire de l'assurance-vie n'est pas assujetti au prélèvement visé au premier alinéa lorsqu'il est exonéré de droits de mutation à titre gratuit en application des dispositions des articles 795,795-0 A, 796-0 bis et 796-0 ter du CGI.

3469 **Démembrement de la clause bénéficiaire et abattement de 30 500 €.** En cas de démembrement de la clause bénéficiaire, le nu-propriétaire et l'usufruitier sont considérés comme bénéficiaires au prorata de la part leur revenant dans les sommes, rentes ou valeurs versées, déterminée selon le barème prévu à l'article 669 du CGI. L'abattement de 30 500 € (ou une portion de cet abattement, en présence d'autres bénéficiaires et/ou d'autres contrats) est réparti entre l'usufruitier et le nu-propriétaire selon le même barème de l'article 669 du CGI (V. BOI-ENR-DMTG-10-10-20-20, 1er juill. 2016, § 225).
Il convient d'appliquer autant d'abattements qu'il y a de couples « usufruitier/nu-propriétaire ». C'est-à-dire qu'en présence d'une pluralité de nus-propriétaires, chaque nu-propriétaire partage un abattement avec l'usufruitier en fonction des droits revenant à chacun en application du barème prévu à l'article 669 du CGI.
Cependant, l'usufruitier ne peut bénéficier dans un tel cas au total que d'un abattement maximum de 152 500 € sur l'ensemble des capitaux décès reçus à raison des contrats d'assurance-vie du chef du décès d'un même assuré.
En revanche, la fraction d'abattement non utilisée par le bénéficiaire exonéré (conjoint survivant ou partenaire lié au défunt par un PACS) ne bénéficie pas aux autres bénéficiaires au contrat (contrairement à ce qui est prévu pour les contrats soumis à l'article 757 B du CGI) (V. BOI-TCAS-AUT-60, 1er juill. 2016, § 310).

2 Tarif des notaires

3470 **Émoluments proportionnels.** La déclaration de succession (C. com., art. A. 444-63. – Numéro 8 du tableau 5 de l'article Annexe 4-7 du Code de commerce. – V. *JCl. Commentaire du Tarif des Notaires*, Fasc. 4290) donne lieu à la perception d'un émolument proportionnel à l'actif brut total, en ce compris s'il y a communauté, participation ou société d'acquêts, les biens qui en dépendent, selon le barème suivant :

de	à	% (HT)
0	6 500 €	1,548
6 500	17 000 €	0,851
17 000	30 000 €	0,580
Au-dessus		0,426

ATTENTION Lorsque le notaire établit une déclaration de succession comprenant des meubles ayant fait l'objet d'une prisée donnant lieu à la perception d'un émolument, aucun émolument ne peut être perçu par le notaire sur la partie de l'actif brut correspondant à la valeur prisée de ces meubles.

POUR ALLER PLUS LOIN

Fascicules JurisClasseur

• *JCl. Notarial Formulaire*, V° *Déclaration de succession*, Fasc. 15 à 325.
• *JCl. Notarial Formulaire*, V° *Successions [Enreg.]*, Fasc. 10 à 222.

Revues

• A. Arnaud-Emery, *Bois et forêts : florilège de régime de faveur* : *JCP* N 2017, n° 11, 1135 ; *Bénéficier de l'exonération partielle des droits de mutation à titre gratuit* : *JCP* N 2017, n° 2, 1008 ; *Bien rédiger la clause « durée » dans un engagement collectif de conservation* : *JCP* N 2017, n° 26, 1218 ; *Transmission d'entreprise et « régime Dutreil » : une mise à jour administrative attendue !* : *JCP* N 2021, n° 15-16, act. 402.
• Fr. Bonte, A. Tellier, P. Julien Saint-Amand, J.-J. Lubin et Ch. Panya, *Aménagements des pactes Dutreil-transmission : nouvelles formules* : *RFP* 2019, formule 2 ; *RFP* 2019, form. 3 ; *RFP* 2019, form. 4.
• O. Debat et M. Ferré, *Les mesures phares de la loi de finances pour 2021* : *JCP* N 2021, n° 1, act. 100 ; *Les mesures phares des lois de finances* : *JCP* N 2017, n° 1, act. 100.
• R. Depuis-Bernard, *Organiser le cantonnement* : *JCP* N 2016, n° 18, 1141.
• D. Faucher, *Transmission à titre gratuit : abattement supplémentaire en faveur des handicapés* : *JCP* N 2017, n° 47, 1317 ; *Déclaration de succession : une décision, trois rappels* : *JCP* N 2017, n° 50, 1032.
• F. Fruleux, *Pour une bonne lecture de la remise en cause de la « doctrine Bacquet »* : *JCP* N 2016, n° 9, 1093 ; *Adoption simple : une réforme fiscale maladroite* : *JCP* N 2016, n° 21, 1176 ; *Valeurs de rachat des contrats d'assurance-vie non dénoués : clarification fiscale* : *JCP* N 2016, n° 25, 1208 ; *L'influence du rapport civil et rappel fiscal sur le calcul des droits de succession* : *JCP* N 2016, n° 27, 1219 ; *Le rappel fiscal et la jurisprudence du Conseil constitutionnel* : *JCP* N 2016, n° 6-7, 1101 ; *Loi de finances pour 2019 et transmissions à titre gratuit : présentation et mise en œuvre des nouvelles dispositions* : *JCP* N 2019, n° 1, act. 100 ; *Transmission transgénérationnelle et usufruit successif : régime fiscal Ou, en chiffres, pourquoi la réponse ministérielle Duby-Muller est infondée – Cas pratique* : *JCP* N 2020, n° 45, 1233 ; *Un décret fixe la liste des opérations soumises à la télédéclaration et au télérèglement* : *JCP* N 2020, n° 27, act. 582.
• S. Gonzalez-Moulin, *Dons et legs réalisés au profit du Conservatoire du littoral et des rivages lacustres : exonération de droits (Formule)* : *JCP* N 2016, n° 36, 1267.
• C. Gourgues, *L'incitation fiscale au service de la transmission des bois et forêts* : *JCP* N 2017, n° 49, 1337.
• M. Iwanesko, *La bonne gestion des clauses bénéficiaires de l'assurance-vie* : *JCP* N 2016, n° 18, 1144.
• M. Leroy, *Dénouement de contrats d'assurance-vie : conséquences liquidatives (cas pratique)* : *JCP* N 2021, n° 18, 1181.
• K. Marcou, *L'abattement applicable à la résidence principale dans les déclarations de succession Illustration fiscale que « l'enfer est pavé de bonnes intentions »* : *RFP* 2020, prat. 8.
• M. Mekki, *Ordonnance du 25 mars 2020 relative à la prorogation des délais échus* : *JCP* N 2020, n° 14, 1079.
• D. Montoux et N. Levillain, *La modification des droits du conjoint, du fait notamment du cantonnement, doit être énoncée dans la déclaration de succession* : *JCP* N 2021, n° 50, 1348.
• J. Novak et L. Gabaud, *L'irrévocabilité du trust n'est pas suffisante en matière de droits de succession !* : *RFP* 2021, comm. 9.
• A. Tani, *Déclaration de succession : obligation de moyens ou de résultat pour le notaire ?* : *Dr. famille* 2022, comm. 55 ; *Mémorandum des successions internationales : jeu de « questions/réponses »* : *Dr. famille* 2017, dossier 8.
• R. Vabres, *Organismes sans but lucratif : quelques interrogations fiscales* : *JCP* N 2016, n° 19, 1161.
• F. Versailles, *Les mesures fiscales de la troisième loi de finances rectificative pour 2020* : *JCP* N 2020, n° 36, act. 695.

Modèle de courrier à adresser au client

• Courrier d'information en vue de l'ouverture d'un dossier de succession : http://bit.ly/2iGlGzu.
• Courrier d'information en vue de l'ouverture d'un dossier de succession avec rappel des obligations fiscales : http://bit.ly/2ZvYScF.

Index alphabétique

CE QUE VOUS RECHERCHEZ	FICHES CORRESPONDANTES
Abattement fiscal	30, 39
Abattement global	61
Abattement individuel	61
Acceptation	4, 6, 12, 17
Acceptation à concurrence de l'actif net	6
Acceptation de la donation	44
Acceptation pure et simple	6
Achat pour autrui	17, 37
Acte confirmatif	12, 15
Acte de délivrance	57
Acte de notoriété	6, 9
Acte de suscription	53
Acte interdit	50
Acte notarié	57, 46
Acte sous signature privée	46
Actif	31, 61
Actif brut successoral	31
Action en complément de part	46
Action en pétition d'hérédité	2
Action en réduction	17, 20, 60
Action en rescision	25
Adjudication	22
Administration	8
Adopté simple	61
Adoption	30
Adoption simple	30
Affirmation de sincérité	35
Agents diplomatiques	54
Ajustement	25
Aliénation du bien donné	20
Allotissement	25

CE QUE VOUS RECHERCHEZ	FICHES CORRESPONDANTES
Arbre	3
Ascendant	3
Association	6, 11
Assurance sur la vie	24, 31, 60, 53
Attentat à la vie du défunt	2
Attestation de la société	60
Attestation immobilière notariée	6, 9, 45, 47
Attestation rectificative	45
Attribution anticipée	25
Attribution préférentielle	25
Avantages matrimoniaux	33
Avertissement de serment	47
Ayant droit	3
Bail	5
Bail cessible	29
Bail d'habitation	5
Bail rural	5, 29
Bénéfice d'inventaire	6
Biens	23, 29
Biens à venir	12, 17
Biens communs	61
Biens de famille	59
Biens donnés	9
Biens exclus	61
Biens exonérés	61
Biens propres	61
Bijoux et pierreries	31
Bois et forêts	29
Brevet	54
Caducité	15
Calcul de la réserve	19, 34
Cantonnement	15, 19, 44, 57
Capacité	6, 11, 44, 46, 47, 50, 53, 56, 59, 60
Certificat	48
Certificat de mutation	6, 9, 48

CE QUE VOUS RECHERCHEZ	FICHES CORRESPONDANTES
Certificat successoral européen	58
Cession de droits successifs	22
Changement de régime matrimonial	3, 59
Charges	11, 37, 46, 56, 60
Chirurgien	11
Clause d'acceptation par acte séparé	51
Clause d'ajournement	47
Clause d'aliénation	60
Clause d'engagement fiscal de conservation	60
Clause d'entreprise	60
Clause d'hypothèque	60
Clause d'inaliénabilité	11
Clause d'interdiction d'aliéner	51
Clause d'obligation de transmission	55
Clause d'ordre de préférence	50
Clause de bénéfice d'un legs	58
Clause de cantonnement du legs	57
Clause de conservation et de transmission	56
Clause de droit de retour conventionnel	60
Clause de garanties et sûretés	55, 56, 60
Clause de modalités de réalisation	46
Clause de non-garantie	46
Clause de partage provisionnel	46
Clause de privilège des copartageants	60
Clause de rapport	21, 51
Clause de récompense	60
Clause de reddition des comptes	50
Clause de régime particulier	57
Clause de règlement des frais et droits	59
Clause de rente viagère	60
Clause de retour conventionnel	51
Clause de stipulation de charges	51
Clause de substitution	56, 58
Clause pénale	52
Clause sur les modalités d'exercice de l'usufruit	44

CE QUE VOUS RECHERCHEZ	FICHES CORRESPONDANTES
Clôture de l'inventaire	47
Codicille	57
Coffre-fort	31
Coïndivisaire	3, 22
Collatéral	3
Collatéraux privilégiés	59
Combinaison	20
Combinaison de quotités disponibles	21
Communauté légale	6
Compte bancaire	31
Compte de gestion	58
Conception	2
Concession funéraire	5, 46
Concours de quotités disponibles	21
Condition	52, 56
Condition potestative	12, 52
Condition résolutoire	52
Condition suspensive	52
Conjoint	4, 60
Conjoint survivant	4, 6, 9, 19, 44
Consentement	50, 59
Consulaire	54
Contentieux	36
Continuation de la personne	6
Contrat de travail à salaire différé	23, 32
Contrats vie-génération	61
Contribution aux dettes	6
Convention internationale	61
Conversion d'usufruit en capital	59
Conversion d'usufruit en rente viagère	4, 19, 37, 44, 59
Copropriété	23
Corse	31
Créance	6, 17, 23
Curatelle	7
Date d'ouverture de la succession	2

CE QUE VOUS RECHERCHEZ	FICHES CORRESPONDANTES
Déclaration de sincérité	61
Déclaration de succession	61
Déclaration d'impôt sur la fortune ou d'IFI	61
Déclaration fiscale	31, 56
Déduction fiscale	37
Degré	3
Délivrance	15
Délivrance de legs	16, 57
Démembrement de la clause bénéficiaire	61
Démembrement de propriété	61
Dépôt	6, 9, 16
Descendant	3, 4, 60
Description des meubles	47
Dessaisissement	37
Destruction	15
Dette de la succession	23
Dette urgente	58
Dettes	6, 23, 25, 32, 61
Dévolution particulière	5
Dévolution successorale	3, 5, 6, 9, 34, 39
Diamant	58
Dispositions des dernières volontaires	47, 54, 58
Dispositions extrapatrimoniales	53
Dispositions testamentaires	15, 58
Dissimulation d'héritier	25
Division des dettes	6
Division par branches	3
Divorce	30, 38, 59
Dommages-intérêts	32
Don manuel	12, 38
Donateur étranger	51
Donateur marié	51
Donation	12, 13, 17, 29, 37, 51
Donation à cause de mort	59
Donation antérieure	30

CE QUE VOUS RECHERCHEZ	FICHES CORRESPONDANTES
Donation aux futurs époux	17
Donation cumulative de biens à venir	17
Donation cumulative de biens présents	17
Donation de biens à venir	59
Donation de biens présents	59
Donation déguisée	12, 17, 37
Donation entre époux	17, 19, 38, 59
Donation entre vifs	12 et 13
Donation immobilière	59
Donation indirecte	12
Donation par contrat de mariage	17, 38
Donation-partage	17, 27, 38, 60
Donation-partage transgénérationnelle	17, 27, 38, 60
Donation réciproque	59
Donation résiduelle	55
Donation simple	59
Droit à bail	25
Droit à pension	4
Droit d'usage et d'habitation	4, 29
Droit de mutation	31
Droit de mutation à titre gratuit	29 à 34, 37 à 39, 55, 59
Droit de reprise	5
Droit de retour	12, 17, 61
Droit de retour conventionnel	56
Droit de retour légal des père et mère	59
Droit de suite	5
Droit successoral	4, 6, 9, 19
Droit viager	4, 54
Droits d'auteur	5
Droits d'enregistrement	30
Effet déclaratif du partage	25, 46
Effets de la liquidation-partage	25
Émoluments	61
Emprunteur	25
Endossement	3

CE QUE VOUS RECHERCHEZ	FICHES CORRESPONDANTES
Enfant adoptif	19
Enfant adultérin	11
Enfant commun	37, 59
Enfant conçu	2
Enfant naturel	6, 9
Enfant non commun	59
Enregistrement	12, 29, 31, 37, 51, 59
Entreprise	29, 37, 60
Envoi en possession	5, 15 à 16, 57, 58
Époux	4, 19, 30
Estimations	20, 47
Établissement public	29
État	5, 29
État liquidatif	22
Évaluation d'immeuble	61
Évaluation d'une entreprise	61
Éviction	46
Exclusion d'abattements	51
Exécuteur testamentaire	14, 16, 53, 57, 58
Exécution	15
Exécution testamentaire	58
Exhérédation	15, 53
Exonération fiscale	29, 31, 39, 61
Exonération partielle	29
Exonération temporaire	39, 51
Exonération totale	29, 39
Exploitation agricole	25
Famille recomposée	50, 60
Fente	3
Feuille foraine	61
Fiducie	2, 30
Fiscalité	29, 31, 36
Fondation	11
Fonds et fruits	28
Fruits et produits	23

CE QUE VOUS RECHERCHEZ	FICHES CORRESPONDANTES
Funérailles	5
Garantie	12, 25, 55, 56, 46
Généalogiste	3, 6, 9
Gratifié	55, 56
Groupement foncier agricole	29
Groupement foncier rural	29
Groupement forestier	29
Héritier	3, 5, 6
Héritier *ab intestat*	3
Héritier non conçu	17, 60
Héritier présomptif	60
Héritier réservataire	54
Homologation	22
Hypothèque légale du légataire particulier	15
Immeuble	29, 31
Imputation des libéralités	20, 21, 44
Imputation des libéralités ordinaires	19
Imputation sur la quotité disponible	60
Inaliénabilité	11, 17
Inaliénabilité particulière	17
Incapable majeur	11, 61
Incapacité	51 à 53
Incompatibilités	50
Indignité	2
Indisponibilité du bien donné	56
Indivision	22, 46
Inexécution des charges	13
Ingratitude	13, 15
Insanité d'esprit	53
Inscription du privilège	46
Interdiction d'aliéner	56
Interprète	53, 54
Inventaire	6, 9, 61, 47
Irrévocabilité	12, 13
Juge des tutelles	50

CE QUE VOUS RECHERCHEZ	FICHES CORRESPONDANTES
Légataire	16, 52
Légataire particulier	52
Légataire universel	15, 52
Legs	15, 31, 52, 58
Legs à terme	52
Legs à titre universel	57
Legs avec charges	52
Legs conditionnel	52
Legs *de residuo*	11
Legs graduel	52
Legs particulier	57
Legs rémunératoire	52
Legs résiduel	52, 55
Legs universel	57
Libéralités	6, 10 à 12, 14, 15, 17, 20
- en usufruit	17, 20, 21
- graduelle	11, 30, 31, 56
- mystique	14
- olographe	14
- privilégié	14
- rédigé à l'étranger	14
- résiduelle	11, 30, 31, 55
Licitation	22
Lieu d'ouverture de la succession	2
Liquidation judiciaire	47
Liquidations-partages	20, 22 à 26
Local d'habitation ou professionnel	25
Logement de la famille	4, 46
Loi applicable	52
Mainlevée	58
Maintien judiciaire à l'indivision	23
Majeur sous tutelle	51
Mandat	8, 32, 58, 46
Mandat à effet posthume	8, 32, 50
Mandat conventionnel	8

CE QUE VOUS RECHERCHEZ	FICHES CORRESPONDANTES
Mandat de protection future	50
Mandat de protection pour autrui	50
Mandat judiciaire	8
Mandataire conventionnel	47
Masse active	23
Masse à partager	23
Masse de calcul et d'exercice	4, 19, 20
Masse passive	23
Médecin	11
Mesures conservatoires	58
Meuble	31
Meubles meublants	61
Mineur	11
Ministère du culte	11
Minute	53
Monument historique	29
Muet	14, 53
Mutation à titre gratuit	29, 31, 33, 37
Mutation entre vifs	37, 38
Mutation par décès	29, 31, 32, 34 à 36, 39
Mutilé de guerre	30
Notaire	15, 22, 53
Notariat	15
Nue-propriété	31
Nullité	25
Obligation	6
Obligations *ultra vires*	6
Œuvre d'art	29
Officier de marine	11
Opposabilité aux tiers	59
Opposition à partage	22
Option de l'usufruit universel	44
Option du conjoint survivant	44, 61
Option du quart en propriété	44
Option successorale	6, 45

CE QUE VOUS RECHERCHEZ	FICHES CORRESPONDANTES
Ordonnance d'envoi en possession	5, 15, 16, 57, 58
Ordre des descendants	3, 4
Ordre public	3
Ordre successoral	3
Organisme exempts de droit de succession	52
Origine de propriété	45
Ouverture de la succession	2
Paiement	23, 61
Paiement de l'impôt	30, 34
Partage	17, 21 à 25, 46
Partage amiable	22
Partage avec soulte	25
Partage d'ascendants	17
Partage global	46
Partage inégalitaire	60
Partage judiciaire	22
Partage par souche	60
Partage partiel	46
Partage verbal	46
Parts sociales	29
Passif	6, 23, 32, 61
Patrimoine artistique national	29
Pénalités de retard	36
Pension	4
Personne non conçue	11
Pétition d'hérédité	2
Petits-enfants	60
Pouvoirs	47, 46
Prélèvement (droit)	2
Prélèvement des héritiers français	2
Prescription	36
Présomption de propriété	61
Présomption de survie	2
Prisée des meubles	47
Privilège de copropriété	23

CE QUE VOUS RECHERCHEZ	FICHES CORRESPONDANTES
Prohibition	14
Propriété littéraire et artistique	5
Publicité foncière	55, 46
Quittance	58
Quotité disponible	19 à 21, 24, 52
Quotité disponible spécial entre époux	44, 59
Rappel fiscal	30
Rapport	24, 25, 51
Rapport de libéralités	24
Rapport en nature	24
Rapport en valeur	24
Recel	6, 25
Recherche d'héritiers	6, 9
Récompenses	61
Reconnaissance de dette	53
Reconnaissance d'un enfant	53
Réduction	20
Réduction de droits	30, 39
Réduction des libéralités	20, 21, 24
Régimes antérieurs	6, 9
Régimes matrimoniaux	31, 59
Régimes spéciaux	31, 39
Règle de la dévolution successorale	3
Reliquat	58
Remise d'œuvres d'art	30
Renonciation à l'action en réduction	19, 20, 29
Renonciation à la donation entre époux	44
Renonciation à succession	6, 19, 34, 61
Renseignements bancaires	61
Représentation successorale	3, 61, 55, 56, 46
Rescision pour lésion	4, 25
Rescrit fiscal	60
Réserve	19
Réserve de l'action révocatoire	51
Réserve d'usufruit	12, 20, 51

CE QUE VOUS RECHERCHEZ	FICHES CORRESPONDANTES
Réserve héréditaire	19, 20, 56
Réserve successorale	3
Résidence principale	61
Responsabilité du notaire	50
Rétablissement	23
Retour légal	5
Réunion fictive	20, 21
Révélation de succession	6, 9
Révélation du testament	54
Réversibilité d'usufruit	61
Réversion de rente viagère	29
Révocation	13, 15, 53, 58, 59
Révocation à titre universel	15
Révocation du mandat de protection future	50
Révocation pour cause d'ingratitude	15
Révocation pour survenance d'enfant	51
Révocation universelle	15
Saisine	5, 6
Salaire différé	23
Sauvegarde de justice	47, 60
Séparation des patrimoines	6
Société	5, 24
Société d'épargne forestière	29
Somme d'argent	24
Soulte	25, 60
Sourd-muet	14, 53
Souvenir de famille	5, 46
Substitution	11
Succession	2 à 9, 16, 17, 22, 23, 25, 32
Succession anomale	5
Succession en déshérence	7
Succession non réclamée	7
Succession vacante	7
Surendettement	47
Sûretés	55, 56

CE QUE VOUS RECHERCHEZ	FICHES CORRESPONDANTES
Sursis au partage	46
Survenance d'enfant du donateur	13
Témoin	14, 54
Témoin instrumentaire	58
Testament	11, 14 à 16, 53
Testament à l'étranger	53
Testament authentique	14, 53
Testament conjonctif	14, 54
Testament international	54
Testament mystique	53
Testament olographe	53
Testament-partage	17
Testament spécial	53
Testateur	53, 58
Théorie des comourants	2, 6, 9
Tiers acquéreur	20
Titre gratuit	11
Titres de sociétés	29
Tombeaux	46
Tontine	31
Transmission	6
Transmission d'entreprise	29, 60, 61
Trust	30
Usufruit	4, 12, 17, 21, 22, 29, 31, 44, 60
Usufruit successif	61
Usufruit temporaire	29
Usufruitier	4, 12, 17, 21, 29, 31
Valeur mobilière	6, 9, 31
Verbal	15
Vérification des comptes	48
Vérification des valeurs mobilières	48
Vice de forme	54
Visa	48

Photocomposition Nord Compo Multimédia
59650 Villeneuve-d'Ascq

Imprimé en Allemagne
CPI books GmbH, Germany
dépôt lêgal : août 2023